Arne Markgraf [Hrsg.]

Ergänzende Schutzzertifikate – Patent Term Extensions

USA, Japan, EU, Germany, Korea, Taiwan, Switzerland, Australia, Israel, Russia and Singapore

Cheol-Gyoon Ahn, Senior Korean Patent Attorney, Seoul, Korea | **Eran Bareket**, Attorney at law, Tel-Aviv, Israel | **Chen Ben Dori-Alkan**, Attorney at Law, Tel-Aviv, Israel | **Ronnie Benshafrut**, Attorney at law, Tel-Aviv, Israel | **Ruth Fang**, Attorney at law, Taipei, Taiwan | **Dr. Nicolai von Füner**, Patent Attorney, Munich, Germany | **Dr. Siegfried Grimm**, Patent Attorney, Zürich, Switzerland | **Brion P. Heaney**, Patent Attorney, Arlington, USA | **In-Hwan Kim**, Senior Foreign Legal Counsel, Seoul, Korea | **Peter Maddigan**, Barrister, Sydney, Australia | **Dr. Arne Markgraf**, Attorney at law, Berlin, Germany | **Dr. Olaf Meiselmann**, Munich, Germany | **Kristian Robinson**, Patent Attorney, Singapore | **Dr. Regula Rüedi**, Patent Attorney, Zürich, Switzerland | **Harry B. Shubin**, Patent Attorney, Arlington, USA | **Damian Slizys**, Patent Attorney, Melbourne, Australia | **Yoichi Watanabe**, Patent Attorney, Tokyo, Japan | **Paul Whenman**, Patent Attorney, Sydney, Australia

Nomos

Die Deutsche Nationalbibliothek verzeichnet diese Publikation in der Deutschen Nationalbibliografie; detaillierte bibliografische Daten sind im Internet über http://dnb.d-nb.de abrufbar.

Die Deutsche Nationalbibliothek lists this publication in the Deutsche Nationalbibliografie; detailed bibliographic data is available in the Internet at http://dnb.d-nb.de.

ISBN 978-3-8329-6476-4

1. Auflage 2015

Acknowledgments

Sincere thanks are to be given once again to Cheol-Gyoon Ahn, Eran Bareket, Chen Ben Dori-Alkan, Ronnie Benshafrut, Ruth Fang, Nicolai von Füner, Siegfried Grimm, Brion P. Heaney, In-Hwan Kim, Peter Maddigan, Olaf Meiselmann, Kristian Robinson, Regula Rüedi, Harry B. Shubin, Damian Slizys, Yoichi Watanabe and Paul Whenman. Without their patience and untiring work it would not have been possible to finish this book in the current form.

Vorwort

Arzneimittel werden heutzutage weltweit vermarktet. Die Entwicklungsstrategie muss dabei – unter besonderer Berücksichtigung umsatzstarker Märkte, wie US, Europa und Japan – so abgestimmt sein, dass sich die Forschungs- und Entwicklungsinvestitionen amortisieren und das Pharmaunternehmen Gewinn erzielen kann. Laufzeitverlängerungen spielen dabei eine wichtige, oft die wichtigste Rolle. Sie schließen sich an die reguläre Patentlaufzeit an und decken regelmäßig den Zeitraum des höchsten Umsatzes ab. Da ein neuer Wirkstoff erst nach zeitaufwendigen und kostspieligen arzneimittelrechtlichen Prüfungen in den Verkehr gebracht werden kann, wäre eine systematische Arzneimittelentwicklung ohne Laufzeitverlängerungen in vielen Fällen ein ruinöses Glücksspiel.

Daher wurden 1984 in den USA, 1988 in Japan und 1992 in der Europäischen Union gesetzliche Regelungen geschaffen, die den Patentschutz auf ein hinreichendes Maß verlängern sollten. Bis Ende 2013 wurden in vielen weiteren Staaten (zB Australien, Costa Rica, Israel, Island, Korea, Marokko, Mazedonien, Mittelamerika, Norwegen, Russland, Schweiz, Singapur, Taiwan, Ukraine, Weißrussland u.a.) vergleichbare Schutzrechte oder Laufzeitverlängerungen etabliert. In Kanada ist ihre Schaffung durch ein Freihandelsabkommen mit der EU vorgesehen. In Südamerika und weiten Teilen Asiens (z.B. China, Indien, Pakistan, Malaysia, Indonesien, Thailand) sucht man sie bislang allerdings vergebens.

Insofern ist erstaunlich, dass es bislang kein Handbuch gibt, das sich speziell mit diesem Thema auf globaler Ebene beschäftigt. Das vorliegende Handbuch stellt die relevanten Gesetze sowie die darauf ergangene Rechtsprechung nach Ländern geordnet und aus Sicht der forschenden Pharmaunternehmen dar. Hierzu konnten renommierte Patent- und Rechtsanwälte gewonnen werden, die in den betreffenden Ländern sowohl über nachgewiesene vertiefte Erfahrungen in der Erteilung und Verteidigung pharmazeutischer Patente und Laufzeitverlängerungen als auch in Verletzungsprozessen verfügen und die sich bereits zuvor mit dem Thema der Laufzeitverlängerungen intensiv auseinander gesetzt haben.

Das Handbuch soll Patent- und Rechtsanwälten, Mitarbeitern von Patentabteilungen und interessierten Projektleitern als Einstieg in die Materie und vertieftes Nachschlagewerk dienen. Dabei wird das jeweilige Recht in den US, Japan, der EU (aus deutscher Sicht), Australien, der Schweiz, Israel, Korea, Russland (einschließlich einiger früherer GUS-Staaten), Singapur und Taiwan besprochen. Ein weiteres kurzes Kapitel betrifft die in den Freihandelsabkommen geregelten Laufzeitverlängerungen in Costa Rica, Mittelamerika (CAFTA-DR), in Kanada (CETA) und im TPP. Das Handbuch ermöglicht so den Vergleich zwischen den unterschiedlichen Rechtssystemen und zeigt die länderspezifischen Besonderheiten z.B. bei der Gewährung der Laufzeitverlängerung oder der Berechnung ihrer Dauer auf. Dabei darf nicht vergessen werden, dass noch viele Probleme ungelöst sind und eine weitere gerichtliche oder wissenschaftliche Auseinandersetzung erfordern. In derartigen Fällen wurde versucht, erfolgversprechende Handlungsalternativen für die Praxis aufzuzeigen. Obwohl dabei große Sorgfalt auf die Richtigkeit der getroffenen Aussagen verwandt wurde, sind diese nicht als individuelle Rechtsberatung zu verstehen. Konkrete Sachverhalte sollten immer mit einem Patent- oder Rechtsanwalt besprochen werden. Für speziellen technischen oder juristischen Rat hinsichtlich der bereitgestellten Informationen und verwandter Themen kontaktieren sie bitte den jeweiligen Autor. Mit Blick auf die hier dargestellte komplexe Rechtsmaterie, sind Anregungen, Ergänzungen und Hinweise seitens der Leser stets willkommen.

Das Handbuch berücksichtigt Gesetzesänderungen und die wichtigsten Entscheidungen bis Ende 2013, teilweise auch darüber hinaus.

Preface

Medicinal products are globally marketed these days. The development strategy – with particular focus on high turnover markets such as US, Europe and Japan – needs to be well balanced to redeem research and development investments and to let pharmaceutical companies achieve reasonable profits. Patent term extensions play a significant, often the most important role for this purpose. They take effect at the end of the usual patent term and cover typically the period of the highest sales. Because a new active ingredient can only be placed on the market after a time consuming and costly clinical studies, a systematic development of medicinal products without patent term extensions would be in many cases a ruinous gamble.

Thus in 1984 in the USA, 1988 in Japan and 1992 in the European Union legal regulations were created which were supposed to extend the patent protection to a sufficient degree. By the end of 2013 similar IP rights or patent term extensions have been created in many other countries (e.g., Australia, Costa Rica, Israel, Iceland, Korea, Morocco, Macedonia, Central America, Norway, Russia, Switzerland, Singapore, Taiwan, Ukraine, Belarus et al.). In Canada its creation is provided for by a free trade agreement with the EU. In South America and many parts of Asia (e.g., China, India, Pakistan, Malaysia, Indonesia, Thailand) you can not find them yet indeed.

It is surprising that there is no manual so far which deals with this particular topic on global basis. This manual presents the relevant laws as well as subsequent case law country by country and from the point of view of the research based pharmaceutical companies. Hereto could be drawn well-known patent attorneys and attorneys-at-law who have a proven broad experience in the country concerned both in prosecuting and defending pharmaceutical patents and patent term extensions and in infringement proceedings, and who have dealt intensely with patent term extensions in the past.

The manual is intended to serve as a first step into the subject matter and a reference book for patent attorneys, attorneys-at-law, employees of patent departments and interested project managers. Therefor the respective law is discussed for the USA, Japan, EU (from a German perspective), Australia, Switzerland, Israel, Korea, Russia (including some of the former CIS states), Singapore and Taiwan. Another short chapter relates to patent term extensions based on free trade agreements in Costa Rica, Central America (CAFTA-DR), in Canada (CETA) and in the TPP. So the manual enables the comparison between the different legal systems and exposes country-specific circumstances, e.g., at the granting of an extension or calculation of its duration. At that one may not forget that many problems still remain unresolved and demand further legal or scientific dispute. In such cases efforts were made to demonstrate promising alternative actions for the practice. Although big attention was paid to the accuracy of the statements made, they should not be considered as individual legal advice. Specific situations were supposed to be discussed with patent attorneys and attorneys-at-law. For a specific technical or legal advice concerning the provided information and related topics please contact the respective author. With a view to the complex legal matter presented here suggestions, additions and comments by readers are always welcome.

The manual takes into consideration the changes in the laws and the most important decisions until the end of 2013, in part also beyond.

Die Autoren sind an weiterführender Kritik und Anregungen zwecks Verbesserung des Handbuchs interessiert. Hinweise können an Arno Markgraf (arno-martin@gmx.de) gerichtet werden.

Beijing, im Oktober 2014 *Arne Markgraf*

The authors appreciate any suggestions regarding the improvement of subsequent editions of this book. They should be directed to Arno Markgraf (arno-martin@gmx.de).

Beijing, in October, 2014 *Arne Markgraf*

Bearbeiterverzeichnis/List of Authors

Cheol-Gyoon Ahn, Senior Korean Patent Attorney, Seoul, Korea (§ 4 Korea)

Eran Bareket, Attorney at law, Tel-Aviv, Israel (§ 8 Israel)

Chen Ben Dori-Alkan, Attorney at Law, Tel-Aviv, Israel (§ 8 Israel)

Ronnie Benshafrut, Attorney at law, Tel-Aviv, Israel (§ 8 Israel)

Ruth Fang, Attorney at law, Taipei, Taiwan (§ 5 Taiwan)

Dr. Nicolai von Füner, Patent Attorney, Munich, Germany (§ 9 Russia)

Dr. Siegfried Grimm, Patent Attorney, Zürich, Switzerland (§ 6 Switzerland)

Brion P. Heaney, Patent Attorney, Arlington, USA (§ 1 USA)

In-Hwan Kim, Senior Foreign Legal Counsel, Seoul, Korea (§ 4 Korea)

Peter Maddigan, Barrister, Sydney, Australia, (§ 7 Australia)

Dr. Arne Markgraf, Attorney at law, Berlin, Germany
(§ 3 European Union; § 11 Free Trade Agreements)

Dr. Olaf Meiselmann, Munich, Germany (§ 9 Russia)

Kristian Robinson, Patent Attorney, Singapore (§ 10 Singapore)

Dr. Regula Rüedi, Patent Attorney, Zürich, Switzerland (§ 6 Switzerland)

Harry B. Shubin, Patent Attorney, Arlington, USA (§ 1 USA)

Damian Slizys, Patent Attorney, Melbourne, Australia (§ 7 Australia)

Yoichi Watanabe, Patent Attorney, Tokyo, Japan, (§ 2 Japan)

Paul Whenman, Patent Attorney, Sydney, Australia (§ 7 Australia)

Inhaltsübersicht

Table of Contents

§ 1 Patentlaufzeitverlängerungen in den Vereinigten Staaten von Amerika

I. Einleitung

1 Gemäß der Verfassung der Vereinigten Staaten besteht der Zweck der Patentgesetze darin, „den Fortschritt der Wissenschaft und der nützlichen Künste zu fördern, indem Autoren und Erfindern für einen begrenzten Zeitraum das ausschließliche Recht an ihren Schriften beziehungsweise Entdeckungen gesichert wird“.[1] Anders gesagt, unterstützen die Patentgesetze Erfinder, indem sie ihnen das Recht gewähren, anderen zum Nutzen der Öffentlichkeit das Nachahmen, Benutzen oder Verkaufen einer Erfindung und somit das Profitieren von einer Erfindung zu verbieten, wobei dieser Nutzen in der Offenlegung der Erfindung an die Öffentlichkeit besteht, so dass die Erfindung nach dem Erlöschen des Monopols des Erfinders ungehindert praktiziert werden kann. Wenn die Erfindung jedoch ein Pharmazeutikum oder eine medizinische Vorrichtung betrifft, zeigt das System gewisse Schwächen. Da diese Erfindungen aufsichtsbehördlicher Zulassung unterliegen, bevor sie vermarktet werden können, und eine derartige Zulassung in den USA sehr zeitaufwändig sein kann, ist die verbleibende Patentschutzdauer, wenn ein Medikament oder eine medizinische Vorrichtung schließlich verkauft werden kann, und damit der Erfindungslohn oft recht gering. Außerdem verzögert sich der öffentliche Nutzen, da Konkurrenten mit ihren Vorbereitungen für die Erlangung der aufsichtsrechtlichen Zulassung, die auch sie vor der Vermarktung einholen müssen, erst nach Ablauf des Patents beginnen können, wenn sie nicht die rechtlichen Konsequenzen einer Patentverletzung auf sich nehmen wollen (*Roche Products, Inc. gg. Bolar Pharmaceutical Co., Inc.*).[2] 1978 wurde von einem dem damaligen Präsidenten Carter unterstehenden Beratungsausschuss festgestellt, dass bis zum Erhalt der aufsichtsrechtlichen Zulassung aufgrund der aufsichtsbehördlich bedingten Verzögerung üblicherweise 50 % der Schutzdauer eines pharmazeutischen Patents bereits verstrichen ist.[3] Gleichzeitig bestand jedoch für mehr als 150 Arzneimittel, die keinen Patentschutz mehr genossen, keine Konkurrenz durch Generika.[4]

2 Zur Beseitigung dieser „Verzerrungen“ innerhalb des Patentsystems erließ der US-Kongress 1984 den „Drug Price Competition and Patent Term Restoration Act“ [Gesetz über den Arzneimittelpreiswettbewerb und die Wiederherstellung der Patentdauer] von 1984, ein Gesetz, das gemeinhin nach den beiden Mitgliedern der US-Legislative, die den Gesetzesvor-

1 Verfassung der Vereinigten Staaten von Amerika, Artikel Eins, Paragraph 8 (8).
2 Gemäß 733 F.2d 858, 221 USPQ 937 (Fed. Cir. 1984) ist ein solches Verhalten eine Patentverletzung, selbst wenn die Vermarktung des Produkts erst nach dem Ablauf des Patents beginnt.
3 Lourie, Patent Term Restoration, 66 Journal of the Patent Office Society 526 (1985).
4 Lourie, Patent Term Restoration, 66 Journal of the Patent Office Society 526 (1985).

§ 1 Patent Term Extensions in the United States of America

I. Introduction

The purpose of the patent laws, according to the United States Constitution, is "to promote the Progress of Science and useful Arts, by securing for limited Times to Authors and Inventors exclusive Right to their respective Writings and Discoveries".[1] Put another way, the patent laws encourage invention by giving to an inventor the right to exclude others from making, using or selling an invention, and thus to profit from an invention, in exchange for a public benefit – the disclosure of the invention to the public so that once the inventor's monopoly expires, the public can practice the invention without encumbrance. In the case where the invention is a pharmaceutical or medical device, however, the system functions imperfectly. Since such inventions are subject to regulatory approval before they can be marketed, and in the U.S. such approval can take a considerable amount of time, the patent term remaining once a drug or medical device can be sold – and thus the reward for inventing – is often quite short. Moreover, the public benefit is delayed as competitors, who prior to marketing must obtain their own regulatory approval, cannot begin preparations to obtain regulatory approval until expiration of the patent without legal penalties for infringement, *Roche Products, Inc. v. Bolar Pharmaceutical Co., Inc.*[2] In 1978, an advisory committee to then President Carter determined that, due to regulatory delay, 50 % of the term of a pharmaceutical patent was typically lost by the time regulatory approval was granted.[3] At the same time, over 150 drugs that were off patent had no generic competition.[4] 1

In an effort to resolve these "distortions" in the patent system, in 1984 the U.S. Congress legislatively overruled *Roche* in an act called the Drug Price Competition and Patent Term Restoration Act of 1984, popularly referred to as the "Hatch-Waxman" Act after the two legislators who co-sponsored the bill.[5] The Hatch-Waxman Act introduced several significant changes to U.S. patent law, including patent term extension (the focus of this publica- 2

1 Constitution of the United States of America, Article One, Section 8(8).
2 733 F.2d 858, 221 USPQ 937 (Fed. Cir. 1984) held that such conduct is infringing, even though marketing of the product will not commence until after patent expiry.
3 Lourie, Patent Term Restoration, 66 Journal of the Patent Office Society 526 (1985).
4 Lourie, Patent Term Restoration, 66 Journal of the Patent Office Society 526 (1985).

schlag unterstützten,[5] mit „Hatch-Waxman-Gesetz" bezeichnet wird und das *Roche*-Urteil außer Kraft setzte. Durch das Hatch-Waxman-Gesetz wurden mehrere bedeutende Veränderungen in das US-Patentrecht eingeführt, u.a. eine Patentdauerverlängerung (der Schwerpunkt dieser Publikation), eine gesetzliche Freistellung bei Patentverletzungen durch Handlungen im Zusammenhang mit aufsichtsrechtlicher Vermarktungszulassung und Verfahren zur Anfechtung der Gültigkeit von pharmazeutischen Patenten. Mittels dieser Bestimmungen soll durch das Gesetz von 1984 ein Ausgleich zwischen zwei konkurrierenden Zielsetzungen innerhalb der pharmazeutischen Industrie gefunden werden: auf der einen Seite die Förderung der Einführung von weithin erhältlichen Generika und auf der anderen Seite die Wahrung eines angemessenen Anreizes für die Branche, in die Entwicklung von neuen Arzneimitteln zu investieren. Das Gesetz richtet sich gegen die „nachgeschaltete Verzerrung", d.h. dass Generikahersteller erst nach dem Ablauf der relevanten Patente mit der für die Marktzulassung nötigen Datensammlung beginnen können, indem eine Freistellung von der Patentverletzungsahndung in Bezug auf das Generikazulassungsverfahren gewährt wird. Als Teil eines Kompromisses mit Markenpharmazeutika richtet sich das Gesetz gleichzeitig gegen die „vorgeschaltete Verzerrung", indem ein Mechanismus zur Verlängerung der Dauer von in Frage kommenden Patenten über Pharmazeutika bereitgestellt wird. Somit soll das Gesetz u.a. eine Entschädigung für die Schutzdauer bieten, die während des zeitaufwändigen Zulassungsverfahrens verlorenging, bevor ein Arzneimittel oder eine Vorrichtung auf den Markt gebracht werden kann.

3 Aufgabe der vorliegenden Schrift ist eine Untersuchung des gesetzlichen Rechts und der Rechtsprechung der Gerichte, die für diesen Mechanismus zur Verlängerung der Schutzdauer gelten. Bei der Prüfung und Auslegung eines bestimmten Gesetzes in einem wissenschaftlichen Werk in den USA erfolgt oft eine Untersuchung der gesetzgeberischen Entstehungsgeschichte dieses Gesetzes, die nicht nur Einblick in die Absicht des Gesetzgebers gewährt, sondern auch in die Kompromisse gibt, die möglicherweise während der Fassung eingegangen worden sind. In den USA gibt es ein Sprichwort, das besagt: „Je weniger die Leute davon wissen, wie Würste und Gesetze gemacht werden, desto besser schlafen sie".[6] Die Verfasser des Hatch-Waxman-Gesetzes scheinen sich das zu Herzen genommen zu haben, da im Wesentlichen nichts über die Entstehungsgeschichte des Gesetzes bekannt ist; ein Einblick in die theoretische Grundlage der Abhilfen für die „Verzerrungen" und in das, was den Gesetzgeber bewegte, der die Regeln für die Verlängerung der Schutzdauer ausarbeitete, ist daher nicht gegeben. Wenn aus der vorliegenden Publikation also keine tiefgründigen Erklärungen der gedanklichen Grundlage der verschiedenen Bestimmungen des Gesetzes hervorgehen, dann rührt das daher, dass diese gedankliche Grundlage weitgehend unbekannt ist. Nach der Aussage des damaligen *Senators Howard Metzenbaum* ist das Hatch-Waxman-Gesetz oberflächlich betrachtet vollkommen klar:

Viele fragen sich, worum es bei diesem Gesetz geht, was es bedeutet und wie es auszulegen ist. Was mich angeht, lege ich es nur auf eine Art aus. Niemand kann die Formulierung eines Gesetzes ändern. Es spricht für sich. Mancher glaubt zwar, dass er die Fassung dieses Gesetzes so oder so auslegen kann, aber die Gerichte sollen verstehen, dass das Gesetz für sich spricht und dass dieser Auslegung durch eine mögliche Interpretation im Plenarsaal nichts hinzugefügt wird.[7]

Der Leser wird aufgefordert, sich seine eigene Meinung zu bilden.

5 Pub. L. Nr. 98-417, 98 Stat. 1585 (kodifiziert in 21 U.S.C. 355(b), (j), (l); 35 U.S.C. 156, 271, 282).

6 Dieses Sprichwort soll angeblich von Otto von Bismarck stammen, aber diese Quelle ist nicht gesichert. Oxford Dictionary of Quotations, Hrsg. Elizabeth Knowles, Misquotations, Oxford Reference Online. Oxford University Press.

7 Fox et al. *Legislative History of the Drug Price Competition and Patent Term Restoration Act of 1984*, Food and Drug Law Institute, 1987.

tion); a statutory exemption for patent infringement by acts associated with regulatory marketing approval; and procedures for challenging the validity of pharmaceutical patents. Through these provisions, the 1984 Act attempts to balance two competing objectives within the pharmaceutical industry; specifically, to encourage the introduction of widely available generic drugs and to maintain adequate incentives for industry to invest in the development of new drugs. The act addresses "back end distortion", i.e., the inability of generics to begin the data gathering necessary for market approval until relevant patents expire, by exempting from infringement acts related to the generic approval process. At the same time, as part of a compromise with brand pharmaceuticals, the act addresses "front end distortion" by providing a mechanism for extending the term of eligible patents covering pharmaceuticals. Thus, the act is intended to provide, among other things, compensation for patent term lost during the lengthy approval process before a drug or device can be brought to market.

The purpose of the present work is to examine the laws, both statutory and court-made, which govern this mechanism for extension of patent term. When a particular law is examined and interpreted in a scholarly work in the U.S., it is common to refer to the legislative history of that law, as a window into the intent of the drafters, and to provide insight into the compromises which may have been reached in the drafting process. There is a saying in the U.S. that "the less people know about how laws and sausages are made, the better they sleep in the night".[6] The drafters of the Hatch-Waxman act seem to have taken this to heart, as there is essentially no legislative history, and thus no insight on the theory behind the remedies to the "distortions" and no window into the minds of the legislators who shaped the rules governing the extension of patent term. Thus, to the extent that the present work fails to provide deep insight into the thoughts behind the various provisions of the act – it is because those thoughts are largely unknown. Allegedly, the Hatch-Waxman Act is perfectly clear on its face, as stated by then *Sen. Howard Metzenbaum*: 3

[T]here are many people asking what this bill is all about: what it means; how do you interpret it. Let me say, for one, that I interpret it in only one manner. Nobody can change the language of the legislation. It speaks for itself. So notwithstanding anybody who may feel that they can interpret the language of this legislation in one way or another, I want the courts to understand that the legislation speaks for itself and the interpretation which anyone may make on the floor does not really add anything to that interpretation.[7]

The authors invite the reader to form an independent opinion.

5 Pub. L. No. 98-417, 98 Stat. 1585 (codified at 21 U.S.C. 355(b), (j), (l); 35 U.S.C. 156, 271, 282).

6 Sometimes attributed to Otto von Bismark, the source of the quote is unproven. Oxford Dictionary of Quotations edited by Elizabeth Knowles, Misquotations, Oxford Reference Online. Oxford University Press.

7 Fox et al., *Legislative History of the Drug Price Competition and Patent Term Restoration Act of 1984*, Food and Drug Law Institute, 1987.

II. Eignung zur Verlängerung

1. Allgemeine gesetzliche Anforderungen

4 Ein Teil des Hatch-Waxman-Gesetzes, der die Verlängerung der Schutzdauer eines Patents regelt, um die es in dieser Schrift geht, ist in 35 U.S.C. 156 kodifiziert. Die Regeln zur Implementierung des Gesetzes gehen aus 37 CFR §§ 1.710–1.791 hervor. Im Gesetz und in den Regeln wird der Mechanismus zur Verlängerung der Dauer von Patenten festgelegt, die für eine Verlängerung in Frage kommen. Für eine Verlängerung eignen sich nur Patente, in denen ein Arzneimittel, ein Verfahren zur Herstellung eines Arzneimittels oder ein Verfahren zur Verwendung eines Arzneimittels beansprucht wird, wenn dieses Arzneimittel einer aufsichtsrechtlichen Prüfung unterworfen wurde.[8] Am 16. November 1988 wurde § 156 durch das Öffentliche Gesetz 100–670 geändert, so dass jetzt auch Arzneimittel und biologische Präparate aus der Veterinärmedizin zu der Liste von Produkten gehören, die die Grundlage für eine Schutzdauerverlängerung bilden können. Die Schutzdauerverlängerungsbestimmungen gelten jedoch nicht für tierärztliche Arzneimittel, die vorwiegend auf biotechnologischem Wege hergestellt werden. Die „aufsichtsrechtliche Prüfung", auf deren Grundlage die Schutzdauer für humanmedizinische Arzneimittel und Antibiotika verlängert werden kann, basiert auf Paragraph 505 des Federal Food Drug and Cosmetic Act (Arzneimittelzulassungsgesetz) (21 USC § 355). Humanbiologische Produkte unterliegen gemäß Paragraph 351 des Public Health Service Act (Gesetz über den öffentlichen Gesundheitsdienst) (42 USC § 262) der aufsichtsrechtlichen Prüfung. Medizinische Vorrichtungen unterliegen gemäß Paragraph 515 des Federal Food Drug and Cosmetic Act (21 USC § 360 e) der aufsichtsrechtlichen Prüfung. Arzneimittel für die Veterinärmedizin unterliegen gemäß Paragraph 512 des Federal Food Drug and Cosmetic Act (21 USC § 360 b) der aufsichtsrechtlichen Prüfung. Veterinärbiologische Produkte unterliegen gemäß Paragraphen 151–159 des Virus-Serum Toxin Act (Virus-Serum-Toxin-Gesetz) (21 USC §§ 151–159) der aufsichtsrechtlichen Prüfung. Nahrungsmittelzusatzstoffe und Farbzusatzstoffe unterliegen gemäß dem Federal Food Drug and Cosmetic Act (21 USC § 348 und 21 USC Kap. 1, Unterkap. A, Teile 70-71) ebenfalls der aufsichtsrechtlichen Prüfung. Der Begriff „Schutzdauerverlängerung" ist etwas zu breit gefasst, da gemäß dem Gesetz zwar die Dauer des gesamten Patents verlängert wird, die durch die Verlängerung gewährten Rechte aber auf das zugelassene Produkt oder die zugelassene Verwendung, d.h. das Produkt oder die Verwendung, die, wie unten weiter ausgeführt, der aufsichtsrechtlichen Prüfung unterliegen, beschränkt sind. Rechte aus Patenten über Herstellungsverfahren werden gleichfalls nur bezüglich der Verfahren zur Herstellung des zugelassenen Produkts verlängert.

5 In dem Gesetz werden mehrere Schwellen festgelegt, die erreicht werden müssen, damit ein bestimmtes Patent als schutzdauerverlängerungsfähig eingestuft werden kann:[9]

(1) der Verlängerungsantrag muss vor Ablauf der Dauer des zu verlängernden Patents eingereicht werden,

(2) bei der Verlängerung der Dauer des zu verlängernden Patents darf es sich nicht um eine weitere Verlängerung handeln,[10]

(3) ein Verlängerungsantrag muss vom eingetragenen Inhaber des Patents oder seinem Vertreter (und gemäß hochspezifischen zeitlichen und inhaltlichen Anforderungen, die weiter unten genauer erörtert werden) eingereicht werden und

8 35 U.S.C. 156(a).
9 35 U.S.C. 156(a).
10 Abgesehen von gewissen technischen Ausnahmen, wie sie aus 37 CFR § 1.710 für Fortführungsverzögerungen oder §§ 1.760 und 1.790 für Interimsverlängerung, während die Bestimmung einer endgültigen Verlängerung gemäß 35 U.S.C. 156 anhängig ist, hervorgehen.

II. Eligibility for Extension

1. General Statutory Requirements

The portion of the Hatch Waxman act which governs extension of the term of a patent – the subject of this work – is codified in 35 U.S.C. 156. Rules for the implementation of the statute are set forth in 37 CFR §§ 1.710–1.791. The statute and rules set forth the mechanism for extending of the term of patents eligible for extension. A patent eligible for extension must claim a drug product, method of making a drug product, or method of using a drug product, where that product has been subject to regulatory review.[8] On November 16, 1988, § 156 was amended by Public Law 100–670, adding animal drugs and veterinary biologics to the list of products that can form the basis of patent term extension. (However, animal drug products which are primarily manufactured through biotechnology are excluded from the provisions of patent term extension.) Thus, the "regulatory review" providing basis for extension of patent term for human drugs and antibiotic drugs is under section 505 of the Federal Food Drug and Cosmetic Act (21 USC § 355). Human biological products are subject to regulatory review under section 351 of the Public Health Service Act (42 USC § 262). Medical devices are subject to regulatory review under section 515 of the Federal Food Drug and Cosmetic Act (21 USC § 360e). Animal drugs are subject to regulatory review under section 512 of the Federal Food Drug and Cosmetic Act (21 USC § 360b). Veterinary biological products are subject to regulatory review under sections 151–159 of the Virus-Serum Toxin Act (21 USC §§ 151–159). Finally, food additives and color additives are subject to regulatory review under the Federal Food Drug and Cosmetic Act (21 USC § 348 and 21 USC Ch. 1, Subch. A, Parts 70–71). "Patent Term Extension" is somewhat of an overly broad expression, as although the term of the entire patent is extended under the statute, the rights under the extension are limited to the approved product or use, i.e., the product or use subject to regulatory review, as discussed in greater detail below. Similarly, rights under patents on methods of manufacturing are extended only with respect to methods of making the approved product. 4

The statute sets forth several threshold requirements which must be met to establish eligibility of a given patent for patent term extension:[9] 5

(1) the term of the patent to be extended must not have expired before an application is submitted for its extension;

(2) the term of the patent to be extended cannot previously have been extended;[10]

(3) an application for extension must be submitted by the owner of record of the patent or its agent (and in accordance with very specific requirements of timing and content, discussed in detail infra); and

8 35 U.S.C. 156(a).
9 35 U.S.C. 156(a).
10 With the exception of certain technical exceptions, as set forth in 37 CFR § 1.710 for prosecution delays or §§ 1.760 and 1.790 for interim extension pending determination of final extension under 35 U.S.C. 156.

(4) das in dem zu verlängernden Patent beanspruchte „Produkt" hat vor seiner Vermarktung oder Verwendung im Handel den oben erwähnten aufsichtsrechtlichen Prüfungszeitraum durchlaufen.

Darüber hinaus muss es sich bei der Genehmigung dieser Vermarktung oder Verwendung des Produkts im Handel nach dem aufsichtsrechtlichen Prüfungszeitraum um die erste genehmigte Vermarktung oder Verwendung des „Produkts" im Handel gemäß dieser die aufsichtsrechtliche Prüfung festlegenden gesetzlichen Bestimmung handeln; davon ausgenommen sind Patente, in denen ein Verfahren zur Herstellung eines Produkts beansprucht wird, bei dem in der Herstellung des Produkts in erster Linie rekombinante DNA-Technik zum Einsatz kommt. Für ein derartiges Patent, in dem die rekombinante Herstellung eines Produkts beansprucht wird, kann es sich bei der Genehmigung der Vermarktung oder Verwendung des Produkts im Handel nach einem aufsichtsrechtlichen Zeitraum um die erste genehmigte kommerzielle Vermarktung oder Verwendung eines nach einem derartigen Verfahren hergestellten Produkts handeln. Das heißt, das Produkt oder ein herkömmliches Verfahren für seine Herstellung kann zwar zuvor zugelassen worden sein, aber ein Patent über ein rekombinantes Verfahren kann trotzdem verlängert werden.[11]

6 Eine quasi parallele Ausnahme gilt für tiermedizinische Arzneimittel oder biologische Produkte in der Tiermedizin. Für ein Patent, (1) in dem ein neues tiermedizinisches Arzneimittel oder biologisches Produkt in der Tiermedizin beansprucht wird, das nicht von den Ansprüchen irgendeines anderen verlängerten Patents abgedeckt wird und (2) das für die kommerzielle Vermarktung oder Verwendung sowohl für Tiere, die der Nahrungsmittelerzeugung dienen, als auch für Tiere, die nicht der Nahrungsmittelerzeugung dienen, zugelassen ist, und (3) das nicht lediglich auf Grundlage des aufsichtsrechtlichen Prüfungszeitraums für die Verwendung bei Tieren, die nicht der Nahrungsmittelerzeugung dienen, verlängert wurde, kann die Zulassung für die kommerzielle Vermarktung oder Verwendung des Arzneimittels oder Produkts nach dem aufsichtsrechtlichen Prüfungszeitraum für die Verwendung bei Tieren, die der Nahrungsmittelerzeugung dienen, als die erste zugelassene kommerzielle Vermarktung oder Verwendung des Arzneimittels oder Produkts gelten. Wenn eine aufsichtsrechtliche Genehmigung für Tiere, die der Nahrungsmittelerzeugung dienen, erlangt worden ist, selbst wenn bereits vorher die Zulassung zur Verabreichung an ein Tier erfolgte, das nicht der Nahrungsmittelerzeugung dient, kann also die Zulassung für Tiere, die für die Nahrungsmittelerzeugung eingesetzt werden, als Argument für eine Schutzdauerverlängerung gelten.[12]

7 Eine zusätzliche Ausnahme gilt schließlich für zuvor zugelassene, durch rekombinante DNA-Techniken hergestellte Produkte, die somit danach in der rekombinanten Form zugelassen werden. Ein Patent über das rekombinante Herstellungsverfahren kann verlängert werden, obwohl das Produkt, das nicht durch rekombinante Technik hergestellt wurde, zuvor zugelassen wurde.[13]

2. Das „Produkt"

8 Worum es sich bei dem verlängerungsgeeigneten „Produkt" genau handelt, darüber streiten sich die Geister. Gemäß dem Gesetzestext bedeutet der Begriff „Produkt" Folgendes:

(1) der Wirkstoff eines neuen humanmedizinischen Arzneimittels, Antibiotikums oder humanbiologischen Produkts (Begriffe, die im Federal Food, Drug, and Cosmetic Act und im Public Health Service Act verwendet werden) **einschließlich eines beliebigen Sal-**

11 35 U.S.C. 156(a)5(A).
12 35 U.S.C. 156(a)5(B).
13 35 U.S.C. § 156(a)5(B). Soweit die Verfasser wissen, wurde diese Ausnahme nur einmal, und zwar 2004, geltend gemacht: US-Patent 5, 156, 957.

(4) the "product" claimed in the patent to be extended has been subject to the above-noted regulatory review period before its commercial marketing or use.

In addition, the permission for such commercial marketing or use of the product after the regulatory review period must be the first permitted commercial marketing or use of the "product" under that provision of law establishing the regulatory review, with the exception of a patent which claims a method of manufacturing a product which primarily uses recombinant DNA technology in the manufacture of the product. For such a patent claiming recombinant production of a product, the permission for the commercial marketing or use of the product after a regulatory period may be the first permitted commercial marketing or use of a product manufactured under such process. In other words, the product may previously have been approved, or a conventional process for its production approved, but a patent on a recombinant process may still be subject to extension.[11]

A somewhat parallel exception exists for animal drugs or veterinary biological products. For 6
a patent which: (1) claims a new animal drug or a veterinary biological product, which drug or product is not covered by the claims in any other patent which has been extended, (2) which drug or product has received permission for the commercial marketing or use in both food-producing and non-food-producing animals, and (3) was not extended on the basis of the regulatory review period for use in non-food-producing animals alone, the permission for the commercial marketing or use of the drug or product after the regulatory review period for use in food-producing animals can qualify as the first permitted commercial marketing or use of the drug or product. In other words, where regulatory approval is gained for food producing animals, even if prior approval was granted for administration to a non-food-producing animal, the approval for food-producing animals will support a patent term extension.[12]

Finally, an additional exception exists for previously approved products produced by recom- 7
binant DNA techniques, and thus subsequently approved in recombinant form. A patent on the recombinant process of production can be extended, despite the non-recombinantly produced product having prior approval.[13]

2. The "Product"

Considerable wrangling has centered on exactly what constitutes the "product" eligible for 8
extension. The term "product" means, according to the statute:

(1) the active ingredient of a new human drug, antibiotic drug, or human biological product (as those terms are used in the Federal Food, Drug, and Cosmetic Act and the Public

11 35 U.S.C. 156(a)5(A).
12 35 U.S.C. 156(a)5(B).
13 35 U.S.C. § 156(a)(5)(B). To the best of the authors' knowledge, this exception has been employed only one time, in 2004: USP 5,156,957.

zes oder Esters des Wirkstoffs für sich allein oder in Kombination mit einem anderen Wirkstoff oder

(2) der Wirkstoff eines neuen veterinärmedizinischen Arzneimittels oder biologischen Produkts in der Veterinärmedizin (Begriffe, die im Federal Food, Drug, and Cosmetic Act und im Virus-Serum-Toxin Act verwendet werden), der nicht hauptsächlich unter Einsatz von rekombinanter DNA, rekombinanter RNA oder Hybridom-Technik oder anderen Verfahren inklusive ortsspezifischer Gentechniken, einschließlich eines beliebigen Salzes oder Esters des Wirkstoffs für sich allein oder in Kombination mit einem anderen Wirkstoff hergestellt worden ist, oder

(3) eine beliebige medizinische Vorrichtung, ein beliebiger Nahrungsmittelzusatzstoff oder Farbzusatzstoff, die bzw. der gemäß dem Federal Food, Drug, and Cosmetic Act der Aufsicht unterliegt.[14]

Alle diese Artikel müssen aufsichtsrechtlich zugelassen werden, bevor sie in den Handel kommen; Patente, die sie abdecken, können verlängert werden.

Wie sich herausgestellt hat, gestaltet sich die Auslegung dieser Formulierung schwierig. Im Gesetzestext wird ein „Produkt" ferner als Arzneimittel („Arzneimittelprodukt"), medizinische Vorrichtung, Nahrungsmittelzusatzstoff oder Farbzusatzstoff definiert, die der aufsichtsrechtlichen Zulassung bedürfen.[15] Ein „Arzneimittelprodukt" wird wiederum als der „Wirkstoff" eines Arzneimittels in der Humanmedizin, eines Arzneimittels für Tiere (ausschließlich jener Arzneimittel, die hauptsächlich unter Einsatz von rekombinanter DNA, rekombinanter RNA oder Hybridom-Technik oder anderen Verfahren einschließlich ortsspezifischer Gentechniken hergestellt worden sind) oder eines biologischen Produkts (gemäß der Definition im Federal Food, Drug, and Cosmetic Act und im Public Health Service Act) „einschließlich eines beliebigen Salzes oder Esters des Wirkstoffs für sich allein oder in Kombination mit einem anderen Wirkstoff" definiert.[16]

Der Begriff „Produkt" wird ferner als eine Substanz definiert, die entweder für sich allein oder in Kombination mit anderen Inhaltsstoffen zur Vermarktung und Verwendung im Handel zugelassen worden sind. Somit können Verlängerungen in den Fällen erlangt werden, in denen die aufsichtsrechtliche Zulassung eine Zusammensetzung oder ein Verfahren zur Verwendung einer solchen Zusammensetzung oder ein Verfahren zur Herstellung einer solchen Zusammensetzung betraf und das verlängerte Patent nur einen einzigen Bestandteil der Zusammensetzung abdeckt.[17]

9 Ein Patent, in dem ein Arzneimittel-„Produkt" beansprucht wird und das somit den Anforderungen entspricht, ist jedoch mit einem Patent, das durch die Herstellung oder die Verwendung eines gegebenen Arzneimittels **verletzt** wird, nicht synonym. In der Sache *Hoechst-Roussel Pharmaceuticals Inc. gg. Lehman*[18] wurde beispielsweise entschieden, dass in einem Patent, in dem ein Metabolit eines zugelassenen Arzneimittels beansprucht wurde und das somit, wie man annehmen könnte, durch Verabreichung des zugelassenen Arzneimittels verletzt worden war, das zugelassene Arzneimittel nicht beansprucht wurde und somit zum Zwecke der Verlängerung auch kein „Produkt" beansprucht wurde. Tacrin-Hydrochlorid, das Produkt von Hoechst, war von der Food and Drug Administration (FDA) zur Behandlung der Alzheimer-Krankheit zugelassen worden. Nach der Zulassung beantragte Hoechst die Verlängerung eines Patents, in dem sowohl die Verbindung 1-Hydroxy-tacrin als auch

14 Siehe 21 CFR 60.3(b) für Definitionen von Begriffen wie Wirkstoff, Farbzusatzstoff, Nahrungsmittelzusatzstoff, humanmedizinisches Arzneimittelprodukt und medizinische Vorrichtung.
15 35 U.S.C. 156(f)(1).
16 35 U.S.C. 156(f)(2).
17 35 U.S.C. 156(f)(2).
18 109 F.3d 756, 42 USPQ2d 1220 (Fed. Cir. 1997).

Health Service Act) **including any salt or ester of the active ingredient,** as a single entity or in combination with another active ingredient; or

(2) the active ingredient of a new animal drug or veterinary biological product (as those terms are used in the Federal Food, Drug, and Cosmetic Act and the Virus-Serum-Toxin Act) that is not primarily manufactured using recombinant DNA, recombinant RNA, hybridoma technology, or other processes including site specific genetic manipulation techniques, including any salt or ester of the active ingredient, as a single entity or in combination with another active ingredient; or

(3) any medical device, food additive, or color additive subject to regulation under the Federal Food, Drug, and Cosmetic Act.[14]

All of these items require regulatory approval before being commercialized; patents covering them are subject to extension.

This language has proved difficult to interpret. In the statute, a "product" is further defined as a drug ("drug product"), medical device, food additive, or color additive that is subject to regulatory approval.[15] In turn, a "drug product" is defined as the "active ingredient" of a human drug, animal drug (excluding those primarily manufactured using recombinant DNA, recombinant RNA, hybridoma technology, or other processes including site specific genetic manipulation techniques), or biological product (as defined by the Federal Food, Drug and Cosmetics Act and the Public Health Service Act) "including any salt or ester of the active ingredient, as a single entity or in combination with another active ingredient."[16]

The term "product" is still further defined as a substance that either alone or in combination with other ingredients received permission for commercial marketing or use. Thus, extensions can be obtained where regulatory approval was for a composition, or a method of using such a composition, or a method of manufacturing such a composition, and the patent extended covers just a single component of the composition.[17]

However, a patent that meets the requirement of claiming a drug "product" is not synonymous with a patent that is **infringed** by production or use of a given drug. For example, in *Hoechst-Roussel Pharmaceuticals Inc. v. Lehman*,[18] a patent which claimed a metabolite of an approved drug – thus presumptively infringed by administration of the approved drug – was held not to claim the approved drug and thus does not claim a "product" for purposes of extension. Hoechst's product, tacrine hydrochloride, was approved by the FDA for treatment of Alzheimer's disease. Subsequent to approval, Hoechst applied for extension of a patent claiming both the compound 1-hydroxy-tacrine and a method of treating a patient in need of memory enhancement by administering an effective amount of 1-hydroxy-tacrine. Tacrine hydrochloride, the approved product, after ingestion by a patient was metabolized into 1-hydroxy-tacrine and other compounds. In interpreting the statutory phrase "claims a 9

14 See 21 CFR 60.3(b) for definitions of terms such as active ingredient, color additive, food additive, human drug product, and medical device.
15 35 U.S.C. 156(f)(1).
16 35 U.S.C. 156(f)(2).
17 35 U.S.C. 156(f)(2).
18 109 F.3d 756, 42 USPQ2d 1220 (Fed. Cir. 1997).

ein Verfahren zur Behandlung eines Patienten, dessen Erinnerungsvermögen durch Verabreichung einer wirksamen Menge an 1-Hydroxy-tacrin verbessert werden sollte, beansprucht wurden. Tacrin-Hydrochlorid, das zugelassene Produkt, wird nach der Einnahme durch den Patienten zu 1-Hydroxy-tacrin und anderen Verbindungen verstoffwechselt. Nach der Auslegung des im Wortlaut des Gesetzes genannten Ausdrucks „beansprucht ein Produkt" entschied das amerikanische Bundesgericht, dass unabhängig davon, ob durch die Verabreichung des Hydrochlorids in der Praxis die Patentansprüche verletzt werden könnten oder nicht, im Hoechst-Patent weder der vom FDA zugelassene Wirkstoff Tacrin-Hydrochlorid noch ein Verfahren zur Verwendung dieses Inhaltsstoffs beansprucht wird.

10 Wohl in Übereinstimmung damit gilt ein „Arzneimittelprodukt" als der Wirkstoff, der in der endgültigen Dosierform vor der Verabreichung des Produkts an den Patienten vorliegt, und nicht als die Form, die das Arzneimittel nach der Verabreichung möglicherweise annimmt. So ist ein Arzneimittel in der Form des Esters, die für die orale Verabreichung verwendet wird, ein anderes Arzneimittelprodukt als dieselbe aktive Gruppierung in einer Salzform, die durch Injizierung verabreicht wird, obwohl sowohl das Salz als auch der Ester zur Behandlung desselben Krankheitszustands verwendet werden und beide zu der Säure verstoffwechselt werden. In beiden Fällen kann eine Schutzdauerverlängerung von verschiedenen Patenten jeweils auf der Grundlage des Wirkstoffs in Esterform und des Wirkstoffs in Salzform befürwortet werden. In der Sache *Glaxo Operations UK Ltd. gg. Quigg*[19] war Glaxo die Inhaberin eines Patents über Cefuroxim, einem Antibiotikum, und Salzen davon. Die Salze waren von der FDA zugelassen worden. Danach erlangte Glaxo die Zulassung von Cefuroxim-Axetil, einem Ester, und beantragte die Verlängerung ihres Patents darüber. Sowohl der Ester als auch das Salz wurden bei der Verabreichung zu der Säure verstoffwechselt. Das Patentamt lehnte den Verlängerungsantrag mit der Begründung ab, die FDA-Zulassung des Esters sei nicht die erste zugelassene kommerzielle Vermarktung oder Verwendung des „Produkts", weil zuvor schon Salze zugelassen worden waren. Im Urteil des Bundesgerichts, mit dem die Entscheidung des Patentamts aufgehoben wurde, hieß es, dass getrennte Verlängerungen für getrennt zugelassene Salze und Ester durch die „offensichtliche Bedeutung" der Ausdrücke „Wirkstoff eines neuen Arzneimittels ... einschließlich eines beliebigen Salzes oder Esters des Wirkstoffs" in Paragraph 156(f)(2) befürwortet werden. Das heißt, dass der „Wirkstoff" eines Arzneimittels nach dem Urteil des Gerichts der Inhaltsstoff im Arzneimittelprodukt ist, der bei Verabreichung therapeutisch wirksam **wird**, und nicht der Metabolit, in den dieser Inhaltsstoff nach der Verabreichung verwandelt wird.[20]

11 Nach der weiteren Auslegung durch das Bundesgericht ist ein „Arzneimittelprodukt" der Wirkstoff eines bestimmten neuen Arzneimittels und nicht die gesamte Zusammensetzung des von der Arzneimittelzulassungsbehörde (FDA) zugelassenen Arzneimittelprodukts (*Fisons plc gg. Quigg*).[21] In der Sache *Fisons* argumentierten die Patentinhaber, dass der Begriff „Produkt" in Paragraph 156(a)(5)(A) nicht als ein „Wirkstoff" ausgelegt werden sollte; der Begriff beziehe sich vielmehr auf das jeweilige von der FDA zugelassene Arzneimittelprodukt. Fisons war die Inhaberin von drei Patenten, jeweils über ein neues humanmedizinisches Arzneimittelprodukt mit dem Wirkstoff Cromolyn-Natrium. Nach dem Gericht stelle jedes dieser Produkte „eine innovative Verwendungs- oder Dosierungsform" der Verbindung Cromolyn-Natrium dar. Die FDA ließ Cromolyn-Natrium zuerst in der Form von Inhalierungskapseln zur kommerziellen Vermarktung zu und ließ danach die verschiedenen Verwendungen oder Dosierungen der anderen Patente zu. Da jeder Verlängerungsantrag auf

19 706 F.Supp. 1224, 10 USPQ2d 1100 (E. D. Va. 1989), bestät., 894 F.2d 392, 13 USPQ2d 1628 (Fed. Cir. 1990).
20 *Glaxo*, s. oben.
21 1988 U.S. Dist. LEXIS 10935; 8 USPQ2d 1491, 1495 (D. D. C. 1988); bestät., 876 F2d. 99, 110; 10 USPQ2d 1869 (Fed. Cir. 1989).

product", the Federal Circuit held that the Hoechst patent did not claim either the active ingredient that received FDA approval, tacrine hydrochloride, or a method of using that ingredient, regardless of whether administration of the hydrochloride, in practice, might infringe the patent claims.

Arguably consistent with this, a "drug product" has been held to be the active ingredient found in the final dosage form prior to administration of the product to the patient, not the resultant form the drug may take after administration. Thus, a drug in the ester form which is used for oral administration is a different drug product from the same active moiety in a salt form which is administered by injection, even though both the salt and the ester are used to treat the same disease condition and both metabolize to the acid. In both cases the ester and the salt active ingredient may each support an extension of patent term of different patents. In *Glaxo Operations UK Ltd. v. Quigg,*[19] Glaxo held a patent on Cefuroxime, an antibiotic, and salts thereof. The salts had been FDA approved. Glaxo subsequently received approval on Cefuroxime axetil, an ester, and applied for extension of its patent thereon. Both the ester and the salt metabolized to the acid upon administration. The Commissioner denied the extension, asserting that the FDA approval of the ester was not the first permitted commercial marketing or use of the "product" because salts had previously been approved. In reversing this holding, the Federal Circuit held that the "plain meaning" of 156(f)(2)'s terms, "active ingredient of a new drug ... including any salt or ester of the active ingredient" supported separate extensions for separately approved salts and esters. In other words, the Court found that the "active ingredient" of a drug is the ingredient in the drug product that **becomes** therapeutically active when administered, rather than the metabolite which that ingredient becomes subsequent to administration.[20] 10

The Federal Circuit has further interpreted a "drug product" to be the active ingredient of a particular new drug, rather than the entire composition of the drug product approved by the Food and Drug Administration, in *Fisons plc v. Quigg.*[21] In *Fisons*, patentees argued that the term "product" in section 156(a)(5)(A) should not be interpreted to mean an "active ingredient", but instead refers to the particular drug product that the FDA approved. Fisons held three patents, each covering a new human drug product containing the active ingredient cromolyn sodium. According to the Court, each of these products represented "an innovative use or dosage form" of the compound cromolyn sodium. The FDA first approved cromolyn sodium for commercial marketing in inhalation capsule form, and subsequently approved the different uses or dosages of the other patents. Fisons argued that because each application for extension is based on the FDA's first approval of a different use or dose of a product incorporating cromolyn sodium, these approvals satisfied the requirement of section 11

19 706 F.Supp. 1224, 10 USPQ2d 1100, (E.D. Va. 1989), aff'd., 894 F.2d 392, 13 USPQ2d 1628 (Fed. Cir. 1990).
20 *Glaxo*, supra.
21 1988 U.S. Dist. LEXIS 10935; 8 USPQ2d 1491, 1495 (D.D.C. 1988); aff'd., 876 F2d. 99, 110; 10 USPQ2d 1869 (Fed. Cir. 1989).

der ersten Zulassung einer unterschiedlichen Verwendung oder Dosierung eines Cromolyn-Natrium enthaltenden Produkts durch die FDA beruhe, erfüllten diese Zulassungen, so Fisons, die Anforderung von Paragraph 156(a)(5)(A). Das von Fisons vorgebrachte Argument lege „Produkt", nach Ansicht des Gerichts, als die gesamte Zusammensetzung des Arzneimittelprodukts und nicht nur als den Wirkstoff aus, insoweit betreffe die Zulassung durch die FDA Erstere und nicht nur Letzteren. Nach Ansicht des Gerichts verstieß dies gegen „offensichtliche Bedeutung" des Gesetzes.

3. Erste Vermarktung oder Verwendung im Handel

12 Damit ein Patent über das Produkt für eine Verlängerung in Frage kommt, muss sich die Zulassung des Produkts durch die Aufsichtsbehörde auf die erste kommerzielle Vermarktung oder Verwendung des Produkts beziehen. Eine Zulassung beispielsweise für eine Vorrichtung wie einen Asthma-Inhalator, der ein bereits zur Verfügung stehendes Arzneimittel abgibt, ist für eine Verlängerung unerheblich, da das „Produkt", also der Wirkstoff, zuvor im Handel erhältlich war.[22] Wie oben erörtert, könnten das Salz und der Ester einer Säureverbindung, wenn es sich bei beiden um Prodrugs handelt, d.h. bei der Verabreichung zu der Säure verstoffwechselt werden, die Grundlage für getrennte Verlängerungen bilden, wenn das Salz oder der Ester zuvor vermarktet worden sind oder auch die Säure zuvor zugelassen worden war.[23] Außerdem war das Gericht der Ansicht, dass der Wirkstoff die tatsächlich im Arzneimittelprodukt enthaltene Substanz und nicht das im Gebrauch durch die Verstoffwechselung gebildete Produkt oder das für die Wirksamkeit verantwortliche „zugrunde liegende Molekül" ist (*Photocure gg. Kappos*).[24] In der Sache *Photocure* hieß es im Urteil des Bundesgerichts, dass das Aminolävulinsäuremethylester-hydrochlorid („MAL-Hydrochlorid") zu einer Schutzdauerverlängerung berechtigt ist, obwohl MAL-Hydrochlorid der Methylester von Aminolävulinsäurehydrochlorid (AIA-Hydrochlorid) ist, das zuvor von der FDA zugelassen worden war. Obwohl die „aktive Gruppierung" diesselbe sei (wie das Patentamt versicherte) – der Ester war eine Prodrug von AIA-Hydrochlorid –, sei das „Produkt" anders und nicht der Metabolit, so das Gericht. Somit war der Ester nicht zuvor im Handel erhältlich gewesen. Wenn ein Salz oder ein Ester jedoch zuvor zugelassen worden war, ist nicht klar, ob eine Verlängerung durch die Säureform gerechtfertigt werden kann, da das Produkt im Gesetz unter Verwendung der Formulierung „Ester oder Salz des Wirkstoffs" definiert wird.

22 Mitteilung über die endgültige Bestimmung, Antrag auf Schutzdauerverlängerung: In bzgl. US-Patent 6,869,939 (16. März 2010).

23 *Glaxo*, s. oben. Aber siehe *Pfizer, Inc. gg. Dr. Reddy's Laboratories, Inc.*, 359 F.3d 1361, 69 USPQ2d 2016 (Fed. Cir. 2004). Dort entschied das Gericht, dass durch die Ausdehnung eines Patentanspruchs auf eine Gruppe von Estern, von denen ein Ester zugelassen war, der Anspruch gegenüber einem Generika-Hersteller ausgedehnt wurde, der einen anderen Ester zu vermarkten versuchte.

24 603 F.3d 1372 (Fed. Cir. 2010).

156(a)(5)(A). The Court characterized Fisons' argument as interpreting "product" to be the entire composition of the drug product, not just the active ingredient, inasmuch as FDA approval goes to the former, not merely the latter. The court found this to violate the "plain meaning" of the statute.

3. First Commercial Marketing or Use

In order for a patent on the product to be eligible for extension, the approval of the product by the regulatory agency must be for the first commercial marketing or use of the product. For example, an approval on a device such as an asthma inhaler delivering a drug previously available does not qualify for extension as the "product" – the active agent – was previously commercially marketed.[22] However, as discussed above, the salt and ester of an acid compound, where both are prodrugs, i.e., metabolized to the acid on administration, could support separate extensions where one has previously been marketed or, for that matter, the acid has previously been approved.[23] Moreover, the Court has held that the active agent is the substance actually contained in the drug product, not the product formed by metabolization in use, nor the "underlying molecule" responsible for activity, *Photocure v. Kappos*.[24] In *Photocure*, the Federal Circuit held that that methyl aminolevulinate hydrochloride ("MAL hydrochloride"), was entitled to patent term extension, even though MAL hydrochloride was the methyl ester of aminolevulinic acid hydrochloride (AIA hydrochloride), which was previously approved by the FDA. The Court held that even though (as asserted by the PTO) the "active moiety" was the same – the ester was a prodrug of AIA hydrochloride – the "product" was different and was not the metabolite. Thus, the ester had not previously been in commercial use. However, if a salt or ester has previously been approved, it is unclear whether the acid form will support an extension, since the statute defines the product using the language of "ester or salt of the active ingredient". 12

22 Notice of Final Determination, Application for Patent Term Extension: In re USP 6,869,939 (March 16, 2010).

23 *Glaxo*, supra. But cf. *Pfizer, Inc. v. Dr. Reddy's Laboratories, Inc.*, 359 F.3 d 1361, 69 USPQ2 d 2016 (Fed. Cir. 2004), holding that the extension of a patent claim on a group of esters, where one ester was approved, extends the claim as against a generic pharmaceutical company attempting to market a different ester.

24 603 F.3 d 1372 (Fed. Cir. 2010).

13 Eine ähnliche Situation ergibt sich bei Enantiomeren und Racematen – selbst wenn ein Racemat zugelassen worden ist, ließe sich eine Verlängerung eines Patents über ein Enantiomer nach seiner darauffolgenden Zulassung erlangen. In der Sache *Ortho-McNeil Pharmaceuticals, Inc. gg. Lupin Pharmaceuticals, Inc.*[25] argumentierte Lupin, dass ein Patent über Levofloxacin unangemessen verlängert worden sei, da Levofloxacin der „Wirkstoff" von Ofloxacin, das Racemat sei. Lupin argumentierte weiter, dass Levofloxacin im Wesentlichen „dasselbe" Arzneimittelprodukt wie Ofloxacin sei, weshalb das Patent, in dem Levofloxacin beansprucht wird, nicht zu einer Schutzdauerverlängerung berechtigt sein dürfe. Das Bundesgericht bestätigte die Angemessenheit der Verlängerung und merkte an, dass der Patentinhaber gemäß der FDA die „volle aufsichtsrechtliche Zulassung" erlangen muss und Levofloxacin nach Ansicht des Patentamtes gegenüber Ofloxacin unabhängig patentfähig ist.[26]

14 Aufgrund der kürzlichen Entscheidungen der Bundesgerichte[27] hat das US-Patentamt auf jeden Fall von seiner anfänglichen Position, nach der die erste kommerzielle Verwendung oder Vermarktung eines Arzneimittelprodukts erfolgte, wenn das Arzneimittel in irgendeiner seiner Formen – Säure, Salz usw. – zugelassen und verkauft wurde, Abstand genommen und genehmigt jetzt die Verlängerungszulässigkeit von Estern, deren Grundverbindung bereits zugelassen ist.[28] Damit berief sich das US-Patentamt nicht mehr auf die frühere Bundesgerichtsentscheidung in der Sache *Pfizer*, nach der zum Zwecke der Bestimmung von Rechten bei einer Verlängerung ein „Arzneimittelprodukt" alle Salze einer aktiven Gruppierung einschließt.[29] Obwohl der Kontext, aus dem die Definition entstand, ein anderer war, und zwar ob durch die Zulassung eines Esters die Schutzdauer eines gesamten Anspruchs, in dem eine Gruppe von Estern genannt wird, verlängert wird, differenzierte das Bundesgericht die frühere Entscheidung: In der *Pfizer*-Entscheidung „heißt es nicht, dass eine Verlängerung nicht möglich ist, wenn ein bestehendes Produkt so erheblich geändert wird, dass ein neues und getrennt patentfähiges Produkt mit verbesserten Eigenschaften entsteht, das der vollen FDA-Zulassung bedarf".[30]

15 In Bezug auf „Produkte", bei denen es sich um eine Kombination von Wirkstoffen handelt, ist eine Schutzdauerverlängerung nur möglich, falls mindestens einer der Wirkstoffe nicht bereits zugelassen wurde. In Fällen, bei denen jeder der Inhaltsstoffe in einer binären Zusammensetzung bereits einzeln zugelassen war, hat sich das Patentamt gegen eine Verlängerungszulässigkeit ausgesprochen.[31] Sind beide Wirkstoffe allein oder in Kombination mit anderen Inhaltsstoffen bereits zugelassen, ist eine nachfolgende Zulassung ihrer Kombination keine „erste kommerzielle Verwendung", selbst wenn der Kombination eine synergistische Wirkung und/oder getrennte Patentfähigkeit zugeschrieben werden kann.[32]

25 603 F.3 d 1377, 95 U.S.P.Q.2 d 1246 (Fed. Cir. 2010).

26 Das Urteil in der Sache *Ortho-McNeil*, in der entschieden wurde, dass ein Patent über ein Enantiomer selbst nach der Verwendung oder Vermarktung des Racemates im Handel für die Verlängerung in Frage kommt, da das Enantiomer und das Racemat getrennt patentfähig sind, erging vor der Entscheidung des Supreme Court in der Sache *KSR International Co., Inc. gg. Teleflex*, 550 U.S. 550 U.S. 398, 127 S. Ct. 1727, 82 U.S.P.Q.2 d 1385 (Fed. Cir. 2007). Es bleibt abzuwarten, ob diese Entscheidung durch *KSR* in Zweifel gezogen wird.

27 Siehe z.B. *Photocure*, oben.

28 Schreiben der Patentrechtsverwaltung des US-Patentamts an das Amt für Aufsichtsrechtspolitik der FDA in Bezug auf TORISEL® (temsirolimus), 4. November 2010 (FDA-Aktenzeichen 2008-E-0102).

29 *Pfizer, Inc. gg. Dr. Reddy's Laboratories, Ltd.*, oben. Siehe auch: In der Sache des Antrags auf Schutzdauerverlängerung für das US-Patent 6,143,771 (Commr. Pats. & Tm. 2008).

30 *Photocure*, oben.

31 In der Sache *Alcon Labs., Inc.*, 13 USPQ2 d 1115 (Commr. Pat. & Tm. Dez. 1989).

32 *Fisons*, oben. Siehe auch: In der Sache des Antrags auf Schutzdauerverlängerung für das US-Patent 5,674,860 (Commr. Pats. & Tm. 2008).

A similar situation arises for enantiomers and racemates – even if a racemate has been approved, an extension could be obtained for a patent on one enantiomer upon subsequent approval thereof. In *Ortho-McNeil Pharmaceuticals., Inc. v. Lupin Pharmaceuticals., Inc.,* [25] Lupin argued that a patent on levofloxacin was improperly extended, since levafloxacin was the "active ingredient" of ofloxacin, the racemate. Lupin argued that levafloxacin was in essence the "same" drug product both as ofloxacin, and thus the patent claiming levafloxacin should not be entitled to patent term extension. In upholding the propriety of the extension, the Federal Circuit noted that the FDA required the patentee to obtain "full regulatory approval" and that the PTO found levafloxacin to be independently patentable over ofloxacin.[26] 13

In any event, as a result of recent Federal Circuit decisions,[27] the USPTO has moved away from its initial position that the first commercial use or marketing of a drug product was achieved when the drug in any of its forms – acid, salt, etc. – was approved and sold, and now approves eligibility for extension of esters, where the base compound was previously approved.[28] In doing so, the USPTO has moved away from reliance on the prior Federal Circuit decision of *Pfizer,* which held that "drug product" did include all salts of an active moiety, for purposes of determining rights under an extension.[29] Notwithstanding that the definition arose in a different context, i.e., whether approval of an ester extends the term of an entire claim reciting a group of esters, the Federal Circuit distinguished the earlier decision, holding that the *Pfizer* decision "did not hold that an extension is not available when an existing product is substantively changed in a way that produces a new and separately patentable product having improved properties and requiring full FDA approval."[30] 14

With respect to "products" that are a combination of active ingredients, patent term extension is available only so long as at least one of the active ingredients has not previously been approved. The PTO has denied eligibility where each of the ingredients in a binary composition were previously approved singly.[31] Where both active ingredients have previously been approved, alone or in combination with other ingredients, subsequent approval of their combination is not "first commercial use" even if a synergistic effect, and/or separate patentability, can be attributed to the combination.[32] 15

25 603 F.3 d 1377, 95 U.S.P.Q.2 d 1246 (Fed. Cir. 2010).

26 *Ortho-McNeil,* holding that a patent on an enantiomer is eligible for extension even after commercial use or marketing of the racemate, as a result of separate patentability of the enantiomer over the racemate, was decided prior to the Supreme Court decision in *KSR International Co., Inc., v Teleflex,* 550 U.S. 550 U.S. 398, 127 S. Ct. 1727, 82 U.S.P.Q.2 d 1385 (Fed. Cir. 2007). It remains to be seen whether *KSR* casts doubt on this decision.

27 See, e.g., *Photocure*, supra.

28 Letter from USPTO Office of Patent Legal Administration to FDA Office of Regulatory Policy, in re TORISEL® (temsirolimus) November 4, 2010 (FDA Docket 2008-E-0102).

29 *Pfizer, Inc. v. Dr. Reddy's Laboratories, Ltd.*, supra. See, also, In re Patent Term Extension Application for U.S. Patent 6,143,771 (Commr. Pats. & Tm. 2008).

30 *Photocure*, supra.

31 In re *Alcon Labs., Inc.*, 13 USPQ2 d 1115 (Commr. Pat. & Tm. Dec. 1989).

32 *Fisons*, supra. See, also, In re Patent Term Extension Application for U.S. Patent 5,674,860 (Commr. Pats. & Tm. 2008).

16 Nur weil eine Aufsichtsbehörde einen Prüfungszeitraum verlangt, bevor ein Arzneimittelprodukt im Handel vermarktet oder verwendet werden kann, heißt dies nicht, dass der Prüfungszeitraum für die „erste" genehmigte Vermarktung oder Verwendung des „Produkts" im Handel gilt. In der Sache *Arnold Partnership gg. Dudas*[33] handelte es sich bei dem zugelassenen Arzneimittelprodukt um Vicoprofen®, eine Zusammensetzung, die Hydrocodonbitartrat und Ibuprofen als Wirkstoffe enthielt. Die Komponenten waren vorher noch nicht miteinander verwendet worden. Daher forderte die FDA vor der Zulassung der Verwendung von Vicoprofen® im Handel einen aufsichtsrechtlichen Prüfungszeitraum. Da Hydrocodon und Ibuprofen jedoch für sich allein oder in Kombination mit anderen Wirkstoffen bereits vermarktet worden waren, wurde der Antrag auf Schutzdauerverlängerung[34] abgewiesen, weil Vicoprofen nicht die erste zugelassene kommerzielle Verwendung der Wirkstoffe sei.[35]

Die Zulassung einer neuen Indikation eines bereits zugelassenen Produkts rechtfertigt außerdem eine Verlängerung ebenfalls nicht, weil eine derartige neue Zulassung nicht die erste kommerzielle Verwendung oder Vermarktung des Produkts ist.[36]

III. Antragsteller, US-Patentamt und die Aufsichtsbehörde

17 Nicht eine, sondern zwei US-Bundesbehörden spielen bei der Prüfung des Antrags eine Rolle: das US-Patentamt und die Aufsichtsbehörde (z.B. die FDA oder das Landwirtschaftsministerium). Daher liegen bestimmte Aspekte des Antragsverfahrens einzig und allein im Zuständigkeitsbereich des US-Patentamts (Erfüllung der gesetzlichen Anforderungen und Feststellung, ob das Patent für eine Verlängerung in Frage kommt), während andere Aspekte einzig und allein von der Aufsichtsbehörde gehandhabt werden (Bestimmung der Länge des aufsichtsrechtlichen Zeitraums). Dies führt zu einem komplizierten Briefwechsel zwischen dem US-Patentamt, der Aufsichtsbehörde und dem Antragsteller.

18 Der Antragsteller reicht zunächst den Antrag auf Schutzdauerverlängerung beim US-Patentamt ein. Vorausgesetzt, es liegt kein eindeutiger Grund für die Verweigerung der Zulässigkeit vor, oder es bestehen nur geringfügige Formfehler, die vom Antragsteller zu korrigieren sind, schickt das US-Patentamt ein Schreiben mit einer Kopie des Antrags auf Schutzdauerverlängerung an die Aufsichtsbehörde und bittet diese um Informationen über die Verlängerungszulässigkeit. Zu diesem Zeitpunkt bittet das US-Patentamt die Bundesbehörde jedoch noch nicht um die Bestimmung des aufsichtsrechtlichen Prüfungszeitraums.

19 Mit der daraufhin erfolgenden schriftlichen Mitteilung der Aufsichtsbehörde wird verifiziert, ob das Produkt aufsichtsrechtlich zugelassen worden ist, bestätigt, ob die aufsichtsrechtliche Zulassung für die erste genehmigte kommerzielle Vermarktung oder Verwendung galt oder nicht, wird das US-Patentamt davon in Kenntnis gesetzt, ob der Antrag fristgerecht eingereicht wurde, d.h. innerhalb der Frist von 60 Tagen nach der Zulassung (weiter unten genauer erörtert), und werden alle anderen Informationen geliefert, die für die Feststellung durch das US-Patentamt, ob das jeweilige Patent verlängerungszulässig ist, relevant sind. Danach fällt das US-Patentamt eine vorläufige Entscheidung über die Verlängerungszulässigkeit. Liegen keine wesentlichen Zulässigkeitsprobleme vor, ergeht innerhalb von 60 Tagen nach Eingang der Erwiderung der Aufsichtsbehörde ein weiteres Schreiben des US-Patent-

33 70 USPQ2 d 1311 (Fed. Cir. 2004).

34 Das dem Antrag auf Schutzdauerverlängerung zugrunde liegende Patent war US-PS 4,587,252, in dem Zusammensetzungen mit Hydrocodon oder Salzen davon in Kombination mit Ibuprofen und Verfahren zur Verwendung beansprucht werden.

35 Es handelt sich nicht um eine erste zugelassene kommerzielle Vermarktung oder Verwendung, ungeachtet der Tatsache, dass die Wirkstoffe in unterschiedlichen Dosierungen und gemäß einem unterschiedlichen Verabreichungsprotokoll verabreicht werden. Siehe in der Sache des Antrags auf Schutzdauerverlängerung für das erneut erteilte Patent Nr. RE35,724 (Commr. Pat. & Tm. 2008) (Mircette®).

36 *Fisons*, oben.

Thus, merely because a regulatory agency requires a review period before a drug product can be commercially marketed or used does not mean that review period is for the "first" permitted commercial marketing or use of the "product". In *Arnold Partnership v. Dudas*,[33] 70 USPQ2 d 1311 (Fed. Cir. 2004), the approved drug product was Vicoprofen®, a composition containing hydrocodone bitartrate and ibuprofen as active ingredients. These components had not previously been used together. Therefore, FDA required a regulatory review period before approving commercial use of Vicoprofen®. However, since hydrocodone and ibuprofen had previously marketed, either alone or in combination with other active ingredients, the PTE application[34] was denied on grounds that Vicoprofen was not the first permitted commercial use of the active ingredients.[35] 16

Moreover, approval of a new indication for a previously approved product will not support an extension, as such new approval is not the first commercial use or marketing of the product.[36]

III. Applicant, USPTO and the Regulatory Agency

The examination of the application involves not one, but two federal agencies, i.e., the USPTO and the regulatory agency (e.g., the FDA or the Dept. of Agriculture). As such, certain aspects of the application procedure are solely within the jurisdiction of the USPTO (satisfaction of the requirements of the statute and determination of whether the patent qualifies for term extension), while other aspects are handled solely by the regulatory agency (determination of the length of the regulatory period). This results in an intricate dance of correspondence between the USPTO, the regulatory agency, and the applicant. 17

The applicant initially files the patent term extension (PTE) application with the USPTO. Assuming there is no clear reason to deny eligibility or if there are only minor informalities that are expected to be corrected by the applicant, the USPTO sends a letter to the regulatory agency, with a copy of the PTE application, requesting that the regulatory agency provide information regarding eligibility. But, the USPTO does not at this time request the federal agency to determine the regulatory review period. 18

The regulatory agency then replies with a letter that: verifies the product has undergone regulatory approval; confirms whether or not the regulatory approval was for the first permitted commercial marketing or use of the product; informs the USPTO whether the application was filed timely, i.e., within the 60 day period after approval (discussed in detail below); and provides any other information relevant to the USPTO's determination that the relevant patent is eligible for term extension. Thereafter, the USPTO makes a preliminary eligibility decision. Assuming no significant eligibility problems, the USPTO within 60 days of the receipt of the regulatory agency's reply letter issues a further letter to the regulatory agency requesting determination of the length of the regulatory review period. 19

33 *Arnold Partnership v. Dudas*, 70 USPQ2 d 1311 (Fed. Cir. 2004).

34 The subject patent of the PTE application was US 4,587,252 which claims compositions containing hydrocodone or salts thereof in combination with ibuprofen, and methods of use thereof.

35 The fact that the active ingredients will be administered at different dosages and under a different administration protocol also does not make it a first permitted commercial marketing or use. See In Re Patent Extension for Reissue Patent No. RE35,724 (Commr. Pat. & Tm. 2008) (Mircette®).

36 *Fisons*, supra.

amts an die Aufsichtsbehörde, in dem um Festlegung der Länge des aufsichtsrechtlichen Prüfungszeitraums gebeten wird.

20 Die Aufsichtsbehörde bestimmt dann die Länge des aufsichtsrechtlichen Prüfungszeitraums. Das Ergebnis dieser Bestimmung wird im Federal Register veröffentlicht und dem US-Patentamt schriftlich mitgeteilt. Mit der Veröffentlichung im Federal Register beginnt eine Frist von 180 Tagen, innerhalb derer Bevölkerungsmitglieder schriftliche Anmerkungen oder eine Eingabe dahingehend einreichen können, ob der Antragsteller während des aufsichtsrechtlichen Prüfungszeitraums angemessene Sorgfalt walten ließ. Nach der Bearbeitung von etwaigen Eingaben in Bezug auf angemessene Sorgfalt und informellen Anhörungen nimmt das US-Patentamt eine endgültige Zulässigkeitsbestimmung vor und legt die Länge der Schutzdauerverlängerung endgültig fest, vorausgesetzt, die Zulässigkeit ist bestätigt. Vom US-Patentamt ergeht dann eine Mitteilung über die endgültige Bestimmung (Notice of Final Determination) an den Antragsteller, in der ihm eine (üblicherweise einmonatige) Frist gesetzt wird, innerhalb derer er um eine erneute Prüfung eines jeweils relevanten Aspekts der Zulässigkeitsbestimmung bitten kann. Wenn das US-Patentamt feststellt, dass der Antrag auf Schutzdauerverlängerung unzulässig ist, ergeht eine Mitteilung über die endgültige Bestimmung an den Antragsteller, in der die Zulässigkeitsverweigerung begründet wird und eine (üblicherweise einmonatige) Frist gesetzt wird, innerhalb derer der Antragsteller um eine erneute Prüfung bitten kann.

21 Nach der Erteilung einer Mitteilung über die endgültige Bestimmung, aus der hervorgeht, dass die Patentverlängerung zulässig ist, erteilt das US-Patentamt ein abgestempeltes Verlängerungszertifikat an den Patentinhaber.

22 Es ist anzumerken, dass die aus dem verlängerten Patent abgeleiteten Rechte begrenzt sind. Bei einem Patent über ein Produkt sind diese Rechte auf eine Durchsetzung bei der zugelassenen Verwendung dieses Produkts beschränkt.[37] Die Schutzdauer aller Ansprüche des Patents sind jedoch verlängert, unabhängig davon, ob alle Ansprüche das zugelassene Produkt abdecken.[38] Bei Patenten über die Verwendung eines zugelassenen Produkts gilt die Verlängerung nur für die zugelassene Verwendung dieses Produkts und für Patente über Verfahren zur Herstellung eines zugelassenen Produkts gilt die Verlängerung nur für jene Verfahren, mit denen speziell dieses Produkt hergestellt wird.[39]

IV. Genaueres zur Zulässigkeit – wer, wo und wann

23 Die erste Etappe auf dem Weg zur Verlängerung der Schutzdauer eines Patents für ein Produkt oder eine Vorrichtung ist das Einreichen des Antrags auf Schutzdauerverlängerung. Dabei ist wichtig zu wissen, wer berechtigt ist, den Antrag auf Schutzdauerverlängerung einzureichen, wo der Antrag einzureichen ist und wann er einzureichen ist.

24 Wo das Einreichen zu erfolgen hat, ist einfach zu beantworten. Zur Einleitung des Verfahrens zur Verlängerung der Schutzdauer eines Patents wird der entsprechende Antrag beim

37 35 U.S.C. 156(b)1.

38 *Genetics Institute, LLC gg. Novartis Vaccines and Diagnostics, Inc.*, 655 F.3d 1291 (Fed. Cir. 2011). Nach der Argumentation von Novartis waren, als die Patentinhaber versuchten, eine Überschneidung mit dem Patent von Novartis hervorzurufen, nur die das zugelassene Produkt von Genetics abdeckenden Ansprüche verlängert worden. Gemäß dem Bundesgericht war das gesamte Patent verlängert worden, weil alle patentrechtlichen Bestimmungen für das Patent in seiner verlängerten Fassung gelten und weil mit 35 USC 156 bezweckt wird, die Wirkung der Verlängerung zu beschränken und nicht die Verlängerung auf bestimmte Ansprüche zu beschränken.

39 35 U.S.C. 156(b)2, 3.

The regulatory agency then makes the determination of the length of the regulatory review period. This determination is published in the Federal Register and is presented to the USPTO in a letter. The publication in the Federal Register also initiates a 180 day period in which members of the public can file written comments or a petition as to whether the applicant acted with due diligence during the regulatory review period. After resolution of any due diligence petitions and informal hearings, the USPTO makes the final eligibility determination and, assuming eligibility is confirmed, makes the final determination of the length of the term extension. The USPTO then issues a Notice of Final Determination to the applicant, which provides for a period (typically one month) for the applicant to request reconsideration of any aspect of the determination of eligibility. If the PTE application is determined to be ineligible, USPTO issues a Notice of Final Determination to the applicant setting forth the basis for denial of eligibility, providing for a period (typically one month) for the applicant to request reconsideration. 20

Following the issuance of a Notice of Final Determination that states the patent is eligible for extension, the USPTO issues a certificate of extension, under seal, to the patent owner. 21

It should be noted that the rights derived from the patent which is extended are limited. In the case of a patent on a product, those rights are limited to enforcement against the approved use of that product.[37] However, the term of all claims of the patent are extended, regardless of whether all claims cover the approved product.[38] For patents on the use of an approved product, the extension applies only to the approved use of that product, and for patents on methods of making an approved product; the extension applies only to those methods which specifically produce that product.[39] 22

IV. Eligibility Mechanics – Who, Where and When

The first step in the quest to obtain a patent term extension for a patented product or device is the filing of the patent term extension (PTE) application itself. This immediately brings up the questions of who has standing to file the PTE application, where is the application filed, and when must it be filed. 23

The answer to the question "where" is simple and straightforward. To initiate the process of obtaining patent term extension, the PTE application is filed with the Director[40] of the USPTO.[41] However, as noted above, the relevant regulatory agency (e.g., FDA) is directly 24

37 35 U.S.C. 156(b)1.

38 *Genetics Institute, LLC v. Novartis Vaccines and Diagnostics, Inc.*, 655 F.3d 1291 (Fed. Cir. 2011). When patentees sought to provoke an interference with Novartis' patent, Novartis argued that only the claims covering Genetics' approved product were extended. The Federal Circuit held that the entire patent was extended, on the basis that all provisions of patent law apply to the patent as extended and the intent of 35 USC 156 was intended to limit the effect of the extension, not to restrict it to specific claims.

39 35 U.S.C. 156(b)2, 3.

Direktor[40] des US-Patentamts eingereicht.[41] Wie jedoch bereits oben erwähnt, ist die relevante aufsichtsrechtliche Behörde (z.B. die FDA) in der Feststellung, ob das Produkt für eine Schutzdauerverlängerung in Frage kommt, und in der Festsetzung des aufsichtsrechtlichen Prüfungszeitraums direkt involviert.

25 Wer jedoch berechtigt ist, den Antrag auf Schutzdauerverlängerung für ein gegebenes Produkt/eine gegebene Vorrichtung einzureichen, ist etwas komplizierter. Selbstverständlich muss das Rechtssubjekt dadurch auf irgendeine Weise benachteiligt sein, dass es das patentierte Produkt oder die patentierte Vorrichtung aufgrund der aufsichtsrechtlichen Tätigkeit der Aufsichtsbehörde (z.B. der FDA) für einen gewissen Teil der Schutzdauer nicht nutzen kann.

26 In Übereinstimmung mit dem Gesetz muss der Antrag auf Schutzdauerverlängerung vom eingetragenen Inhaber des Patents oder seinem Vertreter eingereicht werden.[42] Wird der Antrag vom Patentinhaber eingereicht, ist er entweder vom Patentinhaber[43] oder einem im Namen des Patentinhabers handelnden zugelassenen Anwalt zu unterschreiben. Wenn der Antrag auf Schutzdauerverlängerung von einem Vertreter des Patentinhabers (z.B. einem Lizenznehmer) eingereicht wird, ist er von einem zugelassenen Anwalt zu unterschreiben.[44]

27 Wenn der Schutzdauerverlängerungsantragsteller (z.B. der Patentinhaber) nicht mit demjenigen identisch ist, der die Zulassung des Produkts bei der Aufsichtsbehörde beantragt hat (z.B. der Vermarktungsantragsteller), dann muss zwischen dem Patentinhaber und dem Vermarktungsantragsteller während des aufsichtsrechtlichen Prüfungszeitraums ein Vertretungsverhältnis bestehen. In einem derartigen Fall empfiehlt das US-Patentamt, dass der Antragsteller dem Antrag auf Schutzdauerverlängerung ein Schreiben vom Vermarktungsantragsteller beilegt, der den Schutzdauerverlängerungsantragsteller speziell dazu ermächtigt, sich auf die Handlungen des Vermarktungsantragstellers bei der Aufsichtsbehörde (z.B. der FDA) zu beziehen.[45]

28 Der Zeitpunkt der Einreichung eines Antrags auf Schutzdauerverlängerung muss offensichtlich nach der Zulassung des Produkts durch die Aufsichtsbehörde liegen. Nach der Zulassung des Produkts durch die Aufsichtsbehörde läuft eine Frist von genau 60 Tagen zur Einreichung des Antrags auf Schutzdauerverlängerung (Fristverlängerungen sind nicht gestattet). Es muss darauf hingewiesen werden, dass die Antragstellungsfrist nicht so berechnet wird, dass sie 60 Tage nach dem Zulassungsdatum[46] abläuft.[47] Gemäß dem Gesetz **beginnt** die 60-tägige Frist an dem Tag, an dem das Produkt zur kommerziellen Vermarktung oder Verwendung zugelassen wurde. Das heißt, die 60 Tage schließen den Tag, an dem die Zulassung erging, als Tag 1 ein; die Antragseinreichungsfrist läuft 59 Tage nach dem Zulassungsdatum ab (*Unimed gg. Quigg*).[48]

40 Staatssekretär im Handelsministerium für Geistiges Eigentum und Direktor des US-Patentamts [37 CFR 1.9(j)].

41 35 USC 156(d)(1) und 37 CFR 1.720(c).

42 35 USC 156(d)(1) und 37 CFR 1.730(a).

43 Der Patentinhaber muss 37 CFR 3.73(b) eingehalten haben. Inhaberschaft kann durch ein Exemplar einer ausgefertigten Übertragung oder durch Angabe der Rollen- und Rahmennummer der Aufzeichnungsstelle im Patentamt nachgewiesen werden.

44 37 CFR 1.730(b) und (c).

45 Siehe MPEP 2752 und Best Practices für § 156 PTE, *Mary Till*, Rechtsanwältin für das US-Patentamt, Patentrechtsverwaltungsamt, 8. September 2010.

46 Gemäß 35 USC 156(d)(1) handelt es sich bei diesem Datum um das „Datum, an dem das Produkt in Übereinstimmung mit dem Gesetz, gemäß dem der zutreffende aufsichtsrechtliche Prüfungszeitraum für die kommerzielle Vermarktung oder Verwendung erfolgte, zugelassen wurde". Siehe auch 37 CFR 1.720(f).

47 Wenn die 60-tägige Frist an einem Samstag, Sonn- oder bundesweiten Feiertag endet, ist der letzte Tag für die Einreichung des Antrags auf Schutzdauerverlängerung der darauffolgende Werktag. Siehe 37 CFR 1.7 und MPEP 2753.

48 12 USPQ2 d 1644 (Fed. Cir. 1989).

involved in the determinations of whether the product is eligible for PTE and the length of the regulatory review period.

But, "who" has the right to file the PTE application for a given product/device is a bit more complicated. Obviously, the entity filing the application must have in some way been "harmed" by the inability to exploit the patented product or device for some portion of the patent term due to the required regulatory action of the regulatory agency (e.g., FDA). 25

The statute requires that the application for patent term extension must be filed by the owner of record of for the patent or its agent.[42] When filed by the patent owner, either the patent owner[43] or a registered practitioner acting on behalf of the patent owner must sign the application. If the PTE application is filed by an agent of the patent owner (e.g., a licensee), then the application must be signed by a registered practitioner.[44] 26

In situations where the applicant for patent term extension (e.g., the patent owner) is not the same entity as the applicant who sought approval of the product before the regulatory agency (i.e., the marketing applicant), then an agency relationship must exist between the patent owner and the marketing applicant during the regulatory review period. In such a case, the USPTO recommends that the applicant file with the PTE application a letter from the marketing applicant specifically authorizing the PTE applicant to rely upon the activities of the marketing applicant before the regulatory agency (e.g., FDA).[45] 27

As for "when" the PTE application is filed, obviously this must occur after the product is approved by the regulatory agency. Once the product is approved by the regulatory agency, there is a precise 60 day window for filing the PTE application (no extensions permitted). It is important to note that the filing window is not calculated as 60 days from the approval date.[46],[47] Instead, the statute states that the 60 day period **begins** on the date the product received approval for commercial marketing or use. Thus, the 60 days includes the date of approval as day 1, and the filing window ends 59 days after the date of approval, *Unimed v. Quigg*.[48] 28

40 Under Secretary of Commerce for Intellectual Property and Director of the United States Patent and Trademark Office [37 CFR 1.9(j)].

41 35 USC 156(d)(1) and 37 CFR 1.720(c).

42 35 USC 156(d)(1) and 37 CFR 1.730(a).

43 The patent owner must be in compliance with 37 CFR 3.73 (b). Evidence of ownership can be demonstrated by a copy of an executed assignment or by stating the reel and frame number where such the assignment is recorded in the Office.

44 37 CFR 1.730(b) and (c).

45 See MPEP 2752 and Best Practices for § 156 PTE, *Mary Till*, USPTO Legal Advisor, Office of Patent Legal Administration, Sept. 8, 2010.

46 35 USC 156(d)(1) identifies this date as "date the product received permission under the provision of law under which the applicable regulatory review period occurred for commercial marketing or use." See also 37 CFR 1.720(f).

47 When the 60 day period ends on a Saturday, Sunday or Federal holiday, the last day for filing the PTE application is the nest business day. See 37 CFR 1.7 and MPEP 2753.

48 12 USPQ2 d 1644 (Fed. Cir. 1989).

29 Bei einem Arzneimittelprodukt oder einer medizinischen Vorrichtung[49] beginnt die Frist an dem Datum, an dem die FDA den Zulassungsbescheid an die um Zulassung ersuchende Partei schickt, siehe *Mead Johnson Pharmaceutical Group gg. Bowen*.[50] Was passiert, wenn die FDA den Bescheid nach dem Ende eines Werktages verschickt? Wird das Zulassungsdatum, mit dem die 60-tägige Frist beginnt, auf der Grundlage eines Werktages oder eines Kalendertages berechnet? In der Sache *Medicines Co. gg. Kappos*[51] wurde das Arzneimittel Angiomax® mit einem am Freitag, den 15. Dezember 2000, um 18.17 Uhr an die Antragstellerin MDCO gefaxten Bescheid zugelassen. Die 60-tägige Frist begann am 15. Dezember 2000 und lief am 12. Februar 2001 ab. Die MDCO reichte ihren Antrag auf Schutzdauerverlängerung am 14. Februar 2001, also am 62. Tag, ein. Das US-Patentamt lehnte den Antrag als nicht fristgerecht ab. Das Bezirksgericht verwies die Sache zurück an das Patentamt und wies es an, die 60-Tage-Frist auf der Grundlage von Werktagen neu zu berechnen (d.h. ein nach 16.30 Uhr versandtes Schreiben gilt als am darauffolgenden Werktag versandt).[52]

30 Die Entscheidung des Bezirksgerichts wurde inzwischen gesetzlich festgelegt. Zur Bestimmung des Zulassungsdatums eines Produkts zur kommerziellen Verwendung gilt gemäß Paragraph 37 des Leahy-Smith America Invents Act („AIA“) [Leahy-Smith-Erfindungsgesetz], dass das Produkt diese Zulassung am darauffolgenden Werktag erhalten hat, wenn diese Zulassung „nach 16.30 Uhr Ortszeit/US-Ostküste an einem Werktag versandt wird oder an einem Tag versandt wird, der kein Werktag ist“. Das Gesetz gilt für alle Schutzdauerverlängerungsanträge, die am Tag der Inkraftsetzung des Gesetzes, d.h. am 16. September 2011, anhängig waren oder danach eingereicht wurden.[53]

V. Genaueres zur Zulässigkeit – Festlegung der Verlängerungsdauer

31 Damit das US-Patentamt die Länge der Schutzdauerverlängerung berechnen kann, muss die Länge des aufsichtsrechtlichen Prüfungszeitraums bekannt sein. Für die Bestimmung der Länge des aufsichtsrechtlichen Prüfungszeitraums für das zugelassene Produkt, auf dem der Antrag auf Schutzdauerverlängerung basiert, ist einzig und allein die Aufsichtsbehörde (z.B. die FDA) zuständig.[54] Die Festlegung durch die Aufsichtsbehörde beruht sowohl auf dem Antrag als auch auf ihren offiziellen Aufzeichnungen für das zugelassene Produkt.[55]

32 Nach der Festlegung der Länge des aufsichtsrechtlichen Prüfungszeitraums durch die Aufsichtsbehörde veröffentlicht sie die Information wie oben erwähnt im Federal Register. Darüber hinaus schickt die Behörde eine entsprechende schriftliche Nachricht an das Patentamt. Zu der Information gehören die Gesamtlänge des aufsichtsrechtlichen Prüfungszeitraums und die relevanten Termine, auf denen die Festlegung beruht. Sowohl in dem Schreiben an das Patentamt als auch in der Mitteilung im Federal Register wird der aufsichtsrechtliche Gesamtzeitraum in die Anfangs- oder Testphase und die abschließende Zulassungsphase unterteilt. Damit erhält das Patentamt die notwendigen Informationen für die Festlegung der tatsächlichen Länge der Verlängerung, die für das Patent in Frage kommen kann. In der Mitteilung im Federal Register wird auch ein Termin als Frist (180 Tage nach der Veröffentlichung der Mitteilung) zur Einreichung von schriftlichen Anmerkungen

49 Bei Nahrungsmittelzusatzstoffen und Farbzusatzstoffen ist das Wirksamkeitsdatum der Verordnung oder Verfügung das Zulassungsdatum (üblicherweise das Veröffentlichungsdatum der Verordnung oder Verfügung). Siehe MPEP § 2754.01.

50 6 USPQ2d 1565 (Fed. Cir. 1988).

51 731 F. Supp. 2d 470, 94 USPQ2d 1748 (E.D. Va 2010).

52 Die Sache ging beim Bundesgericht in die Berufung und wurde anschließend aufgrund eines durch die Parteien vereinbarten Antrags am 24. Januar 2012 abgewiesen.

53 Einer der Mitautoren war Zeuge eines solchen Verfahrens zur Bestimmung des letzten Tages der 60-tägigen Frist. Siehe Aktengeschichte der US-PS 6,441,168 (Beyaz®).

54 *Aktiebolaget Astra gg. Lehman*, 37 USPQ2d 1212 (Fed. Cir. 1995).

55 35 USC 156(d).

In the case of a drug product or medical device,[49] the beginning date is the date that the FDA sends a letter of approval to the party seeking approval. See *Mead Johnson Pharmaceutical Group v. Bowen*.[50] But, what if the FDA sends the letter after the effective end of the business day? Is the date of approval, which begins the 60 day period, calculated on a business day basis or a calendar day basis? In *Medicines Co. v. Kappos*,[51] the drug, Angiomax®, was approved in letter faxed on Friday December 15, 2000 to the applicant, MDCO, at 6:17 PM. The 60 day period began on December 15, 2000 and ended February 12, 2001. MDCO filed its PTE application on February 14, 2001, i.e. on the 62nd day. The USPTO rejected the application as untimely. The district court remanded the case back to the USPTO to recalculate the 60 day period using a business day basis (i.e., a letter sent after 4:30 PM is considered to be sent the next business day).[52] 29

The district court's decision has since been codified. Section 37 of the Leahy-Smith America Invents Act ("AIA") states that for determining the date on which a product receives permission for commercial use, if that permission "is transmitted after 4:30 P.M., Eastern Time, on a business day, or is transmitted on a day that is not a business day, the product shall be deemed to receive such permission on the next business day." The statute applies to any PTE application pending on or filed after the date of the enactment of the Act, i.e., September 16, 2011.[53] 30

V. Eligibility Mechanics – Determination of Extension Period

In order to for the USPTO to calculate the length of the patent term extension, it is necessary to know the length of the regulatory review period. The regulatory agency (e.g., the FDA) is solely responsible for the determination of the length of the regulatory review period for the approved product on which the application for patent term extension is based.[54] The determination by the regulatory agency is made based on the application as well as the official regulatory agency records for the approved product.[55] 31

As mentioned above, once the regulatory agency determines the length of the regulatory review period, the agency publishes the information in the Federal Register. Additionally, the agency sends a letter to the Patent Office with the same information. This information includes the total length of the regulatory review period and the relevant dates on which the determination is based. Both the letter to the Office and the Federal Register Notice separate the total regulatory period into the initial or testing phase and the final approval phase. This provides the Office with the information necessary to determine the actual length of extension for which the patent may be eligible. The Federal Register Notice also sets a date, 180 days after publication of the notice, as a deadline for filing written comments concerning any of the information set forth in the notice or a petition for a determination regarding whether the marketing applicant has acted with due diligence during the regulatory review 32

49 In the case of food additives and color additives, the approval date is the effective date of the regulation or order (typically the date of publication of the regulation or order). See MPEP § 2754.01.

50 6 USPQ2 d 1565 (Fed. Cir. 1988).
51 731 F. Supp. 2 d 470, 94 USPQ2 d 1748 (E.D. Va 2010).
52 The case was appealed to the Federal Circuit and subsequently dismissed on January 24, 2012 in view of parties agreed motion.
53 One of the coauthors has personal experience with regards to this procedure for determining the last day of the 60 day period. See the file history of US 6,441,168 (Beyaz®).
54 *Aktiebolaget Astra v. Lehman*, 37 USPQ2 d 1212 (Fed. Cir. 1995).
55 35 USC 156(d).

in Bezug auf etwaige Informationen, die in der Mitteilung enthalten sind, oder von Eingaben hinsichtlich einer Bestimmung, ob der Vermarktungsantragsteller während des aufsichtsrechtlichen Prüfungszeitraums angemessene Sorgfalt walten ließ, festgesetzt. Wie in dem Schreiben der Behörde an das Patentamt angegeben, wird bei der Festlegung der Länge des Prüfungszeitraums durch die Behörde weder das Erteilungsdatum des Patents berücksichtigt noch eine Hälfte der Testphase ausgeschlossen.

33 Die Festlegung des aufsichtsrechtlichen Prüfungszeitraums ist erst nach der Bearbeitung von etwaigen Eingaben in Bezug auf angemessene Sorgfalt und informellen Anhörungen endgültig. Abgesehen von einer Interimsverlängerung, die weiter unten genauer erörtert wird, kann das Schutzdauerverlängerungszertifikat erst dann vom Patentamt ergehen, wenn die Festlegung des aufsichtsrechtlichen Prüfungszeitraums endgültig ist.[56]

34 Der Antragsteller muss während der gesamten aufsichtsrechtlichen Prüfung angemessene Sorgfalt walten lassen; ein von der FDA festgestellter Mangel an Sorgfalt kann zu einer Verkürzung des Zeitraums führen, der für die Berechnung der Verlängerung in Frage kommt. Die Festlegung des aufsichtsrechtlichen Prüfungszeitraums durch die FDA wird im Federal Register veröffentlicht, so dass für Dritte die Möglichkeit besteht, den Antrag auf Schutzdauerverlängerung anzufechten. Jeder kann innerhalb von 180 Tagen nach der Veröffentlichung des Prüfungszeitraums eine Eingabe hinsichtlich angemessener Sorgfalt (d.h. auf einen Mangel an angemessener Sorgfalt seitens des Verlängerungsantragstellers hinweisen) bei der FDA mit der Behauptung einreichen, dass der Schutzdauerverlängerungsantragsteller während des aufsichtsrechtlichen Prüfungszeitraums keine angemessene Sorgfalt walten ließ.[57] Innerhalb von 60 Tagen nach der Veröffentlichung der Feststellung durch die FDA, dass der Antragsteller angemessene Sorgfalt walten ließ, kann auch beantragt werden, dass die FDA eine informelle Anhörung über diese Feststellung durchführt.

35 Falls innerhalb der 180-Tage-Frist nach der Veröffentlichung der Festlegung des aufsichtsrechtlichen Prüfungszeitraums durch die Aufsichtsbehörde eine Eingabe hinsichtlich angemessener Sorgfalt eingereicht wird, bestimmt die Aufsichtsbehörde (z.B. die FDA), ob der Schutzdauerverlängerungsantragsteller während des aufsichtsrechtlichen Prüfungszeitraumverfahrens angemessene Sorgfalt walten ließ.[58] Der Ausdruck „angemessene Sorgfalt" wird wie folgt definiert: „... das Niveau an Aufmerksamkeit, kontinuierlichem gezieltem Bemühen und Fristgerechtheit, das während eines aufsichtsrechtlichen Prüfungszeitraums erwartet werden kann und üblicherweise angewandt wird."[59]

36 Nach der Bestätigung oder Überarbeitung der Festlegung des aufsichtsrechtlichen Prüfungszeitraums benachrichtigt die Aufsichtsbehörde das Patentamt und veröffentlicht die Ergebnisse im Federal Register. Wenn innerhalb der gesetzten Frist keine Anmerkungen oder Eingaben eingereicht werden, benachrichtigt die Aufsichtsbehörde das Patentamt dahingehend, dass die Frist zur Einreichung einer Eingabe in Bezug auf angemessene Sorgfalt gemäß der Mitteilung abgelaufen ist und dass die Aufsichtsbehörde ihre Festsetzung des aufsichtsrechtlichen Prüfungszeitraums für das Produkt daher als endgültig betrachtet. Nach der Benachrichtigung durch die Aufsichtsbehörde erfolgt die endgültige Zulässigkeitsbestimmung durch das Patentamt.[60]

56 35 USC 156(d)(5) und (e)(2).
57 21 CFR § 1.60.
58 35 USC 156(d)(2)(B).
59 35 USC 156(d)(3).
60 MPEP § 2757.01.

period. As indicated in its letter to the Office, the agency's determination of the length of the review period does not take into account the issue date of the patent nor does it exclude one-half of the testing phase.

The regulatory review period determination is not final until due diligence petitions and informal hearings, if any, have been resolved. A certificate for extension of the term of a patent may not issue from the Office until the regulatory review period determination is final, with the exception of an interim extension as discussed in detail below.[56] 33

Throughout regulatory review, the applicant must act with due diligence, and an FDA finding of lack of due diligence may reduce the eligible time considered for the calculation of the extension. After the FDA determines the regulatory review period, the determination is published in the Federal Register so that a third party may challenge the application for patent term extension. Any person may file a due diligence petition (i.e., alleging lack of due diligence on the part of the applicant for extension) with the FDA within 180 days after the publication of the review period and allege that the patent extension applicant did not act with due diligence during the regulatory review period.[57] Any person may also request within 60 days after the publication of FDA's due diligence determination that FDA conduct an informal hearing on the due diligence determination. 34

If a due diligence petition is filed during the 180-day period following publication of the regulatory agency determination of the regulatory review period, the regulatory agency (e.g., the FDA) makes the determination whether the applicant for patent term extension acted with due diligence during the regulatory review proceedings.[58] The term "due diligence" is defined as "that degree of attention, continuous directed effort, and timeliness as may reasonably be expected from, and are ordinarily exercised by, a person during a regulatory review period".[59] 35

After affirming or revising the determination of the regulatory review period, the regulatory agency notifies the Office and publishes the results in the Federal Register. If no comment or petition is filed in the time period provided, the regulatory agency notifies the Office that the period for filing a due diligence petition pursuant to the notice has expired and that the regulatory agency therefore considers its determination of the regulatory review period for the product to be final. Following notification from the regulatory agency, the Office proceeds with the final eligibility determination.[60] 36

56 35 USC 156 (d)(5) and (e)(2).
57 21 CFR § 1.60.
58 35 USC 156 (d)(2)(B).
59 35 USC 156 (d)(3).
60 MPEP § 2757.01.

VI. Genaueres zur Zulässigkeit – Beschränkungen

37 In Bezug auf Patente, für die eine Schutzdauerverlängerung in Frage kommt, können gemäß 35 USC 156, wie oben erwähnt, nur Patente, in denen ein Produkt, ein Verfahren zur Verwendung eines Produkts oder ein Verfahren zur Herstellung eines Produkts beansprucht wird, verlängert werden und dann auch nur, wenn das Produkt vor seiner ersten kommerziellen Vermarktung oder Verwendung einen aufsichtsrechtlichen Prüfungszeitraum durchlaufen hat.[61] Darüber hinaus bestehen für das betreffende Patent zusätzliche Beschränkungen. Wenn beispielsweise die Laufzeit eines Patents endet, bevor ein Antrag auf Schutzdauerverlängerung gemäß 35 USC 156(d)(1) gestellt wird, kann das Patent nicht verlängert werden.[62] In diesem Fall schließt die „Laufzeit" des Patents gemäß 35 USC 156(d)(5)(A) Interimsverlängerungen des Patents (siehe unten) ein.

38 Wenn das Patent bereits gemäß 35 USC 156(e)(1) verlängert wurde (z.B. eine Verlängerung auf der Grundlage eines aufsichtsrechtlichen Prüfungszeitraums eines anderen Produkts), kann es nicht gemäß 35 USC 156 weiter verlängert werden.[63] Die Beschränkung gilt aber wiederum nicht für Patente, für die gemäß 35 USC 156(d)(5) und 35 USC 156(e)(2) Interimsverlängerungen[64] erteilt wurden.

39 Die Länge des aufsichtsrechtlichen Prüfungszeitraums selbst begrenzt natürlich die Länge der Schutzdauerverlängerung. Die Länge einer gemäß 35 USC 156 erteilten Schutzdauerverlängerung ist nämlich immer kürzer als der aufsichtsrechtliche Prüfungsgesamtzeitraum, weil dem Antragsteller bei der Berechnung der Schutzdauerverlängerung (im Einzelnen weiter unten erörtert) nur halbe Tage für einen Teil des aufsichtsrechtlichen Prüfungszeitraums erteilt werden.

40 Es gibt außerdem zwei weitere Faktoren, die die Gesamtverlängerungsdauer beschränken. Zum Ersten wird die Verlängerungsdauer durch das Zulassungsdatum beschränkt. Gemäß 35 USC 156(c)(3) kann die Verlängerung nicht so lang sein, dass die restliche Laufzeit des Patents mehr als 14 Jahre nach dem Zulassungsdatum beträgt. Siehe auch 37 CFR 1.750. Wenn von der ursprünglichen Laufzeit des Patents am Zulassungsdatum beispielsweise noch 12 Jahre verbleiben und der auf der Grundlage des aufsichtsrechtlichen Prüfungszeitraums berechnete Verlängerungszeitraum 5 Jahre beträgt, dann wird das Patent auf insgesamt 14 Jahre und nicht 17 Jahre verlängert.

41 Außerdem stellt das Inkraftsetzungsdatum des Gesetzes eine weitere Begrenzung der Verlängerungsdauer dar. Der auf der Grundlage des aufsichtsrechtlichen Prüfungszeitraums berechnete Gesamtverlängerungszeitraum von nach dem Inkraftsetzungsdatum erteilten Patenten wird durch 35 USC 156(g)(6) auf höchstens 5 Jahre begrenzt. Das Inkraftsetzungsdatum ist von Produkt zu Produkt verschieden. Für alle Produktklassen, ausgenommen tierärztliche Arzneimittel und tierärztliche biologische Produkte, ist das Inkraftsetzungsdatum der 24. September 1984. Für tierärztliche Arzneimittel und tierärztliche biologische Produkte ist das Inkraftsetzungsdatum der 16. November 1988.[65, 66]

42 Die Schutzdauerverlängerung wird anscheinend auch durch einen Laufzeitverzicht eingeschränkt. Es ist allseits bekannt, dass es durch das Einreichen eines Laufzeitverzichts mög-

61 Siehe auch 37 CFR 1.720(a) und (d).

62 35 USC 156(a)(1).

63 35 USC 156(a)(2).

64 Dieser Ausschluss von zuvor verlängerten Patenten gilt auch nicht für Patente, die gemäß 37 CFR 1.701 aufgrund einer verwaltungstechnischen Verzögerung innerhalb des US-Patentamts verlängert wurden.

65 35 USC 156 wurde am 16. November 1988 geändert, so dass die Liste von schutzdauerverlängerungszulässigen Produkten auch tierärztliche Arzneimittel und tierärztliche biologische Produkte einschließt.

66 35 USC 156(g)(6) begrenzt auch Patente, die vor diesen Inkraftsetzungsterminen erteilt wurden; diese sind aber jetzt kaum von Bedeutung.

VI. Eligibility Mechanics – Limits

With regards to eligible patents, as noted previously, under 35 USC 156 only patents which claim a product, a method of using a product, or a method of manufacturing a product, can be extended, and only when that product has been subject to a regulatory review period before its first commercial marketing or use.[61] There are, moreover, additional limits associated with the patent involved. For example, if the term of a patent expires before a PTE application under 35 USC 156(d)(1) is filed, the patent can not be extended.[62] In this situation, the "term" of the patent includes interim extensions of the patent term obtained pursuant to 35 USC 156 (d)(5)(A), discussed infra. 37

Also, if the patent has already been extended pursuant to 35 USC 156(e)(1), e.g., extension based on a regulatory review period of a different product, then the patent can not be further extended under 35 USC 156.[63] Here again, this limit does not apply to patents that have been granted interim extensions[64] obtained under 35 USC 156(d)(5) and 35 USC 156(e)(2). 38

Of course, the length of the regulatory review period itself limits the length of the patent term extension. In fact, the length of a granted patent term extension under 35 USC 156 is always less than the total time of the regulatory review period. This is due to fact that in the calculation of the term extension (discussed in detail below), the applicant is only awarded half days for a portion of the regulatory review period. 39

Additionally, there are two other factors that limit the total extension term. The date of approval provides one event that limits extension term. Under 35 USC 156(c)(3), the length of the extension can not be such that the remaining term of the patent is greater than 14 years added to the date of approval. See also 37 CFR 1.750. For example, if on the date of approval the original term of the patent has 12 years remaining and the calculated period of extension based on the regulatory review period is 5 years, the total extended term of the patent will be 14 years, not 17 years. 40

Additionally, the date of enactment of the statute provides another limitation on the amount of the extension. For patents issuing after the date of enactment, 35 USC 156(g)(6) limits the total calculated period of extension based on the regulatory review period to no more than 5 years. The enactment date differs depending on the product. For all classes of products other than animal drugs and veterinary animal biologics, the date of enactment is September 24, 1984. For animal drugs and veterinary animal biologics, the date of enactment is November 16, 1988.[65, 66] 41

Terminal disclaimers also would seem to limit patent term extension. As is well known, the terminal portion of the original term of a patent can be disclaimed by the filing of a terminal 42

61 See also 37 CFR 1.720(a) and (d).
62 35 USC 156(a)(1).
63 35 USC 156(a)(2).
64 This exclusion of previously extended patents also does not apply to patents that have been extended under 37 CFR 1.701 due to administrative delay within the USPTO.
65 35 USC 156 was amended on November 16, 1988 to include animal drugs and veterinary biologics to the list of products eligible for patent term extension.
66 35 USC 156(g)(6) also provides limits on patents issued before these dates of enactments, but they are of little concern now.

lich ist, auf den abschließenden Teil der ursprünglichen Laufzeit eines Patents zu verzichten (37 CFR 1.321), um beispielsweise eine Abweisung wegen Doppelpatentierung aufgrund von Offensichtlichkeit zu umgehen. Durch 35 USC 156 wird jedoch nicht verhindert, dass ein von Laufzeitverzicht betroffenes Patent aufgrund des aufsichtsrechtlichen Prüfungszeitraums verlängert wird.[67] Wenn ein Laufzeitverzicht nach der Erteilung des Verlängerungsgewährungszertifikats eingereicht wird, wird der Laufzeitverzicht natürlich in Kraft gesetzt.[68] Wenn ein Laufzeitverzicht nach der Erteilung des Patents, aber vor der Erteilung des Verlängerungsgewährungszertifikats eingereicht wird, berechnet das US-Patentamt die Verlängerung auf der Grundlage des durch den Laufzeitverzicht festgelegten früheren Ablaufdatums.[69]

VII. Genaueres zur Zulässigkeit – Der Antrag auf Schutzdauerverlängerung

43 Das Schutzdauerverlängerungsverfahren beginnt mit dem Einreichen eines Antrags auf Schutzdauerverlängerung. Derartige Anträge werden beim US-Patentamt gestellt, und das US-Patentamt bestimmt zunächst, ob der Antrag den Anforderungen des Gesetzes genügt. Hinsichtlich des Antrags auf Schutzdauerverlängerung selbst unterscheidet das US-Patentamt zwischen einem vollständigen und einem unvollständigen Antrag sowie zwischen einem formellen vollständigen Antrag und einem informellen vollständigen Antrag.

44 Wie in 37 CFR 1.741(a) festgelegt, setzt der Erhalt eines Einreichungsdatums die Vollständigkeit des Antrags voraus. Der Antrag ist vollständig, wenn er Folgendes enthält:

(a) Nennung des zugelassenen Produkts,

(b) Nennung des relevanten Bundesgesetzes, für das die aufsichtsrechtliche Prüfung erforderlich ist,

(c) Nennung des zu verlängernden Patents,

(d) Nennung jedes Anspruchs, in dem das zugelassene Produkt oder ein Verfahren zur Verwendung oder Herstellung des zugelassenen Produkts beansprucht wird,

(e) hinreichende Angaben, damit die Zulässigkeit der Verlängerung und die aus der Verlängerung abzuleitenden Rechte bestimmt werden können sowie hinreichende Angaben, damit die Länge des aufsichtsrechtlichen Prüfungszeitraums festgelegt werden kann (siehe 35 USC 156(a) und (b)), sowie eine kurze Beschreibung der Handlungen des Vermarktungsvertreters während des aufsichtsrechtlichen Prüfungszeitraums und an damit in Zusammenhang stehenden erheblichen Terminen.

Ein vollständiger Antrag ist also ein Antrag, der die Anforderungen von 35 USC 156(d)(1) erfüllt.

45 Ein unvollständiger Antrag erhält kein Einreichungsdatum. Der Antragsteller kann die Prüfung einer Mitteilung über einen unvollständigen Antrag beantragen.[70]

46 Aber selbst wenn ein Antrag vollständig ist, kann er trotzdem informell sein. Gemäß 37 CFR 1.740(a) bestehen nämlich zusätzliche Formvorschriften, die ein Antrag erfüllen muss. Dazu gehören u.a. eine Erklärung, dass der Antrag innerhalb der 60-Tage-Frist eingereicht wird, ein Exemplar des Patents, Kopien etwaiger Verzichtserklärungen, Korrekturzertifikate,

67 Siehe auch 37 CFR 1.775: „Die Schutzdauerverlängerung läuft ab dem ursprünglichen Ablaufdatum des Patents oder einem durch Laufzeitverzicht festgesetzten früheren Datum".

68 Siehe US-PS 4,943,639, für das Produkt KEPPRA (Levetiracetam) verlängert.

69 „The Life Science Lawyer's Guide to PTE and PTA", *Mary Till*, Leitende Rechtsanwältin für das US-Patentamt, 27. Januar 2011.

70 37 CFR 1.741(b) stellt eine Grundlage für die Prüfung der Mitteilung über einen unvollständigen Antrag oder die Prüfung des dem Antrag zugeteilten Einreichungsdatums durch Eingabe innerhalb von zwei Monaten zur Verfügung (Verlängerungen können möglich sein).

disclaimer (37 CFR 1.321), e.g., to overcome an obviousness-type double patenting rejection. However, 35 USC 156 does not prevent a terminally disclaimed patent from being extended due to regulatory review period.[67] Of course, if a terminal disclaimer is filed subsequent to the issuance of the certificate of extension grant, the terminal disclaimer is given effect.[68] If a terminal disclaimer is filed after issuance of the patent but before issuance of the certificate of extension grant, the USPTO will calculate the extension based on the earlier expiration date set by the terminal disclaimer.[69]

VII. Eligibility Mechanics – The PTE Application

The PTE process begins with the filing of the of the PTE application. Applications for PTE are filed with the USPTO, and the USPTO initially determines whether the application satisfies the requirements of the statute. With regards to the PTE application itself, the USPTO distinguishes between a complete and an incomplete application, and between a formal complete application and informal complete application. 43

As set forth in 37 CFR 1.741(a), to obtain a filing date the application must be complete. To be complete the application must include: 44

(a) identification of the approved product;
(b) identification of the relevant Federal statute for which regulatory review was required;
(c) identification of the patent to be extended;
(d) identification of each claim which claims the approved product or a method of using or manufacturing the approved product;
(e) sufficient information to enable determination of eligibility for the extension and the rights to be derived from the extension, as well as sufficient information to determine the length of the regulatory review period (see 35 USC 156(a) and (b)); and a brief description of the activities of the marketing agent during the regulatory review period and significant dates associate therewith.

Thus, a complete application is one which satisfies the requirements of 35 USC 156(d)(1).

An application which is incomplete does not receive a filing date. The applicant may request review of a notice of incomplete application.[70] 45

Yet, even if an application is complete, it can still be held to be informal. This is because 37 CFR 1.740(a) imposes additional requirements for a formal application. These include, among other things, a statement that the application is being filed within the 60 day period; a copy of the patent; copies of any disclaimers, certificates of correction, maintenance fee 46

67 See also 37 CFR 1.775 "The patent term extension will run from the original expiration date of the patent or any earlier date set by terminal disclaimer".
68 See US 4,943,639, extended for the product KEPPRA (levetiracetam).
69 "The Life Sciences Lawyer's Guide to PTE and PTA," *Mary Till*, USPTO Senior Legal Advisor, January 27, 2011.
70 37 CFR 1.741(b) provides for review of the notice of incomplete application or review of the filing date accorded the application by petition within two months (extensions may be available).

Aufrechterhaltungsgebührzahlungen oder Neuprüfungszertifikate, eine Erklärung, dass das Patent für eine Verlängerung in Frage kommt, eine Erklärung über die Länge der beantragten Verlängerung und darüber, wie die Verlängerung berechnet wurde, eine Erklärung, in der die Offenlegungspflicht der Antragsteller bestätigt wird, und die erforderliche Gebühr. Wird festgestellt, dass der Antrag zwar vollständig ist, aber Formfehler aufweist, ergeht eine Frist zur Korrektur der Formfehler an den Antragsteller.[71]

47 Für Arzneimittelprodukte, die mehrere Wirkstoffe enthalten, muss aus dem formellen Antrag jeder Wirkstoff hervorgehen. Ferner muss für jeden Wirkstoff aus dem Antrag hervorgehen, ob der Wirkstoff bereits für die kommerzielle Vermarktung oder Verwendung gemäß dem geltenden Gesetz zugelassen ist oder nicht.[72] Für ein zugelassenes Produkt mit drei Wirkstoffen, von denen zwei bereits zugelassen sind, kann beispielsweise immer noch ein Antrag auf Schutzdauerverlängerung eingereicht werden, wenn der dritte Wirkstoff noch nicht zugelassen ist.[73]

48 Wie oben erwähnt, muss der formelle Antrag eine Erklärung über die Länge der beanspruchten Verlängerung und die Berechnung der Verlängerung enthalten. Diese Berechnung erfordert die Angabe spezifischer Termine im Zusammenhang mit dem aufsichtsrechtlichen Prüfungszeitraum, die Festsetzung der Länge der beiden Phasen des Prüfungszeitraums (Testphase und Zulassungsphase), die Bestimmung des Teils des aufsichtsrechtlichen Prüfungszeitraums, der vor der Erteilung des Patents lag, die Bestimmung der Dauer der Verlängerung auf der Grundlage des aufsichtsrechtlichen Prüfungszeitraums und ein Vergleich dieser Verlängerungsdauer mit den 5- und 14-Jahr-Grenzen.[74] Der Antragsteller muss zwar eine Berechnung der Verlängerungsdauer vorlegen, aber es ist anzumerken, dass das US-Patentamt die endgültige Entscheidung trifft.

VIII. Genaueres zur Zulässigkeit – Berechnung der Schutzdauerverlängerung

49 Für ein Arzneimittelprodukt beginnt der Testzeitraum am Wirksamkeitsdatum des Antrags für ein Entwicklungsmedikament (Investigational New Drug – IND) und endet an dem Tag, an dem die Anmeldung eines neuen Medikaments (New Drug Application – NDA) zuerst eingereicht wird. Die Zulassungsphase beginnt an dem Tag, an dem die NDA zuerst eingereicht wird, und endet am Tag der Zulassung des Arzneimittels für die erste kommerzielle Vermarktung oder Verwendung. Von jeder dieser Phasen wird die Anzahl von Tagen der Phase abgezogen, die vor der Erteilung des Patents lag, sowie die Anzahl von Tagen in jeder Phase, in denen der Antragstellende keine angemessene Sorgfalt walten ließ. Für den restlichen Teil der Testphase schließt die Verlängerungsdauer außerdem nur die Hälfte der Zeit ein. Die sich ergebende Verlängerungsdauer wird dann mit den 5- und 14-Jahr-Grenzen verglichen. Die Verlängerungsdauer entspricht der kleinsten Anzahl von Tagen.

50 Die Berechnung lässt sich am besten an einem **Beispiel** erläutern:

Auf der Grundlage der Zulassung des Arzneimittels LUNESTA® (Eszopiclon) wurde für die US-PS 6,444,673 ein Antrag auf Schutzdauerverlängerung gestellt. Die relevanten Termine sind: 25. August 1999 (IND-Wirksamkeitsdatum), 3. September 2002 (Erteilungsdatum der US-PS 6,444,673), 31. Januar 2003 (NDA wurde zuerst eingereicht), 15. Dezember 2004 (Zulassungsda-

71 Gemäß 37 CFR 1.740(c) wird dem Antragsteller ab der Mitteilung über einen informellen Antrag eine Frist von zwei Monaten zur Korrektur der Formfehler gesetzt (Verlängerungen können möglich sein).

72 Federal Food, Drug, and Cosmetic Act, Public Health Service Act, Virus-Serum-Toxin Act.

73 Siehe z.B. die Aktengeschichte von US-PS 6,441,168.

74 Gemäß 35 USC 156(c)(3) kann die restliche Laufzeit des Patents einschließlich Verlängerung nicht mehr als 14 Jahre nach dem Zulassungsdatum betragen. Bei Arzneimittelprodukten in der Humanmedizin kann die Verlängerungsdauer gemäß 35 USC 156(g)(6) nicht mehr als 5 Jahre betragen (wenn davon ausgegangen wird, dass das Patent nach dem 24. September 1984 erteilt wurde).

payment statements, or reexamination certificates; a statement that the patent is eligible for extension; a statement as to the length of extension claimed and how the extension was calculated; a statement acknowledging applicants' duty of disclosure; and the requisite fee. If the application is determined to be complete but informal, the applicant is given time to correct the informalities.[71]

For drug products containing multiple active ingredients, the formal application must identify each active ingredient. Further, for each active ingredient the application must state whether or not the ingredient has been previously approved for commercial marketing or use under the applicable statute.[72] For example, an approved product having three active ingredients, two of which have previously been approved, can still be the basis of a PTE application if the third active ingredient has not previously been approved.[73] 47

As noted above, the formal application must contain a statement as to the length of extension claimed and how the extension was calculated. This calculation requires the identification of specific dates associated with the regulatory review period (RRP), determination of the length of the two phases of the review period, the Testing Phase and the Approval Phase, determination of the portion of the RRP that occurred prior to grant of the patent, determination of the length of extension based on the RRP, and comparison of this length of extension to the 5 year and 14 year limits.[74] Although the applicant is required to provide a calculation of the length of extension, it should be noted that it is the USPTO that makes the final determination. 48

VIII. Eligibility Mechanics – Calculation of Length of Extension

For a drug product, the Testing Period begins on the effective date of the Investigational New Drug application (IND) and ends on the date the New Drug Application (NDA) is initially submitted. The Approval Phase begins the date the NDA is initially submitted and ends on the date of approval of the drug for first commercial marketing or use. Subtracted from each of these phases is the number of days of the phase that occurred before grant of the patent and the number of days in each phase in which the applicant did not act with due diligence. In addition, for the remaining portion of the Testing Phase the period of extension shall include only one-half of the time. The resultant time of extension is then compared to the 5 year and 14 year limits. The length of extension is the least number of days. 49

The calculation is best explained with a **specific example**. 50

A PTE application was filed for US 6,444,673 based on the approval of the drug LUNESTA® (eszopiclone). The relevant dates are: August 25, 1999 (effective date of IND); September 3, 2002 (issue date of US 6,444,673); January 31, 2003 (initially submission of NDA); December 15, 2004 (approval date); and January 16, 2012 (original expiration date). There was no determination of lack of due diligence during the review period.

71 Under 37 CFR 1.740(c), the applicant is given two months from the notice of informal application to correct the informalities (extensions may be available).
72 Federal Food, Drug, and Cosmetic Act, Public Health Service Act, Virus-Serum-Toxin Act.
73 See, for example, the file history of US 6,441,168.
74 Under 35 USC 156(c)(3), the remaining term of the patent with extension can not be greater than 14 years added to the date of approval. For human drug products, under 35 USC 156(g)(6) the period of extension can not be greater than 5 years (assuming patent issued after September 24, 1984).

tum) und 16. Januar 2012 (ursprüngliches Ablaufdatum). Während des Prüfungszeitraums wurde kein Mangel an angemessener Sorgfalt festgestellt.

Verlängerung = ½ (TP – DD_1 – $VorErteil._1$) + (AP – DD_2 – $VorErteil._2$)

TP = Testphase = Tage zwischen dem 25. August 1999 und dem 31. Januar 2003, einschließlich 31. Januar 2003 = 1256 Tage

AP = Zulassungsphase = Tage zwischen dem 31. Januar 2003 und dem 15. Dezember 2004, einschließlich 15. Dezember 2004 = 685 Tage

DD_1 = Tage mit einem Mangel an angemessener Sorgfalt während TP = 0

DD_2 = Tage mit einem Mangel an angemessener Sorgfalt während AP = 0

$VorErteil._1$ = TP-Tage, die vor der Erteilung der US-PS 6,444,673 lagen = Tage zwischen dem 25. August 1999 und dem 3. September 2002, einschließlich 3. September 2002 = 1106 Tage

$VorErteil._2$ = AP-Tage, die vor der Erteilung der US-PS 6,444,673 lagen = 0 Tage

Verlängerung = ½ (1256 – 0 – 1106) + (685 – 0 – 0) = 760 Tage

5-Jahres-Grenze → 760 Tage sind weniger als 5 Jahre (1825 Tage)

14-Jahres-Grenze → 760 Tage werden zu dem ursprünglichen Ablaufdatum des 16. Januar 2012 addiert, was den 14. Februar 2014 ergibt, was weniger ist als zum 15. Dezember 2004 hinzugefügte 14 Jahre.

Daher beträgt die Verlängerung 760 Tage.

51 In diesem Beispiel wurde kein Mangel an angemessener Sorgfalt festgestellt. Der Ausdruck „angemessene Sorgfalt“ wird wie folgt definiert: „... das Niveau an Aufmerksamkeit, kontinuierlichem gezieltem Bemühen und Fristgerechtheit, das während eines aufsichtsrechtlichen Prüfungszeitraums erwartet werden kann und üblicherweise angewandt wird.“[75] Generell wird geprüft, ob ein Nachlassen des Vermarktungsanmelders bei den Bemühungen um Zulassung des Produkts bei der Aufsichtsbehörde festgestellt werden kann. Wenn beispielsweise der Sponsor eines IND beantragt, dass das IND in den Status „nicht aktiv“ versetzt wird, und danach das IND wieder aktiviert, stellt der nicht aktive Zeitraum einen Mangel an angemessener Sorgfalt dar.[76]

IX. Interimsverlängerungen

52 Wenn die Wahrscheinlichkeit besteht, dass die Zulassung des Produkts kurz vor dem Ablaufdatum des Patents erfolgt, ist es möglich, dass das Patent vor der Zulassung des Produkts abläuft. Andererseits kann das Patent ablaufen, bevor ein Schutzdauerverlängerungszertifikat ausgestellt wird. Das Gesetz sieht die Interimsverlängerung als Abhilfe für diese beiden Möglichkeiten vor.

1. Interimsverlängerung vor der Zulassung

53 Wenn die Wahrscheinlichkeit besteht, dass die Zulassung nach dem Ablauf des Patents erfolgt, gestattet 35 USC 156(d)(5)(A) dem Patentinhaber oder seinem Vertreter die Einreichung eines Antrags auf Interimsverlängerung. Der Antrag kann nur innerhalb eines bestimmten zeitlichen Rahmens gestellt werden, und zwar von 6 Monaten vor dem Patentablaufdatum bis 15 Tage vor dem Patentablaufdatum.

54 Im Allgemeinen muss der Antrag auf Interimsverlängerung gemäß 35 USC 156(d)(5)(A) denselben Anforderungen wie ein vollständiger und formeller Antrag auf eine Schutzdauerverlängerung gemäß 37 CFR 1.740 und 1.741 genügen, abgesehen von der Nennung des Zulassungsdatums und einer Erklärung, dass der Antrag innerhalb der 60-tägigen Frist nach dem

75 35 USC 156(d)(3).
76 Siehe in Sachen Schutzdauerverlängerung für die US-PS 4,885,243 (Commr. Pats. & Tm. 2007).

Extension = ½ (TP – DD_1 – $PreGrant_1$) + (AP – DD_2 – $PreGrant_2$)

TP = Testing Phase = days between August 25, 1999 and January 31, 2003 including January 31, 2003 = 1,256 days

AP = Approval Phase = days between January 31, 2003 and December 15, 2004 including December 15, 2004 = 685 days

DD_1 = days of lack of due diligence during TP = 0

DD_2 = days of lack of due diligence during AP = 0

$PreGrant_1$ = days of TP that occurred before grant of US 6,444,673 = days between August 25, 1999 and September 3, 2002 including September 3, 2002 = 1,106 days

$PreGrant_2$ = days of AP that occurred before grant of US 6,444,673 = 0 days

Extension = ½ (1,256 – 0 – 1,106) + (685 – 0 – 0) = 760 days

5 year limit → 760 days is less than 5 years (1825 days)

14 year limit → 760 days added to the original expiration date of January 16, 2012 is February 14, 2014, which is less than 14 years added to December 15, 2004.

Therefore, the extension is 760 days.

In this example, there was no lack of due diligence. As to what constitutes due diligence, the term is defined to mean "that degree of attention, continuous directed effort, and timeliness as may reasonably be expected from, and are ordinarily exercised by, a person during a regulatory review period."[75] A general guideline is to see whether there is any hiatus in the efforts of the marketing applicant in seeking approval of the product before the regulatory agency. For example, if the sponsor of an IND requests that the IND be placed on inactive status and the subsequently reinstates the IND, the period of inactivity constitutes a period of lack of due diligence.[76] 51

IX. Interim Extensions

If approval of the product is likely to occur near expiration date of the patent, the possibility exists that the patent may expire before the product is approved. On the other hand, the patent may expire before a patent term extension certificate is issued. The statute addresses each of these possibilities through interim patent term extensions. 52

1. Interim Extension before Approval

If approval is likely to occur after expiration of the patent, 35 USC 156 (d)(5)(A) permits the patentee or its agent to file an application for interim extension. The application can only be filed within a specific time frame, namely from 6 months before the patent expiration date up to 15 days before the patent expiration date. 53

In general, the application for interim extension under 35 USC 156 (d)(5)(A) must meet the same requirements as a complete and formal application for patent term extension under 37 CFR 1.740 and 1.741, except for identification of the approval date and a statement that the application is being submitted within the 60 period following the approval date.[77] 54

75 35 USC 156(d)(3).
76 See In re Patent Term Extension for US 4,885,243 (Commr. Pats. & Tm. 2007).

Zulassungsdatum eingereicht wurde.[77] Die Gewährung der Interimsverlängerung hängt davon ab, ob bestimmt wird, dass das Patent bei Genehmigung der kommerziellen Vermarktung oder Verwendung des Produkts durch die Aufsichtsbehörde für eine Schutzdauerverlängerung gemäß 35 USC 156 in Frage käme.

55 Die Dauer der Interimsverlängerung kann bis zu einem Jahr betragen.[78] Wenn mehr Zeit benötigt wird, können weitere Interimsverlängerungen beantragt werden, und zwar bis zu 5 Interimsverlängerungen.[79], [80] Jede dieser nachfolgenden Verlängerungen muss[81] innerhalb einer Frist beantragt werden, die 60 Tage vor dem Ablauf der vorherigen Interimsverlängerung beginnt und 30 Tage vor dem Ablauf der vorherigen Interimsverlängerung endet. Der nachfolgende Antrag auf eine Interimsverlängerung kann aus einer Bitte um eine weitere Interimsverlängerung bestehen, der eine Erklärung dahingehend beiliegt, dass der aufsichtsrechtliche Prüfungszeitraum noch nicht abgeschlossen ist. Die Gesamtlänge der gewährten Interimsverlängerungen kann nicht länger als die maximale gemäß 35 USC 156(c) gestattete Verlängerungsdauer sein.

56 Nach der Zulassung des Produkts läuft eine etwaig gemäß 35 USC 156(d)(5) bestehende Interimsverlängerung am Ende der 60-tägigen Frist ab, die am Zulassungsdatum der kommerziellen Vermarktung oder Verwendung beginnt. Innerhalb dieser 60-tägigen Frist kann ein Antragsteller jedoch die zusätzlichen Informationen einreichen, die für einen regulären Antrag auf Schutzdauerverlängerung gemäß 35 USC 156(d)(1) benötigt werden; das Patent kann weiter verlängert werden.[82]

57 Ein Beispiel für die Nutzung von Interimsverlängerungen gemäß 35 USC 156(d)(5)(A) ist die US-PS 4,585,770 der Hoechst Roussel Vet S.A. In diesem Patent wird die Verbindung Zilpaterol-Hydrochlorid, der Wirkstoff in dem tiermedizinischen Arzneimittelprodukt Zilmax® beansprucht. Am 26. März 2003 stellte die Hoechst Roussel einen Antrag auf eine Interimsverlängerung der US-PS 4,585,770 gemäß 35 USC 156(d)(5)(A), der für die Dauer eines Jahres genehmigt wurde, d.h. bis 12. Oktober 2004. Am 31. März 2004 stellte die Hoechst Roussel einen zweiten Antrag auf eine zweite Interimsverlängerung gemäß 35 USC 156(d)(5)(A), der für die Dauer eines Jahres genehmigt wurde, d.h. bis 12. Oktober 2005. Am 29. März 2005 stellte die Hoechst Roussel einen dritten Antrag auf eine dritte Interimsverlängerung gemäß 35 USC 156(d)(5)(A), der für die Dauer eines Jahres genehmigt wurde, d.h. bis 12. Oktober 2006.[83]

58 Eine Interimsverlängerung ist nur für ein einzelnes Patent gestattet. Wenn das Produkt durch mehrere Patente abgedeckt wird, kann also nur für eines dieser Patente eine Interimsverlängerung gemäß 35 USC 156(d)(5)(A) erteilt werden.

59 Beispielsweise reichte die Discovery Laboratories Inc. (im Namen des Scripps Research Institute) am 6. Oktober 2009 drei Anträge auf Interimsverlängerung der US-PS 5,407,914, US-PS 5,260,273 und US-PS 5,789,382 ein, die auf dem Arzneimittel SURFAXIN® beruhen. Nachfolgend wurde eine Interimsverlängerung für die US-PS 5,407,914 erteilt.[84] Im Lichte der für die US-PS 5,407,914 erteilten Verlängerung wurden die Anträge auf Interimsverlän-

77 Siehe 37 CFR 1.740(a)(3) und (a)(5).
78 35 USC 156(d)(5)(B).
79 35 USC 156(d)(5)(C).
80 Bei einem Patent, für das Unterparagraph 35 USC 156(g)(6)(C) gilt [vor dem Datum des Inkrafttretens des Gesetzes erteiltes Patent], kann der Patentinhaber oder sein Vertreter nur *eine* nachfolgende Interimsverlängerung beantragen (35 USC 156(d)(5)(C)).
81 Im Gesetzestext heißt es „shall“, was als „muss“ ausgelegt worden ist. Siehe *Genetics & IVF Institute gg. Kappos*, 801 F. Supp.2 d 497 (E.D. Va 21. Juli 2011).
82 35 USC 156(d)(5)(E).
83 Mitteilung des US-Patentamts über eine Interimsverlängerung, 4. April 2006 (Federal Register, Band 71, 16765-01).
84 Federal Register, Band 74, Nr. 223 (20. November 2009).

Approval of the interim extension hinges on a determination that, except for permission from the regulatory authority to market or use the product commercially, the patent would be eligible for an extension of the patent term under 35 USC 156.

The interim extension can be for a period of up to one year.[78] If additional time is needed, further interim extensions can be requested up to a total of 5 interim extensions.[79, 80] Each of these subsequent extensions must[81] be filed in the time period beginning 60 days before expiration of the prior interim extension and ending 30 days before the expiration of the prior interim extension. The subsequent interim extension application can consist of a request for the subsequent interim extension accompanied by a statement that the regulatory review period has not been completed. The cumulative amount of interim extensions granted can not be longer than the maximum period of extension permitted under 35 USC 156 (c). 55

Once the product is approved, any existing interim extension under 35 USC 156(d)(5) will expire at the end of the 60 day period beginning on the day of approval for commercial marketing or use. However, if within that 60 day period, an applicant can submit the additional information needed for a regular patent term extension application under 35 U.S.C. 156 (d)(1), the patent can be further extended.[82] 56

To exemplify the use of interim patent term extensions under 35 USC 156(d)(5)(A), see US 4,585,770, owned by Hoechst Roussel Vet S.A. This patent claimed the compound zilpaterol hydrochloride, the active ingredient in the animal drug product Zilmax®. On March 26, 2003, Hoechst Roussel filed an application under 35 USC 156(d)(5)(A) for an interim patent term extension of US 4,585,770, which was granted for a period of one year, i.e., until October 12, 2004. On March 31, 2004, Hoechst Roussel filed a second interim patent term extension application under 35 USC 156(d)(5)(A) for a second interim extension, which was granted for a period of one year, i.e., until October 12, 2005. On March 29, 2005, Hoechst Roussel filed a third application under 35 USC 156(d)(5)(A) for a third interim patent term extension application, which was granted for a period of one year, i.e., until October 12, 2006.[83] 57

Interim patent extension is only permitted for a single patent. In other words, if there are multiple patents that cover the product only one of these patents can be given an interim patent term extension under 35 USC 156 (d)(5)(A). 58

By way of example, on October 6, 2009, Discovery Laboratories Inc. (on behalf of Scripps Research Institute) filed three applications for interim patent term extensions for US 5,407,914, US 5,260,273 and US 5,789,382, based on the drug SURFAXIN®. An interim patent extension was subsequently granted for US 5,407,914.[84] However, in light of the granted extension for US 5,407,914, the interim patent term extension applications for US 59

77 See 37 CFR 1.740(a)(3) and (a)(5).
78 35 USC 156 (d)(5)(B).
79 35 USC 156 (d)(5)(C).
80 In the case of a patent subject to subsection 35 USC 156 (g)(6)(C) [patent issued before the date of the enactment], the patentee or its agent may apply for only 1 subsequent interim extension, 35 USC 156 (d)(5)(C).
81 The statute says "shall" which has been held to mean "must". See *Genetics & IVF Institute v. Kappos*, 801 F.Supp.2d 497 (E.D. Va July 21, 2011).
82 35 USC 156(d)(5)(E).
83 USPTO Notice of Interim Patent Term Extension, April 4, 2006. (Federal Register, Vol. 71, 16765-01).

84 Federal Register, Vol. 74, No. 223 (Nov. 20, 2009).

gerung für die US-PS 5,260,273 und die US-PS 5,789,382 abgelehnt, weil sich das Gesetz auf „eine“ Verlängerung für „ein“ Patent bezieht.[85, 86]

2. Interimsverlängerung nach der Zulassung, aber vor der Erteilung des Zertifikats

60 Wenn das Ablaufen eines Patents fällig ist, bevor eine endgültige Feststellung über den anhängigen Schutzdauerverlängerungsantrag getroffen wurde, kann der Antragsteller gemäß 35 USC 156(e)(2) und 37 CFR 1.760 eine Interimsverlängerung beantragen. Außerdem kann der Direktor des US-Patentamts eine derartige Interimsverlängerung selbst dann erteilen, wenn kein Antrag gestellt wurde.

61 Was den zeitlichen Rahmen angeht, heißt es in 37 CFR 1.760, dass der Antrag innerhalb von 3 Monten vor dem Ablaufdatum gestellt werden „sollte“. Dieser zeitliche Rahmen ist jedoch nicht obligatorisch. Wenn der Antrag innerhalb einer kürzeren Frist gestellt wird, wird er berücksichtigt, wenn angemessen nachgewiesen wurde, dass er nicht früher gestellt werden konnte.[87]

62 Die Länge einer Interimsverlängerung gemäß 37 CFR 1.760 liegt im Ermessen des Direktors des US-Patentamts und sollte so bemessen sein, dass ausreichend Zeit zum Abschluss des Antrags auf Schutzdauerverlängerung bleibt. Trotzdem ist die Dauer der Verlängerung auf ein Jahr oder weniger begrenzt. Wenn mehr Zeit nötig ist, können zusätzliche Interimsverlängerungen gewährt werden. Die Dauer einer Interimsverlängerung ist jedoch nicht länger als die Verlängerung, für die das Patent in Frage kommt.

63 Die Interimsverlängerung hängt von dem anhängigen Antrag auf Schutzdauerverlängerung ab. Wenn entschieden wird, dass das Patent nicht für eine Schutzdauerverlängerung gemäß 35 USC 156(d)(1) in Frage kommt, wird ein Antrag auf Interimsverlängerung gemäß 37 CFR 1.760 abgelehnt.[88] Ferner kann der Direktor keine Interimsverlängerung gewähren, wenn die Verweigerung der Verlängerung gemäß 35 USC 156(d)(1) angefochten wurde.[89] Wurde eine Interimsverlängerung zwar gewährt, aber nachträglich entschieden, dass das Patent für eine Schutzdauerverlängerung gemäß 35 USC 156 nicht in Frage kommt, kann die Interimsverlängerung aufgehoben werden.[90]

X. Offenlegungspflicht im Schutzdauerverlängerungsverfahren

64 Patentanwälten, Übertragungsempfängern, Anmeldern und „jedem Einzelnen, der mit dem Einreichen und Weiterverfolgen“ einer anhängigen Patentanmeldung „in Zusammenhang steht“,[91] obliegt die Pflicht der Aufrichtigkeit, Gutgläubigkeit und Offenlegung; eine ähnliche Pflicht obliegt auch dem Patentinhaber oder seinem Vertreter, jedem Patentanwalt oder Anwalt, der den Patentinhaber vertritt, und jeder anderen Person, die „im Namen des Patentinhabers auf erhebliche Weise“ an einem Schutzdauerverlängerungsverfahren „beteiligt“ ist.[92] Alle diese Personen, denen erhebliche Informationen bekannt sind oder die Kenntnis von erheblichen Informationen erhalten, die einer Bestimmung der Berechtigung der beantragten Verlängerung abträglich sind und davor noch keinen Eingang in das Schutzdauerverlängerungsverfahren fanden, müssen diese Informationen dem Patentamt bzw. dem

85 Siehe in der Sache Schutzdauerverlängerung für die US-PS 5,260,273 und US-PS 5,789,382 (Commr. Pats. & Tm. 2009).
86 35 USC 156(d)(5)(C).
87 Siehe MPEP 2755.01.
88 Siehe auch in der Sache *Alcon Laboratories Inc.*, 13 USPQ2 d 1115, 1123 (Commr. Pat. & Tm. 1989).
89 Siehe auch *Somerset Pharms., Inc. gg. Dudas*, 84 USPQ2 d 2023 (Fed. Cir. 2007).
90 In der Sache *Reckitt*, 230 USPQ bei 370, wurde entschieden, dass die Interimsverlängerung gemäß 35 USC 156(e)(2) von Anfang an unzulässig ist.
91 37 CFR § 1.56(a).
92 37 CFR § 1.765(a).

5,260,273 were US 5,789,382 denied because the statute refers to "an" extension for "a" patent.[85, 86]

2. Interim Extension after Approval but before Certificate Issuance

60 If a patent is due to expire before a final determination is made on a pending PTE application, the applicant can request an interim term extension pursuant to 35 USC 156(e)(2) and 37 CFR 1.760. Additionally, the Director of the USPTO may issue such an interim term extension even if a request is not filed by the applicant.

61 With respect to timing, 37 CFR 1.760 states that the request "should" be filed within 3 months prior to the date of expiration. But, this time period is not mandatory. If filed within a shorter period of time, the request will be considered if a proper showing is made that the request could not be filed earlier.[87]

62 The length of an interim extension under 37 CFR 1.760 is discretionary with the Director of the USPTO, and should be designed to provide sufficient time for completion of the PTE application. Still, the length of the extension is limited to one year or less. If more time is needed, additional interim term extensions may be granted. However, the term interim extension will not exceed the length of extension for which the patent is eligible.

63 The interim extension is dependent on the pending PTE application. Thus, if the patent is held to be ineligible for patent term extension under 35 USC 156 (d) (1), an interim extension filed under 37 CFR 1.760 will be denied.[88] Further, the Director can not issue an interim extension pending the appeal of the denial of the extension under 35 USC 156 (d) (1).[89] If an interim extension was granted, but the patent is subsequently held to be ineligible for patent term extension under 35 USC 156, the interim extension may be vacated.[90]

X. Duty of Disclosure in the PTE Process

64 Just as there is a duty of candor, good faith and disclosure imposed upon patent practitioners, assignees, applicants and "each individual associated with the filing and prosecution" of a pending patent application,[91] a similar duty is imposed upon the patent owner or its agent, on each attorney or agent who represents the patent owner and on every other individual who is "substantively involved on behalf of the patent owner" in a patent term extension proceeding.[92] All such individuals who are aware, or become aware, of material information adverse to a determination of entitlement to the extension sought, which has not been previously made of record in the patent term extension proceeding must bring such information to the attention of the Office or the Secretary, as appropriate,[93] as soon as it is practical to do so after the individual becomes aware of the information. Information is material where there is a substantial likelihood that the Office or the Secretary would con-

85 See In Re: Patent Term Extensions for US 5,260,273 and US 5,789,382 (Commr. Pats. & Tm. 2009).

86 35 USC 156(d)(5)(C).
87 See MPEP 2755.01.
88 See *In re Alcon Laboratories Inc.*, 13 USPQ2 d 1115, 1123 (Commr. Pat. & Tm. 1989).
89 See *Somerset Pharms., Inc. v. Dudas*, 84 USPQ2 d 2023 (Fed. Cir. 2007).
90 See *In re Reckitt*, 230 USPQ at 370, interim extension held to be *ab initio* as ineligible under 35 USC 156(e)(2).
91 37 CFR § 1.56(a).
92 37 CFR § 1.765(a).

Minister mitteilen,[93] und zwar so bald wie praktisch möglich, nachdem diese Person von den Informationen Kenntnis erhält. Informationen sind erheblich, wenn es im Zusammenhang damit sehr wahrscheinlich ist, dass sie nach dem Dafürhalten des Patentamts oder des Ministers für die im Schutzdauerverlängerungsverfahren zu treffenden Bestimmungen wichtig sind. Es kann davon ausgegangen werden, dass derartige erhebliche Informationen beispielsweise Nachweise betreffen, die einer beanspruchten ersten kommerziellen Verwendung und Vermarktung widersprechen. Die während der Weiterverfolgung einer Patentanmeldung geltende Offenlegungspflicht endet zwar mit der Erteilung des Patents, aber es ist darüber hinaus leicht vorstellbar, dass ein zumindest angeblicher Verstoß gegen diese Pflicht während des Verlängerungsantrags gemeldet werden könnte (und sogar gemeldet wird), wenn ein Patentinhaber eine Schutzdauerverlängerung beantragen würde in dem Wissen, dass ein Stand der Technik vorliegt, der erheblich gewesen wäre, wenn er während der Weiterverfolgung offengelegt worden wäre. Die während des Verlängerungsantrags geltende Offenlegungspflicht kann daher sehr wohl umfassender sein und sich nicht nur auf Dokumente beziehen, die für die sich bei der Verlängerung ergebenden Fragen direkt relevant sind. Die Frage, ob die Pflicht erfüllt werden kann, indem einfach ein derartiger erheblicher Stand der Technik während des Verlängerungsverfahrens bereitgestellt wird, oder ob ein Neuprüfungs- oder Neuerteilungsverfahren nötig wird, ist bis jetzt noch unbeantwortet.

65 Es erfolgt keine Bestimmung der Zulässigkeit einer Verlängerung und auch keine Erteilung eines Zertifikats, wenn festgestellt wird, dass ein klarer und überzeugender Beweis für einen Betrug oder Betrugsversuch gegenüber dem Patentamt oder dem Minister vorliegt oder durch Bösgläubigkeit oder grobe Fahrlässigkeit in Verbindung mit dem Schutzdauerverlängerungsverfahren gegen die Offenlegungspflicht verstoßen wurde. Ohne eine Aufforderung durch den Direktor des Patentamts sind Eingaben Dritter mit Informationen über die Offenlegungspflicht jedoch untersagt.[94]

66 Da die Bestimmung, ob ein Patent für eine Verlängerung in Frage kommt, einzig und allein auf der Grundlage der im Verlängerungsantrag gemachten Erklärungen erfolgt, wird dem Patentamt zufolge „davon ausgegangen", dass eine endgültige Festsetzung der Verweigerung einer Schutzdauerverlängerung wegen Betrugs oder eines Verstoßes gegen die Offenlegungspflicht „selten vorkommt".[95]

XI. Fazit

67 Zur Lösung des Problems der „vorgeschalteten Verzerrung" hat das Hatch-Waxman-Gesetz von 1984 eindeutig einen Mechanismus zur Verlängerung der Schutzdauer von in Frage kommenden Patenten über Pharmazeutika bereitgestellt. Der Entstehungsgeschichte des Gesetzes lassen sich zwar kaum Anleitungen entnehmen, aber dank der Bemühungen der pharmazeutischen Industrie, des US-Patentamts, der FDA, der Bundesgerichte und sogar des Gesetzgebers dank des kürzlich erlassenen Leahy-Smith-Erfindungsgesetzes sind der Umfang und die Verfahren zur Erlangung von Schutzdauerverlängerungen nun viel klarer. Was das Problem der „nachgeschalteten Verzerrung" angeht, sorgte der durch das Gesetz bereitgestellte Mechanismus natürlich für ein riesiges Streitfallaufkommen. Eine diesbezügliche Diskussion ist am besten getrennt zu behandeln.

93 37 CFR § 1.765(b).
94 37 CFR § 1.765(d). Siehe auch in der Sache *Dubno*, 12 USPQ2 d 1153 (Commr. Pat. & Tm. 1989).
95 MPEP § 2762.

sider it important in determinations to be made in the patent term extension proceeding. It can be presumed that such material information would pertain, for example, to evidence contrary to a claim of first commercial use and marketing. Moreover, although the duty of disclosure applying during prosecution of a patent application ends with issuance, it is not a stretch to imagine that at least an assertion of violation of the duty during application for extension could (indeed, would) be made if a patentee requested term extension on a patent knowing that there is prior art that would have been material if it had been uncovered during prosecution. Thus, the duty of disclosure applicable during the application for extension may well be broader than just governing documents directly relevant to the issues arising in the extension. Whether the duty can be satisfied simply by providing such material prior art during the extension process, or whether a reexamination or reissue proceeding is necessary, is an unresolved question.

A determination of eligibility for an extension or the issuance of a certificate will not be made if clear and convincing evidence of fraud or attempted fraud on the Office or upon the Secretary is determined to be present, or the duty of disclosure is determined to have been violated through bad faith or gross negligence in connection with the patent term extension proceeding. However, third party submissions of information bearing on the duty of disclosure are prohibited, absent an invitation from the PTO Director.[94] 65

According to the PTO, since the determination as to whether a patent is eligible for extension is made solely on the basis of the representations made in the application for extension, a final determination to refuse a patent term extension because of fraud or a violation of the duty of disclosure "is expected to be rare".[95] 66

XI. Conclusion

With regards to addressing the problem of "front end distortion", the 1984 Hatch-Waxman Act has clearly provided a mechanism for extending the term of eligible patents covering pharmaceuticals. While the legislative history of the act gave little guidance, through the efforts of the pharmaceutical industry, the USPTO, the FDA, the Federal Circuit, and even the legislature with the recent Leahy-Smith America Invents Act, the scope and procedures for obtainment of patent term extensions has been greatly clarified. As for addressing the problem of "back end distortion", needless to say the mechanism provided by the Act has resulted in a vast amount of litigation. Its assessment is best left for a separate discussion. 67

93 37 CFR § 1.765(b).
94 37 CFR § 1.765(d). See, also, *In re Dubno*, 12 USPQ2 d 1153 (Commr. Pat. & Tm. 1989).
95 MPEP § 2762.

§ 2 Patentlaufzeitverlängerungen in Japan

A. Einleitung

1 Auch in Japan können Patentlaufzeiten verlängert werden, Art. 67(2) bis 68-2 PatG JP. In Branchen wie der Arzneimittelindustrie sind langwierige Untersuchungen erforderlich, um die Sicherheit von Arzneimitteln zu gewährleisten. Während dieser Zeit kann der Patentinhaber – aufgrund des zwingenden Charakters der zugrunde liegenden Rechtsvorschriften – sein Patent, trotz Validität, nicht ausüben. Im Interesse der Arzneimittelsicherheit ist eine Kürzung der Arzneimitteluntersuchungen kaum möglich.

2 Dies wirft Probleme auf, die sich auf die Grundlage des Patentsystems auswirken. Daher ist die Schaffung einer Möglichkeit zur Laufzeitverlängerung erforderlich. Die Patentlaufzeit

§ 2 Patent Term Extensions in Japan

A. Introduction

Japanese Patent Law includes a patent term extension system (Article 67(2) to 68-2 of the Patent Act). With respect to certain fields, such as pharmaceuticals, where long periods are necessarily required for testing and examinations in order to obtain approval under legal regulations designed for ensuring product safety, during which periods the benefit of exclusive rights cannot be enjoyed despite the validity of patent rights, although the legal regulations themselves are indispensable in view of their purpose, they nonetheless preclude working of the patent, which otherwise could have been exploited during the period affected by the regulations. However, in the interest of product safety, the possibility of shortening the periods devoted to drug examinations is limited. 1

Such situations pose problems affecting the basis of the patent system, and measures enabling extension of patent terms is therefore necessary in light of the above situation. As such, 2

kann in Japan bis zu fünf Jahre verlängert werden, wenn ein Laufzeitverlängerungsantrag gestellt wird, weil die patentierte Erfindung vor Zulassung, z.B. zur Sicherstellung der Arzneimittelsicherheit, nicht ausgeübt werden konnte, Art. 67(2) PatG JP (Art. 67(2) PatG JP: „approvals prescribed by relevant Acts ..., etc. or any other disposition designated by Cabinet Order"). Derzeit ist dies auf Zulassungen nach dem Arzneimittel- und dem Agrarchemikaliengesetz beschränkt. Die ordnungsgemäße Durchführung des Zulassungsverfahrens nimmt viel Zeit in Anspruch.

3 Ein Patent, dessen patentierte Erfindung wegen des Zulassungserfordernisses nicht ausgeübt werden konnte, kann Gegenstand eines Laufzeitverlängerungsantrags sein. Art. 67-3 PatG JP schreibt vor, dass ein Laufzeitverlängerungsantrag dann abzulehnen ist, wenn die Zulassung zur Ausübung der patentierten Erfindung nicht erforderlich ist. In diesem Zusammenhang ist es von Interesse, was die „patentierte Erfindung, die aufgrund des Zulassungserfordernisses nicht ausgeübt werden konnte" ist. Eine der Besonderheiten in Japan ist nämlich, dass man mehr als einen Laufzeitverlängerungsantrag je Patent stellen kann, wenn mehrere Zulassungen vorhanden sind. Wurde aber bereits eine Zulassung für den Wirkstoff eines Arznei- oder Pflanzenschutzmittels erteilt, so stellt sich die Frage, ob die weitere Zulassung zur Ausführung der patentierten Erfindung wirklich erforderlich war.

4 In der **Vergangenheit** stimmten das japanische Patentamt und die japanischen Gerichte bei der Auslegung dieser Frage überein. Insbesondere berücksichtigten sie, dass *„wenn sich mehrere Zulassungen auf dasselbe Produkt beziehen (oder für dasselbe Produkt und dessen Verwendung gelten, wenn die Zulassungen die Verwendung festlegen), spätere Zulassungen zur Ausübung der patentierten Erfindung als nicht erforderlich erachtet werden, da die erste Zulassung zur Ausübung des Produkts (oder des Produkts und dessen Verwendung) der patentierten Erfindung ausreichend sein würde"*.

Wurde z.B. mehr als eine Zulassung für Arzneimittel mit demselben Wirkstoff (Produkt) und derselben Wirkung (Verwendung) erteilt und unterscheiden sich die Arzneimittel lediglich hinsichtlich ihrer Herstellungsverfahren, Dosierungsformen usw., so wurde eine Laufzeitverlängerung **nur auf Grundlage der Erstzulassung** erteilt. Auch wenn die patentierte Erfindung durch ihre neue und besondere Dosierungsform charakterisiert wurde und deren Vermarktung einer Zulassung bedurfte, wurde die Zulassung für das Produkt der patentierten Erfindung nicht als Erstzulassung angesehen, wenn Wirkstoff und Verwendung mit einem zuvor genehmigten Arzneimittel übereinstimmten.

5 Ein bis dahin typischer Fall, der noch so entschieden wurde, war *Roche & Takeda ./. JPO* (Obergericht für geistiges Eigentum in Tokio 2005 (Ke) Nr. 10345). Zwar akzeptierte das Gericht, dass der Patentinhaber die patentierte Erfindung erst nach Zulassung verkaufen konnte. Dennoch wurde keine Patentlaufzeitverlängerung erteilt. Das Gericht entschied damals, dass die spätere Zulassung zur Ausübung nicht erforderlich war, da sich das neuzugelassene vom bereits zugelassenen Arzneimittel nur in der Dosierungsform und eben nicht in dem Wirkstoff und der Verwendung unterschied.

6 Einige Parteien gingen gegen diese Auslegung vor und reichten beim Obersten Gerichtshof von Tokio Berufung ein. Aber bereits bevor der Oberste Gerichtshof von Tokio eine Entscheidung fällen konnte, änderte das Obergericht für geistiges Eigentum in Tokio am 29. Mai 2009 unerwartet seine bisherige Rechtsprechung (Obergericht für geistiges Eigentum in Tokio 2005 (Ke) Nr. 10458 bis 10460, *Takeda ./. JPO*). Die damals zu entscheidenden Fälle können wie folgt zusammengefasst werden: Wie auch im Fall *Roche & Takeda ./.*

an extension of the patent term by up to five years is available by applying for registration of patent term extension, if the invention could not be worked due to the need to obtain a disposition (market authorization) by the Cabinet Order, such as an approval provided under legal regulations designed for ensuring product safety (Article 67(2) of the Patent Act). At present, the dispositions prescribed by Cabinet Order are limited to those provided under the Pharmaceutical Affairs Law and the Agricultural Chemical Regulation Law, which necessarily require considerable time to be rendered properly, in view of their objectives and the procedures involved. As a result, currently, drugs, diagnostic medicaments, agriculture chemical such as pesticides, fungicides, are subjects of the Patent Term Extension system.

A patent, whose patented invention could not be worked due to the need to obtain an approval or a registration, is eligible as a subject of application for registration of patent term extension. Article 67-3 of the Patent Act stipulates that a patent term extension application will be rejected in a case where it is not deemed that obtaining of the disposition was necessary for the working of the patented invention. In this connection, what is the "patented invention which could not be worked due to the need to obtain approval" will be a matter of interest. For example, one of the unique characteristics in Japan is that it is possible to file more than one application for registration of patent term extension in respect of a single patent on the basis of more than one disposition. As a result, when more than one dispositions are issued for a given active ingredients of a drug or an agricultural chemical, an issue may arise concerning whether or not the subsequent disposition was indeed necessary to carry out the patented invention. 3

The Japanese Patent Office (JPO) and the Japanese courts **used to be** consistent in interpretation of this matter. Specifically, they used to consider that "*when several dispositions relate to the same product (or for the same product and use if the dispositions specify the use), dispositions other than the earliest disposition are not considered necessary for working the patented invention, since the earliest disposition would be sufficient for working the product (or product for the specified use) of the patented invention.*" 4

Accordingly, when, for example, more than one approval is granted to pharmaceuticals with the same active ingredient (product) and efficacy/effect (use) and differing only in manufacturing processes, dosage forms, etc., patent term extension shall be granted on basis of the **earliest approval only**. In other words, even though the patented invention is characterized by its new and unique dosage form, and required approval for its commercial sale due to its new dosage form, if its active ingredient and use are the same as those of a previously approved product, the approval for the product of the patented invention would not be deemed as the earliest one.

A typical decision on the basis of this interpretation can be seen in that of Tokyo Intellectual High Court 2005 (Ke) No. 10345 (*Roche & Takeda vs JPO*). In this decision, the court stated that the reason the (later) approval for the patented product was not necessary because the product is different from the former product only in its dosage form, rather than in its active ingredient and use. In this decision, the court agreed that the patentee could not work the patented product until obtaining the approval was obtained; nevertheless, a patent term extension was not granted. 5

Some parties challenged against these practice and interpretation, by filing appeals to the Tokyo High Court. On May 29, 2009, the Tokyo Intellectual High Court made a different and unexpected decision (Tokyo Intellectual High Court 2005 (Ke) Nos. 10458 to 10460 (*Takeda vs JPO*) which totally overturned the previous interpretations. Summary of the three cases are substantially the same. As in the *Roche & Takeda vs JPO* case, the point in dispute was that as for a product whose dosage form or the like is new, even though the 6

JPO ging es um die Frage, ob bei einem Arzneimittel, dessen Dosierungsform o.Ä. neu ist – auch wenn Wirkstoff und Verwendung mit einem bereits zugelassenen Arzneimittel übereinstimmen – eine Zulassung erforderlich ist und ob daher eine Laufzeitverlängerung für den Zeitraum gewährt werden sollte, in dem der Patentinhaber die patentierte Erfindung nicht ausüben konnte. Anders als im Fall *Roche & Takeda ./. JPO* entschied das Gericht im Fall *Takeda ./. JPO*, dass ein zugelassenes Arzneimittel eher über seine **„Inhaltsstoffe"**, **„Mengen"** und **„Struktur"** als (wie noch zuvor) über seinen „Wirkstoff" und seine „Verwendung" bestimmt wird. Das Oberste Gericht stimmte dem in seinem Urteil vom 28. April 2011 im Wesentlichen zu (Oberstes Gericht (Hi) Nr. 326). Das Japanische Patentamt musste daraufhin seine Richtlinien zur Laufzeitverlängerung anpassen. Es veröffentlichte die neuen Richtlinien am 29. Dezember 2011 (siehe Prüfungsrichtlinien für Patent und Gebrauchsmuster in Japan, Teil VI: http://www.jpo.go.jp/cgi/linke.cgi?url=/tetuzuki_e/t_tokkyo_e/1312-002_e.htm).

7 Nach den neuen Richtlinien und abhängig vom Wortlaut der Patentansprüche kommt eine Laufzeitverlängerung auf Basis einer späteren Zulassung nunmehr immer dann in Frage, wenn sich bspw. die Formulierung des später zugelassenen Arzneimittels von der des früher zugelassenen Arzneimittels unterscheidet. Dies gilt selbst dann, wenn Wirkstoff und Verwendung eines Arznei- oder Pflanzenschutzmittels übereinstimmen. Im Folgenden werden die Einzelheiten des japanischen Laufzeitverlängerungssystems nach den neuen Richtlinien erläutert.

B. Materiell-rechtliche Voraussetzungen der Laufzeitverlängerung

I. Wer darf den Verlängerungsantrag stellen (Anmeldeberechtigung)?

8 Nur der Patentinhaber kann den Verlängerungsantrag stellen (Art. 67-3(1)(iv) PatG JP). Bei Patenten, die mehreren Inhabern gemeinschaftlich gehören, muss auch der Verlängerungsantrag gemeinschaftlich gestellt werden (Art. 67-2(4) PatG JP). Selbst wenn die Zulassung einem exklusiven oder nicht-exklusiven Lizenznehmer erteilt wurde, darf nur der Patentinhaber den Verlängerungsantrag stellen. Eine Registrierung des Lizenznehmers ist nicht nötig. Dem Patentinhaber bzw. dem exklusiven oder der nicht-exklusiven Lizenznehmer muss eine Zulassung nach Art. 67(2) PatG JP erteilt worden sein. Zurzeit sind dies nur arznei- und pflanzenschutzmittelrechtliche Zulassungen.

II. Wann ist der Verlängerungsantrag zu stellen (Anmeldefrist)?

9 Laufzeitverlängerungsanträge sind innerhalb von 3 Monaten nach dem Zulassungsdatum zu stellen. Diese Frist ist – abgesehen von Fällen, in denen das Fristende auf einen japanischen Nationalfeiertag fällt – **nicht verlängerbar.** Eine weitere Ausnahme besteht bei schwerwiegenden Gründen, die der Antragsteller nicht zu vertreten hat, wie bspw. Katastrophen o.Ä. Sollte der Antragsteller wegen der o.g. schwerwiegenden Gründe von der Zulassung keine Kenntnis gehabt haben, so muss er Dokumente vorlegen, aus denen das Datum hervorgeht, zu dem er erstmals von der Zulassung erfahren hat oder von ihr hätte erfahren können. Ein Laufzeitverlängerungsantrag kann nicht nach Ablauf der ursprünglichen Patentlaufzeit eingereicht werden (Art. 67-2(3) PatG JP, Art. 4 AO PatG JP). Wird die Zulassung erst nach Patentablauf erteilt, ist eine Laufzeitverlängerung ausgeschlossen.

active ingredient and the use thereof are the same as those of a previously approved product, obtaining an approval is indispensible, and thus extension of the patent term should be granted for the period during which the patentee could not work on the patented invention. In contrast to the *Roche & Takeda vs JPO* decision, in the *Takeda vs JPO* case, the court stated that a pharmaceutical product to which an approval had been granted should be determined by its "**ingredients**", "**amounts**"and the "**structure**" of the approved product, rather than by its "active ingredient" and "use", as was in the case previously. On April 28, 2011, the Supreme Court made a decision (Supreme Court (Hi) No. 326) which substantially supports the Tokyo High Court's *Takeda vs JPO* decision, thereby the Japanese Patent Office was forced to revise their former Guidelines related to the Patent Term Extension. Afterwards, JPO announced their new guidelines on December 29, 2011 (see, Examination Guidelines for Patent and Utility Model in Japan; Part VI: Patent Term Extension; http://www.jpo.go.jp/cgi/linke.cgi?url=/tetuzuki_e/t_tokkyo_e/1312-002_e.htm).

According to the new guidelines, depending on the wording of the claims of the patent, even 7
if the active component and the indications of a pharmaceutical or an agricultural chemical product to which a primary disposition was issued are the same as a secondary product to which subsequent disposition was issued, a patent term extension based on subsequent disposition is eligible, for example, if the formulation or the like of the secondary product is different from that of the previous one. The details for the Japanese Patent Term Extension system are explained below, which are in lines with and based on the new guidelines.

B. Substantive Requirements for Patent Term Extension

I. Who can file an application?

Only the patentee can file an application for a patent term extension (Article 67-3(1)(iv) of 8
the Patent Act). If a patent right is jointly owned, the application must be filed jointly by all the other owners (Article 67-2(4) of the Patent Act). It should be noted that, not only the patentee, but if any of the exclusive licensee or the non-exclusive licensee of the patent had obtained the deposition; it is eligible for the patentee to file an application for a patent term extension. Registration of the license is not necessary. The patentee, the exclusive licensee or the non-exclusive licensee of the patent is required to have obtained the disposition designated by the Cabinet Order under Article 67(2). Currently, the dispositions prescribed by Cabinet Order are limited to those provided under the Pharmaceutical Affairs Law and the Agricultural Chemical Regulation Law.

II. When can an application be filed?

An application for a patent term extension must be filed within three months of the date of 9
the disposition designated by the Cabinet Order under Article 67(2). The due date is, as a rule, **non-extendable**, except that the due date corresponds to a Japanese national holiday. Another exception is if there was any serious reason not attributable to the applicant to file the application by the due date, such as disasters or the like. If the applicant failed to learn of the registration on the date of registration for such serious reason, the applicant is required to submit materials that objectively indicate the earliest date on which the applicant learned of the registration or could have learned of it. It should be noted that such an application cannot be filed after the expiration of the original term of the patent right (Article 67-2(3) of the Patent Act, Article 4 of the Order for Enforcement of the Patent Act). This means that if you receive a disposition after the original expiry date of the patent, there is no means to enjoy the patent term extension system.

III. Ausnahme

10 Sollte die Zulassung voraussichtlich nicht spätestens 6 Monate vor Patentablauf erteilt werden, muss der Antragsteller folgende Informationen an das Japanische Patentamt übermitteln (Art. 67-2-2(1) PatG JP, Art. 38-15-2 AO PatG):

- Name und Geschäfts- bzw. Wohnsitz des Antragstellers,
- Patentnummer und
- Zulassung gemäß Art. 67(2) PatG JP. 67(2).

Diese Informationen müssen beim Japanischen Patentamt spätestens am Tag vor Beginn der 6 Monate vor Patentablauf eingehen. Sie sind für die öffentliche Bekanntmachung der möglichen Laufzeitverlängerung notwendig. Werden diese Informationen nicht übermittelt, ist ein Laufzeitverlängerungsantrag ausgeschlossen.

IV. Für welche Patente kann ein Verlängerungsantrag gestellt werden?

11 Die Richtlinien sehen vor, dass der Laufzeitverlängerungsantrag zurückgewiesen wird, falls *„die Zulassung zur Ausübung der patentierten Erfindung als nicht erforderlich erachtet wurde“* (Art. 67-3(1)(i) des PatG JP). Mit anderen Worten: Nur Patente für Erfindungen, die wegen des Zulassungserfordernisses nicht ausgeübt werden konnten, kommen für eine Laufzeitverlängerung in Frage. Aber wann ist „eine Zulassung zur Ausübung der patentierten Erfindung nicht erforderlich“?

1. Auslegung des Satzes „eine Zulassung ist zur Ausübung der patentierten Erfindung nicht erforderlich“

12 Nach den Prüfungsrichtlinien muss der Prüfer, um herauszufinden, ob diese Voraussetzung erfüllt ist, die Definition von „Ausübung der patentierten Erfindung“ auslegen und entscheiden, ob hierfür eine „Zulassung erforderlich“ war, Art. 67-3(1)(i) PatG JP.

13 Ein zugelassenes Arznei- oder Pflanzenschutzmittel wird durch die in der Zulassung genannten Merkmale beschrieben. Dagegen ist eine patentierte Erfindung eine technische Idee, die durch die „Merkmale zur Bestimmung der Erfindung“ zum Ausdruck gebracht wird (die vom Antragsteller zur Definition der Erfindung als notwendig angesehenen Merkmale).

14 Daher sollte der Begriff „die patentierte Erfindung“ (Art. 67-3(1)(i) PatG JP) nicht als ein zugelassenes Arznei- oder Pflanzenschutzmittel per se verstanden werden. Stattdessen sollte er als ein Arznei- oder Pflanzenschutzmittel ausgelegt werden, das die erfindungswesentlichen Merkmale verwirklicht. Die „Verwirklichung der erfindungswesentlichen Merkmale“ bezieht sich auf alle in der Zulassung angegebenen Merkmale, die den wesentlichen Merkmalen der patentierten Erfindung entsprechen.

15 Da die Verwendung des Arznei- oder Pflanzenschutzmittels ein wesentlicher Teil der Zulassung ist, selbst wenn diese Verwendung nicht zu den wesentlichen Merkmalen der patentier-

III. Exception

When a disposition designated by the Cabinet Order is unlikely to be obtained by six months prior to the expiration of the term of a patent right, in order to file an application for a patent term extension upon receiving the disposition, the applicant must preliminary submit a document to the Japanese Patent Office providing the following information on or before that day, i.e., the day which corresponds to six months prior to the expiration of the term of a patent right (Article 67-2-2(1) of the Patent Act, Art. 38-15-2 of the Ordinance for Enforcement of the Patent Act): 10

- the name and domicile or residence of the person filing the application;
- the patent number; and
- the disposition designated by the Cabinet Order under Art. 67(2).

The submission of such information is required to announce to the public that there is a possibility that the expiry date of a patent of interest may be extended. It should be noted that if this document is not submitted, the applicant will lose the opportunity to file an application for a patent term extension.

IV. Subjects eligible for filing application for Patent Term Extension

The guidelines stipulate that if "*it is not deemed that obtaining a disposition designated by the Cabinet Order under Art. 67(2) was necessary in order to work the patented Invention*", an application for a patent term extension will be rejected (Art. 67-3(1)(i) of the Patent Act). In other words, only patent rights for patented inventions that were unable to be worked because it was necessary to obtain the dispositions are eligible as the subject of applications to register a patent term extension. The question is, what does is mean that "it is not deemed that obtaining a disposition designated by the Cabinet Order under Art. 67(2) was necessary in order to work the patented Invention"? 11

1. Interpretation of the phrase "obtaining a disposition designated by the Cabinet Order was necessary in order to work the patented invention"

The guidelines stipulate that in the course of evaluating as to whether obtaining a disposition designated by the Cabinet Order was necessary in order to work the patented invention as is stipulated in Art. 67-3(1)(i), the examiner will interpret the definition of "to work the patented invention" as follows and judge whether "obtaining a disposition designated by the Cabinet Order was necessary." 12

A drug product or an agricultural chemical that is the subject of approval or registration is specified by the details that are stated in the approval certificate or the registration card, etc. Whereas, a patented invention is a technical idea expressed by the "matters to specify the invention" (the matters that an applicant considers necessary for defining the invention for which the applicant has requested to be granted a patent). 13

Therefore, in a judgment pursuant to Art. 67-3(1)(i), the phrase "the patented invention" should not be interpreted as the drug product or the agricultural chemical per se that was the subject of the disposition. Instead, it should be interpreted as a drug product or an agricultural chemical that is specified by the "matters falling under the matters to specify the invention" of the drug product or the agricultural chemical that was the subject of the disposition. The "matters falling under the matters to specify the invention" means all matters specified in the approval certificate or the registration card, etc. falling under the matters to specify the patented invention. 14

However, since the use or indication of a drug or an agricultural chemical is an essential matter for obtainment of a disposition, even if the matters to specify the patented invention, 15

ten Erfindung gehört und der Wortlaut der Ansprüche keinen Hinweis auf diese Verwendung enthält, scheint es angemessen, die „patentierte Erfindung“ als ein Arznei- oder Pflanzenschutzmittel zu verstehen, das durch die erfindungswesentlichen Merkmale **und die** (zugelassene) **Verwendung** definiert wird. Die „Verwirklichung der erfindungswesentlichen Merkmale und Verwendung“ bezieht sich auf alle in der Zulassung angegebenen Merkmale, die den wesentlichen Merkmalen und Verwendungen der patentierten Erfindung entsprechen.

Mit anderen Worten: Die „patentierte Erfindung“ i.S.v. Art. 67-3(1)(i) ist der auf die in der Zulassung genannte Verwendung beschränkte Stoff, selbst wenn das Patent nur einen Stoff (Wirkstoff des zugelassenen Arzneimittels) beansprucht und dessen Verwendung nicht einmal erwähnt wird.

2. Fälle, in denen eine Zulassung zur Ausübung der patentierten Erfindung nicht erforderlich war

16 In den folgenden Fällen war eine Zulassung zur Ausübung der Erfindung nicht erforderlich. Die Beispiele entstammen den neuen Japanischen Prüfungsrichtlinien.

a) Das zugelassene Arznei- oder Pflanzenschutzmittel fällt nicht unter das zu verlängernde Patent

17 Die patentierte Erfindung betrifft ein Pestizid, das einen Wirkstoff A und einen oberflächenaktiven Stoff B enthält. Das zugelassene Pflanzenschutzmittel ist kein Pestizid, das den Wirkstoff A (oder dessen Derivate) oder den oberflächenaktiven Stoff B (oder dessen Derivate) enthält. Eine Laufzeitverlängerung darf hier nicht erteilt werden.

b) Der das zugelassene Arznei- oder Pflanzenschutzmittel betreffende Teil des zu verlängernden Patents konnte bereits aufgrund einer früheren Zulassung ausgeübt werden

18 Liegen mehrere Zulassungen vor, ist es in Japan möglich, mehr als eine Laufzeitverlängerung für ein und dasselbe Patent zu beantragen.

19 Liegt jedoch eine Zulassung für ein früheres Arznei- oder Pflanzenschutzmittel (eine „frühere Zulassung“) vor, welches den „erfindungswesentlichen Merkmalen (und der Verwendung)“ des Arznei- oder Pflanzenschutzmittels der vorliegenden Zulassung entspricht, wird daraus geschlossen, dass der Teil der patentierten Erfindung, der die „erfindungswesentlichen Merkmale (und die Verwendung)“ des Arznei- oder Pflanzenschutzmittels beschreibt und Gegenstand der vorliegenden Zulassung ist, bereits aufgrund der früheren Zulassung ausgeübt werden konnte. In einem solchen Fall wird der Laufzeitverlängerungsantrag auf der Grundlage der (späteren) Zulassung zurückgewiesen. Die folgenden Beispiele zeigen, wie festgestellt wird, ob eine Patentlaufzeitverlängerung auf der Grundlage einer späteren Zulassung in Frage kommt.

20 Die patentierte Erfindung ist „Verbindung A“, und die vorliegende Zulassung gilt für ein Pflanzenschutzmittel mit der Eintragung „Wirkstoff: Verbindung a1 – eine Art der Verbindung A – Anwendungsgebiet Kulturpflanze: Kohl; Anwendungsgebiet Schadorganismus: Blattlaus“.

Liegt eine frühere Zulassung 1 für ein Pflanzenschutzmittel mit der Eintragung „Wirkstoff: Verbindung a1; Anwendungsgebiet Kulturpflanze: Kohl; Anwendungsgebiet Schadorganismus: Blattlaus“ vor, konnte der Teil des Patents, der beschrieben wird durch „Wirkstoff:

i.e., the wordings in the granted claims, does NOT include any reference to its use, it is appropriate to interpret "the patented invention" as a drug product or an agricultural chemical that is specified by the "matters falling under the matters to specify the patented invention **and the use**" of the drug product or the agricultural chemical that was the subject of the disposition. The "matters falling under the matters to specify the invention and the use" means all matters specified in the approval certificate or the registration card, etc. falling under the matters to specify the patented invention and falling under the use.

In other word, even though the claim of the patent recites only a compound (active ingredient of the approved drug) and is silent in respect of its use, the "patented invention" of Art. 67-3(1)(i) should be regarded as the compound limited by its use specified in the approval certificate or the registration card.

2. Cases in which it is not deemed that obtaining a disposition designated by the Cabinet Order was necessary in order to work the patented invention

The followings are examples recited in the new guidelines where it is not deemed that obtaining a deposition was necessary to carry out the patented invention. 16

a) When the drug product or the agricultural chemical that was the subject of the present disposition does not constitute the patented invention to which the application to register a patent term extension pertains

In the situation where the patented invention is a "pesticide containing an active ingredient A and a surface-active agent B," and the registered agricultural chemical does not correspond to a pesticide containing both the active ingredient A or any active ingredient which is a specifies of active ingredient A, and the surface-active agent B or any surface-active agent which is a specifies of surface-active agent B. In such a situation, it is not eligible to obtain a patent term extension. 17

b) When such part of the patented invention to which the application to register a patent term extension pertains that is specified by the "matters falling under the matters to specify the invention (and the use)" of the drug product or agricultural chemical that was the subject of the present disposition has been able to be worked by a prior disposition

One of the unique characteristics in Japanese Patent Term Extension System is that it is possible to file more than one application to register a patent term extension in respect of a single patent on the basis of more than one approval. 18

If, however, one has obtained a disposition for a prior drug product or a prior agricultural chemical (a "prior disposition") that satisfies the "matters falling under the matters to specify the invention (and the use)" of the drug product or the agricultural chemical that was the subject of the present disposition, it is concluded that such part of the patented invention that is specified by the "matters falling under the matters to specify the invention (and the use)" of the drug product or agricultural chemical that was the subject of the present disposition has already been able to be worked by the prior disposition. In such a case, the application for a patent term extension on the basis of the present (subsequent) disposition will be rejected. The followings are also examples illustrated in the new guidelines on how to determine whether or not it is eligible to file a patent term extension on the basis of a subsequent disposition. 19

The patented invention is "Compound A" and the present disposition was obtained for an agricultural chemical listed as having "active ingredient: Compound a1 – a species of Compound A –; applicable crop: Cabbage; applicable disease and insect pest: Aphid." 20

If one has obtained a Prior Disposition 1 for an agricultural chemical listed as having "active ingredient: Compound a1; applicable crop: Cabbage; applicable disease and insect pest: Aphid," even if the Prior Disposition 1 is different from the present disposition

Verbindung a1; Anwendungsgebiet Kulturpflanze: Kohl; Anwendungsgebiet Schadorganismus: Blattlaus“ – also die „erfindungswesentliche(n) Merkmale und Verwendung“ des Pflanzenschutzmittels, das Gegenstand der vorliegenden Zulassung war – bereits aufgrund der früheren Zulassung 1 ausgeübt werden, selbst wenn sich die frühere Zulassung von der vorliegenden bspw. in der Dosierungsform unterscheidet, da sich der Wortlaut der Ansprüche nicht auf die Dosierungsform bezieht. Infolgedessen kann in diesem Fall keine Patentlaufzeitverlängerung erteilt werden, da eine frühere Zulassung 1 vorliegt.

21 Liegt jedoch beispielsweise eine frühere Zulassung 2 für ein Pflanzenschutzmittel mit der Eintragung „Wirkstoff: Verbindung a1; Anwendungsgebiet Kulturpflanze: Rose; Anwendungsgebiet Schadorganismus: Blattlaus“ vor, konnte der o.g. Teil des Patents aufgrund der früheren Zulassung 2 nicht ausgeübt werden, da sich in diesem Beispiel die Verwendung (Anwendungsgebiet Kulturpflanze) von der früheren Zulassung 2 unterscheidet. Ungeachtet der früheren Zulassung 2 kann in dieser Situation eine Patentlaufzeitverlängerung erteilt werden.

22 **Die patentierte Erfindung ist ein „Pestizid, das den Wirkstoff Verbindung A enthält“. Die vorliegende Zulassung wurde erteilt für ein Pflanzenschutzmittel mit der Eintragung „Wirkstoff: Verbindung a1 – eine Art der Verbindung A – Anwendungsgebiet Kulturpflanze: Chinakohl; Anwendungsgebiet Schadorganismus: Kohlraupe“.**

Liegt eine frühere Zulassung 1 für ein Pflanzenschutzmittel mit der Eintragung „Wirkstoff: Verbindung a1; Anwendungsgebiet Kulturpflanze: Chinakohl; Anwendungsgebiet Schadorganismus: Kohlraupe“ vor, konnte der Teil des Patents, der beschrieben wird durch „Wirkstoff: Verbindung a1; Anwendungsgebiet Kulturpflanze: Chinakohl; Anwendungsgebiet Schadorganismus: Kohlraupe“ – also die „erfindungswesentlichen Merkmale“ des Pflanzenschutzmittels, das Gegenstand der vorliegenden Zulassung war – bereits aufgrund der früheren Zulassung 1 ausgeübt werden, selbst wenn sich die frühere Zulassung von der vorliegenden wie in Beispiel 2 in der Dosierungsform unterscheidet, da sich der Wortlaut der Ansprüche nicht auf die Dosierungsform bezieht. Infolgedessen kann im Fall dieses Beispiels keine Patentlaufzeitverlängerung erteilt werden, da eine frühere Zulassung 1 vorliegt.

23 Liegt jedoch etwa eine frühere Zulassung 2 für ein Pflanzenschutzmittel mit der Eintragung „Wirkstoff: Verbindung a2 – eine Art der Verbindung A – Anwendungsgebiet Kulturpflanze: Chinakohl; Anwendungsgebiet Schadorganismus: Kohlraupe“ vor, konnte der o.g. Teil des Patents aufgrund der früheren Zulassung 2 nicht ausgeübt werden, da sich in diesem Beispiel der Wirkstoff von der früheren Zulassung 2 unterscheidet. Ungeachtet der früheren Zulassung 2 kann in dieser Situation eine Patentlaufzeitverlängerung erteilt werden.

24 **Die patentierte Erfindung ist „ein analgetisches injizierbares Arzneimittel, das den Wirkstoff Verbindung A enthält“, und die vorliegende Zulassung wurde für ein Arzneimittel erteilt, das wie folgt eingetragen wurde: „Wirkstoff: Verbindung a1 – eine Art der Verbindung A – Indikation: Analgesie, Dosierungsform: Injektion“.**

Liegt eine frühere Zulassung 1 für ein Arzneimittel mit der Eintragung: „Wirkstoff: Verbindung a1, Indikation: Analgesie, Dosierungsform: Injektion“ vor, konnte der Teil des Patents, der beschrieben wird durch „Wirkstoff: Verbindung a1; Indikation: Analgesie, Dosierungsform: Injektion“ – also die „erfindungswesentlichen Merkmale“ des Arzneimittels, das Gegenstand der vorliegenden Zulassung war – bereits aufgrund der früheren Zulassung 1 ausgeübt werden, selbst wenn sich die frühere Zulassung von der vorliegenden bspw. in der Dosierungsmenge unterscheidet, da sich der Wortlaut der Ansprüche nicht auf die Dosierungsmenge bezieht. Infolgedessen kann im Fall dieses Beispiels keine Patentlaufzeitverlängerung erteilt werden, da eine frühere Zulassung 1 vorliegt.

in terms of, for example, a dosage form, since the wordings of the claims has no reference to the dosage form, such part of the patented invention that is specified by "active ingredient: Compound a1; applicable crop: Cabbage; applicable disease and insect pest: Aphid," which are the "matters falling under the matters to specify the invention and the use" of the agricultural chemical that was the subject of the present disposition, has been already been able to be worked by the Prior Disposition 1. As a result, due to the existence of the Prior Disposition 1, it is not eligible to obtain a patent term extension for this Example.

On the other hand, for example, even if one has obtained a Prior Disposition 2 for an agricultural chemical listed as having "active ingredient: Compound a1; applicable crop: Rose; applicable disease and insect pest: Aphid," the aforementioned part of the patented invention has not been able to be worked by the Prior Disposition 2, since the use of the outstanding Example is different from that of the Prior Disposition 2 in terms of their applicable crops (use). As a result, notwithstanding the existence of the Prior Disposition 2, it is eligible to obtain a patent term extension in such a situation. 21

The patented invention is "a pesticide containing as an active ingredient Compound A" and the present disposition was obtained for an agricultural chemical listed as having "active ingredient: Compound a1 – a species of Compound A –, applicable crop: Chinese cabbage; applicable disease and insect pest: Cabbageworm." 22

If one has obtained a Prior Disposition 1 for an agricultural chemical listed as having "active ingredient: Compound a1, applicable crop: Chinese cabbage; applicable disease and insect pest: Cabbageworm," even if the Prior Disposition 1 is different from the present disposition in terms of, for example, dosage form, same as the above Example 1, since the wordings of the claims has no reference to the dosage form, such part of the patented invention that is specified by "the active ingredient: Compound a1, applicable crop: Chinese cabbage; applicable disease: Cabbageworm," which are the "matters falling under the matters to specify the invention" of the agricultural chemical that was the subject of the present disposition, has already been able to be worked by the Prior Disposition 1. As a result, due to the existence of the Prior Disposition 1, it is not eligible to obtain a patent term extension for this Example.

On the other hand, for example, even if a person has obtained a Prior Disposition 2 for an agricultural chemical listed as having "active ingredient: Compound a2 – a specifies of Compound A –, applicable crop: Chinese cabbage; applicable disease: and Cabbageworm," since the active ingredient of the outstanding Example is different from that of the Prior Disposition 2, the aforementioned part of the patented invention has not been able to be worked by the Prior Disposition 2. As a result, notwithstanding the existence of the Prior Disposition 2, it is eligible to obtain a patent term extension in such a situation. 23

The patented invention is "an analgesic injectable drug containing as an active ingredient Compound A" and the present disposition was obtained for a drug product listed as having "active ingredient: Compound a1 – a species of Compound A –, indication: analgesia, dosage form: injection." 24

If one has obtained a Prior Disposition 1 for a drug product listed as having "active ingredient: Compound a1, indication: analgesia, dosage form: injection," even if the Prior Disposition 1 is different from the present disposition in terms of, for example, dosage amount, since the wordings of the claims has no reference to the dosage amount, such part of the patented invention that is specified by "active ingredient: Compound a1, indication: analgesia, dosage form: injection," which are the "matters falling under the matters to specify the invention" of the drug product that was the subject of the present disposition, has already been able to be worked by the Prior Disposition 1. As a result, due to the existence of the Prior Disposition 1, it is not eligible to obtain a patent term extension for this Example.

25 Liegt jedoch bspw. eine frühere Zulassung 2 für ein Arzneimittel mit der Eintragung „Wirkstoff: Verbindung a1, Indikation: Analgesie; Dosierungsform: Pillen" vor, konnte der oben erwähnte Teil des Patents für eine injizierbare Form nicht aufgrund der früheren, für eine Pillenform geltende Zulassung 2 ausgeübt werden, da sich der Wortlaut der Ansprüche auf eine injizierbare Dosierungsform bezieht. Ungeachtet der früheren Zulassung 2 kann in dieser Situation eine Patentlaufzeitverlängerung erteilt werden.

26 **Die patentierte Erfindung ist nach Anspruch 1 „ein analgetisches Arzneimittel, das Verbindung A als Wirkstoff und Polymer B als Stabilisator enthält" und nach Anspruch 2 „ein analgetisches Arzneimittel, das Verbindung A als Wirkstoff und Polymer C als Stabilisator enthält", und die vorliegende Zulassung wurde für ein Arzneimittel erteilt, das wie folgt eingetragen wurde: „Wirkstoff: Verbindung a1, Stabilisator: Polymer c1, Indikation: Analgesie".**

In diesem Beispiel sind Verbindung a1, Polymer b1 und Polymer c1 Inhaltsstoffe, die jeweils zu Verbindungsart A, Polymerart B und Polymerart C gehören. Weiterhin erfüllen Anspruch 1 und Anspruch 2 die Einheitlichkeit der Erfindung. Da Polymer C nur in Anspruch 2 erwähnt wird, gilt die vorliegende Zulassung nur für diesen Anspruch.

Liegt eine frühere Zulassung 1 für ein Arzneimittel mit der Eintragung „Wirkstoff: Verbindung a1, Stabilisator: Polymer c1; Indikation: Analgesie" vor, konnte dieser Teil der patentierten Erfindung, der beschrieben wird durch „Wirkstoff: Verbindung a1; Stabilisator: Polymer c1, Indikation: Analgesie" – also die „erfindungswesentlichen Merkmale" des Arzneimittels, das Gegenstand der vorliegenden Zulassung war – bereits aufgrund der früheren Zulassung 1 ausgeübt werden, selbst wenn sich die frühere Zulassung von der vorliegenden bspw. in der Dosierungsform unterscheidet. Infolgedessen kann im Fall dieses Beispiels keine Patentlaufzeitverlängerung erteilt werden, da eine frühere Zulassung 1 vorliegt.

27 Liegt jedoch bspw. eine frühere Zulassung 2 für ein Arzneimittel mit der Eintragung „Wirkstoff: Verbindung a1, Stabilisator: nur Polymer b1, Indikation: Analgesie" vor, konnte der oben erwähnte Teil des Patents aufgrund der früheren Zulassung 2 nicht ausgeübt werden, da sich diese mit Polymer B nur auf Anspruch 1 bezieht, welches für die vorliegende Zulassung irrelevant ist. Ungeachtet der früheren Zulassung 2 kann in dieser Situation eine Patentlaufzeitverlängerung erteilt werden.

28 Wenn das Arznei- oder Pflanzenschutzmittel, das Gegenstand der vorliegenden Zulassung ist, gleichzeitig allen erfindungswesentlichen Merkmalen in mehreren Ansprüchen des Patents entspricht, für das ein Antrag zur Patentlaufzeitverlängerung gestellt wird:

Entspricht ein Arznei- oder Pflanzenschutzmittel, das Gegenstand der vorliegenden Zulassung war, gleichzeitig allen erfindungswesentlichen Merkmalen in mehreren Ansprüchen der patentierten Erfindung unter dem zutreffenden Patent, bedeutet dies, dass es mehrere „Teile der patentierten Erfindung gibt, die die ‚erfindungswesentlichen Merkmale' des Arznei- oder Pflanzenschutzmittels (und deren Verwendung) beschreiben, das Gegenstand der vorliegenden Zulassung ist. Nach japanischem Patentgesetz gilt die Laufzeitverlängerung nicht für jeden Anspruch, sondern für jedes Patent. Ob nach diesem Patentrecht die vorliegende Zulassung zur Ausübung des Patents notwendig war, beruht auf der folgenden Auslegung.

29 Konnte ein Teil der in einem bestimmten Anspruch patentierten Erfindung, der durch die „erfindungswesentlichen Merkmale (und die Verwendung)" des Arznei- oder Pflanzenschutzmittels der vorliegenden Zulassung beschrieben wird, aufgrund einer früheren Zulassung ausgeübt werden, wird davon ausgegangen, dass ein anderer Teil in diesem Teil (ein in

On the other hand, for example, even if one has obtained a Prior Disposition 2 for a drug product listed as having "active ingredient: Compound a1, indication: analgesia, dosage form: pills," since the wordings of the claims refer to that the dosage form is in an injectable form, the aforementioned part of the patented invention directed to an injectable form has not been able to be worked by the Prior Disposition 2 directed to a pill form. As a result, notwithstanding the existence of the Prior Disposition 2, it is eligible to obtain a patent term extension in such a situation. 25

The patented invention is "an analgesic drug containing Compound A as an active ingredient and Polymer B as a stabilizing agent" as described in Claim 1 and "an analgesic drug containing Compound A as an active ingredient and polymer C as a stabilizing agent" as described in Claim 2, and the present disposition was obtained for a drug product listed as having "active ingredient: Compound a1, stabilizing agent: polymer c1, indication: analgesia." 26

In this example, Compound a1, Polymer b1, and Polymer c1 are ingredients that correspond to species of Compound A, Polymer B, and Polymer C, respectively. Further, Claim 1 and Claim 2 satisfy the requirement of unity of invention. Since only claim 2 refers to Polymer C, it is apparent that the present disposition relates only to claim 2.

If one has obtained a Prior Disposition 1 for a drug product listed as having "active ingredient: Compound a1, stabilizing agent: polymer c1, indication: analgesia," even if the Prior Disposition 1 is different from the present disposition in terms of, for example, dosage form, such part of the patented invention that is specified by "active ingredient: Compound a1, stabilizing agent: polymer c1, indication: analgesia," which are the "matters falling under the matters to specify the invention" of the drug product that was the subject of the present disposition, has already been able to be worked by the Prior Disposition 1. As a result, due to the existence of the Prior Disposition 1, it is not eligible to obtain a patent term extension for this Example.

On the other hand, for example, even if one has obtained a Prior Disposition 2 for a drug product listed as having "active ingredient: Compound a1, stabilizing agent: only polymer b1, indication: analgesia," the aforementioned part of the patented invention has not been able to be worked by the Prior Disposition 2, since the Prior Disposition 2 includes Polymer B and thus it only relates to claim 1 which is irrelevant to the present disposition. As a result, notwithstanding the existence of the Prior Disposition 2, it is eligible to obtain a patent term extension in such a situation. 27

In the situation where the drug product or agricultural chemical that was the subject of the present disposition simultaneously satisfies all of the matters to specify the patented inventions that are described in more than one claims under the patent to which the application to register a patent term extension pertains: 28

If the drug product or agricultural chemical that was the subject of the present disposition simultaneously satisfies all of the matters to specify patented inventions that are described in multiple claims under the relevant patent right, it should be noted that it means that there are more than one "parts of the patented invention that are specified by the 'matters falling under the matters to specify the invention (and the use)' of the drug product or agricultural chemical that was the subject of the present disposition." Under the Japanese Patent Law, the patent term extension is registered not for each claim but for each patent right, and thus whether obtaining the present disposition was necessary in order to work the patented invention under that patent right is determined based on the following construction.

If such part of the patented invention described in a certain claim that is specified by the "matters falling under the matters to specify the invention (and the use)" of the drug product or agricultural chemical that was the subject of the present disposition has been able to be worked by a prior disposition, it should be interpreted that another part that is 29

einem anderen Anspruch beschriebener Teil der patentierten Erfindung, der alle erfindungswesentlichen Merkmale des o.g. Anspruchs enthält, der durch die „erfindungswesentlichen Merkmale" des Arznei- oder Pflanzenschutzmittels beschrieben wird, das Gegenstand der vorliegenden Zulassung ist) ebenfalls bereits aufgrund der früheren Zulassung ausgeübt werden konnte.

30 Wird aufgrund dieser Auslegung festgestellt, dass alle der oben erwähnten Teile der patentierten Erfindung aufgrund der früheren Zulassung ausgeübt werden konnten, wird nicht angenommen, dass die vorliegende Zulassung erteilt werden musste, um die patentierte Erfindung unter diesem Patent ausüben zu können (siehe Beispiel 6).

31 Wird aufgrund der Auslegung jedoch festgestellt, dass mindestens einer der oben erwähnten Teile der patentierten Erfindung aufgrund früherer Zulassungen **nicht** ausgeübt werden konnte, wird angenommen, dass die vorliegende Zulassung erteilt werden musste, um die patentierte Erfindung unter diesem Patent ausüben zu können.

32 Aufgrund der oben beschriebenen Auslegung beginnen die Prüfer in der Regel mit dem Anspruch, der die wenigsten erfindungswesentlichen Merkmale enthält, wenn festgestellt werden soll, ob aufgrund einer früheren Zulassung mehrere Teile ausgeübt werden konnten.

33 Die patentierte Erfindung ist nach Anspruch 1 „ein analgetisches Arzneimittel, das Verbindung A als Wirkstoff enthält" und nach Anspruch 2 „ein analgetisches Arzneimittel nach Anspruch 1", und die vorliegende Zulassung wurde für ein Arzneimittel erteilt, das wie folgt eingetragen wurde: „Wirkstoff: Verbindung A – eine Art von Verbindung A – Indikation: Analgesie, Dosierungsform: Injektion".

Das Arzneimittel der vorliegenden Zulassung entspricht gleichzeitig allen wesentlichen Merkmalen der patentierten Erfindungen nach Anspruch 1 und Anspruch 2. Anspruch 2 enthält alle erfindungswesentlichen Merkmale von Anspruch 1. Der Teil der patentierten Erfindung nach Anspruch 2, der beschrieben wird durch „Wirkstoff: Verbindung a1, Indikation: Analgesie, Dosierungsform: Injektion" (Teil 2) – also die „erfindungswesentlichen Merkmale" des Arzneimittels der vorliegenden Zulassung – wird in den Teil der patentierte Erfindung nach Anspruch 1 einbezogen, der durch „Wirkstoff: Verbindung a1, Indikation: Analgesie" (Teil 1) beschrieben ist, welche die „erfindungswesentlichen Merkmale" des Arzneimittels der vorliegenden Zulassung darstellen.

Liegt eine frühere Zulassung für ein Arzneimittel mit der Eintragung „Wirkstoff: Verbindung a1, Indikation: Analgesie, Dosierungsform: Pille", vor, konnte Teil 1 aufgrund der früheren Zulassung ausgeübt werden. Daher konnte Teil 2, der in Teil 1 enthalten ist, ebenfalls aufgrund der früheren Zulassung ausgeübt werden. Infolgedessen wird nicht angenommen, dass die vorliegende Zulassung erteilt werden musste, um die Erfindung unter diesem Patent ausüben zu können.

Daraus ergibt sich die Auslegung, dass „der Umfang der Ausübung der patentierten Erfindung (Herstellung, Vertrieb usw. eines Arznei- oder Pflanzenschutzmittels, das durch dessen „erfindungswesentliche Merkmale und die Verwendung")" beschrieben wird und Gegenstand der aktuellen Zulassung ist oder „Herstellung, Import usw. eines Pflanzenschutzmittels" in Art. 67-3 (1) PatG JP im Wesentlichen mit dem „Umfang der Wirkung eines Patents in einem Fall" übereinstimmt, „in dem die Patentlaufzeit durch die aktuelle Zulassung verlängert wurde", wie in Art. 68-2 PatG JP vorgesehen. Daher wird in diesem Beispiel davon ausgegangen, dass das Patent für ein Arzneimittel mit der Eintragung „Wirkstoff: Verbund a1, Indikation: Analgesie, Dosierungsform: Pille", dem eine frühere Zulassung erteilt worden war, nach Erteilung einer Laufzeitverlängerung auf Grundlage dieser Zulassung das Arzneimittel nicht nur in Pillenform, sondern auch in anderen Formen, bspw. der injizierbaren Form, abdeckt.

included in this part (such part of the patented invention described in another claim containing all of the matters to specify the invention described in the aforementioned claim that is specified by the "matters falling under the matters to specify the invention and the use" of the drug product or agricultural chemical that was the subject of the present disposition) has been also able to be worked by the prior disposition as well.

If it is concluded, based on the above-described interpretation, that all of the aforementioned multiple parts of the patented invention have been able to be worked by a prior disposition, it is not deemed that obtaining the present disposition was necessary in order to work the patented invention under that patent right. 30

On the other hand, if it is concluded, based on the above-described interpretation, that at least one of the aforementioned multiple parts of the patented invention have **not** been able to be worked by any prior disposition, it is deemed that obtaining the present disposition was necessary in order to work the patented invention under that patent right. 31

Because of the above-described construction, when examining whether multiple parts have been able to be worked by a prior disposition, examiners usually start with whichever of the claim that uses the fewest matters to specify the invention. 32

The patented invention is "an analgesic drug containing Compound A as an active ingredient" as described in Claim 1 and "an injectable analgesic drug according to Claim 1" as described in Claim 2, and the present disposition was obtained for a drug product listed as having "active ingredient: Compound a1 --a species of Compound A--, indication: analgesia, dosage form: injection." 33

The drug product subject to the present disposition simultaneously satisfies all of the matters to specify the patented inventions as described in Claim 1 and Claim 2. Claim 2 contains all of the matters to specify the invention described in Claim 1. Such part of the patented invention as described in Claim 2 that is specified by "the active ingredient: Compound a1, indication: analgesia, dosage form: injection" (Part 2), which are the "matters falling under the matters to specify the invention" of the drug product subject to the present disposition, is included in such part of the patented invention described in Claim 1 that is specified by "active ingredient: Compound a1, indication: analgesia"(Part 1), which are the "matters falling under the matters to specify the invention" of the drug product subject to the present disposition.

If one has obtained a prior disposition for a drug product listed as having "active ingredient: Compound a1, indication: analgesia, dosage form: pill", Part 1 has been able to be worked by the prior disposition. Therefore Part 2, which is included in Part 1, has been able to be worked by the prior disposition as well. Consequently, it is not deemed that obtaining the present disposition was necessary in order to work the invention of the relevant patent right.

It is deemed reasonable to interpret that "the scope of working of the patented invention (act of manufacture, sale etc. of a pharmaceutical product or an agricultural chemical product specified by "matters falling under the matters to specify the invention (and usage)" of a pharmaceutical product or an agricultural chemical product that was the subject of the current disposition or the act of manufacture, import etc. of an agricultural chemical)" in Art. 67-3 (1) of the Patent Act is, in principle, in agreement with "the scope of effect of patent right in a case where the term of patent right has been extended by the current disposition" as stipulated in Art. 68-2 of the Patent Act. Therefore, in the outstanding Example, since a prior disposition for a drug product listed as having "active ingredient: Compound a1, indication: analgesia, dosage form: pill" was obtained, upon obtaining a patent term extension on the basis of such a disposition, the extended patent right will deemed to cover

34 Wird bspw. eine Patentlaufzeitverlängerung auf Grundlage der Zulassung eines Arzneimittelprodukts mit „Wirkstoff: Verbindung a1, Indikation: Analgesie, Dosierungsform: Tablette" gewährt, ergibt sich die Auslegung, dass der Umfang der Herstellung, des Vertriebs usw. eines Arzneimittels mit den Merkmalen „Wirkstoff: Verbindung a1, Indikation: Analgesie" gemäß allen in der Zulassung angegebenen „die Erfindung beschreibenden Merkmalen" in Anspruch 1, im Wesentlichen mit dem Umfang der Wirkung eines Patents übereinstimmt, für das die Patentlaufzeit durch die aktuelle Zulassung verlängert wurde.

35 Wird also in Teil 1 von Beispiel 6 (Teil der patentierten Erfindung nach Anspruch 1, beschrieben durch „Wirkstoff: Verbindung a1, Indikation: Analgesie") aufgrund einer späteren Zulassung eine Patentlaufzeitverlängerung für einen darin enthaltenen Teil (bspw. Teil 2 oben, d.h. für einen Teil der patentierten Erfindung nach Anspruch 2, der durch den „Wirkstoff: Verbindung a1, Indikation: Analgesie, Dosierungsform: Injektion" beschrieben wird) gewährt, würden dadurch mehrere unterschiedliche Patentlaufzeitverlängerungen möglich, was nicht angemessen ist.

3. Wenn sich eine Zulassung auf mehrere Patente bezieht

36 Eine weitere Besonderheit in Japan ist, dass man mehr als einen Laufzeitverlängerungsantrag für mehrere Patente stellen kann, wenn nur eine Zulassung vorhanden ist.

Wenn sich eine Zulassung auf mehrere Patente bezieht und die Zulassung zur Ausübung der durch die Patente geschützten Erfindung erforderlich ist, wird eine Patentlaufzeitverlängerung für jedes der Patente beantragt. Wenn der Antragsteller bspw. ein Patent für die Verbindung im Wirkstoff eines zugelassenen Arzneimittels, ein Arzneimittelpatent für die Verwendung des Wirkstoffs für einen zugelassenen pharmazeutischen Zweck und ein Patent für ein Herstellungsverfahren für den Wirkstoff innehat und die Zulassung zur Ausübung der durch alle Patente geschützten Erfindung erforderlich ist, wird eine Patentlaufzeitverlängerung für jedes der Patente beantragt.

4. Wenn sich ein Patent auf mehrere Zulassungen bezieht

37 Wenn mehrere Zulassungen für nur ein Patent erteilt wurden und jede Zulassung zur Ausübung der patentierten Erfindung erforderlich ist, wird für jede Zulassung eine Patentlaufzeitverlängerung beantragt.

5. Wenn sich die Verwendungen mehrerer Zulassungen überschneiden

38 Wenn sich ein Teil der Verwendung eines Arznei- oder Pflanzenschutzmittels der vorliegenden Zulassung mit der Verwendung eines Arznei- oder Pflanzenschutzmittels einer früheren Zulassung überschneidet (z.B. wenn die Indikation eines Arzneimittels der vorliegenden Zulassung ein allgemeines Konzept und die Indikation eines Arzneimittels einer früheren Zulassung ein untergeordnetes Konzept ist), wird davon ausgegangen, dass die vorliegende Zulassung erteilt werden musste, um die patentierte Erfindung für Verwendungen auszuüben, die nicht im Überschneidungsbereich liegen. Wenn die patentierte Erfindung z.B. „Verbindung A" ist und die vorliegende Zulassung für ein Arzneimittel mit der Eintragung „Wirkstoff: Verbindung A, Indikation: Allergische Rhinitis" erteilt wurde, wird davon ausgegangen, dass die Zulassung erteilt werden musste, um die patentierte Erfindung auszuüben, selbst wenn eine frühere Zulassung für ein Arzneimittel mit der Eintragung „Wirkstoff: Verbindung A, Indikation: chronische allergische Rhinits" erteilt wurde.

not only a drug product in its pill form, but also product in its other forms such as an injectable form.

For example, in the case of this Example, if a patent term extension is granted based on the approval of the pharmaceutical product having "active ingredient: Compound a1, indication: analgesia, dosage form: tablet" it is reasonable to interpret that the scope of the act of manufacture, sale etc. of a pharmaceutical product specified by the features "active ingredient: Compound a1, indication: analgesia" which correspond to all of the "features to specify the invention" in claim 1 among the features recited in approval certificate is, in principle, in agreement with the scope of effects of patent right where the term of patent right was extended by the outstanding disposition. 34

Among Part 1 of Example 5 mentioned above (part of the patented invention described in Claim 1 that is specified by "active ingredient: Compound a1, indication: analgesia"), if, for example, a patent term extension is granted for a part encompassed thereby (such as Part 2 mentioned above, i.e., a part of the patented invention as described in Claim 2 that is specified by "the active ingredient: Compound a1, indication: analgesia, dosage form: injection) on the basis of a subsequent disposition, it will permit granting more than one different patent term extensions, which is unreasonable. 35

3. When more than one patent corresponds to a single disposition

Another unique characteristic in Japan is that it is possible to file more than one application for registration of patent term extension in respect of more than one patent on the basis of a single approval. 36

When more than one patent corresponds to a single disposition, if it is deemed that obtaining the disposition was necessary in order to work the invention protected by each of those patents, a patent term extension will be registered for each of the patents. For example, when the applicant has a Compound patent for the active ingredient of an approved drug product, a pharmaceutical patent for the use of the active ingredient for an approved pharmaceutical use, and a manufacturing process patent for the manufacturing process of the active ingredient, if it is deemed that obtaining the approval was necessary in order to work the invention protected by all of these patents, a patent term extension will be registered for each of the patents.

4. When more than one disposition corresponds to a single patent right

When more than one disposition was issued for a single patent right, if it is deemed that obtaining each of those dispositions was necessary in order to work the patented invention, a patent term extension will be registered for each of the dispositions, 37

5. When uses of more than one disposition partially overlap each other.

If a part of the use of a drug product or an agricultural chemical that was the subject of the present disposition overlaps the use of a drug product or an agricultural chemical that was the subject of a prior disposition (for example, where the indication of a drug product that was the subject of the present disposition is a generic concept and the indication of a drug product that was the subject of the prior disposition is a subordinate concept), it is deemed that obtaining the present disposition was necessary in order to work the patented invention for any use other than the overlapped use. For instance, if the patented invention is "Compound A" and the present disposition was obtained for a drug product listed as having "active ingredient: Compound A, indication: allergic rhinitis," even if a prior disposition has been obtained for a drug product listed as having "active ingredient: Compound A, indication: chronic allergic rhinitis," it is deemed that obtaining the disposition was necessary in order to work the patented invention. 38

6. Nicht berechtigte Patente

39 Für Patente im Zusammenhang mit Zwischenprodukten, Katalysatoren oder Fertigungsmitteln, die bei Herstellung von Arznei- oder Pflanzenschutzmitteln eingesetzt werden, ist eine Patentlaufzeitverlängerung nicht möglich. Auch für medizinische Geräte, Kosmetika und funktionelle Lebensmittel kann keine Patentlaufzeitverlängerung gewährt werden.

V. Verlängerungsdauer

40 Die maximale Verlängerungszeit beträgt 5 Jahre (Art. 67(2) PatG JP). Laut Art. 67-3(1)(iii) PatG JP darf die beantragte Verlängerungsdauer nicht länger als der Zeitraum sein, über den die patentierte Erfindung nicht ausgeübt werden konnte.

1. Errechnen des „Zeitraums, über den die patentierte Erfindung nicht ausgeübt werden konnte“

41 Der Zeitraum beginnt an dem Tag, an dem die zur Erteilung der Zulassung erforderliche Prüfung begann (siehe Abb. 1) oder das entsprechende Patent angemeldet wurde (siehe Abb. 2), wobei das spätere Datum maßgeblich ist. Er endet am Tag vor dem Datum der Benachrichtigung des Antragstellers über die Zulassung oder die Eintragung, d.h. am Tag vor dem Datum, an dem der Antragsteller von der Zulassung oder der Eintragung erfahren hat oder von ihr hätte erfahren können.

2. Anfangsdatum des Zeitraums

42 Das Datum, an dem die zur Erteilung der Zulassung erforderliche Prüfung begann, ist im Fall eines Arzneimittels das Anfangsdatum einer klinischen Prüfung (Tag, an dem der klinische Studienplan usw. bekannt gegeben wird) oder im Fall eines Pflanzenschutzmittels das Anfangsdatum beauftragter Feldversuche für die entsprechende benannte Chemikalie (Tag, an dem der beauftragte Feldversuch usw. angefordert wurde).

Sollte der Antragsteller keine Ausfertigung der Bekanntgabe des klinischen Studienplans o.Ä. einreichen können und somit über keinen Datumsnachweis für den Beginn der Prüfung verfügen, kann das Anfangsdatum auch das Einreichungsdatum des Zulassungsantrags oder der Eintragung sein, wobei das spätere Datum maßgeblich ist.

3. Enddatum des Zeitraums

43 Der Zeitraum, über den die patentierte Erfindung nicht ausgeübt werden konnte, endet am Tag vor dem Datum der Benachrichtigung des Antragstellers über die Zulassung oder die Eintragung, d.h. am Tag vor dem Datum, an dem der Antragsteller von der Zulassung oder der Eintragung erfahren hat oder von ihr hätte erfahren können. Dies geschieht, weil das gesetzliche Verbot an dem Datum aufgehoben wird, an dem der Antragsteller von der Zulassung oder der Eintragung in Kenntnis gesetzt wurde.

6. Non-eligible subjects

Patent rights related to intermediates, catalysts, or manufacturing equipment used in the manufacturing process of any drug product or agricultural chemical are excluded from the subject of registration of patent term extensions. Also, medical device, cosmetics, functional foods cannot enjoy the patent term extension system. 39

V. Extendable term

The maximum period to be extended is 5 years (Art. 67(2) of the Patent Act). Art. 67-3(1) 40
(iii) of the Patent Act stipulates that the period for which the extension is requested must not exceed the period during which the patented invention was unable to be worked.

1. How to calculate the "period during which the patented invention was unable to be worked"

This period begins on the date on which the testing necessary for obtaining the disposition 41
commenced (see Fig. 1) or on which the relevant patent was registered (see Fig. 2), whichever comes later. This period ends on the date before the date on which the applicant is notified of the approval or registration, or in other words, the date before the date on which the applicant actually learns of the approval or registration or could have learned of it.

2. The commencement date of the period

The date on which the testing necessary for obtaining the disposition commenced means, in 42
the case of a drug product, the commencement date of clinical testing (the date on which notification of the clinical trial plan, etc. is submitted) or, in the case of an agricultural chemical, the commencement date of commissioned field trials conducted for the relevant chemical substance whose name is specified (the date on which the request for the commissioned field trial, etc. is submitted).

In the case where the applicant is not feasible to file a copy of the notification of the clinical trial plan or the like, whereby cannot prove the date on which the test was commenced, the commencement date can be the filing date of the application for the approval or the registration, whichever comes later.

3. The end date of the period

The period during which the patented invention was unable to be worked is considered to 43
end on the date before the date on which the applicant is notified of the approval or registration or in other words, on the date before the date on which the applicant actually learns of the approval or registration or could have learned of it. This is because the prohibition under regulatory laws is removed on the date on which the applicant is notified of the approval or registration.

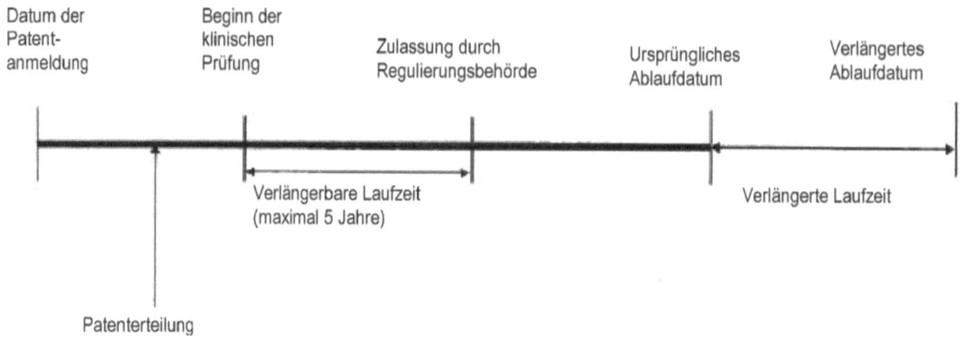

Abb. 1 Errechnung der Verlängerung der Patentlaufzeit (1)

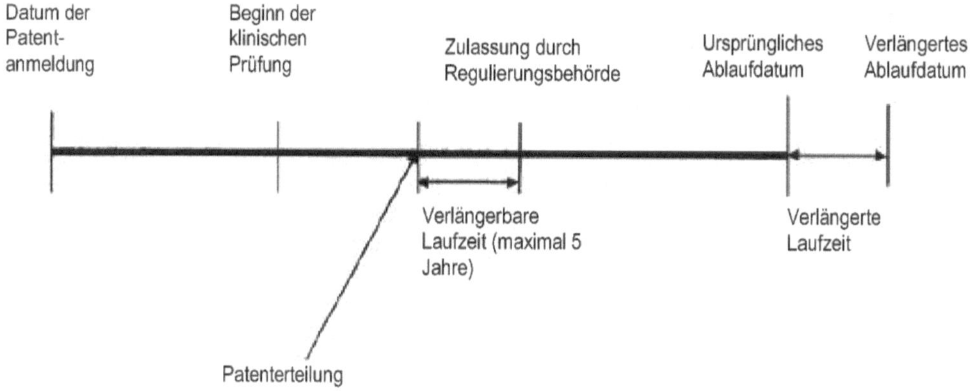

Abb. 2 Errechnung der Verlängerung der Patentlaufzeit (2)

VI. Einzureichende Unterlagen

44 Für einen Antrag auf Patentlaufzeitverlängerung sind die folgenden Unterlagen einzureichen:

Schriftlicher Antrag und

Unterlagen und Materialien, in denen die Verlängerung begründet wird.

1. Schriftlicher Antrag

45 Der schriftliche Antrag muss folgende Angaben enthalten:

- Name und Geschäfts- bzw. Wohnsitz des Antragstellers,
- Patentnummer,
- Zeitraum, für den die Verlängerung beantragt wird (bis zu 5 Jahre),
- Angaben zur Zulassung gemäß Art. 67(2) PatG JP,
- Datum der Zulassung gemäß Art. 67(2) PatG JP.

46 Bezüglich der Angaben zur Zulassung gemäß Art. 67(2) PatG JP unter Punkt (iv) muss der Antragsteller die Zulassung nennen, auf deren Grundlage eine Patentlaufzeitverlängerung beantragt wird (z.B. Zulassung gemäß Art. 14(1) des Arzneimittelgesetzes für ein dort genanntes Arzneimittel), die Aktennummer der Zulassung (z.B. die Zulassungsnummer), das

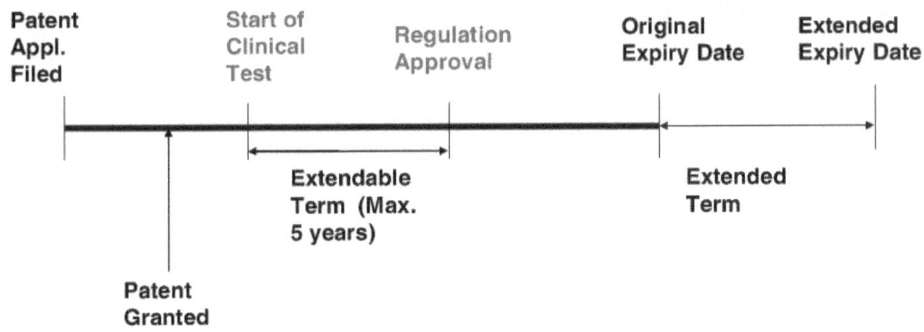

Fig. 1 Calculation of Patent Term Extension (1)

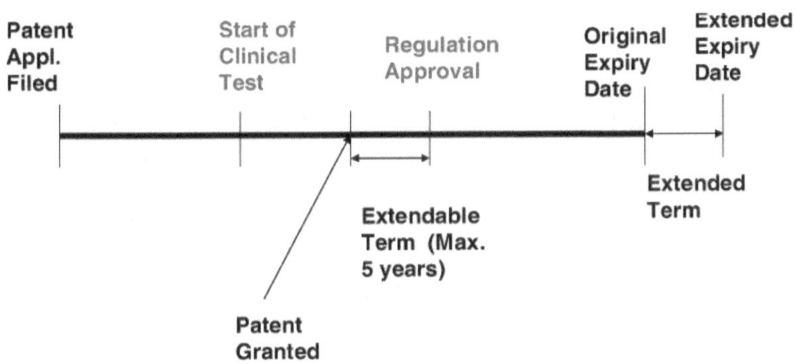

Fig. 2 Calculation of Patent Term Extension (2)

VI. Filing Documents

The documents to be filed for the request for a patent term extension include 44

(1) written application and

(2) document including materials specifying the reasons for the extension.

1. Written Application

The information to be included in the written application is as follows: 45

- the name and domicile or residence of the applicant;
- the patent number;
- the period for which the extension is requested (not exceeding five years);
- the details of the disposition designated by the Cabinet Order under Art. 67(2); and
- the date of the disposition designated by the Cabinet Order under Art. 67(2).

Regarding the details of the disposition designated by the Cabinet Order under Art. 67(2) that is listed in item (iv) above, the applicant is required to state the disposition that provides the grounds for the registration of a patent term extension (e.g., the approval specified in Art. 14(1) of the Pharmaceutical Affairs Law granted for a drug product specified in that 46

Produkt, das der Gegenstand der Zulassung war, und dessen **Verwendung**, falls die Zulassung eine bestimmte Verwendung vorschreibt.

Für Arzneimittel müssen in der Regel der Name (Produktname usw.) und die in der Zulassung genannten Wirkstoffe des Produkts angegeben werden. Für Pflanzenschutzmittel sind in der Regel der Name und die auf der Zulassungskarte genannten Wirkstoffe anzugeben. Für Arzneimittel müssen in der Regel die in der Zulassung genannten Indikationen angegeben werden. Für Pflanzenschutzmittel sind in der Regel die auf der Zulassungskarte genannten Namen der Kulturpflanzen und die zutreffenden Schadorganismen, die Namen der Unkräuter oder die Verwendungszwecke anzugeben.

2. Unterlagen und Materialien, in denen die Verlängerung begründet wird

47 Dem schriftlichen Antrag ist eine Verlängerungsbegründung beizufügen (Art. 67-2(2) PatG JP). Die folgenden Unterlagen sind dem schriftlichen Antrag beizufügen:

- Unterlagen, die bezeugen, dass eine Zulassung gemäß Art. 67(2) notwendig war, um die patentierte Erfindung auszuüben, für die der Antrag auf Patentlaufzeitverlängerung gestellt wird.
- Unterlagen, aus denen der Zeitraum hervorgeht, über den die genannte patentierte Erfindung nicht ausgeübt werden konnte, da die im vorhergehenden Punkt erwähnte Zulassung erforderlich war, und
- Unterlagen, die bestätigen, dass die Person, der die Zulassung gemäß Punkt 1 erteilt wurde, der Patentinhaber, der exklusive oder der nicht-exklusive Lizenznehmer des Patents ist, für das der Antrag auf Patentlaufzeitverlängerung gestellt wird.

Etwaige in den Unterlagen enthaltene Handelsgeheimnisse können geschwärzt werden.

a) Unterlagen, die bezeugen, dass eine Zulassung notwendig war, um die patentierte Erfindung auszuüben

48 In den Unterlagen ist Folgendes anzugeben:

1. der Gegenstand des Antrags auf Patentlaufzeitverlängerung ist die patentierte Erfindung: Um zu belegen, dass das betreffende Patent gültig ist, muss der Antragsteller das Datum der Patentanmeldung, das Ablaufdatum der Patentlaufzeit, die Zahlungsunterlagen für die Patentgebühren usw. sowie Kopien des betreffenden Patentblatts und Zahlungsbelege zum diesbezüglichen Nachweis vorlegen.

49 **2. die Zulassung durch die Kabinettsverordnung wurde erteilt:** Der Antragsteller muss mit dem Antrag die Zulassung durch die Kabinettsverordnung, die Aktennummer der Zulassung, das Zulassungsdatum, das Produkt, das der Gegenstand der Zulassung war, und, falls die Zulassung eine bestimmte Verwendung vorschreibt, dessen Verwendung angeben. Für Arzneimittel ist eine Kopie der Zulassung (einschließlich des schriftlichen Antrags auf Zulassung) und für Pflanzenschutzmittel eine Kopie der Zulassungskarte als diesbezüglicher Nachweis vorzulegen.

50 **3. die Herstellung und der Vertrieb des Arzneimittels bzw. die Herstellung oder der Import des Pflanzenschutzmittels, das Gegenstand der vorliegenden Zulassung war, stellen eine Ausübung der patentierten Erfindung dar, für die der Antrag auf Patentlaufzeitverlängerung gestellt wird:** Der Antragsteller muss den Anspruch nennen, der das Arznei- oder Pflanzenschutzmittel der vorliegenden Zulassung abdeckt, um die erfindungswesentlichen Merkmale nach diesem Anspruch mit den Angaben in der Zulassung für das Arzneimittel bzw. auf der

provision), the reference number identifying the disposition (e.g., the approval number), **the product that was the subject of the disposition**, and, if a specific use of the product is prescribed by the disposition, **its use.**

In the case of a drug product, it is generally required to identify the name (product name, etc.) and active ingredients of the product specified in the approval certificate. In the case of an agricultural chemical, it is generally required to identify the name and active ingredients of the agricultural chemical specified in the registration card. In the case of a drug product, it is generally required to identify the indications specified for it in the approval certificate. In the case of an agricultural chemical, it is generally required to identify the names of crops and the applicable diseases or insects' pests, the names of the applicable weeds, or the purpose of use specified in the registration card.

2. Document including Materials Specifying the Reasons for the Extension

The written application must be accompanied by materials specifying the reasons for the extension (Art. 67-2(2) of the Patent Act). The materials that must accompany the written application are as follows: 47

- Materials necessary for certifying that it was necessary to obtain a disposition designated by the Cabinet Order under Art. 67(2) in order to work the patented invention to which the application to register a patent term extension pertains;
- Materials stating the period during which the patented invention to which the application to register a patent term extension pertains was unable to be worked because it was necessary to obtain the disposition specified in the preceding item; and
- Materials necessary for certifying that the person who obtained the disposition specified in item 1 is the patentee, the exclusive licensee or the non-exclusive licensee of the patent right to which the application to register a patent term extension pertains.

If the materials include trade secret information, such information can be masked by black painting or the like.

a) Materials necessary for certifying that it was necessary to obtain a disposition designated by the Cabinet Order in order to work the patented invention

These materials must indicate: 48

1. **that the subject of the application to register a patent term extension is the patented invention:** In order to certify that the patent right of interest is valid, the applicant is required to indicate the date of patent registration, the expiration date of the term of the patent, the record of patent fee payments, etc., with submitting copies of the gazette of the patent and the payment record as evidence thereof.

2. **that a disposition designated by the Cabinet Order has been obtained:** The applicant is required to identify the disposition designated by the Cabinet Order, the reference number identifying the disposition, and the date of disposition, the product that was the subject of the disposition, and, if the specific use of the product is prescribed by the disposition, its use, with submitting, in the case of a drug product, a copy of the approval certificate (including the written application for approval), and in the case of an agricultural chemical, a copy of the registration card, as evidence thereof. 49

3. **that manufacturing and marketing the drug product or manufacturing or importing the agricultural chemical that was the subject of the present disposition constitutes working the patented invention to which the application to register a patent term extension pertains:** The applicant is required to identify the claim that covers the drug product or the agricultural chemical that was the subject of the present disposition, to compare the matters to specify the invention described in that claim with the details specified in the approval certificate for 50

Zulassungskarte für das Pflanzenschutzmittel zu vergleichen, und um zu erklären, dass das Arznei- oder Pflanzenschutzmittel, das Gegenstand der vorliegenden Zulassung war, allen erfindungswesentlichen Merkmalen der im Anspruch beschriebenen Erfindung entspricht.

Ist der Wirkstoff des zugelassenen Produkts in der Zulassung unter seinem allgemeinen oder Handelsnamen erwähnt und wird im Patent lediglich die chemische Bezeichnung oder die allgemeine chemische Formel angegeben, muss ein Nachweis eingereicht werden, dass der Wirkstoff dem des Patents entspricht. Betrifft das Patent die Erfindung eines Zubereitungsverfahrens, muss nachgewiesen werden, dass das zugelassene Produkt anhand des Patentverfahrens zubereitet wurde.

Ein Antrag auf Laufzeitverlängerung eines Patents für ein Arzneimittel wird gestellt, das einen Wirkstoff A enthält und dessen durchschnittliche Teilchengröße in einem bestimmten Bereich liegt, wohingegen in der Zulassung des Arzneimittels lediglich der Produktname von Wirkstoff A erwähnt ist, ohne sich dabei auf die durchschnittliche Teilchengröße zu beziehen. Um zu zeigen, dass die durchschnittliche Teilchengröße von Wirkstoff A im vorliegenden Arzneimittel gemäß der patentierten Erfindung in einem bestimmten Bereich liegt, muss in diesem Fall ein vom Antragsteller beschafftes Versuchsergebnis oder eine Produktbeschreibung vorgelegt werden, woaus hervorgeht, dass die durchschnittliche Teilchengröße (gemessen anhand des Verfahrens in der Patentschrift) in dem durch die patentierte Erfindung bestimmten Bereich liegt.

Für patentierte Erfindungen, in denen die angegebene Verwendung nur funktional ist, kann Patentlaufzeitverlängerung beantragt werden. Eine Laufzeitverlängerung ist zulässig, wenn die Indikation des zugelassenen Produkts in den Ansprüchen als funktionale Verwendung angegeben ist und in der Patentschrift beschrieben oder angedeutet wurde, dass die Indikation eine Wirkung der genannten funktionalen Verwendung ist.

51 **4. die vorliegende Zulassung ist die erste Zulassung innerhalb des Umfangs gemäß den „erfindungswesentlichen Merkmalen (und der Verwendung)" des Arznei- oder Pflanzenschutzmittels, das Gegenstand der vorliegenden Zulassung ist:** Der Antragsteller muss die vorliegende Zulassung mit allen ihm bekannten früheren Zulassungen vergleichen und erklären, dass die vorliegende Zulassung die erste Zulassung innerhalb des Umfangs gemäß den „erfindungswesentlichen Merkmalen (und der Verwendung)" des Arznei- oder Pflanzenschutzmittels ist, das Gegenstand der vorliegenden Zulassung ist.

b) Unterlagen, aus denen der Zeitraum hervorgeht, über den die Erfindung, die Gegenstand des Antrags auf Laufzeitverlängerung ist, nicht ausgeübt werden konnte, da eine Zulassung durch Kabinettsverordnung erforderlich war

52 Der Antragsteller muss erklären, dass die patentierte Erfindung, die Gegenstand des Antrags auf Laufzeitverlängerung ist, über einen angegebenen Zeitraum deshalb nicht ausgeübt werden konnte, weil die vorliegende Zulassung erteilt werden musste.

Im Fall eines Arzneimittels muss der Antragsteller zur Bestätigung dieses Zeitraums Unterlagen unterbreiten, aus denen das Datum hervorgeht, an dem die für eine Zulassung notwendigen Prüfungen begannen, bspw. eine Ausfertigung der Bekanntgabe des klinischen Studienplans.

Im Falle eines Pflanzenschutzmittels muss der Antragsteller zur Bestätigung des Zeitraums Unterlagen unterbreiten, aus denen das Datum hervorgeht, an dem die für die Zulassung erforderlichen Versuche begannen, bspw. eine schriftliche Anforderung beauftragter Feldversuche.

the drug product, or in the registration card for the agricultural chemical, and to explain that the drug product or agricultural chemical that was the subject of the present disposition satisfies all of the matters to specify the invention described in the claim.

If the active ingredient of the approved product is recited in its generic or trade name in the disposition, while the patent only recites its chemical name or general chemical formula, submission of evidence proving that the active ingredient conforms to that of the patent is required. If the patent is directed to preparation process invention, submission of evidence proving that the approved product was prepared by the patent process is required.

With regard to an application for the registration of term extension of patent right on a pharmaceutical product containing an ingredient A of whose mean particle size is in a specific range, when the certificate of approval of the pharmaceutical product only describes the product name of ingredient A without referring to the mean particle size, in order to show that the mean particle size of ingredient A in the current pharmaceutical product is in a specific range provided in the patented invention, an experimental result obtained by the applicant or a product brochure, which demonstrates that the mean particle size measured by the method described in the patent specification is in the specific range provided in the patented invention should be submitted.

A patented invention in which only functional usage is specified is eligible for a patent term extension. If the indication of the approved product is specified as a functional usage in the patent claims, and the specification describes or suggest that the indication is one of the effects of the specified functional usage, a patent term extension is eligible.

4. **that the present disposition is the first disposition within the scope determined by the "matters falling under the matters to specify the invention (and the use)" of the drug product or agricultural chemical that was the subject of the present disposition:** The applicant is required to compare the present disposition with any prior dispositions of which he or she has knowledge and explain that the present disposition is the first disposition within the scope determined by the "matters falling under the matters to specify the invention (and the use)" of the drug product or agricultural chemical that was the subject of the present disposition. 51

b) Materials stating the period during which the patented invention to which the application to register a patent term extension pertains was unable to be worked because it was necessary to obtain a disposition designated by the Cabinet Order

The applicant is required to explain that the grounds for the period during which the patented invention to which the application to register a patent term extension pertains was unable to be worked because it was necessary to obtain the present disposition. 52

In the case of a drug product, in order to confirm this period, the applicant is required to submit materials indicating the date on which the testing necessary for obtaining the present disposition commenced, such as a copy of the notification of a clinical trial plan.

In the case of an agricultural chemical, in order to confirm the period, the applicant is required to submit materials indicating the date on which the testing necessary for obtaining the present disposition commenced, such as a copy of the written request for a commissioned field trial.

c) Unterlagen, die bestätigen, dass die Person, der die Zulassung erteilt wurde, der Patentinhaber, der exklusive oder der nicht-exklusive Lizenznehmer des Patents ist

53 In den Unterlagen ist Folgendes anzugeben:

- die Person, der die vorliegende Zulassung erteilt wurde, ist der Patentinhaber oder
- die Person, der die vorliegende Zulassung erteilt wurde, ist der exklusive Lizenzinhaber oder der nicht-exklusive Lizenzinhaber des Patents.

C. Wirkung der Beantragung einer Patentlaufzeitverlängerung

I. Vorläufige Wirkung

54 Wurde ein Antrag auf Laufzeitverlängerung für ein Patent eingereicht, so gilt die Laufzeit als verlängert. Dies ist jedoch nicht der Fall, wenn vonseiten des Prüfers eine endgültige oder bindende Entscheidung zur Ablehnung des Antrags vorliegt oder die Laufzeitverlängerung für ein Patent eingetragen wurde (Art. 67-2(5) PatG JP).

II. Veröffentlichung

55 Wurde ein Antrag auf Laufzeitverlängerung für ein Patent eingereicht, werden die folgenden Angaben zusammen mit der Nummer und dem Einreichungsdatum im Patentblatt veröffentlicht (Art. 67-2-2(3) PatG JP):

- Name und Geschäfts- bzw. Wohnsitz des Antragstellers,
- Patentnummer,
- Zeitraum, für den die Verlängerung beantragt wird,
- Beschreibung der Zulassung.

Des Weiteren werden die Unterlagen und Materialien, in denen die Verlängerung begründet wird, Dritten zur Prüfung vorgelegt. Soweit notwendig kann der Antragsteller jedoch darum ersuchen, dass die Prüfung vonseiten Dritter auf relevante Akten beschränkt wird.

D. Prüfung

I. Materielle Prüfung

56 Die materielle Prüfung wird von einem Prüfer der Patentprüfungsabteilung des Japanischen Patentamts Prüfung durchgeführt. Sollte der Prüfer Gründe zur Ablehnung finden, erteilt er einen begründeten Ablehnungsbescheid, gegen den der Antragsteller innerhalb eines festgelegten Zeitraums Einspruch einlegen kann (Art. 67-3 PatG JP).

Da es möglich ist, dass beim Patentamt Änderungen vorgenommen werden, während der Fall anhängig ist (Art. 17(1) PatG JP), kann der Antragsteller jederzeit einen Abänderungsantrag einreichen, sofern der Antrag beim Patentamt anhängig ist.

II. Zulässiger Änderungsumfang

57 Bei der Prüfung eines Antrags auf Patentlaufzeitverlängerung ist besonders wichtig, dass der Antragsteller angegeben hat, welches Patent verlängert werden soll und auf welcher Zulassung der Verlängerungsantrag beruht. Solange also die Informationen zum Patent und zur Zulassung (d.h. die Patentnummer und Angaben zur Zulassung) im schriftlichen Antrag oder in den Unterlagen mit den Verlängerungsgründen enthalten sind, die am Einreichungsdatum vorgelegt wurden, kann der Antragsteller im Rahmen des Patents und der Zulassung

c) Materials necessary for certifying that the person who obtained the disposition designated by the Cabinet Order is the patentee or the exclusive licensee or the non-exclusive licensee of the patent right

These materials must indicate: 53

- that the person who obtained the present disposition is the patentee; or
- that the person who obtained the present disposition is the exclusive licensee or the non-exclusive licensee of the patent right.

C. Effect of Filing of Application for Patent Term Extension

I. Provisional Effect

Where an application for the registration of extension of the term of a patent right is filed, 54 the term shall be deemed to have been extended; provided, however, that this shall not apply where the examiner's decision to the effect that the application is to be refused has become final and binding or where the extension of the term of a patent right has been registered (Art. 67-2(5) of the Patent Act).

II. Publication

Where an application for the registration of extension of the term of a patent right is filed, 55 matters stated below and the number and the filing date of the application shall be published in the patent gazette (Art. 67-2-2(3) of the Patent Act).

- the name, and the domicile or residence of the applicant;
- the patent number;
- the period for which the extension is requested; and
- the description of the disposition.

The documents including materials specifying the reasons for the extension are also rendered inspectable by a third party. However, if necessary, the applicant can file a request to restrict a third party's inspection concerning the relevant documents in the file wrapper.

D. Examination

I. Substantive Examination

Substantive examination is performed by an Examiner in the Patent Examination Division 56 of the Japanese Patent Office. If the Examiner finds any reason for rejection, he/she will issue a Notice of Reason for Rejection, against which the applicant can file an argument within a specified period (Art. 67-3 of the Patent Act).

Further, since a person undertaking procedures with the Patent Office may make amendments while the case is pending (Art. 17(1) of the Patent Act), the applicant can file an amendment at any time provided that the application is pending at the Patent Office.

II. Allowable Scope of Amendment

In the examination of an application to register a patent term extension, the most important 57 information is which patent right the applicant seeks to extend based on what disposition. Therefore, as long as information identifying the patent right and the disposition (e.g., patent number and the details of the disposition) are given in the written application or in the materials specifying the reasons for the extension that are submitted on the filing date, the applicant is permitted to make amendments to these documents within the scope of the

Änderungen an diesen Unterlagen vornehmen. Mit anderen Worten ist für einen Antrag auf Patentlaufzeitverlängerung jede Art der Änderung mit Ausnahme der Änderung oder Berichtigung der Patent- und Zulassungsnummern, erlaubt.

III. Verfahrensprüfung

58 Stellt der Prüfer fest, dass der Antrag abzulehnen ist, erteilt er einen endgültigen Ablehnungsbescheid. Der Antragsteller kann eine Berufung gegen diesen Bescheid einlegen. Der Fall geht daraufhin in die Verfahrensprüfung, die von einem Gremium aus in der Regel drei Prüfern ausgeführt wird (Art. 121 PatG JP).

IV. Berufung

59 Entscheidet das Gremium, dass der Antrag abzulehnen ist, erstellt es einen Verfahrensentscheid. In diesem Fall kann der Antragsteller eine Berufung beim Obersten Gerichtshof von Tokio einreichen (Art. 178 PatG JP).

E. Wirkung der Patentlaufzeitverlängerung

I. Veröffentlichung

60 Wurde vom Prüfer oder durch den Verfahrensentscheid beschlossen, dass die Laufzeitverlängerung für das Patent einzutragen ist, wird die Eintragung vorgenommen. Die folgenden Angaben werden im Patentblatt veröffentlicht (Art. 67-3(4) PatG JP):

- Name und Geschäfts- bzw. Wohnsitz des Patentinhabers,
- Patentnummer,
- Nummer und Einreichungsdatum des Antrags auf Laufzeitverlängerung für das Patent,
- Datum der Eintragung der Verlängerung,
- Verlängerungszeitraum,
- Beschreibung der Zulassung durch die Kabinettsverordnung gemäß Art. 67(2).

II. Ungültigkeitserklärung

61 Dritte können eine Ungültigkeitserklärung der eingetragenen Patentlaufzeitverlängerung beantragen (Art. 125-2 PatG JP). Wird die Eintragung als gültig anerkannt, läuft das Patent zum ursprünglichen Ablaufdatum, d.h. 20 Jahre nach dem Anmeldedatum der Patentanmeldung, ab.

F. Schutzumfang

62 Art. 68-2 des Patentgesetzes sieht vor, dass ein Patent mit verlängerter Laufzeit nur zur Ausübung der patentierten Erfindung für das Produkt wirksam ist, das Gegenstand der Zulassung gemäß Art. 67(2) war, auf deren Grundlage die Verlängerung beantragt wurde (wenn die spezifische Verwendung des Produkts in der Zulassung vorgeschrieben ist, das Produkt, das dafür verwendet wird).

63 Unter den früheren Richtlinien in der Vergangenheit wurde in der Regel davon ausgegangen, dass der Schutzumfang für ein Patent mit verlängerter Laufzeit vom Wirkstoff und der Indikation des genehmigten Arzneimittels oder dergleichen bestimmt werden sollte, auf dessen Grundlage eine Laufzeitverlängerung gewährt wurde. Alle anderen Merkmale, wie die Dosierungsform, die Dosierungsmenge oder dergleichen wurden bei der Feststellung der

patent right and the disposition. In other words, it should be noted that any kind of amendment is allowed for an application of a patent term extension, except for changing or correcting the numbers of the patent and the disposition.

III. Trial Examination

58 If the Examiner concludes that the application should be refused, he/she will issue a Notice of Final Rejection. The applicant can file an appeal trial against this conclusion, and then the case will be sent to a trial examination handled by a collegial body of normally three trial Examiners (Art. 121 of the Patent Act).

IV. Appeal

59 If the collegial body decides that the application should be refused, they will issue a trial decision. In such a case, the applicant can file an appeal to the Tokyo High Court (Art. 178 of the Patent Act).

E. Effects of Patent Term Extension

I. Publication

60 Where the examiner's decision or trial decision to the effect that the extension of the term of the patent right is to be registered is rendered, the extension of the term of the patent right shall be registered. Then, the following matters shall be published in the patent gazette (Art. 67-3(4) of the Patent Act):

- the name and domicile or residence of the patentee;
- the patent number;
- the number and filing date of the application for the registration of extension of the term of the patent right;
- the date of the registration of extension;
- the period of extension; and
- the description of the disposition designated by Cabinet Order under Art. 67(2).

II. Invalidation

61 A third party can file a demand for invalidation of the registered patent term extension (Art. 125-2 of the Patent Act). If the registration is rendered valid, the patent will expire at its original expiring date, i.e., 20 years form the filing date of the patent application.

F. Scope of Protection and Discussion

62 Art. 68-2 of the Patent Act stipulates that where the term of a patent right is extended, such patent right shall not be effective against any act other than the working of the patented invention for the product which was the subject of the disposition designated by Cabinet Order under Art. 67(2) which constituted the reason for the registration of extension (where the specific usage of the product is prescribed by the disposition, the product used for that usage).

63 In the past where the former JPO guidelines were effective, it was generally considered that scope of the right of a term-extended patent should be determined by the active ingredient and the indication of the approved drug or the like on the basis of which a patent term extension was granted, since any other features such as dosage form, dosage amount, or the like were not taken into consideration when evaluating the eligibility of a patent term exten-

Berechtigung zu einer Patentlaufzeitverlängerung nicht berücksichtigt. Mit anderen Worten wurde geschlossen, dass ein Patent mit verlängerter Laufzeit alle Produkte abdeckt, in denen der Wirkstoff und die Indikation mit denen des zugelassenen Arzneimittels übereinstimmen, ohne zu berücksichtigen, dass sonstige Merkmale, wie bspw. die Dosierungsform oder dergleichen unterschiedlich sein könnten (Obergericht Tokio Hei 10.3.5 Hanji Nr. 1650, S. 137; Obergericht Tokio Hei 12.2.10 Hanji Nr. 1719, S. 133; Obergericht für geistiges Eigentum Tokio Hei 17.5.30 Hanji Nr. 1919, S. 137 usw.).

64 Die neueste *Takeda*-Entscheidung, die zu Beginn dieses Kapitels erwähnt wurde, war jedoch äußerst überraschend, und die Auswirkungen auf die Auslegung von Patenten mit verlängerter Laufzeit durch die Gerichte sind noch unklar. Nach den neuen Richtlinien kann in Betracht gezogen werden, ein Patent mit verlängerter Laufzeit so einzuschränken, dass nur das zugelassene Produkt geschützt ist, da bei der Feststellung der Berechtigung zu einer Patentlaufzeitverlängerung andere Merkmale als der Wirkstoff oder die Indikation berücksichtigt werden können. Das würde bedeuten, dass Unbefugte, die an einem mit dem zugelassenen Produkt „im Wesentlichen identischen" Produkt arbeiten, nur das Patent mit verlängerter Laufzeit verletzen.

65 Bezüglich der Auslegung von Art. 68-2 PatG JP führt das Japanische Patentamt in seinen neuen Richtlinien an, dass die folgende Auslegung vertretbar ist: „Der Umfang der Ausübung der patentierte Erfindung" in Art. 67-3, Abs. 1, Punkt 1 (der die Berechtigungen zur Beantragung einer Patentlaufzeitverlängerung vorsieht) stimmt im Prinzip mit dem „Umfang der Wirkung eines Patent in einem Fall" überein, „in dem die Patentlaufzeit durch die aktuelle Zulassung verlängert wurde", wie in Art. 68-2 PatG JP vorgesehen.

66 Auf dieser Grundlage kann angenommen werden, dass das Japanische Patentamt der Ansicht ist, dass die Beziehung zwischen dem Umfang der Ansprüche und der Ausführungsformen des zugelassenen Produkts bei der Auslegung des Schutzumfangs für das Patent berücksichtigt werden sollte, obwohl der Schutzumfang eines Patents mit verlängerter Laufzeit nicht auf die Ausführungsformen des zugelassenen Produkts an sich beschränkt werden darf.

Bezieht sich der gewährte Anspruch eines Patents mit verlängerter Laufzeit bspw. nur auf einen Wirkstoff und eine Indikation des zugelassenen Arzneimittels, deckt das Patent alle Arzneimittel mit dem gleichen Wirkstoff und der gleichen Indikation ab, auch wenn es sich in anderen Merkmalen wie der Dosierungsform, der Dosierungsmenge oder dergleichen unterscheidet. Bezieht sich der gewährte Anspruch eines Patents mit verlängerter Laufzeit jedoch nicht nur auf einen Wirkstoff und eine Indikation des Arzneimittels, sondern z.B. auch auf eine Dosierungsform, ist das Patent eingeschränkt. Das heißt, es deckt nur Arzneimittel mit dem gleichen Wirkstoff und der gleichen Indikation und auch der gleichen Dosierungsform ab.

Auf jeden Fall müssen Gerichtsentscheidungen abgewartet werden, um einschätzen zu können, wie der Schutzumfang von Patenten mit verlängerter Laufzeit gemäß den neuen Richtlinien ausgelegt wird.

sion. In other words, it was concluded that the right of a term-extended patent will cover any products in which the active ingredient and the indication are the same as those of the approved drug, notwithstanding that any other features such as dosage form or the like might be different. (Tokyo High Court Hei 10.3.5 Hanji No. 1650, pp. 137; Tokyo High Court Hei 12.2.10 Hanji No. 1719, pp. 133; Tokyo IP High Court Hei 17.5.30 Hanji No. 1919, pp.137; etc.).

The latest *Takeda vs JPO* decision mentioned in the beginning of this chapter was considerably surprising, and how it affects the interpretation of the patent right of a term extended patent by the courts is unclear. According to the new guidelines, since features other than the active ingredient or the indication can be taken into consideration in evaluating the eligibility of the patent term extension, it can be considered that the right of a term-extended patent may be restricted to protection of only the approved product per se. That is, a non-authorized party working on a product which is "substantially identical" to the approved product would only be deemed as infringing the term-extended patent. It should be noted that interpretation of "substantially identical" is also debatable, and for example, if a patent term extension was granted for an approved product in a sodium salt form, some would say that the term-extended patent covers another salt form (e.g., potassium salt), whereas others would say this is not the case. 64

In respect of interpretation of Art. 68-2 of the Patent Act, JPO recites in its new guidelines that it is deemed reasonable to interpret that "the scope of working of the patented invention" in Art. 67-3, paragraph 1, item 1 (the article which stipulates the eligibilities of registration of a patent term extension) is, in principle, in agreement with "the scope of effect of patent right in a case where the term of patent right has been extended by the current disposition" as stipulated in Art. 68-2 of the Patent Act. 65

On the basis of this, it can be considered that JPO's position is that although the scope of a term-extended patent should not be restricted to the embodiments of the approved product per se, the scope of the right should be interpreted by considering the relationship between the scope of the claims and the embodiments of approved product. This position is different from what they had in the past, that is, the scope of the right of a term-extend patent should be determined only by the active ingredient and the indication. 66

For example, this means that if the granted claim of a term-extended patent only refers to an active ingredient and an indication of the approved drug, the right of the patent would cover any drugs which are identical in the active ingredient and the indication, notwithstanding that it may be different in any other features such as dosage form, dosage amount or the like. However, if the granted claim of a term-extended patent refers not only to an active ingredient and an indication of the drug, but also, for example, to a dosage form, the right of the patent would be restricted, that is, it would cover only drugs which are identical in the active ingredient and the indication, and also identical in the dosage form.

In any event, we should need to wait for some court decisions to determine how interpretation of the scope of the term-extended patent will be made in line with the new guidelines.

G. Relevante Artikel und Vorschriften

67 Patentgesetz

(Eintragung der Laufzeitverlängerung)
Artikel 67-2

(1) Um einen Antrag auf eine Laufzeitverlängerung für ein Patent zu stellen, muss dem Beauftragten des Patentamts ein schriftlicher Antrag mit den folgenden Angaben unterbreitet werden:

- Name und Geschäfts- bzw. Wohnsitz des Antragstellers,
- Patentnummer,
- Zeitraum, für den die Verlängerung beantragt wird (bis zu 5 Jahre),
- Beschreibung der Zulassung durch die Kabinettsverordnung gemäß Art. 67 (2).

(2) Dem schriftlichen Antrag gemäß Absatz (1) ist eine Verlängerungsbegründung nach der Verordnung des Ministeriums für Wirtschaft, Handel und Industrie beizufügen.

(3) Der Antrag auf die Eintragung der Patentlaufzeitverlängerung für ein Patent ist innerhalb der von der Kabinettsverordnung vorgeschriebenen Frist einzureichen, nachdem die Zulassung gemäß Art. 67(2) erteilt wurde, jedoch mit der Maßgabe, dass der schriftliche Antrag gemäß Art. 67(1) nicht nach dem Ablauf der Patentlaufzeit eingereicht werden darf.

(4) Gehört ein Patent mehreren Inhabern, darf keiner der Inhaber allein eine Laufzeitverlängerung für ein Patent beantragen; der Antrag muss von allen Inhabern gemeinsam gestellt werden.

(5) Wurde ein Antrag auf Laufzeitverlängerung für ein Patent eingereicht, so gilt die Laufzeit als verlängert. Dies ist jedoch nicht der Fall, wenn vonseiten des Prüfers eine endgültige oder bindende Entscheidung zur Ablehnung des Antrags vorliegt, oder wenn die Laufzeitverlängerung für ein Patent eingetragen wurde.

(6) Wurde ein Antrag auf Laufzeitverlängerung für ein Patent eingereicht, werden die in Absatz (1) genannten Angaben zusammen mit der Nummer und dem Einreichungsdatum im Patentblatt veröffentlicht.

Artikel 67-2-2

(1) Ist die Erteilung der Zulassung gemäß Art. 67(2) im Vorfeld von 6 Monaten vor dem Ablauf der Laufzeit eines Patents gemäß Art. 67(1) unwahrscheinlich, muss dem Beauftragten des Patentamts bei oder vor Ablauf der Frist ein schriftlicher Antrag mit den folgenden Angaben unterbreitet werden, um einen Antrag auf eine Laufzeitverlängerung für das Patent zu stellen:

- Name und Geschäfts- bzw. Wohnsitz des Antragstellers,
- Patentnummer und
- Zulassung gemäß Artikel 67(2).

(2) Wurden keine gemäß dem vorhergehenden Absatz erforderlichen Unterlagen eingereicht, darf kein Antrag auf Laufzeitverlängerung für ein Patent gestellt werden, wenn der Ablauf der Patentlaufzeit gemäß Art. 67(1) in weniger als 6 Monaten bevorsteht.

(3) Wurden die in Absatz (1) verlangten Unterlagen eingereicht, werden die in diesem Absatz geforderten Angaben im Patentblatt veröffentlicht.

Artikel 67-3

(1) Trifft auf einen Antrag auf Laufzeitverlängerung für ein Patent einer der folgenden Punkte zu, muss der Antrag vom Prüfer abgelehnt werden:

- Die Zulassung gemäß Artikel 67(2) wird zur Ausübung der patentierten Erfindung als nicht erforderlich erachtet.
- Dem Patentinhaber bzw. dem/den exklusiven oder dem/den eingetragenen nicht-exklusiven Lizenznehmer(n) des Patents wurde keine Zulassung nach Art. 67(2) erteilt.
- Die beantragte Verlängerungsdauer ist länger als der Zeitraum, über den die patentierte Erfindung nicht ausgeübt werden konnte.
- Der Antragsteller ist nicht der Patentinhaber.

G. Relevant Articles and Rules

Patent Act 67

(Registration of extension of term)
Article 67-2

A person(s) filing a request for the registration of extension of the term of a patent right shall submit a written application to the Commissioner of the Patent Office stating the following:

- the name, and the domicile or residence of the applicant;
- the patent number;
- the period for which the extension is requested (not exceeding 5 years); and
- the description of the disposition designated by Cabinet Order as provided in Article 67(2).

The written application under the preceding paragraph shall be accompanied by materials specifying the reason(s) for the extension, as provided by Ordinance of the Ministry of Economy, Trade and Industry.

The application requesting the registration of extension of the term of a patent right shall be filed within the time limit prescribed by Cabinet Order after the disposition prescribed by Cabinet Order under Article 67(2) is obtained; provided, however, that the said written application may not be filed after the expiration of the term of a patent right as provided in Article 67(1).

Where a patent right is jointly owned, none of the joint owners may file an application for the registration of extension of the term of a patent right unless jointly with all the other joint owners.

Where an application for the registration of extension of the term of a patent right is filed, the term shall be deemed to have been extended; provided, however, that this shall not apply where the examiner's decision to the effect that the application is to be refused has become final and binding or where the extension of the term of a patent right has been registered.

Where an application for the registration of extension of the term of a patent right is filed, matters stated in paragraph (1) and the number and the filing date of the application shall be published in the patent gazette.

Article 67-2-2

Where the disposition designated by Cabinet Order under Article 67(2) is unlikely to be obtained prior to 6 months before the expiration of the term of a patent right under Article 67(1), a person filing an application for the registration of extension of the term of a patent right shall submit to the Commissioner of the Patent Office, on or before the time limit, a document stating the following:

- the name, and domicile or residence of the person filing the application;
- the patent number; and
- the disposition designated by Cabinet Order under Article 67(2).

Unless the document required to be submitted under the preceding paragraph is submitted, an application for the registration of extension of the term of a patent right may not be filed after 6 months before the expiration of the term of the patent right under Article 67(1).

Where the document as provided in paragraph (1) is submitted, the matters prescribed in the said paragraph shall be published in the patent gazette.

Article 67-3

Where an application for the registration of extension of the term of a patent right falls under any of the following items, the examiner shall render the examiner's decision to the effect that the application is to be refused:

- where the disposition designated by Cabinet Order under Article 67(2) is not deemed to have been necessary to obtain for the working of the patented invention;
- where the patentee, or the exclusive licensee(s) or registered non-exclusive licensee(s) of the patent have not obtained the disposition designated by Cabinet Order under Article 67(2);
- where the period for which the extension is requested exceeds the period during which the patented invention was unable to be worked;
- where the person filing the application is not the patentee; and

- Der Antrag erfüllt die Anforderungen gemäß Art. 67-2(4) nicht.

(2) Liegen keine Gründe zur Ablehnung des Antrags auf Laufzeitverlängerung für das Patent vor, trifft der Prüfer die Entscheidung, dass die Verlängerung einzutragen ist.

(3) Wurde vom Prüfer oder durch den Verfahrensentscheid beschlossen, dass die Laufzeitverlängerung für das Patent einzutragen ist, wird die Eintragung vorgenommen.

(4) Nach erfolgter Eintragung gemäß Absatz (3) werden die folgenden Angaben im Patentblatt veröffentlicht:

- Name und Geschäfts- bzw. Wohnsitz des Patentinhabers,
- Patentnummer,
- Nummer und Einreichungsdatum des Antrags auf Laufzeitverlängerung für das Patent,
- Datum der Eintragung der Verlängerung,
- Verlängerungszeitraum,
- Beschreibung der Zulassung durch die Kabinettsverordnung gemäß Art. 67(2).

Artikel 67-4

Art. 47(1), 48, 50 und 52 gelten sinngemäß für die Prüfung eines Antrags auf Laufzeitverlängerung für ein Patent.

(Auswirkung auf das Patent im Falle einer Laufzeitverlängerung)
Artikel 68-2

Wurde die Laufzeit eines Patents verlängert (gemäß Art. 67-2(5)), ist das Patent nur für die Ausübung der patentierten Erfindung für das Produkt wirksam, das Gegenstand der Zulassung gemäß Art. 67(2) war, auf deren Grundlage die Verlängerung beantragt wurde (wenn die spezifische Verwendung des Produkts in der Zulassung vorgeschrieben ist, das Produkt, das dafür verwendet wird).

(Verfahren zur Ungültigkeitserklärung der Eintragung einer Laufzeitverlängerung)
Artikel 125-2

(1) Ein Antrag auf ein Verfahren zur Ungültigkeitserklärung der Eintragung einer Laufzeitverlängerung für ein Patent kann eingereicht werden, wenn einer der folgenden Punkte auf die Eintragung zutrifft:

a) Die Eintragung der Verlängerung wurde für einen eingereichten Antrag vorgenommen, für den die Zulassung gemäß Art. 67(2) zur Ausübung der patentierten Erfindung als nicht erforderlich erachtet wird.

b) Die Eintragung der Verlängerung wurde für einen eingereichten Antrag vorgenommen, wobei dem Patentinhaber bzw. einem exklusiven oder eingetragenen nicht-exklusiven Lizenznehmer des Patents keine Zulassung nach Art. 67(2) erteilt wurde.

c) Die durch die Eintragung gewährte Verlängerungsdauer ist länger als der Zeitraum, über den die patentierte Erfindung ausgeübt werden konnte.

d) Die Eintragung der Verlängerung wurde aufgrund des Antrags einer Person vorgenommen, die nicht der Patentinhaber ist.

e) Die Eintragung der Verlängerung wurde aufgrund eines Antrags vorgenommen, der die Anforderungen gemäß Art. 67-2(4) nicht erfüllt.

(2) Absätze (3) bis (4) des Art. 123 gelten sinngemäß für Anträge auf ein Verfahren zur Ungültigkeitserklärung der Eintragung einer Laufzeitverlängerung.

(3) Besagt ein Verfahrensentscheid, dass die Eintragung der Verlängerung für ungültig zu erklären ist, und ist dieser Bescheid endgültig und bindend, so wird die Eintragung der Laufzeitverlängerung rückwirkend außer Kraft gesetzt. Fällt die Verlängerungseintragung jedoch unter Absatz (1)(iii) und die Ungültigkeitserklärung eines Verfahrensentscheids wurde endgültig und bindend, da die Eintragung der Laufzeitverlängerung den Zeitraum überschreitet, über den die patentierte Erfindung ausgeübt werden konnte, wird die Verlängerung für den zusätzlichen Zeitraum außer Kraft gesetzt.

- where the request does not meet the requirements under Article 67-2(4).

Where no reasons for refusal are found for the application for the registration of extension of the term of a patent right, the examiner shall render an examiner's decision to the effect that the extension is to be registered.

Where the examiner's decision or trial decision to the effect that the extension of the term of the patent right is to be registered is rendered, the extension of the term of the patent right shall be registered.

Where the registration under the preceding paragraph is made, the following matters shall be published in the patent gazette:

- the name and domicile or residence of the patentee;
- the patent number;
- the number and filing date of the application for the registration of extension of the term of the patent right;
- the date of the registration of extension;
- the period of extension; and
- the description of the disposition designated by Cabinet Order under Article 67(2).

Article 67-4

Articles 47(1), 48, 50 and 52 shall apply mutatis mutandis to the examination of the application for registration of extension of the term of a patent right.

(Effect of patent right in the case of term extension) Article 68-2

Where the term of a patent right is extended (including the case where the term is deemed to have been extended under Article 67-2(5)), such patent right shall not be effective against any act other than the working of the patented invention for the product which was the subject of the disposition designated by Cabinet Order under Article 67(2) which constituted the reason for the registration of extension (where the specific usage of the product is prescribed by the disposition, the product used for that usage).

(Trial for invalidation of a registration of extension of term) Article 125-2

A request for a trial for invalidation of the registration of extension of term of a patent right may be filed if the registration of extension falls under any of the following:

i. where the registration of extension has been made for an application filed where the disposition as provided in Cabinet Order under Article 67(2) for the working of the patented invention is not deemed to have been required;
ii. where the registration of extension has been made for an application filed where the patentee or an exclusive licensee or a registered non-exclusive licensee of the patent did not receive the disposition as provided in Cabinet Order under Article 67(2);
iii. where the term extended by the registration of extension exceeds the period during which the patented invention could be worked;
iv. where the registration of extension has been made upon an application filed by a person who is not the said patentee; and
v. where the registration of extension has been made upon an application not complying with the requirements as provided in Article 67-2(iv).

Paragraphs (3) to (4) of Article 123 shall apply mutatis mutandis to a request for a trial for invalidation of the registration of extension of term.

Where a trial decision to the effect that the registration of extension is to be invalidated has become final and binding, the extension of the term by the said registration of extension shall be deemed never to have been made; provided, however, that where the registration of extension falls under paragraph (1)(iii) and a trial decision to the effect that the registration of extension for the term exceeding the period during which the patented invention could be worked is to be invalidated has become final and binding, the extension for the said excess period shall be deemed not to have been made.

68 **Patent Act Enforcement Order**

(Kapitel 2, Registrierung der Laufzeitverlängerung)
Artikel 3

Die durch Kabinettsverordnung bestimmten Zulassungen im Sinne von Artikel 67 (2) Patentgesetz sind:

Eine Registrierung gemäß Artikel 2 (1) Pflanzenschutzmittelgesetz (Gesetz Nr. 82/1948, ohne die Verlängerung der Registrierung nach Artikel 2 (5) dieses Gesetzes), eine Änderung der Registrierung gemäß Artikel 6-2 (1) (einschließlich eines Antrags nach Artikel 15-2 (6) analog dieses Gesetzes) und eine Registrierung gemäß Artikel 15-2 (1) dieses Gesetzes (ohne die Verlängerung einer Registrierung nach Absatz 6 dieses Artikels und nach Artikel 2 (5) dieses Gesetzes).

Eine Zulassung von Arzneimitteln, wie von Artikel 14 (1) Arzneimittelgesetz (Gesetz Nr. 145/1960) vorgeschrieben, eine Zulassung gemäß Absatz 9 dieses Artikels (einschließlich eines Antrags nach Artikel 19-2 (5) analog dieses Gesetzes), eine Zulassung nach 19-2 (1) dieses Gesetzes sowie eine damit verwandte Zulassung eines außerhalb des Körpers angewendeten Diagnostikums nach 23-2 (1) dieses Gesetzes und eine Zulassung nach Absatz 4 dieses Artikels.

Patent Act Enforcement Order

68

(Chapter 2, Registration of extension of term)
Article 3

Dispositions referred to in Article 67(2) Patent Act to be designated by Cabinet Ordinance shall be the following:

A registration pursuant to Article 2(1) Plant Protection Products Regulation Act (Law No. 82/1948, excluding a renewal of a registration pursuant to Article 2(5) of the same Law), an amendment of a registration pursuant to Article 6-2(1) (including the case of an application mutatis mutandis pursuant to Article 15-2(6) of the same Law), and a registration pursuant to Article 15-2(1) of the same Law (excluding the renewal of a registration pursuant to paragraph 6 of the same Article and pursuant to Article 2(5) of the same Law).

An approval regarding the regulation of medicaments as prescribed by Article 14(1) Act on Medicinal Products (Law No. 145/1960), an approval pursuant to paragraph 9 of the same Article (including the case of an application mutatis mutandis pursuant to Article 19-2(5) of the same Law), and an approval pursuant to 19-2(1) of the same Law as well as a related approval prescribed by 23-2(1) of the same Law concerning a medicament for diagnostics to be applied outside of the body, and an approval pursuant to paragraph 4 of the same Article.

§ 3 Ergänzende Schutzzertifikate in der Europäischen Union

Verordnung (EG) Nr. 469/2009 des Europäischen Parlaments und des Rates vom 6. Mai 2009 über das ergänzende Schutzzertifikat für Arzneimittel

(ABl. Nr. L 152 S. 1)

geändert durch Anh. III 2. II. 2. ÄndEU-BeitrAkt2013 vom 9. Dezember 2011 (ABl. 2012 Nr. L 112 S. 21)

DAS EUROPÄISCHE PARLAMENT UND DER RAT DER EUROPÄISCHEN UNION –

gestützt auf den Vertrag zur Gründung der Europäischen Gemeinschaft, insbesondere auf Artikel 95,

auf Vorschlag der Kommission,

nach Stellungnahme des Europäischen Wirtschafts- und Sozialausschusses[1],

gemäß dem Verfahren des Artikels 251 des Vertrags[2],

in Erwägung nachstehender Gründe:

(1) Die Verordnung (EWG) Nr. 1768/92 des Rates vom 18. Juni 1992 über die Schaffung eines ergänzenden Schutzzertifikats für Arzneimittel[3] wurde mehrfach und erheblich geändert[4]. Aus Gründen der Übersichtlichkeit und Klarheit empfiehlt es sich, die genannte Verordnung zu kodifizieren.

(2) Die Forschung im pharmazeutischen Bereich trägt entscheidend zur ständigen Verbesserung der Volksgesundheit bei.

(3) Arzneimittel, vor allem solche, die das Ergebnis einer langen und kostspieligen Forschungstätigkeit sind, werden in der Gemeinschaft und in Europa nur weiterentwickelt, wenn für sie eine günstige Regelung geschaffen wird, die einen ausreichenden Schutz zur Förderung einer solchen Forschung vorsieht.

(4) Derzeit wird durch den Zeitraum zwischen der Einreichung einer Patentanmeldung für ein neues Arzneimittel und der Genehmigung für das Inverkehrbringen desselben Arzneimittels der tatsächliche Patentschutz auf eine Laufzeit verringert, die für die Amortisierung der in der Forschung vorgenommenen Investitionen unzureichend ist.

(5) Diese Tatsache führt zu einem unzureichenden Schutz, der nachteilige Auswirkungen auf die pharmazeutische Forschung hat.

(6) Es besteht die Gefahr, dass die in den Mitgliedstaaten gelegenen Forschungszentren nach Ländern verlagert werden, die einen größeren Schutz bieten.

(7) Auf Gemeinschaftsebene sollte eine einheitliche Lösung gefunden werden, um auf diese Weise einer heterogenen Entwicklung der nationalen Rechtsvorschriften vorzubeugen, die neue Unterschiede zur Folge hätte, welche geeignet wären, den freien Verkehr von Arzneimitteln innerhalb der Gemeinschaft zu behindern und dadurch das Funktionieren des Binnenmarktes unmittelbar zu beeinträchtigen.

1 **Amtl. Anm.:** ABl. C 77 vom 31.3.2009, S. 42.
2 **Amtl. Anm.:** Stellungnahme des Europäischen Parlaments vom 21. Oktober 2008 (noch nicht im Amtsblatt veröffentlicht) und Beschluss des Rates vom 6. April 2009.
3 **Amtl. Anm.:** ABl. L 182 vom 2.7.1992, S. 1.
4 **Amtl. Anm.:** Siehe Anhang I.

§ 3 Supplementary Protection Certificates in the European Union

Regulation (EC) No 469/2009 of the European Parliament and of the Council of 6 May 2009 concerning the supplementary protection certificate for medicinal products

(OJ L 152 p. 1)

THE EUROPEAN PARLIAMENT AND THE COUNCIL OF THE EUROPEAN UNION,

Having regard to the Treaty establishing the European Community, and in particular Article 95 thereof,

Having regard to the proposal from the Commission,

Having regard to the opinion of the European Economic and Social Committee,[1]

Acting in accordance with the procedure laid down in Article 251 of the Treaty,[2]

Whereas:

(1) Council Regulation (EEC) No 1768/92 of 18 June 1992 concerning the creation of a supplementary protection certificate for medicinal products[3] has been substantially amended several times.[4] In the interests of clarity and rationality the said Regulation should be codified.

(2) Pharmaceutical research plays a decisive role in the continuing improvement in public health.

(3) Medicinal products, especially those that are the result of long, costly research will not continue to be developed in the Community and in Europe unless they are covered by favourable rules that provide for sufficient protection to encourage such research.

(4) At the moment, the period that elapses between the filing of an application for a patent for a new medicinal product and authorisation to place the medicinal product on the market makes the period of effective protection under the patent insufficient to cover the investment put into the research.

(5) This situation leads to a lack of protection which penalises pharmaceutical research.

(6) There exists a risk of research centres situated in the Member States relocating to countries that offer greater protection.

(7) A uniform solution at Community level should be provided for, thereby preventing the heterogeneous development of national laws leading to further disparities which would be likely to create obstacles to the free movement of medicinal products within the Community and thus directly affect the functioning of the internal market.

1 **Official Note:** OJ C 77, 31.3.2009, p. 42.
2 **Official Note:** Opinion of the European Parliament of 21 October 2008 (not yet published in the Official Journal) and Council Decision of 6 April 2009.
3 **Official Note:** OJ L 182, 2.7.1992, p. 1.
4 **Official Note:** See Annex I.

(8) Es ist deshalb notwendig, ein ergänzendes Schutzzertifikat für Arzneimittel, deren Vermarktung genehmigt ist, vorzusehen, das der Inhaber eines nationalen oder europäischen Patents unter denselben Voraussetzungen in jedem Mitgliedstaat erhalten kann. Die Verordnung ist deshalb die geeignetste Rechtsform.

(9) Die Dauer des durch das Zertifikat gewährten Schutzes sollte so festgelegt werden, dass dadurch ein ausreichender tatsächlicher Schutz erreicht wird. Hierzu müssen demjenigen, der gleichzeitig Inhaber eines Patents und eines Zertifikats ist, insgesamt höchstens fünfzehn Jahre Ausschließlichkeit ab der ersten Genehmigung für das Inverkehrbringen des betreffenden Arzneimittels in der Gemeinschaft eingeräumt werden.

(10) In einem so komplexen und empfindlichen Bereich wie dem pharmazeutischen Sektor sollten jedoch alle auf dem Spiel stehenden Interessen einschließlich der Volksgesundheit berücksichtigt werden. Deshalb kann das Zertifikat nicht für mehr als fünf Jahre erteilt werden. Der von ihm gewährte Schutz sollte im Übrigen streng auf das Erzeugnis beschränkt sein, für das die Genehmigung für das Inverkehrbringen als Arzneimittel erteilt wurde.

(11) In dem besonderen Fall, in dem ein Patent bereits aufgrund einer spezifischen einzelstaatlichen Rechtsvorschrift verlängert worden ist, ist eine angemessene Begrenzung der Laufzeit des Zertifikats vorzusehen –

HABEN FOLGENDE VERORDNUNG ERLASSEN:

Literatur zu den Erwägungsgründen und den Artikeln 1 bis 23 VO (EG) Nr. 469/2009:

Dimitar Batakliev, Supplementary Protection Certificates in Europe – Transitional Regime, IIC 2013, 750; *Benkard*, Europäisches Patentübereinkommen, Kommentar, 2. Aufl. 2012; *Benkard*, Patentgesetz, Kommentar, 10. Aufl. 2006; *Oliver Brändel*, Offene Fragen zum ergänzenden Schutzzertifikat GRUR 2001, 875; *Christopher Brückner*, Ergänzende Schutzzertifikate mit pädiatrischer Laufzeitverlängerung, Kommentar, 2011; *Christopher Brückner/Peter von Czettritz*, Laufzeitverlängerung eines SPC aufgrund fremder pädiatrischer Studien, Mitt. 2012, 256 ff; *Busse/Keukenschrijver*, Patentgesetz, Kommentar, 7. Aufl. 2013; *Alfonso Calles Sánches*, Patents: Implementing paediatric extensions to SPCs: marketing authorization in 'all Member States', JIPLP 2009, 305; *Joachim Feldges/Birgit Kramer*, Die Bestimmung des Schutzbereiches von ergänzenden Schutzzertifikaten für Arzneimittel, Festschrift für Wolfgang von Meibom 2010 S. 57; *Fitzner/Lutz/Bodewig*, Patentrechtskommentar, 4. Aufl. 2012; *Ulrich Gassner*, Pädiatrische Laufzeitverlängerung unter nationalem Bürokratievorbehalt?, Festschrift für Wolfgang von Meibom 2010 S. 71; *Ulrich Gassner*, Recent developments in the area of supplementary protection certificates, Pharmaceuticals Policy and Law, 2014, 45; *Geneviève Michaux*, The paediatric regulation: It's time for the European Commission and EMA to change their interpretation of the legal provisions, www.RAJPharma.com, 20. Juni 2011; *Peter Hövelmann*, Die letzte Jahresgebühr, Mitt. 2007, 540; *Herbert Kellner*, Salz in der Suppe oder Sand im Getriebe? – Anmerkungen zu Schutzrechtszertifikaten, GRUR 1999, 805; *Alfred Keukenschrijver*, Das ergänzende Schutzzertifikat für Arzneimittel in der neueren Rechtsprechung des Bundesgerichtshofs und des Bundespatentgerichts, Festschrift für Peter Mes zum 65. Geburtstag, 2009, S. 223; *Kloesel/Cyran*, Arzneimittelrecht, Kommentar; *Christian Koenig/Eva-Maria Müller*, EG-rechtliche Privilegierung der Hersteller von Arzneimitteln für seltene Krankheiten (Orphan Medicinal Products) durch Einräumung von Alleinvertriebsrechten versus Patentrecht?, GRUR Int. 2000, 121; *Rudolf Kraßer*, Patentrecht, 6. Aufl. 2009; *Markus Kreuzkamp*, Zur Frage des Zeitpunktes des Erlöschens eines Patentes bei Nichtzahlung der Jahresgebühr, Mitt. 2007, 144; *Thomas Kühnen*, Die Erteilung mehrerer ergänzender Schutzzertifikate für dasselbe Erzeugnis an unterschiedliche Inhaber und die Konsequenzen bei einer Verfolgung von Rechtsverletzungen, Festschrift 50 Jahre Bundespatentgericht 2011, 361; *Montserrat López-Bellosta/Ana Benetó Santa Cruz*, Fostering paediatric research and the right to extend supplementary protection certificates, JIPLP 2010, 45; *Peter Mes*, Patentgesetz,

(8) Therefore, the provision of a supplementary protection certificate granted, under the same conditions, by each of the Member States at the request of the holder of a national or European patent relating to a medicinal product for which marketing authorisation has been granted is necessary. A regulation is therefore the most appropriate legal instrument.

(9) The duration of the protection granted by the certificate should be such as to provide adequate effective protection. For this purpose, the holder of both a patent and a certificate should be able to enjoy an overall maximum of 15 years of exclusivity from the time the medicinal product in question first obtains authorisation to be placed on the market in the Community.

(10) All the interests at stake, including those of public health, in a sector as complex and sensitive as the pharmaceutical sector should nevertheless be taken into account. For this purpose, the certificate cannot be granted for a period exceeding five years. The protection granted should furthermore be strictly confined to the product which obtained authorisation to be placed on the market as a medicinal product.

(11) Provision should be made for appropriate limitation of the duration of the certificate in the special case where a patent term has already been extended under a specific national law,

HAVE ADOPTED THIS REGULATION:

Literature to the recitals and the articles 1 until 23 Reg. (EC) No 469/2009:

Dimitar Batakliev, Supplementary Protection Certificates in Europe – Transitional Regime, IIC 2013, 750; *Benkard*, Europäisches Patentübereinkommen, Kommentar, 2. Aufl. 2012; *Benkard*, Patentgesetz, Kommentar, 10. Aufl. 2006; *Oliver Brändel*, Offene Fragen zum ergänzenden Schutzzertifikat GRUR 2001, 875; *Christopher Brückner*, Ergänzende Schutzzertifikate mit pädiatrischer Laufzeitverlängerung, Kommentar, 2011; *Christopher Brückner/Peter von Czettritz*, Laufzeitverlängerung eines SPC aufgrund fremder pädiatrischer Studien, Mitt. 2012, 256 ff; *Busse/Keukenschrijver*, Patentgesetz, Kommentar, 7. Aufl. 2013; *Alfonso Calles Sánches*, Patents: Implementing paediatric extensions to SPCs: marketing authorization in 'all Member States', JIPLP 2009, 305; *Joachim Feldges/Birgit Kramer*, Die Bestimmung des Schutzbereiches von ergänzenden Schutzzertifikaten für Arzneimittel, Festschrift für Wolfgang von Meibom 2010 S. 57; *Fitzner/Lutz/Bodewig*, Patentrechtskommentar, 4. Aufl. 2012; *Ulrich Gassner*, Pädiatrische Laufzeitverlängerung unter nationalem Bürokratievorbehalt?, Festschrift für Wolfgang von Meibom 2010 S. 71; *Ulrich Gassner*, Recent developments in the area of supplementary protection certificates, Pharmaceuticals Policy and Law, 2014, 45; *Geneviève Michaux*, The paediatric regulation: It's time for the European Commission and EMA to change their interpretation of the legal provisions, www.RAJPharma.com, 20. Juni 2011; *Peter Hövelmann*, Die letzte Jahresgebühr, Mitt. 2007, 540; *Herbert Kellner*, Salz in der Suppe oder Sand im Getriebe? – Anmerkungen zu Schutzrechtszertifikaten, GRUR 1999, 805; *Alfred Keukenschrijver*, Das ergänzende Schutzzertifikat für Arzneimittel in der neueren Rechtsprechung des Bundesgerichtshofs und des Bundespatentgerichts, Festschrift für Peter Mes zum 65. Geburtstag, 2009, S. 223; *Kloesel/Cyran*, Arzneimittelrecht, Kommentar; *Christian Koenig/Eva-Maria Müller*, EG-rechtliche Privilegierung der Hersteller von Arzneimitteln für seltene Krankheiten (Orphan Medicinal Products) durch Einräumung von Alleinvertriebsrechten versus Patentrecht?, GRUR Int. 2000, 121; *Rudolf Kraßer*, Patentrecht, 6. Aufl. 2009; *Markus Kreuzkamp*, Zur Frage des Zeitpunktes des Erlöschens eines Patentes bei Nichtzahlung der Jahresgebühr, Mitt. 2007, 144; *Thomas Kühnen*, Die Erteilung mehrerer ergänzender Schutzzertifikate für dasselbe Erzeugnis an unterschiedliche Inhaber und die Konsequenzen bei einer Verfolgung von Rechtsverletzungen, Festschrift 50 Jahre Bundespatentgericht 2011, 361; *Montserrat López-Bellosta/Ana Benetó Santa Cruz*, Fostering paediatric research and the right to extend supplementary protection certificates, JIPLP 2010, 45; *Peter Mes*, Patentgesetz,

Gebrauchsmustergesetz, 3. Aufl. 2011; *Christian Miege/Anette Gärtner/Marc Besen*, Missbrauch einer marktbeherrschenden Stellung durch irreführende Angaben bei Patentanmeldungen – Anmerung zu EuG, Urt. v. 1.7.2010 – T321/05, PharmR 2010, 586; *Herwig von Morzé/Peter Hanna*, Critical and Practical Observations regarding Pharmaceutical Patent Term Restoration in the European Communities, JPTOS 1995, 479 (I), 505 (II); *Peter Mühlens*, Das ergänzende Schutzzertifikat für Arzneimittel, Mitt. 1993, 213; *Johanna Müller-Graff/Filipe Fischmann*, Der Fall AstraZeneca: „Tool boxes" im Arzneimittelsektor – wer hat die besseren Werkzeuge und welche sind erlaubt? – Zum Urteil des Gerichts der Europäischen Union vom 1. Juli 2010, Rs. T-321/05, GRUR Int. 2010, 792; *Rolf Pietzcker*, Patentrechtliche Fragen bei klinischen Untersuchungen – eine Erwiderung, GRUR 1994, 319; *Records* of the second meeting of national SPC experts held on 9 October 2006 in Brussels (Records II); *Records* of the third meeting of national SPC experts held at the EMEA on 26 September 2008 (Records III); *Ulrich Reese/Claudia Milbradt/Christian Stallberg*, The Legal Scope and Content of the Right to SPC Extensions under the Paediatric Regulation 1901/2006, EIPR 2010, 146; *Susanne Scheil*, Das ergänzende Schutzzertifikat, Mitt. 1997, 55; *Jürgen Schell*, Neurim – ein neuer Erzeugnisbegriff bei ergänzenden Schutzzertifikaten?, GRUR 2013, 509; *Detlef Schennen*, Die Verlängerung der Patentlaufzeit für Arzneimittel im Gemeinsamen Markt, 1993; *Detlef Schennen*, Auf dem Weg zum Schutzzertifikat für Pflanzenschutzmittel, GRUR Int. 1996, 102; *Florian Schmidt-Wudy*, Ein Überblick zu aktuellen Entscheidungen des EuGH zu ergänzenden Schutzzertifikaten für Arzneimittel, PharmR 2014, 45; *Volker Schoene*, Anmerkung zu EuG, Urteil vom 1.7.2010 – T-321/05 – Kartellverstoß durch irreführenden Vortrag vor Patentbehörde – „AstraZeneca", GRUR Prax. 2010, 568; *Schulte*, Patentgesetz mit EPÜ, Kommentar, 9. Aufl. 2014; *Singer/Stauder*, Europäisches Patentübereinkommen, Kommentar, 6. Aufl. 2013; *Mike Snodin/John Miles*, Patents: Déjà vu at the ECJ?, JIPLP 2011, 513; *Mike Snodin/Michael Pears*, Neurim wins the battle but not (yet) the war for innovators, Srip Regulatory Affairs, September 2012, 14; *Mike Snodin*, Three CJEU decisions that answer some questions but pose many more, JIPLP 2014, 599; *Vivian Sredl*, Das ergänzenden Schutzzertifikat im deutschen Patentnichtigkeitsverfahren, GRUR 2001, 596; *Joseph Straus*, Offene Fragen des ergänzenden Schutzzertifikats für Arzneimittel, GRUR Int. 2001, 591; *Wright*, Council Regulation (EEC) 1768/92 in Hacon/Pagenberg: Concise European Patent Law, 2. Aufl. 2008, S. 387.

I. Sinn und Zweck der Erwägungsgründe

1 Wie allen EU-Rechtsakten sind auch der AMV Erwägungsgründe vorangestellt. Zweck dieser Erwägungsgründe ist es, den Sachverhalt, der zum Erlass der Verordnung geführt hat, zu schildern und deren wichtigste Vorschriften zu begründen. Die Erwägungsgründe sind bei der Auslegung der Vorschriften zu beachten,[5] rechtlich aber nicht verbindlich.[6] Sie können weder herangezogen werden, um von den Vorschriften abzuweichen, noch um diese in einem Sinn auszulegen, der ihrem Wortlaut offensichtlich widerspricht.[7] Das danach – unter Berücksichtigung aller auf dem Spiel stehenden Interessen – zu beachtende grundsätzliche Ziel der AMV ist es, einen zur Forschungsförderung ausreichenden Zertifikatsschutz und Ausgleich für den durch das Zulassungserfordernis bedingten Verlust an effektiver Patentlaufzeit zu schaffen.[8]

5 Vgl. Busse/Hacker PatG Anh § 16 a Rn 9; RL UK IPO SPM 0.01.
6 Siehe eur-lex.europa.eu/de/techleg/10.htm vom 8. Januar 2013.
7 C-134/08 [Rn 16] – Tyson Parketthandel; C-162/97 [Rn 54] – Nilsson.
8 Vgl. C-125/10 [Rn 31] – Merck Sharp & Dohme; C-482/07 [Rn 30] – AHP Manufacturing; C-392/97 [LS 1, Rn 19] – Farmitalia Carlo Erba; Brückner Art. 2 Rn 78; RL UK IPO SP0.01.

Gebrauchsmustergesetz, 3. Aufl. 2011; *Christian Miege/Anette Gärtner/Marc Besen*, Missbrauch einer marktbeherrschenden Stellung durch irreführende Angaben bei Patentanmeldungen – Anmerung zu EuG, Urt. v. 1.7.2010 – T321/05, PharmR 2010, 586; *Herwig von Morzé/Peter Hanna*, Critical and Practical Observations regarding Pharmaceutical Patent Term Restoration in the European Communities, JPTOS 1995, 479 (I), 505 (II); *Peter Mühlens*, Das ergänzende Schutzzertifikat für Arzneimittel, Mitt. 1993, 213; *Johanna Müller-Graff/Filipe Fischmann*, Der Fall AstraZeneca: „Tool boxes" im Arzneimittelsektor – wer hat die besseren Werkzeuge und welche sind erlaubt? – Zum Urteil des Gerichts der Europäischen Union vom 1. Juli 2010, Rs. T-321/05, GRUR Int. 2010, 792; *Rolf Pietzcker*, Patentrechtliche Fragen bei klinischen Untersuchungen – eine Erwiderung, GRUR 1994, 319; *Records* of the second meeting of national SPC experts held on 9 October 2006 in Brussels (Records II); *Records* of the third meeting of national SPC experts held at the EMEA on 26 September 2008 (Records III); *Ulrich Reese/Claudia Milbradt/Christian Stallberg*, The Legal Scope and Content of the Right to SPC Extensions under the Paediatric Regulation 1901/2006, EIPR 2010, 146; *Susanne Scheil*, Das ergänzende Schutzzertifikat, Mitt. 1997, 55; *Jürgen Schell*, Neurim – ein neuer Erzeugnisbegriff bei ergänzenden Schutzzertifikaten?, GRUR 2013, 509; *Detlef Schennen*, Die Verlängerung der Patentlaufzeit für Arzneimittel im Gemeinsamen Markt, 1993; *Detlef Schennen*, Auf dem Weg zum Schutzzertifikat für Pflanzenschutzmittel, GRUR Int. 1996, 102; *Florian Schmidt-Wudy*, Ein Überblick zu aktuellen Entscheidungen des EuGH zu ergänzenden Schutzzertifikaten für Arzneimittel, PharmR 2014, 45; *Volker Schoene*, Anmerkung zu EuG, Urteil vom 1.7.2010 – T-321/05 – Kartellverstoß durch irreführenden Vortrag vor Patentbehörde – „AstraZeneca", GRUR Prax. 2010, 568; *Schulte*, Patentgesetz mit EPÜ, Kommentar, 9. Aufl. 2014; *Singer/Stauder*, Europäisches Patentübereinkommen, Kommentar, 6. Aufl. 2013; *Mike Snodin/John Miles*, Patents: Déjà vu at the ECJ?, JIPLP 2011, 513; *Mike Snodin/Michael Pears*, Neurim wins the battle but not (yet) the war for innovators, Srip Regulatory Affairs, September 2012, 14; *Mike Snodin*, Three CJEU decisions that answer some questions but pose many more, JIPLP 2014, 599; *Vivian Sredl*, Das ergänzenden Schutzzertifikat im deutschen Patentnichtigkeitsverfahren, GRUR 2001, 596; *Joseph Straus*, Offene Fragen des ergänzenden Schutzzertifikats für Arzneimittel, GRUR Int. 2001, 591; *Wright*, Council Regulation (EEC) 1768/92 in Hacon/Pagenberg: Concise European Patent Law, 2. Aufl. 2008, S. 387.

I. Rationale of the recitals

Recitals are prefixed by MPR as to all EU legislation. The purpose of these recitals is to describe the facts leading to the issuance of the regulation and to give reason for its primary provisions. The recitals need to be considered in the interpretation of the provisions,[5] but are not legally binding.[6] They cannot be used to deviate from the provisions or for interpreting those provisions in a manner contrary to their wording.[7] Thus the fundamental purpose of MPR to be observed – considering all the interests at stake – is to ensure sufficient protection to encourage pharmaceutical research and to compensate for the loss of effective patent term caused by authorisation requirements.[8] 1

5 Cf. Busse/Hacker PatG 2012 Anh § 16 a Rn 9; MPP UK IPO SPM 0.01 (Oct. 2012).
6 See eur-lex.europa.eu/de/techleg/10.htm, January 8, 2013.
7 C-134/08 – Tyson Parketthandel [para. 16]; C-162/97 – Nilsson [para. 54].
8 Cf. C-125/10 – Merck Sharp & Dohme [para. 31]; C-482/07 – AHP Manufacturing [para. 30]; C-392/97 – Farmitalia Carlo Erba [LS 1, para. 19]; Brückner Art. 2 Rn 78; MPP UK IPO SP0.01 (Oct. 2012).

II. Die Erwägungsgründe der AMV im Einzelnen

2 Die VO 1768/92 wurde mehrfach und erheblich geändert.[9] Eine **Kodifizierung** empfahl sich daher aus Gründen der Übersichtlichkeit und Klarheit (**EG 1 AMV**). In der EU bezeichnet eine Kodifizierung[10] ein beschleunigtes Rechtsetzungsverfahren,[11] bei dem ein Rechtsakt und all seine Änderungsrechtsakte in einem einzigen neuen Rechtsakt ohne inhaltliche Änderung[12] zusammengefasst werden. Obsolet gewordene Übergangsvorschriften (Art. 3 b 2, 19, 21 VO 1768/92) sowie die zugehörigen Erwägungsgründe (EG 10, 11, 12 VO 1768/92) wurden gestrichen, EG 1 und Art. 22 AMV (betreffend die Aufhebung der und Verweisungen auf VO 1768/92) neu eingefügt und die Nummerierung angepasst.[13] Ansonsten sollte sich die Rechtslage vor nicht von der Rechtslage seit dem 6. Juli 2009[14] unterscheiden. Mangels Übergangsvorschrift ist die AMV auch auf Altfälle anzuwenden.[15]

3 Nach **EG 2 AMV** trägt die Forschung im pharmazeutischen Bereich entscheidend zur ständigen Verbesserung der Volksgesundheit bei. Dabei darf nicht vergessen werden, dass nicht nur die Forschung, sondern auch die – nicht zuletzt wegen der erforderlichen klinischen Studien deutlich teurere – pharmazeutische Entwicklung einen entscheidenden Beitrag leistet. Ohne die Umsetzung der in der Forschung gewonnenen Erkenntnisse in zugelassene innovative Arzneimittel, wäre diese ständige Verbesserung nämlich nicht zu erreichen. Insofern hätte man darüber nachdenken können, als Anknüpfungspunkt für den Zertifikatsschutz den Unterlagenschutz (Art. 10 RL 2001/83/EG) anstelle des Patents zu wählen.

4 Arzneimittel, die das Ergebnis einer langen und kostspieligen Forschungstätigkeit sind, werden gem. **EG 3 AMV**, in der EU nur weiterentwickelt, wenn für sie Regelungen geschaffen werden, die einen **ausreichenden Schutz zur Förderung einer solchen Forschung** vorsehen. Der EuGH leitet aus diesem Erwägungsgrund das wesentliche Ziel der AMV – die Gewährung ausreichenden Schutzes zur Forschungsförderung – ab.[16] Seinem Wortlaut nach betrifft EG 3 AMV auch die Weiterentwicklung von Arzneimitteln, die bereits das Ergebnis aufwändiger Forschungstätigkeit waren, wie z.B. die Suche nach neuen Indikationen, Darreichungsformen oder Dosierungen und nicht nur die Entwicklung neuer Wirkstoffe. Dennoch war in der Vergangenheit die Erstzulassung des Erzeugnisses und nicht die spätere Zulassung eines weiterentwickelten Arzneimittels für die Zertifikatserteilung entscheidend.[17] Das hat sich aber seit der Neurim-Entscheidung des EuGH geändert, so dass zukünftig unter bestimmten

9 Beitrittsakte von 1994, Kapitel XI Buchstabe F Abschnitt I (ABl. EG vom 29. August 1994 [C 241/233]); von 2003, Anhang II Kapitel 4 Buchstabe C Abschnitt II (ABl. EU vom 23. September 2003 [L 236/342]); von 2005, Anhang III Kapitel 1 Abschnitt II (ABl. EU vom 21. Juni 2005 [L 157/56]); Art. 52 VO 1901/2006 (ABl. EU vom 27. Dezember 2006 [L 378/1]); vgl. aber Brückner Art. 22 Rn 6, wonach sich die VO 1768/92 materiellrechtlich nur geringfügig geändert habe.

10 Die VO 1768/92 war Teil des 2009 abgeschlossenen ersten Kodifizierungsprojekts der Kommission, http://ec.europa.eu/dgs/legal_service/pdf/codification_finalresults.pdf [S. 9, Nr. 297].

11 Vgl. ABl. EG vom 4. April 1996 [C 102/2].

12 Vgl. KOM (2008) 369 endg. vom 17. Juni 2008 [3, 4]; Benkard/Grabinski EPÜ Art. 63 Rn 15, 98; Busse/Hacker Anh § 16 a Rn 2 spricht von einer „Konsolidierung". Konsolidierte Fassungen (wie z.B. 1992R1768 – DE – 26.1.2007 – 003.001 – 1) dienen aber lediglich als Dokumentationsquelle, für deren Richtigkeit die Organe der Gemeinschaften keine Gewähr übernehmen.

13 Vgl. AMV Anh. II (Entsprechungstabelle).

14 Datum des Inkrafttretens nach Art. 23 AMV.

15 Vgl. Art. 23 AMV; Fitzner in Fitzner/Lutz/Bodewig Vor § 16 a Rn 4; Benkard/Grabinski EPÜ Art. 63 Rn 16; Busse/Hacker Anh § 16 a Rn 163; Schulte/Schell § 16 a Rn 4; anders zum Teil: ÖOHG GRUR Int 2011, 628, 631 [LS 1, 1.1] – Escitalopram; dennoch stützte der EuGH seine Entscheidungen noch im September 2010 (C-66/09 – Kirin Amgen) bzw. Dezember 2011 (C-125/10 – Merck Sharp & Dohme) auf Normen der VO 1768/92.

16 Vgl. C-125/10 [Rn 31] – Merck Sharp & Dohme; C-482/07 [Rn 30] – AHP Manufacturing; C-392/97 [LS 1, Rn 19] – Farmitalia Carlo Erba.

17 Vgl. C-31/03 [Rn 20 f] – Pharmacia; C-431/04 [Rn 19, 21–24] – MIT; C-202/05 [LS, Rn 16–20] – Yissum.

II. The MPR recitals in detail

Reg. 1768/92 has been substantially amended several times.[9] Thus this regulation should be **codified** in the interests of clarity and rationality (**R 1 MPR**). In the EU codification[10] is an expedited legislative process[11] in which an act with its amending acts are combined into a single new act without substantive changes.[12] Obsolete transitional provisions (Art. 3(b)(2), 19, 21 Reg. 1768/92) and their corresponding recitals (R 10, 11, 12 Reg. 1768/92) have been removed, and R 1 and Art. 22 MPR (revoking of and references to Reg. 1768/92) are newly inserted with adjusted numbering.[13] Apart from that, the legal situation should not differ before or after July 6, 2009.[14] Without any transitional provision, MPR is also applied to SPCs or SPC applications granted or filed before July 6, 2009.[15] 2

According to **R 2 MPR**, pharmaceutical research makes a decisive contribution to the continuing improvement in public health. However, it must not be forgotten that not only research, but because of the required clinical trials, the much more expensive pharmaceutical development also makes a noteworthy contribution. Without the incorporation of research conclusions with innovative medicines, it might be impossible to achieve continual improvement. To that extend one might think about choosing regulatory data protection (Art. 10 Dir. 2001/83/EG) instead of patents to be linked to SPC protection. 3

Medicinal products that are the result of long, costly research will – according to **R 3 MPR** – not continued to be developed in the EU unless they are covered by favourable rules providing **sufficient protection to encourage such research.** The ECJ concludes from this recital the essential purpose of MPR – to provide sufficient protection to encourage research.[16] According to its wording R 3 MPR implies the development of drugs, which already had been the result of costly research activity, such as the search for new indications, pharmaceutical forms and strengths, and is not restricted to the development of new active ingredients alone. However, in the past the first authorisation of the product and not the later authorisation of an improved medicine was crucial for granting SPCs.[17] But this has changed since the Neurim decision of the ECJ, so that under certain conditions, certificates for new indications of already approved products may be granted in the future.[18] 4

9 Annex I, point XI.F.I of the 1994 Act of Accession (OJ EC C 241, 29.8.1994, p. 233); Annex II, point 4.C.II of the 2003 Act of Accession (OJ EU L 236, 23.9.2003, p. 342); Annex III, point 1.II, oft he 2005 Act of Accession (OJ EU L 157, 21.6.2005, p. 56); Art. 52 PedR (OJ EU L 378, 27.12.2006, p.1); but cf. Brückner Art. 22 Rn 6, according to whom substantive law in Reg. 1768/92 changed only insignificantly.

10 Reg. 1768/92 was part of the Commission's first codification project completed in 2009, http://ec.europa.eu/dgs/legal_service/pdf/codification_finalresults.pdf [p. 9, No. 297].

11 Cf. OJ EU C 102, 04.04.1996, p. 2.

12 Cf. KOM (2008) 369 final dated June 17, 2008 [3, 4]; Benkard/Grabinski EPÜ, Art. 63 Rn 15, 98; Busse/Hacker Anh § 16 a Rn 2 refers to it as a "consolidation". Consolidated versions (as e.g. 1992R1768 – DE – 26.1.2007 – 003.001 – 1) are meant purely as documentation tools and the institutions do not assume any liability for its contents.

13 Cf. MPR annex II (correlation table).

14 Date of the entry into force according to Art. 23 MPR.

15 Cf. Art. 23 MPR; Fitzner in Fitzner/Lutz/Bodewig Vor § 16 a Rn 4; Benkard/Grabinski EPÜ Art. 63 Rn 16; Busse/Hacker Anh § 16 a Rn 163; different in parts ÖOHG GRUR Int 2011, 628, 631 – Escitalopram [LS 1, 1.1]; The ECJ nevertheless cited Reg. 1768/92 in its judgments C-66/09 – Kirin Amgen (September 2010) and C-125/10 – Merck Sharp & Dohme (December 2011).

16 Cf. C-125/10 – Merck Sharp & Dohme [para. 31]; C-482/07 – AHP Manufacturing [para. 30]; C-392/97 – Farmitalia Carlo Erba [LS 1, para. 19].

17 Cf. C-31/03 – Pharmacia [para. 20 f]; C-431/04 – MIT [para. 19, 21–24]; C-202/05 – Yissum [LS, para 16–20].

Voraussetzungen auch Zertifikate für neue Indikationen bereits zugelassener Erzeugnisse erteilt werden können.[18]

5 In **EG 4, 5 AMV** wird festgestellt, dass durch die Dauer des Zulassungsverfahrens der Patentschutz so verkürzt wurde, dass eine Amortisierung der Forschungsinvestitionen nicht mehr möglich ist und dies nachteilige Auswirkungen auf die pharmazeutische Forschung hat.

6 Nach **EG 6 AMV** soll die Gefahr bestehen, dass Forschungszentren in Länder verlagert werden, die einen größeren Schutz bieten. Dies erscheint fraglich. Forschungs- und Produktmarkt sind verschieden, da sich die angebotenen Waren und Dienstleistungen (Arzneimittel bzw Arzneimittelforschung/Entwicklung) und deren Nachfrager (Ärzte/Patienten bzw Arzneimittelhersteller) unterscheiden. Der Arzneimittelhersteller wird seine Forschungs- und Entwicklungsabteilungen dort ansiedeln, wo er am effektivsten forschen und entwickeln kann. Hierfür spielen aber vor allem die Ausbildung der lokalen Fachkräfte und lokale gesetzliche Beschränkungen eine Rolle. Das fertige Arzneimittel soll dann in aller Regel weltweit vermarktet werden.

7 Auf Gemeinschaftsebene sollte eine **einheitliche Lösung** gefunden werden, um unterschiedlichen nationalen Rechtsvorschriften vorzubeugen, die den freien Verkehr von Arzneimitteln und das Funktionieren des Binnenmarktes beeinträchtigen könnten, **EG 7 AMV**. Es war deshalb notwendig, ein Zertifikat für zugelassene Arzneimittel vorzusehen, das der Patentinhaber **unter denselben Voraussetzungen** in jedem Mitgliedstaat erhalten kann, EG 8 S. 1 AMV. Wegen ihrer Verbindlichkeit und unmittelbaren Geltung in allen Mitgliedstaaten ist die Verordnung die hierfür geeignetste Rechtsform.[19] Mit der in EG 7 AMV geforderten einheitlichen Lösung wurde u.a. die verordnungseinheitliche Auslegung des Begriffs Erstzulassung begründet[20] und dass hierfür hinsichtlich der Verwendung als Human- oder Tierarzneimittel nicht zu unterscheiden ist,[21] da andernfalls die nationalen Zertifikate nicht gleichzeitig enden würden. EG 7 AM spricht nach dem EuGH ebenfalls gegen eine Auslegung, die zu Rechtsunsicherheit führt.[22] Von der in EG 7 AMV geforderten einheitlichen Lösung konnte aber zur Verwirklichung anderer rechtmäßiger Ziele (EG 10 VO 1768/92, gestrichen) abgewichen werden.[23]

8 Der EuGH scheint **EG 8 AMV** neuerdings[24] so zu verstehen, dass trotz immer noch fehlender Harmonisierung patentrechtlicher Bestimmungen innerhalb der EU – die zu unterschiedlichen Auslegungen der Erteilungsvoraussetzungen (bspw. Art. 3 a AMV) führen können – ein Zertifikat in allen Mitgliedstaaten unter denselben Voraussetzungen zu erteilen ist. Allerdings überlässt er dann die Prüfung des Vorliegens von in diesem Zusammenhang neuerschaffenen unbestimmten Rechtsbegriffen wie eine „stillschweigende, aber notwendigerweise“ Bezugnahme auf einen Wirkstoff „in spezifischer Art und Weise“ ohne jegliche Äußerung, was damit gemeint sein könnte und unter Hinweis auf eine mangelnde Zuständigkeit des EuGH Normen des EPÜ auszulegen, den nationalen Gerichten.[25]

9 **EG 9, 10 AMV** betreffen die Zertifikatslaufzeit (vgl. Art. 13 AMV). Nach **EG 9 AMV** sollte die Einräumung einer Exklusivität von **höchstens 15 Jahren ab Erstzulassung** in der Gemein-

18 C-130/11 [LS 1, Rn 27] – Neurim.
19 EG 8 S. 2 AMV.
20 C-127/00 [Rn 72, 76] – Hässle.
21 C-31/03 [Rn 20 f] – Pharmacia; anders aber: C-130/11 [LS 1, Rn 27] – Neurim.
22 C-431/04 [Rn 29 f] – MIT; C-210/13 [Rn 34] – GlaxoSmithKline.
23 C-66/09 [Rn 45 f] – Kirin Amgen.
24 C-322/10 [Rn 21–24] – Medeva; anders wohl noch C-392/97 [Rn 26, 27] – Farmitalia: wonach diese Voraussetzungen – solange eine Harmonisierung fehlt – anhand der einschlägigen Vorschriften, die nicht zum Unionsrecht gehören, zu bestimmen sind.
25 C-493/12 [LS, Rn 39, 44] – Eli Lilly.

It is established in **R 4, 5 MPR** that authorisation period duration shortens effective patent 5
protection so return on research investment is no longer possible, and that this had a negative effect on pharmaceutical research.

According to **R 6 MPR** there will be a risk of research centres in the Member States reloca- 6
ting to countries that offer greater protection. This seems questionable. Research and product markets are different, because the goods and services offered (medicines compared with drug discovery and development) and their customers (physicians and patients compared with pharmaceutical companies) differ. Pharmaceutical companies will base its research and development departments where research and development is most effective. Professional training of local employees and local legal restrictions make a decisive contribution to this purpose. The finished medicine should then usually be marketed throughout the world.

A **uniform solution** at Community level should be provided to prevent heterogeneous deve- 7
lopment of national laws, which would be likely to create obstacles to the free movement of medicinal products and thus directly affect the functioning of the internal market, **R 7 MPR**. Therefore, the provision of an SPC for an authorised medicinal product granted, **under the same conditions**, by each of the Member States at the request of the patent holder was necessary, R 8 MPR. Because it is completely binding and directly applis in all Member States, a regulation is, therefore, the most appropriate legal instrument.[19] With the uniform solution stated in R 7 MPR the ECJ justifies regulation uniform interpretation of first authorisation[20] and that it cannot be distinguished between uses as human and veterinary medicines,[21] as otherwise the national SPC would not end at the same time. R 7 MPR – according to the ECJ – militates also against an interpretation, which leads to legal uncertainty.[22] However, it seemed possible to deviate from uniform solution stated in R 7 MPR to achieve other legitimate objectives (R 10 Reg. 1768/92, deleted).[23]

Recently[24] the ECJ seems to understand **R 8 MPR** in a way, that despite still missing harmo- 8
nization of patent law provisions within the EU – which can lead to different interpretations of grant conditions (e.g. Art. 3(a) MPR) – an SPC should be granted in all Member States under same conditions. However, he then leaves the examination of newly-created indeterminate legal concepts such as an "implicit but necessary and specific" reference to the active ingredient to national courts without any explanation what might be meant by that and a statement of lacking competence to interpret EPC provisions.[25]

R 9, 10 MPR concern SPC's duration (cf. Art. 13 MPR). According to **R 9 MPR** exclusivity 9
granted for a **maximum of 15 years** from first authorisation in the Community should pro-

18 C-130/11 [LS, para. 27] – Neurim.
19 R 8(2) MPR.
20 C-127/00 – Hässle [para. 72, 76].
21 C-31/03 – Pharmacia [para. 20 f]; probably deviating: C-130/11 – Neurim [LS 1, para. 27].
22 C-431/04 – MIT [para. 29 f]; C-210/13 [para. 34] – GlaxoSmithKline.
23 C-66/09 – Kirin Amgen [para. 45 f].
24 C-322/10 – Medeva [para. 21–24]; probably deviating from C-392/97 – Farmitalia [para. 26 f]: according to which – in the absence of Community harmonisation of patent law – the extent of patent protection can be determined only in the light of the non-Community rules, which govern patents.
25 C-493/12 [LS, para. 39, 44] – Eli Lilly.

schaft zu ausreichendem tatsächlichen Schutz führen. Die in EG 9 S. 2 AMV genannte Beschränkung, dass dies für diejenigen gilt, die gleichzeitig Inhaber eines Patents und eines Zertifikats sind, ist irreführend. Auch wenn die Inhaberschaft von Patent und Zertifikat auseinanderfällt, endet die Zertifikatslaufzeit spätestens 15 Jahre nach Erstzulassung (Art. 13 I, II AMV).[26] Eine Verlängerung außerhalb der pädiatrischen Laufzeitverlängerung nach Art. 13 III AMV[27] – bspw. durch Verkauf des Zertifikats[28] – dürfte kaum möglich sein. Selbstverständlich wird ein Teil dieser 15-jährigen Exklusivität durch das Patent, ein weiterer Teil durch das Zertifikat vermittelt.

10 Im Übrigen scheint die Gewährung eines ausreichenden tatsächlichen Schutzes in Verbindung mit einer Exklusivitätsobergrenze unlogisch. EG 9 AMV ermöglicht auch Ausschließlichkeitsdauern von 0 Tagen,[29] die für die in EG 4 AMV genannte Amortisierung nicht ausreichend sein können! Um einen ausreichenden Schutz zu erreichen, hätte daher eigentlich eine Exklusivitätsuntergrenze gefordert werden müssen. Während große Pharmaunternehmen mit gefüllten Entwicklungspipelines Härten dieser Regelung – ggf. durch Fokussierung auf Projekte mit ausreichender Exklusivität – ausgleichen können, kann die Existenz kleiner Pharmaunternehmen mit nur einem Entwicklungsprojekt ohne Amortisierungsmöglichkeit bedroht sein. Eine fehlende Untergrenze hätte hingegen leicht mit einem Anreiz zur möglichst schnellen Arzneimittelentwicklung begründet werden können. Der EuGH nutzte EG 9 S. 2 AMV als Argument für die These, dass von Liechtenstein automatisch anerkannte Schweizer Zulassungen Erstzulassungen in der Gemeinschaft sind, da andernfalls der maximale Ausschließlichkeitszeitraum von 15 Jahren überschritten würde.[30] Aus EG 9 S. 2 AMV ergibt sich auch, dass der Verordnungsgeber nicht die Absicht hatte, die zulassungsbedingte Verkürzung des Patentschutzes vollständig auszugleichen.[31]

11 Außerdem sollen im pharmazeutischen Sektor alle auf dem Spiel stehenden Interessen einschließlich der **Volksgesundheit** berücksichtigt werden, **EG 10 S. 1 AMV**. Die Zertifikatslaufzeit kann daher nicht mehr als 5 Jahre betragen, **EG 10 S. 2 AMV**. Dieser Erwägungsgrund erklärt sich zwanglos aus den in der Vergangenheit oft knappen Budgets der Krankenkassen. Mit Zertifikatsablauf können Wettbewerber preisgünstigere Generika auf den Markt bringen.

26 Ausnahme: C-130/11 [LS 1] – Neurim, falls die später zugelassene Verwendung eines vorzugelassenen Erzeugnis in den Schutzbereich des Grundpatent fällt.
27 C-125/10 [Rn 35] – Merck Sharp & Dohme.
28 Vgl. C-555/13 [LS, Rn 28, 30, 34] – Merck, wo durch Übernahme des Wortlauts (gleichzeitige Inhaberschaft von Patent und Zertifikat) von EG 9 AMV in den Leitsatz der Eindruck erweckt wird, eine Verkürzung des Zertifikats wäre durch Übertragung an einen Dritten (und Rücklizensierung) zu umgehen.
29 Bspw. bei Erstzulassung nach Patentablauf; bei innovativen Wirkstoffen gewährt der Unterlagenschutz dennoch einen gewissen Schutz vor generischem Wettbewerb.
30 C-252/03 [Rn 31] – Millenium.
31 C-127/00 [Rn 59] – Hässle.

vide adequate effective protection. The restriction mentioned in R 9(2) MPR, that this applies to those holders of both a patent and an SPC is misleading. Although ownership of patent and SPC falls apart, SPC's duration ends no later than 15 years after first authorisation (Art. 13(1),(2) MPR).[26] An extension beyond pediatric extension of Art. 13(3) MPR[27] – for example, by selling the SPC – might be hardly possible.[28] Of course, one part of this 15-year exclusivity is conferred by the patent, and another part by the SPC.

Moreover, to provide adequate effective protection with an exclusivity ceiling seems illogical. R 9 MPR also allows exclusivity periods of 0 days,[29] which cannot be sufficient for amortization mentioned in R 4 MPR! To achieve adequate protection, a minimum SPC term should actually have been stated. Although large pharmaceutical companies with filled development pipelines might be able to deal with this provision severity – e.g. by focusing on projects with sufficient exclusivity – the existence of small companies with a single development project is threatened without possibilities to cover their investment. The absence of a minimum SPC term could have easily been justified with an incentive for rapid drug development. The ECJ took advantage of R 9(2) MPR as an argument for the thesis that Swiss authorisations automatically recognized in Liechtenstein are first authorisations in the Community, as otherwise the maximum exclusivity of 15 years would be exceeded.[30] From R 9(2) MPR ECJ it can also be concluded that the lawmaker did not intend to entirely compensate for authorisation related patent protection reduction.[31] 10

Furthermore, in the pharmaceutical sector all the interests at stake, including those of public health, should be considered, **R 10(1) MPR**. Thus the SPC cannot be granted for a period exceeding 5 years, **R 10(2) MPR**. This recital is explained naturally from the often strict budgets of the health insurance in the past. So competitors may sell cheaper generics after SPC expiration. 11

26 Exception: C-130/11 [LS] – Neurim: if the later authorised use of a previously authorised product falls within the scope of the basic patent.
27 C-125/10 – Merck Sharp & Dohme [para. 35].
28 Cf. C-555/13 [LS, para. 28, 30, 34] – Merck, where by taking over the wording of R 9 MPR (the holder of both a patent and an SPC) into the operative part could create the impression that a reduction of the SPC term could be avoided by its transfer to a third party (and a back-license).
29 E.g. first authorisation after patent expiry; however, data exclusivity somewhat protects innovative medicines from generic competition.
30 C-252/03 – Millenium [para. 31].
31 C-127/00 – Hässle [para. 59].

12 Nach **EG 10 S. 3 AMV** (vgl. Art. 4 AMV) soll der gewährte Zertifikatsschutz streng auf das zugelassene Erzeugnis beschränkt sein. Der Wortlaut dieser Regelung legt zwar einen engen Schutzbereich nahe. In Situationen, in denen ein bestimmtes Salz eines Wirkstoffs zugelassen wurde,[32] könnte dies dazu führen, dass Arzneimittel, die ein anderes Salz dieses Wirkstoffs beinhalten, nicht zertifikatsgeschützt sind. Auch könnte man danach bezweifeln, ob ein Zertifikat für einen Wirkstoff A Arzneimittel erfasst, die diesen Wirkstoff in Kombination mit weiteren Wirkstoffen B oder C enthalten.[33] Allerdings fehlt EG 10 S. 3 AMV im ansonsten nahezu wortgleichen EG 12 PMV, der nach EG 17 PMV auch für die Auslegung von EG 10 AMV[34] heranzuziehen ist. Ob EG 10 S. 3 AMV noch eine Bedeutung hat, ist daher fraglich.[35] Schließlich bestätigte der EuGH, dass ein Zertifikat ein Erzeugnis in allen dem Schutz des Grundpatents unterliegenden Formen (insbesondere Derivate wie Salze und Ester) erfassen kann, wenn das Erzeugnis in der in der Zulassung genannten Form durch ein in Kraft befindliches Grundpatent geschützt ist[36] und dass der Zertifikatsinhaber dem Vertrieb eines Kombinationsarzneimittels auch dann widersprechen kann, wenn sein Zertifikat nur für einen der enthaltenen Wirkstoffe erteilt wurde und er dem Vertrieb schon aufgrund des Grundpatents widersprechen konnte.[37]

13 Für ein richtiges Verständnis von EG 10 AMV sind neben EG 12 PMV auch die EG 13, 14 PMV zu beachten. Denn nach EG 17 PMV gelten die in EG 12, 13, 14, Art. 3 II, 4, 8 I c, 17 II PMV vorgesehenen Modalitäten sinngemäß auch für die Auslegung, insbesondere des EG 9,[38] Art. 3, 4, 8 I c, 17 VO 1768/92. Nach EG 13 S. 1, 17 PMV (vgl. Art. 4, 5 AMV) gewährt das Zertifikat die gleichen Rechte wie das Grundpatent. Gilt also ein Grundpatent für einen Wirkstoff und seine Derivate (Salze und Ester), so gewährt das Zertifikat den gleichen Schutz, EG 13 S. 2, 17 PMV. Der Erzeugnisbegriff ist also so zu verstehen, dass er auch eng verwandte zugelassene Derivate (Salze und Ester) einschließt, EG 13 PMV.[39] Dabei dürfte der von der englischen Fassung der PMV (z.B. in EG 13 S. 2) verwendete Begriff „active substance“ die gleiche Bedeutung haben, wie der Begriff „active ingredient“ in der AMV.[40]

14 Nach EG 14, 17 PMV (vgl. Art. 3 AMV) steht die Erteilung eines Zertifikats für ein aus einem Wirkstoff bestehendem Erzeugnis der Erteilung von weiteren Zertifikaten für seine **Derivate (Salze und Ester)** nicht entgegen, sofern diese Derivate Gegenstand von Patenten sind, in denen sie besonders beansprucht werden. Seinem Wortlaut nach scheint EG 14 PMV nicht in Situationen anwendbar, in denen bereits ein Zertifikat für ein aus mehreren Wirkstoffen bestehendes Erzeugnis erteilt wurde (Wirkstoffzusammensetzungen iSv Art. 1 b Alt. 2 AMV). Da es hinsichtlich der wesentlichen Ziele der AMV, insbesondere der Gewährung ausreichenden Schutzes zur Forschungsförderung, für die Frage der Gewährung eines weiteren Zertifikats keinen Unterschied machen kann, ob bereits ein Zertifikat für einen Wirkstoff oder eine Wirkstoffzusammensetzung erteilt wurde, sollte der Anwendungsbereich von EG 14, 17 PMV entsprechend erweitert werden. Für Zertifikatsanmeldungen in Deutschland ist außerdem zu beachten, dass EG 14 PMV um ein weiteres ungeschriebenes Tatbestandsmerkmal – nämlich dem Vorliegen eines anderen Erzeugnisses – mit der Folge

32 Vgl. Busse/Hacker Anh § 16 a Rn 79.
33 Vgl. Brückner Art. 5 Rn 87, 92, 94.
34 Vgl. Art. 22 S. 2 AMV iVm Entsprechungstabelle in Anhang II der AMV.
35 LG Düsseldorf GRUR-RR 2012, 58, 60 [I.2.c] – Valsartan; Brückner Art. 5 Rn 137 ff.
36 C-392/97 [LS 1, Rn 22]– Farmitalia.
37 C-574/11 [LS, Rn 21] – Novartis; vgl. auch C-442/11 [LS, Rn 23] – Novartis.
38 Nach Art. 22 S. 2 AMV iVm Entsprechungstabelle in Anhang II der AMV nunmehr EG 10, Art. 3, 4, 8 I c, 18 AMV.
39 RL UK IPO SPP 1.03, SPM 0.04; Nach Schulte/Schell § 16 a Rn 12 umfasst das Erzeugnis nach EG 13, 17 PMV den Wirkstoff mit allen pharmakologisch gleichwertigen Derivaten.
40 RL UK IPO SPP 1.03. Die deutschen Fassungen der beiden Verordnungen verwenden übereinstimmend den Begriff „Wirkstoff“, so dass dieses Problem dort nicht auftritt.

According to **R 10(3) MPR** (cf. Art. 4 MPR) SPC protection should be strictly confined to the authorised product. This provision, suggests indeed a narrow scope of protection. Where a particular salt of an active ingredient has been authorised,[32] this could cause that that medicines containing a different salt are not SPC protected. It could also be arguable, whether an SPC for an active ingredient A covers medicines containing this active ingredient with other active agents B or C.[33] However, R 10(3) MPR is missing in the otherwise nearly identically worded R 12 PPR, which – according to R 17 PPR – should be also used for the interpretation of R 10 MPR.[34] So it is questionable, if R 10(3) MPR still has a meaning.[35] Finally, ECJ confirmed that an SPC covers a product in any forms enjoying the protection of the basic patent (especially derivatives such as salts and esters), if the product in the form referred to in the marketing authorisation is protected by a basic patent in force[36] and that the SPC holder can oppose the marketing of a combination medicinal product, if his SPC has been grated for one of its active ingredients and he already could oppose its marketing with the basic patent.[37] 12

Besides R 12 PPR, R 13, 14 PPR have also to be considered for a correct understanding of R 10 MPR. Because of R 17 PPR the detailed rules in R 12, 13, 14, Art. 3(2), 4, 8(1)(c) and 17(2) PPR are also valid mutatis mutandis for the interpretation in particular of R 9,[38] Art. 3, 4, 8(1)(c) and 17 of Reg. 1768/92. After R 13, 1, 17 PPR (cf. Art. 4, 5 MPR), the SPC confers the same rights as the basic patent. So, where the basic patent covers an active substance and its derivatives (salts and esters), the SPC confers the same protection, R 13(2), 17 PPR. The term "active substance" is thus to be understood so it also includes closely related authorised derivatives (salts and esters), R 13 PPR.[39] The term "active substance" as used in the English-language version of PPR (e.g. R 13(2)) seems to be identical in effect to the term "active ingredient" in the MPR.[40] 13

According to R 14, 17 PPR (cf. Art. 3 MPR) the issue of an SPC for a product consisting of an active substance does not prejudice the issue of other SPCs for **derivatives (salts and esters)** of the substance, provided that the derivatives are the subject of patents specifically covering them. The wording of R 14 PPR does not seem to apply in cases where an SPC was issued for a product consisting of a combination of active ingredients (Art. 1(b) MPR). As – considering the essential objectives of the MPR, especially the provision of adequate protection to encourage research – it makes no sense to differentiate for the grant of an SPC between situations where an SPC was already granted for an active substance and for a combination of active substances. So the scope of R 14, 17 PPR should be extended accordingly. For SPC applications filed in Germany, note also that R 14 PPR has to be complemented by another unwritten element – namely, the existence of a different product – consequently no SPC can be issued if the effect of the derivatised ingredient matches the effect the original ingredient.[41] 14

32 Cf. Busse/Hacker Anh § 16 a Rn 79.
33 Cf. Brückner Art. 5 Rn 87, 92, 94.
34 Cf. Art. 22(2) MPR with annex II (correlation table).
35 LG Düsseldorf GRUR RR 2012, 58, 60 [I.2.c] – Valsartan; Brückner Art. 5 Rn 137 ff.
36 C-392/97 – Farmitalia [LS 1, para. 22].
37 C-574/11 – Novartis [LS, para. 21]; cf. also C-442/11 – Novartis [LS, para. 23].
38 According to Art. 22(2) MPR with annex II (correlation table) now: R 10, Art. 3, 4, 8(1)(c), 18 MPR.

39 MPP UK IPO SPP 1.03; SPM 0.04. According to Schulte/Schell § 16 a Rn 12, the product according to R 13, 17 PPR includes the active ingredient and all pharmacologically equivalent derivatives.
40 MPP UK IPO SPP 1.03; Note: The German versions of MPR and PPR consistently use the term "Wirkstoff".

ergänzt wird, dass kein Zertifikat erteilt werden kann, solange die Wirkung des derivatisierten Wirkstoffes mit der Wirkung des ursprünglichen Wirkstoffs übereinstimmt.[41]

15 Schließlich ist nach **EG 11 AMV** in Fällen, in denen ein Patent bereits aufgrund einer spezifischen einzelstaatlichen Rechtsvorschrift verlängert worden ist, eine angemessene Begrenzung der Laufzeit des Zertifikats vorzusehen. Dieser Erwägungsgrund scheint Art. 13 IV AMV zu betreffen, ist aber für Deutschland irrelevant.[42]

16 Die in der AMV gestrichenen EG 10–12 VO 1768/92 betrafen die ebenfalls gestrichenen Übergangsregelungen in Art. 19, 21 VO 1768/92.

III. Auslegungsrelevante Erwägungsgründe außerhalb der AMV

17 Für die Gewährung einer Laufzeitverlängerung sind außerdem einige Erwägungsgründe der PädV zu beachten.

18 Dabei sollte nach **EG 6 S. 2 PädV** die genaue Art der Bonusse und Anreize dem Stellenwert des betroffenen Arzneimittels entsprechen. Entsprechend **EG 17 S. 2 PädV** (vgl. Art. 28 III 1 PädV) sollte, wenn allen Maßnahmen des pädiatrischen Prüfkonzepts entsprochen wurde, dies in der Zulassung vermerkt werden und als Grundlage dafür dienen, dass den Unternehmen die Bonusse für die Einhaltung des Prüfkonzepts gewährt werden.[43]

19 Gemäß **EG 21 S. 1 PädV** (vgl. Art. 36 III PädV) sollte die PädV Maßnahmen umfassen, durch die nach Kräften vermieden wird, dass gemeinschaftsweite Bonusse und Anreize gewährt werden, ohne dass Teile der pädiatrischen Bevölkerungsgruppe in der Gemeinschaft von einem neu zugelassenen Arzneimittel profitieren können. Wegen der rein nationalen Wirkung des Zertifikats kann EG 21 S. 1 PädV nicht zur Begründung von Art. 36 III PädV herangezogen werden. EG 21 S. 1 PädV würde es nämlich nicht widersprechen, wenn nur ein nationaler Bonus (Zertifikat) gewährt würde, weil nur die pädiatrische Bevölkerung dieses Mitgliedstaates profitiert.

20 Für Arzneimittel, für die pädiatrische Daten vorzulegen sind, sollte Folgendes gelten: Wenn alle Maßnahmen des gebilligten pädiatrischen Prüfkonzepts durchgeführt wurden, wenn das Arzneimittel in allen Mitgliedstaaten zugelassen ist (vgl. Art. 36 III PädV) und wenn einschlägige Informationen über die Ergebnisse von Studien in den Produktinformationen enthalten sind (vgl. Art. 36 I 2 PädV), sollte ein Bonus in Form einer sechsmonatigen Zertifikatsverlängerung gewährt werden,[44] **EG 26 S. 1 PädV**. Dabei haben Beschlüsse von Behörden der Mitgliedstaaten betreffend die Preisfestsetzung oder Einbeziehung in nationale Krankenversicherungssysteme keinen Einfluss auf die Gewährung dieses Bonus,[45] **EG 26 S. 2 PädV**.

41 Vgl. BGH GRUR 2002, 415, 417 [II.6.a] – Sumatriptan zur Frage, wann das Derivat durch gleiches Zertifikat geschützt ist; GRUR 2009, 41, 41 f [Rn 10 ff, insb. Rn 13] – Doxorubicin zur Frage, ob ein weiteres Zertifikat für Derivat erteilt werden kann; GRUR 2010, 123, 131 [Rn 75–77] – Escitalopram.

42 Vgl. C-555/13 [LS, Rn 29, 34] – Merck: Der EuGH greift, falls die Patentlaufzeit aufgrund nationaler Rechtsnormen die normale zwanzigjährige Patentlaufzeit überschreitet, zur Begründung einer Verkürzung des Exklusivitätszeitraumes auf die maximal zulässige Dauer von 15 Jahre ab Erstzulassung auf Art. 13 iVm EG 9 zurück. Die Voraussetzungen von Art. 13 IV AMV (Verlängerungsantrag nach einzelstaatlichen Rechtsvorschriften vor dem 2. Januar 1993) waren nicht erfüllt.

43 Vgl. Art. 36 I UA 1, II PädV.

44 Vgl. Art. 36 I UA 1, III, I UA 2 PädV.

45 Vgl. für Zertifikate: C-127/00 [LS 2, Rn 53–61] – Hässle.

Finally, according to **R 11 MPR** where a patent term has already been extended under a specific national law, a provision should be made for appropriate limitation of the SPC duration. This recital seems associated with Art. 13(4) MPR, but is irrelevant to Germany.[42] 15

R 10–12 Reg. 1768/92 deleted in MPR related to transitional provisions in Art. 19, 21 Reg. 1768/92, also deleted. 16

III. Relevant recitals outside the MPR

Some recitals of PedR have also to be observed for the grant of a pediatric extension. 17

Thus, after **R 6 (2) PedR** the precise nature of rewards and incentives should take account of the status of the particular medicinal product concerned. Corresponding **R 17(2) PedR** (cf. Art. 28(3) PedR) it should be recorded in the marketing authorisation, when all the measures in the PIP have been met, and this should then be the basis on which companies can obtain the rewards for compliance.[43] 18

According to **R 21(1) PedR** (cf. Art. 36(3) PedR), this regulation should include measures to minimize the chance of Community-wide rewards and incentives being granted without sections of the Community pediatric population benefiting from the availability of a newly authorised medicine. R 21(1) PedR cannot be used to support Art. 36(3) PedR, because of the purely national effect of an SPC. R 21(1) PedR would not be violated, if only a national bonus (SPC) would be granted because only the pediatric population that member state benefits. 19

For products falling within the scope of the requirement to submit pediatric data if all the measures included in the agreed PIP are complied with, if the product is authorised in all Member States (cf. Art. 36(3) PedR) and if relevant information on the results of studies included in the product information (cf. Art. 36(1)(2) PedR), a reward should be granted as a six-month extension of the SPC,[44] **R 26(1) PedR**. Here decisions by Member States authorities on the setting of prices for medicinal products or their inclusion in the scope of national health insurance schemes have no bearing on the granting of this reward, **R 26(2) PedR**.[45] 20

41 Cf. FCJ GRUR 2002, 415, 417 [II.6.a] – Sumatriptan as to the question, when a derivative is protected by the same SPC; GRUR 2009, 41, 41 f [Rn 10 ff, esp. Rn 13] – Doxorubicin as to the question, if a further SPC can be granted for a derivative; GRUR 2010, 123, 131 [Rn 75–77] – Escitalopram.

42 Cf. C-555/13 [LS, para. 29, 34] – Merck: The ECJ justifies the reduction of the exclusivity period to the maximum allowable period of 15 years from the first authorisation using Article 13, R 9 MPR if the current patent term exceeds the normal twenty-year patent term due to national law. The requirements of Article 13 (4) MPR (application for extension under national law before January 2, 1993) were not met.

43 Cf. Art. 36(1)(1), (2) PedR.

44 Cf. Art. 36(1)(1), (3), (1)(2) PedR.

45 Cf. for SPCs: C-127/00 – Hässle [LS 2, para. 53–61].

21 Nach **EG 27 PädV** (vgl. Art. 36 I 1 PädV „dem Inhaber eines Patents oder Zertifikats") sollte ein Antrag auf Verlängerung der Zertifikatslaufzeit nur zulässig sein, wenn ein Zertifikat nach AMV erteilt wird. Sollte ein Erzeugnis weniger als 5 Jahre ab Patentanmeldung erstmals zugelassen worden sein, so ist nach EG 27 PädV die Erteilung eines Zertifikats mit negativer Laufzeit nötig, um eine Laufzeitverlängerung zu ermöglichen.[46]

22 Weil der Bonus für die Durchführung von pädiatrischen Studien und nicht für den Nachweis, dass ein Arzneimittel bei der pädiatrischen Bevölkerungsgruppe sicher und wirksam ist, gewährt wird, sollte der Bonus auch dann erteilt werden, wenn die pädiatrische Indikation nicht zugelassen wird. Damit jedoch die verfügbaren Informationen über die Verwendung von Arzneimitteln in pädiatrischen Bevölkerungsgruppen verbessert werden, sollten relevante Informationen über eine derartige Verwendung in die Produktinformationen aufgenommen werden, EG 28 PädV[47] (vgl. Art. 36 I 2 PädV).

23 **EG 29 PädV** (vgl. Art. 36 IV 2 PädV) besagt, dass für seltene Leiden[48] ausgewiesene Arzneimittel nach VO 141/2000 eine zehnjährige Marktexklusivität erhalten. Derartige Mittel seien häufig nicht patentgeschützt,[49] so dass eine Zertifikatsverlängerung nicht möglich ist. Sind sie aber patentgeschützt, würde eine Zertifikatsverlängerung zu einem doppelten Anreiz führen. Bei derartigen Arzneimitteln sollte daher – wenn alle Anforderung erfüllt sind – die Marktexklusivität (und nicht das Zertifikat) verlängert werden.

24 Diese Begründung in **EG 29 S. 2 PädV** ist kaum nachvollziehbar. Schon die Verwendung von „doppelten Anreiz" ist irreführend. Es handelt sich allenfalls um einen zusätzlichen oder weiteren Anreiz. Die Anreizwirkung der Zertifikatsverlängerung (6 Monate, Erzeugnis) ist nämlich kaum zu quantifizieren und daher auch nur schwer mit der Anreizwirkung der Exklusivitätsverlängerung (2 Jahre, Arzneimittel für seltene Leiden) zu vergleichen. Aber auch ein quantifizierbarer zusätzlicher Anreiz wäre nur gegeben, wenn entweder die Zertifikatsverlängerung bereits vor Beginn der Orphan Drug Exklusivität abgelaufen wäre[50] oder noch nach Ablauf der Orphan Drug Exklusivität existieren würde. In allen anderen Fällen würde Zertifikatsverlängerung und Orphan Drug Exklusivität parallel existieren. Im Regelfall – ein Stoffpatent wurde als Grundpatent ausgewählt, welches den Wirkstoff als solchen schützt – würde der zusätzliche Anreiz dann nur in verzögerten Zulassungen ähnlicher Arzneimittel[51] für dasselbe therapeutische Anwendungsgebiet iSv Art. 8 I VO 141/2000 bestehen. Generika[52] werden bereits durch das Zertifikat verhindert. Es ist nicht verständlich, warum trotzdem die Zertifikatsverlängerungsmöglichkeit pauschal ausgeschlossen werden musste. Selbst wenn in der Vergangenheit Arzneimittel für seltene Leiden tatsächlich „häufig" (?) nicht patentgeschützt waren, heißt dies nicht, dass dies auch in Zukunft so bleiben muss. Ein ausdrückliches Wahlrecht des Zertifikatsinhabers wäre hier eine bessere Alternative gewesen.

25 Schließlich sollte nach **EG 37 PädV** die AMV entsprechend geändert werden.

46 Vgl. C-125/10 [LS, Rn 45] – Merck Sharp & Dohme.

47 Vgl. Art. 36 I UA 2 PädV.

48 Auch als „Orphan Drugs" bezeichnet.

49 Fraglich: Selbst wenn der Wirkstoff bereits in anderen Indikationen zugelassen und nachweislich bereits Off Label in der Orphan Drug Indikation verabreicht wurde oder dafür aus Sicht des Fachmanns in Frage kommt (nur dann scheiden sowohl Stoff- als auch zweckgebundener Stoffschutz aus) wären Patentanmeldungen auf zur Behandlung der seltenen Erkrankung besonders geeignete Dosierungen, Formulierungen oder Verabreichungswege denkbar. EU Orphan Drug Register: http://ec.europa.eu/health/documents/community-register/html/alforphreg.htm.

50 Für diesen Fall ist aber die Verlängerung der Orphan-Drug-Exklusivität nach Art. 37 PädV nicht ausgeschlossen.

51 Vgl. für ähnliche Arzneimittel: Art. 3 III VO 847/2000, ABl. EG vom 28. April 2000 [L 103/5]; nach Art. 3 III c Nr. 1 wäre Ähnlichkeit trotz kleiner Änderungen in der Molekülstruktur des Wirkstoffs gegeben.

52 Vgl. im Gegensatz dazu für Generika: Art. 10 II b RL 2001/83/EG.

Corresponding to **R 27 PedR** (cf. Art. 36(1)(1) PedR "the holder of a patent or an SPC") an application for an extension of the duration of the SPC should only be admissible where an SPC is granted according to MPR. If a product has been authorised the first time after fewer than 5 years after patent filing, the grant of a negative term SPC is necessary to allow a pediatric extension according to R 27 PedR.[46] 21

Because the reward is for conducting studies in the pediatric population and not for showing that a drug is safe and effective in the pediatric population, the reward should be granted even when a pediatric indication is not authorised. However, to improve the information available on the use of medicinal products in the pediatric population, relevant information on this use should be included in authorised product information, R 28 PedR[47] (cf. Art. 36(1)(2) PedR). 22

R 29 PedR (cf. Art. 36(4)(2) PedR) states, that designated orphan[48] medicines, gain ten years of market exclusivity under Reg. 141/2000. As such products were frequently not patent-protected,[49] the reward of SPC extension could not be applied. When they are patent-protected, such an extension would provide a double incentive. Therefore, orphan market exclusivity (instead of the SPC) should be extended for such medicinal products, if all requirements are fully met. 23

This reasoning given in **R 29(2) PedR** is difficult to follow. Even the use of "double incentive" is misleading. It is at best an "additional or further incentive". The incentive effect of SPC extension (6 months, for products) is scarcely possible to count and, therefore, difficult to compare with the incentive of market exclusivity extension (2 years, for orphan drugs). But a quantifiable additional incentive would only be given if either extended SPC had expired before the start of the orphan drug exclusivity[50] or still exists after the orphan drug exclusivity expired. In all other cases SPC extension and orphan drug exclusivity would exist in parallel. In normal cases – where a compound patent covering the active ingredient as such was chosen as basic patent – the additional incentive would then only be the delayed authorisation of similar orphan medicinal products[51] for the same therapeutic indication according Art. 8(1) Reg. 141/2000. Generic medicines[52] are already prevented by the SPC. It is not clear why nevertheless the SPC extension had to be excluded. Even if orphan drugs were "often" (?) not patent protected in the past, this does not mean that this must remain so in the future. An explicit choice of the SPC holder would be a better solution. 24

Finally, according to **R 37 PedR**, MPR should be amended accordingly. 25

46 Cf. C-125/10 – Merck Sharp & Dohme [LS, para. 45].
47 Cf. Art. 36(1)(2) PedR.
48 Also called orphan drugs.
49 Debatable: Patent applications on – for the treatment of orphan diseases – especially suitable doses, formulations or application routes are still possible, even if the active ingredient was already authorised for different indications, if it was verifiable used off label in the orphan drug indication already or if it is suitable for this from a person skilled in the art's point of view. Only then compound protection and purpose-limited compound protection seem ineligible. Cf. also EU Orphan Drug Register: http://ec.europa.eu/health/documents/community-register/html/alforphreg.htm.
50 In this case an extension of the orphan drug exclusivity is – according to Art. 37 PedR – not excluded.
51 Cf. for similar medicinal products: Art. 3(3) Reg. 847/2000, OJ EC L 103, 28.4.2000, p. 5; According to Art. 3(3)(c) No. 1 Reg. 847/2000 similarity might be given despite some changes in molecular structural features of the active substance.
52 Cf. in contrast to this for generic medicines: Art. 10(2)(b) Dir. 2001/83.

Artikel 1 Definitionen

Im Sinne dieser Verordnung bezeichnet der Ausdruck

a) „Arzneimittel" einen Stoff oder eine Stoffzusammensetzung, der (die) als Mittel zur Heilung oder zur Verhütung menschlicher oder tierischer Krankheiten bezeichnet wird, sowie einen Stoff oder eine Stoffzusammensetzung, der (die) dazu bestimmt ist, im oder am menschlichen oder tierischen Körper zur Erstellung einer ärztlichen Diagnose oder zur Wiederherstellung, Besserung oder Beeinflussung der menschlichen oder tierischen Körperfunktionen angewandt zu werden;

b) „Erzeugnis" den Wirkstoff oder die Wirkstoffzusammensetzung eines Arzneimittels;

c) „Grundpatent" ein Patent, das ein Erzeugnis als solches, ein Verfahren zur Herstellung eines Erzeugnisses oder eine Verwendung eines Erzeugnisses schützt und das von seinem Inhaber für das Verfahren zur Erteilung eines Zertifikats bestimmt ist;

d) „Zertifikat" das ergänzende Schutzzertifikat;

e) „Antrag auf Verlängerung der Laufzeit" einen Antrag auf Verlängerung der Laufzeit des gemäß Artikel 13 Absatz 3 dieser Verordnung und Artikel 36 der Verordnung (EG) Nr. 1901/2006 des Europäischen Parlaments und des Rates vom 12. Dezember 2006 über Kinderarzneimittel[1] erteilten Zertifikats.

I. Einführung

1 Art. 1 AMV stellt die Definitionen bestimmter Begriffe (Arzneimittel, Erzeugnis, Grundpatent usw.) den eigentlichen Regelungen voran.

II. Die „Arzneimittel"-Definition

2 Art. 1 a AMV definiert Arzneimittel als einen Stoff oder eine Stoffzusammensetzung, der (die) als Mittel zur Heilung oder zur Verhütung menschlicher oder tierischer Krankheiten bezeichnet wird, sowie einen Stoff oder eine Stoffzusammensetzung, der (die) dazu bestimmt ist, im oder am menschlichen oder tierischen Körper zur Erstellung einer ärztlichen Diagnose oder zur Wiederherstellung, Besserung oder Beeinflussung der menschlichen oder tierischen Körperfunktionen angewandt zu werden.

3 Diese Definition ist für das Verständnis des Erzeugnisbegriffs (Art. 1 b AMV) insbesondere im Zusammenhang mit dessen Zulassung als Arzneimittel relevant.[2] Sie ist nahezu[3] wortgleich zur mittlerweile überholten Definition in Art. 1 Nr. 2 RL 65/65/EWG.

1 **Amtl. Anm.:** ABl. L 378 vom 27.12.2006, S. 1.
2 Vgl. bspw. EG 9; 10 S. 2; Art. 2; 3 b, d; 4; 7 I; 8 I c AMV; außerdem Art. 20 AMV.
3 Bis auf die Verwendung von Stoff/Stoffzusammensetzung in Einzahl/Mehrzahl.

Article 1 Definitions

For the purposes of this Regulation, the following definitions shall apply:

(a) "medicinal product" means any substance or combination of substances presented for treating or preventing disease in human beings or animals and any substance or combination of substances which may be administered to human beings or animals with a view to making a medical diagnosis or to restoring, correcting or modifying physiological functions in humans or in animals;

(b) "product" means the active ingredient or combination of active ingredients of a medicinal product;

(c) "basic patent" means a patent which protects a product as such, a process to obtain a product or an application of a product, and which is designated by its holder for the purpose of the procedure for grant of a certificate;

(d) "certificate" means the supplementary protection certificate;

(e) "application for an extension of the duration" means an application for an extension of the duration of the certificate pursuant to Article 13(3) of this Regulation and Article 36 of Regulation (EC) No 1901/2006 of the European Parliament and of the Council of 12 December 2006 on medicinal products for paediatric use.[1]

I. Introduction

Art. 1 MPR places first the definitions of certain terms (medicinal product, product, basic patent etc.) which concern the actual regulations. 1

II. Definition of Medicinal Product

Art. 1(a) MPR defines the term "medicinal product" as any substance or combination of substances, presented for treating or preventing disease in human beings or animals and any substance or combination of substances, which may be administered to human beings or animals to make a medical diagnosis or to restore, correct or modify physiological functions in human beings or in animals. 2

This definition is relevant to understanding the term "product" (Art. 1(b) MPR), in particular with its authorisation as a medicinal product.[2] It is almost[3] identical with the obsolete definition in Art. 1(2) Dir. 65/65/EEC. 3

1 **Official Note:** OJ L 378, 27.12.2006, p. 1.
2 Cf. e.g.: R 9; 10(2); Art. 2; 3(b), (d); 4; 7(1); 8(1)(c) MPR; also Art. 20 MPR.
3 Except the use of substance/combination of substances in singular/plural (but only in the German version!).

4 Die seit Ende April 2004 im Zulassungsrecht geltende Arzneimitteldefinition ist jedoch enger.[4] Die bloße Beeinflussung der Körperfunktion genügt nicht mehr. Es kommt nunmehr auf die Beeinflussung durch pharmakologische, immunologische oder metabolische Wirkungen an.[5] Mit dieser Definitionsänderung sollte Rechtssicherheit bei der Abgrenzung von Lebensmitteln, Nahrungsergänzungsmitteln, Produkten der Medizintechnik, Bioziden oder kosmetischen Mitteln geschaffen werden.[6] Die EU-Kommission zieht aber eine Übernahme der neuen Definition in die AMV bei passender Gelegenheit in Erwägung.[7]

5 Zur näheren Bestimmung des Stoffbegriffes kann auf Art. 1 Nr. 3 RL 2001/83/EG Bezug genommen werden,[8] der trotz unterschiedlichen Wortlauts materiell § 3 AMG entsprechen soll.[9] Umfasst wären danach alle Stoffe jeglicher, insbesondere menschlicher, tierischer (eventuell auch Mikroorganismen), pflanzlicher oder chemischer (natürliche und synthetische chemische Verbindungen) Herkunft. Gegenstände oder menschliche Handlungen sind indes keine Stoffe und damit auch keine Arzneimittel iSv Art. 1 a AMV. Stoffe unterscheiden sich von Gegenständen dadurch, dass sie zum Verbrauch und nicht zur wiederholten Verwendung bestimmt sind.[10]

6 Die Stoffdefinition in Art. 1 Nr. 2 PMV, die chemische Elemente und deren Verbindungen, wie sie natürlich vorkommen oder industriell hergestellt werden, umfasst, ist wegen der Erwähnung von bei der Herstellung nicht zu vermeidender Verunreinigungen und mangels Verweis in EG 17 PMV kaum übertragbar.

III. Die „Erzeugnis"-Definition

7 Der Erzeugnisbegriff ist der wohl wichtigste Begriff innerhalb der AMV. Ein richtiges Verständnis dieses Begriffes ist für die Beantwortung der Frage, ob ein Zertifikat erteilt werden kann (Art. 3 AMV) und was es schützt (Art. 4, EG 10 S. 3[11] AMV) sehr wichtig. Art. 1 b AMV definiert das Erzeugnis als den Wirkstoff oder die Wirkstoffzusammensetzung eines Arzneimittels. Wirkstoff und Wirkstoffzusammensetzung werden in der AMV nicht weiter definiert.[12]

8 Dem EuGH wurde 1998 erstmals eine Frage zur Auslegung des Begriffes Erzeugnis vorgelegt. Es ging darum, ob Erzeugnis nur einen Wirkstoff in bestimmter chemischer Verbindung oder – sofern die pharmakologischen Eigenschaften gleichwertig sind – auch dessen Derivate

4 Eine Situation (vgl. Busse/Hacker Anh § 16 a Rn 11), in der ein Erzeugnis wegen der unterschiedlichen Arzneimitteldefinitionen zwar zulassungspflichtig, aber nicht zertifikatsfähig ist, scheint dann aber nicht sehr wahrscheinlich.

5 Art. 1 Nr. 2 RL 2001/83/EG idF des Art. 1 Nr. 1 b RL 2004/27/EG, § 2 I AMG.

6 Vgl. EG 7 RL 2004/27/EG; C-140/07 [Rn 33] – Hecht-Pharma.

7 SPC-Blog vom 18. Oktober 2010 (http://thespcblog.blogspot.com/2010_10_01_archive.html).

8 Busse/Hacker Anh § 16 a Rn 12.

9 Kloesel/Cyran (117. Akt.-Lief. 2011) A 1.0 § 3 Anm 2.

10 Kloesel/Cyran (117. Akt.-Lief. 2011) A 1.0 § 2 Anm 14, 86; § 3 Anm 1, 12; Problematisch kann im Einzelfall die Abgrenzung bestimmter Kontaktarzneimittel von Medizinprodukten mit Arzneimittelzusatz sein (Bsp. vgl. Kloesel/Cyran A 1.0 § 2 Anm 88 f).

11 Achtung EG 10 S. 3 AMV fehlt im ansonsten vergleichbaren EG 12 PMV der über EG 17 PMV auch für die Auslegung der AMV gilt. Es bleibt daher fraglich, warum EG 12 PMV auslegungsrelevant sein soll. Einzige Unterschiede sind die obligatorische Berücksichtigung aller auf dem Spiel stehenden Interessen („müssen" statt „sollen") und das Fehlen von Satz 3 (strenge Beschränkung des Zertifikatsschutzes auf das als Arzneimittel zugelassene Erzeugnis)! Nach Schennen wurde dieser missverständliche Satz 3 gestrichen um Schutz für unwesentliche Abwandlungen des patentgeschützten Wirkstoffs zu ermöglichen, sofern diese noch vom Grundpatent gedeckt seien, Schennen GRUR Int 1996, 102, 106 [I.5.b].

12 Nach Art. 1 Nr. 3 PMV sind Wirkstoffe Stoffe und Mikroorganismen, einschließlich Viren, mit allgemeiner oder spezifischer Wirkung gegen Schadorganismen oder auf Pflanzen, Pflanzenteile oder Pflanzenerzeugnisse. Art. 1 Nr. 3 PMV ist aber nicht in EG 17 PMV erwähnt und insoweit nicht ohne weiteres auf die AMV übertragbar.

However, the medicinal product definition in force since the end of April 2004 is narrow.[4] Just modifying physiological function is no longer enough. It comes down to modifying by pharmacological, immunological or metabolic actions now.[5] This amendment of the definition was supposed to create a legal certainty about the discrimination from food, food supplements, medical devices, biocides and cosmetics.[6] However, the EU Commission takes occasionally in consideration the adoption of the new definition in the MPR.[7] 4

To further specify of the substance definition, one should resort to Art. 1(3) Dir. 2001/83/EG[8] that despite different wording substantively corresponds to Sec. 3 AMG.[9] All substances of human, animal (potentially also microorganisms), vegetable and chemical (natural and synthetic chemical compounds) origin would be included under that. Objects or human actions are not substances and, therefore, not medicinal products within the meaning of Art. 1(a) MPR. Substances differ from objects because they are intended not for repeated use but for consumption.[10] 5

The substance definition in Art. 1(2) PPR that comprises chemical elements and their compounds, as they occur naturally or by manufacture, including any impurity inevitably resulting from the manufacturing process are scarcely transferrable because of the mention of impurities inevitably resulting from the manufacturing process and the lack of reference in R 17 PPR. 6

III. Definition of Product

The term "product" is probably the most important term within the MPR. The correct understanding of this term is important for the answering the question whether an SPC can be granted (Art. 3 MPR) and what does it protect (Art. 4, R 10(3)[11] MPR). Art. 1(b) MPR defines a product as an active ingredient or combination of active ingredients of a medicinal product. The active ingredient and combination of active ingredients are not defined further in the MPR.[12] 7

The question of interpretation of the term "product" was submitted to the ECJ at first in 1998. The question was whether the term product has to be interpreted as covering only an active ingredient or substance in a specific chemical compound or – insofar as the pharma- 8

4 A situation (cf. Busse/Hacker Anh § 16 a Rn 11) where a product due to different definitions of the medicinal product is in fact subject to authorisation, but not certifiable, seems then not very likely.

5 Art. 1 No. 2 Dir. 2001/83/EC as amended by Art. 1 No. 1(b) Dir. 2004/27/EC, Sec. 2(1) AMG.
6 Cf. R 7 Dir. 2004/27/EC; C-140/07 [para. 33] – Hecht-Pharma.
7 Cf. http://thespcblog.blogspot.com/2010_10_01_archive.html as of October 18, 2010.
8 Busse/Hacker Anh § 16 a Rn 12.
9 Kloesel/Cyran (117. Akt.-Lief. 2011) A 1.0 § 3 Anm 2.
10 Kloesel/Cyran (117. Akt.-Lief. 2011) A 1.0 § 2 Anm 14, 86; § 3 Anm 1, 12. The discrimination of certain contact medicinal products from medical devices can be problematic in the individual case (cf. e.g. Kloesel/Cyran A 1.0 § 2 Anm 88 f).
11 Attention: R 10(3) MPR is missing in otherwise comparable R 12 PPR, which applies through R 17 PPR also to the interpretation of the MPR. The question, therefore, remains why R 12 PPR should be relevant for the interpretation. The only distinctions are the obligatory taking into account of all the various interests involved ("should" instead of "must") and the missing of sentence 3 (protection should be strictly confined to the product authorised as medicinal product)! According to Schennen this ambiguous sentence 3 was deleted in order to enable the protection for insignificant variations of the active ingredient protected by the patent as far as they are covered by the basic patent, Schennen GRUR Int 1996, 102, 106 [I.5.b].
12 Active substances are – according to Art. 1 No. 3 PPR – substances or micro-organisms including viruses, having general or specific action against harmful organisms or on plants, parts of plants or plant products. Art. 1 No. 3 PPR is, however, not mentioned in R 17 PPR and can not be simply transferred to the MPR insofar.

erfasst.[13] Die Vorlage wurde zwar vor Entscheidung gestrichen,[14] der EuGH entschied aber kurz darauf, dass ein Zertifikat ein Erzeugnis in allen dem **Schutz des Grundpatents unterliegenden Formen** – also den Wirkstoff als solchen aber auch seine Derivate wie Salze und Ester – erfasst, wenn das Erzeugnis in der Zulassung genannten Form durch ein in Kraft befindliches Grundpatent geschützt ist.[15]

9 Der BGH kam daraufhin zu dem Schluss, beim Erzeugnisbegriff handele es sich um einen **eigenständigen Begriff**, der durch die Zulassung, insbesondere durch die dortige Benennung von pharmakologisch wirksamen Inhaltsstoffen eines Arzneimittels, nicht allein bestimmt wird. Einerseits sei der Erzeugnisbegriff **enger**, weil er sich stets auf nur einen Wirkstoff oder eine Wirkstoffkombination beziehe, während die Zulassung mehrere unterschiedliche wirksame Inhaltsstoffe erfassen kann. Andererseits sei er **weiter**, weil das Zertifikat diesen Wirkstoff in allen dem Schutz des Grundpatents unterliegenden Formen erfassen könne, auch wenn in der Zulassung nur eine Form des Wirkstoffs genannt würde.[16] Es müsse sich dabei aber um verschiedene Formen desselben Wirkstoffs handeln, d. h. es muss mit ihnen **derselbe Heilungs- bzw. Vorbeugungseffekt** erzielt werden können.[17]

10 Nach dem EuGH handele es sich außerdem um ein und dasselbe Erzeugnis, wenn sich bei zwei (Pflanzenschutz-)Mitteln nur das **Anteilsverhältnis** zwischen wirksamer chemischer Verbindung und Verunreinigung unterscheidet, wobei der prozentuale Anteil der wirksamen chemischen Verbindung in einem Mittel höher ist als im anderen.[18] Daran ändere auch der Umstand nichts, dass eine **weitere Zulassung** erforderlich ist.[19] Im Arzneimittelbereich richtiger könnte es aber sein, danach zu fragen, ob sich die pharmakologische Wirkung des Erzeugnisses ändert, wenn sich das Anteilsverhältnis der enthaltenen Wirkstoffe ändert.[20] Auch die **pharmazeutische Form** eines Arzneimittels, zu der ein Trägerstoff beitragen kann, gehöre nicht zur Definition des Erzeugnisbegriffes.[21] Die Erzeugniseigenschaft eines Adjuvans, also eines Stoffes der die Wirkung eines anderen Stoffes (z.B. die Immunantwort auf eine Antigengabe) verstärkt, wurde erst kürzlich verneint,[22] die eines Safeners, also eines Stoffes, der die Wirkung eines anderen Stoffes abschwächt (z.B. Verringerung der toxischen Wirkung von Pflanzenschutzmitteln auf bestimmte Pflanzen) hingegen bejaht, wenn er eine eigene toxische, phytotoxische oder pflanzenschützende Wirkung entfaltet.[23] Ebenso wenig komme es auf die **Zweckbestimmung** des Arzneimittels an, so dass nicht nach der Verwendung als Human- oder **Tierarzneimittel** zu unterscheiden sei.[24] Der Erzeugnisbegriff sei als

13 C-330/98 ABl. EG vom 7. November 1998 [C 340/8]; OG Wien GRUR Int 1999, 464, 464 [1] – Aciclovir.
14 C-330/98 ABl. EG vom 17. Juli 1999 [C 204/35].
15 C-397/92 [LS 1, Rn 21, 22] – Farmitalia.
16 BGH GRUR 2002, 415, 416 [III.4.b] – Sumatriptan.
17 BGH GRUR 2002, 415, 417 [III.6.a] – Sumatriptan. Dieses zusätzliche Erfordernis scheint unter Berücksichtigung der EuGH-Rechtsprechung, wonach die medizinische Verwendung kein integraler Bestandteil der Erzeugnisdefinition ist (vgl. C-202/05 [LS] – Calcitriol, dort allerdings für den Fall, dass das Grundpatent lediglich eine 2. medizinische Verwendung des Wirkstoffs schützt), fraglich.
18 C-258/99 [LS 2, Rn 29] – Chloridazon; aber wegen unterschiedlicher Reinheitsanforderungen an Arzneimittel nicht ohne weiteres auf die AMV übertragbar.
19 C-258/99 [LS 3, Rn 32] – Chloridazon.
20 Vgl. Busse/Hacker Anh § 16 a Rn 74 am Beispiel BPatG GRUR Int 2000, 921, 923 – Fusilade; Fitzner in Fitzner/Lutz/Bodewig § 16 a Rn 46.
21 C-431/04 [Rn 21] – Wirkstoffzusammensetzung.
22 C-210/13 [LS, Rn 45] – GSK Biologicals und zwar trotz Wirkungsverstärkung (vgl. Schmidt-Wudy, PharmR 2014, 45, 46 [II]) bzw. eigener physiologischer (nämlich wirkungsverstärkender) Wirkung vgl. Gassner, PPL 2014, 45, 48 [2].
23 C-11/13 [LS, Rn 45] – Bayer Crop Science.
24 C-31/03 [Rn 20] – Dostinex; dennoch kann wohl nach C-130/11 [LS 1, Rn 27] – Neurim unter bestimmten Umständen ein weiteres Zertifikat erteilt werden.

cological characteristics are equivalent – also its derivatives.[13] The submission was cancelled before decision,[14] but the ECJ decided in this regard later that where a product in the form referred to in the authorisation is protected by a basic patent in force, the SPC could cover the product, as a medicinal product, **in any forms enjoying the protection of the basic patent** (including the active ingredient as such and its derivatives such as salts and ester).[15]

Consequently, the FCJ concluded that the term product was an **autonomous term**, determined not only by the authorisation, in particular by the designation of pharmacologically active ingredients in medicinal products there. On the one hand, the term product was **narrower** because it always related to the only one active ingredient or combination thereof while an authorisation could include many various but effective compounds. On the other hand, it was **wider** because an SPC could include this active ingredient in all forms subject to protection by a basic patent, also if only one form of an active ingredient was designated in the authorisation.[16] But it had to be various forms of the same active ingredient, namely **the same curative and preventive effects** could be obtained by them.[17] 9

According to the ECJ if two (plant protection) products must be regarded as the same product, if they differ only in the **proportion** of the active chemical compound to the impurity they contain, one having a greater percentage of the impurity than the other.[18] That **further authorisation** was required did not change anything in this regard.[19] It could be more correct to inquire, whether the pharmacological effect of a product changes, if the proportion of the active ingredients contained was changed.[20] The **pharmacological form** of a medicinal product, which the carrier could contribute to also did not belong to the product definition.[21] The product quality of an adjuvant, is a substance which amplifies the effect of another substance (for example, the immune response to an antigen application), has recently been denied.[22] But the product quality of a safener, ie a substance that reduces the effects of another substance (for example, reducing the toxic effect of plant protection products on certain plants) was confirmed, if it has a toxic, phytotoxic or plant protection action of its own.[23] The same concerned the **purpose** of a medicinal product, so the medicinal products should not be distinguished depending on their application between medicinal products for human use and **veterinary medicinal products.**[24] The term "product" should be understood to mean an active ingredient in the strict sense.[25] As a consequence, it did not include the therapeutic use of an active ingredient. Especially, if a basic patent protected the second 10

13 C-330/98; OJ EC C 340, 7.11.1998, p. 8; OG Wien GRUR Int 1999, 464, 464 [1] – Aciclovir.

14 C-330/98; OJ EC C 204, 17.7.1999, p. 35.
15 C-397/92 [LS 1, para. 21, 22] – Farmitalia.
16 FCJ GRUR 2002, 415, 416 [III.4.b] – Sumatriptan.
17 FCJ GRUR 2002, 415, 417 [III.6.a] – Sumatriptan. This additional requirement appears questionable whilst taking into account ECJ case law according to which the use is not an integral part of the product definition (cf. C-202/05 [LS] – Calcitriol, there, however, for a case where the basic patent protects merely a second medical use of the active ingredient).
18 C-258/99 [LS 2, Rn 29] – Chloridazon; but due to different purity requirement not readily transferable to the MPR.
19 C-258/99 [LS 3, Rn 32] – Chloridazon.
20 Cf. Busse/Hacker Anh § 16 a Rn 74 using the example of FPC GRUR Int 2000, 921, 923 – Fusilade; Fitzner in Fitzner/Lutz/Bodewig § 16 a Rn 46.
21 C-431/04 – Wirkstoffzusammensetzung [para. 21].
22 C-210/13 [LS, para. 45] – GSK Biologicals, and despite an enhancing effect (cf. Schmidt-Wudy, PharmR 2014, 45, 46 [II]) or own physiological (namely effect enhancing) effects (cf. Gassner, PPL 2014, 45, 48 [2].
23 C-11/13 [LS, para. 45] – Bayer Crop Science.
24 C-31/03 [para. 20] – Dostinex; nevertheless, a further SPC might be granted under certain circumstances according to C-130/11 [LS, para. 27] – Neurim.

Wirkstoff im engeren Sinn zu verstehen.[25] Er umfasse daher nicht die therapeutische Nutzung eines Wirkstoffes. Insbesondere wenn das Grundpatent eine zweite **medizinische Verwendung** eines Wirkstoffes schützt, sei diese Verwendung kein integraler Bestandteil der Erzeugnisdefinition.[26]

11 Grund hierfür scheint, dass nach dem Willen des Verordnungsgebers, (jedem Grundpatentinhaber)[27] je Erzeugnis nur ein Zertifikat erteilt werden sollte – nicht jedoch für jedes patentierte Arzneimittel. So sollte kein weiteres Zertifikat erteilt werden, wenn an dem Arzneimittel nur unbedeutende Änderungen, bspw. eine neue Dosierung,[28] die Verwendung eines anderen Salzes oder Esters oder eine andere pharmazeutische Form vorgenommen werden.[29]

12 Insbesondere die Entscheidungen hinsichtlich der Zweckbestimmung wurden kritisiert[30] und dem EuGH unter einem leicht veränderten Blickwinkel erneut zur Entscheidung vorgelegt.[31] Der EuGH hat daraufhin entschieden, dass – wenn eine neu zugelassene Verwendung in den Schutzbereich des Grundpatents fällt – eine Zertifikatserteilung für diese Verwendung, nicht bereits deshalb ausscheidet, weil eine andere Verwendung desselben Erzeugnisses bereits zuvor als Tierarzneimittel zugelassen worden war.[32] Leider hat sich der EuGH nicht ausdrücklich von seinen dazu möglicherweise im Widerspruch stehenden früheren Entscheidungen[33] distanziert und dadurch zu einer erheblichen Rechtsunsicherheit beigetragen.[34]

13 Wegen der Verwendung **bestimmter Artikel**[35] in der Erzeugnisdefinition („der" Wirkstoff oder „die" Wirkstoffzusammensetzung eines Arzneimittels) war lange nicht klar, ob der Erzeugnisbegriff nur als der gesamte aktive bzw. wirksame Teil eines Arzneimittels oder auch als eine Teilmenge davon auszulegen sei. Der EuGH geht in zwei seiner jüngsten Entscheidungen davon aus, dass auch eine Teilmenge den Erzeugnisbegriff erfüllt.[36]

14 Ein Arzneimittel mit drei verschiedenen Wirkstoffen A, B und C enthält danach nicht nur die Wirkstoffzusammensetzung ABC (wörtliche Auslegung) als einziges Erzeugnis, sondern

25 C-431/04 [Rn 19, 21] – Wirkstoffzusammensetzung; C-202/05 Mitt 2007, 308, 309 – Calcitriol.
26 C-202/05 Mitt 2007, 308, 309 – Calcitriol.
27 Vgl. C-482/07 [LS, Rn 43] – AHP.
28 Anders aber z.B. Schweizer BG sic! 1999, 153, 154 [E 3] für eine Wirkstoffzusammensetzung. Danach ergäbe sich aus dem bloßen Vorhandensein der gleichen Wirkstoffe nicht zwingend, dass es sich um dasselbe Erzeugnis handele. Im Arzneimittelbereich sei die Dosierung von Bedeutung. Erst aus dieser ergäbe sich die spezifische Zusammensetzung der Wirkstoffe.
29 C-431/04 [Rn 19] – Wirkstoffzusammensetzung.
30 Vgl. z.B. Kraßer S. 582 f [§ 26 A. II. b. 3] zumindest bei gesonderter Patentierung (Rechtsgedanke des EG 14, 17 PMV) und unter Hinweis auf Zulassungserfordernis und damit einhergehendem Forschungsaufwand; vgl. [2011] EWCA Civ 228 [Rn 29, 30] – Neurim v. UK IPO: unter Hinweis auf die Einführung des zweckgebundenen Stoffschutzes in Art. 54 V EPÜ.
31 EuGH C-130/11 ABl. EU vom 18. Juni 2011 [C-179/7]; vgl. [2010] EWHC 976 (Pat); [2011] EWCA Civ 228; zum Hintergrund: Snodin, Miles JIPLP 2011, 513 ff.
32 C-130/11 [LS 1, Rn 27] – Neurim.
33 Z.B. C-31/03 – Pharmacia; C-202/05 – Yissum; C-195/09 – Synthon v. Merz; C-427/09 – Generics v. Synaptech, die zwar zu anderen Normen der AMV ergangen sind, aber nach der Logik der Neurim-Entscheidung auch anders hätten entschieden werden können, Snodin/Pears: Neurim wins the battle but not (yet) the war for innovators, Srip Regulatory Affairs, September 2012, 14, 15; Schell GRUR 2013, 509 ff kritisiert die Neurim-Entscheidung des EuGH weil diese sich nicht mit den zu Art. 1 b AMV ergangenen Entscheidungen des EuGH auseinandersetzt, zu sich widersprechenden Erzeugnisbegriffen in Art. 1 b) und Art. 3 d) AMV führt und mit der Systematik der AMV nicht vereinbar ist. So müsse das Erzeugnis nach Art. 1 b) AMV ermittelt werden, bevor festgestellt werden könne, ob die Erteilungsvoraussetzung des Art. 3 d) AMV für dieses Erzeugnis vorliegt.
34 Und zwar obwohl er in früheren Entscheidungen bereits auf die Bedeutung der Rechtssicherheit bei der Auslegung der AMV hingewiesen hat, vgl. C-431/04 [Rn 29f] – MIT; vgl. auch C-210/13 [Rn 34] – GlaxoSmithKline.
35 Vgl. Schlussanträge der Generalanwältin Trstenjak in C-322/10, C-422/10 [Rn 61, 89, 90]: Um Zertifikate auch dann zu ermöglichen, wenn nur ein Teil der Wirkstoffzusammensetzung eines Arzneimittels Gegenstand eines Patents ist, wurde eine teleologische Auslegung, die auch „einen" Wirkstoff oder „eine" Wirkstoffzusammensetzung eines Arzneimittels umfasst, vorgeschlagen.
36 C-322/10 [LS 2] – Medeva; C-422/10 [LS] – Georgetown.

medical use of an active ingredient, that use did not form an integral part of the product definition.[26]

The reason for this is that the legislator intended to grant (each basic patent holder)[27] only one SPC per product – but not for each patented medicinal product. No further SPC should be granted if only minor changes were made about a medicinal product e.g. various doses,[28] salts, esters or pharmacological forms.[29] 11

The decision about the purpose was criticized[30] and once more referred to the ECJ under slightly altered point of view.[31] Consequently, the ECJ stated that the mere existence of an earlier authorisation obtained for a veterinary medicinal product does not preclude the grant of an SPC for a different use of the same product for which an authorisation has been granted, if the use is within the limits of the protection conferred by the basic patent relied on for the SPC application.[32] Unfortunately the ECJ distanced itself not explicit from its potentially contrary earlier decision[33] and contributed to considerable legal uncertainty in this way.[34] 12

Because of use of **definite articles**[35] in the product definition ("the" active ingredient or "the" combination of active ingredients of a medicinal product), it was not clear for a long time whether the term "product" was to be interpreted as the active part of a medicinal product or its subset. The ECJ considers in the recent decisions that a subset also fulfils the term "product".[36] 13

A medicinal product with three active ingredients A, B and C, therefore, contains not only the combination of active ingredients ABC, but also the products A, B, C, AB, AC and BC. 14

25 C-31/03 [para. 20] – Dostinex.
26 C-202/05 – Calcitriol [Mitt 2007, 308, 309].
27 Cf. C-482/07 [LS, para. 43] – AHP.
28 Different: Swiss BG sic! 1999, 153, 154 [E 3] for a combination of active ingredients. There upon it does not necessarily follow from the mere existence of equal active ingredients that it is the same product. In the area of medicinal products the dosage is important. Just from it follows the specific combination of active ingredients.
29 C-431/04 [para. 19] – Wirkstoffzusammensetzung.
30 Cf. Kraßer p. 582 f [§ 26A.II.b.3] at least in case of separate patenting (legal concept of R 14, 17 PPR) and with reference to the authorisation requirement and associated research expenses; cf. [2011] EWCA Civ 228 [para. 29, 30] – Neurim v UK IPO: with reference to the introduction of purpose-related compound protection in Art. 54 V EPC.
31 C-130/11, OJ EU C 179, 18.6.2011, p. 7; cf. [2010] EWHC 976 (Pat); [2011] EWCA Civ 228; on the background: Snodin, Miles JIPLP 2011, 513 ff.
32 C-130/11 [LS 1, para. 27] – Neurim.
33 C-31/03 – Pharmacia; C-202/05 – Yissum; C-195/09 – Synthon/Merz; C-427/09 – Generics/Synaptech, which, although delivered to different provisions of the MPR, could be decided differently considering the logic of the Neurim decision, Snodin/Pears: Neurim wins the battle but not (yet) the war for innovators, Srip Regulatory Affairs, September 2012, 14, 15; Schell GRUR 2013, 509 ff criticizes the Neurim decision of the ECJ because it does not deal with the other ECJ decision concerning Art. 1(b) MPR, leads to contradictory product concepts in Art. 1(b) and Art. 3(d) MPR and is not compatible with the systematics of the MPR. So the product must be identified by Art. 1(b) MPR before it can be stated whether the grant condition of Art. 3(d) MPR are met for this product.
34 Although the ECJ has already confirmed the importance of legal certainty in the interpretation of the MPR in previous decisions, see C-431/04 [para. 29 f] – MIT and C-210/13 [para. 34] – GlaxoSmithKline.
35 Cf. Opinions of Advocate General Trstenjak in C-322/10, C-422/10 [para. 61, 89, 90]: in order to enable issuing of SPCs also if only a part of the combination of active ingredients of a medicinal product is a subject matter of the patent, a teleological interpretation, which covers 'an' active ingredient or "a" combination of active ingredients of a medicinal product was proposed.
36 C-322/10 [LS 2] – Medeva; C-422/10 [LS] – Georgetown.

außerdem die Erzeugnisse A, B, C, AB, AC und BC. Allerdings müssen nach dem EuGH alle Wirkstoffe des so bestimmten Erzeugnisses in den Ansprüchen des Grundpatents genannt sein.[37] *Schell* hingegen meint, dies sei nur der Fall, wenn (z.B. bei Impfstoffen) die einzelnen Wirkstoffe eines Arzneimittels unterschiedlichen therapeutischen Zwecken dienten.[38] Ein derartiger Zulassungsantrag dürfte aber (abgesehen von Impfstoffen) auf erheblichen Widerstand der Zulassungsbehörden stoßen.

1. Der „Wirkstoff"-Begriff

15 Da der Wirkstoffbegriff in der AMV nicht definiert ist, ist er nach seiner Bedeutung und Tragweite unter Berücksichtigung des allgemeinen Zusammenhangs, in dem er verwendet wird, und entsprechend dem Sinn, den er nach dem gewöhnlichen Sprachgebrauch hat, zu bestimmen.[39]

16 Ein Wirkstoff ist danach ein Stoff, der eine eigene arzneiliche Wirkung auf den Organismus hat.[40] Stoffe, die keine eigene arzneiliche Wirkung haben und lediglich dazu dienen, eine bestimmte Darreichungsform des Arzneimittels zu erreichen, sind keine Wirkstoffe.[41]

17 Wirkstoffe (arzneilich wirksame Bestandteile) sind von wirksamen[42] und sonstigen Bestandteilen (**Hilfs- und Trägerstoffen**) abzugrenzen.[43] Im deutschen Zulassungsrecht sind wirksame Bestandteile Stoffe, die die pharmakologische Wirksamkeit des Arzneimittels beeinflussen oder für die sichere Anwendung des Arzneimittels erforderlich sind, bspw. Stabilisatoren, Antioxidantien, Retardierungsmittel, Ionenaustauscher oder Komplexbildner.[44] Nicht so eindeutig ist indes die Einordnung von Lokalanästhetika in Injektionslösungen, von Konservierungs- oder antimikrobiell wirkenden (Hilfs-)Stoffen oder von Substanzen die auch den pH-Wert des Magensaftes ändern.[45] Entscheidend für die Einordnung als Wirkstoff dürfte aber auch hier das Vorliegen einer eigenen arzneilichen Wirkung sein.

37 C-322/10 [LS 1] – Medeva; danach wäre aber Erzeugnis nicht wie in Art. 1 b AMV gefordert als Wirkstoff oder Wirkstoffzusammensetzung eines Arzneimittels, sondern eines Patentanspruchs zu verstehen. Benkard/Grabinski EPÜ Art. 63 Rn 41 hält es – in Anlehnung an die vom EuGH in dem Medeva-Urteil zur Begründung mit herangezogene Farmitalia-Rechtsprechung – nach wie vor für möglich, ein Zertifikat für einen Wirkstoff zu erteilen, der zwar nicht in den Ansprüchen des Grundpatents genannt ist, der aber als äquivalente Verwirklichung gemäß Art. 69 EPÜ oder die entsprechende Vorschrift des nationalen Patentrechts (etwa § 14 dt. PatG) in den Schutzbereich der Ansprüche des Grundpatentes fällt. Schell ist zwar der Ansicht, dass der Wirkstoff nicht explizit genannt sein muss, sondern dass es ausreicht, wenn der Wirkstoff im Anspruchswortlaut so bestimmt ist, dass der Durchschnittsfachmann diesen konkret erkennt und ohne weiteres mitliest (Schulte/Schell § 16 a Rn 20), eine Zertifikatserteilung für äquivalente Wirkstoffvarianten komme aber nicht mehr in Betracht (Schulte/Schell § 16 a Rn 52). Der EuGH stellt jedoch in C-493/12 [Rn 32] – Eli Lilly fest, dass für die Bestimmung dessen, was von dem Grundpatent nach Art. 3 a AMV geschützt ist, Art. 69 EPÜ relevant sei. Art. 69 EPÜ schließt aber bestimmte Äquivalente ein, Art. 2 Auslegungsprotokoll. Verstünde man dann mit [2014] EWHC 2404 (Pat) [Rn 55–74, insb. 68] – Eli Lilly die weitere Voraussetzung „stillschweigend aber notwendigerweise und zwar in spezifischer Art und Weise" so, dass lediglich Anspruchserweiterungen durch z.B. Zusätze wie „enthaltend" für Art. 3 a AMV nicht berücksichtigt werden dürfen, so gäbe es – jedenfalls aus der Medeva-Rechtsprechung – keinen Grund, Äquivalente als nach Art. 3 a AMV nicht geschützt, anzusehen.

38 Schulte/Schell § 16 a Rn 9, 42. Eine frühere Zulassung für A + B + C wäre danach nicht zwingend als Erstzulassung iSv Art. 3 d AMV für A zu qualifizieren.

39 C-431/04 [Rn 17] – Wirkstoffzusammensetzung.

40 Vgl. hinsichtlich der Wirkstoffeigenschaft von Safenern (Antidots) C-11/13 [LS, Rn 45] – Bayer Crop Science oder von Adjuvantien (Wirkungsverstärkern) C-210/13 [LS, Rn 45] – GSK Biologicals.

41 C-431/04 [LS, Rn 18, 25] – Wirkstoffzusammensetzung.

42 Vgl. bspw. § 29 IIa Nr. 2 AMG.

43 Vgl. zum Unterschied nach deutschem Recht: BPatGE 41, 56, 60 ff – Clarithromycin.

44 Vgl. mit weiteren Beispielen: Kloesel/Cyran § 29 Anm 35.

45 Vgl. z.B. Zegerid®/Santarus (Omeprazol [magensäureempflindlicher Protonenpumpeninhibitor] + Natriumhydrogencarbonat [veraltetes Antazidum]) oder Augmentin®/GSK (Amoxicillin [β-Lactamantibiotika] + Clavulansäure [β-Lactamasehemmer ohne eigene nennenswerte antibakterielle Wirkung]).

However, according to the ECJ all active ingredients of the products determined in such a way must be mentioned in the claims of the basic patent.[37] *Schell* thinks, that this is only the case, if (like for instance in the case of vaccines) the individual active ingredients of a medicinal product serve different therapeutic purposes.[38] Such an application for regulatory approval (except for vaccines) is expected to face significant opposition by regulatory authorities.

1. The term "Active Ingredient"

The term "active ingredient" should be determined in accordance with its meaning and scope by considering the general context in which it is used and its usual meaning in everyday language.[39] 15

Therefore, an active ingredient is a substance that has a therapeutic effect on the organism.[40] The substances, which do not have the therapeutic effect and merely realize a particular pharmaceutical form of a medical product, are not to be considered active ingredients.[41] 16

The active ingredients (medically active ingredients) are to be separated from active[42] and other components (**excipients, adjuvants etc.**).[43] Under German authorisation law the active constituents are the substances that affect the pharmacological effectiveness of a medicinal product or are necessary for the save application of a medicinal product, for instance stabilizers, antioxidants, retarding agents, ion-exchangers or complexing agents.[44] The classification of local anaesthetics in injection solutions, preservatives and anti-microbial (excipients) agents or substances able to change the pH of gastric juices is presently ambiguous.[45] Decisive for the classification of an ingredient as active may be here, however, the presence of a therapeutic effect. 17

37 C-322/10 [LS 1] – Medeva; According to it the product is to be considered as an active ingredient or combination of active ingredients not of a medicinal product (as required under Art. 1(b) MPR), but of a patent claim. Benkard/Grabinski EPÜ Art. 63 Rn 41 considers it – taking into account the Farmitalia decision on which the ECJ relied in its Medeva Judgement – still possible, to grant an SPC for an active ingredient, which is, however, not mentioned in the wording of the basic patent claims, but which is within the basic patents scope of protection as an equivalent realisation according to Art. 69 EPC or a respective national provision (like Sec. 14 PatG). Schell, while considering that the active ingredient does not have to be explicitly mentioned, is of the opinion, that it is sufficient if the substance is identified in the claim language in a way, that an average skilled person can readily and specifically recognize it (Schulte/Schell § 16 a Rn 20). But the grant of an SPC for equivalent variants of the active ingredient will no longer be possible (Schulte/Schell § 16 a Rn 52). However, the ECJ stated in C-493/12 [LS 2, para. 32] – Eli Lilly that Art. 69 EPC is relevant for the determination of what is protected by the basic patent under Art. 3(a) MPR. Indeed Art. 69 EPC includes certain equivalents, Art. 2 Interpretation Protocol. Then there is – at least from the Medeva decision – no reason that equivalents cannot be protected under Art. 3(a) MPR, if one is (like [2014] EWHC 2404 (Pat) [para. 55–74, esp. para. 68] – Eli Lilly) of the opinion, that the proviso "implicitly, but necessarily and specifically" means only that claim extensions by words like "comprising" must not be considered for what is protected under Art. 3(a) MPR.

38 Schulte/Schell § 16 a Rn 9, 42; An earlier approval of A + B + C would then not necessarily be the first authorisation for A within the meaning of Article 3 d MPR.

39 C-431/04 [para. 17] – Wirkstoffzusammensetzung.

40 Cf. concerning the question, if safener (antidot) or adjuvant are active ingredients: C-210/13 [LS, para. 45] – GSK Biologicals and C-11/13 [LS, para. 45] – Bayer Crop Science.

41 C-431/04 [LS, para. 18, 25] – Wirkstoffzusammensetzung.

42 Cf. Sec. 29(2 a) No. 2 AMG.

43 Cf. to the difference according to German law: BPatGE 41, 56, 60 ff – Clarithromycin.

44 Cf. with further examples: Kloesel/Cyran § 29 Anm 35.

45 Cf. Zegerid®/Santarus (omeprazole [acid sensitive proton pump inhibitor] + sodium bicarbonate [outdated antacid]) or Augmentin®/GSK (amoxicillin [β-lactam antibiotic] + clavulanic acid [β-lactamase inhibitor without noteworthy own antibiotic effect.

18 Die Wirkstoffnamen sind in der deutschen Zulassung meistens unter „arzneilich wirksame Bestandteile“ und in einer europäischen Zulassung unter „Qualitative und quantitative Zusammensetzung (engl.: Qualitative and Quantitative Composition)“ in Anhang I („Zusammenfassung der Merkmale des Arzneimittels“) angegeben, Hilfs- und Trägerstoffe unter „Liste der sonstigen Bestandteile (engl.: List of Excipients)“.[46] Sollte ein normalerweise als Hilfs- oder Trägerstoff verwendeter Stoff im Einzelfall auch als Wirkstoff in Frage kommen, so scheint es sinnvoll dies bereits im Zulassungsverfahren zu klären und diesen Stoff in den Zulassungsunterlagen als Wirkstoff zu führen. Es dürfte zurzeit wenig erfolgversprechend sein, das Patentamt davon überzeugen zu wollen, ein in der Zulassung als Hilfs- und Trägerstoff angegebener Stoff sei in Wahrheit ein Wirkstoff.

2. Der Begriff der „Wirkstoffzusammensetzung“

19 Eine Wirkstoffzusammensetzung[47] ist – nach dem BPatG – eine Kombination mehrerer arzneilich wirksamer Bestandteile, d.h. von Stoffen, die die in Art. 1 a) AMV angegebene Wirkung entfalten.[48] Ob die Wirkung der Wirkstoffe durch den Zusatz von Hilfsstoffen verändert wird,[49] sei nach der AMV unerheblich, ebenso ein Hinweis im Grundpatent auf überraschende Wirkungssteigerung trotz Dosisverringerung.[50] Auch sei keine Wirkstoffzusammensetzung gegeben, wenn ein Wirkstoff in Kombination mit einem Konservierungsstoff ohne weitere physiologische Wirkung verabreicht wird.[51] Der EuGH schloss sich dem an und entschied, dass die Wirkstoffzusammensetzung eines Arzneimittels eine Zusammensetzung die aus zwei Stoffen besteht, von denen nur der eine eigene arzneiliche Wirkungen für eine bestimmte Indikation besitzt und von denen der andere eine Darreichungsform ermöglicht, die für die arzneiliche Wirksamkeit des ersten Stoffes für diese Indikation notwendig ist, nicht einschließt.[52]

20 Ist A ein vorzugelassener Wirkstoff und A+B eine vorzugelassene Wirkstoffzusammensetzung, so geht das DPMA – zumindest dann zu Recht – davon aus, dass es sich bei einer Wirkstoffzusammensetzung **A + (A+B)** um ein davon verschiedenes Erzeugnis iSv Art. 1 b AMV handelt,[53] wenn die beiden Komponenten nicht simultan, sondern sequentiell verabreicht werden und erst durch die sequentielle Verabreichung die spezifische arzneiliche Wirkung erzielt wird.

46 RL DPMA S. 5/16 [3.1.2.5].
47 Zum Zulassungserfordernis noch nicht miteinander kombinierter Wirkstoffe vgl. Art. 10 b RL 2001/83.
48 BPatGE 41, 56, 56 [LS 1] – Clarithromycin; BPatG 14 W (pat) 8/99 vom 23. Januar 2001 [juris Rn 39] – Östradiolvalerat; vgl. auch BPatG 14 W (pat) 13/05 vom 6. November 2007 [juris Rn 19, 20] – liposomales Daunorubicin.
49 Vgl. hinsichtlich der Wirkstoffeigenschaft von Safenern (Antidots) C-11/13 [LS, Rn 45] – Bayer Crop Science oder von Adjuvantien (Wirkungsverstärkern) die Entscheidung C-210/13 [LS, Rn 45] – GSK Biologicals. Hinsichtlich einer geänderten Wirkung ist nunmehr C-130/11 – Neurim zu beachten.
50 BPatG 14 W (pat) 8/99 [juris Rn 40, 41] – Östradiolvalerat.
51 Vgl. BPatGE 41, 56, 60 – Clarithromycin.
52 C-431/04 [LS, Rn 31] – Wirkstoffzusammensetzung.
53 Vgl. DE 122009000011.

Active ingredients are listed under the title "Arzneilich wirksame Bestandteile" in German authorisations and under "Qualitative and Quantitative Composition" in European authorisations in Annex I ("Summary of Product Characteristics"), excipients are indicated in the "List of Excipients".[46] If a substance, used normally as an excipient, should be qualified as an active ingredient in a particular case, it is be recommended to clear that during the authorisation procedure and to keep this compound as an active ingredient in the authorisation certificates. At the moment it seems hardly possible to convince the patent office that a compound, indicated as an excipient in the authorisation certificates, was an active ingredient in reality. 18

2. The term "Combination of Active Ingredients"

A combination of active ingredients[47] is – according to the FPC – a composition of several therapeutic active ingredients, namely, of substances that have the effect indicated in Art. 1(a) MPR.[48] According to the MPR it is insignificant whether the effect of an active ingredient has changed because of the addition of excipients[49] and whether an unexpected increase of its effects despite dose reduction was suggested in the basic patent.[50] No combination of active ingredients would exist if an active ingredient would be administered in composition with a preservative without further psychological effect.[51] The ECJ followed this approach and decided that a combination of active ingredients of a medicinal product does not include a combination of two substances, only one of which has therapeutic effects of its own for a specific indication, the other rendering possible a pharmaceutical form of the medicinal product necessary for the therapeutic efficacy of the first substance for that indication.[52] 19

If A is a pre-authorised active ingredient and A + B is a pre-authorised combination of active ingredients, the German PTO assumes – at least correct then – that with a combination of active ingredients **A + (A+B)** it is a matter of a different product within the meaning of Art. 1(b) MPR,[53] if both components are administered not simultaneously, but sequentially and the specific therapeutic effect is obtained because of the sequential administration. 20

46 RL DPMA p. 5/16 [3.1.2.5].
47 As to the authorisation requirement of active ingredients not hitherto used in combination: cf. Art. 10 b Dir. 2001/83/EC.
48 BPatGE 41, 56, 56 [LS1] – Clarithromycin; FPC 14 W (pat) 8/99, 23.1.2001 [juris Rn 39] – Östradiolvalerat; cf. also FPC 14 W (pat) 13/05, 6.11.2007 [juris Rn 19, 20] – liposomales Daunorubicin.
49 Cf. with regard to a product quality of safeners (antidots): C-11/13 [LS, para. 45] – Bayer Crop Science or adjuvants: C-210/13 – GSK Biologicals [LS, para. 45]. Concerning a modified effect: C-130/11 – Neurim is to be taken into account henceforth.
50 FPC 14 W (pat) 8/99 [juris Rn 40, 41] – Östradiolvalerat.
51 Cf. FPC 41, 56, 60 – Clarithromycin.
52 C-431/04 – Wirkstoffzusammensetzung [LS, para. 31].
53 Cf. DE 122009000011.

21 Das BPatG unterscheidet weiterhin zwischen fixen und **freien Wirkstoffkombinationen**. Es bezeichnet die Kombination von Wirkstoffen in einem einzigen Arzneimittel als fixe,[54] die Kombination von Wirkstoffen unterschiedlicher Arzneimittel hingegen als freie Wirkstoffkombination. Eine freie Wirkstoffkombination ist danach bspw. dann gegeben, wenn das Arzneimittel nur einen Wirkstoff enthält, im Zulassungsbescheid jedoch auf mögliche Kombinationstherapien mit weiteren Arzneimitteln hingewiesen wird. Ob ein Arzneimittel, das einen einzigen Wirkstoff zur Anwendung mit anderen Wirkstoffen enthält, ein anderes Erzeugnis betrifft als ein Arzneimittel mit dem selben Wirkstoff ohne diesen Hinweis, hat das BPatG ausdrücklich offen gelassen.[55] Es lässt die Zertifikatserteilung aber an Art. 3 b AMV scheitern, weil der Hinweis auf eine mögliche Kombinationstherapie im Zulassungsbescheid nicht zur Vermarktung aller Wirkstoffe in einer gemeinsamen Packung, sondern nur zur Bewerbung der Kombinationstherapie berechtigt.[56] Der BGH entschied indes, dass wenn die Zulassung nur einen Einzelwirkstoff betrifft, und sei es auch zur Anwendung in Kombination mit den übrigen Wirkstoffen einer Wirkstoffkombination, dann könne ein Zertifikat für die Wirkstoffkombination auch dann nicht erteilt werden, wenn das Grundpatent die Wirkstoffkombination schützt.[57]

IV. Die „Grundpatent"-Definition

22 Der Begriff Grundpatent ist in der AMV relativ häufig zu finden. Er spielt eine wichtige Rolle bei der Bestimmung des Schutzes des Erzeugnisses (Art. 3 a, 4 AMV),[58] der Wirkungen des Zertifikats (Art. 5 AMV), der Anmeldefrist (Art. 7 II AMV), des Beginns der Zertifikatslaufzeit (Art. 13 I AMV), bestimmter Zuständigkeiten (Art. 9 I, 15 II, 16 II AMV) und des ergänzend anzuwendenden Rechts (Art. 19 I AMV).

23 Art. 1 c AMV definiert Grundpatent als Patent,[59] das ein Erzeugnis als solches,[60] ein Verfahren zu dessen Herstellung oder dessen Verwendung schützt und das vom Inhaber für das

54 Im allgemeinen Sprachgebrauch werden als fixe Kombinationen nur Arzneimittel bezeichnet, die mehrere Wirkstoffe in einer gemeinsamen Dosisform enthalten. Sind die Wirkstoffe auf mehrere Dosisformen aufgeteilt, aber einer gemeinsamen Packung enthalten (z.B.: ZacPac®), so spricht man von einer Kombipackung oder einem Kit. Hacker (Busse/Hacker Anh § 16 a Rn 16) unterscheidet Kombinationsarzneimittel weiterhin in echte und unechte Wirkstoffzusammensetzungen. Bei echten Wirkstoffzusammensetzungen sollen mehrere Wirkstoffe gerade in Kombination einen bestimmten therapeutischen Zweck erzielen, während bei unechten Wirkstoffzusammensetzungen die enthaltenen Wirkstoffe unabhängig voneinander wirken (z.B. Impfstoffe) und nur aus Praktikabilitätsgründen und zur Kostensenkung in einer gemeinsamen Dosisform vereint sind. Unechte Wirkstoffzusammensetzungen sollten danach für die Zwecke der AMV keine Bedeutung haben und die enthaltenden Wirkstoffe als Einzelwirkstoffe behandelt werden.

55 BPatG 14 W (pat) 10/05 vom 23. November 2007 [juris Rn 29]. Dennoch unterstellt das BPatG für die weitere Argumentation, dass es sich um ein anderes Erzeugnis handelt. Nur so konnte Art. 3 b AMV verneint werden. Der Wortlaut von Art. 1 b AMV („Erzeugnis den Wirkstoff oder die Wirkstoffzusammensetzung eines Arzneimittels") könnte – bei Auslegung des Wortes „eines" als Zahlwort – aber auch gegen verschiedene Erzeugnisse sprechen. Die Zertifikatserteilung würde dann an Art. 3 d AMV scheitern.

56 BPatG 14 W (pat) 10/05 vom 23. November 2007 [juris Rn 30, 28].

57 BGH GRUR Int 2008, 1045, 1045 [LS] – Antihelicobacter-Präparat; nach dem BGH scheint die Zertifikatserteilung im konkreten Fall jedoch eher an Art. 3 a AMV zu scheitern, da das Grundpatent die Wirkstoffzusammensetzung schützte und bei einem solchen Patent ein Schutz für nur einen der Wirkstoffe allein eine unzulässige Teilkombination darstellt (vgl. BGH GRUR Int 2008, 1045, 1045 [II.1] – Antihelicobacter-Präparat).

58 Erstaunlicherweise verlangen die zusätzlichen Bestimmungen über die Erweiterung der Gemeinschaft in Art. 20 AMV, dass das betreffende Arzneimittel (nicht Erzeugnis) durch ein geltendes Grundpatent geschützt ist. Im Vergleich dazu verlangt Art. 2 AMV zur Eröffnung des Anwendungsbereichs der AMV den Schutz des Erzeugnisses (nicht Arzneimittels) durch ein Patent (nicht Grundpatent).

59 Nach Busse/Hacker Anh § 16 a Rn 30 genügt ein Gebrauchsmuster nicht.

60 Achtung: Der EuGH schlussfolgert in C-443/12 – Actavis aus Art. 1 b AMV, dass jeder Wirkstoff einer Wirkstoffkombination „als solcher" vom Grundpatent geschützt sein muss [Rn 29], was dann gegeben zu sein scheint, wenn er dessen zentrale erfinderische Idee darstellt [Rn 30]. Auf die Frage, ob die Wirkstoffkombination in diesem Fall iSv Art. 3 a AMV geschützt war, kam es dann nicht mehr an [Rn 44]. Vgl. auch C-484/12 – Georgetown, wo der Schutz als solcher bejaht wurde [LS].

The FPC continues to distinguish between fixed and **free combinations of active ingredients.** It designates a combination of active ingredients in a medicinal product as fixed[54] and, on the contrary, a combination of active ingredients in distinct medicinal products as free combinations of active ingredients. Therefore, the free combination of active ingredients exists, e.g. where a medicinal product contains only one active ingredient, though it is referred to the possible combination therapies with further medicinal products in the authorisation certificate. The FPC expressively left the problem open whether a medicinal product, which contains only one active ingredient for use with other active ingredients is the same product as a medicinal product with the same active ingredient without this reference to the other product.[55] However, it precluded the grant of an SPC because of Art. 3(b) MPR as the reference to the possible combination therapy in the authorisation certificate does not enable to place all active ingredients in a common package on the market but just entitles to promote the combination therapy.[56] The FCJ stated, meanwhile, that if only a single ingredient was authorised, even if for use with further different active ingredients of a combination, then an SPC for the combination of active ingredients could not be granted also if the basic paten protected the combination of active ingredients.[57] 21

IV. The term "Basic Patent"

The term "basic patent" comes in the MPR relatively often. It makes an important contribution in determination of the product's protection (Art. 3(a), 4 MPR),[58] effect of an SPC (Art. 5 MPR), application period (Art. 7(2) MPR), beginning of the duration of an SPC (Art. 13(1) MPR), certain competences (Art. 9(1), 15(2), 16(2) MPR) and additionally applicable law (Art. 19(1) MPR). 22

According to Art. 1(c) MPR "basic patent" means as a patent,[59] which protects a product as such[60], a process to obtain a product or an application of a product, and designated by its 23

54 In the current language medicinal products are named fix combinations if several active ingredients are contained in a common dosage form. If the active ingredients are separated into several dosage forms, but contained in a common package (e.g. ZacPac®), it is named a combi-pack or kit. Hacker (Busse/Hacker Anh § 16 a Rn 16) further on divides medicinal combination products into true and untrue combinations of active ingredients. In case of true combinations the active ingredients must interact to achieve a specific therapeutic effect, while in case of untrue combinations the active ingredients act independently of each other (e.g., vaccines) and are united in a common dosage form only for practical reasons and to reduce the costs. An untrue combination should, therefore, not be considered a combination of active ingredients under Art. 1(b) MPR but as unrelated single active ingredients.

55 FPC 14 W (pat) 10/05, 23.11.2007 [juris Rn 29]; However, the FCJ assumes in further argumentation that it is another product. Only by this Art. 3(b) MPR could be denied. The wording of Art. 1(b) MPR ("product means the active ingredient or combination of active ingredients of a medicinal product") could, however, – at the interpretation of the word "a" as a numeral – argue against different products. The grant of an SPC would then fail because of Art. 3(d) MPR.

56 FPC 14 W (pat) 10/05, 23.11.2007 [juris Rn 30, 28].

57 FCJ GRUR Int 2008, 1045, 1045 [LS] – Antihelicobacter-Präparat; According to the FCJ the grant of an SPC seems to fail in this case rather because of Art. 3(a) MPR as the basic patent protects a combination of active ingredients and thus protection for only one of the active ingredients is an inadmissible partial combination (cf. FCJ GRUR Int 2008, 1045, 1045 [II.1] – Antihelicobacter-Präparat).

58 Surprisingly enough, the additional provisions on the Community enlargement in Art. 20 MPR require that the medicinal product concerned (not the product) is protected by a valid basic patent. In comparison, Art. 2 MPR requires the protection of the product (not the medicinal product) by a patent (not a basic patent) for the opening of the scope of the MPR.

59 According to Busse/Hacker Anh § 16 a Rn 30 a utility patent is not sufficient.

60 Attention: The ECJ concludes in C-443/12 [para. 29] – Actavis from Article 1 b MPR that each active ingredient of a combination must be protected "as such" by the basic patent. This seems to be given, if it is its core inventive advance [para. 30]. The question of whether the combination of active ingredients was protected in this case, within the meaning of Article 3 a AMV was no longer decicive [para. 44]. See also C-484/12 [LS] – Georgetown, where protection was affirmed.

Verfahren zur Erteilung eines Zertifikats bestimmt ist. Dabei kommen als Grundpatent nationale und mit Wirkung für den Anmeldestaat erteilte europäische Patente und in Zukunft auch europäische Patente mit einheitlicher Wirkung iSv Art. 1 c) VO 1257/2012/EU in Betracht.[61]

24 Art. 1 c AMV lässt offen, wann ein Patent ein „Erzeugnis als solches" schützt. Geht man, im Sinne einer verordnungseinheitlichen Auslegung davon aus, dass ein Erzeugnis iSv Art. 1 c AMV den Wirkstoff oder Wirkstoffzusammensetzung eines Arzneimittels meint, käme ein Patent nur dann als Grundpatent in Frage, wenn es den Wirkstoff oder die Wirkstoffzusammensetzung eines Arzneimittels, nicht aber das Arzneimittel als solches schützt.[62] Fraglich ist daher ob (bspw. Formulierungs-)[63] Patente erfasst sein können, deren Ansprüche nicht unmittelbar den Wirkstoff betreffende Merkmale enthalten. Trotz Art. 1 Nr. 9, Nr. 4 PMV, der eine vergleichbare Situation für Pflanzenschutzmittel ausdrücklich regelt, in EG 17 PMV aber nicht erwähnt ist, scheint der BGH zu Recht auch Formulierungspatente als Grundpatente zu akzeptieren.[64] Auch das DPMA scheint als Erzeugnispatent Stoff[65]- oder Sachpatente[66] im weitesten Sinne anzuerkennen. Mit der Einführung eines zweckgebundenen Stoffschutzes durch Art. 54 V EPÜ 2000 (§ 3 IV PatG) sind auch Patente auf Stoffe zur spezifischen Anwendung in einem nach Art. 53 c EPÜ (§ 2 a I Nr. 2 PatG) genannten Verfahren als Erzeugnispatent zu klassifizieren. Wichtig ist aber, dass der Wirkstoff oder die Wirkstoffzusammensetzung für die das Zertifikat erteilt werden soll, in den Ansprüchen des Grundpatents genannt ist.[67] Die Angabe einer Strukturformel ist hierfür aber nicht nötig, eine Funktionsformel genügt. Erforderlich ist aber, dass sich die Ansprüche stillschweigend aber notwendigerweise auf den Wirkstoff beziehen und zwar in spezifischer Art und Weise.[68] Nach Schell genügen allgemeine chemische Formeln (z.B. Markush-Formeln) in der Regel nicht.[69]

61 Vgl. EG 8 AMV; für DE: Art. II § 6 a IntPatÜG; RL DPMA S. 4/16 [3.2.1.2]; RL UK IPO [SPM 1.05]; Schennen S. 53 [Art. 1 Anm 5]; Busse/Hacker Anh § 16 a Rn 22; Benkard/Grabinski § 16 a Rn 17; Benkard/Grabinski EPÜ Art. 63 Rn 39; Brückner in Singer/Stauder Art. 63 Rn 9; Fitzner in Fitzner/Lutz/Bodewig § 16 a Rn 19.

62 Also Patente, die Gemische aus mehreren Stoffen, davon mindestens einem Wirkstoff betreffen.

63 Vgl. Art. 1 Nr. 9, Nr. 4 PMV der Zubereitungspatente ausdrücklich erwähnt; mangels Erwähnung in EG 17 PMV aber nicht ohne weiteres auf Art. 1 c AMV übertragbar.

64 BGH GRUR 2002, 523, 526 [II.3.a] – Custodiol, der EP 54635 (DE 3168925) als Grundpatent anerkennt [II.3.a], obwohl für Custodiol bspw. die im Hauptanspruch genannten Stoffe Fructose und Ribose nicht als arzneilich wirksame Bestandteile angegeben waren [I]. So auch Benkard/Grabinski EPÜ Art. 63 Rn: Der Schutz des Grundpatents muss auf ein neues Arzneimittel gerichtet sein, nicht notwendigerweise auf einen neuen Stoff.

65 Für Stoffpatente: Benkard/Grabinski § 16 a Rn 17; für Stoffansprüche: Wright S. 387, 393 [Art. 1 Anm 4].

66 RL DPMA S. 9/16 [3.3.3].

67 C-322/10 [LS 1, Rn 28] – Medeva.

68 C-493/12 – Eli Lilly [LS 1, 2]; Leider lässt der EuGH offen, wann sich Ansprüche „stillschweigend aber notwendigerweise und in spezifischer Art und Weise auf einen Wirkstoff beziehen" und inwieweit dieses Merkmal die normalen Prüfung des Schutzbereichs nach Art. 69 EPÜ modifizieren soll. Ebenso unklar bleibt, was unter einer „Funktionsformel" (einem in der medizinischen Chemie ungebräuchlichem Begriff) zu verstehen ist.

69 Schulte/Schell § 16 a Rn 21. Wegen Hinweises in C-493/12 [Rn 32] – Eli Lilly auf die Bedeutung von Art. 69 EPÜ für Bestimmung dessen, was nach Art. 3 a AMV geschützt ist aber fraglich. Vgl. hierzu auch [2014] EWHC 2404 (Pat) [Rn 55–74, insb. 68] – Eli Lilly wonach die weitere Voraussetzung „stillschweigend aber notwendigerweise und zwar in spezifischer Art und Weise" lediglich sagt, dass Anspruchserweiterungen durch z.B. Zusätze wie „enthaltend" für Art. 3 a AMV nicht berücksichtigt werden dürfen.

holder for the procedure to grant of an SPC. As a basic patent comes, therefore, into consideration national and European patents with effect in the filing country and in the future also the European patents with unitary effect within the meaning of Art. 1(2)(c) Reg. 1257/2012/EC.[61]

Art. 1(c) MPR does not clarify expressly when a patent protects a "product" as such. If it is assumed for a regulation consistent interpretation of MPR that product means an active ingredient or a combination of active ingredients of a medicinal product (Art. 1(c) MPR), a patent can only be a basic patent if it protects the active ingredient or the combination of active ingredients of a medicinal product, but may be not a medicinal product as such.[62] The question, therefore, arises of whether (e.g. formulation)[63] patents are covered as its claims do not contain features that affect the active ingredient only. Despite Art. 1 No. 9, No. 4 PPR that lays down explicit a rule for a comparable situation for plant protection products, but is not mentioned in R 17 PPR, the FCJ seems to accept the formulation patents as basic patents.[64] The German PTO seems also to recognize compound[65] object patents[66] as a product patents in the broadest sense. After the introduction of the purpose-related compound protection by Art. 54(5) EPC 2000 (Sec. 3(5) PatG) patents on compounds for any specific use in a method referred to in Art. 53(c) EPC (Sec. 2a(1) No. 2 PatG) are regarded as compound patents. But it is important that the active ingredient or the combination of active ingredients for which an SPC will be granted is mentioned or identified in the claim of a basic patent.[67] A structural formula is not necessary and a functional formula might be sufficient for this. However, it is necessary, that the claims relate, implicitly but necessarily and specifically, to the active ingredient in question.[68] According to Schell general chemical formulas (Markush formulas) are usually not sufficient.[69] 24

61 Cf. R 8 MPR; for DE: Art. II Sec. 6 a IntPatÜG; RL DPMA p. 4/16 [3.2.1.2]; MPP UK IPO [SPM 1.05]; Schennen p. 53 [Art. 1 Anm 5]; Busse/Hacker Anh § 16 a Rn 22; Benkard/Grabinski § 16 a Rn 17; Benkard/Grabinski EPÜ Art. 63 Rn 39; Brückner in Singer/Stauder Art. 63 Rn 9; Fitzner in Fitzner/Lutz/Bodewig § 16 a Rn 19.

62 Thus patents on mixtures several compounds at least one of which is an active ingredient.

63 Cf. Art. 1 No. 9, No. 4 PPR, which explicity mentions preparation patents; but as Art. 1 PPR is not mentioned in R 17 PPR it cannot be offhandedly transferred to Art. 1(c) MPR.

64 FPC GRUR 2002, 523, 526 [II.3.a] – Custodiol, which recognises EP 54635 (DE 3168925) as a basic patent [II.3.a], though, e.g., the substances fructose and ribose referred to in the main claim were not indicated as medically effective constituents [I]. So also Benkard/Grabinski EPÜ Art. 63 Rn: The protection of the basic patent must be directed on a new medicinal product, but not necessarily on a new compound.

65 For compound patents: Benkard/Grabinski § 16 a Rn 17; for compound claims: Wright S. 387, 393 [Art. 1 Anm 4].

66 RL DPMA p. 9/16 [3.3.3].

67 C-322/10 – Medeva [LS 1, para. 28].

68 C-493/12 [LS 1, 2] – Eli Lilly; Unfortunately, the ECJ leaves open, when claims relate, implicitly but necessarily and specifically, to an active ingredient and to what extent this feature is intended to modify the normal examination of the scope of protection under Article 69 EPC. It remains also unclear what is meant by a functional formula (a rather unusual term in medicinal chemistry).

69 Schulte/Schell § 16 a Rn 21. Questionable, because of the note on the importance of Art. 69 EPC for determination of what is protected under Art. 3(a) MPR in C-493/12 [para. 32] – Eli Lilly. See also [2014] EWHC 2404 (Pat) [para. 55–74, especially 68] – Eli Lilly according to which the proviso "implicitly but necessarily and specifically" only says that claim extensions like "comprising" must not be considered for the purpose of Art. 3(a) MPR.

25 Ein Verfahrenspatent kommt ebenfalls nur dann als Grundpatent in Betracht, wenn das durch das fragliche Herstellungsverfahren gewonnene Erzeugnis in den Ansprüchen des Herstellungspatents bezeichnet ist. Ob das Erzeugnis unmittelbar durch dieses Verfahren gewonnen werden kann, soll in diesem Zusammenhang keine Rolle spielen.[70] Dies kann zwar im Erteilungsverfahren angenommen werden, ist im Verletzungsverfahren hingegen sehr fraglich. Der Schutz des Zertifikats erstreckt sich nämlich allein auf das zugelassene Erzeugnis und zwar in den Grenzen des durch das Grundpatent gewährten Schutzes, Art. 4 AMV. Einem Dritten ist es in Deutschland aber nur verboten, durch patentierte Verfahren unmittelbar hergestellte Erzeugnisse anzubieten, in Verkehr zu bringen, zu gebrauchen usw., § 9 S. 2 Nr. 3 PatG. Sollte ein Verfahrenspatent als Grundpatent ernsthaft in Erwägung gezogen werden, so ist bereits im Patenterteilungsverfahren auf entsprechend formulierte Ansprüche zu achten.

26 Verwendungspatente[71] als Grundpatente haben bereits mit Einführung des zweckgebundenen Stoffschutzes in das europäische Patentrecht (Art. 54 V EPÜ 2000, § 3 IV PatG) an Bedeutung verloren. Mit der Entscheidung G 2/08 wurde die bis dahin zulässige Schweizer Anspruchsform[72] mit Wirkung ab 28. Januar 2011 für unzulässig erklärt.[73] Vor diesem Zeitpunkt erteilte Verwendungspatente kommen aber weiterhin als Grundpatente iSv Art. 1 c Alt. 3 AMV in Betracht. *Schennen* meinte noch, dass – falls für die erste Indikation eines Wirkstoffs im Anmeldestaat bereits eine Zulassung erteilt wurde – die Erteilung eines Zertifikats für die zweite Indikation nach Art. 3 d AMV ausgeschlossen sei.[74] Zwar ist unter Berücksichtigung der umstrittenen Rechtsprechung des EuGH die Verwendung auch dann kein integraler Bestandteil der Erzeugnisdefinition, wenn das Grundpatent eine zweite medizinische Verwendung eines Wirkstoffs schützt.[75] Das spielt jedoch in der geschilderten Konstellation immer dann keine Rolle, wenn dem Anmelder noch kein Zertifikat erteilt wurde (Art. 3 II 1, EG 17 PMV) und dieser die Anmeldefrist (Art. 7 II AMV) gewahrt hat. Liegt dann die Erstzulassung des Wirkstoffs weniger als 15 Jahre zurück (Art. 13 I, EG 9 AMV) und endet die Zertifikatslaufzeit frühestens 6 Monate vor Patentablauf, so muss ein Zertifikat erteilt werden.

27 Die Auswahl des Grundpatents obliegt dem Patentinhaber. Er kann aus einer Mehrzahl in Frage kommender Patente frei wählen und muss dabei nicht das zuerst angemeldete Patent zum Gegenstand der Zertifikatsanmeldung machen.[76] Er sollte aber wegen Art. 3 a, 15 I b, c AMV nur Patente in die nähere Auswahl einbeziehen, die bei Zertifikatsanmeldung in Kraft sind, die er auch in Zukunft für rechtsbeständig hält und die das Erzeugnis schützen bzw. nennen.[77] Die eigentliche Bestimmung des Grundpatents erfolgt durch Angabe der Patentnummer in der Zertifikatsanmeldung, Art. 8 I a iii) AMV. Obwohl es nach Art. 10 Abs. 3 AMG möglich sein sollte, das Grundpatent bis zur Zertifikatserteilung durch ein anderes zu

70 C-630/10 [LS 3, Rn 40] – Universität Queensland; aA noch Wright S. 387, 393 [Art. 1 Anm 4], der vermutete, dass das patentierte Herstellungsverfahren direkt zum zertifikatsgeschützten Wirkstoff führen müsse; Nach dieser neuen EuGH-Entscheidung wäre nicht mehr nachvollziehbar, warum Patente auf Verfahren zur Herstellung eines Arzneimittels (in denen bereits der fertig synthetisierte Wirkstoff als Ausgangsmaterial verwendet wird) nicht als Grundpatent in Betracht kommen sollten.

71 Also Patente die eine zweite medizinische Indikation schützen, vgl. Schennen S. 53 [Art. 1 Anm 5]; Benkard/Grabinski § 16 Rn 17; Wright S. 387, 393 [Art. 1 Anm 4].

72 Verwendung des Wirkstoffes X zur Herstellung eines Arzneimittels zur Behandlung der Krankheit Y.

73 GBK EPA G 2/08 GRUR Int 2010, 333, 333 – Dosage regime/ABBOTT Respiratory; Die Entscheidung wurde am 28. Oktober 2010 veröffentlicht: GBK ABl. EPA 2010, 456 ff (http://www.epo.org/law-practice/legal-texts/official-journal/2010_de.html).

74 Schennen S. 53 [Art. 1 Anm 5] ausdrücklich nicht nur für Fälle in denen Art. 19 VO 1768/92 nicht greift.

75 C-202/05 [LS] – Calcitriol; aber C-130/11 – Neurim: Erteilung eines weiteren Zertifikats nunmehr unter bestimmten Voraussetzungen dennoch möglich.

76 RL UK IPO [SPM 1.05]; Wright S. 387, 393 [Art. 1 Anm 4].

77 Daß heißt nicht Patente, die widerrufen, erloschen, für nichtig erklärt oder zu stark beschränkt wurden; vgl. Schulte/Kühnen 8. Aufl. § 16 a Rn 9, 10.

A process patent comes into consideration as a basic patent only if the product obtained by the claimed process is identified in the wording of this process patents claims. Whether it is possible to obtain the product directly as a result of that process is irrelevant in that regard.[70] This might be acceptable in the grant procedures, but seems doubtful in the infringement procedures. The protection of an SPC extends solely to the authorised product within the limits of the protection conferred by a basic patent, Art. 4 MPR. But in Germany a third party is only prohibited from offering, placing on the market and consuming the products manufactured directly through a patented process, Sec. 9(2) No. 3 PatG. If a procedure patent should be seriously considered as a basic patent, it is important to draft the claims appropriately during patent prosecution. 25

Use patents[71] became less important after the introduction of the purpose-limited compound protection in the European patent law (Art. 54(5) EPC 2000, Sec. 3(4) PatG). Swiss type claims[72] admissible previously with effect from January 28, 2011 were declared inadmissible by the decision G 2/08.[73] But the use patents granted before that day come still into consideration as basic patents within the meaning of Art. 1(c) MPR. *Schennen* believed that – if for the first indication of an active ingredient in a filing country an authorisation was granted – the grant of an SPC for the second indication would be excluded based on Art. 3(d) MPR.[74] However, taking into account the controversial jurisprudence of the ECJ the application is not integral to the product definition if the basic patent protects the second medical application of an active ingredient.[75] It does not make, however, any contribution in the described constellation if an SPC was not granted to the applicant (Art. 3(2)(1), R 17 PPR) and the applicant followed the deadline of application (Art. 7(2) MPR). If the first authorisation was less than 15 years ago (Art. 13(1), R 9 MPR) and the SPC term ends 6 month before the patent term at the earliest, an SPC must be granted! 26

A patent holder is responsible for the selection of a basic patent. He can choose free from many patents in question and has not to make the patent filed initially subject to the application for an SPC.[76] But – because of Art. 3(a), 15(1)(b), (c) MPR – he should only seriously select patents, which will protect and mention the products, seem valid in the future, and are in force at the filing date.[77] The proper identification of a basic patent happens by indicating its patent number in the SPC application, Art. 8(1)(a)(iii) MPR. Though it should be possible in accordance with Art. 10(3) MPR to substitute a basic patent by another, it is recommended to add the numbers of further potential basic patents in the SPC application on which 27

70 C-630/10 – Queensland [LS 3, para. 40]; dissenting: Wright S. 387, 393 [Art. 1 Anm 4], who supposed that the patented manufacturing process must lead directly to the SPC protected active ingredient. After this new ECJ decision it would be no longer comprehensible, why patents on manufacturing processes for medicinal products (in which the ready synthesized active ingredient is used as starting material) should not be considered a basic patent.

71 Patents, which claim second medical indications, cf. Schennen p. 53 [Art 1 Anm 5]; Benkard/Grabinski § 16 Rn 17; Wright p. 387, 393 [Art. 1 Anm 4].

72 Use of substance X in the manufacture of a medicament for the treatment of condition Y.

73 Enlarged BoA EPO G 2/08 GRUR Int 2010, 333, 333 – Dosage regime/ABBOTT Respiratory. This decision was published on October 28, 2010: Enlarged BoA OJ EPO 2010, 456 ff (http://www.epo.org/law-practice/legal-texts/official-journal/2010_de.html).

74 Schennen p. 53 [Art. 1 Anm 5] explicit not only in cases where Art. 19 Reg. 1768/92 does not apply.

75 C-202/05 – Calcitriol [LS]; but C-130/11 – Neurim: The grant of a further SPC seems possible now, if certain conditions are met.

76 MPP UK IPO [SPM 1.05]; Wright p. 387, 393 [Art. 1 Anm 4].

77 Not revoked, lapsed, declared invalid or limited to much; cf. Schulte/Kühnen 8th ed. § 16 a Rn 9, 10.

ersetzen, wird empfohlen der Zertifikatsanmeldung die Nummern weiterer potentieller Grundpatente beizufügen, auf die das Zertifikat erteilt werden soll, wenn sich im Verlauf des Erteilungsverfahrens herausstellt, dass eine Erteilung auf das ausgewählte Grundpatent nicht in Frage kommt.[78]

28 Auf die Auswahl des richtigen Grundpatents sollte viel Sorgfalt verwandt werden. Entscheidend hierfür dürfte weniger die Frage der maximal erzielbaren Laufzeitverlängerung, sondern vielmehr die Validitätsprognose des Grundpatents, der zu erzielende Schutz und die Dauer des parallel laufenden Unterlagenschutzes sein. So kann es – bei Zweifeln an der Rechtsbeständigkeit eines Auswahlpatents auf den Wirkstoff – sinnvoll sein, ein prioritätsälteres allgemeineres Patent als Grundpatent anzugeben. Das Zertifikat konnte nach Ansicht des BGH auch für einen im Grundpatent als solchen nicht genannten Wirkstoff erteilt werden, der vom Schutzbereich eines Anspruchs des Patents umfasst wird, ohne dass es darauf ankommt, ob patentrechtlich eine Beschränkung auf den Wirkstoff möglich wäre.[79] Andererseits könnte im Falle gleichlaufenden Unterlagenschutzes (z.B. bei Zulassung 15 Jahre nach Patentanmeldung) einiges für die Auswahl eines jüngeren Patents sprechen, da eine zehnjährige[80] Exklusivität bereits über den Unterlagenschutz weitgehend abgesichert ist, vgl. Art. 10 I RL 2001/83/EG, § 24 b AMG.

29 Schützt ein und dasselbe Grundpatent mehrere Erzeugnisse, so scheint noch nicht abschließend geklärt, ob es von seinem Inhaber mehrmals als Grundpatent bestimmt werden kann. Der EuGH vertrat – jedoch im Zusammenhang mehrerer Zertifikatsanmeldungen durch unterschiedliche Anmelder – die Auffassung, dass wegen Art. 3 c AMV nicht mehr als ein Zertifikat je Grundpatent erteilt werden könne.[81] Art. 3 c AMV regelt jedoch lediglich, dass für das der Anmeldung zugrundeliegende Erzeugnis noch kein Zertifikat erteilt sein darf.[82] In ihren Schlussanträgen im Medeva-Fall vertrat die Generalanwältin die Auffassung, die Erteilung eines ersten Zertifikats für einen Wirkstoff bzw. für eine Wirkstoffzusammensetzung unter Berufung auf ein bestimmtes Patent schlösse die Erteilung weiterer Zertifikate unter Berufung auf dasselbe Patent aus. Der Patentinhaber müsse sich insofern entscheiden für welches Erzeugnis er ein Zertifikat erhalten möchte.[83] Der EuGH kam dann unter Hinweis auf seine frühere Biogen-Entscheidung zu der Ansicht, nach Art. 3 c AMV könne, wenn

78 Alternativ kommt – bspw., wenn das entsprechende Patent bei Ablauf der Frist nach Art. 7 I AMV noch nicht erteilt war – eine weitere Zertifikatsanmeldung in Betracht. Weil aber die Erteilung mehrerer Zertifikate für einen Anmelder ausgeschlossen ist (Art. 3 II 1, EG 17 PMV), kann ggf eine Rückstellung der Zertifikatserteilung bis zur Klärung der Erteilbarkeit der anderen Anmeldung beantragt werden. Vgl. zum Einreichen einer Serie paralleler Zertifikatsanmeldungen z.B. Sachverhalt zu BPatG 15 W (pat) 24/06 [S. 5 Abs. 6] wonach nach jeder pflanzenschutzrechtlichen (Not-, vorläufige und endgültige) Zulassung eine Anmeldung (DE122004000010 = BPatG 3 Ni 60/06; DE122005000004 = BPatG 15 W (pat) 51/05 und DE122007000075) auf das gleiche Grundpatent (DE68925352) eingereicht wurde. Beachte aber Schweizer BVerfG sic! 11, 249 Exenatide zu Sistierungsgesuch nach Aufforderung sich für eine Anmeldung zu entscheiden, wenn eines der Grundpatente zu 2 parallelen Zertifikatsanmeldungen für dasselbe Erzeugnis einspruchsbehaftet ist. Nach dem Schweizer BVerwG wurde das Sistierungsgesuch wegen überwiegenden öffentlichen Interesses an einer schnellen Erteilung zurückgewiesen.

79 BGH GRUR 2002, 415, 415, 417 [LS 2; II.4.d] – Sumatriptan. Ob dies nach C-322/10 [LS 1] – Medeva, nach der Zertifikate nicht für Wirkstoffe erteilt werden dürfen, die in den Ansprüchen des Grundpatents nicht genannt sind – immer noch unverändert gilt, bleibt abzuwarten. Schulte/Schell (§ 16 a Rn 20 f) hält eine explizite Nennung für nicht erforderlich, die Angabe einer Markush-Formel aber für nicht ausreichend. Nach C-493/12 [LS] – Eli Lilly ist die Angabe einer Strukturformel nicht erforderlich und die Angabe einer Funktionsformel unter Umständen ausreichend.

80 Bei Zulassung eines neuen Anwendungsgebietes mit bedeutendem klinischen Nutzen im Vergleich zu bestehenden Therapien innerhalb der ersten 8 Jahre ab Erstzulassung sogar 11 Jahre, Art. 10 I UA 4 RL 2001/83/EG.

81 C-181/95 [Rn 28] – Biogen.

82 C-482/07 [LS, Rn 43] – AHP Manufacturing gilt sogar, dass unter Berücksichtigung von Art. 3 II 2 PMV nur dem Anmelder noch kein Zertifikat für das Erzeugnis erteilt worden sein darf.

83 Schlussanträge der Generalanwältin Trstenjak zu C-322/10 und C-422/10 vom 13. Juli 2011 [Rn 103] – Medeva/Georgetown.

an SPC will be granted if during the grant procedure emerges that the grant of the chosen basic patent is impossible.[78]

28 Much accuracy should be devoted to the selection of the correct basic patent. The question of maximum possible duration extension may be less decisive, than a validity forecast for the basic patent, the protection, which can be obtained and the duration of data exclusivity running in parallel. It could be useful – if doubts exist about the validity of selected patent on a product – to indicate a more general patent with an earlier priority as a basic patent. According to the FCJ an SPC can be also granted for an active ingredient, mentioned in a basic patent as such and was within the protection scope of a claim of the patent, despite of whether a restriction to an active ingredient would be possible according to patent law.[79] On the other hand, with parallel data exclusivity (as with an authorisation 15 years after filing of a patent application) it might be preferable to select a more recent patent as ten years[80] of exclusivity for the document protection is substantially secured, Art. 10(1) Dir. 2001/83/EC, Sec. 24 b AMG.

29 If the same basic patent protects many products, it seems not yet entirely clear whether it can be designated as a basic patent several times by its holder. The ECJ took the view – however, with many applications for an SPC by various applicants – that because of Art. 3(c) MPR not more than one SPC for each basic patent could be granted.[81] Art. 3(c) MPR just regulates, however, that the product has not already been the subject of an SPC.[82] The Advocate General took the view in her Opinion in Case Medeva that the grant of the first SPC for an active ingredient or for a combination of active ingredients for a specified patent excludes the grant of further SPCs for the same patent. The patent holder has to decide for which product he would like to receive an SPC.[83] The ECJ expressed the view, for its previous decision in the Biogen case, that if a product was protected by a patent, not more than one SPC could be granted for this basic patent.[84] Meanwhile, the ECJ has clarified that multiple SPCs may be granted on one basic patent. If a further SPC on a combina-

78 Alternatively – e.g., if the respective patent has not been granted at the expiry of the period under Art. 7(1) MPR – further SPC application should be considered. Because the grant of several SPCs for the same product to the same applicant is excluded (Art. 3(2)(1), R 17 PPR), one might ask to delay the SPC grant decision until it is clarified, if the other application is grantable. Cf. concerning the filing of a series of parallel SPC applications the facts in FPC 15 W (pat) 24/06 [p. 5 para. 6] according to which after each plant protection product authorisation (emergency, provisional and final) an SPC application (DE 122004000010 = FPC 3 Ni 60/06; DE 122005000004 = FPC 15 W (pat) 51/05 and DE 122007000075) for the same basic patent (DE 68925352) was filed. But observe Swiss BVerfG sic! 11, 249 – Exenatide concerning a suspension request after an invitation to select one of two parallel SPC applications for the same product, if one of the basic patents concerned is opposed. According to the Swiss Federal Administrative Court (BVerwG) the suspension request was rejected due to overriding public interest in a quick grant.

79 FCJ GRUR 2002, 415, 415, 417 [LS 2; II.4.d] – Sumatriptan; Whether this applies unchanged after C-322/10 – Medeva [LS 1], according to which SPCs cannot be granted for active ingredients, which are not mentioned in the wording of the claims of the basic patent, remains to be seen. Cf. also current reference for a preliminary ruling C-443/12 – Actavis v. Sanofi (OJ EU C 389, 15.12.2012, p. 5; [2012] EWHC 2545 (Pat) and C-493/12 – Eli Lilly v. HGS (OJ EU C 9, 12.01.2013, p. 33; [2012] EWHC 2857 (Pat).

80 In case of an authorisation of a new therapeutic indication with significant clinical benefit in comparison with existing therapies during the first eight years after the first authorisation even 11 years, Art. 10 I subpara. 4 Dir. 2001/83/EC.

81 C-181/95 – Biogen [para. 28].

82 According to C-482/07 – AHP Manufacturing [LS, para. 43] and considering Art. 3(2)(2), R 17 PPR, it is only necessary that no SPC for the product was granted to the applicant.

83 Advocate General Trstenjak's opinion in C-322/10/C-422/10 – Medeva/Georgetown [para. 103].

ein Erzeugnis durch ein Patent geschützt wird, nicht mehr als ein Zertifikat für dieses Grundpatent erteilt werden.[84] Mittlerweile hat der EuGH klargestellt, dass auch mehrere Zertifikate auf ein Grundpatent erteilt werden können. Soll, nachdem bereits ein Zertifikat für einen Wirkstoff A erteilt wurde, ein weiteres Zertifikat auf eine Wirkstoffzusammensetzung A + X erteilt werden, so ist nach Ansicht des EuGH allerdings erforderlich, dass auch der Wirkstoff X einzeln als solches durch das Grundpatent geschützt ist. Dies scheint nur dann der Fall zu sein, wenn auch der zweite, zu kombinierende Wirkstoff X zur zentralen erfinderischen Tätigkeit des Grundpatents gezählt werden kann.[85] Ob dieses Problem durch die Einreichung von Teilanmeldungen umgangen werden kann oder ob hierfür bereits vom (selben) Anmeldetag an getrennte Patentanmeldungen vorliegen müssen, bleibt abzuwarten.

V. Die Begriffe „Zertifikat" und „Verlängerungsantrag"

30 Art. 1 d AMV vereinfacht den Sprachgebrauch für die folgenden Artikel,[86] indem es „ergänzendes Schutzzertifikat" durch „Zertifikat" ersetzt. Nach Art. 1 e AMV meint der „Antrag auf Verlängerung der Laufzeit" einen Verlängerungsantrag nach Art. 13 III AMV, Art. 36 PädV.

84 C-322/10 [Rn 41] – Medeva; C-422/10 [Rn 34] – Georgetown; Generalanwalt Jääskinen meinte noch, dass nur ein SPC je Grundpatent erteilt werden kann, selbst wenn dieses mehrere Erzeugnisse schützt, vgl. seine Schlussanträge zu C-484/12 – Georgetown II [Rn 23].

85 C-443/12 [Rn 29, 30] – Actavis, C-484/12 [LS, Rn 30] – Georgetown II. Vgl. auch RL UK IPO [SPM 2.03]: Different products will need to be the subject of different certificates, even if they are protected by the same basic patent. Schmidt-Wudy PharmR 2014, 45, 47 [IV] bemängelt, dass sich der EuGH nicht mit dem Wortlaut von Art. 1 c AMV auseinandersetzt, nach dem das „Grundpatent ein Patent [*ist*], dass ein [*Singular*] Erzeugnis schützt".

86 Schennen S. 53 [Art. 1 Anm 6].

tion A + X shall be granted after an SPC for an active ingredient A has already been granted, it is according to the ECJ, however, necessary that X is also protected as such by the basic patent. This only seems to be the case, if X constitutes the core inventive advance of the basic patent.[85] Whether this problem can be easily circumvented by filing divisional applications or whether two separate patent applications with the (same) filing date are necessary remains to be seen.

V. The term "SPC" and "duration extension application"

Art. 1(d) MPR simplifies the linguistic use for the following articles[86] by substitution of "supplementary protection certificate" by "certificate". In accordance with Art. 1(e) MPR "application for an extension of the duration" means "an application for an extension of the duration" according to Art. 13(3) MPR, Art. 36 PedV. 30

84 C-322/10 [para. 41] – Medeva and C-422/10 [para. 34] – Georgetown; However, Advocate General Jääskinen seemed to think, that only one SPC can be granted on a basic patent covering more then one product, cf his opinion regarding C-484/12 [para. 23] – Georgetown II.

85 C-443/12 [para. 29, 30] – Actavis, C-484/12 [LS, Rn 30] – Georgetown II. Cf. also MPP UK IPO [SPM 2.03]: Different products will need to be the subject of different certificates, even if they are protected by the same basic patent. Schmidt-Wudy PharmR 2014, 45, 47 [IV] complained that the ECJ did not deal with the wording of Art. 1 (c) MPR, according to which "basic patent means a patent which protects a [*singular*] product".

86 Schennen p. 53 [Art. 1 Anm 6].

Artikel 2 Anwendungsbereich

Für jedes im Hoheitsgebiet eines Mitgliedstaats durch ein Patent geschützte Erzeugnis, das vor seinem Inverkehrbringen als Arzneimittel Gegenstand eines verwaltungsrechtlichen Genehmigungsverfahrens gemäß der Richtlinie 2001/83/EG des Europäischen Parlaments und des Rates vom 6. November 2001 zur Schaffung eines Gemeinschaftskodexes für Humanarzneimittel[1] oder der Richtlinie 2001/82/EG des Europäischen Parlaments und des Rates vom 6. November 2001 zur Schaffung eines Gemeinschaftskodexes für Tierarzneimittel[2] ist, kann nach den in dieser Verordnung festgelegten Bedingungen und Modalitäten ein Zertifikat erteilt werden.

1 Gemäß Art. 2 AMV kann für jedes in einem Mitgliedstaat durch ein Patent geschütztes Erzeugnis, das vor seinem Inverkehrbringen als Arzneimittel Gegenstand eines verwaltungsrechtlichen Genehmigungsverfahrens nach RL 2001/83/EG (Human-) bzw. RL 2001/82/EG (Tierarzneimittel) ist, nach den in der AMV festgelegten Bedingungen und Modalitäten ein Zertifikat erteilt werden. Art. 2 AMV wird dabei als **materielle Voraussetzung** der Zertifikatserteilung angesehen.[3]

2 Trotz der Verwendung von „kann" in Art. 2 AMV ist die Zertifikatserteilung nicht ins Belieben der zuständigen Behörde gestellt. Vielmehr hat der Anmelder einen **öffentlich-rechtlichen Anspruch** auf Erteilung,[4] wenn alle in der AMV festgelegten Bedingungen[5] und Modalitäten[6] erfüllt sind. Mit der Formulierung „ein Zertifikat" „für jedes" Erzeugnis wird zum Ausdruck gebracht, dass sich unterscheidende Erzeugnisse Gegenstand verschiedener Zertifikate sein müssen, selbst wenn diese durch das gleiche Grundpatent geschützt sind.[7] Eine Begrenzung auf genau „ein" Zertifikat je Erzeugnis ergibt sich daraus nicht, Art. 3 II 2, EG 17 PMV.[8]

3 Das Erzeugnis[9] muss im Hoheitsgebiet eines Mitgliedstaates patentgeschützt sein. Diese Voraussetzung ergibt sich schon aus Art. 3 a AMV[10] und dürfte überflüssig sein.[11] Mitgliedstaat meint nicht nur Mitgliedstaaten der EU, sondern auch die EWR-Staaten Norwegen, Island und Liechtenstein.[12]

4 Das Erzeugnis muss außerdem vor seinem Inverkehrbringen als Arzneimittel Gegenstand eines verwaltungsrechtlichen Genehmigungsverfahrens nach RL 2001/83/EG (Humanarznei-

1 **Amtl. Anm.:** ABl. L 311 vom 28.11.2001, S. 67.
2 **Amtl. Anm.:** ABl. L 311 vom 28.11.2001, S. 1.
3 Busse/Hacker Anh § 16 a Rn 118, vgl. aber auch Rn 17; nicht so eindeutig: C-195/09 [Rn 56] – Memantin: Art. 2 AMV betrifft Anwendungsbereich der AMV; Auch nach Fitzner ist Art. 2 AMV eine sachliche Erteilungsvoraussetzung, die den Anwendungsbereich von Art. 3 AMV eröffnet, Fitzner/Lutz/Bodewig § 16 a Rn 40. Eigentlich betrifft Art. 2 AMV die Statthaftigkeit der Zertifikatserteilung und ist daher vor den formellen und materiellen Voraussetzungen zu prüfen. Nach BGH Mitt 2011, 466, 467 f [Rn 13, 29] – Memantin ist das zugehörige Grundpatent EP 392059 jedoch nicht patentfähig. Dies führt zur Nichtigkeit des entsprechenden Zertifikats DE 10299048.
4 Schennen S. 54 [Art. 2 Anm 6]; BGH GRUR 2002, 415, 416 [II.4.a] – Sumatriptan; BGH GRUR 2002, 47, 48 [II.6.b] – Idarubicin III.
5 Hinweis auf die materiellrechtlichen Erteilungsvoraussetzungen (Art. 3 AMV).
6 Hinweis auf die verfahrensrechtlichen Voraussetzungen (Art. 7, 8 AMV) einschließlich der nach Art. 19 I AMV zulässigen nationalen Ergänzungen.
7 RL UK IPO [SPM 2.03].
8 Vgl. auch C-443/12 [Rn 29, 30] – Actavis, C-484/12 [LS, Rn 30] – Georgetown II.
9 Zur Erzeugnisdefinition siehe Art. 1 b AMV.
10 Vgl. Schennen S. 54 [Art. 2 Anm 1].
11 Vgl. aber auch C-195/05 [Rn 40] – Memantin (allerdings zu Art. 3 b AMV): Eine Auslegung von Art. 2 AMV, die Art. 3 AMV inhaltlich vorwegnähme, würde Art. 2 AMV jede Berechtigung nehmen.
12 Art. 65 II EWR-Abk iVm Nr. 6 Anh XVII idF des Beschluss Nr. 7/94 des Gemeinsamen EWR-Ausschusses vom 21. März 1994, Anh 15 und dem Protokoll Nr. 1 über horizontale Anpassungen (ABl. EG 94 [L 1, 3; 482; L 160, 1]).

Article 2 Scope

Any product protected by a patent in the territory of a Member State and subject, prior to being placed on the market as a medicinal product, to an administrative authorisation procedure as laid down in Directive 2001/83/EC of the European Parliament and of the Council of 6 November 2001 on the Community code relating to medicinal products for human use[1] or Directive 2001/82/EC of the European Parliament and of the Council of 6 November 2001 on the Community code relating to veterinary medicinal products[2] may, under the terms and conditions provided for in this Regulation, be the subject of a certificate.

According to Art. 2 MPR any product protected by a patent in a Member State and subject, prior to being placed on the market as a medicinal product, to an administrative authorisation procedure as laid down in Dir. 2001/83/EC (medicinal products for human use) or Dir. 2001/82/EC (veterinary medicinal products) may, under the terms and conditions provided for in MPR, be the subject of an SPC. Art. 2 MPR is considered a **substantive condition** for the grant of an SPC[3] in this regard. 1

Despite the use of the word "may" in Art. 2 MPR the grant of an SPC is not at discretion of the competent authority. On the contrary, the applicant has a **right** to the grant of an SPC **under public law**[4] when all the terms[5] and conditions[6] provided for in MPR are met. The formulation of "a certificate" for "any" product states that different products must be a subject of different SPCs although they are protected by the same basic patent.[7] A limitation of exactly "one" SPC per product does not arise therefrom, Art. 3(2)(2), R 17 PPR.[8] 2

The product[9] must be patented in the territory of a Member State. This condition arises already from Art. 3(a) MPR[10] and may be unnecessary here.[11] The term "Member State" refers not only to EU Member States but also to the EEA countries Norway, Iceland and Liechtenstein.[12] 3

Furthermore, the product, prior to being placed on the market as a medicinal product, must have been a subject to an administrative authorisation procedure as laid down in Dir. 2001/83/EC or Dir. 2001/82/EC.[13] It does not contravene Art. 2 MPR that the active ingre- 4

1 **Official Note:** OJ L 311, 28.11.2001, p. 67.
2 **Official Note:** OJ L 311, 28.11.2001, p. 1.
3 Busse/Hacker Anh § 16 a Rn 118, cf. also Rn 17; not so clear: C-195/09 – Memantine [para. 56]: Art. 2 MPR refers to the scope of the MPR. According to Fitzner Art. 2 MPR is a substative grant condition, which opens the scope of Art. 3 MPR, Fitzner/Lutz/Bodewig § 16 a Rn 40. Actually Art. 2 MPR regulates the admissibility oft he SPC grant. Thus it has to be examined before the formal and substantive grant conditions. As the respective basic patent EP 392059 (according to FCJ Mitt 2011, 466, 467 f [Rn 13, 29] – Memantin) was declared invalid for Germany, the SPC DE 10299048 is invalid, too.
4 Schennen p. 54 [Art. 2 Anm 6]; FCJ GRUR 2002, 415, 416 [II.4.a] – Sumatriptan; FCJ GRUR 2002, 47, 48 [II.6.b] – Idarubicin III.
5 Reference to the substantive grant conditions (Art. 3 MPR).
6 Reference to the formal grant conditions (Art. 7, 8 MPR) including procedural provisions applicable under national law (Art. 19(1) MPR).
7 MPP UK IPO [SPM 2.03].
8 Cf. also C-443/12 [para. 29, 30] – Actavis, C-484/12 [LS, para. 30] – Georgetown II.
9 As to product definition, cf. Art. 1(b) MPR.
10 Cf. Schennen p. 54 [Art. 2 Anm 1].
11 Cf. also C-195/05 – Memantine [para. 40] (but regarding Art. 3(b) MPR): An interpretation, which would simply replicate the content of Art. 3 MPR would deprive Art. 2 MPR any raison d'être.
12 Art. 65 II EEA Agreement with No. 6 Annex XVII as amended by the decision of the EEA Joint Committee No 7/94 of 21 March 1994, annex 15 and protokoll No. 1 on horizontal adaptations (OJ EC L 1, 3.1.1994, p. 3, 482; L 160, 28.6.1994, p. 1, 138]).

mittel) bzw. RL 2001/82/EG (Tierarzneimittel)[13] gewesen sein. Dass der Wirkstoff ggf. zu anderen als medizinischen Zwecken auch ohne Genehmigung in Verkehr gebracht werden darf, steht Art. 2 AMV nicht entgegen.[14] Verwaltungsrechtliches Genehmigungsverfahren nach RL 2001/83/EG meint Zulassungen im **Verfahren der gegenseitigen Anerkennung** (MRP) und im **dezentralisierten Verfahren** (DCP).[15] Fiktive Zulassungen für Altarzneimittel nach § 105 AMG sollen daher nicht unter Art. 2 AMV fallen. Dies gilt auch für mögliche Nachzulassungen, die nicht „vor" dem Inverkehrbringen stattgefunden haben können.[16]

5 Obwohl – anders als im umgekehrten Fall – eine Bezugnahme auf RL 2001/83/EG bzw. RL 2001/82/EG nicht als Bezugnahme auf RL 65/65/EWG bzw. RL 81/851/EWG gilt (vgl. Art. 128 I, 2 RL 2001/83/EG; Art. 96 I 2 RL 2001/82/EG), eröffnen auch Zulassungen nach diesen mittlerweile aufgehobenen Richtlinien – nicht zuletzt wegen ihrer ausdrücklichen Erwähnung in Art. 2 VO 1768/92 – den Anwendungsbereich der aktuellen AMV.

6 Das Gleiche gilt – trotz Nichtnennung in Art. 2 AMV – für **zentrale Zulassungsverfahren** nach VO 726/2004 (früher VO 2309/93/EWG),[17] weil diese bspw. hinsichtlich der resultierenden Rechte und Pflichten den Zulassungen nach RL 2001/83/EG gleichgestellt sind, Art. 13 I 2 VO 726/2004.

7 Problematisch war, ob nationale schweizer Zulassungen über ihre automatische Anerkennung in Liechtenstein der Anwendung der AMV entgegenstehen.[18] Der EuGH bestätigte, dass nationale schweizer Zulassungen keine Zulassung nach RL 2001/83/EG sind. Die Frage, ob funktionelle Gleichwertigkeit zwischen den schweizer Zulassungsnormen und der RL 2001/83/EG besteht, konnte der EuGH dahinstehen lassen, da nach Nr. 6 Anh. XVII EWR-Abk. über den Zusatz zu Art. 3 b VO 1768/92 vorsah, dass für die Zwecke dieser Norm und der auf sie verweisenden Artikel eine nach nationalen Rechtsvorschriften eines EFTA-Staates[19] erteilte Zulassung als Zulassung gemäß RL 2001/83/EG gilt.[20] Seit Juni 2005 erkennt Liechtenstein schweizer Zulassungen nicht mehr automatisch, sondern erst nach Streichung aus einer sogenannten Negativliste an.[21]

8 Ob auch nach innerstaatlichen Rechtsvorschriften Österreichs, Finnlands oder Schwedens durchgeführte Zulassungsverfahren den Anforderungen von Art. 2 AMV genügen, war wegen des Verweises von Art. 3 b S. 2 VO 1768/92 nur auf Art. 19 VO 1768/92 zweifelhaft.[22]

13 Zu den in Art. 2 VO 1768/92 noch genannten, aber seit 18. Dezember 2001 durch die Richtlinien 2001/83/EG bzw. 2001/82/EG ersetzten Richtlinien 65/65/EWG bzw. 81/851/EWG: vgl. Busse/Hacker 6. Aufl. Anh § 16 a Rn 3, Rn 27 ff; Benkard/Grabinski § 16 a Rn 20–24; Schulte/Kühnen 8. Aufl. § 16 a Rn 13; Schulte/Schell § 16 a Rn 25; wobei Verweise auf die ersetzten Richtlinien als Verweise auf neuen Richtlinien gelten (vgl. Art. 128 I, 2 RL 2001/83/EG; Art. 96 I 2 RL 2001/82/EG).

14 Vgl. Morzè/Hanna JPTOS, 1995, 479, 487 [2.1]; Busse/Hacker Anh § 16 a Rn 24.

15 Art. 28 RL 2001/83; (rein) nationale Zulassungen kommen nur noch bei Zulassung in nur einem Mitgliedstaat in Betracht (Art. 28 I 1 RL 2001/83/EG) und spielen bei innovativen Arzneimitteln keine Rolle.

16 Vgl. Busse/Hacker Anh § 16 a Rn 24, 141 nach BPatG 3 Ni 59/05 – Memantin (zB in GRUR 2008, 892, 895).

17 Vgl. (allerdings zu Art. 3 b AMV) Benkard/Grabinski § 16 a Rn 24; Busse/Hacker Anh § 16 a Rn 50; Schulte/Schell § 16 a Rn 25; RL UK IPO [SPM 2.01]; RL DPMA S. 5/16 [3.2.1.3].

18 C-617/12 [Rn 33, Frage 3] – Astra Zeneca.

19 In Art. 3 b 2 VO 1768/92 sind aber nur Österreich, Finnland und Schweden, nicht jedoch Liechtenstein (welches dem EWR erst später beigetreten ist) ausdrücklich genannt.

20 C-617/12 [Rn 52, 53] – Astra Zeneca.

21 Vgl. C-617/12 [Rn 58] – Astra Zeneca.

22 Vgl. hierzu aber Benkard/Ullmann/Grabinski EPÜ Art. 63 Rn 22; Benkard/Grabinski § 16 a Rn 20; Busse/Hacker Anh § 16 a Rn 28, Rn 36; würden derartige Zulassungen Art. 2 AMV nicht genügen, bräuchten sie – trotz anderen Wortlauts als Art. 3 b S. 1 Hs 2 AMV – aber auch nicht geregelt zu werden.

dient, if necessary, may be placed on the market for other than medical purposes also without authorisation.[14] By an administrative authorisation procedure as laid down in Dir. 2001/83/EC is meant authorisations under the **mutual recognition procedure** (MRP) and **decentralised procedure** (DCP).[15] Fictive authorisations for old medicinal products in accordance with Sec. 105 AMG will not fall under Art. 2 MPR. This also applies to "a posteriori authorisations" which could not have taken place "before" placing on the market.[16]

Although – other than the other way round – a reference to Dir. 2001/83/EC or Dir. 2001/82/EC is not regarded as a reference to Dir. 65/65/EEC (cf. Art. 128 Dir. 2001/83/EC; Art. 96 Dir. 2001/82/EC), authorisations in accordance with this repealed directive – not least because of its explicit mention in Art. 2 Reg. 1768/92 – open also the scope of the current MPR. 5

The same applies – despite non-appearance in Art. 2 MPR – to **centralised authorisations** in accordance with Reg. 726/2004 (earlier: Reg. 2309/93)[17] because they will confer the same rights and obligations as authorisations granted in accordance with Art. 6 Dir. 2001/83/EC, Art. 13(1)(2) Reg. 726/2004. 6

The problem was whether national swiss approvals preclude the application of the MPR as they were automaticly recognised in Liechtenstein.[18] The ECJ confirmed that Swiss national approvals are not approvals under Dir. 2001/83/EC. The ECJ could leave undecided the question of whether there is functional equivalence between approvals under Swiss provisions and Dir. 2001/83/EC, since No. 6 Annex XVII EEA Agreement provided for an addition to Article 3 b Reg. 1768/92. That addition said, that for the purpose of Article 19 (1) Reg. 1768/92 an approval granted under the national legislation of an EFTA state[19] is treated as an approval granted under Dir. 65/65/EEC (predecessor of Dir. 2001/83/EC).[20] Since June 2005 Liechtenstein does no longer automatically recognize Swiss approvals, but after deletion of a so-called negative list.[21] 7

It remains doubtful because of the reference in Art. 3(b)(2) Reg. 1768/92 only to Art. 19 Reg. 1768/92 whether the authorisation procedures according to the national legislation of Austria, Finland and Sweden meet also the requirements of Art. 2 MPR.[22] 8

13 As to Dir. 65/65/EEC and 81/851/EEC still mentioned in Art. 2 Reg. 1768/92 but replaced by Dir. 2001/83/EC and 2001/82/EC since December 18, 2001: cf. Busse/Hacker, 6th edition, Anh § 16 a Rn 3, Rn 27 ff; Benkard/Grabinski § 16 a Rn 20–24; Schulte/Kühnen 8th ed. § 16 a Rn 13; Schulte/Schell § 16 a Rn 25. References to the repealed directives shall be construed as references to the new directives (cf. Art. 128 I, 2 Dir. 2001/83/EC; Art. 96 I 2 Dir. 2001/82/EC).

14 Cf. Morzè/Hanna JPTOS, 1995, 479, 487 [2.1]; Busse/Hacker Anh § 16 a Rn 24.

15 Art. 28 Dir. 2001/83/EC. (Mere) national authorisations are only possible in case of authorisations in only one single Member State (Art. 28(1)(1) Dir. 2001/83/EC) and are thus negligible for innovative medicines.

16 Cf. Busse/Hacker Anh § 16 a Rn 24, 141 following FPC 3 Ni 59/05 – Memantin (e.g. in GRUR 2008, 892, 895).

17 Cf. (but regarding Art. 3(b) MPR): Benkard/Grabinski § 16 a Rn 24; Busse/Hacker Anh § 16 a Rn 50; Schulte/Schell § 16 a Rn 25; MPP UK IPO [SPM 2.01]; RL DPMA p. 5/16 [3.2.1.3].

18 C-617/12 [para. 33, question 3] – Astra Zeneca.

19 However, only Austria, Finland and Sweden but not Liechtenstein (which joint the EEA later) are explicitly mentioned in Art. 3 b Reg. 1768/92.

20 C-617/12 [para. 52, 53] – Astra Zeneca.

21 Cf. C-617/12 [para. 58] – Astra Zeneca.

22 But cf. also Benkard/Ullmann/Grabinski EPÜ Art. 63 Rn 22; Benkard/Grabinski § 16 a Rn 20; Busse/Hacker Anh § 16 a Rn 28, Rn 36. There would be no need to regulate these authorisations, if they – despite deviations in the wording of Art. 3 b sent. 1 Hs 2 MPR – would not meet the conditions of Art. 2 MPR.

9 Teilweise wurde angenommen, dass auch die vor dem Beitritt eines neuen Mitgliedstaates durchgeführten Zulassungsverfahren zu berücksichtigen seien, wenn diese den inhaltlichen Kriterien der in Art. 2 AMV genannten Richtlinien entsprachen.[23] Es müsse sich lediglich um Zulassungen nach dem Anforderungsprofil der RL 65/65/EWG handeln. Es sei nicht erforderlich, dass die Zulassung aufgrund harmonisierten Rechts ergangen war. Entscheidend sei, dass Qualität, Wirksamkeit und Sicherheit geprüft wurden.[24]

10 Hier stellte der EuGH nunmehr klar, dass die AMV nicht auf Erzeugnisse anwendbar sei, die in der Gemeinschaft in Verkehr gebracht wurden, bevor sie richtlinienkonform zugelassen und insbesondere ihre Unbedenklichkeit und Wirksamkeit geprüft wurde. Ein Zertifikat könne in diesen Fällen nicht erteilt werden. Bereits erteilte Zertifikate seien nichtig.[25]

11 Der EuGH kam zu dem Schluss, dass „vor seinem Inverkehrbringen" iSv Art. 2 AMV als vor seinem Inverkehrbringen „in der Gemeinschaft" und nicht „im Anmeldestaat"[26] ausgelegt werden müsse. Dies war zwar weder dem Wortlaut [Rn 37] noch dem Regelungszusammenhang [Rn 39] eindeutig zu entnehmen. Der EuGH merkte aber an, dass die zweite Auslegungsmöglichkeit eine inhaltliche Vorwegnahme von Art. 3 a, b AMV bedeuten würde, die Art. 2 AMV jede Berechtigung nähme [Rn 40]. Er kam unter Hinweis auf Kapitel II RL 65/65/EWG weiter zu dem Schluss, dass das in Art. 2 AMV benannte Genehmigungsverfahren eine Prüfung der Unschädlichkeit und Wirksamkeit des Arzneimittels umfasse [Rn 43]. Den Zielen der AMV liefe es außerdem zuwider, ein Zertifikat für ein Erzeugnis zu erteilen, welches bereits in Verkehr gebracht werden konnte [Rn 47]. Auch sei es nicht gerechtfertigt, Erzeugnissen, die vor dem in Art. 19 VO 1768/92 festgelegten Stichtag nach RL 65/65/EWG in Verkehr gebracht wurden, das Zertifikat zu verweigern, gleichzeitig aber auf Erzeugnisse ein Zertifikat zu erteilen, die zur gleichen Zeit, jedoch nicht richtlinienkonform in Verkehr gebracht wurden [Rn 48]. Die Nichtigkeit eines im Widerspruch hierzu erteilten Zertifikats ergäbe sich aus Art. 15 a AMV. Ein Erzeugnis, das nicht in den Anwendungsbereich nach Art. 2 AMV liege, könne kein Erzeugnis nach Art. 3 AMV sein [Rn 56][27].

12 Ein „Inverkehrbringen" eines noch nicht zugelassenen Arzneimittels im Rahmen von klinischen Studien[28] zur Zulassungsvorbereitung oder eines Compassionate Uses hindert die Anwendung der AMV nicht. Das Gleiche muss für off-label-Anwendungen hinsichtlich der Frage der Zertifikatserteilung für weitere Indikationen gelten. Die Frage, ob die AMV auf bestimmte **Medizinprodukte** (medical devices) anwendbar ist, wird in Deutschland überwiegend verneint.[29]

13 Zwar kam der 14. Senat des BPatG in der Entscheidung Yttrium-90 Glasmikrokugeln[30] zu dem Ergebnis, dass auf der Grundlage von RL 90/385/EWG erteilte CE-Zulassungen für aktiv implantierbare medizinische Geräte Zulassungen nach RL 2001/83/EG gleichzusetzen seien, wenn zu den Bestandteilen dieses aktiv implantierbaren medizinischen Gerätes ein

23 Schennen S. 54 [Art. 2 Anm 5] (für Spanien bzw. DDR).

24 Busse/Hacker Anh § 16 a Rn 130; vgl. auch Schulte/Schell § 16 a Rn 57; dagegen könnte die Erwähnung der „gleichwertigen einzelstaatlichen Rechtsvorschrift" in Art. 2, 19 I PMV sprechen, ohne dass EG 17 PMV eine entsprechende Geltung für die AMV normiert; vgl. aber auch BPatG GRUR 2006, 1046, 1048 [II.2] – Aceclofenac (trotz Vorliegens einer früheren, nicht richtlinienkonformen Zulassung wurde die Laufzeit nach einer späteren richtlinienkonformen Zulassung berechnet); BPatG GRUR 2008, 892, 895 [III.2.2] – Memantin (Zertifikat hätte nicht erteilt werden dürfen, weil es nicht in den sachlichen Anwendungsbereich des Art. 2 AMV fällt); vgl. zum damaligen Streitstand ausführlich: Brückner Art. 2 Rn 54–95.

25 C-195/09 [LS 1, 2] – Memantin; C-427/09 [LS 1] – Galantamin.

26 Vgl. auch Busse/Hacker Anh § 16 a Rn 24; Benkard/Grabinski EPÜ Art. 63 Rn 29.

27 Die in Klammern angegebenen Rn beziehen sich auf C-195/09 – Memantin.

28 RL UK IPO [SPM 3.03.1]: Die Erlaubnis, ein Erzeugnis in klinischen Studien zu verwenden, ist aber noch keine Zulassung nach RL 2001/83.

29 Busse/Hacker Anh. § 16 a Rn 51; Benkard/Grabinski EPÜ Art. 63 Rn 50; Schulte/Schell § 16 a Rn 27.

30 BPatG 14 W (pat) 12/07 vom 26. Januar 2010 [II.2.3] – Yttrium-90 Glasmikrokugeln.

It was partly assumed that the authorisation procedures conducted before the accession of a new Member State should be considered if they corresponded to the substantive criteria of the regulation mentioned in Art. 2 MPR.[23] It should be merely the authorisations in accordance with requirements profile of Dir. 65/65/EEC. It was not necessary that the authorisation had been given by harmonised law. Crucial would be that the quality, safety and efficacy had been analysed.[24] 9

The ECJ stated then in this regard that the MPR was not applicable to products which had been placed on the market before they were authorised in accordance with the directive, in particular before their safety and efficacy were analysed. An SPC cannot be granted in this case. SPCs already granted are invalid.[25] 10

The ECJ ruled that the concept "prior to being placed on the market" in the sense of Art. 2 MPR had to be interpreted as prior to being placed on the market of the Community and not of the "filing country". [26] It was neither apparent from the wording [para. 37] nor the context [para. 39]. However, the ECJ noted that the second interpretation would merely replicate the content of Art. 3(a), (b) MPR that would deprive Art. 2 MPR of any raison d'être [para. 40]. It concluded for Chapter II Dir. 65/65/EEC that the authorisation procedure mentioned in Art. 2 MPR included testing the safety and efficacy of a medicinal product [para. 43]. Besides, it would be contrary to the objectives of the MPR to grant an SPC for a product, which has already been sold on the Community market [para. 47]. It would also be not justified if an SPC could not be granted for a product that had been placed on the market before the date laid down in Art. 19 Reg. 1768/92 and in accordance with Dir. 65/65/EEC but at the same time it could be granted for a product, which had been placed on the market as non-compliant before that date [para. 48]. An SPC issued in such circumstances is invalid according to Art. 15(a) MPR. A product, outside the scope of Art. 2 MPR, cannot be a product according to Art. 3 MPR [para. 56].[27] 11

A "placing on the market" of a still non-authorised medicinal product for clinical studies[28] as part of authorisation preparations or a compassionate use does not prevent the application of the MPR. The same applies to off-label applications for the grant of an SPC for further indications. The question on the applicability of the MPR to certain **medical devices** is answered mainly negatively in Germany.[29] 12

Although the 14th senate of the FPC concluded in the decision Yttrium-90 Glas Microspheres[30] that CE-authorisations for active implantable medical devices granted by Dir. 90/385/EEC should be equally treated with authorisations in accordance with Dir. 2001/83/EC if the active implantable medical device contains a compound, which, if used 13

23 Schennen p. 54 [Art. 2 Anm 5] (for Spain and former GDR).
24 Busse/Hacker Anh § 16 a Rn 130; cf. also Schulte/Schell § 16 a Rn 57. This could be opposed by the mentioning of "equivalent provision of national law" in Art. 2, 19(1) PPR, without R 17 PPR declaring it valid for the MPR mutatis mutandis. Cf. also FPC GRUR 2006, 1046, 1048 [II.2] – Aceclofenac (The SPC duration was calculated on the basis of a later directive conform authorisation despite the existence of an earlier non-conform authorisation); FPC GRUR 2008, 892, 895 [III.2.2] – Memantin (SPC should not have been granted, as it does not fall within the scope of Art. 2 MPR); cf. detailed to the former dispute status: Brückner Art. 2 Rn 54–95.
25 C-195/09 – Memantine [LS 1, 2]; C-427/09 – Galantamine [LS 1].
26 Cf. Busse/Hacker Anh § 16 a Rn 24; Benkard/Grabinski EPÜ Art. 63 Rn 29.
27 Paragraphs mentioned in parentheses refer to C-195/09 – Memantine.
28 MPP UK IPO [SPM 3.03.1]: A permission for a product to be supplied for a proposed clinical trial is not an acceptable market authorisation according with Dir. 2001/83/EC.
29 Busse/Hacker Anh. § 16 a Rn 51; Benkard/Grabinski EPÜ Art. 63 Rn 50; Schulte/Schell § 16 a Rn 27.
30 FPC 14 W (pat) 12/07, 26.1.2010 [II.2.3] – Yttrium-90 Glasmikrokugeln.

Stoff gehöre, der bei gesonderter Verwendung als Arzneimittel im Sinne von Art. 1 RL 65/65/EWG angesehen werden müsse. Nach Art. 1 IV RL 90/385/EWG idF RL 93/42/EWG müsse ein solches Gerät dann nämlich nach der RL 65/65/EWG bewertet und zugelassen werden.[31]

14 Aber etwa zwei Monate später kam der 15. Senat in der Entscheidung Hylan A & B[32] zu einer anderen Ansicht. Entscheidend für die Anwendbarkeit der AMV sei die Durchführung eines verwaltungsrechtlichen Genehmigungsverfahrens an dessen Ende die Zulassung steht. Diese sei ein Verwaltungsakt durch den eine staatliche Behörde einen Einzelfall im Rahmen eines Über-/Unterordnungsverhältnisses (§ 35 VwVfG) mit unmittelbarer Rechtswirkung nach außen regelt und gegen den der Weg zum Verwaltungsgericht offen steht. Dies ist bei einer CE-Kennzeichnung jedoch nicht gegeben. Die mit der Prüfung beauftragten neutralen und unabhängigen Prüf- und Zertifizierungsstellen sind nicht mit hoheitlichen Befugnissen im Rahmen eines Über-/Unterordnungsverhältnisses ausgestattet. Diese werden vielmehr im Rahmen eines privatrechtlichen Dienstleistungs- oder Gutachtervertrages tätig. Eine Gleichstellung nach Art. 1 IV RL 90/385/EWG idF der RL 93/42/EWG scheitert, weil die Durchführung des Konsultationsverfahrens für die Medizinprodukt-Arzneimittel-Kombinationen keine Zulassung des Arzneimittels beinhaltet, sondern lediglich eine Begutachtung des Arzneimittels durch die Bundesoberbehörde unter Berücksichtigung der Zweckbestimmung des Medizinprodukts. Ein Rechtsmittel gegen eine negative Begutachtung gibt es nicht. Dieses Konsultationsverfahren stelle damit kein funktionales Äquivalent zum Verfahren nach der Richtlinie 65/65/EWG dar.

15 Eine endgültige Klärung durch den BGH oder den EuGH steht – nach Nichteinlegung der zugelassenen Rechtsbeschwerde – noch aus.[33] Da aktive implantierbare medizinische Geräte, die dazu bestimmt sind, einen als Arzneimittel iSv Art. 1 RL 2001/83/EG definierten Stoff abzugeben, der RL 90/385/EWG – unbeschadet der das Arzneimittel betreffenden Bestimmungen der RL 2001/83/EG – unterliegen (Art. 1 III RL 90/385/EWG), wird der als Arzneimittel abzugebende Stoff bereits vor der CE-Kennzeichnung des Medizinprodukts als Arzneimittel zugelassen sein. Die Situation ist dann aber vergleichbar mit der Zulassung eines weiteren Arzneimittels mit dem gleichen Wirkstoff, die regelmäßig nicht zu einem neuen Erzeugnis führt.[34] Sähe man auch ein das Gerät in Verbindung mit dem Erzeugnis schützende Patent als Grundpatent iSv Art. 1 c AMV an, so könne ein Zertifikat auf Grundlage der Erstzulassung des Erzeugnisses erteilt werden, falls die Fristen des Art. 7 AMV noch nicht abgelaufen und die weiteren Erteilungsvoraussetzungen gegeben sind.

16 Das UK IPO entschied kürzlich,[35] dass eine Konformitätsbewertung eines Klasse III Medizinproduktes[36] nicht als äquivalent zu einer Arzneimittelzulassung nach RL 2001/83/EG

31 So wohl auch UK IPO SPC Guide for Applicants, Annex S. 29 Question 4, der die Frage nach Zertifikaten für Medizinprodukte unter der Bedingung bejaht, dass das Medizinprodukt einen Wirkstoff beinhaltet, der nach RL 2001/83/EG zugelassen wurde.

32 BPatGE 52, 136, 136 [LS] – Hylan A & B.

33 Vgl. auch Records III, S. 15 [V.1]: zum Standpunkt der EU-Kommission, die die AMV nur auf Arzneimittel anwenden möchte und Brückner Art. 2 Rn 148 ff.

34 Nach C-130/11 [LS 1, Rn 27] – Neurim kommt eine Zertifikatserteilung aber auch bei Erzeugnisidentität in Frage, wenn eine weitere Verwendung des Erzeugnisses zugelassen wurde, die in den Schutzbereich des Grundpatents fällt. Der EuGH beschränkt diese Aussage aber ausdrücklich „auf Fälle wie die des Ausgangsverfahrens“ wo es um ein vorzugelassenes Tier- und ein nachzugelassenes Humanarzneimittel und um einen Fall ging, wo die Vorzulassung nicht dem Zertifikatsanmelder erteilt wurde. Der EuGH sagt aber auch, dass es dabei nicht darauf ankommt, wer jeweils Inhaber der Genehmigungen, Inhaber der Patente oder Anmelder des Zertifikats ist [Rn 34].

35 BL O/141/14 (31. März 2014) – Cerus. Im Unterschied zur BPatG-Entscheidung Yttrium-90 Glasmikrokugeln handelte es sich hier aber nicht um ein aktives implantierbares medizinisches Gerät. Erschwerend kommt hier noch hinzu, dass nach Ansicht des UK IPO das Erzeugnis im Zertifikatsantrag und wohl auch später nicht richtig identifiziert wurde (vgl. Rn 76, 104).

separately, had to be considered a medicinal product within the meaning of Art. 1 Dir. 65/65/EEC. According to Art. 1(4) Dir. 90/385/EEC in the version of Dir. 93/42/EEC such a device has to be evaluated and authorised under Dir. 65/65/EEC[31] then.

But two months later the 15th senate reached a different conclusion in its decision Hylan A & B.[32] An administrative authorisation procedure that ends in granting an authorisation was decisive for the applicability of the MPR. This authorisation has to be an administrative act by which the authority ruled in a single case and in a subordination relationship (Sec. 35 VwVfG) with direct legal effect and against which the way to the administrative court is open. However, this is not given at CE marking. A neutral and independent evaluation and certification bodies entrusted with examination did not receive any governmental powers within the meaning of a subordination relationship. They act within the scope of service and experts' contracts under private law. An equal treatment according to Art. 1(4) Dir. 90/385/EEC in the version of Dir. 93/42/EEC fails because the accomplishment of the consultation procedure for medical device/medicinal product combinations does not involve the authorisation of a medicinal product but just its examination by a federal authority taking into account the intent of the medicinal product. Legal actions against the negative examination are not available. The consultation procedure does not constitute a functional equivalent of the procedure according to Dir. 65/65/EEC. 14

Thus a final clarification by the FCJ or ECJ – after non-filing the permitted appeal – seems still necessary.[33] Because active implantable medical devices intended to administer a substance defined as a medicinal product within the meaning of Art. 1 Dir. 2001/83/EC will be governed by Dir. 90/385/EEC (Art. 1(3) Dir. 90/385/EEC), without prejudice to the provisions of Dir. 2001/83/EC for the medicinal product, this substance has to be authorised before CE marking of a medical device. Then this situation is comparable with the authorisation of further medicinal products with the same active ingredient that does not result regularly in a new product.[34] If one recognises a patent, which protects a device with a product for Art. 1(c) MPR, it would be possible to grant an SPC after the first authorisation of the product, if the time limits of Art. 7 MPR have not yet expired and the further granting conditions are met. 15

The UK IPO recently decided[35] that a conformity assessment of a Class III medical device[36] cannot be regarded as equivalent to a drug approved under RL 2001/83/EC. The reasons for 16

31 So probably also UK IPO SPC Guide for Applicants, Annex S. 29 Question 4, which probably affirms a question regarding SPCs covering medical devices, if the medical device essentially incorporates an active substance authorised according to Dir. 2001/83/EC.

32 BPatGE 52, 136, 136 [LS] – Hylan A & B.

33 Cf. Records of 3rd meeting of national SPC experts, 26.8.2008, p. 15 [V.1]: The Commission wants to apply MPR only to medicinal products; Brückner Art. 2 Rn 148 ff.

34 According to C-130/11 – Neurim [LS 1, para. 27] a grant of an SPC seems possible although there is product identity, if the later authorised application of the product is within the limits of the protection conferred by the basic patent. But the ECJ explicitly confines this to a "case such as that in the main proceedings" where a veterinary medicinal product was authorised earlier than the human medicinal product and where the earlier veterinary authorisation was not granted to the SPC holder. However, the ECJ also stated, that the SPC grant does not depend on considerations concerning the determination of the authorisation and patent holder or SPC applicant [para. 34].

35 BL O/141/14 (March 31, 2014) – Cerus. In contrast to the FPC decision Yttrium-90-glass microspheres the Cerus decision delt not with an active implantable medical device. Making matters worse here was also, that in the UK IPO's view the product was not correctly identified in the SPC application and probably even later (cf. para 76, 104).

angesehen werden kann. Als Gründe hierfür wurden u.a. genannt, dass der enthaltende Stoff die Wirkung des Medizinproduktes nur ergänzt,[37] lediglich eine gegenüber RL 2001/83/EG analoge Bewertung gefordert ist und diese Bewertung unterschiedlichen Zielen dient und auf unterschiedliche Art und Weise und nach zwei unterschiedlichen Systemen durchgeführt wird.[38] Im Ergebnis führte dies zur Verneinung des Vorliegens der Voraussetzungen von Art. 2 und 3 b AMV,[39] so dass die Zurückweisung der Zertifikatsanmeldung nach Art. 10 II AMV bestätigt wurde.[40]

36 Also eines Medizinproduktes, dass als festen Bestandteil einen Stoff, der – gesondert verwendet – als Arzneimittel i.S.d. Art. 1 RL 2001/83/EG betrachtet werden und in Ergänzung zu dem Produkt eine Wirkung auf den menschlichen Körper entfalten kann, Art. 1 IV RL 93/42/EWG.

37 BL O/141/14 [Rn 90] – Cerus.

38 BL O/141/14 [Rn 93] – Cerus.

39 BL O/141/14 [Rn 103, 100 f] – Cerus.

40 BL O/141/14 [Rn 102] – Cerus.

this were, inter alia, that the contained substance has only an action ancillary to that of the device,[37] that only an assessment in analogy to Dir. 2001/83/EC is required and that the assessment serves different purposes and is carried out in different ways and according to two different systems.[38] This led to the denial of the requirements of Art. 2 and 3(b) MPR,[39] so that the rejection of the SPC application under Article 10 II AMV was confirmed.[40]

36 Thus a device incorporating, as an integral part, a substance which, if used separately, may be considered to be a medicinal product within the meaning of Art. 1 Dir. 2001/83/EC and which is liable to act upon the body with action ancillary to that of the device, Art. 1 IV Dir. 93/42/EEC.
37 BL O/141/14 [para. 90] – Cerus.
38 BL O/141/14 [para. 93] – Cerus.
39 BL O/141/14 [para. 103, 100 f] – Cerus.
40 BL O/141/14 [para. 102] – Cerus.

Artikel 3 Bedingungen für die Erteilung des Zertifikats

Das Zertifikat wird erteilt, wenn in dem Mitgliedstaat, in dem die Anmeldung nach Artikel 7 eingereicht wird, zum Zeitpunkt dieser Anmeldung

a) das Erzeugnis durch ein in Kraft befindliches Grundpatent geschützt ist;

b) für das Erzeugnis als Arzneimittel eine gültige Genehmigung für das Inverkehrbringen gemäß der Richtlinie 2001/83/EG bzw. der Richtlinie 2001/82/EG erteilt wurde;

c) für das Erzeugnis nicht bereits ein Zertifikat erteilt wurde;

d) die unter Buchstabe b erwähnte Genehmigung die erste Genehmigung für das Inverkehrbringen dieses Erzeugnisses als Arzneimittel ist.

I. Einführung

1 Art. 3 AMV regelt die materiell-rechtlichen Voraussetzungen der Zertifikatserteilung. Diese müssen im Anmeldestaat zum Anmeldezeitpunkt vorliegen.[1] **Anmeldestaat** ist der Mitgliedstaat, in dem die Anmeldung eingereicht wird. Der **Anmeldezeitpunkt** ist der Tag, an dem der Erteilungsantrag bei der nach Art. 9 I 1 AMV zuständigen Behörde eingeht. In Deutschland sind das Formblatt P 2008,[2] in Großbritannien das Formblatt SP 1[3] zu verwenden.

2 Problematisch sind Sachverhalte, in denen bei Anmeldung nicht alle Erteilungsvoraussetzungen vorliegen. Insbesondere stellt sich die Frage, ob Voraussetzungen die im Anmeldezeitpunkt (noch) nicht erfüllt sind,[4] noch erfüllt werden können und falls ja, bis wann?

3 Zwar ist ein Verfahren zur Beseitigung materiell-rechtlicher Mängel (anders als in Art. 10 III AMV für formale Mängel der Zertifikatsanmeldung nach Art. 8 AMV) nicht vorgesehen. Dennoch spricht viel dafür, dass es genügt, wenn bis zum Ablauf der nach Art. 7 I, II AMV[5] berechneten Anmeldefrist alle Voraussetzungen des Art. 3 AMV vorliegen. Das Bestehen auf einer erneuten Anmeldung wäre hier eine unnötige Förmelei. In der Praxis sollte – wegen der Bedeutung des Zertifikats – dennoch darauf geachtet werden, die Anmeldung erst nach Fristbeginn und falls dies nicht geschehen ist und dieser Fehler innerhalb der Anmeldefrist bemerkt wurde, eine weitere Anmeldung einzureichen.[6]

4 Nach Ansicht des DPMA ist Art. 3 b AMV nur erfüllt, wenn die Zulassung am Anmeldetag tatsächlich noch in Kraft ist und nicht durch Widerruf, Zurücknahme oder Ablauf des Zulassungszeitraums ihre Gültigkeit verloren hat.[7] Das UK IPO ist hingegen der Ansicht, es genüge, dass irgendwann vor dem Anmeldetag eine gültige Zulassung erteilt worden ist. Nicht erforderlich sei, dass die Zulassung am Anmeldetag in Kraft ist. Sie könne bereits zuvor zurückgenommen (engl.: *withdrawn*) oder erloschen (engl.: *lapsed*) sein.[8] Grund für die unterschiedliche Auslegung dürfte der unterschiedliche Wortlaut von Art. 3 a und b AMV sein.

1 Busse/Hacker Anh § 16 a Rn 29; Benkard/Grabinski EPÜ Art. 63 Rn 38, 54.
2 § 19 I 1 PatV.
3 RL UK IPO [SPM 8.01].
4 Bspw. falls Grundpatent (Art. 3 a AMV) oder nationale Zulassung (Art. 3 b AMV) noch nicht erteilt wurden.
5 Frist beginnt aber erst mit Zulassung bzw. Patenterteilung.
6 Vgl. Situation in BGH GRUR 2008, 890 – Antihelicobacter-Präparat.
7 RL DPMA S. 7/16 [3.3.1.2]; Benkard/Grabinski § 16 a Rn 26; Benkard/Grabinski EPÜ Art. 63 Rn 54; so auch Busse/Hacker Anh § 16 a Rn 52; Brückner Art. 3 Rn 314; Fitzner in Fitzner/Lutz/Bodewig § 16 a Rn 32.
8 RL UK IPO [SPM 3.03]. Allerdings erfordert eine Zertifikatserteilung nach Art. 19, 3 b AMV, dass im Anmeldestaat zum Anmeldezeitpunkt eine gültige Zulassung des Erzeugnisses als Arzneimittel vorliegt (C-110/95 [Rn 26] – Yamanouchi).

Article 3 Conditions for obtaining a certificate

A certificate shall be granted if, in the Member State in which the application referred to in Article 7 is submitted and at the date of that application:

(a) the product is protected by a basic patent in force;

(b) a valid authorisation to place the product on the market as a medicinal product has been granted in accordance with Directive 2001/83/EC or Directive 2001/82/EC, as appropriate;

(c) the product has not already been the subject of a certificate;

(d) the authorisation referred to in point (b) is the first authorisation to place the product on the market as a medicinal product.

I. Introduction

Art. 3 MPR regulates the substantive legal conditions of the grant of an SPC. These conditions must be met in the filing country on the filing date.[1] The **filing country** is a Member State in which the application is filed. The **filing date** is the day on which the request for the grant is received by the competent (cf. Art. 9(1)(1) MPR) authority. Form P 2008[2] has to be used in Germany, form SP 1[3] in Great Britain. 1

Problematic are situations where not all conditions for grant of an SPC are fulfilled. It is a question, in particular, whether the conditions that are not met on the filing date[4] can still be met later and if so, until when? 2

A procedure for the removal of substantive legal shortcomings (other than in Art. 10(3) MPR for the formal shortcomings of an application for an SPC according to Art. 8 MPR) is not provided for. However, many things argue for that it is enough if all conditions of Art. 3 MPR are available before the expiry of the application period calculated in accordance with Art. 7(1), (2) MPR.[5] It would be a nit-picking formality to insist on a new SPC application. Nevertheless, in practice attention should be paid – because of the meaning of an SPC – to file a further application just after the beginning of the application period and if it does not occur and nobody noticed this mistake during the application period, one should file a further application.[6] 3

According to the German PTO Art. 3(b) MPR is met only if an authorisation is still in force on the day of application and did not lose validity because of the revocation, withdrawal or expiry of the authorisation.[7] But according to the UK IPO it is enough that a valid authorisation has been already granted formerly before the day of application. It is not necessary for the authorisation to be in force on the day of application. It can be withdrawn or lapsed[8] previously. The reason for various interpretations might be the different wording of Art. 3(a) and Art. 3(b) MPR. 4

1 Busse/Hacker Anh § 16 a Rn 29; Benkard/Grabinski EPÜ Art. 63 Rn 38, 54.
2 Sec. 19(1)(1) PatV.
3 MPP UK IPO [SPM 8.01].
4 E.g. if basic patent (Art. 3(a) MPR) or national authorisation (Art. 3(b) MPR) have not been granted yet.

5 But application period starts only after authorisation or patent grant.
6 Cf. situation in BGH GRUR 2008, 890 – Antihelicobacter-Präparat.
7 RL DPMA p. 7/16 [3.3.1.2]; Benkard/Grabinski § 16 a Rn 26; Benkard/Grabinski EPÜ Art. 63 Rn 54; also Busse/Hacker Anh § 16 a Rn 52; Brückner Art. 3 Rn 314; Fitzner in Fitzner/Lutz/Bodewig § 16 a Rn 32.

8 MPP UK IPO [SPM 3.03]. However, grant of an SPC according to Art. 19, 3(b) MPR is strictly linked, to the existence of an authorisation granted in the filing country at the date of that application (C-110/95 [para. 26] – Yamanouchi).

5 Eine weitere Frage ist, ob das Zertifikat auch dann noch zu erteilen ist, wenn einzelne Erteilungsvoraussetzungen die im Anmeldezeitpunkt vorlagen, bereits vor Erteilung entfallen sind.[9] Unter Hinweis auf allgemeine verwaltungsrechtliche Grundsätze wird gefordert, dass die Voraussetzungen des Art. 3 AMV auch bei Erteilung vorliegen müssen.[10] Zumindest das reguläre Erlöschen des Grundpatents durch Zeitablauf nach Zertifikatsanmeldung verhindert aber die Zertifikatserteilung nicht.[11] Allgemeine verwaltungsrechtliche Grundsätze könnten über Art. 19 I AMV sowieso nur dann Anwendung finden, wenn die AMV keine speziellen Regelungen enthält. Die AMV verlangt aber keine Zertifikatserteilung vor Patentablauf. Auch gilt das Zertifikat erst ab Ablauf des Grundpatents (Art. 13 I AMV) und nur das Erlöschen des Grundpatents vor Ablauf seiner gesetzlichen Laufzeit führt zur Nichtigkeit des Zertifikats (Art. 15 I b AMV).

6 Ob eine Zertifikatsanmeldung (nach Art. 3 I b PMV) zurückzuweisen ist, wenn die Zulassung bei Anmeldung nicht mehr in Kraft ist, war Gegenstand des Vorabentscheidungsersuchens C-210/12 – Sumitomo.[12] Die entsprechende 2. Vorlagefrage wurde aber nur für den Fall der letztendlich nicht erfolgten Bejahung der 1. Frage gestellt und blieb daher unbeantwortet.[13]

7 Fraglich ist jedoch, wie sich Erlöschen, Widerruf oder Ruhen der Zulassung nach Anmeldung auswirken. Das DPMA differenziert hier danach, ob die Zulassung nach Anmeldung, aber vor Erteilung widerrufen oder zurückgenommen wurde (dann sei die Anmeldung zurückzuweisen) oder lediglich der Zulassungszeitraum abgelaufen ist (dann wohl keine Zurückweisung).[14] Nach Art. 3 AMV dürfte dies eigentlich keinen Einfluss auf die Zertifikatserteilung haben. Anders als im Falle des Erlöschens des Grundpatents am Ende seiner regulären Laufzeit regelt Art. 14 d S. 1 AMV jedoch, dass auch das Zertifikat erlischt, wenn und solange das Erzeugnis infolge des Widerrufs der Genehmigung nicht mehr in Verkehr gebracht werden darf. Es könnte dann widersprüchlich erscheinen, die Erteilungsbehörde zu verpflichten, ein Zertifikat zu erteilen, über dessen Erlöschen sie anschließend von Amts wegen entscheiden kann, Art. 14 d S. 2 AMV. Eine Erteilung hätte dennoch in den Fällen eine Berechtigung, wo die nunmehr ungültige Zulassung mangels Nichtigkeit ex tunc als Erstzulassung erhalten bleibt und nur so ein Wiederaufleben des Zertifikats nach erneuter Zulassung gewährleistet wäre.

II. Schutz des Erzeugnisses durch das Grundpatent (Art. 3 a AMV)

8 Nach Art. 3 a AMV wird ein Zertifikat nur erteilt, wenn das Erzeugnis[15] durch ein in Kraft befindliches Grundpatent[16] geschützt ist.

Ein Grundpatent ist in Kraft, wenn es erteilt, aber nicht widerrufen, für nichtig erklärt oder erloschen ist.[17] Laufende Einspruchs- und Beschränkungsverfahren oder Nichtigkeitsklagen

9 Busse/Hacker Anh § 16 a Rn 29 hält dies zunächst für unschädlich, weist aber auf die Möglichkeit des Erlöschens oder der Nichtigkeit nach Art. 14 d bzw. Art. 15 I a AMV hin.
10 Scheil Mitt 1997, 55, 60 [IV]; für gültige Zulassung in beiden Zeitpunkten auch Fitzner in Fitzner/Lutz/Bodewig § 16 a Rn 32. Nach Busse/Hacker Anh § 16 a Rn 29 macht der Wegfall einer Voraussetzungen vor Erteilung den Zertifikatsantrag mangels Rechtschutzbedürfnis unzulässig.
11 RL DPMA S. 9/16 [3.3.3]; Busse/Hacker Anh § 16 a Rn 29.
12 C-210/12 (ABl. EU vom 14. Juli 2012 C 209/4; BPatG 15 W (pat) 24/06).
13 C-210/12 [Rn 39] – Sumitomo.
14 RL DPMA S. 7/16 [3.3.1.2].
15 Zur Erzeugnisdefinition vgl. Art. 1 b AMV.
16 Zur Grundpatentdefinition vgl. Art. 1 c AMV.
17 Busse/Hacker Anh § 16 a Rn 30; Schulte/Kühnen 8. Aufl. § 16 a Rn 9, 10; Schulte/Schell § 16 a Rn 17.

A further question is whether an SPC will be granted even if some grant conditions existing on the filing date are no longer available at grant.[9] For for general administrative principals some require, that Art. 3 MPR must be fulfilled at the grant.[10] At least a regular expiry of a basic patent because of the end of its term after application for an SPC does not prevent the grant of the SPC.[11] According to Art. 19(1) MPR general administrative principals could be applied only if the MPR does not contain special provisions. The MPR does not require, however, the grant of an SPC before the end of the patent term. Also an SPC is valid only after the expiry of the basic patent (Art. 13(1) MPR) and only the expiry of the basic patent, before its lawful term ends, leads to the invalidity of an SPC (Art. 15(1)(b) MPR). 5

Whether an SPC application will be rejected (under Art. 3(1)(b) MPR) if the authorisation is not in force at the filing date, was subject of the request for a preliminary ruling C-210/12 – Sumitomo.[12] The corresponding second question was only asked if the first question would have been answered in the affirmative. As this was not the case, the second question remained unanswered.[13] 6

The effect of the expiry, revocation and suspension of an authorisation after the SPC application, however, is questionable. The German PTO distinguishes here the case when an authorisation either was revoked or withdrawn after the application but before the granting (the application will be rejected then) or when the authorisation period merely ended (no rejection in this case).[14] According to Art. 3 MPR this was not allowed to effect the grant of an SPC. Nevertheless, Art. 14(d)(1) MPR says other than with expiry of a basic patent at the end of its regular duration that an SPC expires if and so long as a product may no longer be placed on the market following the withdrawal of an authorisation. It could be inconsistent then to force the granting authority to grant an SPC, which expiry it can decide officially of then, Art. 14(d)(2) MPR. A granting may be justifiable where an authorisation invalid now because of lack of nullity ex tunc is preserved as the first authorisation and so a revival of an SPC would be guaranteed after a new authorisation. 7

II. Protection of a product by a basic patent (Art. 3 a MPR)

According to Art. 3(a) MPR an SPC will be granted only if a product[15] is protected by a basic patent in force.[16] 8

A basic patent is in force if it is granted but not revoked, declared invalid or has been expired.[17] On-going opposition, limitation or invalidity procedures, on the contrary, are irrelevant.[18] The German PTO has not to inspect the validity of a basic patent.[19] If a basic patent

9 Busse/Hacker Anh § 16 a Rn 29 considers this harmless at first, but points to the possibility of the lapse or invalidity under Art. 14(d) or Art. 15(1)(a) MPR.

10 Scheil Mitt 1997, 55, 60 [IV]; for a valid authorisation at both dates cf. also Fitzner in Fitzner/Lutz/Bodewig § 16 a Rn 32. According to Busse/Hacker Anh § 16 a Rn 29 the disappearance of one of the conditions before grant makes the SPC request inadmissible for lack of need for legal relief.

11 RL DPMA p. 9/16 [3.3.3]; Busse/Hacker Anh § 16 a Rn 29.

12 C-210/12 (OJ EU C 209, 14.07.2012, p.4; BPatG 15 W (pat) 24/06).

13 C-210/12 [para. 39] – Sumitomo.

14 RL DPMA p. 7/16 [3.3.1.2].

15 As to product definition: cf. Art. 1(b) MPR.

16 As to basic patent definition: cf. Art. 1(c) MPR.

17 Busse/Hacker Anh § 16 a Rn 30; Schulte/Kühnen 8th ed. § 16 a Rn 9, 10; Schulte/Schell § 16 a Rn 17.

sind hingegen unschädlich.[18] Das DPMA hat die Rechtsbeständigkeit des Grundpatents nicht zu überprüfen.[19] Ist das Grundpatent bereits abgelaufen, so kann das Fehlen eines in Kraft befindlichen Grundpatents im Anmeldezeitpunkt selbst dann nicht im Wege der Wiedereinsetzung ersetzt werden, wenn die Zulassung besonders langwierig war.[20]

9 Wann ein Erzeugnis durch ein Grundpatent geschützt ist, versuchte der EuGH in der Vergangenheit mehrfach zu klären. Mangels Harmonisierung des Patentrechts in der Gemeinschaft entschied der EuGH 1999, dass sich nach den für das Grundpatent geltenden, nicht zum Gemeinschaftsrecht gehörenden Vorschriften bestimme, ob ein Erzeugnis durch ein Grundpatent geschützt sei.[21] Dies führte jedoch nicht zu einer einheitlichen EU-weiten Erteilungspraxis. So wandten einige nationale Patentämter und Gerichte den Verletzungstest,[22] andere jedoch einen Offenbarungstest[23] (zum Teil in unterschiedlichen Spielarten)[24] an, um den Schutz des Erzeugnisses durch das Grundpatent zu bejahen oder zu verneinen.[25] Der EuGH wies dann darauf hin, dass die AMV eine einheitliche Lösung auf Unionsebene vorsieht (EG 7 AMV) und der Inhaber eines Grundpatents ein Zertifikat in allen Mitgliedstaaten unter denselben Voraussetzungen erhalten soll (EG 8 AMV).[26] Danach sollten keine Zertifikate mehr auf im Wortlaut der Ansprüche des Grundpatents nicht genannte Wirkstoffe erteilt werden.[27] Der EuGH sprach sich damit gegen den Verletzungstest aus.[28]

18 Vgl. RL DPMA S. 9/16 [3.3.3]; sie bergen aber ein erhöhtes Widerrufs-/Nichtigkeitsrisiko, so dass die Auswahl eines solchen Grundpatents besonders gründlich geprüft werden sollte. Busse/Hacker Anh § 16 a Rn 30; Fitzner in Fitzner/Lutz/Bodewig § 16 a Rn 18.

19 Schennen S. 56 [Art. 3 Anm 3, 4], S. 68 f [Art. 10 Anm 7]; Brückner Art. 10 Rn 48: Dies ist dem Nichtigkeitsverfahren vorbehalten.

20 BPatG GRUR 2000, 398, 404 f [LS 1, II.2,] – Abamectin (wobei das BPatG hier von einer Gerechtigkeitslücke spricht, die nur der Gesetzgeber schließen könne); Fitzner in Fitzner/Lutz/Bodewig § 16 a Rn 18; Busse/Hacker Anh § 16 a Rn 30; vgl. auch umgekehrte Situation (Zertifikatsanmeldung vor Zulassung) in C-110/95 – Yamanouchi.

21 C-392/97 [LS 2, Rn 26–29] – Farmitalia.

22 Nach dem Verletzungstest wäre das Erzeugnis vom Patent geschützt, wenn ein Arzneimittel, welches das Erzeugnis enthält, das Patent verletzen würde. Dieser Test wäre erfüllt, sobald das zertifizierte Erzeugnis (z.B. als Teil einer weitere Wirkstoffe umfassenden Kombination) im Arzneimittel enthalten wäre. Vgl. zB BGH GRUR 2000, 683, [LS 1, 2, II.1.c] – Idarubicin II oder RL DPMA S. 9/16 [3.3.3], wonach der Schutzbereich nach § 14 PatG bzw. Art. 69 EPÜ entscheidend war.

23 Nach dem Offenbarungstest wäre das Erzeugnis nur dann vom Patent geschützt, wenn es irgendwo in der Patentschrift offenbart wäre. Bei Wirkstoffzusammensetzungen wäre dieser Test erfüllt, wenn im Grundpatent alle Wirkstoffe des Erzeugnisses (nicht notwendig alle Wirkstoffe des Arzneimittels) genannt wären.

24 Bspw. Hinweis- (danach genügt ein allgemeiner klarer Hinweis [„clear pointer"] auf das Erzeugnis; eine spezifische Nennung ist nicht nötig) oder Gegenstandstest (Erzeugnis muss Gegenstand des Grundpatents sein. Bei einer Wirkstoffzusammensetzung müssten alle Wirkstoffe in Kombination konkret beansprucht werden).

25 Vgl. zum damaligen Diskussionsstand: Brückner Art. 3 Rn 69 ff.

26 C-322/10 [Rn 24] – Medeva; C-518/10 [36] – Yeda.

27 C-322/10 [LS 1, Rn 28] – Medeva; die vom EuGH ebenfalls angeführte Begründung über EG 14, 17 PMV [vgl. Rn 27] überzeugt nicht. EG 14 PMV ist eine Sonderregelung für Derivate und kaum verallgemeinerungsfähig. Nach Schulte/Schell § 16 a Rn 20 muss auch nach der Medeva-Entscheidung ein Wirkstoff in den Patentansprüchen nicht explizit genannt sein. Es sei ausreichend, wenn das Erzeugnis im Anspruchswortlaut so bestimmt ist, dass es der Durchschnittsfachmann als zur Erfindung gehörend konkret erkennt bzw. ohne weiteres mitliest.

28 C-493/12 [Rn 32, 33] – Eli Lilly.

has expired, the absence of a basic patent in force on the filing date cannot be cured by reinstatement of rights even if the drug authorisation was particularly long.[20]

The ECJ tried to clear many times in the past what "product is protected by a basic patent" means. Because of non-harmonisation of Community patent law, the ECJ stated 1999 that it has to be determined by the provisions valid for a basic patent and not belonging to Community law whether a product is protected by a basic patent.[21] It did not lead on to a uniform EU-wide practice of patent granting. So some national patent offices and courts applied an infringement test,[22] the others, however, a disclosure test[23] (partly in different forms)[24] to deny or to affirm the protection of a product by a basic patent.[25] The ECJ referred to the MPR provided for a uniform solution at Union level (R 7 MPR) and that a holder of a basic patent was supposed to receive an SPC under the same conditions in all Member States (R 8 MPR).[26] An SPC could not be granted subsequently on active ingredients not specified in the wording of the claims of the basic patent.[27] The ECJ stated thereby that it is against the infringement test.[28] 9

18 Cf. RL DPMA p. 9/16 [3.3.3]. But they hide an increased revocation or invalidity risk so that the selection of such a basic patent must be especially thoroughly considered. Busse/Hacker Anh § 16 a Rn 30; Fitzner in Fitzner/Lutz/Bodewig § 16 a Rn 18.

19 Schennen p. 56 [Art. 3 Anm 3, 4], p. 68 f [Art. 10 Anm 7]; Brückner Art. 10 Rn 48: This is reserved for invalidity proceedings.

20 FPC GRUR 2000, 398, 404 f [LS 1, II.2.] – Abamectin (whereby the FPC refers to a justice gap, which can be closed only by the legislator); Fitzner in Fitzner/Lutz/Bodewig § 16 a Rn 18; Busse/Hacker Anh § 16 a Rn 30; cf. also the reverse situation (SPC application before authorisation) in C-110/95 – Yamanouchi.

21 C-392/97 [LS 2, para. 26–29] – Farmitalia.

22 According to the infringement test the product would be protected by the patent if a medicinal product comprising the product infringes the patent. This test would be fulfilled, if the certified product (for instance as a part of a combination of active ingredients) is contained in the medicinal product. Cf. e.g. FCJ GRUR 2000, 683, [LS 1, 2, II.1.c] – Idarubicin II or RL DPMA p. 9/16 [3.3.3], whereupon scope of protection according to Sec. 14 PatG or Art. 69 EPC was decisive.

23 According to the disclosure test the product would be protected by the patent only if it was disclosed somewhere in the patent specification. In case of combinations of active ingredients this test would be fulfilled if all the active ingredients of the product (not necessary all the active ingredients of the medicinal product) were designated in the basic patent.

24 For example, the reference test (it is enough to make a clear general reference ["clear pointer"] to the product; a specific designation is not necessary) or subject matter test (the product must be the subject matter of the basic patent; in case of a combination of active ingredients all active ingredients have to be explicitly claimed in combinations).

25 Cf. to the former status of discussion: Brückner Art. 3 Rn 69 ff.

26 C-322/10 [para. 24] – Medeva; C-518/10 [para. 36] – Yeda.

27 C-322/10 [LS 1, para. 28] – Medeva; the justification presented by the ECJ concerning R 14, 17 PPR [cf. para. 27] does not convince. R 14 PPR is a special provision for derivatives and is not generalizable. Schell, while considering that the active ingredient does not have to be explicitly mentioned, is of the opinion, that it is sufficient if the substance is identified in the claim language in a way, that a skilled person can readily and specifically recognize it (Schulte/Schell § 16 a Rn 20).

28 C-493/12 [para. 32, 33] – Eli Lilly.

10 Fraglich blieb allerdings, wie konkret die betreffenden Wirkstoffe in Zukunft genannt sein müssen, damit Art. 3 a AMV erfüllt ist.[29] Das Medeva-Urteil gab hierzu keine Auskunft.[30] So stellte sich die Frage, ob eine Nennung im „Wortlaut"[31] der Ansprüche mehr erfordere als dass das Erzeugnis vom Anspruch erfasst sei.[32] Durch die nur einen Tag später getroffenen Entscheidungen C-518/10 – Yeda und C-6/11 – Daiichi verunsicherte der EuGH den Rechtsanwender noch weiter. So verwenden die genannten englischsprachigen Urteilstexte in ihren Leitsätzen von Medeva abweichende Begrifflichkeiten („identified" anstelle von „specified"), ohne dies hinreichend zu erklären.[33] Ebenfalls ungeklärt war und ist, ob der Wirkstoff als solcher[34] genannt sein muss oder ob auch eine Gattungsbezeichnung genügt.[35] Brückner ist der Ansicht, die durch das Grundpatent geschützten und die zugelassenen Verbindungen müssten in wenigstens einer Verbindung übereinstimmen.[36] Sollte danach eine Gattungsbezeichnung genügen, wäre weiterhin zu klären, ob es hier nicht doch Unterschiede zwischen Impfstoffen, biologischen[37] und niedrigmolekularen organischen Wirkstoffen[38] gibt. Weiterhin bleibt abzuwarten, ob nach Harmonisierung des Europäischen Patentverletzungsrechts eine Anpassung der 2011er EuGH-Entscheidungen erfolgen muss, sobald bestätigt wird, dass ein Arzneimittel, das eine Kombination zweier Wirkstoffe enthält auch solche Patente verletzt, die nur einen der im Arzneimittel enthaltenen Wirkstoffe im Anspruch nennen.

11 Nachdem der EuGH den Verletzungstests ablehnte, musste er auch die Frage, ob eine **mittelbare Patentverletzung** als Voraussetzung von Art. 3 a AMV genügt,[39] verneinen. So können keine Zertifikate auf Grundpatente erteilt werden, die das Erzeugnis nicht isoliert, sondern

29 Vgl. [2012] EWHC 181 (Pat) [Rn 53] – Novartis vs. Medimmune. Sicherlich nicht ausreichend ist die bloße Verwendung von „comprising" im Anspruchswortlaut. Vgl. aber [2008] EWHC 1902 (Pat) – Gilead. Nicht erforderlich ist Nennung der zugelassenen konkreten Wirkstoffform (bspw. Wirkstoff-hydrobromid-trihydrat, Polymorph III).

30 Vgl. [2012] EWHC 181 (Pat) [Rn 42, 53] – Novartis vs. Medimmune. Der englische Urteilstext verwendet (anders als seine deutsche Übersetzung) drei unterschiedliche Synonyme: mentioned [Rn 19], identified [Rn 15, 40] and specified [LS 1, 2, Rn 25, 28, 29, 42] in the wording of the claims!

31 Der EuGH begründet das Erfordernis der Nennung im Wortlaut mit Nr. 20 Abs. 2 KOM [90] 101 endg., vgl C-322/10 [Rn 27] – Medeva. Allerdings sind dort lediglich die Ansprüche und nicht deren Wortlaut erwähnt, C-493/12 [Rn 35] – Eli Lilly; vgl. Montana, SPCS: ECJ leaves Medeva behind after correcting its own clumsy transcription of Commission's 1990 explanatory memorandum, kluwerpatentblog.com/2013/12/16/: The addition by the ECJ of the terms "*the wording of*" to a legal text that does not include them is no small beer, particularly when whether the "literal test" was the right test was at the very heart of the dispute.

32 [2012] EWHC 181 (Pat) [Rn 56] – Novartis vs. Medimmune.

33 C-322/10 [Ls 1] – Medeva: „specified in the wording of the claims"; C- 518/10 [Ls] – Yeda: „specified in the application, even though identified in the wording of the claims" und C-6/11 [Ls] – Daiichi: „identified in the wording of the claims".

34 Bspw. als INN, USAN oder UPAC-Name oder als Strukturformel ohne variable Reste; vgl. Schulte/Schell § 16 a Rn 22.

35 Bspw. Markushformeln, Wirkklassen/funktionelle Definitionen (ACE-Hemmer, Betablocker, GnRH-Analoga) usw.; nach Schulte/Schell § 16 a Rn 21 soll die Angabe einer Markush-Formel nicht genügen, da diese eine Vielzahl von Einzelverbindungen umfasst und daher weitere Angaben erfordert.

36 Brückner Art. 3 Rn 302.

37 Der Hauptanspruch des Grundpatents im Medeva-Fall (EP 1666057) nennt als Wirkstoffe „69 kDa-Antigen von Bordetella pertussis" und „ein filamentöses Hämagglutinin-Antigen", wobei zu klären wäre, ob es sich dabei um Gattungsbezeichnungen für Einzelwirkstoffe oder um Speziesbezeichnungen für Wirkstoffmischungen handelt.

38 Vgl. bspw. Situation in BGH GRUR 2002, 415 – Sumatriptan, wo ein Zertifikat auf einen unter eine allgemeine Formel fallenden, aber in keinem Anspruch konkret genannter Wirkstoff erteilt wurde, obwohl das Grundpatent mangels Offenbarung auf diesen Wirkstoff nicht beschränkt werden konnte, [LS 2, III. 4.d].

39 [2010] EWHC 1733 (Pat) – Yeda v. UK IPO; C-518/10 ABl. EU vom 15. Januar 2011 [C 13/21] – Yeda.

It stayed questionable, however, how specific the relevant active ingredients must be mentioned in applications in future so that Art. 3(a) MPR is met.[29] The Medeva Case did not provide any information on this.[30] So, the question arose whether a specification in the "wording"[31] of the claims requires more than that the product is protected by the claims.[32] Only one day later the ECJ unsettled legal practitioners even more by decisions C-518/10 – Yeda and C-6/11 – Daiichi, as the english language orders in these cases used a terminology different from Medeva ("identified" instead of "specified") without explaining this sufficiently.[33] It has also not yet been clarified whether an active ingredient must be mentioned as such[34] or it is enough to indicate a generic name.[35] Brückner holds the view that compounds protected by a basic patent and authorised compounds have to match at least in one compound.[36] If the generic name should be enough, therefore, it should be further clarified whether any distinctions do not exist, however, among vaccines, biologicals[37] and low molecular organic active ingredients.[38] Furthermore, it remains to be seen whether an adaptation of the decision of the ECJ of 2001 must be carried out after harmonisation of European patent infringement law when it has been confirmed that a medicinal product, which contains a combination of two active ingredients violates also such patents, which designate only one of active ingredients contained in the medicinal product. 10

Having rejected the infringement test the ECJ had to deny the question whether an **indirect patent infringement** is enough as condition of Art. 3(a) MPR.[39] Thus no SPCs can be granted on the basic patents, which claim a product not insulate, but with further active ingredients.[40] This follows German jurisprudence according to which the protection of the single 11

29 Cf. [2012] EWHC 181 (Pat) [para. 53] – Novartis vs. Medimmune. Certainly not sufficient seems the use of "comprising" in the claim wording. But cf. [2008] EWHC 1902 (Pat) – Gilead. Not necessary: naming the specific form of the authorised active ingredient (e.g. compound name hydrobromide trihydrate, polymorph III).

30 Cf. [2012] EWHC 181 (Pat) [para. 42, 53] – Novartis vs. Medimmune. The English original uses (other than its German translation) three different synonyms: mentioned [para. 19], identified [para. 15, 40] and specified [LS 1, 2, para. 25, 28, 29, 42] in the wording of the claims!

31 The ECJ justified the requirement of "specified in the wording" with No. 20 para 2 KOM [90] 101 final, cf. C-322/10 [para. 27] – Medeva. However, only the claims and not their wording is mentioned there, C-493/12 [para. 35] – Eli Lilly; cf. Montana, SPCS: ECJ leaves Medeva behind after correcting its own clumsy transcription of Commission's 1990 explanatory memorandum, kluwerpatentblog.com/2013/12/16/: The addition by the ECJ of the terms "*the wording of*" to a legal text that does not include them is no small beer, particularly when whether the "literal test" was the right test was at the very heart of the dispute.

32 [2012] EWHC 181 (Pat) [para. 56] – Novartis vs. Medimmune.

33 C-322/10 [LS 1] – Medeva: „specified in the wording of the claims"; C-518/10 [LS] – Yeda: „specified in the application, even though identified in the wording of the claims" and C-6/11 [LS] – Daiichi: „identified in the wording of the claims".

34 E.g. as INN, USAN or UPAC-name or as structural formula without variable radicals; cf. Schulte/Schell § 16 a Rn 22.

35 E.g. Markush formula, groups of compounds with similar effects/functional definitions (ACE inhibitors, betablocker, GnRH-analoga) etc.; according to Schulte/Schell § 16 a Rn 21 an indication of a Markush formula is not sufficient, since it comprises a large number of individual substances and, therefore, requires additional information.

36 Brückner Art. 3 Rn 302.

37 The basic patent's (EP 1666057) main claim in the Medeva case mentions as active ingredients the "69kDa antigen" and the "filamentous haemagglutinin antigen" of Bordetella pertussis, where should be clarified whether these are generic terms for single active ingredients or specific terms for mixtures of active ingredient mixtures.

38 Cf. e.g. situation in BGH GRUR 2002, 415 – Sumatriptan, where an SPC was granted for an active ingredient, which fell within a general formula, but was not explicitly mentioned in any claim, and although the basic patent could not be limited to this active ingredient for lack of the disclosure, [LS 2, III.4.d].

39 [2010] EWHC 1733 (Pat) – Yeda v UK IPO; C-518/10, OJ EU, January 15, 2011 [C 13/21] – Yeda.

nur in Kombination mit weiteren Wirkstoffen beanspruchen.[40] Dies stimmt mit der deutschen Rechtsprechung überein, wonach der Schutz für einen Wirkstoff allein durch ein auf eine Wirkstoffkombination gerichtetes Grundpatent eine unzulässige Teilkombination darstellt. Ein Zertifikat könne dann nicht erteilt werden, wenn nur ein Wirkstoff, sei es auch zur kombinierten Anwendung mit weiteren Wirkstoffen zugelassen wurde.[41]

12 Soll ein Verfahrenspatent als Grundpatent dienen, so muss das Erzeugnis in den Ansprüchen als das durch das fragliche Herstellungsverfahren gewonnene Erzeugnis bezeichnet sein. Ob das Erzeugnis unmittelbar durch das Verfahren gewonnen werden kann, spielt für die Zertifikatserteilung keine Rolle,[42] wohl aber (zumindest in Deutschland) für den durch das Zertifikat vermittelten Schutz nach Art. 4, 5 AMV iVm § 9 S 2 Nr. 3 PatG.

13 Nach weiteren Vorabentscheidungsersuchen[43] kam der EuGH in C-493/12 – Eli Lilly[44] dann zu dem Ergebnis, dass es nach Art. 3 a AMV nicht erforderlich ist, den Wirkstoff in den Ansprüchen mit einer Strukturformel anzuführen. Eine in den Ansprüchen enthaltene Funktionsformel steht der Erteilung eines Zertifikats nicht entgegen, wenn die nach Art. 69 EPÜ[45] auszulegenden Ansprüche, den Schluss zulassen, dass sie sich stillschweigend, aber notwendigerweise auf den in Rede stehenden Wirkstoff beziehen, und zwar in spezifischer Art und Weise.[46]

40 C-322/10 [Rn 26] – Medeva; C-518/10 [LS, Rn 39] – Yeda.

41 BGH GRUR 2008, 890, 890 [LS, II.1] – Antihelicobacter-Präparat; dahinter steckt wohl die Befürchtung einer Schutzbereichserweiterung. Von einem Grundpatent auf A+B wäre kein Arzneimittel A+C erfasst – von einem Zertifikat auf A hingegen schon.

42 C-630/10 [LS 3, Rn 40, 41] – Universität Queensland.

43 Vgl. C-443/12 – Actavis v. Sanofi (ABl. EU vom 15. Dezember 2012, C 389/5; [2012] EWHC 2545 (Pat) und C-493/12 – Eli Lilly v. HGS (ABl. EU vom 12. Januar 2013, C 9/33; [2012] EWHC 2857 (Pat).

44 Mittlerweile liegt auch die entsprechende erstinstanzliche Entscheidung in Großbritannien vor: [2014] EWHC 2404 (Pat) – Eli Lilly. Während Schmidt-Wudy PharmR 2014, 45, 49 [VI] glaubte, der EuGH habe den Schutz durch das Grundpatent verneint (weil der Antikörper nicht spezifisch identifiziert wurde), kommt der Richter des High Court zum Vorliegen eines Schutzes nach Art. 3 a AMV. Hierzu führt er an, dass die AMV keine Unterscheidung hinsichtlich der Formen und Phasen pharmazeutischer Forschung vorsieht und sich die bestimmte Passagen der EuGH-Entscheidung (C-493/12 [Rn 41–43] – Eli Lilly) nicht auf Art. 3 a AMV, sondern auf die Frage beziehen, ob ein Zertifikat auch auf die Zulassung eines Dritten erteilt werden kann [vgl. Rn 45–54]. Hinsichtlich des Schutzes nach Art. 3 a AMV führt weiter aus [Rn 55–81], dass es nach dem EuGH entscheidend ist, dass der Wirkstoff von den Ansprüchen nach Art. 69 EPÜ gedeckt ist [vgl. Rn 70]. Da eine funktionelle Definition im Grundsatz ausreiche, könne eine zusätzliche detaillierte oder individualisierende Beschreibung nicht gefordert werden [vgl. Rn 70]. Die zusätzliche Bedingung „stillschweigend, aber notwendigerweise ... und zwar in spezifischer Art und Weise" dient lediglich zur Klarstellung der Nichtbeachtlichkeit erweiternder Zusätze wie „enthaltend" bei der Prüfung des Schutzes von Wirkstoffzusammensetzungen nach Art. 3 a AMV [Rn 66, 68–70]. Hierdurch werden strukturelle und funktionelle Ansprüche gleichbehandelt [Rn 71]. Auch unterscheidet sich der vorliegende vom durch den EuGH verworfenen Verletzungstest [Rn 81]. Es darf davon ausgegangen werden, dass gegen diese Entscheidung Berufung eingelegt wird.

45 Dem entspricht in Deutschland § 14 PatG, in Großbritannien Sec. 125 PatG UK.

46 C-493/12 [LS 1, 2] – Eli Lilly.

active ingredient forms an illegitimate partial combination if the basic patent protects a combination of active ingredients. No SPC can be granted if only one active ingredient was authorised even if it is for combined use with other active ingredients.[41]

If a process patent serves as basic patent, the product must be identified in the wording of the claims of that patent as the product deriving from the process in question. Whether it is possible to obtain the product directly as a result of that process is irrelevant for the grant of an SPC.[42] However, it is (at least for Germany) relevant for the SPC protection under Art. 4, 5 MPR and § 9, 2 No. 3 PatG. 12

After further requests for preliminary rulings[43] the ECJ came to the conclusion in C-493/12 – Eli Lilly,[44] that it is not necessary under Art. 3 a MPR for the active ingredient to be identified in the claims of the patent by a structural formula. A functional formula in the claims of a patent does not, in principle, preclude the grant of an SPC for that active ingredient, on condition that the claims (interpreted according to Art. 69 EPC[45]) relate, implicitly but necessarily and specifically, to the active ingredient in question.[46] 13

40 C-322/10 [para. 26] – Medeva; C-518/10 [LS, para. 39] – Yeda.

41 FCJ GRUR 2008, 890, 890 [LS, II.1] – Antihelicobacter-Präparat; Behind this there seems to be the fear of an extension of the scope of protection. A basic patent on A+B would not cover a medicinal product containing A+C, but an SPC on A would cover it.

42 C-630/10 [Ls 3, para. 40, 41] – University Queensland.

43 Cf. C-443/12 – Actavis v. Sanofi (OJ EU, December 15, 2012, C 389/5; [2012] EWHC 2545 (Pat) and C-493/12 – Eli Lilly v. HGS (OJ EU January 12, 2013, C 9/33; [2012] EWHC 2857 (Pat).

44 Meanwhile, the corresponding first instance decision in UK is available: [2014] EWHC 2404 (Pat) – Eli Lilly. While Schmidt-Wudy PharmR 2014, 45, 49 [VI] believed that the ECJ has denied the protection of the basic patent (as the antibody was not specifically identified), Justice Warren acknowledged the protection under Art. 3(a) MPR. He argued, that the MPR does not provide any distinction as to the forms and stages of pharmaceutical research and that certain paragraphs of the ECJ decision (C-493/12 [para. 41–43] – Eli Lilly) does not relate to Art. 3(a) MPR, but to the question whether an SPC may also be issued on third party authorizations [cf. para. 45–54]. With regard to the protection under Art. 3(a) MPR [cf. para. 55–81] he further argues, that it is crucial according to the ECJ that the active ingredient is covered by the claims under Art. 69 EPC [cf. para. 70]. As a functional definition is sufficient, in principle, an additional detailed or individualized description is not required [cf. para. 70]. The proviso "implicitly but necessarily and specifically" serves only to clarify that scope extending words, such as "comprising" must not be taken into account when determining the protection of compositions of active substances under Art 3(a) MPR [cf. para. 66, 68–70]. Thus the same treatment applies to structural and functional claims [para. 71]. Furthermore, the present test differs from the infringement test rejected by the ECJ [cf. para. 81]. It is almost certain, that this decision will be appealed.

45 This corresponds in Germany with § 14 PatG DE and in UK with Sec. 125 Patent Act.

46 C-493/12 [LS 1, 2] – Eli Lilly.

14 Mit dem Wort Funktionsformel meint der EuGH vermutlich eine funktionelle Definition[47] (bspw. ACE-Hemmer oder Protonenpumpeninhibitoren) des betreffenden Wirkstoffs. Was genau „stillschweigend, aber notwendigerweise ... und zwar in spezifischer Art und Weise" bedeutet bleibt aber abzuwarten[48]. Nach Leitsatz 2 der Entscheidung wäre eine zweistufige Prüfung erforderlich, bei der in einem 1. Schritt gefragt wird, ob der betreffende Wirkstoff ohne im Anspruch ausdrücklich genannt zu sein unter die dort angegebene funktionelle Definition fällt.[49] Wird dies bejaht, so wäre in einem zweiten Schritt nach dem Vorliegen der geforderten Spezifität zu fragen. Dabei scheint der Leitsatz des (deutschen und englischen) Urteils darauf hinzudeuten, dass sich der Anspruch spezifisch auf den zu zertifizierenden Wirkstoff beziehen muss.[50] Dies macht aber kaum Sinn, da – vorausgesetzt spezifisch wird als unverkennbar oder unverwechselbar verstanden – nur solche funktionellen Definition in Frage kämen, denen der Fachmann nur einen einzigen Wirkstoff zuordnen würde. Möglicherweise genügt – unter Hinweis auf Rn 43 – auch, dass sich der Anspruch auf spezifische[51] (eventuell sogar auf nur spezifizierte)[52] Wirkstoffe[53] bezieht. Jedenfalls bestätigt der EuGH erneut, dass Wirkstoffe, die in den Ansprüchen nicht mit einer strukturellen oder wenigstens einer funktionellen Definition angeführt sind, nicht als iSv Art. 3 a AMV geschützt angesehen werden können.[54] Der EuGH stellt weiterhin klar, dass er nicht zuständig ist, die Bestimmungen des EPÜ auszulegen, da die EU im Unterschied zu ihren Mitgliedstaaten diesem nicht beigetreten ist.[55]

47 Der Begriff „Funktionsformel" scheint im deutschen Patentrecht bis zur o.g. EuGH-Entscheidung nicht vorzukommen (vgl. z.B. Busse, PatG, 7. Aufl. 2013 oder Schulte, PatG, 9. Aufl. 2014). Es scheint aber, als ob der EuGH diesen Begriff synonym zur „funktionellen Definition" verwendet, C-493/12 [24, 26, 27, 38, 39, 44] – Eli Lilly.

48 Snodin: Three CJEU decisions that answer some questions but pose many more, JIPLP 2014, 599 bezeichnet diesen Test als „fast unmöglich anzuwenden" oder „unerwartet und unausführbar". Er fügt hinzu, dass Gerichte und Ämter nun die Beteiligung des Anmelders an „vertiefter Forschung am zugelassenen Erzeugnis" bei der Zertifikatserteilung berücksichtigen müssten. Nach Gassner PPL 2014, 45, 59 [6.2.2] scheint die Formel „stillschweigend, aber notwendigerweise ... und zwar in spezifischer Art und Weise" keine weitergehende Anleitung hinsichtlich des erforderlichen Spezifizierungs- oder Identifizierungsgrades zu enthalten. Vgl. auch [2014] EWHC 2404 (Pat) [Rn 63] – Eli Lilly.

49 Dies wäre nach Art. 69 EPÜ (in DE: § 14 PatG, in UK Sec. 125 PatG UK) und dessen Auslegungsprotokoll (C-493/12 [Rn 32] – Eli Lilly) zu bestimmen. Eine Patentverletzung (in DE nach § 9 PatG, in UK nach Sec. 60 PatG UK (C-493/12 [Rn 33] – Eli Lilly) oder Ausführbarkeit und hinreichende Offenbarung nach Art. 83, 84 EPÜ ([2014] EWHC 2404 (Pat) [Rn 77] – Eli Lilly) sollen hierfür hingegen keine Rolle spielen.

50 Vgl. auch C-443/12 [41] – Actavis, wo der in der Anmeldung nicht explizit genannte Wirkstoff HCT vom EuGH als „als solcher nicht geschützt" sondern nur als Diuretikum „allgemein bezeichnet" angesehen wird. Achtung: Wohl abweichend [2014] EWHC 2404 (Pat) [Rn 55–81] – Eli Lilly, wonach diese Bedingung – vereinfacht gesagt – lediglich dazu dient solche Wirkstoffzusammensetzungen als nicht geschützt von der Zertifikatserteilung auszuschließen, die das Grundpatent nur wegen erweiternder Zusätze wie „enthaltend" verletzen würden und von denen einzelne enthaltene Wirkstoffe nicht zum Umfang der Erfindung gehören.

51 Also z.B. in der Beschreibung namentlich oder strukturell als zur funktionellen Definition gehörend beschriebene Wirkstoffe. Anders aber [2014] EWHC 2404 (Pat) [Rn 67] – Eli Lilly, wonach nach dem EuGH eine funktionelle Definition in den Ansprüchen grundsätzlich ausreicht und dass nicht klar sei, wie ein bestimmter Antikörper aus einer Gruppe beanspruchter Antikörper anders als strukturell definiert werden könne [Rn 72].

52 Also z.B. eine von der funktionellen Definition umfasste, aufgrund bestimmter Detaillierungen oder Klarstellungen in der Anzahl ihrer Mitglieder gegenüber dieser Definition beschränkte, aber dennoch den zugelassenen Wirkstoff enthaltende Wirkstoffgruppe.

53 Der Grundpatentinhaber, der keine Schritte unternommen hat zur Detaillierung und Klarstellung seiner Erfindung, um den Wirkstoff, zur Verwertung in einem Arzneimittel eindeutig zu identifizieren, hat keine Forschungsinvestitionen hinsichtlich dieses Aspekts seiner Erfindung getätigt. Wird dennoch in Zertifikat erteilt, so würde der in EG 4 AMV genannte Zweck der AMV missachtet, C-493/12 [Rn 43] – Eli Lilly. Dieser Absatz betrifft nach [2014] EWHC 2404 (Pat) [Rn 49] – Eli Lilly aber nicht die Frage, ob die Voraussetzungen für die Zertifikatserteilung vorliegen, sonderen politische Erwägungen, wem das Zertifikat erteilt werden soll.

54 C-493/12 [38] – Eli Lilly.

55 C-493/12 [40] – Eli Lilly.

With the term "functional formula" the ECJ presumably means a functional definition[47] 14
(eg, ACE inhibitors or proton pump inhibitors) of the relevant active ingredient. What exactly the term "implicitly but necessarily and specifically" means remains to be seen.[48] According to the operative part (sentence 2) of the decision, a two-step test seems to be necessary in the future: At the first step it must be confirmed, that the active substance (without being expressly mentioned) falls within the functional definition of the claim.[49] Then the required specifity has to be confirmed in a second step. Here, the operative part of the (German and English) judgment seems to indicate that the claim must relate specifically to the active ingredient.[50] But this makes little sense, since – assuming specific is understood as distinctive or unique – only those functional definitions would qualify, which (in a skilled person's view) cover only one active ingredient. Possibly it might be enough (referring to para 43) if the claims refer to specific[51] (possibly even only specified)[52] active ingredients.[53] Anyway, the ECJ confirmed again that active ingredients not specified in the claims with a structural or at least a functional definition, can not be regarded as protected under Article 3 a MPR.[54] The ECJ further clarifies that he has no jurisdiction to interpret the provisions of the EPC, since the EU is (in contrast to its member states) not a party of the EPC.[55]

47 The term "functional formula" did not appear in German patent law until the ECJ decision mentioned above (cf. e.g. Busse, PatG, 7th ed. 2013 or Schulte, PatG 9th ed. 2014). It seems, however, that the ECJ used this term synonymously with "functional definition", C-493/12 [para. 24, 26, 27, 38, 39, 44] – Eli Lilly.

48 Snodin: Three CJEU decisions that answer some questions but pose many more, JIPLP 2014, 599 evaluates this test as "almost impossible to apply" or "unexpected and unworkable". He adds, that national patent offices and courts will now need to consider the level of involvement of the applicant in "in depth research". According to Gassner PPL 2014, 45, 59 [6.2.2] the proviso "implicitly but necessarily and specifically" seems to contain no real further guidance on the appropriate level of specification or identification. Cf. also [2014] EWHC 2404 (Pat) [para. 63] – Eli Lilly.

49 This has to be determined in accordance with Art. 69 EPC (in Germany: § 14 PatG DE, in UK: Sec 125 UK Patents Act) and its interpretation protocol (C-493/12 [para. 32] – Eli Lilly). Patent infringement (in Germany: § 9 PatG DE, in the UK: Sec. 60 UK Patents Act (C-493/12 [para. 33] – Eli Lilly) or enablement and sufficient disclosure under Article 83, 84 EPC ([2014] EWHC 2404 (Pat) [para. 77] – Eli Lilly) should, however, play no role in this.

50 Cf. also C-443/12 [para. 41] – Actavis, where the ECJ evaluates the active ingredient HCT (not explicitly mentioned in the patent application) as not protected „as such" but simply referred to in general terms. Attention: Possibly different [2014] EWHC 2404 (Pat) [para. 55–81] – Eli Lilly, according to which this proviso – put simply – only serves to exclude from SPC granting such combinations of active ingredients as not protected under Art. 3(a) MPR, which would infringe the basic patent only because of scope extending words, such as "comprising" and of which some contained active ingredients are outside the scope of the invention.

51 Such as active ingredients which are explicitly or structurally mentioned in the description as fullfilling the functional definition. Otherwise, however, [2014] EWHC 2404 (Pat) [Rn 67] – Eli Lilly, stating, that according to the ECJ, a functional definition in the claims is sufficient in principle and that it is not clear how to identify a particular antibody within a group of claimed antibodies without using structural definitions [para. 72].

52 Such as a group of active ingredients comprising the approved active ingredient and comprised in the functional definition, but with respect to this definition limited in the number of their members due to specific details or clarifications.

53 The patent holder who has not taken any steps to carry out more in-depth research and to identify the active ingredient which may be commercially exploited in a medicinal product specifically, had not made any investment in research relating to that aspect of his invention. To grant an SPC in such a case would (accordung to the ECJ) undermine the objective of the MPR, as referred to in R 4 MPR, C-493/12 [para. 43] – Eli Lilly. But, according to 2014] EWHC 2404 (Pat) [Rn 49] – Eli Lilly, this paragraph does not adress the question whether the conditions for grant of an SPC are met, but policy considerations, who could obtain an SPC.

54 C-493/12 [para. 38] – Eli Lilly.

55 C-493/12 [40] – Eli Lilly.

15 BPatG und BGH sind weiterhin der Ansicht, dass ein Erzeugnis nicht durch ein Grundpatent geschützt ist, wenn sich patentierte und zugelassene Wirkstoffmenge hinreichend unterscheiden. Das BPatG hielt im konkreten Fall ein Erzeugnis für nicht geschützt, bei dem die zugelassene Wirkstoffmenge nur 50 % der Minimal- bzw. 40 % der mittleren Konzentration betrug (Stichwort: **Mengenbereichsabweichung**) und in der Beschreibung kein Hinweis enthalten war, dass die patentierten Mengenangaben außer Acht gelassen werden dürfen oder nur beispielhaft gemeint sind.[56] Der BGH schloss sich dem – allerdings unter Hinweis auf eine auch bei Zahlenangaben erforderliche normale Äquivalenzprüfung – letztlich an.[57] Aus der hier zitierten Rechtsprechung scheint zu folgen, dass ein Zertifikat nur erteilt werden darf, wenn das konkret zugelassene Arzneimittel das Grundpatent verletzt.[58] Dies würde aber in bestimmten Situationen zu einer nicht mit den Zielen der AMV übereinstimmenden Zurückweisung von Zertifikatsanmeldungen führen, obwohl die spezifischen Merkmale des Arzneimittels (Dosis, Formulierung, Indikation) nicht zur Erzeugnisdefinition nach Art. 1 b AMV gehören und Art. 3 a AMV lediglich den Schutz des Erzeugnis und nicht des Arzneimittels verlangt. Diese Kritik gilt nach der Medeva-Entscheidung des EuGH, die für Art. 3 a AMV die Nennung der Wirkstoffe in den Ansprüchen fordert, den Verletzungstest aber verneint, umso mehr.

III. Zulassung des Erzeugnisses als Arzneimittel (Art. 3 b AMV)

16 Nach Art. 3 b AMV[59] wird ein Zertifikat nur erteilt, wenn für das Erzeugnis als Arzneimittel eine gültige arzneimittelrechtliche Zulassung[60] erteilt wurde.

Durch die Formulierung „Erzeugnis[61] als Arzneimittel" wird klargestellt, dass die Zulassung nicht für das Erzeugnis, sondern für ein Arzneimittel erteilt wird, welches das Erzeugnis ent-

56 BPatG GRUR 2000, 1011, 1014 [LS] – Custodiol; vgl. auch BPatG 3 Ni 49/07 vom 16. Juni 2009 – Piretanid/Ramipril allerdings für eine funktionelle Angabe „subdiuretische Dosis".

57 BGH GRUR 2002, 523, 526 f [II.3.b.bb, cc] – Custodiol II. Anders als bei Mengenbereichsangaben soll es seit der Medevaentscheidung des EuGH nicht mehr möglich sein Zertifikate auf im Äquivalenzbereich des Grundpatents liegende Derivate/Stoffe zu erteilen, Schulte/Schell § 16 a Rn 22.

58 Ist ein Wirkstoff A erstmals in einem Arzneimittel zur Behandlung einer bestimmten Indikation X zugelassen und enthält dieses Arzneimittel eine bestimmte Menge n einer bestimmten Form A' dieses Wirkstoffs in einer bestimmten Formulierung A_1, so sollte die Erteilung eines Zertifikats auf diesen Wirkstoff A und die bestimmte in der Zulassung erwähnte bestimmte Form A' keine Problem bereiten, solange das Grundpatent den Wirkstoff A und dessen physiologisch verträglichen Derivate schützt. Zu diesem Zeitpunkt bereits erteilte Patente die den Wirkstoff ausschließlich in einer anderen Form A", in einer von n verschiedenen Dosis m oder in einer von A_1 verschiedenen Formulierung A_2 schützen, kämen als Grundpatent nicht in Frage. Was jedoch, wenn nach weiteren sechs Monaten ein zweites Arzneimittel zugelassen wird, in der die Dosis m der Wirkstoffform A" als A_2 formuliert wurde? Da sich die Frist des Art. 7 I AMV nach der früheren Zulassung berechnet, könnten keine Zertifikate für die Inhaber von Patenten auf die Dosis m, die Form A" oder die Formulierung A_2 erteilt werden. Dies scheint zumindest dann ungerechtfertigt, wenn zwischen Erstzulassung des Wirkstoffs und regulärem Ablauf des betreffenden Patents weniger als 15 Jahre liegen, vgl. EG 3, 4 und 9 AMV. Andererseits, könnte dies zu einer Erteilung von Zertifikaten führen, die – mangels späterer Zulassung eines entsprechenden Arzneimittels – nie verletzt würden.

59 Art. 3 b S. 1 Hs 2 VO 1768/92 stellte nach nationalem Recht erteilte Zulassungen eines EFTA-Staates für Zwecke des Art. 3 b S. 1 Hs 1 VO 1768/92 und der auf ihn verweisenden Artikel gleich. Art. 3 b S. 2 VO 1768/92 stellte eine nach österreichischem, finnischem oder schwedischem Recht erteilte Zulassung im Hinblick auf Art. 19 I VO 1768/92 (der Verweis auf Art. 19 II in der deutschen Fassung gilt als Redaktionsversehen, Busse/Hacker Anh § 16 a Rn 28) gleich. Beide Regelungen sind in Art. 3 b AMV nicht mehr enthalten. Eine entsprechende Gleichstellung von Zulassungen für die seit der EU-Erweiterung im Jahre 2000 beigetretenen Staaten wurde in Art. 3 b AMV nicht normiert (vgl. aber Art. 20 AMV und Batakliev: SPC in Europe – Transitional System, II C 2013, 750 ff). Anders als Art. 3 I b PMV (auf den EG 17 PMV nicht verweist) ergänzt Art. 3 b AMV die Zulassungen nach RL 2001/83/EG und RL 2001/82/EG nicht um Zulassungen, die „gemäß einer gleichwertigen einzelstaatlichen Rechtsvorschrift erteilt" wurden.

60 Wortlaut Art. 3 b AMV: „Genehmigung für das Inverkehrbringen gemäß RL 2001/83/EG bzw. RL 2001/82/EG".

61 Zur Auslegung des Begriffs „Erzeugnis" als Wirkstoff oder Wirkstoffzusammensetzung eines Arzneimittels: vgl. Kommentierung zu Art. 1 b AMV.

FPC and FCJ continue to hold the view that a product is not protected by a basic patent if the patented quantity and the authorised quantity of the active ingredient differ too much. The FPC considered a product in a particular case unprotected if the authorised quantity of active ingredients made up only 50 % of the minimal or 40 % of the mean concentration and there was no reference in the description that the patented quantities may be ignored or were intended only as an illustration.[56] The FCJ agreed with it at the end, however, for the regular equivalence test also required for numerical specifications.[57] According to the jurisprudence cited here an SPC may be granted only if the authorised medicinal product infringes the basic patent.[58] But all these would lead to the rejection of an SPC application occasionally and in contrary to the MPR, although the particular features of medicinal products (dose, formulation, indication) do not belong to the product definition according to Art. 1(b) MPR, and Art. 3(a) MPR requires only the protection of a product, but not of a medicinal product. This criticism is confirmed by the decision in the Medeva Case of the ECJ, which requires for Art. 3(a) MPR only the designation of active ingredients in applications, but it denies the infringement test. 15

III. Authorisation of a product as a medicinal product (Art. 3 b MPR)

According to Art 3(b) MPR[59] an SPC may be granted only if a valid authorisation[60] for a product as a medicinal has been granted. 16

By the formulation "a product[61] as a medicinal product" is clarified that the authorisation is granted not for a product but for a medicinal product, which the product contains.[62] The product must be authorised in the filing country.[63] The German PTO takes into account the

56 FPC GRUR 2000, 1011, 1014 [LS] – Custodiol; cf. also FPC 3 Ni 49/07, June 16, 2009 – Piretanid/Ramipril, however, for a functional specification of a "subdiuretic dose".

57 BGH GRUR 2002, 523, 526 f [II.3.b.bb.cc] – Custodiol II. Different from quantity range information it seems not to be possible any longer to grant SPCs for derivatives/substances in the equivalence area of the basic patent since the ECJ's Medeva decision, Schulte/Schell § 16 a Rn 22.

58 If the active ingredient A is authorised for the treatment of a certain indication X for the first time and if this medicinal product contains a certain quantity n of a specific form A' of this active ingredient in a certain formulation A_1, the grant of an SPC for this active ingredient A and specific form A' mentioned in the authorisation should not cause problems as long as the basic patent protects the active ingredient A and its physiologically compatible derivatives. Patents already granted by this date which protect the active ingredient exclusively in a different form A", in a dosage m different from n or in a formulation A_2 different from A_1 cannot become a basic patent. What happens, however, if after further six months a second medicinal product is authorised with the dose m of the form A" formulated as A_2? Because the time limit under Art. 7(1) MPR is calculated from the earlier authorisation, no SPC could be granted to patent holders for the dose m, the form A" or the formulation A_2. This seems unfair, if there are fewer than 15 years between the first authorisation of the active ingredient and regular patent expiry, cf. R 3, 4 and 9 MPR; On the other hand, this could lead to the grant of SPCs which – without a later authorisation of a corresponding medicinal product – can never be infringed.

59 Art. 3(b)(1) Hs 2 Reg. 1768/92 equated authorisations granted under the national law of an EFTA State for purposes of Art. 3(b)(1) Reg. 1768/92 and provisions refering to it. Art. 3(b)(2) Reg 1768/92 equated authorisations under Austrian, Finnish or Swedish law with reference to Art. 19(1) Reg. 1768/92 (reference to Art. 19(2) in the German version is considered as a editorial error, Busse/Hacker Anh § 16 a Rn 28). Both provisions are no longer present in Art. 3(b) MPR. A similar equation for authorisations in Member States, which entered the EU only after the EU enlargement in 2000 was not included in Art. 3(b) MPR (but cf. Art. 20 MPR and Betakliev: SPC in Europe – Transitional System, IIC 2013, 750 ff). Different from Art. 3(1)(b) PPR (to which R 17 PPR does not refer) Art. 3(b) MPR does not add authorisations granted under "an equivalent provision of national law" to authorisations under Dir. 2001/83/EC and Dir. 2001/82/EC.

60 Wording of Art. 3(b) MPR: "authorisation to place the product on the market in accordance with Dir. 2001/83/EC or Dir. 2001/82/EC".

61 As to the interpretation of the term "product" as active ingredient or combination of active ingredients of a medicinal product, cf. comments in Art. 1(b) MPR.

hält.[62] Das Erzeugnis muss im Anmeldestaat zugelassen sein.[63] Das DPMA berücksichtigt neben den in Art. 3 b AMV ausdrücklich erwähnten Zulassungen[64] auch zentrale Zulassungen nach VO 726/2004, sowie Zulassungen nach den jeweiligen Vorläuferregelungen.[65] Eine Genehmigung zur Durchführung klinischer Versuche ist noch keine Zulassung iSv Art. 3 b AMV.[66] Eine erst nach Ablauf des Grundpatents erteilte Zulassung genügt nicht.[67] Ob das Nachreichen einer vor Ablauf des Grundpatents erteilten Erstzulassung in Deutschland möglich ist, hat der BGH bislang offen gelassen.[68] Art. 3 b AMV verlangt, dass eine gültige Zulassung erteilt wurde. Insofern unterscheidet sich der Wortlaut von Art. 3 a AMV, der fordert, dass das Grundpatent in Kraft ist. Eine Überprüfung der Rechtmäßigkeit der Zulassung durch das DPMA ist nicht zulässig.[69]

17 Zulassungs- und Grundpatentinhaber können **personenverschieden** sein. Zwar ist der Zulassungsinhaber (gesetzlich)[70] nicht verpflichtet, dem Grundpatentinhaber eine Zulassungskopie zur Verfügung zu stellen. Allerdings hängt das Recht auf das Zertifikat (Art. 6 AMV) auch nicht vom Willen des Zulassungsinhabers ab.[71] Sind Grundpatent- und Zulassungsinhaber personenverschieden und kann der Grundpatentinhaber eine Zulassungskopie nicht vorlegen (Art. 8 I b AMV), so darf die Zertifikatsanmeldung nicht aus diesem Grund zurückgewiesen werden. Die zuständige Behörde kann sich nämlich ohne Schwierigkeiten eine Kopie dieser Genehmigung verschaffen.[72]

18 Unabhängig von der Frage, wann die Zulassung vorgelegen haben muss,[73] musste es sich um eine **gültige Zulassung** handeln. Eine Zulassung ist gültig, wenn sie wirksam (nicht unan-

62 Busse/Hacker Anh § 16 a Rn 56; vgl. auch Benkard/Grabinski EPÜ Art. 63 Rn 55.
63 Schennen S. 56 [Art. 3 Anm 4]; C-110/95 [Rn 26] – Yamanouchi; dies hat der BGH in der Entscheidung Antihelicobacter-Präparat (GRUR 2008, 890, 890 f [II.2.a, b] dort im Zusammenhang mit Art. 3 d AMV) möglicherweise übersehen. Anders ist jedenfalls nicht zu erklären, warum er für den Beginn der Anmeldefrist nach Art. 7 I AMV auf eine niederländische Zulassung abstellte. Auch Wortlaut und Systematik von Art. 8 I a iv), b, c, 9 I 1, II d, e, 11 I d, e AMV sprechen dafür, dass die in Art. 3 b AMV genannte Zulassung nur eine Zulassung im Anmeldestaat sein kann.
64 Zur Auslegung des Begriffs „Genehmigung für das Inverkehrbringen gemäß RL 2001/83/EG bzw. RL 2001/82/EG“: vgl. Ausführungen zu Art. 2 AMV (auch zur CE-Kennzeichnung von Medizinprodukten).
65 RL DPMA S. 7/16 [3.3.1.1]; vgl. auch Schulte/Schell § 16 a Rn 25.
66 RL UK IPO [SPM 3.03.1], unter Verweis auf [1997] RPC 118; vgl. auch Busse/Hacker Anh § 16 a Rn 42 (dort auch weitere Ausnahmen) und Art. 3 Nr. 3 RL 2001/83.
67 BPatG GRUR 2000, 398, 405.
68 BGH GRUR 2008, 890, 890 [II.2, II.2.a] – Antihelicobacter-Präparat.
69 Schennen S. 56 [Art. 3 Anm 3, 4], S. 68 f [Art. 10 Anm 7]; Brückner Art. 10 Rn 47.
70 Eine vertragliche Verpflichtung ist möglich, vgl. C-181/95 [Rn 37] – Biogen.
71 C-181/95 [LS 2; Rn 36, 38] – Biogen.
72 C-181/95 [LS 3; Rn 45] – Biogen; erstaunlicherweise beschränkt der EuGH diese Aussage in Rn 45 ausdrücklich auf Fälle, in denen die Zulassung von Behörden des Anmeldestaats erteilt wurde, so dass fraglich bleibt, ob dies bspw. auch für zentrale Zulassungen gilt.
73 RL DPMA S. 7/16 [3.3.1.2]: Die Zulassung muss am Anmeldetag in Kraft sein; RL UK IPO [SPM 3.03]: Zwar muss eine gültige Zulassung erteilt worden sein. Es ist aber nicht erforderlich, dass diese bei Zertifikatsanmeldung noch in Kraft ist.

authorisations[64] expressly mentioned in Art. 3(b) MPR and the central authorisations in accordance with Reg. 726/2004 as well as authorisations in accordance with respective predecessor schemes.[65] A clinical trial allowance is not an authorisation in the sense of Art. 3(b) MPR.[66] An authorisation granted only after the expiry of a basic patent is also not enough.[67] Whether a subsequent filing of the first authorisation granted before the expiry of a basic patent is possible, the FCJ has left open so far.[68] Art. 3(b) MPR requires the grant of a valid authorisation. In this respect the wording differs from Art. 3(a) MPR, which demands a basic patent in force. Review of the legality of an authorisation by the German PTO is not allowed.[69]

Authorisation and basic patent holder can be **different companies or people.** But the authorisation holder is not obliged (by law)[70] to provide the basic patent holder with a copy of the authoriation certificate. However, the right to an SPC (Art. 6 MPR) also does not depend on the intention of the authorisation holder.[71] If the basic patent and authorisation holders are different companies and if the basic patent holder cannot present the authorisation certificate (Art. 8(1)(b) MPR), an application for an SPC may not be rejected because of that. The competent authority can obtain a copy of this authorisation without difficulties.[72] 17

Despite of the question when an authorisation had to be presented,[73] it should be a **valid authorisation.** An authorisation is valid if it was properly granted (not: non-appealable) and was not withdrawn or revoked.[74] Withdrawal and Revocation take effect in Germany on 18

62 Busse/Hacker Anh § 16 a Rn 56; cf. also Benkard/Grabinski EPÜ Art. 63 Rn 55.
63 Schennen p. 56 [Art. 3 Anm 4]; C-110/95 [para. 26] – Yamanouchi; Perhaps the FCJ has disregarded this in the decision Antihelicobacter-Präparat (GRUR 2008, 890, 890 f [II.2.a.b] but there in connection with Art. 3(d) MPR). Anyway, it seems impossible to explain why it based its arguments on the Dutch authorisations while deciding about the beginning of the filing period under Art. 7(1) MPR. Also the wording and systematics of Art. 8(1)(a)(iv), (b), (c), 9(1)(1), (2)(d), (e), 11(1)(d), (e) MPR indicate that the authorisation mentioned in Art. 3(b) MPR can be only an authorisation in the filing country.
64 As to the interpretation of the term "authorisation to place the product on the market in accordance with Dir. 2001/83/EC or Dir. 2001/82/EC": cf. comment about Art. 2 MPR (also about CE marking of medical devices).
65 RL DPMA p. 7/16 [3.3.1.1]; cf. also Schulte/Schell § 16 a Rn 25.
66 MPP UK IPO [SPM 3.03.1], with reference to [1997] RPC 118; cf. also Busse/Hacker Anh § 16 a Rn 42 (with further exceptions) and Art. 3 No. 3 Dir. 2001/83/EC.
67 FPC GRUR 2000, 398, 405.
68 FCJ GRUR 2008, 890, 890 [II.2., II.2.a] – Antihelicobacter-Präparat.
69 Schennen p. 56 [Art. 3 Anm 3, 4], p. 68 f [Art. 10 Anm 7]; Brückner Art. 10 Rn 47.
70 A contractual obligation is possible, cf. C-181/95 [para. 37] – Biogen.
71 C-181/95 [LS 2; para. 36, 38] – Biogen.
72 C-181/95 [LS 3; para 45] – Biogen; surprisingly the ECJ limits this statement in para. 45 explicitly to cases, where the authorisation was granted by the authorities of the filing country so that it remains questionable whether this applies, e.g., to centralised authorisations.
73 RL DPMA p. 7/16 [3.3.1.2]: The authorisation must be in force on the application date; MPP UK IPO [SPM3.03]: However, a valid authorisation must have been granted. But it is not required that it is still in force at the SPC application date.

fechtbar) erteilt und nicht zurückgenommen oder widerrufen wurde.[74] Rücknahme und Widerruf werden in Deutschland mit Bekanntgabe (bspw. durch Zustellung nach dem VwZG) wirksam.[75] Nach deutschem Recht haben Widerspruch und Anfechtungsklage des Zulassungsinhabers gegen Rücknahme und Widerruf aufschiebende Wirkung (§ 80 I 1 VwGO), so dass das Arzneimittel nach Einlegung des Rechtsbehelfs weiter in Verkehr gebracht werden könnte, solange die Entscheidung nicht nach §§ 30 III 2, 25 II Nr. 5 AMG sofort vollziehbar ist oder die sofortige Vollziehung nach § 80 II Nr. 4 VwGO angeordnet wurde.[76]

19 Auch wenn sich die Zulassung nur auf eine spezielle Form des Wirkstoffs bezieht, kann das Zertifikat nach Art. 3 b AMV ein Erzeugnis als Arzneimittel in allen dem Schutz des Grundpatents unterliegenden Formen erfassen, wenn das Erzeugnis in der in der Zulassung genannten Form durch ein in Kraft befindliches Grundpatent geschützt ist.[77]

74 Schennen S. 56 [Art. 3 Anm 4]; Benkard/Grabinski § 16 a Rn 26; Busse/Hacker Anh § 16 a Rn 52; vgl. § 30 I AMG; Busse/Hacker Anh § 16 a Rn 52 hält unter Hinweis auf Art. 14 d S. 1 AMV für entscheidend, dass das Arzneimittel nicht mehr in Verkehr gebracht werden darf, was bei Widerruf, Rücknahme und Ruhensanordnung gem. § 30 IV 1 AMG der Fall ist. Nach Schulte/Kühnen 8. Aufl. § 16 a Rn 14 sei eine Zulassung auch dann nicht mehr in Kraft, wenn sie ihre Gültigkeit durch Ablauf des Zulassungszeitraumes verloren habe. Sollte hiermit das Erlöschen nach nicht gestelltem Verlängerungsantrag (§ 31 I Nr. 3 AMG) gemeint sein, so müsste beachtet werden, dass das Arzneimittel gem. § 31 IV 1 AMG noch für weitere 2 Jahre in Verkehr gebracht werden darf. Wegen der unterschiedlichen Fristen von Art. 7 I AMV (6 Monate ab Zulassung) und § 31 I Nr. 3 AMG (ca. 4 ½ Jahre ab Zulassung) dürfte dies sowieso nur eine Rolle in Fällen spielen, wo innerhalb von 4 ½ Jahren keine Zertifikatserteilung erfolgte. Nach RL DPMA S. 7/16 [3.3.1.2] ist das Erlöschen der Zulassung nach Anmeldung aber gerade kein Grund die Anmeldung zurückzuweisen. Vgl. auch Schulte/Schell § 16 a Rn 28.

75 §§ 43, 41 VwVfG.

76 Busse/Hacker Anh § 16 a Rn 52; Benkard/Grabinski § 16 a Rn 26; Benkard/Grabinski EPÜ Art. 63 Rn 54; Fitzner in Fitzner/Lutz/Bodewig § 16 a Rn 33; in beiden Fällen kann die aufschiebende Wirkung nach § 80 V 1 VwGO aber gerichtlich wieder hergestellt werden; zur Wiedereinsetzung falls nach rechtskräftiger Entscheidung die Frist des Art. 7 I AMV abgelaufen ist: Busse/Hacker Anh § 16 a Rn 54, Benkard/Grabinski § 16 a Rn 26; zu Widerruf und Rücknahme im zentralen Verfahren: Busse/Hacker Anh § 16 a Rn 55.

77 C-392/97 [LS 1, Rn 22] – Farmitalia; Busse/Hacker Anh § 16 a Rn 31, 58, 64 ergänzt, dass der Wirkstoff als solcher und dessen spezielle Form nur dann das gleiche Erzeugnis darstellen, wenn beide in ihren pharmakologischen Wirkungen übereinstimmen. Vgl. hierzu auch Benkard/Grabinski EPÜ Art. 63 Rn 55; Fitzner in Fitzner/Lutz/Bodewig § 16 a Rn 17, 25 ff; der Anmelder hat nach der deutschen Rechtsprechung keinen Anspruch auf die Einbeziehung beliebiger Derivate, Benkard/Grabinski EPÜ Art. 63 Rn 44; Fitzner in Fitzner/Lutz/Bodewig § 16 a Rn 24, 27, 29.

notification (e.g. by delivery in accordance with the VwZG).[75] According to German law a legal challenge (German: Widerspruch and Anfechtungsklage) of the authorisation holder against withdrawal and revocation have a suspensive effect (Sec. 80(1)(1) VwGO), so a medicinal product could continue to be placed on the market after an appeal has been filed so long as the decision was not immediately enforceable according to Sec. 30(3)(2), 25 (2) No. 5 AMG or an immediate enforcement according to Sec. 80(2) No. 4 VwGO was ordered.[76]

Even if an authorisation refers just to a particular form of an active ingredient, an SPC can include a product as a medicinal product in all forms protected by a basic patent if the product having the form mentioned in the authorisation is protected by the basic patent in force.[77] 19

74 Schennen p. 56 [Art. 3 Anm 4]; Benkard/Grabinski § 16 a Rn 26; Busse/Hacker Anh § 16 a Rn 52; cf. Sec. 30(1) AMG; Busse/Hacker Anh § 16 a Rn 52 considers decisive with reference to Art. 14(d)(1) MPR that the medicinal product may not be placed on the market, which is the case for revocation, withdrawal and suspension order according to Sec. 30(4)(1) AMG. According to Schulte/Kühnen 8th ed. § 16 a Rn 14 the authorisation would not be in force anymore if it became invalid due to the expiry of the authorisation duration. If a lapse after non-filing of a prolongation request (Sec. 31(1) No. 3 AMG) is meant by this, it should be taken into account that the affected medicinal product can still be placed on the market for additional 2 years under Sec. 31(4)(1) AMG. Because of different time limits of Art. 7(1) MPR (6 months from the authorisation date) and Sec. 31(1) No. 3 AMG (approx. 4 ½ years from the authorisation date) it might matter anyway only in cases where no SPCs were granted within 4 ½ years. According to RL DPMA p. 7/16 [3.3.1.2] the lapse of an authorisation after the application is not, however, a reason to reject the application. Cf. also Schulte/Schell § 16 a Rn 28.

75 Sec. 43, 41 VwVfG.

76 Busse/Hacker Anh § 16 a Rn 52; Benkard/Grabinski § 16 a Rn 26; Benkard/Grabinski EPÜ Art. 63 Rn 54; Fitzner in Fitzner/Lutz/Bodewig § 16 a Rn 33; In both cases the suspensive effect under Sec. 80(5)(1) VwGO can be, however, restored judicially; As to the reinstatement if after a legally binding decision the period of Art. 7(1) MPR has expired: Busse/Hacker Anh § 16 a Rn 54, Benkard/Grabinski § 16 a Rn 26; as to the revocation and withdrawal in the centralized procedure: Busse/Hacker Anh § 16 a Rn 55.

77 C-392/97 [LS 1, para. 22] – Farmitalia; Busse/Hacker Anh § 16 a Rn 31, 58, 64 adds that the active ingredient as such and its specific form represent the same product only if they show the same pharmacological effects. Cf. also Benkard/Grabinski EPÜ Art. 63 Rn 55; Fitzner in Fitzner/Lutz/Bodewig § 16 a Rn 17, 25 ff; the applicant is not entitled to include any derivatives according to German case law, Benkard/Grabinski EPÜ Art. 63 Rn 44; Fitzner in Fitzner/Lutz/Bodewig § 16 a Rn 24, 27, 29.

20 Enthält das zugelassene Arzneimittel mehrere Wirkstoffe, so kann ein Zertifikat auch für nur einen, nur einige oder alle enthaltenen Wirkstoffe erteilt werden, solange dieser eine,[78] diese einigen[79] oder alle Wirkstoffe in den Ansprüchen eines Grundpatents genannt sind. Dies eröffnet bspw. bei einer Zulassung eines Arzneimittels mit drei Wirkstoffen A+B+C die Möglichkeit auf 7 unterschiedliche Erzeugnisse (A; B; C; A+B; A+C; B+C und A+B+C) Zertifikate anzumelden, vorausgesetzt, diese sind in den Ansprüchen der Grundpatente genannt und die weiteren Erteilungsvoraussetzungen sind erfüllt.[80] Diese Auslegung von Art. 3 b AMV hat aber auch erheblichen Einfluss auf die Auslegung von Art. 3 d AMV, da nunmehr die Zulassung eines Arzneimittels mit den Wirkstoffen A+B nicht nur als Erstzulassung des Erzeugnisses A+B, sondern auch der Erzeugnisse A und B gelten kann.

21 Betrifft die Zulassung für ein Arzneimittel aber nur einen Einzelwirkstoff und sei es auch zur Anwendung in Kombination mit anderen Wirkstoffen in weiteren unterschiedlichen Arzneimitteln (**freie Kombination**), so könne diese Zulassung nicht als Zulassung einer Wirkstoffzusammensetzung angesehen werden.[81]

IV. Keine früheren Zertifikate (Art. 3 c AMV, Art. 3 II, EG 17 PMV)

22 Nach dem Wortlaut von Art. 3 c AMV darf ein Zertifikat eigentlich nur erteilt werden, wenn im Anmeldestaat zum Anmeldezeitpunkt für das Erzeugnis nicht bereits ein Zertifikat erteilt[82] wurde. Seit Inkrafttreten der PMV am 8. Februar 1997[83] dürfen dem Inhaber mehrerer Patente für dasselbe Erzeugnis nicht mehrere Zertifikate für dieses Erzeugnis erteilt werden, Art. 3 II 1 PMV.[84] Sind jedoch mehrere Zertifikatsanmeldungen von mehreren Inhabern unterschiedlicher Patente für dasselbe Erzeugnis anhängig, so kann jedem (nur) ein Zertifikat erteilt werden (Art. 3 II 2 PMV)[85] und zwar selbst dann, wenn er unterschiedliche

78 C-422/10 [LS, Rn 35] – Georgetown; vgl. auch C-630/10 – Universität Queensland (ABl. EU vom 19. März 2011 [C 89/10, Frage 7]): Dort wurde zusätzlich gefragt, ob die Abgabe als fixe Kombination oder als Kombinationspackung einen Einfluss auf die Beantwortung der Vorlagefrage hat [Frage 8]. Der EuGH beantwortete beide Fragen zusammen und sah keinen Unterschied zwischen fixer Kombination und Kombinationspackung, C-630/10 [LS 2, Rn 32–36] – Georgetown.

79 C-322/10 [LS 2, Rn 42] – Medeva.

80 Hacker (vgl. Busse/Hacker Anh § 16 a Rn 16, 57, 63, 76) schlägt hier eine Differenzierung in echte (mehrere Wirkstoffe erzielen eine bestimmte therapeutische Wirkung gemeinsam) und unechte (mehrere Wirkstoffe sind zwar in einer Dosisform aus Kosten-/Praktikabilitätsgründen vereint, erzielen aber unabhängig voneinander verschiedene therapeutische Wirkungen) Wirkstoffzusammensetzungen vor. Danach sollten nur echte Wirkstoffzusammensetzungen gegenüber den in ihnen enthaltenen Wirkstoffen ein anderes Erzeugnis darstellen und einem weiteren Zertifikat zugänglich sein. Diese Differenzierung dürfte sich aber vor allem bei Pflanzenschutzmitteln oder Impfstoffen auswirken. Andere Arzneimittel werden heutzutage wohl nur noch als Wirkstoffkombination zugelassen, wenn dies zu einer sichereren oder wirksameren Therapie/Prophylaxe führt. Arzneimittel für miteinander nicht in Verbindung stehende Krankheiten (z.B. Mykosen/Osteoporose) werden wohl heutzutage nur noch getrennt zugelassen, vgl. CPMP/EWP/240/95 Rev. 1 vom 21. Februar 2008 [4.1] http://www.ema.europa.eu/docs/en_GB/document_library/Scientific_guideline/2009/09/WC500003689.pdf. Fraglich (und aus wirtschaftlicher Sicht unverzichtbar) bleibt aber, ob die Erteilung von Zertifikaten auf einzelne Wirkstoffe einer echten Wirkstoffzusammensetzung danach weiterhin möglich sein kann, falls das Grundpatent lediglich eine der enthaltenen Komponenten schützt.

81 BPatG vom 23. November 2007, 14 W (pat) 10/05; vgl. auch BGH GRUR 2008, 890, 890 [LS, II.1] – Antihelicobacter-Präparat; RL UK IPO [SPM 3.02.1] unter Verweis auf BL O/006/10; vgl. auch: Record of the 2nd meeting of national SPC experts vom 9. Oktober 2006, S. 10/15 [2.].

82 Das DPMA sieht das Datum des Erteilungsbeschlusses als Erteilungsdatum an, RL DPMA S. 9/16 [3.3.2].

83 Vor Inkrafttreten der PMV war die Erteilung mehrerer Zertifikate an einen Patentinhaber möglich, vgl. Benkard/Grabinski § 16 a Rn 28 unter Verweis auf Schennen GRUR Int 1996, 102, 105 f [I.5.a] und Scheil Mitt 1997, 55, 60 [IV.c].

84 Gemäß EG 17 PMV, Art. 22 S. 2 AMV gelten die in Art. 3 II PMV vorgesehenen Modalitäten sinngemäß auch für die Auslegung von Art. 3 AMV, vgl. Kühnen, FS 50 Jahre BPatG, S. 361, 364 f [II.2.a].

85 So aber auch schon für die Zeit vor Inkrafttreten der PMV: C-181/95 [Rn 30] – Biogen, wonach die VO 1768/92 eine Zertifikatserteilung an jeden Grundpatentinhaber erlaubt, wenn ein Arzneimittel durch mehrere Grundpatente geschützt ist.

If the authorised medicinal product contains many active ingredients, an SPC may be granted for only one, several or all active ingredients, as long as this one,[78] these several[79] or all active ingredients are mentioned or identified in the basic patent claims wording. This gives the ability e.g. at authorising of a medicinal product with three active ingredients A+B+C to apply for an SPC for 7 different products (A; B; C; A+B; A+C; B+C and A+B+C) provided they are mentioned or identified the basic patent claims wording and the further conditions are met.[80] Such interpretation of Art. 3(b) MPR affects considerable the interpretation of Art. 3(d) MPR because from now on an authorisation of a medicinal product with active ingredients A+B might mean an authorisation not only as the first authorisation of products A+B, but also of products A and B. 20

But if an authorisation for a medicinal product concerns only one separate active ingredient, and if it were for application in combinations with other active ingredients in different medicinal products (**free combination**), this authorisation could not be considered an authorisation of combination of active ingredients.[81] 21

IV. No previous SPCs (Art. 3(c) MPR, Art. 3(2), R 17 PPR)

According to the wording of Art. 3(c) MPR an SPC may be granted only if no SPC has been already granted[82] for a product in the filing country by the filing date. Since enforcement of the PPR on February 8, 1997,[83] several SPCs for the same product may not be granted to a holder of several patents, Art. 3(2)(1) PPR.[84] But if several SPC applications from several holders of different patents for the same product are pending, (only) one SPC can be granted to each holder (Art. 3(2)(2) PPR)[85], even if he holds and designates different patents.[86] Germany did not use the possibility provided by Art. 10(5) MPR of the grant of an SPC without verifying the conditions laid down in Art. 3(c) MPR, so a search for already granted SPCs is 22

78 C-422/10 [LS, para. 35] – Georgetown; cf. also C-630/10 – Queensland (OJ EU C 89, 19.3.2011, p. 10, question 7): There was also asked, if the answer to question 7 differs, depending on whether the authorisation was for a fixed combinations or as a combination pack [question 8]. The ECJ answered both questions together and did not see a difference between fixed combinations or combination packs, C-630/10 [LS 2, para. 32–36] – Georgetown.

79 C-322/10 [LS 2, para. 42] – Medeva.

80 Hacker (cf. Busse/Hacker Anh § 16 a Rn 16, 57, 63, 76) proposes here the differentiation in true (several active ingredients achieve a certain therapeutic effect together) and untrue (several active ingredients are united in a dosage form for costs/practical reasons, but achieve different therapeutic effects independently of each other) combinations of active ingredients. According to him an SPC should be only granted for true combinations. This differentiation might, however, affect particularly plant protection products or vaccines. Other medicinal products will be authorised combinations nowadays only if this leads to a safer or more effective therapy/prophylaxis. Nowadays, medicinal products for non-related diseases (e.g. fungal infections/osteoporosis) will be only separately approved, cf. CPMP/EWP/240/95 Rev. 1 of February 21, 2008 [4.1] http://www.ema.europa.eu/docs/en_GB/document_library/Scientific_guideline/2009/09/WC500003689.pdf. It remains questionable (and indispensable from the economic point of view), however, whether the grant of SPCs for single active ingredients of a true combination remains possible, if the basic patent protects merely one of the components.

81 FPC 14 W (pat) 10/05 dated November 23, 2007, cf. also FPC GRUR 2008, 890, 890 [LS, II.1] – Antihelicobacter-Präparat; MPP UK IPO [SPM 3.02.1] with reference to BL O/006/10; cf. also: Record of the 2nd meeting of national SPC experts, October 9, 2006, p. 10/15 [2.].

82 The German PTO considers the date of the decision to grant as the grant date, RL DPMA p. 9/16 [3.3.2].

83 The grant of several SPCs to one patent holder was possible before the coming into force of the PPR, cf. Benkard/Grabinski § 16 a Rn 28 with reference to Schennen GRUR Int 1996, 102, 105 f [I.5.a] and Scheil Mitt 1997, 55, 60 [IV.c].

84 According to R 17 PPR, Art. 22 S. 2 MPR the modalities provided for in Art. 3(2) PPR apply corresponding to the interpretation of Art. 3 MPR, cf. Kühnen, FS 50 Jahre BPatG, p. 361, 364 f [II.2.a].

85 But so already for the time before the coming into force of the PPR: C-181/95 [para. 30] – Biogen, according to which the Reg. 1768/92 allows the grant of an SPC to each basic patent holder if the medicinal product is protected by several basic patents.

Patente innehat und benennt.[86] Von der in Art. 10 V AMV geregelten Möglichkeit einer Zertifikatserteilung ohne Prüfung der Voraussetzung von Art. 3 c AMV hat Deutschland kein Gebrauch gemacht, so dass vor einer Entscheidung eine Recherche nach bereits erteilten Zertifikaten notwendig ist.[87] Dabei dürfen Zertifikate, die nichtig erklärt wurden, anders als bspw. Zertifikate, auf die verzichtet[88] wurde, nicht berücksichtigt werden.[89]

23 Die in der deutschen Kommentarliteratur früher übereinstimmend geäußerte Ansicht, die Anmeldung eines weiteren Zertifikats für dasselbe Erzeugnis sei nur möglich, solange im Anmeldestaat noch kein Zertifikat erteilt worden sei,[90] ist mittlerweile durch die AHP-Entscheidung[91] des EuGH überholt. Entgegen dem (deutschen) Wortlaut von Art. 3 AMV ist danach Art. 3 c AMV iVm Art 3 II 2 PMV dahin auszulegen, dass er der Erteilung eines Zertifikats zugunsten des Inhabers eines Grundpatents für ein Erzeugnis, für das zum Zeitpunkt der Anmeldung des Zertifikats bereits einem Inhaber eines anderen Grundpatents ein Zertifikat erteilt worden ist, nicht entgegensteht.[92]

24 Wenn es aber nicht auf die Nichterteilung eines anderen Zertifikats im Anmeldezeitpunkt ankommt, so scheint Art. 3 c AMV, Art. 3 II, EG 17 PMV lediglich zu regeln, dass nur dann kein Zertifikat erteilt werden darf, wenn sowohl **Erzeugnis-** als auch **Anmelderidentität** vorliegen.

25 Nach der Begründung des ursprünglichen Verordnungsvorschlags, gehe es nicht darum für jedes patentierte Arzneimittel ein Zertifikat zu erteilen. Je Erzeugnis dürfe nur ein einziges Zertifikat erteilt werden, wobei es sich bei dem Erzeugnis im engeren Sinn um einen Wirkstoff handeln müsse. Würden an dem Arzneimittel nur unbedeutende Änderungen vorgenommen (bspw. eine neue Dosierung, die Verwendung eines anderen Salzes oder Esters, eine andere pharmazeutische Form), so würde kein neues Zertifikat erteilt. Sofern für den Wirkstoff selbst bereits ein Zertifikat erteilt wurde, könne der gleiche Wirkstoff, unabhängig davon, ob kleinere Änderungen an anderen Teilen des Arzneimittels vorgenommen wurden (bspw. Verwendung eines anderen Salzes, unterschiedliche Trägersubstanzen, andere pharmazeutische Aufmachung usw.), nicht Gegenstand eines neuen Zertifikats sein.[93]

86 RL DPMA S. 8/16 [3.3.2]; vgl. auch Fitzner in Fitzner/Lutz/Bodewig § 16 a Rn 11; RL UK IPO [SPM 3.04.2]; Busse/Hacker Anh § 16 a Rn 30, 60; Benkard/Grabinski EPÜ Art. 63 Rn 58, 59.

87 RL DPMA S. 9/16 [3.3.2].

88 Vgl. Brückner Art. 3 Rn 509 (wegen ex nunc Wirkung des Verzichts). Dies scheint aber auf europäischer Ebene nicht geklärt, C-484/12 [Rn 42] – Georgetown II: Die eine mögliche Rückwirkung des Verzichts betreffenden Vorlagefragen 4 und 5, wurden jedoch nicht beantwortet, Rn 42. Generalanwalt Jääskinen schlägt aber in den Schlussanträgen zu C-484/12 [Rn 42, 56] – Georgetown II vor, dass ein Verzicht nur für die Zukunft (ex nunc) wirkt.

89 Vgl. auch BPatG GRUR 2010, 132, 137 [Rn 47] – Iodosulfuron: Danach soll wegen der ex tunc wirkenden Beseitigung des Zertifikats der Anmelder gem. Art. 3 I c PMV die Möglichkeit haben, einen erneuten (fristgemäß gestellten) Erteilungsantrag weiterzuverfolgen.

90 Benkard/Grabinski § 16 a Rn 28; Benkard/Ullmann/Grabinski EPÜ Art. 63 Rn 23 f; Busse/Hacker Anh § 16 a Rn 45 f; Schulte/Kühnen 8. Aufl. § 16 a Rn 19, § 49 a Rn 18; Mes § 49 a Rn 16, § 16 a Rn 38 (unter Hinweis auf C-482/07 [LS] – AHP Manufacturing); Schennen GRUR Int 1996, 102, 105 [I.5.a]; Mühlens Mitt 1993, 213, 216 [4.]; nunmehr aktuell Schulte/Schell § 16 a Rn 34.

91 C-482/07 [LS, Rn 43] – AHP.

92 C-482/07 – AHP: Begründet wurde dies mit dem Wortlaut von Art. 3 II 2 PMV der keine „gleichzeitige" Anhängigkeit erfordere [Rn 25 f], systematischen Erwägungen zum Verhältnis von Art. 3 c und den Fristen in Art. 7 I, II AMV [Rn 28 f], dem Zweck der AMV ausreichenden Schutz und eine einheitliche Lösung zu gewähren [Rn 30 f, 39, 35 ff], dem mangelndem Einfluss des Zertifikatsanmelders auf den Zeitpunkt der Patenterteilung [Rn 32 ff] und der Unmöglichkeit die maximale Schutzdauer von 15 Jahren (EG 8 AMV) zu überschreiten [Rn 39 ff].

93 Begr. zur VO 1768/92: KOM (90) endg. SYN 255 vom 11. April 1990 [Nr. 11, Nr. 36] (abgedruckt in Schennen S. 92 ff); vgl. auch Begr. zur VO 1610/96: KOM (94) 579 endg. vom 9. Dezember 1994 [Nr. 68]: „für die Verwendung eines anderen Salzes, verschiedene Hilfsmittel, verschiedene Aufmachung". Mittlerweile scheint aber selbst dann eine 2. Zertifikatserteilung auf den identischen Wirkstoff möglich, wenn „lediglich" die in der Packungsbeilage genannte An-/Verwendung, nicht aber das Arzneimittel als solches geändert wurde, vgl. C-130/11 – Neurim.

necessary before a decision.[87] The SPCs declared invalid different from SPCs, for example, surrendered,[88] must not be considered.[89]

23 The consistent opinion previously expressed in German legal literature that an application for an SPC for the same product could be possible if no SPC was granted in the filing country[90] is, meanwhile, obsolete because of the decision of the ECJ about the AHP Case.[91] Contrary to the (German) wording of Art. 3 MPR, Art. 3(c) MPR with Art. 3(2)(2) PPR must be interpreted as not precluding the grant of an SPC to the holder of a basic patent for a product for which, at the time the SPC application is submitted, an SPC has been already granted to a holder of another basic patent.[92]

24 But when it does not come down to non-granting of another SPC on the filing date, Art. 3(c) MPR, Art. 3(2), R 17 PPR seem to regulate that an SPC may not be granted only if the **product** and the **applicant** are **identical.**

25 In accordance with explanatory memorandum to the initial proposal for a regulation, it will not grant an SPC for every patented medicinal product. Only one SPC may be granted for each product and this product must be an active ingredient in the narrow sense. If insignificant changes would be made about a medicinal product (e.g. new dose, application of another salt or ester, another pharmaceutical form), no further SPC would be granted. If an SPC has been already granted for an active ingredient, the same active ingredient will not be the subject matter of a new SPC despite whether minor changes to other parts of a medicinal product have been made (for example, use of different salts, carrier substances, pharmaceutical forms etc.).[93]

86 RL DPMA p. 8/16 [3.3.2]; cf. also Fitzner in Fitzner/Lutz/Bodewig § 16 a Rn 11; MPP UK IPO [SPM 3.04.2]; Busse/Hacker Anh § 16 a Rn 30, 60; Benkard/Grabinski EPÜ Art. 63 Rn 58, 59.
87 RL DPMA p. 9/16 [3.3.2].
88 Cf. Brückner Art. 3 Rn 509 (due to the ex nunc effect of the surrender). This seems, however, not clear at European level, C-484/12 – Georgetown II: Questions 4 and 5 regarding a possible retroactive effect of a surrender were not answered, para. 42. Advocate General Jääskinen suggests in his Opinion for C-484/12 [para. 42, 56] – Georgetown II that a surrender has no retroactive effect.
89 Cf. also FPC GRUR 2010, 132, 137 [Rn 47] – Iodosulfuron: according to which the applicant should have the opportunity to prosecute a new SPC application under Art. 3(1)(c) PPR (if filed within the time limit) because the removal of the SPC is effective ex tunc.
90 Benkard/Grabinski § 16 a Rn 28; Benkard/Ullmann/Grabinski EPÜ Art. 63 Rn 23 f; Busse/Hacker Anh § 16 a Rn 45 f; Schulte/Kühnen 8th ed. § 16 a Rn 19, § 49 a Rn 18; Mes § 49 a Rn 16, § 16 a Rn 38 (with reference to auf C-482/07 [LS] – AHP; Schennen GRUR Int 1996, 102, 105 [I.5.a]; Mühlens Mitt 1993, 213, 216 [4.]; now current: Schulte/Schell § 16 a Rn 34.
91 C-482/07 [LS, para. 43] – AHP Manufacturing.
92 C-482/07 – AHP Manufacturing: This was justified by the wording of Art. 3(2)(2) PPR, which does not require a "simultaneous" pendency [para. 25 f], systematic considerations concerning the relation between Art. 3 c and the periods in Art. 7(1)(2) MPR [para. 28 f], the purpose of the MPR to provide sufficient protection and a uniform solution [para. 30 f, 39, 35 ff], the SPC applicant's marginal chances to influence the patent grant date [para. 32 ff] and the impossibility to exceed the maximum protection duration of 15 years (R 8 MPR) [para. 39 ff].
93 Proposal for Reg. 1768/92: COM (90) 101 final. SYN 255, 11.04.1990 [No. 11, No. 36] (published in Schennen p. 92 ff); cf. also Proposal for Reg. 1610/96: COM (94) 579 final, 09.12.1994 [No. 68]: for the "use of a different salt, different excipients, different presentation, etc.". Meanwhile, a second SPC seems to be possible for the same active ingredient even if only the use mentioned in the package leaflet was changed, but not the active ingredient as such, see C-130/11 – Neurim.

26 Insbesondere gibt es in der EU[94] keine allgemeine Fiktion der Nichtidentität bei gesonderter Zulassung[95] oder Patentierung. Das DPMA[96] sieht daher Arzneimittel, die sich nur in den zusätzlichen Hilfsstoffen,[97] im Gehalt der aktiven Wirkstoffe (Dosierung)[98] oder im Anwendungsbereich (Tier-oder Humanarzneimittel;[99] weitere medizinische Indikation)[100] unterscheiden, als identisch an.

27 Obwohl der EuGH einen Einfluss des Anwendungsbereichs auf die Erzeugnisdefinition in der Vergangenheit wiederholt klar[101] verneint hat, wurden ihm erneut diesbezügliche Fragen vorgelegt.[102] Der EuGH musste entscheiden, ob ein Zertifikat auf der Grundlage einer jüngeren Zulassung für ein anderes, denselben Wirkstoff enthaltendes Arzneimittel (Melatonin zur Behandlung von Schlafstörungen beim Menschen) erteilt werden kann, wenn sich die Grenzen des durch das Grundpatent gewährten Schutzes im Sinne von Art. 4 AMV nicht auf das von der älteren Zulassung erfasste Erzeugnis (Melatonin zur Regulierung der Fortpflanzung bei Schafen bzw. zur Verbesserung des Fellwachstums bei Nerzen) erstrecken. Der EuGH kam hier zu dem Ergebnis, dass Art. 3 und 4 AMV dahin auszulegen sind, dass die Zertifikatserteilung für eine bestimmte Verwendung eines Erzeugnisses, für die eine Zulassung erteilt wurde, nicht bereits deshalb ausscheidet, weil für eine andere Verwendung dieses Erzeugnisses schon eine Zulassung als Tierarzneimittel erteilt worden war, sofern diese Verwendung in den Schutzbereich des Grundpatents fällt, auf das sich die Zertifikatsanmeldung bezieht.[103] Leider distanzierte sich der EuGH nicht ausdrücklich von früheren Entscheidungen,[104] die zwar zu anderen Normen ergangen sind, unter Berücksichtigung der Neurim-Entscheidung aber auch anders hätten entschieden werden können. Außerdem beschränkt der EuGH seine Entscheidung ausdrücklich „auf Fälle wie die des Ausgangsverfahrens" wo für das Erzeugnis noch kein früheres Zertifikat erteilt worden war, es ein vorzugelassenes Tier- und ein nachzugelassenes Humanarzneimittel und um einen Fall ging, wo die Vorzulassung nicht dem Zertifikatsanmelder erteilt wurde. Der EuGH sagt aber auch, dass es dabei nicht darauf ankommt, wer jeweils Inhaber der Genehmigungen, Inhaber der Patente oder Anmelder des Zertifikats ist.[105] Letztlich scheint danach nicht mehr von vornherein ausgeschlossen, dass – als Ausnahme vom Grundsatz, jedem Grundpatentinhaber je Erzeug-

94 AA bei Vorliegen zweier Stoffpatente: Eidgenössische Rekurskommision, sic! 1999, 449, 450 [E.4.b].

95 C-258/99 [LS 3, Rn 30 ff] – BASF: Zulassungserfordernis ist kein Element der Erzeugnisdefinition.

96 Vgl. RL DPMA S. 7/16 f [3.3.1.3, 3.3.1.4].

97 Vgl. hierzu: C-431/04 [LS, Rn 21, 25] – Wirkstoffzusammensetzung.

98 Vgl. hierzu aber BGH GRUR 2002, 523, 524 [II, II.1] – Custodiol I: Der BGH kommt – wohl unter Verwechselung von Arzneimittel- und Erzeugnisbegriff – bei der Prüfung von Art. 3 a AMV zum Ergebnis, dass Mengenbereichsabweichungen im zugelassenen Arzneimittel, die aus dem Schutzbereich des Grundpatents führen, einer Zertifikatserteilung entgegenstehen. Diese Auffassung wäre jedoch nur dann überzeugend, wenn Art. 3 a AMV den Schutz des Arzneimittels durch das Grundpatent fordern würde.

99 Vgl. C-31/03 [LS, Rn 20] – Dostinex; aber C-130/11 – Neurim.

100 Vgl. C-202/05 [LS] – Calcitriol.

101 C-31/03 [LS, Rn 20] – Dostinex; C-202/05 [LS] – Calcitriol.

102 C-130/11 – Neurim (ABl. EU vom 18. Juni 2011 [C 179/7], [2011] EWCA Civ 228 [Rn 28–30]: Argument: Ohne Möglichkeit der Zertifikatserteilung fehle ein wichtiger Anreiz für die Suche nach weiteren Anwendungsgebieten bekannter Wirkstoffe. Dies widerspräche den Zielen der AMV.

103 C-130/11 [LS 1, Rn 27] – Neurim. Die Laufzeit des Zertifikats (Art. 13 I AMV) berechnet sich unter Zugrundelegung der Zulassung der weiteren Verwendung [LS 2, Rn 31]. Dies muss dann aber erst Recht auch für die Berechnung der Anmeldefrist gelten.

104 Z.B. C-31/03 – Pharmacia; C-202/05 – Yissum; C-195/09 – Synthon v. Merz; C-427/09 – Generics v. Synaptech; Snodin/Pears: Neurim wins the battle but not (yet) the war for innovators, Srip Regulatory Affairs, September 2012, 14, 15; Schell GRUR 2013, 509 ff kritisiert die Neurim-Entscheidung des EuGH weil diese sich nicht mit den zu Art. 1 b AMV ergangenen Entscheidungen des EuGH auseinandersetzt, zu sich widersprechenden Erzeugnisbegriffen in Art. 1 b) und Art. 3 d) AMV führt und mit der Systematik der AMV nicht vereinbar ist. So müsse das Erzeugnis nach Art. 1 b) AMV ermittelt werden, bevor festgestellt werden könne, ob die Erteilungsvoraussetzung des Art. 3 d) AMV für dieses Erzeugnis vorliegt.

105 C-130/11 [Rz 34] – Neurim.

There is, in particular, no general fiction of non-identity at a separate authorisation[94] or patenting in the EU.[95] The German PTO[96] considers identical, therefore, the medicinal products, which differ in additional excipients,[97] concentration of active ingredients (dose)[98] or in scope of application (medicinal products for human and veterinary use,[99] further medical indication).[100] 26

Although the ECJ denied again that the authorised use influenced the product definition in the past,[101] similar questions were again submitted to it.[102] The ECJ had to decide whether an SPC could be granted on by the recent authorisation for another medicinal product containing the same active ingredient (melatonin for the treatment of human sleep disorders) if the limits of the protection conferred by the basic patent do not extend to an earlier authorised product (melatonin for the regulation of reproduction of sheep or for the improvement of the growth of mink furs) within the meaning of Art. 4 MPR. The ECJ concluded in this case that Art. 3 and 4 MPR are to be interpreted as meaning that, the mere existence of an earlier authorisation obtained for a veterinary medicinal product does not preclude the grant of an SPC for a different application of the same product for which an authorisation has been granted, if the medical use is within the limits of the protection conferred by the basic patent relied on for the SPC application.[103] Unfortunately the ECJ did not explicitly distances itself from previous decisions,[104] which although deferring to different MPR articles could be decided otherwise according to the Neurim logic. Furthermore, the ECJ limits its decision explicitly to “cases such as that in the main proceedings” where no earlier SPC has been granted for a product and it is about a case of a pre-authorised veterinary and a post-authorised human medicinal product where a pre-authorisation was not granted to the SPC applicant. The ECJ also declares that it does not matter who is the authorisation holder, the patent holder or the SPC applicants.[105] Finally, it does not seem, therefore, excluded a priori – as an exception to the principle that only one SPC may be granted for each product to each holder of a basic patent – that several SPCs could be granted to the same holder of a basic patent for each product in the future as far as it is “a case such as that in the main proceedings”. In each case it seems desirable to transfer the Neurim judgement to the cases 27

94 C-258/99 [LS 3, para. 30 ff] – BASF: The authorisation requirement is not an element of the product definition.
95 Dissenting (in case of 2 compound patents): Eidgenössische Rekurskommision, sic! 1999, 449, 450 [E. 4.b].
96 Cf. RL DPMA p. 7/16 f [3.3.1.3, 3.3.1.4].
97 Cf. to this: C-431/04 [LS, para. 21, 25] – Wirkstoffzusammensetzung.
98 But cf. to this: FPC GRUR 2002, 523, 524 [II, II.1] – Custodiol I: The FPC comes – possibly because of a confusion of the product and the medicinal product definition – while examining Art. 3(a) MPR to the result, that quantity deviations in the authorised medicinal product, which are outside the scope of protection of the basic patent impede the SPC grant. But this concept would only be persuasive if Art. 3(a) MPR would require the protection of the medicinal product by the basic patent.
99 Cf. C-31/03 [LS, para. 20] – Dostinex.
100 Cf. C-202/05 [LS] – Calcitriol.
101 C-31/03 [LS, para. 20] – Dostinex; C-202/05 [LS] – Calcitriol.
102 C-130/11 – Neurim (OJ EU C 179, 18.6.2011, p. 7, [2011] EWCA Civ 228 [para. 28–30]: Argument: without an opportunity to grant SPCs an important incentive for the search of further uses of known active ingredients would be missing. This would contradict the purposes of the MPR.
103 C-130/11 [LS 1, para. 27] – Neurim. The SPC duration (Art. 13(1) MPR) is calculated on the basis of the authorisation of the further use [LS 2, para. 31]. But then this must apply a fortiori also to the calculation of the filing period.
104 E.g. C-31/03 – Pharmacia; C-202/05 – Yissum; C-195/09 – Synthon v. Merz; C-427/09 – Generics v. Synaptech; Snodin/Pears: Neurim wins the battle but not (yet) the war for innovators, Srip Regulatory Affairs, September 2012, 14, 15; Schell GRUR 2013, 509 ff criticizes the Neurim Decision of the ECJ because it does not deal with earlier ECJ decisions regarding Art. 1(b) MPR, it leads to contradictory product definitions in Art. 1(b) and Art. 3(d) MPR and it is not compatible with the systematics of the MPR. So the product under Art. 1(b) MPR must be identified before it could be determined whether the grant conditions of Art. 3(d) MPR are met for this product.
105 C-130/11 – Neurim [para. 34].

nis nur ein Zertifikat zu erteilen – zukünftig ein und demselben Grundpatentinhaber je Erzeugnis auch mehrere Zertifikate erteilt werden könnten, solange es sich um einen „Fall wie den des Ausgangsverfahrens" handelt. In jedem Fall ist es wünschenswert, diese Rechtsprechung auch auf Fälle zu übertragen, in denen sowohl das vor- (Verwendung A) als auch das nachzugelassene (Verwendung B) Arzneimittel am Menschen angewendet werden.

28 Nach derzeitiger Rechtslage führen Veränderungen[106] am Wirkstoff selbst zur Verneinung der **Erzeugnisidentität** und damit zur Erteilung eines weiteren Zertifikats. Die Frage, wie stark diese Veränderungen sein müssen, ist noch nicht abschließend geklärt.

29 Die Verwendung lediglich anderer Salze oder Ester sollte ursprünglich wohl nicht genügen. Mit Inkrafttreten von EG 14, 17 PMV steht – auch im Arzneimittelbereich – die Erteilung eines Zertifikats auf einen Wirkstoff der Erteilung weiterer Zertifikate für dessen Derivate (Salze und Ester)[107] nicht entgegen, sofern diese Derivate Gegenstand von Patenten sind, in denen sie besonders beansprucht werden.[108] Im Gegensatz zu einer bereits zur VO 1768/92 protokollierten Erklärung des Rates und der Kommission[109] wurde EG 14 PMV nicht auf „Salze und Ester, die als neuer Wirkstoff eingestuft werden" beschränkt. Vielmehr kommt es dafür – zumindest dem Wortlaut nach – lediglich auf eine gesonderte Patentierung an.

30 Der BGH fordert allerdings zusätzlich, dass es sich um einen anderen Wirkstoff und nicht um verschiedene Formen desselben Wirkstoffs[110] handele. Dafür sei entscheidend, dass mit ihnen nicht der gleiche Heilungs- bzw. Vorbeugungseffekt erzielt werden könne, was bei lediglich verbesserter Wirksamkeit und Verminderung unerwünschter Nebenwirkungen nicht gegeben sei, wenn dies nicht die arzneiliche Wirkung als solche beträfe.[111] In einer weiteren Entscheidung ließ er hingegen genügen, dass sich die Wirkung unterscheide. Es wurde als unerheblich angesehen, ob diese Wirkung im Hinblick auf das Anwendungsgebiet des Arzneimittel positiv oder negativ sei. Entscheidend war vielmehr, dass überhaupt zu den

106 Brückner Art. 1 Rn 81: Bei chemischen Veränderungen, wie dem Austausch einer Seitenkette oder eines Substituenten, sollen zu Recht selbst dann verschiedene Erzeugnisse vorliegen, wenn sich die pharmakologischen Eigenschaften nicht unterscheiden.

107 Ob ein Enantiomer als Derivat des razemischen Wirkstoffs angesehen werden kann, hat der BGH (GRUR 2010, 123, 131 [Rn 75] – Escitalopram) offen gelassen. Nach der C-322/10 – Medeva ist diese Frage wegen Art. 3 d AMV nun aber entscheidungserheblich und wird bei der nächsten Nichtigkeitsklage nicht unbeantwortet bleiben können. Vgl. aber auch [2009] EWCA Civ 646 GRUR Int. 2009, 878, 880 – Generics v Daiichi: wonach EG 14 PMV nicht nur auf Derivate im engeren Sinne (Salze und Ester), sondern auch für analoge Fälle wie Enantiomere gelten soll.

108 Vgl. auch Benkard/Grabinski EPÜ Art. 63 Rn 60 der für diesen Fall Derivate als eigenständige Erzeugnisse ansieht.

109 „Der Rat und die Kommission gehen davon aus, dass mit der Definition des Begriffes Erzeugnis Salze und Ester nicht vom Schutz ausgenommen werden und nicht ausgeschlossen wird, dass für Salze und Ester, die als neuer Wirkstoff eingestuft werden, ein neues Zertifikat erteilt werden kann.", vgl. Schennen S. 53 [Art. 1 Anm 4], der aber – vor Erlass der EG 13, 14, 17 PMV – dafür plädiert diese Erklärung außer Acht zu lassen.

110 Vgl. bspw. Art. 10 II b S. 2 RL 2001/83/EG, § 24 b II 2 AMG der für generische Zulassungen folgendes regelt: „Die verschiedenen Salze, Ester, Ether, Isomere, Mischungen von Isomeren, Komplexe oder Derivate eines Wirkstoffs gelten als ein und derselbe Wirkstoff, es sei denn, ihre Eigenschaften unterscheiden sich erheblich hinsichtlich der Sicherheit und/oder Wirksamkeit"; vgl. auch Art. 3 III c VO 847/2000 zur Abgrenzung von ähnlichen und identischen Wirkstoffen: Ähnlich wären danach Wirkstoffe mit denselben Haupt-, nicht notwendig allen Merkmalen der Molekülstruktur, mit demselben Wirkungsmechanismus, wie Isomere, Isomerengemische, Komplexe, Ester, Salze und nicht-kovalente Derivate des ursprünglichen Wirkstoffs oder eines Wirkstoffs, der sich von dem ursprünglichen Wirkstoff nur durch kleine Änderungen der Molekülstruktur wie ein Strukturanalogon, unterscheidet. Dort auch für Makromoleküle (wie Proteine, Polysaccharide, Polynucleotide, Impfstoffe) und radiopharmazeutische Wirkstoffe.

111 BGH GRUR 2009, 41, 41 f [Rn 10 ff] – Doxorubicinsulfat, unter Hinweis auf BGH GRUR 2002, 415, 417 [II.6.a] – Sumatriptan.

in which both the pre-authorisation (the use A) and the post-authorisation (the use B) medicinal products are applied to human.

According to the current legal position changes[106] to an active ingredient lead on to the denial of **a product identity** and as consequence to the grant of further SPC. The question how substantial these changes must be is not clarified yet. 28

The mere use of different salts or ester was supposed to be not enough initially. Since R 14, 17 PPR came into force the grant of an SPC for an active ingredient does not preclude – also with medicinal products – the grant of further SPCs for its derivatives (salts and ester)[107] as far as these derivatives are a subject matter of patents in which they are demanded particularly.[108] Unlike the Declaration by the Council and the Commission about Reg. 1768/92,[109] R 14 PPR was not limited to "salts and ester classified as new active ingredients". On the contrary, it depends – at least according to the wording – merely on a separate patenting. 29

The FCJ requires, however, additionally that it must be another active ingredient, but not different forms of the same active ingredient.[110] The decisive factor here is that different curative and preventive effects could be obtained by them, which would be not available under merely increased effectiveness and reduction of undesirable side effects when it does not concern the therapeutic effect as such.[111] In a further decision, on the contrary, it satisfied that the effect differed. It was considered negligible whether this effect was positive or negative. Rather, what is central is that to the therapeutic effects was contributed at all.[112] The ECJ decided, nevertheless, earlier that the medical use was not integral with the product definition.[113] Therefore, it is doubtful whether the availability of another therapeutic effect 30

106 Brückner Art. 1 Rn 81: Different products exist rightly in case of chemical changes, like the replacement of a side chain or substituent, even if the pharmacological features do not differ.

107 The FCJ (GRUR 2010, 123, 131 [Rn 75] – Escitalopram) left undecided the question, whether an enantiomer can be considered a derivative of a racemic active ingredient. After C-322/10 – Medeva this question (because of Art. 3(d) MPR) is now, however, relevant to the decision and cannot remain undecided in future nullity actions. Cf. also [2009] EWCA Civ 646 GRUR Int. 2009, 878, 880 – Generics v Daiichi: according to which R 14 PPR shall apply not only to derivatives in the narrow sense (salts and esters), but also to analogue cases like enantiomers.

108 Cf. also Benkard/Grabinski EPÜ Art. 63 Rn 60 who considers the derivatives as independent products in this case.

109 "The Council and the Commission assume that salts and esters are not excluded from the product definition and it is not excluded that a new SPC can be granted for salts and esters, which are classified as a new active ingredients", cf. Schennen p. 53 [Art. 1 Anm 4]: who, however, argues – before the issuing of R 13, 14, 17 PPR – that this statement should be disregarded.

110 Cf. Art. 10(2)(b)(2) Dir. 2001/83/EC, Sec. 24b(2)(2) AMG, which regulates for generic authorisations: "The different salts, esters, ethers, isomers, mixtures of isomers, complexes or derivatives of an active substance shall be considered to be the same active substance, unless they differ significantly in properties with regard to safety and/or efficacy."; cf. also Art. 3(3)(c) Reg. 847/2000 as to the differentiation of similar and identical active ingredients: According to this active ingredients would be only similar, if they have the same principal molecular structural features (but not necessarily all of the same molecular structure features) and which act via the same mechanism, like isomers, mixture of isomers, complexes, esters, salts and non-covalent derivatives of the original active ingredient, or an active ingredient that differs from the original active ingredient only with respect to minor changes in the molecular structure, such as a structural analogue. There also for macromolecules (like proteins, polysaccharides, polynucleotides, vaccines) and radiopharmaceutical active ingredients.

111 FCJ GRUR 2009, 41, 41 f [Rn 10 ff] – Doxorubicinsulfat, with reference to FCJ GRUR 2002, 415, 417 [II.6.a] – Sumatriptan.

arzneilichen Wirkungen beigetragen würde.[112] Der EuGH entschied allerdings bereits zuvor, dass die medizinische Verwendung kein integraler Bestandteil der Erzeugnisdefinition sei.[113] Danach ist es zweifelhaft, ob es auf das Vorliegen einer anderen arzneilichen Wirkung zur Abgrenzung von Wirkstoffen ankommen soll, wenn die Verwendung für die Abgrenzung von Erzeugnissen gerade keine Rolle spielen darf, arzneiliche Wirkung und Verwendung sich aber bekanntermaßen gegenseitig bedingen. Gegen die Ansicht des BGH könnte auch Art. 4 AMV sprechen, wonach sich der Zertifikatsschutz zwar allein auf das zugelassene Erzeugnis aber dennoch auf alle vor Zertifikatsablauf zugelassenen Verwendungen erstrecken soll. Wäre die Verwendung Teil der Erzeugnisdefinition, dann wäre eine Erstreckung auf andere Verwendungen systematisch kaum erklärbar.

31 Aus medizinischer Sicht nachvollziehbarer könnte hier ein Vergleich des Metabolitenspektrum des vor- und nachzugelassenen Arzneimittels sein. Geht man davon aus, dass das Vorhandensein vergleichbarer Metabolitenspektren (C_{max} und AUC stimmen für alle (!) aktiven Metaboliten überein)[114] zu vergleichbaren medizinischen Wirkungen führen muss, käme man zu folgendem Schluss: Stimmen die Metabolitenspektren überein, so wirkt der verabreichte Stoff gleich und es handelt sich um den gleichen Wirkstoff. Weichen die Spektren wesentlich voneinander ab, so wirkt der verabreichte Stoff anders und es muss sich um einen anderen Wirkstoff handeln. In praktischer Hinsicht wird es aber immer dort Kausalitätsprobleme geben, wo das nachzugelassene Arzneimittel neben den Änderungen des Wirkstoffs noch weitere Änderungen (Dosis, pharmazeutische Form, Verabreichungsweg, modifizierte Abgabe) aufweist. In diesen Fällen dürfte es schwierig werden, eine veränderte Wirkung allein auf den geänderten Wirkstoff zurückzuführen.

32 Nach *Hacker* steht nach EG 14, 17 PMV eine Erzeugnisidentität von Wirkstoff als solchem und seiner – dieselben pharmakologischen Eigenschaften aufweisenden – besonderen Form[115] (Derivat: Salze/Ester) der Erteilung mehrerer Zertifikate immer dann nicht entgegen, wenn diese Derivate Gegenstand von Patenten sind, in denen sie besonders beansprucht werden.[116] Er ergänzt aber, dass diese „fiktive" Nichtidentität das Erteilungshindernis des Art. 3 c AMV und nicht das des Art. 3 d AMV betrifft.[117] Folgt man dieser Ansicht, würde dies bedeuten, dass als Erstzulassung die ursprüngliche Zulassung des Wirkstoffs als solchem für die Berechnung der Anmeldefrist (Art. 7 I AMV) – zumindest bei Zulassung nach Erteilung des Derivatpatents (ansonsten Art. 7 II AMV) – heranzuziehen wäre. Außerdem müsste man – wenn das Derivat nicht innerhalb der so berechneten Anmeldefrist des Art. 7 I AMV zugelassen wurde – die Erteilungsbehörde davon überzeugen, dass das Derivatpatent den Wirkstoff als solchen schützt, Art. 3 a AMV. Geht man vernünftigerweise davon aus, dass es einer Regelung wie EG 14, 17 PMV nicht bedarf, wenn es sich wegen unterschiedlicher pharmakologischer Wirkung zwischen Wirkstoff als solchen und seinem Derivat eindeutig um unterschiedliche Wirkstoffe und damit Erzeugnisse handelt, dann wäre der Anwendungsbereich von EG 14, 17 PMV nach Hacker wohl praktisch auf Fälle beschränkt, in denen pharmakologisch gleichwirkende Derivate innerhalb der Antragsfrist des Art. 7

112 BGH GRUR 2010, 123, 131 [Rn 73] – Escitalopram.

113 C-202/05 [LS] – Calcitriol: Dort aber explizit nur für den Fall, dass die zweite medizinische Verwendung durch ein Grundpatent geschützt wird.

114 C_{max} (maximale Konzentraton) und AUC (area under curve) müssten hierzu in sogenannten Bioäquivalenzstudien bestimmt werden. Unwesentliche Abweichungen, die bspw. einer Zulassung als Generikum nicht entgegenstehen würden, dürften dabei nicht zur Verneinung der Erzeugnisidentität führen.

115 Nach Schulte/Schell § 16 a Rn 12 sind der Wirkstoff und dessen pharmakologisch gleichwertige (d.h. wenn sie denselben Heilungs-/Vorbeugungseffekt erzielen) Derivate als einheitlicher Wirkstoff zu behandeln.

116 Busse/Hacker Anh § 16 a Rn 64.

117 Busse/Hacker Anh § 16 a Rn 21, 73. Er beruft sich dabei auf BGH GRUR 2009, 41, 42 [Rn 13] – Doxorubicin-Sulfat und BGH GRUR 2010, 123, 131 [Rn 77] – Escitalopram.

is needed to discriminate active ingredients if the use may not make any contribution in the discrimination of products, though the therapeutic effect and medical use depend on each other mutually. Art. 4 MPR could militate against the view of the FCJ. According to it the protection conferred by an SPC will include the authorised product itself and any use of the product that has been authorised before the expiry of the SPC. If the use would be a part of the product definition, the extension to other uses would be systematically hardly explicable.

Medically speaking, the comparison of various metabolites of a pre- and post-authorised medicinal product would be more comprehensible in this case. Assuming the presence of comparable spectra of metabolites (C_{max} and AUC correspond to all (!) active metabolites)[114] must lead on to comparable medical effects, one comes to the following conclusion: if the spectra of metabolites correspond, the administered substance operates identical and this is the same active ingredient. If the spectra differ widely, the administered substance operates differently and this must be another active ingredient. Practically speaking, the causality problems will always exist, however, where the post-authorised medicinal product shows further changes (dose, pharmaceutical form, route of administration, modified release) besides the changes to the active ingredient. Therefore, it might be sometimes difficult to attribute the changed effect only to the changed active ingredient. 31

According to *Hacker* according to R 14, 17 PPR, a product identity of an active ingredient as such and its particular forms,[115] which present the same pharmacological features (derivative: salts/ester) does not preclude the grant of several SPCs if these derivatives are the subject of patents specifically covering them.[116] But he adds that this "fictitious" non-identity affects the grant obstacles of Art. 3(c) MPR, but not of Art. 3(d) MPR.[117] If one takes this point of view, it would mean that the initial authorisation of an active ingredient as such as the first authorisation should be brought in for the calculation of the application period at least with an authorisation after the grant of a derivative patent (otherwise Art. 7(2) MPR). Furthermore, one would have to convince the granting authority that the derivative patent protects an active ingredient as such, Art. 3(a) MPR. If one assumed reasonably that it did not require a regulation like R 14, 17 PPR if it is obvious about different active ingredients and, therefore, products, because of different pharmacological effect between an active ingredient as such and its derivative, the scope of application of R 14, 17 PPR, according to Hacker, would be limited to the cases where the derivatives with the same pharmacological effect would be authorised within the application period of an SPC, provided by Art. 7 MPR, for an active ingredient as such. But anyway R 14 PPR includes – in contrary to jurisprudence of the FCJ – at least some justification. 32

112 FCJ GRUR 2010, 123, 131 [Rn 73] – Escitalopram.
113 C-202/05 [LS] – Calcitriol: But there explicit only for the case where the second medical use is protected by a basic patent.
114 C_{max} (maximum concentration) and AUC (area under curve) had to be determined in bioequivalence studies. Insignificant variances, which, e.g., would not impede an authorisation of a generic medicinal product, might not lead to the denial of product identity.
115 According to Schulte/Schell § 16 a Rn 12 the active ingredient and its pharmacologically equivalent (i.e. they produce the same therapeutic and prophylactic effect) derivatives shall be treated as a single active ingredient.
116 Busse/Hacker Anh § 16 a Rn 64.
117 Busse/Hacker Anh § 16 a Rn 21, 73 with reference to FCJ GRUR 2009, 41, 42 [Rn 13] – Doxorubicin-Sulfat and FCJ GRUR 2010, 123, 131 [Rn 77] – Escitalopram.

AMV eines Zertifikats für den Wirkstoff als solchen zugelassen würden. Immerhin hätte EG 14 PMV – anders als nach der Rechtsprechung des BGH – aber eine gewisse Berechtigung.

33 Je nachdem, wie im konkreten Einzelfall die Erteilungschancen beurteilt werden, kann unter Verwendung der o.g. Argumente versucht werden, für gesondert patentierte Kristallformen oder pharmazeutisch verträgliche Solvate, Salze, Ester, Isomere, Homologe usw. ein Zertifikat zur Erteilung zu bringen. Je mehr sich die betreffenden Wirkstoffe gleichen, desto größer dürfte aber der zu erwartende Widerstand durch Erteilungsbehörden oder Beschwerdeinstanzen sein.

34 Während man wohl gute Chancen auf ein neues Zertifikat hat, wenn bspw. ein Fluor- durch ein Chloratom (nicht in Salzen) oder eine Methyl- durch eine Ethylgruppe (nicht in Estern) ersetzt wurde, ist offen, ob bspw. der Ersatz eines Wasserstoff- durch einen Deuteriumatom genügt. Ebenfalls offen ist, ob der Ersatz einer simultanen durch eine sequentielle Kombination[118] zweier Wirkstoffe zu einer anderen Wirkstoffzusammensetzung und damit zu einem neuen Erzeugnis führt.

35 *Brückner* weist mit Blick auf Art. 3 c AMV zu Recht darauf hin, dass ein Wirkstoff und eine diesen Wirkstoff enthaltene Wirkstoffzusammensetzung unterschiedliche Erzeugnisse sind.[119] Zu beachten ist aber, dass als Erstzulassung des Wirkstoffs iSv Art. 3 d AMV nunmehr auch eine Zulassung in Betracht kommt, die ein Arzneimittel betrifft, das den Wirkstoff als Teil einer Wirkstoffzusammensetzung enthält.[120] *Brückner* ist wohl zu Recht der Ansicht, unterschiedliche **Biosimilars** seien, wegen unterschiedlicher Glykosylierungsmuster zumindest bei Expression in unterschiedlichen Spezies, verschiedene Erzeugnisse.[121]

36 Wann von **Anmelderidentität** auszugehen ist, ist weder in der AMV noch in der PMV geregelt und ergibt sich auch nicht aus den Prüfungsrichtlinien des DPMA. Geht man mit dem DPMA davon aus, dass sich die Antragsberechtigung[122] aus dem Recht auf das Zertifikat (Art. 6 AMV) ableitet und hierfür die Eintragung als Grundpatentinhaber im Patentregister entscheidend ist, so wäre für eine Zurückweisung der Zertifikatsanmeldung erforderlich, dass der Name bzw. die Firma der als Grundpatentinhaber Eingetragenen identisch sind. Diese formale Prüfung ist in Fällen gesellschaftsrechtlicher Beteiligungen zwischen den Grundpatentinhabern (insbesondere bei Unternehmen im Konzernverbund) umstritten. So meinen *Morzé/Hanna*,[123] dass konzernrechtlich verbundene Gesellschaften nicht als verschieden anzusehen seien. Hacker meint ergänzend, dass im Erteilungsverfahren zwar eine rein formale Prüfung der Personenverschiedenheit genügen könne, dies aber nicht zu einem Ausschluss der vorzugswürdigen Prüfung der wirtschaftlichen Verhältnisse im Rahmen einer Nichtigkeitsklage führen müsse.[124]

118 Statt der Verabreichung einer fixen Kombination aus A+B, wird nunmehr in einem ersten Behandlungszeitraum nur A, in einem zweiten nur B verabreicht. Beide Wirkstoffe werden aber in einer gemeinsamen Packung vermarktet, z.B. in einem Blister in dem sie sequentiell angeordnet sind.

119 So Brückner Art. 3 Rn 489; Art. 1 Rn 86; Busse/Hacker Anh § 16 a Rn 75.

120 Vgl. C-322/10 [LS 2, Rn 40] – Medeva; C-422/10 [LS, Rn 33] – Georgetown; a.A. Schulte/Schell § 16 a Rn 9, 42: Eine Wirkstoffzusammensetzung liege nur vor, wenn mehrere Wirkstoffe zum gleichen therapeutischen Zweck eingesetzt werden, andernfalls handele es sich um mehrere Einzelwirkstoffe. Eine Erstzulassung einer Wirkstoffzusammensetzung A+B+C sei daher keine Erstzulassung der Wirkstoffe A, B oder C.

121 Brückner Art. 1 Rn 113 ff, Art. 3 Rn 462 ff unter Hinweis auf Records III, S. 17/18 [V.5.2]; vgl. auch Art. 3 III c Nr. 2 VO 847/2000 zur Ähnlichkeit makromolekulare Wirkstoffe (Proteine, Polysaccharide, Polynucleotide) i.S.v. VO 141/2000. C-484/12 [Rn 14, 38] – Georgetown II, wo überlegt wird, ob das in Hefezellen exprimierte HPV-16 (Gardasil®) ggf. ein im Vergleich zum HPV-16 aus Insektenzellen (Cevarix®) anderes Erzeugnis darstellen könnte.

122 RL DPMA S. 6/16 [3.2.4].

123 Morzé/Hanna JPTOS 1995, 479, 485 [1.c.3].

124 Busse/Hacker Anh § 16 a Rn 61.

Depending on how the granting chances are assessed for the particular case, it can be tried using the arguments mentioned above to bring to the grant of an SPC for specifically patented crystal forms or pharmaceutically acceptable solvates, salts, ester, isomers, homologues etc. The more the active ingredients concerned are similar, the larger would be the anticipated resistance of the granting authorities and appeal instances. 33

Although one has good chances of a new SPC if a fluorine atom is replaced by a chlorine atom (not in salts) or a methyl group is replaced by an ethyl group (not in esters), it is open whether, for example, it is enough to replace a hydrogen atom with deuterium and whether the replacement of a simultaneous combination with a sequential one[118] of two active ingredients leads to another combination of active ingredients and, therefore, to a new product. 34

Brückner points out correctly having regard to Art. 3(c) MPR that an active ingredient and a combination of active ingredients containing this active ingredient are different products.[119] But note that now an authorisation, which concerns a medicinal product, which contains an active ingredient as a part of a combination of active ingredients comes into consideration as a first authorisation of an active ingredient within the meaning of Art. 3(d) MPR.[120] *Brückner* also takes the view that different **biosimilars** are different products because of different glycosylation patterns at least by expression in different species.[121] 35

When **applicant identity** is given, it is regulated neither by the MPR nor by the PPR and does not arise from the examination guidelines of the German PTO. If one assumes together with the DMPA that the right to apply[122] derives from the right to an SPC (Art. 6 MPR) and the registration as a holder of a basic patent in the patent register is decisive for this, it would be necessary for the rejection of an application for an SPC that the name or firm of those registered as patent holders are identical. This formal examination is controversial, especially when economic relationships (especially among large corporate groups with legally independent subsidiaries) among the patent holders exist. Thus *Morzé/Hanna*[123] are of the opinion that the companies from a corporate group are not to be considered separately. In addition, Hacker reckons that a purely formal examination of the diversity of companies/people might be not enough in grant procedures, but it must not lead on to the exclusion of a preferable examination of economic circumstances in an invalidity action.[124] 36

118 As of now instead of the administration of a fixed combination of A+B, in a first treatment period is administered only A and in the second only B. But both active ingredients will be marketed in a common package, for instance in one blister in which they are arranged sequentially.
119 So Brückner Art. 3 Rn 489; Art. 1 Rn 86; Busse/Hacker Anh § 16 a Rn 75.
120 Cf. C-322/10 – Medeva [LS 2, Rn 40]; C-422/10 – Georgetown [LS, Rn 33]; dissenting Schulte/Schell § 16 a Rn 9, 42: A combination of active ingredients is only given, if several active ingredients are applied to achieve the same therapeutic effect. Otherwise these substances should be considered single active ingredients. Thus a first authorisation of a combination A+B+C cannot be considered as a first authorisation of A, B or C.
121 Brückner Art. 1 Rn 113 ff, Art. 3 Rn 462 ff with reference to Records of 3rd meeting of national SPC experts, p. 17/18 [V.5.2]; cf. also Art. 3(3)(c) No. 2 Reg. 847/2000 on similarity of makromolecules (proteinaceous, polysaccharide and polynucleotide substances) within the meaning of Reg. 141/2000. C-484/12 [para. 14, 38] – Georgetown II, where it is considered whether the HPV-16 (Gardasil®) obtained from yeast cells and HPV-16 (Cevarix®) obtained from insect cells might be different products.
122 RL DPMA p. 6/16 [3.2.4].
123 Morzé/Hanna JPTOS 1995, 479, 485 [1.c.3].
124 Busse/Hacker Anh § 16 a Rn 61.

37 *Kühnen*[125] ist hingegen der Ansicht, dass trotz Konzernverbund nicht zwingend von Anmelderidentität auszugehen sei. Dies ergebe sich daraus, dass dem behördlichen Erteilungsverfahren eine materielle Inhaberprüfung fremd sei und es nach Zertifikatserteilung immer möglich ist, rechtsgeschäftlich mehrere Zertifikate für ein Erzeugnis auf einen Inhaber zur vereinen.[126] Dies solle nur dann nicht gelten, wenn ein Anmelder ausschließlich dazu erschaffen wurde, um Art. 3 II AMV zu umgehen. Das Vorhandensein (bspw. lizenz-) vertraglicher Beziehungen zwischen zwei Zertifikatsanmeldern führt nicht zur Anmelderidentität.[127] Ob Anmelderidentität vorliegt, wenn ein Grundpatent dem Zertifikatsanmelder A, ein weiteres Grundpatent A und B[128] gemeinschaftlich zustehen, könnte sich danach richten, in welchem Verhältnis A und B hinsichtlich dieses Grundpatentes stehen. Für Anmelderidentität spräche das Vorliegen einer Bruchteilsgemeinschaft nach §§ 741 ff BGB, für Anmelderverschiedenheit das Vorliegen einer Gesellschaft nach §§ 705 ff BGB und damit einer anderen Rechtsperson.[129] Einer rechtsgeschäftlichen Übertragung eines bereits erteilten Zertifikats auf den Inhaber eines anderen Zertifikats auf dasselbe Erzeugnis steht Art. 3 II PMV nicht entgegen.[130]

38 Ebenfalls diskutiert wird, auf welchen Zeitpunkt es für das Vorliegen der Anmelderidentität ankommt. Der Wortlaut scheint auch hier auf den Anmeldezeitpunkt abzustellen. Nach Kühnen müssen sich während des Erteilungsverfahrens vollziehende Änderungen der Inhaberverhältnisse am Grundpatent bei Eintragung in das Patentregister berücksichtigt werden.[131] Dies hätte bspw. einen erheblichen Einfluss auf Finanzierungsgeschäfte, in denen dem kreditsuchenden Zertifikatsanmelder ursprünglich zwei Grundpatente gehörten und er eines dieser Patente zur Sicherung eines Kredits während des Erteilungsverfahrens an den Kreditgeber „verkauft" und zurücklizensiert.

39 Das DPMA erteilte in der Vergangenheit problemlos mehrere Zertifikate auf ein und dasselbe Grundpatent, solange das Grundpatent mehrere Erzeugnisse (sei es als Wirkstoff, sei es als Wirkstoffzusammensetzung) schützte.[132] Gegen diese Praxis sprach jedenfalls nicht die Biogen-Entscheidung des EuGH, die zwar ausdrücklich erklärte, dass gemäß Art. 3 c AMV nicht mehr als ein Zertifikat für jedes Grundpatent erteilt werden kann, dies aber nur für Fälle in denen ein Erzeugnis durch mehrere Grundpatente geschützt ist, die ggf. mehreren Grundpatentinhabern zustehen.[133] In der Folge wiederholte der EuGH diese Passage sinnge-

125 Kühnen FS 50 Jahre BPatG S. 361, 366 f [II.2.c]; ihm folgend Benkard/Grabinski EPÜ Art. 63 Rn 59.

126 Hacker fragt daraufhin, ob nicht der Ratio des Art. 3 II PMV ein Übertragungs- bzw. Bündelungsverbot entnommen werden müsse, Busse/Hacker Anh § 16 a Rn 61. Der Wortlaut von Art. 3 PMV gibt dafür allerdings nichts her. Außerdem verweist § 16 a II PatG ohne Einschränkung auch auf § 15 I 2 PatG (vgl. Busse/Hacker Anh § 16 a Rn 88), was ebenfalls für eine freie Übertragbarkeit spricht.

127 Vgl. aber die von der Kommission in 98/C 229/03 (ABl. EU vom 22. Juli 1998 [C-229/14, Fn 27]) geäußerte Ansicht, wonach es für die Frage der Einleitung eines MRP-Verfahrens (SPC ist hier als SmPC und nicht als Zertifikat zu verstehen) entscheidend sei, ob es sich um denselben Antragsteller handele. Dabei müssten Antragsteller, die zur selben Unternehmensgruppe gehören, genauso als Einheit angesehen werden, wie Antragsteller, die Lizenzvereinbarungen abgeschlossen haben.

128 Gehört Mehreren gemeinsam ein Patent, so kann ihnen für ein Erzeugnis auch nur ein (gemeinsames) Zertifikat erteilt werden, vgl. Brückner Art. 3 Rn 3; vgl. aber auch Brückner Art. 6 Rn 35 ff.

129 Der für die Annahme einer Gesellschaft notwendige Zweck könnte sich aus einem gemeinsamen Forschungs- oder Entwicklungsprojekt (anders eventuell bei reiner Auftragsforschung) ergeben, in welches A zB einen bereits patentierten Wirkstoff einbringt, den A und B in einer bestimmten Indikation entwickeln und hierfür gemeinsam ein zweckgebundenes Stoffpatent erteilt bekommen.

130 Vgl. aber Busse/Hacker Anh § 16 a Rn 61, der dies wohl in Frage stellt.

131 Kühnen FS 50 Jahre BPatG S. 361, 365 f [II.2.b].

132 So auch Schulte/Schell § 16 a Rn 18, mit der Begründung, dass das Erzeugnis und nicht das Grundpatent Anknüpfungspunkt des Zertifikats ist und weder der Wortlaut noch die Systematik der AMV eine Differenzierung hinsichtlich des Schutzes durch ein oder mehrere Patente enthält. Vgl. auch BPatG 3 Ni 5/13 vom 4. Februar 2014 [II.1.b] – Telmisartan.

133 Vgl. C-181/95 [Rn 28] – Biogen; C- 482/07 [Rn 22 f] – AHP; C-443/12 [Rn 27 f] – Actavis.

Kühnen,[125] however, takes the view that despite a corporate relationship one is not compelled to conclude applicant identity. This results from the substantive examination of a holder is not done in grant proceedings by authorities and it is always possible to contractually unite several SPCs for a product to one holder after grant of several SPCs.[126] This should not apply only if the applicant was created exclusively to circumvent Art. 3(2) MPR. The existence of contractual relationships (for example, license) between two applicants for an SPC does not lead on to identity of an applicant.[127] Whether the identity of an applicant exist if applicant for an SPC A is entitled to a basic patent, and A and B[128] are entitled to the further basic patent jointly, could depend on the relationship between A and B about this basic patent. The existence of a community of part- or co-owners according to Sec. 741 ff BGB is a good evidence for the identity of an applicant, the existence of a company in accordance with Sec. 705 ff BGB and, therefore, of another legal entity is a good evidence of diversity of applicant.[129] Art. 3(2) PPR does not preclude the legal transfer of an already granted SPC to a holder of another SPC on the same product.[130] 37

It is also discussed which moment is important for the existence of the applicant identity. Also here the wording seems focused on the filing date. According to Kühnen, changes in the relationship among the patent holders during the grant procedure must be considered at the registration in the patent register.[131] This would have, for example, a considerable influence on financing operations where initially two basic patents belong to an applicant for an SPC who is looking for a loan and "sells" one of these patents to a lender at a grant procedure to secure the loan, with an option to licence it back later. 38

In the past the German PTO granted several SPCs on one and the same basic patent without any problem, as long as the basic patent protected several products (regardless of whether it was a single active ingredient or a combination of active ingredients).[132] In any case the Biogen decision of the ECJ did not speak against this practice, although it expressly stated that under Art. 3 c MPR only one SPC can be granted for each basic patent – but only for cases where one product was protected by several basic patents (which belong to several patent holders).[133] Subsequently, the ECJ repeated this text correspondingly in the decisions Medeva, Georgetown and University of Queensland.[134] From now on some patent offices 39

125 Kühnen FS 50 Jahre BPatG p. 361, 366 f [II.2.c]; following him Benkard/Grabinski EPÜ Art. 63 Rn 59.

126 Consequently Hacker asks whether an transfer or bundling prohibition must be taken from Art. 3(2) PPR, Busse/Hacker Anh § 16 a Rn 61. The wording of Art. 3 PPR does not yield anything in this regard. In addition, Sec. 16a(2) PatG refers without limitation to Sec. 15(1)(2) PatG (cf. Busse/Hacker Anh § 16 a Rn 88) that also argues for a free transferability.

127 Cf., however, the view the Commission expressed in 98/C 229/03 (OJ EU C 229, 22.07.1998, p. 14, Fn 27), according to which it is decisive for the initiation of an MRP-procedure (here SPC means SmPC but not certificate), whether it is the same applicant. Hereby applicants belonging to the same group of companies had to be considered as one entity like applicants, which have concluded a licence agreement.

128 If a patent commonly belongs to several holders, only one (common) SPC for one product can be granted to them, cf. Brückner Art. 3 Rn 3; but cf. also Brückner Art. 6 Rn 35 ff.

129 The common objective necessary for a civil partnership (GbR) can arise from a common research or development project (different possibly in case of pure contract research) in which A, e.g., brings in an already patented active ingredient, which A and B together develop in a certain indication and therefor jointly obtain a purpose-limited compound patent.

130 But cf. Busse/Hacker Anh § 16 a Rn 61, who is probably questioning this.

131 Kühnen FS 50 Jahre BPatG p. 361, 365 f [II.2.b].

132 So also Schulte/Schell § 16 a Rn 18, with the argument that the product and not the basic patent is the basis of an SPC and that neither the wording nor the systematics of the MPR differentiate with respect to a protection by one or more patents. Cf. also BPatG 3 Ni 5/13 vom 4. Februar 2014 [II.1.b] – Telmisartan.

133 Cf. C-181/95 [para. 28] – Biogen; C- 482/07 [para. 22 f] – AHP; C-443/12 [para. 27 f] – Actavis.

mäß in den Entscheidungen Medeva, Georgetown und Universität Queensland.[134] Obwohl hieraus (vorausgesetzt das Wort „ein" wird als Zahlwort und nicht als unbestimmter Artikel verstanden) keinerlei Beschränkungen für den Fall in dem mehrere Erzeugnisse durch ein Grundpatent geschützt sind, ableiten lassen, wollten einige Patentämter innerhalb der EU[135] und ihnen möglicherweise folgend Generalanwalt Jääskinen[136] nun unabhängig von der Anzahl der geschützten Erzeugnisse nur noch genau ein Zertifikat je Grundpatent erteilen.

40 Der EuGH stellte daraufhin kürzlich klar, dass „auf Grundlage eines Patents, durch das mehrere, sich unterscheidende Erzeugnisse geschützt werden grundsätzlich mehrere Zertifikate in Bezug auf einzelne, unterschiedliche Erzeugnisse erteilt werden können. Allerdings soll dies nur unter der Voraussetzung gelten, dass die Erzeugnisse iSv Art. 3 a, 1 b, c AMV „als solche" durch das Grundpatent geschützt[137] und in einem zugelassenen Arzneimittel enthalten sind.[138] Zwar scheint der Verweis auf Art. 1 c AMV darauf hinzudeuten, dass ein Schutz „als solcher" nur vorliegt, wenn das Erzeugnis (also der Wirkstoff oder die Wirkstoffzusammensetzung des Arzneimittels, Art. 1 b AMV) absolut, also vor jedweder Verwendung und egal wie es hergestellt wurde, geschützt ist. Dies würde aber zu einer durch Art. 1 c AMV so nicht vorgesehenen Differenzierung von Stofferfindungen und bspw. Verfahrenserfindungen führen und Verfahrens- oder Verwendungspatente ohne nachvollziehbaren Grund von der Erteilung mehrerer Zertifikate ausschließen. Vielmehr könnte der EuGH beabsichtigt haben, die Zertifikatserteilung auf solche Erzeugnisse zu beschränken, die auf dem „Kern der erfinderischen Tätigkeit"[139] bzw. der „zentralen erfinderischen Tätigkeit"[140] beruhen, nicht hingegen für „jedes sukzessive Inverkehrbringen" des Wirkstoffs mit weiteren, „als solchen nicht geschützten" sondern „nur allgemein bezeichneten" Wirkstoffen.[141]

41 Der EuGH entschied, dass Art. 3 c AMV unter Umständen wie denen des Ausgangsverfahrens, wo für einen neuartigen Wirkstoff auf der Grundlage des ihn schützenden Patents und einer Zulassung eines ihn enthaltenden Monopräparats bereits ein Zertifikat erteilt worden war, das es dem Patentinhaber ermöglichte, der Verwendung dieses Wirkstoffs allein oder in Kombination mit anderen Wirkstoffen zu widersprechen, dahin auszulegen ist, dass es nicht zulässig ist, dem Inhaber auf der Grundlage desselben Patents, aber einer späteren Zulassung eines anderen Arzneimittels, das den genannten Wirkstoff zusammen mit einem anderen, als

134 C-322/10 [Rn 41] – Medeva; C-422/10 [Rn 34] – Georgetown; C-630/10 [Rn 35] – Queensland.
135 Vermutlich einer Bemerkung der Generalanwältin in den gemeinsamen Schlußanträgen zu C-322/10, C-422/10 [Rn 102] – Medeva/Georgetown folgend.
136 Aber nicht ganz klar: Schlußanträge zu C-484/12 [Rn 7, 23] – Georgetown II.
137 C-443/12 [Rn 29] – Actavis; C-484/12 [Rn 30] – Georgetown II.
138 C-484/12 [Rn 30] – Georgetown II.
139 So auch BPatG 3 Ni 5/13 vom 4. Februar 2014 [II.1.c.bb] – Telmisartan.
140 Für die Entscheidungserheblichkeit dieses Merkmals: Vgl. Vorlageentscheidung [2012] EWHC 2545 (Pat) [Rn 76] – Actavis v. Sanofi; dort als „inventive advance" bezeichnet. Dort auch Vorschlag, dass eine Wirkstoffzusammensetzung des patentierten mit einem bekannten Wirkstoff von einem späteren Grundpatent auf eine überraschende synergistische Wirkung dieser Zusammensetzung geschützt sei. Anzumerken bleibt aber, dass im konkreten Fall eine Kombination von Irbesartan (I) und HCT tatsächlich synergistisch wirkt (oder mit anderen Worten: den Blutdruck stärker senkt als jede der beiden Komponenten allein). Dies ist für den Fachmann auch überraschend, da er am Prio-/Anmeldedatum weder I, noch dessen blutdrucksenkende Wirkung kannte. Warum es dann aber (nach europäischem Patentrecht und entgegen Art. 54 III EPÜ) auf eine getrennte oder sogar spätere Anmeldung ankommen soll, ist rechtlich nicht nachvollziehbar. Auch politische Argumente (z.B. Entlastung der Krankenkassen) wären nur dann verständlich, wenn die Entwicklung synergistischer Kombinationen aus innovativen und bekannten Wirkstoffen entweder medizinisch unsinnig (z.B. der Patient kann ja zwei statt einer Tablette schlucken. Dabei kann der Arzt die Dosis sogar noch individueller bestimmen und so eine noch bessere Wirkung erzielen. Aber Achtung: Compliance-Probleme) oder so preiswert und risikoarm wäre, dass diese in Zukunft auch ohne zusätzliche, zertifikatsvermittelte Exklusivität auskäme. Vgl auch Snodin: Three CJEU decisions that answer some questions but pose many more, JIPLP 2014, 599, 603 [i, ii], der fragt, ob es tatsächlich eines neuen Grundpatents bedarf, falls gezeigt werden kann, dass die Kombination ggü. dem Wirkstoff eine eigenständige Erfindung ist und was die Kriterien dafür wären.
141 C-443/12 [Rn 30, 41] – Actavis.

within the EU[135] and possibly following them Advocate General Jääskinen[136] were only willing to grant one SPC per basic patent regardless of the number of protected products, although (assuming the word "a" is understood as a numeral and not as an indefinite article) no restrictions can be derived from the Biogen decision for a case in which multiple products are protected by one basic patent.

Then the ECJ recently clarified that "it is possible, on the basis of a patent which protects several different products, to obtain several SPCs in relation to each of those different products". However, this is only the case under the condition that each of those products is protected „as such" by that basic patent (Art. 3(a), 1(b), (c) MPR)[137] and that it is contained in an authorised medicinal product.[138] Although the reference to Art. 1 c MPR seems to suggest that protection "as such" is only given, if the product (i.e. the active ingredient or the combination of active ingredients according to Art. 1 b MPR) is protected absolutely, i.e. from any third party use and no matter how it was produced. However, this would lead to a differentiation of substance and process inventions (not intended by Art. 1 c MPR) and process and use patents would be exempted from granting SPCs without comprehensible reason. Rather, the Court could have intended to limit the grant of an SPC to such products, which are based on the "(core)[139] inventive advance"[140], but not for "all subsequent marketing" with other active ingredients "not protected as such … but simply referred to in … general terms".[141] 40

The ECJ ruled, that Art. 3 c MPR in circumstances such as those in the main proceedings, where, on the basis of a patent protecting an innovative active ingredient and a marketing authorisation for a medicinal product containing that ingredient as the single active ingredient, the holder of that patent has already obtained an SPC for that active ingredient entitling him to oppose the use of that active ingredient, either alone or in combination with other active ingredients, must be interpreted as precluding that patent holder from obtaining – on the basis of that same patent but a subsequent marketing authorisation for a different 41

134 C-322/10 [para. 41] – Medeva; C-422/10 [para. 34] – Georgetown; C-630/10 [para. 35] – Queensland.
135 Probably following a remark of the Advocate General in the opinion in C-322/10, C-422/10 [para. 102] – Medeva/Georgetown.
136 But not totally clear: Opinion in C-484/12 [para. 7, 23] – Georgetown II.
137 C-443/12 [para. 29] – Actavis; C-484/12 [para. 30] – Georgetown II.
138 C-484/12 [para. 30] – Georgetown II.
139 So also BPatG 3 Ni 5/13, February 4, 2014 [II.1.c.bb] – Telmisartan.
140 Cf. with regard to the significance of this feature: [2012] EWHC 2545 (Pat) [para. 76] – Actavis vs. Sanofi; there referred to as "inventive advance". There a suggestion can also be found, that a combination of the patented and a known active ingredient is protected by a later basic patent on a surprising synergistic effect of this combination. But it must be pointed out, that in the present case, a combination of irbesartan (I) and HCT acts synergistically (or in other words, the combination of I and HCT is much more effective in lowering blood pressure than I or HCT alone). This is also surprising for a skilled person, as he did not know I's structure nor its hypotensive effect on the priority/filing date. Why then (according to European patent law and contrary to Art. 54(3) EPC) a separate or even later patent application should be necessary, is not legally understandable. Also political arguments (e.g. relief of health insurance) would only be understandable if the development of synergistic combinations of innovative and known active ingredients are either medically nonsensical (e.g. The patient can swallow two instead of one tablet. A physician could then determine the dose even more individually and thus achieve an even better effect. But attention, there might be severe compliance issues) or so inexpensive and low-risk, that it would go without additional, SPC protected exclusivity in the future. See also, Snodin: Three Decisions CJEU did answer some questions but pose many more, JIPLP 2014, 599, 603 [i, ii], who asked whether a new basic patent is really necessary, if it can be shown that the combination is a distinct invention and if so, what would be the criteria for this.
141 C-443/12 [para. 30, 41] – Actavis.

solchem durch das Patent nicht geschützten Wirkstoff enthält, ein zweites Zertifikat für diese Wirkstoffzusammensetzung zu erteilen.[142] Zulässig ist hingegen die Erteilung eines 2. Zertifikats für einen einzeln als solchen durch dasselbe Grundpatent geschützten Wirkstoff an den Grundpatentinhaber, wenn diesem auf der Grundlage dieses Patents und der Zulassung eines Kombi-Arzneimittels, bereits ein Zertifikat für eine iSv Art. 3 a AMV geschützte Wirkstoffzusammensetzung erteilt worden ist.[143]

42 Ungeklärt ist die Frage, ob auf ein Grundpatent, dessen erfinderischer Kern einen Wirkstoff A betrifft, zwei Zertifikate auf A + B und A + C erteilt werden könnten, falls kein Zertifikat auf A erteilt wurde, C und B bekannte Wirkstoffe und die o.g. Kombinationen durch das Grundpatent i.S.v. Art. 3 a AMV geschützt sind.[144] Soll nach einem Zertifikat auf eine Kombination ein weiteres Zertifikat auf Basis desselben Grundpatents auf einen einzelnen Wirkstoff erteilt werden, so muss dieser Wirkstoff natürlich auch einzeln iSv Art. 3 a AMV geschützt sein.[145]

43 Abzuwarten bleibt, ob die Actavis-Entscheidung dazu führt, dass die forschenden Pharmahersteller – mangels einer für die Amortisierung der Forschungsausgaben und anschließender Gewinnerzielung möglicherweise zu geringen Schutzdauer – das Risiko der Entwicklung von Kombinationen innovativer und bewährter Wirkstoffe in Zukunft meiden werden.[146] In jedem Fall sollte, solange die Entwicklung eines Kombinationspräparates möglich scheint, aus bereits eingereichten Patentanmeldungen, Teilanmeldungen auf Kombinationen unter expliziter Nennung der in Frage kommenden Wirkstoffe nach Art. 76 EPÜ abgeteilt werden.[147] Bei Neuanmeldungen sollten Anmeldungen auf den innovativen Wirkstoff und die Kombination dieses Wirkstoffs mit einem bekannten, im Anspruch explizit genannten Wirkstoff getrennt[148] und unter Hinweis auf eine synergistische Wirkung, aber am selben Tag eingereicht werden, so dass sich die Stoff- und die Kombinationsanmeldung selbst dann nicht gegenseitig im Weg stehen, wenn der synergistische Effekt in Kenntnis des innovativen Wirkstoffs für den Fachmann nicht überraschend wäre, Art. 56, 54 III EPÜ.[149]

44 Nach Ansicht des BPatG[150] scheitert eine zweite Zertifikatsanmeldung nachdem ein bereits erteiltes Zertifikat für nichtig erklärt wurde – wegen ex tunc Wirkung – jedenfalls nicht am zu Art. 3 c AMV wortgleichen Art. 3 I c PMV. Dies würde im Arzneimittelbereich aber nur dann helfen, wenn es noch möglich ist, die Anmeldefristen des Art. 7 AMV einzuhalten.

142 C-443/12 [LS] – Actavis.
143 C-484/12 [LS] – Georgetown II.
144 So wohl Snodin: Three CJEU decisions that answer some questions but pose many more, JIPLP 2014, 599, 603 [iv]. Dort mangels Überlappung der Schutzbereiche wohl bejaht. Ein Zertifikat auf A + B führt nämlich nicht zu einem Unterlassungsanspruch ggü. einem Wettbewerberarzneimittel A+C (vgl. hierzu Argumentation in C-443/12 [Rn 35] – Actavis).
145 C-484/12 [LS, Rn 41] – Georgetown II.
146 Vgl. auch Gassner PPL 2014, 45, 54 [6.1], 63 [6.5], der trotz bereits 2005 von der WHO festgestellter steigender Bedeutung von fixen Kombinationen für die öffentliche Gesundheit die strategischen Alternativen der Patentinhaber beschränkt sieht, weil zusätzliche Kosten für die Entwicklung von Kombinationsprodukten nicht ausgeglichen werden können.
147 Snodin: Three CJEU decisions that answer some questions but pose many more, JIPLP 2014, 599, 604 [ii] hält die Erfolgsaussichten aber für fraglich, da dies für das Vorliegen getrennter Erfindungen nicht ausreichen könnte. Er rät aber auch, dies bis zur gerichtlichen Klärung der Frage zumindest zu versuchen.
148 Es bleibt aber abzuwarten, ob diese Trennung der Anmeldungen ausreicht und von den Ämtern und Gerichten nicht doch mehr gefordert wird (vgl. Snodin: Three CJEU decisions that answer some questions but pose many more, JIPLP 2014, 599, 603 [ii] der als maßgebliche Kriterien getrennter Erfindungen bspw. das Vorliegen von „Uneinheitlichkeit" nach dem EPÜ oder die Verneinung eines „Obviousness-Type Double Patenting" nach US-Patentrecht für möglich hält).
149 Dies könnte auch als eine Umgehungsstrategie (i.S.v. C-484/12 [Rn 22, 31] – Georgetown) angesehen werden, die zusätzliche Kosten verursacht und von Innovationen abhält.
150 Vgl. BPatG GRUR 2010, 132, 137 [Rn 47] – Jodosulfuron.

medicinal product containing that active ingredient in conjunction with another active ingredient which is not protected as such by the patent – a second SPC relating to that combination of active ingredients.[142] However, where, on the basis of a basic patent and a marketing authorisation for a medicinal product consisting of a combination of several active ingredients, the patent holder has already obtained an SPC for that combination of active ingredients, protected by that patent within the meaning of Art. 3(a) MPR, Art. 3(c) MPR must be interpreted as not precluding the proprietor from also obtaining an SPC for one of those active ingredients which, individually, is also protected as such by that patent.[143]

Still open is the question, if two SPCs on A+B and A+C can be granted on a basic patent protecting "as such" only active ingredient A (which is also its core inventive advance), if no SPC has been granted for A alone, B and C are known active compounds and the combinations A+B and A+C are mentioned in the basic patent's claims.[144] If a second SPC for a single active ingredient based on the same basic patent shall be granted after an SPC for a combination has already been granted, this single active ingredient must of course be individually protected as such by that basic patent, too.[145] 42

It remains to be seen whether the Actavis decision causes that research-based pharmaceutical companies will avoid the risk of developing combinations of innovative and known active ingredients in the future as the remaining patent term might be too short for amortization of research expenditure and subsequent profit making.[146] In any case, as long as the development of combinations of active ingredients still seems to be economically justifiable, divisional applications should be filed out of pending patent applications pursuant to Art. 76 EPC. The future combination should then be explicitly mentioned in the new claims.[147] In case of new applications it might be advisable to separately file[148] on the same day one application for the innovative active ingredients and another one for the intended combination with a known active ingredient which has to be explicitly mentioned in the claims and pointing out a synergistic effect. By doing this it could be possible, that both applications will not stand in each other's way, even if the synergistic effect is not very surprising for a person knowing the innovative active ingredient, Art. 56, 54(3) EPC.[149] 43

According to the FPC[150] a second application for an SPC does not fail once an already granted SPC was declared invalid – because of the ex tunc effect – anyway not because of Art. 3(1)(c) PPR identical to Art. 3(c) MPR. This would help with medicinal products only if it is still possible to comply with the application periods of Art. 7 MPR. Apart from a special 44

142 C-443/12 [LS] – Actavis.
143 C-484/12 [LS] – Georgetown II.
144 So possibly Snodin: Three CJEU decisions that answer some questions but pose many more, JIPLP 2014, 599, 603 [iv]. There possibly answered in the affirmative due to a non-overlapping scope of protection, as an SPC for A+B does not prevent the marketing of a medicinal product A+C by a competitor. Cf. also arguments in C-443/12 [para. 35] – Actavis.
145 C-484/12 [LS, para. 41] – Georgetown II.
146 Cf. also Gassner PPL 2014, 45, 54 [6.1], 63 [6.5], who despite an increased importance of fixed-dose combinations for public health (as stated by WHO in 2005) regards the strategic options of patent holders limited, as additional research costs for compination products cannot be recouped.
147 Snodin: Three CJEU decisions that answer some questions but pose many more, JIPLP 2014, 599, 604 [ii] considers the chances of success doubtful, as this may not be sufficient to establish separate inventions. But he also advises to try this until this problem is clarified by the courts.
148 It remains to be seen whether the separation of applications is sufficient or if patent offices or courts require more (see Snodin: Three Decisions CJEU did answer some questions but pose many more, JIPLP 2014, 599, 603 [ii] who speculates, if the decisive criteria for separate inventions is the existence of "non-unity" under the EPC or the denial of "obviousness-type double patenting" under U.S. patent law).
149 This could be also seen as a circumvention tactics (as mentioned in C-484/12 [para. 22, 31] – Georgetown II) which costs more and thus discourage innovation.
150 Cf. FPC GRUR 2010, 132, 137 [Rn 47] – Jodosulfuron.

Abgesehen vom Spezialfall einer Wiedereinsetzung trotz Ablaufs der Jahresfrist des § 123 II 4 PatG wegen schutzwürdigen Vertrauens in eine langjährige Rechtspraxis des DPMA, dürfte dies in der Praxis nur im Falle von Art. 7 II AMV – also bei Fristbeginn ab (nach Erstzulassung liegender) Patenterteilung – gelingen.

V. Erstzulassung im Anmeldestaat (Art. 3 d AMV)

45 Nach Art. 3 d AMV darf ein Zertifikat nur erteilt werden, wenn die unter Art. 3 b AMV erwähnte Zulassung[151] die Erstzulassung ist, oder anders gesagt, es darf keine früheren[152] Zulassungen des identischen Erzeugnis[153] im Anmeldestaat[154] geben. Diese Erstzulassung im Anmeldestaat ist – obwohl Art. 7 I AMV nur auf Art. 3 b AMV verweist – entscheidend für die Fristberechnung nach Art. 7 I AMV. Sie beeinflusst die Zertifikatslaufzeit nach Art. 13 I AMV nur, wenn es sich gleichzeitig um die Erstzulassung in der Gemeinschaft handelt.

46 Die Voraussetzung des Art. 3 d AMV ist in Deutschland von Amts wegen zu prüfen. Von der Möglichkeit des Art. 10 V AMV wurde kein Gebrauch gemacht. Das DPMA geht unter Hinweis auf die Wahrheitspflicht des Anmelders jedoch davon aus, dass dessen Angaben den Tatsachen entsprechen. Anhaltspunkten,[155] die die Angaben des Anmelders in Frage stellen, wird aber durch Einsicht in bestimmte Zulassungsregister (bspw. Rote Liste) nachgegangen.[156]

47 Ob die Zulassung dem Zertifikatsanmelder erteilt wurde, spielt für die Frage der Erstzulassung keine Rolle.[157] Eine einzige Zulassung kann somit Basis für die Erteilung mehrerer Zertifikate für denselben Wirkstoff sein.[158] Ebenso wenig kommt es darauf an, ob das Prioritätsdatum des Grundpatents nach einer früheren Zulassung des selben Wirkstoffs liegt[159] oder ob für eine effektive Verwertung des Grundpatents neben der arzneimittelrechtlichen[160] noch weitere (bspw. preis- oder erstattungsrechtliche) Genehmigungen erforderlich sind.[161]

151 Zum Begriff der Zulassung: vgl. Art. 2 AMV.
152 Vgl. auch Brückner Art. 3 Rn 581, 585, 610 ff: auch keine früheren Zulassungen anderer Unternehmen.
153 Zur Erzeugnisdefinition und -identität: vgl. Kommentierung zu Art. 1 b und Art. 3 c AMV.
154 Vgl. für Deutschland: BPatGE 41, 56, 63 – Clarithromycin; RL DPMA S. 7/16 [3.3.1.3]; Busse/Hacker Anh § 16 a Rn 68; Benkard/Ullmann/Grabinski EPÜ Art. 63 Rn 24; Schulte/Kühnen 8. Aufl. § 16 a Rn 17; Schulte/Schell § 16 a Rn 25; Brückner Art. 3 Rn 579; aA wohl BGH GRUR 2008, 890, 891 [Rn 9] – Anti-helicobacter-Präparat; andernfalls, also wenn mit Zulassung nach Art. 3 b AMV die Erstzulassung in der Gemeinschaft gemeint wäre, so könnte (von zentralen Zulassungen abgesehen, die in allen Mitgliedstaaten gleichzeitig gelten) immer nur in dem einen Mitgliedstaat ein Zertifikat erteilt werden, in dem das Erzeugnis erstmals zugelassen wurde.
155 Bspw. nach formlosem Hinweis eines Dritten, vgl. Schennen S. 56 [Art. 3 Anm 6]; nach Schennen könne der Zertifikatsanmelder dann, solange das Zertifikat noch nicht erteilt sei, das Zertifikat unter Berufung auf die frühere Zulassung neu anmelden. Dies wird aber nur unter Beachtung der Frist nach Art. 7 I AMV möglich sein.
156 RL DPMA S. 7/16 [3.3.1.3]; Zugang zur Roten Liste für Inhaber eines „DocCheck"-Passwortes über www.rote-liste.de. Aber Achtung, Arzneimittel, deren Zulassung abgelaufen ist, verschwinden auch wieder aus der Roten Liste!
157 Scheil Mitt 1997, 55, 57 [III.2.a]; so im Ergebnis auch C-181/95 [LS 3, Rn 47] – Biogen; der Begriff der Erstzulassung ist erzeugnis- und nicht anmelderbezogen auszulegen, Busse/Hacker Anh § 16 a Rn 70; Brückner Art. 1 Rn 68; Fitzner in Fitzner/Lutz/Bodewig § 16 a Rn 40.
158 Kühnen FS 50 Jahre BPatG S. 361, 369 [II.3].
159 Vgl. Busse/Hacker Anh § 16 a Rn 77 unter Ablehnung von schweiz BG sic! 1999, 153, 154 – Arzneimittel: Dort wurde zu §§ 140 a ff PatG-CH vertreten, dass es sich bei getrennter Patentierung um unterschiedliche Erzeugnisse handeln müsse, weil sonst eine Vorzulassung neuheitsschädlich wäre.
160 Nach C-195/09 [Rn 51] – Memantin; C-427/09 [Rn 36] – Galantamin können für Erzeugnisse, die bereits vor einer Zulassung nach RL 65/65/EWG als Arzneimittel in Verkehr gebracht wurden, keine Zertifikate erteilt werden.
161 C-127/00 [Rn 79] – Omeprazol; allerdings für die Frage der Erstzulassung in der Gemeinschaft iRd Übergangsregelung nach Art. 19 I VO 1768/92.

case of reinstatement despite the end of the one-year period of Sec. 123(2)(4) PatG because of legitimate expectations to a long-term legal practice of the German PTO, this might succeed in practice only in the case of Art. 7(2) MPR, namely, at the beginning of a term after the grant of a patent (after a first authorisation).

V. The first authorisation in the filing country (Art. 3 d MPR)

In accordance with Art. 3(d) MPR an SPC may be granted if the authorisation[151] mentioned in Art. 3(b) MPR is the first authorisation, in other words, any earlier[152] authorisations for an identical product[153] might not have been granted in the filing country.[154] This first authorisation in the filing country is crucial – though Art. 7(1) MPR refers only to Art. 3(b) MPR – for the calculation of the time allowed according to Art. 7(1) MPR. It affects the duration of an SPC under Art. 13(1) MPR only if it is simultaneously the first authorisation in the Community. 45

In Germany the condition of Art. 3(d) MPR will be examined officially. The possibility of Art. 10(5) MPR was not made use of. The German PTO assumes, however, for applicant's obligation to be truthful that his information is correct. Indications,[155] which question the information about an applicant can be investigated by examining certain registers of authorisations (e.g., Rote Liste).[156] 46

Whether an authorisation was granted to the SPC applicant, is not decisive for determining the first authorisation.[157] A single authorisation can be the basis for the grant of several SPCs for the same active ingredient.[158] The same applies to the question whether the priority date of a basic patent is after an earlier authorisation of the same active ingredient[159] or whether further authorisations (for pricing or reimbursement) are necessary for effective exploitation of a basic patent apart from the authorisation as a medicinal[160] product.[161] 47

151 As to the term "authorisation": cf. Art. 2 MPR.
152 Cf. also Brückner Art. 3 Rn 581, 585, 610 ff: also not earlier authorisations of different companies.
153 As to the product definition and identity: cf. Art. 1(b) and Art. 3(c) MPR.
154 Cf. for Germany: BPatGE 41, 56, 63 – Clarithromycin; RL DPMA p. 7/16 [3.3.1.3]; Busse/Hacker Anh § 16 a Rn 68; Benkard/Ullmann/Grabinski EPÜ Art. 63 Rn 24; Schulte/Kühnen 8th ed. § 16 a Rn 17; Schulte/Schell § 16 a Rn 25; Brückner Art. 3 Rn 579; perhaps disagreeing FPC GRUR 2008, 890, 891 [Rn 9] – Antihelicobacter-Präparat; Otherwise if by the authorisation under Art. 3(b) MPR the first authorisation in the Community was meant, an SPC could always be granted only in that one Member State where the product was authorised for the first time.
155 For example, after an informal tip of a third party, cf. Schennen p. 56 [Art. 3 Anm 6]; according to Schennen the SPC applicant could then, as long as the SPC has not been granted, re-apply for an SPC making reference to the previous authorisation. But this would probably only be possible if the time limit under Art. 7(1) MPR is observed.
156 RL DPMA p. 7/16 [3.3.1.3]; Access to "Rote Liste" for those who have a DocCheck password via www.rote-liste.de; Attention: Medicinal products disappear from this "Rote Liste" if the approval ends
157 Scheil Mitt 1997, 55, 57 [III.2.a]; so in the result also C-181/95 [LS 3, para. 47] – Biogen. The term first authorisation must be interpreted product- but not applicant-related, Busse/Hacker Anh § 16 a Rn 70; Brückner Art. 1 Rn 68; Fitzner in Fitzner/Lutz/Bodewig § 16 a Rn 40.
158 Kühnen FS 50 Jahre BPatG p. 361, 369 [II.3].
159 Cf. Busse/Hacker Anh § 16 a Rn 77 rejecting Swiss BG sic! 1999, 153, 154 – Arzneimittel: There it was argued concerning Sec. 140 a ff PatG-CH that in case of separate patenting there must be different products because otherwise an earlier authorisation would be novelty destroying.
160 According to C-195/09 [para. 51] – Memantin; C-427/09 [para. 36] – Galantamin no SPCs can be granted for products, which were placed on the market before an authorisation as a medicinal product under Dir 65/65/EEC.
161 C-127/00 [para. 79] – Omeprazol; however, for the question of the first authorisation in the Community under the transitional provision of Art. 19 I Reg. 1768/92.

48 Entfällt eine frühere Zulassung mit Wirkung ex tunc, so kann diese nicht als Erstzulassung iSv Art. 3 d AMV angesehen werden, selbst wenn sie zeitlich vor einer anderen Zulassung erteilt wurde. Andernfalls stünde die frühere Zulassung der Zertifikatserteilung aufgrund späterer Zulassungen entgegen ohne selbst eine rechtsbeständige Zertifikatserteilung[162] zu ermöglichen.[163]

49 Zu beachten ist aber, dass als Erstzulassung eines einzelnen Wirkstoffs oder einer Wirkstoffzusammensetzung iSv Art. 3 d AMV nunmehr auch eine Zulassung in Betracht kommt, die ein Arzneimittel betrifft, das den einzelnen Wirkstoff oder die Wirkstoffzusammensetzung als Teil einer Wirkstoffzusammensetzung mit weiteren Wirkstoffen enthält.[164] Dies könnte zur Nichtigkeit oder Laufzeitberichtigung einiger bereits erteilter Zertifikate führen.[165]

162 Nach Brändel GRUR 2001, 875, 878 [II.1] wäre ein erteiltes Zertifikat nichtig (Art. 15 I a AMV); nach Busse/Hacker § 16 a Rn 139 würde es nur erlöschen (Art. 14 d AMV).

163 Vgl. Brückner Art. 3 Rn 607 ff.

164 Vgl. C-322/10 [LS 2, Rn 40] – Medeva; C-422/10 [LS, Rn 33] – Georgetown; a.A. Schulte/Schell § 16 a Rn 9, 42.

165 Beispiel Escitalopram (vgl. DE 10399030): Würde man davon ausgehen, dass das Razemat Citalopram eine die beiden Enantiomere S- und R-Citalopram enthaltene Wirkstoffzusammensetzung sei (so wohl BGH GRUR 2010, 123, 131 [Rn 73] – Escitalopram), so wäre als Erstzulassungsdatum von Escitalopram in der EU nicht der 7. Dezember 2001 (vgl. DE 10399030), sondern der 30. Januar 1989 (vgl. GB/SPC95/024) anzugeben. Ein Zertifikatantrag am 1. August 2003 (vgl. DE 10399030) wäre nach Art. 7 I AMV, Art. 19 II VO 1768/92 längst verfristet. Auch hätte die Laufzeit des Zertifikats spätestens im Januar 2004 (und damit mehr als 5 Jahre vor Ablauf des Escitalopram-Grundpatents EP 347066 im Juni 2009) enden müssen. Als Ausweg böte sich eventuell Hacker's Differenzierung in un-/echte Wirkstoffzusammensetzungen an (Busse/Hacker Anh § 16 a Rn 16, 57, 63, 76; vgl. auch Schulte/Schell § 16 a Rn 9, 42), die aber in anderen Fällen zu für den Zertifikatsanmelder ungewollten Ergebnissen führen dürfte.

If the first authorisation with ex tunc effect is dropped, it may not be considered a first authorisation within the meaning of Art. 3(d) MPR even if chronologically it was granted before another authorisation. Otherwise, the earlier authorisation would preclude the grant of an SPC because of the later authorisations without enabling[162] a legally valid grant of an SPC.[163] 48

Note, however, that now an authorisation, which concerns a medicinal product that contains a single active ingredient or a combination of active ingredients as a part of a combination of active ingredients with further active ingredients, also might be considered a first authorisation of a single active ingredient or a combination of active ingredients within the meaning of Art. 3(d) MPR.[164] This fact could lead on to the invalidity or correction of duration of some already granted SPCs.[165] 49

162 Cf. Brückner Art. 3 Rn 607 ff.

163 A granted SPC would be invalid (Art. 15(1)(a) MPR) according to Brändel GRUR 2001, 875, 878 [II.1], but it would only lapse according to Busse/Hacker § 16 a Rn 139 (Art. 14(d) MPR).

164 Cf. C-322/10 [LS 2, para. 40] – Medeva; C-422/10 [LS, para. 33] – Georgetown; dissenting Schulte/Schell § 16 a Rn 9, 42.

165 The example of escitalopram (cf. DE 10399030): If one assumed that racemate citalopram was a combination of active ingredients, which containes both enantiomer S- and R-citalopram (so probably FPC GRUR 2010, 123, 131 [Rn 73] – Escitalopram), then the first authorisation date of escitalopram in the Community would not be December 7, 2001 (cf. DE 10399030), but January 30, 1989 (cf. GB/SPC95/024). An SPC application filed on August 1, 2003 (cf. DE 10399030) would be overdue long ago. Also the SPC duration would have to end in January, 2004 at the latest (and therefore more than 5 years before the expiry of the basic patent on escitalopram EP 347066 in June, 2009). The differentiation in untrue/true combinations of active ingredients developed by Hacker could be possibly considered as a solution (Busse/Hacker Anh § 16 a Rn 16, 57, 63, 76; cf. also Schulte/Schell § 16 a Rn 9, 42), which, however, might lead to result unwanted by the SPC applicant in other cases.

Artikel 4 Schutzgegenstand

In den Grenzen des durch das Grundpatent gewährten Schutzes erstreckt sich der durch das Zertifikat gewährte Schutz allein auf das Erzeugnis, das von der Genehmigung für das Inverkehrbringen des entsprechenden Arzneimittels erfasst wird, und zwar auf diejenigen Verwendungen des Erzeugnisses als Arzneimittel, die vor Ablauf des Zertifikats genehmigt wurden.

I. Einführung

1 Nach Art. 4 AMV erstreckt sich der durch das Zertifikat gewährte Schutz in den Grenzen des durch das Grundpatent gewährten Schutzes allein auf das Erzeugnis, das von der Zulassung des entsprechenden Arzneimittels erfasst wird, und zwar auf diejenigen Verwendungen des Erzeugnisses als Arzneimittel, die vor Ablauf des Zertifikats genehmigt wurden.

2 Im Unterschied zu Art. 3 a AMV (Schutz des Erzeugnis durch Grundpatent) betrifft Art. 4 AMV keine Erteilungsvoraussetzung, sondern die Konkretisierung des Schutzgegenstandes im Vergleich zum Grundpatent und zusammen mit Art. 5 AMV die Rechtsfolgenseite. Nach Art. 5 AMV gewährt, das Zertifikat – vorbehaltlich Art. 4 AMV – dieselben Rechte wie das Grundpatent und unterliegt denselben Beschränkungen und Verpflichtungen. Art. 4 AMV regelt also, inwiefern sich Patent- und Zertifikatsschutz unterscheiden.

3 Gegenstand des Zertifikats ist das Erzeugnis[1] (Art. 1 b AMV), nicht die patentierte Erfindung[2] (§ 1 PatG, Art. 52 EPÜ), das zugelassene Arzneimittel (Art. 1 a AMV) oder die Zulassungsunterlagen (Art. 10 RL 2001/83, § 24 a, b AMG). Art. 4 AMV beschränkt den durch das Zertifikat gewährten Schutz gegenüber dem Grundpatent auf das als Arzneimittel zugelassene Erzeugnis und die zugelassenen Verwendungen.[3] Der Zertifikatsschutz ist – anders als der Stoffschutz – nicht absolut, sondern zweckgebunden[4] und erzeugnisbezogen[5] und nicht auf das erstzugelassene Arzneimittel beschränkt.[6] So bedeutet „von der Genehmigung ... erfasst" in Art. 4 AMV nicht, dass der Inhalt der Zulassung (konkretes Arzneimittel mit bestimmter Bezeichnung, Darreichungsform und Dosierung) den Schutzbereich definiert, sondern lediglich, dass das Erzeugnis zugelassen sein muss.[7]

4 **Art. 4, EG 17 PMV** stellen – anders als Art. 4 AMV – nicht mehr nur auf eine einzelne, sondern auf alle Zulassungen ab. Durch die Verwendung des Plurals in Art. 4 PMV wird klargestellt, dass ein Zertifikat – vorausgesetzt das Grundpatent gibt dies her – nicht nur das zuerst zugelassene Arzneimittel, sondern auch alle nachfolgenden betrifft.[8] Aus der durch eine spezielle Zulassung festgelegten Wirkstoffform, Formulierung, Dosierung oder Darreichungsform lässt sich daher keine Beschränkung des Zertifikatsschutzes entnehmen.[9]

1 Schennen S. 57 [Art. 4 Anm 1]; Benkard/Grabinski § 16 a Rn 10.
2 Benkard/Grabinski EPÜ Art. 63 Rn 30.
3 Schulte/Schell § 16 a Rn 48, 66; Mes § 49 a Rn 24; Brückner Art. 4 Rn 25; Fitzner in Fitzner/Kutz/Bodewig § 16 a Rn 7, 8; Benkard/Grabinski EPÜ Art. 63 Rn 3, 80, 83; Busse/Hacker Anh § 16 a Rn 79; RL UK IPO [SPM 4.01]: keine Verlängerung der Patentlaufzeit.
4 Benkard/Grabinski § 16 a Rn 35, 38; Benkard/Grabinski EPÜ Art. 63 Rn 80, 84: zweckfreier Stoffschutz wird durch das Zertifikat nicht verlängert; Brückner Art. 4 Rn 14, 33; Busse/Hacker Anh § 16 a Rn 79; Fitzner in Fitzner/Lutz/Bodewig § 16 a Rn 7; Kraßer S. 586 [§ 26 A. II. b. 9]; Schennen GRUR Int 1996, 102, 106 [I.5.b, Fn 27]; Brändel GRUR 2001, 875, 877 [I.2.b]; aA Morzé/Hanna JPTOS 1995, 479, 496 f [4.4]: The certificates coverage for all medicinal applications is „absolute", regardless of whether or not all therapeutic applications have been authorized for marketing.
5 Benkard/Grabinski § 16 a Rn 38; Benkard/Grabinski EPÜ Art. 63 Rn 84; Brückner Art. 4 Rn 14.
6 RL UK IPO [SPM 4.01.2].
7 Schennen S. 57 [Art. 4 Anm 4]; vgl. auch Brückner Art. 4 Rn 26 f, 35; Busse/Hacker Anh § 16 a Rn 79, Argument: Art. 4 EG 17 PMV: Mehrzahl „Zulassungen".
8 RL UK IPO [SPM 4.01.2].
9 Vgl. RL UK IPO [SPM 4.02]; Busse/Hacker Anh § 16 a Rn 79, 188; Brückner Art. 4 Rn 35, 66 ff; Schennen GRUR Int 1996, 102, 106 [I.5.b]; BGH GRUR 2000, 683, 684 [II.1.b] – Idarubicin II, LG Düsseldorf GRUR RR 2012, 58, 59 [I.2.b] – Valsartan.

Article 4 Subject matter of protection

Within the limits of the protection conferred by the basic patent, the protection conferred by a certificate shall extend only to the product covered by the authorisation to place the corresponding medicinal product on the market and for any use of the product as a medicinal product that has been authorised before the expiry of the certificate.

I. Introduction

According to Art. 4 MPR the protection conferred by an SPC will extend within the limits of the protection conferred by the basic patent only to the product covered by the authorisation of corresponding medicinal product and for any use of the product as a medicinal product that has been authorised before the expiry of an SPC. 1

Unlike Art. 3 MPR (protection of the product by a basic patent) Art. 4 MPR does not concern any granting condition, but the concretion of the subject matter of protection compared with the basic patent, and together with Art. 5 MPR – the legal effect. According to Art. 5 MPR an SPC – subject to the provisions of Art. 4 MPR – will confer the same rights as conferred by the basic patent and will be subject to the same limitations and the same obligations. Art. 4 MPR also regulates to what extent patent and SPC protection differ. 2

The subject matter of an SPC is a product[1] (Art. 1(b) MPR), but not a patented invention[2] (Sec. 1 PatG, Art. 52 EPC), an authorised medicinal product (Art. 1(a) MPR) or authorisation documents (Art. 10 Dir. 2001/83/EC, Sec. 24 a, b AMG. Art. 4 MPR limits the protection conferred by an SPC to the protection conferred by a basic patent and to the product authorised as a medicinal product and to its authorised uses.[3] The protection conferred by an SPC is – different from the substance protection – not absolute, but purpose-limited,[4] product-related[5] and not limited[6] to the first-authorised medicinal product. Thus in Art. 4 MPR the term "covered by the authorisation" does not mean that the content of an authorisation (particular medicinal product with certain name, pharmaceutical form and dose) defines the scope of protection, but merely that a product must be authorised.[7] 3

Art. 4, R 17 PPR does not focus – unlike Art. 4 MPR – on a single authorisation anymore, but on all authorisations. The use of plural in Art. 4 PPR makes clear that an SPC – on condition that the basic patent provides it – concerns not only the medicinal product authorised initially, but also all later ones.[8] The protection conferred by an SPC cannot be limited to the specifically authorised form of active ingredient, formulation, dose or pharmaceutical form.[9] 4

1 Schennen p. 57 [Art. 4 Anm 1]; Benkard/Grabinski § 16 a Rn 10.
2 Benkard/Grabinski EPÜ Art. 63 Rn 30.
3 Schulte/Schell § 16 a Rn 48, 66; Mes § 49 a Rn 24; Brückner Art. 4 Rn 25; Fitzner in Fitzner/Kutz/Bodewig § 16 a Rn 7, 8; Benkard/Grabinski EPÜ Art. 63 Rn 3, 80, 83; Busse/Hacker Anh § 16 a Rn 79; MPP UK IPO [SPM 4.01]: no patent term extension.
4 Benkard/Grabinski § 16 a Rn 35, 38; Benkard/Grabinski EPÜ Art. 63 Rn 80, 84: absolute compound protection will not be extended by the SPC; Brückner Art. 4 Rn 14, 33; Busse/Hacker Anh § 16 a Rn 79; Fitzner in Fitzner/Lutz/Bodewig § 16 a Rn 7; Kraßer S. 586 [§ 26 A. II. b. 9]; Schennen GRUR Int 1996, 102, 106 [I.5.b, Fn 27]; Brändel GRUR 2001, 875, 877 [I.2.b]; Dissenting: Morzé/Hanna JPTOS 1995, 479, 496 f [4.4]: The certificates coverage for all medicinal applications is "absolute", regardless of whether or not all therapeutic applications have been authorised for marketing.
5 Benkard/Grabinski § 16 a Rn 38; Benkard/Grabinski EPÜ Art. 63 Rn 84; Brückner Art. 4 Rn 14.
6 MPP UK IPO [SPM 4.01.2].
7 Schennen p. 57 [Art. 4 Anm 4]; cf. also Brückner Art. 4 Rn 26 f, 35; Busse/Hacker Anh § 16 a Rn 79, Argument: Art. 4, R 17 PPR: plural "authorisations".
8 MPP UK IPO [SPM 4.01.2].
9 Cf. MPP UK IPO [SPM 4.02]; Busse/Hacker Anh § 16 a Rn 79, 188; Brückner Art. 4 Rn 35, 66 ff; Schennen GRUR Int 1996, 102, 106 [I.5.b]; FCJ GRUR 2000, 683, 684 [II.1.b] – Idarubicin II, LG Düsseldorf GRUR RR 2012, 58, 59 [I.2.b] – Valsartan.

5 Auch **EG 10 S. 3 AMV**, wonach der vom Zertifikat gewährte Schutz streng auf das Erzeugnis beschränkt sein soll, für das die Zulassung als Arzneimittel erteilt wurde, ergibt nichts anderes. Hier setzt sich die strikte Differenzierung der AMV zwischen den Begriffen „Erzeugnis" und „Arzneimittel" fort. EG 10 S. 3 AMV beschränkt den Schutz auf den Wirkstoff, für den die Zulassung als Arzneimittel erteilt wurde. Insoweit kommt es auf die Frage, ob EG 10 S. 3 AMV mit Rücksicht auf EG 12 PMV überhaupt noch bei der Auslegung Berücksichtigung finden kann,[10] nachdem dort ein entsprechender Passus gestrichen worden ist, nicht an.[11]

Anders als für Art. 3 AMV (Erteilungsvoraussetzung) kommt es für Art. 4 AMV aber nicht darauf an, ob das Erzeugnis vom Grundpatent geschützt oder erstmals zugelassen worden ist. Nach Art. 4 AMV ist vielmehr zu prüfen, ob die angegriffene Ausführungsform das Zertifikat verletzt.

6 Der BGH empfiehlt – zur Vermeidung der Ausdehnung des Zertifikatsschutzes auf Äquivalente von Äquivalenten des Grundpatents, die dieses nicht erfasst – eine doppelte Schutzbereichsprüfung.[12] Zweck des Zertifikats sei nur die zeitliche Verlängerung des Patentschutzes. Sachlich dürfe dieser Schutz jedoch nicht erweitert werden und bisher Patentfreies müsse zertifikatsfrei bleiben.[13] Dazu müsste im Verletzungsverfahren bspw. nach Art. 4, 5 AMV geprüft werden, ob das angegriffene Erzeugnis nicht nur in den Schutzbereich des Zertifikats, sondern auch in den Schutzbereich des Grundpatents fällt.[14] Hacker meint hingegen, dass – weil ein Zertifikat keinen eigenständigen Schutzbereich habe – ausschließlich auf den Schutzbereich des Grundpatents abzustellen sei.[15] So seien auch §§ 16 a II, 14 PatG (für europäische Patente: Art. 69 EPÜ) zu verstehen. Er weist dazu darauf hin, dass Zertifikate weder Ansprüche[16] noch eine Beschreibung oder Zeichnungen aufweisen.[17] Dem folgend empfiehlt sich anstelle der doppelten Schutzbereichsprüfung eher die folgende, am Wortlaut von Art. 4 AMV orientierte dreistufige Prüfung:

1. Würde die angegriffene Ausführungsform das Grundpatent verletzen, wenn dieses noch in Kraft wäre?
2. Stimmen angegriffene Ausführungsform und Erzeugnis (hinreichend) überein?
3. Wurde die angegriffene Ausführungsform vor Ablauf des Zertifikats als Arzneimittel zugelassen?

10 Schennen GRUR Int 1996, 102, 106 [II.5.b]: mit EG 9 S. 2 ist dort vermutlich EG 10 S. 3 AMV gemeint.

11 LG Düsseldorf GRUR RR 2012, 58, 60 [I.2.c]; vgl. auch Busse/Hacker Anh § 16 a Rn 79; Wright S. 387, 397 [Art 4 Anm 1].

12 Sich Schennen anschließend: Benkard/Grabinski § 16 a Rn 38; Benkard/Grabinski EPÜ Art. 63 Rn 84; Schulte/Kühnen 8. Aufl. § 16 a Rn 28; vgl. auch Schulte/Schell § 16 a Rn 52.

13 Benkard/Grabinski EPÜ Art. 63 Rn 79. Bei der entgegengesetzten Aussage von Fitzner in Fitzner/Lutz/Bodewig § 16 a Rn 6, dass Erweiterung des Schutzes in seinem sachlichen Umfang durch das Zertifikat möglich sei, könnte es sich um einen Druckfehler handeln. Nach Busse/Hacker Anh § 16 a Rn 85 darf der Zertifikatsinhaber nicht besser stehen als der Grundpatentinhaber.

14 BGH GRUR 1998, 363, 366 [II.5.c (2)] – Idarubicin; vgl. Benkard/Grabinski EPÜ Art. 63 Rn 84.

15 Busse/Hacker Anh § 16 a Rn 81, 84. Die von ihm vorgeschlagene einstufige Prüfung führe zwangsläufig zum selben Ergebnis, die zweistufige zu einer unnötigen Doppelung. Er meint, dass dieses Problem in Zukunft nicht mehr auftreten könne, weil Zertifikate nur noch für Wirkstoffe erteilt werden könnten, die in den Grundpatentansprüchen explizit genannt sind. Dies ist aber fraglich, weil es sich dabei um eine Erteilungsvoraussetzung handelt, Art. 4 AMG aber den Schutzgegenstand und damit eher die Rechtsfolgenseite betrifft. Außerdem scheint der EuGH mittlerweile dieses aus C-322/10 [LS 1] – Medeva stammende Erfordernis nicht mehr zu fordern, C-493/12 [LS 1] – Eli Lilly.

16 Vgl. BPatGE 41, 56, 63 – Clarithromycin: Bei Zertifikatsanmeldungen ist die Aufstellung von Schutzansprüchen nicht vorgesehen.

17 Busse/Hacker Anh § 16 a Rn 81; vgl. auch Schulte/Kühnen 8. Aufl. § 16 a Rn 27 f, vgl. auch Schulte/Schell § 16 a Rn 49.

Also **R 10(3) MPR**, according to which the protection granted should be strictly confined to the authorised product, shows nothing else too. The strict distinction provided by MPR between terms "product " and "medicinal product" continues here. R 10(3) MPR limits the protection to the active ingredient for which an authorisation as a medicinal product was granted. In this respect the question whether R 10(3) MPR can be considered at the interpretation at all does not depend on R 12, 17 PPR,[10] after the relevant passage has been deleted there.[11] 5

Unlike Art. 3 MPR (granting condition) it does not matter for Art. 4 MPR, however, whether the product has been protected by the basic patent or authorised for the first time. In accordance with Art. 4 MPR it rather needs to be examined whether the contested embodiment infringes the SPC.

To avoid the extension of the protection conferred by an SPC to the equivalents of basic patent's equivalents not covered by it, the FCJ recommends a double examination of the scope of protection.[12] The purpose of an SPC is only the extension in time of the patent protection. However, this protection may not be extended and a patent-free product must remain SPC-free so far.[13] Thus, it must be examined in infringement proceedings, for example, according to Art. 4 and 5 MPR, whether the contested product falls not only within the scope of protection of the SPC, but also within the scope of protection of the basic patent.[14] Hacker takes the view, however, that because an SPC has not an independent scope of protection, it should be focused on the scope of protection of the basic patent exclusively.[15] Also Sec. 16a(2) and 14 PatG (for European patents: Art. 69 EPC) have the same meaning. In this respect he points out that SPCs show neither claims[16] nor a description or drawings.[17] Consequently, the following three-stage examination based on the wording of Art. 4 MPR is recommended instead of the double examination of the scope of protection: 6

1) Would the contested embodiment infringe the basic patent if that would be still in force?
2) Do the contested embodiment and the product (adequately) coincide?
3) Has been the contested embodiment authorised as a medicinal product before the expiry of an SPC?

10 Schennen GRUR Int 1996, 102, 106 [II.5.b]: He probably meant R 10(3) when citing R 9(2) MPR.
11 LG Düsseldorf GRUR RR 2012, 58, 60 [I.2.c]; cf. also Busse/Hacker Anh § 16 a Rn 79; Wright p. 387, 397 [Art. 4 Anm 1].
12 Agreeing: Benkard/Grabinski § 16 a Rn 38; Benkard/Grabinski EPÜ Art. 63 Rn 84; Schulte/Kühnen 8th ed. § 16 a Rn 28; cf. also Schulte/Schell § 16 a Rn 52.
13 Benkard/Grabinski EPÜ Art. 63 Rn 79; Fitzners opposite statement (Fitzner in Fitzner/Lutz/Bodewig § 16 a Rn 6), that the extension of the scope of protection by an SPC is possible, could be a typo. The SPC holder (according to Busse/Hacker Anh § 16 a Rn 85) must not be in a better position than the basic patent holder.
14 FPC GRUR 1998, 363, 366 [II.5.c (2)] – Idarubicin; cf. Benkard/Grabinski EPÜ Art. 63 Rn 84.
15 Busse/Hacker Anh § 16 a Rn 81, 84. The one-stage examination suggested by him inevitably leads to the same result, and the two-stage examination leads to unnecessary doubling. He also thinks that this problem cannot arise in the future anymore because SPC will be granted only for active ingredients explicitly mentioned in the patent claims. But this is questionable because this is a grant condition, Art. 4 MPR, however, concerns the subject matter of protection and, therefore, rather legal consequences. Furthermore it seems that the ECJ no longer demand this requirement originating from C-322/10 [LS 1] – Medeva, C-493/12 [LS 1] – Eli Lilly.
16 Cf. BPatGE 41, 56, 63 – Clarithromycin: It is not intended to draft of claims for SPC applications.
17 Busse/Hacker Anh § 16 a Rn 81; cf. also Schulte/Kühnen 8th ed. § 16 a Rn 27 f and Schulte/Schell § 16 a Rn 49.

Erst wenn alle drei Fragen bejaht werden können, kann der Zertifikatsinhaber seine Rechte geltend machen.

II. Schutz durch das Grundpatent

7 Nach Art. 4 AMV muss der durch das Zertifikat gewährte Schutz in den Grenzen des durch das Grundpatent gewährten Schutzes liegen. Hierdurch soll zum Ausdruck gebracht werden, dass nur solche Ausführungsformen das Zertifikat verletzten, die auch das Grundpatent verletzen würden, wenn dieses noch in Kraft wäre.

8 Nach § 16 a II PatG ist hierfür der gesamte Schutzbereich nach § 14 PatG (für europäische Patente nach Art. 69 EPÜ) maßgeblich.[18] Dieser bemisst sich nach den üblichen patentrechtlichen Regeln, einschließlich der Äquivalenzlehre.[19] Dies wurde durch den EuGH und konkretisierend für Deutschland durch den BGH[20] bestätigt: Mangels Harmonisierung des Patentrechts in der Gemeinschaft, ist der Umfang des Patentschutzes anhand der einschlägigen, nicht zum Gemeinschaftsrecht gehörenden Vorschriften zu bestimmen.[21] Für Deutschland gilt nach § 14 PatG bzw. Art. 69 EPÜ, dass der Patentschutz nicht auf den Anspruchswortlaut beschränkt ist, sondern unter bestimmten Voraussetzungen auch äquivalente Abwandlungen erfasst.[22] Dabei kann dasselbe Erzeugnis Schutzgegenstand mehrerer Zertifikate sein.[23]

18 Vgl. Begr. PatGÄndG PMZ 1993, 205, 208 [zu Art. 1, zu Nr. 1, 1.d] wonach §§ 16 a II, 14 PatG bewirken, dass auch für das Zertifikat der Grundsatz gilt, dass für den Schutzbereich die Patentansprüche – ergänzt durch die Beschreibung – heranzuziehen sind und dass sich der Schutzumfang danach unter Berücksichtigung der jeweils konkreten Verletzungsform unter Einbeziehung der Äquivalente zu bestimmen hat. Nach Schennen S. 79 [Art. 15 Anm 4b]; Brückner Art. 15 Rn 11 spricht weiterhin dafür, dass Art. 15 I c AMV auf die Ansprüche des Grundpatents abstellt. Benkard/Grabinski EPÜ Art. 63 Rn 84.

19 Schennen S. 57 [Art. 4 Anm 1, 3].

20 Die Farmitalia- (EuGH) und Idarubicin- (BGH) Entscheidungen betrafen Art. 3 a AMV (Erteilungsvoraussetzung) und nicht die Frage, ob die angegriffene Ausführungsform in den Grenzen des Grundpatents liegt. Diese Entscheidungen müssten jedoch auf Art. 4 AMV übertragbar sein, da es – bei unterschiedlichem Prüfungsmaßstab – zur absurden Situation kommen könnte, dass für ein im Äquivalenzbereich des Grundpatent liegendes Erzeugnis zwar ein Zertifikat erteilt werden kann, eine angegriffene Ausführungsform, die den identischen Wirkstoff enthält, das Zertifikat wegen nur äquivalenter Benutzung des Grundpatents aber nicht verletzen würde. Aber Achtung: Die Farmitalia-Entscheidung des EuGH, insbesondere Rn 27, wurde durch die Medeva-Entscheidung zumindest in Bezug auf Art. 3 a AMV modifiziert.

21 Vgl. C-392/97 [Rn 27] – Farmitalia; aber C-322/10 [Rn 24, 25] – Medeva: Eine einheitliche Lösung auf Unionsebene verlangt eine Zertifikatserteilung in allen Mitgliedstaaten unter denselben Voraussetzungen. Art. 3 a AMV sollte danach einer Zertifikatserteilung entgegenstehen, wenn der betreffende Wirkstoff nicht in den Ansprüchen genannt ist. Nunmehr erneut modifiziert durch C-493/12 [LS 1] – Eli Lilly.

22 Vgl. BGH GRUR 200, 683. 684 f [II.1.c] – Idarubicin II.

23 Benkard/Grabinski EPÜ Art. 63 Rn 82 a.

Only if all three questions can be answered affirmatively, the SPC holder can assert his rights.

II. Protection by the basic patent

According to Art. 4 MPR the protection conferred by an SPC must be within the limits of the protection conferred by a basic patent. In this way, it should be stated that only those embodiments infringe an SPC, which would also infringe a basic patent if it would be still in force. 7

In accordance with Sec. 16a(2) PatG the scope of protection according to Sec. 14 PatG (for European patents according to Art. 69 EPC) is, therefore, relevant.[18] It can be identified by usual patent law rules, including the doctrine of equivalence.[19] This was confirmed by the ECJ and made more concrete for Germany by the FCJ:[20] Without Community harmonisation of patent law, the extent of patent protection can be determined only in the light of the non-Community rules, which govern patents.[21] It applies in Germany, according to Sec. 14 PatG or Art. 69 EPC, that the patent protection is not limited to the claim wording, but under certain conditions covers also equivalent modifications.[22] Besides, the same product can be the subject matter of protection of several SPCs.[23] 8

18 Cf. Begr PatGÄndG PMZ 1993, 205, 208 [Art. 1, No. 1, 1.d] according to which Sec. 16a(2), 14 PatG cause that the principal that the patent claims – supplemented by the description – must be considered and that the scope of protection must be determined considering the specific infringement form taking and equivalents applies also to the SPC. According to Schennen p. 79 [Art. 15 Anm 4b]; Brückner Art. 15 Rn 11 this is supported by Art. 15(1)(c) MPR, which refers to the claims oft he basic paten. Benkard/Grabinski EPÜ Art. 63 Rn 84.

19 Schennen p. 57 [Art. 4 Anm 1, 3].

20 The Farmitalia (ECJ) and Idarubicin (FCJ) decisions concern Art. 3(a) MPR (grant condition), but not the question whether the challenged embodiment is within the limits of the basic patent.These decisions should be, however, transferrable to Art. 4 MPR because it can provoke – in case of a varying standard of review – an absurd situation where an SPC could be granted for a product lying within the equivalence area of the basic patent, but the resulting SPC would not be infringed by the challenged embodiment, which contains an identical active ingredient only because of an equivalent use. But attention: the Farmitalia Decision of the ECJ, in particular para. 27, was modified by the Medeva Decision at least in relation to Art. 3(a) MPR.

21 Cf. C-392/97 [para. 27] – Farmitalia; but C-322/10 [para. 24, 25] – Medeva: The MPR establishes a uniform solution at European Union level by creating a SPC, which may be obtained by the patent holder under the same conditions in each Member State. It follows that Art. 3(a) MPR precludes the grant of a SPC relating to active ingredients, which are not specified in the wording of the claims. Now, again modified by C-493/12 [LS 1] – Eli Lilly.

22 Cf. BGH GRUR 200, 683, 684 f [II.1.c] – Idarubicin II.

23 Benkard/Grabinski EPÜ Art. 63 Rn 82 a.

9 Das Zertifikat übernimmt dabei den Schutz des Grundpatents, so dass ein Zertifikat, dem ein Stoffpatent,[24] ein Verfahrenspatent oder ein Verwendungspatent[25] zu Grunde liegt, den Wirkstoff (in allen zugelassenen Verwendungen),[26] den nach dem patentierten Verfahren hergestellten Wirkstoff[27] oder den zur patentierten Verwendung hergerichteten Wirkstoff schützt.[28]

10 Teilweise wird vorgeschlagen, den Patentanspruch vor der Verletzungsprüfung so zu fassen, als ob darin anstelle einer allgemeinen Formel das im Zertifikat bezeichnete Erzeugnis genannt wäre, und zwar für die zugelassene(n) Verwendung(en) als Arzneimittel. Zur Auslegung dieses Anspruchs sind dann Beschreibung und Zeichnungen des Grundpatents heranzuziehen.[29] Dieses Vorgehen erübrigt sich, wenn – wie hier vorgeschlagen – die Übereinstimmung von Erzeugnis und dem in der angegriffenen Ausführungsform enthaltenen Wirkstoff getrennt geprüft wird.

III. Übereinstimmung mit dem Wirkstoff der Ausführungsform

11 Nach Art. 4 AMV erstreckt sich der durch das Zertifikat gewährte Schutz allein auf das Erzeugnis, das von der Zulassung als Arzneimittel erfasst wird. Hiermit soll zum Ausdruck gebracht werden, dass der Zertifikatsschutz auf das Erzeugnis beschränkt ist und nicht alle im Grundpatent beanspruchten Stoffe erfasst.[30]

12 Aus EG 13 S. 2, 17 PMV ergibt sich, dass – wenn die in der Zulassung genannte spezielle Erzeugnisform durch das Grundpatent geschützt ist – das auf dieses Grundpatent erteilte Zertifikat den Wirkstoff und dessen **Derivate** (wie Salze und Ester)[31] gleichermaßen schützt.[32]

13 Es ist daher zu prüfen, ob die spezielle, in der angegriffenen Ausführungsform enthaltende Erzeugnisform (zB ein spezielles Salz) und das Erzeugnis, für welches das Zertifikat erteilt

24 Art. 1 c AMV verwendet nicht den Begriff „Stoff", sondern „Erzeugnis"! Erzeugnis ist aber in Art. 1 b AMV als Wirkstoff oder Wirkstoffzusammensetzung eines Arzneimittels definiert.

25 Nach GBK EPA G 2/08 GRUR Int 2010, 333, 333 [LS 3] – Dosage regime/ABBOTT Respiratory sind seit dem 28. Januar 2011 (drei Monate nach Veröffentlichung der Entscheidung im ABl EPA 2010, 456 ff am 28. Oktober 2010; http://www.epo.org/law-practice/legal-texts/official-journal/2010_de.html) in Neuanmeldungen keine Schweizer-Verwendungsansprüche mehr zulässig.

26 Durch diese Beschränkung sind Zertifikats- und Patentschutz auch dann verschieden, wenn das Grundpatent nur das zugelassene Erzeugnis umfasst. Insofern missverständlich: Brückner Art. 4 Rn 15, 19 und 44, anders Rn 14: zweckgebunden.

27 So Busse/Hacker Anh § 16 a Rn 78, 86; aA: Fitzner in Fitzner/Lutz/Bodewig § 16 a Rn 6, der meint, dass Zertifikat auf ein Verfahrenspatent gewähre Schutz für die Herstellung des Erzeugnisses durch das patentierte Verfahren. Benkard/Grabinski EPÜ Art. 63 Rn 79 ist der Ansicht, dass Zertifikat gewähre in diesem Fall nur Schutz für die Herstellung des Erzeugnisses durch das patentierte Verfahren und das durch das Verfahren unmittelbar hergestellte Erzeugnis. Vgl. hierzu auch Kommentierung zu Art. 5 [Fn 5].

28 Vgl. Schennen S. 57 [Art. 4 Anm 2]; Benkard/Grabinski § 16 a Rn 34; Busse/Hacker Anh § 16 a Rn 78; Schulte/Kühnen 8. Aufl. § 16 a Rn 29 (a.A. wohl Schulte/Schell § 16 a Rn 47); Brückner Art. 4 Rn 19 ff; nicht aber andere Wirkstoffe, Wirkstoffe die nach einem anderen als dem patentierten Verfahren hergestellt oder zu einer anderen als der patentierten Verwendung hergerichtet wurden.

29 Benkard/Grabinski § 16 a Rn 38; Benkard/Grabinski EPÜ Art. 63 Rn 84; Busse/Hacker Anh § 16 a Rn 81; Schulte/Kühnen 8. Aufl. § 16 a Rn 28; Schulte/Schell § 16 a Rn 50 (Auslegung gem. § 14 PatG, Art. 69 EPÜ nach allgemeinen Grundsätzen).

30 Begründung zum Verordnungsvorschlag KOM (90) endg. – SYN 255 vom 11. April 1990 [Rn 39] (abgedruckt bei Schennen S. 92, 102); Schennen S. 57 [Art. 4 Anm 2]; Brückner Art. 4 Rn 32.

31 Vgl. zum – auch Ether, Isomere(ngemische) und Komplexe umfassenden – zulassungsrechtlichen Wirkstoffbegriff: Art. 10 II b 2 RL 2001/83, § 24 b II 2 AMG; Voraussetzung ist aber, dass das Grundpatent auch für die Derivate gilt.

32 Vgl. C-392/97 GRUR Int 2000, 69, 71 [Rn 21, 22] – Idarubicin; Benkard/Grabinski EPÜ Art. 63 Rn 81; Busse/Hacker Anh § 16 a Rn 79, 83; Fitzner in Fitzner/Lutz/Bodewig § 16 a Rn 26, 27: und zwar selbst dann, wenn diese Derivate im Zertifikat nicht erwähnt sind. Können – wie bei „Derivaten" von Proteinen – geringe Modifikationen zu erheblichen Strukturänderungen führen, so muss nach Busse/Hacker Anh § 16 a Rn 83 individuell geklärt werden, ob sich der Zertifikatsschutz auf diese Derivate erstreckt.

The SPC takes over thereby the protection of the basic patent, so an SPC, based on a substance patent,[24] process patent or use patent,[25] protects the active ingredient (in all authorised uses),[26] the active ingredient produced according to the patented process[27] or the active ingredient adapted for the patented use.[28] 9

It is partially proposed to amend the patent claim before the infringement examination in such a way, as if the product designated in the SPC and namely for authorised use(s) as a medicinal product would be mentioned in the claim instead of the general formula. Then the description and drawings of the basic patent have to be considered for interpretation of this claim.[29] This action is superfluous when – as proposed here – the compliance of the product and active ingredient contained in the contested embodiment are examined separately. 10

III. Consistency with the active ingredient of the embodiment

In accordance with Art. 4 MPR the protection conferred by an SPC will extend only to a product covered by an authorisation as a medicinal product. This means that the protection conferred by an SPC is limited to the product and does not cover all substances claimed in the basic patent.[30] 11

From R 13(2), 17 PPR arises that if the special product form mentioned in the authorisation is protected by a basic patent, an SPC, granted for this basic patent, protects the active ingredient and its **derivatives** (like salts and esters)[31] equally.[32] 12

It must, therefore, be examined whether the special product form contained in the contested embodiment (e.g., special salt) corresponds to the product for which an SPC was granted. 13

24 Art. 1(c) MPR does not use the term "substance ", but "product"! But the term product is defined as active ingredient or combination of active ingredients of a medicinal product in Art. 1(b) MPR.

25 Swiss-type claims are not admissible in new patent applications after January 28, 2011 (three month after the publication of this decision in OJ EPA 2010, 456 ff, dated 28.10.2010; http://www.epo.org/law-practice/legal-texts/official-journal/2010_de.html) according to G 2/08 GRUR Int 2010, 333, 333 [LS 3] – Dosage regime/ABBOTT Respiratory.

26 SPC and patent protection differs due to this limitation even if the basic patent covers only the authorised product. Insofar mistakable: Brückner Art. 4 Rn 15, 19 and 44, different Rn 14: purpose limited.

27 Busse/Hacker Anh § 16 a Rn 78, 86; Dissenting: Fitzner in Fitzner/Lutz/Bodewig § 16 a Rn 6, who believes that an SPC for a process patent confers protection for the production of the product by a patented process. Benkard/Grabinski EPÜ Art. 63 Rn 79 considers that an SPC confers protection only for the production of the product by a patented process in this case and for the product produced directly by the process. Cf. also comment on Art. 5 [Fn 5].

28 Cf. Schennen p. 57 [Art. 4 Anm 2]; Benkard/Grabinski § 16 a Rn 34; Busse/Hacker Anh § 16 a Rn 78; Schulte/Kühnen 8th ed. § 16 a Rn 29 (dissenting probably Schulte/Schell § 16 a Rn 47); Brückner Art. 4 Rn 19 ff; but no other active ingredients, active ingredients, which were produced by a different than the patented process or which were formulated to a different than patented use.

29 Benkard/Grabinski § 16 a Rn 38; Benkard/Grabinski EPÜ Art. 63 Rn 84; Busse/Hacker Anh § 16 a Rn 81; Schulte/Kühnen 8th ed. § 16 a Rn 28; Schulte/Schell § 16 a Rn 50 (interpretation under § 14 PatG and Article 69 EPC according to general principles).

30 Proposal for Reg. 1768/92 COM (90) 101 final, 11.4.1990 [Rn 39] (published in Schennen p. 92, 102); Schennen p. 57 [Art. 4 Anm 2]; Brückner Art. 4 Rn 32.

31 Cf. to the regulatory affairs definition of active ingredient – also involving ethers, isomers (and its mixtures) and complexes: Art. 10(2)(b)(2) Dir. 2001/83/EC, Sec. 24b(2)(2) AMG; It is required, however, that the basic patent protects also to the derivatives.

32 Cf. C-392/97 GRUR Int 2000, 69, 71 [para. 21, 22] – Idarubicin; Benkard/Grabinski EPÜ Art. 63 Rn 81; Busse/Hacker Anh § 16 a Rn 79, 83; Fitzner in Fitzner/Lutz/Bodewig § 16 a Rn 26, 27: and even when these derivatives are not mentioned in the SPC. If small modification can lead to substantial structural changes – like with protein "derivatives" – it must be individually clarified whether the SPC protection extends to these derivatives, Busse/Hacker Anh § 16 a Rn 83.

wurde, übereinstimmen. Dies ist unproblematisch gegeben, wenn die der Zertifikatserteilung zugrunde liegende Zulassung und die Zulassung der Ausführungsform dieselbe spezielle Erzeugnisform nennen.

Ist dies nicht der Fall, so scheint es zu genügen, dass die Erzeugnisse patentrechtlich **äquivalent** sind.[33] Dies wäre in Deutschland – vereinfacht gesagt – der Fall, wenn der Fachmann die Abwandlung mit seinem Fachwissen auf Grund am Sinngehalt der Patentansprüche anknüpfender Überlegungen als gleichwirkend erkennen konnte. Dies wird aber auch kritisiert, weil hierdurch die Gefahr bestehe, die Beschränkung des Zertifikatsschutzes „allein" auf das zugelassene Erzeugnis auszuhebeln. Zwar erfordere ein angemessener Schutz, dass alle Formen desselben Wirkstoffs erfasst werden. Dies bedeute jedoch nicht, dass äquivalente Wirkstoffe, die eine eigene Entwicklung und Zulassung[34] erfordern, vom Schutz erfasst werden dürfen.[35] Das Ergebnis der patentrechtlichen Übereinstimmungsprüfung müsste danach zulassungsrechtlich daraufhin überprüft werden, ob es sich um einen anderen Wirkstoff und nicht nur um (äquivalente) Derivate (Salze und Ester) desselben Wirkstoffs handelt.[36]

14 Teilweise wird vertreten, dass ein Derivat selbst dann vom Schutz des für den Wirkstoff erteilten ersten Zertifikats erfasst wird, wenn für dieses Derivat nach EG 14, 17 PMV ein weiteres Zertifikat erteilt wurde.[37] Dies ist zumindest dann zweifelhaft, wenn man mit dem BGH davon ausgeht, dass die Erteilung eines weiteren Zertifikats für ein Derivat nicht nur die gesonderte Patentierung, sondern zusätzlich das Vorliegen eines anderen Erzeugnisses erfordert.[38] Dann würde sich der Schutz des Zertifikats zwangsläufig auf ein anderes Erzeugnis erstrecken und damit Art. 4 AMV widersprechen.

15 Die Frage, ob aus einem Zertifikat auf einen Wirkstoff (A) auch gegen eine angegriffene Ausführungsform vorgegangen werden kann, die noch weitere Wirkstoffe (A+B) enthält,[39]

33 BGH GRUR 1998, 363, 366 [II.5.c (2)] – Idarubicin; BGH GRUR 2002, 47, 48 [II.2] – Idarubicin III; vgl. aber auch Benkard/Grabinski § 16a Rn 38; Schulte/Schell § 16a Rn 51; Nach BPatGE 43, 167, 173 – Idarubicin III sei es für einen Chemiker selbstverständlich, dass der Schutzbereich einer Erfindung, die eine organische Verbindung mit einer komplexen Molekülstruktur und zB einer Carboxyl- oder Aminogruppe betrifft, nicht verlassen wird, wenn eine Salzbildung dieser Gruppen vorliegt.

34 Nach Art. 10 II b 2 RL 2001/83/EG, § 24 b II 2 AMG gelten zulassungsrechtlich die verschiedenen Salze, Ester, Ether, Isomere, Mischungen von Isomeren, Komplexe oder Derivate eines Wirkstoffs als ein und derselbe Wirkstoff, es sei denn, ihre Eigenschaften unterscheiden sich erheblich hinsichtlich der Sicherheit und/oder Wirksamkeit. Nach Art. 6 I 2 RL 2001/83/EG müssen alle weiteren Stärken, Darreichungsformen, Verabreichungswege und -formen ... in die Erstzulassung einbezogen werden.

35 Feldges/Kramer FS Meibom, S. 57, 62 ff [III]; vgl. aber auch Brückner Art. 5 Rn 53 ff der trotz Art. 4 AMV sogar andere Erzeugnisse in den Schutz des Zertifikats einbeziehen möchte, sofern diese patentrechtlich äquivalent sind.

36 Neben der patent- und zulassungsrechtlichen wäre auch eine pharmakokinetische Argumentation denkbar: Dazu müsste das Metabolitenspektrum der zu vergleichenden Stoffe durch Experimente an humanen Hepatocyten o.ä. ermittelt werden. Stimmen die (im jeweils relevanten Krankheitsmodell) gefundenen aktiven Metabolite (im Wesentlichen) überein, so wäre dies ein Indiz für eine Übereinstimmung der Wirkstoffe.

37 Nach Benkard/Grabinski EPÜ Art. 63 Rn 81 ist hierfür entscheidend, ob das Derivat im Schutzbereich des für den Wirkstoff geltenden Grundpatent liegt.

38 So aber Benkard/Grabinski § 16a Rn 36, 11 f (unter Hinweis auf BGH GRUR 2002, 415, 417 [II.6.a] – Sumatriptan); Brückner Art. 5 Rn 43 ff (vgl. auch Rn 50 ff für den vergleichbaren Fall der Erteilung verschiedener Zertifikate für Razemat und Enantiomer; vgl. auch Busse/Hacker Anh § 16a Rn 18; Ob dies auch in Zukunft vertreten wird, bleibt – insbesondere nach C-202/05 [LS, Rn 18] – Calcitriol, wonach der Erzeugnisbegriff die therapeutische Nutzung nicht umfasst – abzuwarten.

39 Für die umgekehrte Situation vgl. BGH GRUR 2008, 890, 890 [Rn 5] – Antihelicobacter-Präparat: Danach stellt bei einem auf eine Wirkstoffkombination gerichteten Grundpatent ein Schutz für einen der Wirkstoffe allein eine unzulässige Teilkombination dar. ... Dies gilt auch für den Zertifikatschutz, der innerhalb des Schutzbereichs des Grundpatents liegen muss.

This is the case if the authorisation, used as the basis for the granting of an SPC and the authorisation of the embodiment, refer to the same special product form.

Otherwise, it seems enough that the products are **equivalent** in patent law terms.[33] This would be the case in Germany – simplified speaking – when a specialist with his general knowledge could recognize the variation as equally effective after considerations about the meaning of the patent claims. However, this is also criticized because there is a risk to cancel, therefore, the limitation of the protection conferred by an SPC to the authorised product "only". An appropriate protection requires that all forms of the same active ingredient are covered. This does not mean, however, that equivalent active ingredients, which require own development and authorisation[34] may be covered by the protection.[35] The result of the patent law consistency examination would have to be, therefore, verified whether it concerns not only (equivalent) derivatives (salts and esters) of the same active ingredient, but also another active ingredient.[36]

Some authors argue that a derivative is covered by the protection of the first SPC granted for the active ingredient even if further SPC was granted for this derivative according to the R 14, 17 PPR.[37] This is doubtful at least when one assumed together with the FCJ that the granting of further SPC for a derivative requires not only separate patenting, but, in addition, the availability of another product.[38] Then the protection conferred by an SPC would extend inevitably to another product and as a result contradict Art. 4 MPR. 14

The question whether on the basis of an SPC on an active ingredient (A) an action can be taken against contested embodiment, which, in addition, contains other active ingredients (A+B)[39] was referred recently to the ECJ for the preliminary ruling.[40] One of the principal 15

33 FCJ GRUR 1998, 363, 366 [II.5.c (2)] – Idarubicin; FCJ GRUR 2002, 47, 48 [II.2] – Idarubicin III; but cf. also Benkard/Grabinski § 16 a Rn 38; Schulte/Schell § 16 a Rn 51. According to BPatGE 43, 167, 173 – Idarubicin III it is self-evident for a chemists that the scope of protection of an invention concerning organic compounds with a complex molecular structure and, e.g., a carboxyl- or amino group, is not left if a salt formation of this group is present.

34 According to Art. 10(2)(b)(2) Dir. 2001/83/EC, Sec. 24 b II 2 AMG the different salts, esters, ethers, isomers, mixtures of isomers, complexes or derivatives of an active substance shall be considered to be the same active substance, unless they differ significantly in properties with regard to safety and/or efficacy. According to Art. 6(1)(2) Dir 2001/83/EC all additional strengths, pharmaceutical forms, administration routes, presentations, shall be considered as belonging to the same global marketing authorisation.

35 Feldges/Kramer FS Meibom, p. 57, 62 ff [III]; but cf. also Brückner Art. 5 Rn 53 ff who despite Art. 4 MPR would like to cover even other products by the SPC protection as far as they are equivalent.

36 In addition to a legal (patent/regulatory affairs) argumentation a pharmacokinetic one seems also possible: For this purpose metabolite spectra of compounds to be compared should be investigated in in vitro metabolism experiments with human hepatocytes or the like. If the found active metabolites (in the relevant disease model) are (in essence) comparable, this could be an evidence of the sameness of the active ingredients.

37 According to Benkard/Grabinski EPÜ Art. 63 Rn 81 it is decisive, that the derivative is within the basic patent's scope of protection.

38 But cf. Benkard/Grabinski § 16 a Rn 36, 11 f (with reference to FCJ GRUR 2002, 415, 417 [II.6.a] – Sumatriptan); Brückner Art. 5 Rn 43 ff (cf. also Rn 50 ff for a comparable case where different SPC were granted for the racemate and enantiomer; cf. also Busse/Hacker Anh § 16 a Rn 18. It remains to be seen wether this view will be held in future – especially after C-202/05 [LS, para. 18] – Calcitriol, according to which the use does not form an integral part of the definition of the product.

39 For the opposite situation cf. FCJ GRUR 2008, 890, 890 [Rn 5] – Antihelicobacter-Präparat: According to it the protection for only one of the active ingredients constitutes an inadmissible partial combination, if the basic patent protects only a combination of active ingredients. This also applies to the SPC protection which must be within the scope of the basic patent.

wurde kürzlich dem EuGH zur Vorabentscheidung vorgelegt.[40] Problematisch war hier, dass sich einerseits der Schutz des Zertifikats allein auf das zugelassene Erzeugnis erstreckt und (A) und (A+B) unterschiedliche Erzeugnisse sind. Andererseits erstreckt sich der Schutz eines Grundpatents auf (A) auf alle Arzneimittel, die (A) allein oder in Kombination mit anderen Wirkstoffen enthalten. Das LG Düsseldorf bestätigte bereits zuvor die oben aufgeworfenen Fragen in einem einstweiligen Verfügungsverfahren unter Hinweis auf den sonst zu leicht zu umgehenden Ausgleich für den Verlust an effektiver Patentlaufzeit und darauf, dass es für die Verletzungsfrage nach patentrechtlichen Grundsätzen unerheblich ist, ob ein Arzneimittel weitere Wirkstoffe enthält. Aus der Differenzierung nach Wirkstoff und Wirkstoffzusammensetzung in Art. 1 b AMV folge nicht, dass ein Zertifikat auf einen einzelnen Wirkstoff nicht ein Arzneimittel mit mehreren Wirkstoffen iSv Art. 4 AMV „erfassen“ kann.[41] Auch die Medeva-Entscheidung des EuGH[42] scheint dies vorauszusetzen. Der EuGH entschied, dass der Inhaber eines Zertifikats auf einen Wirkstoff, der schon aus dem Grundpatent gegen den Vertrieb der Wirkstoffzusammensetzung vorgehen konnte, dies auch aus dem auf das Grundpatent erteilte Zertifikat kann.[43]

IV. Zugelassene Verwendungen

16 Nach Art. 4 AMV erstreckt sich der durch das Zertifikat gewährte Schutz nur auf diejenigen Verwendungen des Erzeugnisses als Arzneimittel, die vor Ablauf des Zertifikats genehmigt wurden.[44] Es ist weder erforderlich, dass die zugelassene Verwendung im (Stoff-)Grundpatent offenbart wurde,[45] noch dass diese dem Zertifikatsinhaber selbst zugelassen wurden.[46] Nicht zugelassene medizinische Verwendungen sind aber selbst dann nicht geschützt, wenn diese im Grundpatent beansprucht wurden.

40 ABl. EU vom 22. Oktober 2011 [C 311/27].

41 LG Düsseldorf GRUR RR 2012, 58, 60 [I.2.e, g] – Valsartan; vgl. aber auch Brückner Art. 5 Rn 76 ff; Hof van Beroep te Brussel (Brüsseler Berufungsgericht) (2010/KR/53) vom 23. Februar 2010 – Du Pont v Mylan (Losartan) und Cour d'Appel de Paris (Pariser Berufungsgericht) (10/03075) vom 15. März 2011 – Du Pont v. Mylan (Losartan).

42 C-322/10 GRUR Int 2012, 140, 144 [Rn 39] – Medeva, sonst würden Arzneimittel, die das Erzeugnis lediglich enthalten, statt daraus zu bestehen nicht unter das Zertifikat fallen; deutlicher aber: Schlussanträge zu C-322/10 vom 13. Juli 2011 [Rn 123]: Weil sich das Zertifikat auf den Wirkstoff bezieht, der Gegenstand des Grundpatents ist, führt die Erteilung eines Zertifikats auf der Grundlage des ersten Arzneimittels, das diesen Wirkstoff enthält, dazu, dass auch alle späteren Arzneimittel, in denen der unter Zertifikatschutz stehende Wirkstoff verwendet wird ... gegen Herstellung und Vertrieb durch Dritte geschützt sind.

43 C-441/11 [LS, Rn 23] – Novartis v. Actavis; C-574/11 [LS; Rz 21] – Novartis v. Actavis: Die Art. 4 und 5 AMV dahin auszulegen sind, dass im Fall eines aus einem Wirkstoff bestehenden „Erzeugnisses“, das durch ein Grundpatent geschützt war und dessen Inhaber sich auf den durch das Patent in Bezug auf dieses „Erzeugnis“ gewährten Schutz stützen konnte, um dem Vertrieb eines den fraglichen Wirkstoff in Kombination mit einem oder mehreren anderen Wirkstoffen enthaltenden Arzneimittels zu widersprechen, ein für dasselbe „Erzeugnis“ erteiltes ergänzendes Schutzzertifikat es seinem Inhaber nach Ablauf des genannten Patents ermöglichen kann, dem Vertrieb eines Arzneimittels, das das genannte Erzeugnis enthält, durch einen Dritten für eine vor Ablauf dieses Zertifikats genehmigte Verwendung des „Erzeugnisses“ als Arzneimittel zu widersprechen. Es sei denn die Ansprüche des Grundpatent sehen vor, dass das Arzneimittel ausschließlich den geschützten Wirkstoff enthält, Benkard/Grabinski EPÜ Art. 63 Rn 82.

44 Anders noch im Verordnungsentwurf (vgl. Schennen S. 58 [Art. 4 Anm 6]: alle vor Ablauf des Grundpatents genehmigten Verwendungen.

45 Benkard/Grabinski EPÜ Art. 63 Rn 83; Brückner Art. 4 Rn 45; Busse/Hacker Anh § 16 a Rn 80; Fitzner in Fitzner/Lutz/Bodewig § 16 a Rn 8.

46 Schennen S. 58 [Art. 4 Anm 5], der anmerkt, dass eine andere Auslegung zwar den Wettbewerb fördern, aber dem Wortlaut widersprechen würde; Busse/Hacker Anh § 16 a Rn 80 mwN in Fn 183; Benkard/Grabinski § 16 a Rn 37; Benkard/Grabinski EPÜ Art. 63 Rn 83; Brückner Art. 4 Rn 41 f; aA Kraßer S. 586 f [§ 26 A. II. b. 9] mit dem Argument, dass das Vorbehalten einer Verwendung, die der Zertifikatsinhaber nie beabsichtigt hatte und an der er daher nie gehindert war, keine Kompensation für den zulassungsbedingten Laufzeitverlust, sondern nicht vertretbare Privilegierung sei; wohl ebenso aber ohne nachvollziehbare Begründung: König/Müller GRUR Int 2000, 121, 126 [II.3].

problems in this context was that, on the one hand, the protection conferred by an SPC extends only to the authorised product, and (A) and (A+B) are different products. On the other hand, the protection of the basic patent on (A) extends to all medicinal products, which contain only (A) or (A) in combination with other active ingredients. The Regional Court of Düsseldorf confirmed the question risen above previously in the preliminary injunction proceeding about the compensation, usually too easy to get round for the loss of effective patent duration, and that it is unimportant for the question of infringement according to the principles of patent law whether a medicinal product contains other active ingredients. From the differentiation in active ingredient and combination of active ingredients in Art. 1(b) MPR does not follow that an SPC on a single active ingredient cannot "cover"[41] a medicinal product with several active ingredients within the meaning of Art. 4 MPR. Also the decision in the Medeva Case of the ECJ[42] seems to assume this. The ECJ decided that a holder of an SPC on an active ingredient who could already oppose marketing of the combination of active ingredients based on the basic patent was also able to do this on the basis of an SPC granted for the basic patent.[43]

IV. Authorised uses

Under Art. 4 MPR the protection conferred by an SPC extends only to those uses of the product as a medicinal product that has been authorised before the expiry of the SPC.[44] It is neither necessary that the authorised use was mentioned[45] in the basic patent nor that it was authorised for the SPC holder.[46] The not authorised medical uses are, however, not protected even if they were claimed in the basic patent. 16

40 OJ EU C 311, October 22, 2011, p. 27.

41 LG Düsseldorf GRUR RR 2012, 58, 60 [I.2.e, g] – Valsartan; but cf. also Brückner Art. 5 Rn 76 ff; Hof van Beroep te Brussel (Brüsseler Berufungsgericht) (2010/KR/53) dated February 23, 2010 – Du Pont v Mylan (Losartan) and Cour d'Appel de Paris (Pariser Berufungsgericht) (10/03075) dated March 15, 2011 – Du Pont v Mylan (Losartan).

42 C-322/10 [para. 39] – Medeva, otherwise medicinal products, which merely contain the product instead to consist of it would not be covered by the SPC; more clearly, however: opinion of the Advocate General to C-322/10 dated July 13, 2011 [para. 123]: Because the SPC relates to the active ingredient, which is the subject-matter of the basic patent, the grant of an SPC on the basis of the first medicinal product containing that active ingredient leads to the result that all later medicinal products in which the active ingredient under SPC protection is used are also protected against production and distribution by third parties.

43 C-441/11 [LS, para. 23] – Novartis v. Actavis; C-574/11 [LS; para. 21] – Novartis v. Actavis: Art. 4 and 5 MPR must be interpreted as meaning that, where a "product" consisting of an active ingredient was protected by a basic patent and the holder of that patent was able to rely on the protection conferred by that patent for that "product" in order to oppose the marketing of a medicinal product containing that active ingredient in combination with one or more other active ingredients, an SPC granted for that 'product' enables its holder, after the basic patent has expired, to oppose the marketing by a third party of a medicinal product containing that product for a use of the "product", as a medicinal product, which was authorised before that SPC expired. Unless the claims of the basic patent stipulate, that the medicinal product contains only the protected active ingredient, Benkard/Grabinski EPÜ Art. 63 Rn 82.

44 Formerly different: Proposal for Reg. 1768/92 (cf. Schennen p. 58 [Art. 4 Anm 6]: All pharmaceutical uses authorised, until the expiry of the basic patent.

45 Benkard/Grabinski EPÜ Art. 63 Rn 83; Brückner Art. 4 Rn 45; Busse/Hacker Anh § 16 a Rn 80; Fitzner in Fitzner/Lutz/Bodewig § 16 a Rn 8.

46 Cf. Schennen p. 58 [Art. 4 Anm 5], who observes, that a different interpretation could encourage competition but would be contrary to the wording; Busse/Hacker Anh § 16 a Rn 80, further citation in Fn 183; Benkard/Grabinski § 16 a Rn 37; Benkard/Grabinski EPÜ Art. 63 Rn 83; Brückner Art. 4 Rn 41 f. Dissenting: Kraßer p. 586 f [§ 26 A. II. b. 9] with the argument, that the reservation of an use, which was never planned by the SPC holder and from which he was never prevented is not a compensation for authorisation-related loss of time, but an inacceptable privilege. Probably agreeing but without comprehensible reasons: König/Müller GRUR Int 2000, 121, 126 [II.3].

17 Der Zertifikatsschutz ist zweckgebunden. Ein zweckfreier (absoluter) Stoffschutz wird nicht „verlängert".[47] Ob eine neue Verwendung dem Zertifikatsschutz unterliegt, richtet sich nach dem Schutzbereich des Grundpatents.[48] Nichtmedizinische Verwendungen sind hingegen frei.[49] Ihre gewerbliche Verwertung wurde nicht durch langwierige Zulassungsverfahren verzögert. Eine Verlängerung ist daher nicht gerechtfertigt.[50]

18 Teilweise wird vertreten, diese Einschränkung sei im medizinischen Bereich ohne Belang, da nur zugelassene Arzneimittel in Verkehr gebracht werden dürften.[51] Zumindest für Handlungen zu Versuchszwecken und Studien zur Erlangung der Zulassung (§ 11 Nr. 2, 2 b PatG) ist dies zweifelhaft. Zwar ist auch das Inverkehrbringen anlässlich klinischer Prüfungen genehmigungspflichtig, Art. 9 I 2 RL 2001/20/EG, § 40 I 2 AMG. Jedoch sind diese Genehmigungen in Art. 2, 3 b AMV nicht genannt. Es wäre daher kaum verständlich, warum eine in der klinischen Prüfung befindliche, aber noch nicht zugelassene Verwendung vom Zertifikatsschutz erfasst sein und die Zertifikatsverletzung erst an § 11 Nr. 2, 2 b PatG scheitern sollte.[52] Während sich ein Dritter auf das Versuchsprivileg oder die Bolarklausel berufen muss, wenn er diese Wirkstoffe vor Patentablauf benutzen möchte, braucht er dies nach Patent-, aber vor Zertifikatsablauf nicht mehr.[53]

47 Benkard/Grabinski EPÜ Art. 63 Rn 80; Benkard/Grabinski § 16 a Rn 35; Brückner Art. 4 Rn 33; Busse/Hacker Anh § 16 a Rn 79; Kraßer S. 586 (§ 26 A. II. b. 9). Oft bestehen im Management Vorurteile gegen Verwendungspatente, weil diese keinen umfassenden Schutz gewähren. Solange das Erzeugnis in nur einer Verwendung zugelassen ist, ist der Schutz von Zertifikaten auf Grundlage von Stoff- und Verwendungspatenten aber nicht zu unterscheiden. Dies kann sich erst mit Zulassung einer weiteren – durch das Verwendungspatent nicht geschützten – Verwendung ändern.

48 Benkard/Grabinski § 16 a Rn 37; Benkard/Grabinski EPÜ Art. 63 Rn 83; Busse/Hacker Anh § 16 a Rn 80.

49 Begründung zum Verordnungsvorschlag KOM (90) endg. – SYN 255 vom 11. April 1990 [Rn 41] (abgedruckt bei Schennen S. 92, 103); Schennen S. 58 [Art. 4 Anm 5, 8]; Kraßer S. 586 [§ 26 A. II. b. 9]; Benkard/Grabinski EPÜ Art. 63 Rn 80; Busse/Hacker Anh § 16 a Rn 86; Brückner Art. 4 Rn 11, 33, 60 f.

50 Benkard/Grabinski EPÜ Art. 63 Rn 80; Benkard/Grabinski § 16 a Rn 35, Brückner Art. 4 Rn 33, 61.

51 Vgl. bspw. Strafvorschrift des § 96 Nr. 5 AMG; Schennen S. 58 [Art. 4 Anm 7]; Schennen GRUR Int 1996, 102, 110 [II.4]; Brückner Art. 4 Rn 63; Kraßer S. 586 (§ 26 A. II. b. 9); Busse/Hacker Anh § 16 a Rn 86.

52 So aber wohl: Schennen GRUR Int 1996, 102, 110 [II.4]: Schutzbereich und Schutzumfang des Zertifikats entsprechen grundsätzlich denen des Grundpatents (Art. 5 der Verordnung Nr. 1768/92). Dies gilt für alle Benutzungshandlungen, auch hinsichtlich der Frage, ob während der Laufzeit des Zertifikats Tests und Versuche zur Vorbereitung der Zulassung eines Zweitantragstellers unzulässig sind; so auch Pietzcker GRUR 1994, 319, 321 [5]; Morzé/Hanna JPTOS 1995, 479, 499 f [5.3].

53 So auch Brückner Art. 4 Rn 62.

The protection conferred by an SPC is purpose-limited. The purposeless (absolute) substance protection is not "extended".[47] Whether a new use is subject to the protection conferred by an SPC depends on the scope of protection of the basic patent.[48] However, non-medical uses are free.[49] Their commercial exploitation was not delayed by extensive authorisation procedures. An extension is, therefore, not justified.[50] 17

Some authors believe that this restriction is of no importance in the medical field because only authorised medicinal products may be placed on the market.[51] This is at least doubtful for acts done for experimental purposes and studies on obtainment of an authorisation (Sec. 11 No. 2, 2 b PatG). Though the placing on the market for clinical research also requires an authorisation as laid down in Art. 9(1)(2) Dir. 2001/20/EC, Sec. 40(1)(2) AMG. However, these authorisations are not mentioned in Art. 2, 3(b) MPR. Therefore, it would be hardly understandable why a still unauthorised use, in the clinical research, should be covered by the protection conferred by an SPC, and the infringement of an SPC should fail only because of Sec. 11 No. 2, 2(b) PatG.[52] Although the third party must refer to the experimental privilege or the Bolar clause if it would like to use these active ingredients before patent expiry, it does not need that after the patent expiry but before the expiry of an SPC.[53] 18

47 Benkard/Grabinski EPÜ Art. 63 Rn 80; Benkard/Grabinski § 16 a Rn 35; Brückner Art. 4 Rn 33; Busse/Hacker Anh § 16 a Rn 79; Kraßer p. 586 (§ 26 A. II. b. 9). Often there are prejudices against use patents in management because they seem not confer comprehensive protection. But as long as a product is only authorised for the SPC protected use, the protection conferred by an SPC based on a compound patent or based on a use patent cannot be distinguished. This will only change after the authorisation of further uses not protected by the use patent.

48 Benkard/Grabinski § 16 a Rn 37; Benkard/Grabinski EPÜ Art. 63 Rn 83; Busse/Hacker Anh § 16 a Rn 80.

49 Proposal for Reg. 1768/92 COM (90) 101 final, 11.4.1990 [Rn 41] (published in Schennen p. 92, 103); Schennen p. 58 [Art. 4 Anm 5, 8]; Kraßer p. 586 [§ 26 A. II. b. 9]; Benkard/Grabinski EPÜ Art. 63 Rn 80; Busse/Hacker Anh § 16 a Rn 86; Brückner Art. 4 Rn 11, 33, 60 f.

50 Benkard/Grabinski EPÜ Art. 63 Rn 80; Benkard/Grabinski § 16 a Rn 35, Brückner Art. 4 Rn 33, 61.

51 Cf. e.g. penal provision Sec. 96 No. 5 AMG; Schennen p. 58 [Art. 4 Anm 7]; Schennen GRUR Int 1996, 102, 110 [II.4]; Brückner Art. 4 Rn 63; Kraßer p. 586 (§ 26 A. II. b. 9); Busse/Hacker Anh § 16 a Rn 86.

52 But so probably: Schennen GRUR Int 1996, 102, 110 [II.4]: But so probably: Schennen GRUR Int 1996, 102, 110 [II.4]: The scope of protection of the SPC correspond to the scope of protection of the basic patent Art. 5 Reg. 1768/92). This applies to all unauthorised uses of the patented invention, also concerning the question whether during the SPC duration clinical test and experiments for the authorisation of generic medicaments are inadmissible; Agreeing: Pietzcker GRUR 1994, 319, 321 [5]; Morzé/Hanna JPTOS 1995, 479, 499 f [5.3].

53 So also Brückner Art. 4 Rn 62.

Artikel 5 Wirkungen des Zertifikats

Vorbehaltlich des Artikels 4 gewährt das Zertifikat dieselben Rechte wie das Grundpatent und unterliegt denselben Beschränkungen und Verpflichtungen.

I. Einführung

1 Obwohl das Zertifikat als eigenes Recht ausgestaltet ist, gewährt es – vorbehaltlich Art. 4 AMV – dieselben Rechte und unterliegt denselben Beschränkungen und Verpflichtungen wie das Grundpatent, Art. 5 AMV. Wegen der Bezugnahme auf das Grundpatent bleiben die konkret gewährten Rechte, aber auch die Beschränkungen und Verpflichtungen Sache des nationalen Rechts.[1]

II. Wirkungen des Zertifikats

2 Das Zertifikat hat die in §§ 9–10 PatG[2] genannten Wirkungen – jedoch nur, soweit patent- (§ 9 PatG) und zertifikatsgeschütztes (Art. 1 b AMV) Erzeugnis übereinstimmen und nur für die zugelassenen Verwendungen als Arzneimittel, Art. 4 AMV.[3] So ist es einem Dritten – ohne Zustimmung des Zertifikatsinhabers – bspw. nach § 9 S. 2 Nr. 1 PatG verboten, ein Arzneimittel herzustellen, anzubieten,[4] in Verkehr zu bringen, zu gebrauchen oder zu den genannten Zwecken entweder einzuführen oder zu besitzen, das ein zertifikatsgeschütztes Erzeugnis enthält. Das Gleiche gilt für Arzneimittel, die ein nach einem zertifikatsgeschützten Verfahren unmittelbar hergestelltes (§ 9 S. 2 Nr. 3 PatG)[5] oder zu einer zertifikatsgeschützten Verwendung sinnfällig hergerichtetes Erzeugnis enthalten.

3 Bei Rechtsverletzungen gelten die §§ 139–141 a, 142 a, 142 b PatG. So kann der Zertifikatsinhaber den Verletzer auf Unterlassung (§ 139 I PatG) und bei schuldhaftem Handeln auf Schadensersatz (§ 139 II PatG) in Anspruch nehmen. Das Betreiben eines Zulassungsverfahrens vor Zertifikatsablauf begründet allein keine für einen vorbeugenden Unterlassungsanspruch erforderliche Erstbegehungsgefahr.[6] Dem Zertifikatsinhaber stehen neben Unterlas-

1 Insofern klarstellend für Deutschland: § 16 a II, III PatG.

2 Zur mittelbaren Patentverletzung (§ 10 PatG) bei ärztlicher Verschreibung vgl. OLG München Mitt 1996, 312, 313 [L 3]; LG Hamburg Mitt 1996, 315, 315 [L 2].

3 Busse/Hacker Anh § 16 a Rn 86.

4 In Deutschland wird ein Zertifikat auch dann verletzt, wenn das Arzneimittel während der Zertifikatslaufzeit nur für die Zeit nach Zertifikatsablauf angeboten wird. Bis zu dessen Ablauf ist der Zertifikatsinhaber ohne weitere Differenzierung in Vorfeldhandlungen (Anbieten) und Verletzungshandlungen im engeren Sinne (Herstellen/Inverkehrbringen) zu schützen, vgl. BGH GRUR 2007, 221, 222 [10] – Simvastatin. Der Anbietende könnte andernfalls bereits während der Laufzeit Umsätze an sich ziehen, weil Abnehmer – wegen des erwarteten günstigeren Preises – bereit sind, mit dem Bezug bis zum Zertifikatsablauf zu warten. Insbesondere das Beschaffungsverhalten von Arzneimittelgroßhändlern könnte dies beeinflussen, vgl. OLG Düsseldorf GRUR 2004, 417, 419 [II.2.d] – Cholesterinsenker. Nach BGH GRUR 2007, 221, 222 [11] – Simvastatin ist die Anmeldung eines zertifikatsverletzenden Arzneimittels zur Veröffentlichung in der Lauer-Taxe vor Zertifikatsablauf ebenfalls ein unzulässiges Anbieten. AA Brückner Art. 5 Rn 20, der hier ohne Hinzutreten weiterer Tatsachen nicht einmal eine Erstbegehungsgefahr annimmt.

5 Ungeklärt ist, ob die Anwendung eines zertifikatsgeschützten Verfahrens (§ 9 S. 2 Nr. 2 PatG, so Brückner Art. 5 Rn 9), verboten werden kann. Dafür spricht die mögliche Zertifikatserteilung auf Verfahrenspatente (Art. 1 c AMV) und die Gleichstellung mit dem Patentschutz nach Art. 5 AMV, dagegen die Beschränkung des Zertifikatsschutzes auf das Erzeugnis in den zugelassenen Verwendungen nach Art. 4 AMV. Wegen § 9 S. 2 Nr. 3 PatG dürfte dies aber kaum praktische Auswirkungen haben. Vgl. auch UK IPO: SPC Guide for Applicants, January 2013, S. 28 Annex FAQ, wo die Frage, ob ein Zertifikat auch das Herstellungsverfahren schützt, mit „Nein“ beantwortet wird.

6 Brückner Art. 5 Rn 21 f; anders erst bei Hinzutreten weiterer Anhaltspunkte, die für ein Inverkehrbringen vor Zertifikatsablauf sprechen.

Article 5 Effects of the certificate

Subject to the provisions of Article 4, the certificate shall confer the same rights as conferred by the basic patent and shall be subject to the same limitations and the same obligations.

I. Introduction

Although an SPC is a right sui generis, it provides – subject to Art. 4 MPR – the same rights and is subject to the same limitations and obligations as the basic patent, Art. 5 MPR. Because of the reference to the basic patent, the granted rights and the limitations and obligations are a matter of the national laws.[1] 1

II. Effects of a granted SPC

An SPC has the effects mentioned in Sec. 9–10 PatG,[2] but only as far as the patent (Sec. 9 PatG) and the SPC (Art. 1(b) MPR) protected product are the same and only for authorised uses as a medicinal product, Art. 4 MPR.[3] Therefore, a third party not having the consent of the SPC holder will be prohibited from making, offering,[4] putting on the market or using a medicinal product protected by an SPC, or from importing or having this product for such purposes, Sec. 9(2) No. 1 PatG. The same applies to medicinal products, which contain a product directly obtained by an SPC protected process (Sec. 9(2) No. 3 PatG)[5] or clearly arranged for an SPC protected use. 2

With infringements Sec. 139–141 a, 142 a, 142 b PatG apply. So the alleged infringer might be sued by the SPC holder for injunctive relief (Sec. 139(1) PatG) and for compensation of damages with intentional or negligent acts (Sec. 139(2) PatG). An authorisation procedure of third parties before the SPC expiry is not considered a risk of first perpetration for preventive injunctions.[6] Besides injunctions and compensation the SPC holder is entitled to further claims in accordance with the PatG[7] or other provisions.[8] 3

1 Insofar clarifying for DE: Sec. 16a(2), (3) PatG.
2 As to contributory patent infringement (Sec. 10 PatG) by a physician's description cf. OLG München Mitt. 1996, 312, 313 [L 3]; LG Hamburg Mitt. 1996, 315, 315 [L 2].
3 Busse/Hacker Anh § 16 a Rn 86.
4 In Germany an SPC is also infringed, if during the SPC duration the medicinal product is only offered for a time after the SPC expiry. Before its expiry the SPC holder must be protected from any infringing activity without further differentiation into preparatory activities (offering) and infringing activities in the narrow sense (making or putting on the market), cf. FCJ GRUR 2007, 221, 222 [10] – Simvastatin. Otherwise the offering party could already attract revenue during the SPC duration as purchasers – because of expected lower prices – could postpone buying until the SPC expiry. In particular it could be affect the purchasing behaviour of medicinal products wholesalers, cf. OLG Düsseldorf GRUR 2004, 417, 419 [II.2.d] – Cholesterinsenker. According to FCJ GRUR 2007, 221, 222 [11] – Simvastatin the application of an SPC infringing medicinal product for the publication in the Lauer-Taxe before the SPC expiry is also an inadmissible offering. Dissenting: Brückner Art. 5 Rn 20 who not even assumes a danger of first perpetration without appearance of further facts.
5 It is still not clarified whether the use of an SPC protected process (Sec. 9(2) No. 2 PatG, see Brückner Art. 5 Rn 9) can be forbidden. The possibility of SPCs on process patents (Art. 1(c) MPR) and the equation of SPC and patent protection under Art. 5 MPR argue for this, but the limitation of the SPC protection to the authorised uses of the product under Art. 4 MPR argues against this. But this might hardly have practical effect because of Sec. 9(2) No. 3 PatG. Cf. also UK IPO: SPC Guide for Applicants, January 2013, p. 28 Annex FAQ where the question is answered negative whether an SPC also protects the production process.
6 Brückner Art. 5 Rn 21 f; differently only in case of appearance of further facts, which argue for the placing on the market before the SPC expiry.

sung und Schadensersatz ggf. weitere Ansprüche nach dem PatG[7] oder anderen Vorschriften[8] zu.

Wurden mehrere, dasselbe Erzeugnis betreffende Zertifikate verletzt, so ist zu prüfen, wie sich zB Unterlassungserklärungen des Verletzers gegenüber nur einem Zertifikatsinhaber auswirken bzw. welchem Zertifikatsinhaber Schadensersatz in welcher Höhe zusteht.[9]

4 Da Handlungen, die das Grundpatent verletzen, nicht zwangsläufig auch zu einer Verletzung des Zertifikats führen (vgl. Art. 4 AMV) ist weiterhin zu beachten, dass sich die Rechtskraft eines auf Grund des Grundpatents im Verletzungsverfahren erstrittenen Unterlassungs- oder Schadensersatztitels nicht auf das Zertifikat erstreckt.[10]

Es bleibt zu erwähnen, dass die Zertifikatsverletzung – ebenso wie die Patentverletzung – in Deutschland strafbar ist, § 142 PatG.

5 Die Wirkungen des Zertifikats sind – ebenso wie beim Patent – nach § 11 PatG (privater Bereich, Versuchsprivileg, Roche-Bolar-Klausel,[11] Einzelzubereitungen in Apotheken usw.), § 12 PatG (Vorbenutzungsrechte) und § 13 PatG (Benutzungsanordnung) beschränkt. Für das Zertifikat gelten außerdem die Regelungen zur Lizenzbereitschaft (§§ 23, 16 a III PatG)[12] und zur Zwangslizenz (§ 24 PatG).[13] Letztlich wäre noch auf das Erfordernis der Jahresgebührenzahlung hinzuweisen, § 16 a I 2 PatG. Außerdem ist derjenige, der sich eines Zertifikats berühmt, auskunftspflichtig, § 146 PatG. Die Vorschriften über die gerichtliche Zuständigkeit (§ 143 PatG) gelten für das Zertifikat direkt, also auch ohne Verweis in § 16 a II PatG.

6 Ein deutsches Zertifikat kann, wie dessen Grundpatent, frei übertragen (§ 15 I 2 PatG) und lizensiert[14] (§ 15 II 1 PatG) und ausschließliche Lizenzen ins Register eingetragen (§ 30 IV PatG) werden. Dabei gelten einfache und ausschließliche Lizenzen für das Grundpatent – als

7 Bspw. Auskunft (§ 140 b), (vereinfachte) Vernichtung (§§ 140 a I, 142 b), Rückruf (§ 142 b), Vorlage und Besichtigung (§§ 140 c, 140 d), Urteilsbekanntmachung (§ 140 e), Grenzbeschlagnahme (§ 142 a); vgl. auch Art. 6 ff RL 2004/48/EG (Enforcement-Richtlinie).

8 Vgl. § 141 a PatG, bspw. ungerechtfertigte Bereicherung (§ 812 I 1 BGB, Eingriffskondiktion); Auskunft (§§ 242, 259 BGB), unerlaubte Handlung (§§ 823, 826 BGB), Geschäftsführung ohne Auftrag (§§ 687 ff BGB, für Abmahnkosten); Beseitigung (§ 1004 BGB).

9 Vgl. hierzu und zu ähnlichen Fragen hinsichtlich der anderen Ansprüche: Kühnen FS 50 Jahre BPatG, S. 361, 371 ff [III.].

10 Brändel GRUR 2001, 875, 877 [I.2.b]; ihm folgend Busse/Hacker Anh § 16 a Rn 87; aA öOGH GRUR Int 2011, 628, 631 [1.2] – Escitalopram.

11 Wegen der Beschränkung des Zertifikatsschutzes auf zugelassene Verwendungen als Arzneimittel (Art. 4 AMV) bedarf es bei Entwicklung noch nicht zugelassener Verwendungen nach Grundpatent- und vor Zertifikatsablauf keiner Berufung auf § 11 Nr. 2 oder 2 b PatG. Ob der Begriff „Verwendungen" in Art. 4 AMV im Sinne von „Indikationen" aufzufassen ist oder bspw. noch nicht zugelassene Verabreichungswege oder Dosierungen andere Verwendungen darstellen, spielt im Ergebnis keine Rolle, da § 11 Nr. 2, 2 b PatG jedenfalls ergänzend greifen dürfte.

12 Lizenzbereitschaftserklärungen am Grundpatent setzten sich am Zertifikat jedenfalls dann fort, wenn sie bei Patentablauf noch wirksam waren, Busse/Hacker Anh § 16 a Rn 90.

13 Nach Busse/Hacker Anh § 16 a Rn 90, Benkard/Grabinski EPÜ Art. 63 Rn 78, Schulte/Schell § 16 a Rn 54; Fitzner in Fitzner/Lutz/Bodewig § 16 a Rn 5 setzen sich Benutzungsanordnungen (§ 13 PatG) und Zwangslizenzen (§ 24 PatG) am Grundpatent am Zertifikat fort, auch wenn das Zertifikat erst nach deren Erlass angemeldet wurde. Dagegen überzeugend Brändel GRUR 2001, 875, 877 [I.2.b]: § 16 a III PatG ist auf Zwangslizenzen nicht anwendbar. Wer einen Wirkstoff auf Grund einer Zwangslizenz außerhalb des Arzneimittelbereichs nutzen darf, hat keinen Anspruch auf eine Zwangslizenz zu dessen Verwendung als Arzneimittel, wenn er nicht im Besitz einer arzneimittelrechtlichen Zulassung ist.

14 Busse/Hacker Anh § 16 a Rn 88; Nach Schennen S. 59 [Art. 5 Anm 5.e] unterliegt das Zertifikat den kartellrechtlichen Schranken nach Art. 85, 86 EGV (jetzt Art. 101, 102 AEUV) und § 20 GWB. Nach Morzé/Hanna JPTOS 1995, 479, 499 [5.1] war nicht klar, ob die Gruppenfreistellung von Patent- und Know-How-Lizenzen auch für Zertifikate galt. Zertifikate und Patente wurden durch in Art. 8 I g VO 240/96 (ABl. EG vom 9. Februar 1996 [L 31/2] gleichgestellt, vgl. nunmehr: Art. 1 I h VO 772/2004 ABl. EU vom 27. April 2004 [L 123/11]).

If several SPCs on the same product are infringed, it should be examined how, for example, how a cease-and-desist declaration to only one SPC holder affects a different SPC holder or, which SPC holder is entitled to compensation and in what amount.[9]

As infringing the basic patent does not necessarily mean infringing the SPC (Art. 4 MPR), note that cease-and-desist or compensation orders obtained for the basic patent do not extend to the SPC.[10] 4

It remains to be mentioned that SPC infringements – just as patent infringements – are punishable in Germany, Sec. 142 PatG.

Effects of an SPC – just as with patents – are limited by Sec. 11 PatG (private use, experimental use exemption, Bolar clause,[11] extemporaneous products, etc.), Sec. 12 PatG (prior use) and Sec. 13 PatG (public welfare use orders). Provisions on willingness to license (Sec. 23, 16a(3) PatG)[12] and compulsory licences (Sec. 24 PatG)[13] also apply to the SPC. Finally, mention should be made of the requirement for annual fee payments, Sec. 16a(1)(2) PatG. In addition, the one who alleges the right to an SPC must provide information on that SPC, Sec. 146 PatG. Provisions on jurisdiction (Sec. 143 PatG) are valid for an SPC directly and without reference in Sec. 16a(2) PatG. 5

A German SPC, such as its basic patent, can be freely transferred (Sec. 15(1)(2) PatG) and licensed[14] (Sec. 15(2)(1) PatG) and exclusive licenses can be recorded in the register (Sec. 15(2)(1) PatG). Thereby non-exclusive and exclusive licenses for a basic patent continue to be in effect – as rules of interpretation – for an SPC, Sec. 16a(3) PatG,[15] as long as they are 6

7 E.g. information (Sec. 140 b), (simplified) destruction (Sec. 140a(1), 142 b), recal (Sec. 140a(3), production of documents or inspection of objects (Sec. 140 c, 140 d), judgement publication (Sec. 140 e), seizure by the customs authorities (Sec. 142 a); cf. also Art. 6 ff Dir. 2004/48/EC (Enforcement-Dir.).

8 Cf. Sec. 141 a PatG, e.g.: unjust enrichment (Sec. 812(1)(1) BGB); information (Sec. 242, 259 BGB), tort liability (Sec. 823, 826 BGB), actions performed without due authority in connection with the affairs of another person (Sec. 687 ff BGB, for warning costs); Beseitigung (Sec. 1004 BGB).

9 Cf. to this and to similar questions regarding the further claims: Kühnen FS 50 Jahre BPatG, p. 361, 371 ff [III.].

10 Brändel, GRUR 2001, 875, 877 [I.2.b]; agreeing: Busse/Hacker Anh 3 16 a Rn 87; dissenting: öOGH GRUR Int 2011, 628, 631 [1.2] – Escitalopram.

11 Because of the limitation of the SPC protection to authorised medical uses (Art. 4 MPR) a reference to Sec. 11 No. 2 or No. 2 b PatG is not necessary in case of the development of not yet authorised uses after the basic patent expiry but before the SPC expiry. Whether the term "use" in Art. 4 MPR should be understood as "medical indication" or whether, for example, not yet authorised doses, administration routes or dosage forms also represent different uses, does not matter finally, because Sec. 11 No. 2, 2 b PatG might apply supplementary in these cases.

12 Declarations of willingness to grant a licence for the basic patent continue for the SPC if they were still valid on patent expiry, Busse/Hacker Anh § 16 a Rn 90.

13 According to Busse/Hacker Anh § 16 a Rn 90, Benkard/Grabinski EPÜ Art. 63 Rn 78, Schulte/Schell § 16 a Rn 54; Fitzner in Fitzner/Lutz/Bodewig § 16 a Rn 5 orders for exploitation (Sec. 13 PatG) and compulsory licences (Sec. 24 PatG) for a basic patent continue for an SPC even if the SPC application was filed after its issuing. Convincingly dissenting: Brändel GRUR 2001, 875, 877 [I.2.b]: Sec. 16a(3) PatG does not apply to compulsory licences. Anybody who may use the active ingredient based on a compulsory licence outside the area of medicinal products has not right to a compulsory licence for its use as a medicinal product as long as he does not hold an authorisation as medicinal product.

14 Busse/Hacker Anh § 16 a Rn 88; SPCs are subject to the same antitrust restrictions (e.g. Art. 85, 86 TEC (now Art. 101, 102 TFEU and Sec. 20 GWB) as patents, Schennen p. 59 [Art. 5 Anm 5.e]. According to Morzé/Hanna JPTOS 1995, 479, 499 [5.1] it was not clear for a while, whether the EC Block Exemption on Patent/Know-How License Agreements applies to SPCs after patent expiry. Then SPCs have been explicitly equated to patents by Art. 8(1)(g) Reg. 240/96 (OJ EC L 31, 09.02.1996, p. 2; cf. now: Art. 1(1)(h) Reg. 772/2004 (OJ EU L 123, 27.04.2004, p. 11).

Auslegungsregel – am Zertifikat fort, § 16 a III PatG,[15] solange diese im Zeitpunkt des Ablaufs des Grundpatents noch wirksam sind.[16] Wurde das Grundpatent lizensiert, so sollen Zertifikatsanmeldung und im Falle der Erteilung, auch die Aufrechterhaltung des Zertifikats zu den Pflichten Zertifikatsinhabers gehören.[17] Im Zweifel soll dem Lizenznehmer auch eine erst während der Zertifikatslaufzeit zugelassene Verwendung gestattet sein.[18] Spätere Rechtsübergänge oder Lizenzen an Zertifikaten berühren zuvor Dritten erteilte Lizenzen nicht, § 15 III PatG (Sukzessionsschutz).[19]

III. Wirkungen der Zertifikatsanmeldung

7 Ungeklärt ist bislang, welche Rechte der Zertifikatsanmelder geltend machen kann, falls das Zertifikat bis zum Ablauf des Grundpatents noch nicht erteilt worden ist.[20] Im DPMA und im UK IPO ist man sich des Problems bewusst und versucht diesem durch eine frühzeitige oder beschleunigte Erteilung zu begegnen.[21]

8 Der Unterlassungsanspruch nach § 139 I PatG setzt ein erteiltes Schutzrecht voraus und dürfte daher kaum einschlägig sein. Die Anwendbarkeit von § 33 PatG auf Zertifikate ist mangels (direkten) Verweis in § 16 a II PatG fraglich, über den Verweis auf §§ 16 a II, 140 S. 1 PatG[22] aber wohl möglich.

9 Allerdings hilft dies dem in erster Linie an einer Unterlassungsverfügung interessierten Zertifikatsinhaber nicht. Sinnvoller wäre hier möglicherweise die Beantragung einer entsprechenden einstweiligen Verfügung unter Hinweis auf ein Anwartschaftsrecht des Zertifikatsinhabers. Immerhin ist die Zertifikatserteilung – wenn alle Voraussetzungen vorliegen – ein Akt gebundener Verwaltung. Die Eilbedürftigkeit könnte sich dann aus den Besonderheiten im Arzneimittelbereich, insbesondere aus einem drohenden Preisverfall ergeben.

10 Der Erwerb eines Zwischenbenutzungsrechts durch Dritte nach §§ 16 a II, 123 V PatG sei ausgeschlossen, weil es bei der Zertifikatserteilung nach Grundpatentablauf nicht um ein Wiederaufleben des Schutzes nach Wiedereinsetzung geht und die Veröffentlichung der Zertifikatsanmeldung nach Art. 9 II AMV Gutgläubigkeit ausschließt.[23]

15 Benkard/Grabinski EPÜ Art. 63 Rn 86: Gegenteiliges kann also vertraglich geregelt werden.
16 Busse/Hacker Anh § 16 a Rn 89, der ergänzend darauf hinweist, dass eine Verlängerung des Schutzes idR keine Äquivalenzstörung ist.
17 So Brückner Art. 6 Rn 26 ff zumindest für ausschließliche Lizenzen.
18 Benkard/Grabinski § 16 a Rn 39; Benkard/Grabinski EPÜ Art. 63 Rn 86; Busse/Hacker Anh § 16 a Rn 89.
19 Benkard/Grabinski EPÜ Art. 63 Rn 86.
20 Vgl. auch Brückner Art. 5 Rn 152 ff: Gegen ein dem Zertifikat vergleichbaren Schutz sprechen die fehlende Erteilung (Rn 159), die fehlende Möglichkeit Dritter, gegen die Anmeldung vorzugehen (Rn 162 f; aber Einwendungen Dritter) und die angebliche Möglichkeit, Anmeldungen missbräuchlich spät einzureichen (Rn 165 f, aber Fristen nach Art. 7 AMV). Für einen vergleichbaren Schutz sprechen die Zertifikatserteilung als Akt der gebundenen Verwaltung, insbesondere wenn die Rechtsbeständigkeit des Grundpatents bereits in kontradiktorischem Verfahren bestätigt wurde (Rn 167 f), die unterschiedlichen Erteilungsdauern, da andernfalls der Schutz von der Arbeitsgeschwindigkeit des Patentamts abhinge (Rn 169) und die Möglichkeit der Akteneinsicht als Grundlage einer Prüfung der Erteilbarkeit durch den Dritten (Rn 174 ff).
21 Nach RL DPMA S. 3/16 [3] sollen innerhalb von 8 Monaten ab Zertifikatsanmeldung Erteilungsbeschluss oder Zwischenbescheid zugestellt und, sofern möglich, die Entscheidung über die Zertifikatserteilung spätestens 5 Jahre vor Patentablauf getroffen werden. Nach RL UK IPO [SPM 10.04, 10.04.1] soll die Zertifikatsanmeldung beschleunigt geprüft werden, falls das Grundpatent bereits erloschen ist oder demnächst erlischt. Der Anmelder kann eine beschleunigte Prüfung beantragen, muss diesen Antrag aber begründen. Die Erteilung darf aber auch dann frühestens 3 Monate nach Publikation der Zertifikatsanmeldung erfolgen, um Dritten die Möglichkeit zu Einwendungen zu geben.
22 Nach § 140 S. 1 PatG kann die Verhandlung bis zur Erteilungsentscheidung ausgesetzt werden, wenn vor Erteilung Rechte aus einer Anmeldung gerichtlich geltend gemacht werden und es für die Entscheidung darauf ankommt, dass ein Anspruch nach § 33 I PatG besteht.
23 Brückner Art. 9 Rn 25 ff.

still effective on the expiry date of the basic patent.[16] Wether the basic patent was licensed, applying for, and in case of the grant, maintaining of an SPC will be the obligation of the SPC holder.[17] If in doubt, uses authorised during the SPC term are also allowed to the licensee.[18] Later transfers of or licences to the SPC do not affect licences granted previously to third parties, Sec. 15(3) PatG (succession protection).[19]

III. Effects of an SPC application

It is not clear so far which rights the SPC applicant can use, if the SPC has not been granted before the expiry of the basic patent.[20] German and UK IPO recognise this problem and try to prevent it by an early or accelerated grant.[21] 7

An injunction in accordance with Sec. 139(1) PatG presupposes a granted SPC and, therefore, might not be relevant. The applicability of Sec. 33 PatG to SPCs is doubtful because there is no (direct) reference in Sec. 16a(2) PatG, but maybe possible because of the reference in Sec. 16a(2), 140(1) PatG.[22] 8

However, it does not help the SPC holder interested primarily in the cease-and-desist order. It could be preferable here perhaps to apply for an interlocutory injunction on the expectant right of the SPC holder. After all the grant of an SPC – if all conditions are met – is a mandatory act. The urgency can result from particularities about medicinal products, in particular from an imminent price decline. 9

The acquisition of intervening rights by the third party pursuant to Sec. 16a(2), 123 V PatG seems excluded because the grant of an SPC after patent expiry is not a revival of protection after reinstatement of rights, and the publication of the SPC application pursuant to Art. 9(2) MPR excludes good faith.[23] 10

15 Benkard/Grabinski EPÜ Art. 63 Rn 86: But the contrary can be agreed upon in a contract.
16 Busse/Hacker Anh § 16 a Rn 89 who additionaly pointed out, that that an extension of t e protection is normally not a disruption of the equivalence.
17 So Brückner Art. 6 Rn 26 ff at least for exclusive licenses.
18 Benkard/Grabinski § 16 a Rn 39; Benkard/Grabinski EPÜ Art. 63 Rn 86; Busse/Hacker Anh § 16 a Rn 89.
19 Benkard/Grabinski EPÜ Art. 63 Rn 86.
20 Cf. also Brückner Art. 5 Rn 152 ff: Against an SPC-like protection argue the missing grant (Rn 159), the missing opportunity of third parties to proceed against the application (Rn 162 f, but third party observations) and the alleged possibility of abusively late filed applications (Rn 165 f, but lime limits under Art. 7 MPR). In favour of an SPC-like protection argue the grant of an SPC as an act of tied authority, in particular if validity of the patent was confirmed in contradictory procedures (Rn 167 f), different times required for granting because otherwise the protection would depend on the working speed of the PTOs (Rn 169) and an opportunity of file inspection as a basis for a grantability check by third parties (Rn 174 ff).
21 According to RL DPMA p. 3/16 [3] a decision on grant or an interim notification shall be served within 8 months of the SPC application date and if possible a decision on the SPC grant should be taken at latest 5 years before the patent expiry. According to MPP UK IPO [SPM 10.04, 10.04.1] the SPC application must be examined accelerated if the basic patent has already expired or will expire soon. The applicant can file a request for an accelerated examination, but he has to give reasons. Even if the application is found to be grantable, grant will not occur until at least three months has elapsed from the SPC application publication date of to allow for third-party observations.
22 Under Sec. 140(1) PatG the court may order that the proceedings be stayed until a decision on grant of the patent is rendered, if, prior to the grant of the patent, rights based on an application, are asserted in court proceedings, and if deciding the lawsuit depends on whether there is a claim under Sec. 33(1) PatG.
23 Brückner Art. 9 Rn 25 ff.

Artikel 6 Recht auf das Zertifikat

Das Recht auf das Zertifikat steht dem Inhaber des Grundpatents oder seinem Rechtsnachfolger zu.

I. Einführung

1 Art. 6 AMV regelt die materiell-rechtliche Zuordnung des Rechts auf das Zertifikat.[1] Danach steht dieses Recht demjenigen zu, der (bei Zertifikatserteilung)[2] Inhaber des Grundpatents (oder dessen Rechtsnachfolger) ist, nicht jedoch dem personenverschiedenen Zulassungsinhaber[3] bzw. Lizenznehmer.[4] Sind Patent- und Zulassungsinhaber verschiedene Personen, so darf die Zertifikatsanmeldung nicht allein deshalb zurückgewiesen werden, weil der Patentinhaber keine Zulassungskopie vorlegen kann.[5] Wechselt der Patentinhaber vor Zertifikatserteilung, so ist das Zertifikat dem neuen Inhaber zu erteilen. Ist das Zertifikat erteilt, ist ein Wechsel der Inhaberschaft am Grundpatent ohne Einfluss auf die Inhaberschaft am Zertifikat.[6] Der Zertifikatsanmelder muss nicht selbst Zulassungsinhaber sein.[7] Dies wird teilweise kritisiert,[8] ist aber wegen des klaren Wortlauts von Art. 6 AMV hinzunehmen.

1 Vgl. Schennen S. 60 [Art. 6 Anm 1].
2 Kühnen FS 50 Jahre BPatG 2011, 361, 365 [II.2.b].
3 Busse/Hacker Anh § 16 a Rn 91; Brückner Art. 6 Rn 1; Benkard/Grabinski EPÜ Art. 63 Rn 87.
4 Schennen S. 60 [Art. 6 Anm 4c]; Busse/Hacker Anh § 16 a Rn 91.
5 C-181/95 [LS 3, Rn 47] – Biogen; anders noch: Schennen S. 61 [Art. 6 Anm 5] unter Hinweis auf den (von ihm behaupteten) Zweck der AMV den Zeitaufwand bis zur Zulassung nur demjenigen zu ersetzen, der diesen tatsächlich gehabt hat. Eine vertragliche Verpflichtung zur Herausgabe einer Zulassungskopie ist möglich, RL UK IPO [SPM 6.02]; fallen Grundpatent- und Zulassungsinhaberschaft auseinander, kann der Zertifikatsinhaber dem Zulassungsinhaber die Benutzung des zertifikatsgeschützten Erzeugnisses untersagen. Der Zertifikatsinhaber ist aber – bei Fehlen einer eigenen Zulassung – ebenfalls daran gehindert, Benkard/Grabinski EPÜ Art. 63 Rn 87.
6 Busse/Hacker Anh § 16 a Rn 91; Schennen S. 60 [Art. 6 Anm 4a]; Mühlens Mitt 1993, 213, 216 [4.].
7 Vgl. C-181/95 [LS 3, Rn 45] – Biogen; RL UK IPO [SPM 6.03] unter Hinweis auf [2012] EWHC 2290 (Pat) – Eli Lilly v. HGS; vgl. zur Frage, ob eine Laufzeitverlängerung aufgrund fremder pädiatrischer Studien möglich ist, Brückner/von Czettritz, Mitt 2012, 256 ff, die zu dem Schluss kommen, dass der Wortlaut der PädV dies zwar nicht ausschließe, teleologische Aspekte aber dafür sprächen, dass eine Laufzeitverlängerung nur demjenigen gewährt werden könne, der die pädiatrischen Studien selbst durchgeführt hat.
8 Vgl. Brückner Art. 6 Rn 41 ff: Passive Zertifikate – also Zertifikate, deren Inhaber selbst nicht Zulassungsinhaber ist – können nur dazu eingesetzt werden, Lizenzgebühren vom Zulassungsinhaber zu fordern oder ihm die Benutzung des zertifikatsgeschützten Erzeugnisses zu untersagen [Rn 57]. Dies kann der Inhaber passiver Zertifikate aber nur, weil derjenige, von dem er nun Lizenzen oder Unterlassung fordert, eine teure und zeitaufwändige Zulassung erlangt hat [Rn 58]. Die Lizenzforderung verringert jedoch die Amortisationsmöglichkeit [Rn 66] und widerspricht daher der Intention der AMV [Rn 63]. Dagegen ließe sich allerdings anführen, dass einlizenzierte passive Zertifikate das Risiko eines Exklusivitätsverlustes nach negativem Ausgang einer Nichtigkeitsklage verringern und daher auch amortisationsfördernd sein können. Zu hohen Lizenzforderungen und Unterlassungsklagen kann ggf. mit Mitteln der Zwangslizenz begegnet werden.

Article 6 Entitlement to the certificate

The certificate shall be granted to the holder of the basic patent or his successor in title.

I. Introduction

Art. 6 MPR regulates the entitlement to the SPC.[1] An SPC will be granted to whoever holds the basic patent (at the time of grant of the SPC),[2] but not to a different authorisation holder[3] or licensee.[4] If the patent and authorisation holder are different, an SPC application cannot be rejected just because the patent holder cannot provide copies of the authorisation certificate.[5] If the patent holder changes before the grant of the SPC, the SPC must be granted to the new holder. Changes in basic patent ownership do not affect SPC ownership, if the SPC was already granted.[6] The SPC applicant need not be the authorisation holder.[7] This point of view is partly criticized,[8] but follows from the clear wording of Art 6 MPR. 1

1 Cf. Schennen p. 60 [Art. 6 Anm 1].
2 Kühnen FS 50 Jahre BPatG 2011, 361, 365 [II.2.b].
3 Busse/Hacker Anh § 16 a Rn 91; Brückner Art. 6 Rn 1; Benkard/Grabinski EPÜ Art. 63 Rn 87.
4 Schennen p. 60 [Art. 6 Anm 4c]; Busse/Hacker Anh § 16 a Rn 91.
5 C-181/95 – Biogen [LS 3, para. 47]; different: Schennen p. 61 [Art. 6 Anm 5] with reference to a (supposed) purpose of the MPR to reimburse authorisation costs only to those, who really expend it. A contractual obligation to provide a copy of the authorisation documents seems possible, MPP UK IPO [SPM 6.02]; the SPC holder can prohibit the use of the SPC protected product by the authorisation holder, but the SPC holder is – in the absence of an own authorisation – also prevented from selling the product, Benkard/Grabinski EPÜ Art. 63 Rn 87.
6 Busse/Hacker Anh § 16 a Rn 91; Schennen p. 60 [Art. 6 Anm 4a]; Mühlens Mitt 1993, 213, 216 [4.].
7 Cf. C-181/95 [LS 3, para. 45] – Biogen; MPP UK IPO [SPM 6.03] with reference to [2012] EWHC 2290 (Pat) – Eli Lilly v. HGS; cf. as to the question, if a duration extension is possible based on third party pediatric studies: Brückner/von Czettritz, Mitt 2012, 256 ff came to the conclusion, that the wording of the PedR does not exclude this interpretation, but teleological interpretation speaks in favour of granting duration extensions only to those, who performed the pediatric studies.
8 Cf. Brückner Art. 6 Rn 41 ff: Passive SPCs (SPCs whose holder is not the authorisation holder) – can only be used to ask for royalties from the authorization holder or to prohibit him from using the SPC protected products [Rn 57]. But this is only possible, because the one who is now asked for royalties or cease and desist performed an expensive and time-consuming authorisation process [Rn 58]. The royalty fee reduces the amortisation opportunity [Rn 66] and could so contradict the purpose of the MPR [Rn 63]. In contrast, however, it could be argued that in-licensed passive SPCs can also reduce the risk of losing exclusivity after a lost nullity action and can thus also be amortisation supporting. To extensive royalty demands and injunctions can possibly be addressed by means of a compulsory license.

2 Haben **mehrere Inhaber** unterschiedlicher Patente, Zertifikate für dasselbe Erzeugnis angemeldet, so kann jedem ein Zertifikat erteilt werden, Art. 3 II 2, EG 17 PMV.[9] Einem Anmelder dürfen zwar mehrere Patente, nicht jedoch mehrere Zertifikate für dasselbe Erzeugnis erteilt werden, Art. 3 II 1, EG 17 PMV.[10] Mehrere auf das gleiche Erzeugnis gerichtete Zertifikate können daher nur nach Erteilung in einer Person vereinigt werden.[11] Sind mehrere Personen gemeinschaftlich Inhaber desselben Grundpatents, so steht ihnen das Zertifikat gemeinschaftlich zu, §§ 16 a II, 6 S. 2 PatG. Ob konzernrechtlich verbundene Gesellschaften als ein Inhaber angesehen werden müssen, obwohl es sich um unterschiedliche juristische Personen handelt, ist noch nicht gerichtlich geklärt.[12]

3 Die AMV regelt nicht, wie der materiell Berechtigte gegen den zu Unrecht als Grundpatent- oder Zertifikatsinhaber Eingetragenen vorgehen kann. § 16 a II PatG erklärt die Ansprüche des besser Berechtigten nach §§ 7, 8 PatG auch auf das Zertifikat für entsprechend anwendbar.[13] Möchte der **Vindikationsberechtigte** das Zertifikat anmelden, so muss er zuvor das Grundpatent nach § 8 PatG vindizieren.[14] Er kann vor seiner Eintragung in das Patentregister das Recht auf das Zertifikat nicht geltend machen, § 30 III 2 PatG.[15] Führt der Vindikationsanspruch nach § 8 PatG zur Übertragung des Patents, so kann das Zertifikat mitvindiziert werden, um ein Auseinanderfallen von materieller und formeller Berechtigung zu vermeiden.[16]

II. Anmeldeberechtigung

4 Vom materiellen Recht auf das Zertifikat ist die formelle **Anmeldeberechtigung** zu unterscheiden.[17] Eine Regelung, wer das Zertifikat anmelden darf, wird in Art. 6 AMV nicht getroffen.[18] In Deutschland darf nach § 49 a I 1 PatG wohl nur der im Register als Patentinhaber Eingetragene (und dessen Rechtsnachfolger) die Zertifikatsanmeldung beantragen,[19] nicht jedoch Lizenznehmer oder Zulassungsinhaber.[20] Der Registereintrag ist aber nicht konstitutiv, sondern deklaratorisch und hat lediglich formelle Legitimationswirkung. Nach

9 C-181/95 [LS 1, Rn 30] – Biogen; C-482/07 [LS, Rn 43] – AHP Manufacturing.

10 Nach Busse/Hacker Anh § 16 a Rn 45 gilt dies nicht für vor dem 8. Februar 1997 erteilte Zertifikate, da Art. 3 II, EG 17 PMV erst an diesem Datum an in Kraft getreten ist, vgl. auch Schennen GRUR Int 1996, 102, 105 [I.5.a]; Benkard/Grabinski § 16 a Rn 28.

11 Kühnen FS 50 Jahre BPatG 2011, 361, 366 [II.2.c]; Brückner Art. 6 Rn 12 f.

12 Zustimmend wohl Morzé/Hanna JPTOS 1995, 479, 486 [1.c.3]; ablehnend: Kühnen FS 50 Jahre BPatG 2011, 361, 336 [II.2.c].

13 Busse/Hacker Anh § 16 a Rn 92 unter Hinweis auf Begr PatGÄndG PMZ 1993, 205, 208 [C.2.a]; Benkard/Grabinski EPÜ Art. 63 Rn 87.

14 Benkard/Grabinski EPÜ Art. 63 Rn 87. Wie § 8 S. 2, 3 PatG auf die Vindikation eines bereits erteilten Zertifikats angewendet werden kann, wurde gerichtlich noch nicht geklärt. Insbesondere der Fristbeginn nach § 8 S. 3 PatG ist fraglich. Für einen erneuten Fristbeginn mit Veröffentlichung der Zertifikatserteilung spricht die Ausgestaltung des Zertifikats als eigenständiges Schutzrecht und dass in den wohl häufigen Fällen, in denen die Zulassung mehr als zwei Jahre nach Patenterteilung erfolgt, eine Zertifikatsvindikation ausgeschlossen wäre, dagegen jedoch der Schutz des gutgläubigen Grundpatenterwerbers (vgl. § 8 S. 5 PatG).

15 Brändel GRUR 2001, 875, 878 [I.2.d]; Benkard/Grabinski § 16 a Rn 40; Brückner Art. 6 Rn 15.

16 Schennen S. 60 [Art. 6 Anm 3]: „das Zertifikat"; Brändel GRUR 2001, 875, 878 [I.2.d]: „der Anspruch auf Erteilung des Zertifikats"; vgl. auch Kraßer S. 581 [§ 26 A. II. b. 2].

17 Vgl. Benkard/Grabinski § 16 a Rn 40.

18 RL UK IPO [SPM 6.01]: "Article 6 does not prevent an application from being lodged by a person other than the proprietor of the basic patent. However, irrespective of who lodged the application, the certificate can be granted only to the person registered at the time of grant as the proprietor of the basic patent."; vgl. auch Wright S. 387, 398 [Art. 6 Anm 1]; aA RL DPMA S. 6/16 [3.2.4]: Gemäß Art. 6 AMV kann die Zertifikatsanmeldung nur durch den Inhaber des Grundpatents oder seinen Rechtsnachfolger erfolgen, da nur diesen das Recht auf das Zertifikat zusteht.

19 RL DPMA S. 6/16 [3.2.4]; Mes § 49 a Rn 8; Benkard/Grabinski § 16 a Rn 40; Benkard/Grabinski EPÜ Art. 63 Rn 87; Schulte/Schell § 16 a Rn 43; Wickenhöfer in Fitzner/Lutz/Bodewig § 49 a Rn 12.

20 So aber Schulte/Kühnen 8. Aufl. § 16 a Rn 20, § 49 a Rn 7: für den Fall der Vertretung des Patentinhabers durch den Lizenznehmer oder Zulassungsinhaber.

If **several basic patent holders** have applied for SPCs for the same product, one SPC can be granted to all of them, Art. 3(2)(2), R 17 PPR.[9] Although several patents can be granted to one applicant, this is not so for several SPCs on the same product, Art. 3(2)(1), R 17 PPR.[10] Several SPCs directed to the same product, therefore, can only be united in one hand after grant.[11] If several companies or people jointly hold the same basic patent, they are also jointly entitled to the SPC, Sec. 16a(2), 6(2) PatG. Whether different but affiliated enterprises of the same corporate group are to be considered one patent holder – though they are different legal entities – has not been clarified in court.[12] 2

The MPR does not regulate how the substantive entitled person can proceed against companies or people wrongfully registered as basic patent or SPC holders. Sec. 16a(2) PatG declares claims of better-entitled companies or people according to Sec. 7, 8 PatG applicable to SPCs mutatis mutandis.[13] If a **vindication-entitled person** would like to apply for an SPC, first he must vindicate the basic patent in accordance with Sec. 8 PatG.[14] He cannot insist on his right to an SPC so long as the change has not been recorded in the patent register, Sec. 30(3)(2) PatG.[15] If the vindicatory claim under Sec. 8 PatG leads to a patent transfer, the SPC can also be claimed to avoid the separation of formal and substantive right.[16] 3

II. The Right to file an application

Distinction must be made between the substantive right to the SPC and the formal **right to file an SPC application.**[17] Art. 6 MPR does not state who might apply for an SPC.[18] In Germany only a person recorded in the register as a patent holder (or his successors), but not a licensee or authorisation holder,[19] might file an SPC application.[20] The entry in the register is, however, not constitutive, but declaratory, and has merely formal legitimation effect. In accordance with Sec. 16a(2), 7(1) PatG a person entered in the register as a patent holder is 4

9 C-181/95 – Biogen [LS 1, para. 30]; C-482/07 – AHP [LS, para. 43].

10 According to Busse/Hacker Anh § 16 a Rn 45 this is not true for SPCs granted before February 8, 1997, as Art. 3(2), R 17 PPR entered into force on this date, cf. also Schennen GRUR Int 1996, 102, 105 [I.5.a]; Benkard/Grabinski § 16 a Rn 28.

11 Kühnen FS 50 Jahre BPatG 2011, 361, 366 [II.2.c]; Brückner Art. 6 Rn 12 f.

12 Probably agreeing: Morzé/Hanna JPTOS 1995, 479, 486 [1.c.3]; dissenting: Kühnen FS 50 Jahre BPatG 2011, 361, 336 [II.2.c].

13 Busse/Hacker Anh § 16 a Rn 92 with reference to Begr PatGÄndG PMZ 1993, 205, 208 [C.2.a]; Benkard/Grabinski EPÜ Art. 63 Rn 87.

14 Benkard/Grabinski EPÜ Art. 63 Rn 87. How Sec. 8(2), (3) PatG can be applied to the vindication of an already granted SPC, was not clarified yet by a court. In particular, the beginning of the period according to Sec. 8(3) PatG is questionable. The arrangement of an SPC as a right sui generis speaks for a new start of this period at the date of the publication of the SPC grant, as well as that in the numerous cases in which authorisation takes place more than 2 years after the basic patent grant the vindication would be otherwise excluded. However, the protection of the bona fide basic patent acquirer speaks against it (cf. Sec. 8(5) PatG).

15 Brändel GRUR 2001, 875, 878 [I.2.d]; Benkard/Grabinski § 16 a Rn 40; Brückner Art. 6 Rn 15.

16 Schennen p. 60 [Art. 6 Anm 3]: there "the SPC"; Brändel GRUR 2001, 875, 878 [I.2.d]: there "claim to the SPC"; cf. also Kraßer p. 581 [§ 26 A. II. b. 2].

17 Cf. Benkard/Grabinski § 16 a Rn 40.

18 MPP UK IPO [SPM 6.01]: "Art. 6 does not prevent an application from being lodged by a person other then the proprietor of the basic patent. However, irrespective of who lodged the application, the SCP can be granted only to the person registered at the time of grant as the proprietor of the basic patent."; cf. also Wright p. 387, 398 [Art. 6 Anm 1]; different: RL DPMA p. 6/16 [3.2.4]: According to Art. 6 MPR only the basic patent holder or his successor in title can file the SPC application, because only he is entitled to the SPC.

19 But so Schulte/Kühnen 8th ed. § 16 a Rn 20, § 49 a Rn 7: in the case of the representation of the patent holder by the licensee or the authorisation holder.

20 RL DPMA p. 6/16 [3.2.4]; Mes § 49 a Rn 8; Benkard/Grabinski § 16 a Rn 40; Benkard/Grabinski EPÜ Art. 63 Rn 87; Schulte/Schell § 16 a Rn 43; Wickenhöfer in Fitzner/Lutz/Bodewig § 49 a Rn 12.

§§ 16 a II, 7 I PatG gilt der als Patentinhaber im Register Eingetragene im Zertifikatserteilungsverfahren selbst dann als zur Anmeldung berechtigt, wenn er materiellrechtlich nicht Patentinhaber ist.

5 Sind mehrere Patentinhaber im Register eingetragen, so wird sich die Anmeldeberechtigung nach dem zugrunde liegenden Rechtsverhältnis (Gesellschaft, §§ 705 ff BGB, oder Gemeinschaft, §§ 741 ff BGB) richten. In diesen Fällen empfiehlt es sich, das Zertifikat gemeinsam anzumelden[21] oder der Anmeldung eine Vollmacht der anderen Patentinhaber beizufügen.

6 In **Großbritannien** dürfen auch Dritte ein Zertifikat anmelden. Das UK IPO informiert dann den Patentinhaber und bittet um Stellungnahme.[22] Beide Verfahrensweisen haben Vor- und Nachteile. Nach den deutschen Prüfungsrichtlinien wäre eine Zertifikatsanmeldung eines Lizenznehmers nicht fristwahrend, es sei denn, er handelt in Vertretung des Patentinhabers. Nach den britischen Prüfungsrichtlinien scheinen auch Dritte, die mit dem Patentinhaber nicht in vertraglichen Beziehungen stehen, die Möglichkeit zur Zertifikatsanmeldung – für den Patentinhaber – zu haben. Da der nicht vertraglich gebundene Dritte jederzeit (bspw. nach Fristablauf) die Möglichkeit hat, seine Anmeldung wieder zurückzuziehen, sollte sich der Patentinhaber nicht auf eine Stellungnahme zur fremden Anmeldung beschränken, sondern fristgerecht selbst anmelden. Als Anmelder kann er das Erteilungsverfahren (bspw. die Bezeichnung des zertifikatsgeschützten Erzeugnisses) besser beeinflussen. Auch wird das UK IPO – falls die Erteilungsvoraussetzungen vorliegen – das Zertifikat vorrangig auf die Anmeldung des Patentinhabers erteilen und die Prüfung der Drittanmeldung bis zur rechtskräftigen Entscheidung der Zertifikatsanmeldung des Patentinhabers zurückstellen müssen. Der Dritte wäre aber auch in diesem Verfahren zu Einwendungen befugt.[23]

7 Wird das Grundpatent vor der Zertifikatserteilung **übertragen**, so geht auch das Recht auf das Zertifikat über.[24] Die Frage, ob das Recht auf das Zertifikat unabhängig vom Grundpatent übertragbar ist, ist streitig.[25] Für eine unabhängige Übertragbarkeit sprechen vor allem ein vergleichbarer Wortlaut von Art. 6 AMV und § 6 PatG,[26] der Verweis von § 16 a II PatG auch auf § 15 I 2 PatG[27] und die andernfalls überflüssige Nennung des Rechtsnachfolgers in Art. 6 AMV.[28]

21 Vgl. Brückner Art. 6 Rn 34.
22 RL UK IPO [SPM 6.01].
23 RL UK IPO [SPM 10.06; 10.05].
24 Schennen S. 60 [Art. 6 Anm 4a].
25 Verneinend: Busse/Keukenschrijver § 15 Rn 3; Benkard/Ullmann (9. Aufl.) § 16 a Rn 13; bejahend: Benkard/Grabinski § 16 a Rn 40; Benkard/Grabinski EPÜ Art. 63 Rn 87; Busse/Hacker Anh § 16 a Rn 91; Brändel GRUR 2001, 875, 878 [I.2.d]; Kraßer S. 580 f [§ 26 A. II. b. 2].
26 Busse/Hacker Anh § 16 a Rn 91.
27 Brändel GRUR 2001, 875, 878 [I.2.d].
28 Kraßer S. 580 f [§ 26 A. II. b. 2]: weil die Erwähnung des Rechtsnachfolgers überflüssig wäre, wenn das Recht nur zusammen mit dem Grundpatent übertragbar wäre.

considered a person entitled to apply for an SPC although he is not a patent holder in the view of substantive patent law.

If several patent holders are entered in the register, the right to the application will be determined by the underlying legal relationship (partnership, Sec. 705 ff BGB or co-ownership, Sec. 741 ff BGB), therefore, it is recommended to apply for an SPC jointly[21] or to enclose with the application a power of attorney granted by other patent holders. 5

In **Great Britain** also a third party might apply for an SPC. The UK IPO then informs the patent holder and asks for an opinion.[22] Both methods have advantages and disadvantages. Pursuant to the German examination guidelines an SPC application of a licensee would not be appropriate unless he represents the patent holder. According to the British examination guidelines, a third party – although not contractually linked with the patent holder – seems to have the right to apply for an SPC for patent holder's benefit. However, as such a third party can withdraw the application at any time (for exampel, after expiry of the application deadline), the patent holder should not only give an opinion on this external application, but must apply himself at the appropriate time. Therefore, the applicant can better influence the grant procedure (for example, designation of the product). The UK IPO – if the grant conditions are met – should grant an SPC on the patent holder's application first, while postponing examination of the third party's applications until a final decision on the patent holder's SPC application. But the third party can file observations in this procedure, too.[23] 6

If the basic patent is **transferred** before the SPC grant, the right to the SPC is also transferred.[24] The question whether the right to the SPC can be transferred independent of the basic patent is controversial.[25] A similar wording of Art. 6 MPR and Sec. 6 PatG,[26] reference in Sec. 16a(2) PatG also to Sec. 15(1)(2) PatG[27] and the otherwise redundant mention of the successor in Art. 6 MPR[28] provide a reason for an independent transferability. 7

21 Cf. Brückner Art. 6 Rn 34.
22 MPP UK IPO [SPM 6.01].
23 MPP UK IPO [SPM 10.06; 10.05].
24 Schennen p. 60 [Art. 6 Anm 4a].
25 Dissenting: Busse/Keukenschrijver § 15 Rn 3; Benkard/Ullmann (9th edition) § 16 a Rn 13; agreeing: Benkard/Grabinski § 16 a Rn 40; Benkard/Grabinski EPÜ Art. 63 Rn 87; Busse/Hacker Anh § 16 a Rn 91; Brändel GRUR 2001, 875, 878 [I.2.d]; Kraßer p. 580 f [§ 26 A. II. b. 2].
26 Busse/Hacker Anh § 16 a Rn 91.
27 Brändel GRUR 2001, 875, 878 [I.2.d].
28 Kraßer p. 580 f [§ 26 A. II. b. 2]: because the mention of the successor would be redundant if this right could only be transferred together with the basic patent.

Artikel 7 Anmeldung des Zertifikats

(1) Die Anmeldung des Zertifikats muss innerhalb einer Frist von sechs Monaten, gerechnet ab dem Zeitpunkt, zu dem für das Erzeugnis als Arzneimittel die Genehmigung für das Inverkehrbringen nach Artikel 3 Buchstabe b erteilt wurde, eingereicht werden.

(2) Ungeachtet des Absatzes 1 muss die Anmeldung des Zertifikats dann, wenn die Genehmigung für das Inverkehrbringen vor der Erteilung des Grundpatents erfolgt, innerhalb einer Frist von sechs Monaten nach dem Zeitpunkt der Erteilung des Patents eingereicht werden.

(3) Der Antrag auf Verlängerung der Laufzeit kann gestellt werden, wenn ein Zertifikat angemeldet wird oder die Anmeldung des Zertifikats im Gange ist und die entsprechenden Anforderungen von Artikel 8 Absatz 1 Buchstabe d bzw. Artikel 8 Absatz 2 erfüllt sind.

(4) Der Antrag auf Verlängerung der Laufzeit eines bereits erteilten Zertifikats ist spätestens zwei Jahre vor Ablauf des Zertifikats zu stellen.

(5) Unbeschadet des Absatzes 4 ist für die Dauer von fünf Jahren nach Inkrafttreten der Verordnung (EG) Nr. 1901/2006 der Antrag auf Verlängerung der Laufzeit eines bereits erteilten Zertifikats spätestens sechs Monate vor Ablauf des Zertifikats zu stellen.

I. Einführung

1 Art. 7 AMV regelt die Fristen zur Einreichung der Zertifikatsanmeldung (Art. 7 I, II AMV) und zur Stellung des Verlängerungsantrags (Art. 7 III–V AMV).

Die Frist zur Zertifikatsanmeldung beginnt mit Erteilung der Zulassung bzw. des Grundpatents, je nachdem, welches Ereignis später eintritt (Art. 7 I, II AMV).[1] Eine Zertifikatsanmeldung vor Zulassungs- und Patenterteilung ist nicht möglich, weil dies dem Wortlaut von Art. 7 I, II AMV („innerhalb einer Frist“) widerspricht und die Anmeldung mangels Vorliegens der Voraussetzungen von Art. 3 AMV („zum Zeitpunkt der Anmeldung“) zurückgewiesen werden muss.[2]

2 Die Frist zur Einreichung der Zertifikatsanmeldung beträgt 6 Monate (Art. 7 I, II AMV) und berechnet sich in Deutschland nach §§ 16 a II, 99 PatG iVm §§ 222 ZPO, 187 I, 188 II 1, III BGB.[3] Diese Frist kann sich aufgrund Art. 3 a AMV („zum Zeitpunkt der Anmeldung … in Kraft befindliches Grundpatent“) verkürzen,[4] wenn bspw. das Grundpatent vor dem berechneten Fristende abläuft.[5] In einigen Mitgliedstaaten scheint aber auch eine Verlängerung der

1 Eine Ausnahme hierzu war in Art. 19 II VO 1768/92 (vgl. RL UK IPO [SPM 7.01]) geregelt, wonach Zertifikatsanmeldungen abweichend von Art. 7 bis zu 6 Monate nach Inkrafttreten der Verordnung (in Abhängigkeit vom Vorliegen einer Erstzulassung nach dem in Art. 19 I AMV länderspezifisch geregelten Stichtag) möglich waren. Für Bulgarien, die Tschechische Republik, Estland, Zypern, Lettland, Litauen, Ungarn, Malta, Polen, Rumänien, Slowenien und die Slowakei finden sich abweichende Regelungen immer noch in Art. 20 AMV.

2 Vgl. Busse/Hacker Anh § 16 a Rn 98; aA Schennen S. 63 [Art. 7 Anm 8] wonach das DPMA dem Anmelder – um Gebühren für die Neuanmeldung zu sparen – Gelegenheit geben solle, mit der Weiterführung des Erteilungsverfahrens so lange zu warten, bis Erteilung vorläge. Dies sei unbedenklich, da Art. 7 AMV eine Anmeldung vor Fristbeginn nicht verbiete; zustimmend: Brückner Art. 7 Rn 4, 79. Mittlerweile (für Pflanzenschutzmittel) vom EuGH anders entschieden: C-210/12 [LS 2, Rn 45] – Clothianidin, wonach Art. 3 I b und Art. 7 I PMV einer Zertifikatsanmeldung vor Zulassungserteilung entgegenstehen.

3 Busse/Hacker Anh § 16 a Rn 99.

4 Ob der Ablauf einer (pflanzenschutzmittelrechtlichen Not-) Zulassung zu einer Verkürzung der Anmeldefrist führen kann, war ebenfalls Gegenstand des Vorabentscheidungsersuchens C-210/12 – Clothianidin. Der EuGH entschied, dass eine Notzulassung mangels Gleichwertigkeitszusammenhangs keine Zulassung iSv Art. 3 I b PMV ist. Da durch eine solche (Not-) Zulassung die Frist des Art. 7 I PMV nicht ausgelöst wurde, brauchte die Frage, nach einer Verkürzung nicht mehr beantwortet zu werden, C-210/12 [LS 1, Rn 35, 38 f]; vgl. hierzu auch Busse/Hacker Anh § 16 a Rn 177, 183, 187 und 190.

5 Schennen S. 61 [Art. 7 Anm 2]; Busse/Hacker Anh § 16 a Rn 97; Brückner Art. 7 Rn 20.

Article 7 Application for a certificate

1. The application for a certificate shall be lodged within six months of the date on which the authorisation referred to in Article 3(b) to place the product on the market as a medicinal product was granted.

2. Notwithstanding paragraph 1, where the authorisation to place the product on the market is granted before the basic patent is granted, the application for a certificate shall be lodged within six months of the date on which the patent is granted.

3. The application for an extension of the duration may be made when lodging the application for a certificate or when the application for the certificate is pending and the appropriate requirements of Article 8(1)(d) or Article 8(2), respectively, are fulfilled.

4. The application for an extension of the duration of a certificate already granted shall be lodged not later than two years before the expiry of the certificate.

5. Notwithstanding paragraph 4, for five years following the entry into force of Regulation (EC) No 1901/2006, the application for an extension of the duration of a certificate already granted shall be lodged not later than six months before the expiry of the certificate.

I. Introduction

Art. 7 MPR regulates the deadlines for lodging an SPC application (Art. 7(1), (2) MPR) and an application for an extension of the duration (Art. 7(3)–(5) MPR). 1

The period for lodging an SPC application starts with the grant of an authorisation or basic patent, whichever occurs later (Art. 7(1), (2) MPR).[1] Lodging an SPC application before authorisation and patent are granted is impossible because that contradicts the wording of Art. 7(1), (2) MPR ("within") and the SPC application must be rejected because of noncompliance with the conditions of Art. 3 MPR ("at the date of the application").[2]

The period for lodging the SPC application is 6 months (Art. 7(1), (2) MPR). It is calculated 2
in Germany pursuant to Sec. 16a(2), 99 PatG, 222 ZPO, 187(1), 188(2)(1), (3) BGB.[3] This period can be shortened[4] based on Art. 3(a) MPR ("at the date of the application ... by a basic patent in force"), if, for example, the basic patent expires before the end of the calculated deadline.[5] An extension of the filing deadline seems also possible in some Member Sta-

1 An exception hereto was provided for in Art. 19 II Reg. 1768/92 (cf. MPP UK IPO [SPM 7.01]) according to which SPC applications (deviating from Art. 7) were possible within 6 months after the entry into force of the Regulation (depending on the presence of a first authorisation in the Community (or AT, FI and SE) after a country-specific stipulated deadline according to Art. 19(1) MPR). In Art. 20 MPR there are specific provisions for Bulgaria, Czech Republic, Estonia, Cyprus, Latvia, Lithuania, Hungary, Malta, Poland, Romania, Slovenia and Slovakia.

2 Cf. Busse/Hacker Anh § 16 a Rn 98; dissenting: Schennen p. 63 [Art. 7 Anm 8] according to whom the German PTO considers – in order to save the fees for the re-application – to give the applicant an opportunity to pause the grant procedure until the grant of the basic patent occurs. This would be uncritical because Art. 7 MPR does not forbid the application before the beginning of the time limit; affirmative: Brückner Art. 7 Rn 4, 79. In the meantime (for plant protection products) decided otherwise by the ECJ: C-210/12 [LS 2, para. 45] – Clothianidin (Art. 3(1)(b), 7(1) PPR preclude an SPC application before the authorisation date) .

3 Busse/Hacker Anh § 16 a Rn 99.

4 Whether the expiry of an plant protection product emergency authorisation can lead to the reduction of the application period, was also subject of the request for a preliminary ruling C-210/12 – Clothianidin. The ECJ ruled that an emergency authorisation is not an authorisation within the meaning of Art. 3(1)(b) PPR due to a lack of functional equivalence. The question regarding the shortening of the Art. 7(1) PPR deadline was not necessary to answer, as this deadline was not triggered by such an (emergency) authorisation, C-210/12 [LS 1, para. 35, 38 f]; cf. also Busse/Hacker Anh § 16 a Rn 177, 183, 187 and 190.

5 Schennen p. 61 [Art. 7 Anm 2]; Busse/Hacker Anh § 16 a Rn 97; Brückner Art. 7 Rn 20.

Anmeldefrist möglich zu sein,[6] während in Deutschland bislang wohl nur eine Wiedereinsetzung in Frage kommt, §§ 16 a II, 123 PatG.[7]

3 Die Anmeldefrist ist gewahrt, wenn die Zertifikatsanmeldung rechtzeitig bei der nach Art. 9 I AMV zuständigen Behörde, in Deutschland beim DPMA eingereicht wird. Dies ist auch per Fax möglich.[8] Wann die Anmeldung als eingereicht gilt, richtet sich nach nationalem Recht, in Deutschland nach dem Zeitpunkt des tatsächlichen Zugangs.[9] Eine Entgegennahme durch ein Patentinformationszentrum ist ebenso wenig möglich[10] wie eine Einreichung beim EPA.[11] Weiterhin ist erforderlich, dass Person und Anschrift des Anmelders bekannt sind und aus den Umständen ersichtlich wird, dass es sich um eine Zertifikatsanmeldung,[12] ggf. auch um einen Laufzeitverlängerungsantrag handelt. Andernfalls könnte eine Aufforderung zur Mängelbeseitigung nach Art. 10 III AMV nicht zugestellt werden bzw. eine rechtliche Zuordnung zum Zertifikatserteilungsverfahren nicht erfolgen.[13] Alle übrigen in Art. 8 AMV geforderten Angaben sind im Mängelbeseitigungsverfahren nach Art. 10 III AMV nachholbar.[14] Die Einhaltung der Frist ist für jede Zertifikatsanmeldung gesondert zu prüfen.[15]

6 Vgl. für UK bspw. RL UK IPO [SPM 7.01], [SPM 19.11] und [2004] RPC 20 – Abbott (= BL O/302/02): It was held, that the six month deadline set out in Art. 7 is extendable under r.110 (1) of the Patent Rules 1995 (now r.108 (1) Patent Rules 2007), in accordance with the provisions of Art. 18 (EEC) No 1768/92. Eine derartige Verlängerung scheint aber nur unter bestimmten Umständen möglich zu sein (BL O/302/02 [Rn 49]): „However, … the six month period of Article 7 (1) may be extended at the comptroller's discretion under rule 110 (1) of the 1995 Rules when an application is filed late due to unforeseen circumstances and the applicant acts promptly to rectify the situation".

7 Busse/Hacker Anh § 16 a Rn 99; Brückner Art. 7 Rn 5; Wickenhöfer in Fitzner/Lutz/Bodewig § 49 a Rn 17.

8 Schennen S. 62 [Art. 7 Anm 6]; Da § 1 ERVDPMAV das Zertifikatsverfahren nicht nennt, ist die Einreichung elektronischer Dokumente in Deutschland nicht möglich, vgl. auch Brückner Art. 7 Rn 9 und Art. 9 Rn 7. Nach Auskunft des DPMA und des UK IPO Anfang Januar 2012 ist die Schaffung einer entsprechenden Möglichkeit in absehbarer Zeit nicht geplant.

9 Schennen S. 62 [Art. 7 Anm 6] unter Verweis auf BPatGE 17, 200; BGHZ 65, 10 und BVerfG PMZ 1990, 247.

10 RL DPMA S. 4/16 [3.2.1], MittPräs Nr. 4/06 PMZ 2006, 77 ff.

11 Busse/Hacker Anh § 16 a Rn 113; Brückner Art. 9 Rn 4; aA Schennen S. 62 [Art. 7 Anm 6] unter Verweis auf Art. 2 der Verwaltungsvereinbarung zwischen EPA und DPA, PMZ 1981, 278 und deren Änderung PMZ 1989, 373; Diese Vereinbarung wird aber nicht mehr angewandt (Mitteilung Nr. 23/05, PMZ 2005, 273).

12 Busse/Hacker Anh § 16 a Rn 100: Das Vorliegen der Pflichtangaben ist nach Hacker (noch) nicht erforderlich.

13 Schennen S. 62 [Art. 7 Anm 7]; Schennen hält bspw. einen Antrag „Für das Grundpatent X wird ein Zertifikat beantragt" für fristwahrend, wohl weil sich aus der zugehörigen Patentschrift unter Berücksichtigung von Art. 6 AMV die Identität des Anmelders ergibt; ein Blankoantrag wie bspw. „Der Anmelder X, Anschrift Y beantragt ein Zertifikat" dürfte hingegen kaum fristwahrend sein. Es muss entweder das Grundpatent, das Erzeugnis oder die Zulassung so (wenn auch fehlerhaft) angegeben sein, dass der zugrunde liegende Lebenssachverhalt erkennbar ist. Dem Anmelder darf es nicht möglich sein, erst im Mängelbeseitigungsverfahren zu entscheiden, welchen Sachverhalt er der Zertifikatsanmeldung zu Grunde legen möchte. Ein Austausch des Grundpatents (z.B. bei Widerruf oder Nichtigkeit), der Erstzulassung (z.B. falls sich eine andere Zulassung als Erstzulassung erweist) oder des Erzeugnisses (z.B. Salz oder Ester und freie Base; Wirkstoff und Wirkstoffzusammensetzung), sollte jedoch im Rahmen von Art. 10 III AMV vom Amt akzeptiert werden.

14 Schennen S. 62 [Art. 7 Anm 7].

15 BPatG vom 2. März 2000 15 W (pat) 23/99 [Rn 49] – Purin; Benkard/Grabinski § 16 a Rn 41; Benkard/Grabinski EPÜ Art. 63 Rn 88.

tes,[6] although in Germany only a reinstatement of rights is possible, Sec. 16a(2), 123 PatG.[7]

The filing deadline is met if the SPC application was filed with the authority competent according to Art. 9(1) MPR, in Germany, the German PTO. It is possible to do that by fax.[8] It is determined by national law at which moment the SPC application is considered lodged. In Germany it is after effective receipt.[9] A filing with a Patent Information Centre[10] or EPO[11] is impossible. Furthermore, the name and the address of the applicant must be known, and at least the circumstances should indicate that this is an SPC application[12] or an application for an extension of the duration. Otherwise, the request for rectification of irregularities under Art. 10(3) MPR could not be delivered or the legal classification as a procedure for grant of an SPC could not be made.[13] All other information mentioned by Art. 8 MPR can be competed or amended during the procedure for rectification of irregularities according to Art. 10(3) MPR.[14] Compliance with the deadlines will be examined for each SPC application separately.[15] 3

6 Cf. for UK e.g. MPP UK IPO [SPM 7.01], [SPM 19.11] and [2004] RPC 20 – Abbott (= BL O/302/02): It was held, that the six month deadline set out in Art. 7 is extendable under r.110(1) of the Patent Rules 1995 (now r.108(1) Patent Rules 2007), in accordance with the provisions of Art. 18 Reg. 1768/92. Such an extension seems possible only under certain conditions (BL O/302/02 [Rn 49]): "However, ... the six month period of Art. 7 (1) may be extended at the comptroller's discretion under rule 110(1) of the 1995 Rules when an application is filed late due to unforeseen circumstances and the applicant acts promptly to rectify the situation".

7 Busse/Hacker Anh § 16 a Rn 99; Brückner Art. 7 Rn 5; Wickenhöfer in Fitzner/Lutz/Bodewig § 49 a Rn 17.

8 Schennen p.62 [Art. 7 Anm 6]. As Sec. ERVDPMAV does not mention the SPC grant procedure, it is not possible to file elektronic documents in Germany, cf. also Brückner Art. 7 Rn 9 and Art. 9 Rn 7. It is not planned to provide such a possibility in the forseeable future According to a information by the German PTO and the UK IPO in January 2012.

9 Schennen p. 62 [Art. 7 Anm 6] with reference to BPatGE 17, 200; BGHZ 65, 10 and BVerfG PMZ 1990, 247.

10 RL DPMA p. 4/16 [3.2.1], MittPräs No. 4/06 PMZ 2006, 77 ff.

11 Busse/Hacker Anh § 16 a Rn 113; Brückner Art. 9 Rn 4; dissenting: Schennen p. 62 [Art. 7 Anm 6] with reference to Art. 2 of the EPO's administrative agreement with the German PO, PMZ 1981, 278 and its amendment PMZ 1989, 373. This administrative agreement is no longer in use (Notice No. 23/05, PMZ 2005, 273).

12 Busse/Hacker Anh § 16 a Rn 100: The presentation of the mandatory informations is not (yet) necessary according to Hacker.

13 Schennen p. 62 [Art. 7 Anm 7]. Schennen considers a request "an SPC is requested for patent X" as within the time limit, because the identity of the applicant arise from the related patent specification having regard to Art. 6 MPR. A blank request, like "Applicant X, address Y files a request for an SPC", may not be within the time limit. The basic patent, the product or the authorisation must be indicated (also if incorrect) so that the underlying facts are recognizable. It must be not possible for the applicant to decide only during the procedure for rectification of irregularities which circumstances he would like to take as a basis for his SPC application. A replacement of the basic patent (e.g., in case of revocation or invalidity), the first authorisation (e.g., if another authorisation turns out to be the first) or the product (e.g., salt or ester and free base; active ingredient and combination of active ingredients) might, however, be accepted by the PTO under Art. 10(3) MPR.

14 Schennen p. 62 [Art. 7 Anm 7].

15 FPC 15 W (pat) 23/99, March 2, 2000 [Rn 49] – Purin; Benkard/Grabinski § 16 a Rn 41; Benkard/Grabinski EPÜ Art. 63 Rn 88.

4 Die Nichteinhaltung der Frist führt zur Zurückweisung der Anmeldung. Wurde die Frist nicht eingehalten, ist aber auch eine Wiedereinsetzung unter den Voraussetzungen des §§ 16a II, 123 PatG möglich.[16] Allerdings konnte das Fehlen eines in Kraft befindlichen Grundpatents bei Zertifikatsanmeldung nicht im Wege der Wiedereinsetzung ersetzt werden, wenn im Verlaufe eines besonders langwierigen Zulassungsverfahrens die Zulassung (Art. 3 b) AMV) erst zu einem Zeitpunkt erteilt wird, in dem das Grundpatent bereits abgelaufen war, weil es sich hierbei nicht um eine dem Patentamt gegenüber einzuhaltende Frist, sondern um eine materiellrechtliche Erteilungsvoraussetzung gem. Art. 3 AMV handeln soll.[17]

II. Fristberechnung ab Zulassung

5 Nach Art. 7 I AMV muss die Zertifikatsanmeldung innerhalb einer Frist von 6 Monaten, gerechnet ab dem Zeitpunkt, zu dem für das Erzeugnis als Arzneimittel die Zulassung nach Art. 3 b AMV erteilt wurde, eingereicht werden.

6 Der Wortlaut von Art. 7 I AMV, insbesondere der Verweis auf Art. 3 b AMV scheint nahezulegen, dass die Fristberechnung von jeder beliebigen Zulassung des Erzeugnisses und nicht nur von seiner Erstzulassung zu berechnen sei und damit immer wieder neu beginnen könnte. Da dies nicht sein kann, ist der Verweis gedanklich um Art. 3 d AMV zu ergänzen. So ist sichergestellt, dass die Frist des Art. 7 I AMV nur ab Erstzulassung im Anmeldestaat[18] berechnet werden kann. Da die Frist des Art. 7 I AMV erzeugnis- und nicht anmelderbezogen verstanden wird,[19] müssen Patentinhaber, die Zertifikate auf fremde Zulassungen[20] anmelden wollen, Neuzulassungen überwachen.[21]

7 Das DPMA berechnet die Frist des Art. 7 I AMV ausgehend von dem aus dem Zulassungsbescheid ersichtlichen Ausstellungsdatum der Zulassung.[22] Auch das UK IPO berechnet diese Frist ausgehend vom Erteilungsdatum der Zulassung.[23]

16 BPatG vom 2. März 2000 15 W (pat) 23/99 [Rn 40] – Purin; RL DPMA S. 16/16 [5.2]; Schennen S. 62 [Art. 7 Anm 5]; Busse/Hacker Anh. § 16 a Rn 99, Rn 54, 55: für den Fall eines/einer Zulassungswiderruf/-rücknahme vor Zertifikatsanmeldung und abweichender Entscheidung nach Fristablauf (so auch Fitzner in Fitzner/Lutz/Bodewig § 16 a Rn 33 und Benkard/Grabinski EPÜ Art. 63 Rn 54), Rn 94: falls Bekanntgabe der Zulassung so spät, dass Frist unangemessen verkürzt; Mes § 16 a Rn 22; Schulte/Schell § 16 a Rn 44, 84, Schulte/Rudloff-Schäffer § 49 a Rn 12; Wickenhöfer in Fitzner/Lutz/Bodewig § 49 a Rn 17.

17 BPatG GRUR 2000, 398, 404 [LS 1, II.2] – Abamectin.

18 Die Entscheidung BGH GRUR 2008, 890, 890 [Rn 8] – Antihelicobacterpräparat verkennt, dass die Frist des Art. 7 I AMV nach der Erstzulassung im Anmeldestaat (vgl. Art. 3 AMV am Anfang) und nicht in der Gemeinschaft zu berechnen ist! Andernfalls kann es im MRP-Verfahren zu Situationen kommen, in denen das Erzeugnis im Anmeldestaat noch nicht zugelassen, die Frist zur Zertifikatsanmeldung aber bereits abgelaufen ist.

19 Vgl. Brückner Art. 7 Rn 34; vgl. auch Busse/Hacker Anh § 16 a Rn 95.

20 Neuerdings wird teilweise bezweifelt, ob dies überhaupt erlaubt sein soll. Vgl. zB [2012] EWHC 2290 (Pat), [2012] EWHC 2857 (Pat) und [2014] EWHC 2404 (Pat).

21 Entsprechende Informationen werden im Bundesanzeiger, im Internet (EMA, BfArm, PEI) oder in speziellen Zulassungsdatenbanken (DIMDI, IMShealth, ThomsonPharma usw.) veröffentlicht.

22 RL DPMA S. 6/16 [3.2.3], S. 4/16 [3.2.1.3] unter Berufung auf BPatG PMZ 1997, 61, 62 [LS, II] – Ceftibuten [zu Art. 13] und BPatG Mitt 2006, 73, 75 [LS, II] – Porfimer [zu Art. 7]; vgl. auch BPatG vom 19. Februar 2004 3 Ni 1/01 – Felodipin [zu Art. 19]; so auch Busse/Hacker Anh § 16 a Rn 94, 133; Mes § 49 a Rn 9; Benkard/Grabinski § 16 a Rn 32, 41; Fitzner und Wickenhöfer in Fitzner/Lutz/Bodewig § 16 a Rn 51, § 49 a Rn 14, 15; Schulte/Kühnen 8. Aufl. § 16 a Rn 18, 21, § 49 a Rn 11, vgl. auch § 16 a Rn 18 zu Art. 13 (mit zeitlicher Differenzierung: Kühnen meint hier, dass bis zum 1. Juni 2005 – wegen der automatischen Anerkennung Schweizer Zulassungen durch Liechtenstein zum Erteilungszeitpunkt – für die Laufzeitberechnung das Zulassungsdatum und nicht das Datum ihrer Veröffentlichung oder ihres Wirksamwerdens entscheidend sei); Schulte/Schell § 16 a Rn 44: Ausstellungsdatum, Arg. Wortlaut: „erteilt wurde", Rn 59 (für Laufzeitberechnung nach Art. 13 AMV, wohl synonym): Erteilungsdatum; Schulte/Rudloff-Schäffer 49 a Rn 9, 12; Sredl GRUR 2001, 596, 598 [2.b].

23 RL UK IPO [SPM 7.01] unter Bezugnahme auf [2004] RPC 20 – Abbott (= BL O/302/02 [Rn 31]).

4 Noncompliance with deadlines leads on to a rejection of the application. If the deadline was missed, a reinstatement is possible under the conditions provided for by Sec. 16a(2), 123 PatG.[16] Nevertheless, the absence of a basic patent in force at the time of filing the SPC application could not be substituted by a reinstatement of rights, if an authorisation (Art. 3(b) MPR) has been granted after a particularly long-lasting authorisation procedure on a date when the basic patent has been already expired, because it is not about a deadline with which one must comply at the patent office, but about a substantive legal grant condition according to Art. 3 MPR.[17]

II. Calculation of the Deadline from the Authorisation Date

5 Pursuant to Art. 7(1) MPR the SPC application must be lodged within six month from the date on which the authorisation referred to in Art. 3(b) MPR was granted for the product as a medicinal product.

6 The wording of Art. 7(1) MPR, in particular, the reference to Art. 3(b) MPR seems to suggest that the deadline could be calculated from every new authorisation of the protected product and not only from its first authorisation date and, therefore, could always start repeatedly. As this cannot be, the reference must be mentally completed by adding Art. 3(d) MPR. By doing this it is ensured that the deadline of Art. 7(1) MPR can be calculated only as of the first authorisation in the filing country.[18] Because the period of Art. 7(1) MPR is considered product-related, but not applicant-related,[19] patent holders, which want to apply for SPCs on 3rd party authorisations[20], have to monitor new authorisations.[21]

7 The German PTO calculates the period of Art. 7(1) MPR based on the date of issue of the authorisation indicated in the authorisation certificate.[22] The UK IPO also calculates this period based on the date of the grant of the authorisation.[23]

16 FPC 15 W (pat) 23/99, March 2, 2000 [Rn 40] – Purin; RL DPMA p. 16/16 [5.2]; Schennen p. 62 [Art. 7 Anm 5]; Busse/Hacker Anh. § 16 a Rn 99, Rn 54, 55: in case of an authorisation withdrawal of revocation before SPC application and a deviating decision after the expiry of the deadline (so also Fitzner in Fitzner/Lutz/Bodewig § 16 a Rn 33 and Benkard/Grabinski EPÜ Art. 63 Rn 54), Rn 94: if the authorisation announcement is so late, that the deadline would be unreasonably shortened; Mes § 16 a Rn 22; Schulte/Schell § 16 a Rn 44, 84; Schulte/Rudloff-Schäffer § 49 a Rn 12; Wickenhöfer in Fitzner/Lutz/Bodewig § 49 a Rn 17.

17 FPC GRUR 2000, 398, 404 [LS 1, II.2] – Abamectin.

18 The decision FCJ GRUR 2008, 890, 890 [Rn 8] – Antihelicobacterpräparat misjudges, that the deadline of Art. 7(1) MPR starts with the first authorisation in the filing country (cf. Art. 3 MPR) and not in the community! Otherwise there are situations possible, e.g. during MRP-procedures, in which the product has not yet been authorised in the filing country, but when the deadline has already been lapsed.

19 Cf. Brückner Art. 7 Rn 34; cf. also Busse/Hacker Anh § 16 a Rn 95.

20 Recently there are some doubts whether this should be allowed at all. Cf. e.g. [2012] EWHC 2290 (Pat), [2012] EWHC 2857 (Pat), and [2014] EWHC 2404 (Pat).

21 These informations are published in the Federal Gazette, in the internet (EMA, BfArm, PEI) or in specialised authorisation databases (DIMDI, IMShealth, ThomsonPharma etc.).

22 RL DPMA p. 6/16 [3.2.3], p. 4/16 [3.2.1.3] with reference to FPC PMZ 1997, 61, 62 [LS, II] – Ceftibuten [as to Art. 13] and FPC Mitt 2006, 73, 75 [LS, II] – Porfimer [as to Art. 7]; cf. also FPC 3 Ni 1/01, February 19, 2004 – Felodipin [as to Art. 19]; so also Busse/Hacker Anh § 16 a Rn 94, 133; Mes § 49 a Rn 9; Benkard/Grabinski § 16 a Rn 32, 41; Fitzner und Wickenhöfer in Fitzner/Lutz/Bodewig § 16 a Rn 51, § 49 a Rn 14, 15; Schulte/Kühnen 8th ed. § 16 a Rn 18, 21, § 49 a Rn 11, cf. also § 16 a Rn 18 as to Art. 13 (with temporal differentiation: Kühnen believes that until June 1, 2005 – because of the automatic recognition of Swiss authorisations in Liechtenstein – the authorisation date (but not its date of publication or coming into force) is decisive for the duration calculation); Schulte/Schell § 16 a Rn 44: date of issue, argument: wording of Art. 7(1) MPR: "was granted", Rn 59 (for calculation of SPC term under Art. 13 MPR, possibly synonymous): date of grant; Schulte/Rudloff-Schäffer 49 a Rn 9, 12; Sredl GRUR 2001, 596, 598 [2.b].

23 MPP UK IPO [SPM 7.01] with reference to [2004] RPC 20 – Abbott (= BL O/302/02 [Rn 31]).

8 Andere halten den – unter Umständen schwer feststellbaren[24] – Zeitpunkt des Wirksamwerdens der Zulassung für maßgeblich. In Deutschland wäre danach der Zeitpunkt der Bekanntgabe der Zulassung gegenüber dem Anmelder relevant.[25] Wieder andere scheinen die Veröffentlichung der Zulassungserteilung im Amtsblatt für relevant zu halten.[26]

9 Für die Ansicht des DPMA spricht vor allem die damit verbundene Vereinheitlichung und Vereinfachung, aber auch der Wortlaut („Zeitpunkt, zu dem ... erteilt wurde"). So wird in vielen Mitgliedstaaten die Zulassung bereits am Ausstellungstag wirksam. Auch kann der Fristbeginn direkt den Anmeldeunterlagen und ohne Rücksicht auf Verfahrensvorschriften einzelner Mitgliedstaaten oder den Zustellungsdaten im Einzelfall entnommen werden.[27]

10 Allerdings gibt es auch Gegenargumente: Die Ansicht des DPMA führt zu einer Verkürzung der Frist,[28] da diese bereits zu einem Zeitpunkt zu laufen beginnt, zu dem der Zertifikatsanmelder noch keine Kenntnis von der Zulassung hat.[29] Geht man davon aus, dass auch in Deutschland der Zulassungsbescheid zeitnah dem Zulassungsinhaber zugestellt wird, so dürfte die Fristverkürzung vor allem diejenigen Grundpatentinhaber betreffen, die selbst nicht Zulassungsinhaber sind.[30] Der BGH legte die Frage, ob sich der Fristbeginn nach Art. 7 I AMV nach nationalem oder nach Gemeinschaftsrecht bestimmt und auf welchen Zeitpunkt dabei abzustellen ist, dem EuGH (C-452/07) zur Vorabentscheidung vor. Nach Streichung der Rechtssache wird der EuGH aber nicht mehr entscheiden.[31]

11 Zertifikatsanmelder in Deutschland sollten die Frist ab Ausstellungsdatum der Erstzulassung in Deutschland berechnen. Wegen Art. 15 I a, 3 b AMV sollte – unter Beachtung der so berechneten Frist – die Zertifikatsanmeldung jedoch nicht vor Veröffentlichung der Zulassung eingereicht werden.[32] Wurde die Zertifikatsanmeldung wegen Verfristung zurückgewiesen, so sollte vor einer Beschwerdeeinlegung auch ein Wiedereinsetzungsantrag erwogen werden. Sind noch weitere (Teil-)Patentanmeldungen anhängig, so können diese – sofern sie das Erzeugnis schützen – zum Grundpatent bestimmt werden. Die Anmeldefrist richtet sich dann nach Art. 7 II AMV.

12 Ungeklärt ist, ab welchem Zeitpunkt die Frist zu laufen beginnt, wenn ein Erzeugnis in einer bestimmten Indikation (A) bereits zugelassen wurde, das erteilte Grundpatent dieses Erzeugnis zweckgebunden nur in einer anderen Indikation (B) schützt. Reicht man die Zertifikatsanmeldung innerhalb von 6 Monaten ab der Zulassung von (A) ein, so wäre nach der Rechtsprechung des BGH[33] eine Zurückweisung wegen Art. 3 a AMV zu erwarten, weil das Grundpatent das Erzeugnis nicht in der zugelassenen Indikation schützt. Wartet der Zertifikatsanmelder bis zur Zulassung von (B), so besteht die Gefahr, dass diese Zulassung nicht als Erstzulassung iSv Art. 3 d AMV angesehen würde. Ob sich dieses Problem nach der Ent-

24 BPatG Mitt 2006, 73, 75 [II].
25 Schennen S. 62 [Art. 7 Anm 3]: Schennen hält die Veröffentlichung der Zulassung im Bundesanzeiger hier für bedeutungslos; Scheil Mitt 1997, 55, 61 [IV.d].
26 So zB Italien, vgl. Wright S. 387, 399 [Art. 7 Anm 2]; siehe auch BPatG: Ceftibuten/UK IPO: Abbott; Argumentation der Beschwerdeführerin in BPatG PMZ 1997, 61, 62 [I] – Ceftibuten; Brückner Art. 7 Rn 63, 92.
27 Vgl. Sredl GRUR 2001, 596, 598 [2.b].
28 Der nach Ansicht des BGH in Deutschland aber auch mit Wiedereinsetzung begegnet werden könne, BGH GRUR 2008, 65, 66 [Rn 10] – Porfimer.
29 BGH GRUR 2008, 65, 66 [Rn 11] – Porfimer.
30 So auch Brückner Art. 7 Rn 49, 52, unter Hinweis auf die Vermeidung der Ungleichbehandlung verschiedener Anmelder.
31 ABl. EU vom 6. Dezember 2008 [C 313/22]; vgl. auch Keukenschrijver, FS Mes 2009, 223, 227 f [II.2.e].
32 Brückner Art. 7 Rn 33.
33 So wohl BGH GRUR 2002, 523 – Custodiol I für Mengenbereichsabweichungen; dies wäre aber nach der hier vertretenen Meinung falsch, weil die Verwendung nicht Bestandteil der Erzeugnisdefinition ist, C-202/05 [LS] – Calcitriol. Dies hätte allerdings zur Folge, dass es ein Zertifikat gibt, das bis zur Zulassung von (B) kein Arzneimittel erfasst, Art. 4 AMV.

Others consider – the potentially hardly identifiable[24] – date of its coming into force decisive. According to it in Germany, the publication date of the authorisation would be relevant to the applicant.[25] And still others seem to consider the publication of the grant of an authorisation in the official journal as relevant.[26] 8

Harmonisation and simplification as well as the wording ("of the date on which ... was granted") provide a reason for the point of view of the German PTO. So the authorisation takes effect already on the date of issue in many Member States. The beginning of a period can also be taken from the application documents and despite procedural provisions of separate Member States or from the dates of delivery in particular case.[27] 9

However, there are also counterarguments available: The German PTO's point of view leads on to a shortening of the period[28] because it begins at the moment when the applicant for an SPC does not have any information of the authorisation yet.[29] Assuming also in Germany the authorisation notification is served to the holder of the authorisation promptly, the shortening of a period concerns primarily all those basic patent holders not holders of the authorisation.[30] The FCJ referred the question whether the beginning of the period will be determined by national or community law and which moment is to be taken into consideration to the ECJ (C-452/07) for a preliminary ruling. After the removal of the case from the register the ECJ cannot longer decide this case.[31] 10

German SPC applicants should calculate the period from the date of issue of the first authorisation in Germany. Because of Art. 15(1)(a), 3(b) MPR, the SPC application should not be filed before publication of the authorisation.[32] If the SPC application was rejected because of missing the deadline, an application for reinstatement of rights should be considered before filing an appeal. If further patent or divisional applications are still pending, they can – if they protect the product – be designated as a new basic patent. The application deadline is calculated according to Art. 7(2) MPR then. 11

It is still unclear when the period begins to run, if a product was already authorised in a specific indication (A), but a granted basic patent protects this product only in another indication (B). If one files the SPC application within six months from the authorisation date for (A), the rejection would be expected pursuant to the case law of the FCJ[33] because of Art. 3(a) MPR because the basic patent does not protect the product in the authorised indication. If the SPC applicant waits until the authorisation for (B), there is a danger this authorisation would not be considered first authorisation within the meaning of Art. 3(d) MPR. It remains to be seen whether this problem has been solved by the ECJ decision in the case 12

24 FPC Mitt 2006, 73, 75 [II].
25 Schennen p. 62 [Art. 7 Anm 3]: Schennen considers the publication of the authorisation in the Federal Gazette irrelevant; Scheil Mitt 1997, 55, 61 [IV.d].
26 So e.g. Italy, cf. Wright p. 387, 399 [Art. 7 Anm 2]; cf. also FPC: Ceftibuten and UK IPO: Abbott; reasoning of the claimant in FPC PMZ 1997, 61, 62 [I] – Ceftibuten; Brückner Art. 7 Rn 63, 92.
27 Cf. Sredl GRUR 2001, 596, 598 [2.b].
28 Which could be dealt with a reinstatement request in Germany according to the FCJ, FCJ GRUR 2008, 65, 66 [Rn 10] – Porfimer.
29 FCJ GRUR 2008, 65, 66 [Rn 11] – Porfimer.
30 So also Brückner Art. 7 Rn 49, 52, with reference to avoid unequal treatment of different applicants.
31 OJ EU C 313, 6.12.2008, p. 22; cf. also Keukenschrijver, FS Mes 2009, 223, 227 f [II.2.e].
32 Brückner Art. 7 Rn 33.
33 So possibly FCJ GRUR 2002, 523 – Custodiol I for quantity range differences. This could be wrong, if the use really does not form an integral part of the product definition, like in C-202/05 – Calcitriol [LS]. However, this would of course result in an SPC, which does not cover any medicinal product until the authorisation of (B), Art. 4 MPR.

scheidung des EuGH in der Rechtssache C-130/11 geklärt hat, bleibt abzuwarten. Danach stünde eine frühere Zulassung eines Erzeugnisses für eine bestimmte Verwendung der Erteilung eines Zertifikats auf eine Neuzulassung für eine andere Verwendung in bestimmten Fällen[34] nicht mehr entgegen. Der Zertifikatslaufzeitberechnung ist in einem solchen Fall die Neuzulassung zugrunde zu legen.[35] Dies gilt auch für die Fristberechnung nach Art. 7 I AMV, da andernfalls die frühere Zulassung der Zertifikatserteilung wegen Ablaufs der Anmeldefrist doch entgegenstünde.

III. Fristberechnung ab Patentierung

13 Nach Art. 7 II AMV ist die Zertifikatsanmeldung, wenn die Zulassung vor der Patenterteilung erfolgt, innerhalb einer Frist von 6 Monaten nach dem Zeitpunkt der Patenterteilung einzureichen. Genau wie Art. 7 I spricht Art. 7 II AMV vom Zeitpunkt der Erteilung als fristauslösendes Ereignis. Daher sind ähnliche Auslegungsprobleme wie bei Art. 7 I AMV zu erwarten.[36] Auch hier kommen theoretisch mehrere Zeitpunkte (bspw. Datum des Erteilungsbeschlusses, Wirksamwerdens dieses Beschlusses oder Veröffentlichung der Erteilung im Patentblatt)[37] in Betracht. Das DPMA geht hier vom Veröffentlichungsdatum der Erteilung im deutschen (§ 58 I 1, 3 PatG) oder europäischen (Art. 97 III EPÜ) Patentblatt aus,[38] während es trotz vergleichbaren Wortlauts das Veröffentlichungsdatum von Zulassungen nicht für relevant hält.

14 Andere halten unter Hinweis auf den Wortlaut („Zeitpunkt der Erteilung“) den Tag des Erteilungsbeschlusses gem. § 49 PatG bzw. der Mitteilung nach Art. 97 I, R 71 III EPÜ für das fristauslösende Ereignis.[39] Wieder andere stellen auf den Tag des Wirksamwerdens des Erteilungsbeschlusses ab.[40]

15 Da das DPMA die Frist des Art. 7 II AMV ab dem spätest möglichen Zeitpunkt (Veröffentlichung im Patentblatt) berechnet, besteht für den Anmelder keine Notwendigkeit, hiervon abzuweichen. Er muss darauf vertrauen können, dass das Amt weiß, was es tut, selbst wenn sich später herausstellen sollte, dass die Frist bereits früher zu laufen begann. Mit Veröffentlichung im Patentblatt treten auch die gesetzlichen Wirkungen des Patents ein, so dass mit einer Zertifikatsanmeldung nicht – wie bei Art. 7 I AMV – weiter gewartet werden muss.

IV. Der Laufzeitverlängerungsantrag

16 Nach Art. 7 III AMV kann ein Verlängerungsantrag gestellt werden, wenn ein Zertifikat angemeldet wird oder die Anmeldung im Gange ist und die Anforderungen von Art. 8 I d, II AMV erfüllt sind. Der Verlängerungsantrag kann daher frühestens simultan mit der Zertifi-

34 Der EuGH beschränkte seine Entscheidung ausdrücklich „auf Fälle wie die des Ausgangsverfahrens“. Soweit ersichtlich existierte im Ausgangsverfahren bspw. für die frühere Zulassung kein Zertifikat.

35 C-130/11 [LS 2, Rz 31] – Neurim.

36 Brückner Art. 7 Rn 81; Kellner GRUR 1999, 805, 808 [IV.D].

37 Eventuell auch Veröffentlichung der Patentschrift oder Ablauf der Einspruchsfrist (§ 59 I 1 PatG, Art. 99 I EPÜ).

38 RL DPMA S. 6/16 [3.2.3]: Dieses Datum wird auf der ersten Seite der Patentschrift nach dem INID-Code (45) genannt; so auch RL UK IPO [SPM 7.01] für EP-Patent; für UK-Patent: Datum der Erteilungsmitteilung nach Sec. 24 (1) Patents Act 1977 und nicht Erteilungsdatum nach Sec. 18 (4); Schennen S. 62 [Art. 7 Anm 4]; Busse/Hacker 6. Aufl. Anh § 16 a Rn 71 (anders aber in 7. Aufl.).

39 Benkard/Grabinski § 16 a Rn 41; Benkard/Grabinski EPÜ Art. 63 Rn 88; Busse/Hacker 7. Aufl. Anh § 16 a Rn 96 (anders noch in 6. Aufl.); Kellner GRUR 1999, 805, 808 [IV.D]: damals noch Art. 97 II, R 51 IV EPÜ.

40 Schulte/Rudloff-Schäffer § 49 a Rn 12 (vgl. aber eventuell abweichenden Kommentar in Schulte/Kühnen 8. Aufl. § 16 a Rn 21: „ab Erteilung“); Wickenhöfer in Fitzner/Lutz/Bodewig § 49 a Rn 15.

C-130/11. According to it an earlier authorisation of a product for a particular use would not be a preclusion of the grant of an SPC for a new authorisation for another use in specific cases[34] any more. The new authorisation will be taken for the calculation of the duration of the SPC in such a case.[35] This also applies to the calculation of a period according to Art. 7(1) MPR because otherwise the earlier authorisation would preclude the grant of an SPC because of expiry of the application deadline.

III. Calculation of the Deadline from the Date of Patenting

In accordance with Art. 7(2) MPR, the SPC application will be lodged within six months of the date on which the patent is granted if the authorisation took place before the basic patent was granted. As with Art. 7(1) MPR, Art. 7(2) MPR determines the date of the grant as the event initiating the period. Therefore, similar interpretation problems as in Art. 7(1) MPR can be expected.[36] Theoretically also here several dates (for example, the date of the grant, of coming into force of the decision or publication of the grant in the Patent Gazette)[37] come into consideration. The German PTO considers the publication of the grant in the Patent Gazette (Sec. 58(1)(1), (3) PatG) or in the European Patent Bulletin (Art. 97(3) EPÜ)[38] as relevant, although – despite similar wording – it does not considers the date of publication of authorisation s as relevant to Art. 7(1) MPR. 13

Others regard – referring to the wording ("the date of the grant") – the date of the decision on the grant according to Sec. 49 PatG or the date of the notification according to Art. 97(1), R 71(3) EPO as the event initiating the period.[39] And still others prefer the day on which the decision on grant became effective.[40] 14

Because the German PTO calculates the period of Art. 7(2) MPR of the latest possible date (the publication in the Patent Gazette), there is no necessity for the applicant to diverge from this. He must trust that the Office knows what it is doing, even if might appear that the period began to run earlier. The legal effects of the patent come into force with the publication of the grant in the Patent Gazette, so one – as provided by Art. 7(1) MPR – does not still have to postpone the SPC application. 15

IV. The Application for an SPC Extension

In accordance with Art. 7(3) MPR the application for an extension of the duration might be made when lodging the SPC application or when the SPC application is already pending and the requirements of Art. 8(1)(d), (2) MPR are fulfilled. With that, the application for an 16

34 The ECJ explicitly limited its decision to "a case such as that in the main proceedings". As far as can be seen, there was no SPC for the earlier authorisation in the main proceedings.
35 C-130/11 [LS 2, para. 31] – Neurim.
36 Brückner Art. 7 Rn 81; Kellner GRUR 1999, 805, 808 [IV.D].
37 Also possible: publication of the patent specification or expiry of the opposition deadline (Sec. 59(1)(1) PatG, Art. 99(1) EPC).
38 RL DPMA p. 6/16 [3.2.3]: This date is mentioned on the first page of the patent specification after the INID code (45); so also MPP UK IPO [SPM 7.01] for EP patents, for UK patents: Date of the certificate of grant Sec. 24(1) Patents Act 1977 and not the grant date according to Sec. 18(4); Schennen S. 62 [Art. 7 Anm 4]; Busse/Hacker 6th edition Anh § 16 a Rn 71 (but different in the 7th edition).
39 Benkard/Grabinski § 16 a Rn 41; Benkard/Grabinski EPÜ Art. 63 Rn 88; Busse/Hacker 7th edition Anh § 16 a Rn 96 (but different in 6th edition); Kellner GRUR 1999, 805, 808 [IV.D]: former Art. 97(2), R 51(4) EPC.
40 Schulte/Rudloff-Schäffer § 49 a Rn 12 (but cf. possibly differing comment in Schulte/Kühnen 8th ed. § 16 a Rn 21: "from the grant"); Wickenhöfer in Fitzner/Lutz/Bodewig § 49 a Rn 15.

katsanmeldung vom Anmelder oder Zertifikatsinhaber[41] eingereicht werden. Nach rechtskräftiger Zurückweisung der Zertifikatsanmeldung ist ein Verlängerungsantrag nicht mehr möglich.

17 Ist das Zertifikat noch nicht erteilt, sieht die AMV keine Frist vor, innerhalb derer der Verlängerungsantrag zu stellen wäre. Insbesondere bezieht sich Art. 7 IV AMV nur auf erteilte Zertifikate. Sollte eine Zertifikatsanmeldung zwei Jahre vor Ablauf der Zertifikatslaufzeit noch nicht erteilt worden sein, so sollte das DPMA zur Vermeidung von Überraschungen unter Hinweis auf Art. 7 IV AMV aufgefordert werden, die Zertifikatserteilung so rechtzeitig anzukündigen, dass die Stellung des Verlängerungsantrags möglich bleibt.[42] Wird der Anmelder dennoch von einem Erteilungsbeschluss überrascht, so wird er über Wiedereinsetzung oder Möglichkeiten (bspw. eine Beschwerde gegen den Erteilungsbeschluss) nachzudenken haben, die die Anmeldung wieder zurück ins Erteilungsverfahren versetzen. Ob die Rechtsprechung in einem solchen Fall die Einreichung des Verlängerungsantrags innerhalb der einmonatigen Beschwerdefrist nach § 73 II PatG anerkennt, auch ohne dass Beschwerde eingelegt wurde, bleibt abzuwarten.

18 Art. 7 III AMV scheint seinem Wortlaut nach die Stellung des Verlängerungsantrags von der Erfüllung der in Art. 8 I d), II AMV genannten Anforderungen abhängig zu machen. Dies stünde im Widerspruch zu Art. 10 VI, III AMV, wonach das Verfahren zur Beseitigung von Mängeln nach Art. 8 AMV auch für den Verlängerungsantrag gilt. Das DPMA geht daher davon aus, dass die in Art. 8 I d) AMV geforderten Angaben und Unterlagen unter bestimmten Voraussetzungen nachholbar sind.[43] Das Gleiche gilt für den nach Art. 8 II AMV zusätzlich erforderlichen Hinweis darauf, dass eine Zertifikatsanmeldung im Gange ist.

V. Spätester Zeitpunkt zur Stellung des Laufzeitverlängerungsantrags

19 Art. 7 IV AMV bestimmt, dass ein Verlängerungsantrag – wenn das zu verlängernde Zertifikat bereits erteilt wurde – spätestens zwei Jahre vor Zertifikatsablauf zu stellen ist. Art. 7 V AMV sieht – für die Dauer von 5 Jahren ab Inkrafttreten der PädV[44] – übergangsweise vor, dass der Verlängerungsantrag spätestens 6 Monate vor Zertifikatsablauf zu stellen ist.

20 Spätester möglicher Zeitpunkt der Antragstellung ist 2 Jahre (übergangsweise 6 Monate) vor Ablauf des Zertifikats. Die rückwärts zu berechnende Frist endet mit dem Anfang des Tages (0.00 Uhr), der mit dem Tag des Ablaufs des Zertifikats übereinstimmt, d.h. mit Ende des vorherigen Tages (24.00 Uhr). Bei einem Laufzeitende am 14. September 2015 muss der Verlängerungsantrag bis zum 13. September 2013 (24.00 Uhr) eingereicht werden.[45]

41 Vgl. P 2798A 2.11 (Hinweis auf das Merkblatt zum Antragsformular P 2040, S. 2 [zu Feld 4]); Busse/Hacker Anh § 16 a Rn 101.

42 Da nur ein erteiltes Zertifikat verlängert werden kann und der Verlängerungsantrag in Deutschland gebührenpflichtig ist, ist es fraglich, ob ein Verlängerungsantrag vor Zertifikatserteilung überhaupt gefordert werden kann. Es spricht daher viel dafür, dem Zertifikatsinhaber im hier genannten Fall die Stellung des Verlängerungsantrags auch nach Ablauf der Frist nach Art. 7 IV AMV zu ermöglichen.

43 RL DPMA S. 13/16 f [4.1.5 (a) (1)], [4.1.5. (b) (3)]; nach Busse/Hacker Anh § 16 a Rn 101 müssen, falls bereits ein Zertifikat erteilt wurde (wohl wegen Art. 7 IV AMV), die Anforderungen nach Art. 8 I d, II AMV spätestens zwei Jahre vor Zertifikatsablauf erfüllt sein. Ansonsten sollen fehlende Unterlagen innerhalb einer vom DPMA zu bestimmenden Frist nachgereicht werden können.

44 Die PädV trat 30 Tage nach ihrer Verkündung im Amtsblatt am 27. Dezember 2006 (ABl. EU vom 27. Dezember 2006 [L 378/1]), also am 26. Januar 2007 in Kraft, Art. 57 I PädV. Der in Art. 7 V AMV erwähnte Übergangszeitraum endete am 26. Januar 2012.

45 Rechenbeispiel aus RL DPMA S. 13/16 [4.1.4.1].

extension of the duration might be filed at the earliest with the SPC application from the applicant or SPC holder.[41]

If the SPC has not been granted, the MPR does not provide any period within which the application for an extension of the duration might be lodged. In particular, Art. 7(4) MPR refers to the granted SPCs. If an SPC application had still not been granted two years before the expiry of the duration of the SPC, the German PTO should be requested, to avoid surprises about Art. 7(4) MPR, to announce the grant of the SPC in good time so lodging the application for an extension of the duration remains possible.[42] If the applicant is, nevertheless, surprised by the decision on the grant, he will have to think about reinstatement or opportunities (for example, an appeal about the decision on the grant), which can transfer the application back to the grant procedure. It remains to be seen whether the jurisprudence recognises the lodging of an application for an extension of the duration within the deadlines for lodging an appeal according to Sec. 7382) PatG even without lodging an appeal. 17

According to its wording Art. 7(3) MPR seems to make the lodging of the application for an extension of the duration dependent on the fulfilment of the requirements of Art. 8(1)(d), (2) MPR. This would contradict Art. 10(6), (3) MPR according to which, the procedure for the rectification of irregularities pursuant to Art. 8 MPR applies also to the application for an extension of the duration. The German PTO, therefore, assumes that the information and documents required by Art. 8(1)(d) MPR can be amended later.[43] The same applies to the notification that the SPC application is pending, required by Art. 8(2) MPR additionally. 18

V. The latest date for filing the SPC Extension Application

Art. 7(4) MPR states that the application for an extension of the duration – if the SPC, to be extended is already granted – will be lodged not later than two years before the expiry of the SPC. Art. 7(5) MPR transitionally regulates – for 5 years beginning with the date of coming into force of the PedR[44] – that the application for an extension of the duration should be lodged within six month before SPC expiry. 19

The latest possible date for the lodging of the application is 2 years (6 months transitionally) before the expiry of the SPC. The period if calculated backwards ends on the beginning of the day (at 0.00), which coincides with the date of the expiry of the SPC, namely at the end of the previous day (at 24.00). If the date of the expiry is on September 14, 2015, the application for an extension of the duration must be lodged by September 13, 2013 (at 24.00).[45] 20

41 Cf. P 2798A 2.11 (with reference to the information sheet for the application form P 2040, p. 2 [as to field 4]); Busse/Hacker Anh § 16 a Rn 101.

42 Because only the duration of a granted SPC can be extended and the pediatric extension request is subject to fees in Germany, it is questionable whether a pediatric extension can be requested before the SPC grant at all. In the case mentioned above many things argue for accepting the filing of a pediatric extension request even after the period under Art. 7(4) MPR has been expired.

43 RL DPMA p. 13/16 f [4.1.5(a)(1)], [4.1.5.(b)(3)]; according to Busse/Hacker Anh § 16 a Rn 101 the requirements under Art. 8(1)(d), (2) MPR must be met at latest two years before the SPC expiry, if the SPC it was already granted (possibly because of Art. 7(4) MPR). Otherwise it should be allowed to submit missing documents within the time limit set by the German PTO.

44 The PedR entered into force 30 days after its publication in the Official Journal on December 27, 2006 (OJ EU L 378, 27.12.2006, p. 1), thus on January 26, 2007, Art. 57 I PedR. The transitore 5 year period mentioned in Art. 7 V MPR ended on January 26, 2012.

45 Calculation example from RL DPMA p. 13/16 [4.1.4.1].

21 Geht man nach dem Wortlaut von Art. 7 V AMV davon aus, dass es genügt, den Verlängerungsantrag bis Ende des Übergangszeitraumes am 26. Januar 2012 zu stellen,[46] so konnten Verlängerungsanträge für Zertifikate, die nicht später als zwei Jahre nach dem Ende des Übergangszeitraumes (also spätestens am 26. Januar 2014) ablaufen, noch bis zum 26. Januar 2012 gestellt werden. Für Anträge auf Verlängerung später ablaufender Zertifikate gilt die Zweijahresfrist. Der maximal zulässige Zeitraum zwischen Verlängerungsantrag und Ablauf des Zertifikats verlängert sich in der Übergangsphase gleitend von 6 Monaten auf 2 Jahre. Würde hingegen für die Anwendung der Sechsmonatsfrist vorausgesetzt, dass höchstens 5 Jahre nach Inkrafttreten der PädV das Zertifikat abläuft, müsste der Verlängerungsantrag für ein erst am 27. Januar 2012 ablaufendes Zertifikat bereits am 26. Januar 2010 (24.00 Uhr) beantragt werden, während bei einem schon am 25. Januar 2012 ablaufenden Zertifikat noch bis zum 24. Juli 2011 gewartet werden könnte. Dies kann kaum gewollt sein.[47]

46 So z.B. Kraßer S. 585 [A.II.b.7]; Brückner Art. 7 Rn 103 ff; Fitzner/Wickenhöfer in Fitzner/Lutz/Bodewig § 16 a Rn 62, § 49 a Rn 27.

47 Vgl. auch Beispiel bei Busse/Hacker Anh § 16 a Rn 102.

If one assumes, pursuant to Art. 7(5) MPR, that it is enough to lodge the application for an extension of the duration by the end of the transitional period on January 26, 2012,[46] so the applications for an extension of the duration for SPCs, which expire not later than two years after the transitional period (thus on January 26, 2014, at the latest) could still be lodged by January 26, 2012. For applications for an extension of the duration of SPCs that expire later, the two-year period applies. The maximum period between the application for an extension of the duration and the SPC expiry will be extended on a sliding scale during the transitional phase from six months up to two years. If for the application of the six-month period, were required that the SPC expires within five years after the coming into force of the PedR, the application for an extension of the duration would have to be lodged for an SPC, which expires just on January 27, 2012, already on January, 27, 2010 (at 24.00), although if the SPC expires on January 25, 2012, one can still wait until July 24, 2011. This surely could not be wanted by the legislator.[47] 21

46 So e.g. Kraßer p. 585 [A.II.b.7], Brückner Art. 7 Rn 103 ff; Fitzner/Wickenhöfer in Fitzner/Lutz/Bodewig § 16 a Rn 62, § 49 a Rn 27.
47 Cf. also example in Busse/Hacker Anh § 16 a Rn 102.

Artikel 8 Inhalt der Zertifikatsanmeldung

(1) Die Zertifikatsanmeldung muss enthalten:

a) einen Antrag auf Erteilung eines Zertifikats, wobei insbesondere anzugeben sind:

   i) Name und Anschrift des Anmelders;

   ii) falls ein Vertreter bestellt ist, Name und Anschrift des Vertreters;

   iii) Nummer des Grundpatents sowie Bezeichnung der Erfindung;

   iv) Nummer und Zeitpunkt der ersten Genehmigung für das Inverkehrbringen des Erzeugnisses gemäß Artikel 3 Buchstabe b sowie, falls diese nicht die erste Genehmigung für das Inverkehrbringen in der Gemeinschaft ist, auch Nummer und Zeitpunkt der letztgenannten Genehmigung;

b) eine Kopie der Genehmigung für das Inverkehrbringen gemäß Artikel 3 Buchstabe b, aus der die Identität des Erzeugnisses ersichtlich ist und die insbesondere Nummer und Zeitpunkt der Genehmigung sowie die Zusammenfassung der Merkmale des Erzeugnisses gemäß Artikel 11 der Richtlinie 2001/83/EG bzw. Artikel 14 der Richtlinie 2001/82/EG enthält;

c) falls die in Buchstabe b genannte Genehmigung nicht die erste Genehmigung für das Inverkehrbringen dieses Erzeugnisses als Arzneimittel in der Gemeinschaft ist, die Angabe der Identität des so genehmigten Erzeugnisses und der Rechtsvorschrift, auf deren Grundlage dieses Genehmigungsverfahren durchgeführt wurde, sowie eine Kopie der betreffenden Stelle des amtlichen Mitteilungsblatts, in dem die Genehmigung veröffentlicht wurde;

d) falls in der Zertifikatsanmeldung eine Verlängerung der Laufzeit beantragt wird:

   i) eine Kopie der Erklärung über die Übereinstimmung mit einem gebilligten und ausgeführten pädiatrischen Prüfkonzept gemäß Artikel 36 Absatz 1 der Verordnung (EG) Nr. 1901/2006;

   ii) falls erforderlich, zusätzlich zu der Kopie der Genehmigung für das Inverkehrbringen gemäß Buchstabe b den Nachweis, dass das Erzeugnis in allen anderen Mitgliedstaaten gemäß Artikel 36 Absatz 3 der Verordnung (EG) Nr. 1901/2006 zugelassen ist.

(2) Ist eine Zertifikatsanmeldung im Gange, so enthält ein Antrag auf eine verlängerte Laufzeit nach Artikel 7 Absatz 3 die in Absatz 1 Buchstabe d dieses Artikels genannten Angaben und einen Hinweis darauf, dass eine Zertifikatsanmeldung im Gange ist.

(3) Der Antrag auf Verlängerung der Laufzeit eines bereits erteilten Zertifikats enthält die in Absatz 1 Buchstabe d genannten Angaben und eine Kopie des bereits erteilten Zertifikats.

(4) Die Mitgliedstaaten können vorsehen, dass für die Zertifikatsanmeldung und den Verlängerungsantrag eine Gebühr zu entrichten ist.

I. Einführung

1 Art. 8 AMV regelt den notwendigen Inhalt der Zertifikatsanmeldung und des Verlängerungsantrags (Art. 8 I AMV: „muss enthalten", Art. 8 II, III AMV: „enthält"), sowie die Möglichkeit, für beides Gebühren zu erheben (Art. 8 IV AMV). Die Zertifikatsanmeldung muss danach neben dem Antrag auf Zertifikatserteilung (Art. 8 I a) AMV) noch bestimmte Angaben (Art. 8 I a) i)–iv), c) AMV) und Unterlagen (Art. 8 I b), c) AMV) enthalten. Der Verlängerungsantrag muss Kopien der Übereinstimmungserklärung und von Zulassungen in

Article 8 Content of the application for a certificate

1. The application for a certificate shall contain:

(a) a request for the grant of a certificate, stating in particular:

i) the name and address of the applicant;

ii) if he has appointed a representative, the name and address of the representative;

iii) the number of the basic patent and the title of the invention;

iv) the number and date of the first authorisation to place the product on the market, as referred to in Article 3(b) and, if this authorisation is not the first authorisation for placing the product on the market in the Community, the number and date of that authorisation;

(b) a copy of the authorisation to place the product on the market, as referred to in Article 3(b), in which the product is identified, containing in particular the number and date of the authorisation and the summary of the product characteristics listed in Article 11 of Directive 2001/83/EC or Article 14 of Directive 2001/82/EC;

(c) if the authorisation referred to in point (b) is not the first authorisation for placing the product on the market as a medicinal product in the Community, information regarding the identity of the product thus authorised and the legal provision under which the authorisation procedure took place, together with a copy of the notice publishing the authorisation in the appropriate official publication;

(d) where the application for a certificate includes a request for an extension of the duration:

i) a copy of the statement indicating compliance with an agreed completed paediatric investigation plan as referred to in Article 36(1) of Regulation (EC) No 1901/2006;

ii) where necessary, in addition to the copy of the authorisation to place the product on the market as referred to in point (b), proof of possession of authorisations to place the product on the market of all other Member States, as referred to in Article 36(3) of Regulation (EC) No 1901/2006.

2. Where an application for a certificate is pending, an application for an extended duration in accordance with Article 7(3) shall include the particulars referred to in paragraph 1(d) of this Article and a reference to the application for a certificate already filed.

3. The application for an extension of the duration of a certificate already granted shall contain the particulars referred to in paragraph 1(d) and a copy of the certificate already granted.

4. Member States may provide that a fee is to be payable upon application for a certificate and upon application for the extension of the duration of a certificate.

I. Introduction

Art. 8 MPR regulates the necessary content of both the SPC application and the application for an extension of the duration (Art. 8(1) MPR: "shall contain", Art. 8(2), (3) MPR: "shall include", "shall contain") and provides for a filing fee (Art. 8(4) MPR). Besides a request for the grant of an SPC, the SPC application must contain details (Art. 8(1)(a), (c) MPR) and documents (Art. 8(1)(b), (c) MPR). The application for an extension of the duration includes a copy of the compliance statement and proof of authorisations in all other Member States. 1

allen Mitgliedstaaten enthalten, Art. 8 I d) i), ii), II, III AMV. Sollte eine Zertifikatsanmeldung bereits im Gange sein, so ist darauf hinzuweisen, Art. 8 II AMV. Wurde das Zertifikat bereits erteilt, ist dessen Kopie beizufügen, Art. 8 III AMV.

2 Art. 8 AMV wird zu Recht für nicht abschließend gehalten.[1] Für Art. 8 I a) AMV ergibt sich dies bereits aus dem Wortlaut („insbesondere"), für andere Angaben aus deren Relevanz für die Erteilung des Zertifikats bzw. für die Gewährung der Verlängerung. So kann das nationale Recht weitere Angaben fordern,[2] der Anmelder aber auch weitere Unterlagen einreichen.[3]

3 Zertifikatsanmeldungen und Verlängerungsanträge sind in Deutschland nur in deutscher Sprache möglich.[4] Für Deutschland sind in der PatV[5] zusätzlich die Verwendung von Formblättern (§ 19 I 1 PatV),[6] bestimmte Antrags- (§§ 19 I 2, 4 II Nr. 1, 4, 5 PatV)[7] und Übersetzungserfordernisse (§§ 19 I 2, 14 I, III–V PatV), sowie – nur für die Zertifikatsanmeldung – Angaben zur Erläuterung des durch das Grundpatent vermittelten Schutzes (§ 19 II PatV) vorgeschrieben. Das DPMA fordert außerdem für die Gewährung der Laufzeitverlängerung relevante Angaben zur Ausweisung als Arzneimittel für seltene Leiden bzw. zum auf Grund der pädiatrischen Indikation verlängerten Unterlagenschutz.[8]

4 Bereits aus dem in Art. 10 III AMV geregelten Mängelbeseitigungsverfahren ergibt sich, dass es zur Wahrung der Fristen nach Art. 7 I, II AMV nicht erforderlich ist, alle nach Art. 8 AMV notwendigen Angaben und Unterlagen vor Fristablauf beim DPMA einzureichen.[9] So soll es genügen, wenn Person und Anschrift des Anmelders bekannt sind und aus den Umständen ersichtlich ist, dass ein Zertifikat beantragt wird.[10] Dies erscheint fraglich, da hierdurch die Möglichkeit von Vorratsanmeldungen ohne Spezifizierung hinsichtlich Grundpatent oder Erzeugnis und damit die Möglichkeit zur Umgehung der Anmeldefristen geschaffen würde. Vielmehr ist weiterhin entweder die Angabe des zugelassenen Arzneimittels, des zu schützenden Erzeugnisses[11] oder des Grundpatents zu fordern, um Missbrauch auszuschließen.

1 Busse/Hacker Anh § 16 a Rn 105; nach Schennen S. 64 [Art. 8 Anm 1] sollte wegen des Ziels der Harmonisierung hiervon so lange kein Gebrauch gemacht werden, wie dies nicht zwingend erforderlich ist (bspw. Vollmacht bei Vertreterbestellung, Formblatt P 2008 13.1 Feld 12 Nr. 7).

2 Benkard/Grabinski § 16 a Rn 41, § 49 a Rn 4; Brückner Art. 8 Rn 2; z.B.: §§ 49 a I, V 1, 34 VI PatG iVm 19 f PatV, vgl. auch Begr PatGÄndG PMZ 1993, 205, 211 [zu Art. 1, zu Nr. 4, 3.]; zu den abweichenden Anforderungen des Anmeldeverfahrens in UK vgl. RL UK IPO [SPM 8.01 ff].

3 Brückner Art. 8 Rn 1.

4 Schulte/Kühnen 8. Aufl. § 16 a Rn 39: mangels Verweis in § 16 a II PatG auf § 35 I PatG (fremdsprachige Patentanmeldung), wohl aber auf § 126 PatG (Amtssprache).

5 Vgl. §§ 49 a V 1, 34 VI PatG: Ermächtigung des Bundesministeriums zum Erlass von Rechtsverordnungen; englische und französische Übersetzungen der PatV sind unter www.dpma.de/patent/formulare/index.html (P2790 a) verfügbar.

6 Die Formblätter sind verfügbar unter www.dpma.de/patent/formulare/index.html (P 2008 für Zertifikatsanmeldungen einschließlich eines simultanen Verlängerungsantrags bzw. P 2040 für spätere Verlängerungsanträge); vgl. auch PMZ 2013, 2–8. In Großbritannien ist das Formblatt SP 1 (RL UK IPO [SPM 8.01]) zu verwenden.

7 Insbesondere muss die Anmeldung bzw. der Verlängerungsantrag unterschrieben sein (vgl. P 2008 13.1 Feld 13; P 2040 13.1 Feld 9).

8 Vgl. Formblatt P 2008 13.1 Feld 10 bzw. Formblatt P 2040 13.1 Feld 6.

9 Vgl. Brückner Art. 8 Rn 4.

10 Vgl. Busse/Hacker Anh § 16 a Rn 100, Schennen S. 62 f [Art. 7 Anm 7].

11 Ist die Angabe des zu schützenden Erzeugnisses dann unklar, so hat das DPMA auf Präzisierung hinzuwirken, vgl. BPatGE 45, 149, 153 [LS, II.2.d] – Valaciclovir.

It also must be mentioned if an SPC application is already pending, Art. 8(2) MPR. If the SPC is already granted, its copy should be included, Art. 8(3) MPR.

Art. 8 MPR is not considered exhaustive.[1] For Art. 8(1)(a) MPR that follows already from the wording ("in particular"), for other information – from their relevance to the grant of an SPC or an extension of the duration. National law might require additional information,[2] and the applicant can file additional documents.[3] 2

In Germany SPC applications and applications for an extension of the duration are possible only in German.[4] The use of forms (Sec. 19(1)(1) PatV),[5] specific application (Sec. 19(1)(2), 4(2) No. 1, No. 4, No. 5 PatV)[6] and translation requirements (Sec. 19(1)(2), 14(1), (3)–(5)PatV) and – only for the SPC application – the information on the protection by the basic patent (Sec. 19 (2) PatV) are additionally provided by PatV[7] in Germany. For the grant of an extension of the duration, the German PTO requires the relevant information of orphan medicinal product designations or of data exclusivity extensions because of pediatric indications.[8] 3

Already from the procedure for rectification of irregularities, regulated in Art. 10(3) MPR follows that it is not required for complying with the deadlines according to Art. 7(1), (2) MPR to lodge all information and documents required by Art. 8 MPR with the German PTO before this deadline.[9] Thus, it should be enough, if the person and the address of the applicant are known and the circumstances indicate that an SPC is requested.[10] That is questionable because through this the opportunity of an inventory application without specification of the basic patent or the product would be established, and thereby the opportunity would be created to avoid filing deadlines. Furthermore, to avoid abuse, the indication either of the authorised medicinal product, of the product[11] to be protected or of the basic patent should be required. 4

1 Busse/Hacker Anh § 16 a Rn 105. According to Schennen p. 64 [Art. 8 Anm 1] (because the objective of harmonization) no use should be made thereof, as long as it is not absolutely necessary (e.g. appointment of representative and power of attorney, form P 2008 13.1 field 12 No. 7).

2 Benkard/Grabinski § 16 a Rn 41, § 49 a Rn 4; Brückner Art. 8 Rn 2; e.g. Sec. 49a(1), (5)(1), 34 (6) PatG with 19 f PatV, cf. also Begr PatGÄndG PMZ 1993, 205, 211 [as to Art. 1, as to No. 4, 3.]; to the differing requirements of the application process in UK cf. MPP UK IPO [SPM 8.01 ff].

3 Brückner Art. 8 Rn 1.

4 Schulte/Kühnen 8th ed. § 16 a Rn 39: in the absence of a reference in Sec. 16a(2) PatG to Sec. 35(1) PatG (foreign-language patent applications), but with reference to Sec. 126 PatG (official language).

5 These forms are available on the website www.dpma.de/patent/formulare/index.html (P 2008 for SPC applications including a simultaneously filed pediatric extension application and P 2040 for seperately filed pediatric extension applications); cf. also PMZ 2013, 2–8.

6 In particular SPC application and pediatric extension application have to be signed (cf. P 2008 13.1 Feld 13; P 2040 13.1 Feld 9). The Form SP 1 (MPP UK IPO [SPM 8.01]) must be used in Great Britain.

7 Cf. Sec. 49a(5)(1), 34 (6) PatG: Empowerment of the Federal Ministry to issue statutory orders; English and French PatV-translations are available on the website www.dpma.de/patent/formulare/index.html (P2790 a).

8 Cf. form P 2008 13.1 field 10 or form P 2040 13.1 field 6.

9 Cf. Brückner Art. 8 Rn 4.

10 Cf. Busse/Hacker Anh § 16 a Rn 100, Schennen p. 62 f [Art. 7 Anm 7].

11 The German PTO has to ask for clarification, if the indication of the protected product is not clear then, cf. BPatGE 45, 149, 153 [LS, II.2.d] – Valaciclovir.

5 Zu beachten ist, dass gegenüber Patentämtern gemachte irreführende Angaben[12] bzw. deren Nichtberichtigung, um ungerechtfertigt ein Zertifikat oder ein Zertifikat mit zu langer Laufzeit zu erlangen, unter den weiteren Voraussetzungen von Art. 102 AEUV (Art. 82 EG-Vertrag) als Missbrauch einer marktbeherrschenden Stellung angesehen werden und zu empfindlichen Bußgeldern führen können.[13] Sind mehrere Interpretationen der AMV möglich, so sollten alle relevanten Tatsachen vorgetragen und erklärt werden, warum eine bestimmte Interpretation im konkreten Fall vorzuziehen ist.

II. Notwendige Angaben im Zertifikatsantrag

6 In der Zertifikatsanmeldung[14] sind Name und vollständige Anschrift des Anmelders anzugeben, Art. 8 I a) i) AMV. Antragsberechtigt ist nach Ansicht des DPMA nur der Grundpatentinhaber.[15] Es ist daher – insbesondere im Konzernverbund – darauf zu achten, dass dieser als Zertifikatsanmelder genannt wird. Der Lizenznehmer kann zwar in Vertretung des (inländischen)[16] Lizenzgebers ein Zertifikat auf das einlizensierte Grundpatent beantragen, nicht jedoch für sich selbst.[17] Bei natürlichen Personen ist der Vor- und Familienname, bei juristischen Personen oder Personengesellschaften der Name dieser Person oder Gesellschaft – bei Handelsregistereintrag entsprechend Registereintrag – anzugeben, §§ 19 I 2, 4 II Nr. 1 PatV. Das Formblatt P 2008 sieht in Feld 4 zusätzlich die Angabe der entsprechenden Nummer des Handelsregisters vor. Eine vollständige Anschrift erfordert die Angabe des Wohnsitzes bzw. Sitzes, der Straße und Hausnummer, der Postleitzahl und des Orts. Die Angabe nur eines Postfachs[18] genügt hingegen nicht. Ist kein Vertreter bestellt, haben alle Anmelder die Zertifikatsanmeldung zu unterschreiben, §§ 19 I 2, 4 II Nr. 5 PatV.

7 Ist ein Vertreter bestellt, ist dessen Name und Anschrift anzugeben, Art. 8 I a) ii) AMV, §§ 19 I 2, 4 II Nr. 4 PatV. Zertifikatsanmelder ohne Wohnsitz, Sitz oder Niederlassung in Deutschland müssen einen als Rechts- oder Patentanwalt zugelassenen Vertreter bestellen, §§ 16a II, 25 I PatG. Der Vertreter hat der Zertifikatsanmeldung eine Vollmacht beizufügen.[19] Tritt jedoch ein Rechts- oder Patentanwalt als Vertreter auf, so sind Fehlen oder Mängel der Vollmacht unbeachtlich.[20] Der Vertreter darf die Zertifikatsanmeldung in Vertretung auch mehrerer Anmelder allein unterschreiben, §§ 19 I 2, 4 II Nr. 5 PatV.

8 Gemäß Art. 8 I a) iii) AMV sind in der Zertifikatsanmeldung die (Publikations-)Nummer des Grundpatents[21] und die Bezeichnung der Erfindung anzugeben. Dabei können als Grundpa-

12 Außerdem ist der Zertifikatsanmelder gegenüber DPMA, BPatG und BGH zur Wahrheit verpflichtet, §§ 16a II, 124 PatG.

13 Vgl. zur Angabe eines irreführenden Erstzulassungsdatums in der Gemeinschaft: EuG T-321/05 [Rn 591 ff] – Astra Zeneca/Kommission (Rechtsmittel: EuGH C-457/10P); vgl. Schoene GRUR Prax 2010, 568, 568; Müller-Graff/Fischmann GRUR Int 2010 792, 795 ff [IV.]; Miege/Gärtner/Besen PharmR 2010, 586, 587 [II.2].

14 P 2008 13.1 Feld 4.

15 RL DPMA S. 6/16 [3.2.4]: oder dessen Rechtsnachfolger, weil nur diesen nach Art. 6 AMV das Recht auf das Zertifikat zusteht.

16 Beachte: RL DPMA 4/16 [3.2.1.1].

17 Vgl Schulte/Kühnen 8. Aufl. § 16 a Rn 20, vgl. Schulte/Schell § 16 a Rn 43.

18 RL DPMA S. 4/16 [3.2.1.1].

19 RL DPMA S. 4/16 [3.2.1.1]; P 2008 13.1 (Feld 12, Nr. 7); P 2040 13.1 (Feld 8, Nr. 7).

20 § 15 IV DPMAV; RL DPMA S. 4/16 [3.2.1.1].

21 RL DPMA 4/16 [3.2.1.2]; P 2008 13.1 Feld 6: ggf. auch das deutsche Aktenzeichen; anders wohl noch Schennen S. 64 [Art. 8 Anm 3], der unter Verweis auf § 1 Nr. 3 ÜbersV (PMZ 1992, 290) empfahl, neben der europäischen Veröffentlichungsnummer auch deren Anmeldenummer anzugeben.

It should considered that the filing of misleading information[12] with patent offices or failure to correct it to obtain an SPC or an SPC with a longer duration under further conditions of Art. 102 TFEU (Art. 82 EC Treaty) can be considered an abuse of a dominant position and lead on to significant fines.[13] If several interpretations of the MPR are possible, all relevant facts must be submitted and must it be explained why specific interpretation should be preferred in the particular case. 5

II. The Necessary Content of an SPC Application

The application for an SPC[14] should contain the name and address of the applicant, Art. 8(1)(a) MPR. According to the German PTO only the basic patent holder is entitled to lodge an application.[15] Therefore, attention must be paid – in particular within a group of affiliated companies – to mention the correct name of the SPC applicant. The licensee can apply for an SPC on an in-licensed basic patent representing the (domestic)[16] licenser, but, however, not for himself.[17] For natural persons the first and family name, and for legal entities or partnerships the name of the entity or partnership – if registered in the Commercial Register, in a form corresponding to that of the register entry – are to be indicated, Sec. 19(1)(2), 4(2) No. 1 PatV. The form P 2008 provides for additionally in the field 4 the indication of corresponding number of the Commercial Register. The full postal address requires the place of residence or the registered office, street name and house number, postcode and location. The indication only of a postcode[18] is not enough, however. If no representative was appointed, all applicants have to sign the SPC application, Sec. 19(1)(2), 4(2) No. 5 PatV. 6

If a representative was appointed, his name and address are to be indicated, Art. 8(1)(a) MPR, Sec. 19(1)(2), 4(2) No. 4 PatV. The applicants for an SPC without place of residence, registered office or permanent establishment in Germany have to appoint a representative approved as an attorney-at-law or patent attorney, Sec. 16a(2), 25(1) PatG. The representative must enclose the power of attorney to the SPC application.[19] However, if an attorney-at-law or patent attorney appears as a representative, the deficiencies and irregularities of the power of attorney do not matter.[20] The representative might sign the application for an SPC on behalf of several applicants, Sec. 19(1)(2), 4(2) No. 5 PatV. 7

According to Art. 8(1)(a) MPR the (publication) number of the basic patent[21] and the title of the invention are to be indicated in the application for an SPC. Only the patents in force on the filing date can be selected as a basic patent[22] that can lead on to the shortening of the 8

12 Furthermore, in proceedings before the German PTO, the FPC or the FCJ the applicant has to make statements on factual circumstances fully and truthfully, Sec. 16a(2), 124 PatG.

13 Cf. to the indication of a misleading first authorisation date in the Community: T-321/05 [para. 591 ff] – Astra Zeneca/Kommission (appeal: ECJ C-457/10P); cf. Schoene GRUR Prax 2010, 568, 568; Müller-Graff/Fischmann GRUR Int 2010 792, 795 ff [IV.]; Miege/Gärtner/Besen PharmR 2010, 586, 587 [II.2].

14 P 2008 13.1 field 4.

15 RL DPMA p. 6/16 [3.2.4]: or his successor in title, because only they are entitled under Art. 6 MPR to the SPC.

16 Note: RL DPMA p. 4/16 [3.2.1.1].

17 Cf. Schulte/Kühnen 8th ed. § 16 a Rn 20; cf. Schulte/Schell § 16 a Rn 43.

18 RL DPMA p. 4/16 [3.2.1.1].

19 RL DPMA p. 4/16 [3.2.1.1]; P 2008 13.1 (field 12, No. 7); P 2040 13.1 (Feld 8, No. 7).

20 Sec. 15(4) DPMAV; RL DPMA p. 4/16 [3.2.1.1].

21 RL DPMA p. 4/16 [3.2.1.2]; P 2008 13.1 Feld 6: ggf. also the German file number; possibly different Schennen p. 64 [Art. 8 Anm 3], who suggested – with reference to Sec. 1 No. 3 ÜbersV (PMZ 1992, 290) – to indicate European publication and application number.

tent nur Patente ausgewählt werden, die am Anmeldetag noch in Kraft sind,[22] was zu einer Verkürzung der in Art. 7 I, II AMV genannten Fristen führen kann. Als Bezeichnung der Erfindung akzeptiert das DPMA den deutschen Titel des Patents.[23] Die Angabe des Grundpatents ist relevant für die Berechnung der Zertifikatslaufzeit, Art. 13 I, II AMV.[24] Obwohl der Zeitpunkt der Patenterteilung für die Berechnung der Anmeldefrist relevant sein kann (Art. 7 II AMV), wird dessen Angabe in Art. 8 I a) iii) AMV nicht gefordert. Schennen begründet dies damit, dass dieser Zeitpunkt dem DPMA bekannt ist.[25]

9 Weiterhin anzugeben sind Nummer und Zeitpunkt der Erstzulassung des Erzeugnisses im Anmeldestaat, Art. 8 I a iv), Art. 3 b) AMV. Dabei kann es sich um eine nationale[26] oder zentrale europäische Zulassung nach VO 726/2004/EG[27] handeln. Das DPMA sieht als Zeitpunkt der Zulassung deren Ausstellungsdatum an, nicht hingegen das Datum ihrer Zustellung oder Bekanntgabe.[28] Sollte die Erstzulassung im Anmeldestaat nicht auch die Erstzulassung in der Gemeinschaft sein,[29] so sind zusätzlich deren Nummer, Zeitpunkt und Rechtsgrundlage anzugeben. Beim Ausfüllen des Formblattes ist zu beachten, dass aufgrund des EWR-Vertrages auch Zulassungen in Norwegen, Island und Liechtenstein als Zulassung in der Gemeinschaft zu verstehen sind.[30] Die Angabe des Erstzulassungsdatums ist entscheidend für die Berechnung der Frist nach Art. 7 I AMV, die der Erstzulassung in der Gemeinschaft für die Berechnung der Laufzeit nach Art. 13 AMV. Ist der in der Zertifikatsanmeldung angegebene Erstzulassungszeitpunkt in der Gemeinschaft unrichtig, so kann ein Rechtsmittel zur Laufzeitberichtigung eingelegt werden, Art. 17 II, EG 17 PMV, § 49 a IV Nr. 1 PatG.

10 Obwohl in Art. 8 I AMV so nicht erwähnt, muss aus der Anmeldung eindeutig hervorgehen, für welches konkrete Erzeugnis ergänzender Schutz beansprucht wird.[31] Dieses Erzeugnis – also der Wirkstoff oder Wirkstoffzusammensetzung eines Arzneimittels (Art. 1 b AMV) ist in Feld 7 (Formblatt P 2008 13.1) zu benennen. Bei einer deutschen Zulassung sind die Wirkstoffe unter „arzneilich wirksame Bestandteile", bei einer europäischen Zulassung unter

22 BPatGE 41, 231, 246 [LS 1, II.2] – Abamectin; vgl. auch C-110/95 [LS, Rn 28] – Yamanouchi zur vergleichbaren Situation einer Zertifikatsanmeldung vor Zulassung im Anmeldestaat.

23 RL DPMA S. 4/16 [3.2.1.2].

24 Relevant sind das Anmeldedatum und das Datum des Patentablaufs, vgl. Art. 13 I AMV.

25 Schennen S. 64 [Art. 8 Anm 3]: anders als der Zulassungszeitpunkt, Art. 8 I a) iv) AMV.

26 Neben rein nationalen auch Zulassungen im MRP und DCP-Verfahren nach Art. 28 RL 2001/83/EG.

27 Zuvor: VO 2309/93/EWG.

28 RL DPMA S. 4/16 [3.2.1.3]; an dieser Sichtweise bestehen jedoch Zweifel: BGH GRUR 2008, 65, 66 [II. 3] – Porfimer.

29 Dies dürfte bei Zulassungen im MRP- oder DCP-Verfahren nach Art. 28 RL 2001/83/EG der Fall sein, in denen Deutschland nicht Referenzmitgliedstaat ist.

30 RL DPMA S. 5/16 [3.2.1.3]; vgl. Busse/Hacker Anh § 16 a Rn 4, 104 sowie Benkard/Grabinski § 16 a Rn 31: nach Art. 65 II EWR-Abkommen iVm Anhang XVII Nr. 6 und dem Protokoll 1 über horizontale Anpassungen (Nr. 8). Seit Juni 2005 gelten Schweizer Zulassungen erst nach Streichung aus der „NCE-Negativliste" (vgl. http://www.llv.li/files/ag/NCE-Negativliste_140425.pdf) in Liechtenstein und damit in der Gemeinschaft; anders noch C-207/03, C-252/03 [LS, Rn 33] – Novartis; vgl. hierzu auch RL UK IPO [SP 0.09]. Eine von Liechtenstein automatisch anerkannte und später suspendierte Schweizer (und daher nicht nach RL 2001/83/EG erteilte) Zulassung ist selbst dann eine Zulassung gem. Art. 3 b AMV, wenn die ihr zugrunde liegenden Daten für eine Zulassung durch die EMA/Kommission nicht ausreichen. Grund hierfür ist die Gleichstellung nach Nr. 6 des Anhangs XVII des EWR-Abkommens (Achtung: Der deutsche und englische Text der Rn 53 lauten unterschiedlich. Während die deutsch Version „Nr. 6 des Anhangs XVII des EWR-Abkommens" nennt, lautet die englische Version „paragraph 6 of Annex 10 to Decision No 1/95"). Auf funktionelle Gleichwertigkeit kommt es dabei nicht an, C-617/12 [LS, Rn 52, 53, 60] – Astra Zeneca.

31 BGH GRUR 2002, 47, 48 [II.6.a] – Idarubicin III; BGH GRUR 2002, 415, 417 [III.4.b] – Sumatriptan; vgl. Schennen, S. 64 [Art. 8 Anm 2]: nur so kann der Schutzgegenstand festgelegt und dem Patentamt die Prüfung ermöglicht werden.

periods mentioned in Art. 7(1), (2) MPR. The German PTO accepts the German title of the patent as a title of the invention.[23] The information about the basic patent is relevant to the calculation of the duration of the SPC, Art. 13(1), (2) MPR.[24] Although the date of the grant of the patent can be relevant to the calculation of the filing period (Art. 7(2) MPR), its indication is not required in Art. 8(1)(a) MPR. *Schennen* argues that the German PTO knows this date.[25]

Further the number and date of the first authorisation of the product in the filing country should be indicated, Art. 8(1)(a), Art. 3(b) MPR. In this case it can be a national[26] or centralised European authorisation pursuant to Reg. 726/2004.[27] The German PTO considers the date of issue as the authorisation date, but, however, not the date of its service or publication.[28] If the first authorisation in the filing country was not the first authorisation in the Community,[29] its number, date and legal basis should be indicated. During the form filling one should be aware of that – because of the EEA Treaty – authorisations in Norway, Iceland and Liechtenstein should also be considered an authorisation in the Community.[30] The indication of the date of the first authorisation in the filing country is decisive for the calculation of the deadlines according to Art. 7(1) MPR. The date of the first authorisation in the Community is necessary for the calculation of the duration of the SPC according to Art. 13 MPR. If the date of the first authorisation in the Community indicated in the SPC application is incorrect, an appeal might be lodged to correct the SPC duration, Art. 17(2), R 17 PPR, Sec. 49a(4) No. 1 PatG. 9

Although Art. 8(1) MPR does not state that, the application must follow unambiguously for which concrete products a supplementary protection is claimed.[31] This product – an active ingredient or a combination of active ingredients of a medicinal product (Art. 1(b) MPR) should be designated in the field 7 (form P 2008 13.1). With a German authorisation the active ingredients are specified as "medically active ingredients", and with a European authorisation they are specified as a "qualitative and quantitative composition".[32] According to 10

22 BPatGE 41, 231, 246 [LS 1, II.2] – Abamectin; cf. also C-110/95 – Yamanouchi [LS, para. 28] as to the comparable situation of an SPC application before authorisation in the filing country.
23 RL DPMA p. 4/16 [3.2.1.2].
24 Relevant are the filing date as well as the patent expiry date, cf. Art. 13(1) MPR.
25 Schennen p. 64 [Art. 8 Anm 3]: different then the authorisation date, Art. 8(1)(a)(iv) MPR.
26 In addition to mere national authorisations also authorisations in MRP- and DCP-procedures according to Art. 28 Dir. 2001/83/EC.
27 Formerly: Reg. 2309/93.
28 RL DPMA p. 4/16 [3.2.1.3]; however, there are doubts on this view: FCJ GRUR 2008, 65, 66 [II.3] – Porfimer.
29 This could be the case with authorisations in MRP- or DCP-procedures according to Art. 28 Dir. 2001/83/EC in which Germany is not the reference member state.
30 RL DPMA p. 5/16 [3.2.1.3]; cf. Busse/Hacker Anh § 16 a Rn 4, 104, and Benkard/Grabinski § 16 a Rn 31: According to Art. 65(2) EEA-Agreement with annex XVII No. 6 and Protocol 1 on horizontal adaptations (No. 8). Since June 2005 Swiss authorisations apply only after removal from the "NCE-negative list" (cf. http://www.llv.li/files/ag/NCE-Negativliste_140425.pdf) in Liechtenstein and thus in the Community; otherwise still C-207/03, C-252/03 – Novartis [LS, para. 33]; cf. also MPP UK IPO [SP 0.09]. An automatically recognized by Liechtenstein and later suspended Swiss (and therefore not granted under Dir. 2001/83/EC) authorisation, is even then an authorisation under Article 3(b) MPR if the underlying data were not sufficient for an authorisation by the EMA/Comission. The reason for that is the equalisation of the Swiss authorisation by paragraph 6 of Annex XVII of the EEA Agreement (Attention: The English and German wording of para 53 differ. While the German text reads "paragraph 6 of Annex XVII of the EEA Agreement" the English version refers to "paragraph 6 of Annex 10 to Decision No 1/95"). Thus a functional equivalence was not necessary, C-617/12 [LS, para. 52, 53, 60] – AstraZeneca.
31 BGH GRUR 2002, 47, 48 [II.6.a] – Idarubicin III; BGH GRUR 2002, 415, 417 [III.4.b] – Sumatriptan; cf. Schennen, p. 64 [Art. 8 Anm 2]: Only then the subject matter of protection can be determined and the PTO can start its examination.

„qualitative und quantitative Zusammensetzung" aufgeführt.[32] Nach Ansicht des BGH hat der Anmelder keinen Anspruch darauf, dass beliebige (im Grundpatent nicht beanspruchte?) Derivate (Salze/Ester) ausdrücklich in das Zertifikat einbezogen werden.[33] Eine Zertifikatserteilung für den Wirkstoff sowie für dessen physiologisch annehmbare Salze und Solvate käme aber in Betracht, soweit diese dem Schutz des Grundpatents unterliegen.[34] Wirkstoffzusammensetzungen sollten als „Komponente 1 mit Komponente 2" formuliert werden.[35] Die Einreichung von Zertifikatsansprüchen ist mangels Verweis von § 16 a II PatG auf § 34 III Nr. 3 PatG zumindest in Deutschland nicht möglich.[36] Sofern das Zertifikat für eine andere als die in der Zulassung identifizierte Form erteilt werden soll, muss in der Anmeldung über Art. 8 I AMV hinaus erklärt und angegeben werden, in welchem Umfang Schutz für den Wirkstoff begehrt wird.[37]

11 Im Normalfall empfiehlt es sich, als Erzeugnis lediglich den INN (International Nonproprietary Name) des Wirkstoffs ohne weitere Zusätze anzugeben. Das DPMA hat aber in der Vergangenheit auch den chemischen Namen,[38] die selbständige[39] oder zusätzliche[40] Angabe des konkreten Salzes oder des Markennamens[41] und vereinzelt sogar Gattungsbezeichnungen akzeptiert.[42] Auch – wegen Art. 4 AMV eigentlich unnötigen – Zusätzen wie „in allen den Grundpatent unterliegenden Formen" oder „ggf. in Form eines pharmazeutisch geeigneten Salzes" scheint das DPMA nicht grundsätzlich ablehnend gegenüberzustehen.[43] Welche Bedeutung die Benennung des Erzeugnisses hat, informatorische Titelüberschrift[44] oder (vorbehaltlich Art. 4 AMV) konstitutive Festlegung des Schutzgegenstandes,[45] scheint noch nicht abschließend geklärt.

32 § 11 a I 2 Nr. 2 AMG, Art. 11 Nr. 2 RL 2001/83/EG; Schulte/Rudloff-Schäffer § 49 a Rn 11; vgl. auch RL DPMA S. 5/16 [3.2.1.5], Busse/Hacker Anh § 16 a Rn 14.

33 BGH GRUR 2000, 683, 684 f [LS 3; II.1.b, II.3] – Idarubicin II: Dieser Schutz ergebe sich (nach EG 13 S. 2, 17 PMV) bereits aus dem für den Wirkstoff erteilten Zertifikat und bedürfe daher keiner ausdrücklichen Erwähnung. Mit der Aufnahme beliebiger Derivate würde der Schutzbereich im Erteilungsverfahren scheinbar verbindlich geklärt. Dies sei dem Verletzungsverfahren vorbehalten. Außerdem bestünde die Gefahr des Schutzes von Äquivalenten von Äquivalenten; das entsprechende Grundpatent DE 2525633 nannte in seinen Ansprüchen keine Salze.

34 BGH GRUR 2002, 415, 417 [III.6.a] – Sumatriptan; das entsprechende Grundpatent DE 3320521 nannte in Anspruch 1 physiologisch annehmbare Salze und Solvate. Vgl. auch BPatG vom 3. Juni 2002, 15 W (pat) 66/97 – Salmeterol: Dort wurde vom BPatG ein Zertifikat auf „Salmeterol und physiologisch annehmbare Salze davon einschließlich Salmeterolxinafoat" erteilt. In der Zulassung war Salmeterolxinafoat als Wirkstoff identifiziert, in DE 3414752 Anspruch 1 waren „physiologisch annehmbare Salze" genannt. Nach Ansicht des Senats kam die Erteilung auch für physiologisch annehmbare Salze in Betracht, weil es sich im konkreten Fall um verschiedene Formen desselben Wirkstoffs handelt, mit ihnen also derselbe Heilungs- bzw. Vorbeugungseffekt erzielt werden kann (juris Rn 26, 27).

35 Vgl. RL DPMA S. 5/16 f [3.2.1.5]; Merkblatt P 2798 2.11 S. 2 [3. zu Feld 7].

36 Vgl BPatGE 41, 56, 63 [LS 2] – Clarithromycin unter Verweis auf Schennen GRUR Int 1996, 102, 111 [II.5]; Benkard/Grabinski § 49 a Rn 5 (genauso wenig wie die Einreichung von Zeichnungen oder einer Beschreibung); Busse/Hacker Anh § 16 a Rn 105; Brückner Art. 8 Rn 36.

37 BGH GRUR 2002, 415, 417 [III.4.b] – Sumatriptan; Brückner Art. 8 Rn 40.

38 Vgl. z.B. DE 101 99 054, DE 101 99 058, DE 12 2007 000 022 oder DE 12 2008 000 012 (diese und folgende zitiert nach der im DPMA-Register am 4. Januar 2012 [http://register.dpma.de/DPMAregister/pat/experte] angegebenen Erzeugnisbezeichnung; möglicherweise aber abweichende Erzeugnisbezeichnung im Erteilungsbeschluss).

39 Vgl. z.B. DE 195 75 017, DE 102 99 004, DE 12 2004 000 034 oder DE 12 2005 000 008.

40 Vgl. z.B. DE 199 75 015, DE 101 99 063, DE 12 2005 000 024 oder DE 12 2006 000 065.

41 Vgl. z.B. DE 195 75 007, DE 12 2004 000 005, DE 12 2005 000 002 oder DE 12 2005 000 007; Brückner Art. 8 Rn 39 empfiehlt, die Verwendung von Markenbezeichnungen zu vermeiden.

42 Vgl. z.B. DE 196 75 006 oder DE 100 75 025.

43 Vgl. z.B. DE 12 2009 000 068, DE 12 2009 000 072; DE 196 75 032 oder DE 12 2009 000 045.

44 So wohl BPatG GRUR Int 2001, 629, 638 [rSp] – Sumatriptan für den Fall, dass die Bezeichnung weiter ist als das durch die Zulassung identifizierte Erzeugnis.

45 So Busse/Hacker PatG Anh § 16 a Rn 120 unter Hinweis auf Schennen S. 70 [Art. 11 Anm. 3] und BGH GRUR 2002, 47, 48 f [II.6.b] – Idarubicin; dort wird aber wie in Schulte/Rudloff-Schäffer § 49 a Rn 24 lediglich von der Festlegung des Verfahrensgegenstandes gesprochen; vgl. auch Brückner Art. 10 Rn 21.

the FCJ an applicant is not entitled to the inclusion of random (not claimed in the basic patent?) derivatives (salts/ester) in the SPC explicitly.[33] The grant of an SPC for an active ingredient such as for its physiologically acceptable salts and solvates would come into consideration if those are protected by the basic patent.[34] Combinations of active ingredients should be defined as "component 1 with component 2".[35] The lodging of claims for an SPC is impossible at least in Germany for lack of the reference by Sec. 16a(2) PatG to Sec. 34(3) No. 3 PatG.[36] If the SPC needs to be granted for a form of the active ingredient different from its form identified in the authorisation certificate, it must be explained and indicated in the SPC application (in addition to Art. 8(1) MPR) to what extent the active ingredient will be protected.[37]

Normally it is recommended to indicate the INN (International Non-proprietary Name) of the active ingredient without further additions. In the past the German PTO accepted also the chemical name,[38] independent[39] or additional[40] indication of the concrete salt or brand name[41] and occasionally even generic names.[42] Also – unnecessary because of Art. 4 MPR – additions as "in all forms covered by the basic patent" or "if necessary, in form of a pharmaceutically acceptable salt" the German PTO does not seem to oppose fundamentally.[43] What relevance the designation of the product has, an informational headline[44] or (subject to Art. 4 MPR) constitutive for determining the subject matter of protection,[45] seems not finally clarified. 11

32 Sec. 11a(1)(2) No. 2 AMG, Art. 11 No. 2 Dir. 2001/83/EC; Schulte/Rudloff-Schäffer § 49 a Rn 10; cf. also RL DPMA p. 5/16 [3.2.1.5], Busse/Hacker Anh § 16 a Rn 14.

33 FCJ GRUR 2000, 683, 684 f [LS 3; II.1.b, II.3] – Idarubicin II: This protection would arise (under R 13(2), 17 PPR) already from the SPC granted for the active ingredient and does not need an explicit mentioning here. With the inclusion of any derivatives the scope would be clarified seemingly binding during the grant procedure. But this should be reserved for the infringement procedure. In addition, there would be the danger of protection of equivalents of equivalents; Salts were not mentioned in the claims of the basic patent (DE 2525633).

34 FPC GRUR 2002, 415, 417 [III.6.a] – Sumatriptan; the basis patent DE 3320521 mentioned in claim 1 physiologically acceptable salts and solvates thereof. Cf. also FPC 15 W (pat) 66/97, dated June 3, 2002 – Salmeterol: There an SPC on "Salmeterol physiologically acceptable salts thereof, including salmeterol xinafoate" was granted by the FPC. Salmeterol xinafoate is identified as active ingredient in the authorisation, in DE 3414752 claim 1 "physiologically acceptable salts" are mentioned. According to the Senate the grant was possible also for physiologically acceptable salts because these were different forms of the same active ingredient in this specific case, as these can achieve the same curative and preventive effects (juris Rn 26, 27).

35 Cf. RL DPMA p. 5/16 f [3.2.1.5]; Information leaflet P 2798 2.11 p. 2 [3. zu Feld 7].

36 Cf. BPatGE 41, 56, 63 [LS 2] – Clarithromycin with reference to Schennen GRUR Int 1996, 102, 111 [II. 5]; Benkard/Grabinski § 49 a Rn 5 (just as the filing of drawings or a description); Busse/Hacker Anh § 16 a Rn 105; Brückner Art. 8 Rn 36.

37 BGH GRUR 2002, 415, 417 [III.4.b] – Sumatriptan; Brückner Art. 8 Rn 40.

38 Cf. e.g. DE 101 99 054, DE 101 99 058, DE 12 2007 000 022 or DE 12 2008 000 012 (product names according to DPMAregister [http://register.dpma.de/DPMAregister/pat/experte] on 4.1.2012; possibly different product name in the decision to grant).

39 Cf. e.g. DE 195 75 017, DE 102 99 004, DE 12 2004 000 034 or DE 12 2005 000 008.

40 Cf. e.g. DE 199 75 015, DE 101 99 063, DE 12 2005 000 024 or DE 12 2006 000 065.

41 Cf. e.g. DE 195 75 007, DE 12 2004 000 005, DE 12 2005 000 002 or DE 12 2005 000 007; Brückner Art. 8 Rn 39 suggests avoiding the use of brand names.

42 Cf. e.g. DE 196 75 006 oder DE 100 75 025.

43 Cf. e.g. DE 12 2009 000 068, DE 12 2009 000 072; DE 196 75 032 or DE 12 2009 000 045.

44 Thus possibly FPC GRUR Int 2001, 629, 638 [right col.] – Sumatriptan in case the name is more comprehensive than the product identified in the authorisation.

45 So Busse/Hacker PatG Anh § 16 a Rn 120 with reference to Schennen p. 70 [Art. 11 Anm. 3] and FPC GRUR 2002, 47, 48 f [II.6.b] – Idarubicin; it is, like in Schulte/Rudloff-Schäffer § 49 a Rn 24, merely about the determination of the subject matter of proceedings. cf. also Brückner Art. 10 Rn 21.

12 Gemäß § 19 II PatV sind der Zertifikatsanmeldung Angaben zur Erläuterung des durch das Grundpatent vermittelten Schutzes beizufügen. Diese Angaben sollen die Prüfung der Voraussetzungen von Art. 3 a) AMV ermöglichen.[46] Das DPMA fordert hierzu eine lückenlose Darstellung des Zusammenhangs zwischen dem zugelassenen Erzeugnis und der Textstelle in der Patentschrift, der der Schutz dieses Erzeugnisses zu entnehmen ist. Bei Arzneimitteln ist hierzu der Nachweis der chemischen Formel des in der Zulassung über den INN bezeichneten Wirkstoffs und eine Kopie der relevanten Stelle des Grundpatents,[47] ggf. auch Erläuterungen, wie sich das Erzeugnis z.B. aus der allgemeinen Formel des Patentanspruchs ergibt, erforderlich.

III. Kopie der Erstzulassung im Anmeldestaat

13 Nach Art. 8 I b) AMV muss der Zertifikatsanmelder eine Kopie der Erstzulassung im Anmeldestaat vorlegen. In Deutschland können dies Kopien von Zulassungsbescheiden des Bundesinstitut für Arzneimittel und Medizinprodukte (BfArm), des Paul-Ehrlich-Instituts (PEI) oder – im Falle einer zentralen Zulassung nach VO 726/2004/EG – auch der Europäischen Kommission sein. Aus dieser Kopie müssen die Identität des Erzeugnisses, Nummer und Zeitpunkt der Zulassung und die Zusammenfassung der Merkmale des Arzneimittels[48] hervorgehen.

14 Der Zulassungsinhaber ist gesetzlich[49] nicht verpflichtet, dem Grundpatentinhaber eine Zulassungskopie zur Verfügung zu stellen.[50] Kann der (personenverschiedene) Patentinhaber die Kopie deshalb nicht vorlegen, darf die Anmeldung nicht zurückgewiesen werden. Vielmehr hat sich das Amt eine Kopie von der Zulassungsbehörde zu beschaffen.[51] Nach Ansicht des UK IPO genügt es – unter Verweis auf den Wortlaut von Art. 8 I b) AMV – jedoch nicht, nur das Patentamt zu bitten, die Kopie zu beschaffen. Zuvor sei der Nachweis erforderlich, dass der Anmelder selbst nicht in der Lage war, eine Kopie vom Zulassungsinhaber zu bekommen. Auch muss der Anmelder alle nötigen Informationen zur Identifizierung des Erzeugnisses (bspw. Amtsblattkopien; Datenbankauszüge) bereitstellen.[52]

46 Vgl. hierzu Regelung in RL UK IPO [SPM 8.06].

47 RL DPMA S. 6/16 [3.2.1.6]; vgl. auch Schennen S. 68 [Art. 10 Anm 7]: eventuell auch die Angabe, durch welchen Patentanspruch das Erzeugnis geschützt ist.

48 Im deutschen (aber nicht im englischen) Verordnungstext: Zusammenfassung der Merkmale des Erzeugnisses nach Art. 11 RL 2001/83/EG, der wiederum von der Zusammenfassung der Merkmale des Arzneimittels spricht.

49 Es scheint daher sinnvoll, einen lizenznehmenden Zulassungsinhaber vertraglich zur Übersendung einer Zulassungskopie – unverzüglich nach Erhalt der Zulassung – zu verpflichten, um so die Zertifikatsanmeldung auf das lizensierte Patent zu erleichtern; vgl. zu entsprechenden vertraglichen Beziehungen: C-181/95 [Rn 37] – Biogen; unklar hingegen, was Kühnen (Schulte/Kühnen 8. Aufl. § 16 a Rn 20) mit „Ist einem Lizenznehmer mit Zustimmung des Grundpatentinhabers die Genehmigung erteilt worden, kann sich der Grundpatentinhaber darauf berufen" meint. Da die Lizenz gem. § 16 a III PatG auch für den ergänzenden Schutz gilt, wird der Lizenznehmer regelmäßig aber nichts einzuwenden haben. Ebenfalls sinnvoll könnte in diesem Zusammenhang eine Vereinbarung sein, sich gegenseitig zu informieren, wenn die Einreichung einer Zertifikatsanmeldung geplant ist.

50 C-181/95 [Rn 36] – Biogen.

51 RL DPMA S. 5/16 [3.2.1.4]; vgl. C-181/95 [Rn 45] – Biogen.

52 RL UK IPO [SPM 8.04.1].

According to Sec. 19(2) PatV the information on the protection by the basic patent should be enclosed to the SPC application. This information must enable the examination of conditions of Art. 3(a) MPR.[46] The German PTO demands to that end a gapless description of the connection between the authorised product and the passage in the patent specification from which the protection of this product should be taken. With medicinal products the proof of the chemical formula of the active ingredient designated in the authorisation by the INN and a copy of the relevant passage of the basic patent,[47] if necessary, also the information on how does the product, for example, results from the general formula of the patent claim, are required to that end. 12

III. Copy of the First Authorisation in the Filing Country

According to Art. 8(1)(b) MPR the applicant for an SPC must submit a copy of the first authorisation in the filing country. In Germany that can be the copies of the authorisation documents issued by the Federal Institute for Drugs and Medical Devices (BfArm), Paul-Ehrlich-Institut (PEI) or – with centralised authorisation in accordance with Reg. 726/2004 – also by the European Commission. From this copy the identity of the product, number and date of authorisation and summary of the medicinal product characteristics[48] must come out. 13

The authorisation holder is not legally[49] obliged to provide the basic patent holder with a copy of the authorisation.[50] If the basic patent holders (different persons) cannot, therefore, submit the copy, the application might not be rejected. In addition, the office must obtain a copy from the authorising authority.[51] According to the UK IPO it would be, however, not enough – under reference to the wording of Art. 8(1)(b) MPR – only to ask the patent office to obtain the copy. At first a proof would be necessary that the applicant had not ability to receive a copy from the authorisation holder. The applicant must also provide all necessary information for identification of the product (for example, copies of the official journal or database excerpts).[52] 14

46 Cf. to this MPP UK IPO [SPM 8.06].

47 RL DPMA p. 6/16 [3.2.1.6]; cf. also Schennen p. 68 [Art. 10 Anm 7]: possibly also the information, which claim protects the product.

48 German wording of Art. 8(1)(b) MPR: "Zusammenfassung der Merkmale des Erzeugnisses"; German (but not the English) wording of Art. 11 Dir. 2001/83/EC: "Zusammenfassung der Merkmale des Arzneimittel"; English wording of these provisions: "summary of product characteristics".

49 It seems, therefore, reasonable to contractually commit the authorisation holder (= licensee) to deliver – immediately after its receipt – a copy of the authorisation certificate in order to facilitate an SPC application for the licenced basic patent; cf. concerning respective contractual relations: C-181/95 – Biogen [Rn 37]; it remains unclear, however, what Kühnen (Schulte/Kühnen 8th ed. § 16 a Rn 20) means by "If an authorisation has been granted to a licensee with a consent of the basic patent holder, the patent holder may refer to it". The basic patent holder will regularly accept, because the licence according to Sec. 16a(3) PatG applies also to the supplementary protection. An agreement to inform each other before an SPC filing would be reasonable in this context as well.

50 C-181/95 – Biogen [para. 36].

51 RL DPMA p. 5/16 [3.2.1.4]; cf. C-181/95 – Biogen [para. 45].

52 MPP UK IPO [SPM 8.04.1].

15 In Deutschland braucht der Zertifikatsanmelder zum Schutz von Betriebsgeheimnissen keine vollständige Kopie der deutschen Erstzulassung einzureichen. Lediglich Nummer, Genehmigungszeitpunkt, Identität des Erzeugnisses sowie die ungekürzte Zusammenfassung der Merkmale des Erzeugnisses müssen lesbar sein.[53] Das DPMA verlangt zusätzlich, dass die Gültigkeitsdauer der Zulassung erkennbar ist.[54]

IV. Kopie der Erstzulassung in der Gemeinschaft

16 Ist die Erstzulassung im Anmeldestaat nicht auch die Erstzulassung in der Gemeinschaft, so sind die Identität des in der Gemeinschaft zugelassenen Erzeugnisses und die Rechtsgrundlage des Zulassungsverfahrens anzugeben sowie eine Kopie der Veröffentlichung dieser Zulassung im amtlichen Mitteilungsblatt vorzulegen, Art. 8 I c) AMV. Fehlt eine solche Veröffentlichung, kann jedes Dokument eingereicht werden, das als Nachweis der Zulassung, ihres Zeitpunktes und der Identität des zugelassenen Erzeugnisses dient, Art 8 I c), EG 17 PMV.[55]

17 Art. 8 I c) AMV kann bei einer zentralen Zulassung (VO 726/2004/EG) nicht einschlägig sein, da diese Zulassung gleichzeitig in allen Mitgliedstaaten gültig wird.[56] Als zu nennende Rechtsgrundlage künftiger Zulassungsverfahren kommen daher wohl nur noch in Übereinstimmung mit RL 2001/83/EG erlassene nationale Arzneimittelgesetze in Betracht.[57]

18 Die Einreichung einer Kopie der Erstzulassung ist nach Art. 8 I c) AMV nicht erforderlich, wird aber vom DPMA erfahrungsgemäß auch ohne den Nachweis des Fehlens einer Veröffentlichung im amtlichen Mitteilungsblatt akzeptiert. Von fremdsprachigen Unterlagen ist nur auf Anforderung eine deutsche Übersetzung einzureichen.[58] Derartige Übersetzungen sind nur erforderlich, wenn die in Art. 8 I b AMV geforderten Angaben ohne Übersetzung nicht ohne Weiteres erkennbar sind.[59]

19 Deutsche Zulassungen werden im amtlichen Teil des Bundesanzeiger (ISSN 0344-7634) als Bekanntmachung über die Zulassung von Arzneimitteln vom BfArm bzw. Impfstoffen und biomedizinischen Arzneimitteln vom PEI veröffentlicht.[60]

53 RL DPMA S. 5/16 [3.2.1.4]; MittPräs Nr. 1/93 PMZ 1993, 6, 6 [4.], Nr. 6/93 PMZ 1993, 169, 169 [2.], Nr. 19/96 PMZ 1996, 425, 425 [4.]; Busse/Hacker Anh § 16 a Rn 106; Benkard/Grabinski § 49 a Rn 4; Schulte/Rudloff-Schäffer § 49 a Rn 9; Brückner Art. 8 Rn 23 ff; vgl. auch Schennen S. 64 [Art. 8 Anm 5]; das UK IPO schließt entsprechende Dokumente nach Beantragung der Geheimhaltung nach Regel 53 (1) Patent Rules 2007 von der Akteneinsicht aus (vgl. RL UK IPO S. 17/41 [SPM 8.04.1]).

54 RL DPMA S. 5/16 [3.2.1.4], S. 7/16 [3.3.1.2]; und zwar, obwohl Art. 3 b AMV die Gültigkeit der Zulassung (anders als Art. 3 a AMV für das Grundpatent) nicht voraussetzt. Vgl. auch RL UK IPO S. 11/41 f [SPM 3.03]; 26/41 [SPM 10.21]: wonach die Zulassung am Anmeldetag zurückgezogen oder erloschen sein kann; Brückner Art. 8 Rn 19 ff.

55 RL DPMA S. 5/16 [3.2.1.4]; vgl. Busse/Hacker Anh § 16 a Rn 109.

56 Vgl RL DPMA S. 5/16 [3.2.1.3]; Art. 13 I 1 VO 726/2004/EG.

57 Vgl. Art. 2 AMV (C-195/06 [LS 1, Rn 51] – Memantin, C-427/09 [LS, Rn 36] – Galantamin); nach RL UK IPO [SPM 8.02] – unter Verweis auf BL O/044/03 – scheint der Wortlaut von Art. 8 I a) iv) und I c) AMV nicht zu fordern, dass die Erstzulassung nach RL 2001/83/EG erteilt wurde. Im konkreten Fall ging es um eine von Liechtenstein automatisch anerkannte Schweizer Zulassung. Mittlerweile vom EuGH unter Hinweis auf die Gleichstellung von durch Liechtenstein automatisch anerkannte Schweizer Zulassungen und Zulassungen nach RL 2001/83/EG (früher: RL 65/65/EWG) durch Nr. 6 des Anhangs XVII des EWR-Abkommens bestätigt, C-617/12 [LS, Rn 53, 60] – Astra Zeneca.

58 MittPräs Nr. 19/96 PMZ 1996, 425, 425 [3.]; siehe auch §§ 14 I, III–V, 19 I 2 PatV; vgl. Busse/Hacker Anh § 16 a Rn 108, Rn 134; Schulte/Rudloff-Schäffer § 49 a Rn 10; Schennen S. 64, 65 [Art. 8 Anm 6].

59 RL DPMA S. 5/16 [3.2.1.4].

60 Vgl. bspw. Bundesanzeiger vom 5., 17. oder 31. Mai 2011.

In Germany the SPC applicant does not need to lodge a full copy of the first German authorisation because of the protection of business secrets. Only the number, the authorisation date, the identity of the product and the full summary of the product characteristics must be legible.[53] The German PTO demands additionally that the period of validity is identifiable.[54] 15

IV. Copy of the First Authorisation in the Community

If the first authorisation in the filing country is not the first authorisation in the Community, the identity of the product authorised in the Community and the legal basis for the authorisation procedure are to be indicated and a copy of the publication of this authorisation in an official newsletter submitted, Art. 8(1)(c) MPR. If such a publication is not available, any document, which is proof of the authorisation, its date and the identity of the authorised product can be lodged, Art. 8(1)(c), R 17 PPR.[55] 16

Art. 8(1)(c) MPR can be irrelevant with a centralised authorisation (Reg. 726/2004), because this authorisation becomes valid in all Member States at the same time.[56] Therefore, only the national laws adopted in accordance with Dir. 2001/83/EC come into consideration as a legal basis for future authorisation procedure.[57] 17

The lodging of a copy of the first authorisation is not required by Art. 8(1)(c) MPR, but it is accepted by the German PTO also without a proof of the absence of the publication in an official newsletter. The foreign-language documents should be filed in German only on demand.[58] Such translations might be required if the information demanded by Art. 8(1)(b) MPR is not easily discernible without translation.[59] 18

The German authorisations are published in the official section of the German Federal Gazette (ISSN 0344-7634) as a publication of authorisation of medicinal products by the BfArm or of vaccines and other biomedical medicinal products by the PEI.[60] 19

53 RL DPMA p. 5/16 [3.2.1.4]; MittPräs No. 1/93 PMZ 1993, 6, 6 [4.], No. 6/93 PMZ 1993, 169, 169 [2.], No. 19/96 PMZ 1996, 425, 425 [4.]; Busse/Hacker Anh § 16 a Rn 106; Benkard/Grabinski § 49 a Rn 4; Schulte/Rudloff-Schäffer § 49 a Rn 9; Brückner Art. 8 Rn 23 ff; cf. also Schennen p. 64 [Art. 8 Anm 5]; The UK IPO under no circumstances will be made available to the applicant or the public respective documents covered by a request for confidentiality according to Rule 53(1) Patent Rules 2007 (cf. MPP UK IPO p. 17/41 [SPM 8.04.1]).

54 RL DPMA p. 5/16 [3.2.1.4], p. 7/16 [3.3.1.2]; namely although Art. 3(b) MPR does not presuppose the validity of the authorisation (unlike Art. 3(a) MPR for the basic patent). Cf. also MPP UK IPO p. 11/41 f [SPM 3.03]; p. 26/41 [SPM 10.21]: according to which the authorisation could have lapsed or withdrawn on the filing date, Brückner Art. 8 Rn 19 ff.

55 RL DPMA p. 5/16 [3.2.1.4]; cf. Busse/Hacker Anh § 16 a Rn 109.

56 Cf. RL DPMA p. 5/16 [3.2.1.3]; Art. 13 I 1 Reg. 726/2004.

57 Cf. Art. 2 MPR (C-195/06 [LS 1, Rn 51] – Memantine, C-427/09 [LS, Rn 36] – Galantamine); according to MPP UK IPO [SPM 8.02] – with reference to BL O/044/03 – the wording of Art. 8(1)(a)(iv) and (1)(c) MPR seems not to require that the first authorisation was granted under Dir. 2001/83/EC. In the particular case it is a Swiss authorisation, which was automatically recognized in Liechtenstein. Meanwhile confirmed by the ECJ with reference to the equalisation of Swiss authorizations automatically recognized by Liechtenstein and authorisations under Dir. 2001/83/EC (formerly Dir. 65/65/EEC) by paragraph 6 of Annex XVII of the EEA Agreement, C-617/12 [LS, para 53, 60] – AstraZeneca.

58 MittPräs No. 19/96 PMZ 1996, 425, 425 [3.]; see also Sec. 14(1), (3)–(5), 19(1)(2) PatV; cf. Busse/Hacker Anh § 16 a Rn 108, Rn 134; Schulte/Rudloff-Schäffer § 49 a Rn 10; Schennen p. 64 f [Art. 8 Anm 6].

59 RL DPMA p. 5/16 [3.2.1.4].

60 Cf. e.g. Bundesanzeiger dated May 5, 17 or 31, 2011.

V. Die simultane Beantragung der Laufzeitverlängerung

20 Wird bereits in der Zertifikatsanmeldung eine Laufzeitverlängerung beantragt,[61] so ist eine Kopie der Übereinstimmungserklärung sowie der Nachweis der Zulassungen in allen Mitgliedstaaten erforderlich, Art. 8 I d) i), ii) AMV.

21 Das DPMA akzeptiert im Falle der Zulassung der pädiatrischen Indikation als Übereinstimmungserklärung nur eine Kopie der gemäß Art. 28 III PädV in die Zulassung aufgenommenen Erklärung, im Falle der Zulassungsversagung eine entsprechende Kopie des Abänderungsbescheids.[62] Selbst wenn vor Ablauf der in Art. 7 IV, V AMV geregelten Fristen eine solche Übereinstimmungserklärung noch nicht abgegeben wurde,[63] kann eine Kopie dieser Erklärung – unter bestimmten Voraussetzungen[64] – auch später nachgereicht werden. Eine Kopie der Stellungnahme des Pädiatrieausschusses gem. Art. 23 II PädV kann diese Übereinstimmungserklärung nach Ansicht des DPMA aber nicht ersetzen.[65]

22 Die Kopie welcher Zulassungen in Deutschland den Anforderungen von Art. 8 I d) ii) AMV, Art. 36 III PädV genügen, ist gerichtlich noch nicht geklärt.[66] Insbesondere ist noch nicht abschließend geklärt, ob das Erfordernis der Zulassung in allen Mitgliedstaaten das ursprüngliche Arzneimittel ohne oder mit[67] angepasstem Beipackzettel meint. Während es bei der Neuzulassung keine Auslegungsprobleme gibt,[68] akzeptiert das DPMA im Falle einer untersuchten neuen Verwendung eines bekannten Arzneimittels nur Kopien des neuen Zulassungsbescheids oder – im Falle der Zulassungsversagung – des Abänderungsbescheids.[69] Ein Nachreichen der Kopien ist unter den gleichen Voraussetzungen wie bei Kopien der Übereinstimmungserklärung möglich.

VI. Die spätere Beantragung der Laufzeitverlängerung

23 Wird der Verlängerungsantrag nicht simultan gestellt,[70] so bestimmt Art. 8 II, III AMV, dass dieser die in Art. 8 I d) AMV genannten Angaben[71] enthält. Die nach Art. 8 I a)–c) AMV erforderlichen Angaben und Unterlagen liegen dem Amt bereits vor. Art. 8 II, III AMV differenziert hinsichtlich weiterer zusätzlicher Angaben und Kopien jedoch danach, ob das Zertifikat bereits erteilt wurde oder nicht. Ist eine Zertifikatsanmeldung im Gange, so genügt nach Art. 8 II AMV ein Hinweis darauf. Es wird empfohlen, das Aktenzeichen der anhängigen Zertifikatsanmeldung anzugeben. Ist das Zertifikat erteilt, so ist hingegen eine Kopie des erteilten Zertifikats beizufügen. Dies ist insoweit erstaunlich, als ein Art. 8 II AMV entsprechender Hinweis hier ebenfalls genügt hätte und einige Mitgliedstaaten keine Zertifikats-

61 In diesem Falle ist das Formblatt P 2008 zu verwenden und in Feld 1 „Arzneimittel einschl. Verlängerung der Laufzeit" anzukreuzen, vgl. RL DPMA S. 12/16 [4.1.2].

62 Vgl. auch Brückner Art. 8 Rn 88 ff; Busse/Hacker Anh § 16 a Rn 109; Benkard/Grabinski EPÜ Art. 64 Rn 72 unter Hinweis auf [2009] EWCA Civ 966 [Rn 30 ff]. Dies wird unter Hinweis darauf, dass Art. 8 I d) i) AMV nur auf Art. 36 I PädV und nicht auch auf Art. 36 II PädV verweist (nur Art. 36 II verweist aber auf Art. 28 III PädV), in Frage gestellt: Gassner FS Meibom S. 71, 74 [II.2.a.aa]; Lopez-Bellosta, Benetó Santa Cruz, JIPLP 2010, 45, 49; Reese, Milbradt, Stallberg EIPR 2010, 146, 147 ff.

63 Vgl. auch RL UK IPO [SPM 8.09] unter Bezugnahme auf [2009] EWCA Civ 966 – DuPont v. UK IPO.

64 RL DPMA S. 13/16 f [4.1.5.a].

65 RL DPMA S. 13/16 [4.1.5.a], Benkard/Grabinski EPÜ Art. 63 Rn 72 (unter Hinweis auf [2009] EWCA Civ 966 [Rn 26 ff]): Das Gleiche gilt für informelle Mitteilungen der zuständigen Behörde; aA Gassner FS Meibom S. 71, 75 [II.2.a.bb]; Lopez-Bellosta, Benetó Santa Cruz, JIPLP 2010, 45, 46 ff.

66 Andere Situation in UK: [2009] EWCA Civ 966 – DuPont v. UK IPO, an der sich das DPMA bei der Aufstellung seiner RL offensichtlich orientierte; siehe auch RL UK IPO [SPM 8.10]; vgl. auch Brückner Art. 8 Rn 96 ff.

67 So wohl Brückner Art. 8 Rn 98.

68 RL DPMA S. 14/16 [4.1.5 (b) (1)].

69 RL DPMA S. 14/16 [4.1.5 (b) (2), (3)].

70 Vgl. RL DPMA S. 12/16 [4.1.2]; Formblatt P 2040 13.1.

71 Und trotz Nichtnennung wohl auch die dort geforderten Kopien.

V. The simultaneous SPC Extension Application

If an extension of the duration is requested[61] already in the SPC application, so a copy of the compliance statement and a proof of the authorisation in all Member States is required, Art. 8(1)(d) MPR. 20

With the authorisation of the pediatric indication the German PTO accepts only a copy of this statement included in the authorisation certificate according to Art. 28(3) PedR as compliance statement, and with a refusal to authorise – a respective copy of the notification of amendment.[62] Even if after the expiry of the periods stated in Art. 7(4), (1) MPR such a compliance statement has not been provided,[63] a copy of this statement – under specific conditions[64] – might be also submitted later. According to the German PTO a copy of the opinion of the Pediatric Committee in accordance with Art. 23(2) PedR might not, however, substitute this compliance statement.[65] 21

A copy of which authorisations meet the requirements of Art. 8(1)(d) MPR, Art. 36(3) PedR in Germany, has not been clarified by court.[66] In particular, it has not been clarified whether the requirement of the authorisation means an original medicinal product with or without[67] an adapted package leaflet in all Member States. Although there are no interpretation problems with a new authorisation,[68] the German PTO accepts only a copy of a new authorisation notification with an investigated new use of a known medicinal product or – with a refusal of authorisation – of a notification of amendment.[69] The filing of these copies is possible under the same conditions as those of the compliance statement. 22

VI. The later SPC Extension Application

If the application for an extension of the duration is not filed at the same time,[70] so Art. 8(2), (3) MPR states that it contains the information[71] mentioned in Art. 8(1)(d) MPR. The information and documents required by Art. 8(1)(a)–(c) MPR are already available to the office. On the further additional information and copies, Art. 8(2), (3) MPR differentiates, however, according to whether the SPC was already granted or not. If an SPC application is pending, a reference to it is enough pursuant to Art. 8(2) MPR. It is recommended also to indicate the file number of the pending application for an SPC. If the SPC was granted, on the contrary, a copy of the granted SPC has to be enclosed. That is astonishing because a reference similar to that one in Art. 8(2) MPR would be enough and because cer- 23

61 In this case form P 2008 must be used and field 1 (medicinal product including pediatric extension) has to be ticked, cf. RL DPMA p. 12/16 [4.1.2].
62 Cf. also Brückner Art. 8 Rn 88 ff; Busse/Hacker Anh § 16 a Rn 109; Benkard/Grabinski EPÜ Art. 64 Rn 72 with reference to [2009] EWCA Civ 966 [Rn 30 ff]. It is called into question recalling that Art. 8(1)(d)(i) MPR refers only to Art. 36(1) PedR, but not to Art. 36(2) PedR (only Art. 36(2) refers to Art. 28(3) PedR): Gassner FS Meibom p. 71, 74 [II.2.a.aa]; Lopez-Bellosta, Benetó Santa Cruz, JIPLP 2010, 45, 49; Reese, Milbradt, Stallberg EIPR 2010, 146, 147 ff.
63 Cf. also MPP UK IPO [SPM 8.09] with reference to [2009] EWCA Civ 966 – DuPont v. UK IPO.
64 RL DPMA p. 13/16 f [4.1.5.a].
65 RL DPMA p. 13/16 [4.1.5.a], Benkard/Grabinski EPÜ Art. 63 Rn 72 (with [2009] EWCA Civ 966 [Rn 26 ff]): The same applies for informal communications of the competent authority. Dissenting: Gassner FS Meibom p. 71, 75 [II.2.a.bb]; Lopez-Bellosta, Benetó Santa Cruz, JIPLP 2010, 45, 46 ff.
66 Different: Situation in UK: [2009] EWCA Civ 966 – DuPont v. UK IPO, which the German PTO obviously followed drafting its statutory order; see also MPP UK IPO [SPM 8.10]; cf. also Brückner Art. 8 Rn 96 ff.
67 Thus possibly Brückner Art. 8 Rn 98.
68 RL DPMA p. 14/16 [4.1.5(b)(1)].
69 RL DPMA p. 14/16 [4.1.5(b)(2),(3)].
70 Cf. RL DPMA p. 12/16 [4.1.2]; form P 2040 13.1.
71 And despite non-mentioning probably also the copies required there.

schriften[72] herausgeben. Formblatt 2040 fordert dennoch zur Beifügung der bereits in der Amtsakte vorhandenen Kopie des Erteilungsbeschlusses auf.[73]

VII. Gebührenpflicht

24 Nach Art. 8 IV AMV können die Mitgliedstaaten vorsehen, dass für Zertifikatsanmeldung und Verlängerungsantrag, nicht hingegen für die Zertifikatserteilung,[74] Gebühren zu entrichten sind.[75] In Deutschland beträgt die Gebühr für eine Zertifikatsanmeldung zurzeit 300 EUR (Nr. 311500 GebVz).[76] Sie ist abweichend von § 6 I 1 PatKostG mit der Anmeldung zu zahlen, Art. 10 III, 8 IV AMV.[77] Ein Verlängerungsantrag kostet 100 EUR (Nr. 311600 GebVz) bzw. 200 EUR (Nr. 311610 GebVz), je nachdem, ob dieser zusammen mit oder erst nach der Zertifikatsanmeldung gestellt wird. Wird die Anmelde- bzw. Verlängerungsantragsgebühr nicht mit der Anmeldung/Antragstellung gezahlt, setzt das DPMA für die Zahlung eine Frist von mindestens zwei Monaten, Art. 10 III (VI) AMV, § 49 a II 2 PatG. Nach ergebnislosem Fristablauf weist es Anmeldung bzw. Antrag zurück, Art. 10 IV (VI) AMV.[78] Diese Nachfrist soll nicht verlängerbar sein.[79] Eine Wiedereinsetzung ist jedoch möglich, §§ 16 a II, 123 PatG.[80]

72 Vgl. bspw. für Deutschland: MittPräs Nr. 19/96 PMZ 1996, 425, 425 [5.].
73 Vgl. Formblatt P 2040 10.11 Feld 8 Nr. 6.
74 Mangels Erwähnung in AMV unzulässig: Begr. PatGÄndG PMZ 1993, 205, 212 [zu Art. 5, 1.]; Brückner Art. 12 Rn 11; vgl. auch Schennen S. 71 [Art. 12 Anm 3], der Erteilungsgebühren für unzulässig, Veröffentlichungsgebühren für zweifelhaft hält; Brückner Art. 12 Rn 12 f: Nicht ausgeschlossen sind hingegen allgemeine Verfahrensgebühren, wie zB Beschwerde-, Umschreibungs- oder Klagegebühren.
75 Benkard/Grabinski § 16 a Rn 5, 43: Da § 16 a PatG erst zum 1. April 1993 in Kraft getreten ist, waren für zwischen 2. Januar und 1. April 1993 angemeldete Zertifikate keine Anmeldegebühr zu zahlen.
76 Begründet wurde die Erhebung der Anmeldegebühr mit Kosten für Prüfung und Veröffentlichung, denen bei Nichterteilung keine Einnahmen aus Jahresgebühren gegenüberstehen (Begr. PatGÄndG PMZ 1993, 205, 211 f [zu Art. 1, zu Nr. 4, 4.]).
77 Busse/Hacker Anh § 16 a Rn 110.
78 RL DPMA S. 6/16 [3.2.2], S. 12/16 [4.1.1]; Schulte/Rudloff-Schäffer § 49 a Rn 13; Benkard/Grabinski § 49 a Rn 7; Mes § 49 a Rn 10; Busse/Hacker Anh § 16 a Rn 110; § 6 II PatKostG (vgl. auch § 49 a IV PatG aF) – wonach eine Anmeldung bei nicht rechtzeitiger oder unvollständiger Zahlung als zurückgenommen gilt, ist wegen Widerspruch zur vorrangigen Regelung in Art. 10 IV AMV „wird … zurückgewiesen“ nicht anwendbar.
79 Schulte/Rudloff-Schäffer § 49 a Rn 13.
80 Schulte/Rudloff-Schäffer § 49 a Rn 13; Busse/Hacker Anh § 16 a Rn 110, 119.

tain Member States do not issue any SPC documents.[72] The form 2040 requires a copy of the grant notification, already available in the official documents to be enclosed.[73]

VII. Application Fee

Pursuant to Art. 8(4) MPR the Member States might provide that a fee will be payable on application for an SPC and on application for a pediatric extension,[74] but not, however, on the grant of an SPC.[75] The fee for an SPC application is EUR 300.00 (No. 311500 GebVz) in Germany at present.[76] It has to be paid notwithstanding Sec. 6(1)(1) PatKostG when lodging the application, Art. 10(3), 8(4) MPR.[77] An application for an extension of the duration costs EUR 100.00 (No. 311600 GebVz) or 200 (No. 311610 GebVz) depending on whether it is lodged with or after the lodging of the SPC application. If the fee on the SPC application or on the pediatric extension application was not settled when the lodging the applications, the German PTO sets a period for settlement of at least two months, Art. 10(3), (6) MPR, Sec. 49a(2)(2) PatG. If the fee is not paid within this period it rejects the application, Art. 10(4), (6) MPR.[78] This additional period seems to be not renewable.[79] But a reinstatement is possible, Sec. 16a(2), 123 PatG.[80] 24

72 Cf. e.g. for Germany: MittPräs No. 19/96 PMZ 1996, 425, 425 [5.].
73 Cf. form P 2040 10.11 field 8 No. 6.
74 Benkard/Grabinski § 16 a Rn 5, 43: No annual fees had to be paid for SPCs filed between January 2 and April 1, 1993, as Sec. 16 a PatG entered into force only on April 1, 1993.
75 Inadmissible for lack of reference in MPR: Begr. PatGÄndG PMZ 1993, 205, 212 [as to Art. 5, 1.]; Brückner Art. 12 Rn 11; cf. also Schennen p. 71 [Art. 12 Anm 3], who considers grant fees inadmissible and publication fees doubtful; Brückner Art. 12 Rn 12 f: The general procedural fees like, e.g., appeal fees, transfer fees, claim fees are, however, not excluded.
76 The filing fee was justified by examination and publication costs, which – in case of the rejection of the application – cannot be balanced by annual fees (Begr PatGÄndG PMZ 1993, 205, 211 f [as to Art. 1, as to No. 4, 4.]).
77 Busse/Hacker Anh § 16 a Rn 110.
78 RL DPMA p. 6/16 [3.2.2], p. 12/16 [4.1.1]; Schulte/Rudloff-Schäffer § 49 a Rn 13; Benkard/Grabinski § 49 a Rn 7; Mes § 49 a Rn 10; Busse/Hacker Anh § 16 a Rn 110; Sec. 6(2) PatKostG (cf. also Sec. 49a(4) PatG old version) – whereupon an application in case of late or incomplete payment was considered withdrawn, is no longer applicable due to inconsistency with primary provision of Art. 10(4) MPR "is … rejected".
79 Schulte/Rudloff-Schäffer § 49 a Rn 13.
80 Schulte/Rudloff-Schäffer § 49 a Rn 13; Busse/Hacker Anh § 16 a Rn 110, 119.

Artikel 9 Einreichung der Zertifikatsanmeldung

(1) Die Zertifikatsanmeldung ist bei der für den gewerblichen Rechtsschutz zuständigen Behörde des Mitgliedstaats einzureichen, der das Grundpatent erteilt hat oder mit Wirkung für den das Grundpatent erteilt worden ist und in dem die in Artikel 3 Buchstabe b genannte Genehmigung für das Inverkehrbringen erlangt wurde, sofern der Mitgliedstaat zu diesem Zweck keine andere Behörde bestimmt.

Der Antrag auf Verlängerung der Laufzeit eines Zertifikats ist bei der zuständigen Behörde des betreffenden Mitgliedstaats zu stellen.

(2) [1]Ein Hinweis auf die Zertifikatsanmeldung wird von der in Absatz 1 genannten Behörde bekannt gemacht. [2]Der Hinweis muss zumindest die folgenden Angaben enthalten:

a) Name und Anschrift des Anmelders;

b) Nummer des Grundpatents;

c) Bezeichnung der Erfindung;

d) Nummer und Zeitpunkt der Genehmigung für das Inverkehrbringen gemäß Artikel 3 Buchstabe b sowie das durch die Genehmigung identifizierte Erzeugnis;

e) gegebenenfalls Nummer und Zeitpunkt der ersten Genehmigung für das Inverkehrbringen in der Gemeinschaft;

f) gegebenenfalls die Angabe, dass die Anmeldung einen Antrag auf Verlängerung der Laufzeit enthält.

(3) [1]Absatz 2 findet auf den Hinweis auf einen Antrag auf Verlängerung der Laufzeit eines bereits erteilten Zertifikats sowie dann Anwendung, wenn eine Zertifikatsanmeldung im Gange ist. [2]In dem Hinweis ist zudem anzugeben, dass ein Antrag auf eine verlängerte Laufzeit des Zertifikats eingereicht worden ist.

Article 9 Lodging of an application for a certificate

1. The application for a certificate shall be lodged with the competent industrial property office of the Member State which granted the basic patent or on whose behalf it was granted and in which the authorisation referred to in Article 3(b) to place the product on the market was obtained, unless the Member State designates another authority for the purpose.

The application for an extension of the duration of a certificate shall be lodged with the competent authority of the Member State concerned.

2. Notification of the application for a certificate shall be published by the authority referred to in paragraph 1. The notification shall contain at least the following information:

(a) the name and address of the applicant;

(b) the number of the basic patent;

(c) the title of the invention;

(d) the number and date of the authorisation to place the product on the market, referred to in Article 3(b), and the product identified in that authorisation;

(e) where relevant, the number and date of the first authorisation to place the product on the market in the Community;

(f) where applicable, an indication that the application includes an application for an extension of the duration.

3. Paragraph 2 shall apply to the notification of the application for an extension of the duration of a certificate already granted or where an application for a certificate is pending. The notification shall additionally contain an indication of the application for an extended duration of the certificate.

1 Art. 9 I 1 AMV regelt, bei welcher Behörde die **Zertifikatsanmeldung** einzureichen ist, nicht jedoch welche Behörde für die Prüfung[1] der Zertifikatsanmeldung zuständig ist. Die Anmeldung ist bei der für den gewerblichen Rechtsschutz zuständigen Behörde des Mitgliedstaats einzureichen, die das Grundpatent erteilt hat oder mit Wirkung für den Mitgliedstaat das Grundpatent erteilt worden ist und in dem die in Art. 3 b AMV genannte Zulassung erlangt wurde, sofern der Mitgliedstaat zu diesem Zweck keine andere Behörde bestimmt. Dabei ist für jeden Mitgliedstaat eine gesonderte Anmeldung einzureichen. Zwar gab es im Rahmen der Diskussion zum Einheitspatent auch erste Überlegungen hinsichtlich eines einheitlichen Zertifikats. Diese wurden aber auf einen späteren Zeitpunkt vertagt.[2] In Deutschland ist das DPMA[3] für die Entgegennahme der Zertifikatsanmeldung unabhängig davon zuständig, ob es sich um ein deutsches oder ein europäisches Grundpatent handelt.[4] Von der Möglichkeit, eine andere Behörde[5] zu bestimmen, wurde in Deutschland kein Gebrauch gemacht.[6] Gemäß Art. 9 I 2 AMV ist auch der Zertifikatsverlängerungsantrag bei der jeweils zuständigen Behörde des betreffenden Mitgliedstaats zu stellen.

2 Nach Art. 9 II 1 AMV muss ein Hinweis auf eine Zertifikatsanmeldung mit den in Art. 9 II 2 AMV aufgezählten Mindestangaben bekannt gemacht werden. Die entsprechenden Angaben zu Zertifikatsanmeldungen, Laufzeitverlängerungsanträgen und Zertifikaten für Arzneimittel werden in Deutschland in Teil 7 a des Patentblattes veröffentlicht.[7]

3 Hinweise auf Zertifikatsverlängerungsanträge müssen ebenfalls bekannt gemacht werden. Derartige Hinweise müssen neben der Angabe, dass ein Zertifikatsverlängerungsantrag eingereicht wurde (Art. 9 III 2 AMV), die von Art. 9 II 2 a–f AMV geforderten Angaben enthalten, Art. 9 III 1 AMV.

1 Dies regelt Art. 10 AMV, der aber in seinen Abs. 1–3, 5 auf „die in Art. 9 I AMV genannte Behörde" Bezug nimmt. Die „in Art. 9 I AMV genannte Behörde" wird außerdem in Art. 11 I, II, Art. 14 d) 2, Art. 17 I, II, 18 AMV erwähnt. Für Deutschland ist dies in allen Fällen das DPMA. Für die Prüfung der Zertifikatsanmeldung sind die am DPMA gebildeten Patentabteilungen (§ 49 a I PatG) zuständig.

2 Persönliche Auskunft des EPA vom 22. Januar 2013 (Ref. 1307270); zum EPA als zuständige Behörde: vgl. Art. 63 IV EPÜ.

3 Eine Zertifikatsanmeldung kann in Deutschland nicht bei einem Patentinformationszentrum eingereicht werden, weil §§ 16 a, 49 a PatG nicht auf § 34 II PatG verweisen, RL DPMA S. 4/16 [3.2.1], MittPräs Nr. 4/06 PMZ 2006, 77, 77.

4 Art. II § 6 a IntPatÜG, Art. 63 II b) EPÜ; Benkard/Grabinski § 16 a Rn 41; Busse/Hacker Anh § 16 a Rn 113; Kraßer S. 580 [§ 26 A. II. b. 2], S. 583 [§ 26 A. II. b. 4]; vgl. auch Schennen GRUR Int 1996, 102, 105 [I.5], allerdings für Zertifikate für Pflanzenschutzmittel.

5 Nach Schennen S. 66 [Art. 9 Anm 2] komme hierfür das EPA oder die Zulassungsbehörden in Betracht; Nach Art. 63 IV EPÜ könnte ein Vertragsstaat, der eine Verlängerung der Laufzeit oder einen entsprechenden Schutz nach Art. 63 II b) EPÜ vorsieht, dem EPA die damit verbundenen Aufgaben übertragen. Da dies nicht geschehen ist, wirkt eine beim EPA eingereichte Zertifikatsanmeldung nicht fristwahrend; vgl. Busse/Hacker Anh § 16 a Rn 113.

6 Schennen GRUR Int 1996, 102, 105 [I.5]: und auch in keinem anderen Mitgliedstaat; Busse/Hacker Anh § 16 a Rn 113; vgl. auch ABl EPA 1997, 77; dies hat sich nach einer Auskunft des EPA im Dezember 2010 bislang nicht geändert.

7 Https://register.dpma.de/DPMAregister/blattdownload/pat.

Art. 9(1)(1) MPR regulates which authority the **SPC application** will be filed with, but not which authority is responsible for the examination[1] of the SPC application. The application will be lodged with the competent industrial property office of the Member State, which granted the basic patent or on whose behalf it was granted and in which the authorisation referred to in Art. 3(b) MPR was obtained, unless the Member State designates another authority for the purpose. So a separate application will be filed with each Member State. Although there were first considerations about a unitary SPC within the discussion on the unitary patent. But it was postponed to a later date.[2] In Germany the German PTO[3] is responsible for accepting the SPC application irrespective whether it is a German or European basic patent.[4] No use was made of the possibility to designate another authority[5] in Germany.[6] According to Art. 9(1)(2) MPR also the pediatric extension application will be lodged with the competent authority of the Member State concerned. 1

In accordance with Art. 9(2)(1) MPR a notification of the SPC application will be published with the minimum information specified in Art. 9(2)(2) MPR. The respective information about SPC applications, applications for an extension of the duration, and SPCs for medicinal products are published in part 7 a of the Patent Gazette in Germany.[7] 2

Notification of the pediatric extension application must also be published. These notifications must contain besides the information that a pediatric extension application was lodged (Art. 9(3)(2) MPR) the information required by Art. 9(2)(2)(a)–(f) MPR, Art. 9(3)(1) MPR. 3

1 This regulates Art. 10 MPR, which refers in its paragraphs 1–3 and 5 to "the authority referred to in Art. 9(1) MPR". The "authority referred to in Art. 9 I MPR" is also mentioned in Art. 11(1), (2), Art. 14(d)(2), Art. 17(1), (2) and Art. 18 MPR. For Germany this is the German PTO in all these cases. The German PTO's patent divisions are responsible for the examination of SPC applications, Sec. 49a(1) PatG).

2 Personal information by EPO dated January 22, 2013 (Ref. 1307270); as to the EPO as the competent authority: cf. Art. 63(4) EPC.

3 In Germany an SPC application cannot be filed with a patent information center, because Sec. 16 a, 49 a PatG do not refer to Sec. 34(2) PatG, RL DPMA p. 4/16 [3.2.1], MittPräs No. 4/06 PMZ 2006, 77, 77.

4 Art. II Sec. 6 a IntPatÜG, Art. 63(2)(b) EPC; Benkard/Grabinski § 16 a Rn 41; Busse/Hacker Anh § 16 a Rn 113; Kraßer p. 580 [§ 26 A. II. b. 2], p. 583 [§ 26 A. II. b. 4]; cf. also Schennen GRUR Int 1996, 102, 105 [I.5], however, for plant protection SPCs.

5 The EPO and regulatory authorities come into consideration according to Schennen p. 66 [Art. 9 Anm 2]. A member state, which makes provisions for patent term extensions or corresponding protection according to Art. 63(2)(b) EPC may entrust the EPO with the implementation of the these provisions, Art. 63(4) EPC. As this never happend, an SPC application filed with the EPO cannot meet a deadline; cf. Busse/Hacker Anh § 16 a Rn 113.

6 Schennen GRUR Int 1996, 102, 105 [I.5]: and also in no other member state; Busse/Hacker Anh § 16 a Rn 113; cf. also OJ EPO 1997, 77; this has not changed according to an information by the EPO in December 2010.

7 Https://register.dpma.de/DPMAregister/blattdownload/pat.

Artikel 10 Erteilung des Zertifikats oder Zurückweisung der Zertifikatsanmeldung

(1) Erfüllen die Zertifikatsanmeldung und das Erzeugnis, das Gegenstand der Anmeldung ist, die in dieser Verordnung festgelegten Voraussetzungen, so erteilt die in Artikel 9 Absatz 1 genannte Behörde das Zertifikat.

(2) Vorbehaltlich des Absatzes 3 weist die in Artikel 9 Absatz 1 genannte Behörde die Zertifikatsanmeldung zurück, wenn die Anmeldung oder das Erzeugnis, das Gegenstand der Anmeldung ist, nicht die in dieser Verordnung festgelegten Voraussetzungen erfüllt.

(3) Erfüllt die Zertifikatsanmeldung nicht die in Artikel 8 genannten Voraussetzungen, so fordert die in Artikel 9 Absatz 1 genannte Behörde den Anmelder auf, innerhalb der gesetzten Frist die festgestellten Mängel zu beseitigen oder die Gebühr zu entrichten.

(4) Werden innerhalb der gesetzten Frist die nach Absatz 3 mitgeteilten Mängel nicht beseitigt oder wird die nach Absatz 3 angeforderte Gebühr nicht entrichtet, so wird die Anmeldung zurückgewiesen.

(5) Die Mitgliedstaaten können vorsehen, dass die Erteilung des Zertifikats durch die in Artikel 9 Absatz 1 genannte Behörde ohne Prüfung der in Artikel 3 Buchstaben c und d genannten Bedingungen erfolgt.

(6) Die Absätze 1 bis 4 gelten entsprechend für den Antrag auf eine Verlängerung der Laufzeit des Zertifikats.

I. Einführung

1 Art. 10 AMV normiert das Verfahren der Zertifikatserteilung. Danach erteilt die in Art. 9 I genannte Behörde das Zertifikat, wenn Zertifikatsanmeldung und Erzeugnis die in der AMV festgelegten Voraussetzungen erfüllen, Art. 10 I AMV. Die in Art. 9 I AMV genannte Behörde ist für Deutschland das DPMA. Innerhalb des DPMA ist die Patentabteilung für die Prüfung der Zertifikatsanmeldung zuständig, § 49 a I PatG.[1] Prüfungsmaßstab ist neben der AMV auch das durch das PatG vorgesehene Verfahrensrecht, §§ 49 a I PatG iVm §§ 16 a, 49 a V PatG,[2] insbesondere §§ 49 a V 1, 34 VI PatG iVm §§ 19 f PatV.

II. Die Prüfung der Zertifikatsanmeldung

2 Nach Art. 10 I AMV sind formelle („Zertifikatsanmeldung") und materielle Erteilungsvoraussetzungen („das Erzeugnis") zu prüfen.[3] Art. 19 I AMV, § 49 a I PatG erweitern die zu prüfenden **formellen Voraussetzungen** durch Verweis auf §§ 16 a, 49 a V PatG. Die Patentabteilung muss daher prüfen,[4] ob die Zertifikatsanmeldung schriftlich (§§ 19 I 2, 4 Nr. 5 PatV)[5] auf dem Formblatt P 2008 (§ 19 I 1 PatV) beim DPMA (Art. 9 I AMV) vom Berechtigten (Art. 6 AMV) innerhalb der hierfür vorgesehenen Frist (Art. 7 I, II AMV) eingereicht und die Anmeldegebühr (Art. 8 IV AMV, § 2 I PatKostG iVm Nr. 311500 GebVz) entrichtet wurde. Sie prüft weiterhin, ob die von Art. 8 I AMV bzw. Art. 19 AMV iVm § 19 I 2, II PatV geforderten Angaben und Unterlagen enthalten sind.

1 „… und nicht die für die Patenterteilung zuständige Prüfungsabteilung." Dies entspricht § 27 I Nr. 1 PatG, da nach Art. 7 II iVm Art. 3 a AMV ein Zertifikat nur beantragt werden kann, wenn das Grundpatent bereits erteilt wurde, vgl. Begr. PatGÄndG PMZ 1993, 205, 211 [zu Art. 1, zu Nr. 4, 1.].
2 Begr. PatGÄndG PMZ 1993, 205, 211 [zu Art. 1, zu Nr. 4, 1.].
3 Vgl. Schennen S. 68 [Art. 10 Anm 3].
4 Vgl. RL DPMA S. 4/16 ff [3.2] (Zertifikatsanmeldung) S. 12/16 ff [4.1] (Laufzeitverlängerungsantrag); Busse/Hacker § 49 a Rn 7 ff; Anh § 16 a Rn 118; Kraßer S. 584 [§ 26 A. II. b) 5]; Mes § 16 a Rn 29, 31 ff.
5 Verweisungskette: Art. 19 I AMV, §§ 49 a I, V 1, 34 VI PatG, §§ 19, 20 PatV.

Article 10 Grant of the certificate or rejection of the application for a certificate

1. Where the application for a certificate and the product to which it relates meet the conditions laid down in this Regulation, the authority referred to in Article 9(1) shall grant the certificate.

2. The authority referred to in Article 9(1) shall, subject to paragraph 3, reject the application for a certificate if the application or the product to which it relates does not meet the conditions laid down in this Regulation.

3. Where the application for a certificate does not meet the conditions laid down in Article 8, the authority referred to in Article 9(1) shall ask the applicant to rectify the irregularity, or to settle the fee, within a stated time.

4. If the irregularity is not rectified or the fee is not settled under paragraph 3 within the stated time, the authority shall reject the application.

5. Member States may provide that the authority referred to in Article 9(1) is to grant certificates without verifying that the conditions laid down in Article 3(c) and (d) are met.

6. Paragraphs 1 to 4 shall apply mutatis mutandis to the application for an extension of the duration.

I. Introduction

Art. 10 MPR regulates the grant procedure of an SPC. According to it, the authority referred 1
to in Art. 9(1) will grant an SPC where the SPC application and the product to which it relates meet the conditions laid down in the MPR, Art. 10(1) MPR. The authority referred to in Art. 9(1) MPR is the German PTO in Germany. Within the German PTO the patent division is responsible for the examination of the SPC application, Sec. 49a(1) PatG.[1] Examination criteria are in addition to the MPR also the procedural law provided for by the PatG, Sec. 49a(1) PatG with Sec. 16 a, 49a(5) PatG,[2] in particular, Sec. 49a(5)(1), 34(4) PatG with Sec. 19 f PatV.

II. The Examination of the SPC Application

Pursuant to Art. 10(1) MPR both formal ("application for an SPC") and substantive grant 2
conditions ("the product") are to be examined.[3] Art. 19(1) MPR, Sec. 49a(1) PatG extend the **formal conditions** to be met by reference to Sec. 16 a, 49a(5) PatG. The patent division must, therefore, examine,[4] whether the SPC application was submitted in writing (Sec. 19(1) (2), 4 No. 5 PatV)[5] on the form P 2008 (Sec. 19(1)(1) PatV) to the German PTO (Art. 9(1) MPR) from an entitled person (Art. 6 MPR) within the period prescribed for this (Art. 7(1), (2) MPR) and the fee on the application was paid (Art. 8(4) MPR, Sec. 2(1) PatKostG with No. 311500 GebVz). Then it examines whether the particulars and documents required by Art. 8(1) MPR and Art. 19 MPR with Sec. 19(1)(2), (2) PatV are contained.

1 "... but not the examining section competent for granting patents." This complies with Sec. 27(1) No. 1 PatG, as according to Art. 7(2) with Art. 3(a) MPR one can only apply for an SPC, if the basic patent has been already granted; cf.: Begr. PatGÄndG PMZ 1993, 205, 211 [Art. 1, No. 4, 1.].
2 Begr. PatGÄndG PMZ 1993, 205, 211 [Art. 1, No. 4, 1.].
3 Cf. Schennen p. 68 [Art. 10 Anm 3].
4 Cf. RL DPMA p. 4/16 ff [3.2] (SPC application), p. 12/16 ff [4.1] (pediatric extension application); Busse/Hacker § 49 a Rn 7 ff; Anh § 16 a Rn 118; Kraßer p. 584 [§ 26 A. II. b) 5]; Mes § 16 a Rn 29, 31 ff.
5 Provisions: Art. 19(1) MPR, Sec. 49a(1), (5)(1), 34(6) PatG, Sec. 19, 20 PatV.

3 Die §§ 34–64 PatG (Verfahren vor dem Patentamt) sind hingegen, bis auf die in § 49 a V 2 PatG genannten Ausnahmen, nicht anwendbar.[6] Es gelten daher nur die Vorschriften über Amtsermittlungen, Anhörungen[7] und Vernehmungen einschließlich der erforderlichen Niederschriften (§ 46 PatG) sowie über die Begründung, Ausfertigung, Zustellung und Verkündung von Beschlüssen (§ 47 I PatG) und Rechtsbehelfsbelehrungen (§ 47 II PatG).[8] Das Begründungserfordernis entfällt für Beschlüsse, die der Zertifikatsanmeldung vollständig stattgeben, § 47 I 3 PatG.[9]

4 Die Patentabteilung muss weiterhin prüfen, ob die AMV anwendbar ist (Art. 2 AMV)[10] und ob die **materiell-rechtlichen Erteilungsvoraussetzungen** (Art. 3 AMV) gegeben sind.

Art. 10 AMV differenziert nach unheilbaren, erzeugnisbezogenen (Art. 10 II AMV) und heilbaren, anmeldungsbezogenen Mängeln (Art. 10 II, III, IV, Art. 8 AMV). Ein Mängelbeseitigungsverfahren ist nur für Verstöße gegen Art. 8 AMV vorgesehen.[11] § 49 a II, I, V 1 PatG erweitert dies bspw. auf § 19 I 1, II PatV (Nutzung des Formblattes, Erläuterung des durch das Grundpatent vermittelten Schutzes).[12]

5 Wird die Zertifikatsanmeldung hingegen bei einer unzuständigen Behörde[13] eingereicht, so hilft nur eine Neuanmeldung innerhalb der Fristen nach Art. 7 AMV. Bei Fristversäumnissen nach Art. 7 AMV ist bei Vorliegen der Voraussetzungen von §§ 16 a II, 123 PatG Wiedereinsetzung zu gewähren[14].

6 Begr. PatGÄndG PMZ 1993, 205, 209 [C, zu Art. 1, zu Nr. 1, 2. i)]; Busse/Hacker Anh. § 16 a Rn 115; dennoch meint Mes § 49 a Rn 18, das Zertifikatserteilungsverfahren sei dem Patenterteilungsverfahren angeglichen.

7 Vgl. RL DPMA S. 10/16 f [3.5].

8 Benkard/Grabinski § 49 a Rn 10; Busse/Hacker § 49 a Rn 22, 23.

9 Mes § 49 a Rn 18; Busse/Hacker § 49 a Rn 19; Schulte/Rudloff-Schäffer § 49 a Rn 22; Benkard/Grabinski § 49 a Rn 10; Brückner Art. 10 Rn 13; Begr PatGÄndG PMZ 1993, 205, 211 [zu Art. 1, zu Nr. 4, 3.].

10 Vgl. hierzu C-195/09 [LS 1, Rn 51] – Memantine, C-427/09 [LS, Rn 36] – Galantamine, wonach Art. 2 AMV den Anwendungsbereich der AMV eröffnet; aA wohl Busse/Hacker Anh § 16 a Rn 118, der Art. 2 AMV als materielle Erteilungsvoraussetzung ansieht.

11 Schennen S. 67 [Art. 10 Anm. 1], 68 [Art. 10 Anm. 5]; vgl. auch Brückner Art. 10 Rn 24 f (keine Mängelbeseitigung bei Fehlen der materiellen Erteilungsvoraussetzungen, ggf. Gelegenheit zum Nachreichen von Unterlagen), Art. 10 Rn 28 f.

12 Vgl. hierzu RL DPMA S. 6/16 [3.2.1.6].

13 Nach Schennen S. 68 [Art. 10 Anm. 5] macht hier ein Mängelbeseitigungsverfahren keinen Sinn, weil dieses nur der Adressat der Anmeldung betreiben könne.

14 Nach Schennen S. 68 [Art. 10 Anm. 5] ist es nicht verfahrensökonomisch die Wiedereinsetzung dem Beschwerdeverfahren vorzubehalten.

Sec. 34–64 PatG (proceedings before the German PTO) are, however, not applicable up to the exceptions provided for in Sec. 49a(5)(2) PatG.[6] Therefore, only the provisions of ex officio inquiries, hearings[7] and interrogations including the necessary minutes (Sec. 46 PatG) and about the reasons, writing, service and pronouncement of the decisions (Sec. 47(1) PatG) and information on legal remedies (Sec. 47(2) PatG).[8] The obligation to state reasons is not necessary for decisions, which allow the SPC application in full, Sec. 47(1)(3) PatG.[9] 3

The patent division must examine additionally whether the MPR is applicable (Art. 2 MPR)[10] and whether the **substantive legal grant conditions** (Art. 3 MPR) are available. 4

Art. 10 MPR differentiates between incurable, product-related (Art. 10(2) MPR) and curable, application-related irregularities (Art. 10(2)–(4), Art. 8 MPR). A procedure for rectification of irregularities is only provided for violations of Art. 8 MPR.[11] Sec. 49a(2), (1), (5)(1) PatG extends that, for example, to Sec. 19(1)(1), (2) PatV (use of the form, information on how the product is protected by the basic patent).[12]

If the SPC application is, however, filed with an incompetent authority,[13] only new application within the period laid down by Art. 7 MPR can help. When missing the deadline under Art. 7 MPR, a reinstatement is possible if the conditions laid down in Sec. 16a(2), 123 PatG[14] are met. 5

6 Begr. PatGÄndG PMZ 1993, 205, 209 [C, Art. 1, No. 1, 2. i)]; Busse/Hacker Anh. § 16 a Rn 115; Nevertheless, Mes (§ 49 a Rn 18) is of the opinion, that the SPC granting process is aligned with the patent granting process.

7 Cf. RL DPMA p. 10/16 f [3.5].

8 Benkard/Grabinski § 49 a Rn 10; Busse/Hacker § 49 a Rn 22, 23.

9 Mes § 49 a Rn 18; Busse/Hacker § 49 a Rn 19; Schulte/Rudloff-Schäffer § 49 a Rn 22; Benkard/Grabinski § 49 a Rn 10; Brückner Art. 10 Rn 13; Begr. PatGÄndG PMZ 1993, 205, 211 [Art. 1, No. 4, 3.].

10 Cf. to this C-195/09 – Memantine [LS 1, para. 51], C-427/09 – Galantamine [LS, para. 36], according to which Art. 2 MPR opens the scope of the MPR application; possibly dissenting Busse/Hacker Anh § 16 a Rn 118, who considers Art. 2 MPR as a substantive grant condition.

11 Schennen p. 67 [Art. 10 Anm. 1], p. 68 [Art. 10 Anm. 5]; cf. also Brückner Art. 10 Rn 24 f (no rectification of irregularities in case of absence of grant conditions, possibly an opportunity of submitting documents), Art. 10 Rn 28 f.

12 Cf. to this RL DPMA p. 6/16 [3.2.1.6].

13 According to Schennen p. 68 [Art. 10 Anm. 5] the procedure for rectification of irregularities does not make sense here because it can only be conducted by the addressee of the application.

14 According to Schennen p. 68 [Art. 10 Anm. 5] it is not procedurally efficient to reserve the reinstatement for the appeal procedure.

6 Art. 10 AMV enthält keine Regelung, innerhalb welcher Zeit ein Zertifikat erteilt werden muss.[15] Das DPMA behandelt Zertifikatsanmeldungen wie 8-Monatsakten. Danach wäre dem Anmelder innerhalb von 8 Monaten ab Anmeldung ein Zwischenbescheid oder Erteilungsbeschluss zuzustellen. Die Erteilungs-/Zurückweisungsentscheidung soll in Deutschland spätestens 5 Jahre vor Patentablauf fallen.[16] Diese ehrgeizigen Ziele sind sehr zu begrüßen, insbesondere da dadurch über eventuell eingelegte Rechtsbehelfe noch vor Patentablauf entschieden werden könnte. **Beschleunigungsanträge**[17] des Anmelders sollten daher Berücksichtigung finden, wenn seit Zertifikatsanmeldung mehr als 8 Monate vergangen sind, ohne dass sich das DPMA geäußert hat oder das Patent in weniger als 5 Jahren abläuft oder bereits abgelaufen ist.

7 Nach § 49 a II 2 PatG soll das DPMA dem Anmelder (anders als von Art. 10 III AMV gefordert) Gelegenheit geben, alle festgestellten – und nicht nur die in Art. 10 III (iVm Art. 8) AMV genannten – Mängel zu berichtigen. Dies erschien notwendig, weil sich die vom DPMA festgestellten Mängel auch auf Erfordernisse beziehen können, die sich erst aus der ergänzenden Anwendung nationalen Verfahrensrecht nach Art. 19 I AMV ergeben (bspw. Inlandvertreterbestellung nach § 25 PatG). Der Anmelder soll ferner bei materiellrechtlichen Mängeln (Art. 10 III AMV, bspw. patentgeschütztes und zugelassenes Erzeugnis sind nicht identisch) die Möglichkeit zu deren Beseitigung haben.[18] Entspricht die Zertifikatsanmeldung nicht den Erfordernissen, so fordert die Patentabteilung den Anmelder schriftlich (**Zwischenbescheid**) auf, innerhalb einer von ihr festzusetzenden, in Deutschland mindestens zweimonatigen Frist[19] die festgestellten Mängel[20] zu beseitigen. Die gesetzte Frist kann auf begründeten Antrag des Anmelders verlängert werden.[21] Die Mängel sind – zwecks Gewährung rechtlichen Gehörs – so konkret zu rügen, dass der Anmelder über die Art der Beanstandung nicht im Unklaren bleibt. Vor einer möglichen Zurückweisung ist im Zwischenbescheid auf diese Möglichkeit hinzuweisen.[22]

15 Es muss also nicht zwingend vor Ablauf des Grundpatents erteilt werden, vgl. RL UK IPO [SPM 10.19.2]. Das UK IPO geht dabei davon aus, dass eine spätere Zertifikatserteilung auf den Tag nach Ablauf des Grundpatents zurückwirkt. Die Öffentlichkeit sei nach der Veröffentlichung der Zertifikatsanmeldung informiert, dass eine Zertifikatserteilung jederzeit erfolgen könne.

16 RL DPMA S. 3/16 [3.].

17 Noch ungeklärt ist, wie der Anmelder in Situationen verfahren kann, in denen eine Zertifikatserteilung auf mehrere das Erzeugnis schützende Grundpatente in Frage kommt, das vom Anmelder bevorzugte Grundpatent aber noch nicht (einspruchsfrei) erteilt oder Gegenstand einer Nichtigkeitsklage ist. Im Interesse des Zertifikatsanmelders muss hier (auf begründeten Antrag) eine Aussetzung des Zertifikatserteilungsverfahrens in Erwägung gezogen werden, wenn mit einer Klärung des Anspruchswortlauts bzw. der Rechtsbeständigkeit des bevorzugten Grundpatents noch rechtzeitig vor Ablauf des anderen Patents zu rechnen ist. Da dem Anmelder aber nicht zwei Zertifikate erteilt werden dürfen, wird er die weniger interessante vor Erteilung der interessanteren Anmeldung zurücknehmen müssen. Anders aber Schweizer BVerfG sic! 11, 249 – Exenatide.

18 Begr. PatGÄndG PMZ 1993, 205, 211 [zu Art. 1, zu Nr. 4, 2.].

19 § 49 a II 2 PatG (bei überseeischem Anmelder ggf. auch länger: Begr PatGÄndG PMZ 1993, 205, 211 [zu Art. 1, zu Nr. 4, 2.]); in Großbritannien beträgt die Frist zur Beantwortung des ersten Bescheids regelmäßig 4 Monate, für den zweiten und dritten Bescheid zwei Monate, vgl. RL UK IPO [SPM 10.12].

20 Vgl. zur Nichtzahlung der Anmeldegebühr: Kommentar zu Art. 8 IV AMG.

21 RL DPMA S. 10/16 [3.4]; Busse/Hacker § 49 a Rn 21; Brückner Art. 10 Rn 27; Schennen S. 68 [Art. 10 Anm. 6]: Fristverlängerung muss rechtzeitig vor Fristablauf gestellt und positiv beschieden worden sein; vgl. auch RL UK IPO [SPM 10.12, 10.12.1].

22 Vgl. RL DPMA S. 10/16 [3.4]; RL UK IPO [SPM 10.17]; Schennen S. 68 [Art. 10 Anm. 5]; Schulte/Kühnen 8. Aufl. § 49 a Rn 20; Schulte/Rudloff-Schäffer § 49 a Rn 20.

Art. 10 MPR does not contain provisions on when an SPC must be granted.[15] The German PTO treats the SPC applications as 8-month files. According to it, an interim communication or a grant decision should be served on the applicant within eight month as from the filing date. A decision to grant/reject will be taken at latest 5 years before expiry of the patent.[16] These ambitious objectives are much welcomed, in particular, because the legal remedy lodged contingently before expiry of the patent could be decided on. The **requests for accelerated examination**[17] filed by the applicant should, therefore, be considered whether more than 8 months have passed since the filing date of the SPC application without receiving any communication from the German PTO or if the basic patent expires in fewer than 5 years or has already been expired. 6

According to Sec. 49a(2)(2) PatG, the German PTO must offer the applicant (different as laid down by Art. 10(3) MPR) an opportunity to correct all discovered – not only those laid down in Art. 10(1) (with Art. 8) MPR – irregularities. That was considered necessary because the irregularities discovered by the German PTO can refer to the requirements, which result only from the subsidiary application of national procedural law pursuant to Art. 19(1) MPR (for example, appointment of a domestic representative according to Sec. 25 PatG). The applicant should also have the possibility to remove the substantive legal irregularities (Art. 10(3) MPR, for example, the product protected by the patent and the authorised product are not identical) if available.[18] If the SPC application does not correspond to the requirements, so the patent division requests the applicant in writing (**interim communication**) to correct the discovered irregularities[19] within the period set. In Germany this period is at least two months.[20] The period set might be extended based on a justified request from the applicant.[21] The irregularities – to warrant the right to be heard – have to be so specific that the applicant does not remain uncertain about the nature of the objection. The interim communication must mention a possible future rejection.[22] 7

15 Thus it is not required, that the SPC grant must occur before the basic patent expires, cf. MPP UK IPO [SPM 10.19.2]. Consequently the UK IPO assumes that a later SPC grant is retrospective to the day after the basic patent expired. Therefore, when details an SPC application are published in the Patents Journal, the public knows that an SPC grant may occur at any time subsequently.

16 RL DPMA p. 3/16 [3.].

17 It is also not clarified yet, how the applicant can proceed in a situation where the grant of an SPC on several basic patents covering the products is possible, but the preferred basic patent, has not been granted (and the opposition period has not been expired) yet or if it is the subject of a pending nullity action. In this case (based on a reasoned request) a suspension of the SPC grant procedure should be considered if the clarification of the claim wording and legal validity of the preferred basic patent can be expected timely before the expiry of the other patent. Because the grant of two SPCs to the same applicant is not allowed, he must withdraw the less interesting application before the grant of the more interesting application. Dissenting: Swiss BVerfG sic! 11, 249 – Exenatide.

18 Begr. PatGÄndG PMZ 1993, 205, 211 [Art. 1, No. 4, 2.].

19 Cf. to the non-payment of the filing fee: comment to Art. 8(4) MPR.

20 Sec. 49a(2)(2) PatG (in case of oversea applicant also longer, if necessary: Begr PatGÄndG PMZ 1993, 205, 211 [Art. 1, No. 4, 2.]). The deadline for replying the first office action is normally 4 month in UK, and 2 month for the second and third office action, cf. MPP UK IPO [SPM 10.12].

21 RL DPMA p. 10/16 [3.4]; Busse/Hacker § 49 a Rn 21; Brückner Art. 10 Rn 27; Schennen p. 68 [Art. 10 Anm. 6]: If the applicant wishes to extend this period, he should request this in writing before the period expires; cf. also MPP UK IPO [SPM 10.12, 10.12.1].

22 Cf. RL DPMA p. 10/16 [3.4]; MPP UK IPO [SPM 10.17]; Schennen p. 68 [Art. 10 Anm. 5]; Schulte/Kühnen 8th ed. § 49 a Rn 20; Schulte/Rudloff-Schäffer § 49 a Rn 20.

8 Die zuständige Behörde muss **Hinweisen Dritter**, die eine Zertifikatserteilung in Frage stellen, nachgehen.[23] Dem Zertifikatsanmelder ist Gelegenheit zur Stellungnahme zu geben.[24] Die vom UK IPO verfolgte Praxis,[25] dass einem Antrag auf beschleunigte Prüfung nur dann zu entsprechen ist, wenn das Zertifikat frühestens 3 Monate nach Veröffentlichung der Anmeldung erteilt wird, um Dritten die Möglichkeit zu Einwendungen zu geben, dürfte, insbesondere in Fällen in denen zwischenzeitlich das Patent abläuft, zu weit gehen.

9 Die in § 49 a II 2 PatG geregelte zweimonatige **Mindestfrist** gilt für gemeinschafts- und nationalrechtliche Mängel gleichermaßen.[26] Allerdings soll sich die Folge der Überschreitung der gesetzten Frist je nachdem, ob es sich um einen Mangel nach Gemeinschafts- oder nach nationalem Recht handelt, unterscheiden.[27] Fristen zur Beseitigung von Mängeln nach Art. 8 AMV sind nach Art. 10 IV AMV Ausschlussfristen.[28] Eine Mängelbeseitigung nach Fristablauf ist nicht mehr möglich, wohl aber eine Wiedereinsetzung. Bei der Überschreitung von Fristen zur Beseitigung von Mängeln, bspw. nach § 19 PatV, soll eine **Wiedereinsetzung** hingegen nicht möglich sein. Die gesetzte Frist habe nur hinsichtlich der Gewährung rechtlichen Gehörs Bedeutung,[29] so dass das DPMA die Anmeldung nicht vor Fristablauf zurückweisen darf. Eine Mängelbeseitigung ist aber bis zur Abgabe des Zurückweisungsbeschlusses an die Postabfertigungsstelle möglich und durch die Patentabteilung zu berücksichtigen. Der Fristablauf als solcher habe daher keinen Rechtsnachteil zur Folge, der Voraussetzung für eine Wiedereinsetzung ist.[30] Dieser Ansicht kann wohl nur gefolgt werden, wenn man – auch ohne Verweis in § 16 a PatG – eine Weiterbehandlung nach § 123 a PatG in diesen Fällen für möglich hält.[31]

10 Werden die gerügten Mängel nicht rechtzeitig beseitigt, so wird die Anmeldung – in Deutschland durch Beschluss[32] – **zurückgewiesen,** Art. 10 II, IV AMV, § 49 a II 3 PatG. Der Zurückweisungsbeschluss ist zu begründen, mit einer Rechtsbehelfsbelehrung zu versehen, schriftlich auszufertigen und zuzustellen.[33]

11 Erfüllen die Zertifikatsanmeldung und das Erzeugnis, das Gegenstand der Anmeldung ist, die Erteilungsvoraussetzungen, so **erteilt** die zuständige Behörde das Zertifikat für die Dauer seiner Laufzeit durch Beschluss, Art. 10 I AMV, § 49 a I, II 1 PatG.[34] Das Zertifikat darf dabei nur so erteilt werden, wie es beantragt ist. Jede Änderung setzt ein schriftliches Einver-

23 Für Deutschland auch ohne Verweis in § 16 a II PatG auf § 43 III 3 PatG: Aus §§ 49 a V 2, 46 I 1 PatG ergibt sich eine Verpflichtung zur Sachaufklärung, siehe auch RL DPMA S. 7/16 [3.3.1.3] für die Prüfung von Art. 3 d) AMV; für GB vgl. RL UK IPO [SPM 10.06; 10.10].

24 Vgl. Brückner Art. 9 Rn 22.

25 RL UK IPO [SPM 10.04.1]; vgl. aber auch RL UK IPO [SPM 10.19.2] wonach eine Zertifikatserteilung nach Ablauf des Grundpatents auf den Tag nach Ablauf dieses Grundpatents zurückwirkt.

26 Busse/Hacker Anh 16 a Rn 119; Benkard/Grabinski § 49 a Rn 10; Brückner Art. 10 Rn 29, 34.

27 Benkard/Grabinski § 49 a Rn 10; Busse/Hacker Anh § 16 a Rn 119; Brückner Art. 10 Rn 30 ff.

28 Wortlaut Art. 10 IV AMV: „Werden innerhalb der gesetzten Frist die … Mängel nicht beseitigt … so wird die Anmeldung zurückgewiesen“.

29 Wortlaut § 49 a II 3 PatG: „Werden die Mängel nicht behoben, so weist sie die Anmeldung … zurück“.

30 Benkard/Grabinski § 49 a Rn 10; Busse/Hacker Anh § 16 a Rn 119.

31 So z.B. Schulte/Kühnen 8. Aufl. § 16 a Rn 38; anders aber RL DPMA S. 16/16 [5.2]; nach Busse/Hacker Anh § 16 a Rn 119 ist zweifelhaft, ob daneben eine Weiterbehandlung nach § 123 a PatG in Frage kommt, weil § 16 a II PatG nicht auf § 123 a PatG verweist. Einer analogen Anwendung soll die vorrangige Regelung des Art. 10 IV AMV entgegenstehen.

32 Schulte/Rudloff-Schäffer § 49 a Rn 21; Busse/Hacker § 49 a Rn 21; Brückner Art. 10 Rn 7 ff: § 27 PatG soll auch ohne Verweis in §§ 16 a II, 49 a V PatG anwendbar sein, so dass eine Zertifikatserteilung oder -zurückweisung analog § 27 III PatG nur in Dreierbesetzung möglich ist.

33 §§ 49 a V 2, 47 PatG; vgl. Busse/Hacker § 49 a Rn 21, 23; Mes § 16 a Rn 19; Benkard/Grabinski § 49 a Rn 10; Kraßer S. 584 [§ 26 A. II. b) 5]; Schulte/Rudloff-Schäffer § 49 a Rn 21; Brückner Art. 10 Rn 12 f, 35.

34 Vgl. Mes § 49 a Rn 20 f; Busse/Hacker Anh § 16 a Rn 120, § 49 a Rn 18 f; Schulte/Rudloff-Schäffer § 49 a Rn 22 ff; Kraßer S. 584 [§ 26 A. II. b) 5].

The competent authority must follow up the **third-party observations** questioning the SPC application.[23] The SPC applicant must be given an opportunity to comment on the problem.[24] The practice followed by the UK IPO[25] that the request for accelerated examination should be allowed only when the SPC can be granted at the earliest 3 month after publication of the application to give the third parties an opportunity for observations, might go too far, in particular, if, meanwhile, the patent expires. 8

The **minimum** of two month stated by Sec. 49a(2)(2) PatG applies equally to irregularities of community and national law.[26] Nevertheless, the consequence of missing the deadline is different according to whether it is about irregularities under Community or national law.[27] The deadlines for rectification of irregularities are pursuant to Art. 10(4) MPR preclusive deadlines.[28] After expiry of these deadlines, only reinstatement is possible, but not rectification of irregularities. When missing the deadlines for the rectification of irregularities, for example, in accordance with Sec. 19 PatV, a **reinstatement** should be, however, impossible. The set deadline has significance only on the warrant of the right to be heard[29] so the German PTO cannot reject the application before expiry of this deadline. The rectification of irregularities is possible only until the submission of the rejection communication to the internal mail room and will be considered by the patent division. Expiry of these deadlines as such, does not entail a legal detriment, a condition for the reinstatement.[30] This point of view can be followed only if – also without reference in Sec. 16 a PatG – the further processing pursuant to Sec. 123 a PatG is considered possible in these cases.[31] 9

If the notified irregularities are not removed at the appropriate time, the application is – in Germany by a decision[32] – **rejected**, Art. 10(2), (4) MPR, Sec. 49a(2)(3) PatG. The decision on rejection is to be justified, provided with information on legal remedies, made in written, and served.[33] 10

If both the SPC application and the product, which is the subject matter of the application meet the grant conditions, the competent authority **grants** an SPC for the period of its duration by a decision, Art. 10(1) MPR, Sec. 49a(1), (2)(1) PatG.[34] The SPC might be granted only as requested. Each amendment needs the consent of the applicant.[35] The SPC applicant 11

23 For Germany also without reference in Sec. 16a(2) PatG to Sec. 43(3)(3) PatG: From Sec. 49a(5)(2), 46(1)(1) PatG there is an obligation for clarification of fact, cf. also RL DPMA p. 7/16 [3.3.1.3] for the examination of Art. 3(d) MPR; for UK cf. MPP UK IPO [SPM 10.06; 10.10].

24 Cf. Brückner Art. 9 Rn 22.

25 MPP UK IPO [SPM 10.04.1]; but cf. also MPP UK IPO [SPM 10.19.2] according to which the grant of an SPC after the expiry of the basic patent is retrospective to the day after the basic patent expired.

26 Busse/Hacker Anh 16 a Rn 119; Benkard/Grabinski § 49 a Rn 10; Brückner Art. 10 Rn 29, 34.

27 Benkard/Grabinski § 49 a Rn 10; Busse/Hacker Anh § 16 a Rn 119; Brückner Art. 10 Rn 30 ff.

28 Wording Art. 10(4) MPR: "If the irregularity is not rectified … *within the stated time*, the authority shall reject the application".

29 Wording Sec. 49a(2)(3) PatG: "If the defects are not remedied, the Patent Division shall reject the application".

30 Benkard/Grabinski § 49 a Rn 10; Busse/Hacker Anh § 16 a Rn 119.

31 So e.g. Schulte/Kühnen 8th ed. § 16 a Rn 38; but different: RL DPMA p. 16/16 [5.2]; according to Busse/Hacker Anh § 16 a Rn 119 it is doubtfull, if further processing under Sec. 123 a PatG is also possible, as there is no reference in Sec. 16a(2) PatG to Sec. 123 a PatG. According to him the primary provision of Art. 10(4) MPR seems to speak against an application mutatis mutandis.

32 Schulte/Rudloff-Schäffer § 49 a Rn 21; Busse/Hacker § 49 a Rn 21; Brückner Art. 10 Rn 7 ff: Sec. 27 PatG should be applicable also without a reference in Sec. 16a(2), 49a(5) PatG, so that the grant or rejection of an SPC application is only possible if at least 3 members oft he patent division participate, Sec. 27(3) PatG mutatis mutandis.

33 Sec. 49a(5)(2), 47 PatG; cf. Busse/Hacker § 49 a Rn 21, 23; Mes § 16 a Rn 19; Benkard/Grabinski § 49 a Rn 10; Kraßer p. 584 [§ 26 A. II. b) 5]; Schulte/Rudloff-Schäffer § 49 a Rn 21; Brückner Art. 10 Rn 12 f, 35.

34 Cf. Mes § 49 a Rn 20 f; Busse/Hacker Anh § 16 a Rn 120, § 49 a Rn 18 f; Schulte/Rudloff-Schäffer § 49 a Rn 22 ff; Kraßer p. 584 [§ 26 A. II. b) 5].

ständnis des Anmelders voraus.[35] Der Zertifikatsanmelder hat nämlich einen öffentlich-rechtlichen Anspruch auf Erteilung, wenn alle formellen und materiellen Voraussetzungen und keine in Übereinstimmung mit Art. 19 AMV vorgesehenen nationalen Versagungsgründe vorliegen. Die Zertifikatserteilung ist ein Akt gebundener Verwaltung.[36] Über Haupt- und Hilfsantrag muss das DPMA in einem einzigen einheitlichen Beschluss entscheiden.[37] Nach § 49 a II 1 PatG muss, anders als von Art. 10 I AMV gefordert, die Zertifikatslaufzeit Bestandteil des Erteilungsbeschlusses sein. Grund hierfür ist die Möglichkeit unterschiedlicher Laufzeiten je nach Dauer des Zulassungsverfahrens.[38] Die Dauer der Laufzeit ist in der Begründung des Beschlusses zu berechnen.[39]

12 Im Erteilungsbeschluss gibt das DPMA das Erzeugnis, den Zertifikatsinhaber, das Grundpatent, die deutsche Erstzulassung und ggf. die Erstzulassung in der Gemeinschaft sowie die Zertifikatslaufzeit und ggf. die Laufzeitverlängerung an.[40]

Während die konkrete Bezeichnung[41] des Erzeugnisses und Angabe der Laufzeit zwingend erforderlich ist,[42] sind weitere Angaben nach Art. 8 I, 9 II a)–e) und 11 I a)–f) AMV fakultativ, zumindest aber nicht in den Tenor aufzunehmen.[43]

13 Gegen den Beschluss, der die Zertifikatsanmeldung zurückweist oder das Zertifikat nicht antragsgemäß erteilt, kann **Beschwerde** zum BPatG eingelegt werden, Art. 18 AMV, §§ 16 a II, 73 PatG.[44] Die Beschwerde ist gebührenpflichtig.[45] Der technische Beschwerdesenat entscheidet in Viererbesetzung nach § 67 I Nr. 2 a) PatG.[46] Soll eine Laufzeitberichtigung aufgrund unrichtigen Erstgenehmigungszeitpunkts geltend gemacht werden, ist ein Laufzeitberichtigungsantrag nach § 49 a IV Nr. 1 PatG zu stellen.[47] Ein Einspruchsverfahren gegen ein erteiltes Zertifikat ist gesetzlich ausgeschlossen, Art. 19 II AMV.

35 BPatG vom 23.10.2008, 10 W (pat) 6/07 [II.2] – Adalimumab: Es sei denn, es handelt sich nur um geringfügige redaktionelle Korrekturen wie die Berichtigung von Schreibfehlern oder offensichtlichen grammatikalischen oder sprachlichen Unrichtigkeiten.

36 BGH GRUR 2002, 47, 48 [II.6.b] – Idarubicin III; BGH GRUR 2002, 415, 416 [II.4.a] – Sumatriptan; Busse/Hacker Anh § 16 a Rn 118; Mes § 16 a Rn 28; Brückner Art. 10 Rn 1; vgl. Schennen S. 68 [Art. 10 Anm. 2].

37 BPatG GRUR 2006, 1046, 1047 [LS 2, II.1] – Aceclofenac.

38 Begr. PatGÄndG PMZ 1993, 205, 211 [zu Art. 1, zu Nr. 4, 2.].

39 Mes § 49 a Rn 21.

40 RL DPMA S. 11/16 [3.6].

41 BGH GRUR 2002, 47, 47 [LS] – Idarubidin III: Eine Zertifikatsanmeldung für eine konkret bezeichnete Substanz kann nicht mit der Begründung zurückgewiesen werden, eine hilfsweise beantragte Fassung ohne konkrete Bezeichnung sei vorzugswürdig; aA noch BPatGE 43, 167, 173 ff [II.2.3] – Idarubicin III.

42 BGH GRUR 2002, 47, 48 f [II.6.b] – Idarubicin III; BGH GRUR 2002, 415, 417 f [LS 1, II.6.c] – Sumatriptan; Schennen S. 70 [Art. 11 Anm. 3]; Benkard/Grabinski § 49 a Rn 14 (der zusätzlich die Angabe des Berechnungsergebnisses für erforderlich hält); Schulte/Schell § 16 a Rn 45; Schulte/Rudloff-Schäffer § 49 a Rn 24 (der von Kühnen angegebene Beispielstenor [vgl. Schulte/Kühnen 8. Aufl. § 49 a Rn 25] nennt hingegen nicht das Erzeugnis und wird daher von Busse/Hacker Anh § 16 a Rn 120, Fn 260 als unrichtig bezeichnet. Der kritisierte Beispielstenor wurde in der 9. Aufl. entsprechend geändert, Schulte/Rudloff-Schäfer § 49 a Rn 25).

43 Vgl. Schulte/Schell § 16 a Rn 45; Schulte/Rudloff-Schäffer § 49 a Rn 24 und Brückner Art. 10 Rn 14: fakultativ; Busse/Hacker Anh § 16 a Rn 120; BGH GRUR 2002 47, 48 f [II.6.b] – Idarubicin III; BGH GRUR 2002, 415, 416, 418 [II.6.c] – Sumatriptan.

44 Benkard/Grabinski § 49 a Rn 11; Busse/Hacker § 49 a Rn 24.

45 Begr. PatGÄndG PMZ 1993, 205, 209 [j]; Benkard/Grabinski § 49 a Rn 11; Busse/Hacker § 49 a Rn 24.

46 Gängige Praxis, vgl. zB BPatG 14 W (pat) 37/06 oder 15 W (pat) 25/08; vgl. auch Benkard/Grabinski § 49 a Rn 11; Busse/Hacker § 49 a Rn 24; Schulte/Rudloff-Schäfer § 49 a Rn 32; Brückner Art. 19 Rn 33.

47 Vgl. RL DPMA S. 12/16 [3.8.2]; Busse/Hacker § 49 a Rn 26; vgl auch Busse/Hacker/Schwendy 6. Aufl. § 49 a Rn 24 unter Verweis auf Begr. PatGÄndG PMZ 1993, 205, 211 [zu Nr. 4, 2.] zur früheren Rechtslage.

is entitled, however, to the grant under public law if all formal and substantive conditions and no national grounds for refusal provided for in Art. 19 MPR are available. The grant of an SPC is an act of bound administration.[36] The German PTO must decide about the main and auxiliary request in a single uniform decision.[37] The SPC duration according to Sec. 49a(2)(1) PatG other than required by Art. 10(1) MPR must be a constituent part of the decision of grant. The reason for this is the possibility to prescribe different periods depending on the duration of the authorisation procedure.[38] The duration of the period has to be calculated in the statement of grounds of the decision.[39]

The German PTO indicates the product, the SPC holder, the basic patent, the first authorisation in Germany, if necessary, the first authorisation in the Community and the SPC duration and, if necessary, the extension of the duration in the decision of grant.[40] 12

Although a specific designation[41] of the product and an indication of the duration are stringently required,[42] the further information is according to Art. 8(1), 9(2)(a)–(e), 11(1)(a)–(f) MPR optional, at least they are not to be included into the operative provisions of the decision.[43]

An **appeal** can be filed with the FPC against the decision, which rejects the SPC application or grants an SPC different from the request, Art. 18 MPR, Sec. 16a(2), 73 PatG.[44] The appeal is subject to payment of a fee.[45] The technical board of appeal decides in the composition of four members in accordance with Sec. 67(1) No. 2 PatG.[46] To make a correction to the period of duration because of a wrong first authorisation date, a request to correct the SPC term should be made in accordance with Sec. 49a(4) No. 1 PatG.[47] An opposition procedure against granted SPCs is legally excluded, Art. 19(2) MPR. 13

35 FPC 10 W (pat) 6/07 dated October 23, 2008 [II.2] – Adalimumab: Unless these are only minor editorial corrections like rectification of typing errors or obvious grammatical or linguistic mistakes.

36 FCJ GRUR 2002, 47, 48 [II.6.b] – Idarubicin III; FCJ GRUR 2002, 415, 416 [II.4.a] – Sumatriptan; Busse/Hacker Anh § 16 a Rn 118; Mes § 16 a Rn 28; Brückner Art. 10 Rn 1; cf. Schennen p. 68 [Art. 10 Anm. 2].

37 FPC GRUR 2006, 1046, 1047 [LS 2, II.1] – Aceclofenac.

38 Begr. PatGÄndG PMZ 1993, 205, 211 [Art. 1, No. 4, 2.].

39 Mes § 49 a Rn 21.

40 RL DPMA p. 11/16 [3.6].

41 FCJ GRUR 2002, 47, 47 [LS] – Idarubidin III: An SPC application for a specifically designated compound cannot be rejected based on the reason that an alternatively requested version without a specific designation is preferable; different BPatGE 43, 167, 173 ff [II.2.3] – Idarubicin III).

42 FCJ GRUR 2002, 47, 48 f [II.6.b] – Idarubicin III; FCJ GRUR 2002, 415, 417 f [LS 1, II.6.c] – Sumatriptan; Schennen p. 70 [Art. 11 Anm. 3]; Benkard/Grabinski § 49 a Rn 14 (who considers that the indication of the calculation result is required); Schulte/Schell § 16 a Rn 45; Schulte/Rudloff-Schäffer § 49 a Rn 24 (the example tenor mentioned in Schulte/Kühnen 8th ed. § 49 a Rn 25] does not, however, designate the product and is, therefore, considered incorrect by Busse/Hacker Anh § 16 a Rn 120, Fn 260. This example tenor was corrected accordingly in the 9th edition, Schulte/Rudloff-Schäfer § 49 a Rn 25).

43 Cf. Schulte/Schell § 16 a Rn 45; Schulte/Rudloff-Schäfer § 49 a Rn 24 and Brückner Art. 10 Rn 14: optional; Busse/Hacker Anh § 16 a Rn 120; FCJ GRUR 2002 47, 48 f [II.6.b] – Idarubicin III; FCJ GRUR 2002, 415, 416, 418 [II.6.c] – Sumatriptan.

44 Benkard/Grabinski § 49 a Rn 11; Busse/Hacker § 49 a Rn 24.

45 Begr. PatGÄndG PMZ 1993, 205, 209 [j]; Benkard/Grabinski § 49 a Rn 11; Busse/Hacker § 49 a Rn 24.

46 Common practice, cf. e.g. FPC 14 W (pat) 37/06 or 15 W (pat) 25/08; cf. also Benkard/Grabinski § 49 a Rn 11; Busse/Hacker § 49 a Rn 24; Schulte/Rudloff-Schäfer § 49 a Rn 32; Brückner Art. 19 Rn 33.

47 Cf. RL DPMA p. 12/16 [3.8.2]; Busse/Hacker § 49 a Rn 26; cf. also Busse/Hacker/Schwendy 6th edition § 49 a Rn 24 with reference to Begr. PatGÄndG PMZ 1993, 205, 211 [Art. 1, No. 4, 2.] regarding the previous legal situation.

III. Die Freiwilligkeit der Prüfung bestimmter Erteilungsvoraussetzungen

14 Art. 10 V AMV erlaubt, Zertifikate ohne Prüfung von Art. 3 c), d) AMV zu erteilen. Die Geltendmachung des Fehlens dieser Voraussetzungen im Nichtigkeitsverfahren (Art. 15 I a) AMV) wird dadurch nicht ausgeschlossen.[48] Deutschland hat hiervon keinen Gebrauch gemacht.[49] Während das DPMA durch Registereinsicht das Vorliegen der Voraussetzung von Art. 3 c) AMV leicht prüfen kann, vertraut es hinsichtlich Art. 3 d) AMV – wegen nach eigenen Angaben unvollständiger Recherchemöglichkeiten und unter Hinweis auf die Wahrheitspflicht des Anmelders (§ 124 PatG) – auf dessen Angaben. Allerdings muss es Hinweisen, die diese Angaben in Frage stellen (zB durch Einsicht in die Rote Liste oder in Zulassungsdatenbanken) nachgehen.[50]

IV. Die Prüfung des Laufzeitverlängerungsantrags

15 Das Verfahren der Zertifikatsverlängerung wurde in der PädV nicht eigenständig geregelt. Nach Art. 52 Nr. 5 PädV, 10 VI AMV gelten die Regelungen zur Zertifikatserteilung (Art. 10 I–IV AMV) entsprechend. Für das Verfahren vor dem DPMA bedarf es deshalb ebenfalls keiner Sonderregeln, sondern lediglich eines entsprechenden Verweises in § 49 a III PatG.[51]

16 Die Frage, ob das Fehlen bestimmter materiellrechtlicher Voraussetzungen der Zertifikatsverlängerung[52] im Antragszeitpunkt gemäß Art. 10 VI, III AMV geheilt werden kann, wurde bereits vom UK Court of Appeal bejaht.[53] Dieser stellte fest, dass eine Aufforderung zur Mängelbeseitigung durch Art. 10 III AMV zwingend vorgeschrieben ist. Die eigentliche Frage sei, ob „Mängel" in Art. 10 III AMV eng oder weit auszulegen sei.

17 Eine enge Auslegung würde dazu führen, dass festgestellte Mängel nur heilbar sind, wenn die Erteilungsvoraussetzungen im Antragszeitpunkt, spätestens aber mit Ablauf der in Art. 7 IV, V AMV genannten Frist zwar vorlagen, aber deren Nachweis nicht in den ursprünglichen Antragsunterlagen enthalten war. Danach könnten bspw. Kopien nationaler Zulassungen (Art. 36 III PädV, Art. 8 I d) ii) AMV) nur dann nachgereicht werden, wenn die Zulassung im Antragszeitpunkt bereits in allen Mitgliedstaaten erteilt wurde. Für diese enge Auslegung spricht zum einen, dass Art. 7 IV, V AMV andernfalls bedeutungslos wäre, zum anderen, dass Wettbewerber über die Verlängerungserteilung länger im Ungewissen bleiben.

18 Die vom Court of Appeal – unter Hinweis auf die Erwägungsgründe der PädV – bejahte weite Auslegung würde hingegen die Heilung aller Mängel nach Art. 8 I d) AMV erlauben. Eine enge Auslegung liefe dem Zweck der PädV zuwider. Die Zertifikatsverlängerung soll für Zulassungen nach Durchführung von Studien nach einem gebilligten pädiatrischen Prüfkonzept gewährt werden.[54] Es gibt keine Stelle in der PädV, die die Verlängerung davon abhängig macht, dass all dies vor Stellung des Verlängerungsantrags geschieht.[55] Auch

48 Busse/Hacker Anh § 16 a Rn 66 f; BGH GRUR 2000, 392, 395 [II.3.b] – Omeprazol.

49 Schennen S. 69 [Art. 10 Anm. 8]; Benkard/Grabinski § 16 a Rn 28 f, § 49 a Rn 8 Benkard/Grabinski EPÜ Art. 63 Rn 58, 62; Busse/Hacker Anh § 16 a Rn 66 f, 118; Brückner Art. 10 Rn 38; Fitzner in Fitzner/Lutz/Bodewig § 16 a Rn 66; Begr. PatGÄndG PMZ 1993, 205, 211 [zu Art. 1, zu Nr. 4, 2.].

50 RL DPMA S. 7/16 [3.3.1.3]; vgl. Schennen S. 69 [Art. 10 Anm 8].

51 Begr. PatGÄndG PMZ 2009, 307, 313 [B, zu Art. 1, zu Nr. 4., 5.].

52 Z.B. Zulassung des Arzneimittels in allen Mitgliedstaaten, Art. 36 III PädV; ebenfalls diskutiert: Fehlen der Übereinstimmungserklärung nach Art. 28 III PädV.

53 [2009] EWCA Civ 966 [Rn 45–58, 61 f] – Du Pont v. UK IPO (Losartan); vgl. auch Benkard/Grabinski EPÜ Art. 63 Rn 74 (die dort genannte Frist des Art. 13 II, III VO 469/09 meint die Frist des Art. 7 IV, V AMV).

54 Vgl. EG 26 PädV.

55 Anders in Art. 3 AMV für Zertifikatsanmeldungen „zum Zeitpunkt dieser Anmeldung".

III. Optional Examination of Certain Grant Conditions

Art. 10(5) MPR allows granting SPCs without verifying that the conditions laid down in Art. 3(c), (d) MPR are met. The right to file an invalidity action because of the absence of these conditions (Art. 15(1)(a) MPR) is not excluded thereby.[48] Germany did not make use thereof.[49] Although the German PTO can easily verify compliance with the condition in Art. 3(c) MPR by inspecting its own patent register, it believes with regard to Art. 3(d) MPR – because of alleged incomplete search possibilities and referring to applicant's obligation to tell the truth (Sec. 124 PatG) – in his information. However, it must follow up the indications, which call this information into question (for example, by inspection of the red list or authorisation databases).[50] 14

IV. Examination of the SPC Extension Application

The procedure for extension of the duration of an SPC was not laid down in the PedR. According to Art. 52 No. 5 PedR, 10(6) MPR the rules on granting an SPC (Art. 10(1)–(4) MPR) apply mutatis mutandis. For a procedure before the German PTO it needed, therefore, not special provisions, but just a corresponding reference in Sec. 49a(3) PatG.[51] 15

The question whether the absence of specific substantive legal conditions for extension of the duration of an SPC[52] on the date of filing a request pursuant to Art. 10(6), (3) MPR can be remedied was already affirmed by the UK Court of Appeal.[53] It stated that an invitation to rectify the irregularities is mandatory, Art. 10(3) MPR. The real question was whether "irregularities" were to be interpreted widely or narrowly in Art. 10(3) MPR. 16

A narrow interpretation would lead to the situation where the discovered irregularities are remediable only when the conditions for granting are available on the date of filing the request, but at latest on the date of expiry of the period laid down in Art. 7(4), (5) MPR, but their proof was not contained by original application documents. According to it, for example, the copies of national authorisations (Art. 36(3) PedR, Art. 8(1)(d)(ii) MPR) could be handled later only if the authorisation was already granted in all Member States on the application date. On the one hand, that Art. 7(4), (5) MPR otherwise would be insignificant, argues for this narrow interpretation, on the other hand, that the competitors remain in the dark about granting the extension of the duration. 17

The wide interpretation affirmed by the Court of Appeal – about recitals of the PedR – would, however, permit the remedy of all irregularities pursuant to Art. 8(1)(d) MPR. A narrow interpretation would run contrary to the purpose of the PedR. An extension of the SPC duration must be granted after carrying-out of studies in compliance with an agreed PIP.[54] There is no provision in the PedR, which make the extension dependent on the occurrence of all of that before lodging the application.[55] Otherwise, an extension of the SPC duration 18

48 Busse/Hacker Anh § 16 a Rn 66 f; FCJ GRUR 2000, 392, 395 [II.3.b] – Omeprazol.
49 Schennen p. 69 [Art. 10 Anm. 8]; Benkard/Grabinski § 16 a Rn 28 f, § 49 a Rn 8 Benkard/Grabinski EPÜ Art. 63 Rn 58, 62; Busse/Hacker Anh § 16 a Rn 66 f, 118; Brückner Art. 10 Rn 38; Fitzner in Fitzner/Lutz/Bodewig § 16 a Rn 66; Begr. PatGÄndG PMZ 1993, 205, 211 [Art. 1, No. 4, 2.].
50 RL DPMA p. 7/16 [3.3.1.3]; cf. Schennen p. 69 [Art. 10 Anm 8].
51 Begr. PatGÄndG PMZ 2009, 307, 313 [B, Art. 1, No. 4, 5.].
52 E.g. authorisation of the medicinal product in all member states, Art. 36(3) PedR; also discussed: the lack of the compliance statement according to Art. 28(3) PedR.
53 [2009] EWCA Civ 966 [para. 45–58, 61 f] – Du Pont v. UK IPO (Losartan); cf. also Benkard/Grabinski EPÜ Art. 63 Rn 74 (the Art. 13(2), (3) MPR deadline mentioned there, is actually the Art. 7(4), (5) MPR deadline).
54 Cf. R 26 PedR.
55 Differently in Art. 3 MPR for SPC applications "at the date of that application".

würde andernfalls die Zertifikatsverlängerung von der Zulassungsdauer im langsamsten Mitgliedstaat[56] abhängen, auf die der Antragsteller keinen Einfluss hat.

19 Der Court of Appeal meinte, dass die Dauer der Mängelbeseitigungsfrist unter Berücksichtigung aller relevanten Fakten zu setzen sei. Dies sind bspw. Grund des Mangels, Mitschuld des Antragstellers oder baldiger Zertifikatsablauf. Er wies aber auch darauf hin, dass, solange der Anmelder kein Fehlverhalten zeigt, die Frist so zu verlängern sei, dass er letztlich in den Genuss der Zertifikatsverlängerung kommt.

20 Das DPMA geht zwar davon aus, dass bereits mit Stellung des Verlängerungsantrags die nach Art. 8 I d) AMV nötigen Unterlagen beigefügt sein müssen.[57] Fehlen diese Unterlagen jedoch und weist der Antragsteller nach, dass er alles getan hat, um diese rechtzeitig zu erhalten und durfte er hiervon bei ordnungsgemäßem Verlauf des Zulassungsverfahrens auch ausgehen, so wird er vom DPMA aufgefordert die Unterlagen innerhalb einer Frist von einem Monat (Auswärtige: zwei Monate) nachzureichen. Das DPMA verlangt für eine Fristverlängerung den Nachweis, dass sich der Antragsteller weiterhin um die Beschaffung der Unterlagen bemüht. Die letzte Nachfrist soll aber so gesetzt werden, dass spätestens mit Ablauf des Zertifikats über die Verlängerung entschieden werden kann.[58] Wurde hingegen lediglich vergessen, die Kopien dieser Unterlagen beizufügen, wendet das DPMA § 49 a II, III PatG an.[59]

21 Die Zurückweisung des Laufzeitverlängerungsantrages kann vom Antragsteller mit der Beschwerde angefochten werden. Dritte können beim DPMA den Widerruf der Laufzeitverlängerung beantragen, Art. 16 AMV, § 49 a IV Nr. 2 PatG.

56 Eine zentrale Zulassung wird in allen Mitgliedstaaten gleichzeitig gültig, Art. 13 I 1 VO 726/2004. Im MRP- und DCP-Verfahren müssen die nationalen Zulassungsbehörden die Zulassungsentscheidung des Referenzmitgliedstaates innerhalb von 30 Tagen umsetzen, Art. 28 V RL 2001/83. Diese Umsetzungsfrist wird aber von vielen Mitgliedstaaten deutlich überschritten.
57 RL DPMA S. 13/16 f [4.1.5 (a)/(b) (3)].
58 RL DPMA S. 13/16 f [4.1.5 (a) (1), (b)].
59 RL DPMA S. 14/16 f [4.1.5 (a) (2)].

depends on the period of authorisation in the slowest Member State[56] on which the applicant has no influence.

The Court of Appeal ruled that the duration of the period for rectification of irregularities should be set taking into account all relevant facts, such as, for example, the reason for irregularities, joint guilt of the applicants or expiry of an SPC shortly. It also pointed out that so long as the applicant does not misconduct, the period should be prolonged so he ultimately enjoys the extension of the duration. 19

The German PTO assumes that the documents necessary in accordance with in Art. 8(1)(d) MPR must be enclosed already when lodging the application for an extension of the duration.[57] If this documents are not available and if the applicant certifies that he has done everything to receive them promptly and if he could assume that during the authorisation procedure, he is requested by the German PTO to file within one month (persons without domicil, registered office or establishment in Germany: two months). The German PTO requires for an extension of the period proof that the applicant still tries to get the documents. The last deadline must be set so that the decision on extension of the duration can be made at least on the date of the SPC expiry.[58] If one, however, merely has forgotten to enclose these documents, the German PTO refers to Sec. 49a(2), (3) PatG.[59] 20

The rejection of the application for an extension of the duration can be appealed by the applicant. Third parties can claim that the German PTO should withdraw the extension of the duration, Art. 16 MPR, Sec. 49a(4) No. 2 PatG. 21

56 A centralised authorisation becomes valid in all Member States simultaneously, Art. 13(1)(1) Reg. 726/2004. During MRP- and DCP-procedures national authorisation authorities must implement the authorisation decision of the reference Member State within 30 days, Art. 28(5) Dir. 2001/83/EC. This implementation period is exceeded considerably in many Member States.
57 RL DPMA p. 13/16 f [4.1.5(a)/(b)(3)].
58 RL DPMA p. 13/16 f [4.1.5(a)(1), (b)].
59 RL DPMA p. 14/16 f [4.1.5(a)(2)].

Artikel 11 Bekanntmachung

(1) [1]Ein Hinweis auf die Erteilung des Zertifikats wird von der in Artikel 9 Absatz 1 genannten Behörde bekannt gemacht. [2]Der Hinweis muss zumindest die folgenden Angaben enthalten:

a) Name und Anschrift des Inhabers des Zertifikats;

b) Nummer des Grundpatents;

c) Bezeichnung der Erfindung;

d) Nummer und Zeitpunkt der in Artikel 3 Buchstabe b genannten Genehmigung für das Inverkehrbringen sowie das durch die Genehmigung identifizierte Erzeugnis;

e) gegebenenfalls Nummer und Zeitpunkt der ersten Genehmigung für das Inverkehrbringen in der Gemeinschaft;

f) Laufzeit des Zertifikats.

(2) [1]Ein Hinweis auf die Zurückweisung der Zertifikatsanmeldung wird von der in Artikel 9 Absatz 1 genannten Behörde bekannt gemacht. [2]Der Hinweis muss zumindest die in Artikel 9 Absatz 2 genannten Angaben enthalten.

(3) Die Absätze 1 und 2 gelten für Hinweise darauf, dass eine Verlängerung der Laufzeit eines bereits erteilten Zertifikats gewährt oder dass der Antrag auf eine derartige Verlängerung zurückgewiesen wurde.

1 Nach Art. 9 II 1 AMV ist ein Hinweis auf die Zertifikatsanmeldung von der in Art. 9 I AMV genannten Behörde bekannt zu machen. Das gleiche gilt für Erteilung (Art. 11 I AMV), Zurückweisung (Art. 11 II AMV), Erlöschen und Nichtigkeit (Art. 17 I AMV) des Zertifikats, den Laufzeitverlängerungsantrag (Art. 9 II AMV), dessen Gewährung bzw. Zurückweisung (Art. 11 III AMV) und den Widerruf der Laufzeitverlängerung (Art. 17 II AMV). Der AMV kann jedoch nicht entnommen werden, wie bzw. wo diese Hinweise bekannt zu machen sind.

2 Eine entsprechende Regelung trifft für Deutschland § 30 I PatG. Danach gibt das Patentamt die ergänzenden Schutzzertifikate im Patentregister[1] an. Durch die Eintragung ins Patentregister wird auch die Publikation im Patentblatt gewährleistet, § 32 V PatG: Übersichten über die zertifikatsrelevanten Registereintragungen erscheinen im 7. Teil des Patentblatts.[2] § 32 V PatG ist auf Zertifikate auch ohne Nennung in § 16 a II PatG anwendbar, weil diese nicht in ein Sonderregister, sondern in das Patentregister eingetragen werden, § 30 I PatG.[3] Allerdings erfolgt dies über getrennte Registereinträge. Der Registereintrag des Grundpatents enthält lediglich einen Hinweis auf ein ggf. vorhandenes Zertifikatsaktenzeichen.

3 Die Auswirkungen des Registereintrages sind im deutschen PatG nur teilweise geregelt. Die Eintragung ist in Deutschland rein deklaratorisch und nicht rechtsbegründend oder rechtsvernichtend (konstitutiv).[4] Die Registereintragung lässt Entstehung, Bestand und Erlöschen des Zertifikats unberührt und dient lediglich Ausweiszwecken. Sie legitimiert den Eingetragenen als Zertifikatsanmelder bzw. -inhaber.[5] So ist bspw. eine Klage im Nichtigkeits- und Zwangslizenzverfahren gegen den im Register als Zertifikatsinhaber Eingetragenen zu rich-

1 Registerauskunft unter: https://register.dpma.de/DPMAregister/uebersicht.
2 Download unter: http://register.dpma.de/DPMAregister/blattdownload/pat.
3 Busse/Brandt § 32 Rn 3; Begr. PatGÄndG PMZ 1993, 205, 210 f [zu Art. 1, zu Nr. 3].
4 Benkard/Schäfers § 30 Rn 8; Busse/Brandt § 30 Rn 31; Schulte/Rudloff-Schäffer § 30 Rn 17; Mes § 30 Rn 10; Brückner Art. 11 Rn 8; so auch für Veröffentlichung des Erteilungshinweises im Patentblatt: Schennen S. 68 [Art. 10 Anm 2].
5 Weiterführend vgl.: Benkard/Schäfers § 30 Rn 8 f; Schulte/Rudloff-Schäffer § 30 Rn 19 f; Busse/Brandt § 30 Rn 33.

Article 11 Publication

1. Notification of the fact that a certificate has been granted shall be published by the authority referred to in Article 9(1). The notification shall contain at least the following information:

(a) the name and address of the holder of the certificate;

(b) the number of the basic patent;

(c) the title of the invention;

(d) the number and date of the authorisation to place the product on the market referred to in Article 3(b) and the product identified in that authorisation;

(e) where relevant, the number and date of the first authorisation to place the product on the market in the Community;

(f) the duration of the certificate.

2. Notification of the fact that the application for a certificate has been rejected shall be published by the authority referred to in Article 9(1). The notification shall contain at least the information listed in Article 9(2).

3. Paragraphs 1 and 2 shall apply to the notification of the fact that an extension of the duration of a certificate has been granted or of the fact that the application for an extension has been rejected.

According to Art. 9(2)(1) MPR a notification of an SPC application shall be published by 1 the authority referred to in Art. 9(1) MPR. The same applies to the grant (Art. 11(1) MPR), rejection (Art. 11(2) MPR), lapse or invalidity (Art. 17(1) MPR) of an SPC, to the application for (Art. 9(2) MPR), the grant or rejection (Art. 11(3) MPR) or revocation (Art. 17(2) MPR) of the extension of the duration. It cannot be taken from the MPR how and where these notifications should be published.

Sec. 30(1) PatG provides for respective provisions in Germany. According to it the Patent 2 Office records SPCs in the patent register.[1] Publication is guaranteed by these entries in the Patent Register, Sec. 32(5) PatG. The summary of the entries in the Patent Register relevant to the SPC appears in the 7th part of the Patent Gazette.[2] Sec. 32(5) PatG also applies to the SPCs without reference in Art. 16a(2) PatG because they are not recorded in a special register, but in the Patent Register, Sec. 30(1) PatG.[3] However, that is carried out by separate Register entries. The Register entry of a basic patent contains merely a reference, to an existing SPC file number.

The effects of the Register entry are regulated only partly in the German PatG. The entry is 3 purely declaratory and not right-creating or right-destructive (constitutive) in Germany.[4] The entry in the register has no effect on the genesis, existence and lapse of an SPC and serves merely for identification purposes. It legitimates the person entered as an SPC applicant or SPC holder.[5] For example, an appeal during invalidity proceedings or compulsory license proceedings will be lodged against the person entered in the Register as an SPC holder, Sec.

1 Register information see: https://register.dpma.de/DPMAregister/uebersicht.
2 Download: http://register.dpma.de/DPMAregister/blattdownload/pat.
3 Busse/Brandt § 32 Rn 3; Begr. PatGÄndG PMZ 1993, 205, 210 f [Art. 1, No. 3].
4 Benkard/Schäfers § 30 Rn 8; Busse/Brandt § 30 Rn 31; Schulte/Rudloff-Schäffer § 30 Rn 17; Mes § 30 Rn 10; Brückner Art. 11 Rn 8; so also for the publication of the mention of the grant in the Patent Gazette: Schennen p. 68 [Art. 10 Anm 2].
5 Cf. also: Benkard/Schäfers § 30 Rn 8 f; Schulte/Rudloff-Schäffer § 30 Rn 19 f; Busse/Brandt § 30 Rn 33.

ten, §§ 81 I 2, 16 a II PatG. Vorläufige Schutzwirkungen (analog § 33 PatG) sollen mit der Eintragung der Zertifikatsanmeldung nicht verbunden sein.[6]

Die Herausgabe patentamtlicher Schriften für Zertifikate in Form von Offenlegungs- oder Zertifikatsschriften ist in der AMV nicht vorgesehen.[7]

Das DPMA führt die Zertifikatsakte als Bestandteil der Akte des Grundpatents. Eine freie Akteneinsicht ist daher gemäß § 31 I 2 PatG sichergestellt und eine gesonderte Regelung entbehrlich.[8]

4 Der Hinweis auf die Zertifikatsanmeldung muss gemäß Art. 9 II AMV die folgenden Informationen enthalten:

a) Anmeldername und Anschrift;

b) Grundpatentnummer;

c) Erfindungsbezeichnung;

d) Nummer und Zeitpunkt der Zulassung im Anmeldeland sowie das durch die Zulassung identifizierte Erzeugnis;

e) ggf. Nummer und Zeitpunkt der Erstzulassung in der Gemeinschaft und

f) ggf. die Angabe des in der Anmeldung enthaltenen (oder nachgereichten, Art. 9 III 2 AMV) Laufzeitverlängerungsantrages.

Das Erzeugnis ist dabei konkret zu bezeichnen.[9] Abweichend von § 30 I 1 PatG – der nur die Angabe des Wohnorts des Anmelders bzw. Patentinhabers[10] verlangt – enthält der Registereintrag des Zertifikats die vollständige Adresse, Art. 9 II 2 a), Art. 11 I 2 a) AMV.[11] Werden die geforderten Angaben vollständig veröffentlicht, sind Dritte in der Lage, die Laufzeit des Zertifikats bereits vor dessen Erteilung zu berechnen.[12]

Der Erteilungshinweis muss zusätzlich die (ggf. verlängerte) Zertifikatslaufzeit angeben, Art. 11 III, I 2 f) AMV.

5 Ausweislich des Wortlauts von Art. 11 II 2 AMV müsste auch der Zurückweisungshinweis die in Art. 9 II AMV vorgesehenen Angaben enthalten. Hat der Anmelder es jedoch auch im Verlaufe des Mängelbeseitigungsverfahrens nach Art. 10 III AMV versäumt, bestimmte übereinstimmend von Art. 8 I und Art. 9 II AMV geforderte Informationen anzugeben bzw. nachzureichen, so soll die Bekanntmachung des Hinweises auf Zurückweisung auch ohne die fehlenden Angaben erfolgen dürfen.[13]

6 Wie sich bereits aus dem Wortlaut von Art. 9 II 2, Art. 11 I 2, II 2 AMV („zumindest“) ergibt, handelt es sich bei den dort geforderten Informationen um Mindestangaben.[14] Das DPMA darf daher weitere Angaben, bspw. Name und Wohnort des Vertreters (§ 30 I 1 PatG), Laufzeitbeginn („Anfang“) oder die Erhebung einer Nichtigkeitsklage (§ 30 I 2 PatG) bekannt machen.

6 Schennen S. 66 [Art. 9 Anm 3]; Brückner Art. 9 Rn 18.
7 Begr. PatGÄndG PMZ 1993, 205, 211 (zu Art. 1, zu Nr. 3); vgl. MittPräs Nr. 6/93 PMZ 1993, 169, 196 [3.], Nr. 9/95 PMZ 1995, 229, 229; Nr. 19/96 PMZ 1996, 425, 425 [5.]; Busse/Brandt § 32 Rn 3; Busse/Hacker Anh § 16 a Rn 123; Fitzner in Fitzner/Lutz/Bodewig § 16 a Rn 80.
8 Vgl. Begr. PatGÄndG PMZ 1993, 205, 211 (zu Nr. 3).
9 Vgl. BGH GRUR 2002, 47, 48 [II.6.a] – Idarubicin III; BGH GRUR 2002, 415, 417 [III.4.b] – Sumatriptan.
10 Benkard/Schäfers § 30 Rn 3.
11 Busse/Brandt § 30 Rn 16; Schulte/Rudlof-Schäfers § 30 Rn 12.
12 Vgl. Brückner Art. 9 Rn 33.
13 Schennen S. 70 (Art. 11 Anm 4); Brückner Art. 11 Rn 13.
14 So auch Brückner Art. 9 Rn 17.

81(1)(2), 16a(2) PatG. Preliminary protective effects (analogous to Sec. 33 PatG) seem not to be connected with the entry of the SPC application into the Register.[6]

Patent-office publications for SPCs as laid-open publications or SPC specifications are not provided for in the MPR.[7]

The German PTO manages the SPC files as a component of basic patent files. Free inspection of files is guaranteed, therefore, according to Sec. 31(1)(2) PatG, and a specific regulation is redundant.[8]

Notification that an SPC application has been lodged must contain according to Art. 9(2) MPR the following information: 4

(a) the name and address of the applicant;

(b) the number of the basic patent;

(c) the title of the invention;

(d) the number and date of the authorisation in the filing country and the product identified in that authorisation;

(e) where relevant, the number and date of the first authorisation in the Community;

(f) where applicable, an indication of an application for an extension of the duration contained by the SPC application (or filed later, Art. 9(3)(2) MPR).

The product must be specifically indicated here.[9] Notwithstanding Sec. 30(1)(1) PatG – which only requires the indication of the address of the applicant or patent holder[10] – the register entry of an SPC contains the full address, Art. 9(2)(2)(a), 11(1)(2)(a) MPR.[11] If all this information is published in full, third parties can already calculate the SPC duration before its grant.[12]

Notifications of a grant must additionally indicate the SPC duration, Art. 11(3), (1)(2)(f) MPR.

According to the wording of Art. 11(2)(2) MPR notification of rejection must also contain the information provided for by Art. 9(2) MPR. If, nevertheless, the applicant misses to file details commonly required under Art. 8(1) and Art. 9(2) MPR during the procedure for rectification of irregularities, the publication of a rejection notification must be allowed to be made also without the missing details.[13] 5

As follows from the wording of Art. 9(2)(2), 11(1)(2), (2)(2) MPR ("at least") the information required there is a minimum information.[14] The German PTO might publish, therefore, further information, for example, the name and address of the representative (Sec. 30(1)(1) PatG), the beginning of the duration ("commencement") or filing of a nullity action (Sec. 30(1)(2) PatG). 6

6 Schennen p. 66 [Art. 9 Anm 3]; Brückner Art. 9 Rn 18.
7 Begr. PatGÄndG PMZ 1993, 205, 211 (Art. 1, No. 3); cf. MittPräs No. 6/93 PMZ 1993, 169, 196 [3.], No. 9/95 PMZ 1995, 229, 229; No. 19/96 PMZ 1996, 425, 425 [5.]; Busse/Brandt § 32 Rn 3; Busse/Hacker Anh § 16 a Rn 123; Fitzner in Fitzner/Lutz/Bodewig § 16 a Rn 80.
8 Cf. Begr. PatGÄndG PMZ 1993, 205, 211 (Art. 1, No. 3).
9 Cf. FCJ GRUR 2002, 47, 48 [II.6.a] – Idarubicin III; FCJ GRUR 2002, 415, 417 [III.4.b] – Sumatriptan.
10 Benkard/Schäfers § 30 Rn 3.
11 Busse/Brandt § 30 Rn 16; Schulte/Rudlof-Schäfers § 30 Rn 12.
12 Cf. Brückner Art. 9 Rn 33.
13 Schennen p. 70 (Art. 11 Anm 4); Brückner Art. 11 Rn 13.
14 So also Brückner Art. 9 Rn 17.

7 Nach Art. 17 I AMV ist das Erlöschen des Zertifikats nach Art. 14 b, c, d AMV oder seine Nichtigkeit nach Art. 15 AMV durch die in Art. 9 I AMV genannte Behörde bekannt zu machen. Wird die Verlängerung der Laufzeit nach Art. 16 AMV widerrufen, so ist ein Hinweis hierauf ebenfalls bekannt zu machen, Art. 17 II AMV.

8 Die Bekanntmachung der Nichtigkeit gem. Art. 17 I AMV meint eigentlich die Bekanntmachung der Nichtigerklärung des Zertifikats durch die zuständige Stelle.[15] Das Erlöschen eines Zertifikats für ein Erzeugnis bedeutet nicht, dass es nicht mehr geschützt ist und als Bestandteil eines Arzneimittels auf den Markt gebracht werden kann.[16] Es sind Fälle denkbar, in denen ein Erzeugnis Gegenstand mehrerer Zertifikate mit unterschiedlicher Laufzeit ist.

9 Art. 14 a AMV (Erlöschen durch Zeitablauf) wird in Art. 17 I AMV nicht genannt. § 30 I 2 PatG („Ablauf") verpflichtet das DPMA dennoch zur Bekanntmachung eines entsprechenden Hinweises.[17] Das britische Patentamt veröffentlicht einen Hinweis auf das Erlöschen durch Zeitablauf im Patents Journal und trägt diesen ins Register ein.[18] Das britische Patentamt macht nach Art. 17 I AMV auch einen Hinweis auf das Wiederaufleben eines Zertifikats bekannt.[19]

15 Schennen S. 80 [Art. 16 Anm 2]; Brückner Art. 17 Rn 5.
16 So aber Brückner Art. 17 Rn 1.
17 So wohl Schennen S. 80 [Art. 16 Anm 1] unter Hinweis auf § 30 I PatG; aA: Benkard/Grabinski § 16 a Rn 47; Brückner Art. 17 Rn 6 ff; jedenfalls publiziert das DPMA das Erlöschen durch Zeitablauf im Patentregister unter Verfahrensdaten [Verwaltungsverfahren, Verfahrensstand], vgl. bspw. Registerauszug zu DE 19775008, Glimepirid vom 10. Januar 2012.
18 RL UK IPO [SPM 17.01].
19 RL UK IPO [SPM 14.07, SPM 17.01]: dort als „termination of lapse" bezeichnet.

According to Art. 17(1) MPR the lapse of an SPC pursuant to Art. 14(b), (c), (d) MPR or its invalidity under Art. 15 MPR are to be published by the authority referred to in Art. 9(1) MPR. If the extension of the duration is revoked in accordance with Art. 16 MPR, a notification thereof has also to be published, Art. 17(2) MPR. 7

The publishing of invalidity pursuant to Art. 17(1) MPR means the publication of a declaration of invalidity of an SPC by a competent body.[15] The lapse of an SPC for a product does not mean that it is not protected anymore and can be placed on the market as an ingredient of a medicinal product.[16] There are cases conceivable where a product is a subject matter of several SPCs with different durations. 8

Art. 14(a) MPR (lapse at the end of the period provided for in Art. 13 MPR) is not mentioned in Art. 17(1) MPR. Sec. 30(1)(2) PatG ("expiration") obliges the German PTO, however, to publish a relevant notification.[17] The Britain patent office publishes the notification of the lapse because of expiry in the Patents Journal and enters it in the Register.[18] The British Patent Office also publishes a notification of revival of the SPC according to Art. 17(1) MPR.[19] 9

15 Schennen p. 80 [Art. 16 Anm 2]; Brückner Art. 17 Rn 5.
16 But so Brückner Art. 17 Rn 1.
17 So possibly Schennen p. 80 [Art. 16 Anm 1] with reference to Sec. 30(1) PatG; dissenting: Benkard/Grabinski § 16 a Rn 47; Brückner Art. 17 Rn 6 ff. Anyway, the German PTO publishes the lapse by expiry of its legal term in the patent register in Verfahrensdaten [Verwaltungsverfahren, Verfahrensstand], cf. e.g. register excerpt for DE 19775008 dated January 10, 2012 (Glimepiride).
18 MPP UK IPO [SPM 17.01].
19 MPP UK IPO [SPM 14.07, SPM 17.01]: mentioned there as "termination of lapse".

Artikel 12 Jahresgebühren

Die Mitgliedstaaten können vorsehen, dass für das Zertifikat Jahresgebühren zu entrichten sind.

1 Die Mitgliedstaaten können vorsehen, dass für Zertifikate Jahresgebühren zu entrichten sind, Art. 12 AMV. Deutschland hat hiervon Gebrauch gemacht, § 16 a I 2 PatG.

Die Jahresgebühren für Schutzzertifikate in Deutschland sind jeweils für die folgende Schutzfrist am letzten Tag des Monats fällig, der durch seine Benennung dem Monat entspricht, in den der Anmeldetag fällt, § 3 II 1 PatKostG. Mit Anmeldetag ist hier der Tag der Patentanmeldung gemeint, nicht der Anmeldetag des Zertifikats. Die Fälligkeitsdaten der Jahresgebühren von Grundpatent und Zertifikat sind daher gleich.[1] Die Jahresgebühr ist in Deutschland an das DPMA zu zahlen. Sie kann frühestens ein Jahr vor Eintritt der Fälligkeit vorausgezahlt werden, § 5 II PatKostG.[2] Eine nach § 5 II PatKostG vorausgezahlte und eine rechtzeitig nach Fälligkeit gezahlte Jahresgebühr haben die gleiche Wirkung. Nach § 7 I 1 PatKostG kann die Jahresgebühr bis zum Ablauf des zweiten Monates nach Fälligkeit zuschlagsfrei gezahlt werden. Wird die Gebühr innerhalb dieser Frist nicht oder nicht vollständig gezahlt, so kann sie mit einem Verspätungszuschlag noch bis zum Ablauf des sechsten Monats nach Fälligkeit gezahlt werden, § 7 I 2 PatKostG. Dies entspricht Art. 5bis I PVÜ, der eine Nachfrist von 6 Monaten nach Fälligkeit fordert. Bei Versäumung der Nachfrist des § 7 I 2 PatKostG ist eine Wiedereinsetzung möglich, §§ 16 a II, 123 PatG.[3]

2 Die Höhe der Jahresgebühr bestimmt sich nach dem Gebührenverzeichnis (Anlage zu § 2 I PatKostG, Nr. 312210 ff). Sie beträgt derzeit 2.650 EUR für das erste, 2.940 EUR für das zweite, 3.290 EUR für das dritte, 3.650 EUR für das vierte, 4.120 EUR für das fünfte und 4.520 EUR für das sechste Jahr des ergänzenden Schutzes.[4] Die jeweilige Jahresgebühr halbiert sich bei Erklärung der Lizenzbereitschaft, §§ 23 I 1 PatG, 16 a II, III[5] PatG. Der Verspätungszuschlag nach § 7 I 2 PatKostG beträgt einheitlich 50 EUR und ist von Art. 12 AMV gedeckt.[6]

3 Die Jahresgebühren für Zertifikate schließen sich auch in ihrer Progression an die Patentjahresgebühren an.[7] Ihre Höhe ist im Hinblick auf den Wert der Schutzrechte angemessen. Der Gesetzgeber hoffte, dass der Inhaber ein Zertifikat nur aufrechterhalten wird, wenn der wirtschaftliche Wert die Gebührenbelastung rechtfertigt[8] und die Jahresgebühren so der Aufrechterhaltung nutzloser Zertifikate entgegenwirken.[9] Dies scheint aber wegen des

1 Für vor Ablauf des Grundpatents erteilte Zertifikate wird also die erste Jahresgebühr am letzten Tag des Monats des Zertifikatslaufzeitbeginns fällig.

2 In UK sind die Jahresgebühren wohl als ein Gesamtbetrag (RL UK IPO SPM 12.07) und dann zu zahlen, wenn das Zertifikat wirksam wird (SPM 12.04), also am Ende der Laufzeit des Grundpatents. Sie kann in UK frühestens 3 Monate vor Ablauf des Grundpatents gezahlt werden, SPM 12.04. Durch Reduzierung der zu zahlenden Jahresgebühr soll dem Zertifikatsinhaber die Möglichkeit gegeben werden, die Laufzeit des Zertifikats verkürzen, SPM 12.02, 13.02. Der Zertifikatsinhaber wird in UK benachrichtigt, wann die Jahresgebühren fällig werden und ggf. dass er sie nicht rechtzeitig gezahlt hat, SPM 12.08 f, 12.12. Eingegangene Zahlungen werden bestätigt, SPM 12.11.

3 RL DPMA 5.2. [S. 16/16].

4 Die Jahresgebührenhöhe beträgt für UK: £ 600, £ 700, £ 800, £ 900, £ 1.000 für das erst bis fünfte Jahr der Zertifikatslaufzeit. Für eine Laufzeit von 3 Jahren und 6 Monaten wären danach wohl Jahresgebühren für 4 Jahre (iHv insgesamt £ 3.000) zu zahlen, RL UK IPO SPM 12.06, 12.07.

5 Lizenzbereitschaftserklärung bereits für das Grundpatent: § 16 a III PatG; nur für das Zertifikat: § 16 a II PatG; Ende 2011 war im Patentregister zu keinem Zertifikat eine Lizenzbereitschaftserklärung zu finden.

6 Schennen S. 71 [Art. 12 Anm 3]; Brückner Art. 12 Rn 10.

7 Busse/Hacker Anh § 16 a Rn 124.

8 Begr. PatGÄndG PMZ 1993, 205, 213 [zu Art. 5 Nr. 2].

9 Schennen S. 70 [Art. 12 Anm 1].

Article 12 Annual fees

Member States may require that the certificate be subject to the payment of annual fees.

1 Member States may require that the SPC is subject to the payment of annual fees, Art. 12 MPR. Germany has used it, Sec. 16a(1)(2) PatG.

In Germany the annual fees for SPCs are due for the following period of protection on the last day of the month with the same name as the month of the application date, Sec. 3(2)(1) PatKostG. The application date is the patent application date, but not the SPC applications date. The due date for payment of annual fees is, therefore, equal for the basic patent and for the SPC.[1] In Germany the annual fee will be paid in favour of the German PTO. It can be paid in advance one year before the due date, at the earliest, Sec. 5(2) PatKostG.[2] The annual fee paid in advance in accordance with Sec. 5(2) PatKostG or timely after the due date have the same effect. Pursuant to Sec. 7(1)(1) PatKostG the annual fees might be paid up to the expiry of the second month after the due date free of surcharges. If the fee is not paid within this period or if it is paid not in full, it might still be paid with a late surcharge up to the expiry of the sixth month after the due date, Sec. 7(1)(2) PatKostG. This corresponds to Art. 5bis Paris Convention, which postulates a grace period of not fewer than 6 months after the due date. When missing the grace period provided for by Sec. 7(1)(2) PatKostG reinstatement is possible, Sec. 16a(2), 123 PatG.[3]

2 The amount of the annual fee is determined by the table of charges (Annex to Sec. 2(1) PatKostG, No. 312210 ff). Currently it makes up EUR 2.650 for the first, EUR 2.940 for the second, EUR 3.290 for the third, EUR 3.650 for the fourth, EUR 4.120 for the fifth and EUR 4.520 for the sixth year of supplementary protection.[4] The respective annual fee halves if willingness to licence is declared, Sec. 23(1)(1) PatG, 16a(2), (3)[5] PatG. The late surcharge amounts according to Sec. 7(1)(2) PatKostG are consistently EUR 50 and are covered by Art. 12 MPR.[6]

3 The annual fees for SPCs follow also in their progression the annual fees for patents.[7] Their amount is reasonable for the value of the protective right. The legislator hoped that the SPC holder would maintain SPCs only if the commercial value justifies the fees imposed,[8] and the annual fees thus counteract maintaining useless SPCs.[9] But it looks unrealistic because of considerable differences between potential turnover protected by an SPC and fee savings.[10]

1 For SPCs – granted before expiry of its basic patent – the first annual fee is due on the last day of the month of the SPC commencement.
2 In UK the annual fees are payable as a single cumulative amount (MPP UK IPO SPM 12.07). The date by which it is payable is normally the date on which the SPC is due to take effect at the end of the lawful term of the basic patent. The annual fees may not be paid earlier than three months before that date, SPM 12.04. By reducing the he pays for annual fees the SPC holder has the opportunity to shorten the effective SPC duration, SPM 12.02, 13.02. The SPC holder is notified, when the annual fees become due and if necessary that annual fees are outstanding, SPM 12.08 f, 12.12. The UK IPO confirms the payment of fees, SPM 12.11.
3 RL DPMA p. 16/16 [5.2.].
4 Currently the fees for the five successive years are £ 600, £ 700, £ 800, £ 900 and £ 1.000. For an SPC term of 3 years and 6 month requires the payment of 4 years annual fees (together possibly £ 3.000), MPP UK IPO SPM 12.06, 12.07.
5 Declaration of willingness to grant a licence already for the basic patent: Sec. 16a(3) PatG; only for the SPC: Sec. 16a(2) PatG; There was no declaration of willingness to grant a licence recorded for an SPC in the German Patent Register at the end of 2011.
6 Schennen p. 71 [Art. 12 Anm 3]; Brückner Art. 12 Rn 10.
7 Busse/Hacker Anh § 16 a Rn 124.
8 Begr. PatGÄndG PMZ 1993, 205, 213 [Art. 5 No. 2].
9 Schennen p. 70 [Art. 12 Anm 1].

erheblichen Unterschieds von möglicherweise zertifikatsgeschütztem Umsatz und Gebührenersparnis nicht realistisch.[10]

4 Die volle Jahresgebühr fällt unabhängig davon an, ob die Schutzdauer vor Ablauf des Jahres endet oder nicht.[11] Da die Schutzdauer für Zertifikate aufgrund ihrer Berechnungsgrundlage variabel ist und anders als bei Patenten nur selten volle Jahre beträgt, bleibt es der Entscheidung des Zertifikatinhabers überlassen, ob er bereit ist, für das letzte angebrochene Jahr die volle Jahresgebühr zu zahlen.[12]

5 Eine Zahlung von Jahresgebühren für nach Patentablauf noch nicht erteilte Zertifikatsanmeldungen ist in Art. 12 AMV nicht vorgesehen.[13] Nach Auskunft des DPMA werden die Jahresgebühren nach Ablauf des Grundpatents erst mit Zertifikatserteilung fällig. Wird das Zertifikat nach Patent- aber noch vor Zertifikatsablauf erteilt, so sind alle bis zum Erteilungszeitpunkt angefallenen Jahresgebühren zu zahlen. Für den Fall einer Erteilung erst nach Zertifikatsablauf, sind die Jahresgebühren mit Erteilung des Zertifikats fällig und werden rückwirkend für die gesamte Zertifikatslaufzeit geschuldet.

6 Das Zertifikat erlischt bei nicht rechtzeitiger Zahlung der in Übereinstimmung mit Art. 12 AMV festgesetzten Jahresgebühr, Art. 14c AMV. Ob die Zahlung ggf. einschließlich des Verspätungszuschlags rechtzeitig ist, regeln §§ 16a II, 20 I Nr. 3 PatG. Der dortige Verweis auf § 7 I PatKostG stellt klar, dass das Erlöschen erst ex nunc mit Ablauf der gesetzlichen Nachfrist eintritt.[14] Rechtzeitig ist die Zahlung sowohl innerhalb der zuschlagfreien zweimonatigen Nachfrist (§ 7 I 1 PatKostG) als auch innerhalb der weiteren Frist von vier Monaten für die Zahlung mit Verspätungszuschlag nach § 7 I 2 PatKostG.[15] Die Versäumung der zweimonatigen Nachfrist lässt nur den Verspätungszuschlag fällig werden, das Zertifikat aber nicht erlöschen. Das Zertifikat erlischt erst, wenn die Jahresgebühr innerhalb der Sechsmonatsfrist nicht oder unvollständig (bspw. ohne Verspätungszuschlag) entrichtet wird.[16]

7 Gemäß §§ 16a II, 20 II PatG entscheidet über die Rechtzeitigkeit der Zahlung nur das Patentamt. Dieses allein kann das Erlöschen wegen verspäteter Jahresgebührenzahlung feststellen. Beschwerde (§ 73 PatG) und Rechtsbeschwerde (§ 100 PatG) gegen eine solche Entscheidung bleiben aber möglich.

10 Vgl. auch Brückner Art. 12 Rn 2.

11 Vgl. für UK: RL UK IPO SPM 12.06.

12 So ausdrücklich für die sechste Jahresgebühr: Begr PatGModG PMZ 2009, 307, 321 [B zu Art. 4 Nr. 2a) bb)]; geht man gem. Art. 14c AMV, §§ 16a II, 20 I Nr. 3 PatG, § 7 I 2 PatKostG davon aus, dass das Zertifikat erst mit Ablauf der sechsmonatigen Nachfrist (ex nunc) erlischt, ist die Zahlung der letzten Jahresgebühr für Zertifikate deren Restlaufzeit höchstens sechs Monate beträgt, nicht nötig. Aus Gründen der Fairness und da dieser Standpunkt nicht unstreitig ist (vgl. OLG Düsseldorf Mitt. 2007, 143), scheint eine Zahlung der letzten Jahresgebühr dennoch angebracht.

13 Auch wäre die Rechtsfolge der Nichtzahlung fraglich: Art. 14c AMV betrifft nur erteilte Zertifikate. § 16a II PatG verweist nicht auf § 58 III PatG (Patentanmeldung gilt bei Nichtzahlung der Jahresgebühr als zurückgenommen). In UK sind die Jahresgebühren – falls das Zertifikat 3 Monate vor Ablauf des Grundpatents oder später erteilt wird – erst 3 Monate nach Erteilung des Zertifikats zu zahlen, RL UK IPO SPM 12.05.

14 Busse/Keukenschrijver § 20 Rn 35; Schulte/Kühnen 8. Aufl. § 16a Rn 32 (vgl. auch Schulte/Rudloff-Schäffer § 20 Rn 22).

15 Schulte/Kühnen 8. Aufl. § 16a Rn 32, Schulte/Rudloff-Schäffer § 20 Rn 22: Arg. Art. 5bis I PVÜ; Mes § 20 Rn 2, § 20 Rn 26; zur Situation in UK vgl. RL UK IPO SPM 12.12, 12.13.

16 Schulte/Schell PatG § 7 PatKostG Rn 6; vgl. auch Busse/Schuster § 7 PatKostG Rn 4, 5; aA OLG Düsseldorf Mitt. 2007, 143 unter Verstoß gegen Art. 5bis I PVÜ; zur Situation in UK vgl. RL UK IPO SPM 12.14: bei Nichtzahlung der Jahresgebühr wird das Zertifikat so behandelt, als sei es bei Ablauf des Grundpatents erloschen.

The full annual fee is due despite whether the period of protection for which the fee to be paid is a full year or shorter.[11] As the SPC duration is variable because of its calculation basis and seldom lasts for a full year other than patents, the decision remains at the discretion of the SPC holder whether he is ready to pay the full annual fee for the last year that has begun.[12] 4

Payment of annual fees for an SPC application, which has not been granted after expiry of the basic patent is not provided for in Art. 12 MPR.[13] According to the German PTO the annual fees are payable after expiry of the basic patent only after the SPC has been granted. If an SPC is granted after expiry of the patent, but before expiry of the SPC, all fees incurred before the date of granting are to be paid. If there is a grant after the SPC expiry, annual fees are payable from the SPC grant date and are owed retroactive for the entire SPC duration. 5

The SPC lapses if the annual fee in accordance with Art. 12 MPR is not paid in time, Art. 14(c) MPR. Whether the payment, if necessary, including late surcharge, was paid in time, controls Sec. 16a(2), 20(1) No. 3 PatG. The reference there to Sec. 7(1) PatKostG clarifies that the lapse occurs only ex nunc on the expiry of the lawful grace period.[14] Both the payment free of extra charge within the grace period of two months (Sec. 7(1)(1) PatKostG) and the payment with the late surcharge within a further four months according to Sec. 7(1)(2) PatKostG[15] are considered timely payments. The failure to comply with the grace period of two months allows the late surcharge becoming due, but does not allow the lapse of the SPC. The SPC lapses only if the annual fee was not or was not in full (for example, without the late surcharge) paid within the period of six months.[16] 6

According to Sec. 16a(2), 20(2) PatG only the Patent Office can decide on the timely payment. The DPMA alone can establish the lapse because of delayed payment. But an appeal (Sec. 73 PatG) or an appeal on a point of law (Sec. 100 PatG) against such a decision remains possible. 7

10 Cf. also Brückner Art. 12 Rn 2.

11 Cf. for UK: MPP UK IPO SPM 12.06.

12 So explicitly for the sixth annuity fee: Begr PatGModG PMZ 2009, 307, 321 [B Art. 4 No. 2 a) bb)]; If one – according to Art. 14(c) MPR II, Sec. 16a(2), 20(1) No. 3 PatG, Sec. 7(1)(2) PatKostG – assumes, that the SPC only expires (ex nunc) after the end of the six month period, the payment of the last annual fee for SPCs whose remaining duration is less than six months, seems not necessary. For reasons of fairness and because of this view is not disputed (cf. OLG Düsseldorf Mitt. 2007, 143), the payment of last annual fee seems nevertheless appropriate.

13 Also the legal consequences of non-payment would be questionable: Art. 14(c) MPR affects only granted SPCs. Sec. 16a(2) PatG does not refer to Sec. 58(3) PatG (if the annual fee is not paid the patent application shall be deemed to have been withdrawn). If the SPC is granted later than three months before the expiry of the basic patent, the date for the payment of annual fees is three months after the SPC grant date in UK, MPP UK IPO SPM 12.05.

14 Busse/Keukenschrijver § 20 Rn 35; Schulte/Kühnen 8th ed. § 16 a Rn 32 (cf. also Schulte/Rudloff-Schäffer § 20 Rn 22).

15 Schulte/Kühnen 8th ed. § 16 a Rn 32, Schulte/Rudloff-Schäffer § 20 Rn 22: Argument: Art. 5bis(1) PC; Mes § 20 Rn 2,§ 20 Rn 26; as to the situation in UK cf. MPP UK IPO SPM 12.12, 12.13.

16 Schulte/Schell PatG § 7 PatKostG Rn 6; cf. also Busse/Schuster § 7 PatKostG Rn 4, 5; dissenting: OLG Düsseldorf Mitt 2007, 143 contrary to Art. 5bis I PC; as to the situation in UK cf. MPP UK IPO SPM 12.14: If the fees are not paid by the due date, the SPC is treated as having lapsed on the date of expiry of the basic patent.

8 Die Begründung des PatGModG-Entwurfs scheint davon auszugehen, dass für auf Zusatzpatente erteilte Zertifikate Jahresgebühren zu zahlen sind und schon immer zu zahlen waren.[17] Aus dem früheren Verweis in § 16 a II PatG aF auf § 17 II PatG wurde teilweise gefolgert, dass für Zusatzpatente keine Jahresgebühren zu zahlen seien.[18] Dieser Verweis auf § 17 II PatG wurde durch das PatRModG mit der Begründung gestrichen, das Gebührenrecht beruhe auf dem Patentkostengesetz. Ergänzend wird erklärt, der zu streichende Verweis soll nicht den Eindruck hervorrufen können, für ein Zertifikat fielen Jahresgebühren nicht an, wenn es auf ein Zusatzpatent erteilt wird.[19] Mit der vorgesehenen Abschaffung des Zusatzpatents[20] hat dieser Streit künftig keine Bedeutung mehr.

17 Begr. PatGModG PMZ 2009, 307, 312 [B, zu Art. 1 Nr. 1 b)]; aA Schulte/Kühnen 8. Aufl. § 16 a Rn 31 (zumindest für Zeit vor Streichung des Verweises auf § 17 II PatG in § 16 a II PatG).
18 Schulte/Kühnen 8. Aufl. § 16 a Rn 31.
19 Begr. PatRModG, PMZ 2009, 307, 312 [B, zu Art. 1, Nr. 1, Buchstabe b].
20 Vgl. Entwurf eines Gesetzes zur Novellierung patentrechtlicher Vorschriften und anderer Gesetze des gewerblichen Rechtsschutzes, BT-Drucks. 17/10308 vom 12. Juli 2012, S. 11, l. Sp [A.II.1].

The grounds of the PatGModG (Patent Law Modernization Law) draft seem to assume that the annual fees for an SPC granted on a patent of addition are to be paid and were always to be paid.[17] Based on the earlier reference in Sec. 16a(2) PatG of the old version to Sec. 17(2) PatG it was partly concluded that no annual fees were to be paid for patents of addition.[18] This reference to Sec. 17(2) PatG was cancelled by PatGModG by the reason that the fees law is based on the Patent Costs Law (PatKostG). Also it is clarified that the reference to be cancelled must not give the impression that the annual fees for an SPC is due if it is granted on a patent of addition.[19] This controversy does not matter in the future because of the abolition of patents of addition.[20] 8

17 Begr. PatGModG PMZ 2009, 307, 312 [B, Art. 1 No. 1 b)]; dissenting Schulte/Kühnen 8th ed. § 16 a Rn 31 (at least for the time before the cancelation of the reference to Sec. 17(2) PatG in Sec. 16a(2) PatG).

18 Schulte/Kühnen 8th ed. § 16 a Rn 31.

19 Begr. PatRModG, PMZ 2009, 307, 312 [B, Art. 1, No. 1, b].

20 Cf. Draft Law for the amendment of patent law provisions and other laws of intellectual property rights, BT-Drucksache 17/10308, 12.7.2012, p. 11 [A.II.1].

Artikel 13 Laufzeit des Zertifikats

(1) Das Zertifikat gilt ab Ablauf der gesetzlichen Laufzeit des Grundpatents für eine Dauer, die dem Zeitraum zwischen der Einreichung der Anmeldung für das Grundpatent und dem Zeitpunkt der ersten Genehmigung für das Inverkehrbringen in der Gemeinschaft entspricht, abzüglich eines Zeitraums von fünf Jahren.

(2) Ungeachtet des Absatzes 1 beträgt die Laufzeit des Zertifikats höchstens fünf Jahre vom Zeitpunkt seines Wirksamwerdens an.

(3) [1]Die in den Absätzen 1 und 2 festgelegten Zeiträume werden im Falle der Anwendung von Artikel 36 der Verordnung (EG) Nr. 1901/2006 um sechs Monate verlängert. [2]In diesem Fall kann die in Absatz 1 dieses Artikels festgelegte Laufzeit nur einmal verlängert werden.

(4) Wird ein Zertifikat für ein Erzeugnis erteilt, das durch ein Patent geschützt ist, für welches vor dem 2. Januar 1993 nach den einzelstaatlichen Rechtsvorschriften eine Verlängerung gewährt oder ein Verlängerungsantrag gestellt wurde, so wird die Laufzeit dieses Zertifikats um die Zahl der Jahre verkürzt, die eine zwanzigjährige Laufzeit des Patents übersteigt.

I. Einführung

1 Art. 13 AMV regelt die Laufzeit des Zertifikats. Das Zertifikat wird mit Ablauf der gesetzlichen Laufzeit des Grundpatents[1] (Art. 13 I AMV) und damit nur dann wirksam, wenn das Grundpatent nicht zuvor erloschen ist bzw. widerrufen oder für nichtig erklärt wurde.[2] Die Laufzeit des Zertifikats entspricht dem Zeitraum zwischen der „Einreichung der Anmeldung für das Grundpatent“ (= Anmeldetag)[3] und dem Zeitpunkt der „ersten Genehmigung für das Inverkehrbringen in der Gemeinschaft“,[4] abzüglich 5 Jahre (Art. 13 I AMV). Sie beträgt höchstens 5 Jahre ab Wirksamwerden des Zertifikats (Art. 13 II AMV).[5] In bestimmten Ausnahmefällen (Laufzeit des Grundpatents > 20 Jahre) ist eine nach Art. 13 I, II AMV korrekt berechnete Zertifikatslaufzeit wegen EG 9 S. 2 AMV wieder zu kürzen.[6] Abgesehen von der Anfang 2007 eingeführten sechsmonatigen Verlängerungsmöglichkeit nach Art. 13 III AMV entspricht dies der zur Erreichung ausreichenden tatsächlichen Schutzes geforderten Einräumung von maximal 15 Jahren Exklusivität seit Erstzulassung in der Gemeinschaft, EG 9 AMV. Die Laufzeit des Zertifikats ist im Erteilungsbeschluss anzugeben[7] (§ 49 a II 1 PatG) und bekannt zu machen (Art. 11 I f) AMV). Sie wird in der Begründung des Beschlusses berechnet.[8]

1 20 Jahre (§ 16 I 1 PatG: beginnend „mit dem Tag, der auf die Anmeldung folgt“; Art. 63 I EPÜ: gerechnet „vom Anmeldetag“).
2 Vgl. Art. 15 I b), c) AMV; Brückner Art. 13 Rn 3: kein Anschluss des Zertifikats an verkürzte Laufzeit.
3 Nach § 35 II PatG; Art. 80, R. 40 EPÜ; nicht Priodatum, vgl. Schennen S. 72 [Art. 13 Anm 3a]; das Abstellen auf den Anmeldetag wird teilweise als nicht sachgerecht kritisiert, da nur der Laufzeitverlust aufgrund des Zulassungsverfahrens ausgeglichen werden soll und daher nur der Zeitraum zwischen Patent- und Zulassungserteilung zu berücksichtigen sei (vgl. Kraßer S. 584 [§ 26 A. II. b. 6]; Busse/Hacker § 16 a Rn 5; aA Brückner Art. 13 Rn 9: Zeitpunkt der Patenterteilung spielt keine Rolle.
4 Der Zeitpunkt der Patenterteilung beeinflusst die Laufzeitberechnung nicht. Verzögerungen im Erteilungsverfahren werden nicht ausgeglichen, vgl. Benkard/Grabinski § 16 a Rn 32.
5 Berechnungsbeispiele: BPatG GRUR 2006, 1046, 1049 – Aceclofenac; BPatG PMZ 1997, 61, 62 – Ceftibuten; Schennen S. 72 f [Art. 13 Anm 3]; Schulte/Rudloff-SchäfferKühnen § 49 a Rn 26; Mes § 49 a Rn 22.
6 Vgl. C-555/13 [LS] – Merck Canada.
7 Vgl. Schennen S. 73 [Art. 13 Anm 3]; Busse/Hacker Anh § 16 a Rn 134; Mes § 49 a Rn 21; Schulte/Schell § 16 a Rn 45; Brückner Art. 13 Rn 8.
8 Nach RL UK IPO SPM 13.06 wird der Prüfer den Zertifikatsanmelder normalerweise dazu auffordern, das Ergebnis seiner Laufzeitberechnung zu bestätigen.

Article 13 Duration of the certificate

1. The certificate shall take effect at the end of the lawful term of the basic patent for a period equal to the period which elapsed between the date on which the application for a basic patent was lodged and the date of the first authorisation to place the product on the market in the Community, reduced by a period of five years.

2. Notwithstanding paragraph 1, the duration of the certificate may not exceed five years from the date on which it takes effect.

3. The periods laid down in paragraphs 1 and 2 shall be extended by six months in the case where Article 36 of Regulation (EC) No 1901/2006 applies. In that case, the duration of the period laid down in paragraph 1 of this Article may be extended only once.

4. Where a certificate is granted for a product protected by a patent which, before 2 January 1993, had its term extended or for which such extension was applied for, under national law, the term of protection to be afforded under this certificate shall be reduced by the number of years by which the term of the patent exceeds 20 years.

I. Introduction

Art. 13 MPR regulates the SPC duration. The SPC becomes effective at the expiry of the basic patent[1] (Art. 13(1) MPR) and thus can only become effective if the basic patent has not previously lapsed or been revoked or declared invalid.[2] The SPC duration corresponds to the time between the "lodge of the application for the basic patent" (the application date)[3] and the time of the "first authorisation to place the product on the market in the Community",[4] less five years (Art. 13(1) MPR). It is not exceeding five years from the SPC's coming into force (Art. 13(2) MPR).[5] An SPC term correctly calculated under Art. 13(1), (2) MPR can be shortened under R 9(2) MPR in exceptional cases (for instance if the term of the basic patent is longer than 20 years).[6] Aside from the possibility of a six-month extension introduced at the beginning of 2007 according to Art. 13(3) MPR, this corresponds to a maximum of 15 years of exclusivity from the first authorisation in the Community required for the achievement of sufficient actual protection, R 9 MPR. The duration of the SPC will be reported[7] in the decision to grant (Sec. 49a(2)(1) PatG) and to be published (Art. 11(1)(f) MPR). It will be calculated in the grounds of the decision.[8] 1

1 20 years (Sec. 16(1)(1) PatG: "beginning on the day following the filing of the application"; Art. 63(1) EPC: "from the date of filing").

2 Cf. Art. 15(1)(b), (c) MPR; Brückner Art. 13 Rn 3: no SPC following a reduces patent term.

3 According to Sec. 35(2) PatG; Art. 80, R. 40 EPC; not the priority date, cf. Schennen p. 72 [Art. 13 Anm 3a]; to focus on the filing day is criticized partly as not appropriate, since only the patent term loss caused by the authorisation process should be compensated. Therefore, only the period between the grant of the patent and the authorisation should be considered (cf. Kraßer S. 584 [§ 26 A. II. b. 6]; Busse/Hacker § 16 a Rn 5; dissenting: Brückner Art. 13 Rn 9: The patent grant date does not matter.

4 The patent grant date does not affect the calculation of the SPC term. Delays in the grant proceedings are not compensated: cf. Benkard/Grabinski § 16 a Rn 32.

5 Calculation examples: BPatG GRUR 2006, 1046, 1049 – Aceclofenac; BPatG PMZ 1997, 61, 62 – Ceftibuten; Schennen p. 72 f [Art. 13 Anm 3]; Schulte/Rudloff-Schäffer § 49 a Rn 26; Mes § 49 a Rn 22.

6 Cf. C-555/13 [LS] – Merck Canada.

7 Cf. Schennen p. 73 [Art. 13 Anm 3]; Busse/Hacker Anh § 16 a Rn 134; Mes § 49 a Rn 21; Schulte/Schell § 16 a Rn 45; Brückner Art. 13 Rn 8.

8 According to MPP UK IPO SPM 13.06 the Office will generally invite the applicant to confirm agreement with the maximum expiry date calculated by the Examiner.

2 Nach früherer Ansicht des EuGH will die AMV die Erteilung von Zertifikaten mit je nach Mitgliedstaat **unterschiedlichen Laufzeiten** verhindern.[9] Diese Ansicht überzeugt nicht. Die Zertifikatslaufzeit hängt nicht nur vom Zeitpunkt der Erstzulassung in der Gemeinschaft, sondern auch vom Anmeldetag des Grundpatents ab. Der Anmelder ist aber in der Bestimmung des Grundpatents frei, Art. 1 c) AMV. Er ist (noch)[10] nicht gezwungen, in allen Mitgliedstaaten Patente der gleichen Patentfamilie[11] zum Grundpatent zu wählen. Nur dann würde aber die Laufzeit einheitlich enden.[12] Weiterhin ist darauf hinzuweisen, dass sich die vom DPMA und vom UK IPO berechneten Laufzeiten oft unterscheiden, obwohl die Grundpatente der gleichen Patentfamilie angehören.[13] Mittlerweile ist mit dem EuGH nur noch zu fordern, dass die maximale Schutzdauer (vgl. EG 9, 10 S. 2, Art. 13 II AMV) nicht überschritten wird. Die von EG 10 S. 1 AMV geforderte Berücksichtigung aller Interessen ist bei einer Laufzeitberechnung nach Art. 13 AMV gewährleistet. Es kommt nicht darauf an, dass die Zertifikatsabläufe identisch sind.[14]

3 Obwohl der Begriff „**Erzeugnis**“[15] in Art. 13 I, II AMV nicht erwähnt ist, ist er von zentraler Bedeutung für die Laufzeitberechnung (vgl. Art. 8 I b), c) AMV). Eine Erstzulassung kann nämlich nur eine Zulassung sein, die das im Zertifikatsantrag identifizierte Erzeugnis betrifft. Dabei gilt der weite Erzeugnisbegriff aufgrund verordnungseinheitlicher Auslegung nicht nur für Art. 3, 4 AMV, sondern auch für Art. 13 AMV.[16]

4 Das DPMA versteht als **Zeitpunkt der Erstzulassung** das aus dem Zulassungsbescheid ersichtliche Ausstellungsdatum der Zulassung.[17] Bei mehreren Zulassungen für ein identisches Erzeugnis berechnet sich die Zertifikatslaufzeit nach der jeweils frühesten.[18]

9 EuGH C-110/95 GRUR Int. 1997, 908, 910 [Rn 25] – Yamanouchi; EuGH C-127/00 GRUR 2004, 225, 230 [Rn 76, 77] – Omeprazol: hier unter Hinweis auf das Auffinden einer einheitlichen Lösung auf Gemeinschaftsebene gemäß EG 6 VO 1768/92 (EG 7 AMV); Schlussanträge Generalanwalt vom 25. Februar 2010 in C-66/09 [Rn 93] – Kirin Amgen; vgl. auch Benkard/Grabinski § 16 a Rn 30.

10 Anders ggf. nach Schaffung eines europäischen Zertifikats mit einheitlicher Wirkung (in Anlehnung an das europäische Patent mit einheitlicher Wirkung nach VO 1257/2012).

11 Mit Patentfamilie ist hier eine Gruppe nationaler Patente gemeint, die aus derselben Europäischen Anmeldung hervorgehen und daher zwangsläufig denselben Anmeldetag haben.

12 Vgl. Schennen S. 73 f [Art. 13 Anm 6–8], der außerdem darauf verweist, dass es zu unterschiedlichen Schutzabläufen in der Gemeinschaft auch wegen Nichtanmeldung, Verzicht oder Nichtzahlung der Jahresgebühr kommen kann; vgl. auch Busse/Hacker Anh § 16 a Rn 59, 68; Brückner Art. 13 Rn 15: Die Zertifikate verschiedener Anmelder in einem Mitgliedstaat haben ebenfalls unterschiedliche Laufzeiten.

13 Oft – aber nicht immer – nur um einen Tag, vgl. bspw. Pantoprazol (DE 19475025 bis 6. Mai 2009, SPC/GB96/056 bis 5. Mai 2009); Verteporfin (DE 10199008 bis 19. Juli 2014, SPC/GB01/005 bis 18. Juli 2014); Zolmitriptan (DE 19775091 bis 7. März 2012, SPC/GB97/089 bis 6. März 2012).

14 C-482/07 GRUR Int 2010, 41, 44 [Rn 40–42] – AHP-Manufacturing; Busse/Hacker Anh § 16 a Rn 185, 59 dürfte insoweit teilweise überholt sein.

15 Siehe Kommentierung zu Art. 1 AMV.

16 Benkard/Grabinski § 16 a Rn 11.

17 RL DPMA S. 6/16 [3.2.3], S. 9/16 f [3.3.4]; streitig; vgl. zur vergleichbaren Problematik bei Art. 7 I AMV: Kommentierung zu Art. 7 AMV.

18 Brückner Art. 13 Rn 39.

According to the earlier position of the ECJ, the MPR is intended to prevent the granting of SPCs of **different durations** according to the granting Member State.[9] This is not convincing. The SPC duration is dependent not only on the date of first authorisation in the Community, but also on the application date of the basic patent. The applicant, however, is free in the provision of the basic patent, Art. 1(c) MPR. He is not (yet)[10] constrained to choose the basic patent from patents from the same patent family[11] in all Member States. Only if he were would the duration end uniformly.[12] It is also to be noted that the durations calculated by the DPMA and the UK IPO differ although the basic patents belong to the same patent family.[13] It is now only possible to demand with the ECJ that the maximum term of protection (cf. R 9, 10(2), Art. 13(2) MPR) not be exceeded. The consideration of all interests required by R 10(1) MPR is guaranteed given a duration calculation according to Art. 13 MPR. The SPC expiry need not be identical.[14] 2

Although the term "**product**"[15] is not mentioned in Art. 13(1), (2) MPR, it is crucial for the duration calculation (cf. Art. 8(1)(b), (c) MPR). Only an authorisation associated with the product identified in the SPC application can be a first authorisation. In this context, the broad understanding of the concept is valid not only for Art. 3, 4 MPR, but also for Art. 13 MPR[16] because of uniform interpretation of criteria in the MPR. 3

The German PTO considers the **time of first authorisation** the issue date found in the note of authorisation.[17] If an identical product has several authorisations, the SPC duration is calculated from the earliest one.[18] 4

9 C-110/95 – Yamanouchi [Rn 25]; C-127/00 – Omeprazol [Rn 76, 77]: with reference to a uniform solution at Community level R 6 Reg. 1768/92 (R 7 MPR); opinion Advocate General, February 25, 2010 in C-66/09 – Kirin Amgen [Rn 93]; cf. also Benkard/Grabinski § 16 a Rn 30.

10 Different after establishment of a European SPC with unitary effect (in the style of an European patent with unitary effect according to Reg. 1257/2012).

11 A patent family is a group of national patents, which result from the same European application and, therefore, necessarily have the same filing date.

12 Cf. Schennen p. 73 f [Art. 13 Anm 6–8], who also refers to the fact that different protection durations are possible at community level in case of non-filing, surrender or non-payment of annual fees; cf. also Busse/Hacker Anh § 16 a Rn 59, 68; Brückner Art. 13 Rn 15: SPCs of various applicants in one Member State usually have also different durations.

13 Often – but not always – just one day, cf. e.g. Pantoprazol (DE 19475025 until May 6, 2009, SPC/GB96/056 until May 5, 2009); Verteporfin (DE 10199008 until July 19, 2014, SPC/GB01/005 until July 18, 2014); Zolmitriptan (DE 19775091 until March 7, 2012, SPC/GB97/089 until March 6, 2012).

14 C-482/07 – AHP-Manufacturing [Rn 40–42]; Busse/Hacker Anh § 16 a Rn 185, 59 seems outdated in this respect.

15 Cf. comment on Art. 1 MPR.

16 Benkard/Grabinski § 16 a Rn 11.

17 RL DPMA p. 6/16 [3.2.3], p. 9/16 f [3.3.4]; disputed; cf. the comparable problem in Art. 7(1) MPR: comment on Art. 7 MPR.

18 Brückner Art. 13 Rn 39.

5 Art. 13 I AMV normiert nicht, welche Zulassungen in **territorialer Hinsicht** Zulassungen in der Gemeinschaft sind. Nach Ansicht des EuGH ist das Merkmal der Erstzulassung verordnungseinheitlich auszulegen.[19] Eine Zulassung in der Gemeinschaft liegt nur vor, wenn der Staat, in dem die Zulassung erteilt wurde, bereits im Zeitpunkt der Zertifikatsanmeldung Mitglied der Gemeinschaft war.[20] Nach Ansicht des BPatG ergibt sich dies schon aus dem Wortlaut von Art. 3 AMV, wonach alle dort genannten Erteilungsvoraussetzungen zum Zeitpunkt der Anmeldung vorliegen müssen.[21] Daher sollten bei zukünftigen Erweiterungen des Gemeinschaftsgebietes – zumindest, wenn nationale Zulassungen der Beitrittsstaaten denen nach RL 2001/83/EG gleichgestellt sind[22] – Zertifikate noch vor dem Erweiterungsdatum angemeldet werden, um negative Auswirkungen einer nach der Erweiterung geltenden früheren Erstzulassung zu vermeiden.

6 Bereits im April 2005 stellte der EuGH klar, dass für die Berechnung der Zertifikatslaufzeit auch der Zeitpunkt der Erstzulassung im Hoheitsgebiet eines der **EWR-Staaten**[23] entscheidend ist. Insbesondere sei eine von den Schweizer Behörden erteilte und von Liechtenstein[24] automatisch anerkannte Zulassung als eine Erstzulassung iSv Art. 13 I AMV anzusehen.[25] Der EuGH begründete dies mit dem Nebeneinander zweier Zulassungsmöglichkeiten in Liechtenstein: Die automatisch anerkannten Schweizer und die nach RL 65/65/EWG erteilten Zulassungen. Andernfalls könne es im EWR zu Überschreitungen des maximalen Exklusivitätszeitraums von 15 Jahren kommen (vgl. EG 9 AMV). Allerdings wird sich der EuGH – nach den Entscheidungen C-195/09 und C-427/09[26] – nunmehr dazu äußern müssen, ob eine Schweizer, nicht nach RL 2001/83/EG erteilte, sondern von Liechtenstein automatisch anerkannte Zulassung eine Erstzulassung iSv Art. 13 I AMV sein kann.[27] Sollte der EuGH dies bejahen, so muss er weiter entscheiden, ob es dann einen Unterschied macht, dass die klinischen Daten, auf deren Grundlage die Schweizer Zulassung erteilt wurde, nicht für eine Zulassung in der EU ausreichten und dass die Schweizer Zulassung ausgesetzt und erst nach Vorlage zusätzlicher Daten wieder in Kraft gesetzt wurde. Mittlerweile hat der EuGH klargestellt, dass zwar die nationale schweizer Zulassungsbehörde keine Zulassungen nach RL 2001/83/EG erteilt. Jedoch gilt nach Nr. 6 des Anhangs XVII des EWR-Abkommens für

19 EuGH C-127/00 GRUR 2004, 225, 228 f [Rn 57, 72] – Omeprazol: dort allerdings für Art. 19 VO 1768/92.

20 Schennen S. 73 [Art. 13 Anm 5]; Busse/Hacker Anh § 16 a Rn 104; Mes § 16 a Rn 44; Schulte/Rudloff-SchäfferKühnen § 49 a Rn 27; Nach RL UK IPO [SPM 13.04.2] sind seit dem 1. Mai 2004 in den entsprechenden Beitrittsstaaten erteilte nationale Zulassungen bei der Bestimmung der Erstzulassung zu berücksichtigen.

21 BPatG GRUR 2008, 67, 67 [I.2.1] – Finasterid; BPatG vom 16. Juni 2008 15 W (pat) 27/05 [II] – Dorzolamid; Achtung: Dies hätte im Fall Finasterid dazu führen müssen, dass bei einer nur zwei Wochen früher erfolgten Zertifikatsanmeldung die österreichische Zulassung nicht zur Laufzeitberechnung hätte berücksichtigt werden dürfen (Zulassung Finasterid in DE: 24.9.1994; Beitritt AT zur EU: 1.1.1995; Zertifikatsanmeldung Finasterid in DE: 13.1.1995).

22 Vgl. Art. 3 b S. 2 VO 1768/92 für nach innerstaatlichen Rechtsvorschriften Österreichs, Finnlands oder Schwedens erteilte Zulassungen; für die EU-Beitritte 2004, 2007 und 2013 gab es keine entsprechende Regelung. Nach RL UK IPO [SPM 13.04.2] sind seit dem 1. Mai 2004 in den entsprechenden Beitrittsstaaten erteilte nationale Zulassungen bei der Bestimmung der Erstzulassung zu berücksichtigen.

23 Vgl. auch Busse/Hacker Anh § 16 a Rn 4, 129; Mes § 16 a Rn 44; Schulte/Schell § 16 a Rn 57, Schulte/Rudloff-Schäffer § 49 a Rn 27; Benkard/Grabinski § 16 a Rn 8, 31.

24 Mitglied des EWR seit 1. Mai 1995.

25 C-207/03 GRUR Int 2005, 581, 583 [LS, Rn 29, 31] – Novartis. Seit Juni 2005 gelten Schweizer Zulassungen erst nach Streichung aus der „NCE-Negativliste" (vgl. www.llv.li/nce-negativliste.pdf) in Liechtenstein und damit in der Gemeinschaft.

26 Nach C-195/09 und C-427/09 fällt ein Erzeugnis, das in der Gemeinschaft in Verkehr gebracht werden konnte, ohne dass eine richtlinienkonforme Zulassung erteilt wurde, nicht in den Anwendungsbereich nach Art. 2 AMV. In der Schweiz werden Arzneimittel aber nicht richtlinienkonform, also nicht nach RL 65/65/EWG, RL 2001/83/EG oder VO 726/2004 zugelassen.

27 C-617/12 – Astra Zeneca (ABl. EU vom 23. März 2013 C 86/10; [2012] EWHC 2840 (pat)).

Art. 13(1) MPR does not regulate what authorisations in which **territory** are authorisations in the Community. The position of the ECJ is that the criterion of first authorisation will be applied uniformly in the MPR.[19] An authorisation in the Community only exists when the state in which the authorisation was granted was a member of the Community at the time of application for an SPC.[20] The position of the FPC is that this conclusion is contained in the wording of Art. 3 MPR, according to which all grant conditions, must be present at the application date.[21] For this reason, before further enlargement of Community territory – assuming the national authorisations of the States joining are considered the same as those in Dir. 2001/83/EC[22] – SPCs should be applied for before the enlargement date so the negative effects of an earlier first authorisation valid after the enlargement can be avoided. 5

In April 2005, the ECJ made clear that, for the calculation of the SPC duration, the authorisation date in the territory of one of the **EEA-States**[23] is decisive. In particular, an authorisation granted by the Swiss authorities and automatically recognised by Lichtenstein[24] was to be recognised as a first authorisation for Art. 13(1) MPR.[25] The ECJ justified this conclusion with the simultaneous existence of authorisation possibilities in Lichtenstein: the automatically recognised Swiss authorisation and the one granted according to Dir. 65/65/EEC. Otherwise, the maximum exclusivity of 15 years (cf. R 9 MPR) could be exceeded within the EEA. However, the ECJ – after the C-195/09 and C-427/09 decisions[26] – will now have to rule on whether a Swiss authorisation, not granted according to Dir. 2001/83/EC, but automatically recognised by Lichtenstein, can be a first authorisation for Art. 13(1) MPR.[27] If the ECJ confirms this, it must further decide whether it then makes a difference that the clinical data because of which the Swiss authorisation was granted were not sufficient for an authorisation in the EU and that the Swiss authorisation was suspended and only reinstated after the provision of additional data. Meanwhile, the ECJ has clarified that although the Swiss national regulatory authority does not grant authorisations under Dir. 2001/83/EC. However, an authorisation granted under national law of an EFTA state is (for the purposes of Art. 3(b) Reg.1768/92, now MPR) deemed to be an authorisation under Dir 65/65/EEC 6

19 C-127/00 – Omeprazol [Rn 57, 72]: there, however, for Art. 19 Reg. 1768/92.

20 Schennen p. 73 [Art. 13 Anm. 5]; Busse/Hacker Anh § 16 a Rn 104; Mes § 16 a Rn 44; Schulte/Rudloff-Schäffer § 49 a Rn 27. According to MPP UK IPO [SPM 13.04.2] national authorisations granted in the Accession States after May 1, 2004 (accession date) are considered to be valid in the Community and could be first authorisations for the calculation of an SPC duration.

21 FPC GRUR 2008, 67, 67 [I.2.1] – Finasterid; FPC June 16, 2008 15 W (pat) 27/05 [II] – Dorzolamid; Attention: For the finasteride case this means, that the Austrian authorisation should not have been considered for the SPC duration calculation, if the SPC application was filed only two weeks earlier! (authorisation Finasterid in DE: 24.9.1994; AT's EU accession: 1.1.1995; SPC application Finasterid in DE: 13.1.1995).

22 Cf. Art. 3(b)(2) Reg. 1768/92 for authorisations granted in accordance with the national legislation of Austria, Finland or Sweden; There are no such provisions for the EU accessions in 2004, 2007 and 2013. According to MPP UK IPO [SPM 13.04.2] national authorisations granted in the Accession States after May 1, 2004 (accession date) are considered to be valid in the Community and could be first authorisations for the calculation of an SPC duration.

23 Cf. also Busse/Hacker Anh § 16 a Rn 4, 129; Mes § 16 a Rn 44; Schulte/Schell § 16 a Rn 57, Schulte/Rudloff-Schäffer § 49 a Rn 27; Benkard/Grabinski § 16 a Rn 8, 31.

24 Member of EEA since May 1, 1995.

25 C-207/03 – Novartis [LS, Rn 29, 31]; Swiss authorisations are valid only after removal from the "NCE negative list" (cf. www.llv.li/nce-negativliste.pdf) in LI and thus in the Community since June 2005.

26 According to C-195/09 and C-427/09 a product, which was placed on the Community market before obtaining an authorisation in accordance with the directives, is not within the scope of MPR, cf. Art. 2 MPR. In Switzerland medicinal products are not authorised in conformity with Dir. 65/65/EEC, Dir. 2001/83/EC or Reg. 726/2004.

27 C-617/12 – Astra Zeneca (OJ EU C 86, 23.3.2013, p. 10; [2012] EWHC 2840 (pat).

die Zwecke des Art. 3 b VO 1768/92 eine gemäß den nationalen Rechtsvorschriften eines EFTA-Staates erteilte Genehmigung als Genehmigung gemäß RL 65/65/EWG (dem Vorläufer von RL 2001/83/EG). Von Liechtenstein automatisch anerkannte schweizer Zulassungen sind damit (nach Art. 13 AMV iVm Anhang II des EWR-Abkommens idF von Anhang 2 des Beschlusses Nr. 1/95) für die Frage der Erstzulassung in der Gemeinschaft weiterhin zu berücksichtigen. Dabei ist irrelevant, dass die EMA die Zulassung auf der Grundlage vergleichbarer klinischer Daten verweigerte und die Schweizer Zulassung später ausgesetzt und erst nach Vorlage weiterer Daten wieder in Kraft gesetzt wurde.[28]

Zur vergleichbaren Situation einer Erstzulassung in Schweden[29] bzw. Österreich[30] traf die deutsche Rechtsprechung in der Vergangenheit widersprüchliche Entscheidungen.

7 Der 15. Beschwerdesenat des BPatG entschied im Dezember 2006, dass die in einem EFTA-Staat erteilte Zulassung[31] jedenfalls dann als Erstzulassung iSv Art. 13 I AMV gilt, wenn diese Zulassung nach Inkrafttreten des EWR-Abkommens am 1. Januar 1994 erteilt wurde.[32] Zur Begründung verweist das BPatG im Wesentlichen auf die o.g. EuGH-Entscheidung. Art. 3 b S. 2 VO 1768/92[33] wird jedoch an keiner Stelle erwähnt.

8 Im März 2007 kam der 3. Nichtigkeitssenat des BPatG dagegen zu dem Ergebnis, eine nach österreichischem Recht nach dem in Art. 19 I 3 VO 1768/92[34] genannten Stichtag (1. Januar 1982)[35] und vor dem EU-Beitritt Österreichs erteilte Zulassung[36] sei im Hinblick auf die Fiktion des Art. 3 b S. 2 VO 1768/92 auch bei der Laufzeitberechnung eines Zertifikats, das nach dem EU-Beitritt Österreichs angemeldet wurde, gemäß Art. 13 I AMV als eine Erstzulassung zu berücksichtigen. Der Nichtigkeitssenat führt hierzu aus, dass andernfalls das Erfordernis einer richtlinienkonformen Zulassung in Art. 3 b S. 1 AMV nicht erfüllt werden kann und der Begriff der Erstzulassung nicht je nach Vorschrift innerhalb der AMV unterschiedlich ausgelegt werden darf.[37] Auf den Zeitpunkt des Inkrafttretens des EWR-Abkommens wurde nicht abgestellt. Nach Art. 3 b S. 2 VO 1768/92 wären jedoch nicht nur die nach österreichischem, sondern auch die nach finnischem bzw. schwedischem Recht erteilten Zulassungen als gemäß RL 65/65/EWG erteilt anzusehen, so dass die Überlegungen des Nichtigkeitssenats auch für Schweden (Stichtag: 1. Januar 1985, vgl. Art. 19 I 1 VO 1768/92) gelten könnten.

9 In der Entscheidung Pantoprazol scheint der BGH – bis auf eine Korrektur des relevanten Datums von einem Tag – die Ansicht des 15. Beschwerdesenats zu bestätigen: Danach ist als Erstzulassung iSv Art. 13 I AMV die vor anderen Zulassungen in der Gemeinschaft und nach dem 31. Dezember 1993[38] erteilte Zulassung in einem EWR-Staat zu verstehen.[39]

28 C-617/12 [Rn 52 f, 41, LS] – Astra Zeneca.
29 Mitglied des EWR seit 1. Januar 1994; Mitglied der EU seit 1. Januar 1995.
30 Mitglied des EWR seit 1. Januar 1994; Mitglied der EU seit 1. Januar 1995.
31 Im vorliegenden Fall wurde die schwedische Genehmigung am 6. Mai 1994 erteilt.
32 BPatG Mitt 2007, 70, 70 [LS 1] – Pantoprazol.
33 Zur Gleichstellung nationaler Zulassungen in AT, FI und SE.
34 Der Verweis in der deutschen Fassung des Art. 3 b) S. 2 AMV auf Art. 19 II AMV wird als redaktionelles Versehen und daher als Verweis auf Art. 19 I VO 1768/92 angesehen, vgl. z.B. englische Fassung Art. 3 b) S. 2 VO 1768/92.
35 Vergleichbares Datum für SE: 1. Januar 1985, vgl. Art. 19 I 1 VO 1768/92.

36 Im vorliegenden Fall wurde die österreichische Genehmigung am 18. April 1992 erteilt.
37 BPatG GRUR 2008, 67, 67 f [LS, I.2.3; I.3.1; I.3.2] – Finasterid.
38 Also anders als noch das (BPatG Mitt 2007, 70, 70 [LS 1] – Pantoprazol) nicht „nach“, sondern „mit“ Inkrafttreten des EWR-Abkommens in SE, FI, NO, IS und AT (vgl. BPatG vom 16. Juni 2008 15 W (pat) 27/05 [II] – Dorzolamid) am 1. Januar 1994 bzw. in LI am 1. Januar 1995.
39 BGH GRUR 2008, 891, 891 f [LS, Rn 5, 10] – Pantoprazol.

(the predecessor of Dir. 2001/83/EC) according to paragraph 6 of Annex XVII of the EEA agreement. Therefore, Swiss authorisations automatically recognized by Liechtenstein (according to Art. 13 MPR and Annex II of the EEA Agreement, as amended by Annex 2 of Decision No. 1/95) have to be considered for the determination of the first authorization in the Community anymore. In such a case it is irrelevant that the EMA refused an authorisation on the basis of comparable clinical data and that the Swiss authorisation was later suspended and only reinstated after submission of further data.[28]

In a similar situation involving a first authorisation's treatment in Sweden[29] and Austria,[30] German lawmakers have come to contradictory conclusions in the past.

The 15th Board of Appeal of the FPC decided in December 2006 that an authorisation granted in an EFTA-State[31] is considered a first authorisation for Art. 13(1) MPR if this authorisation was granted after the entry into force of the EEA treaty on January 1, 1994.[32] As justification, the FPC substantially cites the aforementioned ECJ decision. Art. 3(b)(2) Reg. 1768/92,[33] however, is nowhere referred to. 7

In March 2007, the 3rd Nullity Board of the FPC, on the other hand, concluded that an authorisation[34] granted according to Austrian law and after the effective date according to Art. 19(1)(3) Reg. 1768/92[35] (January 1, 1982)[36] but before Austria's accession to the EU was also, on the fiction of Art. 3(b)(2) Reg. 1768/92, to be considered a first authorisation in the duration calculation of an SPC applied for after Austria's accession to the EU in accordance with Art. 13(1) MPR. The Nullity Board explains in this context that otherwise the requirement of an authorisation according to directives in Art. 3(b)(1) MPR cannot be fulfilled and an authorisation date cannot be variously interpreted according to the various provisions within the MPR.[37] No account was taken of the date of the entry into force of the EEA treaty. According to Art. 3(b)(2) Reg. 1768/92, however, not only the authorisations granted under Austrian law, but also those under Finnish or Swedish law are to be considered granted in accordance with Dir. 65/65/EEC, so the considerations of the nullity board could also apply to Sweden (date: January 1, 1985, cf. Art. 19(1)(1) Reg. 1768/92). 8

In the Pantoprazol decision, the FCJ seems –except for a correction of the relevant date by a single day – to confirm the opinion of the appeals board: According to it, an authorisation granted before other authorisations in the Community and after December 31, 1993[38] will be understood as the authorisation date for Art. 13(1) MPR in an EEA state.[39] 9

28 C-617/12 [LS, para. 52 f, 41, LS] – Astra Zeneca.
29 Member EEA since January 1, 1994; Member EU since January 1, 1995.
30 Member EEA since January 1, 1994; Member EU since January 1, 1995.
31 The Swedish authorisation was granteed on May 6, 1994 in the present case.
32 BPatG Mitt 2007, 70, 70 [LS 1] – Pantoprazol.
33 As to equality of national authorisations in AT, FI and SE.
34 The Austrian authorisation was granted on April 18, 1992 in the present case.

35 The reference in the German version of Art. 3(b)(2) Reg. 1768/92 to Art. 19(2) Reg. 1768/92 is considered an editorial mistake and thus as reference to Art. 19(1) Reg. 1768/92, cf. e.g. English version of Art. 3(b)(2) Reg. 1768/92.
36 Comparable date for SE: January 1, 1985, cf. Art. 19(1)(1) Reg. 1768/92.
37 FPC GRUR 2008, 67, 67 f [LS, I.2.3; I.3.1; I.3.2] – Finasterid.
38 And thus different from the FPC (Mitt 2007, 70, 70 [LS 1] – Pantoprazol) not "after", but "with" the enterin into force of the EEA-agreement in SE, FI, NO, IS and AT (cf. FPC, June 16, 2008 15 W (pat) 27/05 [II] – Dorzolamid) on January 1, 1994 or in LI on January 1, 1995.
39 FCJ GRUR 2008, 891, 891 f [LS, Rn 5, 10] – Pantoprazol.

10 Ob sich der BGH damit von dem durch den 3. Nichtigkeitssenat des BPatG als relevant empfundenen Stichtag nach Art. 19 I AMV distanzieren wollte, bleibt mangels Bezugnahme auf das Finasterid-Urteil fraglich. Dafür spricht zwar die Aufnahme des späteren Datums in den Leitsatz. Dagegen spricht jedoch die Argumentation des BGH, dass gemäß Beschluss des EWR-Ausschusses Nr. 7/94[40] bereits erteilte Zulassungen in EFTA-Staaten den Zulassungen in der Gemeinschaft gleichzusetzen und nationale Zulassungen nach der Änderung von Art. 3 AMV unabhängig von dem Zeitpunkt, zu dem sie erteilt wurden, als Zulassung in der Gemeinschaft anzusehen sind.[41]

11 Der EuGH traf in der Vergangenheit wiederholt Entscheidungen, wann eine Erstzulassung in der Gemeinschaft in **sachlicher Hinsicht** vorliegt.

12 Ende 2003 entschied er (allerdings zur Stichtagsregelung in Art. 19 I VO 1768/92), dass der Begriff der Erstzulassung in der Gemeinschaft „ausschließlich" auf die erste, in einem beliebigen Mitgliedstaat erteilte arzneimittelrechtliche Zulassung iSd RL 65/65/EWG Bezug nähme. Nicht erfasst seien indes Genehmigungen zur **Preisfestsetzung und Erstattungsfähigkeit.**[42] Der EuGH begründete diese Ansicht damit, dass keine Vorschrift oder Begründungserwägung der AMV (für Humanarzneimittel) Bezug auf eine andere als eine Zulassung nach RL 65/65/EWG nimmt.[43] Bei Vorliegen einer marktbeherrschenden Stellung führten unterschiedliche Angaben des Anmelders zum Erstzulassungsdatum vor Patentämtern und Gerichten verschiedener EU-Mitgliedstaaten bereits zur Verhängung einer Kartellstrafe in Millionenhöhe.[44]

13 2004 betrachtete er eine frühere Zulassung als **Tierarzneimittel** als Erstzulassung auch für ein Humanarzneimittel.[45] Der EuGH begründete dies damit, dass Art. 19 I VO 1768/92 nicht zwischen Tier- und Humanarzneimitteln unterscheide, das Erzeugnis als Wirkstoff bzw. Wirkstoffzusammensetzung definiert und die Zweckbestimmung daher nicht das entscheidende Kriterium der Zertifikatserteilung sei. Außerdem stünde eine unterschiedliche Laufzeit von Zertifikaten für Tier- und Humanarzneimittel einer einheitlichen Lösung auf Gemeinschaftsebene entgegen.[46] Von dieser Ansicht scheint sich der EuGH mit der Neurim-Entscheidung[47] von 2012 abgewendet zu haben. Nunmehr ist Art. 13 I AMV so auszulegen, dass er auf die Zulassung eines Erzeugnisses[48] abstellt, das in den Schutzbereich des Grundpatents fällt, auf das sich die Zertifikatsanmeldung bezieht.

40 Regelung in Anhang 15: ABl. EG vom 21. März 1994 [L 160/1, 138].
41 BGH GRUR 2008, 891, 892 [Rn 6, 7] – Pantoprazol: allerdings mit der Einschränkung, dass die Zulassung dem Anforderungsprofil des Gemeinschaftsrechts entspricht.
42 C-127/00 GRUR 2004, 225, 229 [LS 2, Rn 61] – Omeprazol.
43 C-127/00 GRUR 2004, 225, 228 [Rn 56] – Omeprazol.
44 Vgl. Gericht T-321/05 vom 1. Juli 2010 (Rechtsmittelaktenzeichen: C-457/10P).
45 C-31/03 GRUR 2005, 139, 140 [LS, Rn 23] – Dostinex.
46 C-31/03 GRUR 2005, 139, 140 [Rn 18–21] – Dostinex; vgl. auch C-482/07 GRUR Int. 2010, 41, 44 [Rn 40 f] – AHP Manufacturing: Wird die Laufzeit nach Art. 13 AMV berechnet, kommt es nicht darauf an, dass alle Zertifikate gleichzeitig ablaufen.
47 C-130/11 [LS 2, Rn 31] – Neurim.
48 Richtiger wäre hier die Verwendung des Wortes „Arzneimittel" gewesen. Zum einen werden Arzneimittel und nicht Erzeugnisse (= Wirkstoffe) zugelassen, vgl. Art. 3 b AMV. Andererseits – da, wenn das Grundpatent eine zweite medizinische Verwendung schützt, diese Zweckbestimmung nach C-202/05 – Yissum kein integraler Bestandteil der Erzeugnisdefinition ist – kann nur anhand der Verwendungen, zu denen die betreffenden Arzneimittel zugelassen wurden, bestimmt werden, ob diese vom Grundpatent geschützt sind.

Whether the FCJ intended thus to distance itself from the date considered relevant according to Art. 19(1) MPR by the 3rd Nullity Board or the FPC remains inconclusive because of the lack of reference to the Finasterid decision. What speaks for such an interpretation is accepting the later date in the headnote. But the argument of the FCJ that in accordance with the order of the EEA committee No. 7/94,[40] authorisations already granted in EFTA-States are to be equated with Community authorisations and, according to the amendment of Art. 3 MPR, national authorisations to be considered Community authorisations although the date on which they were granted[41] speaks against it. 10

In the past, the ECJ repeatedly decided on when a first authorisation in the Community exists in **substantial terms**. 11

At the end of 2003, it decided (but about the effective date in Art. 19(1) Reg. 1768/92) that the a first authorisation associated "exclusively" with the first authorisation granted under medicinal product law in a given Member State within the meaning of Dir. 65/65/EEC. This does not, however, apply to authorisations for the **pricing or reimbursement.**[42] The ECJ gave as grounds for this position that no provision or recital of the MPR (for medicinal products for human use) refers to any authorisation other than one according to Dir. 65/65/EEC.[43] If a dominant position exists, different information filed by the applicant with patent offices and courts of different EU Member States on the first authorisation date led to imposition of an antitrust fine running into millions.[44] 12

In 2004, it considered a previous authorisation as **veterinary medicinal product** to be a first authorisation for medicinal products for human use as well.[45] The ECJ gave as grounds for this position that Art. 19(1) Reg. 1768/92 does not distinguish between veterinary medicinal products and medicinal products for human use but does define the product or the combination of active ingredients, and, therefore, the intended purpose is not the decisive criterion. In addition, assigning various durations for SPCs for veterinary or human medicinal products obstructs a uniform solution at Community level.[46] The ECJ seems to have distanced itself from this position in the Neurim decision[47] of 2012. From now on Art. 13(1) MPR will be interpreted to mean that it takes no account of the authorisation of a product[48] that falls within the scope of protection of the basic patent on which the SPC application is based. 13

40 Provision in Annex 15: OJ EC L 160, 21.3.1994, p. 1, 138.
41 FCJ GRUR 2008, 891, 892 [Rn 6, 7] – Pantoprazol: but under the condition that the authorisation is in accordance with the requirements of Community law.
42 C-127/00 – Omeprazol [LS 2, Rn 61].
43 C-127/00 – Omeprazol [Rn 56].
44 Cf. T-321/05, July 1, 2010 (appeal: C-457/10P).
45 C-31/03 – Dostinex [LS, Rn 23].
46 C-31/03 – Dostinex [Rn 18–21]; cf. also C-482/07 – AHP Manufacturing [Rn 40 f]: As long as the SPC duration is calculated according to Art. 13 MPR, it is not necessary that all SPC expire on the same day.
47 C-130/11 – Neurim [LS 2, Rn 31].
48 More precise might be the use of the words "medicinal product". On the one hand medicinal products are authorised and not products (= active ingredient), cf. Art. 3(b) MPR. On the other hand – if the basic patent protects a second medical use, this use according to C-202/05 – Yissum does not form an integral part of the product definition – protection by the basic patent can only be determined considering the authorised uses as medicinal product.

14 Die Beantwortung der Frage, ob es sich bei der Erstzulassung iSv Art. 13 I AMV um eine **richtlinienkonforme Zulassung**[49] handeln muss, ergibt sich aus zwei Mitte 2011 getroffenen EuGH-Entscheidungen. Diese Entscheidungen betrafen die Anwendbarkeit der AMV. Nach Meinung des EuGH ist die AMV nach deren Art. 2 nicht anwendbar, wenn ein Erzeugnis bereits vor einer richtlinienkonformen Zulassung, insbesondere ohne Prüfung seiner Unschädlichkeit und Wirksamkeit in Verkehr gebracht wurde.[50] Begründet wurden diese Entscheidungen damit, dass Art. 2 AMV andernfalls gegenüber Art. 3 a, b AMV keine eigenständige Bedeutung habe und es den Zielen der AMV zuwiderliefe, die Exklusivität für ein Erzeugnis zu verlängern, das bereits vor richtlinienkonformer Zulassung als Arzneimittel vermarktet werden konnte.[51] Dies bedeutet, dass Zertifikate nicht erteilt werden können, wenn deren Erzeugnisse nicht bereits von Anfang an richtlinienkonform zugelassen wurden. Kann aber ein Zertifikat erteilt werden, so muss es sich bei der Erstzulassung zwangsläufig um eine richtlinienkonforme Zulassung handeln. Diese ist dann auch der Laufzeitberechnung zugrunde zu legen. In einer später getroffenen Entscheidung lässt der EuGH in bestimmten Konstellationen auch erwiesenermaßen nicht richtlinienkonforme Zulassungen genügen. Dabei kommt es auf das Vorliegen einer gesetzlich geregelten Ausnahme an. Liegt diese vor, so scheint eine funktionelle Gleichwertigkeit der Zulassungsnormen nicht erforderlich zu sein.[52]

15 Ende 2011 bestätigte der EuGH die Möglichkeit von Zertifikaten mit **negativen Laufzeiten.**[53] Nach Art. 13 AMV, Art. 36 PädV kann ein Zertifikat auch dann erteilt werden, wenn zwischen Patentanmeldung und Erstzulassung weniger als 5 Jahre liegen.[54] Zwar hat ein Zertifikat mit negativer Laufzeit als solches keinen weiteren Nutzen. Es kann aber als Basis einer Laufzeitverlängerung dienen. Würde die Zertifikatsanmeldung wegen negativer Laufzeit zurückgewiesen, so könnte der Grundpatentinhaber selbst dann keine pädiatrische Laufzeitverlängerung beantragen, wenn er alle Studien entsprechend dem gebilligten pädiatrischen Prüfkonzept durchgeführt hätte. Dies stünde im Widerspruch zu dem Ziel der PädV den Aufwand für die pädiatrischen Studien auszugleichen.[55] Die Laufzeitverlängerung beginnt dabei ab dem Zeitpunkt zu laufen, der dadurch bestimmt wird, dass vom Zeitpunkt des Patentablaufs die Differenz zwischen 5 Jahren und dem Zeitraum, der zwischen Patentanmeldung und Erstzulassung vergangen ist, abgezogen wird.

49 Zur Frage, welche Zulassung nach Art. 13 I AMV zu berücksichtigen sind, wurden in Deutschland zuvor folgende Ansichten vertreten: 1) nur Zulassungen nach RL 65/65/EWG (BPatG GRUR 2006, 1046, 1048 [LS 1, II.2] – Aceclofenac; Benkard/Grabinski § 16 a Rn 31, allerdings unter Einschluss der nach dem EWR-Abkommen gleichgestellten Zulassungen in NO, IS und LI/CH) mit der Folge längerer Zertifikatslaufzeiten, da nur die spätere Zulassung nach harmonisiertem Recht zählte; 2) auch Zulassungen, die zwar nicht nach harmonisiertem Recht erlassen wurden, aber dennoch dem Anforderungsprofil (vgl. Art. 4 Abs. 8 RL 65/65/EWG) hinsichtlich Qualität, Wirksamkeit und Sicherheit der o.g. Richtlinien genügen (so immer noch Busse/Hacker Anh § 16 a Rn 130; BGH GRUR 2008, 891, 892 [Rn 6, 7; 10] – Pantoprazol: zumindest bei Zugehörigkeit zum EWR; vgl. auch Schennen S. 73 [Art. 13 Anm 5]; Sredl GRUR 2001, 596, 597 [2.a.aa]).

50 C-195/09 vom 28. Juli 2011 [LS 1, Rn 51] – Memantin; C-427/09 vom 28. Juli 2011 [LS, Rn 36] – Galantamin; so zuvor bereits: BPatG GRUR 2008, 892, 895 [III.2.2] – Memantin; vgl. Kommentierung zu Art. 2 AMV.

51 C-195/09 vom 28. Juli 2011 [Rn 40, 47] – Memantin.

52 C-617/12 [LS, Rn 52 f, 41] – Astra ZenecaC-617/12 – Astra Zeneca (ABl. EU vom 23. März 2013 C 86/10; [2012] EWHC 2840 (pat)).

53 Negative Laufzeiten können sich nach Art. 13 I AMV nur ergeben, wenn zwischen Patentanmeldung und Erstzulassung weniger als 5 Jahre liegen; zur Rechtslage vor der EuGH-Entscheidung: Brückner Art. 13 Rn 50–110.

54 C-125/10 GRUR Int 2012, 146, 150 [LS, Rn 45] – Merck Sharp & Dohme.

55 C-125/10 GRUR Int 2012, 146, 149 [Rn 35, 37] – Merck Sharp & Dohme.

The answer to the question of whether the first authorisation for Art. 13(1) MPR must be an **authorisation in accordance with the directive**[49] follows from two ECJ decisions reached in the middle of 2001. These decisions affected the applicability of the MPR. According to the position of the ECJ, the MPR is, according to its Art. 2, not applicable if a product has already been placed on the market before receiving an authorisation in accordance with the directive, particularly without examination of its safety and effectiveness.[50] The reason given for this decision was that Art. 2 MPR would otherwise have no autonomous meaning about Art. 3(a), (b) MPR, and that extending the exclusivity of a product that could have already been marketed before receiving an authorisation in accordance with the directive[51] runs contrary to the goals of the MPR. This means that SPCs cannot be granted if their products were not authorised in accordance with the directive from the beginning. But if an SPC can be granted, its first authorisation must be an authorisation according to directives. It is on this that a duration calculation will be based. But also authorisations not granted under EU law are – under certain circumstances – sufficient, as the ECJ decided some time ago. This depends on the existence of a statutory exception. If there is such an exception in the law, a functional equivalence of the authorisation provisions does not seem to be required.[52] 14

At the end of 2011, the ECJ confirmed the possibility of SPCs with negative durations.[53] 15
According to Art. 13 MPR, Art. 36 PedR, an SPC can be granted if fewer than five years elapsed between the patent application and first authorisation.[54] As such, an SPC with a negative duration has no value. But it can be the basis of a pediatric extension. If the SPC application is rejected because of its negative duration, the basic patent holder would not be able to apply for a pediatric extension even if he had conducted all required studies according to the agreed pediatric investigation plan (PIP). This would be contrary to the goal of the PedR of balancing spending on pediatric studies.[55] The pediatric extension begins at the time determined by subtracting from the expiry date of the basic patent the difference between five years and the period elapsed between the patent application and the first authorisation.

49 Earlier in Germany, the following views were expressed with regard to the question which authorisations are relevant for duration calculation according to Art. 13(I) MPR: 1) only authorisations according to Dir. 65/65/EEC (FPC GRUR 2006, 1046, 1048 [LS 1, II.2] – Aceclofenac; Benkard/Grabinski § 16 a Rn 31, but including in accordance with the EEA-Agreement equated authorisations in NO, IS und LI/CH) with the consequence of longer SPC durations because only the subsequent authorisation according to harmonised law counted; 2) also authorisations not granted according to the directives, but satisfying the requirements regarding quality, safety and efficacy, cf. Art. 4(8) Dir. 65/65/EEC (so still Busse/Hacker Anh § 16 a Rn 130; FCJ GRUR 2008, 891, 892 [Rn 6, 7; 10] – Pantoprazol: at least for members of EEA; cf. also Schennen p. 73 [Art. 13 Anm 5]; Sredl GRUR 2001, 596, 597 [2.a.aa]).

50 C-195/09 – Memantine [LS 1, Rn 51]; C-427/09 – Galantamine [LS, Rn 36]; earlier already: FPC GRUR 2008, 892, 895 [III.2.2] – Memantin; cf. comment on Art. 2 MPR.

51 C-195/09 – Memantine [Rn 40, 47].

52 C-617/12 [LS, para. 52 f, 41] – Astra Zeneca.

53 Negative SPC durations are accordint to Art. 13(1) MPR only possible, if the period between the patent application and the first authorisation is less than 5 years; as to the legal situation before the ECJ decision: Brückner Art. 13 Rn 50–110.

54 C-125/10 – Merck Sharp & Dohme [LS, Rn 45].

55 C-125/10 – Merck Sharp & Dohme [Rn 35, 37].

II. Verlängerung der Zertifikatslaufzeit

16 Vor der Zulassung müssen Qualität, Sicherheit und Wirksamkeit eines Arzneimittels in Studien nachgewiesen werden. In der Vergangenheit wurden derartige Untersuchungen nur selten an Kindern durchgeführt. Die Anwendung von Arzneimitteln für Erwachsene an Kindern kann bei zu hoher Dosierung zu unnötigen Nebenwirkungen, bei zu geringer Dosierung zu verminderter Wirksamkeit führen. Außerdem fehlten oft kindgerechte Zubereitungen und Verabreichungswege. In der EU ist daher im Januar 2007 die PädV in Kraft getreten.[56] Ziel der PädV ist es, den Zugang zu speziellen Arzneimitteln für Kinder zu erleichtern, deren Entwicklung zu fördern und Informationen über die Anwendung von Arzneimitteln an Kindern zu verbessern.[57] Um diese Ziele zu erreichen, wurde ein System aus Verpflichtungen und Anreizen geschaffen. Einer dieser Anreize ist die sechsmonatige Verlängerung der Zertifikatslaufzeit nach Art. 36 PädV, 13 III AMV. Der Verordnungsgeber wies aber darauf hin, dass doppelte Anreize vermieden[58] und gemeinschaftsweite Anreize nur gewährt werden sollen, wenn alle Kinder in der Gemeinschaft von den neuen Arzneimitteln bzw. Kenntnissen profitieren.[59]

17 Nach Art. 13 III AMV werden die in Art. 13 I, II AMV festgelegten Zeiträume einmalig um 6 Monate verlängert, wenn Art. 36 PädV erfüllt ist. Das DPMA hält einen Verlängerungsantrag nur für begründet, wenn der Antragsteller antragsberechtigt war, der Zulassungsantrag die Ergebnisse der pädiatrischen Studien enthält, das Arzneimittel in allen EU-Mitgliedstaaten zugelassen ist, es nicht als Arzneimittel für seltene Leiden ausgewiesen ist und eine Verlängerung des Unterlagenschutzes nicht beantragt und erteilt wurde.[60]

18 Nach Ansicht des DPMA ist nur der Zertifikatsanmelder bzw. -inhaber **antragsberechtigt.**[61] Diese Ansicht könnte im Widerspruch zu Art. 36 I UA 1 PädV stehen, wonach dem Patent- oder Zertifikatsinhaber die Laufzeitverlängerung nach Art. 13 III AMV gewährt wird.[62] Allerdings soll nach EG 27 PädV ein Verlängerungsantrag nur zulässig sein, wenn ein Zertifikat erteilt wird, so dass es ausgeschlossen scheint, einen Verlängerungsantrag zu stellen ohne nicht zumindest gleichzeitig[63] ein Zertifikat zu beantragen. Der vom Zertifikatsanmelder verschiedene Zulassungsinhaber soll zwar für die Durchführung des pädiatrischen Prüfkonzepts, nicht jedoch für die Stellung des Verlängerungsantrags zuständig sein.[64]

19 Eine Zertifikatsverlängerung nach Art. 13 III AMV wird nur gewährt, wenn der Zulassungsantrag nach Art. 7, 8 PädV[65] die **Ergebnisse sämtlicher Studien** enthält, die entsprechend einem gebilligten pädiatrischen Prüfkonzept durchgeführt wurden.[66] Gelangt die zuständige

56 Art. 57 I PädV.
57 Vgl. EG 4 PädV.
58 Vgl. EG 29, Art. 36 IV 2, V PädV.
59 Vgl. EG 21, 28 PädV.
60 RL DPMA S. 14/16 f [4.2].
61 RL DPMA S. 14/16 [4.2.1]; aA Brückner/von Czettritz PädLZV Rn 45: unter Hinweis auf Art. 36 I PädV, 6 AMV auch Grundpatentinhaber und dessen Rechtsnachfolger.
62 Vgl. auch RL UK IPO [SPM 10.09].
63 Vgl. zur gleichzeitigen Beantragung von Zertifikat und Verlängerungsantrag auch Art. 7 III, 8 I d) AM; Brückner/von Czettritz PädLZV Rn 47: Der Verlängerungsantrag kann auch vor Zertifikatserteilung gestellt werden. Dazu muss aber eine Zertifikatsanmeldung anhängig sein. In Großbritannien scheint es möglich zu sein, dass eine Zertifikatsverlängerung bereits vor Zertifikatserteilung gewährt wird, RL UK IPO SPM 10.19.1.
64 Vgl. Records III, S. 10/18 [III.7], S. 14/18 f [IV.10] unter Hinweis auf C-181/95 – Biogen; zum Problem der Erteilung einer Laufzeitverlängerung auf fremde pädiatrische Studien, vgl. Brückner/von Czettritz Mitt. 2012, 256 ff.
65 Da Art. 7 und 8 PädV nach Art. 57 II PädV erst am 26. Juli 2008 bzw. am 26. Januar 2009 in Kraft getreten sind, können Laufzeitverlängerungen nur für Zulassungsanträge nach diesen Daten gewährt werden, Art. 36 PädV. Vgl. auch Busse/Hacker Anh § 16 a Rn 167; RL UK IPO SP0.11.
66 Art. 36 I UA 1, EG 17 PädV; vgl. auch RL DPMA S. 14/16 [4.2.2].

II. Extension of the SPC Term

16 Before authorisation, the quality, safety, and efficacy of a medicinal product must be established. In the past, such investigations were rarely conducted on children. The usage of medicinal products for adults on children can, at a high dosage, lead to unnecessary side effects and at low dosage to reduced efficacy. In addition, there were often no preparations or administration methods suitable for children. The PedR became effective in January 2007.[56] The aim of the PedR is to facilitate access to special medicinal products for children, to promote their development, and to improve information about their usage.[57] To achieve these aims, a system of obligations and incentives was created. One of these incentives is the six-month extension of the SPC duration according to Art. 36 PedR, 13(3) MPR. The legislator indicated, however, that double incentives should be avoided[58] and Community-wide incentives guaranteed only if all children in the Community profit from the new medicinal products or knowledge.[59]

17 According to Art. 13(3) MPR, the time periods designated in Art. 13(1), (2) MPR will be extended by six months but only once, when Art. 36 PedR is fulfilled. The German PTO considers an extension application to be substantiated only when the applicant was entitled to apply, the application for authorisation contains the results of the pediatric studies, the medicinal product is authorised in all EU Member States and has not been declared an orphan medical product, and an extension of the data exclusivity period has not yet been applied for or granted.[60]

18 In the opinion of the German PTO, only an applicant for an SPC or an SPC holder is **entitled to apply**.[61] This opinion could be contrary to Art. 36(1)PedR, according to which the patent holder or SPC holder is granted a pediatric extension according to Art. 13(3) MPR.[62] However, R 27 PedR implies that an extension application is only admissible when an SPC is granted, which seems to rule out the possibility of submitting an extension application without at least applying for an SPC at the same time.[63] The SPC applicant not identical to the authorisation holder is implied to be responsible for the execution of the PIP, but not for the filing of the extension application.[64]

19 An SPC extension according to Art. 13(3) MPR is granted only if the application for authorisation according to Art. 7, 8 PedR[65] contains the **results of all studies**, and that the studies were conducted in accordance with an agreed PIP.[66] If the responsible (authorisation) office

56 Art. 57(1) PedR.
57 Cf. R 4 PedR.
58 Cf. R 29, Art. 36(4)(2), (5) PedR.
59 Cf. R 21, 28 PedR.
60 RL DPMA p. 14/16 f [4.2].
61 RL DPMA p. 14/16 [4.2.1]; dissenting Brückner/von Czettritz PädLZV Rn 45: with reference to Art. 36(1) PedR, Art. 6 MPR: also basic patent holder and his successor in title.
62 Cf. also MPP UK IPO [SPM 10.09].
63 Cf. as to the simultaneous application for SPC and pediatric extension according to Art. 7(3), 8(1)(d) MPR; Brückner/von Czettritz PädLZV Rn 47: The pediatric extension application can also be filed before the grant of the SPC. But an SPC application must be filed. But it seems possible in UK, that a pediatric extension is granted before the SPC is granted, MPP UK IPO SPM 10.19.1.
64 Cf. Records of 3rd meeting of national SPC experts, p. 10/18 [III.7], p. 14/18 f [IV.10] with reference to C-181/95 – Biogen; as to the grant of a pediatric extension based on external pediatric studies, cf. Brückner/von Czettritz Mitt. 2012, 256 ff.
65 As Art. 7 and 8 PedR only entered into force on July 26, 2008 or January 26, 2009 (cf. Art. 57(2) PedR), pediatric extensions can be only granted for authorisation applications after these dates, Art. 36 PedR. Cf. also Busse/Hacker Anh § 16 a Rn 167; MPP UK IPO SP0.11.
66 Art. 36(1)(1), R 17 PedR; cf. also RL DPMA p. 14/16 [4.2.2].

(Zulassungs-)Behörde zu dem Schluss, dass die durchgeführten Studien und das gebilligte pädiatrische Prüfkonzept nicht übereinstimmen, so kann das Arzneimittel keinen Anreiz nach Art. 36 PädV erhalten, Art. 24 PädV.

20 Ein **pädiatrisches Prüfkonzept** ist vereinfacht gesagt ein Forschungs- und Entwicklungsprogramm zur Klärung der Frage, ob ein Arzneimittel zur Behandlung von Kindern zugelassen werden kann, vgl. Art. 2 Nr. 2 PädV.[67] Es enthält Einzelheiten zum Zeitplan und zu den Maßnahmen, durch die Qualität, Sicherheit und Wirksamkeit des Arzneimittels in allen betroffenen pädiatrischen Bevölkerungsgruppen nachgewiesen werden soll, Art. 15 II 1 PädV. Das pädiatrische Prüfkonzept muss nach Art. 15 ff, 25 PädV **gebilligt** worden sein. Sobald abzusehen ist, dass dieses Prüfkonzept nicht erfüllt werden kann,[68] müssen Änderungen vorgeschlagen, begründet und erneut gebilligt werden, Art. 22, 25 PädV.[69] Nur so kann bei Abweichung vom ursprünglichen Prüfkonzept gewährleistet werden, dass nach Durchführung der Studien die für die Zertifikatsverlängerung erforderliche Übereinstimmungserklärung abgegeben wird.

21 Während des Zulassungsverfahrens können **Freistellungen**[70] für spezifische Untergruppen der pädiatrischen Bevölkerungsgruppe oder spezifische therapeutische Indikationen (vgl. Art. 11 II PädV) beantragt werden, wenn das Arzneimittel in dieser (Unter-)Gruppe wahrscheinlich unwirksam oder bedenklich ist, gegenüber bestehenden Arzneimitteln keinen signifikanten therapeutischen Nutzen bietet oder die Krankheit bzw. der Zustand nur bei Erwachsenen auftritt, Art. 13 I, 11 I PädV. Der Pädiatrieausschuss kann auf eigene Initiative Gruppenfreistellungen gewähren, Art. 12 S. 1 PädV. Betrifft die gewährte Freistellung die gesamte pädiatrische Bevölkerungsgruppe und sind daher keinerlei Studien durchzuführen, so kann weder eine Übereinstimmungserklärung abgegeben, noch eine Zertifikatsverlängerung gewährt werden.[71] Wird hingegen nur eine **Zurückstellung** beantragt (Art. 20 I UA 1 S. 1 PädV), bspw. weil die Studien in der pädiatrischen Bevölkerungsgruppe länger dauern als an Erwachsenen (Art. 20 I UA 2 PädV), hängt eine Zertifikatsverlängerung davon ab, dass Übereinstimmungserklärung und Zulassung in allen Mitgliedstaaten so rechtzeitig erfolgen, dass diese von den Patentämtern noch berücksichtigt werden können.[72]

22 Die Zulassung einer pädiatrischen Indikation ist jedoch keine Voraussetzung der Zertifikatsverlängerung.[73] Es genügt vielmehr, dass die Studienergebnisse in der Zusammenfassung der Merkmale des Arzneimittels und in dessen Packungsbeilage wiedergegeben werden, Art. 36 I UA 2, EG 28 PädV.[74]

67 Genaue Definition: Ein pädiatrisches Prüfkonzept ist ein Forschungs- und Entwicklungsprogramm, durch das sichergestellt werden soll, dass die Daten erarbeitet werden, die zur Festlegung der Voraussetzungen erforderlich sind, unter denen ein Arzneimittel zur Behandlung der pädiatrischen Bevölkerungsgruppe zugelassen werden kann.
68 Bspw. bei Verzögerungen im Zeitplan, weil nicht genügend Patienten rekrutiert werden konnten.
69 Vgl. Mitteilung der Kommission ABl. EU vom 24. September 2008 [C-243/1; 2. Abschnitt].
70 Vgl. Mitteilung der Kommission ABl. EU vom 24. September 2008 [C-243/1, 2. Abschnitt].
71 Vgl. Brückner/von Czettritz PädLZV Rn 34, 37; Busse/Hacker Anh § 16 a Rn 167.
72 AA Brückner/von Czettritz PädLZV Rn 34, 37.
73 Missverständlich: Fitzner in Fitzner/Lutz/Bodewig Vor § 16 a Rn 9, § 16 a Rn 62, wonach die Laufzeitverlängerung für Kinderarzneimittel gewährt wird.
74 Allerdings muss das Arzneimittel – zumindest in einer adulten Indikation – zugelassen sein, Art. 3 b AMV. Eine Zulassung als Tierarzneimittel genügt nicht: Brückner/von Cettritz PädLZV (S. 924) Rn 151.

concludes that the studies conducted do not comply with the agreed PIP, the medicinal product can receive no incentive according to Art. 36 PedR, Art. 24 PedR.

A **PIP** is, straightforwardly expressed, a research and development programme for determining whether a medicinal product can be authorised for the treatment of children, cf. Art. 2 No. 2 PedR.[67] It contains details about the schedule and about the measures taken to establish quality, safety, and efficacy for all affected population groups, Art. 15(2)(1) PedR. The PIP must have been **agreed** according to Art. 15 ff, 25 PedR. When as it can be foreseen that the examination concept cannot be fulfilled,[68] changes must be proposed, justified, and again agreed, Art. 22, 25 PedR.[69] Only in this way it can be guaranteed, when there are deviations from the original PIP, that, after the conduct of the studies, the compliance required for the SPC extension is stated. 20

During the authorisation process, **waivers**[70] for particular sub-groups of the pediatric population or particular therapeutic indications (cf. Art. 11(2) PedR) can be applied for if the medicinal product in the (sub-) group is unlikely to be potent or is questionable, the medicinal product offers no significant therapeutic benefit compared with current medicinal products, or the illness or condition only appears in adults, Art. 13(1), 11 (1) PedR. The pediatric committee can grant group waivers on its own initiative, Art. 12(1) PedR. If a granted waiver affects the entire pediatric population group and no studies need, therefore, be conducted, a compliance statement cannot be submitted nor an SPC extension granted.[71] If, however, only a **deferral** is filed (Art. 20(1)(1) PedR) because, for example, studies in the pediatric population group take longer than those on adults (Art. 20(1)(2) PedR), an SPC extension depends on compliance statements and authorisations taking effect in all Member States early enough that they can be considered by the patent offices.[72] 21

The authorisation of a pediatric indication is, however, not a condition for the SPC extension.[73] Rather, it is enough for the study results be reported in the summary of the attributes of the medicinal product and in its package insert, Art. 36(1)(2), R 28 PedR.[74] 22

67 Exact definition in Art. 2 No. 2 PedR: Pediatric investigation plan (PIP) means a research and development programme aimed at ensuring that the necessary data are generated determining the conditions in which a medicinal product may be authorised to treat the pediatric population.

68 E.g. in schedule delays because not enough patients were recruited.
69 Cf. communication from the commission OJ EU C 243, 24.9.2008, p. 1 [Section 2].
70 Cf. communication from the commission OJ EU C 243, 24.9.2008, p. 1 [Section 2].
71 Cf. Brückner/von Czettritz PädLZV Rn 34, 37; Busse/Hacker Anh § 16 a Rn 167.
72 Dissenting: Brückner/von Czettritz PädLZV Rn 34, 37.
73 Unclear: Fitzner in Fitzner/Lutz/Bodewig Vor § 16 a Rn 9, § 16 a Rn 62, according to whom the duration extension is granted for pediatric medicinal products.
74 But the medicinal product must be authorised in at least one adult use, Art. 3(b) MPR. An authorisation only as veterinary medicinal product is not sufficient: Brückner/von Cettritz PädLZV (p. 924) Rn 151.

23 Art. 36 I UA 1 PädV fordert nur, dass der Zulassungsantrag die Ergebnisse sämtlicher Studien enthält, die entsprechend einem gebilligten pädiatrischen Prüfkonzept durchgeführt wurden. Art. 36 II PädV regelt, dass die Aufnahme der **Übereinstimmungserklärung**[75] nach Art. 28 III PädV in die Zulassung der Anwendung von Art. 36 I PädV[76] dient.

24 Dennoch akzeptieren DPMA[77] und UK IPO[78] bislang nur eine Kopie der Übereinstimmungserklärung als Nachweis dafür, dass die Studien in Übereinstimmung mit dem gebilligten pädiatrischen Prüfkonzept durchgeführt wurden.[79] Angeblich sei nur so eine transparente und praktikable Prüfung durch die Patentämter möglich. Weiterhin soll dafür sprechen: EG 17 S. 2 PädV, der zwingende englische Wortlaut von Art. 36 II PädV („shall be used") und der erst nach der Zulassung feststehende Text der Packungsbeilage (die PädV dient der Gewinnung und Verbreitung von Informationen gleichermaßen).[80]

25 Gegenargumente sind hier der offene deutsche Wortlaut von Art. 36 II PädVO („dient") und die Abhängigkeit der von der PädV bezweckten Forschungsförderung von der Effizienz der gewährten Anreize.[81] Zudem wurden – trotz Definition in Art. 2 Nr. 2 PädV – erst kürzlich Zweifel an der strikten Auslegung des Begriffs „Pediatric Investigation Plan"[82] durch die Kommission bzw. EMA und deren Folgen für die Übereinstimmungsprüfung geäußert.[83] Während die englische Fassung („plan") eine detaillierte Vorstellung der Abfolge bestimmter Untersuchungsschritte nahelegt, könnte die deutsche Fassung („Konzept") auch als erster genereller Entwurf bzw. allgemeine Beschreibung der wesentlichen Eckpunkte der Untersuchungen verstanden werden.

Andere Nachweismöglichkeiten, bspw. eine positive Stellungnahme des Pädiatrieausschusses nach Art. 23 II PädV,[84] werden vom DPMA nicht akzeptiert.

75 Eine Übereinstimmungserklärung nach Art. 28 III PädV ist die Erklärung, aus der hervorgeht, dass der Zulassungsantrag mit dem gebilligten und ausgeführten pädiatrischen Prüfkonzept übereinstimmt. Diese Erklärung wird in den Zulassungsbescheid (bei Versagung der Zulassung in den Änderungsbescheid) aufgenommen, nachdem die Übereinstimmung nach Art. 23 PädV überprüft wurde und die Zusammenfassung der Merkmale des Arzneimittels die entsprechenden Studienergebnisse wiedergibt. Vgl. auch Mitteilung der Kommission ABl EU vom 24. September 2008 [C-243/1, 3. Abschnitt]: mit Formulierungsvorschlag.

76 Während Art. 36 I PädV nur vom gebilligten pädiatrischen Prüfkonzept spricht, ist in Art. 28 III PädV und Art. 8 I d) i) AMV vom gebilligten und ausgeführten pädiatrischen Prüfkonzept die Rede.

77 RL DPMA S. 14/16 [4.2.2].

78 Vgl. RL UK IPO [SPM 10.09].

79 Vgl. auch Busse/Hacker Anh § 16 a Rn 168, wonach die für die Laufzeitverlängerung zuständige Patentabteilung nicht prüfen muss, ob die materiellen Voraussetzungen des Art. 36 I PädV vorliegen. Entscheidend sei die in den Zulassungsbescheid aufzunehmende Übereinstimmungserklärung nach Art. 36 II, 28 III 1 PädV, die in die Zuständigkeit der Zulassungsbehörden falle. Das soll auch für den Widerruf der Laufzeitverlängerung gelten (Busse/Hacker § 49 a Rn 32), so dass nicht zu prüfen sei, ob die Studien tatsächlich durchgeführt wurden und deren Ergebnisse vorliegen. Dies festzustellen, sei Sache der zuständigen Zulassungsbehörde. Vgl. für das Widerrufsverfahren – zweifelnd, aber ohne endgültiges Ergebnis: [2012] EWHC 3715 (Pat) – Reddy's v. Warner Lambert [Rn 51–53], weil der Weg, die Zulassungsentscheidung zuvor separat anzugreifen, überformalistisch sei und der Wettbewerber nicht die Zulassung des Zertifikatsinhabers, sondern die Laufzeitverlängerung widerrufen lassen möchte.

80 Vgl. [2009] EWCA Civ 966, insb. Rn 26 ff (31, 33, 35, 36, 38).

81 Vgl. zB Reese et al. EIPR 2010, 146, 147 ff; López-Bellosta et al. JIPLP 2010, 45, 47 ff; Gassner FS Meibom S. 71, 72 ff.

82 Engl. für „pädiatrisches Prüfkonzept".

83 Geneviève Michaux: The paediatric regulation: It's time for the European Commission and EMA to change their interpretation of the legal provisions, www.RAJPharma.com vom 20. Juni 2011.

84 RL DPMA S. 13/16 [4.1.5.a]; Benkard/Grabinski EPÜ Art. 63 Rn 72: auch nicht informelle Mitteilungen der zuständigen Behörde genügen nicht; vgl. auch RL UK IPO [SPM 8.09] unter Hinweis auf BL O/035/09 – Merck & Co.

Art. 36(1)(1) PedR requires only that the authorisation application contains the results of all studies, and that they be conducted according to an agreed PIP. Art. 36(2) PedR says that the inclusion of the compliance statement[75] in the authorisation according to Art. 28(3) PedR shall be used for the purposes of applying Art. 36(1) PedR.[76] 23

Nevertheless, the German PTO[77] and the UK IPO[78] so far have accepted only a copy of the compliance statement as proof that the studies have been conducted in accordance with the agreed PIP.[79] They claim that only in this manner can the patent offices conduct a transparent and practicable examination. They further cite the following: R 17(2) PedR, the strict English wording of Art. 36(2) PedR ("shall be used"), and that the text of the package insert is only fixed after authorisation (the PedR is said to serve the acquisition and distribution of information equally).[80] 24

The counterarguments here are the open German wording of Art. 36(2) PedR (*dient*, or "serves") and the dependence of the promotion of research intended by the PedR on the efficiency of the incentives.[81] In addition, doubts have recently been expressed – despite the definition in Art. 2 No. 2 PedR – about the strict interpretation of the term "Pediatric Investigation Plan")[82] used by the Commission and the EMA and its consequences for the compliance examination.[83] Although the English version ("plan") suggests a detailed idea of a sequence of concrete examination steps, the German version (*Konzept*, or "concept") could be understood to mean a first rough draft or general description of the important key points of examinations. 25

Other possibilities for verification, such as a positive statement by the Pediatric Committee according to Art. 23(2) PedR,[84] are not accepted by the German PTO.

75 A compliance statement under Art. 28(3) PedR is a statement attesting that the authorisation application is consistent with the agreed PIP. This statement is included in the authorisation certificate (or if the PIP fails to lead to an authorisation in the amended original authorisation) after compliance has been verified in accordance with Art. 23 PedR and the summary of product characteristics reflect the corresponding study results. Cf. also communication from the commission OJ EU C 243, 24.9.2008, p. 1 [Section 2]: with a proposed formulation.

76 Although Art. 36 I PedR only mentions an "agreed PIP", Art. 28 III PedR and Art. 8(1)(d)(i) MPR mention an "agreed completed PIP".

77 RL DPMA p. 14/16 [4.2.2].

78 Cf. MPP UK IPO [SPM 10.09].

79 Cf. also Busse/Hacker Anh § 16 a Rn 168 according to whom the patent division responsible for granting the pediatric extension does not have to check, if the substantive conditions of Art. 36(1) PedR are met. The decicive factor is that the compliance statement is included in authorisation certificate according to Art. 36(2), 28(3)(1) PedR, which falls within the competence of the regulatory authorities. This should also apply to the revocation of the pediatric extension (Busse/Hacker § 49 a Rn 32), so that it is not necessary to check, wether the studies were actually carried out and if its results are available. It is for the authorisation authority to verify this. Cf. for the revocation procedure – skeptical, but without a final result: [2012] EWHC 3715 (Pat) – Reddy's v. Warner Lambert [para. 51–53], because to first separately attack the authorisation decision would be over formalistic and competitors did not want to revoke the authorisation but the pediatric extension.

80 Cf. [2009] EWCA Civ 966, esp. para. 26 ff (31, 33, 35, 36, 38).

81 Cf. e.g Reese et al. EIPR 2010, 146, 147 ff; López-Bellosta et al. JIPLP 2010, 45, 47 ff; Gassner FS Meibom p. 71, 72 ff.

82 German: "pädiatrisches Prüfkonzept".

83 Geneviève Michaux: The paediatric regulation: It's time for the European Commission and EMA to change their interpretation of the legal provisions, www.RAJPharma.com, Juni 20, 2011.

84 RL DPMA p. 13/16 [4.1.5.a]; Benkard/Grabinski EPÜ Art. 63 Rn 72: also not informal notifications from the competent authority is insufficient; cf. also MPP UK IPO [SPM 8.09] with reference to BL O/035/09 – Merck & Co.

26 Nach Art. 36 III PädV wird die Zertifikatsverlängerung bei Zulassungsverfahren nach RL 2001/83/EG (MRP- und DCP-Verfahren) nur gewährt, wenn das Arzneimittel **in allen Mitgliedstaaten zugelassen** ist.[85] Zulassungen im zentralen Verfahren werden in Art. 36 III PädV nicht erwähnt, weil diese ohne Weiteres in der gesamten Gemeinschaft gültig sind, Art. 13 VO 726/2004/EG.[86]

27 Auch bei Art. 36 III PädV ergeben sich Auslegungsschwierigkeiten aufgrund unterschiedlicher Sprachfassungen (deutsch: „Arzneimittel"; englisch: „product").[87] Je nach Übernahme der entsprechenden Definition aus AMV oder RL 2001/83/EG käme man möglicherweise zu unterschiedlichen Ergebnissen. Im Falle bereits zugelassener Arzneimittel könnte man unter Zugrundelegung des englischen Wortlauts „product" (Erzeugnis) zu der Meinung gelangen, es genüge, wenn irgend ein Arzneimittel, welches das Erzeugnis enthält, in allen Mitgliedstaaten zugelassen ist, nicht jedoch das Arzneimittel mit geänderter Packungsbeilage.

28 Das DPMA fordert,[88] dass ein neues Arzneimittel[89] (vgl. Art. 7 PädV) in allen Mitgliedstaaten zugelassen sein muss. Als Nachweis akzeptiert es die Kopie der EU-Zulassung (zentrales Verfahren)[90] oder aller nationalen Zulassungen (DCP/MRP-Verfahren).[91]

29 Im Falle bereits zugelassener Arzneimittel (vgl. Art. 8 PädV) die in einer neuen Indikation[92] zugelassen wurden, fordert das DPMA, dass das Arzneimittel in der neuen Indikation in allen Mitgliedstaaten zugelassen ist. Sollte die neue Indikation nicht zugelassen worden sein (vgl. Art. 36 I UA 2 PädV), so fordert es, dass das Arzneimittel für die alte Indikation in allen Mitgliedstaaten zugelassen und dessen SmPC entsprechend der Studienergebnisse aktualisiert worden ist.[93] Als Nachweis fordert es Kopien der Änderungsbescheide.[94]

85 So soll gewährleistet sein, dass einer gemeinschaftsweiten Verlängerung ein gemeinschaftsweiter pädiatrischer Nutzen gegenübersteht (vgl. Brückner/von Cettritz PädLZV S. 928 Rn 161). Dies entspricht EG 21 PädV, wonach vermieden werden soll, dass gemeinschaftsweite Anreize gewährt werden, ohne dass Teile der pädiatrischen Bevölkerung vom neu zugelassenen Arzneimittel profitieren. Allerdings kann eine Zertifikatsverlängerung nach Art. 36 PädV dieses Ziel nicht gefährden, da sie – bis zur Einführung eines Gemeinschaftspatents – nur national und niemals gemeinschaftsweit gewährt werden kann.

86 Vgl. auch Busse/Hacker Anh § 16 a Rn 109.

87 Dt. Fassung: „Arzneimittel" ≈ „medicinal product" Art. 1 a AMV, Art. 1 Nr. 2 RL 2001/83/EG; engl. Fassung jedoch „product" ≈ „Erzeugnis" Art. 1 b AMV.

88 RL DPMA S. 15/16 [4.2.3].

89 Gemeint ist vermutlich ein erstmals als Arzneimittel zugelassenes Erzeugnis iSv Art. 1 b, 3 b AMV.

90 Wegen der im zentralen Verfahren gegebenen zeitgleichen Zulassung in allen Mitgliedstaaten und des im Vergleich zum DCP/MRP-Verfahren deutlich geringeren Aufwandes bei der rechtzeitigen Beschaffung der Zulassungskopien kann es aus patentrechtlicher Sicht empfehlenswert sein, neue Wirkstoffe zentral zuzulassen, vgl. Auffangtatbestand in Art. 3 II a) VO 726/2004/EG.

91 Zur Abgrenzung beider Verfahren: vgl. Art. 28 II, III RL 2001/83/EG.

92 RL DPMA S. 15/16 [4.2.3] erwähnt nur neue Indikationen; Art. 8 UA 1 PädV nennt aber auch neue Darreichungsformen und Verabreichungswege.

93 RL DPMA S. 15/16 [4.2.3].

94 RL DPMA S. 14/16 [4.1.5 (b) (3)].

26 According to Art. 36(3) PedR, the SPC extension is only granted in authorisation processes according to Dir. 2001/83/EC (MRP and DCP processes) if the medicinal product is **authorised in all Member States.**[85] Authorisations in central processes are not referred to in Art. 36(3) PedR because they are automatically valid in the entire Community, Art. 13 Reg. 726/2004/EC.[86]

27 Interpretation difficulties also arise in Art. 36(3) PedR because of divergent language versions (German: Arzneimittel, or "medicinal product"; English: "product").[87] Depending on the adoption of the definition corresponding to the MPR or Dir. 2001/83/EC, one could come to divergent results. For medicinal products that have already been authorised, one could, based on the English wording "product", conclude that it is enough for any medicinal product that contains the product to be authorised in all Member States, but not a medicinal product with an amended package insert.

28 The German PTO requires[88] that a new medicinal product[89] (cf. Art. 7 PedR) is authorised in all Member States. It accepts as proof the copy of the EU authorisation (central procedure)[90] or all national authorisations (DCP/MRP procedure).[91]

29 For medicinal products that have already been authorised (cf. Art. 8 PedR) and are authorised in a new indication,[92] the German PTO requires the medicinal product to be authorised in the new indication in all Member States. Should the new indication not have been authorised (cf. Art. 36(1)(2) PedR), it requires the medicinal product to be authorised in all Member States for the old indication and its SmPC to be updated with the corresponding study results.[93] As proof, it requires copies of the notifications of modification.[94]

85 So it should be ensured that a Community-wide extension is only granted for Community-wide benefits (cf. Brückner/von Cettritz PädLZV (p. 928) Rn 161). This corresponds to R 21 PedR according to which Community-wide rewards should only be granted if sections of the Community pediatric population benefiting from the newly authorised medicine. However, a pediatric extension according to Art. 36 PedR cannot jeopardize this goal, since it may be granted only nationally and never on Community-wide (at least until a Community-wide patent and SPC is introduced).

86 Cf. also Busse/Hacker Anh § 16 a Rn 109.

87 German version: "Arzneimittel" ≈ "medicinal product" in Art. 1(a) MPR, Art. 1 No. 2 Dir. 2001/83/EC; but English version: "product" ≈ "Erzeugnis" in Art. 1(b) MPR.

88 RL DPMA p. 15/16 [4.2.3].

89 What is meant is probably a product authorised as medicinal product for the first time according to Art. 1(b), 3(b) MPR.

90 Because of the simultaneous authorisation in all Member States and in comparison to the DCP/MRP procedure significantly lower efforts in the timely procurement of authorisation copies, it may be advisable from a patent law perspective to centrally authorise new medicinal products, cf. omnibus clause in Art. 3(2)(a) Reg. 726/2004/EC.

91 As to the discrimination of these procedures: cf. Art. 28(2), (3) Dir. 2001/83/EC.

92 RL DPMA p. 15/16 [4.2.3] mentions only new uses; Art. 8(1) PedR also mentions new pharmaceutical forms and new routes of administration.

93 RL DPMA p. 15/16 [4.2.3].

94 RL DPMA p. 14/16 [4.1.5(b)(3)].

30 Solange die PädV nicht in die Liste[95] der im **EWR** anwendbaren Rechtsvorschriften aufgenommen wurde, gilt diese nicht in den nicht der EU angehörenden EWR-Staaten (LI, IS, NO). Dies hat zur Folge, dass der Begriff „alle Mitgliedstaaten" in Art. 36 III PädV vorerst[96] nur die EU-Staaten umfasst,[97] obwohl AMV und PädV in ihrer Veröffentlichung im EU-Amtsblatt ausdrücklich als „Text mit Bedeutung für den EWR" bezeichnet werden.[98]

31 Anders als in Art. 3 AMV ist in Art. 36 PädV nicht geregelt, zu welchem **Zeitpunkt** die einzelnen Voraussetzungen der Zertifikatsverlängerung vorliegen müssen. Theoretisch in Frage kommen der Zeitpunkt der Stellung des Verlängerungsantrags, des Fristablaufs nach Art. 7 IV, V AMV, der Erteilung des Verlängerungsantrages oder des Ablaufs des Zertifikats. Es ist deshalb nicht erstaunlich, dass hierzu verschiedenste Meinungen[99] vertreten werden.

95 Mit dieser Liste könnte das Register zur EWR-Rechtssammlung (www.llv.li/files/sewr/pdf-llv-sewr-ewr_register.pdf) gemeint sein. In diesem Register ist die PädV nicht aufgeführt (Stand 18. März 2014); vgl. auch Art. 102, 92 EWR-Abkommen.

96 Die PädV befindet sich derzeit im Übernahmeverfahren in das EWR-Abkommen. Erst nach dessen Abschluss (idR nach Publikation des Beschlusses des Gemeinsamen EWR-Ausschusses im entsprechenden Landesgesetzblatt) wird ein in das EWR-Abkommen übernommener EU-Rechtsakt in LI, IS oder NO verbindlich. Ein übernommener EU-Rechtsakt gilt in diesen Ländern nur in der Fassung des Beschlusses des Gemeinsamen EWR-Ausschusses und ist deshalb immer mit diesem zusammen zu lesen.

97 Brückner/von Cettritz päd LZV S. 929 f Rn 166 f; Records III S. 7/18 [III.1].

98 ABl. EU vom 16. Juni 2009 [L 152/1]; ABl. EU vom 27. Dezember 2006 [L 378/1]; Allerdings wird nicht jeder EU-Rechtsakt, der den Zusatz „Text mit Bedeutung für den EWR" trägt, in das EWR-Abkommen übernommen.

99 Vgl. zB Busse/Hacker Anh § 16 a Rn 101; Calles Sanches JIPLP 2009, 305, 306; Lopez-Bellosta/Santa Cruz JIPLP 2010, 45, 53; Gassner FS Meibom (IV.1 S. 89 f); [2009] EWHC 1112 (Ch) DuPont v. UKPTO [Rn 60]; [2009] EWCA Civ 966 [Rn 56].

As long as PedR is not on the list[95] of the laws applicable throughout the **EEA**, it will have no effect in the EEA-States that do not belong to the EU (Lichtenstein, Iceland, and Norway). The result is that the term "all Member States" in Art. 36(3) PedR encompasses[96] only the EU-States for the present,[97] although MPR and the PedR are, in their publication in the EU official journal, explicitly designated "text with relevance for the EEA".[98] 30

Unlike Art. 3 MPR, for example, Art. 36 PedR does not state the **time** when the individual conditions for the pediatric extension must be fulfilled. Theoretically, the times of the filing of the extension application, of the expiry of the filing deadline according to Art. 7(4), (5) MPR, the granting of the extension, and the expiry of the SPC are all possible. It is, therefore, not particularly surprising that divergent opinions[99] are held on the subject. 31

95 This list could be the register to EEA law collection (www.llv.li/files/sewr/pdf-llv-sewr-ewr_register.pdf). The PedR is not mentioned in this register up to now (March 18, 2014); cf. also Art. 102, 92 EEA-Agreement.

96 Brückner/von Cettritz PädLZV (p. 929 f) Rn 166 f; Records of 3rd meeting of national SPC experts p. 7/18 [III.1].

97 The PedR is currently in the process of adaptation into the EEA-Agreement. Only after its completion (usually after the publication of the decision of the EEA Joint Committee in the respective Official Journals) EU legislation adopted into the EEA Agreement becomes binding in LI, IS or NO. EU legislation adopted in these countries is only binding in the version of the EEA Joint Committee decision and must, therefore, always be read in conjunction with it.

98 OJ EU L 152, 16.6.2009, p.1; OJ EU L 378, 27.12.2006, p. 1. However, not every piece of EU legislation, which bears the words "Text with EEA relevance", will be incorporated into the EEA Agreement.

99 Cf. e.g. Busse/Hacker Anh. § 16 a Rn 101; Calles Sanches JIPLP 2009, 305, 306; Lopez-Bellosta/Santa Cruz JIPLP 2010, 45, 53; Gassner FS Meibom (IV.1 p. 89 f); [2009] EWHC 1112 (Ch) DuPont v UKPTO [para. 60]; [2009] EWCA Civ 966 [para. 56].

32 Das DPMA erwartet zwar grundsätzlich, dass die Übereinstimmungserklärung bzw. Zulassung(en) in allen Mitgliedstaaten bei Stellung des Verlängerungsantrages vorliegen. Es erlaubt aber auch eine Verlängerungserteilung, wenn der Antragsteller diese und weitere Voraussetzungen so rechtzeitig vor Zertifikatsablauf nachweist, dass mit Zertifikatsablauf über den Antrag entschieden werden kann.[100] So ist der Antragsteller, der nachweist, dass er alles Erforderliche getan hat, um die Kopien der notwendigen Unterlagen einreichen zu können und davon ausgehen durfte, diese Kopien rechtzeitig zu erhalten, aufzufordern, die Unterlagen innerhalb einer ggf. mehrmals um einen Monat verlängerbaren Frist von einem Monat (auswärtige Antragsteller: 2 Monate) nachzureichen. Nach Ansicht des DPMA hat der Antragsteller alles Erforderliche getan, wenn die nationalen Zulassungsbehörden die zB in Art. 34 III, 28 RL 2001/83/EG genannten Fristen (30 Tage nach Abschluss des dezentralen Verfahrens) versäumt haben und die Zulassung erst später erteilen.[101] Auch wenn die Prüfungsrichtlinien keinen Hinweis darauf enthalten, scheint es angebracht, dies lediglich beispielhaft zu verstehen, da andernfalls bei Abschluss des DCP bzw. MRP-Verfahrens erst 2 Jahre, 29 Tage vor Zertifikatsablauf eine Zertifikatsverlängerung faktisch ausgeschlossen wäre, während eine Zulassung im zentralen Verfahren selbst einen Tag vor Ablauf der Frist des Art. 7 IV AMV genügen könnte.[102] Eine derartige Differenzierung ist aber in der AMV nicht vorgesehen.[103] Wurde lediglich die Kopie der (bereits erteilten) Übereinstimmungserklärung oder Zulassung dem Verlängerungsantrag nicht beigefügt, gilt § 49 a II, III PatG.[104]

33 Außerdem darf die **Zertifikatsverlängerung nicht ausgeschlossen** sein. Eine Zertifikatsverlängerung ist ausgeschlossen, wenn das Zertifikat bereits einmal verlängert wurde (Art. 13 III 2 AMV), das Arzneimittel als Arzneimittel für seltene Leiden ausgewiesen ist (Art. 36 IV 2 PädV iVm VO 141/2000/EG), der Unterlagenschutz gem. Art. 14 XI VO 726/2004 oder Art. 10 I UA 4 RL 2001/83/EG aufgrund der neuen pädiatrischen Indikation verlängert worden ist (Art. 36 V PädV) oder wesentliche, im pädiatrischen Prüfkonzept enthaltene Studien vor dem 26. Januar 2007 abgeschlossen wurden (Art. 45 III PädV).[105]

34 Nach Art. 13 III 2 AMV ist eine **mehrmalige Zertifikatsverlängerung** desselben Zertifikats ausgeschlossen. Wurden an verschiedene Inhaber Zertifikate auf das gleiche Erzeugnis erteilt, so kann jedes Zertifikat (einmalig) verlängert werden.[106]

35 Gemäß Art. 36 IV 2 PädV gilt Art. 36 I PädV nicht für Arzneimittel, die gemäß VO 141/2000/EG als **Arzneimittel für seltene Leiden** ausgewiesen sind.[107] Diese Ausweisung erfolgt gem. Art. 5 I VO 141/2000/EG auf Antrag, wenn innerhalb der EU weniger als 5 von 10.000 Einwohnern betroffen sind, Art. 3 I VO 141/2000/EG. Ausgewiesene Arzneimittel

100 Aus Gründen der Rechtssicherheit soll die letzte Nachfrist so gesetzt werden, dass spätestens mit Zertifikatsablauf über die Verlängerung entschieden werden kann, vgl. RL DPMA S. 13/16 [4.1.5 (a) (1)]; vgl. zum Nachreichen der Übereinstimmungserklärung bzw. der Zulassungen in allen Mitgliedstaaten im Mängelbeseitigungsverfahren nach Art. 10 III AMV auch Benkard/Grabinski EPÜ Art. 63 Rn 74; Busse/Hacker Anh § 16 a Rn 101; RL UK IPO [SPM 8.09] unter Hinweis auf [2009] EWCA Civ 966 – Du Pont.

101 RL DPMA S. 13/16 f [4.1.5 (a) (1), (b) (3)].

102 Wegen RL DPMA S. 14/16 [4.1.5 (a) (2)].

103 Jedenfalls nicht für den Nachweis der Übereinstimmungserklärung, sondern allenfalls für die Zulassung in allen Mitgliedstaaten nach Art. 36 III PädV bei Verfahren nach RL 2001/83/EG.

104 RL DPMA S. 14/16 [4.1.5 (a) (2), (b)].

105 Vgl. zur Frage, ob Art. 45 III PädV generell anwendbar oder als Übergangsregelung dann nicht anwendbar ist, wenn alle im pädiatrischen Prüfkonzept enthaltenen Studien erst nach Inkrafttreten der PädV initiiert wurde: [2012] EWHC 3715 (Pat) – Reddy's v. Warner Lambert [Rn 57 ff, 73], wo die generelle Anwendbarkeit verneint wird.

106 Vgl. Records III, S. 10/18 [III.8]; kritisch: Brückner/von Czettritz Mitt. 2012, 257 ff [VII.] unter Hinweis auf Belohnungsfunktion und Missbrauchsmöglichkeit.

107 Vgl. auch Kommentierung zu EG 29 PädV.

32 The German PTO categorically expects that the compliance statement or authorisation(s) in all Member States be present at the time of the filing of the extension application. But it does allow a grant of extension if the applicant fulfils these and other conditions long enough before SPC expiry that a decision can be made on the application at the time of expiry.[100] This means that the applicant who verifies that he has done everything necessary to file the required documentation and to reasonably assume that he will receive these documentation in time will be requested to file the documentation later within a grace period that can, under specific circumstances, be extended repeatedly by one month (two months for non-residents). According to the German PTO's position, the applicant has done everything required if the national medicines agencies have missed the deadlines specified, for example, in Art. 34(3), 28 Dir. 2001/83/EC (30 days after completion of the decentralised proceedings) and only granted the authorisation later.[101] Although the examination rules contain no guidance, it seems advisable to consider this will be merely an example, because otherwise, the completion of DCP or MRP proceedings means that an SPC extension would already effectively be ruled out two years and 29 days before SPC expiry, although an authorisation even one day before the end of the period described in Art. 7(4) MPR could be enough in a centralised proceeding.[102] Such a differentiation is not imagined in the MPR.[103] If a copy of the (already granted) compliance statement or authorisation is not included in the application for an SPC extension, Sec. 49a(2), (3) PatG[104] applies.

33 Moreover, the **SPC extension may not be ruled out**. An SPC extension is ruled out if the SPC has already been extended once (Art. 13(3)(2) APR), the medicinal product has been designated an orphan medical product (Art. 36(4)(2) PedR with Reg. 141/2000, the data exclusivity in accordance with Art. 14(11) Reg. 726/2004 or Art. 10(1)(4) Dir. 2001/83/EC has been extended based on the new pediatric indication (Art. 36(5) PedR), or significant studies contained in the PIP were completed before January 26, 2007 (Art. 45(3) PedR).[105]

34 According to Art. 13(3)(2) MPR, **multiple extensions** of the same SPC are excluded. If SPCs have been granted to several holders for the same product, each SPC can be extended (once).[106]

35 In accordance with Art. 36(4)(2) PedR, Art. 36(1) PedR does not apply to medicinal products that have been designated orphan medical products in accordance with Reg. 141/2000.[107] This designation occurs, in accordance with Art. 5(1) Reg. 141/2000, on request if fewer than five of every 10,000 inhabitants of the EU are affected, Art. 3(1) Reg. 141/2000. Designated medicinal products are to be entered into a register,[108] Art. 5(9) Reg.

100 For reasons of legal certainty, the last extension should be set so that it can be decided no later than the SPC expiry, cf RL DPMA p. 13/16 [4.1.5(a)(1)], cf. for subsequent filing of the compliance statement or authorisations in all Member States during rectification procedure according to Art. 10(3) MPR also: Benkard/Grabinski EPÜ Art. 63 Rn 74; Busse/Hacker Anh § 16 a Rn 101; MPP UK IPO [SPM 8.09] with reference to [2009] EWCA Civ 966 – Du Pont.

101 RL DPMA p. 13/16 f [4.1.5(a)(1),(b)(3)].

102 Because RL DPMA p. 14/16 [4.1.5(a)(2)].

103 At least not for the proof of the compliance statement, but at most for authorisation in all Member States according to Art. 36(3) PedR in proceedings according to Dir. 2001/83/EC.

104 RL DPMA p. 14/16 [4.1.5(a)(2),(b)].

105 Cf. as to the question whether Art. 45(3) PedR is generally applicable or – as a transitional provision – does not if all studies contained in the PIP were initiated after the entry into force of the PedR: [2012] EWHC 3715 (Pat) – Reddy's v. Warner Lambert [para. 57 ff, 73], where a general applicability is denied.

106 Cf. Records of 3rd meeting of national SPC experts, p. 10/18 [III.8]; critical: Brückner/von Czettritz Mitt 2012, 257 ff [VII.] with reference to rewardfunction and potential misuse.

107 Cf. also comment on R 29 PedR.

werden in ein Register[108] eingetragen, Art. 5 IX VO 141/2000/EG, und auf Antrag des Investors oder am Endes des Exklusivitätszeitraums wieder aus dem Register gestrichen, Art. 5 XII VO 141/2000/EG.

36 Nach Ansicht der Kommission ist Zweck von Art. 36 IV 2, EG 29 S. 2 PädV die Vermeidung von doppelten Anreizen nach Art. 36 I (Zertifikatsverlängerung) und Art. 37 S. 1 PädV (Verlängerung der Marktexklusivität). Art. 36 IV 2 PädV schließe daher einen gleichzeitigen Schutz aus. Die Kommission hält aber – solange dies nicht zeitgleich geschieht – eine verlängerte (zwölfjährige) Marktexklusivität, gefolgt von einer Zertifikatsverlängerung, für möglich, sobald das Arzneimittel nicht mehr ausgewiesen ist. Es sei logisch, dass ein Anreiz verfügbar wird, sobald der andere verschwinde, zB weil der Antragsteller auf die Ausweisung verzichtet.[109] Diese Logik ist jedoch nicht zwingend, weil zeitgleicher – anders als zeitlich gestaffelter – Schutz nicht zu einer Verlängerung der Exklusivität, sondern lediglich zu einer erhöhten Verlässlichkeit des Schutzes führt und, Validität beider Rechte vorausgesetzt, nur die zeitliche Staffelung zu einem doppelten Anreiz führen kann. Auch ist dann nicht mehr nachvollziehbar, warum die Ausweisung zum Zeitpunkt des Zulassungsantrags[110] (und nicht des Verlängerungsantrags[111] bzw. der Verlängerungserteilung) entscheidend sein soll. Wäre dies nämlich der Fall, kann es nie zu einer zwölfjährigen Exklusivität kommen, die dem verlängerten Zertifikat vorausgeht. Letztlich scheint es auch hier angebracht, sich bereits im Vorfeld mit der Frage auseinanderzusetzen, welcher Bonus beantragt werden soll. Ist das Medikament bereits ausgewiesen, so sollte die Ausweisung, sobald sie nicht mehr benötigt wird, gestrichen oder mit dem Verlängerungsantrag noch gewartet werden. Ist beides nicht möglich, so kann versucht werden, dem DPMA die Situation zu schildern und zu beantragen, vorerst das Vorliegen aller anderen Voraussetzungen zu prüfen, deren Vorliegen zu bestätigen und mit der Erteilung (bzw. Zurückweisung) bis zur Streichung zu warten. Immerhin trifft Art. 35 IV 2 PädV, anders als Art. 3 AMV, für Zertifikate keine Regelung, wann die Ausschlusstatbestände vorliegen müssen, so dass es vertretbar erscheint, hierfür auf den Zeitpunkt der Erteilung der Zertifikatsverlängerung abzustellen.

Das DPMA akzeptiert als Nachweis des Nichtvorliegens von Art. 36 IV 2 PädV eine Selbsterklärung des Antragstellers.[112]

37 Eine Zertifikatsverlängerung ist gemäß Art. 36 V PädV ausgeschlossen, wenn der Antragsteller für eine neue pädiatrische Indikation die **Verlängerung des Unterlagenschutzes** gem. Art. 14 XI VO 726/2004/EG bzw. Art. 10 I UA 4 RL 2001/83/EG beantragt und erhält. Die Erwähnung von Art. 8 PädV (Antrag auf Zulassung neuer Indikationen, Darreichungsformen oder Verabreichungswege bereits zugelassener Arzneimittel) in Art. 36 V PädV stellt klar, dass Erstzulassungsanträge gem. Art. 7 PädV nicht zu einem verlängerten Unterlagenschutz führen können.

38 Nach dem Wortlaut von Art. 36 V AMV scheint eine Zertifikatsverlängerung dann nicht ausgeschlossen, wenn sich Zulassungs- und Zertifikatsinhaber[113] unterscheiden. In diesem Fall kann der Antragsteller auf Zertifikatsverlängerung nämlich weder eine Verlängerung

108 Register of designated orphan medicinal products; abrufbar unter: http://ec.europa.eu/health/documents/community-register/html/alforphreg.htm.

109 Vgl. Records III, S. 9/18 [III.5], 10/18 f [III.9].

110 Vgl. Records III, S. 11/18 f [III.9].

111 So Brückner/von Cettritz PädLZV S. 906 Rn 94.

112 RL DPMA S. 15/16 [4.2.4]; Nach Busse/Hacker Anh § 16 a Rn 168 sind hingegen die übrigen Voraussetzungen zu prüfen. „Übrigen" meint dabei alle materiellrechtlichen Voraussetzungen des Art. 36 PädV außer, dass der Zulassungsantrag die Ergebnisse sämtlicher Studien nach dem gebilligtem Prüfkonzept enthalten muss (Art. 36 I PädV) und wesentliche dieser Studien nach Inkrafttreten der PädV abgeschlossen worden sind, Art. 45 III PädV. Für Art. 36 I und 45 III PädV genüge es, dass entsprechende Erklärungen in die Zulassung aufgenommen wurden, Art. 36 II, 28 III 1, 2 PädV.

113 Richtiger: Patent-/Zertifikatsinhaber bzw. Zertifikatsanmelder.

141/2000. Medicinal products entered there will be withdrawn from the register on investor request or at the end of the exclusivity period, Art. 5(12) Reg. 141/2000.

According to the position of the Commission, the purpose of Art. 36(4)(2), R 29(2) PedR is avoiding double incentives according to Art. 36(1) (SPC extension) and Art. 37(1) PedR (extension of market exclusivity). Art. 36(4)(2) PedR is, therefore, considered to rule out simultaneous protection. The Commission believes, however, that – as long as this does not occur at the same time – an extended (twelve-year) market exclusivity followed by an SPC extension is possible when the medicinal product is no longer designated. It is considered logical that one incentive becomes available when the other disappears, because the applicant withdraws the designation, for example.[109] This logic is not conclusive, however, because simultaneous – unlike sequential – protection leads not to an extension of the exclusivity, but merely to an increased reliability of the protection, and assuming the validity of both rights, only sequential protection can lead to a double incentive. It is also no longer comprehensible why the designation at the time of the authorisation application (and not of the extension application[110] or the grant of extension)[111] should be decisive. For if it were so, a twelve-year exclusivity could never be preceded by an extended SPC. Finally, it seems appropriate here to deal in advance with the question of what bonus should be applied for. If the pharmaceutical is already designated, the designation should be withdrawn when it is no longer necessary, or the extension application should be postponed. If neither is possible, an attempt can be made to describe the situation to the German PTO and to request first an examination of whether all other requirements are fulfilled, that their fulfilment be attested, and that the grant (or refusal) be postponed until withdrawal. Art. 35(4)(2) PedR, unlike Art. 3 MPR, does not state when the exclusion criteria must be fulfilled so it seems justifiable to designate the time of granting of the SPC extension. 36

The German PTO accepts as proof of absence of Art. 36(4)(2) PedR a declaration by the applicant.[112]

An SPC extension is, in accordance with Art. 36(5) PedR, ruled out if the applicant for a new pediatric indication requests and receives the extension of data exclusivity in accordance with Art. 14(11) Reg. 726/2004 or Art. 10(1)(4) Dir. 2001/83/EC. The mention of Art. 8 PedR (application for authorisation for new indications, administration forms, or administration methods of medicinal products that have already been authorised) in Art. 36(5) PedR makes clear that applications for first authorisations in accordance with Art. 7 PedR cannot lead to an extension of data exclusivity. 37

According to the language of Art. 36(5) MPR, an SPC extension does not seem ruled out if the authorisation holder and the SPC holder[113] are different people. In this case, the applicant for SPC extension can neither request nor receive an extension of data exclusivity 38

108 Register of designated orphan medicinal products: http://ec.europa.eu/health/documents/community-register/html/alforphreg.htm.

109 Cf. Records of 3rd meeting of national SPC experts, p. 9/18 [III.5], 10/18 f [III.9].

110 Cf. Records of 3rd meeting of national SPC experts, p. 11/18 f [III.9].

111 Thus Brückner/von Cettritz pädLZV (p. 906) Rn 94.

112 RL DPMA p. 15/16 [4.2.4]. According to Busse/Hacker Anh § 16 a Rn 168, however, the remaining requirements must be examined. This means that all substantive requirements of Art. 36 PedR except that the authorisation application shall include the results of all studies conducted in compliance with an agreed PIP (Art. 36(1) PedR) and significant studies contained in an agreed PIP are completed after the entry into force of the PedR, Art. 45(3) PedR. So it seems necessary that the compliance statement is included in the authorisation for applying Art. 36(1) and 45(3) PedR.

113 More correct: patent/SPC holder or SPC applicant.

des Unterlagenschutzes beantragen noch erhalten. Ebenfalls vom Wortlaut des Art. 36 V PädV nicht erfasst scheinen Unterlagenschutzverlängerungen aufgrund nicht pädiatrischer Indikationen.[114] Hat der Antragsteller ursprünglich eine Zulassung einer neuen Indikation sowohl in adulten und pädiatrischen Patienten beantragt, aber lediglich für die adulten Patienten erhalten und die Studienergebnisse gemäß Art. 36 I UA 2 PädV ins SmPC aufgenommen, so schließt Art. 36 V PädV das Nebeneinander von Zertifikats- (Art. 36 I PädV) und Unterlagenschutzverlängerung (Art. 10 I RL 2001/83/EG) nicht aus.[115] Wird dem Antragsteller eine Verlängerung des Unterlagenschutzes nach Art. 10 V RL 2001/83/EG für eine neue pädiatrische Indikation gewährt, scheint dies – mangels Nennung in Art. 36 V PädV – ebenfalls keinen Einfluss auf die Erteilung der Zertifikatsverlängerung zu haben. Ob diese stark am Wortlaut orientierten Auslegungen sich auch in der Praxis durchsetzen, bleibt aber abzuwarten.

Das DPMA akzeptiert als Nachweis des Nichtvorliegens von Art. 36 V PädV eine Selbsterklärung des Antragstellers.[116]

39 Eine Zertifikatsverlängerung darf außerdem nur gewährt werden, wenn wesentliche pädiatrische Studien **nach Inkraftreten der PädV** am 26. Januar 2007[117] abgeschlossen worden sind, Art. 45 III PädV. In der Übereinstimmungserklärung nach Art. 28 III PädV wird daher angegeben, ob wichtige,[118] im gebilligten Prüfkonzept enthaltene Studien nach diesem Zeitpunkt abgeschlossen wurden, Art. 28 III 2 PädV.

40 Nach Ansicht der Kommission ist eine Studie bereits abgeschlossen, sobald die letzte Visite des letzten Patienten erfolgt ist. Sie sieht vergleichende Wirksamkeits-, Dosisfindungs-, bestimmte prospektive Sicherheits- und PK-/PD-Studien, sowie bestimmte Studien für altersgerechte Formulierungen grundsätzlich als wesentlich an. Eine Studie soll aber nur als wesentlich gelten, wenn Sie alle von der Erkrankung erfassten pädiatrischen Untergruppen betrifft.[119]

41 Nach Hacker muss die Patentabteilung das Vorliegen der Voraussetzungen von Art. 45 III PädV nicht prüfen, weil dies in die Zuständigkeit der Zulassungsbehörde fällt.[120] Danach dürfte es genügen, wenn sie das Vorliegen einer Erklärung wie „Wesentliche, in dem gebilligten Prüfkonzept enthaltene Studien wurden nach Inkrafttreten der PädV abgeschlossen." in der Übereinstimmungserklärung feststellt.

42 Nach Ansicht des High Court of Justice kann Art. 45 III PädV als Übergangsregelung nicht angewendet werden, wenn alle im gebilligten Prüfkonzept enthaltenen Studien erst nach Inkrafttreten der PädV eingeleitet wurden.[121]

43 Ist ein Arzneimittel für eine pädiatrische Indikation zugelassen und plant der Zulassungsinhaber, nachdem er in den Genuss (engl. benefited from) der Bonusse und Anreize nach Art. 36–38 PädV gekommen ist und diese Schutzzeiträume abgelaufen sind, das Inverkehrbringen des Arzneimittels einzustellen, so überträgt er die Zulassung oder gestattet die Bezugnahme auf seine Zulassungsunterlagen, Art. 35 S. 1, EG 25 PädV. Insbesondere bei Lizenzbeziehungen ist noch zu klären, wann ein Zulassungsinhaber in den „Genuss" von

114 So auch Brückner/von Cettritz PädLZV S. 892 Rn 59.
115 Vgl. Records III, S. 9/18 [III.4], 10/18 [III.6].
116 Vgl Vgl. RL DPMA S. 15/16 f [4.2.5].
117 Vgl. Art. 57 I PädV.
118 Achtung: Während die deutsche Fassung in Art. 45 III PädV von „wesentlichen" und Art. 28 III 2 PädV von „wichtigen" Studien spricht, spricht die englische Fassung in beiden Fällen von „significant studies". Es scheint daher möglich, dass trotz der unterschiedlichen Einordnung der Studien als wichtig bzw. wesentlich als Voraussetzung von Art. 28 III 2, 45 III PädV inhaltlich kein Unterschied besteht.
119 ABl. EU vom 24. September 2008 [C 243/01, 243/12, 4.2].
120 Busse/Hacker Anh § 16 a Rn 168.
121 [2012] EWHC 3715 (Pat) – Reddy's v. Warner Lambert [Rn 57 ff, 73].

periods. Nor does the language of Art. 36(5) PedR seem to apply to data exclusivity extension because of non-pediatric indications.[114] If the applicant originally requested an authorisation for both a new indication for adult and child patients, but received it only for adult patients and recorded the study results in accordance with Art. 36(1)(2) PedR in the SmPC, Art. 36(5) PedR does not rule out the coexistence of an SPC extension (Art. 36(1) PedR) and a data exclusivity extension (Art. 10(1) Dir. 2001/83/EC).[115] If the applicant is granted an extension of data exclusivity according to Art. 10(5) Dir. 2001/83/EC for a new pediatric indication, this seems – without designation in Art. 36(5) PedR – to have no influence on the granting of the SPC extension, either. Whether these interpretations, strongly oriented on the language, will prevail in practice remains to be seen.

The German PTO accepts as proof of absence of Art. 36(5) PedR a self-declaration by the applicant.[116]

Moreover, an SPC extension may only be granted if significant pediatric studies have been completed **after entry into force of the PedR** on January 26, 2007,[117] Art. 45(3) PedR. It is, therefore, indicated in the compliance statement according to Art. 28(3) PedR whether significant[118] studies contained in the accepted PIP were completed after this date, Art. 28(3)(2) PedR. 39

According to the position of the Commission, a study is completed when the last visit of the last patient is over. It recognises comparative efficacy and dose-finding studies, certain prospective safety and PK/PD studies, and certain studies for age-appropriate formulations as categorically significant. However, a study is only considered significant if it includes all pediatric subsets affected by the condition.[119] 40

According to *Hacker*, the patent division does not need to examine the fulfilment of the requirements of Art. 45(III) PedR because this falls under the responsibility of the medicines agency.[120] He thinks it is enough for them to ensure the presence of a declaration such as "Significant studies contained in the agreed PIP were completed after entry into force of the PedR" in the compliance statement. 41

According to the position of the High Court of Justice, Art. 45(3) PedR – as a transitional provision – cannot be applied, if all studies contained in the agreed PIP started after entry into force of the PedR.[121] 42

If a medicinal product is authorised for a pediatric indication and the authorisation holder plans, after he has benefited from the bonuses and incentives according to Art. 36–38 PedR and these protection periods have expired, to end the placement on the market of the medicinal product, he has to transfer the authorisation or allow the reference to his authorisation documentation, Art. 35(1), R 25 PedR. In particular it remains to be clarified in licensing relationships when the authorisation holder is considered to have benefited from bonuses 43

114 So also Brückner/von Cettritz pädLZV (p. 892) Rn 59.
115 Cf. Records of 3rd meeting of national SPC experts, p. 9/18 [III.4], 10/18 [III.6].
116 Cf. RL DPMA p. 15/16 f [4.2.5].
117 Cf. Art. 57(1) PedR.
118 Attention: The German version of Art. 45(3) PedR mentions "wesentliche" and of Art. 28(3)(2) PedR "wichtigen" Studien. The English version mentions in both cases "significant studies". It, therefore, seems possible that despite the necessary different study classification as important or significant for Art. 28(3)(2), 45(3) PedR (German version) there is no substantive difference.
119 OJ EU C 243, 24.9.2008, p. 1, 12 [4.2].
120 Busse/Hacker Anh § 16 a Rn 168.
121 [2012] EWHC 3715 (Pat) – Reddy's v. Warner Lambert [para. 57 ff, 73].

Bonussen und Anreizen gekommen ist. So scheint fraglich, ob dies bei einem Zulassungsinhaber, der Lizenzgebühren an einen Zertifikatsinhaber zahlen muss, um sein Arzneimittel vermarkten zu dürfen, überhaupt gegeben sein kann. Hier könnte nach der Art der Lizenz differenziert werden. Handelt es sich um eine Lizenz, die dem Lizenznehmer Exklusivität sichert, so wird dieser wohl die Zulassung übertragen oder die Bezugnahme auf seine Zulassungsunterlagen gestatten müssen. Handelt es sich hingegen um eine einfache Lizenz zur Sicherung der „Freedom to Operate", so scheint eine entsprechende Verpflichtung nicht mehr vom Wortlaut des Art. 35 PädV gedeckt.

III. Verkürzung der Zertifikatslaufzeit

44 Art. 13 IV AMV[122] betrifft ausschließlich irische Patente.[123] Die Laufzeit irischer Patente betrug vor 1992 – dem Beitritt Irlands zum EPÜ – nur 16 Jahre und konnte aufgrund von § 27 des irischen Patentgesetzes von 1964[124] unter bestimmten Voraussetzungen verlängert werden. Art. 13 IV AMV soll die Verlängerung irischer Patente durch Zertifikate über den nach Art. 13 I, II AMV berechneten Zeitpunkt hinaus ausschließen. Die Zertifikatslaufzeit wird dazu um die Zahl der Jahre verkürzt, die die zwanzigjährige Patentlaufzeit übersteigen. Beträgt die Laufzeit des irischen Patents nach nationaler Verlängerung 21 Jahre, so wäre von der nach Art. 13 I, II AMV berechneten Zertifikatslaufzeit 1 Jahr abzuziehen.[125]

45 Kommen demjenigen, der gleichzeitig Patent- und Zertifikatsinhaber ist aufgrund der nach Erstzulassung verbleibenden restlichen Patent- und Zertifikatslaufzeit mehr als 15 Jahre Exklusivität in der EU zugute, so kann nicht die gesamte nach Art. 13 AMV berechnete Zertifikatslaufzeit in Anspruch genommen werden. Die Verkürzung der Zertifikatslaufzeit richtet sich dann aber nach Art. 13 I, II, EG 9 AMV und nicht nach Art. 13 IV AMV.[126] Fraglich ist was der EuGH mit der Aufnahme der Bedingung der gleichzeitigen Inhaberschaft von Patent und Zertifikat in den Leitsatz seiner Entscheidung bezweckte. Zum einen ist eine gleichzeitige Inhaberschaft rechtlich unmöglich (nach Art. 13 I AMV gilt das Zertifikat erst ab Ablauf der gesetzlichen Laufzeit des Grundpatents), so dass wohl eher eine sukzessive Inhaberschaft an beiden Schutzrechten gemeint ist. Zum anderen wäre interessant zu wissen, ob der Grundpatentinhaber das Recht auf das Zertifikat oder ein bereits erteiltes Zertifikat auf einen Dritten unter der Bedingung einer exklusiven Rücklizensierung übertragen kann (und falls ja, bis wann?) um so der Wirkung des EG 9 AMV zu entgehen.

122 Früher Art. 22 VO 1768/92.

123 Schennen S. 89 [Art. 22 Anm 2 ff]; Busse/Hacker PatG Anh § 16 a Rn 135; Brückner Art. 13 Rn 154 ff.

124 In der Fassung des Gesetzes Nr. 9 von 1966 (PMZ 1966, 251, 259 [27]).

125 Schennen S. 89 f [Art. 22 Anm 2], dort auch weitere Berechnungsbeispiele; zur Frage, wie die Zertifikatslaufzeit zu berechnen ist, wenn ein Verlängerungsantrag erst nach dem 2. Januar 1993 gewährt oder gestellt worden ist, Schennen S. 90 [Art. 22 Anm 4].

126 Vgl. EuGH C-555/13 [LS] – Merck Canada.

and incentives. Thus it seems questionable whether this can at all be true of an authorisation holder who must pay licensing fees to the SPC holder to be allowed to market his medicinal products. A differentiation could be made according to type of licence. If the license ensures exclusivity, the licensee will probably be forced to transfer the licence or allow the reference to his authorisation documentation. If, on the other hand, it is a simple license that ensures freedom to operate, the language of Art. 35 PedR does not seem to cover such an obligation.

III. Shortening of the SPC Term

Art. 13 IV MPR[122] affects only Irish patents.[123] The term of Irish patents was only 16 years before to 1992, when Ireland joined the EPC, and could, based on Sec. 27 of the Irish Patent Law of 1964[124] be extended under specific conditions. Art. 13 IV MPR is intended to rule out the extension of Irish patents with SPC past the date calculated according to Art. 13(1), (2) MPR. To achieve this, the duration is reduced by the number of years by which the 20-year patent duration is exceeded. If the duration of an Irish patent were 21 years after national extension, one year would be subtracted from the duration calculated according to Art. 13(1), (2) MPR.[125] 44

Article 13, R 9 MPR precludes the holder of both a patent and an SPC from relying on the entire SPC term, calculated in accordance with Art. 13 MPR, in a situation where, pursuant to such a period, it would enjoy an exclusivity period of more than 15 years from the first authorisation. The SPC term is than shortened according to Art. 13(1), (2), R 9 MPR and not under Art. 13(4) MPR.[126] It is really clear why the ECJ limited the order to situations where one person holds both a patent and an SPC. On the one hand a simultaneous ownership is legally impossible (according to Art. 13(1) MPR the SPC shall take effect at the end of the patent term) so that probably a successive ownership of both property rights might be meant. On the other hand it would be interesting to know whether the basic patent holder may transfer the SPC application or the granted SPC to a third party under the condition of an exclusive back-license (and if so, by when?) to escape the effect of R 9 MPR. 45

122 Previously Art. 22 Reg. 1768/92.
123 Schennen p. 89 [Art. 22 Anm 2 ff]; Busse/Hacker PatG Anh § 16 a Rn 135; Brückner Art. 13 Rn 154 ff.
124 In the version of Law No. 9 of 1966 (PMZ 1966, 251, 259 [27]).
125 Schennen p. 89 f [Art. 22 Anm 2], with furhter calculation examples; as to the question, how to calculate SPC duration, if extension application was file after January 2, 1993: Schennen p. 90 [Art. 22 Anm 4].

126 Cf. C-555/13 [LS] – Merck Canada.

Artikel 14 Erlöschen des Zertifikats

Das Zertifikat erlischt

a) am Ende des in Artikel 13 festgelegten Zeitraums;

b) bei Verzicht des Inhabers des Zertifikats;

c) bei nicht rechtzeitiger Zahlung der in Übereinstimmung mit Artikel 12 festgesetzten Jahresgebühr;

d) wenn und solange das durch das Zertifikat geschützte Erzeugnis infolge Widerrufs der betreffenden Genehmigung oder Genehmigungen für das Inverkehrbringen gemäß der Richtlinie 2001/83/EG oder der Richtlinie 2001/82/EG nicht mehr in den Verkehr gebracht werden darf. Über das Erlöschen des Zertifikats kann die in Artikel 9 Absatz 1 dieser Verordnung genannte Behörde von Amts wegen oder auf Antrag eines Dritten entscheiden.

I. Einführung

1 Das Erlöschen des Zertifikats ist in Art. 14 AMV geregelt. Der Wortlaut von Art. 14 d AMV unterscheidet sich von Art. 14 d VO 1768/92 durch die Nennung der Richtlinien 2001/83/EG und 2001/82/EG anstelle der aufgehobenen Richtlinien 65/65/EWG bzw. 81/851/EWG. Art. 14 d PMV (vgl. auch Art. 2, Art. 3 I b PMV) enthält neben dem Verweis auf die entsprechende Zulassungsrichtlinie für Pflanzenschutzmittel (Art. 4 RL 91/414/EWG) eine weitere – in Art. 14 d AMV (vgl. aber auch Art. 2, Art. 3 b AMV) fehlende – Ergänzung („oder einer gleichwertigen Rechtsvorschrift eines Mitgliedstaats") ohne das EG 17 PMV insoweit auf die AMV verweist.[1]

2 Das Zertifikat erlischt ex nunc[2] mit dem Ende seiner Laufzeit, bei Verzicht des Inhabers, nicht rechtzeitiger Zahlung der Jahresgebühren und Widerruf der Zulassung. Mit dem Erlöschen des Zertifikats endet auch dessen Schutz. Auf bereits begangenen Verletzungen gegründete Schadensersatzansprüche bleiben jedoch bestehen.[3] Das Erlöschen des Zertifikats muss – mit Ausnahme des Erlöschens am Ende der Laufzeit[4] – bekannt gemacht werden, Art. 17 I AMV. In Deutschland wird das Erlöschen durch das DPMA (Art. 17 I, 9 I AMV) in das Patentregister eingetragen (§ 30 I 2 PatG) und im Patentblatt publiziert (§ 32 V PatG).[5]

1 Vgl. aber insoweit Art. 3 b) S. 2 VO 1768/92 in der durch die Beitrittsakte Österreichs, Finnlands und Schwedens geänderten Fassung, wonach im Hinblick auf Art. 19 I VO 1768/92 (Stichtagsregelung) eine nach den innerstaatlichen Rechtsvorschriften dieser Staaten erteilte Zulassung als eine gemäß 65/65/EWG bzw. 81/851/EWG erteilte Zulassung anzusehen ist. Achtung: Der Verweis auf Art. 19 II VO 1768/92 wird als redaktionelles Versehen betrachtet (vgl. Busse/Hacker Anh § 16 a Rn 28; vgl. engl. Fassung).

2 Benkard/Grabinski § 16 a Rn 44; Busse/Hacker Anh § 16 a Rn 136; Busse/Keukenschrijver § 20 Rn 35; Fitzner in Fitzner/Lutz/Bodewig § 16 a Rn 81; Die in Schennen S. 75 (Art. 14 Anm 1) zu lesende Wirkung ex tunc beruht – wie sich aus dem Zusatz „ohne rückwirkende Kraft" ergibt – auf einem Druckfehler (vgl. Brückner Art. 14 Fn 5). Vgl. aber auch C-484/12 – Georgetown II (ABl. EU vom 26. Januar 2013 C 26/23, Frage 5) zur möglichen Rückwirkung eines Verzichts nach Art. 14 b AMV. Generalanwalt Jääskinen schlug vor, dass der Verzicht nur für die Zukunft wirkt, vgl. seine Schlussanträge zu C-484/12 – Georgetown [para. 56, No. 1]. Auf die Beantwortung dieser Frage kam es im o.g. Fall aber letztlich nicht an, vgl. C-484/12 [Rn 43] – Georgetown II.

3 Benkard/Rogge/Grabinski § 139 Rn 2.

4 Im deutschen Patentregister wird zu den Stammdaten im Feld „ST" (Status) dennoch für durch Zeitablauf erloschene Zertifikate angegeben, dass diese „nicht anhängig/erloschen" sind. Zu den Verfahrensdaten findet sich im Feld Verfahrensstand der Hinweis „Schutzrecht durch Zeitablauf erloschen"; vgl. bspw. DE 196 75 041.5 (Anastrozol).

5 Auch in Großbritannien wird das Erlöschen im Patents Journal veröffentlicht und in Patentregister eingetragen, RL UK IPO SPM 14.01.

Article 14 Expiry of the certificate

The certificate shall lapse:

(a) at the end of the period provided for in Article 13;

(b) if the certificate holder surrenders it;

(c) if the annual fee laid down in accordance with Article 12 is not paid in time;

(d) if and as long as the product covered by the certificate may no longer be placed on the market following the withdrawal of the appropriate authorisation or authorisations to place on the market in accordance with Directive 2001/83/EC or Directive 2001/82/EC. The authority referred to in Article 9(1) of this Regulation may decide on the lapse of the certificate either of its own motion or at the request of a third party.

I. Introduction

The lapse of the SPC is stipulated in Art. 14 MPR. The wording of Art. 14(d) MPR distingu- 1
ishes from Art. 14(d) Reg. 1768/92 by the designation of the Dir. 2001/83/EC and 2001/82/EC instead of the abolished Dir. 65/65/EEC or 81/851/EEC. Art. 14(d) PPR (cf. also Art. 2, Art. 3(1)(b) PPR) contains besides the reference to the corresponding authorisation regulation for plant protection products (Art. 4 Dir. 91/414/ECC) the further – absent in Art. 14(d) MPR (but cf. also Art. 2, Art. 3(b) MPR) – amendment ("or equivalent provisions of national law") without R 17 PPR refers to the MPR.[1]

The SPC lapses ex nunc[2] at the end of its legal term, if its holder surrenders it, if the annual 2
fee is not paid in time, and if the authorisation is revoked. After the lapse of the SPC its protection also ends. The right to claims for damages, based on violations already committed remains.[3] The lapse of the SPC must – except of the lapse at the end of its legal term[4] – be published, Art. 17(1) MPR. In Germany the lapse is entered by the German PTO (Art. 17(1), 9(1) MPR) in the Patent Register (Sec. 30(1)(2) PatG) and is published in the Patent Gazette (Sec. 32(5) PatG).[5]

1 But cf. insofar Art. 3(b)(2) Reg. 1768/92, according to which an authorisation granted in accordance with national legislation of Austria, Finland or Sweden is treated as an authorization granted in accordance with Dir. 65/65/EEC or Dir. 81/851/EEC for the purpose of Art. 19(1) Reg. 1768/92 (effective date). Attention: The reference to Art. 19 II Reg. 1768/92 is considered a an editorial mistake (cf. Busse/Hacker Anh § 16 a Rn 28 and English version of Art. 3(b)(2) Reg. 1768/92).

2 Benkard/Grabinski § 16 a Rn 44; Busse/Hacker Anh § 16 a Rn 136; Busse/Keukenschrijver § 20 Rn 35; Fitzner in Fitzner/Lutz/Bodewig § 16 a Rn 81. The effect ex tunc one can read in Schennen p. 75 (Art. 14 Anm 1) seems based on an editorial mistake – as is clear from the addition "non-retroactiv" cf. Brückner Art. 14 Fn 5). But cf. also C-484/12 – Georgetown II (OJ EU C 26, 26.1.2013, p. 23, question 5) regarding a possible ex tunc effect of the surrender according to Art. 14(b) MPR. Meanwhile the Advocate General Jääskinen stated, that a surrender is only effective for the future, cf. his opinion in C-484/12 – Georgetown [para. 56, No. 1]. Finally this question did not need to be answered, cf. C-484/12 [para. 43] – Georgetown II.

3 Benkard/Rogge/Grabinski § 139 Rn 2.

4 The master data of the German patent register state for lapsed SPCs in the field "ST" (status), that they are "not pending/expired". The process data state in the field "Verfahrensstand" (proceeding status): "Schutzrecht durch Zeitablauf erloschen" (Engl.: expired); cf. e.g. DE 196 75 041.5 (anastrozole).

5 The notification of lapse is also published in the Patents Journal, and entered in the register in UK, MPP UK IPO SPM 14.01.

II. Erlöschen durch Zeitablauf

3 Nach Art. 14 a AMV erlischt das Zertifikat am Ende des nach Art. 13 AMV festgelegten Zeitraums. Im Unterschied zu der vergleichbaren Regelung für Patente in § 16 I 1 PatG ist die Zertifikatslaufzeit in Abhängigkeit von der Zulassungsdauer variabel und kann höchstens 5 Jahre und 6 Monate betragen.

III. Verzicht

4 Nach Art. 14 b AMV erlischt das Zertifikat bei Verzicht seines Inhabers. Dieser ist durch den Zertifikatsinhaber (oder dessen Vertreter) gegenüber dem Patentamt zu erklären. Da § 16 a II PatG nicht auf § 30 III 2 PatG verweist, kann nur der wirkliche Zertifikatsinhaber verzichten. Dies gilt für den Rechtsnachfolger des ursprünglichen Inhabers bereits vor dessen Eintragung in das Patentregister.[6]

5 Noch ungeklärt ist in der deutschen Kommentarliteratur die Frage, ob der Verzicht auf ein Zertifikat nach § 16 a II, 20 I Nr. 1 PatG schriftlich[7] erklärt werden muss. Teilweise wird – mit der Begründung, der Verzicht sei in Art. 14 b AMV selbständig geregelt und eine Erfinderbenennung nicht vorgesehen – angenommen, § 16 a II PatG verweise nur auf § 20 I Nr. 3 (nicht rechtzeitige Zahlung der Jahresgebühr), II PatG. Art. 14 AMV enthalte besondere Bestimmungen, die § 20 PatG vorgingen, so dass § 20 I Nr. 1 (Verzicht) nicht anwendbar sei.[8] Andere wiederum sind der Meinung, § 20 PatG finde auch bei Verzicht ergänzende Anwendung.[9] Sollte es tatsächlich einmal auf einen wirksamen Verzicht ankommen, sollte dieser vorsichtshalber, wie in § 20 I Nr. 1 PatG gefordert, schriftlich erklärt werden. Vor Erklärung des Verzichts sollte aber unbedingt geprüft werden, ob es nicht sinnvoller ist, das Zertifikat durch Nichtzahlung der Jahresgebühren zum Erlöschen zu bringen. Das Feststellungsmonopol des DPMA gem. § 20 II PatG gilt nicht für den Verzicht.[10]

6 Schennen S. 75 [Art. 14 Anm 3]; Busse/Hacker Anh § 16 a Rn 136; Brückner Art. 14 Rn 9 ff.

7 Vgl für GB: RL UK IPO [SPM 14.09]: „Any offer of surrender a certificate should be made in writing.“ Das UK IPO weist darauf hin, dass für eine Verzichtserklärung bislang keine Gebühr erhoben wird.

8 Mes § 16 a Rn 17, § 20 Rn 2; Busse/Keukenschrijver § 20 Rn 2 unter Verweis auf Begr PatGÄndG in PMZ 1993, 205, 209 [g], wonach nur die Konkretisierung von Art. 14 c, nicht jedoch von Art. 14 b AMV, vorgesehen ist.

9 Schulte/Kühnen 8. Aufl. § 16 a Rn 32; Busse/Hacker Anh § 16 a Rn 136; Schennen S. 75 [Art. 14 Anm 3]; Brückner Art. 14 Rn 1, 8.

10 Schulte/Rudloff-Schäffer § 20 Rn 24; Busse/Keukenschrijver § 20 Rn 39; Benkard/Rogge § 20 Rn 13; Mes § 20 Rn 32; Brückner Art. 14 Rn 5.

II. Lapse because of expiry

According to Art. 14(a) MPR an SPC lapses at the end of the period calculated under Art. 13 MPR. In contrast to the comparable regulation for the patents in Sec. 16(1)(1) PatG the duration of an SPC is, depending on the duration of the authorisation process, variable and can make up 5 years and 6 months at the most. 3

III. Surrender

According to Art. 14(b) MPR the SPC lapses if its holder surrenders it. It has to be declared by the SPC holder (or by his representative) before the Patent Office. Because Sec. 16a(2) PatG does not refer to Sec. 30(3)(2) PatG only the genuine SPC holder might surrender. That applies to the legal successor of the original holder already before its entry in the Patent Register.[6] 4

In German legal literature the question whether the surrender of the SPC in accordance with Sec. 16a(2), 20(1) No. 1 PatG has to be explained in writing[7] remains unresolved. It is – with an explanation that the surrender is stated independently in Art. 14(b) MPR and the designation of the inventor is not provided for – partly assumed that Sec. 16a(2) PatG refers only to Sec. 20(1) No. 3 (payment of the annual fee made not in time), (2) PatG. Art. 14 MPR contains special provisions, which precede Sec. 20 PatG so Sec. 20(1) No. 1 (surrender) is not applicable.[8] Others think, Sec. 20 PatG might be applied additionally for the surrender.[9] If it once came down to the effective surrender, it should be declared in written as a precaution as required by Sec. 20(1) No. 1 PatG. Before the declaration of surrender it should be examined whether it is not more logical to cause the lapse of the SPC by non-payment of the annual fees. The monopoly of ruling of the German PTO according to Sec. 20(2) PatG does not apply to the surrender.[10] 5

6 Schennen p. 75 [Art. 14 Anm 3]; Busse/Hacker Anh § 16 a Rn 136; Brückner Art. 14 Rn 9 ff.

7 Cf. for UK: MPP UK IPO [SPM 14.09]: Any offer of surrender an SPC should be made in writing. The UK IPO that no fee is required at present.

8 Mes § 16 a Rn 17, § 20 Rn 2; Busse/Keukenschrijver § 20 Rn 2 with reference to Begr PatGÄndG in PMZ 1993, 205, 209 [g] according to which only the concretion of Art. 14(c) MPR but not of Art. 14(b) MPR is intended.

9 Schulte/Kühnen 8th ed. § 16 a Rn 32; Busse/Hacker Anh § 16 a Rn 136; Schennen p. 75 [Art. 14 Anm 3]; Brückner Art. 14 Rn 1, 8.

10 Schulte/Rudloff-Schäffer § 20 Rn 24; Busse/Keukenschrijver § 20 Rn 39; Benkard/Rogge § 20 Rn 13; Mes § 20 Rn 32; Brückner Art. 14 Rn 5.

6 Dem EuGH wurden kürzlich folgende Fragen zum Verzicht nach Art. 14 b AMV und dessen (Rück-) Wirkung vorgelegt: Kann ein Zertifikat für ein durch ein gültiges Grundpatent geschütztes Erzeugnis erteilt werden, wenn bereits zuvor für ein anderes durch dasselbe Grundpatent geschütztes Erzeugnis ein Zertifikat erteilt worden ist, der Anmelder aber auf das erstgenannte Zertifikat verzichtet, um auf der Grundlage desselben Grundpatents ein neues Zertifikat erhalten zu können? Richtet sich die Frage der Rückwirkung eines Verzichts nach Art. 14 b AMV oder nach dem nationalen Recht? Sofern sich die Frage der Rückwirkung eines Verzichts nach Art. 14 b AMV richtet: Ist diese Bestimmung dahin auszulegen, dass ein Verzicht rückwirkende Kraft hat?[11] Diese Fragen wird der EuGH jedoch nur zu beantworten haben, wenn er der Ansicht wäre, dass dem Grundpatentinhaber – wegen Art. 3 c AMV – nur ein Zertifikat für nur ein Erzeugnis erteilt werden könne, selbst wenn ein gültiges Grundpatent mehrere Erzeugnisse schützt.[12] Andernfalls sind die Fragen nicht entscheidungserheblich.[13]

IV. Nichtzahlung der Jahresgebühr

7 Nach Art. 14 c) AMV erlischt das Zertifikat bei nicht rechtzeitiger Zahlung der in Übereinstimmung mit Art. 12 AMV festgesetzten Jahresgebühren. Wann eine nicht rechtzeitige Zahlung vorliegt, scheint für Deutschland noch nicht endgültig geklärt. Klar zu sein scheint, dass weder beim nationalen Patent (anders bspw. beim Gemeinschaftspatent, Art. 27 II GPÜ)[14] noch beim Zertifikat[15] ein Erlöschen bereits bei Fälligkeit der Jahresgebühren gegeben sein dürfte.

8 Teilweise wird vertreten, dass ein Patent nach § 20 I Nr. 3 PatG, § 7 I 1 PatKostG bereits zwei Monaten nach Fälligkeit der Jahresgebühr erlöschen solle.[16] Dies müsste dann über den Verweis in § 16 a II PatG wohl auch für den ergänzenden Schutz gelten. Andererseits wird die Ansicht vertreten, der Verweis auf § 20 I Nr. 3 PatG stelle klar, dass das Zertifikat in Deutschland erst mit Ablauf der gesetzlichen Zahlungsnachfrist erlischt.[17] Diese beträgt nach § 7 I 2 PatKostG 6 Monate.[18] Wegen des Erfordernisses einer sechsmonatigen Nachfrist gemäß Art. 5bis PVÜ ist die zweite Ansicht trotz der Pflicht zur Zahlung eines Verspätungszuschlags[19] nach § 7 I 2 PatKostG zu bevorzugen.

11 C-484/12 – Georgetown University (ABl. EU vom 26. Januar 2013 C 26/23).

12 Mittlerweile hat der EuGH bestätigt, dass unter bestimmten Umständen mehr als ein SPC pro Grundpatent erteilt werden kann, C-484/12 [LS, Rn 30] – Georgetown II; C-443/12 [Rz 29] – Actavis.

13 Vgl. Schlussanträge zu C-484/12 – Georgetown II: Der Generalanwalt geht wohl davon aus, dass, wenn ein gültiges Grundpatent mehrere Erzeugnisse schützt, Art. 3 c AMV dem entgegensteht, dass dem Inhaber dieses Grundpatents für jedes der geschützten Erzeugnisse ein Zertifikat erteilt wird [Rn 23]. Er kommt weiterhin zu dem Schluss, dass sich der Verzicht auf das Zertifikat nach Art. 14 b AMV und nicht nach einzelstaatlichem Recht richtet und nur für die Zukunft wirkt. Infolge des Verzichts kann später nur ein Erzeugnis zugelassen werden, für das noch kein Zertifikat iSv Art. 3 c AMV erteilt wurde [Rn 56, Nr. 1]. Hat ein Antragsteller mehrere Zertifikatsanmeldungen für unterschiedliche, durch ein und dasselbe Patent geschützte Erzeugnisse eingereicht, obliegt es ihm, zu entscheiden, welche dieser Anmeldungen prioritär ist. Trifft er keine Wahl, ist es Sache der nationalen Behörden, daraus die Konsequenzen nach einzelstaatlichem Recht zu ziehen [Rn 56, Nr. 2].

14 Busse/Keukenschrijver § 20 Rn 35, Benkard/Rogge § 20 Rn 12 a, beide unter Verweis auf BGH GRUR 1956, 265, 267 [III.1] – Rheinmetall-Borsig-Urteil I.

15 Schulte/Schell Anh 15 § 7 PatKostG Rn 6.

16 OLG Düsseldorf Mitt 2007, 143, 143 f [LS 1]; zustimmend unter Verweis auf die Notwendigkeit der Zahlung eines Verspätungszuschlages: Kreuzkamp Mitt 2007, 144, 144 [zu LS 1]; ablehnend unter Hinweis auf Art. 5bis PVÜ: Hövelmann Mitt 2007, 540, 542 [5.].

17 Schennen S. 75 f [Art. 14 Anm 4]; Brückner Art. 14 Rn 15; Busse/Keukenschrijver § 20 Rn 2.

18 Widersprüchlich: Schulte/Schell Anh 15 § 6 PatKostG Rn 6: Erlöschen bereits 2 Monate nach Fälligkeit; Schulte/Schell Anh 15 § 7 PatKostG Rn 6: Erlöschen erst 6 Monate nach Fälligkeit.

19 Dieser beträgt derzeit in Deutschland 50 EUR; Busse/Schuster § 7 PatKostG Rn 4, vgl. zB GebVz Nr. 312212.

The following question on the surrender under Art. 14(b) MPR and its (retroactive) effect was recently referred to the ECJ: May an SPC be granted for a product protected by a basic patent in force if an SPC had already been granted earlier for another product protected by the same basic patent, but where the applicant surrenders the latter SPC to obtain a new SPC because of the same basic patent? Is the question of whether surrender has a retroactive effect governed by Art. 14(b) MPR or by national law? If the question of whether surrender has retroactive effect is governed by Art. 14(b) MPR, should that provision be interpreted to mean that surrender does have retroactive effect?[11] The ECJ would have to answer this question only, if it took the view that if a basic patent itself protected several products, the granting of only one SPC to the basic patent holder was allowed according Art. 3(c) MPR.[12] Otherwise the questions are not relevant to the decision.[13] 6

IV. Non-payment of the annual fee

According to Art. 14(c) MPR an SPC lapses in case of a late payment of the annual fees determined in compliance with Art. 12 MPR. It has not been finally clarified in Germany when a late payment exists. It seems obvious that if the annual fees have not been settled as on the due date the lapse might occur neither for the national patent (other than for the Community patent, Art. 27(2) CPC)[14] nor for the SPC.[15] 7

Some authors believe that according to Sec. 20(1) No. 3 PatG, Sec. 7(1)(1) PatKostG a patent should lapse already two months after the due date for the payment of annual fees.[16] That should apply through the reference in Sec. 16a(2) PatG probably also to the supplementary protection. On the other hand, some authors argue that the reference to Sec. 20(1) No. 3 PatG makes clear that the SPC expires in Germany only after the expiry of the grace period laid down by law.[17] It makes up six months according to Sec. 7(1)(2) PatKostG.[18] Because of the need of a six-month grace period in accordance with Art. 5bis PC the second point of view is to be preferred despite the obligation to pay the late surcharge[19] according to Sec. 7(1)(2) PatKostG. 8

11 C-484/12 – Georgetown University (OJ EU C 26, 26.01.2013, p. 23).
12 Meanwhile, the ECJ has confirmed that under certain circumstances more than one SPC may be granted per basic patent, C-484/12 [LS, para. 30] – Georgetown II; C-443/12 [para. 29] – Actavis.
13 Cf. Opinion in C-484/12 – Georgetown II: The Advocate General is of the opinion, that if a basic patent in force protects several products, Art. 3(c) MPR precludes the holder of the basic patent from being granted SPCs for each of these products [para. 23]. He further is of the opinion, that the surrender of the SPC is governed by Art. 14(b) MPR and not by national law and that it is only effective for the future. Later an SPC can only be granted, if the product in question was never subject of an SPC within the meaning of Art. 3(c) MPR [para. 56, No. 1]. It is up to the applicant to decide, which of his applications should have priority, if he filed several SPC applications of several products protected by the same basic patent. In the absence of a decision, national authorities have to draw consequences according to national law [para. 56, No. 2].

14 Busse/Keukenschrijver § 20 Rn 35, Benkard/Rogge § 20 Rn 12 a, both with reference to FCJ GRUR 1956, 265, 267 [III.1] – Rheinmetall-Borsig I.
15 Schulte/Schell Anh 15 § 7 PatKostG Rn 6.
16 OLG Düsseldorf Mitt 2007, 143, 143 f [LS 1]; agreeing, with reference to the necessity of a late payment surcharge: Kreuzkamp Mitt 2007, 144, 144 [zu LS 1]; dissenting: with reference to Art. 5bis PC: Hövelmann Mitt 2007, 540, 542 [5.].
17 Schennen p. 75 f [Art. 14 Anm 4]; Brückner Art. 14 Rn 15; Busse/Keukenschrijver § 20 Rn 2.
18 Inconsistent: Schulte/Schell Anh 15 § 6 PatKostG Rn 6: lapse already 2 month after the due date; Schulte/Schell Anh 15 § 7 PatKostG Rn 6: lapse only 6 month after the due date.
19 It is currently in Germany 50 EUR, Busse/Schuster § 7 PatKostG Rn 4, cf. e.g. GebVz No. 312212.

9 Da Zertifikate, anders als Patente, eine von der Zulassungsdauer abhängige Laufzeit haben, scheint es möglich, trotz Nichtzahlung der letzten Jahresgebühr bis zum regulären Laufzeitende vor Benutzung des Gegenstandes des Zertifikats durch Wettbewerber geschützt zu sein, wenn die (ggf. nach Art. 13 III AMV verlängerte) Zertifikatslaufzeit innerhalb von 6 Monaten ab Fälligkeit der letzten zu zahlenden Jahresgebühr endet. Wegen der aufgrund unterschiedlicher Gerichtsurteile bestehenden Unsicherheit hinsichtlich des Zwei- bzw. Sechsmonatszeitraums, dürfte in der anwaltlichen Beratung allenfalls eine Nichtzahlung bei Ablauf innerhalb von 2 Monaten ab Fälligkeit in Betracht kommen.

10 Gemäß § 20 II PatG entscheidet auch bei Zertifikaten nur das DPMA über die Rechtzeitigkeit der Jahresgebührenzahlung.[20] An die Entscheidung sind die Gerichte gebunden.[21] Eine gerichtliche Überprüfung der Entscheidung mittels Beschwerde bzw. Rechtsbeschwerde durch BPatG bzw. BGH bleibt natürlich möglich, §§ 20 II Hs 2, 73, 100 PatG.

V. Widerruf aller Zulassungen

11 Das Zertifikat erlischt gem. Art. 14 d AMV, wenn und solange das durch das Zertifikat geschützte Erzeugnis infolge des Widerrufs aller Zulassungen nicht mehr in den Verkehr gebracht werden darf.

Art. 14 d AMV knüpft den Bestand des Zertifikats an den Bestand der Zulassung. Da das Zertifikat seinem Inhaber aber kein positives Benutzungsrecht gewährt, scheint der Zweck der Regelung auf den ersten Blick fraglich. *Schennen* erklärt Art. 14 d AMV, den er – wegen der nach seinem Wortlaut („solange") möglichen Schwebezustände – für missglückt hält, mit dem Versuch der Abgrenzung von Zertifikat und Patent mit dem Ziel der Vermeidung von Konflikten mit Art. 63 EPÜ aF.[22]

12 Wann ein **Widerruf** der Zulassung iSv Art. 14 d AMV vorliegt, ist in Deutschland gerichtlich noch nicht geklärt.

Schennen ist der Ansicht, ein Widerruf iSv Art. 14 d AMV sei unabhängig davon gegeben, ob die Zulassungsvoraussetzungen von Anfang an nicht vorgelegen haben (Rücknahme nach § 30 I 1 Hs 1 AMG, § 48 VwVfG) oder erst nachträglich weggefallen sind (Widerruf nach § 30 I 1 Hs 2 AMG, § 49 VwVfG). Kein Widerruf soll indes bei Erlöschen der Zulassung nach § 31 AMG, zB bei Verzicht nach § 31 I Nr. 2 AMG oder Nichtstellung eines Verlängerungsantrags nach § 31 I Nr. 3 AMG, vorliegen.[23]

13 *Hacker* stimmt dem zu, indem er den Widerruf iSv Art. 14 d) AMV als jeden behördlichen Akt, der die Befugnis zum Inverkehrbringen beseitigt, definiert. Da es sich um einen gemeinschaftsrechtlichen Begriff handele, könne dieser nicht im engen technischen Sinn von § 30 AMG, § 49 VwVfG verstanden werden, so dass auch Rücknahme und Ruhensanordnung (§ 30 I 4 AMG) darunter fallen soll. Er ergänzt, dass das Erlöschen der Zulassung durch Versagung der Verlängerung (§ 31 I Nr. 4 AMG) und Feststellung der Voraussetzungen von Rücknahme und Widerruf (§ 31 IV 2 AMG) gleichzustellen sei. Wie *Schennen* sieht er in Verzicht und Zeitablauf (§ 31 Abs. I Nr. 2, Nr. 3 AMG) keinen Widerruf. Auch hält er das Fehlen anderer (zB preisrechtlicher) Genehmigungen für unschädlich.[24]

20 Schennen S. 76 [Art. 14 Anm 4]; Brückner Art. 14 Rn 13, 15.
21 Benkard/Rogge § 20 Rn 13; Busse/Keukenschrijver § 20 Rn 38; Mes § 20 Rn 31.
22 Vgl. Schennen S. 76 f [Art. 14 Anm 5].
23 Schennen S. 76 [Art. 14 Anm 5].
24 Busse/Hacker Anh § 16 a Rn 137, 139.

Because SPCs other than patents have a duration, which depends on the authorisation date, it seems possible in Germany, despite non-payment of the final annual fee, to be protected against the use of the SPC subject matter by competitors up to the end of its legal term, if the SPC term (possibly extended according to Art. 13(3) MPR) ends within six months after the final annual fee due date. Because of the uncertainty, which prevails because of various court decisions for the two- or six-month period in legal consultancy, just the non-payment within 2 month of the due date comes into consideration in case of expiry. 9

According to Sec. 20(2) PatG the German PTO decides only whether the payment of the annual fee has been made in due time also in SPC cases.[20] The courts are bound by its decision.[21] A judicial examination of the decision is, of course, possible by an appeal or an appeal on a point of law in the FPC or the FCJ, Sec. 20(2), 73, 100 PatG. 10

V. Revocation of all authorisation

The SPC lapses according to Art. 14(d) MPR if and as long as the product covered by the SPC may no longer be placed on the market following the withdrawal of all authorisations to place on the market. 11

Art. 14(d) MPR links the existence of the SPC to the existence of the authorisation. Because the SPC does not grant, however, to its holder a positive right to the use, at first glance the purpose of this clause seems questionable. When explaining Art. 14(d) MPR (which *Schennen* considers not well drafted because of possible states of uncertainty according to its wording "as long as") he tries to dissociate the SPC from the patent to avoid the conflicts with Art. 63 EPC (old version).[22]

It has not been determined in Germany judicially yet when a **revocation** of the authorisation within the meaning of Art. 14(d) MPR is available. 12

Schennen is of the opinion a revocation within the meaning of Art. 14(d) MPR exists despite whether authorisation conditions were available from the beginning (withdrawal according to Sec. 30(1)(1) AMG, Sec. 48 VwVfG) or disappeared only afterwards (revocation according to Sec. 30(1)(1) AMG, Sec. 49 VwVfG). The revocation should, however, not exist for the lapse of the authorisation according to Sec. 31 AMG, e.g., for the surrender according to Sec. 31(1) No. 2 AMG or non-filing of the prolongation application according to Sec. 31(1) No. 3 AMG.[23]

Hacker agrees to define the revocation within the meaning of Art. 14(d) MPR as each administrative act, which abolishes the competence to place the product on the market. Because this concept belongs to Community law, it cannot be understood in a strict technical sense of Sec. 30 AMG, Sec. 49 VwVfG so a withdrawal and a suspension order (Sec. 30(1)(4) AMG) should be included by it. He adds that the lapse of an authorisation because of the refusal of the prolongation (Sec. 31(1) No. 4 AMG) and the ascertainment of conditions for the withdrawal or revocation (Sec. 31(4)(2) AMG) is to be treated as equal. As with *Schennen* he does not see the revocation in the surrender and expiry (Sec. 31(1) No. 2, No. 3 AMG). He also considers harmless the absence of other (e.g., price-law related) authorisations.[24] 13

20 Schennen p. 76 [Art. 14 Anm 4]; Brückner Art. 14 Rn 13, 15.
21 Benkard/Rogge § 20 Rn 13; Busse/Keukenschrijver § 20 Rn 38; Mes § 20 Rn 31.
22 Cf. Schennen p. 76 f [Art. 14 Anm 5].
23 Schennen p. 76 [Art. 14 Anm 5].
24 Busse/Hacker Anh § 16 a Rn 137, 139.

14 Nach *Grabinski* sei eine ex tunc wirkende Rücknahme der Zulassung nach § 30 I 1 Hs 1 AMG, § 48 VwVfG kein Widerruf iSv Art. 14 d) AMV. Diese führe, weil eine Erteilungsvoraussetzung (Art. 3 b) AMV) bereits von Anfang an gefehlt habe, nicht zum Erlöschen, sondern zur Nichtigkeit des Zertifikats.[25] Hacker wendet hiergegen ein, dass dies dennoch nur zum Erlöschen des Zertifikats führen dürfe, da im Falle der Nichtigkeit ein Wiederaufleben bei späterer Neugenehmigung ausgeschlossen sei.[26]

15 Hacker ist insoweit zuzustimmen, als der Begriff Widerruf nicht nach deutschem, sondern nach Gemeinschaftsrecht auszulegen ist. Allerdings ergibt sich aus den anderen Sprachfassungen nicht eindeutig die von ihm vorgeschlagene Auslegung. Zweifelhaft bleibt daher die Folgerung, das Zertifikat erlösche lediglich ex nunc, wenn die Zulassung gar nicht hätte erteilt werden dürfen.

16 Dies hätte zur Folge, dass der Zertifikatsinhaber Schadensersatzansprüche für die Vergangenheit weiterhin geltend machen könnte und das Zertifikat bei Neuzulassung innerhalb seiner Laufzeit wieder aufleben würde. Der Neuerteilung eines Zertifikats stünde allerdings Art. 3 d AMV entgegen. Auch dürfte die nach Art. 13 AMV ursprünglich berechnete Laufzeit – wegen der zwischen Aufhebung und Neuzulassung nicht zur Amortisierung zur Verfügung stehenden Zeit – kaum mehr EG 4 AMV entsprechen. Die Laufzeit des wiederauflebenden Zertifikats müsste nach Art. 13 I AMV so neuberechnet werden, als hätte die Erstzulassung entsprechend später stattgefunden.[27] Die Laufzeitgrenzen des Art. 13 II, EG 9 AMV müssten dabei wohl beachtet werden.

17 Allerdings sollte eine nach Rücknahme nichtige (Erst-)Zulassung und ein daraufhin ebenfalls für nichtig erklärtes Zertifikat einer neuerlichen Zertifikatserteilung nach nunmehr wirksamer Neuzulassung nicht entgegenstehen.[28] Der Zertifikatsinhaber wäre auf ein Wiederaufleben des ursprünglichen Zertifikats nämlich nur angewiesen, wenn die Neuzulassung erst nach Ablauf des ursprünglich gewählten Grundpatents stattfindet und ihm kein anderes, sein Arzneimittel hinreichend schützendes Grundpatent zur Verfügung stünde. Er könnte dann aber für „Verletzungshandlungen" des nichtigen Zertifikats auch keine Schadensersatzansprüche geltend machen. Aber auch hier ergeben sich Bedenken hinsichtlich der Laufzeitberechnung: Aufgrund der bereits vor der zweiten „Erstzulassung" gegebenen Vermarktungsmöglichkeit könnte eine nach Art. 13 I AMV neu berechnete Laufzeit gegen EG 4 AMV verstoßen.

18 Eventuell kann aus der Bindung des Patentamts an die Zulassungsentscheidung ein Argument für das Erlöschen des Zertifikats anstelle seiner Nichtigkeit gezogen werden. Rein tatsächlich ermöglicht die Zulassung, selbst wenn sich später herausstellt, dass diese bereits von Anfang an nicht hätte erteilt werden dürfen, eine Vermarktung des Arzneimittels. Erst mit der Rücknahmeentscheidung – an die das DPMA ebenfalls gebunden ist – liegt die Voraussetzung des Art. 3 b AMV nicht mehr vor, so dass möglicherweise Art. 15 I a AMV nicht einschlägig wäre.

19 Die Überprüfung der Widerrufsentscheidung des BfArm im Rahmen des Art. 14 d AMV ist ausgeschlossen.[29]

Art. 14 d AMV ist nur erfüllt, wenn das Erzeugnis überhaupt nicht mehr als Arzneimittel in Verkehr gebracht werden darf. Wurden mehrere Zulassungen erteilt, so genügt es nicht,

25 Benkard/Grabinski § 16 a Rn 44; so auch Brändel GRUR 2001, 875, 878 [II.1].
26 Busse/Hacker Anh § 16 a Rn 139.
27 AA Schennen S. 77 (Art. 14 Anm 5) und Brückner Art. 14 Rn 28: zwischenzeitliches Erlöschen beeinflusse die Zertifikatslaufzeit nicht.
28 Vgl Brückner Art. 14 Rn 40–42.
29 Schennen S. 77 [Art. 14 Anm 6]; Busse/Hacker Anh § 16 a Rn 140; Brückner Art. 14 Rn 17.

According to *Grabinski* a withdrawal of the authorisation ex tunc according to Sec. 30(1)(1) AMG, Sec. 48 VwVfG is not considered a revocation within the meaning of Art. 14(d) MPR. The withdrawal leads to the invalidity of the SPC, but not to the lapse, because a grant condition was missing from the beginning.[25] Hacker raises an objection that this might just lead on to the lapse of the SPC because with the invalidity the revival because of later reauthorisation is excluded.[26] 14

One should agree with *Hacker* to such extent that the term revocation is to be interpreted in accordance with Community but not with German law. Nevertheless, the interpretation proposed by him does not arise explicitly from the other language versions. Therefore, the conclusion remains doubtful whether the SPC simply lapses ex nunc, if the authorisation has never been allowed. 15

That would entail that the SPC holder could still claim for damages, which arose in the past, and the SPC would revive again in case of a new authorisation within its duration. The grant of a new SPC would contradict, however, Art. 3(d) MPR. The duration calculated initially according to Art. 13 MPR might hardly comply – because there was no time for amortisation between abolishment and new authorisation – with R 4 MPR. The duration of the revived SPC had to be recalculated in accordance with Art. 13(1) MPR in such a way as if the new authorisation has occurred respectively later.[27] The duration limits indicated in Art. 13(2), R 9 MPR had to be probably taken into account here. 16

On the other hand, a (first) authorisation – only invalid after the withdrawal – and the SPC declared invalid, afterwards should not impede the grant of a new SPC after a new authorisation is effective from now on.[28] The SPC holder would rely on the revival of the original SPC in particular just if the new authorisation occurs only after the expiry of the basic patent selected originally and if it does not dispose another basic patent, which protects its medicinal product sufficiently. He could also not, however, claim for damages then because of acts of infringement of the invalid SPC. But here also concern arises on the duration calculation: because of marketing opportunities available already before the second "first authorisation". A period recalculated in accordance with Art. 13(1) MPR could contravene R 4 MPR. 17

Perhaps, a reason for the lapse of the SPC instead of its invalidity can be presented because of the commitment of the Patent Office to the authorisation decision. De facto the authorisation allows, even if it later seems that it might not be granted from the beginning, the marketing of the medicinal product. Only after the decision on withdrawal – which the German PTO is also bound on – the condition of Art. 3(b) MPR does not apply so Art. 15(1) MPR would be potentially not relevant. 18

The examination of a decision on withdrawal of the Federal Institute for Drugs and Medical Devices (BfArm) within Art. 14(d) MPR is excluded.[29] 19

Art. 14(d) MPR is fulfilled only if the product might not be placed on the market as a medicinal product at all. If many authorisations have been granted, it is not enough that just the

25 Benkard/Grabinski § 16 a Rn 44; so also Brändel GRUR 2001, 875, 878 [II.1].
26 Busse/Hacker Anh § 16 a Rn 139.
27 Dissenting: Schennen p. 77 (Art. 14 Anm 5) and Brückner Art. 14 Rn 28: A temporal lapse does not affect the SPC duration.
28 Cf. Brückner Art. 14 Rn 40–42.
29 Schennen p. 77 [Art. 14 Anm 6]; Busse/Hacker Anh § 16 a Rn 140; Brückner Art. 14 Rn 17.

wenn lediglich die Zulassung widerrufen wird, auf die der Zertifikatsantrag ursprünglich gestützt wurde. Es müssen vielmehr **alle** Zulassungen widerrufen worden sein.[30]

20 Klar ist, dass das Zertifikat erlischt, „wenn" die Zulassung rechtskräftig widerrufen wurde.[31] Das Wort **„solange"** in Art. 14 d S. 1 AMV scheint indes zweierlei Bedeutungen zu haben: Zum einen sei nur von einem vorläufigen Erlöschen auszugehen, „solange" der Widerruf nicht rechtskräftig, aber sofort vollziehbar ist (vergl. § 30 III 2, 3 AMG, § 80 II Nr. 3, 4 VwGO).[32] Zum anderen soll – wegen der Erstreckung des Zertifikatsschutzes auf alle vor Ablauf genehmigten Verwendungen (Art. 4 2. HS AMV) – ein **Wiederaufleben**[33] des Zertifikats bei erneuter Zulassung möglich sein.[34]

21 Art. 14 d AMV ist nur gegeben, wenn das Erzeugnis **„infolge"** Widerrufs der Zulassung, nicht jedoch infolge anderer Gegebenheiten nicht mehr in den Verkehr gebracht werden darf. Nach Schennen ist das Erlöschen der Zulassung nach § 31 AMG dem Widerruf nach Art. 14 d AMV nicht gleichzusetzen. Die in § 31 AMG geregelten Ausübungspflichten beeinträchtigen den Zertifikatsschutz nicht. So erlösche das Zertifikat nicht, wenn das Erzeugnis aus anderen Gründen – wie zB Verzicht (§ 31 I Nr. 2 AMG) bzw. Ablauf (§ 31 I Nr. 3 AMG) der Zulassung[35] oder Fehlens anderer (zB preisrechtlicher) Genehmigungen[36] nicht in Verkehr gebracht werden darf.

30 Schennen S. 76 f [Art. 14 Anm 5]; Brändel GRUR 2001, 875, 878 [II.2]; Busse/Hacker Anh § 16 a Rn 137; Benkard/Grabinski § 16 a Rn 44; Brückner Art. 14 Rn 19–21 (Arg. Wortlaut Art. 14 d S. 1 AMV: „Genehmigung oder Genehmigungen").

31 Schennen S. 76 f [Art. 14 Anm 5]; Busse/Hacker Anh § 16 a Rn 138.

32 Busse/Hacker Anh § 16 a Rn 138; vgl. auch Brückner Art. 14 Rn 29–34.

33 Die Frage, ob das Wiederaufleben eine Weiterzahlung der Jahresgebühren erfordert (vgl. RL UK IPO [SPM 14.10, SPM 14.11] zur unterschiedlichen Praxis der Jahresgebührenbefreiung nach Erlöschen nach Art. 14 b) und d) AMV) und ob das DPMA diese akzeptieren würde, ist noch nicht geklärt.

34 Brändel GRUR 2001, 875, 878 [II.2]; Busse/Hacker Anh § 16 a Rn 138; Benkard/Grabinski § 16 a Rn 44; Brückner Art. 14 Rn 22 (allerdings mit der Einschränkung, dass die neu zugelassene Verwendung vom Schutz des Grundpatents umfasst ist, Rn 23; dagegen spricht, dass die Verwendung nach C-202/05 Mitt 2007, 308, 309 [LS, EG] – Calcitriol kein integraler Bestandteil der Erzeugnisdefinition ist); vgl. zum Wiederaufleben auch RL UK IPO [SPM 14.06 – SPM 14.08]: „Where a new authorization is granted, a certificate which has lapsed under Article 14 (d) automatically takes effect again from the date of the new authorization." Das DPMA sieht die Möglichkeit des Wiederauflebens wohl nicht. Unabhängig davon, ob die Zulassung im Erteilungszeitpunkt widerrufen oder zurückgenommen ist, wäre die Zertifikatsanmeldung zurückzuweisen, RL DPMA S. 7/16 [3.3.1.2].

35 Schennen S. 76 [Art. 14 Anm 5].

36 Busse/Hacker Anh § 16 a Rn 137.

one authorisation is revoked on which the SPC application was based initially. **All** authorisations must be revoked instead.[30]

The SPC lapses "if" the authorisation has been revoked, finally.[31] The words "**as long as**" in Art. 14(d)(1) MPR seems to have a double meaning: on the one hand, it seems only a preliminary lapse as long as the revocation is not final, but immediately enforceable (Sec. 30(3)(2), (3) AMG, Sec. 80(2) No. 3, No. 4 VwGO).[32] On the other hand, the **revival**[33] of the SPC – because of extension of the protection conferred by an SPC to all the uses authorised before the expiry (Art. 4 MPR) – must be possible for a new authorisation.[34] 20

Conditions of Art. 14(d) MPR are only met, if the product "**following**" the withdrawal of the authorisation, but not following other circumstances, might no longer be placed on the market. According to Schennen the lapse of the authorisation according to Sec. 31 AMG and the revocation according to Art. 14(d) MPR are not to be regarded as equal. The fulfilment obligations stated in Sec. 31 AMG do not affect the protection conferred by an SPC. Thus the SPC does not lapse if the product might not be placed on the market for other reasons – as, for example, the surrender (Sec. 31(1) No. 2 AMG) or expiry (Sec. 31(1) No. 3 AMG) of the authorisation[35] or the absence of other (e.g. price-law related) authorisations.[36] 21

30 Schennen p. 76 f [Art. 14 Anm 5]; Brändel GRUR 2001, 875, 878 [II.2]; Busse/Hacker Anh § 16 a Rn 137, Benkard/Grabinski § 16 a Rn 44; Brückner Art. 14 Rn 19–21 (argument: wording of Art. 14(d)(1) MPR: "authorisation or authorisations".

31 Schennen p. 76 f [Art. 14 Anm 5]; Busse/Hacker Anh § 16 a Rn 138.

32 Busse/Hacker Anh § 16 a Rn 138; cf. also Brückner Art. 14 Rn 29–34.

33 The question, if a revival is only possible if annual fees are paid (possibly agreeing: MPP UK IPO [SPM 14.10, SPM 14.11], the differing praxis regarding the annual fee exemption after lapse according to Art. 14(b) and (d) MPR) and if the German PTO this would accept, has not been clarified yet.

34 Brändel GRUR 2001, 875, 878 [II.2]; Busse/Hacker Anh § 16 a Rn 138; Benkard/Grabinski § 16 a Rn 44; Brückner Art. 14 Rn 22 (but with the restriction that the newly authorised use is protected by the basic patent, Rn 23; Against it speaks, that the use does not form an integral part of the product definition according to C-202/05 – Calcitriol [LS, EG]; cf. as to the revival also MPP UK IPO [SPM 14.06–SPM 14.08]: Where a new authorisation is granted, an SPC, which has lapsed under Art. 14(d) automatically takes effect again from the date of the new authorisation. The DPMA seems not to see a revival possibility. The SPC application would be rejected, regardless of whether the authorisation was revoked or withdrawn at the time of grant, RL DPMA p. 7/16 [3.3.1.2].

35 Schennen p. 76 [Art. 14 Anm 5].

36 Busse/Hacker Anh § 16 a Rn 137.

22 Nach Hacker macht der Wegfall einer Voraussetzung des Art. 3 AMV vor Zertifikatserteilung den Antrag mangels Rechtsschutzbedürfnis unzulässig.[37] Dies ist zumindest im Falle des **Zulassungswiderrufs nach Zertifikatsanmeldung** fraglich. Sollte nämlich die Zulassung aufgrund eines rechtskräftigen Widerrufs (bzw. bei von Hacker vertretener Gleichstellung auch aufgrund einer Rücknahme)[38] erloschen und damit die Voraussetzung von Art. 3 b AMV nicht mehr gegeben sein, so müsste der bereits gestellte Zertifikatsantrag zurückgewiesen werden. Einem neuen Antrag stünde dann in aller Regel Art. 7 I AMV entgegen. Eine Widereinsetzung käme – mangels Fristversäumnis des bereits beschiedenen Antrags – nicht in Betracht.[39] Sollte es nun aber zu einer weiteren Zulassung kommen, so wäre ein Wiederaufleben[40] mangels ursprünglicher Erteilung nicht möglich.

VI. Zuständigkeit und Antragsbefugnis

23 Gemäß Art. 14 d) S. 2 AMV kann durch die in Art. 9 I AMV genannte Behörde (in DE das DPMA) von Amts wegen[41] oder auf Antrag eines Dritten[42] über das Erlöschen des Zertifikats entschieden werden.

24 Art. 14 d S. 2 AMV scheint dem DPMA die Zuständigkeit für eine Erlöschensentscheidung nach Art. 14 d AMV zuzuweisen. Dennoch wird vertreten, dass auch ein Verletzungsgericht befugt sei, ein Erlöschen nach Art. 14 d AMV festzustellen. Zur Begründung wird darauf hingewiesen, dass das Feststellungsmonopol des § 20 II PatG hier – wohl weil es nicht um die Zahlung von Jahresgebühren geht – nicht gelte.[43]

25 Art. 14 d S. 2 AMV ist drucktechnisch so gesetzt, dass er sich nur auf Art. 14 d AMV zu beziehen scheint.[44] Auch Schennen meint, dass sich Art. 14 d S. 2 AMV nur auf Art. 14 d S. 1 AMV und nicht auf die Art. 14 a bis c AMV bezieht. Da Art. 14 d S. 2 AMV eine „Kann"-Vorschrift sei, erlösche das Zertifikat wie in Art. 14 a–c AMV bereits eo ipso und nicht erst durch gestaltenden Akt des Patentamts.[45] Grabinski ist hingegen der Meinung, dass alle Erlöschenstatbestände des Art. 14 a–d AMV von Amts wegen oder auf Antrag eines Dritten festgestellt werden könnten.[46]

37 Busse/Hacker Anh § 16 a Rn 29; nach Fitzner in Fitzner/Lutz/Bodewig § 16 a Rn 32 muss die Zulassung bei Anmeldung und Erteilung in Kraft sein; vgl. aber auch Vorabentscheidungsersuchen C-210/12 (Abl. EU vom 14. Juli 2012 C 209/4; BPatG 15 W (pat) 24/06) Frage 2: Ist es nach Art. 3 I b PMV erforderlich, dass die Zulassung zum Zeitpunkt der Anmeldung des Zertifikats noch in Kraft ist? Dort allerdings zur pflanzenschutzmittelrechtlichen Besonderheit einer Notzulassung. Wegen Verneinung der ersten Vorlagefrage brauchte diese Frage jedoch nicht beantwortet zu werden, C-210/12 [Rn 39] – Sumitomo.

38 Busse/Hacker Anh § 16 a Rn 139.

39 Zur Wiedereinsetzung bei noch nicht gestelltem Zertifikatsantrag vgl. Busse/Hacker Anh § 16 a Rn 54, 55.

40 Zum Wiederaufleben nach Erlöschen des bereits erteilten Zertifikats vgl. Brändel GRUR 2001, 875, 878 [II.2]; Busse/Hacker Anh § 16 a Rn 138; Benkard/Grabinski § 16 a Rn 44; RL UK IPO [SPM 14.06–14.08].

41 Erfährt das UK IPO (ohne entsprechenden Antrag eines Dritten) vom Erlöschen der Zulassung, so informiert es den Zertifikatsinhaber und fordert ihn auf, innerhalb einer bestimmten Zeit Stellung zu nehmen. In Abhängigkeit von der Stellungnahme erklärt das UK IPO das Zertifikat (anfechtbar) für erloschen, RL UK IPO [SPM 14.04, 14.05].

42 In Großbritannien hat der Dritte den Antrag auf dem Formblatt SP3 zu stellen, RL UK IPO [SPM 14.03]. Möchte der Zertifikatsinhaber das Erlöschen verhindern, muss er zum Antrag Stellung nehmen.

43 Schennen S. 77 [Art. 14 Anm 6]; Busse/Hacker Anh § 16 a Rn 140.

44 Vgl. ABl. EU vom 16. Juni 2009 [L 152/5].

45 Schennen S. 77 [Art. 14 Anm 6]; Brändel GRUR 2001, 875, 878 [II.2] spricht von nur deklaratorischen Feststellung durch die Behörde.

46 Benkard/Grabinski § 16 a Rn 44; so auch Brückner Art. 14 Rn 4 und Fitzner in Fitzner/Lutz/Bodewig § 16 a Rn 81.

According to *Hacker* the disappearance of a condition of Art. 3 MPR before the SPC grant makes the application inadmissible for lack need of legal relief.[37] This is questionable at least for the **authorisation revocation after the SPC application.** If, namely, the authorisation was to be lapsed on because of the final revocation (or also because of the withdrawal[38] following the equation represented by *Hacker*) and the conditions of Art. 3(b) MPR might not exist therefore, nowadays, an already lodged SPC application would have to be rejected. As a rule Art. 7(1) MPR would then impede a new SPC application. A reinstatement is impossible because of lack of the failure to observe a time limit of the just declined application.[39] If it came to a further authorisation, a revival[40] would be impossible for lack of the original grant. 22

VI. Competence and Legal Standing

According to Art. 14(d)(2) MPR the authority referred to in Art. 9(1) MPR (in Germany: the German PTO) might decide on the lapse of the SPC either of its own motion[41] or at the request of a third party.[42] 23

Art. 14(d)(2) MPR seems to assign the competence to make decisions on the lapse according to Art. 14(d) MPR to the German PTO. However, some authors think that also the infringement court is authorised to ascertain the lapse according to Art. 14 (d) MPR. In support it is noted that the monopoly of ruling referred to in Sec. 20(2) PatG does not apply here probably because it is not about payment of annual fees.[43] 24

Art. 14(d)(2) MPR is typographically set in such a way that it seems to refer only to Art. 14(d) MPR.[44] Schennen also thinks that Art. 14(d)(2) MPR refers only to Art. 14(d)(1) MPR, but not to Art. 14(a)–(c) MPR. Because Art. 14(d)(2) MPR is a facultative provision, the SPC lapses as in Art. 14(a)–(c) MPR eo ipso and not only based on a constitutive act of the patent office.[45] On the other hand, *Grabinski* believes that the criteria for the lapse laid down in Art. 14(a)–(d) MPR could be ascertained either of own motion of an authority or at the request of a third party.[46] 25

37 Busse/Hacker Anh § 16 a Rn 29. According to Fitzner in Fitzner/Lutz/Bodewig § 16 a Rn 32 there must be a valid authorisation on the date of filing and the date of grant; but cf. Also reference for preliminary ruling C-210/12 (OJ EU C 209, 14.07.2012, p. 4; BPatG 15 W (pat) 24/06) question 2: Is it necessary under Art. 3(I)(b) PPR for the marketing authorisation to be still in force at the time of application for the SPC? But there with regard to an emergancy authorisation for a plant protection product. However, due to denial of the first question, this question was not answered, C-210/12 [para. 39] – Sumitomo.

38 Busse/Hacker Anh § 16 a Rn 139.

39 Cf. as to reinstatement in case of not yet filed SPC application: Busse/Hacker Anh § 16 a Rn 54 f.

40 As to the revival of an already granted SPC after lapse cf.: Brändel GRUR 2001, 875, 878 [II.2]; Busse/Hacker Anh § 16 a Rn 138; Benkard/Grabinski § 16 a Rn 44; MPP UK IPO [SPM 14.06–14.08].

41 Where the UK IPO becomes aware, other than by third party application, of the withdrawal of the authorisation(s), the SPC holder is informed and asked to file any observations. Subject to the observations made), the UK IPO declares (subject to appeal) that the SPC has lapsed, MPP UK IPO [SPM 14.04, 14.05].

42 In UK an application for a declaration of lapse by a third party under Art. 14 (d) MPR should be made on Form SP3, MPP UK IPO [SPM 14.03]. If the SPC holder wants to prevent the lapse, he must comment on this application.

43 Schennen p. 77 [Art. 14 Anm 6]; Busse/Hacker Anh § 16 a Rn 140.

44 Cf. ABl. EU L 152, 16.06.2009, p. 5.

45 Schennen p. 77 [Art. 14 Anm 6]; Brändel GRUR 2001, 875, 878 [II.2] speaks only of a declaratory statement by the authority.

46 Benkard/Grabinski § 16 a Rn 44; so also Brückner Art. 14 Rn 4 and Fitzner in Fitzner/Lutz/Bodewig § 16 a Rn 81.

Artikel 15 Nichtigkeit des Zertifikats

(1) Das Zertifikat ist nichtig,

a) wenn es entgegen den Vorschriften des Artikels 3 erteilt wurde;

b) wenn das Grundpatent vor Ablauf seiner gesetzlichen Laufzeit erloschen ist;

c) wenn das Grundpatent für nichtig erklärt oder derartig beschränkt wird, dass das Erzeugnis, für welches das Zertifikat erteilt worden ist, nicht mehr von den Ansprüchen des Grundpatents erfasst wird, oder wenn nach Erlöschen des Grundpatents Nichtigkeitsgründe vorliegen, die die Nichtigerklärung oder Beschränkung gerechtfertigt hätten.

(2) Jede Person kann bei der nach den einzelstaatlichen Rechtsvorschriften für die Nichtigerklärung des entsprechenden Grundpatents zuständigen Stelle einen Antrag auf Nichtigerklärung des Zertifikats stellen oder Klage auf Nichtigkeit des Zertifikats erheben.

I. Einführung

1 Art. 15 I AMV normiert die für Zertifikate geltenden Nichtigkeitsgründe. In Art. 15 II AMV ist die Antrags-/Klagebefugnis geregelt. Hinsichtlich der Zuständigkeit wird auf das nationale Recht verwiesen. Art. 15 AMV und Art. 15 PMV sind nahezu wortgleich. Einziger Unterschied ist die Verwendung von „jede Person“ anstelle von „jedermann“ am Anfang von Art 15 II AMV.[1]

II. Zertifikatserteilung entgegen Art. 3 AMV

2 Das Zertifikat ist nichtig, wenn es entgegen Art. 3 AMV erteilt wurde, Art. 15 I a AMV. Nach Art. 3 AMV wird ein Zertifikat erteilt, wenn im Anmeldestaat zum Anmeldezeitpunkt das Erzeugnis durch ein in Kraft befindliches Grundpatent geschützt ist (Art. 3 a AMV), für das Erzeugnis eine gültige Zulassung (Art. 3 b AMV), aber noch kein Zertifikat (Art. 3 c AMV) erteilt wurde und die unter Art. 3 b AMV erwähnte Zulassung die erste Zulassung als Arzneimittel ist (Art. 3 d AMV).

3 War das Erzeugnis bei Zertifikatsanmeldung nicht durch ein in Kraft befindliches Grundpatent geschützt (**Art. 3 a AMV**), so ist ein dennoch erteiltes Zertifikat für nichtig zu erklären. Dies wäre der Fall, wenn bereits vor Zertifikatsanmeldung das Grundpatent durch Zeitablauf (§ 16 I 1 PatG), Verzicht, Nichtabgabe der Erklärung nach § 37 PatG (Erfinderbenennung) oder Nichtzahlung der Jahresgebühren (§ 20 I PatG) erlischt oder das Erzeugnis nicht in den Ansprüchen genannt ist.[2] Aus Art. 15 I b AMV folgt, dass das Erlöschen des Grundpatents durch Ablauf seiner gesetzlichen Laufzeit erst nach Zertifikatsanmeldung nicht zur Nichtigkeit des Zertifikats führen kann und ein erst danach erteiltes Zertifikat wirksam bleibt.[3] Das Erlöschen des Grundpatents nach dem Anmeldetag aus anderen Gründen führt zur Nichtigkeit nach Art. 15 I b AMV, die Nichtigerklärung des Patents zur Nichtigkeit nach Art. 15 I c AMV.[4]

4 Existiert für das Erzeugnis bei Zertifikatsanmeldung keine gültige Zulassung (**Art. 3 b AMV**), so soll ein dennoch erteiltes Zertifikat keine Wirkung mehr entfalten können. Dabei ist streitig, ob die ex tunc wirkende Rücknahme der Zulassung zur Nichtigkeit nach Art. 15

1 In der ursprünglichen Fassung des Art. 15 II VO 1768/92 wurde ebenfalls das Wort „jedermann“ verwendet, vgl. ABl. EU vom 2. Juli 1992 [L 182/1 ff]. Es wurde später ohne inhaltliche Änderung durch die vermeintlich geschlechtsneutrale Version „jede Person“ (vgl. auch die engl. Versionen beider VOen: „any person“) ersetzt.

2 Vgl. C-322/10 GRUR Int 2012, 140, 142 f [LS 1, Rn 25, 28] – Medeva; C-518/10 GRUR RR 2012, 55, 56 [LS, Rn 37] – Yeda; C-630/10 [LS 1, Rn 30] – Queensland; C-6/11 [LS, Rn 28] – Daiichi.

3 Busse/Hacker Anh § 16 a Rn 29; Schennen S. 86 [Art. 19 Anm 7].

4 Schennen S. 78 [Art. 15 Anm 3], Busse/Hacker Anh § 16 a Rn 141.

Article 15 Invalidity of the certificate

1. The certificate shall be invalid if:

(a) it was granted contrary to the provisions of Article 3;

(b) the basic patent has lapsed before its lawful term expires;

(c) the basic patent is revoked or limited to the extent that the product for which the certificate was granted would no longer be protected by the claims of the basic patent or, after the basic patent has expired, grounds for revocation exist which would have justified such revocation or limitation.

2. Any person may submit an application or bring an action for a declaration of invalidity of the certificate before the body responsible under national law for the revocation of the corresponding basic patent.

I. Introduction

Art. 15(1) MPR regularises the grounds for SPC revocation. Art. 15(2) MPR regularises the right to sue. Questions of jurisdiction are referred to national law. Art. 15 MPR and Art. 15 PPR have almost identical language. The only difference is the use of "every person" instead of "everyone" at the beginning of Art 15(2) MPR.[1] 1

II. Grant Contrary Art. 3 MPR

The SPC shall be invalid if it was granted contrary to Art. 3 MPR, Art. 15(1)(a) MPR. According to Art. 3 MPR, an SPC is granted if, in the application country and at the application date, the product is protected by a basic patent in force (Art. 3(a) MPR); a valid authorisation (Art. 3(b) MPR), but no SPC (Art. 3(c) MPR) has been granted; and the authorisation referred to in Art. 3(b) MPR is the first authorisation as a medicinal product. 2

If the product was not protected by basic patent in force (**Art. 3(a) MPR**) at the application date, an SPC, nevertheless, granted will be declared invalid. This would be the case if the basic patent, before SPC application, had lapsed because of expiry of its term (Sec. 16(1)(1) PatG), surrender, failure to submit the inventor designation in accordance with Sec. 37 PatG, or failure to pay the annual fees (Sec. 20(1) PatG), or if the product is not mentioned in the wording of the claims.[2] It follows from Art. 15(1)(b) MPR that expiry of the basic patent because of the end of its legal term that does not occur until the SPC application cannot lead to the invalidity of the SPC and an SPC granted after such an expiry remains valid.[3] The expiry of the basic patent after the date of application for other reasons leads to invalidity according to Art. 15(1)(b) MPR, and the declaration of patent invalidity does so according to Art. 15(1)(c) MPR.[4] 3

If there is no valid authorisation for the product at the application date (**Art. 3(b) MPR**), an SPC, nevertheless, granted is implied to have no further effect. Whether a withdrawal of the authorisation (taking effect ex tunc) results in invalidity according to Art. 15(I)(b) MPR[5] or in a lapse according to Art. 14(d) MPR[6] is disputed. A request for preliminary ruling is pen- 4

1 The original version of Art. 15(2) Reg. 1768/92 used the word "jedermann", cf. OJ EC L 182, 2.7.1992, p. 1 ff. Later it was replaced by the gender-neutral wording "jede Person" without substantive change (cf. also the English versions of these regulations: "any person").

2 Cf. C-322/10 – Mdeva [LS 1, para. 25, 28]; C-518/10 – Yeda [LS, para. 37]; C-630/10 – Queensland [LS 1, para 30]; C-6/11 – Daiichi [LS, para. 28].

3 Busse/Hacker Anh § 16 a Rn 29; Schennen p. 86 [Art. 19 Anm 7].

4 Schennen p. 78 [Art. 15 Anm 3], Busse/Hacker Anh § 16 a Rn 141.

I b AMV[5] oder zum Erlöschen nach Art. 14 d AMV führt.[6] Mittlerweile ist ein Vorabentscheidungsersuchen anhängig, in dem der EuGH klären muss, ob es nach Art. 3 I b PMV erforderlich ist, dass die Zulassung zum Zeitpunkt der Anmeldung des Zertifikats noch in Kraft ist.[7]

5 Das Zertifikat ist auch dann für nichtig zu erklären, wenn bereits ein Zertifikat für das Erzeugnis erteilt wurde, **Art. 3 c AMV.**[8] Diese Voraussetzung dürfte mittlerweile wohl so verstanden werden, dass es nicht darauf ankommt, dass im Anmeldezeitpunkt noch kein Zertifikat für irgendeinen Dritten erteilt wurde, sondern lediglich, dass dem Anmelder noch kein Zertifikat für das Erzeugnis erteilt wurde.[9]

6 Mit Blick auf **Art. 3 d AMV** sind in Zukunft die jüngsten Entscheidungen des EuGH zu Art. 3 b AMV zu beachten. Danach könnten Zulassungen für Arzneimittel mit mehreren Wirkstoffen auch als Zulassungen der einzelnen Wirkstoffe anzusehen sein. Nach Ansicht des EuGH ist Art. 3 b AMV auch dann erfüllt, wenn weitere Wirkstoffe im Arzneimittel enthalten sind.[10] Nach diesen Entscheidungen gewinnt zB die vom BGH[11] kürzlich noch offen gelassene Frage, ob ein Enantiomer ein Derivat des Razemats ist, erhebliche Bedeutung. Dass das Gegenenantiomer – wie der BGH meint – weder Verunreinigung noch Hilfs- oder Zusatzstoff, sondern ein Stoff mit eigener arzneilicher Wirkung[12] und somit möglicherweise ein Wirkstoff ist, könnte seit den oben genannten EuGH-Entscheidungen nicht mehr weiter helfen. Fasst man nämlich das Razemat als Wirkstoffzusammensetzung zweier enantiomerenreiner Wirkstoffe auf, so könnte eine nach der Razematzulassung liegende Enantiomerenzulassung möglicherweise nicht mehr die erste Zulassung iSv Art. 3 d AMV sein!

III. Vorzeitiges Erlöschen des Grundpatents

7 Nach Art. 15 I b AMV ist ein Zertifikat nichtig, wenn das Grundpatent vor Ablauf seiner gesetzlichen Laufzeit erloschen ist. Dies ist der Fall, wenn der Grundpatentinhaber nach Zertifikatsanmeldung auf das Grundpatent verzichtet, die Erfinderbenennung nach § 37 PatG nicht abgibt oder die Jahresgebühren nicht zahlt, § 20 I Nr. 1–3 PatG.

IV. Nichtigerklärung und Beschränkung des Grundpatents

8 Nach Art. 15 I c AMV ist ein Zertifikat nichtig, wenn das Grundpatent für nichtig erklärt (Alt. 1)[13] oder derartig beschränkt (Alt. 2) wird, dass das Erzeugnis, für welches das Zertifikat erteilt worden ist, nicht mehr von den Ansprüchen des Grundpatents erfasst wird. Es ist ebenfalls nichtig, wenn nach Erlöschen des Grundpatents Gründe vorliegen, die dessen Nichtigerklärung (Alt. 3) oder Beschränkung (Alt. 4) gerechtfertigt hätten.

9 **Art. 15 I c Alt. 1 AMV** ist gegeben, wenn das Grundpatent vollständig für nichtig erklärt (Nichtigkeitsklage) oder widerrufen (Einspruchs-/Beschränkungsverfahren) wird. Die hierfür in Frage kommenden Widerrufs- (vgl. § 21 I PatG, Art. 100 EPÜ) und Nichtigkeitsgründe

5 So Brändel GRUR 2001, 875, 878 [II.1], Benkard/Grabinski PatG § 16 a Rn 26, 44.
6 So Busse/Hacker Anh § 16 a Rn 138; vgl. Kommentierung zu Art. 14 AMV.
7 C-210/12 – Sumitomo (ABl EU vom 14. Juli 2012 C 209/4; BPatG 15 W (pat) 24/06). Mittlerweile entschieden: Die entsprechende zweite Vorlagefrage wurde aber wegen Verneinung der ersten Vorlagefrage nicht beantwortet, C-210/12 – Sumitomo [Rn 39].
8 Vgl. auch Art. 3 II, EG 17 PMV.
9 Vgl. C-482/07 GRUR Int 2010, 41, 44 f [LS, Rn 43] – AHP Manufacturing.
10 EuGH C-322/10 GRUR Int 2012, 140, 144 [LS 2, Rn 42] – Medeva, C-422/10 GRUR Int 2012, 144, 146 [LS, Rn 35] – Georgetown, C-630/10 [LS 2, Rn 36] – Queensland.
11 BGH GRUR 2010, 123, 131 [Rn 75 ff] – Escitalopram.
12 BGH GRUR 2010, 123, 131 [Rn 73] – Escitalopram.
13 Gegen das Grundpatent anhängige Einspruchs-, Beschränkungs- oder Nichtigkeitsverfahren stehen aber der Erteilung des Zertifikats nicht entgegen, vgl. RL DPMA S. 9/16 [3.3.3]; Busse/Hacker Anh § 16 a Rn 30; Fitzner in Fitzner/Lutz/Bodewig § 16 a Rn 18.

ding in which the ECJ must decide whether Art. 3(1)(b) PPR requires that the authorisation is in effect at the SPC application date.[7]

The SPC will be declared invalid, if an SPC for the product has already been granted, **Art. 3(c) MPR.**[8] This condition could well have come to be understood to mean that the matter does not depend on whether an SPC was granted to any third party at the time of application, but only if an SPC for the product has been granted for the applicant then.[9] 5

Considering **Art. 3(d) MPR**, the most recent decisions by the ECJ on Art. 3(b) MPR should be observed in the future. According to them, authorisation for medicinal products with several active ingredients could be considered authorisations for each individual ingredient. The position of the ECJ is that Art. 3(b) MPR is fulfilled even if medical products contain additional active ingredients.[10] According to these decisions, the question recently left open by the FCJ[11] on whether an enantiomer is a derivative of a racemic mixture, for example, gains considerable significance. The idea that, as the FCJ believes, the other enantiomer is neither an impurity nor an additive, but an agent with its own medicinal effect[12] and, therefore, possibly an active agent will no longer assist in light of the aforementioned ECJ decision. If a racemic mixture is considered a combination of active ingredients consisting of two "purified" enantiomers, possibly that any enantiomer authorisation after an authorisation for a racemic mixture is no longer the first authorisation for Art. 3(d) MPR! 6

III. Early Lapse of the Basic Patent

According to Art. 15(1)(b) MPR, an SPC is invalid if the basic patent lapses before the expiry of its legal term. This is the case, if the patent holder surrenders the basic patent after the SPC application, fails to file the inventor designation according to Sec. 37 PatG or does not pay the annual fees in time, Sec. 20(1) No. 1–3 PatG. 7

IV. Revokation and Limitation of the Basic Patent

According to Art. 15(1)(c) MPR, an SPC shall be invalid if the basic patent is revoked (alt. 1)[13] or limited (alt. 2) to the extent that the product for which the SPC was granted would no longer be protected by the claims of the basic patent. It is also invalid if, after the basic patent has expired, grounds for revocation exist, which would have justified such revocation (alt. 3) or limitation (alt. 4). 8

Art. 15(1)(c) alt. 1 MPR is fulfilled, if the basic patent is declared entirely invalid (invalidity action) or revoked (opposition/restriction procedure). The grounds for revocation (cf. Sec. 21(1) PatG, Art. 100 EPC) or invalidation (cf. Sec. 22(1), Sec. 21(1) PatG; Art. 138 EPC, 9

5 So Brändel GRUR 2001, 875, 878 [II.1]; Benkard/Grabinski PatG § 16 a Rn 26, 44.
6 So Busse/Hacker Anh § 16 a Rn 138; cf. comment on Art. 14 MPR.
7 C-210/12 – Sumitomo (OJ EU C 209, 14.7.2012, p. 4; BPatG 15 W (pat) 24/06). Meanwhile decided: But the second question was not answered, due to a denial of the first question, C-210/12 – Sumitomo [para. 39].
8 Cf. also Art. 3(2), R 17 PPR.
9 Cf. C-482/07 – AHP Manufacturing [LS, para. 43].
10 C-322/10 – Medeva [LS 2, para. 42], C-422/10 – Georgetown [LS, para. 35], C-630/10 – Queensland [LS 2, para. 36] – Queensland.
11 FPC GRUR 2010, 123, 131 [Rn 75 ff] – Escitalopram.
12 FCJ GRUR 2010, 123, 131 [Rn 73] – Escitalopram.
13 Opposition, limitation or revocation proceedings pending against the basic patent do not preclude the grant of an SPC, cf. RL DPMA p. 9/16 [3.3.3]; Busse/Hacker Anh § 16 a Rn 30; Fitzner in Fitzner/Lutz/Bodewig § 16 a Rn 18.

(vgl. § 22 I iVm § 21 I PatG, Art. 138 EPÜ iVm Art. II § 6 IntPatÜG) für deutsche bzw. europäische Grundpatente sind mangelnde Patentfähigkeit, unzureichende Offenbarung, unzulässige Erweiterung, widerrechtliche Entnahme (für EP: Nichtberechtigung des Patentinhabers) und Erweiterung des Schutzbereichs.

10 Die Aufnahme eines in der Beschreibung als zur Erfindung gehörend offenbarten und konkret genannten Wirkstoffs in einen Anspruch des Grundpatents im Beschränkungsverfahren nach § 64 PatG führt nicht zu einer Schutzbereichserweiterung und damit nicht zur Nichtigkeit des Grundpatents,[14] obwohl der Wirkstoff nach der Medeva-Entscheidung des EuGH erst nach seiner Nennung im Anspruch als geschützt iSv Art. 3 a AMV gilt. Entscheidend für eine Schutzbereichserweiterung ist nämlich in Deutschland, ob (nach Ermittlung des technischen Sinngehalts) die Änderung zu einer inhaltlichen Erweiterung oder zu einer sachlichen Einengung des durch den Wortsinn der Patentansprüche festgelegten Gegenstandes führt.[15] Insoweit ist zu ergänzen, dass eine Beschränkung nach § 64 PatG in Deutschland wegen des Verfügungsgrundsatzes[16] auch dann möglich ist, wenn das zertifikatsgeschützte Erzeugnis durch eine „überraschend"[17] geänderte Rechtsprechung des EuGH nicht mehr als i.S.v. Art. 3 a AMV vom Grundpatent geschützt gilt.[18] Eine solche Beschränkung wirkt in Deutschland auf den Zeitpunkt der Stellung der Zertifikatsanmeldung zurück.[19]

11 Soweit § 16 a II PatG die Vorschriften über die Nichtigkeit (§§ 22 I iVm 21 I PatG) für den ergänzenden Schutz für entsprechend anwendbar erklärt, kann dies nicht bedeuten, dass für das Zertifikat die gleichen Nichtigkeitsgründe gelten wie für das Grundpatent.[20] Dies stellt § 81 I 3 HS 2 PatG ausdrücklich klar.[21] Abweichend vom Katalog der §§ 22, 21 PatG gelten für Zertifikate die Nichtigkeitsgründe des Art. 15 I AMV. Nur weil der Zertifikatsschutz nach Art. 3, 4 und 5 AMV von Bestand und Umfang des Grundpatents abhängt, kann auf die Nichtigkeitsgründe in §§ 22, 21 PatG zugegriffen werden.[22] Die Verweisung in §§ 16 a II, 81 I 3, 22 I, 21 I PatG betrifft nicht das Zertifikat als solches, sondern das Zertifikat soweit es wegen Nichtigkeit des Grundpatents seinerseits nichtig ist. §§ 16 a II, 81 I 3 PatG stellt auch klar, dass zur Nichtigerklärung des Zertifikats wegen Nichtigkeit des Grundpatents nicht zwei Klagen erhoben werden müssen.[23]

12 Die Beschränkung des Grundpatents (vor Beginn der Zertifikatslaufzeit) führt ebenfalls zur Nichtigkeit des Zertifikats, wenn das Erzeugnis, für welches es erteilt worden ist, infolge der Beschränkung nicht mehr vom Grundpatent erfasst wird, **Art. 15 I c Alt. 2 AMV**. Dabei dürfte „beschränkt" iSv Art. 15 I c Alt. 2 AMV zumindest die beschränkte Aufrechterhal-

14 BPatG 3 Ni 5/13 vom 4. Februar 2014 [II.2.a] – Telmisartan
15 BGH GRUR 2011, 701 – Okklusionsvorrichtung
16 BPatG 15 W (pat) 25/12 vom 31. Juli 2013 [II.5] – Telmisartan. Ein solcher Beschränkungsantrag ist, zumindest wenn er vor Einreichung der Nichtigkeitsklage erfolgt, auch nicht rechtsmissbräuchlich.
17 BPatG 15 W (pat) 25/12 vom 31. Juli 2013 [II.5] – Telmisartan.
18 In anderen Ländern scheint dies nicht so eindeutig, vgl. SPC Blog vom 30. Juni 2014: Navarra court upholds Spanish Telmisartan + hctz invalidity ruling.
19 BPatG 3 Ni 5/13 vom 4. Februar 2013 [II.2.b] – Telmisartan. Begründet wird dies zum einen mit der unterschiedlichen Rechtssetzungskompetenz für § 64 PatG und Art. 15 AMV, zum anderen mit der Rückwirkung einer Beschränkung nach Art. 15 I c Alt. 2 AMV. Es sei (wegen der Ziele der Forschungsförderung und Verbesserung der Gesundheitsversorgung) nicht einzusehen, warum eine geänderte Rechtsprechung (Medeva) zur Nichtigkeit führen soll, wenn der Gegenstand des Zertifikats (rückwirkend) nicht mehr von den Patentansprüchen erfasst wird, eine sich dieser Rechtsprechung anpassende Beschränkung aber nicht geeignet sein soll, den Bestand des Zertifikats zu sichern.
20 So wohl missverständlich: Schulte/Voit § 81 Rn 93 und Mes § 22 Rn 3.
21 Wegen der ausdrücklichen Verknüpfung von Nichtigkeitsgrund (§ 22 PatG) und Grundpatent scheint es fraglich, ob § 81 I 3 Hs 2 PatG tatsächlich – wie Busse/Hacker Anh § 16 a Rn 142 meint – das gleiche regelt wie § 16 a II PatG und deshalb überflüssig sei.
22 Benkard/Rogge § 22 Rn 24 f; vgl. auch Busse/Keukenschrijver § 21 Rn 3 f; § 22 Rn 5.
23 Busse/Hacker Anh § 16 a Rn 142; vgl. auch Busse/Keukenschrijver § 22 Rn 5; Benkard/Rogge § 22 Rn 25.

Art. II Sec. 6 IntPatÜG) that come into question here for German or European basic patents are lack of patentability, insufficient disclosure, impermissible extension, usurpation (for EP: not entitled patent proprietor) and the extension of the scope of protection.

The inclusion of an active ingredient disclosed and specifically mentioned in the description as belonging to the invention into a claim of the basic patent in limitation proceedings under § 64 PatG does not result in an extension of scope and thus not in the invalidity of the basic patent,[14] even though the active ingredient – according to ECJ's Medeva decision – is only protected by a basic patent within the meaning of Art. 3(a) MPR if it is mentioned in the claim. Crucial for an extension of scope in Germany is only, if (after determining the technical meaning) the change results in an extension or a restriction of the matter specified in the wording of the claims.[15] It should be added that a limitation under § 64 PatG is – due to the principle of party disposition[16] – also possible if the SPC protected product is – due to "surprisingly"[17] changed ECJ jurisdiction – no longer considered to be protected by the basic patent under Art. 3(a) MPR.[18] In Germany such a limitation has retroactive effect and thus affects the situation at the date of filing the SPC application.[19] 10

If Sec. 16a(2) PatG declares the provisions about invalidity (Sec. 22(1) with 21(1) PatG) for the supplementary protection to be correspondingly applicable, this cannot mean that the grounds for SPC revocation are the same as those for the basic patent.[20] Sec. 81(1)(3) PatG explicitly makes this clear.[21] The grounds for SPC revocation are found in Art. 15(1) MPR and differ from the catalogue found in Sec. 22, 21 PatG. Only because SPC protection according to Art. 3, 4, and 5 MPR depends on the validity and extent of the basic patent one can fall back to the grounds for revocation in Sec. 22, 21 PatG.[22] The reference in Sec. 16a(2), 81(1)(3), 22(1), 21(1) PatG does not affect the SPC as such, but only in that it is invalid because of the invalidity of the basic patent. Sec. 16a(2), 81(1)(3) PatG also makes it clear that there is no necessity of filing two lawsuits to invalidate an SPC because of the invalidity of the basic patent.[23] 11

A restriction on the basic patent (before the SPC's duration) also results in the invalidity of the SPC if the product for which the SPC was granted is no longer protected by the basic patent as a result of the restriction, **Art. 15(1)(c) alt. 2 MPR**. In this context, "limited" for Art. 15(1)(c) alt. 2 MPR may well mean at least maintenance of an amended patent following a declaration of partial invalidity (Sec. 22(2), 21(2)(1) PatG).[24] Moreover, Rogge's posi- 12

14 FPC 3 Ni 5/13 dated Februar 4, 2014 [II.2.a] – Telmisartan.
15 FCJ GRUR 2011, 701 – Okklusionsvorrichtung.
16 FPC 15 W (pat) 25/12, dated July 31, 2013 [II.5] – Telmisartan. Such a limitation request is, at least when it takes place before the filing of a nullity action not an abuse of rights.
17 FPC 15 W (pat) 25/12, dated July 31, 2013 [II.5] – Telmisartan.
18 This seems not to be this clear in other countries, cf. SPC Blog, June 30, 2014: Navarra court upholds Spanish Telmisartan + hctz invalidity ruling.
19 BPatG 3 Ni 5/13, dated February 4, 2013 [II.2.b] – Telmisartan. This is justified on the one hand with a different legislative competence of § 64 PatG and Art. 15 MPR, on the other hand with the retroactive effect of a limitation under Art. 15(1)(c) MPR. There is no reason (respecting the goals of encourage research and improve public health), why a changed ECJ jurisdiction (Medeva) should lead to invalidity as the subject of the SPC is (retroactively) no longer covered by the patent claims, but a limitation adjusted to these changes should not be sufficient for securing the existence of the SPC.

20 So probalby mistakable: Schulte/Voit § 81 Rn 93 and Mes § 22 Rn 3.
21 Because of the explicit link between the ground for revocation (Sec. 22 PatG) and the basic patent, it seems questionable whether Sec. 81(1)(3) PatG actually regulates the same as Sec. 16a(2) PatG and, therefore, was unnecessary, as Busse/Hacker Anh § 16 a Rn 142 says.
22 Benkard/Rogge § 22 Rn 24 f; cf. also Busse/Keukenschrijver § 21 Rn 3 f; § 22 Rn 5.
23 Busse/Hacker Anh § 16 a Rn 142; cf. also Busse/Keukenschrijver § 22 Rn 5; Benkard/Rogge § 22 Rn 25.

tung nach **Teilnichtigerklärung** (§§ 22 II, 21 II 1 PatG) meinen.[24] Darüber hinaus ist Rogge der Ansicht, die **Beschränkung des Grundpatents** nach § 64 PatG unterfalle auch Art. 15 I c AMV.[25] Dies lässt sich mit dem Wortlaut von Art. 15 I c Alt. 2 AMV auch gut begründen.

13 Nicht endgültig geklärt scheint hingegen, ob auch die Aufrechterhaltung des Grundpatents in geänderter Fassung (§ 59 PatG, Art. 101 III a) EPÜ) erfasst ist. Schennen meint dazu einerseits, der **Widerruf** des Grundpatents **im Einspruchsverfahren** sei in Art. 15 I c Alt. 1 und Alt. 2 AMV zu berücksichtigen.[26] Andererseits meint er, das Zertifikat sei nach Art. 15 I b AMV nichtig, wenn das Grundpatent nach Zertifikatserteilung aber vor Patentablauf im Einspruchsverfahren widerrufen würde. Weil das Grundpatent seine gesetzliche Höchstlaufzeit nicht erreicht, könne offen bleiben, ob Art. 15 I c AMV gegeben sei.[27] Dem scheint sich Hacker anzuschließen, wenn er unter Verweis auf Schennen meint, dass nicht nur der vollständige, sondern auch der teilweise Widerruf im Einspruchsverfahren zur Nichtigkeit nach Art. 15 I b AMV führt.[28]

14 Da ein vollständiger und teilweiser Widerruf des Grundpatents im Einspruchsverfahren (§ 59 PatG, Art. 99 EPÜ, zuständig in DE: Patentabteilung, in EP: Einspruchsabteilung), ein Widerruf oder eine Beschränkung im (Selbst-)Beschränkungsverfahren (§ 64 PatG, Art. 105 a EPÜ, zuständig in DE: Patentabteilung, in EP: Prüfungsabteilung) und die vollständige oder teilweise Nichtigerklärung (§ 81 PatG, zuständig: Nichtigkeitssenate des BPatG) – anders als Verzicht oder Nichtzahlung der Jahresgebühren (als typische Fälle des Art. 15 I b AMV) – von Anfang an (ex tunc) wirken,[29] wäre ein nach Vorverfahren differenziertes Vorliegen von Nichtigkeitsgründen nach Art. 15 I b oder c AMV kaum und allenfalls mit den unterschiedlichen Zuständigkeiten und der deswegen nicht möglichen Verbindung von Einspruchsverfahren gegen Grundpatent und Nichtigkeitsklage gegen Zertifikat[30] zu begründen. Es ist kaum vorstellbar, dass die Verwendung von „nichtig erklärt" und „beschränkt" in Art. 15 c AMV vom Verordnungsgeber mit dem Ziel gewählt wurde, das Art. 15 I c AMV gegeben sei, wenn das Grundpatent teilweise oder vollständig für „nichtig erklärt" oder teilweise im Selbstbeschränkungsverfahren „beschränkt" wurde, während ein vollständiger Widerruf im Einspruchs- bzw. Beschränkungsverfahren bzw. das Aufrechterhalten in geändertem Umfang im Einspruchsverfahren zu Art. 15 I b AMV führen sollte.

15 **Art. 15 I c Alt. 3 und 4 AMV** betreffen die Nichtigerklärung des Zertifikats während dessen Laufzeit,[31] also anders als Art. 15 I b AMV eine Situation nach Erlöschen des Grundpatents durch Ablauf seiner gesetzlichen Laufzeit. Trotz des insoweit missverständlichen Wortlauts von Art. 15 I c Alt. 4 AMV kann ein Zertifikat nicht schon deshalb für nichtig erklärt werden, weil das Grundpatent hätte beschränkt werden müssen, wäre es nur rechtzeitig angegriffen worden.

16 Das BPatG ist deshalb der Ansicht, dass bei einer beschränkten Verteidigung eines Zertifikats, dem ein bereits erloschenes Grundpatent zugrunde liegt, die Beurteilung der Nichtigkeit trotz des verkürzten Wortlauts in Art. 15 I c Alt. 3, 4 AMV denselben einschränkenden Voraussetzungen wie sie in Art. 15 I c Alt. 1, 2 AMV für das noch nicht erloschene Grundpatent bestimmt sind, unterliegt. Eine Nichtigerklärung des Zertifikats ist deshalb nur dann gerechtfertigt, wenn sich das erloschene Grundpatent auch bei beschränkter Verteidigung als

24 Schennen S. 79 [Art. 15 Anm 4 b].
25 Benkard/Rogge § 22 Rn 24.
26 Schennen S. 79 [Art. 15 Anm 4.c].
27 Schennen S. 84 [Art. 18 Anm 7].
28 Busse/Hacker Anh § 16 a Rn 142.
29 Vgl. Schulte/Moufang § 20 Rn 5, Schulte/Voit § 64 Rn 11, 13; vgl. aber auch Art. 105 b III 2 EPÜ.
30 Vgl. hierzu: Schennen S. 79 [Art. 15 Anm 4.c].
31 Schennen S. 79 [Art. 15 Anm 4.d].

tion is that the limitation of the basic patent according to Sec. 64 PatG is also subject to Art. 15(1)(c) MPR.[25] This can also be well supported with the language of Art. 15(1)(c) alt. 2 MPR.

13 On the other hand, the question of whether this includes maintaining the basic patent in an amended form (Sec. 59 PatG, Art. 101(3)(a) EPC) does not seem to have been conclusively resolved. Schennen's position is that, on the one hand, the **revocation** of the basic patent in an **opposition procedure** will be considered in Art. 15(1)(c) Alt. 1 and Alt. 2 MPR.[26] On the other hand, he believes that the SPC is invalid according to Art. 15(1)(b) MPR if the basic patent was revoked in an opposition procedure after the grant of the SPC but before patent expiry. Because the basic patent does not reach its maximum life, it can remain open whether Art. 15(I)(c) MPR is in effect.[27] Hacker seems to agree when he cites Schennen, saying that not only entire, but also partial, revocation in an opposition procedure results in invalidity according to Art. 15(I)(b) MPR.[28]

14 Because an entire or partial revocation of the basic patent in an opposition procedure (Sec. 59 PatG, Art. 99 EPC, responsible in DE: patent division, responsible in EP: opposition division), a revocation or a restriction in a (self-) restriction procedure (Sec. 64 PatG, Art. 105 a EPC, responsible in DE: patent division, responsible in EP: examination division), and an entire or partial declaration of invalidity (Sec. 81 PatG, responsible in DE: FPC, nullity boards) – unlike surrender or failure to pay the annual fees (as typical cases cited in Art. 15(1)(b) MPR) – are effective from the beginning (ex tunc),[29] the presence of grounds for revocation according to Art. 15(1)(b) or (c) MPR differentiated according to the earlier proceedings would be scarcely be supported, and could only be justified by the involvement of several authorities, which makes a combination of an opposition procedure against the basic patent and an invalidity action against the SPC[30] impossible. It is hardly imaginable that the use of "revoked" and "limited" in Art. 15(1)(c) MPR was chosen by the legislator with the aim of effecting Art. 15(1)(c) MPR if the basic patent is either partly or entirely "revoked" or partly "limited" in a self-restriction case although an entire revocation in an opposition or restriction procedure or maintaining as amended in an opposition procedure is to lead to Art. 15(1)(b) MPR.

15 **Art. 15(1)(c) Alt. 3 and 4 MPR** handle the declaration of invalidity of the SPC during of its duration;[31] unlike Art. 15(1)(b) MPR, it applies in a situation after the expiry of the basic patent's legal term. Despite the language of Art. 15(1)(c) Alt. 4 MPR, to this extent ambiguous, an SPC cannot be declared invalid because the basic patent would have been limited if it had been challenged timeously.

16 The FPC is, therefore, of the opinion that for a limitd defence of an SPC based on a basic patent that has already lapsed, the examination of invalidity despite the shortened wording in 15(1)(c) alt. 3, 4 MPR is subject to the same restrictive conditions of Art. 15(1)(c) Alt 1, 2 MPR, which applies to a basic patent that has not yet lapsed. A declaration of invalidity of an SPC is, therefore, only justified, if the expired basic patent would be invalid despite amending it or a limited SPC is no longer within the scope of the basic patent's claims.[32]

24 Schennen p. 79 [Art. 15 Anm 4 b].
25 Benkard/Rogge § 22 Rn 24.
26 Schennen p. 79 [Art. 15 Anm 4.c].
27 Schennen p. 84 [Art. 18 Anm 7].
28 Busse/Hacker Anh § 16 a Rn 142.
29 Cf. Schulte/Moufang § 20 Rn 5; Schulte/Voit § 64 Rn 11, 13; but cf. also Art. 105b(3)(2) EPC.
30 Cf. to this: Schennen p. 79 [Art. 15 Anm 4.c].
31 Schennen p. 79 [Art. 15 Anm 4.d].

nicht bestandskräftig erweist oder das gegebenenfalls beschränkte Zertifikat nicht mehr von den Ansprüchen des Grundpatents erfasst wird.[32]

17 Teilweise wird angenommen, Art. 15 I c AMV sei so zu lesen, dass vor der gegen ein Zertifikat gerichteten Nichtigkeitsklage das Grundpatent jedenfalls dann **isoliert** anzugreifen sei, wenn es noch nicht durch Zeitablauf erloschen ist.[33] Der Wortlaut von Art. 15 I c AMV fordert dies jedoch nicht zwingend. Er bestimmt lediglich, dass das Zertifikat nichtig ist, wenn das Grundpatent für nichtig erklärt wird und schließt daher einen **zeitgleichen Angriff** gegen Grundpatent und Zertifikat nicht aus.[34] Ein Abwarten auf ein rechtskräftiges Nichtigkeitsurteil gegen das Grundpatent und das Erfordernis einer nachfolgenden zweiten Nichtigkeitsklage gegen das Zertifikat wäre, wegen des Zeitverlustes und der erhöhten Kosten wenig interessengerecht. Dies gilt umso mehr, da bereits mit Nichtigkeit des Grundpatents feststeht, dass auch das Zertifikat für nichtig zu erklären ist.[35] **§ 81 I 3 PatG** ermöglicht die **Verbindung beider Nichtigkeitsklagen** indem es die hierfür notwendigen materiell- und prozessrechtlichen Voraussetzungen schafft.[36]

18 *Schennen* ist unter Verweis auf die amtliche Begründung zum PatGÄndG[37] der Ansicht, die Nichtigkeit eines Zertifikats könne auch isoliert beantragt werden, während das Grundpatent noch in Kraft ist und ohne dass das Grundpatent gleichzeitig mit einer Nichtigkeitsklage angegriffen wird. Gründe für eine diese Möglichkeit ausschließende restriktive Auslegung von Art. 15 I c AMV sieht er nicht. Er bezweifelt – von bestimmten Ausnahmefällen, wie kurz bevorstehender Patentablauf – jedoch die praktische Bedeutung dieser Möglichkeit, da der Kläger kein Interesse daran haben dürfte, dass das Grundpatent in Kraft bliebe.[38]

V. Weitere Nichtigkeitsgründe

19 Für die Frage, welche Nichtigkeitsgründe außerhalb von Art. 15 I AMV existieren ist zuerst zu klären, ob der **Katalog der Nichtigkeitsgründe** in Art. 15 I AMV **abschließend**[39] ist.

Brändel ist der Ansicht, der Katalog der Nichtigkeitsgründe des Art. 15 I AMV sei abschließend.[40] Er begründet dies u.a. mit dem Gesichtspunkt der Rechtssicherheit und dem andernfalls außer Kraft gesetzten Stufenverhältnis zwischen Art. 14 AMV (Erlöschen ex nunc) und Art. 15 AMV (Nichtigkeit ex tunc). Nach Hacker zeigt sich durch die Einfügung von § 81 I 3 PatG, dass der deutsche Gesetzgeber stillschweigend davon ausgegangen ist, dass der Katalog der Nichtigkeitsgründe des Art. 15 I AMV nicht abschließend sei.[41] Auch *Schennen*, *Grabinski*, *Brückner* und *Fitzner*[42] halten Art. 15 I AMV nicht für abschließend. Der EuGH geht ebenfalls davon aus, dass es Situationen gibt, in denen Gründe, die nicht in Art. 15 I

32 BPatG Mitt 2007, 68, 69 [LS, I] – Alendronsäure: Gemeint ist, dass das Erzeugnis nicht mehr von den Ansprüchen des Grundpatents erfasst wird.
33 Busse/Hacker Anh § 16 a Rn 142.
34 Vgl. auch Begr. PatGÄndG PMZ 1993, 205, 209 [C. Art. 1 Nr. 2.g].
35 Schennen S. 78 f [Art. 15 Anm 4.a].
36 Busse/Hacker PatG Anh § 16 a Rn 142; vgl. auch Busse/Keukenschrijver PatG § 22 Rn 5.
37 Begr. PMZ 1993, 205, 212 [C, Art. 1 Nr. 5]: Die Einführung der Worte „oder des ergänzenden Schutzzertifikats" in § 81 I 1 PatG bewirkt, dass die Nichtigkeitsklage gegen das Zertifikat isoliert erhoben werden kann ... § 81 I 3 PatG betrifft die in Art. 15 I c AMV nur unvollkommen geregelte Situation der Nichtigkeitsklage vor Ablauf des Grundpatents ... Dies setzt aber voraus, dass der Nichtigkeitskläger einen materiell-rechtlichen Anspruch auf Nichtigerklärung des Zertifikats bereits vor Ablauf des Grundpatents hat.
38 Schennen S. 79 [Art. 15 Anm 4.f].
39 Vgl. zum Streitstand ausführlich: Brückner Art. 15 Rn 45–69.
40 Brändel GRUR 2001, 875, 879 [III].
41 Busse/Hacker Anh § 16 a Rn 144.
42 Schennen S. 78 [Art. 15 Anm 2]: analoge Anwendung von Art. 15 I a AMV bei Falschberechnung der Laufzeit nach Art. 13 AMV; Benkard/Grabinski PatG § 16 a Rn 46; vgl. auch Benkard/Grabinski EPÜ Art. 63 Rn 93; Fitzner in Fitzner/Lutz/Bodewig § 16 a Rn 83; Brückner Art. 15 Rn 62.

Some assume that Art. 15(1)(c) MPR will be read so, before an invalidity action is taken against an SPC, the basic patent is anyway to be challenged **in isolation** if it has not lapsed because of the end of its duration.[33] The language of Art. 15(1)(c) MPR does not, however, demand such an interpretation. It says only that the SPC is invalid if the basic patent is declared invalid and, therefore, does not rule out **simultaneous challenges** of the basic patent and the SPC.[34] Waiting for a legally binding judgement invalidating the basic patent and the requirement of a later second invalidity action against the SPC, entailing loss of time and increased costs, would not do justice to the interests of those involved. This is doubly true because the invalidity of the basic patent ensures that the SPC must be declared invalid as well.[35] **Sec. 81(1)(3) PatG** allows the **combination of both invalidity actions** by creating the necessary material and procedural legal conditions.[36] 17

Schennen cites the official justifications about PatGÄndG[37] when he delivers his opinion that the invalidity of the SPC may also be applied for in isolation although the basic patent is still in force and without challenging the basic patent at the same time with an invalidity action. He sees no foundation for a prohibitive, restrictive interpretation of Art. 15(1)(c) MPR that rules out this possibility. He doubts, however, that this possibility has practical applications – not counting specific exceptional cases, such as shortly before the patent expires– because the plaintiff could have no interest in keeping the basic patent in force.[38] 18

V. Further Grounds for Revocation

Before turning to the question of what grounds for revocation exist outside Art. 15(1) MPR, the question of whether the **catalogue of grounds for revocation** in Art. 15(1) MPR is **conclusive**[39] must be addressed. 19

Brändel is of the opinion that the catalogue of grounds for revocation in Art. 15(1) MPR is conclusive.[40] He supports this conclusion with the standpoint of legal certainty and that otherwise the hierarchy between Art. 14 MPR (ex nunc expiry) and Art. 15 MPR (ex nunc invalidity) would be overruled. According to Hacker, the insertion of Sec. 81(1)(3) PatG shows that the German legislator tacitly assumed that the catalogue of grounds for revocation in Art. 15(1) MPR is not conclusive.[41] *Schennen*, *Grabinki*, *Brückner* and *Fitzner*[42] consider Art. 15(1) MPR inconclusive, too. The ECJ also assumes that there are situations in which grounds not mentioned in Art. 15(1) MPR can lead to the invalidity of the SPC, such

32 FPC Mitt 2007, 68, 69 [LS, I] – Alendronsäure: It is meant that the product is no longer protected by the claims of the basic patent.
33 Busse/Hacker Anh § 16 a Rn 142.
34 Cf. also Begr. PatGÄndG PMZ 1993, 205, 209 [C. Art. 1 No. 2.g].
35 Schennen p.78 f [Art. 15 Anm 4.a].
36 Busse/Hacker PatG Anh § 16 a Rn 142; cf. also Busse/Keukenschrijver PatG § 22 Rn 5.
37 Begr. PMZ 1993, 205, 212 [C, Art. 1 No. 5]: It follows from the introduction of the words "oder des ergänzenden Schutzzertifikats" (Englisch: or of the SPC) in Sec. 81(1)(1) PatG, that nullity actions against an SPC can be separately filed. Sec. 81(1)(3) PatG concerns the situation of a nullity action before patent expiry, which is only incompletely regulated in Art 15(1)(c) MPR. This presupposes, however, that the claimant has a substantive right for the SPC invalidation before the expiry of the basic patent.
38 Schennen p. 79 [Art. 15 Anm 4.f].
39 Cf. extensively on the state of the dispute: Brückner Art. 15 Rn 45–69.
40 Brändel GRUR 2001, 875, 879 [III].
41 Busse/Hacker Anh § 16 a Rn 144.
42 Schennen p. 78 [Art. 15 Anm 2]: Application of Art. 15(1)(a) MPR mutatis mutandis in the case of miscalculation of the SPC duration under Art. 13 MPR; Benkard/Grabinski PatG § 16 a Rn 46; cf. also Benkard/Grabinski EPÜ Art. 63 Rn 93; Fitzner in Fitzner/Lutz/Bodewig § 16 a Rn 83; Brückner Art. 15 Rn 62.

AMV geregelt sind, zur Nichtigkeit des Zertifikats führen können, zB wenn andernfalls die praktische Wirkung bestimmter Normen beeinträchtigt würde, weil bei Beachtung dieser Normen ein Zertifikat nicht hätte erteilt werden dürfen.[43]

20 Mit Inkrafttreten der PädV und der EuGH-Entscheidung Merck Sharp & Dohme,[44] kann ein Zertifikat nicht mehr für nichtig erklärt werden, wenn es erteilt worden ist, obwohl der Zeitraum zwischen Anmeldung des Grundpatents und Erstzulassung in der Gemeinschaft weniger als 5 Jahre beträgt.[45]

21 Ein unter Verstoß gegen die Stichtagsregelung in Art. 19 AMV erteiltes Zertifikat ist analog Art. 15 I AMV nichtig.[46] Nur vereinzelt wird vertreten, dass keine Nichtigkeit vorliegt[47] oder Art. 15 I a AMV direkt anzuwenden sei, weil bei Erteilung entgegen Art. 19 AMV auch ein Verstoß gegen Art. 3 AMV gegeben sei.[48]

22 Ebenfalls nichtig ist ein Zertifikat, das für ein Erzeugnis erteilt wurde, das nach Art. 2 AMV (Inverkehrbringen vor richtlinienkonformer Zulassung) nicht in den Anwendungsbereich der AMV fällt.[49] Dies kann für zugelassene Altarzneimittel von Bedeutung sein, die bereits aufgrund einer fiktiven Zulassung (§ 105 I AMG) in Verkehr waren.[50]

23 Vor der Einführung von § 49 a IV Nr. 1 PatG konnte in Deutschland eine auf teilweise Nichtigerklärung der Zertifikats durch Verkürzung der Laufzeit gerichtete Klage beim BPatG eingelegt werden. Eine solche Klage war begründet, wenn die Falschberechnung der Zertifikatslaufzeit nach Art. 13 I AMV auf einem unrichtig angegebenen Erstzulassungsdatum beruhte (Art. 17 II, EG 17 PMV).[51] Für Zuständigkeit und Verfahren waren die Vorschriften der Nichtigkeitsklage entsprechend anzuwenden, da Art. 17 II, EG 17 PMV die Vermeidung der Nichtigkeit bezweckt.[52] Mit Normierung der Laufzeitberichtigung in den §§ 49 a IV Nr. 1, 81 II 2 PatG ist eine Nichtigkeitsklage aufgrund falscher Berechnung der Laufzeit in Deutschland nicht mehr möglich. Stattdessen ist ein entsprechender Antrag beim DPMA zu stellen, über den die Patentabteilung[53] entscheidet.

24 Ob neben § 81 I 3 PatG,[54] Verstößen gegen Art. 19 VO 1768/92 (Übergangsregelung)[55] und Art. 2 AMV (Anwendungsbereich)[56] und der zeitlichen Teilnichtigkeit (vgl. Art. 17 II, EG 17 PMV)[57] weitere in Art. 15 I AMV nicht genannte Nichtigkeitsgründe – bspw. bei Zertifi-

43 C-127/00 GRUR 2004, 225, 230 [Rn 80–92] – Omeprazol; C-195/09 – Synthon v. Merz [Rn 55].
44 C-125/10 GRUR Int 2012, 146, 149 f [LS, Rn 40, 45] – Merck Sharp & Dohme.
45 So noch Schennen S. 78 [Art. 15 Anm 2]; Benkard/Grabinski PatG § 16 a Rn 46; Benkard/Grabinski EPÜ Art. 63 Rn 93 unter Hinweis auf eine von Adocker/Koller GRUR Int 2011, 385, 386, 388 wiedergegebene Entscheidung des österreichischen OHG (17 Ob 6/10 x).
46 C-127/00 GRUR 2004, 225, 230 [LS 3, Rn 92] – Omeprazol; BGH GRUR 2000, 392, 395 f [II.3.b] – Omeprazol; Benkard/Grabinski § 16 a Rn 46; Busse/Hacker PatG Anh § 16 a Rn 145.
47 Brändel GRUR 2001, 875, 879 [III].
48 Straus GRUR Int 2001, 591, 599 [Rn 47].
49 C-195/09 – Synthon v. Merz [LS 2, Rn 57]; Fitzner in Fitzner/Lutz/Bodewig § 16 a Rn 40, wonach Art. 2 AMV bei der Prüfung des Nichtigkeitsgrundes nach Art. 15 I a AMV unter Hinweis auf BPatG GRUR 2008, 892 ff – Memantin außer Acht bleiben dürfe, ist möglicherweise auf einen Druckfehler zurückzuführen.
50 Busse/Hacker Anh § 16 a Rn 141.
51 BPatG GRUR 2008, 67, 67 f [I. 1, 2] – Finasterid; Schennen S. 78 [Art. 15 Anm 2]; Busse/Hacker Anh § 16 a Rn 147, 151; Benkard/Grabinski § 16 a Rn 48; Schulte/Kühnen 8. Aufl. § 16 a Rn 33; Schulte/Schell § 16 a Rn 70.
52 Krasser PatR S. 585 [§ 26 A. II. b. 7.].
53 Vgl. RL DPMA S. 12/16 [3.8.2], 16/16 [5.3].
54 In Deutschland ist eine isolierte Nichtigkeitsklage gegen das Zertifikat bereits vor Nichtigerklärung bzw. Ablauf der gesetzlichen Laufzeit des Grundpatents möglich.
55 C-127/00 GRUR 2004, 225 ff – Omeprazol.
56 C-195/09 – Synthon v. Merz [LS 2, Rn 57].
57 BPatG GRUR 2008, 67 – Finasterid; seit Einführung von § 49 a IV Nr. 1 PatG wohl kein Nichtigkeitsgrund mehr.

as when otherwise the practical effects of specific provisions would be impaired because observations of the provisions would have precluded granting an SPC.[43]

20 The entry into force of PedR and the ECJ decision Merck Sharp & Dohme[44] mean that an SPC can no longer be declared invalid if it is granted although the time between application for the basic patent and the first authorisation date in the Community was less than five years.[45]

21 An SPC granted in violation of the effective date regulation in Art. 19 MPR is invalid analogous to Art. 15(1) MPR.[46] Only a few argue that no invalidity exists[47] or that Art. 15(1)(a) MPR should be applied directly because a grant in violation of Art. 19 MPR also entails a violation of Art. 3 MPR.[48]

22 An SPC granted for a product that, according to Art. 2 MPR (market placement before authorisation according to Dir. 2001/83/EC), does not fall in the scope of the MPR[49] is also invalid. This can be significant for already authorised "old" medical products, already in circulation because of a fictive authorisation (Sec. 105(1) AMG).[50]

23 Before the introduction of Sec. 49a(4) No. 1 PatG, an action for the declaration of partial invalidity of the SPC by reducing its duration could be filed with the FPC in Germany. Such an action was well founded, if the incorrect calculation of the SPC duration according to Art. 13(1) MPR followed from an inaccurately reported date of the first authorisation (Art. 17(2), R 17 PPR).[51] The regulations governing the invalidity action were to be applied for jurisdiction and procedure, because Art. 17(2), R 17 PPR aims at avoiding invalidity.[52] After the regularisation of the correction of the SPC term in Sec. 49a(4) No. 1, 81(2)(2) PatG, an invalidity action based on incorrect calculation of its duration is no longer possible in Germany. Instead, a corresponding application has to be filed with the German PTO about which the patent division[53] decides.

24 It remains to be seen whether other grounds for revocation besides Sec. 81(1)(3) PatG,[54] violations of Art. 19 Reg. 1768/92 (effective date regulation)[55] and Art. 2 MPR (scope)[56] and, part time invalidity (cf. Art. 17(2), R 17 PPR)[57] not listed in Art. 15(1) MPR – such as

43 C-127/00 – Omeprazol [para. 80–92]; C-195/09 – Synthon v. Merz [para. 55].
44 C-125/10 – Merck Sharp & Dohme [LS, para. 40, 45].
45 So formerly Schennen p. 78 [Art. 15 Anm 2]; Benkard/Grabinski PatG § 16 a Rn 46; Benkard/Grabinski EPÜ Art. 63 Rn 93 with reference to a decision of the Austrian OHG (17 Ob 6/10 x) mentioned in Adocker/Koller GRUR Int 2011, 385, 386, 388.
46 C-127/00 – Omeprazole [LS 3, para. 92]; FCJ GRUR 2000, 392, 395 f [II.3.b] – Omeprazol; Benkard/Grabinski § 16 a Rn 46; Busse/Hacker PatG Anh § 16 a Rn 145.
47 Brändel GRUR 2001, 875, 879 [III].
48 Straus GRUR Int 2001, 591, 599 [Rn 47].
49 C-195/09 – Synthon v. Merz [LS 2, para. 57]; Fitzner in Fitzner/Lutz/Bodewig § 16 a Rn 40, according to which Art. 2 MPR should remain ignored during the examination of the ground for revocation under Art. 15(1)(a) MPR with reference to FPC GRUR 2008, 892 ff – Memantin might be an editorial error.
50 Busse/Hacker Anh § 16 a Rn 141.
51 FPC GRUR 2008, 67, 67 f [I.1, 2] – Finasterid; Schennen p. 78 [Art. 15 Anm 2]; Busse/Hacker Anh § 16 a Rn 147, 151; Benkard/Grabinski § 16 a Rn 48; Schulte/Kühnen 8th ed. § 16 a Rn 33; Schulte/Schell § 16 a Rn 70.
52 Krasser PatR p. 585 [§ 26 A. II. b. 7.].
53 Cf. RL DPMA p. 12/16 [3.8.2], 16/16 [5.3].
54 In Germany an isolated nullity action against an SPC is already possible before the declaration of invalidity or expiry of the basic patent.
55 C-127/00 – Omeprazol.
56 C-195/09 – Synthon v. Merz [LS 2, Rn 57].
57 FPC GRUR 2008, 67 – Finasterid; possibly no longer a ground for revocation since introduction of Sec. 49a(4) No. 1 PatG.

katserteilung trotz Fristversäumnis nach Art. 7 AMV – in Betracht kommen, bleibt abzuwarten.

VI. Die Nichtigerklärung der Zertifikats

25 Nach Art. 15 II AMV kann jede Person bei der nach den einzelstaatlichen Rechtsvorschriften für die Nichtigerklärung des entsprechenden Grundpatents zuständigen Stelle einen Antrag auf Nichtigerklärung des Zertifikats stellen[58] oder Klage auf Nichtigkeit des Zertifikats erheben.[59]

26 Das Zertifikat soll in Deutschland trotz Vorliegens von Nichtigkeitsgründen und entgegen dem Wortlaut von Art. 15 I AMV nicht nichtig sein, sondern nur im Klageweg vom BPatG für nichtig erklärt werden dürfen.[60] Als Grund hierfür werden die ausdrückliche Erwähnung des Zertifikats in § 81 I 1 PatG[61] und die Verfahrensregelungen in Art. 15 II AMV und §§ 16 a II, 81 I 3 PatG angegeben. Diese brächten zum Ausdruck, dass das Vorliegen von Nichtigkeitsgründen nicht ohne weiteres die Nichtigkeit des Zertifikats zur Folge habe, sondern eine **Nichtigerklärung im förmlichen Verfahren** erforderlich sei.[62] Die ausdrückliche Erwähnung des Zertifikats in § 81 I 1 PatG bewirkt, dass auch eine **isolierte Nichtigkeitsklage** gegen das Zertifikat erhoben werden kann.[63]

27 Wegen der Trennung von Nichtigkeits- und Verletzungsverfahren in Deutschland ist eine gesonderte Nichtigerklärung durch das BPatG im Falle von Art. 15 I a bzw. c Alt. 2 AMV nicht zu kritisieren. Obwohl dem Wortlaut von Art. 15 I AMV kein Hinweis auf eine Differenzierung nach den einzelnen Nichtigkeitsgründen zu entnehmen ist, erscheint es kaum nachvollziehbar, den Wettbewerber auch für Art. 15 I b und c Alt. 1 AMV auf ein zeitaufwändiges Nichtigkeitsverfahren zu verweisen. Für das Grundpatent sind Verzicht, Nichtzahlung der Jahresgebühr und Nichtigerklärung auch für den Verletzungsrichter ohne weiteres aus dem Patentregister ersichtlich und durch Akteneinsicht nachzuweisen. Der Verletzungsrichter sollte auch bei Beschränkung des Grundpatents ohne Hilfe durch das BPatG in der Lage sein, zu entscheiden, ob das Erzeugnis nicht mehr von den Ansprüchen erfasst wird. Seit den jüngsten EuGH-Entscheidungen zu Art. 3 a AMV[64] muss er hierzu nur prüfen, ob das Erzeugnis in den Ansprüchen genannt ist. Immerhin soll die Verletzungsklage auf Grund des Zertifikats **rechtsmissbräuchlich** sein, wenn der Patentinhaber zB durch Verzicht oder Nichtzahlung der Jahresgebühr zu erkennen gegeben hat, dass er keinen Wert mehr auf das Grundpatent legt.[65]

28 Gemäß Art. 15 II AMV sind gegen ein Zertifikat gerichtete Nichtigkeitsanträge bzw. Nichtigkeitsklagen bei der nach den einzelstaatlichen Rechtsvorschriften für die Nichtigerklärung des Grundpatents zuständigen Stelle zu erheben. In Deutschland sind die Nichtigkeitssenate des BPatG für die Nichtigerklärung von Zertifikaten unabhängig davon **zuständig**, ob diese auf deutsche oder auf europäische Grundpatente erteilt wurden. Die Nichtigkeitssenate entscheiden in der Besetzung mit zwei rechtskundigen (einem davon als Vorsitzenden) und drei technischen Mitgliedern, § 67 II Alt. 1 PatG.[66] § 66 I Nr. 2 PatG ist daher durch das in

58 So bspw. in GB (vgl. RL UK IPO [SPM 15.02].
59 So bspw. in DE (vgl. § 81 I 1 Alt. 2 PatG).
60 Schennen S. 78 [Art. 15 Anm 1]; Benkard/Grabinski § 16 a Rn 47; Busse/Hacker Anh § 16 a Rn 141; vgl. Brückner Art. 15 Rn 1, 2.
61 Begr. PatGÄndG PMZ 1993, 205, 212 [zu Art. 1, zu Nr. 5].
62 Benkard/Rogge PatG § 22 Rn 25.
63 Begr. PatGÄndG PMZ 1993, 205, 212 [zu Art. 1, zu Nr. 5].
64 C-322/10 GRUR Int 2012, 140, 142 f [LS 1, Rn 25, 28] – Medeva; C-518/10 GRUR-RR 2012, 55, 56 [LS, Rn 37] – Yeda; C-630/10 [LS 1, Rn 30] – Queensland; C-6/11 [LS, Rn 28] – Daiichi.
65 Schennen S. 78 [Art. 15 Anm 3].
66 Busse/Schuster PatG § 67 Rn 27.

the grant of an SPC despite missing the latest possible filing date according to Art. 7 MPR – may be considered.

VI. Declaration of Revocation of the SPC

According to Art. 15(2) MPR, any person may submit an application or bring an action for a declaration of invalidity of the SPC[58] before the body responsible under national law for the revocation of the corresponding basic patent.[59] 25

It is implied that in Germany, although the existence of grounds for revocation and contrary to the wording of Art. 15(1) MPR, the SPC is not invalid, but can only be declared invalid following an action before the FPC.[60] The reasons given for this are the explicit mention of the SPC in Sec. 81(1)(1) PatG[61] and the procedural provisions found in Art. 15(2) MPR and Sec. 16a(2), 81(1)(3) PatG. These are considered to say that the existence of grounds for revocation do not automatically result in the invalidity of the SPC, but that a **declaration of invalidity in a formal procedure** is required.[62] The explicit mention of the SPC in Sec. 81(1)(1) PatG means that an **isolated invalidity action** can be taken against the SPC.[63] 26

Because of the separation of invalidity and infringement actions in Germany, a separate declaration of invalidity by the FPC in the case of Art. 15(1)(a) or (c) alt. 2 MPR cannot be criticised. Although no indication of differentiation according to individual grounds for revocation can be detected in the wording of Art. 15(1) MPR, it scarcely seems logical to compel the competitor to conduct a time-consuming invalidity action for Art. 15(1)(b) and (c) Alt. 1 MPR as well. For the basic patent, surrender, non-payment of annual fees, and declaration of invalidity is evident from the patent register and can be easily verified by an inspection of the records also by the infringement judge. The infringement judge is implied to be in a position, even if limitation of the basic patent and without the help of the FPC, to decide whether the product is still protected by the claims of the basic patent. Since the most recent ECJ decisions on Art. 3(a) MPR,[64] he must only check whether the product is specified or identified in the wording of the patent claims to achieve this. At least, an infringement action based on an SPC is implied to be **fraudulent** if the patent holder has shown, through surrender or non-payment of the annual fees, that he does not need the patent any longer.[65] 27

In accordance with Art. 15(2) MPR, invalidity applications or invalidity actions against an SPC are to be filed with the body responsible under national law for the revocation of the corresponding basic patent. In Germany, the FPC's nullity boards are **responsible** for declaring SPCs invalid despite of whether they were granted for German or for European patents. The nullity boards decide in the composition of two legal members (one as presiding judge) and three technical members Sec. 67(2) Alt. 1 PatG.[66] Sec. 6681) No. 2 PatG is, therefore, to be complemented by the SPC invalidity proceedings required by Sec. 16a(2), 81(1)(1) PatG.[67] The invalidity action has **no time limit.** 28

58 So e.g. in UK, cf. MPP UK IPO [SPM 15.02].
59 So e.g. in DE, cf. Sec. 81(1)(1) PatG.
60 Schennen p. 78 [Art. 15 Anm 1]; Benkard/Grabinski § 16 a Rn 47; Busse/Hacker Anh § 16 a Rn 141; cf. Brückner Art. 15 Rn 1, 2.
61 Begr. PatGÄndG PMZ 1993, 205, 212 [Art. 1, No. 5].
62 Benkard/Rogge PatG § 22 Rn 25.
63 Begr. PatGÄndG PMZ 1993, 205, 212 [Art. 1, No. 5].
64 C-322/10 – Medeva [LS 1, para. 25, 28]; C-518/10 – Yeda [LS, para. 37]; C-630/10 – Queensland [LS 1, para. 30]; C-6/11 – Daiichi [LS, para. 28].
65 Schennen p. 78 [Art. 15 Anm 3].
66 Busse/Schuster PatG § 67 Rn 27.

§§ 16a II, 81 I 1 PatG vorgesehene Zertifikatsnichtigkeitsverfahren zu ergänzen.[67] Die Nichtigkeitsklage ist **nicht fristgebunden.**

29 An einer Nichtigkeitsklage sind in Deutschland Kläger und Beklagter, nicht jedoch das DPMA **beteiligt.**[68] Die Nichtigkeitsklage wird durch den die Nichtigerklärung des Zertifikats begehrenden Kläger erhoben. Kläger kann theoretisch jedermann sein. Wegen der relativ hohen Kosten dürfte die Klage aber praktisch nur von Wettbewerbern erhoben werden. Die Klage ist gegen den im Patentregister als Zertifikatsinhaber Eingetragenen[69] (nicht gegen den materiell-rechtlichen Inhaber) als Beklagten zu richten, andernfalls als unzulässig abzuweisen.

30 Nach Art. 15 II AMV kann jede Person einen Antrag auf Nichtigerklärung des Zertifikats stellen oder Klage auf Nichtigkeit des Zertifikats erheben. Nach Schennen soll nicht nur jeder Dritte, sondern – anders als bei Nichtigkeitsklagen gegen Patente gem. § 81 PatG[70] – auch der Zertifikatsinhaber selbst **klagebefugt** sein.[71] Wegen der einfacheren, schnelleren und billigeren Möglichkeit, auf das Zertifikat (Art. 14 b AMV) oder das Grundpatent zu verzichten (§ 20 I Nr. 1 PatG) oder das Grundpatents widerrufen zu lassen (§ 64 I Alt. 1 PatG; Art. 105 a I 1 Alt. 1 EPÜ), dürfte dies in der Praxis aber kaum eine Rolle spielen. Es kann aber nicht ausgeschlossen werden, dass Zertifikatsinhaber gegen das eigene Zertifikat Nichtigkeitsklage mit dem Ziel erheben, dessen Validität in Bezug auf eine bestimmte Rechtsfrage – bei entsprechender Vorlage sogar durch den EuGH – bestätigen zu lassen. Wegen des kontradiktorischen Charakters des Nichtigkeitsverfahrens dürfte dies die Einschaltung eines Strohmannes erfordern. Allerdings wirkt ein die Validität des Zertifikats bestätigendes Urteil in einem weiteren Prozess mit vom Strohmann unterschiedlichen Klägern nicht bindend und es besteht weiterhin die Gefahr der Nichtigerklärung des eigenen Zertifikats.

31 Nichtigkeitsklagen gegen Grundpatent und Zertifikat können nach § 81 I 3 Hs 1 PatG gleichzeitig aber auch zunächst isoliert erhoben und erst später miteinander **verbunden** werden.[72] Eine gleichzeitige Klage gegen das Grundpatent ist aber selbst dann nicht erforderlich, wenn die Nichtigkeit des Zertifikats lediglich mit dem Vorliegen eines Nichtigkeitsgrundes eines noch in Kraft befindlichen Grundpatents begründet wird.[73] Dies sei durch § 81 I 3 Alt. 2 PatG klargestellt.[74]

32 Nach Art. 15 I c Alt. 1 AMV ist das Zertifikat nichtig, wenn das Grundpatent vor seinem Ablauf für nichtig erklärt wird. Danach wäre in einem ersten Prozess zunächst das Grundpatent anzugreifen und in einem weiteren Prozess das Zertifikat, obwohl mit Nichtigerklärung des Grundpatents fest stünde, dass auch das Zertifikat ebenfalls für nichtig zu erklären ist. Dieses Vorgehen wäre nicht verfahrensökonomisch. Um beide Angriffe in einem Verfahren zu verbinden, ist neben der prozessualen Möglichkeit der Klageverbindung auch ein materiell-rechtlicher Anspruch auf Nichtigerklärung des Zertifikats bereits vor Ablauf des Grundpatents nötig. § 81 I 3 PatG sieht beides vor und dient damit der Vermeidung überflüssiger Prozesse.[75] Da § 81 I 3 Hs 2 PatG jedoch das gleiche regelt wie §§ 16a II iVm § 22 PatG – nämlich eine Verweisung auf die Nichtigkeitsgründe des § 22 PatG soweit das Zertifikat

67 Mes PatG § 66 Rn 1.
68 Busse/Keukenschrijver § 81 Rn 51.
69 Benkard/Rogge § 81 Rn 2.
70 Schulte/Voit § 81 Rn 8; Benkard/Rogge PatG § 22 Rn 33; Busse/Keukenschrijver PatG § 81 Rn 51.
71 Schennen S. 79 f [Art. 15 Anm 5].
72 Benkard/Grabinski § 16a Rn 47, Benkard/Rogge § 81 Rn 24; vgl. Busse/Keukenschrijver § 81 Rn 11, 70; Schulte/Kühnen (8. Aufl.) § 81 Rn 95; Schulte/Voit § 81 Rn 68, 92 (vgl. dort auch zur den jeweiligen Gebühren).
73 BPatGE 42, 240, 243 [2.b]; Benkard/Rogge § 22 Rn 25; Busse/Keukenschrijver § 81 Rn 11.
74 Benkard/Rogge § 81 Rn 24.
75 Begr. PatGÄndG PMZ 1993, 205, 209 [zu Art. 1, zu Nr. 1, 2.g)], 212 [zu Art. 1, zu Nr. 5].

In Germany, an invalidity action **involves**[68] plaintiff and defendant, but not the PTO. The invalidity action is filed by the plaintiff who seeks the invalidity of the SPC. Theoretically, anyone could be the plaintiff. Practically, however, because of the high costs, the action is only filed by competitors. The action has to be filed against the SPC holder mentioned in the patent register[69] (not against the legitimate owner) as defendant; otherwise, it will be dismissed as inadmissible. 29

According to Art. 15(2) MPR, any person can file an application or action for SPC revocation. According to Schennen, not only any third party but – in contrast to invalidity actions against patents in accordance with Sec. 81 PatG[70] – also the SPC holder himself should have a **right to sue.**[71] Because of the easier, faster, and cheaper possibilities of surrendering the SPC (Art. 14(b) MPR) or the basic patent (Sec. 20(1) No. 1 PatG) or having the basic patent revoked (Sec. 64(1) Alt. 1 PatG; Art. 105a(1)(1) Alt. 1 EPC), this will possibly make a negligible contribution in practice. It cannot be ruled out, however, that an SPC holder files an invalidity action against his own SPC with the goal of having its validity upheld for a particular point of law – given a reference for preliminary ruling, even by the ECJ. Because of the contradictory character of the invalidity proceedings, this should require the engagement of a straw man. However, a judgement confirming the SPC's validity would not be binding in further proceedings involving plaintiffs who differ from the straw man, and the invalidity risk for the own SPC persists. 30

Invalidity actions against basic patent and SPC can, according to Sec. 81(1)(3) PatG, be filed at the same time, or initially separate and can later be **combined.**[72] A simultaneous action against the basic patent is, however, not required even if the invalidity of the SPC follows merely because of the existence of a ground for revocation for a basic patent, still in force.[73] This is clarified by Sec. 81(1)(3)(2) PatG.[74] 31

According to Art. 15(1)(c) Alt. 1 MPR, the SPC is invalid when the basic patent is declared invalid before its end. According to this regulation, the basic patent has to be challenged in a first proceeding and the SPC in a second, although, after the revocation of the basic patent, it would be certain that the SPC must be declared invalid. This would not be procedurally efficient. To combine the two actions, both a procedural possibility to combine the actions and a substantive right to revoke the SPC before to the basic patent's expiry is necessary. Sec. 81(1)(3) PatG provides for both and thus avoids unnecessary proceedings.[75] However, because Sec. 81(1)(3) PatG regulates the same matter as Sec. 16a(2), 22 PatG – a reference to grounds for revocation found in Sec. 22 PatG when that the SPC can be revoked because the basic patent can also be revoked – it is considered by some redundant.[76] 32

67 Mes PatG § 66 Rn 1.
68 Busse/Keukenschrijver § 81 Rn 51.
69 Benkard/Rogge § 81 Rn 2.
70 Schulte/Voit PatG § 81 Rn 8; Benkard/Rogge PatG § 22 Rn 33; Busse/Keukenschrijver PatG § 81 Rn 51.
71 Schennen p. 79f [Art. 15 Anm 5].
72 Benkard/Grabinski § 16a Rn 47; Benkard/Rogge § 81 Rn 24; cf. Busse/Keukenschrijver § 81 Rn 11, 70; Schulte/Kühnen 8th ed. § 81 Rn 95; Schulte/Voit § 81 Rn 68, 92 (cf. there also with regard to the corresponding fees).
73 BPatGE 42, 240, 243 [2.b]; Benkard/Rogge § 22 Rn 25; Busse/Keukenschrijver § 81 Rn 11.
74 Benkard/Rogge § 81 Rn 24.
75 Begr. PatGÄndG PMZ 1993, 205, 209 [Art. 1, No. 1, 2. g)], 212 [Art. 1, No. 5].

wegen Vernichtbarkeit des Grundpatents ebenfalls vernichtbar ist – wird er teilweise als überflüssig angesehen.[76]

33 Eine weitere in der Vergangenheit kontrovers diskutierte Frage betrifft die Zulässigkeit einer **Klageverbindung nach Ablauf des Grundpatents** in Bezug auf ein hierfür nötiges **Rechtsschutzinteresse.** *Schennen* meint, das Rechtschutzinteresse an der Nichtigerklärung des Grundpatents ließe sich mit der Fortsetzung des Schutzes für das Erzeugnis durch das Zertifikat begründen.[77] Ähnlich äußert sich auch Brändel indem er meint, für die Fortsetzung eines das abgelaufene Grundpatent betreffende Nichtigkeitsverfahrens bestünde schon dann das notwendige Rechtschutzinteresse, wenn die Feststellung der Nichtigkeit den Fortbestand des Zertifikats in Frage stellen könne.[78] Nach dem BPatG fehlt das Rechtsschutzbedürfnis für eine Klage gegen das abgelaufene Grundpatent, wenn die Klägerin allein aus dem Zertifikat in Anspruch genommen wird.[79] Nach *Hacker* gehe der Wortlaut des § 81 I 3 PatG über die Intention des Gesetzgebers hinaus, da er die Verbindung von Nichtigkeitsklage gegen Zertifikat und Grundpatent auch nach Ablauf des Grundpatents zuließe. § 81 I 3 PatG sei daher zu beschränken, wenn der Kläger sein Rechtschutzziel mit einer isolierten Klage gegen das Zertifikat erreichen kann.[80] *Sredl* – die an der o.g. Entscheidung als Richterin beteiligt war – differenziert und stimmt Schennen nur für den Fall zu, dass eine Nichtigkeitsklage nach § 81 I 3 PatG eingereicht wurde. Davon sei jedoch der Fall zu unterscheiden, bei dem tatsächlich zwei Klagen erhoben wurden, die erst im Nachhinein verbunden werden sollen.[81] *Grabinski*[82] schließt sich dem an und distanziert sich insoweit von einer früher von Ullmann/Grabinski geäußerten anderweitigen Ansicht.[83]

34 *Schennen* weist noch darauf hin, dass eine Verbindung von Einspruchsverfahren gegen Grundpatent und Nichtigkeitsklage gegen Zertifikat nicht möglich ist, weil die Nichtigerklärung des Zertifikats erst nach Beendigung des Einspruchsverfahrens statthaft sei.[84] Eine Verbindung von Einspruchsverfahren und Nichtigkeitsklage ist aber bereits wegen unterschiedlicher Zuständigkeiten nicht möglich. Da gegen Zertifikate kein Einspruchsverfahren stattfindet (Art. 19 II AMV), braucht dieses auch nicht abgewartet werden, um das BPatG zu entlasten.[85] Mangels der Möglichkeit einer Nichtigkeitsklage gegen das Grundpatent, könnte sich § 81 II 1 PatG dennoch in den seltenen Fällen auswirken, wo ein Zertifikat bereits innerhalb der Einspruchsfrist erteilt wird und der Nichtigkeitsgrund des Art. 15 I c Alt. 1 AMV geltend gemacht werden soll.

35 **§ 81 II 2 PatG** soll die Statthaftigkeit der Nichtigkeitsklage ausschließen und den die Fehlerkorrektur Betreibenden auf das weniger aufwändige behördliche Verfahren verweisen, soweit Anträge auf Berichtigung der Laufzeit oder auf Widerruf der Laufzeitverlängerung nach § 49 a IV PatG gestellt werden können oder über bereits gestellte Anträge noch nicht entschieden ist. Grund hierfür ist die andernfalls gegebene Wahlmöglichkeit zwischen Anträgen nach § 49 a IV PatG und Nichtigkeitsklage.[86] **§ 147 II PatG** stellt klar, dass § 81 II 2 PatG lediglich auf solche Verfahren anwendbar ist, die nach dem 30. September 2009 eingeleitet wurden.[87]

76 Busse/Hacker § Anh § 16 a Rn 142.
77 Schennen S. 79 [Art. 15 Anm 4.d].
78 Brändel GRUR 2001, 875, 877 [I.2.c].
79 BPatGE 42, 240, 242 f [LS, 2.b]; Krasser S. 613 [§ 26 B. III. 4.]; vgl. auch Brückner Art. 15 Rn 27 ff; anders aber bei Inanspruchnahme für die Vergangenheit.
80 Busse/Hacker Anh § 16 a Rn 143; vgl. auch Busse/Keukenschrijver § 81 Rn 70.
81 Sredl GRUR 2001, 596, 596 f [1.c].
82 Benkard/Grabinski § 16 a Rn 47, EPÜ Art. 63 Rn 95; vgl auch Benkard/Rogge § 22 Rn 36.
83 Benkard/Ullmann/Grabinski EPÜ (Vorauflage) Art. 63 Rn 44.
84 Schennen S. 79 [Art. 15 Anm 4.c].
85 Benkard/Rogge § 81 Rn 22; Brückner Art. 15 Rn 18.
86 Begr. PatRModG PMZ 2009, 307, 313 [zu Nr. 4, Nr. 5].
87 Vgl. auch Begr PatRModG PMZ 2009, 307, 319 [zu Art. 1, zu Nr. 16].

A further question that has been controversial in the past concerns the admissibility of **combined of actions after the expiry of the basic patent** about the **need for legal relief.** *Schennen* believes that this need for legal relief in the revocation of the basic patent could be justified based on the continuation of the protection of the product by the SPC.[77] *Brändel* expresses a similar opinion when he says that the necessary legitimate interest for the continuation of invalidity action affecting the expired basic patent is given when a declaration of the invalidity could call the continued validity of the SPC into question.[78] According to the FPC, need for legal relief is not existent in an action against an expired basic patent, if the plaintiff is only engaged by the SPC.[79] According to *Hacker*, the wording of Sec. 81(1)(3) PatG exceeds the intention of the legislator, because it allows the combination of invalidity actions against SPC and basic patent even after the expiration of the basic patent. Sec. 81(1)(3) PatG should, therefore, be restricted, if the plaintiff can achieve the goal with an isolated action against the SPC.[80] *Sredl* – who participated as a judge in the above-mentioned decision – differentiates and agrees with *Schennen* only for cases in which an invalidity action according to Sec. 81(1)(3) PatG has been filed. This should be held distinct from cases in which two actions have been filed only to be combined later.[81] *Grabinski*[82] agrees and distances himself to that extent from a divergent opinion expressed earlier by Ullmann/Grabinski.[83] 33

Schennen also points out that a combination of opposition procedure against the basic patent and an invalidity action against the SPC is impossible because the SPC revocation is only admissible after the opposition procedure has been concluded.[84] A combination of opposition procedure and invalidity action is impossible anyway because the differences in jurisdiction. Because no opposition procedure is possible against the SPC (Art. 19(2) MPR), there is no need to defer it to relieve the FPC.[85] Without an invalidity action against the basic patent, Sec. 81(2)(1) PatG could still take effect in rare cases in which an SPC was granted within the deadline for filing an opposition and a ground for revocation will be enforced according to Art. 15(1)(c) Alt. 1 MPR. 34

Sec. 81(2)(2) PatG is implied to rule out the admissibility of an invalidity action and allow those seeking to rectify errors a less costly administrative procedure when that applications for term corrections or for revocation of the pediatric extension according to Sec. 49a(4) PatG can be filed or decisions on applications that have already been filed have yet to be made. The reason for this is the choice between applications according to Sec. 49a(4) PatG and an invalidity action that would otherwise exist.[86] **Sec. 147(2) PatG** makes it clear that Sec. 81(2)(2) PatG is only applicable to proceedings begun after September 30, 2009.[87] 35

76 Busse/Hacker Anh § 16 a Rn 142.
77 Schennen p. 79 [Art. 15 Anm 4.d].
78 Brändel GRUR 2001, 875, 877 [I.2.c].
79 BPatGE 42, 240, 242 f [LS, 2.b]; Krasser p. 613 [§ 26 B. III. 4.]; cf. also Brückner Art. 15 Rn 27 ff; but different in case of liability for the past.
80 Busse/Hacker Anh § 16 a Rn 143; cf. also Busse/Keukenschrijver § 81 Rn 70.
81 Sredl GRUR 2001, 596, 596 f [1.c].
82 Benkard/Grabinski § 16 a Rn 47, EPÜ Art. 63 Rn 95; cf. also Benkard/Rogge § 22 Rn 36.
83 Benkard/Ullmann/Grabinski EPÜ (previous edition) Art. 63 Rn 44.
84 Schennen p. 79 [Art. 15 Anm 4.c].
85 Benkard/Rogge § 81 Rn 22; Brückner Art. 15 Rn 18.
86 Begr. PatRModG PMZ 2009, 307, 313 [No. 4, No. 5].
87 Cf. also Begr PatRModG PMZ 2009, 307, 319 [Art. 1, No. 16].

36 Eine **Pflicht zur Vorlage** an den EuGH besteht in Klagen auf Nichtigkeit eines Zertifikats nach 267 III AEUV (ex Art. 234 III EGV) nur für den BGH, weil seine Entscheidungen mit nationalen Rechtsmitteln nicht mehr anfechtbar sind. Das BPatG kann aber auch im erstinstanzlichen Nichtigkeitsverfahren vorlegen, wenn es Fragen zur Auslegung der AMV hat, deren Beantwortung es für den Erlass eines Urteils für erforderlich hält, Art. 267 II AEUV. Wegen der Möglichkeit der Berufung zum BGH ist die Vorlage für das BPatG fakultativ.

37 Das BPatG setzte ein gegen ein Zertifikat gerichtetes Nichtigkeitsverfahren mit Rücksicht auf ein beim EuGH anhängiges Vorlageverfahren in analoger Anwendung des **§ 148 ZPO** aus, das zwar ein anderes Zertifikat, aber dieselben Rechtsfragen zur Auslegung der AMV betraf. Zwar beträfe das Vorlageverfahren beim EuGH kein Rechtsverhältnis iSv § 148 ZPO, sondern eine Rechtsfrage. Die Interessenlage sei jedoch vergleichbar: Eine wiederholte Prüfung derselben Fragen in mehreren Verfahren, vorschnelle Entscheidungen und unnötige Rechtsmittelverfahren sollten verhindert werden, was letztlich der Prozessökonomie diene. Obwohl die Aussetzung das Verfahren vor dem BPatG verzögere, verbessere sich die Lage der Kläger durch ein stattgebendes Nichtigkeitsurteil nicht. Dieses Urteil würde mit der Berufung zum BGH angegriffen, der wiederum entweder erneut vorlegen oder ebenfalls **aussetzen** müsste.[88] Der BGH ließ in einem Verletzungsverfahren betreffend Entschädigungsansprüche für den Nachbau von Getreidesorten die Frage offen, ob eine Aussetzung bis zur Vorabentscheidung über die gleiche Rechtsfrage erfolgen darf. Dafür spräche wohl die Verpflichtung loyaler Zusammenarbeit von Gemeinschafts- und nationalen Gerichten, sowie die Aufgabe des EuGH, Gemeinschaftsrecht auszulegen und nicht als Rechtsmittelgericht in nationalen Verfahren tätig zu werden.[89]

38 Die Nichtigkeit des Zertifikats ist **bekannt zu machen**, Art. 17 I AMV. In Deutschland wird die Erhebung der Nichtigkeitsklage und die Nichtigerklärung des Zertifikats in das Patentregister eingetragen und im Patentblatt veröffentlicht (§§ 30 I 2, 30 V PatG).[90]

39 Die AMV normiert die **Rechtsmittel** gegen Entscheidungen der für die Nichtigerklärung zuständigen Stelle nicht selbst (Art. 18 AMV), sondern verweist stattdessen auf das einschlägige nationale Recht (§§ 16 a II, 100 ff PatG). Die Urteile des BPatG in Klageverfahren wegen Erklärung der Nichtigkeit des Zertifikats sind berufungsfähig (§§ 110 I 1, 84 I, 81 PatG).

40 Das Zertifikat wird bei stattgebender Nichtigkeitsklage mit Wirkung für und gegen jedermann (inter omnes) und von Anfang an (ex tunc) vernichtet. Eine Abweisung der Nichtigkeitsklage hindert Dritte nicht daran, erneut Nichtigkeitsklage einzulegen. Ist eine auf denselben Nichtigkeitsgrund gestützte frühere Patentnichtigkeitsklage desselben Kläger **rechtskräftig** abgewiesen worden, so ist nach §§ 99 I PatG, 325 ZPO dessen erneute, ebenfalls auf diesen Nichtigkeitsgrund gerichtete Klage selbst dann unzulässig, wenn neues Material genannt wird.[91]

88 BPatG Mitt 2001, 206 f [L, II.1, II.2.b] – allerdings für den besonderen Fall, dass ein rechtskräftiges Urteil nicht vor Ablauf der Zertifikatslaufzeit zu erwarten ist, die Entscheidung des Klägers ein eigenes Präparat bereits davor zu vermarkten deshalb nicht nur vom erstinstanzlichen Nichtigkeitsurteil abhängt und der Verletzungsrichter im einstweiligen Verfügungsverfahren die im Vorlagebeschluss im Parallelverfahren durch den BGH geäußerten ernsthaften Zweifel an der Rechtsbeständigkeit des Zertifikats berücksichtigen muss.

89 BGH GRUR 2005, 615, 616 [LS 2, II.3].

90 Vgl. RL DMPA S. 3/16 [2.5].

91 BGH GRUR 1964, 18, 18 [L] – Konditioniereinrichtung; BPatGE 6, 189, 189 [L]; Schulte/Moufang § 21 Rn 21, 107; Schulte/Voit § 81 Rn 45; Benkard/Rogge PatG § 22 Rn 33; Busse/Keukenschrijver § 81 Rn 74; Krasser S. 619 f [§ 26 B. III. 10].

36 An **obligation to refer for preliminary ruling** to the ECJ exists in SPC invalidity actions according to 267(3) TFEU (ex Art. 234(3) TEC) only for the FCJ because against its decisions there is no judicial remedy under national law. The FPC can also refer for preliminary ruling to the ECJ in first instance invalidity actions if it has questions about the correct interpretations of the MPR, which it considers necessary to enable it to give judgment, Art. 267(2) TFEU. Because of the possibility of appeal to the FCJ, referring for preliminary ruling is voluntary for the FPC.

37 The FPC would suspend an invalidity action against an SPC for pending references for preliminary ruling in analogous application of **Sec. 148 ZPO** that affected a different SPC, but the same legal question on the interpretation of the MPR. Although the preliminary ruling proceedings does not concern a legal relationship in terms of Sec. 148 ZPO, but a legal question. But the range of interests is comparable, however: A repeated examination of the same question in several proceedings, hasty decisions, and unnecessary appeals are to be prevented, which eventually serves efficiency. Although the suspension delays the proceeding before the FPC, the situation of the plaintiff is not improved by an acceding invalidity judgement. This judgement would be challenged with an appeal to the FCJ, which in turn would have to either refer again for preliminary ruling or also **suspend proceedings.**[88] In an infringement proceeding on compensation claims for the reproduction of grain types, the FCJ left open the question of whether a suspension until the preliminary ruling on the same legal question is allowable. The obligation of loyal cooperation between Community and national courts and the ECJ's task of interpreting Community law and refraining from serving as an appeals court in national proceedings[89] could be cited as arguments in favour of such a suspension.

38 The invalidity of the SPC **will be made public,** Art. 17(1) MPR. In Germany, the filing of an invalidity action and the SPC revocation are entered in the patent register and published in the patent bulletin (Sec. 30(1)(2), 30(5) PatG).[90]

39 The MPR does not itself regularise the **appeals of decisions** made by the body responsible for revocation (Art. 18 MPR), but refers instead to the relevant national law (Sec. 16a(2), 100 ff PatG). The judgments of the FPC in challenges on the declaration of invalidity of the SPC are subject to appeal (Sec. 110(1)(1), 84(1), 81 PatG).

40 In an acceding invalidity action, the SPC is revoked for and against everyone (inter omnes) and from the beginning (ex tunc). A dismissal of an invalidity action does not prevent third parties from submitting further invalidity actions. According to Sec. 99(1) PatG, 325 ZPO, if a previous patent invalidity action based on the same ground for revocation filed by the same plaintiff has been **rejected** in a final decision, any new challenge based on this ground for revocation is inadmissible even if new material is cited.[91]

88 BPatG Mitt 2001, 206, 206 f [L, II.1, II.2.b] – However, in a special case, where a final judgment is not expected before the end of the legal SPC term, the plaintiff's decision to sell an own medicinal product even before, therefore, does not only depends on the first-instance nullity judgment and the judge in the interlocutory proceedings considers the serious doubts about the SPC validity expressed in the reference for a preliminary ruling in parallel proceedings.

89 BGH GRUR 2005, 615, 616 [LS 2, II.3].
90 Cf. RL DMPA p. 3/16 [2.5].
91 BGH GRUR 1964, 18, 18 [L] – Konditioniereinrichtung; BPatGE 6, 189, 189 [L]; Schulte/Moufang § 21 Rn 21, 107; Schulte/Voit § 81 Rn 45; Benkard/Rogge PatG § 22 Rn 33; Busse/Keukenschrijver § 81 Rn 74; Krasser p. 619 f [§ 26 B. III. 10].

Artikel 16 Widerruf der Verlängerung der Laufzeit

(1) Die Verlängerung der Laufzeit kann widerrufen werden, wenn sie im Widerspruch zu Artikel 36 der Verordnung (EG) Nr. 1901/2006 gewährt wurde.

(2) Jede Person kann einen Antrag auf Widerruf der Verlängerung der Laufzeit bei der nach einzelstaatlichem Recht für den Widerruf des entsprechenden Grundpatents zuständigen Stelle einreichen.

I. Einführung

1 Art. 16 AMV normiert den Widerruf der Laufzeitverlängerung und ermöglicht ein isoliertes Vorgehen gegen diese. Er wurde durch Art. 52 Nr. 8 PädV als Art. 15 a der VO 1768/92 hinzugefügt. Für Deutschland wird er durch §§ 49 a IV Nr. 2, 81 II 2 PatG ergänzt.

II. Voraussetzungen des Widerrufs

2 Die Verlängerung der Zertifikatslaufzeit kann widerrufen werden, wenn diese im Widerspruch zu Art. 36 PädV gewährt wurde, Art. 16 I AMV.

3 Anders als nach Art. 14 AMV („Das Zertifikat erlischt …") oder Art. 15 I AMV („Das Zertifikat ist nichtig …") *kann* die Verlängerung nach Art. 16 I AMV widerrufen werden. Der Widerruf der Laufzeitverlängerung scheint daher im Ermessen der zuständigen Stelle zu stehen.[1]

4 Art. 16 AMV nennt als einzigen **Widerrufsgrund** die Gewährung im Widerspruch zu Art. 36 PädV.[2] Danach kommen die Gewährung trotz Fehlens einer Übereinstimmungserklärung (Art. 36 II PädV), Nichtzulassung in einigen Mitgliedstaaten (Art. 36 III PädV), Ausweisung als Arzneimittel für seltene Leiden (Art. 36 IV 2 PädV) oder Verlängerung des Unterlagenschutzes (Art. 36 V PädV) als Widerrufsgrund in Betracht. Die Patentabteilung soll dabei aber nicht prüfen können, ob die für die Gewährung der Laufzeitverlängerung erforderlichen Studien tatsächlich durchgeführt wurden bzw. vorliegen. Dies sei allein Aufgabe der Zulassungsbehörde. Die Patentabteilung sei insoweit an die Übereinstimmungserklärung gebunden. Zu prüfen seien daher lediglich die weiteren Voraussetzungen und die Ausschlusstatbestände des Art. 36 III–V PädV.[3]

5 Folgt man der Argumentation des EuGH zur (nicht) abschließend gemeinten Aufzählung von Nichtigkeitsgründen in Art. 15 I AMV, so scheint es möglich, dass die Laufzeitverlängerung auch aus anderen Gründen als einem Verstoß gegen Art. 36 PädV widerrufen werden kann.[4] Als **weitere Widerrufsgründe** kämen bspw. in Betracht: Abschluss wesentlicher Studien vor Inkrafttreten der PädV (Art. 45 III PädV), mehrmalige Laufzeitverlängerung (Art. 13 III 2 AMV), Stellung des Verlängerungsantrags später als 2 Jahren vor Zertifikatsablauf (Art. 7 IV AMV) oder nicht rechtzeitige Zahlung der Verlängerungsantragsgebühr (Art. 8 IV, 10 VI, III AMV). Dabei könnte nach der Art und Schwere der Verstöße differenziert werden. Eine Gewährung unter Verstoß gegen die materiellen Erteilungsvoraussetzungen sollte dann zum Widerruf der gesamten Verlängerung (Art. 45 III PädV) bzw. zum Widerruf der 6 Monate überschreitenden Verlängerung (Art. 13 II 2 AMV) führen. Verstöße gegen formelle Vorschriften (Art. 7 IV AMV, Art. 8 IV, 10 VI, III AMV) könnten hingegen mit Verlängerungserteilung als geheilt anzusehen sein.

1 So z.B. [2012] EWHC 3175 (Pat) – Warner v. Reddy's [Rn 34 ff, 36].
2 Vgl. Kommentierung zu Art. 13.
3 Busse/Hacker § 49 a Rn 32, Anh § 16 a Rn 128, teilw. unter Hinweis auf RL DPMA S. 15/16 [4.2.3 ff]; aA möglicherweise, aber nicht endgültig entschieden: [2012] EWHC 3715 (Pat) – Dr. Reddy's v. Warner Lambert [Rn 51–53].
4 Anders eventuell Brückner/von Cettritz PädV Rn 220: „nur".

Article 16 Revocation of an extension of the duration

1. The extension of the duration may be revoked if it was granted contrary to the provisions of Article 36 of Regulation (EC) No 1901/2006.

2. Any person may submit an application for revocation of the extension of the duration to the body responsible under national law for the revocation of the corresponding basic patent.

I. Introduction

Art. 16 MPR regularises the revocation of the pediatric extension and allows to proceed against it independently. It was added by Art. 52 No. 8 of PedR as Art. 15 a of Reg. 1768/92. For Germany, it is complemented by Sec. 49a(4) No. 2, 81(2)(2) PatG. 1

II. Condition of the Revocation

The extension of the SPC duration may be revoked if it was granted contrary to the provisions of Art. 36 PedR, Art. 16(1) MPR. 2

According to Art. 16(1) MPR but unlike Art. 14 MPR ("The certificate shall lapse ...") and Art. 15(1) MPR ("The certificate shall be invalid ..."), the extension *may* be revoked. The revocation of the pediatric extension, therefore, seems in the discretionary power of the responsible authority.[1] 3

Art. 16 MPR cites a granting of extension contrary to the provisions of Art. 36 PedR as the only **ground for revocation.**[2] According to this, grants despite the lack of the compliance statement (Art. 36(2) PedR), non-authorisation in some Member States (Art. 36(3) PedR), designation as an orphan medical product (Art. 36(4)(2) PedR), or the extension of data exclusivity (Art. 36(5) PedR) may be considered grounds for revocation. It implies, nevertheless, that the patent division is not authorised to confirm whether the studies required for the grant of duration extension have in fact been completed. This is only the responsibility of the medicines agency. The patent division is bound by the compliance statement to this extent. For this reason, only the additional exclusion criteria found in Art. 36(3)–(5) PedR are to be examined.[3] 4

Following an argument of the ECJ on a list of (non-)conclusive reasons for invalidation in Art. 15(1) MPR, it seems possible that the extension of duration can be revoked for reasons other than a violation of Art. 36 PedR.[4] **Additional reasons for revocation** that could be considered include, for example, completion of significant studies before entry into force of the PedR (Art. 45(3) PedR), several duration extensions (Art. 13(3)(2) MPR), apply for extension later than two years before the end of the SPC (Art. 7(4) MPR), and failure to pay the extension application fee timeously (Art. 8(4), 10(6), (3) MPR). These irregularities could be differentiated according to type and severity. A grant despite a violation of the material grant requirements should then lead to a revocation of the entire extension (Art. 45(3) PedR) or revocation of extensions exceeding six months (Art. 13(2) MPR). Violations of the formal provisions (Art. 7(4) MPR, Art. 8(4), 10(6), (3) MPR), however, could be considered cured on grant of extension. 5

1 So e.g. [2012] EWHC 3175 (Pat) – Warner v. Reddy's [para. 34 ff, 36].
2 Cf. comment on Art. 13 MPR.
3 Busse/Hacker § 49 a Rn 32, Anh § 16 a Rn 128, partly with reference to RL DPMA p. 15/16 [4.2.3 ff]; probalby dissenting, but not finally decided: [2012] EWHC 3715 (Pat) – Dr. Reddy's v. Warner Lambert [para. 51–53].
4 Probably different Brückner/von Cettritz PädLZV Rn 220: "nur" (English: only).

6 Vom Wortlaut des Art. 16 I AMV („gewährt wurden") nicht erfasst scheinen Fälle, in denen zwar im Zeitpunkt der Gewährung kein Widerspruch zu Art. 36 AMV vorlag, wohl aber zum Zeitpunkt der Entscheidung über den Widerrufsantrag. Dies könnte zB der Fall sein, wenn die Zulassung in einem Mitgliedstaat nach Verlängerungserteilung widerrufen wurde.

7 Während das Erlöschen des Zertifikats nach Art. 14 b, c, d AMV oder dessen Nichtigkeit gemäß Art. 15 AMV auch die Zertifikatslaufzeitverlängerung erfasst, hat der Widerruf der Zertifikatslaufzeitverlängerung keinen Einfluss auf den Bestand des Zertifikats.[5]

III. Weitere Einzelheiten

8 Einen Antrag auf Widerruf der Laufzeitverlängerung kann **jede Person** bei der nach einzelstaatlichem Recht für den Widerruf des entsprechenden Grundpatents zuständigen Stelle einreichen, Art. 16 II AMV.

9 In Deutschland ist der Widerrufsantrag **gebührenpflichtig,**[6] **schriftlich** einzureichen und **nicht fristgebunden.**[7] Für das Widerrufsverfahren gilt § 49 a III PatG entsprechend, § 49 a V PatG direkt.[8] Über den Antrag entscheidet die **Patentabteilung** durch Beschluss, § 49 a IV Nr. 2 PatG.[9] Der Beschluss ist **beschwerdefähig.**

10 Soweit Anträge nach § 49 a IV Nr. 2 PatG gestellt werden können oder Verfahren zur Entscheidung über diese Anträge anhängig sind, kann **keine Nichtigkeitsklage** erhoben werden, § 81 II 2 PatG. § 81 II 2 PatG soll aber nur eine Teilnichtigkeitsklage hinsichtlich der pädiatrischen Verlängerung verhindern. Eine Nichtigkeitsklage aufgrund Art. 15 AMV bleibt parallel möglich, da in diesem Fall der Erfolg beider Angriffe von unterschiedlichen Voraussetzungen abhängt[10] und es andernfalls zu ungewünschten Verzögerungen kommen kann.

11 Die Frage, ob auch der **Zertifikatsinhaber** einen Antrag nach Art. 16 AMV, § 49 a IV Nr. 2 PatG stellen kann,[11] ist noch nicht abschließend geklärt. Nach Ansicht des deutschen Gesetzgebers bedarf der Patentinhaber des Antrages nach § 49 a IV Nr. 2 PatG nicht, da er verzichten könne.[12] Analog Art. 14 b AMV, §§ 16 a II, 20 I Nr. 1 PatG wird der Zertifikatsinhaber wohl – Einhaltung der Schriftform vorausgesetzt – auch isoliert auf die Laufzeitverlängerung verzichten dürfen, da dies für ihn einen einfacheren und kostengünstigeren Weg darstellt, um eine Unwirksamkeit der Verlängerung zu erreichen. Ob dies trotz des eindeutigen Wortlauts von Art. 16 II AMV zu einem fehlenden Rechtsschutzbedürfnis und damit zur Unzulässigkeit des Antrags durch den Zertifikatsinhaber führen kann, bleibt aber abzuwarten.

12 Der Widerruf der Laufzeitverlängerung wird im Patentregister eingetragen und im Patentblatt veröffentlicht, Art. 17 II AMV.[13]

5 Vgl. Brückner Art. 16 Rn 8; Brückner/von Cettritz PädV Rn 222.
6 Für den Widerrufsantrag ist in Deutschland derzeit eine Gebühr in Höhe von 200 EUR zu zahlen, GebVerz 315 200.
7 RL DPMA S. 15/16 [4.5].
8 Busse/Hacker § 49 a Rn 31; in UK richtet sich das Verfahren zum Widerruf der Verlängerung nach dem Verfahren zum Widerruf des Zertifikats, RL UK IPO SPM 16.01, vgl. auch SPM 15.01, 15.02, 15.04.
9 Zur erstinstanzlichen Zuständigkeit des BPatG nach § 61 II PatG für die Zeit vor Inkrafttreten des § 49 a IV Nr. 2 PatG: vgl. Krasser S. 585 f [§ 26 A. II. b. 8]; zur Zuständigkeit für UK vgl. RL UK IPO SPM 16.01, wo unter Hinweis auf [2012] EWHC 3715 (Pat) – Dr. Reddy's v. Warner Lambert, insbesondere Rn 35 das Gericht die Laufzeitverlängerung widerrufen kann.
10 Nichtigkeit (Art. 15 I AMV): z.B. Zertifikatserteilung entgegen Art. 3 AMV; Widerrufsantrag (Art. 16 I AMV): Verlängerungsgewährung entgegen Art. 36 PädV.
11 So ausdrücklich Brückner Art. 16 Rn 10; unklar: Benkard/Grabinski EPÜ Art. 63 Rn 77, wonach jede Person den Antrag einreichen kann. Der Zertifikatsinhaber wird aber nicht erwähnt; aA: Busse/Hacker § 49 a Rn 31; Fitzner in Fitzner/Lutz/Bodewig § 49 a Rn 40.
12 Begr. PatGÄndG PMZ 2009, 307, 313 [B. zu Art. 1, zu Nr. 4, 5.].
13 RL DPMA S. 15/16 [4.5].

The language of Art. 16(1) MPR ("was granted") does not seem to apply to cases in which there were no violations of Art. 36 MPR at the time of granting, but at the time of the decision on the request for revocation. One such case could be when the authorisation was revoked in one member state after an extension had been granted. 6

Although the expiry of the SPC according to Art. 14(b), (c), (d) MPR or its invalidity according to Art. 15 MPR also affects the pediatric extension, the revocation of the pediatric extension does not influence the validity of the SPC itself.[5] 7

III. Further Details

Any person may submit an application for revocation of the extension of the duration to the body responsible under national law for the revocation of the corresponding basic patent, Art. 16(2) MPR. 8

In Germany, requests to revoke the extension are **subject to a fee,**[6] must be submitted **in written form,** and **has no time limit.**[7] Sec. 49a(3) PatG applies mutatis mutandis, Sec. 49a(5) PatG[8] directly in the revocation process. The patent division issues an order on the application, Sec. 49a(4) No. 2 PatG.[9] The order is subject to appeal. 9

If applications in accordance with Sec. 49a(4) No. 2 PatG can be filed or corresponding procedures are pending, **no invalidity action** can be filed, Sec. 81(2)(2) PatG. However, Sec. 81(2)(2) PatG implies the prevention only of an action for partial invalidity about the pediatric extension. A parallel normal invalidity action because of Art. 15 MPR remains possible, because the success of each attack depends on different prerequisites,[10] and processing them sequentially could lead to undesired delays. 10

The question of whether the **SPC holder** can file an application according to Art. 16 MPR, Sec. 49a(4) No. 2 PatG,[11] has not been conclusively clarified. German legislators maintain that the patent holder does not need to file an application according to Sec. 49a(4) No. 2 PatG, because he simply can surrender.[12] Analogous to Art. 14(b) MPR, Sec. 16a(2), 20(1) No. 1 PatG, the SPC holder will be allowed – assuming he has submitted required documents in written form – to surrender the pediatric extension under German law, because this would be an easier and cheaper way of achieving an invalid extension. Whether this, despite the unambiguous language of Art. 16(2) MPR, can lead to a lack of need for legal relief and thus to the inadmissibility of the SPC holder's application remains to be seen. 11

The revocation of the pediatric extension will be entered in the patent register and published in the patent bulletin, Art. 17(2) MPR.[13] 12

5 Cf. Brückner Art. 16 Rn 8; Brückner/von Cettritz PädLZV Rn 222.
6 Currently a fee of 200 EUR has to be paid for the revocation request in Germany, GebVerz 315 200.
7 RL DPMA p. 15/16 [4.5].
8 Busse/Hacker § 49 a Rn 31; in UK the procedures relating to an extension revocation are in accordance with those for the SPC, MPP UK IPO SPM 16.01, cf. also SPM 15.01, 15.02, 15.04.
9 As to the FPC's first instance jurisdiction under Sec. 61(2) PatG for the time before the entry into force of Sec. 49a(4) No. 2 PatG: cf. Krasser p. 585 f [§ 26 A. II. b. 8]; as to the jurisdiction for UK cf. MPP UK IPO SPM 16.01, where with reference to [2012] EWHC 3715 (Pat) – Dr. Reddy's v. Warner Lambert, especially para. 35 that the court has the power to revoke a pediatric extension.
10 Invalidity (Art. 15(1) MPR): e.g. grant of an SPC contrary to Art. 3 MPR; pediatric extension revocation (Art. 16(1) MPR): grant of a pediatric extension contrary to Art. 36 PedR.
11 So explicitly Brückner Art. 16 Rn 10; unclear: Benkard/Grabinski EPÜ Art. 63 Rn 77, according to whom any person might submit the request. But the SPC holder is not mentioned; dissenting: Busse/Hacker § 49 a Rn 31; Fitzner in Fitzner/Lutz/Bodewig § 49 a Rn 40.
12 Begr. PatGÄndG PMZ 2009, 307, 313 [B, Art. 1, No. 4, 5.].
13 RL DPMA p. 15/16 [4.5].

Artikel 17 Bekanntmachung des Erlöschens oder der Nichtigkeit

(1) Erlischt das Zertifikat gemäß Artikel 14 Buchstabe b, c oder d oder ist es gemäß Artikel 15 nichtig, so wird ein Hinweis hierauf von der in Artikel 9 Absatz 1 genannten Behörde bekannt gemacht.

(2) Wird die Verlängerung der Laufzeit nach Artikel 16 widerrufen, so macht die in Artikel 9 Absatz 1 genannte Behörde einen Hinweis hierauf bekannt.

1 Nach Art. 17 I AMV ist das Erlöschen des Zertifikats nach Art. 14 b, c, d AMV oder seine Nichtigkeit[1] nach Art. 15 AMV durch die in Art. 9 I AMV genannte Behörde bekannt zu machen. Wird die Verlängerung der Laufzeit nach Art. 16 AMV widerrufen, so ist ein Hinweis hierauf ebenfalls bekannt zu machen, Art. 17 II AMV.[2] Die Bekanntmachung erfolgt in Deutschland nach §§ 30 I 2, 32 V PatG durch Eintragung in das Patentregister und Veröffentlichung im Patentblatt.[3]

1 Gemeint ist die Bekanntmachung der gerichtlichen Nichtigerklärung, Brückner Art. 17 Rn 5.
2 Nähere Einzelheiten zu Art. 17 I, II AMV: vgl. Kommentierung zu Art. 11 AMV.
3 Ebenso für Großbritannien, vgl. RL UK IPO SPM 17.01.

Article 17 Notification of lapse or invalidity

1. If the certificate lapses in accordance with point (b), (c) or (d) of Article 14, or is invalid in accordance with Article 15, notification thereof shall be published by the authority referred to in Article 9(1).

2. If the extension of the duration is revoked in accordance with Article 16, notification thereof shall be published by the authority referred to in Article 9(1).

According to Art. 17(1) MPR, the expiry of an SPC according to Art. 14(b), (c), (d) MPR or its invalidity[1] according to Art. 15 MPR will be announced by the authority specified in Art. 9(1) MPR. If the extension of the duration according to Art. 16 MPR is revoked, an indication of this is also to be announced, Art. 17(2) MPR.[2] The announcement is carried out in Germany according to Sec. 30(1)(2), 32(5) PatG with entry into the patent register and publication in the patent bulletin.[3] 1

1 What is meant is the publication of the judicial invalidity declaration, Brückner Art. 17 Rn 5.
2 More details on Art. 17(1), (2) MPR: cf. comment on Art. 11 MPR.
3 Likewise for UK, cf.: MPP UK IPO SPM 17.01.

Artikel 18 Rechtsbehelf

Gegen die im Rahmen dieser Verordnung getroffenen Entscheidungen der in Artikel 9 Absatz 1 genannten Behörde oder der in Artikel 15 Absatz 2 und Artikel 16 Absatz 2 genannten Stellen können dieselben Rechtsbehelfe eingelegt werden, die nach einzelstaatlichem Recht gegen ähnliche Entscheidungen hinsichtlich einzelstaatlicher Patente vorgesehen sind.

I. Einführung

1 Nach Art. 18 AMV können gegen Entscheidungen der in Art. 9 I, 15 II und 16 II AMV genannten Behörden oder Stellen dieselben Rechtsbehelfe eingelegt werden, die nach einzelstaatlichem Recht gegen ähnliche Entscheidungen zu Patenten vorgesehen sind. Für Deutschland verweist § 16 a II PatG hierzu ergänzend auf die §§ 65–99 PatG (Verfahren vor dem BPatG) und die §§ 100–122 a PatG (Verfahren vor dem BGH). Der ursprünglich von Art. 17 VO 1768/92 verwendete Begriff „Rechtsmittel" wurde bereits vor der Kodifizierung im Jahre 2009 durch „Rechtsbehelf" ersetzt.[1]

2 Das DPMA trifft für Deutschland, als die in Art. 9 I AMV genannte Behörde, Entscheidungen über die Erteilung (Art. 10 I AMV), die Zurückweisung (Art. 10 II, IV AMV) und das Erlöschen (Art. 14 d S. 2 AMV) des Zertifikats, die Laufzeitberichtigungsanträge (Art. 17 II, EG 17 PMV, § 49 a IV Nr. 1 PatG) und die Erteilung bzw. Zurückweisung (Art. 10 VI AMV) der Laufzeitverlängerung. Als die in Art. 16 II AMV genannte Stelle trifft es auch Entscheidungen über den Widerruf der Laufzeitverlängerung (Art. 16 I AMV, § 49 a IV Nr. 2 PatG).

3 Der Zertifikatsinhaber bzw. Anmelder kann als Beteiligter (vgl. § 74 I PatG) in all diesen Fällen schriftlich innerhalb eines Monats ab Zustellung (§ 73 II PatG) Beschwerde einlegen. Im Falle der Zertifikatserteilung wird dies nur dann erfolgreich sein, wenn im Erteilungsbeschluss ohne schriftliche Zustimmung des Anmelders vom Antrag abgewichen wird.[2]

4 Am Verfahren unbeteiligte Dritte[3] können mittels Beschwerde weder gegen Erteilung noch Zurückweisung von Zertifikat oder Laufzeitverlängerung vorgehen.[4] Dritte können daher nur nach eigenen Anträgen nach Art. 14 d S. 2 AMV und § 49 a IV Nr. 1, Nr. 2 PatG Beschwerde einlegen.

5 Über die Beschwerde gegen die Zurückweisung der Zertifikatsanmeldung entscheidet nach Ansicht des BPatG der technische Beschwerdesenat, §§ 16 a II, 73 III 3, 67 I Nr. 2 PatG.[5] Bei Entscheidungen nach § 49 a IV PatG müsste das BPatG wohl in der Besetzung mit drei rechtskundigen Mitgliedern entscheiden, §§ 16 a II, 73 III 3, 67 I Nr. 4 PatG.

6 Nach Art. 18 AMV sind auch **Rechtsbehelfe gegen Entscheidungen im Rechtsbehelfsverfahren** – in Deutschland bspw. die Rechtsbeschwerde zum BGH gem. § 100 PatG – zulässig.

1 Vgl. geänderter Titel und Wortlaut der deutschen Version von Art. 17 VO 1768/92 idF der Kodifizierungen vom 1. Mai 2004 und vom 26. Januar 2007 im Vergleich zur unverändert gebliebenen englischen Fassung. Nach deutschem Rechtsverständnis wäre der Begriff Rechtsmittel als Rechtsbehelf mit Suspensiv- und Devolutiveffekt zu verstehen und somit weniger umfassend.

2 BPatG vom 23. Oktober 2008, 10 W (pat) 6/07 [II.2] – Adalimumab: Jede Änderung der Unterlagen, die nicht nur in geringfügigen redaktionellen Korrekturen wie der Berichtigung von Schreibfehlern oder offensichtlichen grammatikalischen oder sprachlichen Unrichtigkeiten besteht, setzt das schriftlich erklärte Einverständnis des Anmelders voraus; BPatGE 25, 141, 143; Brückner Art. 18 Rn 15.

3 Vgl. § 74 I PatG.

4 Der Einspruch gegen ein erteiltes Zertifikat ist ebenfalls ausgeschlossen, Art. 19 II AMV.

5 Vgl. BPatG PMZ 1995, 446, 448 [II.]; Schulte/Rudloff-Schäffer § 49 a Rn 32, Busse/Hacker § 49 a Rn 24; Benkard/Grabinski § 49 a Rn 11 (aA noch Benkard/Schäfers PatG, 9. Aufl. § 49 a Rn 9: Besetzung des Beschwerdesenats mit 3 rechtskundigen Mitgliedern).

Article 18 Appeals

The decisions of the authority referred to in Article 9(1) or of the bodies referred to in Articles 15(2) and 16(2) taken under this Regulation shall be open to the same appeals as those provided for in national law against similar decisions taken in respect of national patents.

I. Introduction

According to Art. 18 MPR decisions of authorities or bodies referred to in Art. 9(1), 15(2) and 16(2) MPR are open to the same appeals as those provided for in national law against similar decisions taken in respect of national patents. In Germany Sec. 16a(2) PatG refers additionally to Sec. 65–99 PatG (Proceedings before the FPC) and Sec. 100–122a PatG (Proceedings before the FCJ) on this. The term "Rechtsmittel" initially used in German version of Art. 17 Reg. 1768/92 had been replaced by the term "Rechtsbehelf" before the codification in 2009.[1] 1

The German PTO as an authority indicated in Art. 9(1) MPR takes decisions in Germany on the grant (Art. 10(1) MPR), rejection (Art. 10(2), (4) MPR) and lapse (Art. 14(d)(2) MPR) of an SPC, requests for the rectification of the duration (Art. 17(2), R 17 PPR, Sec. 49a(4) No. 1 PatG) and grant or rejection (Art. 10(6) MPR) of a pediatric extension. As an authority mentioned in Art. 16(2) MPR it takes decisions on the revocation of a pediatric extension (Art. 16(1) MPR, Sec. 49a(4) No. 2 PatG). 2

As a party to the proceedings (cf. Sec. 74(1) PatG) in all these cases the SPC holder or applicant might file an appeal in writing within one month after the service of the decision (Sec. 73(2) PatG). In case of the grant of an SPC it will be successful only if the decision to grant deviates from the request without the written consent of the applicant.[2] 3

Third parties[3] not directly involved might proceed by an appeal neither against the grant nor against the rejection of an SPC or a duration extension.[4] Third parties might file appeals only based on own requests under Art. 14(d)(2) MPR and Sec. 49a(4) No. 1, No. 2 PatG. 4

According to the FPC a technical Board of Appeal decides on appeal from the rejection of the SPC application, Sec. 16a(2), 73(3)(3), 67(1) No. 2 PatG.[5] In case of decisions according to Sec. 49a(4) PatG, the FPC should decide in the composition of three legal members, Sec. 16a(2), 73(3)(3), 67(1) No. 4 PatG. 5

In accordance with Art. 18 MPR **appeals against decisions during appeal proceedings** – for example, an appeal on a point of law to the FCJ according to Sec. 100 PatG – are admissible. 6

1 Cf. amended title and wording in the German codified versions of Art. 17 Reg. 1768/92 dated May 1, 2004 and January 26, 2007 compared with the unchanged English version. According to German law the term "Rechtsmittel" covers only "Rechtsbehelfe" (English: appeals) with supensive and devolutive effects.

2 FPC 10 W (pat) 6/07 [II.2] (23.10.2008) – Adalimumab: Any change to the documents that is not only minor editorial corrections such as the correction of clerical errors or obvious grammatical or linguistic errors, requires the written consent of the applicant; BPatGE 25, 141, 143; Brückner Art. 18 Rn 15.

3 Cf. Sec. 74(1) PatG.

4 An opposition to the granting of an SPC is excluded, Art. 19(2) MPR.

5 Cf. BPatG PMZ 1995, 446, 448 [II.]; Schulte/Rudloff-Schäffer § 49a Rn 32, Busse/Hacker § 49a Rn 24; Benkard/Grabinski § 49a Rn 11 [dissenting: Benkard/Schäfers PatG, 9. ed. § 49a Rn 9: Board of Appeals composition with 3 legal members].

7 Das BPatG trifft als die in Art. 15 II AMV genannte Stelle Entscheidungen über die **Nichtigkeit** des Zertifikats nach Art. 15 I AMV, § 81 I PatG. Nichtigkeitskläger und Beklagter (Zertifikatsinhaber) können gegen eine daraufhin ergehende Entscheidung **Berufung** einlegen, § 110 PatG.

8 Jedes Gericht (in DE: BPatG und BGH, nicht jedoch DPMA) eines Mitgliedstaats kann dem EuGH Fragen zur Auslegung der AMV zur **Vorabentscheidung** vorlegen. Es muss dies tun (Entscheidungserheblichkeit vorausgesetzt), wenn seine Entscheidung mit innerstaatlichen Rechtsmitteln nicht mehr angegriffen werden kann, vergl. Art. 267 AEUV.

II. Laufzeitberichtigungsantrag (Art. 17 II, EG 17 PMV, § 49 a IV Nr. 1 PatG)

9 In der AMV ist die Möglichkeit einer Laufzeitberichtigung an keiner Stelle ausdrücklich erwähnt, obwohl die Gefahr von Falschberechnungen bekannt war.[6] Gemäß Art. 17 II, EG 17 PMV[7] kann aber auch bei Arzneimittelzertifikaten ein Rechtsmittel eingelegt werden, das darauf abzielt, deren Laufzeit zu berichtigen, falls der Erstzulassungszeitpunkt in der Gemeinschaft falsch angegeben wurde. Die nähere Ausgestaltung dieses Rechtsmittels normiert Art. 17 II PMV jedoch nicht. Der deutsche Gesetzgeber nahm daher 2009 den Laufzeitberichtigungsantrag ins deutsche Patentgesetz auf, § 49 a IV Nr. 1 PatG.[8] Die Laufzeitberichtigung nach § 49 a Nr. 1 PatG ist nur bei unrichtig angegebenem Erstzulassungszeitpunkt möglich. Sie ist ausgeschlossen, wenn gleichzeitig ein Verstoß gegen Art. 19 VO 1768/92 vorliegt.[9] Sonstige (bspw. Rechen-)Fehler bei der Laufzeitberechnung korrigiert das DPMA analog §§ 16 a II, 95 PatG.[10]

10 Irreführende Angaben hinsichtlich des Erstzulassungszeitpunktes wurden als Missbrauch einer marktbeherrschenden Stellung gem. Art. 102 AEUV (ex-Art. 82 EG) angesehen und mit empfindlichen Bußgeldern bestraft.[11] Der marktbeherrschende Zertifikatsinhaber sollte daher eine Laufzeitberichtigung beantragen, sobald er eine fehlerhafte Angabe des Erstzulassungszeitpunkts bemerkt.[12]

11 Der Laufzeitberichtigungsantrag kann jederzeit vom Zertifikatsinhaber und jedem Dritten gestellt werden.[13] Die Gebühren für diesen Antrag betragen in Deutschland derzeit 150 EUR, GebVerz 315 100. Über den Antrag entscheidet die Patentabteilung durch

6 Vgl. Protokollerklärung des Rates abgedruckt in Schennen S. 81 [Art. 17 Anm 2].

7 Nach Art. 22 S. 2 AMV sind Verweisungen auf die VO 1768/92 nach Maßgabe der Entsprechungstabelle als Verweise auf die AMV zu lesen. EG 17 PMV verweist daher nicht auf Art. 17, sondern auf Art. 18 AMV!

8 PatRModG PMZ 2009, 301, 302 [Art. 1, 4.b].

9 BGH GRUR 2000, 392, 396 [4.] – Omeprazol; EuGH C-127/00 GRUR 2004, 225, 230 [LS 3, Rn 88 f] – Omeprazol.

10 RL DPMA S. 16/16 [5.3]; aA Schennen S. 81 [Art. 17 Anm 2]: Beschwerde; Busse/Hacker Anh § 16 a Rn 147, 151, § 49 a Rn 26: Korrektur als offensichtliche Unrichtigkeit nach §§ 16 a II, 99 I PatG iVm § 319 ZPO, so auch Brückner Art. 18 Rn 26; Schulte/Kühnen 8. Aufl. § 49 a Rn 30: Korrektur als offensichtliche Unrichtigkeit nach §§ 16 a II, 95 PatG.

11 EuG vom 1. Juli 2010 T-321/05 – Astra Zeneca; EuGH vom 6. Dezember 2012 C-457/10P – Astra Zeneca; vgl. auch Schoene GRUR Prax 2010, 568; Müller-Graff/Fischmann, GRUR Int 2010, 792 ff; Miege/Gärtner/Besen PharmR 2010, 586 ff; Brückner Art. 18 Rn 30 ff, der dem Zertifikatsanmelder ein Art Garantenstellung zu kommen lässt.

12 Wegen der möglichen erheblichen Konsequenzen, wird empfohlen, jede (egal ob auf falscher Angabe des Erstzulassungszeitpunkts, einem falschen Patentanmeldedatum oder einer Falschberechnung beruhend) zugunsten des marktbeherrschenden Zertifikatsinhabers von Art. 13 AMV abweichende Laufzeit dem Patentamt mitzuteilen und ggf. auf den überschießenden Teil der Laufzeit zu verzichten.

13 RL DPMA S. 12/16 [3.8.2]; Busse/Hacker § 49 a Rn 27; Wickenhöfer in Fitzner/Lutz/Bodewig § 49 a Rn 38; Schulte/Schell § 16 a Rn 70.

The FPC takes decisions as an authority referred to in Art. 15(2) MPR on the **invalidity** of SPCs according to Art. 15(1) MPR, Sec. 81(1) PatG. Claimant and defendant (SPC holder) might file an **appeal** of the decision made afterwards under Sec. 110 PatG. 7

Each court (in Germany: the FPC and FCJ, but not the German PTO) of a Member State might submit a question on the interpretation of the MPR for a **preliminary ruling.** It has to do this (provided it enables the court to give judgment) if no judicial remedy under national law against its decision exists, Art. 267 TFEU. 8

II. Request for the rectification of the duration (Art. 17(2), R 17 PPR, Sec. 49a(4) No. 1 PatG)

The possibility of the rectification of the duration is not mentioned explicit at any point in the MPR, though the danger of the miscalculation was well known.[6] According to Art. 17(2), R 17 PPR[7] also with an SPC for medicinal products an appeal might be filed aimed at the rectification of the duration if a wrong date of the first authorisation was indicated. Art. 17(2) MPR does not regulate, however, further details of this right to appeal. The German legislator incorporated the request for the rectification of the duration in the German Patent Act in 2009, Sec. 49a(4) No. 1 PatG.[8] The duration rectification is possible only for a wrong indication of the date of the first authorisation. It is impossible if an infringement of Art. 19 Reg. 1768/92 exists at the same time.[9] Other (for example, miscalculation) mistakes are rectified by the German PTO analogue Sec. 16a(2), 95 PatG.[10] 9

A misleading indication on the date of the first authorisation was considered an abuse of a dominant position according to Art. 102 TFEU (ex Art. 82 TEC) and was punished with a significant fine.[11] An SPC holder who holds a dominant position should request, therefore, the rectification of the duration as soon as he has noticed the incorrect indication of the first authorisation date.[12] 10

The request for the duration rectification might be lodged by the SPC holder or every third party momentarily.[13] The fee for this request is 150 EUR in Germany, GebVerz 315 100. The Patent Division decides on the request by passing a decision.[14] With that both an appeal from the duration rectification and from its rejection is allowed, Sec. 73 PatG. 11

6 Cf. Statement by the Council published in Schennen p. 81 [Art. 17 Anm 2].

7 According to Art. 22(2) MPR references to Reg. 1768/92 shall be construed as references to MPR and shall be read in accordance with the correlation table in Annex II. Thus R 17 PPR does not refer to Art. 17, but to Art. 18 MPR!

8 PatRModG PMZ 2009, 301, 302 [Art. 1, 4.b].

9 BGH GRUR 2000, 392, 396 [4.] – Omeprazol; C-127/00 – Omeprazol [LS 3, Rn 88 f].

10 RL DPMA p. 16/16 [5.3]; dissenting: Schennen p. 81 [Art. 17 Anm 2]: Beschwerde; Busse/Hacker Anh § 16 a Rn 147, 151, § 49 a Rn 26: Correction as obvious error according to Sec. 16a(2), 99(1) PatG with Sec. 319 ZPO, so also Brückner Art. 18 Rn 26; Schulte/Kühnen 8th ed. § 49 a Rn 30: Correction as obvious error according to Sec. 16 a (2), 95 PatG.

11 T-321/05 – Astra Zeneca; C-457/10P – Astra Zeneca; cf. also Schoene GRUR Prax 2010, 568; Müller-Graff/Fischmann, GRUR Int 2010, 792 ff; Miege/Gärtner/Besen PharmR 2010, 586 ff; Brückner Art. 18 Rn 30 ff, who gives the SPC applicant a guarantor position.

12 Because of the potentially serious consequences, it is recommended to inform the PTO about each SPC duration, which deviates from Art. 13(1) MPR in favor of a market dominating SPC holder (whether based on a false indication of first authorisation date, a false patent filing date or a miscalculation) or to surrender of the part, which goes beyond the legal term.

13 RL DPMA p. 12/16 [3.8.2]; Busse/Hacker § 49 a Rn 27; Wickenhöfer in Fitzner/Lutz/Bodewig § 49 a Rn 38; Schulte/Schell § 16 a Rn 70.

Beschluss.[14] Damit ist sowohl gegen die Laufzeitberichtigung als auch gegen deren Ablehnung die Beschwerde statthaft, § 73 PatG.

12 Eine Nichtigkeitsklage[15] ist, soweit der Antrag gemäß § 49 a IV Nr. 1 PatG gestellt werden kann oder über diesen Antrag noch nicht entschieden ist, ausgeschlossen, § 81 II 2 PatG.[16] § 80 II 2 PatG schließt eine Beschwerde (des Zertifikatsinhabers) hingegen nicht aus. Allerdings ist das Rechtsschutzbedürfnis für eine Beschwerde fraglich, deren Ziel einzig die Laufzeitberichtigung nach § 49 a IV Nr. 1 PatG ist. Das patentamtliche Verfahren nach § 49 a IV Nr. 1 PatG dürfte in diesem Fall regelmäßig einfacher, billiger und schneller sein. Jedenfalls würde hier das Einlegen der Beschwerde das Erkennen der falschen Datumsangabe innerhalb der Beschwerdefrist voraussetzen, aber auch zum Verlust einer weiteren Überprüfungsinstanz gegenüber dem patentamtlichen Verfahren führen.

13 Vor Einführung des § 49 a IV Nr. 1 PatG ins deutsche Patentrecht war die fristgebundene Beschwerde das Rechtsmittel des Zertifikatsinhabers gegen eine Zertifikatserteilung mit falscher (zu kurzer und zu langer) Laufzeit.[17] Dritte (bspw. Lizenznehmer) hatten keine Möglichkeit gegen eine zu kurze Laufzeit vorzugehen. Gegen eine zu lange Laufzeit mussten Dritte (bspw. Wettbewerber) hingegen auf zeitliche (Teil-)Nichtigkeit analog Art. 15 a AMV klagen.[18]

14 Busse/Hacker § 49 a Rn 28; Wickenhöfer in Fitzner/Lutz/Bodewig § 49 a Rn 38.

15 Geht es nicht um die falsche Angabe des Erstzulassungszeitpunkts (wenn das Patentamt beispielsweise von einem falschen Patentanmeldetag ausgegangen ist?) oder die Berichtigung offensichtlicher Unrichtigkeiten, wie zB Rechenfehler, so sind (Teil-)Nichtigkeitsklagen weiterhin möglich, Busse/Hacker § 49 a Rn 26.

16 Begr. PatRModG PMZ 2009, 307, 313 [B, zu Art. 1, zu Nr. 4, 5.]; aA für Zeit vor Einführung des § 49 a IV Nr. 1 PatG: BPatG GRUR 2008, 67, 67 [I.1] – Finasterid.

17 Begr. PatGÄndG PMZ 1993, 205, 211 [zu Nr. 4, 2.]; Schennen S. 81 [Art. 17 Anm 2]; Busse/Hacker § 49 a Rn 24; Busse/Hacker Anh § 16 a Rn 194, 147; Schulte/Kühnen 8. Aufl. § 49 a Rn 30.

18 Schennen S. 78 [Art. 15 Anm 2]; Busse/Hacker Anh § 16 a Rn 147, § 49 a Rn 26; Benkard/Grabinski § 16 a Rn 48; Brückner Art. 18 Rn 27 f; Krasser PatR S. 585 [§ 26 A. II. b. 7]: Regelungen zur Nichtigkeitsklage anwendbar, weil mit Art. 17 II PMV die Nichtigerklärung des Zertifikats vermieden werden soll[te]; BPatG GRUR 2008, 67, 67 [I.1] – Finasterid.

A nullity action is impossible[15] if the request according to Sec. 49a(4) No. 1 PatG might be filed or if on this request a decision has not been taken, Sec. 81(2)(2) PatG.[16] Sec. 8082)(2) PatG does not preclude, however, the lodging of an appeal (of the SPC holder). But the need for legal relief aimed only at the duration rectification under Sec. 49a(4) No. 1 PatG is doubtful. Proceedings before the patent office under Sec. 49a(4) No. 1 PatG are usually simpler, cheaper and faster. Anyway, the filing of the appeal would presuppose the recognition of a false indication of the date within the time limit for appeal and lead on to the loss of a further reviewing body in the patent-office proceedings. 12

Before the implementation of Sec. 49a(4) No. 1 PatG in German patent law a dead-lined appeal was a legal remedy of the SPC holder against the SPC grant with a false (too short and too long) duration.[17] Third parties had no possibility to proceed against too short duration. On the other hand, third parties had to bring a (partial) nullity action analogue Art. 15(1)(a) MPR against too long durations.[18] 13

14 Busse/Hacker § 49 a Rn 28; Wickenhöfer in Fitzner/Lutz/Bodewig § 49 a Rn 38.

15 If it is not about a false statement of first authorisation date (e.g. if the PTO based its calculation on a false patent filing date?) or the correction of obvious mistakes, like calculation errors, (partial) nullity actions seem still possible, Busse/Hacker § 49 a Rn 26.

16 Begr. PatRModG PMZ 2009, 307, 313 [B, Art. 1, No. 4, 5.]; dissenting: for the time before the implementation of Sec. 49a(4) No. 1 PatG: FPC GRUR 2008, 67, 67 [I.1] – Finasterid.

17 Begr. PatGÄndG PMZ 1993, 205, 211 [No. 4, 2.]; Schennen p. 81 [Art. 17 Anm 2]; Busse/Hacker § 49 a Rn 24; Busse/Hacker Anh § 16 a Rn 194, 147; Schulte/Kühnen 8th ed. § 49 a Rn 30.

18 Schennen p. 78 [Art. 15 Anm 2]; Busse/Hacker Anh § 16 a Rn 147, § 49 a Rn 26; Benkard/Grabinski § 16 a Rn 48; Brückner Art. 18 Rn 27 f; Krasser PatR p. 585 [§ 26 A. II. b. 7]: Rules for nullity actions applicable, because Art. 17(2) PPR serves to avoid the invalidity of the SPC; FPC GRUR 2008, 67, 67 [I. 1] – Finasterid.

Artikel 19 Verfahren[1]

(1) Soweit diese Verordnung keine Verfahrensvorschriften enthält, finden auf das Zertifikat die nach einzelstaatlichem Recht für das entsprechende Grundpatent geltenden Verfahrensvorschriften Anwendung, sofern das einzelstaatliche Recht keine besonderen Verfahrensvorschriften für Zertifikate vorsieht.

(2) Ungeachtet des Absatzes 1 ist das Einspruchsverfahren gegen ein erteiltes Zertifikat ausgeschlossen.

I. Einführung

1 Die AMV enthält unmittelbar anwendbare und nicht umsetzungsbedürftige Regelungen über den Anwendungsbereich, die Erteilungs- und Verlängerungsvoraussetzungen und bestimmte Wirkungen von Zertifikaten, Art. 288 S. 2, 3 AEUV. Insbesondere ihre verfahrensrechtlichen Vorgaben sind jedoch unvollständig und bedürfen der Ergänzung durch einzelstaatliches Recht. Nach Art. 19 I AMV finden auf das Zertifikat die nach einzelstaatlichem Recht für das entsprechende Grundpatent geltenden Vorschriften Anwendung, sofern weder die AMV noch das einzelstaatliche Recht besondere Verfahrensvorschriften für Zertifikate enthält bzw. vorsieht.

2 Das deutsche Patentgesetz[2] enthält Zertifikatssonderrecht vor allem in verfahrensrechtlicher (§§ 16 a I 2 [Schutzzertifikate]; 30 I [Patentregister]; 49 a [Zertifikatserteilung]; 81 I, II 2 [Nichtigkeitsklage]; 83 I [gerichtlicher Hinweis]; 116 II [Klageänderung]; 147 II [Übergangsvorschrift] PatG), in geringerem Ausmaß auch in materiell-rechtlicher (§§ 16 a I 1, II, III; 142 [Strafbarkeit] PatG) Hinsicht. Darüber hinaus bestimmt § 16 a II PatG die entsprechende Geltung weiterer patentrechtlicher Vorschriften.

3 **§ 16 a I 1 PatG** wiederholt die sich aus der AMV und weiteren, ggf. auch künftigen Zertifikatsverordnungen ergebende Möglichkeit einer Zertifikatsbeantragung. Der ergänzende Schutz für ein Patent ist danach antragsgebunden. Er schließt sich unmittelbar an den Ablauf des Patents an, § 16 a I 1 aE PatG. Dies entspricht der Regelung in Art. 13 I AMV wonach das Zertifikat ab Ablauf der gesetzlichen Laufzeit des Grundpatents gilt.

4 Art. 12 AMV gestattet es den Mitgliedstaaten, **Jahresgebühren** für den ergänzenden Schutz zu verlangen. Davon macht Deutschland in **§ 16 a I 2 PatG** Gebrauch.[3]

II. Entsprechende Anwendbarkeit bestimmter Vorschriften des PatG

5 **§ 16 a II PatG** bestimmt, welche Vorschriften des PatG auf den ergänzenden Schutz entsprechend anwendbar sind. Der deutsche Gesetzgeber sah – auch außerhalb des bereits durch Art. 19 II AMV ausgeschlossenen Einspruchsverfahrens – die Gefahr, dass für den ergänzenden Schutz nach Art. 19 I AMV auch solche (Patent-)Verfahrensvorschriften gelten, die hierfür sachlich nicht in Betracht kommen. Insbesondere könne man die Vorschriften über das (Patent-)Prüfungs- und Erteilungsverfahren nicht, auch nicht subsidiär anwenden. Es erschien daher sinnvoll, die anwendbaren Vorschriften ausdrücklich zu nennen.[4]

6 Zwar bestimmt Art. 6 AMV, dass das Recht auf das Zertifikat dem Grundpatentinhaber oder dessen Rechtsnachfolger zusteht. Es wird jedoch weder geregelt, wem das Grundpatent zusteht, noch wie zu verfahren ist, wenn der eingetragene Inhaber des Grundpatents oder des Zertifikats nicht der materiell Berechtigte ist. Der besser Berechtigte kann in Deutschland seine Ansprüche gemäß **§§ 6–8, 16 a II PatG (Berechtigung des Anmelders)** geltend

1 Der frühere Art. 19 VO 1768/92 hat in der AMV keine Entsprechung mehr.
2 Für UK vgl. RL UK IPO SPM 19.02 ff.
3 Vgl. hierzu Kommentierung zu Art. 12 AMV.
4 Begr. PatGÄndG PMZ 1993, 205, 208 [2.].

Article 19 Procedure[1]

1. In the absence of procedural provisions in this Regulation, the procedural provisions applicable under national law to the corresponding basic patent shall apply to the certificate, unless the national law lays down special procedural provisions for certificates.

2. Notwithstanding paragraph 1, the procedure for opposition to the granting of a certificate shall be excluded.

I. Introduction

1 The MPR contains directly applicable and not requiring implementation regulations about the scope, grant and extension conditions, and certain effects of the SPCs, Art. 288(2), (3) TFEU. In particular its procedural objectives are, however, incomplete and need the completion by national law. According to Art. 19(1) MPR the provisions valid according to national law for a respective basic patent apply to the SPC as long as neither the MPR nor national law contains or provides for particular procedural provisions for SPCs.

2 The German Patent Act[2] contains special SPC related provisions first in procedural matters (Sec. 16a81)(2) [SPCs]; 30(1) [patent register]; 49 a [SPC grant]; 81(1), (2)(2) [nullity action]; 83(1) [court notification]; 116(2) [amendment of action]; 147(2) [transitional provisions] PatG), and to a lesser extent also in substantive legal matters (Sec. 16a(1)(1), (2), (3); 142 [punishability] PatG). In addition, Sec. 16a(2) PatG states that certain patent related provisions apply mutatis mutandis for SPCs.

3 **Sec. 16a(1)(1) PatG** repeats the possibility of SPC application, which follows from the MPR and from further (PPR) or future SPC regulations. The supplementary protection for a patent is accordingly application-related. It follows immediately on patent expiry, Sec. 16a(1)(1) PatG. This corresponds to Art. 13(1) MPR according to which the SPC takes effect at the end of the lawful term of the basic patent.

4 Art. 12 MPR allows the Member States to charge **annual fees** for the supplementary protection. Germany uses that in **Sec. 16a(1)(2) PatG.**[3]

II. Applicability Mutatis Mutandis of Provisions of the PatG

5 **Sec. 16a(2) PatG** determines which provisions of the PatG are respectively applicable to the supplementary protection. The German legislator saw – also outside opposition proceedings already excluded by Art. 19(2) MPR – danger that such procedural provisions apply to the supplementary protection according to Art. 19(2) MPR, which do not come into consideration for this purpose. In particular, one might not, also not subsidiary, apply the provisions on the (patent) examination and grant procedure. It therefore, made sense to explicitly list the applicable provisions.[4]

6 Art. 6 MPR states that the SPC shall be granted to the basic patent holder or his successor in title. However, it is neither stated who is entitled to the basic patent nor how one should proceed if the registered basic patent or SPC holder is not the legitimately entitled person. The person better entitled might bring an action in accordance with **Sec. 6–8, 16a(2) PatG (Entitlement of the applicant)** and should, for example, be able to demand not only the

1 The former Art. 19 Reg. 1768/92 has no counterpart in the MPR.
2 For UK cf. RL UK IPO SPM 19.02 ff.
3 Cf. to this comment on Art. 12 MPR.
4 Begr. PatGÄndG PMZ 1993, 205, 208 [2.].

machen und soll beispielsweise nicht nur die Übertragung des Grundpatents, sondern auch des darauf erteilten Zertifikats verlangen können.[5] Ungeklärt scheint bislang, wie sich dies mit der zu Gunsten des bei Erwerb gutgläubigen Patentinhabers (vgl. § 8 S. 5 PatG) geregelten Klagefrist des § 8 S. 3 PatG vertragen soll, die – ihrem Wortlaut nach – zwei Jahre nach Veröffentlichung der Patenterteilung im Patentblatt abläuft. Es wäre kaum nachvollziehbar, wenn der gutgläubige Patentinhaber nach Fristablauf durch Veröffentlichung einer späteren Zertifikatserteilung erneut Ansprüchen ausgesetzt wäre. Andererseits, wird es nur selten innerhalb von zwei Jahren ab Patenterteilung zur Anmeldung bzw. Erteilung eines Zertifikats kommen, so dass der Abtretungs-/Übertragungsanspruch nach § 8 S. 1 PatG bei Zertifikaten trotz der generellen Geltungsanordnung in § 16 a II PatG nur ausnahmsweise einschlägig wäre.

7 Das Zertifikat gewährt nach Art. 5 AMV – und vorbehaltlich der Beschränkung auf das zugelassene Erzeugnis gemäß Art. 4 AMV – dieselben Rechte wie das Grundpatent.[6] Diese Rechte sind in Deutschland in den ergänzend anwendbaren **§§ 9–12,**[7] **16 a II PatG (Wirkungen des Patent und Ausnahmen davon)** geregelt.[8] So ist allein der Zertifikatsinhaber befugt, das zertifikatsgeschützte Erzeugnis zu benutzen, § 9 S. 1 PatG. Allerdings können sich Dritte – falls nötig – auch während der Zertifikatslaufzeit auf Versuchs- (§ 11 Nr. 2 PatG),[9] Zulassungsprivileg (§ 11 Nr. 2 b PatG) usw. berufen.

8 Nach Art. 5 AMV unterliegt das Zertifikat nicht nur denselben Rechten, sondern auch denselben Beschränkungen und Verpflichtungen wie das Grundpatent. Durch die Nennung von **Benutzungsanordnung (§ 13 PatG)** und **Zwangslizenz (§ 24 PatG)** in § 16 a II PatG sollten für das Grundpatent geltende Benutzungsanordnungen und Zwangslizenzen am Zertifikat automatisch weitergelten. Es sollte aber auch die Möglichkeit eröffnet werden, diese für Zertifikate unbelasteter Grundpatente erstmals zu erteilen.[10] Bedeutung kann dies künftig für Zwangslizenzen nach VO 816/2006 erlangen.[11]

9 Der Verweis auf die Regeln zur Bestimmung des **Schutzbereichs (§§ 14, 16 a II PatG)** erschien dem deutschen Gesetzgeber nötig, weil die AMV nicht klar genug zwischen Schutzgegenstand, Schutzwirkungen und Schutzbereich unterscheidet. Durch ihn wird klargestellt, dass der Schutzbereich des Zertifikats – das selbst keine Ansprüche besitzt – durch die Ansprüche des Grundpatents unter Heranziehen der Beschreibung und Zeichnungen zu bestimmen ist. Für mit Wirkung für Deutschland nach dem EPÜ erteilte Patente ist Art. 69 EPÜ zur Bestimmung des Schutzbereichs heranzuziehen.[12] Der Schutzumfang des Zertifikats ist unter Berücksichtigung der konkreten Verletzungsform und unter Einbeziehung der Äqui-

5 Begr. PatGÄndG PMZ 1993, 205, 208 [2.a]; vgl. Brückner Art. 19 Rn 7.
6 Vgl. auch Kommentierung zu Art. 4, 5 AMV.
7 Zur Möglichkeit einer mittelbaren Patentverletzung (§ 10 PatG): vgl. auch EuGH C-518/10 – Yeda.
8 Begr. PatGÄndG PMZ 1993, 205, 208 [2.b].
9 Vgl. Brückner Art. 19 Rn 10.
10 Begr. PatGÄndG PMZ 1993, 205, 208 [2.c].
11 Vgl. auch VO 816/2006 über Zwangslizenzen für Patente an der Herstellung von pharmazeutischen Erzeugnissen für die Ausfuhr in Länder mit Problemen im Bereich der öffentlichen Gesundheit, Schulte/Rinken/Kühnen § 24 Rn 38 ff; die Zwangslizenz nach VO 816/2006 beschränkt sich auf Herstellung und anschließende Ausfuhr in bestimmte am wenigsten entwickelte oder Niedrigeinkommensländer.
12 Vgl. Schulte/Schell § 16 a Rn 19, 49.

assignment of the basic patent, but also the SPC granted accordingly.[5] It remains unclear how should that get on with the period for filing an action stated by Sec. 8(3) PatG for the benefit of the patent holder in good faith when obtaining the patent (Sec. 8(5) PatG), which – according to the wording – expires two years after the publication date of the patent grant. It would be difficult to understand if the patent holder in good faith is exposed to actions again after the prescribed period because of the publication of a later SPC grant. On the other hand, it will come up to the application for or the grant of an SPC within two years from the date of the grant of an SPC seldom so the action for surrender/assignment according to Sec. 8(1) PatG would be only exceptional relevant in SPC cases notwithstanding its general applicability according to Sec. 16a(2) PatG.

The SPC grants in accordance with Art. 5 MPR – and subject to its restriction on the authorised product according to Art. 4 MPR – the same rights as the basic patent.[6] In Germany these rights are regulated by the additionally applicable **Sec. 9–12,**[7] **16a(2) PatG (Effect of the patent and exemptions therefrom).**[8] So only the SPC holder is entitled to use the SPC covered product, Sec. 9(1) PatG. Nevertheless, third parties might – if necessary – refer to the experimental use exemption (Sec. 11 No. 2 PatG) or Bolar provision (Sec. 11 No. 2 b PatG)[9] etc. during the SPC term. 7

According to Art. 5 MPR the SPC is not only subject to the same rights, but also to the same restrictions und obligations as the basic patent. Because of the reference to the **order of exploitation (Sec. 13 PatG)** and the **compulsory licence (Sec. 24 PatG)** in Sec. 16a(2) PatG the provisions for the order of exploitation and compulsory licences valid for the basic patent should continue to apply automatically to the SPC. But a possibility should also be created of granting them at first for the SPCs of unencumbered basic patents.[10] This could become important for compulsory licences in accordance with Reg. 816/2006 in the future.[11] 8

Reference to the rules on determination of the scope of protection seemed necessary for the German legislator because the MPR does not make a clear-cut distinction between the subject matter of protection, effects of protection and scope of protection. Thus it was clarified that the scope of the SPC – which does not have claims itself – has to be determined by the claims of the basic patent on the basis of the description and drawings. For the determination of the scope of protection Art. 69 EPC applies for EP patents granted with effect for Germany.[12] The SPC scope of protection has to be determined considering the concrete infringing product and involving equivalents.[13] Also the question whether the SPC scope of 9

5 Begr. PatGÄndG PMZ 1993, 205, 208 [2.a]; cf. Brückner Art. 19 Rn 7.
6 Cf. also comment on Art. 4, 5 MPR.
7 As to the possibility of indirect patent infringement (Sec. 10 PatG): cf. also C-518/10 – Yeda.
8 Begr. PatGÄndG PMZ 1993, 205, 208 [2.b].
9 Cf. Brückner Art. 19 Rn 10.
10 Begr. PatGÄndG PMZ 1993, 205, 208 [2.c].
11 Cf. also Reg. 816/2006 on compulsory licensing of patents relating to the manufacture of pharmaceutical products for export to countries with public health problems, Schulte/Rinken/Kühnen § 24 Rn 38 ff, the compulsory license under Reg. 816/2006 is limited to the manufacturing and subsequent export into particular least-developed or low-income countries.
12 Cf. Schulte/Schell § 16 a Rn 19, 49.

valente[13] zu bestimmen. Auch die Frage, ob sich der Schutzbereich eines Zertifikats auf einen zugelassenen Wirkstoff bezieht, könne allein nach § 14 PatG beantwortet werden.[14]

10 Nach § 16 a II PatG sind die Vorschriften des PatG für **Lizenzen** (**§ 15 II, III PatG**) und deren Eintragung[15] (§ 30 IV PatG)[16] entsprechend anwendbar. Zertifikate und Patente sollen nach den gleichen rechtlichen Regelungen lizensiert und ausschließliche Lizenzen an ihnen in das Patentregister gleichermaßen eingetragen werden können.[17] Insbesondere bleibt eine erteilte Lizenz bestehen, wenn das Zertifikat auf einen Dritten übertragen wird oder kraft Gesetzes übergeht (**Sukzessionsschutz**), §§ 15 III, 16 a II PatG.[18] Im Zweifel – aber nicht notwendigerweise – soll dem Lizenznehmer auch eine erst während des Zertifikatsschutzes zugelassene Verwendung des Arzneimittels gestattet sein.[19] Von §§ 15, 16 a II PatG zu unterscheiden ist die für das Zertifikat geregelte Weitergeltung von für das Grundpatent erteilten Lizenzen (§ 16 a III PatG) bzw. für das Grundpatent erfolgten Eintragungen ausschließlicher Lizenzen.

11 Mit der Aufnahme von **§ 20 PatG** (**Erlöschen**) in § 16 a II PatG wollte der deutsche Gesetzgeber Art. 14 c AMV konkretisieren. § 20 I Nr. 3, II PatG sollte nicht nur für die (nicht rechtzeitige) Zahlung der Jahresgebühr für ein Patent (Art. 15 I b AMV), sondern auch für die (nicht rechtzeitige) Zahlung der Jahresgebühr für ein Zertifikat (Art. 14 c AMV) gelten.[20]

12 Das Zertifikat ist nach Art. 15 I c Alt. 1 AMV nichtig, wenn das Grundpatent für nichtig erklärt wurde. Es ist nach Art. 15 I c Alt. 3 AMV aber auch dann nichtig, wenn das Grundpatent (vor seinem Erlöschen) zwar nicht für nichtig erklärt wurde, jedoch nach Erlöschen Nichtigkeitsgründe vorliegen, die eine Nichtigerklärung gerechtfertigt hätten. Nicht geregelt ist allerdings, wie zu verfahren ist, wenn das Grundpatent weder erloschen ist, noch für nichtig erklärt wurde, aber dennoch Nichtigkeitsgründe vorliegen. Soweit **§§ 22, 16 a II PatG** (**Nichtigkeit**) – mit seiner Verweisung auf die in § 21 PatG geregelten Nichtigkeitsgründe – für entsprechend anwendbar erklärt wird, soll dies dazu führen, dass auf Nichtigkeit des Zertifikats auch in diesem Fall geklagt werden kann.[21] Dies ergibt sich auch aus § 81 I 3 PatG, wonach die Nichtigkeitsklagen gegen Zertifikat und Grundpatent verbunden und im Falle des Zertifikats auch auf Nichtigkeitsgründe gegen das Grundpatent gestützt werden können.[22]

13 Für Zertifikate ist – genau wie für Patente – eine **Lizenzbereitschaftserklärung** (**§§ 23, 16 a II PatG**), einschließlich der damit verbundenen Jahresgebührenermäßigung möglich. Sollte die Lizenzbereitschaft für das Grundpatent bereits erklärt worden sein, so gilt diese auch für das Zertifikat, § 16 a III PatG.[23]

13 Dies könnte man seit EuGH C-322/10 – Medeva anzweifeln, da der EuGH nicht zwischen Erteilungsvoraussetzungen (Art. 3 AMV) und Rechtsfolgen (Art. 5 AMV) unterscheidet und fordert, dass Wirkstoffe in den Ansprüchen des Grundpatents genannt sein müssen, um vom Grundpatent geschützt zu sein. Wendet man weiterhin EG 13, 17 PMV an, wonach Derivate des Wirkstoffs vom Schutz des Grundpatents umfasst sind, so dürfte kaum noch etwas als äquivalente Verletzungsform übrigbleiben. Vgl. dazu auch Feldges/Kramer FS Meibom 2010 S. 57 ff.

14 Begr. PatGÄndG PMZ 1993, 205, 208 f [2.d].

15 Für die Zertifikatseintragung gilt § 30 I PatG nach seinem Wortlaut auch ohne Verweis in § 16 a II PatG.

16 Anfangs Verweis auf § 34 PatG, geändert durch Art. 2 Nr. 2 PatGÄndG, Schulte/Schell § 16 a Rn 1.

17 Begr. PatGÄndG PMZ 1993, 205, 209 [2.e].

18 Benkard/Ullmann § 15 Rn 108; Benkard/Grabinski § 16 a Rn 39.

19 Benkard/Grabinski § 16 a Rn 39.

20 Begr. PatGÄndG PMZ 1993, 205, 209 [2.g].

21 Begr. PatGÄndG PMZ 1993, 205, 209 [2.g].

22 Vgl. Busse/Hacker Anh § 16 a Rn 142; vgl. Brückner Art. 19 Rn 25, 26.

23 Benkard/Rogge § 23 Rn 10; Busse/Hacker § 23 Rn 3; Schulte/Kühnen 8. Aufl. § 16 a Rn 35; Brückner Art. 19 Rn 30.

protection and the authorised active ingredient are related, might be answered only in accordance with Sec. 14 PatG.[14]

According to Sec. 16a(2) PatG the provisions of the PatG for **licences (Sec. 15(2), (3) PatG)** and their entry[15] (Sec. 30(4) PatG)[16] apply mutatis mutandis. SPCs and patents should be licenced in accordance with equal legal regulations and one should be able to enter exclusive licenses in the Patent Register equally.[17] In particular, a granted licence remains in effect if the SPC is assigned to the third party or is transferred by virtue of law (**succession protection**), Sec. 15(3), 16a(2) PatG.[18] If in doubt – but not necessarily – the use of the medicinal product authorised just during the SPC term should be allowed to the licensee.[19] Sec. 15, 16 a PatG must be distinguished from continued validity of licenses for SPCs granted originally for the basic patent (Sec. 16a(3) PatG) or of entries of exclusive licences made for the basic patent. 10

By implementation of **Sec. 20 PatG (lapse)** in Sec. 16a(2) PatG the German legislator wanted to substantiate Art. 14(c) MPR. Sec. 20(1) No. 3, II should apply not only to the (not in time) payment of the annual fee for a patent (Art. 15(1)(b) MPR), but also for the (not in time) payment of the annual fee for an SPC (Art. 14(c) MPR).[20] 11

The SPC is according to Art. 15(1)(c) MPR invalid if the basic patent was declared invalid. It is also invalid according to Art. 15(1)(c) MPR if the basic patent (before its lapse) was not declared invalid, indeed, nevertheless, after the lapse the grounds for revocation are on hand, which would justify its invalidity. Nevertheless, it remains not provided for how one should proceed if the basic patent is neither lapsed nor declared invalid, but the ground for invalidity are on hand. As far as **Sec. 22, 16a(2) PatG (Invalidity)** – with its reference to the ground for revocation laid down in Sec. 21 PatG – is declared applicable mutatis mutandis, this must lead on to the ability to start invalidity proceedings in this case.[21] This follows from Sec. 81(1)(3) PatG according to which SPC and basic patent nullity actions can be joint and for an SPC the nullity action can be based on a ground for revocation of the basic patent.[22] 12

For SPCs – just as for patents – a **declaration of willingness to grant a licence (Sec. 23, 16a(2) PatG)** is possible, including the reduction of annual fees associated with that. If the willingness to grant a licence has been already declared, it applies also to the SPC, Sec. 16a(3) PatG.[23] 13

13 This seems doubtful since C-322/10 – Medeva, as the ECJ does not differentiate between grant conditions (Art. 3 MPR) and legal consequences (Art. 5 MPR) and decided, that active ingredients must be mentioned in the wording of the claims to be protected by the basic patent. Applying furthermore R 13, 17 PPR, according to which derivatives of the active ingredient are within the basic patents scope of protection, it seems unlikely that something remains as an equivalent form of infringement.

14 Begr. PatGÄndG PMZ 1993, 205, 208 f [2.d].
15 Sec. 30(1) PatG applies – according to its wording – for SPC register entries also without a reference in Sec. 16a(2) PatG.
16 Initially reference to Sec. 34 PatG, amended by Art. 2 No. 2 PatGÄndG, Schulte/Schell § 16 a Rn 1.
17 Begr. PatGÄndG PMZ 1993, 205, 209 [2.e].
18 Benkard/Ullmann § 15 Rn 108; Benkard/Grabinski § 16 a Rn 39.
19 Benkard/Grabinski § 16 a Rn 39.
20 Begr. PatGÄndG PMZ 1993, 205, 209 [2.g].
21 Begr. PatGÄndG PMZ 1993, 205, 209 [2.g].
22 Cf. Busse/Hacker Anh § 16 a Rn 142; cf. Brückner Art. 19 Rn 25, 26.
23 Benkard/Rogge § 23 Rn 10; Busse/Hacker § 23 Rn 3; Schulte/Kühnen 8th ed. § 16 a Rn 35; Brückner Art. 19 Rn 30.

14 Obwohl vor dem DPMA kein Anwaltszwang besteht, müssen Zertifikatsanmelder ohne Wohnsitz, Sitz oder Niederlassung in Deutschland einen inländischen Rechts- oder Patentanwalt als Vertreter bestellen (**§§ 25, 16 a II PatG, Inlandvertreter**), damit das DPMA keine Zustellungen im Ausland vornehmen muss.[24]

15 Nach § 16 a II PatG gelten die **§§ 65–122 a PatG** auch für gerichtliche Verfahren, die Zertifikate betreffen, insbesondere für Beschwerden gegen Zurückweisungsbeschlüsse der Patentabteilung (§§ 73, 49 a II 3 PatG), Art. 18 AMV, Beschwerden gegen Laufzeitberichtigungsbeschlüsse der Patentabteilung (§§ 73, 49 a IV Nr. 1, 81 II 2 PatG), Art. 17 II, EG 17 PMV, Beschwerden gegen Laufzeitverlängerungswiderrufsbeschlüsse (§§ 73, 49 a IV Nr. 2, 81 II 2 PatG), Art. 16 II AMV, Rechtsbeschwerden gegen Beschlüsse der Beschwerdesenate des BPatG (§ 100 PatG), Art. 18 AMV, Nichtigkeitsklagen gegen Zertifikate (§ 81 PatG), Art. 15 II AMV und Berufungen gegen Urteile der Nichtigkeitssenate des BPatG (§ 110 PatG).

16 Der Verweis in § 16 a II PatG ermöglicht bei Vorliegen der Voraussetzungen des **§ 123 PatG** eine **Wiedereinsetzung** in bestimmte im Zertifikatserteilungsverfahren schuldlos versäumte Fristen. Wiedereinsetzbar sind die Anmeldefrist nach Art. 7 I, II AMV,[25] die Mängelbeseitigungsfrist nach Art. 10 III, VI,[26] Art. 8 AMV, § 49 a II 2 PatG,[27] die Nachfrist zur Zahlung der Anmeldegebühr nach Art. 10 III, VI Art. 8 IV AMV, §§ 16 a I 2, 49 a II 2 PatG[28] und die Beschwerdefrist nach § 73 II PatG.[29] § 123 PatG ist nicht anwendbar auf Fristen gemäß §§ 49 a II 2 PatG,[30] 19 PatV,[31] wenn der Anmelder aufgefordert wurde, das Erzeugnis zu bezeichnen oder den Schutz durch das Grundpatent zu erläutern. In diesem Fall handele es sich nicht um eine Ausschlussfrist (anders Art. 10 III, IV AMV), da das DPMA entsprechende Äußerungen des Anmelders auch nach Fristablauf noch bis zur Übergabe des Zurückweisungsbeschlusses an die Poststelle berücksichtigen müsse.[32]

17 Ob in diesem Fall eine **Weiterbehandlung** (§ 123 a PatG) in Betracht kommt, ist ungeklärt. So soll § 123 a PatG auf Zertifikate analog anwendbar sein, obwohl § 16 a II PatG keinen entsprechenden Verweis enthält.[33] Das DPMA hält eine Weiterbehandlung dagegen für nicht möglich.[34]

18 Geht man davon aus, dass die Anmeldefrist des Art. 7 I AMV bereits ab dem aus den Zulassungsunterlagen gem. Art. 8 I a iv AMV ersichtlichen Zeitpunkt der Zulassung läuft, so soll Wiedereinsetzung möglich sein, wenn die Bekanntgabe der Zulassung erst längere Zeit nach diesem Zeitpunkt erfolgt und die Anmeldefrist dadurch unangemessen verkürzt würde.[35] Man wird aber weiter davon ausgehen müssen, dass mit Bekanntgabe der Zulassung das Hindernis iSv § 123 II 1 PatG wegfällt und die 2-Monatsfrist zu laufen beginnt. Der Anmelder würde dann von einer Wiedereinsetzung nur profitieren, wenn die Bekanntgabe der

24 Begr. PatGÄndG PMZ 1993, 205, 209 [2.i].
25 Schennen S. 62 [Art. 7 Anm. 5]; Schulte/Schell § 16 a Rn 44, 84, Schulte/Rudloff-Schäffer § 49 a Rn 12; Mes § 16 a Rn 22, Rn 29; Busse/Hacker Anh § 16 a Rn 99, § 49 a Rn 13; Brückner Art. 19 Rn 36; BPatG vom 2.3.2000 15 W (pat) 23/99 [Rn 40] – Purin; BPatG GRUR 2000, 398, 404 [II.2] – Abamectin.
26 Auch für Laufzeitverlängerungsanträge.
27 Benkard/Grabinski § 49 a Rn 10; Busse/Hacker Anh § 16 a Rn 119.
28 Schulte/Rudloff-Schäffer § 49 a Rn 13; Busse/Hacker § 49 a Rn 13.
29 Schulte/Kühnen 8. Aufl. § 16 a Rn 38; Brückner Art. 19 Rn 36.
30 Vgl. Busse/Hacker Anh § 16 a Rn 119; Schulte/Kühnen 8. Aufl. § 16 a Rn 38; Brückner Art. 19 Rn 38.
31 Benkard/Grabinski § 49 a Rn 10.
32 Busse/Hacker Anh § 16 a Rn 119.
33 Mes § 123 a Rn 3; Schulte/Kühnen 8. Aufl. § 16 a Rn 38, Schulte/Schell § 123 a Rn 12; eine analoge Anwendung von § 123 a PatG ist nach Busse/Hacker Anh § 16 a Rn 119 (wohl nur?) in Fällen des vorrangigen Art. 10 IV AMV ausgeschlossen.
34 RL DPMA S. 16/16 [5.2]; Brückner Art. 19 Rn 46.
35 Busse/Hacker Anh § 16 a Rn 94, 99.

Although the representation by an attorney before the German PTO is not required, SPC applicants without a domicile, registered office or establishment in Germany have to appoint a domestic attorney-at-law or patent attorney as representative (**Sec. 25, 16a(2) PatG, Inlandvertreter**) so that the German PTO had not to serve the documents abroad.[24] 14

According to Sec. 16a(2) PatG **Sec. 65–122 a PatG** apply also to the legal proceedings on the SPCs, in particular to the appeals from the decisions on rejection taken by the Patent Division (Sec. 73, 49a(4) No. 1, 81(2)(2) PatG), Art. 18 MPR, appeals from the decisions on rectification of the duration taken by the Patent Division (Sec. 73, 49a(4) No. 1, 81(2)(2) PatG), Art. 17(2), R 17 PPR, appeals from the decisions on revocation of a pediatric extension (Sec. 73, 49a(4) No. 2, 81(2)(2) PatG), Art. 16(2) MPR, appeals on a point of law from the orders issued by FPC's boards of appeal (Sec. 100 PatG), Art. 18 MPR, SPC nullity actions (Sec. 81 PatG), Art. 15(2) MPR and appeal from judgments passed by FPC's nullity boards (Sec. 110 PatG). 15

The reference in Sec. 16a(2) PatG enables – if the conditions in **Sec. 123 PatG** are met – the **reinstatement**, if the SPC applicant with no fault of his own, has been prevented from observing a time limit in relation to the patent office or court. The filing period under Art. 7(1), (2) MPR,[25] the period for the rectification of irregularities under Art. 10(3),[26] Art. 8 MPR, Sec. 49a(2)(2) PatG,[27] the grace period for the payment of the filing fee under Art. 10(3), (6) Art. 8(4) MPR, Sec. 16a(1)(2), 49a(2)(2) PatG[28] and the appeal period under Sec. 73(2) PatG[29] might be reinstated. Sec. 123 PatG does not apply to the periods according to Sec. 49a(2)(2) PatG,[30] 19 PatV[31] if the applicant was requested to designate the product or to comment on the protection by the basic patent. In this case it is not about a time limit of exclusion (unlike Art. 10(3), (4) MPR) because the German PTO has to consider the relevant comments made by the applicant after the deadline but before the delivery of the decision on rejection to the internal mail service.[32] 16

It is unclear whether **further processing** (Sec. 123 a PatG) comes into consideration in this case. Sec. 123 a PatG could apply mutatis mutandis to SPC proceedings, although Sec. 16a(2) PatG does not contain a relevant reference.[33] However, the German PTO considers further processing impossible.[34] 17

Assuming the filing period laid down in Art. 7(1) MPR begins already on the day of authorisation, apparent according to Art. 8(1)(a)(iv) MPR from the authorisation documents, so the reinstatement should be possible if the authorisation notification occurred long time after this day and the filing period was unreasonably reduced.[35] But it should be still assumed that with the authorisation notification the impediment within the meaning of Sec. 123(2)(1) PatG disappears and the two-month period begins running. The applicant would benefit from the reinstatement only if the notification of the authorisation occurred more than 4 18

24 Begr. PatGÄndG PMZ 1993, 205, 209 [2.i].
25 Schennen p. 62 [Art. 7 Anm 5]; Schulte/Schell § 16 a Rn 44, 84, Schulte/Rudloff-Schäffer § 49 a Rn 12; Mes § 16 a Rn 22, Rn 29; Busse/Hacker Anh § 16 a Rn 99, § 49 a Rn 13; Brückner Art. 19 Rn 36; BPatG vom 2.3.2000 15 W (pat) 23/99 [Rn 40] – Purin; FPC GRUR 2000, 398, 404 [II.2] – Abamectin.
26 Also for pediatric extension applications.
27 Benkard/Grabinski § 49 a Rn 10; Busse/Hacker Anh § 16 a Rn 119.
28 Schulte/Rudloff-Schäffer § 49 a Rn 13; Busse/Hacker § 49 a Rn 13.
29 Schulte/Kühnen 8th ed. § 16 a Rn 38; Brückner Art. 19 Rn 36.
30 Cf. Busse/Hacker Anh § 16 a Rn 119; Schulte/Kühnen 8th ed. § 16 a Rn 38; Brückner Art. 19 Rn 38.
31 Benkard/Grabinski § 49 a Rn 10.
32 Busse/Hacker Anh § 16 a Rn 119.
33 Mes § 123 a Rn 3; Schulte/Kühnen 8th ed. § 16 a Rn 38; Schulte/Schell § 123 a Rn 12; an application of Sec. 123 a PatG mutatis mutandis is excluded according to Busse/Hacker Anh § 16 a Rn 119 (but probably only) in case of overriding Art. 10(4) MPR.
34 RL DPMA p. 16/16 [5.2]; Brückner Art. 19 Rn 46.
35 Busse/Hacker Anh § 16 a Rn 94, 99.

Zulassung später als 4 Monate nach ihrer Ausstellung erfolgt. Dies erscheint mit Blick auf die vom Verordnungsgeber in Art. 7 I AMV zugebilligte Regelfrist von 6 Monaten kaum gerechtfertigt. Dieses Problem tritt nicht auf, wenn man den Fristbeginn nach deutschem Recht, also mit Bekanntgabe[36] bestimmen könnte.

19 Ein weiterer Fall der Wiedereinsetzung soll vorliegen, wenn innerhalb der Anmeldefrist des Art. 7 I AMV die Zulassung wegen ungünstigen Nutzen-Risiko-Verhältnisses (§ 25 II Nr. 5 AMG) zurückgenommen oder widerrufen wurde (§ 30 I 1 AMG). Die Entscheidung der nationalen Zulassungsbehörde wäre sofort vollziehbar, Widerspruch und Anfechtungsklage hätten keine aufschiebende Wirkung (§§ 30 III 2, 3 AMG, 80 II Nr. 3 VwGO), das Arzneimittel dürfte nicht mehr in Verkehr gebracht werden und Art. 3 b AMV wäre bei Anmeldung nicht mehr gegeben.[37] Im Falle einer erfolgreichen Anfechtung der Entscheidung dürfte die Frist des Art. 7 I AMV verstrichen sein. Ob dies auch für den Fall des Ruhens der Zulassung gelten kann, bleibt wegen dessen Befristung (§ 30 I 4 AMG) fraglich. Aus Anmeldersicht sicherer scheint in allen diesen Fällen die Einreichung der Zertifikatsanmeldung innerhalb der 6-Monatsfrist unter Hinweis auf ein anhängiges Verwaltungs-(gerichts-)verfahren und der Anregung die Bescheidung der Anmeldung bis zum Erlass einer rechtskräftigen Entscheidung über die Zulassung zu verschieben.

20 Eine Wiedereinsetzung soll indes nicht statthaft sein, wenn zum Zeitpunkt der Zertifikatsanmeldung das Grundpatent nicht mehr in Kraft ist, selbst wenn der Grund hierfür in einem besonders langwierigen Zulassungsverfahren liegt. Das Erfordernis eines in Kraft befindlichen Grundpatents gem. Art. 3 a AMV sei keine gegenüber dem DPMA zu wahrende Frist sondern eine materielle Erteilungsvoraussetzung. Auch wenn der Wiedereinsetzungsantrag vordergründig darauf gerichtet war, die Antragstellerin so zu stellen, als hätte sie die Anmeldung rechtzeitig vor Ablauf des Grundpatents eingereicht, so hätte es zu diesem Zeitpunkt an einer gültigen Zulassung (Art. 3 b AMV) gefehlt.[38]

21 Abzuwarten bleibt, ob die Verlängerungsantragsfrist nach Art. 7 IV, V AMV wiedereinsetzungsfähig ist. Diese Frist ist eine gegenüber dem Patentamt einzuhaltende Frist, deren Versäumung einen Rechtsnachteil[39] zur Folge hat. Berücksichtigt man weiterhin, dass diese Frist in Art. 7 IV AMV nicht auf 6 Monate verkürzt wurde, um Transparenz für den Generikawettbewerb zu sichern[40] und dass die Wiedereinsetzung ein Jahr nach Ablauf der versäumten Frist nicht mehr beantragt werden kann (§ 123 II 4 PatG),[41] so spricht viel dafür, eine Wiedereinsetzung zu zulassen.

22 Die **Wahrheitspflicht** gilt gemäß **§§ 124, 16 a II PatG** auch im Zertifikatserteilungsverfahren, ebenso die Vorschriften über das **elektronische Dokument, §§ 125 a, 16 a II PatG.**

23 Anträge auf die Erteilung deutscher Zertifikate müssen in **deutscher Sprache** eingereicht werden, **§§ 126, 16 a II PatG.** Eine fremdsprachliche Anmeldung ist unbeachtlich,[42] so dass § 16 a II PatG nicht auf § 35 I PatG zu verweisen braucht. Nach §§ 126, 16 a II PatG können – falls nötig – beispielsweise auch Übersetzungen der Kopien der Zulassung (Art. 8 I b

36 Vgl. §§ 43 I, 41 VwVfG iVm VwZG; BGH GRUR 2008, 65, 66 [Rn 9] – Porfimer.
37 Vgl. Busse/Hacker Anh § 16 a Rn 52, 54; Benkard/Grabinski § 16 a Rn 26; für die vergleichbare Konstellation der Aussetzung der Zulassung durch den Mitgliedstaat nach Art. 20 IV VO 726/2004, früher Art. 18 IV VO 2309/93 im zentralen Verfahren: Busse/Hacker Anh § 16 a Rn 55.
38 BPatG GRUR 2000, 398, 404 f [LS 1, II.2] – Abamectin.
39 Hier: Verlust der Möglichkeit der Zertifikatslaufzeitverlängerung nach Art. 36 PädV.
40 Vgl. ABl. EU vom 7. Juni 2006 [C132E/27, Titel VII Nr. 67].
41 Dann könnte sich ein Generikahersteller aber auch erst ein Jahr vor Zertifikatsablauf sicher sein, dass es nicht mehr zu einer Laufzeitverlängerung kommen kann.
42 Begr. PatGÄndG PMZ 1993, 205, 209 [k].

months after its issuance. It seems hardly to be justified by the indicative 6-month time limit in Art. 7(1) MPR. This problem would not occur if one could determine the commencement of the period in accordance with German law, namely, after notification.[36]

Another case of the reinstatement should be when the authorisation was withdrawn or revoked (Sec. 30(1)(1) AMG) within the filing period laid down in Art. 7(1) MPR because of an unfavourable risk/benefit balance (Sec. 25(2) No. 5 MPR). The decision of the national authority would be implemented immediately, the lodging of an objection or action to rescind would have no suspensive effect. (Sec. 30(3)(2), MPR, 80(2) No. 3 VwGO), the medicinal product might not be placed on the market nowadays, and Art. 3(b) MPR would not be met when applying.[37] If successfully challenging the decision, the period laid down in Art. 7(1) MPR might be expired. Whether it can apply for a suspension of the authorisation, remains in question because of its time limitation (Sec. 30(1)(4) MPR). From the applicants point of view it seems safer in all these cases to file an SPC application SPC within 6-month period for the pending administrative (court) procedures and to induce to postpone the deciding on the application to the day of the adoption of the final decision on the authorisation. 19

However, the reinstatement should not be admissible if on the SPC application date the basic patent was not in force anymore, even if the reason for this is a particular long authorisation procedure. The requirement of a basic patent in force according to Art. 3(a) MPR is not a time limit to be observed in relation to the German PTO, but a substantive grant condition. Also if the application for the reinstatement was directed superficially to put the SPC applicant as if he had filed the application in due time (before the basic patent expiry), there would be lack of a valid authorisation (Art. 3(b) MPR) now.[38] 20

It remains to be seen whether the period for the pediatric extension application according to Art. 7(4), (5) MPR might be reinstated. This is a time limit to be observed in relation the German PTO; the failure to observe it will harm its rights.[39] If one considers that the period laid down in Art. 7(4) MPR was not shortened to ensure[40] the transparency of the competition provided by generic medicines and the application for the reinstatement might not be filed one year after the expiry of the missed deadline (Sec. 123(2)(4) PatG),[41] many things argue for the admissibility of the reinstatement. 21

According to **Sec. 124, 16a(2) PatG** the **obligation to tell the truth** and the provisions on **electronic documents, Sec. 125 a, 16a(2) PatG,** apply also during the SPC granting procedure. 22

Requests for the grant of German SPCs must be filed **in German, Sec. 126, 16a(2) PatG**. An application in foreign language is irrelevant[42] so Sec. 16a(2) PatG does not have to refer to Sec. 35(1) PatG. According to Sec. 126, 16a(2) PatG – if necessary – for example, the translations of the copies of the authorisation (Art. 8(1)(b) MPR),[43] compliance statement 23

36 Cf. Sec. 43(1), 41 VwVfG with VwZG; FCJ GRUR 2008, 65, 66 [Rn 9] – Porfimer.
37 Cf. Busse/Hacker Anh § 16 a Rn 52, 54; Benkard/Grabinski § 16 a Rn 26; for a similar situation of a suspension of the use by a Member State under Art. 20(4) Reg. 726/2004, previously Art. 18(4) Reg. 2309/93 for centralised procedures: Busse/Hacker Anh § 16 a Rn 55.
38 BPatG GRUR 2000, 398, 404 f [LS 1, II.2] – Abamectin.
39 Here: Loss of the possibility of a pediatric extension under Art. 36 PedR.
40 Cf. OJ EU C 132 E, 7.6.2006, p. 27 [title VII No. 67].
41 Then a generic manufacturer can only be safe that no pediatric extension will be granted one year before the SPC expiry.
42 Begr. PatGÄndG PMZ 1993, 205, 209 [k].

AMV),[43] der Übereinstimmungserklärung (Art. 8 I d i AMV) oder der Nachweise gemäß Art. 36 III PädV (Art. 8 I d ii AMV) verlangt werden.

24 Für Zertifikate gilt **§§ 127, 16 a II PatG** für durch das DPMA veranlasste **Zustellungen** entsprechend. Die Zustellungspflicht ergibt sich aus §§ 49 a V 2, 47 I 1 PatG. Ebenfalls entsprechend gelten die Vorschriften über die **Rechtshilfe, §§ 128, 16 a II PatG.**

25 Dem Zertifikatsinhaber stehen bei **Zertifikatsverletzung** die in **§§ 139–141 a, 142 a, 142 b PatG** geregelten Ansprüche zu, § 16 a II PatG. Durch deren Anwendbarkeit wird bewirkt, dass die Verletzung des Zertifikats – soweit dies nach den Bestimmungen der AMV Schutz gewährt – wie die Verletzung des Patents geahndet wird.[44] Auf Grund eines Grundpatents ergangene Unterlassungs- und Schadensersatztitel sollen sich nicht auf das Zertifikat erstrecken.[45] Ein Urteil wirke nur dann unmittelbar auch für das sich an das Grundpatent anschließende Zertifikat, wenn dieses bereits im Urteil als Entscheidungsgrundlage berücksichtigt wurde.[46] Hat ein anderes Gericht eine für das Verfügungsverfahren streitentscheidenden Rechtsfrage dem EuGH vorgelegt, so kann dies dem Erlass einer einstweiligen Verfügung entgegenstehen, wenn die Vorlagefrage auch die Validität des Zertifikats betrifft.[47]

26 Zertifikatsverletzende Arzneimittel unterliegen der **Grenzbeschlagnahme** und der **vereinfachten Vernichtung**, §§ 142 a,[48] 142 b, 16 a II PatG.

27 § 16 a II PatG stellt das Zertifikat dem Patent hinsichtlich der **Klagekonzentration** (**§ 145 PatG**) im Verletzungsprozess gleich. Dies bedeutet nicht, dass der Verletzungskläger Zertifikat und Grundpatent gleichzeitig geltend machen muss, zumal das Zertifikat erst nach Ablauf des Grundpatents gilt.[49] Die Vorschrift betrifft vielmehr das Verhältnis mehrerer verschiedener Zertifikate (und Patente) zueinander.[50] Eine „weitere" Klage iSd § 145 PatG kann daher nur eine Klage aufgrund eines anderen Zertifikats bzw. Patents sein.[51]

28 Derjenige, der eine Zertifikatsinhaberschaft behauptet, ist verpflichtet, Auskunft darüber zu erteilen, um welches Zertifikat es sich handelt, **§§ 146, 16 a II PatG** (**Zertifikatsberühmung**). Behauptet er das Bestehen eines Patents und ist auf dieses Patent ein Zertifikat erteilt worden, so wird er das Bestehen dieses Zertifikats ebenfalls angeben müssen.[52]

29 Die im ursprünglichen Entwurf noch vorgesehenen Verweise[53] auf **§ 143 PatG** (**Zuständigkeit der Landgerichte**) und **§ 144 PatG** (**Streitwertermäßigung**) wurden letztlich nicht in § 16 a II PatG aufgenommen.[54]

30 Der Katalog der durch § 16 a II PatG auf den ergänzenden Schutz für entsprechend anwendbar erklärten Normen des PatG ist **nicht abschließend**.[55] Entsprechend anwendbar muss zumindest der § 27 III PatG (Beschlussfähigkeit der nach § 49 a I, IV PatG zuständigen

43 Begr. PatGÄndG PMZ 1993, 205, 209 [k].
44 Begr. PatGÄndG PMZ 1993, 205, 209 [l]; Schulte/Kühnen 8. Aufl. § 16 a Rn 40.
45 Busse/Hacker Anh § 16 a Rn 87; Brändel GRUR 2001, 875, 877 [I.2.b]; abweichend wohl Busse/Keukenschrijver § 139 Rn 219, wonach ein sich anschließendes Zertifikat auch ohne ausdrückliche Nennung in den Urteilsgründen mitumfasst sein könne, wenn dessen abweichender Schutzumfang beachtet wird.
46 Benkard/Rogge/Grabinski § 139 Rn 34.
47 LG Hamburg, GRUR-RR 2002, 45, 45 [LS 1, 2] – Felodipin; Benkard/Rogge/Grabinski § 139 Rn 153 b.
48 Dabei ist die vorrangige Regelung der VO 1383/2003 zu beachten.
49 Anders ggf: Situation bei Klageverbindung im Nichtigkeitsverfahren, § 81 I 3 PatG.
50 Begr. PatGÄndG PMZ 1993, 205, 210 [m].
51 Benkard/Rogge/Grabinski § 145 Rn 6; vgl. auch Busse/Keukenschrijver § 145 Rn 6; Mes § 145 Rn 3, 6; Schulte/Kühnen 8. Aufl. § 145 Rn 8, vgl. aber Schulte/Voß/Kühnen § 145 Rn 14.
52 Begr PatGÄndG PMZ 1993, 205, 210 [m].
53 Begr PatGÄndG PMZ 1993, 205, 209 f [m], 214 [Beschlussempfehlung, Nr. 1].
54 PatGÄndG PMZ 1993, 171, 171 [Art. 1 Nr. 1].
55 Schulte/Schell § 16 a Rn 73; Busse/Hacker Anh § 16 a Rn 152; Brückner Art. 19 Rn 4.

(Art. 8(1)(d)(i) MPR) or proof according to Art. 36(3) PedR (Art. 8(1)(d)(ii) MPR) might be requested.

For SPCs **Sec. 127, 16a(2) PatG** apply to **notifications** caused by the German PTO mutatis mutandis. The notification obligation follows from Sec. 49a(5)(2), 47(1)(1) PatG. The provisions on **legal assistance** also apply mutatis mutandis, **Sec. 128, 16a(2) PatG.** 24

The SPC holder is entitled in case of **SPC infringement** to the claims provided for by **Sec. 139–141 a, 142 a, 142 b PatG,** Sec. 16a(2) PatG. Because of their applicability SPC infringements – if the MPR provides for the protection – is punished as a patent infringement.[44] Injunctive reliefs and compensations based on the basic patent should not extend to the SPC.[45] A judgement has only a direct effect on the SPC enclosed to the basic patent if it is considered in the judgement a reason for decision.[46] If another court has referred to the ECJ a question relevant to the injunction proceedings, it can impede the interim injunction if the question affects the validity of the SPC.[47] 25

Medicinal products, which infringe the SPC are subject to **border seizure** and **simplified destruction,** Sec. 142 a,[48] 142 b, 16a(2) PatG. 26

Sec. 16a(2) PatG equates SPCs and patents on the **combination of lawsuits (Sec. 145 PatG)** in infringement proceedings. It does not mean that a person has to assert the SPC and basic patent at the same time especially considering that the SPC takes effect only after the expiry of the basic patent.[49] The provision affects instead the relationship among various different SPCs (and patents) with each other.[50] A "further" action within the meaning of Sec. 145 PatG can be, therefore, only an action based on another SPC or patent.[51] 27

A person claiming to be the holder of an SPC is obliged to provide respective information about the SPC concerned, **Sec. 146, 16a(2) PatG (Allegation of SPC entitlement).** If he claims the existence of a patent and if an SPC was granted for this patent, he has to prove the existence of this SPC as well.[52] 28

The references[53] to **Sec. 143 PatG (Jurisdiction of district courts)** and **Sec. 144 PatG (Reduction of the sum in dispute),** still provided for in the initial draft were not incorporated in Sec. 16a(2) PatG at the end.[54] 29

The catalogue of provisions declared applicable mutatis mutandis for SPCs by Sec. 16a(2) PatG is **not final.**[55] At least Sec. 27(3) PatG (Decision-making capacity of the Patent Division competent according to Sec. 49a(1), (4) PatG) must apply mutatis mutandis,[56] and although the German legislator considered that Sec. 26–29 PatG on organisation and creation 30

43 Begr. PatGÄndG PMZ 1993, 205, 209 [k].
44 Begr. PatGÄndG PMZ 1993, 205, 209 [l]; Schulte/Kühnen 8th ed. § 16 a Rn 40.
45 Busse/Hacker Anh § 16 a Rn 87; Brändel GRUR 2001, 875, 877 [I.2.b]; probably dissenting Busse/Keukenschrijver § 139 Rn 219, according to whom a subsequent SPC could be encompassed even without explicit reference in the reasons of the judgment, if its differing scope of protection is observed.
46 Benkard/Rogge/Grabinski § 139 Rn 34.
47 LG Hamburg, GRUR-RR 2002, 45, 45 [LS 1, 2] – Felodipin; Benkard/Rogge/Grabinski § 139 Rn 153 b.
48 Primary provisions of Reg. 1383/2003 must be observed.
49 Different: consolidation of actions in nullity proceedings, Sec. 81(1)(3) PatG.
50 Begr. PatGÄndG PMZ 1993, 205, 210 [m].
51 Benkard/Rogge/Grabinski § 145 Rn 6; cf. also Busse/Keukenschrijver § 145 Rn 6; Mes § 145 Rn 3, 6; Schulte/Kühnen 8th ed. § 145 Rn 8; but cf. also Schulte/Voß/Kühnen § 145 Rn 14.
52 Begr. PatGÄndG PMZ 1993, 205, 210 [m].
53 Begr. PatGÄndG PMZ 1993, 205, 209 f [m], 214 [recommendation for decision, No. 1].
54 PatGÄndG PMZ 1993, 171, 171 [Art. 1 No. 1].
55 Schulte/Schell § 16 a Rn 73; Busse/Hacker Anh § 16 a Rn 152; Brückner Art. 19 Rn 4.

Patentabteilung) sein,[56] und zwar obwohl der deutsche Gesetzgeber wohl der Auffassung war, die §§ 26–29 PatG über die Organisation und Einrichtung des Patentamts sollten nicht entsprechend anwendbar sein, weil es hinsichtlich der Organisation des Patentamts kein Regelungsbedarf gibt.[57] Auch die §§ 34 ff PatG über das Verfahren vor dem Patentamt finden nur nach Maßgabe des § 49 a V PatG (§ 34 VI PatG [Verordnungsermächtigung], § 46 [Anhörungen, Vernehmungen und sonstige Ermittlungen] und § 47 PatG [Beschlüsse]) Anwendung, weil Bestimmungen über das Patenterteilungsverfahren (zB Anmeldung, Offensichtlichkeitsprüfung, Sachprüfung und Recherche) auf die Zertifikatsanmeldung nicht passen.[58] Darüber hinaus sollen die §§ 34 ff PatG nur zur Gesetzesauslegung und Ausfüllung noch bestehender Gesetzeslücken herangezogen werden können.[59] Anders als bei Patentanmeldungen sollen insbesondere § 34 II PatG und § 35 I PatG nicht gelten.[60]

31 Für nicht anwendbar werden auch die Vorschriften zur **Verfahrenskostenhilfe (§§ 129–138 PatG)** gehalten.[61] Weil eine Arzneimittelentwicklung mehr als 250 Mio. DM koste, sei keine Situation erkennbar, die auf eine Bedürftigkeit der in Betracht kommenden Anmelder schließen ließe. Auch Jahresgebühren könnten nur ausnahmsweise unter den Voraussetzungen des § 130 V PatG in die Verfahrenskostenhilfe einbezogen werden, die in diesen Fällen praktisch nie vorliegen dürften. Zudem sei im Arzneimittelzulassungsverfahren ebenfalls keine Verfahrenskostenhilfe möglich.[62] Dagegen spricht aber, dass Zertifikate nicht dem Zulassungs-, sondern nur dem Grundpatentinhaber erteilt werden. Aus der in aller Regel fehlenden Bedürftigkeit eines pharmazeutischen Unternehmers, auf eine ebenfalls fehlende Bedürftigkeit eines Zertifikatsanmelders zu schließen, ist jedenfalls dann nicht nachvollziehbar, wenn dieser Anmelder unabhängig ist. Auch soll ausweißlich EG 4 AMV nicht die Zulassungs-, sondern die Forschungskosten amortisiert werden.

32 **§ 16 III PatG** bestimmt, dass für das Grundpatent wirksame Lizenzen und Lizenzbereitschaftserklärungen (§ 23 PatG) „automatisch" am Zertifikat fortsetzen. Aus Sicht des deutschen Gesetzgebers sogar so, als ob es sich hierbei um ein zeitlich verlängertes Patent handele. Die bloße rechtstechnische Ausgestaltung des Zertifikats als gesondert zu erteilender Schutztitel dürfe nicht darüber hinwegtäuschen, dass es sich der Sache nach um eine Verlängerung des Patentschutzes – mit den Beschränkungen und Verpflichtungen nach Art. 5 AMV – handele.[63] Im Unterschied zu § 16 a II PatG (isolierte Lizenzerteilung bzw. Lizenzbereitschaftserklärung nur für Zertifikat) betrifft § 16 a III PatG eine Situation, in der bereits für das Grundpatent eine einfache oder ausschließliche Lizenz erteilt bzw. eine Lizenzbereitschaftserklärung abgegeben wurde, die bei Patentablauf noch wirksam sind.

56 Schulte/Rudloff-Schäffer § 49 a Rn 5; Busse/Hacker Anh § 16 a Rn 152.
57 Begr. PatGÄndG PMZ 1993, 205, 209 [2.i].
58 Begr. PatGÄndG PMZ 1993, 205, 209 [2.i].
59 Busse/Hacker PatG § 49 a Rn 6.
60 Keine Zertifikatsanmeldung über Patentinformationszentren (Schulte/Rudloff-Schäffer § 49 a Rn 7) oder in fremder Sprache (Schulte/Kühnen 8. Aufl. § 16 a Rn 39).
61 Busse/Hacker Anh § 16 a Rn 153.
62 Begr. PatGÄndG PMZ 1993, 205, 209 [2.f].
63 Vgl. Begr. PatGÄndG PMZ 1993, 205, 210 [3.].

of the Patent Division must not apply mutatis mutandis because there is no need for regulation of the organisation of the Patent Office.[57] Sec. 34 et seq. PatG on the proceedings before the Patent Office apply only according to Sec. 49a(5) PatG (Sec. 34(6) PatG [Power to issue statutory orders], Sec. 46 [Hearings, interrogations and other inquiries] and Sec. 47 PatG [Decisions]) because the provisions on the patent granting procedure (e.g., application, formal and substantive examination and search) do not fit for SPC applications.[58] Beyond that, Sec. 34 et seq. PatG should be only considered for interpretation and filling still existing loophole in the law.[59] Unlike for patent application, in particular Sec. 34(2) PatG and Sec. 35(1) PatG must not apply.[60]

Legal aid (Sec. 129–138 PatG) provisions were also considered inapplicable.[61] Because the development of medicinal products cost more than DM 250 million, no situation was recognizable, which indicated a need of the applicant concerned. Annual fees could also only exceptionally be included in legal aid if conditions provided for in Sec. 130(5) PatG are met. Furthermore, legal aid is also impossible in the medicinal product authorisation proceedings.[62] One argument against this, however, is that SPCs are not granted to the authorisation holder, but to the patent holder. It is not understandable why a typically absent need of a pharmaceutical company means no need of an SPC applicant, at least where the applicant is independent. In addition, the research costs and not the authorisation costs must be amortised according to R 4 MPR. 31

Sec. 16(3) PatG states that licences and declarations of willingness to grant a licence effective for the basic patent (Sec. 23 PatG) are automatically valid for the SPC. From the perspective of the German legislator even so as if it is about an extended patent term in this case. The legal arrangement of an SPC as a right sui generis and which has to be issued separately should not hide that in substance it is about an extended patent term – with limitations and obligations according to Art. 5 MPR.[63] Unlike Sec. 16a(2) PatG (isolated licences or declaration of willingness to grant a licence only for the SPC) Sec. 16a(3) PatG is about a situation where a simple or exclusive licence was granted or a declaration of willingness to grant a licence was made for the basic patent, still effective on the basic patent expiry date. 32

56 Schulte/Rudloff-Schäffer § 49 a Rn 5; Busse/Hacker Anh § 16 a Rn 152.
57 Begr. PatGÄndG PMZ 1993, 205, 209 [2.i].
58 Begr. PatGÄndG PMZ 1993, 205, 209 [2.i].
59 Busse/Hacker PatG § 49 a Rn 6.
60 No SPC filing with patent information centre (Schulte/Rudloff-Schäffer § 49 a Rn 7) or in foreign language (Schulte/Kühnen 8th ed. § 16 a Rn 39).
61 Busse/Hacker Anh § 16 a Rn 153.
62 Begr. PatGÄndG PMZ 1993, 205, 209 [2.f].
63 Cf. Begr. PatGÄndG PMZ 1993, 205, 210 [3.].

33 Ob **§ 16 a III PatG** auch für Benutzungsanordnungen (§ 13 PatG) bzw. Zwangslizenzen (§ 24 PatG) gilt, lässt sich seinem Wortlaut nicht eindeutig entnehmen. Anders als § 16 a II PatG – der nicht nur § 15 (Lizenz) und § 23 PatG (Lizenzbereitschaftserklärung), sondern auch § 13 (Benutzungsanordnung) und § 24 PatG (Zwangslizenz) ausdrücklich nennt, werden die beiden letzten Normen weder in § 16 a III PatG noch in dessen Begründung[64] explizit erwähnt.[65] In der deutschen Kommentarliteratur wird dennoch überwiegend davon ausgegangen, dass nicht nur für das Grundpatent erteilte Lizenzen[66] und abgegebene Lizenzbereitschaftserklärungen,[67] sondern auch Benutzungsanordnungen und Zwangslizenzen[68] gem. § 16 III PatG am Zertifikat weitergelten, und zwar selbst dann, wenn das Zertifikat erst nach deren Anordnung bzw. Erteilung angemeldet[69] oder erteilt wurde.

34 Nach Ansicht des Gesetzgebers bedurfte es keiner Regelung, ob der Lizenznehmer dem Lizenzgeber für die Laufzeit des ergänzenden Schutzzertifikats eine zusätzliche Vergütung zu zahlen habe. Vereinbarungen hierüber seien den Vertragsparteien vorbehalten. Ggf. müsse auf die Grundsätze der ergänzenden Vertragsauslegung bzw. des Wegfalls der Geschäftsgrundlage zurückgegriffen werden.[70]

III. Patentregister

35 § 30 PatG ist bei Art. 11 AMV kommentiert.

IV. Prüfung des Zertifikatsantrags

36 **§ 49 a PatG** ist unmittelbar nur auf vom DPMA erteilte Grundpatente anwendbar. Er regelt bestimmte Details des Zertifikatserteilungsverfahrens und des Verfahrens der Zertifikatslaufzeitverlängerung. § 49 a PatG dient wie § 16 a PatG und §§ 19, 20 PatV der Umsetzung und Ergänzung der AMV und ist dieser gegenüber subsidiär. Der allgemein gehaltene Wortlaut soll – wie auch bei § 16 a PatG – eine Anwendbarkeit auf künftig von der Gemeinschaft erlassene Zertifikatsverordnungen sicherstellen.[71]

37 Für europäische Grundpatente eröffnet Art. 9 I AMV (aE: „sofern …") iVm Art. 63 IV EPÜ die Möglichkeit, die mit der Zertifikatserteilung verbundenen Aufgaben auf das EPA zu übertragen. Von dieser Möglichkeit hat bislang aber noch kein Vertragsstaat Gebrauch

64 Begr. PatGÄndG PMZ 1993, 205, 210 [3.].

65 Vgl. aber Begr. PatGÄndG PMZ 1993, 205, 218 [2.c] zu § 16 a II, wonach „eine an einem Patent erteilte Zwangslizenz oder staatliche Benutzungsanordnung automatisch auch ein Zertifikat erfassen soll, selbst wenn das Zertifikat erst nach Erlass der staatlichen Maßnahme angemeldet worden ist".

66 Benkard/Ullmann § 15 Rn 64, 85; Benkard/Grabinski § 16 a Rn 39; Brändel GRUR 2001, 875, 877 [I. 2.b]; Busse/Hacker Anh § 16 a Rn 89; Mes § 16 a Rn 50; Mühlens Mitt 1993, 213, 216 [4.]; Schulte/Schell § 16 a Rn 81; während Brändel, Grabinski, Hacker, Mühlens und Ullmann abweichende vertragliche Regelungen (vgl. auch Begr. PatGÄndG PMZ 1993, 205, 210 [3.]) für möglich halten, erscheint dies Mes wegen der Gleichstellung von Lizenzen und Lizenzbereitschaftserklärung in § 16 a III PatG zweifelhaft.

67 Benkard/Rogge § 23 Rn 10; Busse/Hacker Anh § 16 a Rn 90, § 23 Rn 3; Mes § 16 a Rn 50; Schennen S. 59 [Art. 5 Anm. 5.b]; Schulte/Kühnen 8. Aufl. § 16 a Rn 35.

68 Benkard/Grabinski § 16 a Rn 33, Benkard/Rogge § 24 Rn 29; Busse/Hacker Anh § 16 a Rn 90; Schennen S. 59 [Art. 5 Anm. 5.c]; Schulte/Schell § 16 a Rn 76; aA Brändel GRUR 2001, 875, 877 [I.2.b] mit der Begründung, dass das Vorliegen der Voraussetzungen einer Zwangslizenz am Grundpatent nichts über deren Vorliegen für das Zertifikat besagt; vgl. zum Streit auch Brückner Art. 19 Rn 13 ff.

69 Begr. PatGÄndG PMZ 1993, 205, 208 [2.c]; Benkard/Grabinski § 16 a Rn 33; Busse/Hacker § 16 a Rn 90; Schulte/Schell § 16 a Rn 76.

70 Begr. PatGÄndG PMZ 1993, 205, 210 [3.].

71 Begr. PatGÄndG PMZ 1993, 205, 211 [zu Art. 1, zu Nr. 4, 1.].

Whether **Sec. 16a(3) PatG** applies also to orders for exploitation (Sec. 13 PatG) or compulsory licenses (Sec. 24 PatG) does not follow unambiguously from its wording. Unlike Sec. 16a(2) PatG – which explicitly mentions not only Sec. 15 (licence) and Sec. 23 PatG (declaration of willingness to grant a licence), but also Sec. 13 (orders for exploitation) and Sec. 24 PatG (compulsory licence), the last two provisions are not explicitly mentioned in Sec. 16a(3) PatG[64] or in its explanatory memorandum.[65] In the German legal literature it is mainly assumed, however, that not only licences[66] granted for and declarations of willingness to grant a licence[67] issued to the basic patent apply to the SPC according to Sec. 16(3) PatG, but also orders for exploitation and compulsory licences.[68] This should even be true, if the SPC was filed[69] or granted after the order for exploitation or the grant of the compulsory license. 33

From the legislators point of view no regulation was necessary to provide for whether the licensee has to pay additional remuneration during the SPC term. Agreements are reserved for the contracting parties. If necessary, a recourse must be made to the principals of supplementary contract interpretation or to the doctrine of frustration.[70] 34

III. Patent Register

Sec. 30 PatG is commented in the chapter on Art. 11 MPR. 35

IV. Examination of the SPC Application

Sec. 49 a PatG applies directly to basic patents granted by the German PTO. It states specific details of the SPC granting and pediatric extension granting procedure. Sec. 49 a PatG serves like Sec. 16 a PatG and Sec. 19, 20 PatV for the implementation and completion of the MPR and is subsidiary to it. Its general wording – as for Sec. 16 a PatG – ensures the applicability to future SPC regulations, which could be issued by the Community.[71] 36

Art. 9(1) MPR ("unless …") with Art. 63(4) EPC opens the possibility to entrust the EPO with tasks associated with the grant of SPCs for European basic patents. No member state has used this possibility yet.[72] According to Art. II Sec. 6 a IntPatÜG[73] the German PTO is also responsible for the grant of SPCs for European basic patents granted for Germany. Sec. 37

64 But cf. Begr. PatGÄndG PMZ 1993, 205, 218 [2.c] regarding Sec. 16 a (2), according to which "a compulsory license granted to a patent or an order of exploitation automatically continues to apply for the SPC, even if the SPC has been filed only after the compulsory measures".

65 Begr. PatGÄndG PMZ 1993, 205, 210 [3.].

66 Benkard/Ullmann § 15 Rn 64, 85; Benkard/Grabinski § 16 a Rn 39; Brändel GRUR 2001, 875, 877 [I. 2.b]; Busse/Hacker Anh § 16 a Rn 89; Mes § 16 a Rn 50; Mühlens Mitt 1993, 213, 216 [4.]; Schulte/Schell § 16 a Rn 81; while Brändel, Grabinski, Hacker, Mühlens and Ullmann consider differing contractual arrangements possible (cf. also Begr PatGÄndG PMZ 1993, 205, 210 [3.]). Mes doubts this, because of the equation of licenses and declarations of willingness to grant a license in Sec. 16a(3) PatG.

67 Benkard/Rogge § 23 Rn 10; Busse/Hacker Anh § 16 a Rn 90, § 23 Rn 3; Mes § 16 a Rn 50; Schennen p. 59 [Art. 5 Anm 5.b]; Schulte/Kühnen 8th ed. § 16 a Rn 35.

68 Benkard/Grabinski § 16 a Rn 33, Benkard/Rogge § 24 Rn 29; Busse/Hacker Anh § 16 a Rn 90; Schennen p. 59 [Art. 5 Anm 5.c]; Schulte/Schell § 16 a Rn 76; dissenting: Brändel GRUR 2001, 875, 877 [I.2.b] on the grounds that the existence of conditions of a compulsory license for the basic patent says nothing about the existence of these conditions for the SPC; cf. to this dispute also Brückner Art. 19 Rn 13 ff.

69 Begr. PatGÄndG PMZ 1993, 205, 208 [2.c]; Benkard/Grabinski § 16 a Rn 33; Busse/Hacker § 16 a Rn 90; Schulte/Schell § 16 a Rn 76.

70 Begr. PatGÄndG PMZ 1993, 205, 210 [3.].

71 Begr. PatGÄndG PMZ 1993, 205, 211 [Art. 1, No. 4, 1.].

gemacht.[72] Nach Art. II § 6a IntPatÜG[73] ist das DPMA auch für die Erteilung von Zertifikaten auf mit Wirkung für Deutschland erteilte europäische Grundpatente zuständig. Dabei sind §§ 49a, 16a PatG anzuwenden. Über § 4 ErstrG galt § 49a PatG auch für erstreckte Patente.[74] § 49a PatG ist nicht auf ggf. zukünftig mögliche Gemeinschaftsgrundpatente anwendbar. Für ein Gemeinschaftsgrundpatent als EU-weit einheitliches Schutzrecht kann auch ein Zertifikat nur einheitlich für das Gesamtgebiet der Gemeinschaft erteilt werden.[75]

38 Nach **§ 49a I PatG** ist die Patentabteilung für die Prüfung der Zertifikatsanmeldung zuständig. Dies entspricht § 27 I Nr. 2 PatG, da nach Art. 7 II iVm Art. 3a AMV ein Zertifikat nur beantragt werden kann, wenn das Grundpatent bereits erteilt wurde. Prüfungsmaßstab ist neben der AMV auch das durch das PatG vorgesehene Verfahrensrecht (§§ 49a V, 16a PatG),[76] insbesondere §§ 49a II 1, 34 VI PatG iVm §§ 19f PatV.

39 Gegenüber der AMV enthält § 49a II PatG einige Präzisierungen. So muss nach **§ 49a II 1 PatG** die Dauer der Laufzeit nach Art. 13 AMV Bestandteil des Erteilungsbeschlusses sein. Grund hierfür ist die – anders als beim Patent – in Abhängigkeit von der Dauer des Zulassungsverfahrens unterschiedliche Laufzeit. Als weiterer – mittlerweile wegen § 49a IV 1 PatG überholter – Grund wurde die nur so zu konstruierende Beschwerdeberechtigung (§ 73 I PatG) bei unrichtiger Laufzeitfestsetzung angegeben.[77] Nach **§ 49a II 2 PatG** soll das DPMA dem Anmelder Gelegenheit geben, alle festgestellten – und nicht nur die in Art. 10 III (iVm Art. 8) AMV genannten – Mängel zu berichtigen. Dies erschien notwendig, weil sich die vom DPMA festgestellten Mängel auch auf Erfordernisse beziehen können, die sich erst aus der ergänzenden Anwendung nationalen Verfahrensrechts nach Art. 19 I AMV ergeben (bspw. Inlandvertreterbestellung nach § 25 PatG). Der Anmelder soll ferner bei materiellen Mängeln (Art. 10 II AMV, zB falls patentgeschütztes und zugelassenes Erzeugnis nicht übereinstimmen) die Möglichkeit zu deren Beseitigung haben. In jedem Fall ist vor Zurückweisung rechtliches Gehör zu gewähren. Die Frist zur Mängelbeseitigung muss dabei mindestens 2 Monate betragen und kann zB bei überseeischem Anmelder ggf. länger bemessen werden.[78] Werden die Mängel nicht behoben, so wird die Anmeldung durch Beschluss zurückgewiesen, **§ 49a III 3 PatG**. Im Falle der Nichtzahlung der Anmeldegebühr ist die Anmeldung zurückzuweisen.[79]

40 Nach Art. 36 I PädV kann dem Zertifikatsinhaber unter bestimmten Voraussetzungen eine sechsmonatige Verlängerung der Zertifikatslaufzeit gewährt werden. Art. 52 Nr. 5 PädV bestimmt, dass für den Laufzeitverlängerungsantrag Art. 10 I–IV AMV entsprechend gelten. Für das nationale deutsche Verfahren zur Laufzeitverlängerung bedarf es deshalb ebenfalls keiner Sonderregeln, sondern lediglich eines Verweises auf das Erteilungsverfahren, **§ 49 III PatG**. Die Zurückweisung des Laufzeitverlängerungsantrages kann vom Antragsteller mit der Beschwerde angefochten werden.[80] Die Kosten für den Antrag auf Verlängerung der Zertifikatslaufzeit betragen in Deutschland 100 EUR (GebVerz 311 600), wenn der Antrag zusammen mit und 200 EUR (GebVerz 311 610), wenn der Antrag nach dem Antrag auf Erteilung des Zertifikats gestellt wird.

72 ABl. EPA 1997, 77, 77; Benkard/Ullmann/Grabinski EPÜ Art. 63 Rn 10; Singer/Stauder/Schennen EPÜ Art. 63 Rn 7.
73 Eingefügt durch PatGÄndG PMZ 1993, 171, 171 [Art. 2].
74 Vgl. Schulte/Rudloff-Schäffer PatG § 49a Rn 1.
75 Begr. PatGÄndG PMZ 1993, 205, 212 [zu Art. 2].
76 Begr. PatGÄndG PMZ 1993, 205, 211 [zu Art. 1, zu Nr. 4, 1.].
77 Begr. PatGÄndG PMZ 1993, 205, 211 [zu Art. 1, zu Nr. 4, 2.].
78 Begr. PatGÄndG PMZ 1993, 205, 211 [zu Art. 1, zu Nr. 4, 2.].
79 Art. 10 IV AMV; § 49a IV 2 PatG aF wonach die Anmeldung nur als zurückgenommen galt, wurde durch das KostRegBerG PMZ 2002, 14, 25 [Art. 7 Nr. 22 b] aufgehoben (allerdings lediglich mit der Begründung der Übernahme dieser Bestimmung ins PatKostG, Begr PatKostG PMZ 2002, 36, 54 [zu Art. 7, zu Nr. 22 b]).
80 Begr. PatRModG PMZ 2009, 307, 313 [B, zu Art. 1, zu Nr. 4, 5.].

49 a, 16 a PatG are to be applied in this case. Because of Sec. 4 ErstrG Sec. 49 a PatG is applied also to former GDR patents extended to Germany.[74] Sec. 49 a PatG seems not applicable to the future Community basic patents. An SPC for Community basic patents as an EU-wide uniform protective right should be also granted only uniform for the entire Community territory.[75]

According to **Sec. 49a(1) PatG** the Patent Division is responsible for the examination of the SPC application. It corresponds to Sec. 27(1) No. 2 PatG because according to Art. 7(2) with Art. 3(a) MPR one might only apply for an SPC if the basic patent was already granted. The standard of review is, besides the MPR, the procedural law provided for by the PatG (Sec. 49a(5), 16 a PatG),[76] in particular Sec. 49a(2)(1), 34(6) PatG with Sec. 19 f PatV. 38

For the MPR Sec. 49a(2) PatG contains specific clarifications. According to **Sec. 49a(2)(1) PatG** the duration according to Art. 13 MPR must be an integral element of the grant decision. The reason for this is – unlike the patent – different duration dependent on the duration of the authorisation procedure. The right to appeal (Sec. 73(1) PatG) in case of incorrect SPC term[77] was mentioned as a further, meanwhile outdated (cf. Sec. 49a(4)(1) PatG) reason. This right seemed only possible, if the term was mentioned in the decision. According to **Sec. 49a82)(2) PatG** the German PTO must give the applicant the opportunity to rectify all identified irregularities – and not only those mentioned in Art. 10(3) (with Art. 8) MPR. It seemed necessary because the irregularities identified by the German PTO might refer to the requirements, which follow from the additional use of national procedural law according to Art. 19(1) MPR (for example, appointment of a domestic representative according to Sec. 25 PatG). The applicant must, in addition, have in case of substantive irregularities (Art. 10(2) MPR, e.g., if authorised and patent protected product does not correspond) the possibility of their removal. Anyway the right to be heard has to be granted before the rejection. The time limit for the rectification of irregularities should be 2 months at least and can, e.g., with oversea applicants, if required, be extended.[78] If the irregularities are not rectified, the application is rejected by a decision, **Sec. 49a(3)(3) PatG**. With non-payment of the annual fee the application has to be rejected.[79] 39

According to Art. 36(1) PedR a six-month extension of the duration of the SPC might be granted to the SPC holder on specific conditions. Art. 52 No. 5 PedR provides for that Art. 10(1)–(4) MPR applies accordingly to pediatric extension applications. The German national pediatric extension procedure also does not require special rules therefore, but only a reference to the grant proceedings, **Sec. 49a(3) PatG**. The rejection of the pediatric extension application might be appealed by the applicant.[80] The costs for a pediatric extension application are to EUR 100 (GebVerz 311 600) if the application is filed with the SPC application and EUR 200 (GebVerz 311 610) if it is filed later. 40

72 OJ EPO 1997, 77, 77; Benkard/Ullmann/Grabinski EPÜ Art. 63 Rn 10; Singer/Stauder/Schennen EPÜ Art. 63 Rn 7.
73 Inserted by PatGÄndG PMZ 1993, 171, 171 [Art. 2].
74 Cf. Schulte/Rudloff-Schäffer PatG § 49 a Rn 1.
75 Begr. PatGÄndG PMZ 1993, 205, 212 [Art. 2].
76 Begr. PatGÄndG PMZ 1993, 205, 211 [Art. 1, No. 4, 1.].
77 Begr. PatGÄndG PMZ 1993, 205, 211 [Art. 1, No. 4, 2.].
78 Begr. PatGÄndG PMZ 1993, 205, 211 [Art. 1, No. 4, 2.].
79 Art. 10(4) MPR; Sec. 49a(4)(2) PatG old version (according to which the application was only deemed to be withdrawn) was repealed by the KostRegBerG PMZ 2002, 14, 25 [Art. 7 No. 22 b] (but only with the justification of its introduction into the PatKostG, Begr. PatKostG PMZ 2002, 36, 54 [Art. 7, No. 22 b]).

80 Begr. PatRModG PMZ 2009, 307, 313 [B, Art. 1, No. 4, 5.].

41 § 49 a IV Nr. 1 PatG ist bei Art. 18 AMV kommentiert.

42 § 49 a IV Nr. 2 PatG ist bei Art. 16 II AMV kommentiert.

43 Durch **§ 49 a V 1 PatG** wird der Anwendungsbereich der Verordnungsermächtigung nach § 34 VI PatG zur Regelung der Form und sonstiger Erfordernisse der Anmeldung auf Zertifikate erweitert.[81] Aufgrund dieser Ermächtigung hat das DPMA die ergänzend heranzuziehenden §§ 19 ff PatV erlassen. Danach ist der Antrag auf Zertifikatserteilung auf dem vom DPMA herausgegebenen Formblatt zu stellen, § 19 I 1 PatV.[82] Für Angaben zum Namen und Anschrift des Anmelders und des ggf. bestellten Vertreters, der erforderlichen Unterschriften und Übersetzungen gelten die §§ 4 II Nr. 1, 4, 5, 14 I, III – V PatV entsprechend, § 19 I 2 PatV. Der Antrag muss Angaben zur Erläuterung des durch das Grundpatent vermittelten Schutzes enthalten (§ 19 II PatV) und die in Art. 8 AMV bezeichneten Angaben und Unterlagen enthalten (§ 20 PatV). Dabei wird es das DPMA nicht beanstanden, wenn die hiernach einzureichende Zulassungskopie mit ihrer Nummer und dem Genehmigungszeitpunkt nur insoweit vorgelegt wird, als daraus die Identität des Erzeugnisses ersichtlich ist. Die in der Genehmigung enthaltene Zusammenfassung der Merkmale des Erzeugnisses darf aber nicht gekürzt werden.[83] **§ 49 a V 2 PatG** erklärt die Vorschriften des Patenterteilungsverfahrens über Anhörungen, Vernehmungen oder sonstige Ermittlungen (§ 46 PatG) und Beschlüsse (§ 47 PatG) auch im Zertifikatserteilungsverfahren vor der Patentabteilung für unmittelbar anwendbar.[84]

V. Nichtigkeitsklage

44 § 81 PatG ist bei Art. 15 II AMV kommentiert.

VI. Strafbarkeit

45 Die Zertifikatsverletzung ist in gleicher Weise **strafbar**, wie die Verletzung des zugrunde liegenden Patents, **§ 142 PatG**. Da das Zertifikat ein Erzeugnis schützt und ein Verfahrenspatent diesen Schutz nur über § 9 S. 2 Nr. 3 PatG bewirkt (Schutz des unmittelbaren Verfahrenserzeugnisses), wird das Zertifikat in § 142 I 1 Nr. 2 PatG nicht erwähnt.[85] Erstaunlicherweise ist es in einigen Gesetzestexten dennoch aufgeführt.[86]

VII. Kein Einspruch

46 Gemäß Art. 19 II AMV ist das Einspruchsverfahren gegen ein erteiltes Zertifikat ausgeschlossen. Trotz missverständlichem Wortlaut ist auch vor Zertifikatserteilung kein Einspruch möglich.[87]

81 Begr. PatGÄndG PMZ 1993, 205, 211 [zu Art. 1, zu Nr. 4, 3.].
82 Zu den vor dem UK IPO zu verwendenden Formblättern vgl. RL UK IPO SPM 19.03–19.05.
83 MittPräs Nr. 19/96 PMZ 1996, 425, 425 [Nr. 4].
84 Begr. PatGÄndG PMZ 1993, 205, 211 [zu Art. 1, zu Nr. 4, 3.].
85 Begr. PatGÄndG PMZ 1993, 205, 212 [zu Art. 1, zu Nr. 6]; vgl. auch § 142 I 2 PatG.
86 Z.B. § 142 I 1 Nr. 2 PatG Schönfelder EL 28 (Nov. 2009) oder Benkard/Rogge/Grabinski § 142; nicht hingegen: Busse/Keukenschrijver § 142 oder Schulte/Rinken/Kühnen § 142 PatG.
87 Mühlens Mitt 1993, 213, 218 [4.].

Sec. 49a(4) No. 1 PatG is commented in the chapter on Art. 18 MPR. 41

Sec. 49a(4) No. 2 PatG is commented in the chapter on Art. 16(2) MPR. 42

The scope of the power to issue statutory orders according to Sec. 34(6) PatG is extended by 43 **Sec. 49a(5)(1) PatG** to the regulation of forms and other requirements of SPC applications.[81] Based on this power the German PTO issued the additionally applicable Sec. 19 et seq. PatV. According to it the request for the grant of an SPC has to be made on the form issued by the German PTO, Sec. 19(1)(1) PatV.[82] Sec. 4(2) No. 1, 4, 5, 14(1), (3)–(5) PatV apply mutatis mutandis to the indication of the name and address of the applicant and, if required, his appointed representative, and to the indication of necessary signatures and translations, Sec. 19(1)(2) PatV. The request shall be accompanied with information setting forth the protection afforded by the basic patent (Sec. 19(2) PatV) and the information and documents indicated in Art. 8 MPR. Thereby the German PTO will not complain if the authorisation copy with its number and authorisation date is submitted only as much as the identity of the products follows from it. But the summary of product characteristics contained in the authorisation documents might not be abbreviated.[83] **Sec. 49a(5)(2) PatG** declares directly applicable the provisions of the patent granting procedure about hearings, interrogations and other enquiries (Sec. 46 PatG) and decisions (Sec. 47 PatG) also within the SPC granting procedure before the Patent Division.[84]

V. Invalidity Action

Sec. 81 PatG is commented in the chapter on Art. 15(2) MPR. 44

VI. Criminal Liability

The infringement of an SPC is **punishable** just as the infringement of the basic patent, **Sec.** 45 **142 PatG**. Because the SPC protects a product, and a process patent just cause this protection by Sec. 9(2) No. 3 PatG (Protection of the product produced directly by the patented process), the SPC is not mentioned in Sec. 142(1)(1) No. 2 PatG.[85] It is noticeable that it is, however, misleadingly present in published versions of the German patent law.[86]

VII. No Opposition

According to Art. 19(2) MPR opposition proceedings against a granted SPC is excluded. 46 Despite ambiguous wording an opposition is also impossible before the grant of an SPC.[87]

81 Begr. PatGÄndG PMZ 1993, 205, 211 [Art. 1, No. 4, 3.].
82 As to the official forms to be used in UK cf. MPP UK IPO SPM 19.03–19.05.
83 MittPräs No. 19/96 PMZ 1996, 425, 425 [No. 4].
84 Begr. PatGÄndG PMZ 1993, 205, 211 [Art. 1, No. 4, 3].
85 Begr. PatGÄndG PMZ 1993, 205, 212 [Art. 1, No. 6]; cf. also Sec. 142(1)(2) PatG.
86 E.g. Sec. 142(1)(1) No. 2 PatG Schönfelder EL 28 (Nov. 2009) or Benkard/Rogge/Grabinski § 142; but not: Busse/Keukenschrijver § 142 or Schulte/Rinken/Kühnen § 142 PatG.
87 Mühlens Mitt 1993, 213, 218 [4.].

Artikel 20 Zusätzliche Bestimmungen über die Erweiterung der Gemeinschaft

Unbeschadet der übrigen Bestimmungen dieser Verordnung gelten folgende Bestimmungen:

a) Für jedes durch ein geltendes Grundpatent geschützte Arzneimittel, für das nach dem 1. Januar 2000 eine erste Genehmigung für das Inverkehrbringen als Arzneimittel erlangt wurde, kann in Bulgarien ein Zertifikat erteilt werden, sofern die Anmeldung des Zertifikats binnen sechs Monaten nach dem 1. Januar 2007 eingereicht wird.

b) Für jedes in der Tschechischen Republik durch ein geltendes Grundpatent geschützte Arzneimittel, für das eine erste Genehmigung für das Inverkehrbringen als Arzneimittel,

   i) nach dem 10. November 1999 in der Tschechischen Republik erlangt wurde, kann ein Zertifikat erteilt werden, sofern die Anmeldung des Zertifikats binnen sechs Monaten nach dem Zeitpunkt, zu dem die erste Genehmigung für das Inverkehrbringen erlangt wurde, eingereicht wird;

   ii) frühestens sechs Monate vor dem 1. Mai 2004 in der Gemeinschaft erlangt wurde, kann ein Zertifikat erteilt werden, sofern die Anmeldung des Zertifikats binnen sechs Monaten nach dem Zeitpunkt, zu dem die erste Genehmigung für das Inverkehrbringen erlangt wurde, eingereicht wird.

c) Für jedes durch ein geltendes Grundpatent geschützte Arzneimittel, für das in Estland vor dem 1. Mai 2004 eine erste Genehmigung für das Inverkehrbringen als Arzneimittel erlangt wurde, kann ein Zertifikat erteilt werden, sofern die Anmeldung des Zertifikats binnen sechs Monaten nach dem Zeitpunkt, zu dem die erste Genehmigung für das Inverkehrbringen erlangt wurde, eingereicht wird oder im Falle von Patenten, die vor dem 1. Januar 2000 erteilt wurden, binnen des Sechsmonatszeitraums gemäß dem Patentgesetz vom Oktober 1999.

d) Für jedes durch ein geltendes Grundpatent geschützte Arzneimittel, für das in Zypern vor dem 1. Mai 2004 eine erste Genehmigung für das Inverkehrbringen als Arzneimittel erlangt wurde, kann ein Zertifikat erteilt werden, sofern die Anmeldung des Zertifikats binnen sechs Monaten nach dem Zeitpunkt, zu dem die erste Genehmigung für das Inverkehrbringen erlangt wurde, eingereicht wird; dessen ungeachtet muss die Anmeldung des Zertifikats binnen sechs Monaten nach dem Zeitpunkt, zu dem das Patent erteilt wurde, eingereicht werden, wenn die Genehmigung für das Inverkehrbringen vor der Erteilung des Grundpatents erlangt wurde.

e) Für jedes durch ein geltendes Grundpatent geschützte Arzneimittel, für das in Lettland vor dem 1. Mai 2004 eine erste Genehmigung für das Inverkehrbringen als Arzneimittel erlangt wurde, kann ein Zertifikat erteilt werden. Sollte die in Artikel 7 Absatz 1 vorgesehene Frist abgelaufen sein, kann innerhalb von sechs Monaten, beginnend spätestens ab 1. Mai 2004, ein Zertifikat angemeldet werden.

f) Für jedes Arzneimittel, das durch ein geltendes, nach dem 1. Februar 1994 angemeldetes Grundpatent geschützt ist und für das in Litauen vor dem 1. Mai 2004 eine erste Genehmigung für das Inverkehrbringen als Arzneimittel erlangt wurde, kann ein Zertifikat erteilt werden, sofern die Anmeldung des Zertifikats binnen sechs Monaten nach dem 1. Mai 2004 eingereicht wird.

g) Für jedes durch ein geltendes Grundpatent geschützte Arzneimittel, für das nach dem 1. Januar 2000 eine erste Genehmigung für das Inverkehrbringen als Arzneimittel erlangt wurde, kann in Ungarn ein Zertifikat erteilt werden, sofern die Anmeldung des Zertifikats binnen sechs Monaten nach dem 1. Mai 2004 eingereicht wird.

Article 20 Additional provisions relating to the enlargement of the Community

Without prejudice to the other provisions of this Regulation, the following provisions shall apply:

(a) any medicinal product protected by a valid basic patent and for which the first authorisation to place it on the market as a medicinal product was obtained after 1 January 2000 may be granted a certificate in Bulgaria, provided that the application for a certificate was lodged within six months from 1 January 2007;

(b) any medicinal product protected by a valid basic patent in the Czech Republic and for which the first authorisation to place it on the market as a medicinal product was obtained:

i) in the Czech Republic after 10 November 1999 may be granted a certificate, provided that the application for a certificate was lodged within six months of the date on which the first market authorisation was obtained;

ii) in the Community not earlier than six months prior to 1 May 2004 may be granted a certificate, provided that the application for a certificate was lodged within six months of the date on which the first market authorisation was obtained;

(c) any medicinal product protected by a valid basic patent and for which the first authorisation to place it on the market as a medicinal product was obtained in Estonia prior to 1 May 2004 may be granted a certificate, provided that the application for a certificate was lodged within six months of the date on which the first market authorisation was obtained or, in the case of those patents granted prior to 1 January 2000, within the six months provided for in the Patents Act of October 1999;

(d) any medicinal product protected by a valid basic patent and for which the first authorisation to place it on the market as a medicinal product was obtained in Cyprus prior to 1 May 2004 may be granted a certificate, provided that the application for a certificate was lodged within six months of the date on which the first market authorisation was obtained; notwithstanding the above, where the market authorisation was obtained before the grant of the basic patent, the application for a certificate must be lodged within six months of the date on which the patent was granted;

(e) any medicinal product protected by a valid basic patent and for which the first authorisation to place it on the market as a medicinal product was obtained in Latvia prior to 1 May 2004 may be granted a certificate. In cases where the period provided for in Article 7(1) has expired, the possibility of applying for a certificate shall be open for a period of six months starting no later than 1 May 2004;

(f) any medicinal product protected by a valid basic patent applied for after 1 February 1994 and for which the first authorisation to place it on the market as a medicinal product was obtained in Lithuania prior to 1 May 2004 may be granted a certificate, provided that the application for a certificate was lodged within six months from 1 May 2004;

(g) any medicinal product protected by a valid basic patent and for which the first authorisation to place it on the market as a medicinal product was obtained after 1 January 2000 may be granted a certificate in Hungary, provided that the application for a certificate was lodged within six months from 1 May 2004;

h) Für jedes durch ein geltendes Grundpatent geschützte Arzneimittel, für das in Malta vor dem 1. Mai 2004 eine erste Genehmigung für das Inverkehrbringen als Arzneimittel erlangt wurde, kann ein Zertifikat erteilt werden. Sollte die in Artikel 7 Absatz 1 vorgesehene Frist abgelaufen sein, kann innerhalb von sechs Monaten, beginnend spätestens ab 1. Mai 2004, ein Zertifikat angemeldet werden.

i) Für jedes durch ein geltendes Grundpatent geschützte Arzneimittel, für das nach dem 1. Januar 2000 eine erste Genehmigung für das Inverkehrbringen als Arzneimittel erlangt wurde, kann in Polen ein Zertifikat erteilt werden, sofern die Anmeldung des Zertifikats binnen sechs Monaten nach dem 1. Mai 2004 eingereicht wird.

j) Für jedes durch ein geltendes Grundpatent geschützte Arzneimittel, für das nach dem 1. Januar 2000 eine erste Genehmigung für das Inverkehrbringen als Arzneimittel erlangt wurde, kann in Rumänien ein Zertifikat erteilt werden. Sollte die in Artikel 7 Absatz 1 vorgesehene Frist abgelaufen sein, kann innerhalb von sechs Monaten, beginnend spätestens ab dem 1. Januar 2007, ein Zertifikat angemeldet werden.

k) Für jedes durch ein geltendes Grundpatent geschützte Arzneimittel, für das in Slowenien vor dem 1. Mai 2004 eine erste Genehmigung für das Inverkehrbringen als Arzneimittel erlangt wurde, kann ein Zertifikat erteilt werden, sofern die Anmeldung des Zertifikats binnen sechs Monaten nach dem 1. Mai 2004 eingereicht wird, einschließlich der Fälle, bei denen die in Artikel 7 Absatz 1 vorgesehene Frist abgelaufen ist.

l) Für jedes durch ein geltendes Grundpatent geschützte Arzneimittel, für das in der Slowakei nach dem 1. Januar 2000 eine erste Genehmigung für das Inverkehrbringen als Arzneimittel erlangt wurde, kann ein Zertifikat erteilt werden, sofern die Anmeldung des Zertifikats binnen sechs Monaten nach dem Zeitpunkt eingereicht wurde, zu dem die erste Genehmigung für das Inverkehrbringen erlangt wurde, oder innerhalb von sechs Monaten ab dem 1. Juli 2002, wenn die Genehmigung vor diesem Datum erteilt wurde.

m) Für jedes durch ein geltendes Grundpatent geschützte Arzneimittel, für das nach dem 1. Januar 2003 eine erste Genehmigung für das Inverkehrbringen als Arzneimittel erlangt wurde, kann in Kroatien ein Zertifikat erteilt werden, sofern die Anmeldung des Zertifikats binnen sechs Monaten ab dem Tag des Beitritts eingereicht wird.

1 Art. 20 AMV[1] normiert, unter welchen Voraussetzungen – insbesondere länderspezifische Stichtage für Erstzulassung oder Patentanmeldung, sowie Nachmeldefristen – in Bulgarien, der Tschechischen Republik, Estland, Zypern, Lettland, Litauen, Ungarn, Malta, Polen, Rumänien, Slowenien, der Slowakei und Kroatien ein Zertifikat erteilt werden konnte, wenn das betreffende Arzneimittel bereits vor dem Beitritt des jeweiligen Landes zur EU in diesem Land zugelassen wurde.[2] Zu beachten ist, dass eine sechsmonatige, ab dem jeweiligen Beitrittsdatum geltende Nachfrist zur Anmeldung von Zertifikaten nicht in allen der in Art. 20 AMV genannten Staaten gewährt wurde. Art. 20 AMV sei für die genannten Staaten abschließend, so dass weder Art. 19 VO 1768/92, noch Art. 7 oder Art. 3 b AMV anwendbar sein soll.[3]

1 Art. 20 AMV verwendet anders als Art. 2 AMV („Für jedes … durch ein Patent geschützte Erzeugnis") den Wortlaut: „Für jedes durch ein geltendes Grundpatent geschützte Arzneimittel".
2 Vertiefend: Batakliev: SPC in Europe – Transitional Regime, IIC 2013, 750, 754 ff.
3 Busse/Hacker Anh § 16 a Rn 158 unter Hinweis auf EuGH C-66/09, GRUR Int 2012, 974 [Rn 25, 36 ff] – Kirin Amgen.

(h) any medicinal product protected by a valid basic patent and for which the first authorisation to place it on the market as a medicinal product was obtained in Malta prior to 1 May 2004 may be granted a certificate. In cases where the period provided for in Article 7(1) has expired, the possibility of applying for a certificate shall be open for a period of six months starting no later than 1 May 2004;

(i) any medicinal product protected by a valid basic patent and for which the first authorisation to place it on the market as a medicinal product was obtained after 1 January 2000 may be granted a certificate in Poland, provided that the application for a certificate was lodged within six months starting no later than 1 May 2004;

(j) any medicinal product protected by a valid basic patent and for which the first authorisation to place it on the market as a medicinal product was obtained after 1 January 2000 may be granted a certificate in Romania. In cases where the period provided for in Article 7(1) has expired, the possibility of applying for a certificate shall be open for a period of six months starting no later than 1 January 2007;

(k) any medicinal product protected by a valid basic patent and for which the first authorisation to place it on the market as a medicinal product was obtained in Slovenia prior to 1 May 2004 may be granted a certificate, provided that the application for a certificate was lodged within six months from 1 May 2004, including in cases where the period provided for in Article 7(1) has expired;

(l) any medicinal product protected by a valid basic patent and for which the first authorisation to place it on the market as a medicinal product was obtained in Slovakia after 1 January 2000 may be granted a certificate, provided that the application for a certificate was lodged within six months of the date on which the first market authorisation was obtained or within six months of 1 July 2002 if the market authorisation was obtained before that date;

(m) any medicinal product protected by a valid basic patent and for which the first authorisation to place it on the market as a medicinal product was obtained after 1 January 2003 may be granted a certificate in Croatia, provided that the application for a certificate is lodged within six months from the date of accession.

Art. 20 MPR[1] regulates on which conditions – in particular country-specific deadlines for the first authorisation or patent application and extended filing periods – in Bulgaria, Czech Republic, Estonia, Cyprus, Latvia, Lithuania, Hungary, Malta, Poland, Romania, Slovenia, Slovakia and Croatia an SPC might be granted if the relevant medicinal products has been authorised in this country before the accession of the respective country to the EU. [2] It must be taken into account that the six-month grace period after the respective accession date for the application for SPCs is provided for not in all countries mentioned in Art. 20 MPR. Art. 20 MPR is exhaustive for the mentioned countries so neither Art. 19 Reg. 1768/92 nor Art. 7 or Art. 3(b) MPR shall apply.[3] 1

1 Art. 20 MPR uses – different from Art. 2 MPR ("Any product protected by a patent ...") – the wording "any medicinal product protected by a valid basic patent ...".
2 Detailed: Batakliev: SPC in Europe – Transitional Regime, IIC 2013, 750, 754 ff.
3 Busse/Hacker Anh § 16 a Rn 158 with reference to C-66/09 – Kirin Amgen [Rn 25, 36 ff].

Artikel 21 Übergangsvorschriften

(1) Diese Verordnung findet weder Anwendung auf Zertifikate, die vor dem 2. Januar 1993 in Übereinstimmung mit dem einzelstaatlichen Recht eines Mitgliedstaats erteilt wurden, noch auf Zertifikatsanmeldungen, die in Übereinstimmung mit diesem Recht vor dem 2. Juli 1992 eingereicht wurden.

Im Falle Österreichs, Finnlands und Schwedens findet diese Verordnung keine Anwendung auf Zertifikate, die vor dem 1. Januar 1995 in Übereinstimmung mit dem einzelstaatlichen Recht dieser Staaten erteilt wurden.

(2) Diese Verordnung findet auf ergänzende Schutzzertifikate Anwendung, die vor dem jeweiligen Tag des Beitritts nach Maßgabe der einzelstaatlichen Rechtsvorschriften der Tschechischen Republik, Estlands, Kroatiens, Zyperns, Lettlands, Litauens, Maltas, Polens, Rumäniens, Sloweniens und der Slowakei erteilt wurden.

1 Art. 21 AMV entspricht Art. 20 VO 1768/92. Lediglich die in der VO 1768/92 verwendete abstrakte Umschreibung bestimmter Stichtage wurde durch konkrete Datumsangaben ersetzt.[1]

2 Nach **Art. 21 I 1 AMV** findet die AMV weder auf Zertifikate, die nach einzelstaatlichem Recht vor dem 2. Juli 1992 (dem Tag der Veröffentlichung der VO 1768/92 im Amtsblatt) eingereicht, noch vor dem 2. Januar 1993 (dem Tag des Inkrafttretens der VO 1768/92) erteilt wurden, Anwendung. Zertifikate konnten nur in Frankreich und Italien[2] vor dem 2. Juli 1992 angemeldet bzw. vor dem 2. Januar 1993 erteilt werden.[3] In allen anderen Mitgliedstaaten der Europäischen Gemeinschaft bestand eine solche Möglichkeit bis zum Inkrafttreten der VO 1768/92 nicht. Divergenzen zwischen Zertifikaten nach französischem bzw. italienischem und Gemeinschaftsrecht waren wohl nur bis 2012 möglich.[4]

3 Art. 21 I 1 AMV regelt für zwei Fälle (Zertifikatserteilung nach nationalem Recht vor dem Inkrafttreten der VO 1768/92 am 2. Januar 1993 [Alt. 1] und Zertifikatseinreichung nach nationalem Recht vor Veröffentlichung der VO 1768/92 im Amtsblatt am 2. Juli 1992 [Alt. 2]), was ohnehin klar ist: Die AMV kann vor dem Inkrafttreten der VO 1768/92 am 2. Januar 1993 keine Anwendung finden – oder anders gesagt, für vorher angemeldete oder erteilte Zertifikate gilt nationales Recht. Dies wird auch durch die Ausnahmeregelung zu Art. 7 I VO 1768/92 für vor Inkrafttreten der Verordnung erstmals zugelassene Erzeugnisse in Art. 19 II VO 1768/92 bestätigt, wonach „der Antrag auf Erteilung eines Zertifikats … innerhalb von sechs Monaten nach Inkrafttreten dieser Verordnung zu stellen" ist. Erteilungsanträge nach Gemeinschaftsrecht konnten damit frühestens am 2. Januar 1993 gestellt werden.

4 Teilweise wird für bis zum 2. Januar 1993 noch nicht erteilte, aber schon **vor** dem 2. Juli 1992 eingereichte Zertifikate [Art. 21 I 1 Alt. 2 AMV] entgegen des insoweit doch recht eindeutigen Wortlauts vertreten, dass die VO 1768/92 anwendbar sei. Die Voraussetzungen des Art. 21 I 1 AMV seien nicht alternativ, sondern kumulativ zu verstehen. Die Vorschrift sei

1 2. Januar 1993 statt „Inkrafttreten dieser Verordnung", 2. Juli 1992 statt „Tag der Veröffentlichung dieser Verordnung im Amtsblatt der Europäischen Gemeinschaften" (Art. 21 I 1 AMV); 1. Januar 1995 statt „Zeitpunkt des Beitritts" (Art. 21 I 2 AMV); 1. Mai 2004 (für CZ, EE, CY, LV, LT, MT, PL, SI, SK) bzw. 1. Januar 2007 (für RO) statt „jeweiligen Tag des Beitritts" (Art. 21 II AMV). Mit dem Beitritt Kroatiens zur EU am 1. Juli 2013 scheint Art. 21 II AMV wieder die ursprüngliche abstrakte Umschreibung „vor dem jeweiligen Tag des Beitritts" zu verwenden, ABl. EU vom 24. April 2012 L 112/42 [Anh III 2.II.2.b].

2 So dass Art. 21 I 1 AMV nur nationale französische und italienische Zertifikate betreffen kann, Schennen S. 86 f [Art 20 Anm 1]; Busse/Hacker Anh § 16 a Rn 159.

3 FR: Gesetz Nr. 90-510 vom 25. Juni 1990, abgedruckt in PMZ 1992, 291, 291; IT: Gesetz Nr. 349 vom 19. Oktober 1991, abgedruckt in PMZ 1993, 121, 121 f.

4 Schennen S. 88 [Art. 20 Anm 7].

Article 21 Transitional provisions

1. This Regulation shall not apply to certificates granted in accordance with the national legislation of a Member State before 2 January 1993 or to applications for a certificate filed in accordance with that legislation before 2 July 1992.

With regard to Austria, Finland and Sweden, this Regulation shall not apply to certificates granted in accordance with their national legislation before 1 January 1995.

2. This Regulation shall apply to supplementary protection certificates granted in accordance with the national legislation of the Czech Republic, Estonia, Cyprus, Latvia, Lithuania, Malta, Poland, Slovenia and Slovakia prior to 1 May 2004 and the national legislation of Romania prior to 1 January 2007.

Art. 21 MPR corresponds to Art. 20 Reg. 1768/92. A general description of specific deadlines used in the Reg. 1768/92 was substituted by a specific date indication.[1] 1

According to **Art. 21(1)(1) MPR** the MPR does not apply neither to SPC applications filed in accordance with national law before July 2, 1992, (the publication day of Reg. 1768/92 in the Official Journal) nor to SPCs, which have been granted before January 2, 1993, (the day on which the Reg. 1768/92 entered into force). Only in France and Italy[2] SPCs could be applied for before July 2, 1992, or granted before January 2, 1993.[3] This option was not available in all other Member States of the European Community before the entry into force of Reg. 1768/92. Divergences between SPCs under French or Italian and Community law were only possible until 2012.[4] 2

Art. 21(1)(1) MPR states for two cases (SPCs granted in accordance with the national law before the entry into force of Reg. 1768/92 on January 2, 1993, [Alt. 1] and SPC applications filed in accordance with national law before the publication of Reg. 1768/92 in the Official Journal on July 2, 1992, [Alt. 2]) what is clear anyway. The MPR might not be applied before the entry into force of the Reg. 1768/92 on January 2, 1993, – in other words: national law applies only to SPCs filed or granted previously. This is confirmed by Art. 19(2) Reg. 1768/92, an exception provision to Art. 7(1) Reg. 1768/92, for products authorised for the first time before the entry into force of the Regulation according to which "An application for an SPC ... shall be submitted within six months of the date on which this Regulation enters into force". Thus SPC applications according to Community law could be filed on January 2, 1993, at the earliest. 3

Some authors believe that the Reg. 1768/92 applies to SPCs granted before January 2, 1993, if the SPC applications were filed **before** July 2, 1992, [Art. 21(1)(1) Alt. 2 MPR] in contrast to the clear wording in this respect. The conditions of Art. 21(1)(1) MPR are to be understood not as alternative, but as cumulative. Otherwise the provision would be tautological 4

1 2 January 1993 instead of "the date on which this Regulation enters into force", 2. Juli 1992 instead of "the date of publication of this Regulation in the OJ EC" (Art. 21(1)(1) MPR); 1 January 1995 instead of "the date of accession" (Art. 21(1)(2) MPR); 1 May 2004 (for CZ, EE, CY, LV, LT, MT, PL, SI, SK) and 1 January 2007 (for RO) instead of "their respective date of accession" (Art. 21(2) MPR). With the EU accession of Croatia on July 1, 2013 Art. 2(2) MPR is amended back to its original version "their respective date of accession", OJ EU L 112, 24.4.2012, p. 42 [Annex III 2.II.2.b].

2 Art. 21(1)(1) MPR applies only to national French and Italian SPCs, Schennen p. 86 f [Art. 20 Anm 1]; Busse/Hacker Anh § 16 a Rn 159.

3 FR: Law No. 90-510 dated Juni 25, 1990, printed in PMZ 1992, 291, 291; IT: Law No. 349 dated Oktober 19, 1991, printed in PMZ 1993, 121, 121 f.

4 Schennen p. 88 [Art. 20 Anm 7].

sonst tautologisch, da die VO 1768/92 zwischen Veröffentlichung und Inkrafttreten ohnehin keine Rechtswirkungen haben könne. Die negative Formulierung der Vorschrift führe im Umkehrschluss dazu, dass die Zertifikatsverordnung im Übrigen anwendbar sei.[5]

5 Die AMV findet keine Anwendung auf nach österreichischem, finnischem oder schwedischem Recht vor dem 1. Januar 1995[6] erteilte Zertifikate, Art. 21 I 2 AMV.[7]

6 Im Unterschied zu Art. 20 AMV, der regelt, ob ein Zertifikat nach der AMV noch erteilt werden kann, wenn die Erstzulassung des betreffenden Arzneimittels vor dem Tag des Beitritts lag, regelt **Art. 21 II AMV** die Anwendbarkeit der AMV auf vor dem Beitritt nach nationalem Recht erteilte Zertifikate. Nach Art. 21 II AMV[8] ist die AMV auch[9] auf vor dem 1. Mai 2004 in der Tschechischen Republik, Estland, Zypern, Lettland, Litauen, Malta, Polen, Slowenien und der Slowakei, vor dem 1. Januar 2007 in Rumänien und vor dem 1. Juli 2013 in Kroatien erteilte Zertifikate anwendbar. In der Länderaufzählung des Art. 21 II AMV fehlen Ungarn und Bulgarien. In diesen beiden Ländern konnten vor dem EU-Beitritt noch keine Zertifikate erteilt werden.

7 Der frühere **Art. 21 VO 1768/92** regelte die verzögerte Anwendbarkeit der AMV fünf Jahre nach ihrem Inkrafttreten in Mitgliedstaaten[10] in denen am 1. Januar 1990 eine Patentierbarkeit von Arzneimitteln nicht vorgesehen war. Art. 19 VO 1768/92[11] war nach Art. 21 S. 2 VO 1768/92 in diesen Mitgliedstaaten nicht anwendbar. Beide Regelungen haben in der AMV keine Entsprechung mehr.

5 Vgl. Schennen S. 87 [Art. 20 Anm 4].
6 Dem Zeitpunkt des Beitritts dieser Länder zur Europäischen Union.
7 Vgl. Beitrittsakte (ABl. EG vom 29. August 1994 [C 241/21]); Beschluss 95/1/EG (ABl. EG vom 1. Januar 1995 [L 1/1]).
8 Art. 21 II AMV wurde durch die Akte über die Bedingungen des Beitritts von CZ, EE, CY, LV, LT, HU, MT, PL, SI und SK (ABl. EU vom 23. September 2003 [L 236/33]) eingefügt und durch die Beitrittsakte von BG und RO (ABl EU vom 21. Juni 2005 [L 157/203]) geändert.
9 Anders: Art. 21 I 2 AMV für österreichische, finnische und schwedische Zertifikate.
10 Nach Busse/Hacker Anh § 16 a Rn 160 waren dies Griechenland, Portugal und Spanien.
11 Zu den verschiedenen Fassung von Art. 19 VO 1768/92: vgl. Busse/Hacker Anh § 16 a Rn 153 ff.

because Reg. 1768/92 during the period between the publication and entry into force could not have legally binding effects. Conversely, the negative formulation of the provision results in a situation where the MPR applies as for the rest.[5]

The MPR shall not apply to SPCs granted in accordance with Austrian, Finnish and Swedish law before January 1, 1995,[6] Art. 21(1)(2) MPR.[7] 5

Unlike Art. 20 MPR, which regulates whether an SPC still might be granted according to the MPR if the first authorisation of the relevant medicinal product took place before the accession date, **Art. 21(2) MPR** states the applicability of the MPR to SPCs granted in accordance with national law before the accession. According to Art. 21(2) MPR[8] the MPR applies[9] also to SPCs granted in Czech Republic, Estonia, Cyprus, Latvia, Lithuania, Malta, Poland, Slovenia and Slovakia before May 1, 2004, in Romania before January 1, 2007, and in Croatia before July 1, 2013. Hungary and Bulgaria are missing in the list of countries of Art. 21(2) MPR. SPCs could not be granted in those two countries before the accession to the EU. 6

The previous **Art. 21 Reg. 1768/92** provided for a delayed applicability of the MPR within five years after the entry into force in the Member States[10] where the patentability of medicinal products was not provided for as from January 1, 1990. Art. 19 Reg. 1768/92[11] was not applicable according to Art. 21(2) Reg. 1768/92 in these Member States. Neither provision has an equivalent in the MPR nowadays. 7

5 Cf. Schennen p. 87 [Art. 20 Anm 4].
6 The date of accession of these countries to the EU.
7 Cf. Act of Accession of AT, SE and FI (OJ EC C 241, 29.8.1994, p. 21); adapted by Council Decision 95/1/EC, EURATOM, ECSC (OJ EC L 1, 01.01.1995, p. 1).
8 Art. 21(2) MPR was inserted by the Act concerning the conditions of accession of CZ, EE, CY, LV, LT, HU, MT, PL, SI and SK (OJ EU L 236, 23.9.2003, p. 33) eingefügt and amended by the Act of Accession of BG and RO (OJ EU L 157, 21.6 2005, p. 203).
9 Different: Art. 21(1)(2) MPR for Austrian, Finnish and Swedish SPCs.
10 According to Busse/Hacker Anh § 16 a Rn 160 these were Greece, Portugal and Spain.
11 As to the various versions of Art. 19 Reg. 1768/92: cf. Busse/Hacker Anh § 16 a Rn 153 ff.

Artikel 22 Aufhebung

Die Verordnung (EWG) Nr. 1768/92, in der Fassung der in Anhang I aufgeführten Rechtsakte, wird aufgehoben.

Verweisungen auf die aufgehobene Verordnung gelten als Verweisungen auf die vorliegende Verordnung und sind nach Maßgabe der Entsprechungstabelle in Anhang II zu lesen.

1 Nach **Art. 22 S. 1 AMV**[1] wird die VO 1768/92 in der Fassung der in Anhang I aufgeführten Rechtsakte[2] aufgehoben. Die Aufhebung der VO 1768/92 erfolgte mit Inkrafttreten der AMV nach Art. 23 AMV am 6. Juli 2009. Die VO 1768/92 wurde durch die AMV lediglich kodifiziert.[3] Da an zu kodifizierenden Rechtsakten keine materiell-inhaltlichen Änderungen vorgenommen werden dürfen, behält die AMV den materiellen Inhalt der kodifizierten VO 1768/92 vollständig bei. Formale Änderungen wurden nur vorgenommen, wenn diese aufgrund der Kodifizierung selbst erforderlich waren.[4] Insofern war eine Übergangsregelung entbehrlich. Die AMV gilt daher sowohl für am 6. Juli 2009 bereits erteilte und noch nicht erloschene oder für nichtig erklärte Zertifikate, als auch für anhängige und künftige Zertifikatsanmeldungen.[5] Zum Teil wird angenommen, die Voraussetzungen der Zertifikatserteilung (und dessen Nichtigkeit) seien weiterhin nach der Rechtslage zum Zeitpunkt der Erteilung zu beurteilen.[6] Dies kann – mangels Hinweises in der AMV – aber wohl nur für die nicht in die AMV übernommenen Art. 3 b S. 2, 19 und 21 VO 1768/92, sowie ggf. für ergänzend heranzuziehendes nationales Recht gelten.

2 Verweisungen auf die aufgehobene VO 1768/92 gelten als Verweisungen auf die AMV und sind nach Maßgabe der Entsprechungstabelle in Anhang II der AMV zu lesen, **Art. 22 S. 2 AMV**. Die wichtigsten Verweisungen sind EG 17 PMV,[7] Art. 2 I c ii VO 1383/2003,[8] Art. 2 Nr. 4, Art. 8 S. 1, Art. 36 I, IV, Art. 52 und EG 26, 27, 37 PädV[9] und Art. 23 I a VO 1234/2008.[10]

3 Zu Recht wird kritisiert, dass die für die AMV relevanten Regelungen der PMV (Art. 3 II, 4, 8 I c, 17 II, EG 12, 13, 14 PMV) anlässlich der Kodifizierung nicht in die AMV übernommen wurden.[11] Insbesondere sollte die bereits 1999 von *Kellner*[12] geäußerte Vermutung sich trotz des bereits damals erkannten Nachbesserungsbedarfs dem Ringen um eine Änderung der Verordnung nicht erneut aussetzen zu wollen, nach etwa 15 Jahren der Anwendung von EG 17 PMV durch Gerichte und Behörden keine Rolle mehr spielen. Ebenso hätten die materiell-rechtlichen Voraussetzungen der Gewährung der Laufzeitverlängerung (Art. 36 PädV) in die AMV aufgenommen werden können.

1 Art. 22 VO 1768/92 findet sich in der AMV als Art. 13 IV, vgl. ABl EU vom 16. Juni 2009 L 152/10.
2 Dabei handelt es sich um die VO 1768/92 (ABl. EG vom 2. Juli 1992 [L 182/1]), die Beitrittsakte von 1994, Kapitel XI Buchstabe F Abschnitt I (ABl. EG vom 29. August 1994 [C 241/233]), die Beitrittsakte von 2003, Anhang II Kapitel 4 Buchstabe C Abschnitt II (ABl. EU vom 23. September 2003 [L 236/342]), die Beitrittsakte von 2005, Anhang III Kapitel 1 Abschnitt II (ABl. EU vom 21. Juni 2005 [L 157/56]) und Art. 52 VO 1901/2006 (ABl. EU vom 27. Dezember 2006 [L 378/1]) und den Vertrag über den Beitritt Kroatiens (ABl EU L 112, 24.04.2012, S. 10).
3 Vgl. EG 1 AMV.
4 Vgl. KOM (2008) 369 endg. S. 2 [3, 4].
5 Vgl. Kühnen FS 50 Jahre BPatG S. 361, 361 f [I]. Der EuGH hat auch nach Inkrafttreten der AMV am 6. Juli 2009 die VO 1768/92 angewandt, vgl. zB C-66/09 – Kirin Amgen vom 2. September 2010.
6 OGH-AT GRUR Int 2011, 628, 631 [1.1] – Escitalopram.
7 ABl. EG vom 8. August 1996 [L 198/30].
8 ABl. EU vom 2. August 2003 [L 196/7].
9 ABl. EU vom 27. Dezember 2006 [L 378/1].
10 ABl. EU vom 12. Dezember 2008 [L 334/7].
11 Vgl. Brückner Art. 22 Rn 12.
12 Kellner GRUR 1999, 805, 805 f [III.4].

Article 22 Repeal

Regulation (EEC) No 1768/92, as amended by the acts listed in Annex I, is repealed.

References to the repealed Regulation shall be construed as references to this Regulation and shall be read in accordance with the correlation table in Annex II.

According to **Art. 22 (1) MPR**[1] the Regulation 1768/92, as amended by the acts[2] listed in Annex I, is repealed. The repeal of Reg. 1768/92 happened with the entry into force of the MPR in accordance with Art. 23 MPR on July 6, 2009. Reg. 1768/92 was merely codified by the MPR.[3] Given that no substantial amendments might be made to the codified law, the MPR retains the substantive content of Reg. 1768/92 in full. Formal amendments were made only if they were required based on the codification.[4] The transitional provisions were unnecessary in this respect. The MPR applies, therefore, both to SPCs already granted but still not lapsed or declared invalid as of July 6, 2009, and to pending or future SPC applications.[5] Partly is assumed that the conditions for the grant of an SPC (and its invalidity) still are to be assessed under the legal situation on the date of the SPC grant.[6] This might apply, however – for lack of references in the MPR – to the Art. 3(b)(2), 19 and 21 Reg. 1768/92 not incorporated in the MPR as well as, if necessary, to the relevant national law. 1

References to the repealed Regulation shall be construed as references to this Regulation and shall be read in accordance with the correlation table in Annex II, **Art. 22(2) MPR**. The most important references are R 17 PPR,[7] Art. 2(1)(c)(ii) Reg. 1383/2003,[8] Art. 2 No. 4, Art. 8(1), Art. 36(1), (4), Art. 52 and R 26, 27, 37 PedR[9] and Art. 23(1)(a) Reg. 1234/2008.[10] 2

Criticism was justifiably directed at the provisions of the PPR relevant to the MPR (Art. 3(2), 4, 8(1)(c), 17(2), R 12, 13, 14 PPR) on occasion of the codification were not incorporated in the MPR.[11] In particular the assumption expressed by *Kellner*[12] already in 1999 to expose itself to the struggles for alteration of the Regulation despite the imperfections identified then, might not matter after application of R 17 PPR by courts and authorities during 15 years any more. The substantive legal conditions for the granting of an extension of the duration (Art. 36 PedR) could be incorporated in the MPR as well. 3

1 Art. 22 Reg. 1768/92 is now Art. 13(4) MPR, cf. OJ EU, 16 June 2009, L 152/10.
2 These are: Reg. 1768/92 (OJ EC L 182, 2.7.1992, p. 1); Annex I, point XI.F.I, of the 1994 Act of Accession (OJ EC C 241, 29.8.1994, p. 233); Annex II, point 4.C.II, of the 2003 Act of Accession (OJ EU L 236, 23.9.2003, p. 342), Annex III, point 1.II, of the 2005 Act of Accession (OJ EU L 157, 21.6.2005, p. 56), Art. 52 PedV (OJ EU L 378, 27.12.2006, p. 1) and the Act concerning the conditions of accession of the Republic of Croatia (OJ EU L 112, 24.4.2012, p. 10).
3 Cf. R 1 MPR.
4 Cf. COM (2008) 369 final, p. 2 [3, 4].
5 Cf. Kühnen FS 50 Jahre BPatG p. 361, 361 f [I]; The ECJ applied Reg. 1768/92, even after the entry into force of MPR on July 6, 2009, cf. e.g. C-66/09 – Kirin Amgen.
6 Austrian OGH GRUR Int 2011, 628, 631 [1.1] – Escitalopram.
7 OJ EC L 198, 8.8.1996, p. 30.
8 OJ EU L 196, 2.8.2003, p. 7.
9 OJ EU L 378, 27.12.2006, p. 1.
10 OJ EU L 334, 12.12.2008, p. 7.
11 Cf. Brückner Art. 22 Rn 12.
12 Kellner GRUR 1999, 805, 805 f [III.4].

Artikel 23 Inkrafttreten

Diese Verordnung tritt am zwanzigsten Tag nach ihrer Veröffentlichung im *Amtsblatt der Europäischen Union* in Kraft.

1 Nach Art. 23 AMV tritt die AMV am zwanzigsten Tag nach ihrer Veröffentlichung im Amtsblatt der Europäischen Union in Kraft. Die AMV wurde am 16. Juni 2009 im Amtsblatt veröffentlicht[1] und ist am 6. Juli 2009 in Kraft getreten.

2 Die AMV ist in allen ihren Teilen verbindlich und gilt unmittelbar in jedem Mitgliedstaat.[2] Anders als bei einer Richtlinie (z.B. RL 2001/83/EG) bedarf es keiner Umsetzung in nationales Recht. Die AMV hat Vorrang vor nationalen Regelungen. Soweit sie bestimmte Sachverhalte nicht abschließend regelt,[3] sind nationale Regelungen möglich. Diese sind – soweit sie nicht im Widerspruch zur AMV stehen – ergänzend anwendbar.

Diese Verordnung ist in allen ihren Teilen verbindlich und gilt unmittelbar in jedem Mitgliedstaat.

1 ABl. EU vom 16. Juni 2009 [L 152/1].
2 Vgl. AMV nach Art. 23; Art. 288 II AEUV (ex-Art. 249 II EG; ex-Art. 189 II EGV).
3 Z.B. Antrags- und Jahresgebühren oder Form des Zertifikatsantrags.

Article 23 Entry into force

This Regulation shall enter into force on the 20th day following its publication in the *Official Journal of the European Union.*

According to Art. 23 MPR the MPR shall enter into force on the 20th day following its publication in the Official Journal of the European Union. The MPR was published[1] in the Official Journal on June 16, 2009, and came into force on July 6, 2009. 1

The MPR is binding in its entirety and directly applicable in all Member States.[2] Unlike a directive (e.g., Dir. 2001/83/EC) it does not require transposition into national law. The MPR takes precedence over national provisions. As long as it does not stipulate special matters conclusively,[3] the national provisions might be applied. They are – as long as they do not contradict the MPR –additionally applicable. 2

This Regulation shall be binding in its entirety and directly applicable in all Member States.

1 OJ EU L 152, 16.6.2009, p. 1.
2 Cf. MPR according to Art. 23; Art. 288(2) TFEU (ex-Art. 249(2) TEC; ex-Art. 189(2) TEEC).
3 E.g. filing fees, annual fees or the form of the SPC application.

Anhang I Aufgehobene Verordnung mit Liste ihrer nachfolgenden Änderungen (gemäß Artikel 22)

Verordnung (EWG) Nr. 1768/92 des Rates (ABl. L 182 vom 2. 7. 1992, S. 1)

Beitrittsakte von 1994, Kapitel XI Buchstabe F Abschnitt I (ABl. C 241 vom 29. 8. 1994, S. 233)

Beitrittsakte von 2003, Anhang II Kapitel 4 Buchstabe C Abschnitt II (ABl. L 236 vom 23. 9. 2003, S. 342)

Beitrittsakte von 2005, Anhang III Kapitel 1 Abschnitt II (ABl. L 157 vom 21. 6. 2005, S. 56)

Verordnung (EG) Nr. 1901/2006 des Europäischen Parlaments und des Rates (ABl. L 378 vom 27. 12. 2006, S. 1) nur Artikel 52

Anhang II Entsprechungstabelle

Verordnung (EWG) Nr. 1768/92	Vorliegende Richtlinie
–	Erwägungsgrund 1
Erwägungsgrund 1	Erwägungsgrund 2
Erwägungsgrund 2	Erwägungsgrund 3
Erwägungsgrund 3	Erwägungsgrund 4
Erwägungsgrund 4	Erwägungsgrund 5
Erwägungsgrund 5	Erwägungsgrund 6
Erwägungsgrund 6	Erwägungsgrund 7
Erwägungsgrund 7	Erwägungsgrund 8
Erwägungsgrund 8	Erwägungsgrund 9
Erwägungsgrund 9	Erwägungsgrund 10
Erwägungsgrund 10	–
Erwägungsgrund 11	–
Erwägungsgrund 12	–
Erwägungsgrund 13	Erwägungsgrund 11
Artikel 1	Artikel 1
Artikel 2	Artikel 2
Artikel 3 einleitende Worte	Artikel 3 einleitende Worte
Artikel 3 Buchstabe a	Artikel 3 Buchstabe a
Artikel 3 Buchstabe b Satz 1	Artikel 3 Buchstabe b
Artikel 3 Buchstabe b Satz 2	–
Artikel 3 Buchstaben c und d	Artikel 3 Buchstaben c und d
Artikel 4 bis 7	Artikel 4 bis 7
Artikel 8 Absatz 1	Artikel 8 Absatz 1
Artikel 8 Absatz 1 a	Artikel 8 Absatz 2
Artikel 8 Absatz 1 b	Artikel 8 Absatz 3
Artikel 8 Absatz 2	Artikel 8 Absatz 4
Artikel 9 bis 12	Artikel 9 bis 12

ANNEX I REPEALED REGULATION WITH LIST OF ITS SUCCESSIVE AMENDMENTS (referred to in Article 22)

Council Regulation (EEC) No 1768/92 (OJ L 182, 2.7.1992, p. 1) | |

Annex I, point XI.F.I, of the 1994 Act of Accession (OJ C 241, 29.8.1994, p. 233) | |

Annex II, point 4.C.II, of the 2003 Act of Accession (OJ L 236, 23.9.2003, p. 342) | |

Annex III, point 1.II, of the 2005 Act of Accession (OJ L 157, 21.6.2005, p. 56) | |

Regulation (EC) No 1901/2006 of the European Parliament and of the Council (OJ L 378, 27.12.2006, p. 1) | Only Article 52

ANNEX II CORRELATION TABLE

Regulation (EEC) No 1768/92	This Regulation I
—	Recital 1 I
Recital 1	Recital 2 I
Recital 2	Recital 3 I
Recital 3	Recital 4 I
Recital 4	Recital 5 I
Recital 5	Recital 6 I
Recital 6	Recital 7 I
Recital 7	Recital 8 I
Recital 8	Recital 9 I
Recital 9	Recital 10 I
Recital 10	— I
Recital 11	— I
Recital 12	— I
Recital 13	Recital 11 I
Article 1	Article 1
Article 2	Article 2
Article 3, introductory wording	Article 3, introductory wording
Article 3, point (a)	Article 3, point (a)
Article 3, point (b), first sentence	Article 3, point (b)
Article 3, point (b), second sentence	—
Article 3, points (c) and (d)	Article 3, points (c) and (d)
Articles 4 to 7	Articles 4 to 7
Article 8(1)	Article 8(1)
Article 8(1 a)	Article 8(2)
Article 8(1 b)	Article 8(3)
Article 8(2)	Article 8(4)
Articles 9 to 12	Articles 9 to 12

Verordnung (EWG) Nr. 1768/92	Vorliegende Richtlinie
Artikel 13 Absätze 1, 2 und 3	Artikel 13 Absätze 1, 2 und 3
Artikel 14 und 15	Artikel 14 und 15
Artikel 15 a	Artikel 16
Artikel 16, 17 und 18	Artikel 17, 18 und 19
Artikel 19	–
Artikel 19 a einleitende Worte	Artikel 20 einleitende Worte
Artikel 19 a Buchstabe a Ziffern i und ii	Artikel 20 Buchstabe b einleitende Worte Ziffern i und ii
Artikel 19 a Buchstabe b	Artikel 20 Buchstabe c
Artikel 19 a Buchstabe c	Artikel 20 Buchstabe d
Artikel 19 a Buchstabe d	Artikel 20 Buchstabe e
Artikel 19 a Buchstabe e	Artikel 20 Buchstabe f
Artikel 19 a Buchstabe f	Artikel 20 Buchstabe g
Artikel 19 a Buchstabe g	Artikel 20 Buchstabe h
Artikel 19 a Buchstabe h	Artikel 20 Buchstabe i
Artikel 19 a Buchstabe i	Artikel 20 Buchstabe k
Artikel 19 a Buchstabe j	Artikel 20 Buchstabe l
Artikel 19 a Buchstabe k	Artikel 20 Buchstabe a
Artikel 19 a Buchstabe l	Artikel 20 Buchstabe j
Artikel 20	Artikel 21
Artikel 21	-
Artikel 22	Artikel 13 Absatz 4
–	Artikel 22
Artikel 23	Artikel 23
–	Anhang I
–	Anhang II

Regulation (EEC) No 1768/92	This Regulation I
Article 13(1), (2) and (3)	Article 13(1), (2) and (3)
Articles 14 and 15	Articles 14 and 15
Article 15 a	Article 16
Articles 16, 17 and 18	Articles 17, 18 and 19
Article 19	—
Article 19 a, introductory wording	Article 20, introductory wording
Article 19 a, point (a), points (i) and (ii)	Article 20, point (b), introductory wording, points (i) and (ii)
Article 19 a, point (b)	Article 20, point (c)
Article 19 a, point (c)	Article 20, point (d)
Article 19 a, point (d)	Article 20, point (e)
Article 19 a, point (e)	Article 20, point (f)
Article 19 a, point (f)	Article 20, point (g)
Article 19 a, point (g)	Article 20, point (h)
Article 19 a, point (h)	Article 20, point (i)
Article 19 a, point (i)	Article 20, point (k)
Article 19 a, point (j)	Article 20, point (l)
Article 19 a, point (k)	Article 20, point (a)
Article 19 a, point (l)	Article 20, point (j)
Article 20	Article 21
Article 21	—
Article 22	Article 13(4)
—	Article 22
Article 23	Article 23
—	Annex I
—	Annex II

§ 4 Patentlaufzeitverlängerungen in Korea

I. Einleitung

1 1987 wurden Laufzeitverlängerungen (LZV) erstmals in Korea eingeführt. Genauer gesagt, führte das am 31. Dezember 1986 geänderte (in Kraft seit dem 1. Juli 1987) koreanische Patentgesetz (PatG KR) LZV zusammen mit Stoffpatenten ein. Somit kommen nach dem 1. Juli 1987 eingereichte Patentanmeldungen für eine LZV in Frage. Die für die LZV relevanten Vorschriften des PatG KR und die zugehörigen Verordnungen wurden danach mehrmals geändert, wobei es je nach Datum des Zulassungsantrags und der Patentanmeldung Unterschiede bei der Berechnung der Dauer der LZV gibt. Daher ist es, wenn in Korea ein LZV-Antrag eingereicht wird, sehr wichtig zu wissen, welche Vorschriften auf den Antrag anwendbar sind. Die wesentlichen Unterschiede je nach Datum des Zulassungsantrags und desDatums der Patentanmeldung werden später in dem entsprechenden Abschnitt gesondert erläutert.

2 Gemäß Artikel 89 PatG KR kann die Patentlaufzeit um den Zeitraum verlängert werden, während dem die patentierte Erfindung nicht genutzt werden konnte. Dieser Zeitraum kann bis zu 5 Jahre betragen. Die Voraussetzungen hierfür ist, dass (i) zur Nutzung der patentierten Erfindung eine Zulassung oder Registrierung gesetzlich gefordert ist, und ein längerer Zeitraum nötig war, um die für die Erteilung der Zulassung oder Registrierung notwendigen Wirksamkeits- und Sicherheitstests etc. abzuschließen und dass (ii) die Erfindung ist in der Präsidialverordnung genannt ist. Artikel 7 der Durchführungsverordnung zum PatG KR (DVO PatG KR) regelt in diesem Zusammenhang „die durch Präsidialverordnung genannten Erfindungen“ wie folgt:

a) Erfindung von Arzneimitteln, die zum Zwecke der Benutzung der patentierten Erfindung einer Zulassung nach dem Arzneimittelgesetz (AMG KR) bedürfen, oder

b) Erfindung von Agrochemikalien oder Rohstoffen von Agrarchemikalien, die zum Zwecke der Benutzung der patentierten Erfindung einer Registrierung gemäß Agrochemikalienkontrolgesetz (ACA) bedürfen.

Dementsprechend kommen Erfindungen von Agrochemikalien oder Rohstoffen von Agrochemikalien sowie Erfindungen von Arzneimitteln für eine LZV in Frage, solange eine Zulassung nach dem AMG KR oder eine Registrierung nach dem Agrochemikalienkontrollgesetz zur Nutzung der Erfindung in Korea erforderlich ist.

§ 4 Patent Term Extensions in Korea

I. Introduction

1 In 1987, the patent term extension (PTE) system was first introduced in Korea. More specifically, the Korean Patent Act (KPA) amended on December 31, 1986, which went into force on July 1, 1987, newly established the PTE system accompanied with the introduction of material patents. Accordingly, patent applications filed after July 1, 1987 are eligible for PTE. The KPA provisions and relevant regulations relating to PTE have been amended several times thereafter, where there are differences in the length of PTE depending on the regulatory approval application date and the filing date of the patent application. As such, when you file a PTE application in Korea, it is very important to know which provisions and regulations are applicable to your application. The significant differences depending on the regulatory approval application date and the filing date of patent application are separately explained below in the relevant section.

2 According to Article 89 of the KPA, the term of a patent right may be extended by a period of up to five years during which the patented invention could not have been worked under the conditions that (i) authorization or regulation under other laws or regulations is required to work the patented invention and an extended period has been taken to complete the activity tests, safety tests and so on necessary to obtain the authorization or registration, and (ii) the invention is prescribed by the Presidential Decree. In this regard, Article 7 of the Enforcement Decree of the KPA stipulates that "the invention prescribed by Presidential Decree" is as follows:

a) Invention of medicines which is to be approved under the Pharmaceutical Affairs Act (PAA) for the purpose of working the patented invention; or

b) Invention of agrochemicals or raw materials of agrochemicals which are to be registered under the Agrochemicals Control Act (ACA) for the purpose of working the patented invention.

Accordingly, an invention of agrochemicals or raw materials of agrochemicals, as well as an invention of medicines, is eligible for PTE as long as a registration under ACA/PAA is required for working the invention in Korea.

II. Formelle Anforderungen

1. Antragsteller

3 Der LZV-Antrag muss vom Patentinhaber gestellt werden. Ferner ist der LZV-Antrag bei gemeinschaftlicher Inhaberschaft an einem Patent im Namen aller Mitinhaber zu stellen (Artikel 90 (3) PatG KR). Ist diese Anforderung nicht erfüllt, dann wird der Antrag zurückgewiesen (Artikel 91 (1) (iv), (v) PatG KR).

2. Frist zur Einreichung des LZV-Antrag

4 Die Frist zur Einreichung des LZV-Antrags bestimmt sich nach dem Datum der Patentanmeldung. Für Patentanmeldungen, die zwischen dem 1. Juli 1987 und 31. August 1990 eingereicht wurden, ist der LZV-Antrag innerhalb von 3 Jahren vor Patentablauf einzureichen. Für Patentanmeldungen, die am oder nach dem 1. September 1990 eingereicht wurden, ist der LZV-Antrag jedoch innerhalb von 3 Monaten ab dem Zulassungsdatum einzureichen, allerdings nicht später als 6 Monate vor Patentablauf (Artikel 90 (2) PatG KR). Eine LZV kann nicht erteilt werden, wenn das zu verlängernde Patent erst nach der Zulassung erteilt wird. In diesem Fall gibt es nämlich keinen nicht nutzbaren Zeitraum nach Patenterteilung.

5 Die Frist zum Einreichen des LZV-Antrags kann nicht verlängert werden. Ferner gibt es im PatG KR keine Regelung, auf deren Grundlage ein Recht zur Einreichung des LZV-Antrags wieder aufleben kann, wenn ein Anmelder die Frist zu dessen Einreichung aus unvermeidlichen Gründen nicht einhalten konnte.[1]

3. Erforderliche Dokumente

6 Die Partei, die eine LZV registrieren will, sollte einen LZV-Antrag beim koreanischen Amt für geistiges Eigentum (KIPO) einreichen, der folgende Angaben enthält (Artikel 90 (1) PatG KR):

- Name und Anschrift des Antragstellers (bei einer Körperschaft: Name und Anschrift des Unternehmens),
- falls vorhanden Name und Wohn- oder Geschäftsanschrift des Vertreters (und, wenn der Vertreter eine Patentanwaltsörperschaft ist, Name und Anschrift der Körperschaft, und Name des beauftragten Patentanwalts),
- Nummer und Ansprüche des Patents, für das die Verlängerung begehrt wird,
- der begehrte Verlängerungszeitraum,
- die Anforderungen für die Zulassung gemäß Artikel 89 und
- die Gründe für die Verlängerung gemäß Rechtsverordnung des Ministeriums für Wissenswirtschaft (mit Nachweisen, die die Gründe belegen).

7 Zusammen mit dem o.g. Antragsformular sind folgende Unterlagen erforderlich, um den begehrten Verlängerungszeitraum zu belegen:

- Unterlagen zum Nachweis des Überprüfungszeitraums durch die koreanischen Lebens- und Arzneimittel-Überwachungsbehörde (KFDA):
  - Zulassungsantrag,

1 Das PatG KR bestimmt, dass, eine Person, die aus unvermeidlichen Gründen entweder die Frist zur Beschwerdeeinlegung gegen eine endgültige Zurückweisung oder die Frist zur Beantragung einer erneuten Prüfung versäumt hat, das Verfahren innerhalb von 14 Tagen unmittelbar nach dem Tag fortsetzen kann, an dem die Gründe nicht mehr bestehen (Artikel 17 PatG KR). Die Frist zur Einreichung eines LZV-Antrags ist dabei nicht als wiedereinsetzungsfähig genannt.

II. Formal Requirements or Conditions for PTE

1. Applicant

An application for PTE must be filed by the patentee. Further, where a patent is jointly owned, an application for PTE must be made in the name of all the co-owners (Article 90 (3) of the KPA). If these requirements are not met, then the application is rejected (Article 91 (1) (iv) and (v) of the KPA). 3

2. Filing Window for PTE Application

The deadline for filing an application for PTE is determined depending on the filing date of the patent application. For patent applications filed between July 1, 1987 and August 31, 1990, a PTE application should be filed within 3 years before patent expiration. For patent applications filed on or after September 1, 1990, however, a PTE application should be filed within 3 months of the regulatory approval date but no later than 6 months before patent expiration (Article 90 (2) of the KPA). In any event, if a patent right to be extended is granted after product approval, then no PTE is available since there is no non-practiced period after grant of patent right. 4

The deadline for PTE application cannot be extended. Further, the KPA has no provision based on which a right for filing a PTE application can be reinstated when an applicant failed to comply with the deadline for filing a PTE application for unavoidable reasons.[1] 5

3. Required Documents

The party seeking to register an extension of a patent right term should submit a PTE application to the Commissioner of the Korean Intellectual Property Office (KIPO), stating the following (Article 90 (1) of the KPA): 6

- the name and address of the applicant for registration of extension (and, if a legal entity, the name and address of the business);
- the name and residential or business address of the agent, if any (and, if the agent is a patent legal entity, the name and address of the business and the name of the designated patent attorney);
- the patent number and the claims of that patent for which the extension is sought;
- the period of extension sought;
- the requirements for authorization under Article 89; and
- the grounds for extension as prescribed by ordinance of the Ministry of Knowledge Economy (accompanied by materials substantiating the grounds).

Together with the above application form, the following documents are required in order to substantiate the period of extension sought: 7

- Documents supporting the Korean Food and Drug Administration (KFDA) review period:
  - Application for marketing approval;

1 The KPA stipulates that when a person fails to observe either the period for requesting a trial against a final rejection or the period for demanding a retrial for unavoidable reasons, the person may complete the procedure within 14 day period immediately after the date on which the reasons ceased to exist (Article 17 of the KPA). As can be seen in the above, the deadline for filing a PTE application is not included in the reinstatable cases.

- Antrag auf Sicherheits- und Wirksamkeitsprüfung,
- Mitteilung der Ergebnisse von Sicherheit- und Wirksamkeitsprüfung,
- Antrag auf Standard- und Testverfahrensprüfung,
- Mitteilung der Ergebnisse der Standard- und Testverfahrensprüfung,
- Bitten um zusätzliche Informationen, Fristverlängerungsanträge usw.,
- Zulassung.

■ (falls erforderlich) Unterlagen zum Nachweis der klinischen Testphase:
- KFDA Genehmigung des klinischen Testprotokolls,
- Bericht der inländischen klinischen Testergebnisse.

8 Schließlich muss die Partei (in der Regel eine koreanische juristische Person), die die Zulassung erhält, sofern sie nicht Patentinhaberin ist, beim KIPO als exklusive oder nicht-exklusive Lizenznehmerin des Patents eingetragen werden. Die Eintragung der Patentlizenz kann gleichzeitig mit der Einreichung des LZV-Antrags erfolgen. In diesem Fall sind die folgenden Unterlagen für die Eintragung der Patentlizenz erforderlich:

■ vom Lizenzgeber (Patentinhaber) erteilte Lizenz,
■ Staatsangehörigkeitsbescheinigung des Lizenzgebers (notarielle Beglaubigung erforderlich),
■ Vollmacht des Lizenzgebers,
■ Vollmacht des Lizenzinhabers.

4. Amtliche Gebühr für den LZV-Antrag

9 Die amtliche Gebühr für einen LZV-Antrag beträgt KRW 300.000[2], unabhängig von der Anzahl der Ansprüche, die verlängert werden sollten. Es gibt keine Prüfungsgebühr.

5. Verfahren zur Erteilung der LZV

10 Das KIPO ist für die LZV-Erteilung zuständig. Sobald ein LZV-Antrag eingereicht wird (unter Angabe der zu verlängernden Ansprüche, der Dauer und der Gründe für die Verlängerung), prüft das KIPO den LZV-Antrag. Es weist den Antrag vorläufig zurück, wenn es feststellt, dass dem Antrag nicht stattgegeben werden kann. Aus folgenden Gründen kann ein LZV-Antrag zurückgewiesen werden (Artikel 91 (1) PatG KR):

a) das Patent ist nicht qualifiziert für eine LZV,
b) der Patentinhaber, der ausschließliche oder der eingetragene Lizenznehmer waren nicht Zulassungsempfänger,
c) die verlängerte Laufzeit überschreitet den Zeitraum, in dem die patentierte Erfindung nicht genutzt werden konnte,
d) der LZV-Antrag wurde von einer anderen Person als dem Patentinhaber eingereicht,
e) der LZV-Antrag wurde nicht von allen Mitinhabern des Patents gestellt.

11 Findet der Prüfer keinen Anhaltspunkt für einen der o.g. Zurückweisungsgründe, so hat er die LZV zu erteilen (Artikel 92 (1) PatG KR). Wird die LZV erteilt, so trägt das KIPO diese in das Patentregister ein (Artikel 92 (2) PatG KR).

2 205,76 EUR; 1 EUR = 1.458 KRW (31.1.2014).

- Application for safety & efficacy examination;
- Notice of safety & efficacy examination results;
- Application for standard & testing method examination;
- Notice of standard & testing method examination;
- Requests for supplemental information, deadline extensions, etc.;
- Marketing license.

■ Documents supporting the clinical trial period (if applicable):
- KFDA approval of clinical trial protocol;
- Report of domestic clinical trial results.

Lastly, if the party receiving the regulatory approval (usually a local entity) is not the patentee, then it must be recorded with the KIPO as an exclusive or non-exclusive licensee of the patent. The recordation of the patent license can be made at the same time of filing the PTE application. In this case, the following documents are necessary for recording the patent license: 8

■ Authorization for License executed by the Licensor (Patentee);

■ Licensor's Corporate Nationality Certificate (notarization required);

■ Licensor's POA;

■ Licensee's POA.

4. Official Fee for PTE Application

The official fee for a PTE application is KRW 300,000[2] regardless of the number of claims to be extended. There is no examination fee. 9

5. Procedure for Granting PTE

The Korean Intellectual Property Office (KIPO) is responsible for granting PTE. Once a PTE application is filed (while indicating extendable claims and period as well as reasons for extension), the KIPO examiner reviews the PTE application and issues a preliminary rejection if he or she finds that the PTE application is not allowable. The reasons for rejecting an application for PTE include the following (Article 91 (1) of the KPA): 10

a) patent is not eligible for PTE;

b) regulatory approval was not obtained by the patentee, exclusive licensee or registered licensee;

c) the extended term exceeds the period during which the patented invention could not be worked;

d) the PTE application was filed by a person other than the patentee;

e) the PTE application was not made by all co-owners of the patent.

If the examiner finds no reasons falling under any of the above rejection grounds, then the examiner must render a decision to grant the extension (Article 92 (1) of the KPA). Also, when a decision to grant PTE is made, the Commissioner of the KIPO must register the PTE in the patent register (Article 92 (2) of the KPA). 11

2 Approximately USD 257 at the exchange rate of KRW 1,166/USD (January 1, 2014).

12 Der Anmelder kann vor der Erteilung der LZV oder deren vorläufiger Zurückweisung – mit Ausnahme der Patentnummer[3] – den Gegenstand des LZV-Antrags (d.h. die zu verlängernden Ansprüche, die Verlängerungsdauer, die notwendigen Angaben und Unterlagen oder die Gründe für die Verlängerung) nach Artikel 90 (1) (iii) bis (vi) ändern, (Artikel 90 (6) PatG KR).

13 Weist der Prüfer den LZV-Antrag vorläufig zurück, kann der Antragsteller eine Stellungnahme oder eine Änderung des Antrags einreichen (um die Dauer der Verlängerung zu beschränken, wenn der Prüfer die längere Dauer zurückgewiesen hat). Zu beachten ist hierbei, dass nach einer vorläufigen Zurückweisung Änderungen nur mit der Erwiderung der vorläufigen Zurückweisung eingereicht werden können. Werden die Gründe der vorläufigen Zurückweisung durch die Erwiderung oder Änderung nicht überwunden, dann weist das KIPO den LZV-Antrag endgültig und insgesamt zurück. Es gibt keine weitere Möglichkeit, den LZV-Antrag zu ändern.

14 Nach Stellung des LZV-Antrags gilt die Laufzeit als verlängert, sofern eine endgültige Zurückweisung nicht rechtskräftig wird (Artikel 90 (4) PatG KR).[4] Dadurch wird eine Lücke des Patentschutzes für den Fall verhindert, dass das Patent abläuft, bevor eine LZV erteilt wird.

III. Materielle Voraussetzungen

1. Qualifizierung des Patents

15 Es können alle Patentarten verlängert werden, solange die Erfindung ein pharmazeutisches oder agrochemisches Produkt (einschließlich der Rohstoffe für Agrochemikalien) betrifft, welches gemäß Artikel 7 DVO PatG KR zugelassen oder registriert werden muss.

16 Da Ansrpüche auf Behandlungsmethoden und sogenannte schweizer Verwendungsansprüche nach dem PatG KR nicht erteilbar sind, sind diese auch von einer Verlängerung ausgeschlossen.

Darüber hinaus wird angesichts der Regelung davon ausgegangen, dass Erfindungen im Bezug auf Zwischenprodukte, Katalysatoren, Geräte für Herstellungsprozesse usw. nicht für eine LZV in Frage kommen, weil keine Zulassung nach AMG KR bzw. Registrierung nach ACA erforderlich ist, um die betreffende Erfindung zu nutzen.

17 Hinsichtlich der möglichen Zahl von LZV schreibt die KIPO-Verordnung für die Praxis der LZV vor, dass eine LZV nur einmal für dasselbe Patent erteilt werden kann (Artikel 3 KIPO-Verordnung). Betrifft ein einziges Patent mehrere Zulassungen desselben Wirkstoffs (verschiedene Dosierungen oder Formulierungen usw.), kann nur eine LZV aufgrund der frühesten Zulassung erteilt werden. Deckt andererseits eine Zulassung mehrere Patente ab, kann für jedes dieser Patente eine LZV, basierend auf derselben Zulassung erteilt werden (Artikel 3 KIPO-Verordnung).

3 Obwohl Artikel 90 (6) PatG KR nur bestimmt, dass die Nummer des zu verlängernden Patents nicht geändert werden kann, wird davon ausgegangen, dass die Vorschrift eine wesentliche Änderung des zu verlängernden Patents verbietet. Es wird aber auch angenommen, dass ein Schreibfehler in der Patentnummer, der aus dem LZV-Antrag als ganzem erkennbar ist, berichtigt werden kann (Jong-Wan Lee, Patent Law Commentary, Korean Patent Attorney Association, S. 597, Zeilen 5–10).

4 Weil diese Vorschrift erst durch die im Jahr 1990 vorgenommene Änderung eingeführt wurde, ist fraglich, ob sie auch für die LZV von Patenten gilt, die bereits vor der Änderung (also zwischen dem 1. Juli 1987 und dem 31. August 1990) eingereicht wurden.

The applicant may amend the matter of Article 90 (1) (iii) to (vi) except the patent number of the patent right to be extended (i.e., the claims for which the extension is sought, the period of extension, the requirements for authorization, and/or the grounds for extension) before the examiner issues a decision to grant PTE or preliminary rejection (Article 90 (6) of the KPA).[3] 12

In response to the KIPO examiner's preliminary rejection, the applicant has an opportunity to submit a response and/or amend the application (to restrict the extendable period if the Examiner rejects the longer period). Importantly, if a preliminary rejection is issued, then the allowable window of time for submitting an amendment is only when responding to a preliminary rejection. If the preliminary rejection is not overcome by the response and/or amendment, then KIPO will issue a final rejection against the PTE application as a whole, and there is no further opportunity to amend the PTE application. 13

When a PTE application is filed, the term is deemed to have been extended, unless a final rejection becomes conclusive (Article 90 (4) of the KPA).[4] This is to prevent a gap of patent right in case where the patent expires before a PTE is granted. 14

III. Substantive Requirements

1. Eligibility Requirements

There is no limit to the types of patents that can be extended as long as the invention is related to a pharmaceutical or agrochemical product (including raw materials of agrochemicals) which is to be approved or registered as prescribed in Article 7 of the Enforcement decree of the KPA. 15

However, since an invention directed to a method of treatment and a so-called Swiss-type claim is not allowable under the KPA, these types of claims are excluded. 16

Further, in view of the statute, it is believed that the inventions related to intermediates, catalysts, apparatus for manufacturing process, etc. are not eligible for PTE since no regulatory approval under the PAA/ACA is required to work the inventions.

As to the possible number of times of PTE, the KIPO regulation for practice of PTE (KIPO regulation) prescribes that a PTE is only allowed once to a single patent right (Article 3 of the KIPO regulation). Accordingly, if a single patent relates to multiple regulatory approvals of the same active ingredient (for different dosages or formulations, etc.), then a PTE will be available based upon only the earliest regulatory approval. On the other hand, if one regulatory approval covers multiple patents, then each patent will be eligible for PTE based on the same regulatory approval (Article 3 of the KIPO regulation). 17

3 Although Article 90 (6) of the KPA stipulates that the patent number of the patent to be extended cannot be amended, it is understood that said provision prohibits the substantial change of patent right to be extended. It is believed that a clerical error in the patent number, which is evident from the entire description in the PTE application, can be corrected by an amendment (Jong-Wan Lee, "Patent Law Commentary", Korean Patent Attorney Association, pg. 597, lines 5–10).

4 Since this provision was introduced by the amendment made in 1990, it is arguable whether this provision also applies to the PTE applications for patents filed before the amendment (more specifically, filed between July 1, 1987 and August 31, 1990).

2. Einige streitige Themen bezüglich Erteilbarkeit einer LZV

a) Kombinationsprodukte

18 Anders als in den USA, wo ein Patent, das eine Kombination von Komponenten umfasst, selbst auf der Grundlage der Zulassung des Kombinationsprodukts nicht für eine LZV in Frage kommt, wird in Korea für Patente, die Kombinationsprodukte betreffen, im Prinzip auch dann eine LZV gewährt, falls die Komponenten des Kombinationsprodukts bereits zuvor von der KFDA zugelassen wurden. In diesem Zusammenhang merkte aber unlängst das IP-Tribunal (IPT) in einem Schutzumfangsbestätigungsverfahren an, dass die Erteilung einer LZV für solche Kombinationsproduktpatente unsachgemäß sei, was ein Vorbote für eine Änderung der Haltung des KIPO in der Zukunft sein könnte. Soweit bekannt, gab es in Korea jedoch weder zurückgewiesene LZV-Anträge für Patente für Kombinationsprodukte noch offizielle Änderungen der LZV-Verordnung. Somit bleibt es sinnvoll, eine LZV für Patente auf Kombinationsprodukte zu beantragen.

b) Vorrichtungen/Geräte

19 Nach der früheren KIPO-Verordnung[5] waren die zulässigen Arten von Patenten beschränkt auf

(i) Stofferfindungen,

(ii) Herstellungsverfahrenserfindungen,

(iii) Verwendungserfindungen und

(iv) Erfindungen für Zusammensetzungen.

Daher vertrat das KIPO den Standpunkt, dass Patente, die eine Vorrichtung bzw. ein Gerät beanspruchen, nicht verlängert werden konnten. Diese Vorschrift wurde jedoch später dahin geändert, dass die für eine LZV qualifizierten Gegenstände der Erfindungen lediglich als „in Artikel 7 DVO PatG KR vorgeschriebene Erfindungen" bezeichnet werden. Die Begrenzung auf bestimmte Erfindungsarten wurde gestrichen (Artikel 2 (1) KIPO-Verordnung Nr. 2008-30 vom 8. Januar 2009). Wird eine mit einem Arzneimittel kombinierte medizinische Vorrichtung von der KFDA nach dem AMG KR zugelassen, kann es sinnvoll sein, einen LZV-Antrag mit der Begründung einzureichen, das Patent ist für eine LZV qualifiziert.

c) Schrittweise veränderte Medikamente (IMD)

20 Existiert neben dem den Wirkstoff umfassenden Patent ein gesondertes Patent für ein IMD (zB verbesserte Formulierung, anderes Salz usw.)[6], so kann das Patent auf das IMD auch verlängert werden, falls das IMD eine weitere Zulassung von der KFDA erhält. Ein Patent, das eine Kristallform oder und ein Hydrat/Solvat betrifft, kann auf Basis der ursprünglichen Zulassung verlängert werden, falls, entweder durch die Zulassungsunterlagen der KFDA oder auf anderem Wege nachgewiesen werden kann, dass das zugelassene Arzneimitteln die im Patent beansprucht Form enthält.

IV. Dauer und Umfang der LZV

1. Gesetzliche Höchstdauer der LZV

21 Der Dauer der LZV ist auf maximal 5 Jahre begrenzt (Artikel 89 PatG KR). Darüber hinaus darf für Patente, die zwischen dem 1. Juli 1987 und 31. August 1990 angemeldet wurden, die gesamte Patentlaufzeit (einschließlich der Dauer der LZV) nicht mehr als 12 Jahre ab dem Zulassungsdatum (Artikel 9bis (2) der früheren DDVO zum PatG KR) betragen.

5 Artikel 2 (1) KIPO-Verordnung Nr. 2000-7 vom 20. Dezember 2000
6 Kristallform und Hydrat/Solvat des gleichen Wirkstoffs sind in Korea nicht als IMD anerkannt.

2. Some Debatable Issues Regarding Eligibility for PTE

a) Combination products

Unlike in the U.S. where a patent covering a combination of components would not be eligible for PTE based on the approval of the combination product, in Korea, patents covering such combination products are in principle eligible for PTE if the components of the combination product have already been previously approved by the FDA. In this regard, in a recent scope confirmation action, the Intellectual Property Tribunal (IPT) commented that granting PTE for such combination product patents may be improper, thereby foreshadowing a change in the way KIPO might view this in the future. However, to our knowledge, there have been no PTE applications involving combination product patents that have been rejected in Korea or any official changes to the PTE rules yet. Thus, it would be worthwhile to apply for a PTE with respect to combination product patents. 18

b) Device/Apparatus

According to the old KIPO regulations[5], the eligible types of patents were limited to 19

(i) compound inventions,
(ii) manufacturing process inventions,
(iii) use inventions, and
(iv) composition inventions.

That is, it was the KIPO's position that patents claiming a device/apparatus do not qualify for PTE. However, the relevant provision has been later amended to merely describe the subject inventions eligible for PTE as "inventions prescribed by Article 7 of the Enforcement Decree of the KPA" and to delete the limitation of types of inventions (Article 2 (1) of KIPO regulations effective as of January 8, 2009; KIPO regulation No. 2008-30). Accordingly, if a medical device combined with a drug obtained an approval from KFDA under the provisions of PAA, then it may be advisable to file a PTE application arguing that the patent is eligible for PTE.

c) Incrementally modified drugs (IMD)

If a separate patent exists for the IMD (e.g., formulation, salt change, etc.)[6] apart from the basic patent covering the active ingredient, then the patent covering the IMD would be also eligible for PTE if the IMD obtains another regulatory approval by the KFDA. As to the crystalline form and hydrate/solvate, the patent covering them would be eligible for PTE based on the original approval if it can be proved by either KFDA approval documents or any other evidence that the approved drug has the specific form claimed in the subject patent. 20

IV. PTE period and Scope of PTE

1. Statutory maximum length of PTE

The PTE period has a maximum cap of 5 years (Article 89 of the KPA). Further, for patents filed between July 1, 1987 and August 31, 1990, the total patent term (including the PTE period) cannot exceed 12 years from the regulatory approval date (Article 9bis (2) of the old Enforcement Decree of the KPA). 21

5 Article 2 (1) of KIPO regulations effective as of December 20, 2000; KIPO regulation No. 2000-7.
6 Crystalline form and hydrate/solvate of the same ingredient are not recognized as an IMD in Korea.

2. Berechnung der LZV

22 Die LZV entspricht der Dauer, während der ein Patent nicht genutzt werden konnte, abzüglich solcher Zeiträume, die aus dem Patentinhaber zuzurechnenden Gründen verstrichen sind (Artikel 89, 91 (2) PatG KR).

Die Berechnungsregel für den Zeitraum, „während der ein Patent nicht genutzt werden konnte", wurde seit dem ersten Inkrafttreten 1995 mehrmals geändert:

KIPO-Verordung Nr. 1995-14 mit Wirkung vom 27. Dezember 1995	KIPO-Verordnung Nr. 2000-1 mit Wirkung vom 24. Januar 2000	KIPO-Verordnung Nr. 2005-13 mit Wirkung vom 17. Juni 2005
In Fällen, in denen lokale inländische klinische Studien durchgeführt wurden: der Zeitraum *von* dem Zulassungsdatum des klinischen Testprotokolls oder dem Patentregistrierungsdatum (je nachdem, welcher später ist) *bis zum* Zulassungsdatum	**In Fällen, in denen lokale inländische klinische Studien (einschließlich lokaler Zusatzstudien) durchgeführt wurden:** der Zeitraum *von* dem Zulassungsdatum des klinischen Testprotokolls oder dem Patentregistrierungsdatum (je nachdem, welcher später ist) *bis zum* Zulassungsdatum	**In Fällen, in denen lokale inländische klinische Studien durchgeführt wurden:** die Dauer der von der KFDA für die Zulassung geforderten klinischen Studien und die Dauer der Prüfung der Unterlagen durch die KFDA
In Fällen einer Befreiung von lokalen inländischen klinischen Studien für ein neues im Ausland entwickeltes Arzneimittel: der Zeitraum *von* dem Zulassungsdatum des klinischen Testprotokolls im Ausland oder dem Patentregistrierungsdatum (je nachdem, welcher später ist) *bis zum* Zulassungsdatum	**In Fällen einer Befreiung von lokalen inländischen klinischen Studien für ein neues im Ausland entwickeltes Arzneimittel:** die Dauer der Phase III klinische Studien im Ausland und die Dauer der Prüfung der Unterlagen durch die KFDA	**In Fällen, in denen lokale inländische klinische Studien nicht durchgeführt wurden:** die Dauer der Prüfung der Unterlagen durch die KFDA
	In Fällen, in denen die Notwendigkeit von Zusatzdaten durch Gesetz ausgenommen war (zB bei Arzneimitteln für seltene Krankheiten): die Dauer der Prüfung der Unterlagen-durch die KFDA	

23 Die Anwendungspraxis hinsichtlich der verschiedenen Verordnungen ist nicht vollständig gefestigt. Der gegenwärtige Standpunkt des KIPO ist jedoch, dass die aktuelle Regel unabhängig vom Anmeldetag des Patents für alle LZV-Anträge gelten soll. Nach der aktuellen Regel kann der verlängerbare Zeitraum wie folgt zusammengefasst werden:

2. How to calculate extension duration

The extendable period for PTE is the period during which the patented invention could not have been worked, excluding any period that has lapsed for reasons imputable to the patentee (Articles 89 and 91 (2) of the KPA). 22

As to the specific method of calculating "the period during which the patented invention could not have been worked," the KIPO regulations have been revised several times as follows since they were first enacted in 1995:

KIPO regulation effective as of December 27, 1995 (KIPO regulation No. 1995-14)	KIPO regulation effective as of January 24, 2000 (KIPO regulation No. 2000-1)	KIPO regulation effective as of June 17, 2005 (KIPO regulation No. 2005-13)
In cases where local domestic clinical trials were conducted: the period *from* the clinical trial protocol approval date or the patent registration date (whichever is later) *to* the product approval date	**In cases where local domestic clinical trials (including local bridging studies) were conducted:** the period *from* the clinical trial protocol approval date or the patent registration date (whichever is later) *to* the product approval date	**In cases where local domestic clinical trials were conducted:** the period spent on clinical trials required by KFDA for product approval and KFDA document review period
In cases where local clinical trials for a new medicine developed in a foreign country is exempted: the period *from* the clinical trial protocol approval date in a foreign country or the patent registration date (whichever is later) *to* the product approval date in Korea	**In cases where local clinical trials for a new medicine developed in a foreign country is exempted:** the period spent on Phase III clinical trial in a foreign country and KFDA document review period	**In cases where local domestic clinical trials were not conducted:** KFDA document review period
	In cases where the need for bridging data was exempted by statute (e.g., in case of an orphan drug): KFDA document review period	

The practice as to which regulation should be applied is not completely established. However, the KIPO's present position is that the current rule should apply to all PTE applications regardless of the filing date of the patent. Under the current rule, the extendable period is summarized as below: 23

LZV-Dauer = Dauer der klinischen Studien in Korea + Dauer der Prüfung der Unterlagen durch die KFDA abzüglich dem Patentinhaber (oder Lizenznehmer) zuzurechnende Verzögerungen

3. Umfang der LZV

24 Hinsichtlich der Wirkungen eines Patentrechts, dessen Laufzeit verlängert wurde, legt das PatG KR fest, dass sich verlängerte Patente nicht auf andere Tätigkeiten außer die Benutzung der patentierten Erfindung für Produkte erstrecken dürfen, deren Zulassung die Grundlage für die Verlängerung war (oder wenn die Zulassung für eine bestimmte Verwendung des Produkts erhalten wurde, nur auf Produkte die für diese Verwendung speziell hergerichtet sind) (Artikel 95 PatG KR). Während der verlängerten Laufzeit kann eine Verletzung des Patents nur für von der Zulassung abgedeckte Produkte oder Verwendungen geltend gemacht werden.

V. Rechtsbehelfe

1. Beschwerde gegen Zurückweisung

25 Gegen eine endgültige Zurückweisung eines LZV-Antrags kann eine Beschwerde beim IPT erhoben werden. Eine Beschwerde gegen die Entscheidung des IPT wird durch das Patentgericht überprüft und die Entscheidung des Patentgerichts kann bei dem Obersten Gerichtshof angefochten werden.

2. Nichtigkeitsverfahren gegen eine LZV

26 Jede interessierte Partei oder ein KIPO-Prüfer kann ein Nichtigkeitsverfahren gegen die Registrierung einer LZV beim IPT einleiten (Artikel 134 (1) PatG KR). Die konkreten Nichtigkeitsgründe sind identisch mit den Zurückweisungsgründen. Das Nichtigkeitsverfahren kann jederzeit, auch nach dem Patentablauf, eingeleitet werden (Artikel 134 (2) PatG KR). Wenn eine auf Nichtigkeit einer LZV lautende Entscheidung endgültig und bindend geworden ist, wird davon ausgegangen, dass die LZV niemals existiert hat. Wird die LZV mit der Begründung für nichtig erklärt, dass sie den Zeitraum überschreitet, während der die patentierte Erfindung nicht genuzt werden konnte, dann ist nur der überschießende Teil unwirksam (Artikel 134 (3) PatG KR).

3. Einwendungen Dritter

27 Jeder Dritte kann nach dem PatG KR, nachdem eine Patentanmeldung eingereicht wurde, beim KIPO Nachweise für Gründe einreichen, die zur Zurückweisung der Patentanmeldung führen (Artikel 63bis PatG KR). Artikel 63bis PatG KR ist jedoch nicht analog auf LZV anwendbar (Artikel 93 PatG KR).[7] Es wird daher angenommen, dass Einwendungen Dritter während der Prüfung eines LZV-Antrags unzulässig sind.

VI. LZV aufgrund unverhältnismäßiger Verzögerung der Patenterteilung

28 Nach über 6-jährigen Verhandlungen wurde das Korea-US-Freihandelsabkommen („KORUS-FTA") schließlich im Jahr 2011 von beiden Ländern ratifiziert. Nach der Ratifizierung wurde das PatG KR am 2. Dezember 2011 geändert, um das KORUS-FTA umzusetzen. Eine der wichtigsten Änderungen des PatG KR ist die Einführung der LZV zum Ausgleich unverhältmäßiger, durch das KIPO verursachter Verzögerungen während des Anmelde- und Erteilungsverfahrens eines Patents.

7 Artikel 93 PatG KR nennt ausdrücklich die für die Prüfung des LZV-Antrages analog anwendbaren Vorschriften. Jedoch wird Artikel 63bis dort nicht genannt.

PTE period =	Time period for clinical trials in Korea + KFDA document review period – any delays attributable to the patentee (or licensee)

3. Scope of PTE

As to the effects of a patent right, the term of which has been extended, KPA stipulates that PTE patent rights do not extend to any other acts except working the patented invention for products whose authorization was the basis for registering the extension (or where the authorization was obtained for a specific use of the product, for products adapted to the specific use) (Article 95 of the KPA). As such, during the extended term, the PTE patent rights can only be enforced against infringement of the specific product or use covered by the regulatory approval. 24

V. Remedies

1. Appeal against rejection

A final rejection against the PTE application can be appealed to the IPT. An appeal against the IPT's decision is reviewed by the Patent Court and the Patent Court's decision can be appealed to the Supreme Court. 25

2. Invalidation Action against PTE

Any interested party or a KIPO Examiner may file an invalidation action against a PTE registration with the IPT (Article 134 (1) of the KPA). The specific grounds for invalidation are identical to those of rejection. The invalidation action can be filed at any time even after the patent expiration (Article 134 (2) of the KPA). When a decision invalidating the registration of PTE has become final and conclusive, the registration of PTE is deemed to have never existed. However, where the registration of PTE is invalidated based on the ground that the extended term exceeds the period during which the patented invention could not be worked, only the excessively extended term is deemed to be not effective (Article 134 (3) of the KPA). 26

3. Third party observations

Under the KPA, after a patent application has been filed, any party may provide the Commissioner of the KIPO with evidence of a reason to reject the patent application (Article 63bis of the KPA). However, the KPA does not apply *mutatis mutandis* the same provision to a PTE application (Article 93 of the KPA).[7] Thus, it is believed that a third party observation is not allowed during the examination of a PTE application. 27

VI. Patent Term Extension due to Unreasonable Delay of Examination

After the negotiations over 6 years, the Korea-US Free Trade Agreement ("KORUS FTA") was finally ratified by both countries in 2011. Following the ratification, the KPA was amended in order to implement the KORUS FTA on December 2, 2011. One of the major changes made to the KPA is the introduction of PTE to compensate for unreasonable delays during the prosecution of a patent caused by the KIPO. 28

7 Article 93 of the KPA expressly defines the provisions applicable *mutatis mutandis* to the examination of a PTE application. However, Article 63bis is not included in the *mutatis mutandis* provisions.

29 Das geänderte PatG KR sieht vor, dass, wenn sich die Anmeldung eines Patents um mehr als 4 Jahre ab dem Anmeldetag oder mehr als 3 Jahre nach der Stellung des Prüfungsantrags verzögert, je nachdem, was später eintritt , die Patentlaufzeit um den Zeitraum verlängert werden kann, der dieser Verzögerung entspricht (Artikel 92bis (1) PatG KR).[8] Jedoch sind Verzögerungen, die dem Anmelder[9] zuzurechnen sind, von dem verlängerbaren Zeitraum (Artikel 92bis (2) PatG KR) abzuziehen.

30 Die o.g. LZV darf nur auf Antrag des Anmelders zugelassen werden. Ein solcher Antrag muss bei dem Kommissar des KIPO innerhalb von 3 Monaten ab dem Registrierungsdatum des Patents eingereicht werden (Artikel 92 (2) PatG KR). Anmeldern wird empfohlen, zu prüfen, ob ihre Patente für eine LZV aufgrund unverhältnismäßiger Verzögerungen im Erteilungsverfahren qualifiziert sind. Sie müssen darauf zu achten, dass die 3-Monatsfrist nicht versäumt wird. Die o.g. LZV gilt für nach dem 15. März 2012 eingereichte Patentanmeldungen, also ab dem Tag des Inkrafttretens des KORUS-FTA des geänderten PatG KR.

VII. Fazit

31 Seit die LZV in das PatG KR aufgenommen wurde, wurden von 1999 bis August 2010 in Korea LZV für 196 Arzneimittel und 29 Agrochemikalien erteilt.[10] Dennoch gab es keine nennenswerten Gerichtsentscheidungen betreffend Patentlaufzeitverlängerungen. Dieses Ergebnis überrascht angesichts der Zahl der erteilten LZV und der Anzahl ungeklärter Themen. Der Grund dafür, dass es nur wenige Streitigkeiten in Verbindung mit der LZV gibt, könnte in besonderen Aspekten der Vorschriften des PatG KR zu finden sein. Wie oben erläutert, hat der LZV-Antragsteller keine Möglichkeit, den LZV-Antrag nach Ergehen der endgültigen Zurückweisung zu ändern und wenn die endgültige Zurückweisung nicht in dem Beschwerdeverfahren überwunden wird, dann wird die LZV als Ganzes zurückgewiesen. Somit wird angenommen, dass LZV-Antragsteller dazu neigen, den Umfang der LZV entsprechend den Angaben des Prüfers (zB den verlängerbaren Zeitraum und die Ansprüche, die verlängert werden sollten usw.) zu beschränken, statt Beschwerde gegen die Zurückweisung einzulegen.

Wir glauben jedoch, dass das LZV-System in Korea weiterhin viele ungeklärte Themen hat und es sehr wahrscheinlich ist, dass sie in naher Zukunft in einem aktuellen Fall zu praktischen Themen werden. Daher ist es für einen potenziellen LZV-Antragsteller in Korea ratsam, genaue und aktuelle Informationen einzuholen.

8 Artikel 92bis PatG KR wird zur Durchsetzung des Artikels 18.8 (6) (a) des KORUS FTA neu eingeführt, und bestimmt: „Jede Partei soll auf Antrag des Patentinhabers die Laufzeit eines Patents anpassen, um unverhältmäßige Verzögerungen auszugleichen, die bei der Erteilung des Patents aufgetreten sind. Für Zwecke dieses Unterabsatzes soll eine unverhältmäßige Verzögerung mindestens eine Verzögerung der Erteilung des Patents von mehr als vier Jahren ab Zeitpunkt der Einreichung der Anmeldung im Hoheitsgebiet der Vertragspartei umfassen, oder drei Jahre nach einem Antrag auf Prüfung der Anmeldung, je nachdem was später ist. Zeiträume, die Handlungen des Patentanmelders zuzurechnen sind, müssen nicht bei der Bestimmung solcher Verzögerungen einbezogen werden."

9 Verzögerungen, die dem Anmelder zuzurechnen sind, sind in Artikel 7bis DVO zum PatG KR aufgeführt. Jedoch wird angenommen, dass die aufgeführten Fälle nur Beispiele und die dem Anmelder zuzurechnenden Verzögerungen nicht darauf beschränkt sind. Es wird erwartet, dass es viel Streit geben wird, ob ein nicht aufgeführter Fall unter solche Verzögerungen fällt oder nicht.

10 Informationen über patentlaufzeitverlängerte Arzneimittel und Agrochemikalien, Vol. 1 (2008) und 2 (2010), Koreanisches Amt für geistiges Eigentum.

The amended KPA provides that if the registration of a patent is delayed for more than 4 years from the filing date of the application or more than 3 years from the request for examination, whichever is later, the patent term can be extended for a period equivalent to that delay (Article 92bis (1), of the KPA).[8] However, any delays attributable to the applicant[9] is excluded from the extendable period (Article 92bis (2), of the KPA). 29

The above PTE may be allowed only upon a petition by the applicant and such an application must be submitted to the Commissioner of the KIPO within 3 months from the patent registration date (Article 92 (2), of the KPA). Thus, applicants are advised to check whether their patents are eligible for patent term extension due to unreasonable delay and be cognizant not to miss the 3-month deadline. The above PTE is applicable to the patent applications filed after March 15, 2012, which is the effectuation date of the KORUS-FTA and the enforcement date of the amended KPA. 30

VII. Conclusion

Since the PTE was introduced in the KPA, from 1999 to August 2010, PTEs were granted to 196 medicines and 29 agrochemicals in Korea.[10] Nevertheless, there have been no noticeable Court decisions regarding any PTE issues. It is quite an unexpected result in view of the number of PTEs granted and some disputable issues. We believe that the reason why there are few disputes relating to PTE may be found in unique aspects of the KPA provisions. As explained above, the PTE applicant will have no opportunity to amend the PTE application after the issuance of final rejection and if the final rejection is not overcome in the appeal, then the PTE application will rejected as a whole. Accordingly, it is believed that PTE applicants tend to restrict the scope of PTE (e.g., the extendable period and the claims to be extended, etc.) following the Examiner's indication, rather than to appeal against the rejection. 31

However, we believe that the PTE system in Korea still has many disputable issues and it is highly likely that they will be practical issues in an actual case in the near future. Therefore, it is advisable for a potent PTE applicant in Korea to get accurate and updated information.

8 Article 92bis of the KPA is newly established in order to implement Article 18.8 (6) (a), of the KORUS-FTA, which stipulates "[E]ach party, at the request of the patent owner, shall adjust the term of a patent to compensate for unreasonable delays that occur in granting the patent. For purposes of this subparagraph, an unreasonable delay shall at least include a delay in the issuance of the patent of more than four years from the date of filing of the application in the territory of the Party, or three years after a request for examination of the application, whichever is later. Periods attributable to actions of the patent applicant need not be included in the determination of such delays."

9 The delays attributable to the applicant are listed in Article 7bis of the Enforcement Decree of the KPA. However, it is believed that the listed cases are only exemplification and the delays attributable to the applicant are not limited thereto. It is expected that there may be lots of debates on whether an unlisted case falls within such delays or not.

10 Information on patent term extended medicines and agrochemicals, Vol. 1 (2008) and 2 (2010), Korean Intellectual property Office.

§ 5 Patentlaufzeitverlängerungen in Taiwan

I. Einleitung

1 Die Praxis der Patentlaufzeitverlängerung wurde mit den Änderungen des Patentgesetzes, die am 23. Januar 1994 in Kraft traten, in das Patentsystem der Republik China (Taiwan) eingeführt; damit wurden die Anforderungen an die Patentlaufzeitverlängerung, die Verfahren zur Prüfung der entsprechenden Anträge und die Gründe für den Widerruf gewährter Verlängerungen festgelegt. Von den späteren Änderungen des Patentgesetzes betreffen nur die Änderungen von 2011 die Praxis der Patentlaufzeitverlängerung.

Nach der ursprünglichen Praxis konnte eine Laufzeitverlängerung für ein pharmazeutisches oder ein agrochemisches Patent unter der Bedingung beantragt werden, dass die Erstzulassung für die Nutzung dieses Patents erst zwei Jahre nach der Patentveröffentlichung erteilt wird („zweijährige Beschränkung“). Die zweijährige Beschränkung wurde infolge der Patentgesetzänderungen von 2011, die am 1. Januar 2013 in Kraft traten, aufgehoben. Seit diesem Datum kann eine Laufzeitverlängerung beantragt werden, wenn die Erstzulassung für die Nutzung eines pharmazeutischen oder eines agrochemischen Patents nach der Patentveröffentlichung erteilt wird. Diese neue Praxis gilt rückwirkend für am vorgenannten Tag des Inkrafttretens anhängige Anträge auf Patentlaufzeitverlängerungen.

Zwecks Umsetzung der Praxis der Patentlaufzeitverlängerung verkündeten das Amt für geistiges Eigentum (AGE), die für Prüfung und Widerruf einer Patentlaufzeitverlängerung zuständige Behörde, zusammen mit den Aufsichtsbehörden für Pharmazeutika und Agrochemikalien auf Kabinettebene, dem Ministerium für Gesundheit (MfG) bzw. dem Landwirtschaftsrat (LR) am 1. Januar 1997 gemeinsam die Richtlinien betreffend Patentlaufzeitverlängerungen (die „Richtlinien“). Die Richtlinien wurden am 6. Oktober 1999 aufgrund einer Regierungsumbildung, von der die für Agrochemikalien zuständige Behörde betroffen war, und am 3. März 2004 zwecks Anpassung der darin zitierten Artikelnummern an das 2003 geänderte Patentgesetz und Klärung des Begriffs „Patentveröffentlichung“ als „Veröffentlichung der Patenterteilung“ geändert. Mit der dritten Änderung, die am 28. Dezember 2012 erfolgte und am 1. Januar 2013 in Kraft trat, wurden materielle Änderungen der Praxis eingeführt.

Im Hinblick auf die Prüfung und den Widerruf von Patentlaufzeitverlängerungen führte das AGE am 14. Dezember 2004 Prüfungsleitlinien für Patentlaufzeitverlängerungen („Leitlinien“) ein, die zunächst am 15. April 2009 und erneut am 19. Februar 2013 überarbeitet wurden. Die letzte Überarbeitung trat rückwirkend zum 1. Januar 2013 in Kraft.

§ 5 Patent Term Extensions in Taiwan

I. Introduction

The patent term extension practice was introduced into the ROC (Taiwan) patent system through Patent Act Amendments that took effect on 23rd January 1994, which stipulated the requirements for patent term extension, procedures for examination of such applications, and grounds for cancellation against granted extensions. Of the subsequent Patent Act Amendments, only the 2011 Amendments involve the patent term extension practice. 1

Pursuant to the initial practice, a term extension can be sought for a pharmaceutical-related or an agrochemical-related patent under the condition that the first market approval for practicing said patent is not secured until two years after patent publication ("two-year limitation"). The two-year limitation was lifted as a result of the 2011 Patent Act Amendments, which came into force on 1st January 2013. As of said effective date, a term extension can be sought if the first market approval for practicing a pharmaceutical-related or an agrochemical-related patent is secured after patent publication. This new practice retroactively applies to patent term extension applications pending on the above effective date.

To implement the patent term extension practice, the Intellectual Property Office (IPO), the competent authority on examination and cancellation of patent term extension, jointly promulgated and announced the Regulations Governing Patent Term Extensions (the "Regulations") on 1st January 1997 with the cabinet-level regulatory authorities on pharmaceuticals and agrochemicals, the Department of Health (DOH) and the Council of Agriculture (COA), respectively. The Regulations were amended on 6th October 1999 due to government restructuring involving the competent authority on agrochemicals, and on 3rd March 2004 for consistency of article numbers cited therein with those of the Patent Act amended in 2003, and clarification of the term "patent publication" as "patent grant publication". The third amendments, made on 28 December 2012 and effective from 1st January 2013, introduced changes to the substance of the practice.

To guide the examination and cancellation of patent term extension cases, the IPO announced Examination Guidelines on Patent Term Extension ("Guidelines") on 14th December 2004, which were revised first on 15th April 2009 and subsequently on 19th February 2013. The latest revision retroactively entered into force on 1st January 2013.

II. Formale Anforderungen

1. Maßgebliches Einreichungsdatum

2 Patentlaufzeitverlängerungen sind nur in Patentsachen möglich, die am oder nach dem 23. Januar 1994 eingereicht wurden, also dem Tag, an dem die Praxis der Patentlaufzeitverlängerung zuerst wirksam wurde.

2. Relevante Patente

3 Patentlaufzeitverlängerungen sind nur für veröffentlichte Erfindungspatente in Bezug auf Pharmazeutika oder Agrochemikalien möglich, die in Kraft sind, unter anderem Erzeugnispatente, Herstellungsverfahrenspatente und Verwendungspatente. Falls vor Erhalt der Erstzulassung kein Patent erteilt wurde, kann keine Patentlaufzeitverlängerung beantragt werden.

Laufzeitverlängerungen sind nicht für Patente, die für Gebrauchs- und Geschmacksmuster erteilt wurden, oder Patente für nicht pharmazeutische oder nicht agrochemische Erfindungen möglich. Tierarzneimittel, medizinische Geräte, Kosmetika, Reformkost, Zwischenprodukte, Katalysatoren, Maschinen oder Apparate zur Herstellung von Pharmazeutika und Chemikalien und deren Verwendungen außer als Pharmazeutika oder Agrochemikalien sind allesamt ausgeschlossen. Selbst Verbindungen, die in Pharmazeutika oder Agrochemikalien enthalten sind, aber nicht als die Wirkstoffe fungieren, kommen nicht für Patentlaufzeitverlängerungen infrage.

3. Berechtigte Antragsteller

4 Eine Patentlaufzeitverlängerung muss vom Patentinhaber oder dem ausschließlichen Lizenznehmer, der eine Registrierung der entsprechenden Lizenzierungsvereinbarung beim AGE vorgenommen hat, beantragt werden. Falls das Patent zwei oder mehr Mitinhabern gemeinsam gehört, kann jeder Mitinhaber den Antrag unabhängig einreichen, es sei denn, in dem Vertrag zwischen den Mitinhabern wurde ein Vertreter bestellt.

4. Fristen für die Beantragung einer Patentlaufzeitverlängerung

5 Ein Antrag auf Verlängerung der Patentlaufzeit muss innerhalb von drei Monaten ab dem „Datum, an dem die Erstzulassung erteilt wurde", gestellt werden. In der Praxis kommt es zu einer Verzögerung zwischen dem Datum, an dem eine Zulassung von den zuständigen Aufsichtsbehörden ausgestellt wird, und dem Datum, an dem die Zulassung vom entsprechenden Antragsteller effektiv abgeholt wird. Mit dem „Datum, an dem die Erstzulassung erteilt wurde" ist das letztere Datum gemeint. Wenn der Antragsteller auf Patentlaufzeitverlängerung das effektive Datum der Abholung nicht belegen kann, gilt das Ausstellungsdatum auf der Zulassung als das „Datum, an dem die Erstzulassung erteilt wurde".

6 Falls bei einer bestehenden Zulassung eine zusätzliche Indikation (bei Pharmazeutika) oder ein erweiterter Verwendungsbereich (bei Agrochemikalien) vermerkt wird, bezieht sich das „Datum, an dem die Erstzulassung erteilt wurde" auf das Datum, an dem die Zulassung mit dem neuen Vermerk effektiv abgeholt wird.

7 Allerdings ist für Patente, deren Patentdauer innerhalb von sechs Monaten abläuft, keine Patentlaufzeitverlängerung möglich.

5. Anforderung „Erstzulassung"

8 Bei einem pharmazeutischen oder agrochemischen Patent ist eine Laufzeitverlängerung nur unter den folgenden Bedingungen möglich:

II. Formal Requirements

1. Critical Filing Date

Patent term extensions are available only for patent cases filed on or after 23rd January 1994, the day on which the patent term extension practice first took effect. 2

2. Applicable Patents

Patent term extensions are available only for published invention patents relating to pharmaceuticals or agrochemicals which are in force, including product patents, manufacturing process patents and use patents. Patent term extensions cannot be sought if no patent is granted before the first market approval is secured. 3

Term extensions are not available for patents granted for utility models and designs, or those for non-pharmaceutical or non-agrochemical inventions. Veterinary medicines, medical devices, cosmetics, health foods, intermediates, catalysts, machines or apparatuses for manufacturing pharmaceuticals, and chemicals and their uses other than those as pharmaceuticals or agrochemicals are all excluded. Even compounds that are contained in pharmaceuticals or agrochemicals but do not work as the active substances are ineligible for patent term extension.

3. Entitled Applicants

A patent term extension application must be filed by the patent owner, or the exclusive licensee that has recorded the relevant licensing arrangement with the IPO. If the patent is jointly owned by two or more co-owners, each co-owner can independently file such application unless the contract between the co-owners has appointed a representative. 4

4. Deadlines for Applying for Patent Term Extension

An application for patent term extension must be filed within three months from the "date on which the first market approval is obtained". In practice, there will be lag between the date on which a market approval is issued by the competent regulatory authorities and the date on which the approval is actually collected by the market approval applicant. The "date on which the first market approval is obtained" refers to the latter date. Where the patent term extension applicant cannot prove the actual date of collection, the issue date shown on the market approval will be deemed the "date on which the first market approval is obtained". 5

In the case of an addition of indication (for pharmaceuticals) or expansion of scope of use (for agrochemicals) endorsed for an existing market approval, the "date on which the first market approval is obtained" refers to the date on which the newly endorsed approval is actually collected. 6

Separately, patents whose patent life will expire within six months are ineligible for patent term extension. 7

5. First Market Approval Requirement

A pharmaceutical-related or agrochemical-related patent is eligible for a term extension only under the following conditions: 8

(i) Eine Zulassung für die Nutzung des Patents ist nach dem Arzneimittelgesetz, Artikel 39, oder dem Gesetz betreffend den Pestizideinsatz, Artikel 9, erforderlich, und

(ii) der Patentinhaber oder dessen Lizenznehmer erhält die Erstzulassung nach der Veröffentlichung des Patents.

III. Materielle Anforderungen

1. Bestimmung der Erstzulassung

9 Ob es sich bei einer Zulassung um die „Erstzulassung" handelt, wird auf der Basis des Wirkstoffs/der Wirkstoffe wie auch der Verwendung, die in der Zulassung identifiziert ist, bestimmt. „Wirkstoff" bezeichnet den Stoff in der Formel des entsprechenden pharmazeutischen oder agrochemischen Produkts, der die intendierte pharmazeutische oder agrochemische Wirkung herbeiführt. Die „in der Zulassung identifizierte Verwendung" bezieht sich auf die Angaben im Abschnitt „Indikation" der Zulassung eines pharmazeutischen Produkts bzw. im Abschnitt „Verwendungsmethode und -bereich" einer Zulassung für ein agrochemisches Produkt.

10 Gemäß der Praxis des MfG können neue Arzneimittel in die Kategorien:

(i) neue chemische Substanz,

(ii) neuer Verabreichungsweg,

(iii) neue Kombinationsverwendung (von zwei oder mehr Wirkstoffen),

(iv) neue Darreichungsform,

(v) neue Dosiermenge und Dosiereinheitsmenge,

(vi) neue Formulierung und

(vii) neue Indikation

eingestuft werden. Nur eine Zulassung nach den Kategorien (i), (iii) oder (vii) gilt als Erstzulassung.

11 Zulassungen für andere Verwendungen derselben chemischen Substanz können jeweils als Erstzulassung geltend gemacht werden. In diesem Zusammenhang gilt ein Salz oder Enantiomer einer Verbindung als dieselbe chemische Substanz wie die Verbindung. Wenn also eine Verbindung bereits für eine bestimmte Verwendung zugelassen wurde, gilt eine spätere Zulassung für das entsprechende Salz oder Enantiomer für dieselbe Verwendung nicht als „Erstzulassung". Ein Prodrug gilt jedoch nicht als dieselbe chemische Substanz. Dementsprechend verhindert eine bereits erteilte Zulassung einer Verbindung nicht die Zulassung eines Prodrug (etwa eines Esters) der besagten Verbindung als Erstzulassung, selbst wenn sich beide Zulassungen auf dieselbe Verwendung beziehen.

12 Falls andererseits eine chemische Substanz, die bereits für eine bestimmte Verwendung (z.B. die Behandlung des Kaposi-Sarkoms) zugelassen ist, später für eine neue Indikation B (z.B. die Behandlung der aktiven chronischen Hepatitis) zugelassen wird, ist diese Zulassung die Erstzulassung der neuen Verwendung dieser chemischen Substanz. Falls die Zulassung der neuen Indikation denselben Zulassungsinhaber betrifft, stellt das MfG keine gesonderte Zulassung aus, sondern vermerkt die neue Indikation auf der bestehenden Zulassung für diese chemische Substanz. Dieser Vermerk gilt als Erstzulassung für die neue Verwendung dieser chemischen Substanz. Allerdings wird ein Vermerk zur Änderung der Bezeichnung einer Krankheit oder Störung zwecks Vereinheitlichung mit den Bezeichnungen des MfG nicht als Erstzulassung anerkannt. Gleichermaßen wird ein entsprechender Vermerk einer neuen Indikation, die mit der bereits zugelassenen Indikation in Korrelation steht, ebenfalls nicht als Erstzulassung anerkannt.

(i) A market approval for practicing the patent is required under the Law Governing Pharmaceutical Affairs, Article 39, or the Act of Management of Pesticides, Article 9; and

(ii) The patentee or the licensee thereof secures the first market approval after the publication of the patent.

III. Substantive Requirements

1. Determination of First Market Approval

Whether a market approval is the "first market approval" is determined on the basis of both the active ingredient(s) and use identified in the market approval. The "active ingredient" refers to the substance in the formula of the pertinent pharmaceutical or agrochemical that exerts the intended pharmaceutical or agrochemical effect. The "use identified in the market approval" refers to the contents recited in the "Indication" section of an approval for pharmaceutical, or the "Method of Use and Scope" section of an approval for agrochemical. 9

Under DOH practice, new drugs may be classified into: 10

(i) new chemical entity,

(ii) new administration route,

(iii) new combination use (of two or more active ingredients),

(iv) new dosage form,

(v) new dosage amount and unity amount,

(vi) new formulation, and

(vii) new indication.

Only the market approval under category (i), (iii) or (vii) will qualify as the first market approval.

Approvals for different uses of the same chemical entity can all serve as a first market approval. In this connection, a salt or enantiomer of a compound is considered the same chemical entity as the compound. Therefore, where a compound was previously approved for a certain use, a subsequent approval for the salt or enantiomer thereof for the same use will not qualify as a "first market approval." However, a prodrug is not considered the same chemical entity. Accordingly, a previously approved market approval of a compound does not disqualify the market approval for a prodrug (such as an ester) of said compound as the first market approval even if both approvals are for the same use. 11

On the other hand, if a chemical entity previously approved for a certain use (e.g., treating Kaposi's Sarcoma) is subsequently approved for a new indication B (e.g., for treating active chronic hepatitis), such approval is the first approval of the new use of said chemical entity. If the new indication is granted to the same approval holder, instead of issuing a separate market approval, the DOH will endorse the new indication on the existing market approval for said chemical entity. Such endorsement is deemed the first market approval for the new use of said chemical entity. Nevertheless, an endorsement for changing the name of a disease or disorder for consistency with that adopted by the DOH is not recognized as a first market approval. Similarly, where a new indication is correlated with the previously approved indication, a relevant endorsement is not recognized as a first market approval, either. 12

13 Ein neues agrochemisches Produkt kann in die Kategorien:

(i) neue chemische Substanz,

(ii) neue Kombination,

(iii) neue Darreichungsform und

(iv) Erweiterung des Verwendungsbereichs (zusätzliche relevante Nutzpflanzen oder Zielschädlinge)

eingestuft werden. Eine Zulassung für ein agrochemisches Produkt in den Kategorien (i) oder (ii) gilt als Erstzulassung. Ob eine Zulassung nach Kategorie (iv) als Erstzulassung eingestuft wird, hängt von der Wirkungsweise der bereits genehmigten Verwendung und der zusätzlichen Verwendung ab. Falls es sich um dieselbe Wirkungsweise handelt (z.B. beide wirken als Pestizide), gilt die Genehmigung der zusätzlichen Verwendung nicht als Zulassung.

2. Anforderung „Ein Patent – eine Verlängerung"

14 Patentlaufzeitverlängerungen sind nur für Patente möglich, für die bisher keine Laufzeitverlängerung erteilt wurde. Sobald eine Laufzeitverlängerung gewährt wurde, kann für dasselbe Patent keine weitere Laufzeitverlängerung beantragt werden, selbst wenn das Patent unterschiedliche pharmazeutische oder agrochemische Erfindungen abdeckt und mehr als eine Zulassung erteilt wurde. Falls etwa eine Laufzeitverlängerung für ein Patent, das sowohl ein Bakterizid als auch ein Pestizid abdeckt, auf der Basis einer Zulassung für das Bakterizid gewährt wurde, ist es nicht möglich, eine weitere Laufzeitverlängerung für dasselbe Patent auf der Basis einer Zulassung für das Pestizid zu beantragen. Falls zwei separate Anträge auf Patentlaufzeitverlängerung für dasselbe Patent auf der Basis einer Zulassung für das Bakterizid und einer Zulassung für das Pestizid gestellt werden, wird der Antragsteller der Patentlaufzeitverlängerung aufgefordert, eine der Zulassungen als Basis für die Laufzeitverlängerung auszuwählen.

3. Anforderung „Eine Zulassung – eine Verlängerung"

15 Eine Zulassung kann nur für ein einziges Patent als Grundlage für die Beantragung einer Laufzeitverlängerung dienen. Wenn für mehrere Patente auf der Basis derselben Zulassung eine Laufzeitverlängerung möglich ist, kann der Patentinhaber dieselbe Zulassung nur für die Beantragung der Laufzeitverlängerung für ein einziges Patent heranziehen. Falls mehr als ein Antrag auf Patentlaufzeitverlängerung für unterschiedliche Patente auf der Basis derselben Zulassung gestellt werden, fordert das AGE den Antragsteller auf, einen Antrag für die weitere Prüfung auszuwählen. Falls der Antragsteller diese Auswahl innerhalb der gesetzten Frist nicht trifft, kann das AGE das Patent mit dem früheren Einreichungsdatum zur Prüfung der Laufzeitverlängerung auswählen und den anderen Antrag/die anderen Anträge nach Gewährung der Laufzeitverlängerung für das ausgewählte Patent abweisen.

4. Korrelation zwischen Patentansprüchen und Erstzulassung

16 Für die Verlängerung der Laufzeit eines Patents auf der Basis einer Zulassung sollten die Patentansprüche den/die Wirkstoff/e bzw. die Verwendung, die in der Zulassung identifiziert wurde/n, abdecken bzw. diesen entsprechen.

Handelt es sich um eine Verbindung, sollte mindestens ein Anspruch des Patents den in der Erstzulassung identifizierten Wirkstoff abdecken bzw. diesem entsprechen. Während der Wirkstoff in der Zulassung als einzige Verbindung identifiziert wird, deckt ein Anspruch einer Verbindung normalerweise Verbindungen ab, die kollektiv mit einer chemischen Formel ausgedrückt werden. Ferner kann die im Anspruch genannte chemische Bezeichnung aufgrund von Abweichungen in der Nomenklatur von der Bezeichnung in der Zulassung

New agrochemical may be classified into: 13

(i) new chemical entity,

(ii) new combination,

(iii) new dosage form, and

(iv) expansion of scope of use (addition of applicable crops or target pests).

A market approval for an agrochemical issued under category (i) or (ii) will qualify as the first market approval. Whether an approval under category (iv) qualifies as the first market approval depends on the mode of action of the previously granted use and the added use. If the mode of action is the same (e.g., both act as pesticides), the grant for the added use does not qualify as market approval.

2. One-Patent-One-Extension Requirement

Patent term extensions are only available for patents which have not been granted a term extension. Once a term extension is allowed, the same patent is not eligible for application for another term extension even if said patent covers different pharmaceutical-related or agrochemical-related inventions and more than one market approval is secured. For instance, in the case where a term extension has been granted to a patent covering both a bactericide and a pesticide on the basis of a market approval for the bactericide, it is not possible to apply for a further term extension of the same patent on the basis of a market approval for the pesticide. In the case where two separate applications for patent term extension are filed for the same patent on the basis of an approval for bactericide and an approval for pesticide, respectively, the patent term extension applicant will be asked to elect one of the approvals as the basis for term extension. 14

3. One-Approval-One-Extension Requirement

A market approval can only serve as the basis for applying for the term extension of one patent. Where multiple patents are eligible for term extension based on the same market approval, the patentee can only use the same approval to seek the term extension of one patent. In the case where more than one patent term extension is filed for different patents based on the same market approval, the IPO will ask the applicant to elect one application for continued examination. If the applicant fails to elect one as required in a specified time, the IPO may elect the patent with the earlier filing date for examination of term extension, and reject the other application(s) after allowing the term extension of the elected patent. 15

4. Correlation Between Patent Claims and First Market Approval

To extend the term of a patent based on an approval, the claims of the patent should cover or correspond to the active ingredient(s) and/or use identified in the approval. 16

Where a compound is concerned, at least one claim of the patent should cover or correspond to the active ingredient identified in the first market approval. While the market approval identifies the active ingredient as a single compound, a compound claim normally covers compounds collectively expressed with a chemical formula. In addition, the chemical name recited in the claim may differ from that shown in the approval due to differences in

abweichen. In solchen Fällen sollten Erklärungen und manchmal unterstützende Belege (z.B. Pharmakopöe) eingereicht werden, um darzulegen, dass der Wirkstoff mit dem Anspruch abgedeckt ist.

Es versteht sich, dass – auch wenn in der Zulassung ein Salz oder Hydrat einer Verbindung angegeben ist – der wirksame Anteil die freie Form der Verbindung ist. Bei der Bestimmung der Korrelation zwischen Patentanspruch und Zulassung wird daher nicht das Salz oder Hydrat, sondern die freie Form verglichen. In einem Fall, in dem z.B. Anspruch 1 sich auf einen Galtungsbereich von Verbindungen richtet, der Verbindung a abdeckt, Anspruch 2 sich speziell auf Verbindung a bezieht und der Wirkstoff in einer Zulassung als das HCl-Salz von Verbindung a identifiziert wird, entsprechen sowohl Anspruch 1 als auch Anspruch 2 dem identifizierten Wirkstoff, selbst wenn das Salz in ihnen nicht aufgeführt ist.

17 Im Falle eines Isomers sieht die Bestimmung anders aus. Für eine Zulassung, in welcher der Wirkstoff als Isomer von Verbindung a in einer spezifischen Form identifiziert wird, entspräche der auf „Verbindung a und das zugehörige Isomer“ gerichtete Anspruch dem identifizierten Wirkstoff, nicht jedoch der auf „Verbindung a“ gerichtete Anspruch ohne Beschreibung der zugehörigen Stereochemie.

18 Wenn eine aus zwei oder mehr Wirkstoffen bestehende Zusammensetzung betroffen ist, ist die entsprechende Zulassung diejenige, in der die zwei oder mehr Wirkstoffe identifiziert werden. So entspricht eine aus A+B bestehende Zusammensetzung einer Zulassung für eine Kombination von A+B, nicht jedoch ein Anspruch, der sich allein auf A, allein auf B oder auf A+B+C bezieht.

19 Bei einem Erzeugnisanspruch wird die in der Zulassung identifizierte Verwendung nicht berücksichtigt, falls im Erzeugnisanspruch keine Verwendung angegeben ist (z.B. muss im Anspruch einer neuartigen Verbindung keine Verwendung angegeben werden).

20 Handelt es sich um einen Verwendungsanspruch, sollte der Anspruch sowohl dem/den Wirkstoff/en als auch der Verwendung entsprechen, die in der Zulassung identifiziert sind. Beispielsweise entspricht ein Anspruch in Bezug auf die Verwendung B von Stoff A nicht der Zulassung für Verwendung C von Stoff A, Verwendung B von Stoff D oder Verwendung B der Stoffe A+D. Falls der relevante Verwendungsanspruch eine Wirkungsweise beschreibt, in der Zulassung jedoch eine spezifische Krankheit oder eine spezifische Erkrankung identifiziert wird, sollte eine Erläuterung der Korrelation zwischen der Wirkungsweise und dieser Krankheit oder Erkrankung eingereicht werden.

21 Geht es um einen Herstellungsverfahrensanspruch, bestimmt sich die Korrelation nach dem Endprodukt des patentierten Verfahrens und dem/den in der Zulassung identifizierten Wirkstoff/en. Das Verfahren, das effektiv für die Herstellung des/der Wirkstoff/e verwendet wird, wird nicht berücksichtigt. Die in der Zulassung identifizierte Verwendung wird ebenfalls nicht berücksichtigt.

22 Die Erzeugnis-, Verwendungs- und Herstellungsverfahrensansprüche in demselben Patent, die der Erstzulassung entsprechen, können sämtlich auf der Basis derselben Zulassung verlängert werden.

5. Eintragungserfordernis

23 Wird der Antrag auf Patentlaufzeitverlängerung vom Rechtsnachfolger gestellt, muss die Rechtsübergang in Übereinstimmung mit dem Patentgesetz beim AGE registriert werden. Inhaber der Erstzulassung, die als Basis für eine Patentlaufzeitverlängerung dient, muss der Patentinhaber oder eine Niederlassung des Patentinhabers in Taiwan sein. Ist ein Lizenznehmer Inhaber der Erstzulassung, muss die Vereinbarung über die Patentlizenzierung in Übereinstimmung mit dem Patentgesetz beim AGE registriert werden.

nomenclature. In such cases, explanations, and sometimes supporting references (e.g., pharmacopeia), should be submitted to show the coverage of the active ingredient in the claim.

It is understood that though a market approval specifies a salt or hydrate of a compound, the active moiety is the free form of the compound. Therefore, when determining the correlation between the patent claim and the market approval, the free form will be compared, instead of the salt or hydrate. For instance, in a case where Claim 1 is directed to a generic scope of compounds which covers compound a, Claim 2 specifically relates to compound a, and a market approval identifies the active ingredient as the HCl salt of compound a, both Claim 1 and Claim 2 correspond to the identified active ingredient even though they do not specify the salt.

In the case of an isomer, the determination will be different. For a market approval that identifies the active ingredient as an isomer of compound a in a specific form, the claim directed to "compound a and the isomer thereof" would correspond to the identified active ingredient, but the claim directed to "compound a" without describing the stereochemistry thereof does not. 17

Where a composition composed of two or more active ingredients is concerned, a corresponding market approval is the one that identifies the two or more active ingredients. For instance, a composition comprising A+B corresponds to an approval for a combination of A +B, but a claim relating to A alone, B alone, or A+B+C does not. 18

In the case of a product claim, the use identified in the market approval is not considered if the product claim does not specify a use (e.g., a novel compound claim need not specify a use). 19

Where a use claim is concerned, the claim should correspond to both the active ingredient(s) and use identified in the approval. For instance, a claim relating to use B of substance A does not correspond to an approval for use C of substance A, use B of substance D, or use B of substances A+D. In the case where the relevant use claim describes a mode of action but the market approval identifies a specific disease or condition, an explanation of the correlation of the mode of action and said disease or condition should be submitted. 20

Where a manufacturing process claim is concerned, the correlation is determined by the end product of the patented process and the active ingredient(s) identified in the approval. The process actually used for producing the active ingredient(s) is not considered. The use identified in the market approval is not considered, either. 21

The product, use and manufacture process claims in the same patent corresponding to the first market approval can all be extended based on the same market approval. 22

5. Recordation Requirement

Where an application for patent term extension is filed by an assignee, the assignment must be recorded with the IPO in accordance with the Patent Act. The holder of the first market approval serving as the basis for a patent term extension must be the patentee, or a branch office of the patentee in Taiwan. Where the first market approval is held by a licensee, the patent licensing arrangement must be recorded with the IPO in accordance with the Patent Act. 23

6. Berechnung der Verlängerung

24 Eine Verlängerung ist um die folgenden, nach Patentveröffentlichung eintretenden Zeiträume möglich:

a) Zeitraum der Versuche, die im In- und Ausland zwecks Erhalt der Erstzulassung durchgeführt werden und

b) Zeitraum der Beantragung und des Erhalts der nationalen Zulassung (bekannt als „Produktregistrierung").

25 Bei Pharmazeutika sind die im obigen Punkt (a) genannten Versuche auf die klinischen Versuche und Brückenstudien beschränkt, die vom MfG als die für den Erhalt der Zulassung erforderlichen Untersuchungen bestätigt wurden. Der Zeitraum, auf den sich die Überprüfung der Notwendigkeit einer Brückenstudie durch das MfG erstreckt, ist ausgeschlossen.

26 Bei Agrochemikalien sind die im obigen Punkt (a) genannten Versuche auf die Feldversuche beschränkt, die vom LR als die für den Erhalt der Zulassung erforderlichen Versuche bestätigt wurden. Falls zu derselben Pflanze zu verschiedenen Zeiten für dieselbe Krankheit oder denselben Zielschädling mehrere Versuche durchgeführt werden, wird der Zeitraum des längsten Feldversuches anerkannt; falls diese verschiedenen Versuche jedoch in einer bestimmten Reihenfolge durchzuführen sind, können die Zeiträume der einzelnen Versuche kombiniert werden.

27 Von der Summe der vorgenannten Zeiträume a) und b) werden ggf. die folgenden Zeiträume abgezogen:

a) dem Antragsteller zuzuschreibende Zeiten der Untätigkeit,

b) Überschneidung zwischen dem Zeitraum der Versuche im Ausland und dem Zeitraum der Versuche im Inland und

c) Überschneidung zwischen dem Zeitraum der Versuche im In- und Ausland und dem Zeitraum der Produktregistrierung.

„Dem Antragsteller zuzuschreibende Zeiten der Untätigkeit" bezeichnet eine Unterbrechung oder Verzögerung des Zulassungsverfahrens, die dadurch verursacht wird, dass der Antragsteller nicht gebührend tätig wird. Beispielsweise sind die Anforderungen und die Anmeldegebühren für die Anmeldung von Produktregistrierungen ausdrücklich in den Gesetzen festgelegt, sodass eine Verspätung bei der Einreichung aller erforderlichen Dokumente oder der Zahlung der vollständigen Gebühr dem Antragsteller angelastet wird. Gleichermaßen versendet die zuständige Behörde nach Genehmigung einer Produktregistrierung eine Benachrichtigung an den Antragsteller mit der Aufforderung, die Zulassung abzuholen; die aufsichtsrechtliche Prüfung durch die zuständige Behörde endet an dem Tag, an dem der Antragsteller diese Benachrichtigung erhält; die Tage, die zwischen dem Erhalt dieser Benachrichtigung und der Abholung der Zulassung vergehen, gelten als Zeit der Untätigkeit, für die der Antragsteller verantwortlich ist.

Zur Überprüfung des einschlägigen Registrierungsverfahrens kann das AGE vom Antragsteller fordern, dass er Belegdokumente einreicht, seine eigene Untersuchung einleitet oder die Unterstützung der entsprechenden Behörde anfordert.

Die Verlängerung einer Patentlaufzeit darf in keinem Falle die für den Erhalt der Erstzulassung insgesamt erforderliche Zeit übersteigen, die nach der Veröffentlichung des zu verlängernden Patents aufgewandt wird; falls die Gesamtzeit fünf Jahre übersteigt, kann eine Verlängerung um maximal fünf Jahre gewährt werden.

6. Calculation of Extension

The following periods that occur after patent publication are eligible for restoration: 24

a) The period of foreign and domestic trials conducted for the purpose of securing the first market approval; and
b) The period of applying for and obtaining the domestic market approval (known as "product registration").

For pharmaceuticals, the trials mentioned in (a) above are limited to the clinical trials and bridging studies confirmed by the DOH as ones necessary for securing the market approval. The period during which the DOH reviews the necessity of a bridging study is excluded. 25

For agrochemicals, the trials mentioned in (a) above are limited to the field trials confirmed by the COA as ones necessary for securing the market approval. Where multiple trials are conducted on the same plant for the same disease or target pest at different times, the period of the longest field trial will be recognized; however, where the multiple trials must be conducted in accordance with a fixed order, the period of the individual trials can be combined. 26

The sum of the above periods a) and b) will be subtracted by the following periods, if any: 27

a) Periods of failure to act attributable to the applicant;
b) The overlap between the period of foreign trials and the period of domestic trials; and
c) The overlap between the period of foreign and domestic trials and the period of product registration.

The "periods of failure to act attributable to the applicant" refers to interruption or delay to the approval-obtaining-process caused by the applicant's failure to act with due attention. For instance, the requirements and application fees for filing product registrations are expressively stipulated in the laws, so a delay due to failure to submit all required documents or pay the full fee are considered attributable to the applicant. Similarly, after a product registration is approved, the competent authority will send a notice to the applicant requiring collection of the approval; the regulatory review by the competent authority ends on the day on which the applicant receives such notice; the days that elapse between the receipt of such notice and the collection of the approval are considered the period of failure to act for which applicant is accountable.

To verify the relevant registration procedure, the IPO may require the applicant to submit evidentiary documents, initiate its own investigation, or request the assistance of the authority concerned.

In any case, an extended patent term shall not exceed the total amount of time required for obtaining the first market approval that occurs after the publication of the patent to be extended, and where the total amount exceeds five years, a maximum extension of five years can be granted.

28 Siehe folgende Grafik:

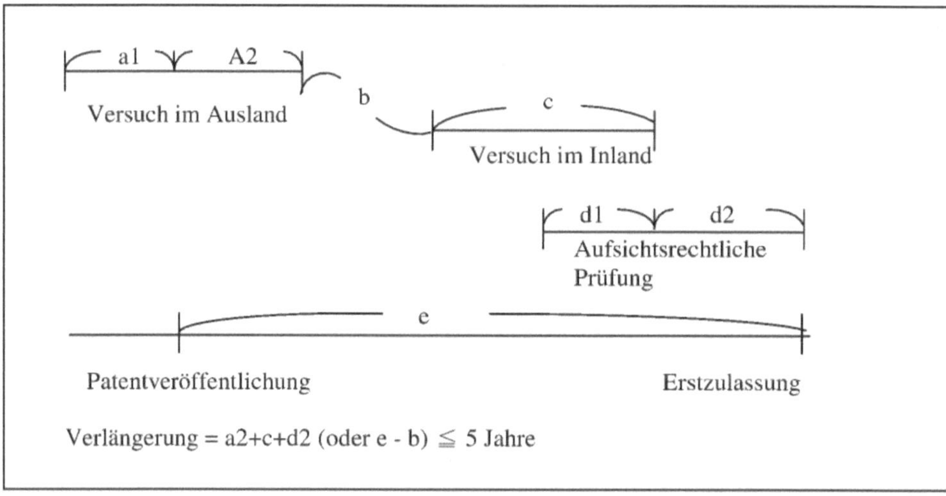

Hinweis: Wenn die Zeiten, in denen das Patent aufgrund der Beantragung der Zulassung nicht genutzt werden kann, die Anzahl der vom Antragsteller beanspruchten Tage übersteigen, ist die vom AGE gewährte Verlängerung auf die Anzahl der geforderten Tage beschränkt.

7. Erforderliche Informationen und Dokumente

29 Zur Beantragung einer Patentlaufzeitverlängerung sind ein schriftlicher Antrag, eine Kopie der entsprechenden Erstzulassung und eine amtliche Gebühr (momentan: NT $ 9.000) einzureichen, ggf. zusammen mit den folgenden Dokumenten:

a) Pharmazeutische Patente

30 (i) Ein Dokument, das von dem Institut oder der Organisation ausgestellt wurde, das/die den relevanten klinischen Versuch im Ausland durchgeführt hat, und aus dem die Dauer, das Anfangs- und das Abschlussdatum des klinischen Versuchs im Ausland hervorgehen (z.B. eine Kopie der Seite mit der Zusammenfassung eines klinischen Berichts, die die Bezeichnung des klinischen Versuchs, die Versuchsvorhabennummer, das geprüfte Medikament, die Phasennummer des klinischen Versuchs, den Namen der Versuchsinstitution und das Anfangs- und Abschlussdatum des Versuchs enthält);

(ii) eine Kopie des Bewilligungsschreibens des MfG für den Patentinhaber oder dessen Lizenznehmer betreffend die Durchführung eines klinischen Versuchs oder einer Brückenstudie zu dem relevanten Pharmazeutikum im Inland (das Ausstellungsdatum des Schreibens wird als Anfangsdatum des klinischen Versuchs im Inland anerkannt), und bei Durchführung einer Brückenstudie eine Kopie der Beurteilung des MfG und der Ergebnisse dieser Studie;

(iii) eine Kopie des Schreibens des MfG, in dem die Eintragung der Ergebnisse des klinischen Versuchs oder der Brückenstudie bestätigt wird (das Ausstellungsdatum des Schreibens wird als Abschlussdatum des klinischen Versuchs im Inland anerkannt);

(iv) eine Kopie eines amtlichen Dokuments mit Angabe des Datums, an dem der Antrag auf Zulassung eingereicht wurde (z.B. Schriftwechsel mit dem MfG, in welchem das Antragsdatum aufgeführt ist);

See the following chart: 28

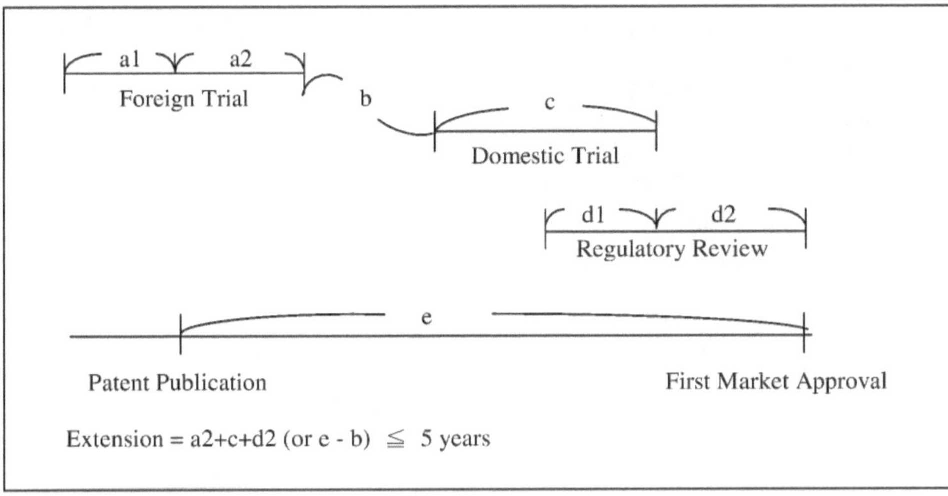

Note that where the periods during which the patent cannot be practiced due to the securing of the market approval in fact exceed the number of days claimed by the applicant, the extension allowed by the IPO is limited to the number of days as claimed.

7. Required Information & Documents

To apply for patent term extension, a written application, a copy of the relevant first market approval, and an official fee (currently NT $ 9,000) must be submitted, along with the following documents, where applicable. 29

a) Pharmaceutical-Related Patents

(i) A document issued by the institute or organization that performs the relevant foreign clinical trial which shows the period, commencement date and conclusion date of the foreign clinical trial (e.g., a copy the summary page of a clinical report that depicts the name of clinical trial, the trial proposal no., the medicine under test, the phase number of clinical trial, the name of the trial institution, and commencement and conclusion dates of the trial); 30

(ii) A copy of the DOH consent letter for the patentee or the licensee thereof to perform a domestic clinical trial or bridging study on the relevant pharmaceutical (the issue date of the letter will be recognized as the commencement date of the domestic clinical trial), and where a bridging study is performed, a copy of the DOH's evaluation and results of such study;

(iii) A copy of the DOH letter confirming the entry of the clinical trial or bridging study results (the issue date of the letter will be recognized as the conclusion date of the domestic clinical trial);

(iv) A copy of an official document showing the date on which the application for market approval is filed (e.g., DOH's correspondence wherein the application date is identified);

(v) eine Kopie des relevanten Packungsaufdrucks, der Packungsbeilage oder der Spezifikation mit dem Datumsstempel der Abholung der Zulassung beim MfG;

(vi) eine Liste der Bezeichnungen der relevanten Versuche, der Anzahl der klinischen Versuchsvorhaben und der entsprechenden Anfangs- und Abschlussdaten; und

(vii) falls auf der Basis des relevanten Versuchs im Ausland eine Patentlaufzeitverlängerung für ein gleichwertiges ausländisches Patent gewährt wurde, ein Dokument mit Angabe des gewährten Verlängerungszeitraums (z.B. eine Kopie des amtlichen Mitteilungsblatts, in dem die gewährte Verlängerung veröffentlicht wurde).

b) Agrochemische Patente

31 (i) Ein Dokument, das von dem Institut oder der Organisation ausgestellt wurde, das/die den relevanten Feldversuch im Ausland durchgeführt hat, und aus dem die Dauer, das Anfangs- und das Abschlussdatum des Feldversuchs im Ausland hervorgehen (z.B. eine Kopie der Seite mit der Zusammenfassung des Berichts des Feldversuchs, die die Bezeichnung des Feldversuchs, die Versuchsvorhabennummer, das geprüfte agrochemische Produkt, den Namen der Versuchsinstitution und das Anfangs- und Abschlussdatum des Versuchs enthält);

(ii) ein Dokument, das von dem Institut oder der Organisation ausgestellt wurde, das/die den relevanten Feldversuch im Inland durchgeführt hat, und aus dem die Dauer, das Anfangs- und das Abschlussdatum des Feldversuchs im Inland hervorgehen (z.B. eine Kopie der Seite mit der Zusammenfassung des Berichts des relevanten Feldversuchs im Inland);

(iii) eine Liste der Bezeichnungen der vorgenannten Versuche, der Anzahl der Versuchsvorhaben und der entsprechenden Anfangs- und Abschlussdaten;

(iv) ein Dokument als Nachweis der Zahlung der entsprechenden Registrierungsgebühr, die die Registrierungsverfahren auslöst (z.B. eine Kopie der Aufforderung des LR, die Registrierungsgebühr zu zahlen, und eine Quittung für die Zahlung);

(v) eine Kopie des Packungsaufdrucks mit dem Datumsstempel der Abholung der Zulassung; und

(vi) falls auf der Basis des relevanten Feldversuchs im Ausland eine Patentlaufzeitverlängerung für ein gleichwertiges ausländisches Patent gewährt wurde, ein Dokument mit Angabe des gewährten Verlängerungszeitraums (z.B. eine Kopie des amtlichen Mitteilungsblatts, in dem die gewährte Verlängerung veröffentlicht wurde).

32 Für eine Zulassung, die nach den früheren Registrierungsverfahren erteilt wurde, muss das Dokument zum Nachweis des Beginns der Feldversuche in Inland eine Kopie der vom LR ausgestellten Bewilligung der Durchführung der entsprechenden Feldversuche sein, das Dokument zum Nachweis des Abschlusses des Versuchs eine Kopie des vom LG ausgestellten Annahmeschreibens mit Genehmigung der Registrierung, und das Dokument zum Nachweis des Beginns der Registrierung kann ein amtliches Dokument sein, in dem das Datum angegeben ist, an dem der Antrag auf Registrierung beim LR einging, z.B. eine Kopie des Antrags auf Registrierung mit Eingangsstempel des LR.

33 Für die vorgenannten Dokumente ist weder eine notarielle Beglaubigung noch eine Legalisierung erforderlich.

34 Da eine Patentlaufzeitverlängerung nur bei Patenten möglich ist, die noch in Kraft sind, sollte der Status des zu verlängernden Patents im Antrag angegeben werden, z.B. die Patentnummer, das Datum der Patentveröffentlichung, das Datum des Patentablaufs und der Stand der Zahlung der Jahresgebühren.

(v) A copy of a relevant label, insert or specification stamped with the date on which the market approval is collected from the DOH;

(vi) A list showing the name of relevant trials, the number of clinical proposals, and the commencement and conclusion dates thereof; and

(vii) In the case where a patent term extension was granted for a foreign counter-patent based on the relevant foreign trial, a document showing the period of extension granted (e.g., a copy of the official gazette publishing such grant).

b) Agrochemical-Related Patents

(i) A document issued by the institute or organization that performs the relevant foreign field trial, which shows the period, commencement date and conclusion date of the foreign field trial (e.g., a copy the summary page of the relevant field trial report that depicts the name of trial, the trial proposal no., the agrochemical under test, the name of the trial institution, and commencement and conclusion dates of the trial); 31

(ii) A document issued by the institute or organization that performs the relevant domestic field trial, which shows the period, commencement date and conclusion date of the domestic field trial (e.g., a copy of the summary page of the relevant domestic field trial report);

(iii) A list showing the name of the above trials, the number of the clinical proposals, and the commencement and conclusion dates thereof;

(iv) A document that shows the payment of relevant registration fee, which activates the registration procedures (e.g., a copy of the COA's notice to pay the registration fee and a receipt of payment);

(v) A copy of the label stamped with the date on which the approval is collected; and

(vi) Where a patent term extension was granted for a foreign counter-patent based on the relevant foreign field trial, a document showing the period of extension granted (e.g., a copy of the official gazette publishing such grant).

For a market approval obtained under previous registration procedures, the document proving commencement of domestic field trials will be a copy of the consent issued by the COA for proceeding with entrusted field trials, that for proving the conclusion of such trial will be a copy of the acceptance letter issued by the COA approving the registration, and that for proving the commencement of registration can be any official document that shows the date on which the registration application enters the COA, e.g., a copy of a registration application stamped with the entry date by the COA. 32

Neither notarization nor legalization is required for the above documents. 33

Since a patent term extension is only available for patents which are still in force, the status of the patent to be extended should be provided in the application, e.g., the patent number, patent publication date, patent expiration date and annuity payment status. 34

35 Zur Untermauerung der Relevanz der Patentansprüche hinsichtlich des Wirkstoffs bzw. der Wirkstoffe/der Verwendung, die in der Zulassung identifiziert wurden, können ferner nach Bedarf Belegdokumente eingereicht werden, z.B. eine chemische Prüfung des Wirkstoffs einschließlich seiner chemischen Formel, seiner Merkmale etc.

IV. Prüfung der Patentlaufzeitverlängerung

36 Falls ein Antrag auf Patentlaufzeitverlängerung die formalen Anforderungen erfüllt, veröffentlicht das AGE den schriftlichen Antrag im Patentblatt.

Die vom Antragsteller eingereichte Liste mit den Informationen über die relevanten Versuche wird zur Bestätigung der Notwendigkeit der Versuche im In- und Ausland an die zuständigen Aufsichtsbehörden weitergeleitet.

Das AGE benachrichtigt den Antragsteller und fordert ihn zur Stellungnahme oder Einreichung ergänzender Informationen auf, falls es feststellt, dass der Inhaber der Zulassung nicht der Patentinhaber oder dessen beim AGE registrierter Lizenznehmer ist, dass die Belegdokumente unzureichend sind, dass die Anzahl der Tage der vom Antragsteller geforderten Verlängerung nicht korrekt ist oder sich das Verfahren der Zulassungserteilung durch den Antragsteller verzögert. Zur Klärung der vom AGE in dieser Benachrichtigung gestellten Fragen kann der Antragsteller um ein Gespräch mit dem Prüfer bitten.

37 Gemäß einer Ankündigung des AGE sollte ein Antrag auf Patentlaufzeitverlängerung innerhalb von zwölf Monaten ab dem Eingangsdatum des Antrags abgeschlossen sein; in diesem Zeitraum von zwölf Monaten ist jedoch nicht die Zeit enthalten, die durch die Ausstellung der Benachrichtigung oder durch Amtshandlungen zwecks Aufforderung des Antragstellers, ergänzende Informationen, eine Erläuterung oder Antwort einzureichen, oder für sonstige Verzögerungen mit angemessenen Ursachen verstreichen kann.

38 Falls während der Prüfung das entsprechende Patentrecht widerufen wird oder erlischt (außer im Falle des Ablaufs der Patentlaufzeit) oder die Ansprüche hinsichtlich des Wirkstoffs/der Verwendung, die in der Zulassung identifiziert sind, gelöscht oder für ungültig erklärt werden, wird der Antrag auf Verlängerung abgewiesen.

Wenn eine Patentlaufzeitverlängerung gewährt wird, veröffentlicht das AGE die Informationen im Patentblatt und fordert den Patentinhaber auf, die Patenturkunde zurückzusenden, damit die gewährte Verlängerung der Patentlaufzeit vermerkt werden kann.

39 Falls der Antragsteller, der eine Patentlaufzeitverlängerung beantragt hat, mit der Entscheidung des AGE unzufrieden ist, kann er ein Verwaltungsverfahren zur Anfechtung der Entscheidung anstrengen; unter anderem kann er beim Ministerium für wirtschaftliche Angelegenheiten Verwaltungsbeschwerde einlegen, beim Gericht für geistiges Eigentum verwaltungsrechtliche Klage erheben und das Oberste Verwaltungsgericht anrufen.

V. Wirkung der Verlängerung und Schutzumfang

40 Falls das Patent, für das eine Laufzeitverlängerung beantragt wurde, abläuft, bevor das AGE eine Entscheidung über die beantragte Verlängerung fällt, gilt die Patentlaufzeit ab dem Tag nach dem Datum des Patentablaufs als verlängert; falls die beantragte Laufzeitverlängerung letztlich jedoch nicht gewährt wird, gilt das ursprüngliche Datum des Patentablaufs.

41 Eine gewährte Patentlaufzeitverlängerung deckt lediglich das Erzeugnis (eine Verbindung oder Zusammensetzung), die Verwendung oder das Herstellungsverfahren gemäß der Beschreibung in den Ansprüchen ab, die dem/den Wirkstoff/en und der Verwendung entsprechen, die in der relevanten Zulassung identifiziert wurden; sie deckt keine anderen

In addition, to support the relevance of the patent claims to the active ingredient(s)/use identified in the market approval, evidentiary documents can be submitted as necessary, e.g., a chemistry review of the active ingredient, including its chemical formula, characteristics, etc. 35

IV. Examination of Patent Term Extension

The IPO will publish the written application in the Patent Gazette if an application for patent term extension complies with the formal requirements. 36

The list showing the information of relevant trials provided by the applicant will be forwarded to the competent regulatory authorities for affirming the necessity of the relevant foreign and domestic trials.

The IPO will notify the applicant to make a response and submit supplements if it finds that the holder of the market approval is not the patentee, or a licensee thereof recorded with the IPO, the evidentiary documents are insufficient, the number of days for restoration claimed by the applicant are incorrect, or there are delays in the process of obtaining the market approval attributable to the applicant. To clarify the issues raised in the IPO's notice, the applicant can petition for an interview with the examiner.

According to an announcement by the IPO, an application for patent term extension should be concluded within twelve months from the date of receiving such an application; however, the 12-month period does not include the time involved in the issuance of notification or office action requiring the applicant to effect supplement, explanation or response, or other delays with proper causes. 37

If during the examination, the relevant patent right is revoked or becomes extinguished (except for the situation that the patent term has expired), or the claims corresponding to the active ingredient/use identified in the market approval have been deleted or invalidated, the extension application will be rejected. 38

Where a patent term extension is granted, the IPO will publish the information in the Patent Gazette, and require the patentee to return the patent certificate for an endorsement for the granted extension of patent term.

If dissatisfied with the decision rendered by the IPO, the applicant for a patent term extension may institute administrative remedial proceedings to contest the decision, including administrative appeal with the Ministry of Economic Affairs, administrative suit with the Intellectual Property Court, and appeal with the Supreme Administrative Court. 39

V. Effect of Extension and Scope of Protection

In the case where the patent under a term extension application expires before the IPO renders a decision on the extension application, the patent term is deemed having been extended since the day following the expiration date of the patent; however, if the term extension applied for is ultimately not allowed, the life of said patent expires on the original expiration date. 40

A granted patent term extension covers only the product (a compound or composition), use or manufacturing process described in the claims that corresponds to the active ingredient(s) and use identified in the relevant market approval, and does not cover other products, uses or processes which are described in the claims but not in the market approval. 41

Erzeugnisse, Verwendungen oder Verfahren ab, die in den Ansprüchen, nicht jedoch in der Zulassung beschrieben sind.

42 Geht es um einen Erzeugnisanspruch, so deckt die verlängerte Patentlaufzeit nur das spezifische Erzeugnis, das in dem Anspruch beschrieben ist, der dem in der Erstzulassung identifizierten Wirkstoff entspricht, sowie die in der Zulassung identifizierte Verwendung ab.

43 Handelt es sich um einen Verwendungsanspruch, deckt die verlängerte Patentlaufzeit nur die spezifische Verwendung ab, die in dem Anspruch beschrieben ist, welcher der in der Erstzulassung identifizierten Verwendung des/der Wirkstoff/e entspricht.

44 Geht es um einen Herstellungsverfahrensanspruch, deckt die verlängerte Patentlaufzeit nur das Verfahren ab, das in dem Anspruch beschrieben ist, der dem Wirkstoff mit der spezifischen, in der Erstzulassung identifizierten Verwendung entspricht. So ist etwa eine Laufzeitverlängerung, die für ein Patent in Bezug auf das Verfahren der Herstellung von Aspirin auf der Basis einer Zulassung für die Verwendung von Aspirin zur Behandlung von Hypertonie gewährt wurde, auf das Verfahren zur Herstellung von Aspirin für die Verwendung in der Hypertonie-Therapie beschränkt.

45 Wie während der ursprünglichen Patentlaufzeit, sind auch während der verlängerten Patentlaufzeit entsprechend dem Gebührenjahr Jahresgebühren zu zahlen, wobei das erste Jahr mit dem Datum der Patentveröffentlichung beginnt. Die Jahresgebühr für das 10. und die folgenden Gebührenjahre liegt derzeit bei NT $ 16.000 pro Jahr.

VI. Widerruf einer gewährten Patentlaufzeitverlängerung

46 Eine gewährte Patentlaufzeitverlängerung kann aus einem der folgenden Gründe widerrufen werden:

1. Die Erteilung einer Zulassung ist für die Nutzung des Patents nicht erforderlich;
2. der Patentinhaber oder dessen Lizenznehmer haben nie eine Zulassung erhalten;
3. der gewährte Verlängerungszeitraum übersteigt den Zeitraum, während dessen das Patent nicht genutzt werden konnte;
4. der Antrag auf Patentlaufzeitverlängerung wurde nicht vom Patentinhaber eingereicht;
5. die Zulassung, auf deren Basis die Patentlaufzeitverlängerung beantragt wurde, ist nicht die Erstzulassung, oder die Zulassung wurde für eine andere Patentlaufzeitverlängerung genutzt;
6. bei einem Antrag auf Patentlaufzeitverlängerung aufgrund des Zeitraums des Versuchs oder der Prüfung im Ausland, auf dessen Basis die Zulassung erteilt wurde, übersteigt der gewährte Zeitraum den Zeitraum, der von der Patentbehörde des entsprechenden anderen Landes anerkannt wurde; und
7. das Arzneimittel, für das die Patentlaufzeitverlängerung gewährt wurde, ist ein Tierarzneimittel.

47 Es ist zu beachten, dass sich der Widerruf einer genehmigten Patentlaufzeitverlängerung auf den Verlängerungszeitraum bezieht, nicht auf die Patentansprüche; daher sollte in einem Widerruf die Aufhebung der Patentlaufzeitverlängerung von „… Tag … Monat … Jahr“ bis „… Tag … Monat … Jahr“ geltend gemacht werden. Der zu widerrufende Zeitraum kann nicht geändert werden, es sei denn, die Änderung bezieht sich auf die Reduzierung des zu widerrufenden Zeitraums, und nach Einreichung des Schriftsatzes kann keine weitere Forderung nach Aufhebung erhoben werden.

48 Während Dritte vor Ablauf des Verlängerungszeitraums den Widerruf einer Patentlaufzeitverlängerung beantragen können, können Beteiligte, die infolge des Widerrufs des Patents

Where a product claim is concerned, an extended patent term covers only the specific product described in the claim that corresponds to the active ingredient identified in the first market approval as well as the use indentified in the approval. 42

Where a use claim is concerned, an extended patent term covers only the specific use described in the claim that corresponds to the use of the active ingredient(s) identified in the first market approval. 43

Where a manufacturing process claim is concerned, an extended patent term covers only the process described in the claim that corresponds to the active ingredient with the specific use identified in the first market approval. For instance, a term extension granted for a patent relating to the process for preparing aspirin on the basis of a market approval for the use of aspirin in treating hypertension is limited to the process for preparing aspirin for use in hypertension therapy. 44

As required during the original patent term, annuities should be paid during an extended patent term in accordance with the annuity year, the first year of which starts from the patent publication date. Currently, the annuity for the 10th and subsequent annuity years is NT $ 16,000 per year. 45

VI. Cancellation Against Granted Patent Term Extension

A grant of patent term extension is subject to cancellation based on any one of the following grounds: 46

1. Obtaining a market approval is not required for practicing the patent;
2. The patentee or the licensee thereof never obtained the market approval;
3. The granted period of extension exceeds the period during which the patent could not be practiced;
4. The application for patent term extension was not filed by the patentee;
5. The market approval based on which the patent term extension was applied for is not the first market approval, or the market approval was used for another patent term extension;
6. Where a patent term extension was applied for on the basis of the period of the trial or test in a foreign country based on which the market approval was obtained, the allowed period exceeds the period recognized by the patent authority in said foreign country; and
7. The drug granted with the patent term extension is a veterinary medicine.

Note that the subject matter under cancellation against an approved patent term extension is the period of extension granted, not the patent claims; therefore, a cancellation should claim for revoking the extension of patent term from "... day, ... month, ... year" to "... day, ... month, ... year". The period under revocation cannot be altered unless such alteration is to reduce the period under revocation, and no additional claim for revocation can be made once the brief is filed. 47

While any third party can initiate a cancellation against an extended patent term prior to expiration of the extended term, an interested party who has recoverable legal interests due 48

beitreibbare rechtliche Interessen haben, nach Ablauf der verlängerten Patentlaufzeit ein Widerrufsverfahren einleiten. Zur Einleitung eines Widerrufsverfahrens hat der Antragsteller beim AGE einen Widerrufsantrag einzureichen, dem entsprechende Nachweise beizufügen sind. Falls die Gewährung der Patentlaufzeitverlängerung durch einen Widerruf aus einem der in den obigen Punkten 1, 2, 4, 5 und 7 genannten Gründe unwiderruflich aufgehoben wird, gilt der ursprünglich gewährte Verlängerungszeitraum *ab initio* als nicht existent; falls ein Widerruf aus einem der in den obigen Punkten 3 und 6 genannten Gründe unwiderruflich aufrechterhalten wird, gilt der zusätzliche Verlängerungszeitraum als nicht verlängert. Das AGE veröffentlicht diese Aufhebung im Patentblatt.

to revocation of the patent may file a cancellation action after expiration of the extended patent life. To initiate a cancellation action, the cancellation petitioner must file with the IPO a cancellation brief together with supporting evidence. If the grant of patent term extension is irrevocably revoked through a cancellation based on any of the grounds listed in Items 1, 2, 4, 5 and 7 above, the originally granted extension period shall be deemed non-existing *ab initio*; if a cancellation based on either one of the grounds listed in Items 3 and 6 above is irrevocably sustained, the excess extension period shall be deemed non-extended. The IPO shall publish such revocation in the Patent Gazette.

§ 6 Ergänzende Schutzzertifikate in der Schweiz

I. Vorbemerkungen

1 Ergänzende Schutzzertifikate (ESZ) werden vom Institut für Geistiges Eigentum (IGE), dem Schweizer Patentamt, für Erzeugnisse auf dem Gebiet Human- und Tierarzneimittel sowie Pflanzenschutzmittel erteilt. Für andere Erzeugnisse, wie medizinaltechnische Produkte, kommt ein ESZ nicht in Betracht. Die entsprechenden Regelungen sind im Art. 140 Patentgesetz (PatG) verankert und seit September 1995 (Arzneimittel) bzw. Mai 1999 (Pflanzenschutzmittel) in Kraft. Ergänzende Bestimmungen finden sich in der Patentverordnung (PatV), insbesondere Art. 127, und in den Richtlinien des Patentamtes (RiLi), insbesondere Kap. 13.

Genau wie Patente können ESZ nur für das gemeinsame Territorium Schweiz und Liechtenstein erteilt werden; ein in diesem Kapitel gemachter Bezug auf die Schweiz umfasst somit auch das Territorium des Fürstentums Liechtenstein.

In ihrer Grundkonzeption entsprechen die ESZ-Vorschriften der Schweiz denen Europas. Auf zwei wesentliche Besonderheiten sei direkt verwiesen: Zum einen erfassen europäische Genehmigungen (bspw. der EMEA) nicht die Schweiz und sind somit nicht relevant für ein Schweizer ESZ, zum anderen erfassen Schweizer Genehmigungen sehr wohl – ggf. verzögert – den EWR (da diese auch für Liechtenstein, ein Mitglied des EWR, gelten) und können somit relevant für europäische ESZ sein.

II. Formale Erfordernisse

2 Zur Erteilung eines ESZ bedarf es

- eines Grundpatentes und
- einer behördlichen Genehmigung.

Der Antrag auf Erteilung eines ESZ muss form- und fristgerecht erfolgen.

1. Grundpatent

3 Das Grundpatent, ein europäisches Patent mit Bennennung CH/LI oder ein nationales Schweizer Patent, muss bis zum Ende der 20-jährigen Laufzeit in Kraft sein. Das ESZ wird dem im Patentregister eingetragenen Inhaber gewährt, nicht dem Inhaber der behördlichen Genehmigung und auch nicht etwaigen Lizenznehmern.[1] Nach Praxis des IGE müssen während der Laufzeit des Grundpatentes das ESZ und das Grundpatent auf den gleichen Anmelder/Inhaber lauten.[2]

Je Erzeugnis wird nur ein ESZ erteilt. Als Ausnahme können für ein Erzeugnis, welches durch verschiedene Grundpatente verschiedener Inhaber geschützt ist, auch verschiedene

1 Etanercept, BVGer vom 13.9.2010, E.5.4.
2 Diese Praxis ist nicht durch den Gesetzestext gestützt, eine Änderung der Praxis wird angestrebt.

§ 6 Supplementary Protection Certificates in Switzerland

I. Introduction

Supplementary Protection Certificates (SPC) are granted by the "Institut für Geistiges Eigentum" (IGE), the Swiss patent office, for products in the field of pharmaceutical products (for both, human and veterinary uses) and for plant protection agents. Other products, such as medical products, may not be subject of a Swiss SPC. The corresponding provisions are laid down in Art. 140 Patent Law (PatG) and are in force since 1995 (pharmaceutical products) and Mai 1999 (plant protection agents) respectively. Additional provisions are given in the rules (PatV), particularly Art. 127, and the Guidelines of the patent office (RiLi), particularly chapter 13. 1

Like patents, SPCs are only granted for the territory of both, Switzerland and the principality of Liechtenstein; a reference to Switzerland given in this chapter therefore also includes the territory of the principality of Liechtenstein.

In its basic conception, the SPC-provisions of Switzerland correspond to those of Europe. Two significant differences are directly identified: First, European Marketing Authorizations (e.g. those of EMEA) do not cover Switzerland and are therefore not relevant for a Swiss SPC; second, Swiss Marketing Authorizations do – where applicable delayed – the EEA (as they are in force for Liechtenstein, an EEA member) and may thus become relevant for European SPCs.

II. Formal Requirements

To obtain a granted Swiss SPC, 2

- a Basic Patent and
- a Swiss Marketing Authorization

are required. The request for grant of an SPC has to comply with formal requirements and has to meet the legal time limits.

1. Basic Patent

The Basic Patent, a European Patent designating CH/LI or a national Swiss Patent, has to be in force until expiry of its 20-years term. The SPC is granted to the registered owner (as evidenced in the Swiss patent register), not to the owner of the Marketing authorization and not to possible licensees.[1] According to current practice of the IGE, applicant / owner of SPC and Basic Patent have to be identical during the period of the Basic Patent.[2] 3

As a general rule, one SPC is granted for one Product. As an exception, more than one SPCs may be granted to different owners of different Basic Patents, in case such different Basic

1 Etanercept, BVGer of 13.9.2010, E.5.4.
2 This practice is not supported by the law; an amendement thereof is aimed.

ESZ an diese verschiedenen Inhaber erteilt werden. Eine solche Erteilung darf nicht rechtsmissbräuchlich erfolgen, z.B. nicht an einen Strohmann.[3]

2. Behördliche Genehmigung

4 Als behördliche Genehmigung kommen nur Genehmigungen für Erzeugnisse in Betracht, die durch eine Schweizerische Behörde erteilt wurden, von der Ausnahmeregelung nach Art. 140 e (3) PatG wurde bisher nicht Gebrauch gemacht. Somit sind europäische Zulassungen, bspw. der EMEA, nicht als Grundlage für ein schweizerisches ESZ geeignet. Für eine Genehmigung über das Inverkehrbringen eines Erzeugnisses sind die Swissmedic (Human- und Tierarzneimittel), das Bundesamt für Veterinärwesen (immunobiologische Tierarzneimittel) oder das Bundesamt für Landwirtschaft (Pflanzenschutzmittel) zuständig. Entsprechend muss von einer dieser Behörden die Genehmigung für die Schweiz erteilt sein. Eine Genehmigung ausschließlich für den Export ist nicht ausreichend.

3. Form- und Fristerfordernisse

5 Der ESZ-Antrag ist innerhalb von 6 Monaten ab Schweizer Genehmigung zu stellen, oder innerhalb von 6 Monaten ab Patenterteilung, falls diese später erfolgt. Eine Weiterbehandlung ist ausgeschlossen (Art. 46 a Abs. 2 (h) PatG); die Wiedereinsetzung unter den strengen Maßstäben des fehlenden eigenen Verschuldens ist jedoch möglich (Art. 47 PatG). Die Antragsgebühr ist zu entrichten.

Der Antrag ist auf dem vorgeschriebenen Formblatt einzureichen. Im ESZ-Antrag sind neben dem Anmelder ferner:

- das Erzeugnis, für welches das ESZ beantragt wird,
- das Grundpatent (die Patentnummer mit Anmeldetag und Titel) und
- die behördliche Genehmigung (die Nummer und Genehmigungsdatum)

zu benennen.

Die Anforderungen an die beizufügenden Unterlagen sind minimal, lediglich eine Kopie der Genehmigung und der Packungsbeilage, beides Anhänge zum Erteilungsbeschluss, sind anzufügen. Falls Kopien dieser Originaldokumente nicht verfügbar sind, können zur Fristwahrung auch entsprechende Informationen aus öffentlich zugänglichen Quellen eingereicht werden. In diesem Fall kann das IGE die Nachreichung einer Kopie der o.g. Originale verlangen. Ferner kann das IGE zusätzlich eine Vollmacht anfordern.

Im Antrag ist der Bezug zwischen Erzeugnis und Grundpatent darzulegen. Zweckmäßig wird erläutert, welche Ansprüche das Erzeugnis umfassen und, falls möglich, welche Beispiele im Grundpatent das Erzeugnis konkret beschreiben.

III. Sachliche Voraussetzungen

1. Geeignete Grundpatente

6 Basis für das ESZ können nationale Schweizer Patente und europäische Patente mit Wirkung für CH/LI sein, sofern sie bis zum Ablauf der maximalen Schutzdauer in Kraft sind.

Geeignet sind sowohl Stoffpatente (einschließlich Patente auf Formulierungen und Kombinationen)[4] als auch Verfahrenspatente und Patente betreffend die erste oder weitere medizinische Indikationen. Das Grundpatent muss das Erzeugnis gemäß ESZ schützen, jedoch ist eine explizite Nennung des Erzeugnisses im Grundpatent nicht erforderlich. Entscheidend ist

3 Etanercept, BVGer vom 13.9.2010, E.8.2.
4 Folgt bswp. aus Panitumumab und Arzneimittel.

Patents cover said Product. Such multiple grants may not abuse the basic principle, e.g. by virtue of a straw man.[3]

2. Marketing Authorization

As a Marketing Authorization, suitable are only authorizations for Products granted by a Swiss Authority; the exceptional provisions according to Art. 140 e (3) are not yet put into practice. As a consequence, European authorizations, e.g. by EMEA, are not a suitable basis for a Swiss SPC. Responsible Swiss authorities for granting an approval of a Product are Swissmedic (products for human and veterinary use), the Federal Food Safety and Veterinary Office (immunobiological veterinary products), or the Federal Office for Agriculture (plant protection agents). Accordingly, one of these authorities has to grant the Marketing Authorization for Switzerland. A marketing authorization for export purposes only is not sufficient. 4

3. Time Limits and Formal Requirements

The due date for filing the SPC request is the later of 6 months after Swiss approval, or 6 months after patent grant. Further processing is excluded (Art. 46 a Abs. 2 (h) PatG). Re-establishment of rights is possible, in case the high requirements of lack of fault on its own part are met (Art. 47 PatG). The filing fee is to be paid. 5

The request is to be submitted on the official form. In this form, in addition to the applicant, the following is to be identified:

- the Product for which the SPC is applied for (typically by its INN),
- the Basic Patent (by number, filing date and title) and
- the Marketing Authorization (by number and approval date).

The requirements for enclosing documents are minimal; only a copy of the Marketing Authorization and the package insert, both available along with the decision to grant Marketing Authorization, have to be enclosed. In case copies of the original documents are not available in time, the relevant information may be submitted based on publicly available information for meeting the time limits. In such case, the IGE may request late furnishing of the above named copies. Further, the IGE may request submission of a power of attorney.

The relation between Product and Basic Patent is to be explained the request. Advantageously, it is explained which claims cover the Product and, if possible, which examples in the Basic Patent specifically describe the Product.

III. Substantive Requirements

1. Suitable Basic Patents

SPCs may be based on national Swiss Patents or European Patents designating CH/LI, provided they are in force until expiry of the maximum term. 6

Suitable are product patents (including patents directed to formulations and directed to combinations)[4] as well as process patents and use patents (i.e. relating to a first or second medical use). The Basic Patent must protect the Product as defined in the SPC, an explicit naming of the Product in the Basic Patent is not required. Decisive is the scope of the Basic

3 Etanercept, BVGer of 13.9.2010, E.8.2.
4 May be concluded e.g. from Panitumumab and Arzneimittel.

der Schutzbereich des Grundpatentes,[5] das durch ein ESZ geschütztes Erzeugnis muss nicht notwendigerweise im patentierten Gegenstand selbst bestehen.[6] Die Wahl des geeigneten Grundpatentes bestimmt maßgeblich den Schutzbereich des ESZ.

Ein einziges Grundpatent kann die Basis für mehrere ESZ bilden. Im bereits zitierten Entscheid „Fosinopril" wurden zwei ESZ auf Basis desselben Grundpatentes erteilt: für das Monopräparat und für ein Kombinationspräparat.

In Bezug auf das Grundpatent scheint sich die Schweizerische Erteilungspraxis von der Rechtsprechung des EuGH zu unterscheiden.

2. Geeignete behördliche Genehmigungen

7 Besagte Genehmigung muss die erste Genehmigung einer der o.g. Schweizer Behörden sein (Art. 140 b Abs. 2 PatG). Wie in Europa ist auch in der Schweiz der Begriff der „ersten Genehmigung" Gegenstand der juristischen Diskussion und Rechtsprechung. Bei der Erteilung des ESZ ist dem Grundgedanken Rechnung zu tragen, wonach das ESZ die Nachteile des langen Genehmigungsverfahrens mildern soll.[7] Ferner muss die „erste Genehmigung" gemäß Patentgesetz (Art. 140 b PatG) von dem Begriff „Zulassung" gemäß Heilmittelgesetz (Art. 12 VAM) unterschieden werden.[8] Somit ergibt sich folgendes Bild:

- Einfach gelagert sind die Fälle, in denen aus der Genehmigung selbst bereits hervorgeht, dass sie als die Erste eingestuft wird.
- Genehmigungen für Salze und Ester von bekannten Verbindungen *können* als erste Genehmigung in Betracht kommen, sofern diese eine pharmakologische Wirkung aufweisen *und* dies aus dem Grundpatent hervorgeht.
- Als erste Genehmigung *kann* auch eine Genehmigung für eine neuartige Formulierung[9] angesehen werden.
- Als erste Genehmigung *kann* ferner eine weitere Dosierung[10] sowie eine weitere Indikation[11] dienen.
- Bei Kombinationspräparaten, d.h. entweder das Grundpatent oder die Genehmigung betreffend eine Kombination A+B, werden die folgende Fälle unterschieden:
  - Grundpatent auf A, Genehmigung für A+B => ESZ auf A+B möglich[12]
  - Grundpatent auf A, Genehmigung für A+B => ESZ auf A möglich
  - Grundpatent auf A+B, Genehmigung für A => ESZ auf A nicht möglich[13]
  - Grundpatent auf A+B, Genehmigung für A => ESZ auf A+B wohl nicht möglich[14]
  - Grundpatent auf A, Genehmigungen für A (jünger) und für A+B (älter) => ESZ auf A, da Genehmigung für A massgeblich und somit die erste Genehmigung.[15]

5 Fosinopril, Nr. 2 der Erwägungen.
6 Panitumumab, Nr. 2.3 der Erwägungen.
7 Ciclosporin, 30.4.1999.
8 Differin Gel, RKGE, 16.2.2005.
9 Ciclosporin, RKGE, 30.4.1999.
10 Arzneimittel, BGer vom 17.11.1998.
11 Ciclosporin, RKGE, 30.4.1999.
12 Fosinopril, BGer 10.7.1998.
13 Panitumumab, BVGer vom 18.8.2011.
14 Da entgegen Art. 140 b lit.1 b PatG, keine Rechtsprechung bekannt.
15 RiLi, Kap.13.2.2.

Patent.[5] The Product protected by the SPC does not need to be the patented subject matter by itself.[6] The choice of a suitable Basic Patent decisively defines the scope of the SPC.

A single Basic Patent may serve as a basis for more than one SPCs: In the above named decision "Fosinopril" two SPCs were granted based on the same Basic Patent: one for the active ingredient itself, and one for a combinational product.

In view of the Basic Patent, the Swiss examination practice apparently differs from the case law established by the ECJ.

2. Suitable Marketing Authorizations

Said Marketing Authorization has to be the first Authorization granted by one of the above Swiss Offices (Art. 140 b Abs. 2 PatG). As in Europe, the term "First Authorization" is subject of legal discussion and case law. The basic concept, which aims at diminishing the drawbacks of long approval terms, is to be considered when granting SPCs.[7] Further, the term "First Authorization" according to the patent law (Art. 140 b PatG) is to be distinguished from the term "approval" according to the Law of Therapeutic Products (Heilmittelgesetz, Art. 12 VAM).[8] Given this background, the following cases may be discussed: 7

- Simple are those cases, where the Authorization qualifies itself as the first one.
- Authorizations for salts and esters of known compounds *may* be considered First Authorizations, provided they exhibit a pharmaceutical effect *and* this is supported by the Basic Patent.
- An authorization for a novel formulation *may* be considered the First Authorization[9].
- A novel dosage regime[10], or a further indication[11] *may* be considered the First Authorization.
- Considering combination products, i.e. either the Basic Patent or the Authorization relate to a combination A+B, the following cases may be considered:
  - Basic Patent directed to A, Authorization for A+B => ESZ for A+B available[12]
  - Basic Patent directed to A, Authorization for A+B => ESZ for A available
  - Basic Patent directed to A+B, Authorization for A => ESZ for A not available[13]
  - Basic Patent directed to A+B, Authorization for A => ESZ for A+B probably not available[14]
  - Basic Patent directed to A, Authorization for A (later) und for A+B (earlier) => ESZ for A, as Authorization for A relevant and thus first Authorization.[15]

5 Fosinopril, Nr. 2 of the considerations.
6 Panitumumab, Nr. 2.3 of the considerations.
7 Ciclosporin, 30.4.1999.
8 Differin Gel, RKGE, 16.2.2005.
9 Ciclosporin, RKGE, 30.4.1999.
10 Medicinal Product, BGer of 17.11.1998.
11 Ciclosporin, RKGE, 30.4.1999.
12 Fosinopril, BGer 10.7.1998.
13 Panitumumab, BVGer of 18.8.2011.
14 As contrary to Art. 140 b lit. 1 b PatG, we are not aware of case law.
15 RiLi, chapter 13.2.2.

Zum Zeitpunkt der Antragstellung muss eine Genehmigung in Kraft sein, nicht notwendigerweise die erste Genehmigung.[16]

IV. Laufzeit, Verlust

1. Laufzeitberechnung

8 Die Laufzeitberechnung entspricht dem europäischen Regime, also Tag der CH-Genehmigung – Anmeldetag Grundpatent – 5 Jahre = Laufzeit des ESZ; sowie maximal 5 Jahre. Trotz der gleichen Berechnungsmethode differiert die Laufzeit des Schweizer ESZ häufig von der Laufzeit des entsprechenden europäischen ESZ, es sei denn, die maximale Laufzeit von 5 Jahren wird erreicht. Dies ist darin begründet, dass die CH-Genehmigung und die EU-Genehmigung selten gleichzeitig erteilt werden.

9 Eine Laufzeitverlängerung aufgrund pädiatrischer Studien (eESZ) ist in Vorbereitung, mit einer entsprechenden Gesetzesänderung wird für 2016 gerechnet.

10 Eine negative Laufzeit ist nicht explizit vorgesehen, aber durch den Gesetzestext auch nicht ausgeschlossen. Gemäß Mitteilung des IGE werden mit Bezug zum EuGH Entscheid C125-10 ESZ mit negativer Laufzeit erteilt.[17]

2. Verlust

11 Mit der Erteilung des ESZ oder dem Ablauf des Grundpatentes (je nach dem was später erfolgt) sind die Jahresgebühren für die gesamte Laufzeit fällig; somit ist die Laufzeit des ESZ zunächst festgelegt und gesichert.

Neben dem normalen Ablauf ist das Schicksal des ESZ jedoch auch an das Schicksal der zugrunde liegenden Genehmigung und an das Schicksal des Grundpatentes geknüpft (Art. 140 i, k PatG). Wird die Genehmigung widerrufen oder sistiert oder ist das Grundpatent im für das ESZ relevanten Umfang (teil-)nichtig oder verfällt vorzeitig, so teilt das ESZ dieses Schicksal.

Ferner ist das Schicksal an das Verhalten des Anmelders/Inhabers geknüpft; so verfällt das ESZ durch Verzicht des Inhabers, bei fehlender Zahlung der Jahresgebühren, bei widerrechtlich erfolgter Erteilung.

V. Territoriale Wirkung

12 Die territoriale Wirkung des ESZ erstreckt sich, genau wie jene des Patentes und der behördlichen Genehmigung, auf die Schweiz und Liechtenstein.

Da Liechtenstein dem EWR angehört, können die behördlichen Genehmigungen einer Schweizer Behörde auch als erste Genehmigung im Sinne des europäischen ESZ (EWG 469/2009, Art. 3 b; C-207/03) gelten. Seit Juni 2005 werden Schweizer Genehmigungen auf neue Wirkstoffe in Liechtenstein erst mit einer Verzögerung von üblicherweise 12 Monaten anerkannt, so dass eine Genehmigung der Schweiz für ein europäisches ESZ mit ebendieser Verzögerung relevant wird.[18]

16 RiLi, Kap. 13.2.2.
17 Sic! 06/2012.
18 Ergänzungsvereinbarung zwischen CH und LI über die aufgeschobene Anerkennung der Zulassung für neue Wirkstoffe vom 21.5.2012.

Upon filing the Request, a Marketing Authorization has to be in force, not necessarily the first Marketing Authorization.[16]

IV. Term, Loss

1. Calculation of Term

The calculation of term corresponds to the European regime, that is (approval date in Switzerland) – (filing date Basic Patent) – (5 years) = (Term of the Swiss SPC); as well maximum 5 years. In spite of the same calculation method, the period of Swiss SPCs and European SPCs typically differ, except in case of maximum term of 5 years is obtained. This is due to the fact that CH-authorizations and EU-authorizations are rarely granted simultaneously. 8

An extension of term due to pediatric studies (eESZ) is under preparation, a corresponding amendment of the law is expected in 2016. 9

A negative term is not explicitly foreseen, but not excluded by law. According to an official communication of the IGE, negative terms are granted in regards to the decision C125-10 of the ECJ.[17] 10

2. Loss

Upon the later of grant of the SPC or expiry of the Basic Patent, annuities become due for the full term of the SPC; thus defining the term and ensuring maintenance of the SPC for the whole period. 11

Next to its regular expiry, the fate of the SPC is bound to the fate of the Authorization and to the fate of the Basic Patent on which said SPC is based (Art. 140 i, k PatG). In case the Authorization is revoked or suspended, or in case the Basic Patent is (partially) null or expired early, the SPC will share this fate.

Further, its fate is bound to the actions of the applicant/owner: The SPC will expire due to abandonment, non-payment of its annuity, upon unlawful grant.

V. Territorial Impact

The territorial impact of the SPC extends, as those of the Basic Patent and the Marketing Authorization, to Switzerland and Liechtenstein. 12

As Liechtenstein participates in the EEA, Swiss Marketing Authorizations may be first Marketing Authorizations within the meaning of the European SPC (EWG 469/2009, Art. 3 b; C-207/03). As of June 2005, Swiss Marketing Authorizations for new active ingredients are approved in Liechtenstein with a delay of 12 months, thereby making the authorization for EU SPCs relevant with the same delay.[18]

16 RiLi, chapter 13.2.2.
17 Sic! 06/2012.
18 Supplementary Agreement between CH and LI on the deferred recognition of approval for new active ingredients dated 21.5.2012.

VI. Schutzbereich

13 Materiell schützt das ESZ in den Grenzen des sachlichen Geltungsbereichs des Patentes alle Verwendungen des Arzneimittels, die vor Ablauf des ESZ genehmigt werden.[19] Der Schutzbereich des ESZ wurde auch definiert als „beschränkt auf die Schnittmenge aus der Genehmigung und dem Grundpatent".[20] Ansonsten gewährt das ESZ die gleichen Rechte und unterliegt den gleichen Beschränkungen wie das Grundpatent.

VII. Prüfungsverfahren/Rechtsmittel

14 Das IGE behandelt die eingehenden ESZ-Anträge unter Berücksichtigung des Eingangstags und der Dringlichkeit. Dabei werden das Rechtsschutzinteresse des Antragstellers und das Gebot der Rechtssicherheit für die Öffentlichkeit in Betracht gezogen. In der Praxis beginnt die Prüfung des ESZ-Antrags frühestens 6 Monate nach Stellung des ESZ-Antrags, typischerweise 1–2 Jahre nach Stellung des ESZ-Antrags. Im Prüfungsverfahren wird typischerweise eine dreimonatige Antwortfrist zur Beantwortung allfälliger Beanstandungen gesetzt, diese ist um zwei Monate verlängerbar. Je nach Sachverhalt kann ein Anmelder an einer besonders beschleunigten Prüfung bzw. Erteilung oder an einer speziell verzögerten Prüfung bzw. Erteilung des ESZ interessiert sein.

15 Ein **beschleunigtes Prüfungsverfahren** kann formlos beantragt werden. Der Antrag sollte begründet werden, bspw. baldiger Ablauf des Grundpatentes. Es besteht keine explizite Rechtsgrundlage auf Beschleunigung, doch zeigt die Erfahrung, dass eine solche erreicht werden kann.

16 Ein **verzögertes Prüfungsverfahren** wird vom Anmelder bspw. gewünscht, wenn zu entscheiden ist, welches von mehreren möglichen Grundpatenten die Basis des ESZ-Antrags bilden soll. Dies trifft insbesondere zu,

- wenn neben einem erteilten Patent noch eine weitere, besser geeignete Patentanmeldung anhängig ist, deren Erteilung unsicher ist oder
- wenn eines oder beide Grundpatente Gegenstand eines Einspruchs- oder Nichtigkeitsverfahrens sind und eine entsprechende Entscheidung abgewartet werden soll.

Solch explizite Verzögerung des Verfahrens erweist sich als schwierig. Zunächst sind die Antragsfrist für das ESZ und die damit verbundene Gebührenzahlung gesetzlich verankert und nicht verlängerbar. Im o.g. ersten Fall muss ein ESZ-Antrag – um nicht den Verlust jeglicher ESZ-Verlängerung zu riskieren – oft auf das bereits erteilte Patent eingereicht werden. Um sich die Möglichkeit für ein ESZ auf Basis des zweiten Patentes offen zu halten, muss die ESZ-Erteilung auf Basis des ersten Patentes vor der Erteilung des zweiten Patents verhindert werden. Zur Verzögerung der Erteilung kann der Antrag fehlerhaft formuliert werden, um so eine Beanstandung zu provozieren. Dabei ist allerdings Vorsicht geboten, da das IGE gewisse Mängel im Antrag *ex officio* korrigieren und den Erteilungsbeschluss erlassen kann. Im o.g. zweiten Fall können zur Verzögerung der Entscheidung mehrere ESZ-Anträge parallel eingereicht werden. Allerdings ergeht im Prüfungsverfahren eine Aufforderung des IGE, sich für einen dieser parallelen ESZ-Anträge zu entscheiden.

17 Eine **Sistierung des Verfahrens** wird vom IGE typischerweise mit Verweis auf mangelnde gesetzliche Grundlagen und das öffentliche Interesse abgelehnt und ist durch die Rechtsprechung bestätigt.[21]

19 Panitumumab, BGer vom 18.8.2011, Nr. 2.3.
20 Exenatide, BVGer vom 20.10.2010, Nr. 4.3.
21 Exenatide, BVGer vom 20.10.2010.

VI. Scope of Protection

The SPC covers, within the scope of the patent, all uses as a pharmaceutical, which are approved prior to its expiry.[19] The scope of the SPC was also defined as "limited to the intersection of Authorization and Basic Patent".[20] Apart from that, the SPC grants the same rights and is subject to the same restrictions as the Basic Patent. 13

VII. Prosecution/Means of Redress

The IGE will examine incoming SPC requests considering the filing date and the urgency of the case. When doing so, the applicant`s interest in legal protection of public`s interest in legal certainty are considered. In practice, examination of the SPC request commences 6 months after filing the SPC request, typically within 1–2 years after filing the SPC request. During examination, a time limit of 3 months for filing a response to objections, if any, is set. This may be extended to a total of 5 months. Depending on the situation, the applicant may aim for accelerated examination (or grant, respectively) or for delayed examination (or grant, respectively). 14

An **accelerated examination** may be requested on an informal basis. Such request should be reasoned, e.g. expiry of the Basic Patent in the near future. There is no explicit legal basis for accelerated examination, but experience shows successful speeding-up of the process. 15

The applicant may aim for a **delayed examination** e.g. in case when to decide on which of several Basic Patents the SPC request is to be based. This may be particularly the case if 16

- next to a granted patent, a further patent application is pending which appears better suited but its grant is uncertain;
- one or both Basic Patents are subject to an opposition or nullity suit, and the respective decisions did not yet issue.

Such explicit delay turns out to be difficult under Swiss practice. First, time lines for filing the request and for payment of fees are legal deadlines and not extendable. In the above first named case, an SPC request is recommended based on the already granted Patent – in order to avoid loss of any SPC extension. To maintain the option of an SPC based on the second patent, the grant of an SPC based on the first patent has to be avoided. For such avoidance of a grant, the request may contain defects to provoke an objection by the IGE. However, caution is recommended, as the IGE may correct certain defects on its own motion (*ex officio*) and issue a decision to grant based thereon. In the above named second case, two SPC requests may be filed simultaneously. During examination, applicant will be requested by the IGE to decide for one request in favor over the other one.

A **Stay of Proceedings** is typically denied by the IGE, due to lack of legislation and in view of the public interest. This practice is supported by case law.[21] 17

19 Panitumumab, BGer of 18.8.2011, Nr. 2.3.
20 Exenatide, BVGer of 20.10.2010, Nr. 4.3.
21 Exenatide, BVGer of 20.10.2010.

18 Der ESZ-Antrag sowie dessen Erteilung werden publiziert und sind im Patentregister online einsehbar. Akteneinsicht in das Prüfungsverfahren ist möglich, jedoch besteht keine elektronische Akte.

19 Gegen die Rückweisung des ESZ-Antrags kann der Anmelder Beschwerde beim Bundesverwaltungsgericht (BVGer) einlegen. Die Beschwerdefrist ist kurz: innerhalb von 30 Tagen muss die Beschwerde eingelegt *und* begründet werden. Gegen Entscheidungen des BVGer steht das Rechtsmittel der Beschwerde beim Bundesgericht (BGer) zu, ebenfalls unter Berücksichtigung einer 30-tägigen Frist.

20 Nach Erteilung des ESZ können Dritte eine Klage auf Nichtigkeit beim Bundespatentgericht erheben (Art. 140 k Abs. 2 PatG); diese ist an keine Frist gebunden.

VIII. Relevante Gerichtsentscheide

21 Es sei daran erinnert, dass der EuGH keine Jurisdiktion über die Schweiz ausüben kann; dessen Entscheidungen sind somit nicht direkt anwendbar. Andererseits wurde durch Schweizer Gerichte verschiedentlich anerkannt, dass die ESZ-Bestimmungen der Schweiz erkennbar europäischem Recht nachgebildet sind und der Gesetzgeber eine Harmonisierung zum EU-Recht angestrebt hat. Somit ist die Auslegung der schweizerischen Regelungen im Vergleich auf die in der EU geltenden Regelungen zu ermitteln.[22]

Weitere für die Schweiz relevante Gerichtsentscheide, insbesondere Panitumumab (BVGer vom 18.8.2011; II B-3245/2010); Exenatide (BVGer vom 20.10.2010; II B-1019/2010); Etanercept (BVGer vom 13.9.2010; II B-3064/2008); Ciclosporin (EGRK vom 30.4.1999; PA03/97); Arzneimittel (BGer vom 17.11.1998; 4A.7/1998) sind bereits angesprochen worden.

22 Etanercept, BVGer vom 13.9.2010; E.3.

The request and the grant of the SPC are published and are available online the patent register. File inspection during examination is possible, but no electronic files are maintained. 18

The applicant may appeal a refusal of its SPC request to the Federal Administrative Court (BVGer). The time limit for appeal is short: within 30 days, the appeal has to be filed *and* reasons have to be provided within the same time limit. Against the decision of the BVGer the remedy of appeal to the Swiss Federal Court (BGer) is available, again within a time limit of 30 days. 19

Third parties may file nullity suit to the Federal Patent Court after grant of the SPC (Art. 140 k Abs. 2 PatG); this is not linked to a time limit. 20

VIII. Relevant decisions of the courts

It is recalled that the ECJ has no jurisdiction over Switzerland; its decisions are thus not directly applicable. However, Swiss courts acknowledged in its decisions, that the Swiss law for SPCs obviously follows the European law and that the legislative body aimed for a harmonization with European law. As a consequence, interpretation of Swiss regulations is to be done in line with European regulations.[22] 21

Further decisions, relevant for Switzerland are already discussed above, particularly Panitumumab (BVGer of 18.8.2011; II B-3245/2010); Exenatide (BVGer of 20.10.2010; II B-1019/2010); Etanercept (BVGer of 13.9.2010; II B-3064/2008); Ciclosporin (EGRK of 30.4.1999; PA03/97); Arzneimittel (BGer of 17.11.1998; 4A.7/1998).

22 Etanercept, BVGer of 13.9.2010; E.3.

§ 7 Patentlaufzeitverlängerungen in Australien

I. Einleitung

1 In Australien unterliegen Laufzeitverlängerungen von Standardpatenten für pharmazeutische Substanzen Kapitel 6 Teil 3 des Australischen Patentgesetzes von 1990 (Cth). Die gesetzlichen Rahmenbedingungen ähneln denen in den USA, Europa und Japan. Sie sollen ausreichend lange Patentlaufzeiten für pharmazeutische Produkte schaffen, die andernfalls aufgrund des erheblichen Zeitbedarfs für die Entwicklung und Zulassung eines Medikaments die Erträge des Patentinhabers verringern würden.

Die aktuellen gesetzlichen Bestimmungen wurden 1998 nach einer Änderung des Australischen Patentgesetzes von 1990 (Cth) durch den Intellectual Property Laws Amendment Act von 1998 (Cth) eingeführt. Sie betreffen alle Standardpatente, die vor oder nach dem 27. Januar 1999 angemeldet wurden, es sei denn, sie wurden mit einer Laufzeit von 16 Jahren erteilt und ihre Laufzeit (zum Erteilungszeitpunkt) endete vor dem 1. Juli 1995.[1] Die aktuellen Rechtsvorschriften ersetzen ähnliche Bestimmungen, die aufgehoben wurden, damit Australien das Abkommen zur Errichtung der Welthandelsorganisation unterzeichnen konnte.[2]

IP Australia ist die Behörde, die für die Verwaltung von geistigem Eigentum einschließlich der Erteilung von Laufzeitverlängerungen von Patenten verantwortlich ist.

II. Formale Anforderungen

2 Laufzeitverlängerungsanträge können nur vom Patentinhaber gestellt werden.[3] Für den Antrag ist das amtliche Formular[4] zu verwenden. Der Antrag muss während der Patentlaufzeit und innerhalb von 6 Monaten nach dem letzten der folgenden Zeitpunkte[5] gestellt werden:

a) Erteilungsdatum des Patents oder

b) Datum der Erstaufnahme einer Ware, die die pharmazeutische Substanz im Sinne von Sec. 70 (3) enthält oder aus dieser besteht, in das „Australian Register of Therapeutic Goods" (**ARTG**).

3 Dem Antrag müssen die folgenden Informationen[6] beigefügt werden:

1 Schedule 1 [8] Intellectual Property Laws Amendment Act von 1998 (Cth).
2 Siehe Patents (World Trade Organization Amendments) Act von 1994 (Cth).
3 Sec. 70 (1) PatG 1990 (Cth). Auch der eingetragene Patentinhaber, der kein wirtschaftliches Interesse an dem Patent hat, ist berechtigt, eine Laufzeitverlängerung zu beantragen: Spirit Pharmaceuticals Pty Ltd v Mundipharma Pty Ltd [2013] FCA 658; (2013) 216 FCR 344; (2013) 102 IPR 55 at [93]–[95].
4 Sec. 71 (1) PatG 1990 (Cth). Die zugelassenen Formulare sind auf der Webseite von IP Australia unter http://www.ipaustralia.gov.au/get-the-right-ip/patents/patent-forms/ erhältlich.
5 Sec. 71 (2) PatG 1990 (Cth).
6 Siehe Bestimmungen 6.8, 6.9 und 6.10 der Patents Regulations von 1991 (Cth).

§ 7 Patent Term Extensions in Australia

I. Introduction

Extensions of term of standard patents relating to pharmaceutical substances in Australia are governed by Part 3 of Chapter 6 of the Patents Act 1990 (Cth). The statutory framework is similar to equivalent provisions contained in the legislation of the United States, Europe and Japan and is designed to provide an effective "patent life" for pharmaceutical products which, due to the significant time required to develop and register a pharmaceutical product, would otherwise diminish the patentee's return on investment. 1

The current statutory framework was introduced in 1998 following an amendment to the Patents Act 1990 (Cth) by the Intellectual Property Laws Amendment Act 1998 (Cth) and effects all standard patents filed before or after 27 January 1999 other than standard patents granted for a term of 16 years and whose term at the time of grant was due to expire before 1 July 1995.[1] The current legislation replaced similar provisions which were repealed to allow Australia to accept the agreement establishing the World Trade Organization.[2]

IP Australia is the Australian Government agency responsible for the administration of intellectual property including the grant of patent term extensions.

II. Formal Requirements

Applications for extensions of term may only be made by the patentee.[3] The application must be made in the approved form[4] and must be made during the term of the patent and within six months after the latest of the following dates:[5] 2

a) the date the patent was granted; or

b) the date of commencement of the first inclusion in the Australian Register of Therapeutic Goods (**ARTG**) of goods that contain, or consist of, any of the pharmaceutical substances referred to in subsection 70 (3).

An application must be accompanied by the following information:[6] 3

1 Schedule 1 at [8] Intellectual Property Laws Amendment Act 1998 (Cth.).

2 See Patents (World Trade Organization Amendments) Act 1994 (Cth).

3 Section 70 (1) Patents Act 1990 (Cth). A registered patentee who has no beneficial interest in a patent is entitled to apply for an extension of term: Spirit Pharmaceuticals Pty Ltd v Mundipharma Pty Ltd [2013] FCA 658; (2013) 216 FCR 344; (2013) 102 IPR 55 at [93]–[95].

4 Section 71 (1) Patents Act 1990 (Cth). The approved forms are available on the IP Australia website located at http://www.ipaustralia.gov.au/get-the-right-ip/patents/patent-forms/.

5 Section 71 (2) Patents Act 1990 (Cth.).

6 See regs 6.8, 6.9 and 6.10 Patent Regulations 1991 (Cth.).

a) Informationen, aus denen hervorgeht, dass Waren, die die pharmazeutische Substanz enthalten oder aus dieser bestehen, derzeit im ARTG aufgeführt sind;

b) Informationen zur Identifizierung der pharmazeutischen Substanz, wie sie in diesen Waren auftritt, (falls möglich) auf dieselbe Art, wie die Substanz in der Beschreibung des Patents gekennzeichnet ist;

c) Bei Anträgen für Substanzen, die in Australien vor Aufnahme in das ARTG zugelassen wurden (Substanzen mit „Vor-TGA-Zulassung"):

 (i) eine schriftliche Bestätigung der Person, die die Zulassung erteilt hat, dass eine Zulassung erteilt wurde unter Angabe des Datums der Erstzulassung oder

 (ii) Informationen, die bestätigen, dass eine Zulassung erteilt wurde, unter Angabe des Datums der Erstzulassung.

d) Für Anträge ohne Vor-TGA-Zulassung:

 (i) ein Zertifikat nach Sec. 25 (3) (b), 26 (4) oder 26 A (9) des Therapeutic Goods Act von 1989 (Cth) unter Angabe des Datums der Erstaufnahme in das ARTG von Waren, die die pharmazeutische Substanz enthalten oder aus dieser bestehen oder

 (ii) falls kein Zertifikat verfügbar ist, Informationen, die das Datum der Erstaufnahme von Waren, die die pharmazeutische Substanz enthalten oder aus dieser bestehen, in das ARTG bestätigen.

4 Jede Person kann innerhalb einer Frist von 3 Monaten nach der Veröffentlichung des Erteilungshinweises Einspruch gegen die Erteilung einer Laufzeitverlängerung erheben. Dazu muss sie eine Einspruchsschrift mit der Begründung einreichen, dass eine oder mehrere der unter Sec. 70 oder 71 genannten Anforderungen nicht erfüllt sind.[7] Sollte gegen den Antrag Einspruch erhoben werden, muss das Patentamt den Fall gemäß der Patentverordnung[8] entscheiden. Der Einsprechende muss den Einspruch innerhalb einer Frist von 3 Monaten nach der Zustellung der Einspruchsschrift[9] begründen. Den Parteien muss die Gelegenheit gegeben werden, Beweise einzureichen.[10] Das Patentamt muss den Parteien zudem angemessenes rechtliches Gehör gewähren.[11] Wenn gegen den Antrag auf Laufzeitverlängerung kein Einspruch eingelegt oder der Einspruch zurückgewiesen wird, wird die Laufzeit verlängert.[12]

5 Nach Erteilung der Laufzeitverlängerung, muss der Patentinhaber beim Gesundheits- und Familienministerium Einzelheiten zur Höhe und zur Herkunft aller Commonwealth-Gelder angeben, die für Forschung und Entwicklung des Medikaments, das Gegenstand des Antrags war, ausgegeben wurden. Er muss auch die Namen aller Einrichtung nennen, mit denen er vertragliche Beziehungen hat und die Commonwealth-Gelder erhalten. Weiterhin muss er den Gesamtbetrag angeben, der im Zusammenhang mit dem Medikament, das Gegenstand des Antrags war, für jede Art von Forschung und Entwicklung einschließlich vorklinischer Forschung und klinischer Studien ausgegeben wurde.[13]

7 Sec. 75 (1) PatG 1990 (Cth). Streitpunkte wie Neuheit, erfinderische Tätigkeit und gewerbliche Anwendbarkeit können in einem Widerspruch, der gemäß Sec. 75 eingereicht wurde, nicht geltend gemacht werden.
8 Sec. 75 (2) PatG 1990 (Cth).
9 Reg. 5.4 Patents Regulations von 1991 (Cth).
10 Reg. 5.8 Patents Regulations von 1991 (Cth).
11 Sec. 75 (3) PatG 1990 (Cth).
12 Sec. 76 (1) PatG 1990 (Cth).
13 Sec. 76 A PatG 1990 (Cth).

a) information showing that goods containing, or consisting of, the substance are currently included in the ARTG;

b) information identifying the substance, as it occurs in those goods, in the same way (as far as possible) as the substance is identified in the complete specification of the patent;

c) for applications concerning substances approved for marketing in Australia before inclusion in the ARTG (referred to as substances with "pre-TGA marketing approval"):

   (i) a written statement by the person who gave the approval showing that approval has been given and the date of the first approval; or

   (ii) information showing that approval has been given and the date of the first approval.

d) for applications without pre-TGA marketing approval:

   (i) a certificate under s. 25 (3) (b) or ss. 26 (4) or 26 A (9) of the Therapeutic Goods Act 1989 (Cth) stating the date of commencement of the first inclusion in the ARTG of goods that contain, or consist of, the substance; or

   (ii) if no certificate, information showing the date of commencement of the first inclusion in the ARTG of goods that contain, or consist of, the substance.

A grant of extension of term may be opposed by any person by filing a notice of opposition within three months of the date of advertisement of acceptance on the ground that one or more of the requirements set out in ss. 70 and 71 are not satisfied in relation to the applicant for extension.[7] Should the application be opposed, the Commissioner of Patents must decide the case in accordance with the regulations[8] which provide for a statement of grounds and particulars to be filed and served by the opponent within three months of the date of the notice of opposition[9] and for the parties to be afforded an opportunity to file and serve evidence.[10] The Commissioner is also required to allow the parties a reasonable opportunity to be heard.[11] If there is no opposition to the application for an extension of term, or if opposed, the opposition is determined in favour of the applicant, the extension of term must be granted.[12] 4

Following approval of the extension of term, the patent holder is required to lodge a return with the Secretary of the Department of Health and Family Services stating details of the amount and origin of any Commonwealth funds spent in the research and development of the drug which was the subject of the application, the name of any body with which the applicant has a contractual agreement and which is in receipt of Commonwealth funds, and the total amount spent on each type of research and development, including pre-clinical research and clinical trials, in respect of the drug which was the subject of the application.[13] 5

7 Section 75 (1) Patents Act 1990 (Cth). Issues such as novelty, inventive step and utility cannot be raised in an opposition filed under s. 75.

8 Section 75 (2) Patents Act 1990 (Cth).
9 Regulation 5.4 Patents Regulations 1991 (Cth).
10 Regulation 5.8 Patents Regulations 1991 (Cth).
11 Section 75 (3) Patents Act 1990 (Cth).
12 Section 76 (1) Patents Act 1990 (Cth).
13 Section 76 A Patents Act 1990 (Cth).

1. Fristverlängerung für die Antragsstellung

6 Der Patentinhaber kann eine Fristverlängerung für einen Antrag nach Sec. 70 beantragen. Die Verlängerung der Fristen nach Sec. 71(2)(a) bis (c) ist ermessensabhängig und wird aus Sec. 223[14] abgeleitet. Sie verlangt vom Patentinhaber den Nachweis, dass das Scheitern der notwendigen Handlung auf einem Fehler oder einer Unterlassung des Betroffenen, dessen Vertreters oder Anwalts oder auf außerhalb der Kontrolle des Betroffenen liegenden Umstände beruht.[15] Dazu muss der „Wunsch" eine Laufzeitverlängerung in Australien vor Ablauf der relevanten Frist und die Existenz eines ursächlichen Fehlers nachgewiesen werden.[16]

2. Gebühren

7 Die Anmeldegebühr für eine Laufzeitverlängerung nach Sec. 70 beträgt $ 2.000,00.[17]

Wurde eine Laufzeitverlängerung erteilt, müssen Jahresgebühren für jedes angefangene Jahr der Verlängerung gezahlt werden.[18] Die Jahresgebühren für Standardpatente sind normalerweise am Jahrestag ihres Anmeldedatums fällig. Wurde jedoch deren Laufzeit verlängert, wird der Zeitraum, in dem die Jahresgebühr gezahlt werden muss, bis zu 6 Monate nach dem jeweiligen Jahrestag verlängert, der am oder nach dem 20. Jahrestag des Datums der Patenterteilung und an oder vor dem Tag, an dem die Verlängerung gewährt wird,[19] eintritt.

III. Materielle Voraussetzungen

1. Welche Patente können verlängert werden?

8 Sec. 70 besagt, dass der Inhaber eines Standardpatents beim Patentamt eine Laufzeitverlängerung des Patents beantragen kann, sofern die Anforderungen der Sec. 70 (2), (3) und (4) erfüllt sind:

a) Eine oder mehrere pharmazeutische Substanzen per se oder alternativ, eine oder mehrere pharmazeutische Substanzen, die durch einen Prozess hergestellt werden, der die Nutzung von rekombinanter DNA-Technologie einschließt,[20] müssen im Wesentlichen in der vollständigen Beschreibung des Patents offengelegt werden und im Wesentlichen in den Schutzumfang des Anspruchs oder der Ansprüche dieser Beschreibung fallen.[21]

b) Eine Ware, die mindestens eine der pharmazeutischen Substanzen enthält oder aus einer solchen besteht, muss im ARTG aufgeführt sein, wobei zwischen Patenterteilung und Erstzulassung mindestens 5 Jahre vergangen sein müssen.[22]

c) Die Patentlaufzeit darf nicht bereits zuvor verlängert worden sein.[23]

14 Aspen Pharma Pty Ltd v H Lundbeck A/S [2013] FCAFC 129 at [51]. Die Berufungsverhandlung zu dieser Entscheidung fand am 8. August 2014 vor dem High Court von Australien statt. Die Berufungsentscheidung wurde bis Redaktionsschluss nicht veröffentlicht.
15 Sec. 223(2) Patents Act 1990 (Cth).
16 Mount Sinai School of Medicine [2013] APO 52 in [30]–[33].
17 Schedule 7, Teil 2, Gegenstand 238 der Patents Regulations von 1991 (Cth).
18 Schedule 7, Teil 2, Gegenstand 211 der Patents Regulations von 1991 (Cth).
19 Reg. 13.6 (1 A) Patents Regulations von 1991 (Cth).
20 Zum Zeitpunkt der Veröffentlichung gab es keine Entscheidungen, die einen Antrag auf Laufzeitverlängerung für eine oder mehrere pharmazeutische Substanzen berücksichtigen, die durch einen Prozess hergestellt werden, der die Nutzung von rekombinanter DNA-Technologie einschließt.
21 Sec. 70 (2) PatG 1990 (Cth).
22 Sec. 70 (3) PatG 1990 (Cth).
23 Sec. 70 (4) PatG 1990 (Cth).

1. Extension of time to file application

A patentee may seek an extension of time to file an application under s. 70. The power to extend the time limits under s. 71(2)(a) to (c) is discretionary and is derived from s. 223[14] and requires the patentee to establish that a failure to do a relevant act because of either an error or omission by the person concerned or by his or her agent or attorney, or circumstances beyond the control of the person concerned[15]. The evidence must establish a "demonstrated desire" to obtain an extension of term in Australia prior to the expiration of the relevant time limit and the existence of a causative error[16]. 6

2. Fees

The fee payable when filing an application under s. 70 is $ 2,000.00.[17] 7

If an extension of term is granted annual renewal fees are payable for each year of the extension or part thereof.[18] Continuation or renewal fees for standard patents are generally required to be paid on each anniversary of the filing date. However, if an extension of the term is granted, the period in which the renewal fee must be paid is taken to be extended until the date six months after each relevant anniversary on or after the twentieth anniversary of the date of the patent and on or before the day the extension is granted.[19]

III. Substantive Requirements

1. Which patents can be extended?

Section 70 of the Patents Act 1990 (Cth) provides that the patentee of a standard patent may apply to the Commissioner for an extension of the term of the patent upon satisfaction of the requirements set out in ss. 70 (2), (3) and (4), being: 8

a) one or more pharmaceutical substances per se, or in the alternative, one or more pharmaceutical substances when produced by a process that involves the use of recombinant DNA technology,[20] must in substance be disclosed in the complete specification of the patent and in substance fall within the scope of the claim or claims of that specification;[21]

b) goods containing, or consisting of, least one of the pharmaceutical substances must be included in the ARTG with the period beginning on the date of the patent and ending on the first regulatory approval date for the substance must be at least five years;[22] and

c) the term of the patent must not have been previously extended.[23]

14 Aspen Pharma Pty Ltd v H Lundbeck A/S [2013] FCAFC 129 at [51]. An appeal from this decision was heard by the High Court of Australia on 8 August 2014, however as at the date of publication no judgment has been delivered.
15 Section 223(2) Patents Act 1990 (Cth).
16 Mount Sinai School of Medicine [2013] APO 52 at [30]–[33].
17 Item 238 of Part 2 to Schedule 7 of the Patents Regulations 1991 (Cth).
18 Item 211 of Part 2 to Schedule 7 of the Patents Regulations 1991 (Cth).
19 Regulation 13.6 (1 A) Patents Regulations 1991 (Cth).
20 As at the date of publicationthere have been no decisions which consider an application for an extension of term for one or more pharmaceutical substances when produced by a process that involves the use of recombinant DNA technology.
21 Section 70 (2) Patents Act 1990 (Cth).
22 Section 70 (3) Patents Act 1990 (Cth).
23 Section 70 (4) Patents Act 1990 (Cth).

9 Das „Datum der Erstzulassung“ ist das Datum der Erstaufnahme in das ARTG von Waren, die die pharmazeutische Substanz enthalten oder aus dieser bestehen.[24] „Erstaufnahme“ in das ARTG meint den Zeitpunkt, zu dem Waren zum ersten Mal gemäß Teil 3-2, Kategorie 2 des Therapeutic Goods Act von 1989 (Cth) in das ARTG aufgenommen wurden, unabhängig davon, in welchem Teil des ARTG sie enthalten sind.[25]

10 Das Recht auf eine Verlängerung ist abhängig vom Wortlaut des entsprechenden Patentanspruchs.[26] Entscheidend ist, was im Patent offengelegt und beansprucht wird. Auf dieser Basis wird dann entschieden, ob für das Patent die Möglichkeit einer Verlängerung nach Sec. 70 (2) besteht.

11 In Australien existieren keine entsprechenden Bestimmungen für Laufzeitverlängerungen für Tierarzneimittel und landwirtschaftlich-chemische Produkte. Standardpatente für pädiatrische pharmazeutische Erzeugnisse können bei Vorliegen der in Sec. 70 genannten Voraussetzungen verlängert werden. Anders als in anderen Ländern (z.B. in der Europäischen Union) ist jedoch keine zusätzliche Verlängerung möglich.

2. Pharmazeutische Substanzen per se

12 „Pharmazeutische Substanz“ wird definiert als:[27]

Eine Substanz (einschließlich einer Mischung oder Verbindung von Substanzen) zur therapeutischen Verwendung, deren Anwendung (oder deren Anwendungen)

a) eine chemische oder physikalisch-chemische Wechselwirkung mit einem physiologischen System eines Menschen

oder

b) eine Wirkung auf einen Infektionserreger, ein Toxin oder einen anderen Giftstoff, in einem menschlichen Körper umfasst,

aber keine Substanz, die ausschließlich in der In-vitro-Diagnostik oder bei In-vitro-Tests angewendet wird.

13 Die Aufnahme der Wörter *„per se“* beschränkt die Funktion von Sec. 70 (2) (a) auf Patente, die eine pharmazeutische Substanz, „alleine oder an sich, intrinsisch, im Wesentlichen“, oder „allein genommen; im Wesentlichen; ohne Verweis auf etwas anderes“ offenlegen und beanspruchen.[28] Die Qualifikation „per se“ erfordert, dass die pharmazeutische Substanz selbst Gegenstand eines Anspruchs ist (im Gegensatz zu einer Substanz, die Teil eines Anspruchs auf eine Methode oder ein Verfahren ist). Ziel war es, Verlängerungen auf Patente zu beschränken, die eine Erfindung beanspruchen[29] in Bezug auf die Substanz selbst und nicht in Bezug auf neue Prozesse oder Methoden für die Verwendung pharmazeutischer Substanzen, wenn diese Substanzen selbst bereits bekannt sind.[30] Somit muss eine „pharmazeutische Substanz per se“ ein Arzneimittel sein, das in einer einzigen und nicht in separaten

24 Sec. 70 (5) PatG 1990 (Cth).
25 Pfizer Corp. vs. Commissioner of Patents (2006) 155 FCR 578; 70 IPR 559 [57]. Diese Auslegung gilt auch für Sec. 71 (2) in Re Celgene Corporation (2011) 93 IPR 309 [29].
26 Als Beispiel dafür, wie australische Gerichte bei der Auslegung von Patentansprüchen vorgehen, siehe Kimberly-Clark Australia Pty Ltd. vs. Multigate Medical Products Pty Ltd. (2011) 92 IPR 21; [2011] FCAFC 86 [38]–[47].
27 Schedule 1 PatG 1990 (Cth).
28 Boehringer Ingelheim International GmbH vs. Commissioner of Patents (2001) 112 FCR 595; 52 IPR 529 [37].
29 Prejay Holdings Ltd. vs. Commissioner of Patents (2003) 57 IPR 424 [24].
30 Boehringer Ingelheim International GmbH vs. Commissioner of Patents (2001) 112 FCR 595; 52 IPR 529 [40].

"First regulatory approval date" is defined as being the date of commencement of the first inclusion in the ARTG of goods that contain, or consist of, the substance.[24] "First inclusion in" the ARTG means the first time which goods are included in the ARTG pursuant to Division 2 of Part 3-2 of the Therapeutic Goods Act 1989 (Cth), irrespective of the part of the ARTG in which they are included.[25] 9

The right to an extension is dependent on the language of the claim which defines the invention.[26] The extension of term provisions will be enlivened by an examination of what is disclosed and claimed in the patent, which will inform whether the patent is a candidate for extension pursuant to s. 70 (2). 10

No corresponding provisions exist which allow patents for veterinary pharmaceutical products or chemical products aimed at the agricultural sector to be extended. Standard patents for paediatric pharmaceutical products may be extended subject to satisfaction of the requirements set out in s. 70, however unlike other jurisdictions (for example, the European Union) no additional extension periods are available. 11

2. Pharmaceutical substances per se

"Pharmaceutical substance" is defined as:[27] 12

a substance (including a mixture or compound of substances) for therapeutic use whose application (or one of whose applications) involves:

(a) chemical interaction, or physico-chemical interaction, with a human physiological system;

or

(b) action on an infectious agent, or on a toxin or other poison, in a human body;

but does not include a substance that is solely for use in in vitro diagnosis or in vitro testing.

The inclusion of the words "*per se*" were found to limit the operation of s. 70 (2) (a) to patents disclosing and claiming a pharmaceutical substance "by or in itself, intrinsically, essentially", or "taken alone; essentially; without reference to anything else".[28] The qualification "per se" requires that the pharmaceutical substance to be itself the subject of a claim (as opposed to a substance that forms part of a method or process claim), in order to confine extensions to patents that claim invention to the substance itself[29] and not new processes or methods of using pharmaceutical substances where the substances themselves are previously known.[30] Consequently, a "pharmaceutical substance per se" must be a pharmaceutical that is presented in a single entity, and not in the form of a kit or as separate dosage forms.[31] The word "drug" as used in s. 76 A does not narrow or elucidate the meaning of "pharmaceutical substance per se"; rather the "drug" in s. 76 A is whatever satisfies 13

24 Section 70 (5) Patents Act 1990 (Cth).
25 Pfizer Corp v Commissioner of Patents (2006) 155 FCR 578; 70 IPR 559 at [57]. This construction was also held to apply to s. 71 (2) in Re Celgene Corporation (2011) 93 IPR 309 at [29].
26 For an example of the approach of claim construction by Australian courts, see Kimberly-Clark Australia Pty Ltd v Multigate Medical Products Pty Ltd (2011) 92 IPR 21; [2011] FCAFC 86 at [38]–[47].

27 Schedule 1 Patents Act 1990 (Cth.).
28 Boehringer Ingelheim International GmbH v Commissioner of Patents (2001) 112 FCR 595; 52 IPR 529 at [37].
29 Prejay Holdings Ltd v Commissioner of Patents (2003) 57 IPR 424 at [24].
30 Boehringer Ingelheim International GmbH v Commissioner of Patents (2001) 112 FCR 595; 52 IPR 529 at [40].

Darreichungsformen[31] oder als Kit vermarktet wird. Das in Sec. 76 A verwendete Wort „Medikament" engt die Bedeutung von „pharmazeutische Substanz als solche" weder ein, noch erläutert es diese. Vielmehr ist „Medikament" im Sinne von Sec. 76 A alles, was die Voraussetzung der Sec. 70 (2) (a) erfüllt, nämlich „eine oder mehrere pharmazeutische Substanzen als solche" als Gegenstand des Verlängerungsantrags.[32]

14 Der Wirkstoff eines Arzneimittels kann die pharmazeutische Substanz im Sinne von Sec. 70 (2) (a) darstellen. Es ist diese Substanz per se, die in den Schutzumfang der Ansprüche eines Patents fallen muss, damit eine Laufzeitverlängerung gewährt werden kann.[33] Das Australische Bundesgericht kam daher zu dem Schluss, dass die Erstaufnahme in das ARTG von Waren, die ein Racemat enthalten, auch die Erstaufnahme der Enantiomere, aus denen dieses Racemat besteht, ist.[34] Diese Abweichung vom Ansatz anderer Jurisdiktion ist das Ergebnis unterschiedlicher gesetzlicher Bestimmungen und Rechtsprechung in Australien.[35]

15 Ungeachtet der vorstehenden Ausführungen ist die Rechtslage in Australien bezüglich der Verabreichungssysteme für Medikamente noch nicht endgültig geklärt. So wurde entschieden, dass transdermale therapeutische Systeme nicht als „pharmazeutische Substanzen per se" gelten, da die entsprechenden Patente Substanzen über deren räumliche Anordnung beanspruchten.[36] In einem weiteren Fall wurde die pharmazeutische Formulierung eines transdermalen Verabreichungssystems beansprucht, welche im Rahmen des Patents eine separate physische Einheit darstellt, die mit der Mischung chemischer Einheiten nichts zu tun hat.[37] Im Gegensatz hierzu wurden Laufzeitverlängerungen von Patenten für andere Verabreichungssysteme wie zB Tabletten mit biphasischer kontrollierter Freisetzung[38] erteilt.

In Re N. V. Organon[39] prüfte das Patentamt einen Antrag auf Laufzeitverlängerung eines Patents für ein Verabreichungssystem für bestimmte steroidale Mischungen. Ein entscheidender Aspekt der Erfindung lag darin, dass die steroidale Mischung in einem Kern aus thermoplastischem Polymer enthalten ist, über den eine durchlässige thermoplastische Schicht gelegt wird. Das Patentamt entschied, dass eine pharmazeutische Substanz (einschließlich einer Mischung oder Verbindung von Substanzen) eine Verbindung mit einer kontrollierten räumlichen Konfiguration einschließen kann, falls sie, als Ganzes betrachtet, immer noch als pharmazeutische „Substanz" angesehen werden kann. Die Kombination einer solchen Substanz mit etwas, das nach vernünftigem Ermessen als separate physische Vorrichtung, Schicht oder Struktur betrachtet werden kann, oder mit jeglichen rein physischen Einheiten ist ausgeschlossen.[40] *Prima facie* entspricht diese Grundsatzerklärung den Ansichten der o.g. Justizbehörde.

31 Re The Children's Medical Center Corporation (2011) 95 IPR 385 [24], im Berufungsverfahren in Celgene Corporation und Commissioner of Patents und Children's Medical Center Corporation (Beigeladene) [2013] AATA 55 bestätigt.
32 Spirit Pharmaceuticals Pty Ltd v Mundipharma Pty Ltd [2013] FCA 658; (2013) 216 FCR 344; (2013) 102 IPR 55 at [53]–[54].
33 H. Lundbeck AS vs. Alphapharm Pty Ltd. (2009) 177 FCR 151; 81 IPR 228 [231]–[244]; Re LTS Lohmann Therapie Systeme AG & Schwarz Pharma Ltd. and Commissioner of Patents (2010) 118 ALD 425 [35].
34 H. Lundbeck AS vs. Alphapharm Pty Ltd. (2009) 177 FCR 151; 81 IPR 228 [231]–[244]; Re LTS Lohmann Therapie Systeme AG & Schwarz Pharma Ltd. and Commissioner of Patents (2010) 118 ALD 425 [35].
35 Generics (UK) Ltd. vs. Daiichi Pharmaceutical Co. Ltd. [2009] RPC 23 [81].
36 LTS Lohmann Therapie-Systeme GmbH & Co. KG [2002] APO 12 [18].
37 Re Euro-Celtique, S.A. [2007] APO 13 [27].
38 Re Sanofi-Aventis [2007] APO 35.
39 Re N V Organon [2009] APO 8.
40 Re N V Organon [2009] APO 8 [22].

the condition in s. 70 (2) (a), namely "one or more pharmaceutical substances per se" the subject of the extension application.[32]

The active ingredient of a product can constitute the pharmaceutical substance for the purposes of s. 70(2)(a), and it is that substance per se which must be within the scope of the claims in a patent for an extension of term to be granted.[33] Thus, the Full Court of the Federal Court of Australia has held that the first inclusion of goods on the ARTG containing a racemic mixture will also be the first inclusion of any pharmaceutical substance containing the enantiomers comprising that racemic mixture.[34] This apparent divergence in approach in other jurisdictions is a result of the differences in the statutory provisions and patent jurisprudence of Australia when compared to other jurisdictions.[35] 14

Notwithstanding the above, the law in Australia is far from settled insofar as it applies to drug delivery systems. Transdermal therapeutic systems have been found not to constitute "pharmaceutical substances per se" as the relevant patents claimed substances qualified by spatial arrangements – for example, an arrangement of substances characterised by spatial configuration[36] or claimed a pharmaceutical formulation in a transdermal delivery system which represented in the context of the patent a separate physical integer unrelated to the mixture of chemical entities.[37] In contrast, extensions of term have been granted to patents for other drug delivery systems, such as bi-phasic, controlled-release dosage form tablets.[38] 15

In Re N.V. Organon,[39] the Deputy Commissioner of Patents considered an application for an extension of term for a patent relating to a drug delivery system for particular steroidal mixtures, a key aspect of the invention being that the steroidal mixture was contained in a thermoplastic polymer core over which is laid a permeable thermoplastic skin. The Deputy Commissioner held that a pharmaceutical substance (including a mixture or compound of substances) can include a compound with a controlled spatial configuration if, as a whole, it can still be considered a pharmaceutical "substance"; however the combination of such a substance with what would reasonably be considered a separate physical device, layer or structure or any purely physical integers is excluded.[40] *Prima facie* this statement of principle accords with the judicial authority referred to above.

31 Re The Children's Medical Center Corporation (2011) 95 IPR 385 at [24], affirmed on appeal in Celgene Corporation and Commissioner of Patents and Children's Medical Center Corporation (Joined Party) [2013] AATA 55.
32 Spirit Pharmaceuticals Pty Ltd v Mundipharma Pty Ltd [2013] FCA 658; (2013) 216 FCR 344; (2013) 102 IPR 55 at [53]–[54].
33 H Lundbeck AS v/ Alphapharm Pty Ltd (2009) 177 FCR 151; 81 IPR 228 at [231]–[244]; Re LTS Lohmann Therapie Systeme AG & Schwarz Pharma Ltd and Commissioner of Patents (2010) 118 ALD 425 at [35].
34 H Lundbeck AS v/ Alphapharm Pty Ltd (2009) 177 FCR 151; 81 IPR 228 at [231]–[244]; Re LTS Lohmann Therapie Systeme AG & Schwarz Pharma Ltd and Commissioner of Patents (2010) 118 ALD 425 at [35].
35 Generics (UK) Ltd v Daiichi Pharmaceutical Co Ltd [2009] RPC 23 at [81].
36 LTS Lohmann Therapie-Systeme GmbH & Co KG [2002] APO 12 at [18].
37 Re Euro-Celtique, S.A. [2007] APO 13 at [27].
38 Re Sanofi-Aventis [2007] APO 35.
39 Re N V Organon [2009] APO 8.
40 Re N V Organon [2009] APO 8 at [22].

Darüber hinaus stellte das Patentamt interessanterweise aufgrund der Tatsache, dass die steroidalen Komponenten der Erfindung mit den thermoplastischen Materialien, welche die Kern- und äußeren Regionen umfassen, vermischt werden und notwendigerweise durch diese diffundieren, fest, dass das Produkt als Ganzes betrachtet einen Grad an Integration oder Interaktion zwischen den Komponenten aufweist, der eher für eine pharmazeutische Substanz an sich charakteristisch ist als für eine Substanz, die mit einem anderen Element oder einer anderen Sache kombiniert wird.[41] Diese Entscheidung muss noch von den australischen Gerichten geprüft werden. Sie wurde aber bereits vom australischen Oberverwaltungsgericht (Administrative Appeals Tribunal) kritisiert.[42]

16 Ansprüche, die sich auf „pharmazeutische Substanzen per se" beziehen, sind im Patent Manual of Practice and Procedure beispielhaft genannt.[43] Danach muss ein zu verlängerndes Patent mindestens einen der folgenden Ansprüche einschließen:

Eine Substanz nach Formel ****

oder

Substanz X gemischt mit Substanz Y.[44]

17 Dort sind auch Beispiele für Ansprüche genannt, die sich **nicht** auf „pharmazeutische Substanzen per se" beziehen:[45]

Substanz X, wenn verwendet ...

Substanz X für die Verwendung ...

Substanz X, wenn durch Methode Y hergestellt.

Ein Antiseptikum, das Substanz X enthält [es sei denn, es ist offensichtlich, dass die Kennzeichnung 'Antiseptikum' den Umfang des Patentanspruchs nicht einschränken würde].

Eine Methode zur Zubereitung von Substanz X.

Eine Substanz nach Formel ..., wobei Komponente Y durch ... hergestellt wird.

[Eine angegebene Menge] von Substanz X.

Ansprüche auf nachfolgende Anwendungen („Swiss-type claims"), die sich auf Substanz X beziehen.

Verwendung der Substanz X zur Behandlung von Y.

Das australische Bundesgericht verwies sowohl erstinstanzlich als auch in der Berufung zustimmend auf die o.g. Beispiele.[46]

41 Re N V Organon [2009] APO 8 [23].
42 LTS Lohmann Therapie Systeme AG & Schwarz Pharma Ltd. and Commissioner of Patents (2010) 118 ALD 425 [35].
43 Eine Kopie des Patent Manual of Practice and Procedure ist auf der Website von IP Australia unter http://www.ipaustralia.gov.au/pdfs/patentsmanual/WebHelp/Patent_Examiners_Manual.htm verfügbar.
44 Teil 3.12.3.1.1 Patent Manual of Practice and Procedure.
45 Teil 3.12.3.1.1 Patent Manual of Practice and Procedure. Siehe auch Re Celgene Corporation (2011) 93 IPR 309 und Re The Children's Medical Center Corporation (2011) 95 IPR 385.
46 Siehe Boehringer Ingelheim International GmbH vs. Commissioner of Patents (2001) AIPC 91-670; [2000] FCA 1918 [18]–[19] per Heerey J., vom Plenum des australischen Bundesgerichts in der Berufungsinstanz bestätigt in Boehringer Ingelheim International GmbH vs. Commissioner of Patents (2001) 112 FCR 595; 52 IPR 529 [37].

Interestingly, the Deputy Commissioner went on to find that given that the steroidal components of the invention were mixed with and necessarily diffuse through the thermoplastic materials comprising the core and skin regions, the product as a whole exhibited a level of integration or interaction between the component parts such that it was more characteristic of a pharmaceutical substance in itself rather than a substance combined with another element or thing.[41] This decision has yet to be tested by the Australian courts although has been the subject of disapproval by the Administrative Appeals Tribunal.[42]

Examples of claims that are directed at "pharmaceutical substances per se" are contained in the Patent Manual of Practice and Procedure[43] – namely, that in order for the term of a patent to be extended under the provisions of Part 3, the patent must include at least one claim in the form: 16

a substance of formula ****

or

substance X mixed with substance Y.[44]

Examples are also provided of claims that are **not** directed at "pharmaceutical substances per se":[45] 17

substance X, when used ...

substance X for use ...

substance X, when produced by method Y.

An antiseptic comprising substance X [unless the label 'antiseptic' was clearly nonlimiting on the scope of the claim].

A method of preparing substance X.

A substance of formula ..., where component Y is produced by ...

[A specified quantum] of substance X.

'Swiss'-style claims referring to substance X.

Use of substance X in the treatment of Y.

The above examples have been referred to with approval in decisions of the Federal Court of Australia at first instance and on appeal.[46]

41 Re N V Organon [2009] APO 8 at [23].

42 LTS Lohmann Therapie Systeme AG & Schwarz Pharma Ltd and Commissioner of Patents (2010) 118 ALD 425 at [35].

43 A copy of the Patent Manual of Practice and Procedure can be accessed on the IP Australia website at http://www.ipaustralia.gov.au/pdfs/patentsmanual/WebHelp/Patent_Examiners_Manual.htm.

44 Part 3.12.3.1.1 Patent Manual of Practice and Procedure.

45 Part 3.12.3.1.1 Patent Manual of Practice and Procedure. See also Re Celgene Corporation (2011) 93 IPR 309 and Re The Children's Medical Center Corporation (2011) 95 IPR 385.

46 See Boehringer Ingelheim International GmbH v Commissioner of Patents (2001) AIPC 91-670; [2000] FCA 1918 at [18]–[19] per Heerey J, upheld by the Full Court of the Federal Court on appeal in Boehringer Ingelheim International GmbH v Commissioner of Patents (2001) 112 FCR 595; 52 IPR 529 at [37].

3. Waren, die die Substanz enthalten oder aus dieser bestehen

18 Sec. 70 (3) (a) und (5) (a) dienen der Identifizierung der relevanten regulatorischen Zulassung in Form der Aufnahme in das ARTG von Waren, die die Substanz enthalten oder aus dieser bestehen. Waren und pharmazeutische Substanzen selbst können sich daher unterscheiden.[47]

Fragen zur Wirksamkeit der pharmazeutischen Substanz im Vergleich zu den Waren im ARTG oder zur Reinheit der pharmazeutischen Substanzen sind für die Zwecke von Sec. 70 (3) irrelevant. Darüber hinaus gibt es im Wortlaut von Sec. 70 (3) keinen Hinweis darauf, dass die betreffenden „Waren" nicht mehr als eine pharmazeutische Substanz umfassen können oder müssen.[48]

4. Anzahl der Verlängerungen pro pharmazeutischer Substanz

19 Im Falle von Waren, die im ARTG geführt werden, ist die Anzahl der verfügbaren Laufzeitverlängerungen für Patente unbegrenzt. So können, vorbehaltlich der Einhaltung der Anforderungen von Teil 3,[49] sowohl allgemeine Substanzpatente als auch Auswahlpatente für dieselbe pharmazeutische Substanz verlängert werden.

IV. Schutzumfang; Laufzeitberechnung

1. Laufzeitberechnung

20 Die Laufzeitverlängerung entspricht der Zeitspanne zwischen dem Tag der Patenterteilung und dem frühesten Datum der Erstzulassung in Bezug auf die unter Sec. 70 (2) erwähnten pharmazeutischen Substanzen abzüglich 5 Jahre.[50] Ihre maximale Dauer beträgt 5 Jahre.[51]

2. Ausschließliche Rechte des Patentinhabers während der Verlängerung

21 Während der Laufzeitverlängerung werden die Rechte des Patentinhabers nicht von Personen verletzt, die die pharmazeutische Substanz *per se*, wie im Patent offengelegt, für einen nicht-therapeutischen Zweck oder andere Teile der patentierten Erfindung als die jeweilige pharmazeutische Substanz nutzt.[52]

Falls das Patent vor der Erteilung der Laufzeitverlängerung abläuft, hat der Patentinhaber die gleichen Rechte für den Zeitraum vom Patentablauf bis zum Erteilungsdatum der Laufzeitverlängerung, als wäre die Laufzeitverlängerung bereits vor Patentablauf erteilt worden.[53]

V. Rechtsmittel

1. Rechtsmittel bei Ablehnung der Laufzeitverlängerung

22 Der Patentinhaber kann die Ablehnung einer Laufzeitverlängerung durch das Oberverwaltungsgericht überprüfen lassen.[54]

47 LTS Lohmann Therapie Systeme AG & Schwarz Pharma Ltd. and Commissioner of Patents (2010) 118 ALD 425 [15].
48 H. Lundbeck A/S vs. Alphapharm Pty Ltd. (2009) 177 FCR 151; 81 IPR 228 [240].
49 Siehe zB Re Sanofi-Aventis [2007] APO 35.
50 Sec. 77 (1) PatG 1990 (Cth).
51 Sec. 77 (2) PatG 1990 (Cth).
52 Sec. 78 PatG 1990 (Cth).
53 Sec. 79 PatG 1990 (Cth).
54 Sec. 224 PatG 1990 (Cth).

3. Goods that contain or consist of the substance

Sections 70 (3) (a) and (5) (a) operate to identify a relevant regulatory approval in the form of the inclusion of goods on the ARTG that contain or consist the substance. As a result, the goods may be something different from the substance itself.[47] 18

Matters such as the effectiveness of the pharmaceutical substance compared to goods on the ARTG or the purity of the pharmaceutical substances are irrelevant for the purposes of s. 70 (3). In addition, there is no suggestion from the words of s. 70 (3) that the relevant "goods" could or must include no more than one pharmaceutical substance.[48]

4. Number of extensions per pharmaceutical substance

No limitation is placed on the number of patent term extensions available for goods listed on the ARTG. Thus, a patent for a general compound and a selection patent for the same pharmaceutical substance may both be extended subject to compliance with the requirements of Part 3.[49] 19

IV. Scope of protection; calculation of extended patent term

1. Calculation of duration

The term of any extension granted is calculated by reference to the period beginning on the date of the patent and ending on the earliest first regulatory approval date in relation to any of the pharmaceutical substances referred to in s. 70(2) reduced by five years.[50] The maximum term of any extension period is five years.[51] 20

2. Exclusive rights of the patentee during the extension

During the term of any extension granted, the exclusive rights of the patentee will not be infringed by a person exploiting a pharmaceutical substance *per se* as disclosed in the patent for a purpose other than therapeutic use or by a person exploiting any form of the invention other than such a pharmaceutical substance.[52] 21

In the event the term of the subject patent expires prior to the grant of an extension, the patentee is taken to have had the same rights from the period of the expiration of the term of the patent to the date the extension of term is granted as it would have if the extension of term had been granted prior to the expiration of the patent.[53]

V. Remedies

1. Appeal against rejection

A patentee may seek review of the Commissioner of Patent's decision to refuse an extension of term by making an application to the Administrative Appeals Tribunal.[54] 22

47 LTS Lohmann Therapie Systeme AG & Schwarz Pharma Ltd and Commissioner of Patents (2010) 118 ALD 425 at [15].
48 H Lundbeck A/S v Alphapharm Pty Ltd (2009) 177 FCR 151; 81 IPR 228 at [240].
49 See, e.g., Re Sanofi-Aventis [2007] APO 35.
50 Section 77 (1) Patents Act 1990 (Cth).
51 Section 77 (2) Patents Act 1990 (Cth).
52 Section 78 Patents Act 1990 (Cth).
53 Section 79 Patents Act 1990 (Cth).
54 Section 224 Patents Act 1990 (Cth).

2. Nichtigkeitsverfahren

23 Die im Patentgesetz von 1990 (Cth)[55] enthaltenen Nichtigkeitsbestimmungen gelten auch für ein Patent, dessen Laufzeit verlängert wurde.

55 Siehe Sec. 101 PatG 1990 (Cth): Widerruf des Patents – erneute Prüfung nach Erteilung; Sec. 134 PatG 1990 (Cth): Widerruf des Patents nach Erteilung von Zwangslizenz; Sec. 137 PatG 1990 (Cth): Widerruf durch Abtretung des Patents; Sec. 138 PatG 1990 (Cth): Widerruf der Patente unter anderen Umständen.

2. Revocation proceedings

The revocation provisions contained in the Patents Act 1990 (Cth)[55] remain applicable to a patent for which an extension of term has been granted. 23

55 See Patents Act 1990 (Cth) at ss. 101 (revocation of patent – re-examination after grant), 134 (revocation of patent after grant of compulsory licence), 137 (revocation on surrender of the patent), 138 (revocation of patents in other circumstances).

§ 8 Patentlaufzeitverlängerungen in Israel

I. Einführung

1 Die israelischen Patentlaufzeitverlängerungsbestimmungen erstrecken sich auf Pharmazeutika[1] und medizinische Vorrichtungen, nicht jedoch auf agrochemische Erzeugnisse.[2]

Die Aufnahme der Patentlaufzeitverlängerungsbestimmungen in das israelische Patentgesetz erfolgte 1998[3] im Rahmen des Amendatory Law (No. 3) [Ergänzendes Gesetz Nr. 3], in das erstmals auch eine Bolar-ähnliche Regelung eingeführt wurde.[4]

Im Jahre 2006 wurden die Patentlaufzeitverlängerungsbestimmungen wesentlich geändert. Zu der Gesetzesänderung von 2006 gehörten die Aufnahme von zusätzlichen Bedingungen zur Bestimmung der Berechtigung für den Erlass von Verlängerungsverfügungen sowie mehrere andere die Laufzeit von Verlängerungsverfügungen betreffende Änderungen. Vor der Änderung der Patentlaufzeitverlängerungsbestimmungen im Jahre 2006 war die Möglichkeit eines Patentinhabers, eine Verlängerungsverfügung in Israel zu erwirken, beschränkt; die alten Bestimmungen verursachten in vielen Fällen eine starke Verkürzung der Dauer von erteilten Verlängerungsverfügungen und in manchen Fällen sogar die Aufhebung von erteilten Verlängerungsverfügungen.

Zur Implementierung der Vereinbarung zwischen der israelischen Regierung und dem USTR von 2010, zu der mehrere Übereinkünfte gehörten, die die Auswirkungen der bis dahin geltenden Patentlaufzeitverlängerungsbestimmungen in gewissem Maße mildern sollten, und mit der versucht werden sollte, die Patentlaufzeitverlängerung (PLV) zu vereinfachen, wurde das Patentgesetz am 27. Januar 2014 geändert (**„Änderung von 2014“**).[5]

Kurz gesagt, wurde das PLV-System in Israel durch die Änderung von 2014 bedeutend reformiert; zu diesen Änderungen gehören u. a. die Reduzierung der Anzahl von anerkann-

1 Dazu gehören in gewissem Maße auch Präparate zur Verwendung in der Veterinärmedizin.
2 Vorbereitende Aktivitäten im Zusammenhang mit der Erlangung behördlicher Genehmigungen für Agrochemikalien sind jedoch gemäß Paragraph 54 A des Patentgesetzes ausgenommen.
3 Paragraph 64 A–64 Q des Patentgesetzes.
4 Dank dieser Bestimmung stellen vorbereitende Aktivitäten im Zusammenhang mit der Erlangung behördlicher Genehmigungen für Erzeugnisse in Israel oder in irgendeinem anderen Land, in dem die Durchführung dieser Aktivitäten vor dem Ablauf eines Patents gestattet ist, keine Patentverletzung dar. Siehe Paragraph 54 A des Patentgesetzes.
5 Das Veröffentlichungsdatum des Amendatory Law ist das Datum, an dem es in Kraft tritt (**„Datum des Inkrafttretens“**).

§ 8 Patent Term Extensions in Israel

I. Introduction

The Israeli Patent Term Extension (PTE) provisions cover pharmaceuticals[1] and medical devices; however, they do not cover agrochemical products.[2] 1

The PTE provisions were first introduced into the Israeli Patents Law in 1998[3] in the framework of the Amendatory Law (No. 3), in which a Bolar-like provision was also first introduced.[4]

The PTE provisions were significantly amended in 2006. The 2006 amendment included incorporation of additional conditions for determining eligibility for the grant of extension orders and several other changes affecting the duration of extension orders. The former PTE provisions, as amended in 2006, limited the possibility of a patentee of obtaining an extension order in Israel and in many cases cause severe reduction in the duration of granted extension orders and in some cases even cause cancelation of granted extension orders altogether.

On January 27, 2014 the Patents Law was amended as to implement the memorandum of understanding between the Israeli government and the USTR from 2010, which included several undertakings that were intended to somewhat mitigate the effects of the former PTE provisions as well as attempts of simplification of the PTE scheme (“**2014 Amendment**”).[5]

In short, the 2014 Amendment significantly reformed the PTE system in Israel including, among others, the reduction of the number Recognized Countries that affect the eligibility

1 Including to some extent preparations for use in veterinary medicine.
2 Although preparatory activities conducted in connection with obtaining regulatory authorization for agrochemical is exempted under Section 54 A of the Patents Law.
3 Sections 64 A–64 Q of the Patents Law.
4 This provision exempted from patent infringement preparatory activities conducted in connection with obtaining regulatory authorization of products in Israel or in any other country where conducting such activity before the patent expires is permitted. See Section 54 A of the Patents Law.

5 The date the Amendatory Act is published is its commencement date (“**Commencement Date**”).

ten Ländern, die die Berechtigung und Dauer von PLV in Israel beeinflussen, von 21 auf 6, sowie die Anwendung von neuen Prüfungsverfahren für PLV-Anträge.

Pädiatrische Verlängerungen lässt das israelische Patentgesetz nicht zu; Pläne zu ihrer zukünftigen Einführung in das Patentgesetz sind den Autoren nicht bekannt.

II. Materiell-rechtliche Voraussetzungen für die Erteilung einer Verlängerungsverfügung

1. PLV-geeignete Grundpatente

2 Ein Patent kann PLV-geeignet sein (im Patentgesetz als ein „**Grundpatent**“ definiert), wenn es Ansprüche enthält, die auf eines der Folgenden gerichtet sind:

(i) eine Substanz an sich;

(ii) ein Verfahren zur Herstellung einer Substanz;

(iii) Verwendung einer Substanz;

(iv) ein pharmazeutisches Präparat, das eine Substanz enthält;

(v) ein Verfahren zur Herstellung eines pharmazeutischen Präparats, das eine Substanz enthält, oder

(vi) eine medizinische Vorrichtung,[6] die in Israel registriert werden muss.[7]

Nach dem Patentgesetz wird eine **Substanz** wie folgt definiert: *„der Wirkstoff eines pharmazeutischen Präparats oder die Salze, Ester, Hydrate oder kristallinen Formen eines solchen Wirkstoffs“*.

2. Erteilungsbedingungen

3 Das Patentamt erteilt eine Verlängerungsverfügung nur, wenn alle folgenden Bedingungen erfüllt sind:[8]

a) Das Grundpatent ist in Kraft und es enthält Ansprüche, die sich auf eine Substanz, das Verfahren ihrer Herstellung oder ihre Verwendung, das pharmazeutische Präparat, das eine Substanz enthält, oder das Verfahren zur Herstellung dieses Präparats oder die medizinische Vorrichtung richten.

b) Hinsichtlich eines pharmazeutischen Präparats: Ein pharmazeutisches Präparat, das eine Substanz enthält, ist in dem vom israelischen Gesundheitsministerium geführten israelischen Pharmazeutikaregister (im Weiteren das „Pharmazeutikaregister“) registriert.[9]

c) Die Registrierung gemäß Anforderung (b) oben ist die erste Registrierung, aufgrund derer die Substanz in Israel für medizinische Zwecke verwendet werden kann.

d) Es ist in Bezug auf das Grundpatent oder in Bezug auf die Substanz noch keine Verlängerungsverfügung erteilt worden.

6 Bezüglich PLV-Schutz für medizinische Vorrichtungen siehe Abschnitt VIII. unten.

7 Medizinische Behandlungsverfahren sind in Israel nicht patentfähig. Für die Zwecke von PLVs sind sie daher irrelevant.

8 Paragraph 64D des Patentgesetzes.

9 Wie oben angedeutet, geht die Eintragung der Genehmigung für das Inverkehrbringen voraus.

and duration of PTEs in Israel, from 21 to 6, and providing new examination procedures for PTE applications.

The Israeli Patents Law does not provide for pediatric extensions and the authors are not aware of any plan to introduce them into the Patents Law in the future.

II. Substantive Requirements for the Grant of Extension Order

1. Basic Patents eligible for PTE

A patent may be eligible for PTE (defined by the Patents Law as a "Basic Patent") if it includes claims directed to any of the following: 2

(i) a Substance per se;

(ii) a process for manufacture of a Substance;

(iii) use of a Substance;

(iv) a pharmaceutical preparation containing a Substance;

(v) a process of manufacture of a pharmaceutical preparation containing a Substance; or

(vi) a medical device[6] that requires registration in Israel.[7]

A Substance is defined in the Patents Law as "*the active ingredient of a pharmaceutical preparation or the salts, esters, hydrates, or crystalline forms of such ingredient*".

2. Conditions for Grant

The Patent Office will issue an extension order only if all of the following conditions are met:[8] 3

a) The Basic Patent is in force and it includes claims directed to a Substance, the process of its manufacture or its use, the pharmaceutical preparation that contains a Substance or the process of manufacture of such preparation, or the medical device.

b) With respect to a pharmaceutical preparation, a pharmaceutical preparation containing a Substance is registered[9] in the Israeli Register of Pharmaceuticals (hereinafter: the "Register of Pharmaceuticals") maintained by the Israeli Ministry of Health.

c) The registration as aforesaid in requirement (b) is the first registration that enables use of the Substance in Israel for medical purposes.

d) A prior extension order was not granted in respect of the Basic Patent or in respect of the Substance.

6 With respect to PTE protection for medical devices, see Section VIII. below.
7 Methods of medical treatment are not patentable in Israel. Accordingly, they are irrelevant for the purpose of PTEs.
8 Section 64D of the Patents Law.
9 As noted above, registration precedes the marketing authorization.

e) Falls in den Vereinigten Staaten von Amerika (USA) eine Genehmigung für das Inverkehrbringen[10] erteilt wurde, dann muss auch eine Verlängerung des Referenzpatents[11] in den USA[12] erteilt worden aber noch nicht abgelaufen sein.[13]

f) Falls in einem anerkannten europäischen Land[14] eine Genehmigung für das Inverkehrbringen erteilt wurde, dann muss auch eine Verlängerung des Referenzpatents in diesem Land erteilt worden, aber noch nicht abgelaufen sein.[15]

Wenn der Registerführer feststellt, dass die obigen Bedingungen erfüllt sind, erteilt er die Verlängerungsverfügung, vorausgesetzt, dass:

a) ein Antrag auf eine Verlängerungsverfügung (PLV-Antrag) in gutem Glauben eingereicht wurde.

b) sich der Schutzumfang gemäß der Verlängerungsverfügung nicht über den vom Grundpatent bereitgestellten Schutzumfang hinaus erstreckt.

3. Zweite Indikations- und Formulierungspatente

4 Wenn ein pharmazeutisches Präparat, das eine Substanz enthält, zuvor beim Gesundheitsministerium registriert war, können, wie aus dem Obigen hervorgeht, für zusätzliche Patente,

10 **Genehmigung für das Inverkehrbringen** wird wie folgt definiert: „eine Genehmigung zum Inverkehrbringen eines pharmazeutischen Präparats oder einer medizinischen Vorrichtung, die vom Referenzpatent geschützt werden".

11 Ein **Referenzpatent** wird wie folgt definiert: „ein beliebiges Patent in einem beliebigen anerkannten Land, das die Substanz, das Verfahren zur Herstellung der Substanz oder die Verwendung der Substanz, das pharmazeutische Präparat, das die Substanz enthält, das Verfahren zur Herstellung eines pharmazeutischen Präparats, das die Substanz enthält, oder die medizinische Vorrichtung schützt, die in einem Grundpatent in Israel beansprucht werden, unabhängig davon, ob dieses Patent dem Grundpatent entspricht oder nicht."

Die **Liste der anerkannten Länder** wurde auf sechs Länder reduziert: Vereinigte Staaten von Amerika, Italien, Vereinigtes Königreich, Deutschland, Spanien und Frankreich.

12 In die Änderung von 2014 wurde eine „**Referenzpatentverlängerungsverfügung**" eingeführt; dort heißt es wie folgt:

„eine Verfügung oder Genehmigung, die für eine Verlängerung der Laufzeit eines Referenzpatents um einen oder mehrere Tage sorgt, bezüglich eines medizinischen Präparats, das die Substanz enthält, oder bezüglich einer medizinischen Vorrichtung, die vom Referenzpatent geschützt wird, für das eine der folgenden Bestimmungen gilt:

Sie wurde in den Vereinigten Staaten von Amerika erteilt (Patentlaufzeitverlängerung) und ihre Laufzeit wurde von einer ermächtigten Einheit gemäß dem Teil des Prüfungszeitraums zum Zweck der Erteilung der ersten Genehmigung für das Inverkehrbringen durch die Behörde, die zur Erteilung von Genehmigungen für das Inverkehrbringen befugt ist, bestimmt und begann nach der Erteilung des Referenzpatents, nach dem Abzug der Zeiträume, bezüglich derer bestimmt wurde, dass der Antragsteller der Verlängerungsverfügung im Verlaufe des Prüfungszeitraums keine angemessene Sorgfalt walten ließ, und zuzüglich der Hälfte der Zeiträume der klinischen Prüfungen für ein medizinisches Präparat oder eine medizinische Vorrichtung, die vom Referenzpatent geschützt werden;

Sie wurde von einem anerkannten europäischen Land erteilt (ergänzendes Schutzzertifikat) und ihre Laufzeit wurde im Hinblick auf den Zeitraum zwischen dem Anmeldetag der Referenzpatentanmeldung und dem Datum des Eingangs der ersten Genehmigung für das Inverkehrbringen nach Abzug von fünf Jahren bestimmt;

Sie wurde von einem anerkannten Land erteilt und war dazu gedacht, die Laufzeit des Referenzpatents bis zu einer Entscheidung über die Erteilung einer Verfügung gemäß Klauseln (1) oder (2) oder bis zu einem darin vorgeschriebenen früheren Datum vorübergehend zu verlängern (im Weiteren: „vorübergehende Verfügung")."

13 Die Formulierung dieser Bestimmung wurde für mehr Klarheit in der Änderung von 2014 überarbeitet, wobei dieselbe, in der vorherigen Bestimmung vorgesehene Bedingung im Wesentlichen beibehalten wurde.

14 Die Definition eines anerkannten europäischen Landes wurde in die Änderung von 2014 aufgenommen und schließt alle Länder ein, die in Teil B des Nachtrags des Patentgesetzes aufgeführt sind, und zwar Italien, Vereinigtes Königreich, Deutschland, Spanien und Frankreich.

15 Die Formulierung dieser Bestimmung wurde für mehr Klarheit in der Änderung von 2014 überarbeitetumformuliert, wobei dieselbedie, in der vorherigen Bestimmung vorgesehene Bedingung im Wesentlichen beibehalten wurde.

e) If a marketing authorization[10] was issued in the United States of America (U.S.) - an extension order to the U.S. Reference Patent[11] in the U.S.[12] was also granted and has not yet expired.[13]

f) If a marketing approval was issued in a Recognized European Country[14] - an Extension Order of the Reference Patent in that country was also granted and has not yet expired.[15]

If the Registrar finds that the foregoing conditions have been met, the Registrar will issue the extension order, provided that:

a) An application for an extension order (PTE application) was filed in good faith.

b) The scope of protection pursuant to the extension order does not extend beyond the scope of protection provided by the Basic Patent.

3. Second Indications and Formulation Patents

It follows from the above that where a pharmaceutical preparation containing a Substance 4
was previously registered with the Ministry of Health, additional patents claiming new

10 The definition of **marketing authorization** is: "an authorization to market a pharmaceutical preparation or medical device protected by the Reference Patent".

11 A **Reference Patent** is defined as "any patent in any Recognized Country that protects the Substance, the process of manufacture of the Substance or the use of the Substance, the pharmaceutical preparation that contains the Substance, the process of manufacture of a pharmaceutical preparation containing the Substance, or the medical device that is claimed in a basic patent in Israel, whether or not such patent corresponds to the basic patent."
The **list of Recognized Countries** was narrowed to include six countries: United States of America, Italy, United Kingdom, Germany, Spain and France.

12 A "**Reference Patent Extension Order**" was introduced in the 2014 Amendment, and reads as follows:
"an order or approval which provides for an extension, by one or more days, of a Reference Patent's term, with respect to a medical preparation that contains the substance or with respect to medical device protected by the Reference Patent, to which one of the following provisions applies:
It was issued in the United States of America (Patent Term Extension) and the term thereof was determined by an authorized entity according to the part of the examination period for the purpose of granting the first Marketing Authorization by the authority authorized to grant marketing authorizations, which commenced after the grant of the Reference Patent, after the deduction of the terms in respect of which it was determined that the extension order applicant did not act with due diligence in the course of the said examination period and with the addition of half the term of the clinical trials for a medical preparation or medical equipment protected by the Reference Patent;
It was granted by a Recognized European Country (Supplementary Protection Certificate) and the term thereof was determined in view of the period which had elapsed from the date of the application's filing for a Reference Patent until the date of the receipt of the first marketing authorization, after the deduction of five years;
It was granted by a Recognized Country and was intended to temporarily extend the term of the Reference Patent until a decision on the grant of an order pursuant to clauses (1) or (2) or until an earlier date prescribed therein (hereinafter: "Temporary Order")."

13 The language of this provision was revised in the 2014 Amendment for the sake of clarity, maintaining in essence the same condition provided in the former provision.

14 The definition of a Recognized European Country, was introduced in the 2014 Amendment, to include all countries listed in part B of the addendum of the Patents Law, namely, Italy, United Kingdom, Germany, Spain and France.

15 The language of this provision was revised in the 2014 Amendment for the sake of clarity, maintaining in essence the same condition provided in the former provision.

in denen neue medizinische Verwendungen der Verbindung oder neue Formulierungen der Verbindung beansprucht werden, keine PLV gewährt werden, weil diese Anmeldungen die Erstregistrierungsanforderung des pharmazeutischen Präparats nicht erfüllen (siehe Abschnitt II. 2. (c) oben). War die Substanz jedoch vorher noch nicht in Israel registriert, kann eine Verlängerungsverfügung für ein späteres Patent, in dem eine Formulierungserfindung oder die Erfindung einer zweiten medizinischen Verwendung beansprucht wird, beantragt werden.

4. Enantiomere

5 Es erging eine Entscheidung des Obersten Gerichtshofs, nach der für ein Patent, in dem nur ein spezifisches Enantiomer beansprucht wird, keine Verlängerungsverfügung beantragt werden kann, da das Racemat, das dieses Enantiomer enthält, bereits im Register für Pharmazeutika registriert ist.[16] Die Registrierung des Enantiomers nach dem Racemat gälte daher nicht als die *„erste Registrierung, die die Verwendung der Substanz in Israel ermöglicht“* (siehe Abschnitt II. 2. (c) oben).

5. Salze

6 In einer anderen Entscheidung war das Patentamt bereit, einem PLV-Antrag stattzugeben, bei dem die Substanz ein Salz einer Verbindung war, obwohl die freie Base bereits vorher vom Gesundheitsministerium gebilligt worden war. Das Bezirksgericht[17] äußerte sich – allerdings nur als *obiter dicta* – in einer späteren Entscheidung zu dem Thema der Verlängerbarkeit von Salzen, und sein Kommentar kann als Grundlage einer gegenteiligen Schlussfolgerung dienen.

6. Kombinationspräparate

7 Hinsichtlich PLV-Anträgen für Patente, die auf Kombinationen von Substanzen gerichtet sind, ist die Rechtslage komplizierter. Darum ging es in einem Fall, in dem beide Substanzen der Kombination bereits beim Gesundheitsministerium registriert waren.[18] Nach dem Argument des Patentinhabers sollte die Kombination selbst als neue Substanz gelten, für die somit eine Verlängerungsverfügung beantragt werden kann. Der Registerführer schloss sich dieser Argumentation nicht an und lehnte den Antrag ab. In einem Beschwerdeverfahren bestätigte das Bezirksgericht diese Entscheidung, und ein Antrag auf Einreichung einer Beschwerde beim Obersten Gerichtshof wurde abgelehnt.

8 Im **Novartis-Fall** ging es nicht direkt darum, dass von zwei Substanzen der Kombination nur eine bereits beim Gesundheitsministerium registriert war. Nach dem Dafürhalten der Verfasser kann für ein auf ein Kombinationspräparat gerichtetes Patent eine PLV beantragt werden, wenn mindestens eine der Substanzen der Kombination noch nicht registriert ist (selbst wenn die anderen Substanzen der Kombination dies schon sind).

7. Eine Substanz pro Patent

9 Aus Abschnitt II. 2. oben ergibt sich auch, dass pro Patent nur eine Verlängerungsverfügung ergehen kann, selbst wenn in dem Patent zwei Substanzen beansprucht werden. In derartigen Fällen empfiehlt es sich, während der Weiterverfolgung des Grundpatents gegebenenfalls eine Teilanmeldung einzureichen, damit zwei PLV-Anträge für zwei Grundpatente, in denen jeweils eine andere Substanz beansprucht wird, eingereicht werden können.

16 Siehe Abschnitt IX. unten in Bezug auf den **Lundbeck-Fall**.
17 Siehe Abschnitt IX. unten in Bezug auf den **Novartis-Fall**.
18 Siehe Abschnitt IX. unten in Bezug auf den **Novartis-Fall**.

medical uses of the compound or new formulations of the compound will not be eligible for PTE extensions because such applications will fail to meet the requirement of first registration of the pharmaceutical preparation (see Section 2. (c) above). However, where the Substance was not previously registered in Israel, a later patent claiming a formulation invention or second medical use invention may be eligible for an extension order.

4. Enantiomers

It was decided by the Supreme Court that a patent claiming only a specific enantiomer was not eligible for an extension order since the racemate, which contained this enantiomer, was previously registered in the Register of Pharmaceuticals.[16] Therefore, the registration of said enantiomer, after the racemate, would not be deemed as being the "*first registration that enables use of the Substance in Israel*" (see Section II. 2. (c) above). 5

5. Salts

In another decision, the Patent Office was willing to approve a PTE application where the Substance was a salt of a compound, notwithstanding the fact that the free base was previously approved by the Ministry of Health. In a later decision of the District Court,[17] it commented, albeit *obiter dicta*, on the issue of eligibility of salts, and its comment may be relied upon as a basis of an opposite conclusion. 6

6. Combination Drugs

With respect to PTE applications for patents directed to combinations of Substances, the legal status is more complex. This matter was discussed in one case where both Substances of the combination were previously registered with the Ministry of Health.[18] The patentee argued that the combination itself should be deemed a new Substance and hence eligible for an extension order. The Registrar disagreed and refused the application. The Registrar's decision was upheld upon appeal by the District Court and an application for leave to appeal to the Supreme Court was refused. 7

The **Novartis Case** does not bear directly on the situation where one Substance of the combination was previously registered with the Ministry of Health and the other Substance was not registered. In the authors' opinion, a patent for a combination drug may be eligible to PTE if at least one of the Substances comprised in the combination had not previously been registered (even if the other Substances in the combination are already registered). 8

7. One Substance per Patent

It also follows from Part II. 2. above that only one extension order may be issued with respect to one patent, even where the patent claims two Substances. In such cases, it is recommended to apply, where possible, for a divisional application during the prosecution of the basic patent in order to permit submission of two PTE applications for two basic patents, each claiming a different Substance. 9

16 See Part IX. below relating to the **Lundbeck Case**.
17 See Part IX. below relating to the **Novartis Case**.
18 See Part IX. below relating to the **Novartis Case**.

8. Veterinärmedizinische Erzeugnisse

10 In einem Fall entschied das Patentamt, dass einem PLV-Antrag für ein veterinärmedizinisches Erzeugnis nur stattgegeben werden kann, wenn das Erzeugnis beim Gesundheitsministerium registriert ist; für veterinärmedizinische Erzeugnisse, die beim Landwirtschaftsministerium registriert sind, kann keine PLV beantragt werden.[19]

11 In einer anderen Entscheidung[20] lehnte das Patentamt einen PLV-Antrag ab, der auf der Registrierung eines Pharmazeutikums basierte, das eine Substanz (Circadin) enthielt, die erstmals in der Humanmedizin verwendet werden sollte, weil ein vorheriges **veterinärmedizinisches Arzneimittel**, das dieselbe Substanz enthielt, bereits im Register für Pharmazeutika registriert war.[21] Das Bezirksgericht Jerusalem annullierte[22] diese Ablehnung. Kurz gesagt, kam das Bezirksgericht zu dem Schluss, dass nach ordnungsgemäßer Auslegung der Absicht des Gesetzgebers die Bereiche Humanmedizin und Tiermedizin getrennt werden müssten, so dass die Erteilung einer Verlängerungsverfügung in einem Bereich nicht durch eine vorherige Registrierung in dem anderen Bereich verhindert wird.[23] Im Anschluss an die Bezirksgerichtsentscheidung ordnete der Registerführer an, dass für einen verkürzten Zeitraum zu Einspruchszwecken eine Mitteilung über die beabsichtigte Erteilung einer Verlängerungsverfügung veröffentlicht wird, wonach eine vorläufige Verlängerungsverfügung bis zum Ende der Einspruchsfrist oder zum Ende des Einspruchsverfahrens, je nachdem, was später liegt, erteilt wurde.[24] Ein Einspruch gegen die Erteilung einer PLV wurde vom Registerführer abgewiesen; diese Entscheidung wurde vom Bezirksgericht bestätigt.[25]

III. Berechnung der Laufzeit von Verlängerungsverfügungen

12 Das Verfahren zur Berechnung der Laufzeit einer israelischen Verlängerungsverfügung ist anders als jedes andere und relativ kompliziert, da es von der Laufzeit von in Referenzländern erteilten Verlängerungsverfügungen abhängt.

1. Berechnungsverfahren

13 Die Berechnung beruht auf den folgenden Regeln:

a) Die Laufzeit der Verlängerungsverfügung beginnt nach Ablauf der normalen Patentlaufzeit von 20 Jahren.

b) Die Laufzeit der Verlängerungsverfügung darf nicht länger als 5 Jahre sein.

c) Die Laufzeit des Grundpatents und die Verlängerungslaufzeit dürfen kumulativ nicht mehr als 14 Jahre ab dem ersten Tag der Genehmigung für das Inverkehrbringen des die

19 Siehe PLV-Antrag für Patent Nr. 108419 im Namen von Kilvelner (27. Oktober 2002).

20 Siehe Abschnitt IX. unten in Bezug auf den **Neurim-Fall**.

21 Es ist anzumerken, dass das Patentamt in dieser Sache genau gegenteilig zu dem Urteil des Gerichtshofs über dasselbe Patent entschied (Urteil des EuGH in der Rs. C-130/11 Neurim Pharmaceuticals Ltd. gegen Comptroller-General of Patents vom 19. Juli 2012).

22 MCA (Jer. Distr.) 13281-06-12 Neurim Pharmaceuticals (1991) Ltd. gegen Registrar of Patents [Nevo, 27. September 2012].

23 Das Bezirksgericht bezog sich auch auf die **tragenden Entscheidungsgründe** des oben in Fn 21 erwähnten EuGH-Urteils, die zu dem Schluss führen, dass das Vorliegen einer Genehmigung für das Inverkehrbringen eines Tierarzneimittels kein Hindernis für die Erteilung eines ergänzenden Schutzzertifikats für eine andere Anwendung desselben Erzeugnisses ist.

24 PLV-Antrag für Patent Nr. 103411 im Namen der Neurim Pharmaceuticals Ltd. [Nevo, 30. September 2012].

25 Entscheidung des Einspruchs gegen die Erteilung einer Verlängerungsverfügung für Patent 103411 Unipharm Ltd. gegen Neurim Pharmaceuticals Ltd. [Nevo, 3. März 2013]; MCA (Jer. Distr.) 20857-04-13 Unipharm Ltd. gegen Neurim Pharmaceuticals Ltd. [Nevo, 19. Januar 2014]. Siehe Einzelheiten in Abschnitt IX. unten.

8. Veterinary Products

In one decision, the Patent Office decided that a PTE application relating to a veterinary product is eligible for PTE only if the product is registered by the Ministry of Health and that veterinary products registered by the Ministry of Agriculture are not eligible for PTE extension.[19] 10

In another decision[20] the Patent Office refused a PTE application where the basis of the application was the registration of a pharmaceutical containing the Substance (Circadin) that was the first human medical use, because a previous **veterinary drug** containing the same Substance was already registered in the Register of Pharmaceuticals.[21] The Jerusalem District Court reversed[22] this refusal. In short, the District Court concluded that the proper interpretation of the legislative intent was to separate the fields of human medicine and veterinary medicine in a way that earlier registration in one field would not preclude the grant of an extension order in the other fields.[23] Following the District Court decision, the Registrar ordered that a notice of the intention to grant an extension order be published for opposition, for an abbreviated period, and granted a temporary extension order until the later of the end of the opposition period or the end of the opposition proceeding.[24] An opposition to the grant of a PTE was dismissed by the Registrar and his decision was upheld by the District Court.[25] 11

III. Calculation of the Duration of Extension Orders

The method for calculating the duration of an Israeli extension order is unique and somewhat complicated as it is dependent on the duration of extension orders granted in Reference Countries. 12

1. Calculation Method

The calculation is based on the following rules: 13

a) The term of the extension order commences upon the expiry of the patent's normal 20-year term.

b) The duration of the extension order may not exceed five years.

c) The cumulative duration of the basic patent and the term of extension must not exceed 14 years from the first date of marketing authorization of the pharmaceutical prepara-

19 See Application for PTE of Patent No. 108419 in the name of Kilvelner (October 27, 2002).

20 See Part IX. below relating to the **Neurim Case.**

21 It should be noted that this decision reached a conclusion that is diametrically opposed to the judgment of the ECJ concerning the same Patent (decision of the Court of Justice of the EU (CJEU) in case C-130/11 Neurim Pharmaceuticals Ltd. vs. Comptroller-General of Patents dated July 19, 2012).

22 MCA (Jer. Distr.) 13281-06-12 Neurim Pharmaceuticals (1991) Ltd. vs. Registrar of Patents [Nevo, September 27, 2012].

23 The District Court also referred to the **ratio decidendi** of the ECJ ruling mentioned in footnote 21 above, which lead it to the conclusion that the existence of a marketing authorization for a veterinary medicine does not preclude the grant of a Supplementary Protection Certificate (SPC) for a different application of the same product.

24 Application for Extension Order for Patent No. 103411 in the name of Neurim Pharmaceuticals Ltd. [Nevo, September 30, 2012].

25 Decision in the opposition to the grant of an Extension Order to Patent 103411 Unipahrm Ltd vs. Neurim Pharmaceuticals Ltd. [Nevo, March 3, 2013]; MCA (Jer. Distr.) 20857-04-13 Unipharm Ltd. vs. Neurim Pharmaceuticals Ltd. [Nevo, January 19, 2014]. See details in Section IX. below.

Substanz enthaltenden pharmazeutischen Präparats oder der medizinischen Vorrichtung in einem beliebigen der anerkannten Länder betragen.

Hinweis: Das bedeutet, dass die Laufzeit einer israelischen Verlängerungsverfügung von dem Datum der Genehmigung für das Inverkehrbringen des pharmazeutischen Präparats oder der medizinischen Vorrichtung **außerhalb Israels** abhängig ist.

Bei einer Erstgenehmigung für das Inverkehrbringen eines pharmazeutischen Präparats (auf der Grundlage eines bestimmten Grundpatents) beispielsweise vom 1. Januar 1999 und wenn das Grundpatent am 1. Januar 2011 abläuft, wäre es nicht möglich, das Grundpatent über den 1. Januar 2013 hinaus zu verlängern, selbst wenn die kürzeste Verlängerungsverfügung für ein Referenzpatent in einem der anerkannten Länder mehr als zwei Jahre betrüge und alle anderen rechtlichen Anforderungen erfüllt wären.

d) Die Laufzeit der Verlängerungsverfügung entspricht der **kürzesten Laufzeit** der Verlängerungsverfügung des Referenzpatents, und zwar der **kürzesten Verlängerung**, die in einem der anerkannten Länder für ein Referenzpatent erteilt wurde (siehe die Liste der anerkannten Länder sowie die Definition von Referenzpatent in Fn 11).[26]

Im **Novartis-Fall**[27] argumentierte der Patentinhaber kürzlich insbesondere, dass der Registerführer zur Berechnung der Verlängerungslaufzeit nur eines der beiden europäischen Referenzpatente, für die ergänzende Schutzzertifikate erteilt worden waren, berücksichtigen sollte.[28] Der Registerführer wies dieses Argument zurück und entschied, dass für die Berechnung der Laufzeit des israelischen Grundpatents **alle europäischen Referenzpatente** berücksichtigt werden sollten, da auch ein beliebiges der europäischen Referenzpatente für die Erfüllung der Bedingungen für die Erteilung einer PLV-Verfügung[29] dienen kann.

e) Die israelische Verlängerungsverfügung[30] **läuft spätestens** an dem Tag **ab**, an dem in einem beliebigen der anerkannten Länder, in dem eine Genehmigung für das Inverkehrbringen erteilt wurde, eine beliebige Referenzpatentverlängerungsverfügung abläuft[31] oder ein beliebiges Referenzpatent widerrufen wird.

Das Ergebnis von Abschnitt III. 1. (c) und Abschnitt III. 1. (d) oben ist, dass die israelische Verlängerungsverfügung **von der Laufzeit der Referenzpatentverlängerungsverfügung**(en) **abhängig** ist. Darüber hinaus können sich, wie oben erwähnt, Änderungen bei der Laufzeit oder Gültigkeit einer Referenzpatentverlängerungsverfügung oder von Referenzpatentverlängerungsverfügungen rückwirkend auf die Laufzeit und Gültigkeit von israelischen Verlängerungsverfügungen auswirken.

14 Die Kürzung der Liste von anerkannten Ländern im Rahmen der Änderung von 2014 bewirkte, dass im Vergleich zu den Bestimmungen der vorherigen Fassung in vielen Fällen eine längere Laufzeitverlängerung in Israel erteilt wird.

26 Für eine Verlängerungsverfügung auf der Grundlage einer Registrierung eines Pharmazeutikums, das nur in Israel registriert wurde, gelten andere Bestimmungen.

27 Antrag auf Erteilung einer Verlängerungsverfügung für Patent Nr. 113403 im Namen der Novartis AG [Nevo, 25. Juli 2013].

28 Bei den in dieser Sache gegebenen Umständen wurden zwei ergänzende Schutzzertifikate auf der Grundlage desselben pharmazeutischen Präparats erteilt [für EP678503 und EP1303478].

29 Siehe Abschnitt II. 2. (f) oben.

30 Die Absicht zur Erteilung einer Verlängerungsverfügung läuft unter den Bedingungen dieses Abschnitts ab (siehe Abschnitt IV. unten).

31 Ablauf ist als eines der folgenden Ereignisse definiert: (1) Verkürzung, Widerruf oder Annullierung einer Referenzpatentverlängerungsverfügung, (2) Widerruf eines Referenzpatents. Das Ersetzen einer vorläufigen Verlängerungsverfügung durch eine permanente gehört nicht dazu.

tion containing the Substance or of the medical device in any one of the Recognized Countries.

Note that this means that the duration of the Israeli extension order is dependent upon the date of marketing authorization of the pharmaceutical preparation or medical device **outside of Israel.**

For example, if the first marketing authorization of a pharmaceutical preparation (subject of a certain basic patent) was on January 1, 1999, and the basic patent expires on January 1, 2011, it would not be possible to extend the basic patent beyond January 1, 2013, even if the shortest extension order for a Reference Patent in one of the Recognized Countries was over two years and all other requirements of the law were met.

d) The extension order shall have a term that is equal to the **shortest term** of Reference Patent Extension Order, namely, **shortest extension** granted to a Reference Patent in one of the Recognized Countries (see the list of Recognized Countries and the definition of a Reference Patent in Footnote 11).[26]

Notably, in a recent **case of Novartis,**[27] the patentee argued that for the sake of the calculation of the duration of the extension, the Registar should take into consideration only one of the two European Reference Patents for which SPCs have been granted.[28] The Registrar rejected this argument and ruled that since any of the European Reference Patents may be relied upon for the purpose of meeting the conditions for grant of a PTE order,[29] **all European Reference Patents** should also be taken into consideration for the sake of calculation of the duration of the Israeli Basic Patent.

e) The Israeli extension order[30] will **expire no later** than the date on which, in any one of the Recognized Countries wherein a Marketing Authorization was issued, any Reference Patent Extension Order has Expired[31] or any Reference Patent was revoked.

The cumulative result of Section III. 1. (c) and Section III. 1. (d) above is that the Israeli extension order is **dependent upon the duration of Reference Patent Extension Order(s).** Moreover, as mentioned above, changes in the duration or validity of Reference Patent Extension Order(s) may retroactively affect the duration and validity of Israeli extension orders.

The reduction of list of Recognized Countries in the framework of 2014 Amendment provided that in many cases, a longer extension of term will be granted in Israel, in comparison to the provisions of the former law. 14

26 Different provisions apply to an extension order that is based on a registration of a pharmaceutical that was registered only in Israel.
27 A request to grant an extension order for Patent No. 113403 in the name of Novartis AG [Nevo, July 25, 2013].
28 In the circumstances of that case, two SPCs were granted based on the same pharmaceutical preparation [for EP678503 and EP1303478].
29 See Section II. 2. (f) above.
30 The intent to grant an extension order will expire under the conditions of this section (see Part IV. below).
31 Expiry is defined as one of the following events: (1) shortening, revocation or cancellation of a Reference Patent Extension Order, (2) Revocation of a Reference Patent. This does not include a substitution of a temporary extension order with a permanent one.

2. Zusätzliche Ablaufgründe

15 Darüber hinaus erlischt eine Verlängerungsverfügung, wenn eines der folgenden Ereignisse eintritt:

a) Versäumnis der rechtzeitigen Entrichtung von Aufrechterhaltungsgebühren.[32]

b) Der Widerruf der Registrierung des pharmazeutischen Präparats im Register für Pharmazeutika, auf der die Verlängerungsverfügung beruhte.[33]

c) Das Grundpatent wird widerrufen oder so geändert, dass es die Substanz, ihr Herstellungsverfahren, ihre Verwendung, das die Substanz enthaltende pharmazeutische Präparat oder die medizinische Vorrichtung nicht mehr beansprucht.

IV. Schutzbereich

16 Eine Verlängerungsverfügung berechtigt den Inhaber des Grundpatents[34] dazu, während der Laufzeit der Verlängerung jeden daran zu hindern, eine medizinische Vorrichtung oder ein pharmazeutisches Präparat, das die Substanz enthält, ohne das Einverständnis des Patentinhabers in Verkehr zu bringen oder zum Inverkehrbringen herzustellen, insoweit die Substanz, ihr Herstellungsverfahren oder ihre Verwendung, das pharmazeutische Präparat oder das Verfahren zu seiner Herstellung[35] im Grundpatent beansprucht wird. Das bedeutet, es könnte eingewandt werden, dass der Schutzbereich während der Verlängerungslaufzeit etwas enger als der Schutzbereich unter dem Grundpatent ist. Wenn die Verlängerungsverfügung während der Laufzeit der Verlängerung verletzt wird, stehen dem Inhaber des Grundpatents und dem exklusiven Lizenznehmer alle bei Patentverletzungen zur Verfügung stehenden Rechtsmittel, d. h. einstweilige Verfügungen und Schadensersatz, offen.

V. Formale Anforderungen/Bedingungen

1. Einreichungsberechtigung

17 Ein PLV-Antrag kann vom Patentinhaber, einem Patentanmelder[36] oder einem exklusiven Lizenznehmer[37] eines Patents eingereicht werden. Bei einem Patent in gemeinschaftlicher Inhaberschaft kann jeder Mitinhaber den PLV-Antrag einreichen. Wenn der Patentinhaber, der Mitinhaber oder der exklusive Lizenznehmer dem Einreichen des PLV-Antrags nicht als Antragsteller beitritt, muss er vom Antragsteller als Antragsgegner angegeben werden.

2. Einreichungsfrist

18 Das Einreichen eines PLV-Antrags beim israelischen Patentamt muss innerhalb von 90 Tagen nach dem Datum der Registrierung des ersten pharmazeutischen Präparats erfolgen, das die Substanz enthält, die in dem Patent, dessen Laufzeit verlängert werden soll, beansprucht wird. Es muss beachtet werden, dass **das Registrieren eines Pharmazeutikums** im Register für Pharmazeutika **vor** dem Eingang einer Genehmigung für das Inverkehrbringen erfolgt und diesem nicht entspricht. Die Registrierung an sich stellt keine Genehmigung für

32 Zahlungsnachfrist und Laufzeitwiederherstellung sind möglich.

33 Das Patentgesetz sagt nichts über die Möglichkeit einer Wiederinkraftsetzung der Verlängerungsverfügung bei der Wiederinkraftsetzung der Registrierung des Pharmazeutikums.

34 Nach Auffassung der Verfasser ist ein exklusiver Lizenznehmer auch berechtigt.

35 Obwohl dies nicht ausdrücklich im Patentgesetz angegeben wird.

36 Im Rahmen der Änderung von 2014 wurde ausdrücklich hinzugefügt, dass ein Patentanmelder einen PLV-Antrag vor der Erteilung des Grundpatents einreichen kann; der Anmelder kann also den Antrag zwar stellen, dieser wird aber erst geprüft, wenn das Grundpatent erteilt worden ist (siehe Teil VI. 1. unten).

37 Im israelischen Patentgesetz wird eine exklusive Lizenz als eine Lizenz definiert, die dem Lizenznehmer ein ausschließliches Recht dazu gewährt, Dritte an der Nutzung der Erfindung zu hindern, wodurch der Patentinhaber selbst die Erfindung in Israel nicht nutzen darf.

2. Additional Grounds for Expiration

In addition, an extension order will expire upon the occurrence of any of the following: 15

a) Failure to make timely payment of maintenance fees.[32]

b) The revocation of the registration of the pharmaceutical preparation in the Register of Pharmaceuticals on which the extension order was based.[33]

c) The basic patent is revoked or is amended such that it no longer claims the Substance, its process of manufacture, its use, the pharmaceutical preparation containing the Substance, or the medical device.

IV. Scope of Protection

An extension order entitles the proprietor of the Basic Patent[34] to prevent during the term of extension any person from marketing or manufacturing for the purpose of marketing, without the patent proprietor's permission, a medical device or a pharmaceutical preparation that contains the Substance, to the extent that the Substance, the process of manufacture or use thereof, the pharmaceutical preparation, or the process of its manufacture[35] is claimed in the Basic Patent. This means that it may be argued that the scope of protection during the term of extension is somewhat narrower than the scope of protection under the Basic Patent. If the extension order is infringed during the term of extension, the proprietor of the Basic Patent and an exclusive licensee are entitled to all remedies available for patent infringement, namely injunctions and damages. 16

V. Formal Requirements/Conditions

1. The Right to File

A PTE application may be filed by the patentee, a patent applicant[36] or by an exclusive licensee[37] of a patent. Where a patent is jointly owned, each joint proprietor may file the PTE application. If the patentee, part of the joint proprietors, or the exclusive licensee does not join in the filing of the PTE application as an applicant, such party must be joined by the applicant as a respondent to the application. 17

2. The Time for Filing

A PTE application must be filed with the Israeli Patent Office within 90 days from the date of registration of the first pharmaceutical preparation comprising the Substance that is claimed in the patent which term is to be extended. Heed must be paid to the fact that the **act of registration of a drug** in the Register of Pharmaceuticals **precedes** the receipt of a marketing authorization and is not equivalent thereto. Registration in itself does not allow marketing of a pharmaceutical in Israel, and marketing authorization may be granted some time after 18

32 Grace period for payment and restoration of term are available.
33 The Patents Law is silent on the possibility of reinstating the extension order upon reinstatement of the registration of the pharmaceutical.
34 The authors would submit that an exclusive licensee is also entitled to such rights.
35 Although not explicitly stated in the Patents Law.
36 The possibility for a patent applicant to file a PTE application before the grant of the Basic Patent was expressly added in the framework of the 2014 Amendment, enabling the applicant to file said application which, however, will not be examined before the Basic Patent is granted (See Part VI. 1. below).
37 An exclusive license is defined by the Israeli Patents Law as a license that grants the licensee an exclusive right to prevent any third party from exploiting the invention and that prohibits the patentee itself from exploiting the invention in Israel.

das Inverkehrbringen eines Pharmazeutikums in Israel dar; eine Genehmigung für das Inverkehrbringen kann eine Weile später nach der Registrierung erteilt werden, vorausgesetzt, es werden zusätzliche Anforderungen erfüllt. Die 90-Tage-Frist **beginnt** jedoch **bei der Registrierung und nicht bei der Erteilung der Genehmigung für das Inverkehrbringen**. Der PLV-Antrag muss innerhalb dieser 90 Tage beim israelischen Patentamt eingereicht werden, selbst wenn die Patentanmeldung dann noch anhängig ist.[38]

3. Verlängerung der Einreichungsfrist

19 Die 90-Tage-Frist zur Einreichung eines PLV-Antrags **kann nicht verlängert werden.**[39] Die Nichteinhaltung dieser Bestimmung führt daher aller Wahrscheinlichkeit nach zu einem Rechtsverlust.[40]

4. Form des PLV-Antrags

20 Aus einem PLV-Antrag muss Folgendes hervorgehen:

(1) Name des PLV-Antragstellers;

(2) Namen der Inhaber des in der israelischen Patentrolle eingetragenen Grundpatents;

(3) Einzelheiten über die Registrierung des pharmazeutischen Präparats im Register für Pharmazeutika;[41]

(4) die Grundpatentnummer und die Nummer des Anspruchs, in dem das pharmazeutische Präparat, das Verfahren zu seiner Herstellung oder seine Verwendung beansprucht wird;

(5) die anerkannten Länder, in denen ein PLV-Antrag eingereicht wurde, ob dort eine Verlängerung erteilt wurde, die Einzelheiten der Erteilung und die Nummer des Referenzpatents und dessen Ablaufdatum;

(6) das Datum, an dem die erste Genehmigung für das Inverkehrbringen in einem der anerkannten Länder erteilt wurde, und der Name des Landes, in dem sie erteilt wurde.

21 Vor der Erteilung muss der PLV-Antragsteller gegebenenfalls auch eine Vollmacht vorlegen sowie eine Quittung über die Zahlung der für das Einreichen eines PLV-Antrags[42] zu entrichtenden Gebühren und die folgenden Dokumente:[43]

a) eine Kopie des Zertifikats der Registrierung im Register für Pharmazeutika.

b) eine Kopie der Verlängerungsverfügung (ohne ihre Anlagen), die von einem der anerkannten Länder erteilt wurde, in dem die Verlängerungslaufzeit am kürzesten ist.[44]

38 Siehe Abschnitt IV. oben.

39 Gemäß Paragraph 164 des Patentgesetzes hat der Registerführer die Befugnis, bis auf gewisse Ausnahmen alle im Patentgesetz festgelegten Fristen zu verlängern; eine dieser Ausnahmen ist die 90-Tage-Frist zum Einreichen eines PLV-Antrags.

40 Vor dem Inkrafttreten der Änderung von 2014 war das Patentamt befugt, die vorgeschriebene Frist für das verspätete Einreichen eines PLV-Antrags zu verlängern, und zwar auf mehr als 90 Tage nach der Registrierung. Diese Befugnis wurde ihm durch die Änderung von 2014 genommen.

41 Einschließlich der Registrierungsnummer, des Namens des pharmazeutischen Präparats, des Gattungsnamens, der Struktur der Substanz, des Registrierungsdatums und des Registrierungsantragsdatums.

42 Die für die Einreichung eines PLV-Antrags zahlbaren Gebühren belaufen sich auf NIS 1.099 (ab April 2014).

43 Da die Regeln über PLV-Bestimmungen nach der Änderung von 2006 nicht überarbeitet wurden und noch nicht gemäß der Änderung von 2014 geändert worden sind, gehen die notwendigen Dokumente und Informationen, die zusammen mit dem PLV-Antrag eingereicht werden sollten, aus dem Rundschreiben Nr. 004/2011 des Registerführers vom 30. Januar 2014 hervor. Dieser Abschnitt enthält die Bestimmungen der Regeln sowie das Rundschreiben.

44 Wenn das Dokument nicht auf Englisch vorliegt, ist eine Übersetzung ins Englische erforderlich.

registration, provided that additional requirements are met. The 90 days period, however, **commences upon registration rather than issuance of marketing authorization.** The PTE application must be filed with the Israeli Patent Office within such 90 days even if the patent application is still pending at such time.[38]

3. Extension of Time to File

The 90 days granted to file a PTE application, **cannot be extended.**[39] Therefore, failure to observe this provision will likely result in a loss of rights.[40] 19

4. Form of the PTE Application

A PTE application must identify the following: 20

(1) name of the PTE applicant;

(2) names of the proprietors of the Basic Patent registered in the Israeli Register of Patents;

(3) details of registration of the pharmaceutical preparation in the Register of Pharmaceuticals;[41]

(4) the Basic Patent number and the claim number claiming the pharmaceutical preparation, the process for its manufacture or its use;

(5) the Recognized Countries in which a PTE application was filed, if an extension was granted therein, the details of the grant thereof and the number of the Reference Patent and expiry date thereof;

(6) the date on which the first Marketing Authorization in one of the Recognized Countries was granted and the name of the country in which it was granted.

Prior to allowance, the PTE applicant must also provide a power of attorney, where applicable, and a receipt for the payment of the fees payable for the submission of a PTE application[42] and the following documents:[43] 21

a) A copy of the registration certificate in the Register of Pharmaceuticals.

b) A copy of the grant of the extension order (without its enclosures) obtained from one of the Recognized Countries where duration of the extension is the shortest.[44]

38 See Section 16 above.

39 Section 164 of the Patents Law stipulates that the Registrar has the power to extend any deadline brought forth in the Patents Law, except for certain deadlines, one of which is the 90 days period granted to file a PTE application.

40 Prior to the legislation of the 2014 Amendment, the Patent Office had the power to extend the prescribed period for late filing of a PTE application, namely, later than the 90 days period from registration. This power was revoked by the 2014 Amendment.

41 Including the registration number, the name of the pharmaceutical preparation, the generic name, the structure of the Substance, the dates of registration and the application for registration.

42 The fees payable for submission of a PTE application are NIS 1,099 (as of April 2014).

43 Since the Regulations relating to PTE provisions were not revised after the amendement of 2006, and were not yet amended in accordance with the 2014 Amendment, the Registrar issued a Circular no. 004/2011 dated January 30, 2014, detailing the necessary documents and information that should be filed together with the PTE application. This section includes the provisions of the Regulations together with said Circular.

44 If the document is not in English, its English translation would also be required.

c) eine Kopie der ersten für die Substanz erteilten Genehmigung für das Inverkehrbringen.[45]

d) eine Erklärung, aus der u. a. die Registrierung des Grundpatents in der israelischen Patentrolle, die Erstregistrierung der Substanz, um die es in dem Patent geht, im israelischen Register für Pharmazeutika und der Status von PLV-Anträgen in den anerkannten Ländern hervorgeht.[46]

VI. Das Prüfungsverfahren eines PLV-Antrags

1. Prüfung

22 Wie in Abschnitt V. 3. oben erwähnt, muss ein PLV-Antrag innerhalb von 90 Tagen nach der Registrierung der Substanz im israelischen Register für Pharmazeutika eingereicht werden. Der Eingang des PLV-Antrags wird vom Patentamt bestätigt.

Das Prüfungsverfahren wurde in der Änderung von 2014 weitgehend modifiziert; in Israel gilt daher jetzt ein beschleunigtes Prüfungsverfahren und schnelle Erteilung von Verlängerungsverfügungen.

Die Prüfung der bezüglich erteilter Patente eingereichten PLV-Anträge muss innerhalb von 60 Tagen nach dem Einreichen des PLV-Antrags beginnen. Falls der PLV-Antrag vor der Erteilung des Grundpatents eingereicht wurde, beginnt die Prüfung der Grundpatent**anmeldung** innerhalb von 30 Tagen nach dem Einreichen des PLV-Antrags und wird so schnell wie möglich[47] abgeschlossen. Die Prüfung des PLV-Antrags wird erst nach der Erteilung des Grundpatents aufgenommen.

Der Registerführer setzt den Antragsteller davon in Kenntnis, wenn beim PLV-Antrag etwas fehlt oder dieser mit Mängeln behaftet ist, und der Antragsteller vervollständigt den Antrag oder behebt die Mängel innerhalb von zwei Monaten nach dem Datum der Mitteilung; wenn der Antragsteller diese Frist versäumt, wird der PLV-Antrag vom Registerführer abgewiesen. Die Zweimonatsfrist kann **nur einmal** verlängert werden.

Der Registerführer muss die Prüfung des PLV-Antrags innerhalb von sechzig Tagen nach Prüfungsbeginn oder ab dem Datum abschließen, an dem der Antragsteller, wie oben erwähnt, das Fehlende nachgereicht oder den Mangel behoben hat, je nachdem, was später liegt.

Wenn der Registerführer davon in Kenntnis gesetzt wird oder erfährt, dass die Bedingungen für die Erteilung einer Verlängerungsverfügung erfüllt sind, veröffentlicht er die Absicht zur Erteilung einer Verlängerungsverfügung und ihre Laufzeit[48] innerhalb von 60 Tagen nach Prüfungsabschluss. Wenn der Registerführer davon in Kenntnis gesetzt wird oder erfährt, dass die Bedingungen für die Erteilung einer Verlängerungsverfügung **nicht** erfüllt sind, veröffentlicht er die Absicht zur Abweisung des PLV-Antrags innerhalb von 60 Tagen nach Prüfungsabschluss.

45 Wenn das Dokument nicht auf Englisch vorliegt, ist eine Übersetzung ins Englische erforderlich.

46 Dazu gehört eine Liste der anerkannten Länder, in denen PLV-Anträge eingereicht worden sind, sowie deren Status, d. h. ob in einem der Länder Verlängerungen gewährt worden sind; des Weiteren müssen Anfangs- und Enddatum dieser Verlängerungen angegeben werden.

47 Zur Einhaltung dieser Anforderung kann der Registerführer engere Fristen setzen. Wenn keine Entgegenhaltungen oder Publikationen gemäß Paragraph 18 des Patentgesetzes (im Zusammenhang mit der Offenlegungspflicht des Patentanmelders) vorgelegt wurden, sollten diese dann zusammen mit dem PLV-Antrag eingereicht werden.

48 Die Laufzeit der Verlängerung wird gemäß den Informationen bestimmt, die dem Registerführer zu diesem Zeitpunkt vorliegen.

c) A copy of the first Marketing Authorization obtained for the Substance.[45]

d) A declaration detailing, inter alia, the registration of the Basic Patent in the Israeli Register of Patents, the first registration of the Substance subject of the patent in the Israeli Register of Pharmaceuticals, and the status of PTE applications in the Recognized Countries.[46]

VI. The Examination Process of a PTE Application

1. Examination

As stated in Section V. 3. above, a PTE application must be filed within 90 days following the registration of the Substance in the Israeli Register of Pharmaceuticals. Upon receipt of the PTE application, the Patent Office will issue a confirmation of receipt. 22

The examination procedure was amended significantly in 2014 Amendment, providing for an expedited examination procedure and the rapid issuance of decisions to grant extension orders in Israel.

The examination of the PTE applications filed with respect to granted patents must commence within 60 days from the date of filing of the PTE application. In case the PTE application was filed before the Basic Patent was granted, the examination of the Basic Patent **application** will commence within 30 days after the filing date of the PTE Application, and will be completed as soon as possible.[47] The examination of the PTE application will commence only after the grant of the Basic Patent.

If anything is missing or if there is a defect in the PTE application, the Registrar will inform the applicant of this and the applicant will complete what is missing or amend the defect within two months of the date of the notice; if the applicant does not complete what is missing or amend the defect within said period, the Registrar shall reject the PTE application. The two months period may be extended **only once**.

The Registrar has to complete the examination of the PTE application within sixty days from the date of the commencement of the examination or from the date on which the applicant completed what is missing or amend the defect as stated above, whichever is later.

If the Registrar is informed or becomes aware that the conditions to grant a PTE are met, he will publish the intent to grant an extension order and its duration,[48] within 60 from the completion of the examination. If the Registrar is informed or becomes aware that the conditions to grant a PTE are **not** met, he will publish the decision to reject the PTE Application within 60 from the completion of the examination.

45 If the document is not in English, its English translation would also be required.

46 This will include a list of the Recognized Countries in which PTE applications have been filed and their status, that is, if extensions have been granted in any of the countries, the date of commencement and date of termination of these extensions must be indicated.

47 The Registar may set stricter time schedules in order to comply with this requirement. In addition, if no citations or publications according to Section 18 of the Patents Law (relating to the patent applicant's duty of disclosure) were provided, these should be filed together with the PTE application.

48 The duration of extension will be determined according to the information before the Registrar at this stage.

23 Gemäß einer Entscheidung des Patentregisterführers vor der Änderung von 2014 fehlt Dritten die Klagebefugnis; zu einer Einmischung bei der Prüfung von PLV-Anträgen sind sie nicht berechtigt.[49] Das Anhörungsrecht von Dritten kann nur ausgeübt werden, indem nach Annahme des PLV-Antrags Einspruch dagegen eingelegt wird.

2. Geteilte Prüfung

24 Wenn außer der Bedingung der Erteilung einer Referenzpatentverlängerungsverfügung in einem Referenzland, in dem eine Genehmigung für das Inverkehrbringen des relevanten pharmazeutischen Präparats erteilt wurde, alle Bedingungen der Erteilung einer israelischen Patentlaufzeitverlängerungsverfügung erfüllt sind, teilt der Registerführer die Prüfung des israelischen PLV-Antrags.

In derartigen Fällen veröffentlicht der Registerführer innerhalb von 60 Tagen, vorausgesetzt, die Referenzpatentverlängerungsverfügung(en) wird/werden innerhalb der Laufzeit des Grundpatents erteilt, eine Mitteilung über die Absicht zur Erteilung einer Verlängerungsverfügung und ihre Laufzeit.[50] Gegen diese Mitteilung über die Absicht einer Patentlaufzeitverlängerungsverfügung[51] kann von Jedermann Einspruch eingelegt werden. Aber selbst bei Abweisung des Einspruchs wird die PLV-Verfügung erst nach der Erteilung der Referenzpatentlaufzeitverlängerungsverfügung und nach abgeschlossener Prüfung des PLV-Antrags erteilt.

Nach der Erteilung oder Abweisung derartiger Referenzpatentlaufzeitverlängerungsverfügungen muss dies vom PLV-Antragsteller innerhalb von 90 Tagen dem Patentamt gemeldet werden. Es wird darauf hingewiesen, dass auch diese 90-Tage-Frist **nicht verlängerbar** ist, obwohl Sanktionen nicht erwähnt werden.

Wenn der Registerführer davon Kenntnis erlangt, dass die Patentlaufzeitverlängerungsverfügung(en) vor dem Ablauf des Grundpatents erteilt wurde(n), schließt er die Prüfung des PLV-Antrags ab und veröffentlicht, wenn dem Antrag stattgegeben wird, innerhalb von 60 Tagen nach der Erteilung der Referenzpatentlaufzeitverlängerungsverfügung[52] eine ergänzende Mitteilung. Gegen die Erteilungsabsicht kann Einspruch erhoben werden, aber die Einspruchsgründe müssen sich auf die ergänzende Mitteilung beschränken.[53]

Wenn der Registerführer davon in Kenntnis gesetzt wird oder erfährt, dass vor dem Ablauf des Grundpatents keine Referenzpatentlaufzeitverlängerungsverfügungen erteilt werden, oder wenn der Antragsteller ihn nicht von derartigen Abweisungen in Kenntnis setzt, wird keine Verlängerungsverfügung erteilt, und der Registerführer veröffentlicht diese Abweisung innerhalb von 60 Tagen nach dem Ablauf des Grundpatents oder nach Ablauf der 90-Tage-Frist, je nachdem, was später liegt.[54]

3. Annahme, Einsprüche und Erteilung

25 Wenn das Patentamt nach der Prüfung des PLV-Antrags dessen Annahme beschließt, d. h. die Erteilung einer Verlängerungsverfügung beabsichtigt, veröffentlicht es diese Absicht, so dass Dritte Gelegenheit haben, vor der Erteilung Einspruch einzulegen.

49 Siehe Entscheidung bei einem Antrag Dritter zum Ergehen einer Entscheidung in PLV-Anträgen Nr. 122910, 126431 und 110977, Manufacturers Association of Israel gegen Novartis AG et al. vom 26. Dezember 2010.
50 Die Laufzeit der Verlängerung wird gemäß den Informationen bestimmt, die dem Registerführer zu diesem Zeitpunkt vorliegen.
51 In Bezug auf Einsprüche siehe Abschnitt VI. 3. unten.
52 Die Laufzeit der Verlängerung wird gemäß den Informationen bestimmt, die dem Registerführer zu diesem Zeitpunkt vorliegen.
53 Paragraph 64 G (b) des Patentgesetzes.
54 Paragraph 64 E (e) 4 des Patentgesetzes.

In a decision rendered by the Patents Registrar prior to the 2014 Amendment, it was decided that third parties lack standing and are not entitled to interfere in the examination of PTE applications.[49] The right of third parties to be heard may be exercised only by way of lodging an opposition to the PTE application, if the PTE application is accepted. 23

2. Bifurcated Examination

If all the conditions for the grant of an Israeli PTE Order are met, except the condition of grant of a Reference Patent Extension Order in a Reference Country that issued a Marketing Authorization for the pertinent pharmaceutical preparation, then the Registrar will bifurcate the examination of the Israeli PTE application. 24

In such cases, the Registrar will publish, within 60 days, a notice of intent to grant an extension order and its duration,[50] subject to the condition that the Reference Patent Extension Order(s) will be granted during the Basic Patent's term. Any person may lodge an opposition to such notice of intent to grant a PTE Order.[51] However, even if the opposition is dismissed, the PTE Order will not be granted until after the grant of the Reference Patent Extension Order and completion of the examination of PTE application.

Once such Reference Patent Extension Orders are granted or rejected, the PTE applicant must notify same to the Patent Office within 90 days. Notably, this 90 days term is also **non extendable**, however, no sanction is specified.

If the Registrar becomes aware that said Reference Patent Extension Order(s) were granted prior to the expiry of the Basic Patent, he complete the examination of the PTE Application and if the application is allowed, the Registrar will publish a supplementary notice within 60 days of the grant of the Reference Patent Extension Order.[52] The intent to grant may be opposed, but the grounds of the opposition must be limited to the supplemental opposition.[53]

If the Rgistrar is informed or becomes aware that no Reference Patent Extension Orders will be granted before the expiry of the Basic Patent, or if the applicant failes to notify him of said rejections, no extension order will be granted and the Registrar will publish said rejection within 60 days after the expiry ot the Basic Patent or at the end of the 90 days term, whichever is later.[54]

3. Acceptance, Oppositions and Grant

Where, following examination of the PTE application, the Patent Office decides to accept the PTE application, namely, its intent to grant an extension order, the Patent Office makes its intent public so that third parties may file a pre-grant opposition. 25

49 See decision in third party request to grant a decision in PTE Applications Nos. 122910, 126431 and 110977, Manufacturers Association of Israel vs. Novartis AG et al. dated December 26, 2010.

50 The duration of extension will be determined according to the information before the Registrar at this stage.

51 With respect to oppositions, see Part VI. 3. below.

52 The duration of extension will be determined according to the information before the Registrar at this stage.

53 Section 64 G (b) of the Patents Law.

54 Section 64 E (e) 4 of the Patents Law.

Ein von Dritten eingelegter Einspruch wird vom Patentamt bearbeitet, d. h. es werden Vorbringen und eidesstattliche Erklärungen eingereicht, zu denen die Parteien angehört werden, und es ergehen Ladungen. Diese Einspruchsverfahren vor der Erteilung sind also eigentlich Rechtsstreite im kleineren Rahmen. Wie unten in Abschnitt VII. 1. erläutert, kann gegen die endgültige Entscheidung des Patentamts über den Einspruch von Rechts wegen Beschwerde beim Bezirksgericht eingelegt werden. Wenn innerhalb von drei Monaten nach der Veröffentlichung der Erteilungsabsicht kein Einspruch eingelegt wird oder wenn der Einspruch abgewiesen wird, wird die Verlängerungsverfügung vom Patentamt erteilt.

Wenn ein Einspruch eingereicht wurde, muss der Registerführer seine Entscheidung darüber innerhalb eines Jahres nach ihrem Einreichen fällen.

Außerdem muss der Registerführer die Entscheidung über den Einspruch, soweit möglich, spätestens bis zum Ablauf des Grundpatents gefällt haben; zur Erfüllung dieser Anforderung ist er zur Festsetzung kürzerer Fristen befugt. Diese Anforderung gilt nicht für Einsprüche bei geteilten Prüfungen, bei denen die Mitteilung über die Erteilung der Referenzpatentlaufzeitverlängerungsverfügung weniger als 90 Tage vor dem Ablauf des Grundpatents rechtzeitig erfolgt ist.

4. Vorläufige Verlängerungen

26 Auf der Grundlage mehrerer Entscheidungen des Registerführers und des Bezirksgerichts vor der Änderung von 2014 konnten unter gewissen Umständen vorläufige Laufzeitverlängerungen für israelische Grundpatente erteilt werden.[55]

Nach dem Erlass der Änderung von 2014 ist derzeit nicht klar, unter welchen Bedingungen und unter welchen Umständen eine vorläufige Verlängerung gewährt wird. Der Einfluss und die Auswirkungen dieses kürzlich erlassenen Gesetzes auf die Erteilung von vorläufigen Verlängerungen müssen erst noch bestimmt werden.

VII. Zusätzliche verfahrenstechnische Bestimmungen

1. Beschwerde

27 Gegen die Entscheidung des Patentamts, nach der Prüfung eines PLV-Antrags keine Verlängerung zu gewähren, und die Entscheidung des Patentamts, einen Einspruch gegen einen PLV-Antrag zuzulassen oder abzuweisen, kann von Rechts wegen bei den Bezirksgerichten Tel Aviv oder Jerusalem Beschwerde eingelegt werden. Beschwerdeverfahren können von einem halben Jahr bis zu zwei Jahren dauern. Nach Erteilung einer Sondergenehmigung kann beim Obersten Gericht Beschwerde gegen das Bezirksgerichtsurteil eingelegt werden.

2. Widerruf von Verlängerungsverfügungen

28 Ein Antrag auf Widerruf einer erteilten Verlängerungsverfügung oder eines Antrags auf Änderung der Verlängerungslaufzeit einer erteilten Verlängerungsverfügung kann von Jedermann beim Patentamt gestellt werden.[56] Das Patentamt widerruft die Verlängerungsverfügung oder ändert sie, wenn es feststellt, dass der Einspruch gegen die Erteilung der Verlänge-

55 Beispielsweise der **Neurim-Fall** (in der eine vorläufige Verlängerung gewährt wurde, weil das Einspruchsverfahren nicht vor dem Ablauf des Grundpatents hätte abgeschlossen werden können); der **BTG-Fall** (in der eine vorläufige Verlängerung gewährt wurde, weil keine permanente Verlängerung für das US-Referenzpatent vorlag); ein Antrag auf eine Verlängerungsverfügung für IL-Patent Nr. 83148 im Namen der Roche Diagnostics GmbH (13. Juni 2007), bei dem eine vorläufige Verlängerungsverfügung für ein Grundpatent erteilt wurde, das sein Ablaufdatum fast erreicht hatte, bis aus der vorläufigen Verlängerung, die für das Referenzpatent in den USA erteilt worden war, eine permanente wurde. Siehe auch Abschnitt IX. unten.

56 Die beim Einreichen eines solchen Antrags zu entrichtenden Gebühren betragen das Doppelte der vom Patentinhaber zu zahlenden Verlängerungsgebühren.

If an opposition is initiated by a third party, the Patent Office hears the opposition, which includes the filing of pleadings, affidavits, cross-examination thereon, and summations. Thus, these pre-grant opposition proceedings are, in fact, small-scale litigations. As will be explained in Part VII. 1. below, the final decision of the Patent Office in the opposition may be appealed, by right, to the District Court. If an opposition is not filed within three months from the publication of the intent, or if the opposition is dismissed, the Patent Office grants the extension order.

The Registrar is required to issue his decision in the opposition, if filed, within a year from the filing thereof.

In addition, the Registrar is required to issue the decision in the opposition, as much as possible, no later than the expiry of the Basic Patent, and is authorized to determine stricter time schedules in order to comply with this requirement. This requirement does not apply to oppositions filed in cases of bifurcated examinations, where the notification of the grant of the Reference Patent Extension Order is timely made less than 90 days before the expiry of the Basic Patent.

4. Temporary Extensions

Several decision issued by the Patents Registrar and District Court, before the 2014 Amendment, enabled the grant of temporary extensions of term for Israeli Basic Patents in certain circumstances.[55] 26

It is unclear, at this stage, after the legislation of the 2014Amendment, under which conditions and in which of the circumstances, a temporary extension will be granted. The influence and effects of this recent law on the issuance of temporary extensions is yet to be determined.

VII. Additional Procedural Provisions

1. Appeal

The decision of the Patent Office not to grant an extension order following examination of a PTE application and the decision of the Patent Office to allow or dismiss an opposition to a PTE application may be appealed, by right, to the District Courts of Tel Aviv or Jerusalem. Appeal proceedings may take half a year to a couple of years to resolve. The judgment of the District Court may be appealed to the Supreme Court, if a special leave is granted. 27

2. Revocation of Extension Orders

Any person may file with the Patent Office an application for revocation of a granted extension order or an application to amend the term of extension of a granted extension order.[56] The Patent Office will revoke or amend the extension order if it finds that there exists a ground for opposition to the grant of the extension order or to its term of extension.[57] App- 28

55 E.g., the **Neurim Case** (where a temporary extension was issued since the opposition proceeding could not have been finalized before the expiry of the Basic Patent); the **BTG Case** (where a temporary extension was issued in the absence of a permanent order to the US Reference Patent); A request for an Extension Order for IL Patent No. 83148 in the name of Roche Diagnostics GmbH (June 13, 2007), where a temporary extension order was issued to a Basic Patent that was nearing expiry, until the temporary extension granted to the Reference Patent in the US became permanent. See also Part IX. below.

56 The fees payable upon submission of such an application is twice the amount of renewal fees due by the patentee.

rungsverfügung oder ihre Verlängerungslaufzeit begründet ist.[57] Die Bearbeitung von Anträgen auf Widerruf oder Änderung der Laufzeit von erteilten Verlängerungsverfügungen kann mehrere Jahre in Anspruch nehmen.

3. Wiederinkraftsetzung

29 Bei Ablauf einer Verlängerungsverfügung aufgrund versäumter Aufrechterhaltungsgebührenzahlung kann die Verlängerungsverfügung nach dem Verfahren wieder in Kraft gesetzt werden, das für die Wiederinkraftsetzung von erteilten Patenten, die aus demselben Grund abgelaufen sind, gilt. Ein Antrag auf Wiederinkraftsetzung einer Verlängerungsverfügung sollte so schnell wie möglich nach der Feststellung, dass die Verlängerungsverfügung abgelaufen ist, eingereicht werden. Wie bei dem Wiederinkraftsetzen von erteilten Patenten, bei denen Dritte nach dem Ablauf des Patents und vor seiner Wiedereinsetzung mit der Nutzung einer von einer Verlängerungsverfügung geschützten Erfindung begonnen hatten, erlangen diese Dritten Vorbenutzerrechte und sind zur Fortsetzung dieser Nutzung berechtigt.[58]

VIII. Medizinische Vorrichtungen

30 Für ein eine medizinische Vorrichtung beanspruchendes Patent kann eine PLV beantragt werden, wenn eine gesetzliche Verpflichtung zur Registrierung der medizinischen Vorrichtung besteht (siehe Abschnitt II. 1. oben).

Das Datum, an dem ein PLV-Antrag auf der Grundlage einer medizinischen Vorrichtung eingereicht werden sollte, wird im Patentgesetz nicht definiert.[59] Gemäß einer neueren, vor der Änderung von 2014 gefällten Entscheidung des Registerführers gilt die 90-Tage-Frist für das Einreichen eines PLV-Antrags auf der Grundlage eines pharmazeutischen Präparats analog auch für PLV-Anträge auf der Grundlage von medizinischen Vorrichtungen, obwohl im Gesetz keine spezifische Frist genannt ist.[60]

Außerdem ist die Formulierung des Patentgesetzes u. a. in Bezug auf die Bedingungen für die Erteilung einer PLV auf der Grundlage einer medizinischen Vorrichtung und den Schutzumfang während der Patentverlängerung nicht ganz eindeutig und gerichtlich auslegungsbedürftig. Die Implementierung der oben genannten PLV-Bestimmungen in Bezug auf Verlängerungen auf der Grundlage von medizinischen Vorrichtungen muss erst noch durch patentamtliche und gerichtliche Entscheidungen entwickelt werden.

IX. Bedeutende Gerichtsentscheidungen

31 Im Allgemeinen gibt es nicht sehr viele Gerichtsurteile über Verlängerungsverfügungen.[61] Im Folgenden werden die wichtigsten aufgeführt.

Der **Lundbeck-Fall:**[62] Die Entscheidungen beziehen sich hauptsächlich auf die Auslegung der „Erstregistrierung" einer Substanz im Register für Pharmazeutika als Bedingung für die Erlangung einer Verlängerungsverfügung. Die Registrierung eines Racemats galt als die Erstregistrierung des in dem Racemat „enthaltenen" Enantiomers.

57 Vorschriftsgesetze gelten für diese Bestimmungen nicht.
58 Es gelten gewisse Beschränkungen.
59 Siehe Abschnitt V. 2. über pharmazeutische Präparate.
60 Antrag auf Verlängerung der Schutzdauer von Patent Nr. 217056 im Namen der Advanced Bio-Technologies Inc. (Nevo, 29. Dezember 2013).
61 Nach den Änderungen des Patentgesetzes im Laufe der Zeit haben manche Fälle keine Geltung mehr.
62 Antrag auf eine Verlängerungsverfügung für IL-Patent Nr. 90465 im Namen von H. Lundbeck (15. März 2009); M.A. 223/09 H. Lundbeck gegen Unipharm Ltd. et al (Bezirksgericht Jerusalem, 25. Mai 2009); ALA 5267/09 H. Lundbeck gegen Unipharm Ltd. et al (Oberster Gerichtshof, 15. März 2010).

lications for revocation or amendment of the term of granted extension orders may take a few years to resolve.

3. Reinstatement

Where an extension order expired due to failure to pay maintenance fees, the extension order may be reinstated, following the procedure applicable for reinstatement of granted patents that expired for the same reason. A request for reinstatement of an extension order should be filed as soon as possible after discovery of the expiration of the extension order. As with respect to reinstatement of granted patents, where a third party commenced exploitation of an invention protected by an extension order after its expiry and before its reinstatement, such third party acquires prior user rights and is entitled to continue such exploitation.[58] 29

VIII. Medical Devices

A PTE can be granted to a patent claiming a medical device if the registration of the medical device is required by law (see Part II. 1. above). 30

The Patents Law does not define the date in which a PTE application based on a medical device should be filed.[59] In a recent decision of the Registrar, issued before the 2014 Amendment, despite the fact that no specific deadline is specified by law, it was ruled that the 90 days period to file a PTE application based on a pharmaceutical preparation was to be applied in analogy to PTE application based on medical devices.[60]

Furthermore, the language of the Patents Law with respect, inter alia, to the conditions to grant a PTE on the basis of a medical device and the scope of protection during the extension thereof, is somewhat ambiguous and is open to the interpretation of the court. The implementation of the PTE provisions mentioned above on extensions based on medical devices are yet to be developed by decsions of the Patents Office and the Courts.

IX. Main Court Decisions

In general, there are not too many court decisions with respect to extension orders.[61] The following decisions are the most important ones. 31

The **Lundbeck Case:**[62] The decisions mainly relate to the interpretation of "first registration" of a Substance in the Register of Pharmaceuticals as a condition for obtaining an extension order. The registration of a racemate was held to be the first registration of the enantiomer "contained" in the racemate.

57 Prescription laws do not apply on these provisions.
58 Certain limitations apply.
59 See Part V. 2. relating to pharmaceutical preparations.
60 A request to extend the term of protection of Patent No. 217056 in the name of Advanced Bio-Technologies Inc. (Nevo, December 29, 2013).
61 Some cases ceased to be applicable following changes in the Patents Law over time.
62 A request for an Extension Order for IL Patent No. 90465 in the name of H. Lundbeck (March 15, 2009); M.A. 223/09 H. Lundbeck vs. Unipahrm Ltd. et al (Jerusalem District Ct., May 25, 2009); ALA 5267/09 H. Lundbeck vs. Unipahrm Ltd. et al (Sup. Ct., March 15, 2010).

Der **Novartis-Fall:**[63] Die Entscheidung bezieht sich hauptsächlich auf pharmazeutische Kombinationspräparate. Ein PLV-Antrag auf der Grundlage eines pharmazeutischen Kombinationspräparats wurde abgelehnt, bei dem beide Substanzen bereits registriert waren.

Der **Neurim-Fall:**[64] Die Entscheidung bezieht sich auf die Auslegung des Ausdrucks „medizinische Zwecke" der zuerst registrierten Substanz. Ein PLV-Antrag auf der Grundlage eines pharmazeutischen Kombinationspräparats wurde abgelehnt, bei dem die Substanz zuvor als die Substanz eines **Tierarzneimittels** registriert worden war. Wie oben erwähnt (in Abschnitt II. 8.), legte die Manufacturers Association of Chemistry and Pharmaceutics Einspruch ein, der abgewiesen wurde. Diese Entscheidung wurde nach Beschwerde vom Bezirksgericht bestätigt.

Der **BTG-Fall:**[65] Der Registerführer erteilte eine vorläufige Verlängerungsverfügung für Patent Nr. 105078 im Namen der BTG International Limited mit der Begründung, dass unter gewissen Umständen eine vorläufige Verlängerungsverfügung erteilt wird, obwohl vor dem Ablaufdatum des israelischen Grundpatents keine formelle Verlängerungsverfügung für das US-Referenzpatent erteilt worden war. Die Entscheidung wurde im Anschluss durch einen Einspruch der israelischen Manufacturers Association angefochten; dem Einspruch wurde vom Registerführer stattgegeben. Diese Entscheidung wurde nach einer von der BTG International Limited eingereichten Beschwerde durch das Bezirksgericht aufgehoben.

63 Antrag auf eine Verlängerungsverfügung für IL-Patent Nr. 97219 im Namen von Novartis (26. Dezember 2005). M.A. 1063/06 Novartis AG gegen Manufacturers Association of Israel (Bezirksgericht Tel Aviv, 26. Februar 2007). Ein Antrag auf Zulassung einer Beschwerde beim Obersten Gerichtshof wurde abgelehnt.

64 Antrag auf eine Verlängerungsverfügung für IL-Patent Nr. 103411 im Namen der Neurim Pharmaceuticals Ltd. (9. Mai 2012); MCA (Jer. Distr.) 13281-06-12 Neurim Pharmaceuticals (1991) Ltd. gegen Registrar of Patents [Nevo, 27. September 2012]; Antrag auf eine Verlängerungsverfügung für Patent Nr. 103411 im Namen der Neurim Pharmaceuticals Ltd. [Nevo, 30. September 2012].

65 Antrag auf eine Verlängerungsverfügung für IL-Patent Nr. 105078 im Namen der BTG International Limited (12. Februar 2013); Entscheidung des Einspruchs gegen die Erteilung einer vorläufigen Verlängerungsverfügung für IL-Patent Nr. 105078 im Namen der BTG International Limited [Nevo, 11. August 2013]; MCA (TA Distr.) 33766-08-13 BTG International Limited gegen Manufacturers Association of Chemistry and Pharmaceutics Ltd. International Limited [Nevo, 10. November 2013].

The **Novartis Case:**[63] The decision mainly relates to combination pharmaceuticals. A PTE application based on a combination pharmaceutical was refused, where both Substances were previously registered.

The **Neurim Case:**[64] The decision relates to the interpretation of the "medical purposes" of the first registered Substance. A PTE application based on a combination pharmaceutical was refused, where the Substance was previously registered as the Substance of a **veterinary drug.** As mentioned above (in Section II. 8.), an opposition was filed by the Manufactures Association of Chemistry and Pharmaceutics, which was dismissed. This decision was upheld by the District Court in an appeal.

The **BTG case:**[65] The Registrar granted a temporary extension order for Patent No. 105078 in the name of BTG International Limited, holding that under certain circumstances a temporary extension order will be granted despite the fact that no formal extension order was granted to the US Reference Patent before the date of the expiry of the Israeli Basic Patent. The decision was subsequently challenged in an opposition lodged by the Israeli Manufacturers Association, which was upheld by the Registrar. This decision was reversed by the District Court reversed in an appeal filed by BTG International Limited.

63 A request for an Extension Order for IL Patent No. 97219 in the name of Novartis (December 26, 2005). M.A. 1063/06 Novartis AG vs. Manufacturers Association of Israel (Tel Aviv District Ct., February 26, 2007). An application for leave to appeal to the Supreme Court was refused.

64 A request for an Extension Order for IL Patent No. 103411 in the name of Neurim Pharmaceuticals Ltd. (May 9, 2012); MCA (Jer. Distr.) 13281-06-12 Neurim Pharmaceuticals (1991) Ltd vs. Registrar of Patents [Nevo, September 27, 2012]; Application for Extension Order for Patent No. 103411 in the name of Neurim Pharmaceuticals Ltd. [Nevo, September 30, 2012].

65 A request for an Extension Order for IL Patent No. 105078 in the name of BTG International Limited (February 12, 2013); Decision in Opposition to the grant of Temprorary Extension Order for IL Patent No. 105078 in the name of BTG International Limited [Nevo, August 11, 2013]; MCA (TA Distr.) 33766-08-13 BTG International Limited vs. Manufactures Association of Chemistry and Pharmaceutics Ltd International Limited [Nevo, November 10, 2013].

§ 9 Patentlaufzeitverlängerungen in Russland und anderen GUS-Staaten

A. Russland (RU)

I. Einleitung

1 Die Möglichkeit für die Verlängerung der Laufzeit eines Patentes (patent term extension, PTE) wurde in Russland erstmalig durch das Patentgesetz geschaffen, das am 12. März 2003 in Kraft getreten ist. Die entsprechenden PTE-Durchführungsbestimmungen vom 22. April 2003 wurden am 14. Mai 2003 veröffentlicht. Übergangsbestimmungen für „ältere" Patente waren in dieser PTE-Gesetzgebung nicht vorgesehen. Das heißt, in denjenigen Fällen, in denen die Frist für das Stellen eines Antrags auf Verlängerung der Patentlaufzeit am 12. März 2003 bereits abgelaufen war, konnte keine Verlängerung der Patentlaufzeit mehr erzielt werden.

Die gegenwärtig gültigen Regelungen zur Patentlaufzeitverlängerung in Russland werden von Art. 1363 in Teil IV des Bürgerlichen Gesetzbuches der Russischen Föderation, das seit dem 1. Januar 2008 in Kraft ist, festgeschrieben. Entsprechende Durchführungsbestimmungen hierzu wurden am 29. Juni 2009 veröffentlicht.

In Übereinstimmung mit dieser rechtlichen Basis kann eine Patentlaufzeitverlängerung für ein Erfindungspatent gewährt werden, dessen Erfindungsgegenstand „ein Medikament, ein Pestizid, oder Agrochemikalien" betrifft. Die Möglichkeit einer zusätzlichen pädiatrischen Verlängerung von 6 Monaten existiert in Russland nicht.

2 Für eurasische Patente sind Patentlaufzeitverlängerungen seit dem 1.1.2004 möglich (Regel 16 (5) der Patentrichtlinien). Eurasische PTE-Durchführungsbestimmungen wurden am 31. März 2006 in Kraft gesetzt, wonach eine Patentlaufzeitverlängerung für einen separaten nationalen „Teil" des eurasischen Patents beantragt werden kann, nicht aber für das gesamte Eurasische Patent an sich. Im Allgemeinen prüft das Eurasische Patentamt einen Antrag auf Laufzeitverlängerung eines nationalen „Teils" eines eurasischen Patents in Übereinstimmung mit dem jeweiligen nationalen PTE System und wendet die entsprechenden nationalen Richtlinien an.

II. Formale Anforderungen

3 In Russland ist nur der Patentinhaber berechtigt, einen Antrag auf Verlängerung der Patentlaufzeit zu stellen. Der Antrag kann während der Patentlaufzeit innerhalb einer 6-Monatsfrist nach Erhalt der ersten Marktgenehmigung oder nach der Erteilung des Patents gestellt werden, je nachdem, welche Frist später abläuft.

4 Die zusätzliche Periode der Patentlaufzeit berechnet sich als diejenige Zeitspanne, die von dem Einreichungsdatum der Patentanmeldung bis zum Erhalt der ersten Marktgenehmigung für die Verwendung der vorliegenden Erfindung verstrichen ist, unter Abzug von 5 Jahren, wobei die maximale Laufzeitverlängerung 5 Jahre nicht überschreiten darf.

5 Zusammen mit dem Antrag auf Patentlaufzeitverlängerung sind die folgenden Unterlagen einzureichen:

§ 9 Patent Term Extensions in Russia and other CIS countries

A. Russia (RU)

I. Introduction

For the first time, the possibility for patent term extension (PTE) in Russia has been provided by the Russian Patent Law which came into force March 12, 2003. The corresponding PTE Implementing Regulations of April 22, 2003 have been published on May 14, 2003. A transitional period for "older" patents was not foreseen by the PTE legislation. That means, in those cases where the period for filing the request for PTE had already been expired on March 12, 2003, it was not possible anymore to obtain an extension of the patent term. 1

The contemporary regulations concerning this matter are stipulated by Art. 1363 of Part IV of the Civil Code of the Russian Federation as in force since January 1, 2008. Implementing Regulations were published June 29, 2009.

In accordance with this legal basis, a patent term extension may be granted for a patent the subject matter of which relates to "a medicament, pesticide or agrochemicals". An additional Pediatric extension of 6 month does not exist in Russia.

For Eurasian patents, patent term extensions were available since 1.1.2004 (Rule 16 (5) of the Patent Instructions). Eurasian PTE Implementing Regulations were set into force March 31, 2006, according to which a patent term extension can be requested only for separate national "parts" of the Eurasian patent, but not for the entire patent as such. In general, the Eurasian Patent Office is examining any request for patent term extension for a national "part" of a Eurasian patent in accordance with the corresponding national PTE system and to apply the corresponding national regulations. 2

II. Formal Requirements

In Russia, only the patentee is entitled to file a request for patent term extension. The request may be filed during the term of validity of the patent within a 6-months period after receipt of the first marketing authorization or after the grant of the patent, whichever expires later. 3

The additional period of extension will be calculated as the period elapsed between the filing date of the patent application and the date of receipt of the first marketing authorization for the use of the given invention, reduced by 5 years, but not exceeding 5 years. 4

Together with the Request for patent term extension, the following documents are to be filed: 5

- eine beglaubigte Kopie der ersten Marktgenehmigung und eines Dokuments, welches Informationen über das Medikament (Pestizid) enthält, woraus hervorgeht, dass die Erfindung des unabhängigen Anspruchs das genannte Medikament (Pestizid) betrifft (z.B. ein Artikel aus einem medizinischen Handbuch, normative Dokumentationen, Anwendungsvorschriften usw.);
- die Angabe der Erfindung, deren Patentlaufzeit verlängert werden soll;
- eine Erklärung, dass die Marktgenehmigung die erste Marktgenehmigung für die vorliegende Erfindung ist;
- eine Quittung über die eingezahlten Amtsgebühren;
- erforderlichenfalls eine Vollmacht.

6 Wenn es sich bei dem Schutzrecht um ein nationales russisches Patent handelt, muss der Antrag auf Laufzeitverlängerung beim nationalen Russischen Patentamt in Moskau gestellt werden. Falls es sich bei dem Schutzrecht jedoch um einen nationalen russischen „Teil" eines regionalen EA-Patents handelt, muss der entsprechende Antrag beim Eurasischen Patentamt gestellt werden und wird auch dort bearbeitet.

7 Da die Russische Föderation kein Mitglied eines gemeinsamen Marktes ist, und da auch keine gemeinsame Zulassungsbehörde existiert, die eine Marktgenehmigung gleichzeitig für mehrere Staaten einschließlich Russland erteilen könnte, bedeutet der Begriff „erste Marktgenehmigung" in jedem Fall die erste Marktgenehmigung **in Russland** für ein Produkt, in dem die Erfindung des vorliegenden Patents verwendet wird.

8 Die Amtsgebühren für die Patentlaufzeitverlängerung eines russischen Patents betragen RUB 2.450 (ca. EUR 50) Im Fall eines russischen „Teils" eines Eurasischen Patentes betragen die Amtsgebühren RUB 3.200 (ca. EUR 65).

9 Üblicherweise werden Anträge auf Verlängerung der Patentlaufzeit relativ schnell geprüft. Erfahrungsgemäß kann mit der Erteilung der Patentlaufzeitverlängerung ungefähr 4–6 Monate nach der Antragstellung gerechnet werden.

III. Sachliche Anforderungen

10 Das Russische Bürgerliche Gesetzbuch schreibt vor, dass eine Patentlaufzeitverlängerung erteilt werden kann, wenn die Erfindung ein Medikament, ein Pestizid oder Agrochemikalien betrifft, für deren Verwendung die Genehmigung einer kompetenten staatlichen Behörde erforderlich ist. In diesem Zusammenhang wird in den Ausführungsbestimmungen erläutert, dass für eine Erfindung anerkannt werden soll, dass sie auf ein Medikament, Pestizid oder Agrochemikalien gerichtet ist, wenn diese Erfindung in den Patentansprüchen in Form einer Verbindung (oder Gruppe von Verbindungen) oder in Form einer Zusammensetzung eines Medikaments, Pestizids oder Agrochemikalien charakterisiert ist. Dies wird so ausgelegt, dass nur Verbindungs- und Zusammensetzungsansprüche Gegenstände darstellen, für die eine Patentlaufzeitverlängerung gewährt werden kann. In der Praxis werden Patentlaufzeitverlängerungen auch für Vorrichtungsansprüche, d.h. für medizinische Geräte gewährt, wohingegen Verwendungsansprüche (einschließlich Ansprüche auf eine zweite medizinische Verwendung, Swiss-type claims usw.) und Verfahrensansprüche (einschließlich Ansprüche auf ein „Verfahren zur Behandlung" oder „Verfahren zur Herstellung") in der Regel nicht verlängert werden.

11 Die russischen PTE-Durchführungsbestimmungen beinhalten eine Definition des Begriffs „Medikament", der vom Russischen Arzneimittelgesetz übernommen wurde und Medikamente u.a. als „Substanzen für die Verwendung in der Prophylaxe, Diagnose und Behandlung von Erkrankungen und für die Verhütung von Schwangerschaften" beschreibt. Diese Definition ist nicht auf Menschen beschränkt und umfasst deshalb auch Tierarzneimittel.

- a certified copy of the first Marketing Authorization and of a document comprising information about the medicament (pesticide) so that the invention of the independent claim can be considered being related to said medicament (pesticide) (e.g. an article from a medical handbook, normative documentation, instructions for use and the like);
- indication of the invention the patent term of which shall be extended;
- statement that the MA is the first for the given invention;
- payment receipt for the office fees;
- if necessary, a Power of Attorney.

In case the protective right is a national Russian patent, the request for patent term extension is to be filed with the national Russian Patent Office in Moscow. If, however, the patent represents the national Russian "part" of a regional EA patent, then the request must be filed with the Eurasian Patent Office and will be processed there. 6

As the Russian Federation is not a member of a common market, and also there is no common regulatory authority which could issue a common marketing authorization for several states together which would include Russia, the term "first Marketing Authorization" refers in any case to the first national Marketing Authorization **in Russia** for a product which uses the invention of the given patent. 7

The office fees for a patent term extension of a Russian patent amount to RUB 2,450 (ca. EUR 50). In case of a Russian "part" of a Eurasian patent, the office fees are RUB 3,200 (ca. EUR 65). 8

Usually, requests for patent term extension will be examined rather quickly, and experience shows that a PTE may be granted approx. 4–6 months after the request has been filed. 9

III. Substantive Requirements

The Russian Civil Code stipulate that a PTE may be granted if the invention relates to a medicament, pesticide or agrochemical, for the use of which the permission of a competent state authority is required. In this context, the Implementing Regulations elucidate that an invention shall be considered being related to a medicament, pesticide or agrochemical if said invention is characterized in the claims in form of a compound (or group of compounds) or in form of a composition of a medicament, pesticide or agrochemical. This will be construed to mean that only compound-claims and composition-claims are eligible for patent term extension. In practice, patent term extensions will be afforded also to apparatus-claims, i.e. medical devices. Whereas use-claims, incl. second medical use claims and Swiss type claims and the like, as well as method and process claims incl. "method of treatment"-claims and "process of manufacturing"-claims, as a rule, will not be extended. 10

The PTE Regulations include a definition of the term "medicament" which was adopted from the Russian Federal Law "On Medicaments" and characterizes medicaments, among others, as "substances for use in prophylaxis, diagnosis and treatment of diseases and for contraception". This definition is not limited to humans and thus includes veterinary prepa- 11

Erwähnt werden sollte auch, dass die entsprechende Definition des Begriffs „Pestizide und Agrochemikalien" u.a. auch Düngemittel, Meliorationsmittel und Zusätze für Tierfutter aufzählt.

12 Die Prüfung eines PTE-Antrags beim Amt umfasst drei Stufen:

- Prüfung, ob der Antrag innerhalb der vorgeschriebenen Frist eingereicht worden ist;
- Prüfung, ob der Patentinhaber eine Marktgenehmigung für ein Produkt besitzt, in dem die in dem Patent geschützte Erfindung verwendet wird;
- Prüfung, ob das Produkt aus der Marktgenehmigung als dasjenige Produkt identifiziert werden kann, das in den Ansprüchen des Patentes charakterisiert wird.

13 Es wird weder vom Gesetz noch von den PTE-Durchführungsbestimmungen geregelt, ob zwei oder mehr PTE-Anträge für ein und dasselbe Patent auf der Basis verschiedener Marktgenehmigungen gestellt werden können und ob zwei oder mehr PTE-Anträge auf der Basis einer einzigen Marktgenehmigung für verschiedene Patente gestellt werden können. In der Praxis ist es in der Tat möglich, eine Patentlaufzeitverlängerung für zwei oder mehr unterschiedliche Patente auf der Basis einer einzigen Marktgenehmigung zu erhalten.

Beispielsweise wurden PTE für die Patente RU 2 114 860 (pharmazeutische Zusammensetzung und die Verwendung davon) und RU 2 112 765 (individuelle Verbindungen) der SmithKline Beecham auf der Basis der Zulassung für das Antitumor-Präparat Atriance (Nearabine) erteilt. In analoger Weise wurden PTE für die Patente RU 2 146 132 (pharmazeutische Zusammensetzung), RU 2 147 574 (Wirkstoff [generisch] und eine pharmazeutische Zusammensetzung davon) und RU 2 195 446 (Wirkstoff [spezifisch] und eine pharmazeutische Zusammensetzung davon) von Amgen auf der Basis der Zulassung des Kalziumrezeptormodulator-Präparates Mimpara (Cinacalcet) erteilt.

14 Genauso sollte es andersherum auch möglich sein, zwei oder mehr PTE für ein und dasselbe Patent (auf der Basis mehrerer Marktzulassungen) zu erhalten. In der Praxis führt jedoch bereits die erste Patentlaufzeitverlängerung zu einer Verlängerung des gesamten Umfangs der relevanten Verbindungs- und Zusammensetzungsansprüche. Infolgedessen bleibt in der Regel nichts mehr übrig, was durch einen weiteren PTE-Antrag auf der Basis einer zweiten Marktzulassung noch verlängert werden könnte.

IV. Schutzumfang

15 Wie oben bereits angemerkt wurde, bezeichnet der Begriff „erste Marktgenehmigung" in jedem Fall die erste **russische** Marktgenehmigung. Folglich ist die Berechnung der Verlängerungsperiode relativ einfach und klar. Außer dem Einreichungsdatum der Patentanmeldung und dem Datum des Erhalts der ersten Marktgenehmigung brauchen keine weiteren Daten für diese Berechnung berücksichtigt zu werden.

16 Der Schutzumfang, der in der Verlängerungsperiode durch die PTE gewährt wird, umfasst den gesamten Umfang von all denjenigen Ansprüchen, die das o.g. Produkt betreffen. Das heißt, in der Praxis werden der unabhängige Verbindungs- und der unabhängige Zusammensetzungsanspruch sowie alle diejenigen abhängigen Ansprüche, die das entsprechende Produkt charakterisieren, in ihrem gesamten Umfang verlängert. Diese Laufzeitverlängerung betrifft die genannten Ansprüche per se und ist nicht an das Produkt oder die Substanz geknüpft, auf deren Basis die Patentlaufzeitverlängerung beantragt worden war. Es gibt weder in der PTE-Urkunde noch im Patentregister einen Hinweis darauf, auf der Basis welchen Produktes und welcher Marktgenehmigung die Laufzeitverlängerung erteilt worden ist.

Obwohl es noch keine praktische Erfahrung hinsichtlich der Interpretation des Schutzumfangs während der Verlängerungsperiode gibt, ist davon auszugehen, dass der Schutzumfang der Ansprüche, deren Laufzeit verlängert wurde, in derselben Art und Weise auszulegen ist

rations as well. As an aside, the definition of "pesticides and agrochemicals" includes, among others, fertilizers, melioration agents, animal food supplements.

The examination of the PTE request encompasses three steps: 12

- examination whether the Request has been filed within the prescribed time limit;
- examination whether the patentee possesses a MA for a product which uses the invention of the patent;
- examination whether the product of the MA can be identified as that product that is characterized in the claims of the patent.

It is not regulated neither by the law nor by the PTE regulations whether two or more PTE 13 requests can be filed for the same patent based on different marketing authorizations, and whether or not two or more PTE requests can be filed on the basis of the same MA for different patents. In practice, it is indeed possible to obtain patent term extensions for two or more different patents on the basis of one and the same MA.

For example, PTEs have been granted to RU 2 114 860 (pharmaceutical composition and use thereof) and RU 2 112 765 (individual compounds) of SmithKline Beecham on the basis of the registration for the anti-tumor preparation Atriance (Nearabine). Similarly, PTEs have been granted to RU 2 146 132 (pharmaceutical compostion), RU 2 147 574 (active ingredient generically and pharmaceutical composition) and RU 2 195 446 (active ingredient individually and a pharmaceutical composition) of Amgen on the basis of the registration for the calcium-receptor modulator preparation Mimpara (Cinacalcet) of Amgen.

Also, it should theoretically be possible to obtain two or more PTEs for one and the same 14 patent. In practice however, the first PTE does already result in an extension of the entire scope of the relevant compound and compositions claims. That means, as a rule there is nothing left that could be extended by force of a second MA and a second request for PTE.

IV. Scope of protection

As noted above, the term "first marketing authorization" refers in any case to the first **rus-** 15 **sian** marketing authorization, and therefore the calculation of the extension period is very simple and clear. Besides the filing date of the application and the date of receipt of the first MA, no further dates are to be taken into account for the calculation.

The scope of the protection that will be provided in the extension period extends to the ent- 16 ire scope of all claims which cover the given product. This means that in practice the independent compound and composition claims plus all dependent claims thereof which characterize the given product will be extended to their entire scope. The extension relates to said claims per se and is not linked to any product or substance on the basis of which the patent term extension has been obtained. Also, there is no mention neither on the PTE certificate nor in the patent register on the basis of which specific product and MA the extension has been granted.

Although practical experience regarding the interpretation of the scope of protection during the extension period does not yet exist, it can be taken for granted that the extended claims

wie während der regulären 20-jährigen Patentlaufzeit. Folglich gewährt das Patent in der Verlängerungsperiode genau denselben Schutz wie zuvor.

V. Rechtsbehelf, Rechtsmittel

17 Falls die Frist für das Stellen des Antrags auf Patentlaufzeitverlängerung versäumt wurde, ist eine Wiedereinsetzung oder irgendeine andere Form des Rechtsbehelfs in der russischen PTE-Gesetzgebung nicht vorgesehen. Das heißt, in einem solchen Fall kann keine Patentlaufzeitverlängerung mehr beantragt werden.

18 Das Einreichen eines PTE-Antrags wird vom Patentamt nicht veröffentlicht. Auch falls ein solcher Antrag gestellt und vom Amt abgelehnt wurde, wird die entsprechende Information darüber nicht veröffentlicht. Nur wenn ein PTE-Antrag gewährt wurde, wird dies im Patentbulletin veröffentlicht und in das Patentregister eingetragen. Eine solche Veröffentlichung über die Erteilung eines PTE enthält die Angabe des verlängerten Laufzeitendes, die Angabe der konkreten Patentansprüche, deren Laufzeit verlängert wurde, und des Datums, wann die Laufzeitverlängerung erteilt worden ist. Es gibt jedoch keinen Hinweis darauf, wann der Antrag eingereicht wurde und auf der Basis welchen Produkts oder Wirkstoffs der Antrag gestellt wurde.[1]

19 Da die Patentgesetzgebung andererseits einer dritten Partei auch nicht die Möglichkeit einräumt, den entsprechenden Teil der Akte beim Amt einzusehen, d.h. Akteneinsicht zu nehmen, ist es für eine dritte Partei praktisch nicht möglich, zu beurteilen, ob die entsprechenden Anforderungen bei der Gewährung einer Laufzeitverlängerung eingehalten worden sind. Da außerdem das Einreichen eines PTE-Antrags nicht öffentlich bekannt gemacht wird, ist es sehr unwahrscheinlich, dass eine dritte Partei von einer solchen Patentlaufzeit vor Ihrer Erteilung Kenntnis erlangt. Infolgedessen ist es in der Praxis nicht möglich, während der Prüfung des PTE-Antrags die Sichtweise der dritten Partei in das Verfahren einzubringen (third party observation). Wenn die Patentlaufzeitverlängerung erteilt wurde, ist ein Einspruch durch eine dritte Partei gegen diese Erteilung beim Patentamt oder bei der Kammer für Patentstreitigkeiten **nicht** möglich. Eine Klage gegen diese Laufzeitverlängerung könnte von einer dritten Partei lediglich bei Gericht eingereicht werden.

20 Analog dazu ist, falls ein PTE-Antrag vom Patentamt abgelehnt wurde, eine Beschwerde des Patentinhabers gegen diese Entscheidung beim Patentamt oder der Kammer für Patentstreitigkeiten nicht zulässig. Auch in diesem Fall bleibt nur der gerichtliche Weg, d.h. der Patentinhaber müsste bei Gericht eine Klage gegen den Zurückweisungsbeschluss einreichen.

21 In den russischen PTE-Durchführungsbestimmungen ist lediglich die Möglichkeit einer Dienstaufsichtsbeschwerde vorgesehen, d.h. die Möglichkeit einer Beschwerde wegen Tätigkeit/Nichttätigkeit des zuständigen Prüfers, die vom Patentinhaber oder einer dritten Partei innerhalb einer 3-Monatsfrist beim Direktor des Patentamtes eingelegt werden kann.

VI. Rechtssprechung, Nationale Besonderheiten

22 Anträge auf Patentlaufzeitverlängerung werden von der Patentregister-Abteilung des Patentamtes geprüft. Die Mitarbeiter dieser Abteilung sind jedoch weder in technischer noch in juristischer Hinsicht sehr erfahren, und die Anzahl an PTE-Anträgen ist immer noch als eher

1 Seit 1.1.2014 veröffentlicht das Eurasische Patentamt für erteilte Patentlaufzeitverlängerungen auch den Namen der Zubereitung (Arzneimittel, Pestizide) auf deren Grundlage die Verlängerung erteilt wurde. Nach Ansicht des Patentamts soll dies keine Auswirkungen auf den Schutzbereich während der Verlängerung haben. Dennoch scheint es, dass derzeit die Art und Weise, in der das Eurasische Patentamt eine Patentlaufzeitverlängerung für die nationalen „Teile" eurasischer Patente erteilt, nicht mehr vollständig im Einklang mit den jeweiligen nationalen (zB russischen) Vorschriften steht.

will be construed during the extension period in the same manner like during the regular 20-years patent term, so that the patent will provide exactly for the same protection.

V. Remedies, Appeals

If the deadline for applying for a patent term extension has been missed, a reinstatement or any other form of remedy is not foreseen by the Russian PTE system. In this case, a patent term extension cannot be applied anymore. 17

The filing of a request for patent term extension will not be published by the Patent Office. Also, if such a request has been rejected, this information will not be published. Only after the grant of a patent term extension the same will be published in the Patent Bulletin and entered into the patent register. Such a publication about the grant of a PTE comprise the information about the extended expiry date, the indication of the particular claims of the patent which have been extended and the date when the extension has been granted. Whereas, there is no indication of the date when the request has been filed and also of the preparation or active ingredient on the basis of which this extension has been requested.[1] 18

As on the other hand the legislation does not provide for the possibility for inspection of the corresponding portion of the file by a third party, it is not possible for said third party to assess with certainty if the relevant requirements are complied with by the given PTE. Also, as the filing of the request for PTE has not be published, it is unlikely that a third person may become aware of a PTE prior to the grant thereof; hence it is in practice not possible that a third person files observations during the examination of the application. Once a PTE has been granted, an opposition or appeal against this grant by a third party to the Patent Office or the Chamber for Patent Disputes can **not** be filed. A third party may oppose this PTE only in court proceedings. 19

Similarly, if a request for PTE was rejected by the Patent Office, an appeal by the patentee to the Patent Office or Chamber for Patent Disputes is not foreseen by the PTE regulations. In this case, the Patentee would have to appeal the decision of the Patent Office to the court. 20

What is provided for by the Russian PTE Regulations is merely the possibility for a complaint about activity/non-activity of the examiner in charge, which may be submitted by the patentee, or a third person, within a three-month term to the Director of the Patent Office. 21

VI. Case Law, National Specifics

Applications for patent term extension will be examined by the Patent Register Department at the Patent Office. The staff of this department is, however, not very experienced neither in technical nor juridical regards, and the number of PTE requests is still rather low. There- 22

1 Starting since 1.1.2014, the Eurasian Patent Office is publishing in case of a granted patent term extension also the name of the preparation (medicament, pesticide) on the basis of which the given extension has been obtained. According to the Patent Office, this does not have any effect on the scope of protection in the extension period. Nevertheless, it seems that at present the manner in which the Eurasian Patent Office is granting a patent term extension for any national "part" of a Eurasian patent is no longer completely in line with the corresponding national (e.g. Russian) PTE regulations.

gering einzuschätzen. Infolgedessen hat sich bislang noch keine klare und einheitliche Auslegung der PTE-Richtlinien herausgebildet.

23 Häufig wird die Frage, ob eine PTE erteilt werden kann, auf der Grundlage eines **Verletzungstests** entschieden. Gelegentlich beharrt das Patentamt aber auch darauf, dass das Produkt, so wie es in der Marktgenehmigung beschrieben wird, mit dem Produkt, das in den Patentansprüchen charakterisiert wird, **identisch** sein muss.

24 Obwohl Verwendungs- und Verfahrensansprüche (einschließlich zweiter medizinischer Verwendung und Swiss-type claims) im Rahmen einer PTE eigentlich nicht verlängert werden können, hat das Patentamt kürzlich auch PTE für Verwendungsansprüche (RU 2 114 860 von SmithKline Beecham, wobei neben dem Zusammensetzungsanspruch auch Verwendungsansprüche verlängert worden sind) und auch für ein spezifisches Verfahren zur Verabreichung eines Medikaments (RU 2 054 180 von O.P. Shirnov) erteilt. Es bleibt hierbei jedoch unklar, ob dies eine neue Auslegung der PTE-Durchführungsbestimmungen darstellt oder ob diese Verlängerungen lediglich durch Unachtsamkeit oder Desinteresse des zuständigen Prüfers zustande gekommen sind.

25 Obwohl von den PTE-Durchführungsbestimmungen nicht speziell gefordert wird, dass der Patentinhaber auch der Inhaber der entsprechenden Marktgenehmigung ist, besteht das Patentamt häufig darauf, dass ein Beweis für die Verbindung, die zwischen dem Patentinhaber und dem Inhaber der Marktgenehmigung besteht, vorgelegt wird (z.B. dass der Inhaber der Marktgenehmigung eine Lizenz des Patentinhabers besitzt, eine Tochterfirma ist o.Ä.).

26 Unklar ist, was passieren würde, wenn ein Generikahersteller die erste Marktgenehmigung für Russland vor dem Originalhersteller, d.h. dem Patentinhaber, erhielte. Der Generikahersteller würde mit dem Patentinhaber sicherlich nicht kooperieren, so dass der Patentinhaber nicht in der Lage wäre, eine Kopie **der ersten** Marktgenehmigung vorzulegen.

B. Ukraine (UA)

I. Einleitung

27 Die Möglichkeit für die Verlängerung der Laufzeit eines Patentes (patent term extension, PTE) wurde in der Ukraine erstmalig durch das Patentgesetz vom 11. Mai 2003 geschaffen. Die dazugehörigen Durchführungsbestimmungen waren bereits ein Jahr vorher, am 13. Mai 2002, veröffentlicht worden. Eine Übergangsperiode für „ältere" Patente war in dieser Gesetzgebung nicht vorgesehen und eigentlich auch nicht notwendig, da die Frist für das Einreichen eines Antrags auf Laufzeitverlängerung eines Patentes in jedem Fall erst 6 Monate vor Ablauf der regulären 20-jährigen Patentlaufzeit endet.

In Übereinstimmung mit diesen gesetzlichen Grundlagen kann eine Patentlaufzeitverlängerung für solche Patente gewährt werden, deren Erfindungsgegenstand „ein Medikament, ein Tierschutzmittel oder ein Pflanzenschutzmittel" ist. Die Möglichkeit einer zusätzlichen pädiatrischen Verlängerung von 6 Monaten existiert in der Ukraine nicht.

II. Formale Anforderungen

28 In der Ukraine ist nur der Patentinhaber berechtigt, einen Antrag auf Verlängerung der Patentlaufzeit zustellen. Dieser Antrag kann während der Laufzeit des Patents bis zu 6 Monate vor Ablauf der regulären Patentlaufzeit gestellt werden. Das heißt, Voraussetzung für das Stellen eines Antrags auf Patentlaufzeitverlängerung ist ein in Kraft befindliches Patent und eine Marktzulassung; davon abgesehen kann der Antrag aber im Prinzip zu jedem beliebigen Zeitpunkt während der Patentlaufzeit (bis 6 Monate vor Laufzeitende) gestellt werden. Die zusätzliche Periode der Laufzeit berechnet sich als diejenige Zeitspanne, die von dem Einreichungsdatum der Patentanmeldung bis zum Erhalt der ersten Marktgenehmigung für die

fore, until now a clear and uniform manner how the PTE regulations are to be construed has not been established.

Frequently, the question whether a PTE can be granted will be solved on the basis of an "**infringement test**". Sometimes, however, the Patent Office insists that the product as characterized in the MA must be **identical** to the product that is characterized in the claims of the patent. 23

Although use claims and method claims (incl. second medical uses and Swiss type claims etc.) are actually not eligible for patent term extension, the Patent Office recently granted PTEs for use-claims (RU 2 114 860 of SmithKline Beecham where use claims have been extended in addition to the composition claim), and also for a specific method for administration of a drug (RU 2 054 180 of Mr. O.P. Shirnov). However, it remains still unclear whether this represents a new line of interpretation of the PTE regulations, or if these extensions were made by inadvertence or disinterest of the responsible examiners. 24

Though it is not specifically required by the PTE Regulations that the Patentee must the holder of the given MA, the Patent Office frequently insists that any evidence about the connection of Patentee and Holder of the MA (e.g. if the Holder of the MA has a license, is an affiliate etc.) must be furnished. 25

It is unclear what would happen if a generics company would obtain the first MA for Russia prior to the originator company (patentee). The generics company would certainly not cooperate with the patentee, hence the patentee would not be in the position to provide a copy of "**the first**" MA. 26

B. Ukraine (UA)

I. Introduction

For the first time, the possibility for patent term extension (PTE) in the Ukraine has been provided by the Ukrainian Patent Law of May 11, 2003. The corresponding PTE Implementing Regulations were issued already one year earlier, on May 13, 2002. A transitional period for 'older' patents was not provided by the legislation, however, such transition regulations were in fact not necessary as the deadline for filing a request for patent term extension expires in any case only 6 month before the expiry of the regular 20-years patent term. 27

In accordance with this legal basis, a patent term extension may be granted for a patent the subject matter of which is "a medicament, an animal protecting agent or a plant protecting agent". An additional Pediatric extension of 6 month does not exist.

II. Formal Requirements

Only the patentee is entitled to file a request for patent term extension, which may be filed during the term of validity of the patent until 6 months before the expiry of the regular patent term. That means, while a valid basic patent and a marketing authorization are mandatory precautions for a patent term extension, apart from that the request can be filed in principle at any time during the entire lifetime of the patent. The additional period of extension will be calculated as the period elapsed between the filing date of the patent application and the date of receipt of the first marketing authorization for the use of the given invention, but not exceeding 5 years. That means, in contrast to the PTE system in many other 28

Verwendung der vorliegenden Erfindung verstrichen ist, jedoch nicht mehr als 5 Jahre. Das heißt, im Gegensatz zum PTE-System in vielen anderen Ländern werden bei der Berechnung der Laufzeitverlängerung nicht 5 Jahre abgezogen. Als Folge davon wird in der Praxis in der Regel die maximale Verlängerung von 5 Jahren erzielt.

29 Zusammen mit dem Antrag auf Patentlaufzeitverlängerung sind die folgenden Dokumente einzureichen:

- eine beglaubigte Kopie der Marktzulassung (da der PTE-Antrag in der Praxis auch erst relativ kurz vor Ablauf der regulären 20-jährigen Patentlaufzeit eingereicht werden kann, ist es etwas unklar, ob es sich hierbei um eine beglaubigte Kopie der **ersten** Marktzulassung handeln muss, oder um eine beglaubigte Kopie der beim Einreichen **gültigen** Marktzulassung; unklar ist weiterhin auch, ob die Marktgenehmigung in Kraft sein muss, wenn der Antrag auf Patentlaufzeitverlängerung gestellt wird);
- eine Quittung über die eingezahlten Amtsgebühren;
- gegebenenfalls eine Vollmacht.

30 Da die Ukraine kein Mitglied eines gemeinsamen Marktes ist und auch keine gemeinsame Zulassungsbehörde existiert, die eine Marktgenehmigung gleichzeitig für mehrere Länder einschließlich der Ukraine erteilen könnte, bedeutet der Begriff „erste Marktzulassung" in jedem Fall die erste Marktzulassung **in der Ukraine** für ein Produkt, in dem die Erfindung des vorliegenden Patents verwendet wird.

31 Die Amtsgebühren für die Patentlaufzeitverlängerung eines ukrainischen Patentes betragen UAH 400 (ca. EUR 30).

32 Üblicherweise wird ein Antrag auf Verlängerung der Patentlaufzeit relativ schnell geprüft, und erfahrungsgemäß wird eine Patentlaufzeit bereits ca. 2–6 Monate nach der Antragstellung erteilt.

III. Sachliche Anforderungen

33 Gemäß dem ukrainischen Patentgesetz kann eine Patentlaufzeitverlängerung erteilt werden, wenn es sich bei dem Erfindungsgegenstand des Patents um ein Medikament, Tierschutzmittel oder Pflanzenschutzmittel handelt, für dessen Verwendung die Zulassung einer kompetenten staatlichen Behörde erforderlich ist. Dies wird dahingehend ausgelegt, dass nur Verbindungs- und Zusammensetzungsansprüche für eine Patentlaufzeit in Frage kommen, wohingegen Verwendungsansprüche (einschließlich Ansprüche auf eine zweite medizinische Verwendung, Swiss-type claims usw.) und Verfahrensansprüche (einschließlich Ansprüche auf ein „Verfahren zur Behandlung" oder „Verfahren zur Herstellung") keine Gegenstände darstellen, deren Laufzeit verlängert werden kann.

34 Die ukrainischen PTE-Durchführungsbestimmungen schreiben nicht vor, in welcher Art und Weise ein Antrag auf Patentlaufzeitverlängerung geprüft werden soll.

Es ist auch gesetzlich nicht vorgeschrieben, ob auf der Basis einer einzigen Marktzulassung zwei oder mehr PTE-Anträge für verschiedene Patente gestellt werden können. In der Praxis sollte dies möglich sein.

IV. Schutzumfang

35 Wie oben bereits angemerkt wurde, bezieht sich der Begriff „erste Marktgenehmigung" in jedem Fall auf die erste Marktgenehmigung in der Ukraine, so dass die Berechnung der Zeitspanne der Verlängerungsperiode relativ einfach ist. Neben dem Einreichungsdatum der Patentanmeldung und dem Datum des Erhalts der ersten Marktgenehmigung brauchen keine weiteren Daten für die Berechnung berücksichtigt zu werden.

countries, the period of extension will not be reduced by 5 years. As a consequence thereof, in practice as a rule an extension of the maximum period of 5 years will be obtained.

Together with the Request for patent term extension, the following documents are to be filed: 29

- a certified copy of the Marketing Authorization (as the request for patent term extension could be filed, in practice, also shortly before the expiry of the normal 20 years patent term, it is a bit unclear whether said certified copy of the MA must be the **first** MA, or a copy of the **presently valid** MA. Also, it is unclear whether the marketing authorization must be in force when the request for PTE is being filed);
- payment receipt for the office fees;
- if necessary, a Power of Attorney.

As the Ukraine is not a member of a common market, and also there is no common regulatory authority which could issue a common marketing authorization for several states together which would include the Ukraine, the term 'first Marketing Authorization" refers in any case to the first national Marketing Authorization **in Ukraine** for a product which uses the invention of the given patent. 30

The office fees for a patent term extension of a Ukrainian patent amount to UAH 400 (ca. EUR 30). 31

Usually, requests for patent term extension will be examined rather quickly, and experience shows that a PTE may be granted approx. 2–6 months after the request has been filed. 32

III. Substantive Requirements

According to the Ukrainian Patent Law, a PTE may be granted if the subject matter of a patent is a medicament, animal protecting agent or plant protecting agent, for the use of which the permission of a competent state authority is required. This means that only compound-claims and compositions-claims are eligible for patent term extension, whereas use-claims incl. second medical use claims and Swiss type claims and the like, as well as method and process claims incl. "method of treatment"-claims and "process of manufacturing"-claims do not represent subject matter that can be extended by force of a PTE. 33

The PTE regulations do not stipulate the manner in which a request for patent term examination shall be examined. 34

It is not regulated by the law whether or not two or more PTE requests can be filed on the basis of the same MA for different patents. In practice, this should indeed be possible.

IV. Scope of protection

As noted above, the term "first marketing authorization" refers in any case to the first **Ukrainian** Marketing Authorization, and therefore the calculation of the extension period is very simple and clear. Besides the filing date of the application and the date of receipt of the first MA, no further dates are to be taken into account for the calculation. 35

36 Der Schutzumfang, der in der Verlängerungsperiode durch die PTE gewährt wird, erstreckt sich auf das gesamte Patent. In anderen Worten, die Verlängerung betrifft das Patent per se und ist nicht an das Produkt oder die Substanz gekoppelt, auf deren Basis die Patentlaufzeitverlängerung beantragt worden war. Es gibt weder in der PTE-Urkunde noch im Patentregister einen Hinweis darauf, auf Basis welchen Produkts oder welcher Substanz die Patentlaufzeitverlängerung erteilt worden ist.

V. Rechtsbehelf, Rechtsmittel

37 Wenn die Frist für das Stellen eines PTE-Antrags versäumt wurde, ist eine Wiedereinsetzung oder eine andere Form des Rechtsbehelfs von der ukrainischen PTE-Gesetzgebung nicht vorgesehen. Im Hinblick auf die Möglichkeit, einen solchen PTE-Antrag jedoch während der gesamten Laufzeit des Patents bis 6 Monate vor Ablauf der regulären Patentlaufzeit zu stellen, ist es relativ unwahrscheinlich, dass diese „Frist" versäumt wird.

38 Das Stellen eines PTE-Antrags wird vom Patentamt nicht veröffentlicht. Auch falls ein solcher Antrag gestellt, vom Amt aber abgelehnt wurde, wird die entsprechende Information darüber nicht veröffentlicht. Nur wenn ein PTE-Antrag gewährt wurde, wird dies im Patentbulletin veröffentlicht. Eine solche Veröffentlichung über die Erteilung einer PTE enthält die Information über das verlängerte Laufzeitende und das Datum, an dem diese Verlängerung erteilt worden ist. Es gibt jedoch keinen Hinweis darauf, wann und auf der Basis welchen Produkts oder Wirkstoffs der Antrag gestellt wurde.

39 Da die Gesetzgebung andererseits einer dritten Partei auch nicht die Möglichkeit einräumt, den entsprechenden Teil der Akte beim Amt einzusehen, d.h. Akteneinsicht zu nehmen, ist es für eine dritte Partei praktisch nicht möglich, zu beurteilen, ob die entsprechenden Anforderungen bei der Gewährung einer Laufzeitverlängerung eingehalten wurden. Da außerdem das Einreichen eines PTE-Antrags nicht öffentlich bekannt gemacht wird, ist es sehr unwahrscheinlich, dass eine dritte Partei von einer solchen Patentlaufzeit bereits vor Ihrer Erteilung Kenntnis erlangt. Infolgedessen ist es in der Praxis nicht möglich, während der Prüfung des PTE-Antrags die Sichtweise einer dritten Partei in das Verfahren einzubringen (third party observation). Wenn die Patentlaufzeitverlängerung erteilt worden ist, könnte ein Einspruch durch eine dritte Partei lediglich in Form einer Klage bei Gericht eingereicht werden.

40 Analog dazu ist, falls ein PTE-Antrag vom Patentamt abgelehnt wurde, eine Beschwerde des Patentinhabers gegen diese Entscheidung beim Patentamt nicht zulässig. Auch in diesem Fall bleibt nur der gerichtliche Weg, d.h. der Patentinhaber müsste bei Gericht eine Klage gegen den Zurückweisungsbeschluss einreichen.

VI. Rechtssprechung, Nationale Besonderheiten

41 Das Ukrainische PTE-System ist sehr nutzerfreundlich:

- der Antrag kann ohne den Zwang einer strengen 6-monatigen Frist für die Einreichung, wie dies in vielen anderen Ländern Vorschrift ist, gestellt werden, so dass das Risiko, die Frist für das Stellen des Antrags zu versäumen, relativ gering ist;
- die Verlängerungsperiode wird ohne Abzug von 5 Jahren berechnet, wie dies in vielen anderen Ländern üblich ist, so dass in der Regel die maximale Verlängerung von 5 Jahren erzielt wird;
- der Schutzumfang während der Verlängerungsperiode erstreckt sich auf das gesamte Patent, d.h. das Patent per se wird verlängert und somit der Schutzumfang für alle Produkte, die in den Umfang des Patents fallen;
- die Amtsgebühren sind relativ gering (ca. EUR 30), genauso wie auch die anderen Verwaltungskosten für das Erlangen einer PTE in der Ukraine;

The scope of the protection that will be provided in the extension period extends to the entire patent. The extension relates to the patent per se and is not linked to any product or substance on the basis of which the patent term extension has been obtained. Also, there is no mention neither on the PTE certificate nor in the patent register on the basis of which specific product and MA the extension has been granted. 36

V. Remedies, Appeals

If the deadline for applying for a patent term extension has been missed, a reinstatement or any other form of remedy is not foreseen by the Ukrainian PTE system. In view of the possibility to file this request at any time prior to 6 months before the end of the regular patent term, however, it is rather unlikely that the "deadline" will be missed. 37

The filing of a request for patent term extension will not be published by the Patent Office. Also, if such a request has been rejected, this information will not be published. Only after the grant of a patent term extension the same will be published in the Patent Bulletin. Such a publication about the grant of a PTE comprise the information about the extended expiry date and the date when the extension has been granted. Whereas, there is no indication of the date when the request has been filed and also of the preparation or active ingredient on the basis of which this extension has been requested. 38

As on the other hand the legislation does not provide for the possibility for inspection of the corresponding portion of the file by a third party, it is not possible for said third party to assess with certainty if the relevant requirements are complied with by the given PTE. Also, as the filing of the request for PTE has not be published, it is unlikely that a third person may become aware of a PTE prior to the grant thereof; hence it is in practice not possible that a third person files observations during the examination of the application. Once a PTE has been granted, a third party may oppose the grant of this PTE only in court proceedings. 39

Similarly, if a request for PTE was rejected by the Patent Office, an appeal by the patentee to the Patent Office is not foreseen by the PTE regulations. In this case, the Patentee would have to appeal the decision of the Patent Office to the court. 40

VI. Case Law, National Specifics

The PTE system in the Ukraine is extremely customer friendly: 41

- the request can be filed without a rigid 6-month deadline for filing like in many other countries, so that the risk for missing the deadline for filing is very low;
- the period of extension will be calculated without subtraction of 5 years like in many other countries, so that in most cases the maximum extension of 5 years will be obtained;
- the scope of protection in the extension period extends to the entire patent i.e. the patent per se will be extended, which covers all products that fall within the scope of this patent;
- the office fee is relatively low (ca. EUR 30), and so are the other administrative costs;

- das Erteilungsverfahren ist relativ zügig.

42 Als Nachteil des PTE-Systems in der Ukraine ist zu nennen, dass erteilte Patentlaufzeitverlängerungen im Patentbulletin veröffentlicht, jedoch nicht im Online-Patentregister angezeigt werden. Als Folge davon sind Generika-Firmen oftmals nur unzureichend über erteilte Laufzeitverlängerungen informiert und berücksichtigen diese nicht in ihren Erwägungen. Außerdem ist es für eine dritte Partei praktisch nicht möglich, das Prüfungsverfahren eines PTE-Antrags zu verfolgen und zu beeinflussen, und es ist auch sehr schwierig, die einmal erfolgte Erteilung einer PTE, welche auf einer fälschlichen Entscheidung des Patentamtes basiert, widerrufen zu lassen.

43 **Überblick über PTE/SPC-Regelungen in den GUS-Ländern (inkl. der baltischen Länder EE, LT, LV und auch GE)**

Land	**Frist für die Einreichung**	**Verlängerungsdauer**	**Gegenstände, für die ein PTE in Frage kommt**	**Schutzumfang des PTE/SPC**
AM	6 Monate nach Erteilung	b)	Arzneimittel für Menschen und Tiere, Pflanzenschutzmittel, Herstellungsverfahren und Zwischenprodukte	
AZ	innerhalb der regulären 20-jährigen Patentlaufzeit	c)	Produkte und Verfahren auf dem Gebiet der Pharmazie und Agrochemie	
BY (bis 2.2.2011)	innerhalb des letzten Jahres der regulären Patentlaufzeit	unsicher (b?)	Produkte, für die eine Zulassung erforderlich ist	
BY (ab 3.2.2011)	6 Monate nach Erteilung	a)	Arzneimittel, Pestizide, Agrochemikalien	das Produkt
EE	s. EP			
GE	1 Jahr nach Erteilung der Marktgenehmigung	b)	Arzneimittel	das Patent
KG (bis 10.1.2011)	innerhalb der letzten 2 Monate der regulären Patentlaufzeit	b)	Arzneimittel	
KG (ab 11.1.2011)	6 Monate nach Erteilung			
KZ	innerhalb des letzten Jahres der regulären Patentlaufzeit	unsicher (b?)	Produkte, für die eine Zulassung erforderlich ist	das Patent
LT	s. EP			
LV	s. EP			

- the procedure is relatively quick.

As a drawback of the Ukrainian PTE system, it is to be noted that patent term extensions 42 will be published in the Patent Bulletin but will not be shown in the online patent register. As a consequence thereof, not all generics companies become aware of granted extensions of patent terms and thus have the opportunity to take them into account. Moreover, it is not possible for a third person to intervene in the examination of a PTE request and it is very hard to oppose the grant of a PTE, which protects erroneous decisions of the patent office.

Overview over PTE/SPC regulations in CIS countries (incl. the Baltic countries EE, LT, LV, and also GE) 43

Country	Deadline for filing	Duration of extension	Materials eligible for SPC	Scope of extension
AM	6 months after grant	b)	pharmaceuticals for humans and animals, plant protecting agents, manufacturing processes and intermediates	
AZ	within the regular 20 years patent term	c)	products and processes in the area of pharmacy and agrochemistry	
BY (until 2.2.2011)	within the last 1 year of the regular patent term	uncertain (b?)	products for which a permission is required	
BY (since 3.2.2011)	6 months after grant	a)	pharmaceuticals, pesticides, agrochemicals	the product
EE	s. EP			
GE	1 year after grant of the marketing approval	b)	pharmaceuticals	the patent
KG (until 10.1.2011)	within the last 2 months of the regular patent term	b)	pharmaceuticals	
KG (since 11.1.2011)	6 months after grant			
KZ	within the last 1 year of the regular patent term	uncertain (b?)	products for which a permission is required	the patent
LT	s. EP			
LV	s. EP			

Land	**Frist für die Einreichung**	**Verlängerungsdauer**	**Gegenstände, für die ein PTE in Frage kommt**	**Schutzumfang des PTE/SPC**
MD	6 Monate nach Erteilung	a)	Arzneimittel, Phytopharmazeutika	das Produkt
RU	6 Monate nach Erteilung	a)	Arzneimittel, Pestizide, Agrochemikalien	die relevanten Ansprüche des Patents
TJ	SPC nicht verfügbar			
TM	unbekannt	bis zu 5 Jahren	Arzneimittel, Pestizide, Agrochemikalien	
UA	bis 6 Monate vor Ablauf der 20-jährigen Patentlaufzeit	b)	Arzneimittel, Pflanzenschutzmittel, Tierschutzmittel	das Patent
UZ	6 Monate nach Erteilung	b)	Arzneimittel, Pestizide	
regional EA (umfasst AM, AZ, BY, KG, KZ, [MD], RU, TJ, TM)	In Kraft seit 1.1.2004, Durchführungsbestimmungen seit 2006; gültig für diejenigen Mitgliedsländer, in denen eine Patentlaufzeitverlängerung von der jeweiligen nationalen Patentgesetzgebung vorgesehen ist; das Prüfungsverfahren ist (für jedes Land separat) in Übereinstimmung mit der **nationalen** Patentgesetzgebung beim **regionalen** Eurasischen Patentamt durchzuführen.			

Legende:

Frist von 6 Monaten nach Erteilung bedeutet:

6 Monate nach Erteilung des Patents oder nach Erhalt der ersten Marktgenehmigung, je nachdem, welches Datum das spätere ist (= EP Praxis).

Die maximale Verlängerungsdauer wird wie folgt berechnet:

a) in Analogie zum europäischen SPC-System, d.h. die Verlängerungsperiode entspricht derjenigen Zeitspanne, die vom Einreichungstag der Patentanmeldung bis zum Erhalt der ersten Marktgenehmigung verstrichen ist, reduziert um 5 Jahre, höchstens jedoch 5 Jahre;

b) im Gegensatz zur o.g. europäischen SPC-Berechnungsmethode wird in denjenigen Ländern, in denen die Verlängerungsdauer mit „b)" gekennzeichnet ist, die maximal erhältliche Verlängerungsdauer **ohne** Abzug von 5 Jahren berechnet, wobei die maximale Verlängerung 5 Jahre beträgt;

c) die Patentlaufzeit berechnet sich als diejenige Zeitspanne, die für das Durchlaufen des entsprechenden Zulassungsverfahrens notwendig war, maximal 5 Jahre. Falls die Zeit zwischen dem Einreichen der Patentanmeldung und der Erteilung des Patents in die o.g. Zeitspanne fällt, die für den Erhalt der Marktzulassung erforderlich war, dann wird die Verlängerungsperiode um den entsprechenden Zeitabschnitt des Patentprüfungsverfahrens reduziert.

Country	Deadline for filing	Duration of extension	Materials eligible for SPC	Scope of extension
MD	6 months after grant	a)	pharmaceuticals, phytopharmaceuticals	the product
RU	6 months after grant	a)	pharmaceuticals, pesticides, agrochemicals	relevant claims
TJ	SPC not yet available			
TM	unknown	up to 5 years	pharmaceuticals, pesticides, agrochemicals	
UA	until 6 months before expiry of the 20 years patent term	b)	pharmaceuticals, plant protecting agents, animal protecting agents	the patent
UZ	6 months after grant	b)	pharmaceuticals, pesticides	
regional EA (includes AM, AZ, BY, KG, KZ, [MD], RU, TJ, TM)	effective since 1.1.2004, Implementing regulations since 2006; valid for countries where SPC is allowed under the national patent regulations; proceedings are to be performed (for each country separately) in accordance with the **national** patent practice before the **regional** EA PO.			

Legend:

Deadline of 6 months after grant means:

6 months after grant of the patent or after receipt of the first marketing approval, whichever is the later date (= EP practice).

Maximum extension available will be calculated as follows:

a) In analogy to the European SPC system, i.e. the possible extension will be calculated as the period elapsed between the filing date of the patent and the receipt of the first marketing authorization, reduced by 5 years, but not exceeding 5 years.

b) In contrast to this EP practice, in those countries marked with the character "b)" the maximum available extension will be calculated **without** subtraction of said 5 years, while the patent term extension still must not exceed 5 years.

c) The patent term can be extended for that period of time that has been expended for passing the corresponding regulatory procedures, but not exceeding 5 years. If the time between the filing of the patent application until the grant of a patent falls within the aforementioned period expended for obtaining a marketing approval, said period of extension will be reduced by the corresponding prosecution period.

BY: Am 3. Februar 2011 ist ein neues Patentgesetz in Kraft getreten.

KG: Am 11. Januar 2011 sind SPC-Durchführungsbestimmungen in Kraft getreten.

EA: Am 26 Oktober 2011 hat MD seinen Austritt aus der EA-Patentübereinkommen bekanntgegeben, die am 26. April 2012 in Kraft getreten ist.

BY: 3 February 2011, a new Patent Law has come into effect.

KG: 11 January 2011, SPC Implementing Regulations came into force.

EA: 26 October 2011, MD deposited a notification of denunciation of the EA Patent Convention, which has taken effect on 26 April 2012.

§ 10 Patentlaufzeitverlängerungen in Singapur

I. Einleitung

1 Das Patentrecht Singapurs wurde am 1. Juli 2004 zur Umsetzung bestimmter Verpflichtungen geändert, die sich für Singapur aus dem Freihandelsabkommen mit den USA (USSFTA), welches in 2003 abgeschlossen wurde,[1] ergaben. Um einen Ausgleich für Verzögerungen bei der Patenterteilung zu schaffen,[2] sind in den durch die Änderungen eingeführten Regelungen Bestimmungen für die Verlängerung der Patentlaufzeit von Patenten in Singapur enthalten. Die Bestimmungen zur Patentlaufzeitverlängerung finden nur auf Patente Anwendung, die ein Anmeldedatum am oder nach dem 1. Juli 2004 in Singapur haben. Demnach sind die Bestimmungen zur Laufzeitverlängerung nur anwendbar bei:

(i) prioritätsbeanspruchende und nicht-beanspruchende Patentanmeldungen in Singapur, die am oder nach dem 1. Juli 2004 eingereicht worden sind,

(ii) Patentanmeldungen nach dem Patentzusammenarbeitsvertrag (PCT) mit einem internationalen Anmeldedatum am oder nach dem 1. Juli 2004 und

(iii) Teilanmeldungen in Singapur, bei denen die Stammanmeldung in Singapur ein Anmeldedatum am oder nach dem 1. Juli 2004 hat.

2 Das Patentrecht in Singapur wurde am 14. Februar 2014 geändert. Nach dem neuen Gesetz ändern sich die Gründe für eine Patentlaufzeitverlängerung nicht. Lediglich einige Regelungen bezüglich der Fristen und formellen Anforderungen wurden geändert oder vom Patentgesetz in die Ausführungsverordnung (Regeln) zum Patentgesetz verschoben. Daher gesteht das neue Gesetz dem Prüfer einen größeren Ermessensspielraum bei der Abwägung der Zulässigkeit von Anträgen zur Patentlaufzeitverlängerung und des Zeitraumes für die Verlängerung der Laufzeit des Patents zu.

II. Gründe für die Patentlaufzeitverlängerung

3 Eine Patentlaufzeitverlängerung kann aufgrund einer der folgenden Gründe gewährt werden:

(i) bei einer „unbilligen" Verzögerung der Erteilung eines Patentes in Singapur durch das Patentamt in Singapur;

(ii) bei einer unbilligen Verzögerung, die bei der Erteilung eines ausländischen korrespondierenden Patentes auftrat, auf das die Erteilung des Patentes in Singapur gestützt wurde im Zusammenhang mit einer Laufzeitverlängerung, die durch ein nationales Patentamt für dieses ausländische korrespondierende Patent gewährt wurde;

(iii) bei einer unbilligen Verzögerung beim Erlangen einer Zulassung in Singapur für ein pharmazeutisches Produkt, das Gegenstand des Patentes in Singapur ist.

1 Artikel 16.7: Patente und Artikel 16.8: bestimmte regulierte Produkte durch USSFTA.
2 Patentgesetz in Singapur, Artikel 36 A und Regeln zum Patentgesetz, Regel 51 A.

§ 10 Patent Term Extensions in Singapore

I. Introduction

1 The Singapore Patents Act was amended on 1 July 2004 to implement certain obligations undertaken by Singapore under the United States-Singapore Free Trade Agreement (USSFTA) concluded in 2003.[1] Amongst the provisions introduced by the amendments are provisions to permit patent term extensions for Singapore Patents to compensate for any delay faced by patent owners in issuance of the patent grant.[2] The patent term extension provisions apply only to Singapore Patents having a Singapore filing date on or after 1 July 2004. Accordingly, the extension of term provisions are only applicable to:

(i) convention and non-convention Singapore patent applications filed in Singapore on or after 1 July 2004;

(ii) Patent Co-operation Treaty: patent applications having an international filing date on or after 1 July 2004; and

(iii) Singapore divisional patent applications in which the parent application has a Singapore filing date on or after 1 July 2004.

2 The Singapore Patents Act was further amended on 14 February 2014. Under the new legislation, the grounds available for patent term extensions remain the same; only certain matters related to time periods and formalities requirements have either been amended or moved into the rules section of the Singapore Patents Act. Hence, the new legislation provides the Registrar with a wider discretion when considering allowability of a request for patent term extension and the period by which a patent term may be extended.

II. Grounds for patent term extensions

3 An extension of patent term may be granted on any one of the following three grounds:

(i) an "unreasonable" delay by the Intellectual Property Office of Singapore (IPOS) in granting the Singapore patent;

(ii) an unreasonable delay that occurred in obtaining grant of a foreign corresponding patent which has been relied upon to meet the grant requirements of a Singapore patent, and an extension of term has been granted by the national patent office of that foreign corresponding patent; or

(iii) a delay occurred while obtaining marketing approval in Singapore for a pharmaceutical product that is the subject of a Singapore patent.

1 Article 16.7: Patents and Article 16.8: Certain Regulated Products of USSFTA.
2 Singapore Patents Act, Section 36 A and Singapore Patent Rules, Rule 51 A.

Während der Grund unter (iii) bei Patenten für pharmazeutische Produkte spezifisch ist, sind die Gründe unter (i) und (ii) bei allen Patenten in Singapur anwendbar. Daher kann ein auf ein pharmazeutisches Produkt gerichtetes Patent sich auf irgendeinen der o.g. drei Punkte berufen, um eine Patentlaufzeitverlängerung zu erhalten.

1. Unbillige Verzögerung durch das Patentamt in Singapur

4 Die Patentlaufzeit kann aufgrund einer unbilligen Verzögerung bei der Erteilung des Patentes durch das Patentamt in Singapur verlängert werden. Eine Verzögerung wird als „unbillig“ erachtet, wenn

a) das Erteilungsverfahren (d.h. der Zeitraum zwischen dem Einreichen der Patentanmeldung und dem Zeitraum der Zustellung des Erteilungsbeschlusses) **vier Jahre** übersteigt oder

b) das Recherche- und Prüfungsverfahren (d.h. der Zeitraum zwischen der Einreichung eines Antrages auf Recherche und/oder Prüfung durch den Anmelder und dem Datum der Zustellung des Patenterteilungsbeschlusses) **zwei Jahre** übersteigt.

Bezüglich (a) und (b) sollte berücksichtigt werden, dass jegliche Verzögerung aufgrund einer Handlung oder Unterlassung seitens des Patentanmelders von dem Zeitintervall zur Berechnung der Laufzeitverlängerung aufgrund der Verzögerung durch das Patentamt in Singapur abgezogen wird.

Die Patentlaufzeit wird um den Zeitraum verlängert, der dem Zeitraum unter (a) und (b) entspricht, wenn der Prüfer zu dem Schluss gelangt, dass eine unbillige Verzögerung vorgelegen hat. In den Fällen, in denen sowohl (a) als auch (b) anwendbar sind, wird der längere der beiden Zeiträume für die Patentlaufzeitverlängerung herangezogen.[3]

5 **Verfahren:** Der Antrag auf eine Patentlaufzeitverlängerung aufgrund einer unbilligen Verzögerung durch das Patentamt in Singapur muss innerhalb von **6 Monaten** nach Zustellung der Patenterteilungsurkunde beim Patentamt in Singapur eingereicht werden. Der Antrag muss Beweismaterial zur Stützung des Antrages enthalten und den Hinweis auf Zahlung der für diesen Antrag vorgesehenen Amtsgebühr. Beweismaterial zur Stützung des Antrags auf Patentlaufzeitverlängerung können die Patenterteilungsurkunde und vom Patentamt in Singapur zugestellte offizielle Bescheide beinhalten. Der Prüfer des Patentamtes in Singapur hat das Recht, weiteres Beweismaterial zur Stützung des Antrages auf Patentlaufzeitverlängerung zu verlangen. Dem Anmelder wird zwei Monate gegeben, um das weitere Beweismaterial vorzulegen. Falls der Anmelder das zusätzliche Beweismaterial nicht wie gefordert innerhalb von 2 Monaten vorlegt, gilt der Antrag als zurückgenommen.

2. Unbillige Verzögerung bei der Erteilung eines korrespondierenden ausländischen Patentes

6 Eine Patentlaufzeitverlängerung für ein Patent in Singapur kann beantragt werden, wenn die folgenden drei Bedingungen erfüllt sind:

(i) das Patent in Singapur wurde auf Basis eines ausländischen korrespondierenden Patentes von einem der dafür vorgesehenen Patentämter erteilt;

(ii) es lag eine unbillige Verzögerung durch das Patentamt vor, das das ausländische korrespondierende Patent erteilt hat und

(iii) das Patentamt, das das ausländische korrespondierende Patent erteilte, hat aufgrund dieser Verzögerung die Laufzeit des ausländischen korrespondierenden Patentes verlängert.

3 Patentgesetz in Singapur, Regel 51 A (6).

While ground (iii) is specific to patents for pharmaceutical products, grounds (i) and (ii) are open to all Singapore patents. Hence, a pharmaceutical patent may rely on any one of the above three grounds to extend its term.

1. Unreasonable Delay by IPOS

A patent term may be extended due to an unreasonable delay in the issuance of the patent by IPOS. A delay is considered "unreasonable" if: 4

a) the grant process (i.e. the interval between the date of filing the patent application and the date of issue of the certificate of grant) exceeds **four years;** or

b) the search and/or examination process (i.e. the interval between the date on which the applicant filed a request for a search and/or examination report and the date of issue of the certificate of grant) exceeds **two years.**

It should be noted that for (a) and (b) above, any delay attributable to an act or omission of the applicant is excluded from the time for calculating the period of delay by IPOS.

If the Registrar is satisfied that an unreasonable delay has in fact occurred, the term of the patent is extended by the period by which the intervals referred to in (a) and (b) above exceed four years or two years, respectively; or in cases where both (a) and (b) apply, the longer of the two periods.[3]

Procedure: The application for an extension of term due to an unreasonable delay attributable to IPOS must be made within **six months** from the date of grant of the patent. The application must include documentary evidence to support the application together with an official fee. Documentary evidence to support an application for an extension of term may include the Certificate of Grant and official communications issued by IPOS. The Registrar may direct for additional evidence in support of the application for patent term extension. The applicant is provided with a two month period to furnish the additional evidence. If the applicant fails to do so within the two month period, the application will be treated as having been abandoned. 5

2. Unreasonable Delay While Obtaining Grant of a Corresponding Foreign Patent

An extension of term may be obtained for a Singapore patent if all three of the following conditions are met: 6

(i) the Singapore patent was granted on the basis of a foreign corresponding patent of a "prescribed country";

(ii) there was an unreasonable delay in the grant by the national patent office of the foreign corresponding patent; and

(iii) the patent office that granted the foreign corresponding patent has extended the term of the corresponding patent on the basis of the delay.

3 Singapore Patents Rules, Rule 51 A (6).

Die Patentämter, auf deren Patente man sich für die Erteilung eines Patentes in Singapur stützen kann sind: Australien, Kanada (für Anmeldungen, die in englischer Sprache eingereicht worden sind), Japan, Neuseeland, das Vereinigte Königreich von Großbritannien, die Vereinigten Staaten von Amerika, das Europäische Patentamt (für Anmeldungen, die in englischer Sprache eingereicht worden sind) und die Republik Korea (für Anmeldungen, die ein Prioritätsdatum am oder nach dem 2. Juni 2006 haben). Wenn der Prüfer des Patentamtes in Singapur zu dem Schluss gelangt, dass eine unbillige Verzögerung vorgelegen hat, wird die Patentlaufzeit um einen vom Prüfer festgelegten Zeitraum, der **fünf Jahre nicht übersteigen darf**, verlängert.

7 **Verfahren:** Der Antrag für eine Patentlaufzeitverlängerung aufgrund einer unbilligen Verzögerung bei der Erteilung eines ausländischen korrespondierenden Patentes muss innerhalb von **sechs Monaten** nach Zustellung der Patenterteilungsurkunde für das Patent in Singapur beim Patentamt in Singapur eingereicht werden. Der Antrag muss Beweismaterial zur Stützung des Antrags enthalten und den Hinweis auf Zahlung der für diesen Antrag vorgesehenen Amtsgebühr. Das Beweismaterial zur Stützung des Antrags auf Patentlaufzeitverlängerung kann Kopien enthalten von:

(i) einem ergänzenden Schutzzertifikat, das vom nationalen Patentamt des ausländischen korrespondierenden Patentes erteilt wurde;

(ii) der für das ausländische korrespondierende Patent erteilten Patenterteilungsurkunde;

(iii) offiziellen Bescheiden, die von dem nationalen Patentamt des ausländischen korrespondierenden Patentes zugestellt wurden.

Der Prüfer des Patentamtes in Singapur kann darüber hinaus zusätzliches Beweismaterial zur Stützung des Antrags auf Patentlaufzeitverlängerung verlangen. Dem Anmelder wird eine zweimonatige Frist zur Vorlage des weiteren Beweismaterials gegeben. Falls der Anmelder das zusätzliche Beweismaterial nicht wie gefordert innerhalb von zwei Monaten vorlegt, gilt der Antrag als zurückgenommen.

3. Verzögerungen bei der Zulassung für von Patenten geschützte Pharmazeutika

8 Eine Patentlaufzeitverlängerung kann beantragt werden für ein Patent, das auf eine pharmazeutische Substanz gerichtet ist, wenn die folgenden fünf Bedingungen erfüllt sind:

(i) das Patent ist auf einen Wirkstoff gerichtet, der ein „pharmazeutisches Produkt" im Sinne des Gesetzes ist;

(ii) eine Zulassung in Singapur für das pharmazeutische Produkt war erforderlich;

(iii) es gab Beeinträchtigungen bei der Nutzung des Patentes aufgrund einer Verzögerung bei der Erteilung der erforderlichen Zulassung;

(iv) das pharmazeutische Produkt ist das erste pharmazeutische Produkt, das den Wirkstoff umfasst und für das eine Zulassung erteilt wurde, und

(v) die Patentlaufzeit des Patentes wurde nicht bereits zuvor auf Grundlage dieses Rechtsgrundes verlängert.

Ein **„pharmazeutisches Produkt"** wird im Patentgesetz in Singapur wie folgt definiert:

„Ein medizinisches Produkt ist eine Substanz, die hauptsächlich oder ausschließlich an Menschen zur Behandlung oder Prävention einer Erkrankung verabreicht wird, die aber **nicht umfasst:**

- eine Substanz, die ausschließlich zur Diagnose oder zu Testzwecken verwendet wird oder

The prescribed countries are: Australia, Canada (for applications filed in English), Japan, New Zealand, United Kingdom, United States of America, the European Patent Office (for applications filed in English), and Republic of Korea (for applications having a priority date on or after 2 June 2006). If the Registrar is satisfied that an unreasonable delay has in fact occurred, the term of the patent is extended by a period determined by the Registrar **not exceeding five years.**

Procedure: An application for an extension of term due to an unreasonable delay in the issuance of a corresponding patent application must be made within **six months** from the date of grant of the Singapore patent. The application must include documentary evidence to support the application together with an official fee. Documentary evidence to support an application for an extension of term may include copies of: 7

(i) Supplementary Protection Certificates issued by the national patent office of the corresponding application;

(ii) the Certificate of Grant of the corresponding foreign patent; and

(iii) Official Communications issued by the national patent office of the corresponding foreign patent.

The Registrar may also direct for additional evidence in support of the application for patent term extension. The applicant is provided with a two month period to furnish the additional evidence. If the applicant fails to do so within the two month period, the application will be treated as having been abandoned.

3. Marketing Approval Delays for Pharmaceutical Patents

An extension of term may be obtained for a patent of a pharmaceutical substance where all five of the following conditions are met: 8

(i) the patent relates to an active ingredient that is a "pharmaceutical product" within the meaning of the Act;

(ii) marketing approval needed to be obtained in Singapore for the pharmaceutical product;

(iii) there had been a curtailment of an opportunity to exploit the patent due to a delay in obtaining the required marketing approval;

(iv) the pharmaceutical product is the first pharmaceutical product to obtain marketing approval which uses the active ingredient; and

(v) the term of the patent had not been previously extended on this ground.

A "**pharmaceutical product**" is defined in the Singapore Patents Act as:

"a medicinal product which is a substance used wholly or mainly by being administered to a human being for the purpose of treating or preventing disease, but does **not include:**

- any substance which is used solely for diagnosis or testing; or

- eine Substanz, die ausschließlich als Vorrichtung oder Mechanismus oder Instrument, Apparat oder Hilfsmittel verwendet wird oder
- eine traditionelle Medizin, ein homöopatisches Präparat, irgendein quasi-medizinisches Produkt, ein Rohmaterial, das als Bestandteil bei der Zubereitung oder Herstellung eines medizinischen Produktes verwendet wird, ein Arzneistoff enthaltendes Öl oder Balsam, eine nahrungsmittelähnliche Substanz, ein Nahrungsmittelzusatz oder Nahrungsergänzungsstoff oder eine Substanz, die in einer Pflanze, einem Tier oder einem Mineral vorkommt."

a) „Unbillige Beeinträchtigung"

9 Eine unbillige Beeinträchtigungen bei der Nutzung des Patents aufgrund einer Verzögerung bei der Erteilung der erforderlichen Zulassung liegt vor, wenn:

(i) eine Zulassung nach der Zustellung der Patenterteilungsurkunde erhalten wurde, und

(ii) der Zeitraum zwischen dem Antragsdatum auf eine Zulassung und Erhalt der Zulassung ausschließlich von Zeiträumen, die einer Handlung oder Unterlassung des Antragsellers für die Zulassung zuzurechnen ist, zwei Jahre übersteigt.[4]

b) Verlängerungszeitraum

10 Wenn der Prüfer des Patentamtes in Singapur zu dem Schluss kommt, dass eine unangemessene Beeinträchtigung der Möglichkeit zur Nutzung des Patentes vorliegt, wird die Patentlaufzeit nach dem kürzeren der folgenden Zeiträume verlängert:

(i) um den Zeitraum, der dem Intervall zwischen dem Datum der Zustellung der Patenterteilungsurkunde und dem Datum des Erhalts der Zulassung entspricht,

(ii) um den Zeitraum, der dem Intervall zwischen Beantragung und Erhalt der Zulassung abzüglich zwei Jahre entspricht oder

(iii) um den Zeitraum von 5 Jahren.

c) Verfahren

11 Der Patentinhaber muss die Laufzeitverlängerung **innerhalb von sechs Monaten** gerechnet **ab** dem späteren der folgenden Ereignisse beantragen:

- Tag der Patenterteilung oder
- Tag des Erhalts der Zulassung.

Der Patentinhaber muss den Antrag auf Patentlaufzeitverlängerung stellen während das Grundpatent noch **in Kraft** ist und nicht später als **sechs Monate**, bevor die ursprüngliche Patentlaufzeit abläuft.

d) Formalien

12 Die Gesundheitsbehörde in Singapur ist die zuständige Behörde für die Zulassung von Medikamenten in Singapur. Zum Zeitpunkt der Beantragung einer Patentlaufzeitverlängerung muss der Patentinhaber eine Urkunde der Gesundheitsbehörde als Beweismittel für die Qualifikation für eine Patentlaufzeitverlängerung nach dem Gesetz vorlegen. Die Urkunde muss folgende Informationen enthalten:

(i) das Datum, an dem ein Antrag auf Zulassung eingereicht worden ist;

(ii) den Tag, an dem die Zulassung erteilt wurde, und

(iii) für jeden Zeitraum, der einer Handlung oder Unterlassung des Antragsellers für die Zulassung zuzurechnen ist, Angaben, wann dieser Zeitraum begann und endete.

4 Patentgesetz in Singapur, Regel 51 A (7).

- any substance which is used solely as a device or mechanism, or an instrument, apparatus or appliance; or
- any traditional medicine, any homeopathic medicine, any quasi-medicinal product, any raw material which is used as an ingredient in the preparation or manufacture of any medicinal product, any medicated oil or balm, any substance which is a type of food, a food additive or a food supplement, or any substance which occurs naturally in any plant, animal or mineral."

a) "Unreasonable curtailment"

An unreasonable curtailment of an opportunity to exploit a patent is deemed to occur if 9

(i) marketing approval was obtained after issue of the certificate of grant; and

(ii) the interval between the date of applying for marketing approval and obtaining marketing approval, excluding any period attributable to an act or omission of the applicant for marketing approval, exceeds two years.[4]

b) Term of extension

If the Registrar is satisfied that an unreasonable curtailment of the opportunity to exploit 10
the patent has in fact occurred, the term of the patent is extended by the lesser of:

(i) a period equivalent to the interval between the date of issue of the certificate of grant and the date marketing approval was obtained;

(ii) a period equivalent to the interval between applying for and obtaining marketing approval, less two years; or

(iii) a period of five years.

c) Procedure

The Patentee must apply to extend the term of the patent by the **later** of **six months** from: 11

- the date of grant of the patent; or
- the date marketing approval was obtained.

The Patentee must file the application for an extension of term while the application is **in force** and not later than **six months** before the original patent term expires.

d) Formalities

The Health Sciences Authority is the relevant authority that regulates the marketing of medi- 12
cine in Singapore. At the time of applying for a patent term extension, a Patentee must submit a Certificate from the Health Sciences Authority as evidence that the Patentee qualifies for an extension of term under the Act. The Certificate must include:

(i) the date that an application for marketing approval was filed;

(ii) the date marketing approval was obtained; and

(iii) for each period attributable to an act or omission by the applicant for marketing approval, the dates on which the period started and ended.

4 Singapore Patents Rules, Rule 51 A (7).

In der Urkunde enthaltene Angaben müssen durch eine eidesstattliche Erklärung bezeugt oder beglaubigt werden.

III. Angemessene Sorgfalt auf Seiten des Antragstellers

13 Die Regelungen zur Patentlaufzeitverlängerung sollen solche Nachteile verhindern, die sich für Patentinhaber in Singapur als Ergebnis einer Verzögerung durch das Patentamt in Singapur, anderer nationaler Patentämter oder der Gesundheitsbehörde ergeben. Nach der derzeitigen Regelung werden alle Verzögerungen, die einer Handlung oder Unterlassung des Patentinhabers zuzurechnen sind, bei der Ermittlung der Patentlaufzeitverlängerung ausgeschlossen. Die Regeln[5] spezifizieren diese Verzögerungen durch den Patentinhaber, die bei der Ermittlung der Patentlaufzeitverlängerung nicht einbezogen werden. Diese Regelungen umfassen Verzögerungen bei der Zahlung der Patenterteilungsgebühr, bei der Korrektur von Fehlern bei der Patentanmeldung, beim Abändern der Patentanmeldung im Einklang mit formalen Vorschriften des Patentgesetzes, beim Einreichen eines Antrages auf Recherche und Prüfung der Patentanmeldung, beim Einreichen von Informationen bezüglich korrespondierender Anmeldungen (falls dies bei der Patenterteilung eine Rolle spielt), bei der Beantwortung eines Prüfungsbescheids und beim Einleiten der nationalen Phase für Patentanmeldungen in Singapur nach dem internationalen Patentzusammenarbeitsvertrag (PCT). Als das neue Patentgesetz am 14. Februar 2014 in Kraft trat, wurden diese Regelungen in die Ausführungsverordnung (Regeln) zum Patentgesetz verschoben. Dies gibt dem Prüfer beim Patentamt in Singapur mehr Spielraum bei der Beurteilung der Zulässigkeit eines Antrages auf Patentlaufzeitverlängerung und der Bestimmung des für die Verlängerung vorgesehenen Zeitraumes. Dem Patentinhaber wird daher geraten, während des Patenterteilungsverfahrens angemessene Sorgfalt walten zu lassen, damit der Zeitraum für die Patentlaufzeitverlängerung so lang wie möglich wird.

In Bezug auf den Erhalt einer Zulassung schließen Verzögerungen, die einer Handlung oder Unterlassung des Patentinhabers zuzurechnen sind, Folgendes ein:

(i) Zeitraum für die Korrektur von Fehlern bei der Beantragung der Zulassung und

(ii) Zeiträume für die Beantwortung von Anträgen zur Klarstellung oder Anträgen zum Erhalt weiterer Informationen durch die Gesundheitsbehörde.

IV. Rechtsprechung

14 Es sei darauf hingewiesen, dass zum Zeitpunkt der Erstellung dieses Berichtes vom Patentamt in Singapur noch keine einzige Patentlaufzeitverlängerung für ein Patent in Singapur erteilt worden ist.

5 Patentgesetz in Singapur, Regel 51 A (10).

Statements contained in the Certificate need not be sworn or verified to be true.

III. Dilligence on part of applicants

The patent term extension provisions are intended to avoid any disadvantage accruing to Singapore Patentees as a result of delays by IPOS, other relevant patent offices, or the Health Sciences Authority. Under existing legislations, any delays that occur due to an act or omission by the Patentee is specifically excluded from consideration in determining if the Patentee is entitled to a patent term extension. The patent rule[5] set out the delays attributable to Patentees that will be disregarded when determining if an extension of term will be granted. These include delays in the payment of the grant fee, correcting deficiencies in the application, amending the application in compliance with formality requirements, filing a request for a search and/or examination, filing prescribed information about corresponding applications (if applicable), responding to an Office Action, and entering the national phase in Singapore (for PCT international applications). These provisions were previously set out in the legislative provisions, and were moved to the patent rules when the new legislation came into force on 14 February 2014. Whilst this may provide the Registrar with a wider discretion when considering allowability of a request for patent term extension and the period by which a patent term may be extended, without being bound by legislative provisions, Patentees are advised to be diligent during patent prosecution and when applying for marketing approval to maximize the period of patent term extensions that may be available to them. 13

With respect to obtaining marketing approval, delays attributable to Patentees that will be disregarded in determining whether an extension of term will be granted, include delays in:

(i) correcting deficiencies in the application for marketing approval; and

(ii) responding to any request by the Health Science Authority for clarification or information.

IV. Case law

At the time of writing, no patent term extension has been granted in Singapore. 14

5 Singapore Patents Rules, Rule 51 A (10).

§ 11 Regelungen über Patentlaufzeitverlängerungen im Rahmen von Freihandelsabkommen

I. Dominican Republic-Central America Free Trade Agreement (DR-CAFTA)

1 Auch das Freihandelsabkommen zwischen den USA, den mittelamerikanischen Staaten Costa Rica (CR),[1] El Salvador (SV), Guatemala (GT), Honduras (HN), Nicaragua (NI) und der Dominkanischen Republik (DO) (DR-CAFTA) sieht Laufzeitverlängerungen für pharmazeutische Patente in Kapitel 15, Artikel 15.9 Nr. 6 b vor.[2] Die deutsche Übersetzung der entsprechenden Regelung lautet:

In Bezug auf patentgeschützte Arzneimittel, wird jede Vertragspartei eine Verlängerung der Patentlaufzeit schaffen, um den Patentinhaber für die unangemessene Verkürzung der effektiven Patentlaufzeit im Zusammenhang mit dem Genehmigungsverfahren für das erste kommerzielle Inverkehrbringen auf dem Gebiet der Vertragspartei auszugleichen.

2 Das Freihandelsabkommen ist mittlerweile in allen oben genannten Staaten in Kraft. Es führte – nicht zuletzt wegen der Verwendung unbestimmter Rechtsbegriffe wie zB „unangemessene Verkürzung" – zu teils sehr unterschiedlichen nationalen Regelungen. Die wesentlichen Eckpunkte der jeweiligen Normen sind in der folgenden Tabelle dargestellt:[3]

	CR	DO	SV	GT	NI
Gesetzlich geregelt in	Art. 17 Gesetz Nr. 6867	Art. 27 Gesetz Nr. 20-00	Art. 109-A Gesetz Nr. 604	Art. 126bis b Gesetz Nr. 57/2000	Art. 38bis 1 Gesetz Nr. 354/2000
Antragserfordernis	schriftlicher Antrag des Betroffenen	Antrag des Patentinhabers	Antrag des Betroffenen	Antrag des Patentinhabers	Antrag des Betroffenen
Antragsfrist	3 Monate ab Zulassung	60 Tage ab Zulassung	nicht geregelt in Art. 109-A	nicht geregelt in Art. 126bis	60 Tage ab Zulassung

1 Länderkürzel nach ISO 3166.
2 Vgl. http://www.ustr.gov/trade-agreements/free-trade-agreements/cafta-dr-dominican-republic-central-america-fta/final-text (abgerufen am 18.2.2014).
3 Achtung: Der Inhalt der Tabelle beruht idR auf von der WIPO zur Verfügung gestellten englischen Übersetzungen der nationalen Normen (http://www.wipo.int/wipolex/en/index.jsp) und soll nur als erster Einstieg bzw. als Überblick dienen. Bindend ist jeweils die nationale in der jeweiligen Landessprache gefasste Norm.

§ 11 Free Trade Agreements

I. Dominican Republic-Central America Free Trade Agreement (DR-CAFTA)

Also, the Free Trade Agreement between the United States, the Central American countries Costa Rica (CR),[1] El Salvador (SV), Guatemala (GT), Honduras (HN), Nicaragua (NI) and the Dominican Republic (DO) (DR-CAFTA) provides for patent term restoration for pharmaceutical patents in Chapter 15, Article 15.9 No. 6 b.[2] The wording of the provision is: 1

With respect to any pharmaceutical product that is covered by a patent, each Party shall make available a restoration of the patent term to compensate the patent owner for unreasonable curtailment of the effective patent term resulting from the marketing approval process related to the first commercial marketing of the product in that Party.

The free trade agreement is now in force in all the countries mentioned above. It resulted – not least because of the use of indeterminate wording such as "unreasonable curtailment" – in some very different national provisions on patent term extension. The key points of the respective provisions are shown in the following table:[3] 2

	CR	DO	SV	GT	NI
Governed by	Article 17 Law No. 6867	Art. 27 Law No. 20-00	Art. 109-A Law No. 604	Art. 126bis Law No. 57/2000	Art. 38bis 1 Law No. 354/2000
Application requirement	written request of the patent owner	request of the patent owner	request of the interested party	request of the patent owner	request of the concerned party
Deadline	within 3 month from approval	within 60 days from approval	no provision in Art. 109-A	no provision in Art. 126bis	within 60 days from approval

1 ISO 3166 country code.
2 Cf. http://www.ustr.gov/trade-agreements/free-trade-agreements/cafta-dr-dominican-republic-central-america-fta/final-text (downloaded on 18.2.2014).
3 The content of this table is normally based on English translations of national provisions provided by the WIPO (http://www.wipo.int/wipolex/en/index.jsp). It is intended to serve only as a first introduction or overview. Only the wording of the original Spanish provision is binding.

	CR	DO	SV	GT	NI
„Unangemessene Verkürzung", wenn	Zulassung später als 3 Jahre ab Zulassungsantrag	Zulassung später als 30 Monate ab Zulassungsantrag[4]	Zulassung später als 5 Jahre ab Zulassungsantrag	Zulassung später als 3 Monate ab Patentanmeldung	Zulassung später als 5 Jahre ab Zulassungsantrag
Weitere Erteilungsvoraussetzungen	Arzneimittelpatent verbleibende Patentlaufzeit ≤ 12 Jahre	Erfindungspatent nachgewiesene Kausalität von verzögerter Zulassung und Exklusivitätsverlust	Erzeugnispatent	Arzneimittelpatent	Arzneimittelpatent
Laufzeitberechnung	1 Tag für jeden Tag Verzögerung (ab 1. Tag des 4. Jahres)	1 Tag für jeden Tag Verzögerung (ab 1. Tag des 31. Monats)	1 Tag für jeden Tag Verzögerung (ab 1. Tag des 6. Jahres)	1 Tag für jeden Tag Verzögerung (ab 1. Tag des 4. Monats)[5]	1 Tag für jeden Tag Verzögerung (ab 1. Tag des 6. Jahres)
Maximale Laufzeit	18 Monate	3 Jahre	550 Tage	nicht geregelt	550 Tage

3 Zusätzliche weitere Erfordernisse, wie zB Anwendbarkeit sind an anderer Stelle geregelt. So scheinen in Costa Rica nur Patente verlängerbar zu sein, die nach dem 25. April 2008 angemeldet worden sind.[6] Für den Verlängerungsantrag muss dort eine Gebühr von 150 USD gezahlt werden. Auch scheint aus dem Gesetz geht nicht klar hervorzugehen, was geschieht, wenn die verbleibende Patentlaufzeit in Costa Rica 12 Jahre übersteigt. Teilweise wird vermutet, dass in diesem Fall keine Laufzeitverlängerung gewährt wird.[7]

Die deutschen Übersetzungen der jeweiligen nationalen Regelungen lauten:

1. Costa Rica

4 **Art. 17 IV Gesetz Nr. 6867[8]**

[1]Ungeachtet der Bestimmungen des Absatzes 1,[9] ist der Patentinhaber wenn Patente existieren, die Arzneimittel schützen, und wenn die Erstzulassung als Arzneimittel durch das Gesundheitsministerium mehr als 3 Jahre, beginnend mit dem Zeitpunkt der Einreichung des Zulassungsantrag, gedauert hat, berechtigt, beim

4 Ungebührliche Zulassungsverzögerung (= Zulassung später als 2 Jahre, 6 Monate ab Zulassungsantrag).
5 Eigentlicher Gesetzeswortlaut: äquivalent zum Zeitraum der Verzögerung.

6 Vgl. http://thespcblog.blogspot.com/2013/04/costa-rica-and-patent-term-extensions.html (abgerufen am 5.12.2013).
7 Luis Diego Acuna: Patent Term Extensions and Restoration under Costa Rican Legislation, vom 17.3.2009; http://www.hg.org/article.asp?id=6115 (abgerufen am 5.12.2013).
8 Vgl. http://www.wipo.int/wipolex/en/text.jsp?file_id=276484 (Stand 25. Mai 2008; abgerufen am 23.2.2014).
9 Art. 17 I Gesetz Nr. 6867 regelt die zwanzigjährige Patentlaufzeit gerechnet ab dem Anmeldetag.

	CR	DO	SV	GT	NI
Unreasonable delay, if	approval later than 3 years from filing the authorization application	(preliminary) approval later than 30 month from filing the authorisation application[4]	approval later than 5 years from filing the authorization application	approval later than 3 month from filing the patent application	approval later than 5 years from filing the authorization application
Further grant conditions	pharmaceutical patent remaining patent term ≤ 12 years	invention patent confirmed reduction of exclusive marketing as result of delayed approval	product patent	pharmaceutical patent	pharmaceutical patent
Extension calculation	1 day for every day of delay (starting from the 1st day of the 4th year)	1 day for every day of delay (starting from the 1st day of the 31st month)	1 day for every day of delay (starting from the 1st day of the 6th year)	1 day for every day of delay (starting from the 1st day of the 4th month)[5]	1 day for every day of delay (starting from the 1st day of the 6th year)
Maximum extension	18 month	3 years	550 days	no provision	550 days

Additional further requirements such as applicability are dealt with somewhere else in the applicable laws. So it appears that in Costa Rica only patents filed after April 25th 2008 can be extended.[6] A fee of USD 150 must be paid there for the extension request. It also seems to be not clear from the law, what happens if the remaining patent term in Costa Rica exceeds 12 years. Some assume that no extension will be granted in this case.[7] 3

The national provisions translate as:

1. Costa Rica

Article 17 IV Law No. 6867[8] 4

[1]Notwithstanding the provisions laid down in paragraph 1[9] above, in the case of existing patents which cover any pharmaceutical product, where Health Registry approval for the first marketing of said pharmaceutical product in the country granted by the Ministry of Health beginning from the date of filing of the application with the Health Registry for pharmaceutical products in the country, the patent owner shall

4 Unreasonable delay (= a period of more than two years and 6 month has elapsed since the filing).

5 Original wording: equivalent to the period of time by which the term established in the previous paragraphs has been exceeded.

6 Cf. http://thespcblog.blogspot.com/2013/04/costa-rica-and-patent-term-extensions.html (downloaded on 5.12.2013).

7 Luis Diego Acuna: Patent Term Extensions and Restoration under Costa Rican Legislation, dated 17.3.2009; http://www.hg.org/article.asp?id=6115 (downloaded on 5.12.2013).

8 Cf. http://www.wipo.int/wipolex/en/text.jsp?file_id=276484 (25.5.2008; downloaded on 23.2.2014).

9 Article 17 No. 1 Law No. 6867 provides for a patent term of 20 years from the filing date.

Patentamt einen Ausgleich der verlorenen Patentlaufzeit zu beantragen. [2]Dieser Antrag ist schriftlich, innerhalb von 3 Monaten ab Erstzulassung als Arzneimittel im Land durch das Zulassungsamt einzureichen.

Art. 17 V Gesetz Nr. 6867

[1]Nach Eingang des Antrags gleicht das Patentamt die verlorene Patentlaufzeit, durch die Gewährung von einem Tag für jeden Tag über den in Abs. 4 genannten Zeitraum aus, vorausgesetzt die verbleibende Patentlaufzeit überschreitet nicht 12 Jahre. [2]Ungeachtet der vorstehenden Regelung, darf der insgesamt gewährte Laufzeitausgleich unter keinen Umständen 18 Monate überschreiten.

2. Dominikanische Republik

5

Art. 27 § 1 Nr. 2 Gesetz Nr. 20-00[10]

[1]Auf Antrag des Inhabers eines Erfindungspatents kann die Patentlaufzeit einmalig um höchstens drei Jahre verlängert werden, wenn durch das Patentamt geprüft wurde, dass in Fällen in denen die für die Zulassung zuständige Behörde das Verfahren der vorläufigen Zulassung eines durch ein in Kraft befindliches Erfindungspatent geschützten Arzneimittel unangemessen verzögert wurde und dass eine Reduzierung des Zeitraums der exklusiven Vermarktung als Folge der Verzögerung bestätigt ist. [2]Für die Zwecke dieses Absatzes gelten die Handlungen der zuständigen Behörde als unangemessenen verzögert, wenn seit der Einreichung des Zulassungsantrags mehr als zwei Jahre und sechs Monate vergangen sind.

Art. 27 § 1 Nr. 3 Gesetz Nr. 20-00

Für die Zwecke der vorstehenden Absätze (a) muss der Antrag innerhalb von sechzig Tagen eingereicht werden, ab … (ii) der in Absatz 2 genannten Zulassung. (b) Diese Bestimmungen gelten nur für Patente die in der Dominikanischen Republik in Kraft sind. (c) Das Patentamt wird bis zu dem in Absatz 2 genannten Maximum jeden Tag Verspätung mit einem Tag ausgleichen.

3. El Salvador

6

Art. 109-A c) Gesetz Nr. 604/1993[11]

[1]Die zwanzigjährige Laufzeit endet in den folgenden Fällen zu einem späteren als in der vorstehenden Norm genannten Zeitpunkt: … (c) wenn aus Gründen, die bei der für die Zulassung von Arzneimitteln zuständigen Behörde liegen, die Zulassung später als 5 Jahre nach dem Zulassungsantrag erteilt wird. [2]Dies gilt nur, wenn das Erzeugnispatent in El Salvador registriert und seine Laufzeit noch nicht abgelaufen ist. [3]Das Datum an dem die Laufzeit nach dieser Norm endet, soll auf Antrag des Betroffenen vom Amt festgesetzt werden. [4]In diesem Fall soll das Amt die folgende Regel anwenden: Jeder Tag der Verzögerung gerechnet ab dem ersten Tag des sechsten Jahres im Fall des Buchstaben … (c) soll der Schutzdauer des Patents hinzugefügt werden, aber in keinem Fall darf dies 550 Tage überschreiten.

4. Guatemala

7

Art. 126bis b) Gesetz Nr. 57/2000[12]

[1]Sobald ein Patent erteilt worden ist, kann der Patentinhaber in den folgenden, dem Patentinhaber nicht zuzurechnenden Fällen, das Amt auffordern, die nach den vorstehenden Normen festgesetzte Laufzeit des Patents zu korrigieren: … b) wenn sich ein Patent auf ein Arzneimittel bezieht und die zuständige Verwaltungsbehörde eine Genehmigung zum Inverkehrbringen später als drei Monaten ab Patentanmeldung erteilt hat. [2]Die Korrektur der Patentlaufzeit soll äquivalent zu dem Zeitraum sein, um den der Zeitraum nach den vorstehenden Normen überschritten wurde. [3]Die nach Art. 126 berechnete Laufzeit kann nur durch Zeiträume korrigiert werden, die in dieser Norm ausdrücklich vorgesehen sind.

10 IdF von Art. 2 Gesetz Nr. 424-06 nach http://www.wipo.int/wipolex/en/text.jsp?file_id=276136 (abgerufen am 23.2.2014).

11 IdF von Art. 57 Gesetz Nr. 912/2005, http://www.wipo.int/wipolex/en/text.jsp?file_id=178096 (abgerufen am 23.2.2014).

12 Eingefügt durch Art. 61 Gesetz Nr. 11/2006; spanische Fassung: http://www.sice.oas.org/TPD/USA_CAFTA/Implementation/GUA_legislation/Dec_112006_s.pdf (abgerufen am 23.2.2014).

be entitled to petition the Industrial Property Registry for compensation for the term of the patent. [2]Said petition shall be filed in writing, within three months following Health Registry approval for the first marketing of the pharmaceutical product in the country.

Article 17 V Law No. 6867

[1]After receiving such a request, the Industrial Property Registry shall provide compensation for the patent term, by granting one day for every day over the period referred to in paragraph 4, provided that the remaining validity of the patent does not exceed 12 years. [2]Notwithstanding the above, total compensation for the patent term may under no circumstances exceed 18 months.

2. Dominikanische Republik

Art. 27 § 1 Nr. 2 Law No. 20-00[10] 5

[1]At the request of the owner of a patent for an invention, the patent term may be renewed once only by extending it for a maximum of three years after an evaluation carried out by the Directorate for Inventions in cases where the competent authority for the licensing of marketing has acted with unreasonable delay in the process of preliminary approval for the marketing of a pharmaceutical product that is protected by a valid patent for invention and where a reduction in the exclusive marketing period for the product as a result of the delay is confirmed. [2]For the purposes of this paragraph, the competent authority shall be deemed to have acted with unreasonable delay where a period of more than two years and six months has elapsed since the filing of an application for marketing approval.

Art. 27 § 1 Nr. 3 Law No. 20-00

For the purposes of the preceding paragraphs (a) the application shall be filed, on pain of lapse, within sixty days of ... (ii) authorization of marketing, as referred to in paragraph 2. (b) These provisions shall apply only to patents in force in the Dominican Republic. (c) The Directorate for Inventions shall compensate for each day of delay with one day, up to the maximum provided for in paragraph 2.

3. El Salvador

Art. 109-A c) Law No. 604/1993[11] 6

[1]The term of 20 years shall end at a later date than that provided for in the previous Article in the following cases: ... (c) When for reasons attributable to the competent authority for granting registrations for the marketing of pharmaceutical products, the latter takes more than five years to grant the registration following the filing date of registration. [2]The provisions of this letter shall only apply where the product patent is registered in El Salvador and its term of protection is ongoing. [3]The date when the term of protection referred to in this Article will end shall be decreed by the Registry, at the request of the interested party. [4]In this case, the Registry shall apply the following rule: each day of delay reckoned from the first day of the sixth year in the case of letter ... (c), ... shall be added to the term of protection of the patent, but in no case shall this exceed 550 days.

4. Guatemala

Art. 126bis b) Law No. 57/2000[12] 7

[1]Once a patent has been granted, the patent holder may request the Patent Office to adjust the patent term established in the preceding article, in the following cases not attributable to the applicant: ... b) When a patent refers to a pharmaceutical product and the competent administrative authority issues the authorization to commercially market the product within a term of more than three months as from the patent application filing date. [2]The extension of the patent term should be equivalent to the amount of time by which the term established in the previous paragraphs has been exceeded. [3]The term provided for in article 126 of this act can only be adjusted by the periods expressly provided for in this article.

10 In the version of Article 2 Law No. 424-06 http://www.wipo.int/wipolex/en/text.jsp?file_id=276136 (downloaded on 23.2.2014).

11 In the version of Article 57 Law No. 912/2005, http://www.wipo.int/wipolex/en/text.jsp?file_id=178096 (downloaded on 23.2.2014).

12 Included by Article 61 Law No. 11/2006; Spanish original version: http://www.sice.oas.org/TPD/USA_CAFTA/Implementation/GUA_legislation/Dec_112006_s.pdf (downloaded on 23.2.2014).

5. Nicaragua

8 **Art. 38bis 1 c) Gesetz Nr. 354/2000[13]**

[1]Die Patentlaufzeit beträgt 20 Jahre und ist nach Art 38 nicht verlängerbar, sie kann jedoch in den folgenden Fällen nach dem entsprechenden Datum enden: ... (c) wenn die zuständige Behörde, aus ihr zurechenbaren Gründen, für die Genehmigung zum Inverkehrbringen als Arzneimittel mehr als fünf Jahre gerechnet vom Datum des Zulassungsantrags bis zur Zulassungserteilung benötigt. [2]Die Regelung in diesem Unterabsatz gilt nur, wenn Arzneimittel durch ein in Nicaragua wirksames Patent geschützt sind. [3]Das Ende der Laufzeit nach dieser Norm, wird vom Patentamt auf Antrag des Betroffenen festgesetzt, dieser muss, falls Unterabsatz (c) gilt, die Laufzeitverlängerung innerhalb von sechzig Tagen ab der ersten Genehmigung für das Inverkehrbringen beantragen. [4]Das Patentamt soll dabei wie folgt vorgehen: Im Falle des Unterabsatzes (c) ... wird je ein Tag der Laufzeit des Patents für jeden Tag der Verzögerung beginnend mit dem ersten Tag des sechsten Jahres hinzugefügt; in keinem Fall dürfen mehr als 550 Tage hinzugefügt werden.

6. Honduras

9 Eine englischsprachige Recherche Ende 2013 ergab keine Norm, aus der sich die Möglichkeit einer Laufzeitverlängerung als Folge eines Zulassungsverfahrens für Arzneimittel ergibt. Art. 15 Gesetz Nr. 12-99-E[14] spricht noch von einer unverlängerbaren Patentlaufzeit von 20 Jahren.

II. Comprehensive Economic and Trade Agreement (CETA)

10 Bislang war eine Laufzeitverlängerung für pharmazeutische Patente in **Kanada** nicht vorgesehen. Während der Verhandlungen zum CETA zwischen Kanada und der Europäischen Union wurde auf Drängen der EU anfangs der folgende Passus zu Laufzeitverlängerungen in den CETA-Entwurf aufgenommen:[15]

Artikel 9.2 – Laufzeitverlängerung

1. Die Vertragsparteien erkennen an, dass in ihrem Territorium patentgeschützte Arznei- und Pflanzenschutzmittel, vor ihrer Vermarktung, Gegenstand eines verwaltungsrechtlichen Genehmigungsverfahrens sein können. Sie erkennen an, dass der Zeitraum, der zwischen der Einreichung der Patentanmeldung und der ersten Genehmigung für das Inverkehrbringen des Erzeugnisses auf dem jeweiligen Markt vergeht, so wie hierfür durch die einschlägigen Rechtsvorschriften definiert, die Laufzeit des tatsächlichen Patentschutzes verkürzen kann.

2. Die Vertragsparteien werden einen ergänzenden Schutz für patentgeschützte Arznei- oder Pflanzenschutzmittel, die vor ihrem Inverkehrbringen Gegenstand eines verwaltungsrechtlichen Genehmigungsverfahrens waren, schaffen; seine Schutzdauer entspricht dem in Absatz 1 Satz 2 genannten Zeitraum, abzüglich fünf Jahre.

3. Unbeschadet des Absatzes 2 darf die Dauer des ergänzenden Schutzes fünf Jahre nicht überschreiten.

4. Der in den Absätzen 2 und 3 genannten Zeitraum wird bei einem Arzneimittel, für das pädiatrische Studien durchgeführt wurden, um 6 Monate verlängert.

11 Im Oktober 2013 erzielten die EU und Kanada dann nach mehrjährigen Verhandlungen eine prinzipielle Einigung zum Freihandelsabkommen CETA. Darin stimmt Kanada u.a. der Einführung einer Laufzeitverlängerung für pharmazeutische Patente zu. Der aktuelle Wortlaut, Stand Dezember 2013 (nF), unterscheidet sich erheblich von dem oben genannten ursprünglichen Vorschlag.

13 Eingefügt durch Art. 1 Gesetz Nr. 634/2007 nach http://www.wipo.int/wipolex/en/text.jsp?file_id=174537 (abgerufen am 23.2.2014).

14 Vgl. http://www.wipo.int/wipolex/en/text.jsp?file_id=158815 (abgerufen am 23.2.2014).

15 Canada-EU CETA, draft consolidated text, February 2012, I. Intellectual Property Rights, Art. 9.2; http://de.scribd.com/doc/99642251/Ceta-Ipr-Chapter-Feb-2012 (abgerufen am 23.2.2014).

5. Nicaragua

Art. 38bis 1 c) Law No. 354/2000[13] 8

[1]The patent term shall be twenty years and shall be non-renewable, in accordance with Article 38, however, it may end after the corresponding date, only in the following cases: ... (c) Where, for reasons attributable to the competent authority, in order to authorize registration for marketing pharmaceutical products, it takes the competent authority more than five years from the filing date of the application for registration to grant health registration. [2]The provision in this subparagraph shall only apply where pharmaceutical products are covered by an effective patent in Nicaragua. [3]The end date of the term of protection to which this Article refers, shall be decreed by the Intellectual Property Registry, at the request of the party concerned, who must file for the remedy of the patent term within ... sixty days from the first authorization for marketing, where subparagraph (c) applies. [4]The Intellectual Property Registry shall apply the following: one day shall be added to the term of protection of the patent for every day of delay starting from the first day of the sixth year, where subparagraphs (a) and (c) apply, or on the first day of the fourth year where subparagraph (b) applies, but in no case shall it exceed 550 days.

6. Honduras

An English-language base search in late 2013 revealed no provision, which implies the possibility of a patent term extension as a result of an approval procedure for medicinal products. Article 15 of Law No. 12-99-E[14] still speaks of a inextensible patent term of 20 years. 9

II. Comprehensive Economic and Trade Agreement (CETA)

So far, a patent term restoration for pharmaceutical patents was not provided in **Canada.** 10
During negotiations on the CETA between Canada and the European Union, the following article regarding patent term restoration was initially inserted into the CETA draft at the insistence of the EU:[15]

Article 9.2 – Patent term restoration

1. The Parties recognise that pharmaceutical and plant protection products protected by a patent on their respective territory may be subject to an administrative authorisation procedure before being put on their market. They recognise that the period that elapses between the filing of the application for a patent and the first authorisation to place the product on their respective market, as defined for that purpose by the relevant legislation, may shorten the period of effective protection under the patent.

2. The Parties shall provide for a further period of protection for a pharmaceutical or plant protection product which is protected by a patent and which has been subject to an administrative authorisation procedure, that period being equal to the period referred to in paragraph 1 second sentence above, reduced by five years.

3. Notwithstanding paragraph 2, the duration of the further period of protection may not exceed five years.

4. A pharmaceutical product for which paediatric studies have been carried out may be entitled to a six months extension of the period mentioned in paragraphs 2 and 3.

In October 2013, the EU and Canada achieved after several years of negotiations, an agreement in principle regarding the Free Trade Agreement CETA. Canada inter alia agreed with the introduction of a patent term restoration for pharmaceutical patents. The provisions current in December 2013 (new version) vary considerably from the former draft mentioned above. 11

13 Included by Article 1 Law No. 634/2007, http://www.wipo.int/wipolex/en/text.jsp?file_id=174537 (downloaded on 23.2.2014).
14 Http://www.wipo.int/wipolex/en/text.jsp?file_id=158815 downloaded on 23.2.2014.
15 Canada-EU CETA, draft consolidated text, February 2012, I. Intellectual Property Rights, Art. 9.2; http://de.scribd.com/doc/99642251/Ceta-Ipr-Chapter-Feb-2012 (downloaded on 23.2.2014).

12 Die neue Version lautet:[16]

Artikel X – Definitionen

Für die Zwecke dieses Kapitels ist „Arzneimittel" ein Erzeugnis, einschließlich chemischer und biologischer Arzneimittel, Impfstoffe oder Radiopharmaka, das hergestellt, verkauft oder angeboten wird für die Verwendung bei:

(a) einer medizinische Diagnose, der Behandlung, Linderung oder Vorbeugung einer Krankheit, eines Leidens oder eines abnormen Körperzustandes oder deren Symptome oder

(b) der Wiederherstellung, Korrektur oder Beeinflussung von Körperfunktionen.

13 Ob der leicht abweichende Wortlaut der Arzneimitteldefinition in Art. X CETA und Art. 1 a) iVm 1 b) AMV zu einem unterschiedlichen Anwendungsbereich führt, bleibt abzuwarten. Dies scheint unwahrscheinlich, da wesentliche Teile der Definitionen (wie die Behandlung und Prävention einer Krankheit, medizinische Diagnose und Wiederherstellung, Korrektur oder Beeinflussung der Körperfunktionen) überlappen. Die ausdrückliche, aber nicht abschließende Erwähnung von chemischen und biologischen Arzneimitteln, Impfstoffen und Radiopharmaka fügt dem nichts Neues hinzu. Allerdings nennt Art. X CETA die Behandlung von Menschen und Tieren nicht ausdrücklich und fügt der Behandlung und Prävention noch die Linderung und den Krankheiten noch Leiden und abnorme Körperzustande und deren Symptome hinzu.

14

Artikel 9.2 – Wiederherstellung der Patentlaufzeit

(1) [1]Jede Partei soll auf Antrag des Patentinhabers oder seines Rechtsnachfolgers ein Schutzrecht sui generis für ein Arzneimittel erteilen, das durch ein Grundpatent geschützt ist.

[2]Grundpatent bedeutet ein Patent, das den Wirkstoff oder die Wirkstoffkombination eines Arzneimittels als solche, ein Verfahren zur Herstellung eines solchen Wirkstoffes oder einer solchen Wirkstoffkombination oder eine Anwendung eines solchen Wirkstoffes oder einer solchen Wirkstoffkombination schützt.

(2) [1]Jede Vertragspartei kann:

a) das Schutzrecht sui generis auch nur dann erteilen, wenn der erste Antrag auf Genehmigung zum Inverkehrbringen, innerhalb einer angemessenen von dieser Vertragspartei festgesetzten Friste gestellt wird, und

b) eine Frist zur Einreichung des Antrags auf Erteilung des Schutzrechts sui generis von nicht weniger als 60 Tagen ab dem Erteilungsdatum der ersten Genehmigung für das Inverkehrbringen festlegen.

[2]Wird jedoch die erste Genehmigung zum Inverkehrbringen vor dem Patent erteilt, gewähren die Vertragsparteien mindestens 60 Tage ab Erteilung innerhalb derer der Antrag auf weiteren Schutz nach diesem Artikel eingereicht werden kann.

(3) [1]Für den Fall, dass ein Arzneimittel durch ein Patent geschützt ist, wird das Schutzrecht sui generis mit Ablauf der gesetzlichen Laufzeit des Patents wirksam.

[2]Für den Fall, dass ein Arzneimittel durch mehr als ein Patent geschützt ist, kann eine Vertragspartei auch nur ein einziges Schutzrecht sui generis vorsehen, das wirksam wird mit Ablauf der gesetzlichen Laufzeit des Patents

a) das, falls das alle Patente einer Person gehören, von der Person ausgewählt wurde, die das Schutzrecht sui generis beantragt;

b) das, falls diese Patente nicht derselben Person gehören und dies zu sich widersprechenden Anträgen auf das Schutzrecht sui generis führt, durch Vertrag zwischen den Patentinhabern ausgewählt wird.

[3]Jede Vertragspartei soll die Laufzeit des Schutzrechts sui generis so bestimmen, dass diese dem Zeitraum zwischen der Einreichung der Anmeldung für das Grundpatent und dem Zeitpunkt der ersten Genehmigung für das Inverkehrbringen im Gebiet der Vertragspartei, abzüglich eines Zeitraumes von 5 Jahren entspricht.

16 Vgl. https://www.piratenpartei.de/wp-content/uploads/2014/02/CETA-consolitated-texts-December2013_IPR_v 4.pdf (heruntergeladen am 3. März 2014); inoffizielle Übersetzung.

The new version reads as:[16] 12

Article X – Definitions

For the purposes of this Chapter, "pharmaceutical product" means a product including a chemical drug, biologic drug, vaccine or radiopharmaceutical, which is manufactured, sold or represented for use in:

(a) making a medical diagnosis, treating, mitigating or preventing disease, disorder, or abnormal physical state, or its symptoms, or

(b) restoring, correcting or modifying physiological functions.

If the slightly differing wording of the pharmaceutical/medicinal product definitions in Article X CETA and Article 1 a (with Article 1 b) MPR really lead to different scope remains to be seen. This seems to be unlikely, as main parts (like treating and preventing disease, making medical diagnosis and restoring, correcting or modifying physiological functions) of the definition overlap. The explicit but non-exhaustive mention of chemical and biologic drugs, vaccines and radiopharmaceuticals does not add something new. However, Article X CETA does not explicitly mention the treatment of humans and animals and it adds to treating and preventing also mitigating and to disease also disorder, abnormal physical state and the related symptoms. 13

Article 9.2 – Patent term restoration 14

1. [1]Each Party shall provide a period of sui generis protection in respect of a pharmaceutical product that is protected by a basic patent at the request of the holder of the patent or his successor in title.

[2]Basic patent means a patent which protects the active ingredient or combination of active ingredients of a pharmaceutical product as such, a process to obtain such an active ingredient or combination of active ingredients or an application of such an active ingredient or combination of active ingredients.

2. [1]Each Party may:

a) provide a period of sui generis protection only if the first application for authorisation to place the pharmaceutical product on their market is submitted within a reasonable time limit prescribed by that Party; and

b) prescribe a time limit of no less than 60 days from the date on which the first marketing authorisation was granted for the submission of the request for the period of sui generis protection.

[2]However, where the first marketing authorisation is granted before the patent is granted, the Parties will provide at least 60 days from the grant during which the application for a further period of protection under this Article may be submitted.

3. [1]In the case where a pharmaceutical product is protected by one patent, the period of sui generis protection shall take effect at the end of the lawful term of the patent.

[2]In the case where a pharmaceutical product is protected by more than one patent, a Party may provide for only a single period of sui generis protection that takes effect at the end of the lawful term of a single patent

a) in the case where all the patents are owned by the same person, selected by the person requesting the period of sui generis protection;

b) in the case where the patents are not owned by the same person and this gives rise to conflicting requests for the sui generis protection, selected by agreement between the patent holders.

[3]Each Party shall provide that the period of sui generis protection shall be for a period equal to the period which elapsed between the date on which the application for a patent was filed and the date of the first authorisation to place the product on the market of that Party reduced by a period of five years.

16 Cf. https://www.piratenpartei.de/wp-content/uploads/2014/02/CETA-consolitated-texts-December2013_IPR_v 4.pdf (downloaded on March 4, 2014).

[4]Ungeachtet des vorstehenden Absatzes kann die Dauer des Schutzrechts sui generis einen Zeitraum von zwei bis fünf Jahren – was jede Vertragspartei festlegen kann – nicht überschreiten.

[5]Jede Vertragspartei kann vorsehen, dass das Schutzrecht sui generis erlischt,

a) wenn der Berechtigte auf das Schutzrecht sui generis verzichtet;

b) wenn die vorgeschriebenen Verwaltungsgebühren nicht bezahlt werden.

[6]Jede Vertragspartei kann die Schutzdauer um ungerechtfertigte, auf der Untätigkeit des Antragstellers beruhende Verzögerungen nach dem Antrag auf Genehmigung zum Inverkehrbringen reduzieren, wenn der Pateninhaber der Antragsteller der Genehmigung zum Inverkehrbringen oder ein mit diesem in Beziehung stehendes Unternehmen ist.

(4) [1]In den Grenzen des durch das Patent gewährten Schutzes erstreckt sich der durch das Schutzrecht sui generis gewährte Schutz allein auf das Arzneimittel das von der Genehmigung zum Inverkehrbringen erfasst wird und zwar auf diejenigen Verwendungen des Erzeugnisses als Arzneimittel, die vor Ablauf des Schutzrechts sui generis genehmigt wurden.

[2]Vorbehaltlich des vorstehenden Satzes gewährt das Schutzrecht sui generis dieselben Rechte wie das Patent und unterliegt denselben Beschränkungen und Verpflichtungen.

[3]Dennoch kann jede Vertragspartei den Umfang des Schutzes begrenzen, indem sie Ausnahmen für die Herstellung, den Gebrauch, das Anbieten zum Verkauf, den Verkauf oder den Import von Arzneimitteln zum Zwecke des Exports während der Laufzeit zulässt.

(5) Jede Vertragspartei kann den Schutz aus Gründen widerrufen, die zur Nichtigkeit des betreffenden Patents oder zum Widerruf der betreffenden Genehmigung oder Genehmigungen zum Inverkehrbringen auf ihrem Gebiet führen.

15 Die Normen des CETA zur Wiederherstellung der Patentlaufzeit sind nur ein kleiner Fortschritt gegenüber der jetzigen Situation in Kanada, wo – obwohl ein entwickeltes Industrieland – die Regierung seit Jahrzehnten nicht beabsichtigt, sich an der Refinanzierung der pharmazeutischen Forschung und Entwicklung durch Patentlaufzeitverlängerungen zu beteiligen. Berücksichtigt man, dass es möglicherweise weitere Jahrzehnte dauern kann, bis das CETA angepasst wird, so scheint der durch die entsprechenden Regelungen gewährte Schutz und dessen Dauer im Vergleich zu denen der AMV (VO 469/2009) in der EU auf ein Minimum reduziert zu sein.

16 Die aktuelle Version des CETA unterscheidet sich deutlich vom früheren, oben genannten Vorschlag: Es scheint, dass die kanadische Regierung einen verlängerten Schutz für Pflanzenschutzmittel (Art. 9.2 Nr. 1, Nr. 2 aF) nicht akzeptieren wollte. Das gleiche gilt für eine Laufzeitobergrenze von 5 Jahren (Art. 9.2 Nr. 3 aF, Art. 9.2 Nr. 3 S. 4 nF)[17] und pädiatrische Verlängerungen (Art. 9.2 Nr. 4 aF) für pharmazeutische Produkte. Dafür war sie sehr erfolgreich dabei, die EU-Kommission davon zu überzeugen, (entgegen den Bestimmungen der AMV) zu akzeptieren, dass Laufzeitverlängerungen nur dann gewährt werden können, wenn der erste Zulassungsantrag innerhalb einer angemessenen Frist gestellt wurde (Art. 9.2 Nr. 2 S. 1 a) nF), dass die Laufzeit in bestimmten Fällen um Verzögerungen reduziert werden kann, die auf einer ungerechtfertigten Untätigkeit des Antragstellers nach Beantragung der Marktzulassung beruhen (Art. 9.2 Nr. 3 S. 6 nF) und dass Ausnahmen für die Herstellung, den Gebrauch, das Anbieten zum Verkauf, den Verkauf oder den Import von Arzneimitteln zum Zwecke der Ausfuhr während der Verlängerung nötig sind (Art. 9.2 Nr. 4 S. 3 nF).[18] Aus der AMV ebenfalls unbekannt sind Bestimmungen wie Art. 9.2 Nr. 3 S. 2 nF (vgl. aber

17 Nach dem Technical Summary of Final Negotiated Outcome, Canada-European Union Comprehensive Economic and Trade Agreement, p. 19; http://www.actionplan.gc.ca/sites/default/files/pdfs/ceta-technical-summary.pdf (heruntergeladen am 12. November 2013) wird die Laufzeit des Schutzes in Kanada 2 Jahre nicht überschreiten.

18 Nach dem Technical Summary of Final Negotiated Outcome, Canada-European Union Comprehensive Economic and Trade Agreement, p. 19; http://www.actionplan.gc.ca/sites/default/files/pdfs/ceta-technical-summary.pdf (heruntergeladen am 12. November 2013) wurde diese Ausnahme in den Vertragstext aufgenommen, um die Auswirkungen auf Kanada's Generikaunternehmen – insbesondere hinsichtlich ihrer Wettbewerbsfähigkeit auf dem amerikanischen Markt – abzumildern.

[4]Notwithstanding the previous paragraph, the duration of the sui generis protection may not exceed a period of two to five years, to be established by each Party.

[5]Each Party may provide that the period of sui generis protection shall lapse:

a) if the sui generis protection is surrendered by the beneficiary;

b) if prescribed administrative fees are not paid.

[6]Each Party may reduce the period of protection commensurate with any unjustified delays resulting from the inactions of the applicant after applying for the market authorisation, when the holder of the patent is the applicant for market authorisation or an entity related to it.

4. [1]Within the limits of the protection conferred by the patent, the sui generis protection shall extend only to the pharmaceutical product covered by the authorisation to place that product on the market and for any use of that product as a pharmaceutical product that has been authorized before the expiry of the sui generis protection.

[2]Subject to the preceding sentence, the sui generis protection shall confer the same rights as conferred by the patent and shall be subject to the same limitations and obligations.

[3]Notwithstanding, each Party may also limit the scope of the protection by providing exceptions for making, using, offering for sale, selling or importing of pharmaceutical products for the purpose of export during the period of protection.

5. Each Party may revoke the protection on grounds relating to the invalidity of the applicable patent or on grounds relating to withdrawal of the appropriate authorisation or authorisations to place the product on their respective market.

The CETA's patent term restoration provisions are a little progress over the current situation in Canada, where – although a developed and industrialised country – the government for decades had no intention to take part in refinancing pharmaceutical research and development through restoring patent terms. However, considering, that it might take further decades to change the CETA, it seems that its provisions are reduced to the very minimum if compared with similar provision for instance those of MPR (Reg. 469/2009) in the EU. 15

The current version of the CETA further differs remarkably from the earlier version mentioned above: It seems that the Canadian government was reluctant to accept restored protection for plant protection products at all (Article 9.2 No. 1, No. 2 old version) as well as the suggested upper restoration limit of 5 years (Article 9.2 No. 3 old version, Article 9.2 No. 3 s. 4 new version)[17] and paediatric extensions (Article 9.2 No. 4 old version) for pharmaceutical products. Instead they were successful in persuading the EU-Commission to accept (in contrary to provisions known from MPR) that the restored protection might only be provided if the first market approval application is submitted within a reasonable time limit (Article 9.2 No. 2 s. 1 a) new version), that the restored protection period might be reduced under certain further prerequisites by unjustified delays resulting from inactions of the applicant after applying for the market approval (Article 9.2 No. 3 s. 6 new version) and exceptions for making, using, offering for sale, selling or importing of pharmaceutical products for export during the restored period of protection (Article 9.2 No. 4 s. 3 new version).[18] Also unknown from the MPR are provisions like Article 9.2 No. 3 s. 2 (new version, 16

17 According to the Technical Summary of Final Negotiated Outcome, Canada-European Union Comprehensive Economic and Trade Agreement, p. 19; http://www.actionplan.gc.ca/sites/default/files/pdfs/ceta-technicalsummary.pdf (downloaded on 12.11.2013) the period of protection offered by Canada will never exceed a fixed cap of two years.

18 According to the Technical Summary of Final Negotiated Outcome, Canada-European Union Comprehensive Economic and Trade Agreement, p. 19; http://www.actionplan.gc.ca/sites/default/files/pdfs/ceta-technicalsummary.pdf (downloaded on 12.11.2013) this exception has been negotiated to allow for Canadian-made generic medicines to be exported during the period of additional protection. This will temper the impact on the generic industry and its competitiveness in the important United States market.

z.B. Art. 3 II, EG 17 VO 1610/96) der eine Beschränkung auf nur eine Laufzeitverlängerung selbst dann zu ermöglichen scheint, wenn es mehrere Inhaber unterschiedlicher Patente gibt. Noch erstaunlicher ist, dass Art. 9.2 Nr. 2 b) nF eine vertragliche Einigung über das zu verlängernde Patent fordert, wenn sich die Verlängerungsanträge der verschiedenen Patentinhaber widersprechen.[19] Darüber hinaus können bereits zugelassene und auf dem kanadischen Markt befindliche Arzneimittel nicht vom zusätzlichen Schutz profitieren.[20]

17 Andere Regelungen wie die Notwendigkeit des Schutzes durch ein Grundpatent und einen Antrag des Patentinhabers oder seines Rechtsnachfolgers (Art. 9.2 Nr. 1 S. 1 nF, vgl. Art. 3 a), 8 I a) und Art. 6 AMV), die Definition des Grundpatents (Art. 9.2 Nr. 1 S. 2 Nr. 3 S. 2 a) nF, vgl. Art. 1 c, b AMV), die Regel für die Berechnung der Laufzeit (Art. 9.2 Nr. 3 S. 3 nF, vgl. Art. 13 I AMV) auch wenn diese in Kanada höchstens 2 Jahre betragen wird (Art. 9.2 Nr. 3 S. 4 nF), der Beginn des Schutzes mit Ablauf der gesetzlichen Laufzeit des Patents (Art. 9.2 Nr. 3 S. 1, 2 nF, vgl. Art. 13 I AMV), der Schutzgegenstand und die Wirkungen des Schutzes (Art. 9.2 Nr. 4 S. 1, S. 2 nF, vgl. Art. 4, 5 AMV), das Erlöschen bei Verzicht oder Nichtzahlung von Gebühren (Art. 9.2 Nr. 3 S. 5 nF, vgl. Art. 14 b), c) AMV) und der Widerruf (Art. 9.2 Nr. 5 nF, vgl. Art. 15 I AMV) und die mindestens sechzigtägige Antragsfrist ab Erstzulassung oder – falls später – ab Patenterteilung (Art. 9.2 Nr. 2 S. 1 b, S. 2 nF, vgl. aber Art. 7 I, II AMV: 6 Monate) sind schon aus der AMV bekannt.

18 Mit einer Ratifizierung des CETA ist erfahrungsgemäß nicht vor Ende 2015 zu rechnen.

III. Trans-Pacific Partnership Agreement (TPP)

19 Durch das TPP könnten, eine entsprechende Einigung vorausgesetzt, in der Zukunft in weiteren Staaten Laufzeitverlängerungen für Pharmapatente etabliert werden. An den Verhandlungen zum TPP waren im August 2013 Australien, Brunei, Chile, Canada, Japan, Malaysia, Mexiko, Neuseeland, Peru, Singapur, die USA und Vietnam beeteiligt. Bangladesh, Indien, Indonesien, Kambodscha, Kolumbien, Laos, die Philippinen, Südkorea, Taiwan und Thailand haben ebenfalls ein Interesse an einer Teilnahme an den Verhandlungen geäußert.[21]

20 Der Entwurf des TPP IP-Kapitels enthält auf Vorschlag der USA die folgenden Regelungen zur Laufzeitverlängerung:[22]

Art. QQ.E.14

(a) Jede Vertragspartei bemüht sich nach Kräften Patentanmeldungen und Zulassungsanträge schnell zu bearbeiten um unangemessene oder unnötige Verzögerungen zu vermeiden.

(b) ...

(c) Jede Vertragspartei schafft, auf Antrag des Patentinhabers, eine Verlängerung der Laufzeit eines ein neues pharmazeutisches Produkt[A] oder ein Verfahren zur Herstellung oder Verwendung eines pharmazeutischen Produkts betreffenden Patents, um dem Patentinhaber die unangemessene Kürzung der effektiven Patentlaufzeit aufgrund des Zulassungsverfahrens auszugleichen.

19 Es dürfte interessant sein, wie diese Bestimmung in nationales kanadisches Recht umgesetzt wird und dabei eine vertretbare Lösung in Fällen ermöglicht, in denen der Inhaber der Erstzulassung und ein Generika-Hersteller verschiedene Patente besitzen, die das gleiche Arzneimittel schützen, und was geschehen wird, wenn die gesetzlich geforderte Vereinbarung nicht (rechtzeitig) zustande kommt.

20 Technical Summary of Final Negotiated Outcome, Canada-European Union Comprehensive Economic and Trade Agreement, p. 19; http://www.actionplan.gc.ca/sites/default/files/pdfs/ceta-technicalsummary.pdf (heruntergeladen am 12. November 2013).

21 Vgl. http://en.wikipedia.org/wiki/Trans-Pacific_Partnership, abgerufen am 3. Juni 2014.

22 Vgl. https://wikileaks.org/tpp/static/pdf/Wikileaks-secret-TPP-treaty-IP-chapter.pdf (Stand: 30. August 2013), abgerufen am 3. Juni 2014; inoffizielle deutsche Übersetzung.

but compare Article 3 (2), R 17 Reg. 1610/96) which could be understand to provide for only a single period of restored protection irrespective of whether or not there are several patent holders and – even more than odd – Article 9.2 No. 2 b) (new version) requiring an agreement between those several patent holders to mutually select a patent for the restored protection.[19] Furthermore pharmaceutical products that are already approved and on the Canadian market would not receive additional protection.[20]

Other provisions are known from MPR, such as the necessity of a protection by a basic patent and a request of the patent holder or his successor in title (Article 9.2 No. 1 s. 1, see Article 3 a), 8 I a) MPR, see also Article 6 MPR), the definition of the basic patent (Article 9.2 No. 1 s. 2, No. 3 s. 2 a), see Article 1 c, b MPR), the rule for calculating the restoration term (Article 9.2 No. 3 s. 3, see Article 13 I MPR) even though it might be limited to a maximum of 2 years (Article 9.2 No. 3 s. 4), the start of restored protection at the end of the lawful patent term (Article 9.2 No. 3 s. 1, 2, see Art. 13 I MPR), the subject matter of the protection and the effects of the restored protection (Article 9.2 No. 4 s. 1, s. 2, see Article 4, 5 MPR), lapse in case of surrender or non-payment of fees (Article 9.2 No. 3 s. 5, see Article 14 b), c) MPR) and revocation (Article 9.2 No. 5, see Article 15 I MPR), a time limit of at least 60 days from market approval or patent grant whichever is later for requesting restored protection (Article 9.2 No. 2 s. 1 b, s. 2, but see Article 7 I, II MPR: 6 months). 17

Ratification of the CETA is not expected to take place before the end of 2015. 18

III. Trans-Pacific Partnership Agreement (TPP)

Presuming a final agreement on the TPP patent term extensions for pharmaceutical patents may be established in further countries in the future. Australia, Brunei, Chile, Canada, Japan, Malaysia, Mexico, New Zealand, Peru, Singapore, the United States and Vietnam take part in the TPP negotiations (status as of August 2013). Bangladesh, India, Indonesia, Cambodia, Colombia, Laos, the Philippines, South Korea, Taiwan and Thailand have also expressed an interest in participating in the negotiations.[21] 19

The draft TPP IP chapter contains the following provision for a patent term extension based on a United States proposal:[22] 20

Article QQ.E.14

(a) Each Party shall make best efforts to process patent applications and marketing approval applications expeditiously with a view to avoiding unreasonable or unnecessary delays.

(b) ...

(c) Each Party, at the request of the patent owner, shall make available an adjustment of the patent term of a patent which covers a new pharmaceutical product[A] or a patent that covers a method of making or using a pharmaceutical product, to compensate the patent owner of unreasonable curtailment of the effective patent term as a result of the marketing approval process.

19 It will be interesting how this provision is translated into national Canadian law to provide a proper solution for cases in which an originator (who is also the first market approval holder) and a generic manufacturer own different patents protecting the same pharmaceutical product and what will happen, if such an agreement cannot be reached in due time.

20 Technical Summary of Final Negotiated Outcome, Canada-European Union Comprehensive Economic and Trade Agreement, p. 19; http://www.actionplan.gc.ca/sites/default/files/pdfs/ceta-technicalsummary.pdf (downloaded on 12.11.2013).

21 Cf. http://en.wikipedia.org/wiki/Trans-Pacific_Partnership, downloaded on June 3, 2014.

22 Cf. https://wikileaks.org/tpp/static/pdf/Wikileaks-secret-TPP-treaty-IP-chapter.pdf (Status as of August 30, 2013), downloaded on June 3, 2014.

[A]Ein neues pharmazeutisches Produkt in Unterabsatz 6 c–e ist ein Produkt, das mindestens eine neue chemische Verbindung enthält die zuvor noch nicht als pharmazeutisches Produkt (Japan: zur Anwendung am Menschen) auf dem Gebiet der Vertragspartei zugelassen war.

(d) Bei der Umsetzung von Unterabsatz 6 (c), kann die Vertragspartei:

i. die Anwendbarkeit von Absatz 6 (c) auf eine einzige Laufzeitverlängerung für jedes neue pharmazeutische Produkt begrenzen, dessen Zulassung geprüft wurde;

ii. regeln, dass die erste Zulassung des pharmazeutischen Produkts durch in der Vertragspartei die Grundlage der Laufzeitverlängerung ist und

iii. die Dauer der Laufzeitverlängerung auf maximal 5 Jahre begrenzen.

(e) Bei der Umsetzung von Unterabsatz 6 (c) und als Voraussetzung für die Erteilung der Laufzeitverlängerung nach Unterabsatz 6 (c) für ein nach Art. 9.2 (b) oder Art. 9.2 (d) zugelassenes neues pharmazeutisches Produkt, kann eine Vertragspartei regeln, dass der Antragsteller den Zulassungsantrag nach Art. 9.2 (b) oder Art. 9.2 (d) innerhalb von [X] Jahren nach der Erstzulassung des gleichen pharmazeutischen Produkts in einer anderen Vertragspartei einreichen muss.[B]

[B]Anmerkung des US-Unterhändlers: Für die Zwecke des Art. 8 Abs. 6 (e) und Art. 9 Abs. 4 und 6 sollte die Länge des [X]-Jahres-Zeitraums: den Zugang zu innovativen und generischen pharmazeutischen Produkten für alle verbessern; Innovationsanreize schaffen; Anreize für die Verbreitung pharmazeutischer Produkte innerhalb der TPP-Region schaffen; kommerzielle Erwägungen respektieren; und besondere Herausforderungen bei der Entwicklung und Vermarktung solcher Produkte in der gesamten Region berücksichtigen (z.B. Herausforderungen vor denen kleinere oder weniger erfahrene Antragsteller stehen, oder die Zeit, die ein Antragsteller benötigt, um zusätzliche Fragen zur Sicherheit oder Wirksamkeit bei der Vermarktung des Produkts zu beurteilen, beispielsweise in Ländern, in denen die Risiken von denen abweichen, in denen das Produkt bereits zugelassen ist).

(f) Jede Laufzeitverlängerung nach Unterabsatz 6 (c) soll alle ausschließlichen Rechte gewähren und den gleichen Beschränkungen und Ausnahmen unterliegen, wie die Ansprüche des ursprünglich erteilten Patents auf das Produkt, dessen Verwendung oder Herstellungsverfahren, soweit diese für das Produkt und die zugelassene Verwendung des Produkts gelten.

Art. QQ.E.21

Für die Zwecke dieses Artikels, bedeutet ein neues pharmazeutisches Produkt, ein Produkt, das keine chemische Verbindung enthält, die zuvor im Hoheitsgebiet der Vertragspartei zur Verwendung in einem pharmazeutischen Produkt (Japan: zur Anwendung am Menschen) zugelassen wurde.[C]

[C]Die Vertragsparteien verstehen den Begriff „pharmazeutisches Produkt", wie er in diesem Kapitel verwendet wird, als biologische Produkte umfassend.

Art. QQ.E.22

Vorbehaltlich des Absatzes 3 (Schutz der öffentlichen Gesundheit), wenn ein Produkt im Hoheitsgebiet einer Vertragspartei dem Zulassungssystem gemäß Absatz 1 oder 2 unterliegt und durch ein Patent geschützt ist, so soll die Vertragspartei dessen Laufzeit nach Absatz 1 oder 2 nicht ändern, wenn der Patentschutz vor dem in Absatz 1 oder 2 genannten Laufzeitende endet.

21 Der vorgeschlagene Vertragstext sieht eine zügige Bearbeitung von Patentanmeldungen und Zulassungsanträgen vor (Art. QQ.E.14 Abs. a) und schafft die Möglichkeit einer Verlängerung des Patentschutzes für pharmazeutische Produkte auf Antrag des Patentinhabers (Art. QQ.E.14 Abs. c). Die Verlängerungsmöglichkeit kann dabei auf eine einzige Verlängerung je neuem pharmazeutischem Produkt (Art. QQ.E.14 Abs. d, i) und auf eine Verlängerung um maximal 5 Jahre (Art. QQ.E.14 Abs. d, iii) begrenzt werden. Als Grundlage der Verlängerung kann die Erstzulassung dienen (Art. QQ.E.14 Abs. d, ii). Nach Abs. e sind Regelungen möglich, die die Einreichung des Zulassungsantrags innerhalb eines bestimmten Zeitraumes

[A]US: For greater certainty, new pharmaceutical product in subparagraphs 6 (c)–(e) means a product that at least contains a new chemical entity that has not been previously approved as a pharmaceutical product [JP propose: for human use] in the territory of the Party.

(d) In implementing subparagraph 6(c), a Party may:

i. limit the applicability of subparagraph 6(c) to a single patent term adjustment for each new pharmaceutical product that is being reviewed for marketing approval;

ii. require the basis for the adjustment to be the first marketing approval granted to the pharmaceutical product in that Party; and

iii. limit the period of the adjustment to no more than 5 years.

(e) In implementing subparagraph 6(c), and as a condition for providing the adjustment set forth in subparagraph 6(c) for a new pharmaceutical product approved consistent with Article 9.2(b) or Article 9.2(d), a Party may require an applicant that has submitted an application for marketing approval consistent with Article 9.2(b) or Article 9.2(d) to commence the process of obtaining marketing approval for that new pharmaceutical product in the Party within [X] years of the date of the first marketing approval of the same pharmaceutical product in another Party.[B]

[B]US: Negotiator's Note: For purposes of paragraph 6(e) of Article 8 and paragraphs 4 and 6 of Article 9, the length of the [X]-year period should: enhance certainty regarding access to innovative and generic pharmaceutical products for all; provide incentives for innovation; provide incentives for the diffusion of pharmaceutical products within the TPP region; respect commercial considerations; and account for special challenges in developing and commercializing such products throughout the region (e.g., challenges faced by smaller or less experienced applicants, or the time that an applicant may need to assess additional safety or efficacy implications of marketing a product, such as to assess such implications in jurisdictions where risks may differ from those faced in markets where the product has previously been approved).

(f) Any adjustment under subparagraph 6(c) shall confer all of the exclusive rights, subject to the same limitations and exceptions, of the patent claims of the product, its method of use, or its method of manufacture in the originally issued patent as applicable to the product and the approved method of use of the product.

Article QQ.E.21

For purposes of this Article, a new pharmaceutical product means a product that does not contain a chemical entity that has been previously approved in the territory of the Party for use in a pharmaceutical product [JP propose: for human use].[C]

[C]For greater certainty, the Parties understand that the term "pharmaceutical product" as used in this Chapter includes biologic products.

Article QQ.E.22

Subject to paragraph 3 (protection of public health), when a product is subject to a system of marketing approval in the territory of a Party pursuant to paragagh 1 or 2 and is also covered by a patent in the territory of that Party, the Party shall not alter the term of protection that it provides pursuant to paragraph 1 or 2 in the event that the patent protection terminates on a date earlier than the end of the term of protection specified in paragraph 1 or 2.

The proposed wording of the treaty provides for a expeditiously processing of patent and approval applications (Article QQ.E.14 para a) and creates the possibility of a patent term extension for pharmaceutical products at the request of the patent holder (Article QQ.E.14 para c). The extension may be limited to a single extension per new pharmaceutical product (Article QQ.E.14 para d, i) and to a maximum of up to 5 years (Article QQ.E.14 para d, iii). The first approval can be used as the basis for the extension (Article QQ.E.14 para d, ii). According to para e) provisions are possible which require the filing of an approval application within a certain period of time after the approval of the pharmaceutical product in 21

nach der Zulassung des pharmazeutischen Produkts in einem anderen Mitgliedsland des TPP erfordern. Die Ansprüche derartig verlängerter Patente sollen die gleichen Rechte gewähren und den gleichen Ausnahmen unterliegen, wie die unverlängerten Ansprüche (Art. QQ.E.14 Abs. f). Schließlich soll eine Verlängerung ausscheiden, wenn das Patent vor dem Ablauf seiner gesetzlichen Laufzeit endet (Art. QQ.E.22).

22 Anzumerken ist ebenfalls, dass sich die Definition des „neuen pharmazeutischen Produkts" in Art. QQ.E.14 Abs. c Fußnote A und Art. QQ.E.21 erheblich unterscheiden und nicht klar ist, warum eine abweichende Definition erforderlich ist. Während definitionsgemäße pharmazeutische Produkte in Fußnote A das Vorhandensein bereits vorzugelassener Wirkstoffe in Kombinationsarzneimitteln zu erlauben scheinen, ist dies nach Art. QQ.E.21 wohl ausgeschlossen.

23 Während Japan diesem Vorschlag (wohl unter Beschränkung auf Humanarzneimittel) akzeptiert, wurde er bislang von Australien, Neuseeland, Chile, Peru, Malaysia, Singapur, Brunei, Vietnam, Canada und Mexico abgelehnt. Ob sich die USA mit ihrem Vorschlag durchsetzen kann bzw. inwiefern er weiter geändert werden kann, bleibt abzuwarten.

another TPP member country. The extended patent claims shall confer the same rights, subject to the same limitations and exceptions as the unextended claims (Article QQ.E.14 para f). Finally, there should be no extension, if the patent ends before its normal expiry (Article QQ.E.22).

It should be noted, that the definitions of "new pharmaceutical product" in Article QQ.E.14 para c Footnote A and Article QQ.E.21 differ considerably and it is not clear why a different definition is required. While the presence of already approved active ingredients in pharmaceutical products with several active ingredients might to be possible according to footnote A, this seems to be excluded under Article QQ.E.21. 22

Japan (probably under restriction to pharmaceutical products for human use) accepted this proposal, but it has so far been rejected by Australia, New Zealand, Chile, Peru, Malaysia, Singapore, Brunei, Vietnam, Canada and Mexico. Whether the United States can assert its proposal or to what extent it may be further amended, remains to be seen. 23

Stichwortverzeichnis/Index

Die fetten Zahlen verweisen auf die Kapitel, die mageren Zahlen beziehen sich auf die Randnummern.

Numbers in bold refer to the chapter, numbers in lean relate to the marginal number.

§1 USA

§2 Japan

§3 European Union

§4 Korea

§5 Taiwan

§6 Switzerland

§7 Australia

§8 Israel

§9 Russia and other CIS countries

§10 Singapore

§11 Free Trade Agreements

MWZB
MILLEN, WHITE, ZELANO & BRANIGAN, P.C.
THE EXPERIENCE TO PROTECT
YOUR INNOVATIONS.
SERVICES
Patent
Trademark
Copyright
Entertainment
Corporate & Transactional
MWZB.COM

IP

EUROMARKPAT

Representation in all matters in the field of Intellectual Property
Patents, Trademarks, Utility Models, Industrial Designs, SPC/PTE

Head office:
Euromarkpat Germany
von Füner Ebbinghaus Finck Hano
Mariahilfplatz 3, 81541 Munich, Germany
Tel.: ++49-89-459220 – Fax: ++49-89-482058
office@euromarkpat.com
www.euromarkpat.com

REPRESENTATIONS
Germany
Russia
Ukraine
Uzbekistan
Estonia
Albania
Kosovo
Mongolia

All correspondence via Euromarkpat Germany.

MONGOLIA
CHINA
NEPAL
BANGLADESH
MACAU
HONG KONG
PAKISTAN
LAOS
TAIWAN
INDIA
THAILAND
VIETNAM
PHILIPPINES
CAMBODIA
SRI LANKA
MALAYSIA
BRUNEI
SINGAPORE
INDONESIA
PAPUA NEW GUINEA
PACIFIC ISLANDS
AUSTRALIA
NEW ZEALAND

FSC
www.fsc.org
MIX
Papier | Fördert
gute Waldnutzung
FSC® C083411

Kolibri 360 GmbH
Ferdinand-Jühlke-Straße 7
99095 Erfurt, Deutschland
produktsicherheit@kolibri360.de